中国体能训练师认证参考教材

NSCA-CPT 美国国家体能协会私人教练认证指南 第2版

美国国家体能协会（National Strength and Conditioning Association）
[美] 贾里德 · W.科伯恩（Jared W. Coburn） 主编
莫赫 · H.马立克（Moh H. Malek）

高炳宏 译

人 民 邮 电 出 版 社
北 京

图书在版编目（CIP）数据

NSCA-CPT美国国家体能协会私人教练认证指南 ：第2版 / 美国国家体能协会，（美）贾里德·W.科伯恩，（美）莫赫·H.马立克主编 ；高炳宏译. -- 北京 ：人民邮电出版社，2021.6
ISBN 978-7-115-54940-2

Ⅰ. ①N… Ⅱ. ①美… ②贾… ③莫… ④高… Ⅲ. ①健身运动－教练员－资格认证－指南 Ⅳ. ①G831.325-62

中国版本图书馆CIP数据核字(2020)第201288号

内 容 提 要

本书由美国国家体能协会（National Strength and Conditioning Association, NSCA）组织多位体能训练领域的专业人士编写而成，是考取 NSCA-CPT 证书的必备参考资料。本书围绕私人教练必备的知识、技能和能力，分别从运动科学、初始咨询与评估、运动技巧、计划制订、有特殊需求的客户以及安全与法律问题等六个方面展开系统讲解，并提供了丰富的插图和课后习题。

本书内容丰富、系统，参考性强，不论是对于准备参加 NSCA-CPT 考试的健身教练，还是对于普通的健身爱好者，都是一本难得的健身指导书。

◆ 主　　编 ［美］美国国家体能协会（National Strength and Conditioning Association）
［美］贾里德·W.科伯恩（Jared W. Coburn）
［美］莫赫·H.马立克（Moh H. Malek）
译　　高炳宏
责任编辑　裴　倩
责任印制　马振武
◆ 人民邮电出版社出版发行　　北京市丰台区成寿寺路 11 号
邮编　100164　　电子邮件　315@ptpress.com.cn
网址　https://www.ptpress.com.cn
北京九天鸿程印刷有限责任公司印刷
◆ 开本：787×1092　1/16
印张：52.75　　　　2021 年 6 月第 1 版
字数：1067 千字　　　　2025 年 9 月北京第 5 次印刷
著作权合同登记号　图字：01-2016-10034 号

定价：528.00 元

读者服务热线：(010)81055296　印装质量热线：(010)81055316
反盗版热线：(010)81055315

第 2 版贡献者

特拉维斯 •W. 贝克（Travis W. Beck）, PhD
俄克拉何马大学，诺曼

大卫 •T. 拜内（David T. Beine）, MS, ATC, LAT
密尔沃基工学院

李 •E. 布朗（Lee E. Brown）, EdD, CSCS,*D, FNSCA, FACSM
加利福尼亚州立大学 , 富勒顿

贾里德 •W. 科伯恩（Jared W. Coburn）, PhD, CSCS,*D, FNSCA, FACSM
加利福尼亚州立大学 , 富勒顿

乔尔 •T. 克拉默（Joel T. Cramer）, PhD, CSCS,*D, NSCA-CPT,*D, FNSCA, FACSM, FISSN
俄克拉何马州立大学，静水

凯尔 •T. 埃伯索尔（Kyle T. Ebersole）, PhD, LAT
威斯康星大学密尔沃基分校

塔米 •K. 埃韦托维奇（Tammy K. Evetovich）, PhD, CSCS, FACSM
韦恩州立学院，韦恩

埃弗里 •D. 费根鲍姆（Avery D. Faigenbaum）, EdD, CSCS,*D, FNSCA, FACSM
新泽西学院，尤因

瑞安 • 菲德勒（Ryan Fiddler）, MS
俄克拉何马州立大学，静水

肖恩 •P. 弗拉纳根（Sean P. Flanagan）, PhD, ATC, CSCS,*D
加利福尼亚州立大学北岭分校

约翰 •F. 格雷厄姆（John F. Graham）, MS, CSCS,*D, FNSCA
利哈伊谷健康网 , 阿伦敦 / 伯利恒

G. 格雷戈里 • 哈夫（G. Gregory Haff）, PhD, CSCS,*D, FNSCA
埃迪斯科文大学 , 西澳大利亚州

埃琳 •E. 哈夫（Erin E. Haff）, MA
埃迪斯科文大学 , 西澳大利亚州

帕特里克 • 哈格曼（Patrick Hagerman）, EdD, CSCS, NSCA-CPT, FNSCA
菲尼克斯大学阿克西学院

布拉德利 •D. 哈特菲尔德（Bradley D. Hatfield）, PhD, FACSM, FNAK
马里兰大学帕克分校

艾伦 • 赫德里克（Allen Hedrick）, MA, CSCS,*D, RSCC,*D, FNSCA
科罗拉多州立大学普韦布洛分校

大卫 •L. 赫伯特（David L. Herbert）, JD
大卫 •L. 赫伯特律师事务所 , 坎顿 , 俄亥俄州

克里斯季 •R. 海涅里希（Kristi R. Hinnerichs）, PhD, ATC, CSCS,*D
韦恩州立学院，韦恩

菲尔 • 卡普兰（Phil Kaplan）, MS, NSCA-CPT
菲尔 • 卡普兰健康中心 , 桑利斯 , 佛罗里达州

汤姆 • 拉方丹（Tom LaFontaine）, PhD, CSCS, NSCA-CPT, FACSM, FAACVPR
Optimus 健康中心 , 哥伦比亚 , 密苏里州

莫赫 •H. 马立克（Moh H. Malek）, PhD, CSCS,*D, NSCA-CPT,*D, FNSCA, FACSM
韦恩州立大学 , 底特律

罗伯特 • 马穆拉（Robert Mamula）, CSCS
加利福尼亚大学圣迭戈分校

约翰 •P. 麦卡锡（John P. McCarthy）, PhD, PT, CSCS,*D, FNSCA, FACSM
亚拉巴马大学伯明翰分校

凯文 • 梅西（Kevin Messey）, MS, ATC, CSCS
加利福尼亚大学圣迭戈分校

大卫 •R. 皮尔森（David R. Pearson）, PhD, CSCS*D, FNSCA
鲍尔州立大学 , 曼西

斯泰西 • 彼得森（Stacy Peterson）, MA, CSCS, FACSM
加速体育 , 圣迭戈

莎伦 • 拉娜（Sharon Rana）, PhD, CSCS
俄亥俄大学 , 雅典 , 俄亥俄州

彼得 • 罗奈（Peter Ronai）, MS, CSCS,*D, NSCA-CPT,*D
圣心大学 , 费尔菲尔德 , 康涅狄格州

简 •L.P. 罗伊（Jane L.P. Roy）, PhD, CSCS
亚拉巴马大学伯明翰分校

埃里克 •D. 瑞安（Eric D. Ryan）, PhD, CSCS, NSCA-CPT
北卡罗来纳大学教堂山分校

道格拉斯 •B. 史密斯（Douglas B. Smith）, PhD
俄克拉何马州立大学，静水

保罗 • 索拉切（Paul Sorace）, MS, CSCS,*D
哈肯萨克大学医学中心 , 新泽西州

玛丽 • 斯帕诺（Marie Spano）, MS, RD, CSCS, CSSD, FISSN
Spano 运动营养咨询公司 , 亚特兰大 , 佐治亚州

高桥进也（Shinya Takahashi）, PhD, CSCS, NSCA-CPT
内布拉斯加大学林肯分校

N. 特拉维斯 • 特里普利特（N. Travis Triplett）, PhD, CSCS,*D, FNSCA
阿帕拉契州立大学 , 布恩 , 北卡罗来纳州

瓦妮莎 • 范登霍伊费尔 • 扬（Vanessa van den Heuvel Yang）, MS, ATC
加利福尼亚大学圣迭戈分校

约瑟夫 •P. 韦尔（Joseph P. Weir）, PhD, FNSCA, FACSM
得梅因大学 , 得梅因 , 艾奥瓦州

韦恩 •L. 韦斯科特（Wayne L. Westcott）, PhD, CSCS
昆西学院 , 昆西 , 马萨诸塞州

杰森 •B. 怀特（Jason B. White）, PhD
俄亥俄大学 , 雅典 , 俄亥俄州

威廉 •C. 怀廷（William C. Whiting）, PhD, CSCS, FACSM
加利福尼亚州立大学北岭分校

第 1 版贡献者

安东尼 •A. 阿博特（Anthony A. Abbott）, EdD, CSCS,*D, NSCA-CPT,*D,FNSCA, FACSM
托马斯 •R. 贝希勒（Thomas R. Baechle）, EdD, CSCS,*D, retired; NSCACPT,*D, retired
李 •E. 布朗（Lee E. Brown）, EdD, CSCS,*D, FNSCA, FACSM
贾里德 •W. 科伯恩（Jared W. Coburn）, PhD, CSCS,*D, FNSCA, FACSM
马修 •J. 科莫（Matthew J. Comeau）, PhD, ATC, LAT, CSCS
乔尔 •T. 克莱默（Joel T. Cramer）, PhD, CSCS,*D, NSCA-CPT,*D,FNSCA, FACSM, FISSN
J. 亨利 • “汉克” • 德劳特（J. Henry “Hank” Drought）, MS, CSCS,*D, NSCACPT,*D
罗杰 •W. 厄尔（Roger W. Earle）, MA, CSCS,*D, NSCA-CPT,*D
乔安 • 艾克霍夫 - 谢梅克（JoAnn Eickhoff-Shemek）, PhD, FACSM, FAWHP
托德 • 埃伦贝克（Todd Ellenbecker）, PT, MS, SCS, OCS, CSCS
艾弗里 •D. 费根鲍姆（Avery D. Faigenbaum）, EdD, CSCS,*D, FNSCA,FACSM
约翰 •F. 格雷姆（John F. Graham）, MS, CSCS,*D, FNSCA
迈克 • 格林伍德（Mike Greenwood）, PhD, FNSCA, FISSN, FACSM,CSCS,*D
帕特里克 •S. 哈格曼（Patrick S. Hagerman）, EdD, CSCS, NSCA-CPT,FNSCA
埃弗雷特 • 哈曼（Everett Harman）, PhD, CSCS, NSCA-CPT
布拉德利 •D. 哈特菲尔德（Bradley D. Hatfield）, PhD, FACSM, FNAK
艾伦 • 赫德里克（Allen Hedrick）, MA, CSCS,*D, RSCC,*D, FNSCA
苏珊 •L. 海因里希（Susan L. Heinrich）, MS
卡洛斯 •E. 希门尼斯（Carlos E. Jiménez）, MD, NSCA-CPT
菲尔 • 卡普兰（Phil Kaplan）, MS, NSCA-CPT
约翰 •A.C. 科迪奇（John A.C. Kordich）, MEd, CSCS,*D, NSCA-CPT,*D,FNSCA
莱恩 • 克拉维茨（Len Kravitz）, PhD
汤姆 •P. 拉方丹（Tom P. LaFontaine）, PhD, CSCS, NSCA-CPT, FACSM,FAACVPR
大卫 •R. 皮尔森（David R. Pearson）, PhD, CSCS*D, FNSCA
大卫 •H. 波塔奇（David H. Potach）, PT, MS, CSCS,*D, NSCA-CPT,*D
克里斯汀 •J. 赖默斯（Kristin J. Reimers）, MS, RD
托瑞 • 史密斯（Torrey Smith）, MA, CSCS,*D, NSCA-CPT,*D
N. 特拉维斯 • 特里贝特（N. Travis Triplett）, PhD, CSCS,*D, FNSCA
克里斯蒂娜 •L. 维加（Christine L. Vega）, MPH, RD, CSCS,*D, NSCACPT,*D
罗伯特 • 瓦廷（Robert Watine）, MD
约瑟夫 •P. 威尔（Joseph P. Weir）, PhD, FNSCA, FACSM
韦恩 •L. 韦斯科特（Wayne L. Westcott）, PhD, CSCS
马克 •A. 威廉姆斯（Mark A. Williams）, PhD, FACSM, FAACVPR

前言

本书是一本有关个人训练理论与实践的较为完整和权威的书。本书的第 2 版与第 1 版类似，可作为参加美国国家体能协会（National Strength and Conditioning Association，NSCA）私人教练认证（NSCA-Certified Personal Trainer，NSCA-CPT）考试的主要备考资料。

本书的作者包括大学教授、研究员、私人教练、运动防护师、物理治疗师和营养师等。本书将向你提供有关个人训练的先进应用信息并介绍指导实践的科学原则。本书旨在传授私人教练所必备的知识、技能和能力（knowledge，skills，and abilities，KSAs），其内容涵盖多个领域。本书 6 个部分的内容概括如下。

- 第 1 部分：运动科学。本部分包含一些运动科学的基础知识，内容涉及解剖学、生理学、生物能学、生物力学、训练适应、运动心理学、动机与目标设定，以及一般营养指南等。
- 第 2 部分：初始咨询与评估。本部分包括客户咨询与健康评估、体能评估的选择与管理，以及根据描述性和标准化数据解释测试结果等内容。
- 第 3 部分：运动技巧。本部分阐述了正确的运动技巧，以及针对柔韧性、自重、自由重量、固定器械和心血管训练的指导方式，还对目标肌肉和常见的动作错误进行了鉴别。
- 第 4 部分：计划制订。本部分重点讲述了制订安全、有效、目标专属的抗阻、有氧、快速伸缩复合和速度等训练计划的复杂过程。
- 第 5 部分：有特殊需求的客户。本部分描述了各种具有特殊需求和局限性（例如青春期前、孕妇、老年人和运动员）或身体问题（例如肥胖、高血脂、糖尿病、高血压、腰部疼痛、心脏病和癫痫）的客户所面临的问题，并详述了如何针对这些客户修订运动计划，鉴别运动禁忌，以及将超出私人教练能力范围的客户转诊给其他专业人士的时间与方式。
- 第 6 部分：安全与法律问题。本部分对商业与家庭健身机构的设计和布局、基础运动设备维护，以及私人教练应了解与理解的重要法律问题等内容提出了指导意见。

本书的下列特点将帮助私人教练更好地执教。

- 220 多幅全彩图片清晰而准确地展现了正确的运动技巧。
- 设置了每章的学习目的和关键点板块。
- 提供了实践描述与应用技巧。

- 提供了评估客户的测试方案与标准。
- 120多道课后习题，可供备考NSCA-CPT考试的人员使用。

本书是一本综合性极强的参考书，适用于私人教练和其他专业健身人士。对于NSCA-CPT考试来说，本书也是一份无与伦比的备考资料。

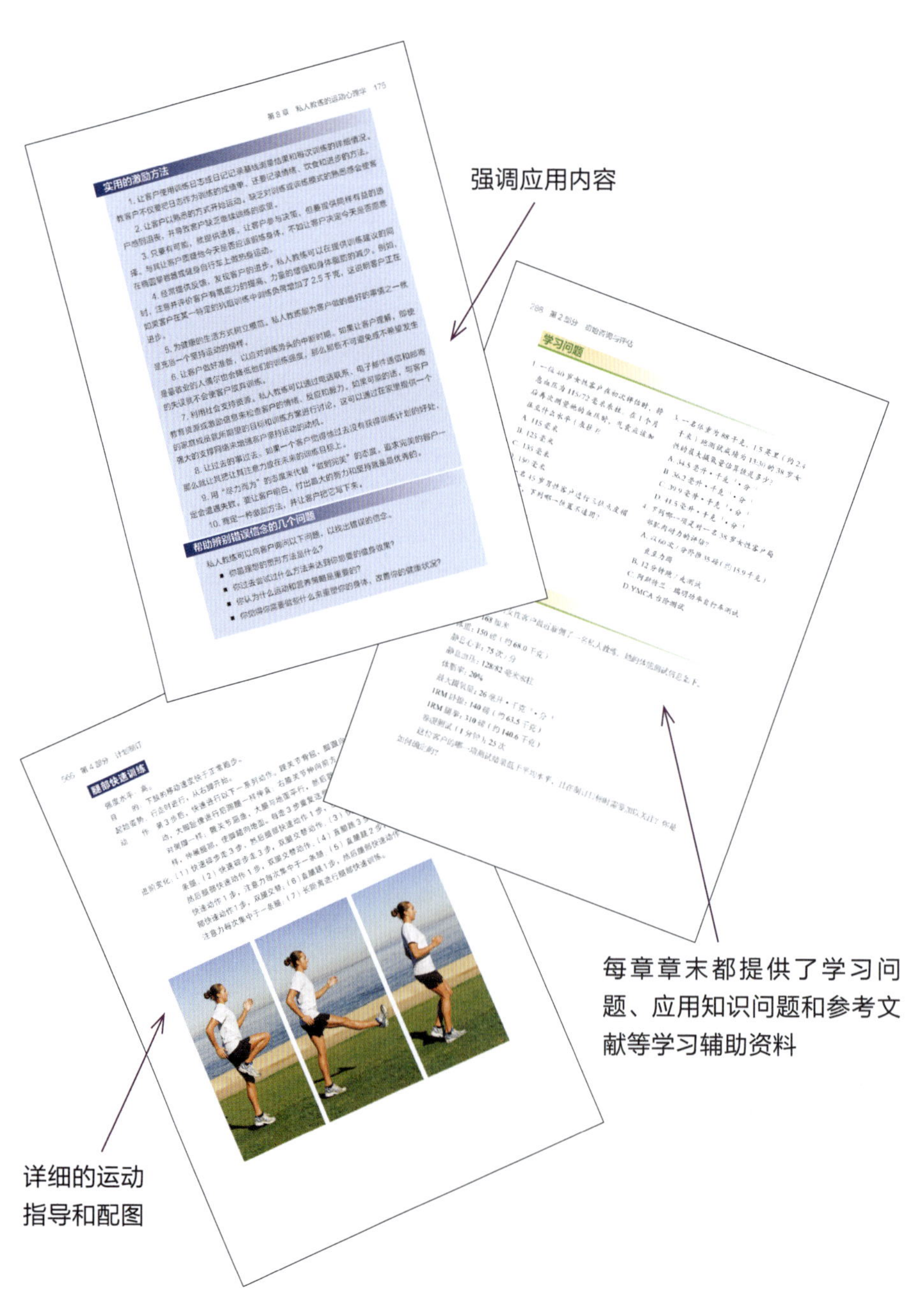

第2版的更新部分

本书第 2 版更新并扩增了第 1 版的内容，尽一切努力向读者提供作为一名私人教练可能感兴趣的科学与实践信息。本书第 2 版的更新内容如下。

- 书中整合了运动科学领域的新研究成果。
- 更新并修订了每章的学习辅助资料，以帮助读者备考 NSCA-CPT 考试；更新了有关肌肉、骨骼、心脏、呼吸和其他系统结构与功能的信息（第 1 章和第 2 章）。
- 更新并修订了全书的数据与表格。
- 扩增并更新了书中有关个人训练环境中的营养的内容（第 7 章）。
- 根据著名运动科学组织的最新指南，更新了有关客户筛选与测试的内容（第 9 章、第 10 章和第 11 章）。
- 修订或重写了有关柔韧性、抗阻、有氧耐力、快速伸缩复合和速度训练计划与技巧的内容（第 12 ～ 17 章）。
- 重写了有关制订抗阻训练计划的内容，以提供训练周期化应用的更新信息（第 15 章）。
- 修订、扩增并更新了针对具有代谢问题的客户制订营养准则的内容（第 19 章）。
- 更新了与外伤、康复和具有心血管、呼吸系统及骨科疾病的客户有关的内容（第 20 章和第 21 章）。
- 更新了关于确定运动员客户训练负荷的指南（第 23 章）。

无论是用作学习个人训练的要点、备考认证考试，还是作为专业人士的参考资料，本书第 2 版都有助于相关从业人员和科研人员更好地理解如何开发与管理安全有效的个人训练项目。

致谢

首先，我们向本书各章的作者表示感谢，非常感谢他们在过去数年中乐意接受诸多的修订建议。可以确信的是，正是他们的专业工作才使此书得以问世，从而为个人训练的实践做出了积极的贡献。此外，我们还要对杰伊•道斯（Jay Dawes）、克里斯蒂•理查森（Kristy Richardson）、特拉维斯•特里普利特（Travis Triplett）和嘉莉•怀特（Carrie White）所做的章节审评表示感谢。

我们还要向Human Kinetics出版社的工作人员表示感谢，他们经过长期工作才完成本书的编撰。特别要感谢克里斯•德鲁斯（Chris Drews）和布伦丹•谢伊（Brendan Shea）的耐心、注重细节，以及给予我们的特殊帮助。

美国国家体能协会（NSCA）的工作人员帮助我们确保书中内容是最新且准确的，以此满足读者在书中寻求专家指导和专业信息的需求。我们还要特别感谢托雷•史密斯（Torrey Smith）和基思•西尼亚（Keith Cinea）。我们要向美国国家体能协会的前会长李•布朗（Lee Brown）先生表示感谢，是他率先提出要我们编撰此书的。

最后，还要感谢我们的家人，包括我们的父母，已经离世的达雷尔（Darrel）、玛丽•科伯恩（Mary Coburn）和弗里达•马立克（Frida Malek）；感谢我们的妻子塔玛拉•科伯恩（Tamara Coburn）和布丽姬•马立克（Bridget Malek），还有我们的孩子达拉（Dara）和詹森•科伯恩（Jansen Coburn）。

目录

第1部分 运动科学

第 1 部分

运动科学

第 1 章

肌肉、神经和骨骼系统的结构与功能

贾里德·W. 科伯恩（Jared W. Coburn），PhD
莫赫·H. 马立克（Moh H. Malek），PhD

学习完本章后，你将能够掌握如下内容。

- 描述骨骼肌的结构与功能。
- 列举并解释肌肉收缩时肌丝滑行的原理。
- 解释肌纤维类型的概念，及其如何影响运动表现。
- 描述控制骨骼肌的神经系统的结构与功能。
- 解释运动在骨骼健康中的作用，以及肌腱和韧带在身体活动中的功能。

身体在肌肉、神经和骨骼系统的协调作用下进行运动。神经系统负责启动和调整肌肉活动。肌肉产生力量，使关节周围的骨骼旋转以产生动作。本章探寻上述系统的基本结构和功能，及其在个人训练中的实践运用。

肌肉系统

肌肉在激活后产生力量，称为“肌肉收缩”或“肌肉活动”。在平滑肌、心肌和骨骼肌这三种肌肉中，第三种肌肉与骨骼连接，使骨骼绕关节旋转。骨骼肌的这种功能使我们能够跑、跳、举起或投掷物体。肌肉的功能由其结构决定。

骨骼肌的大体解剖学

成年男性的骨骼肌系统如图 1.1 所示。每块骨骼肌（例如三角肌、胸大肌、腓肠肌）外都包裹着一层称为肌外膜的结缔组织。每块肌肉可进一步分解为若干股肌纤维。

一股肌纤维称为纤维束或肌束。每股肌束都由称作肌束膜的结缔组织包裹。在一股肌束中，每条肌纤维又被称为肌内膜的结缔组织包裹，并与同股肌束中的其他肌纤维相隔离。这些结缔组织通过另一种结缔组织——肌腱将肌肉活动产生的力传导至骨骼。图 1.2 展示了上述结缔组织及其与肌肉之间的关系。

骨骼肌的显微解剖学

每条肌纤维都是一个细胞，具有很多与其他细胞相同的结构和成分（图 1.3）。例如，每条肌纤维都由质膜包裹，该质膜称为肌膜。肌膜包裹着细胞的组成物质，调节葡萄糖等物质的进出，以电脉冲或动作电位形式接收和传导刺激。

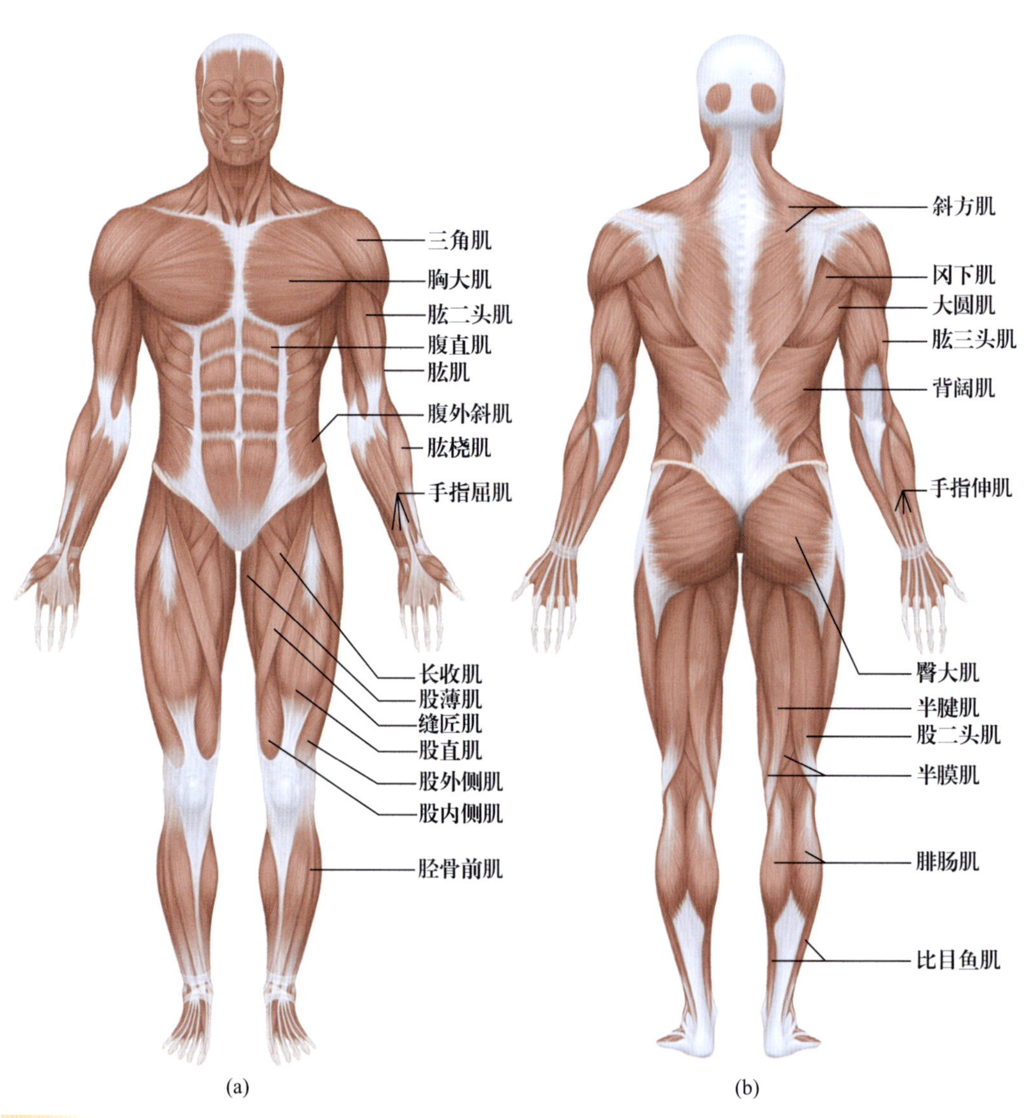

图 1.1　成年男性的骨骼肌系统：（a）前视图；（b）后视图

来源：Reprinted by permission from NSCA 2008.

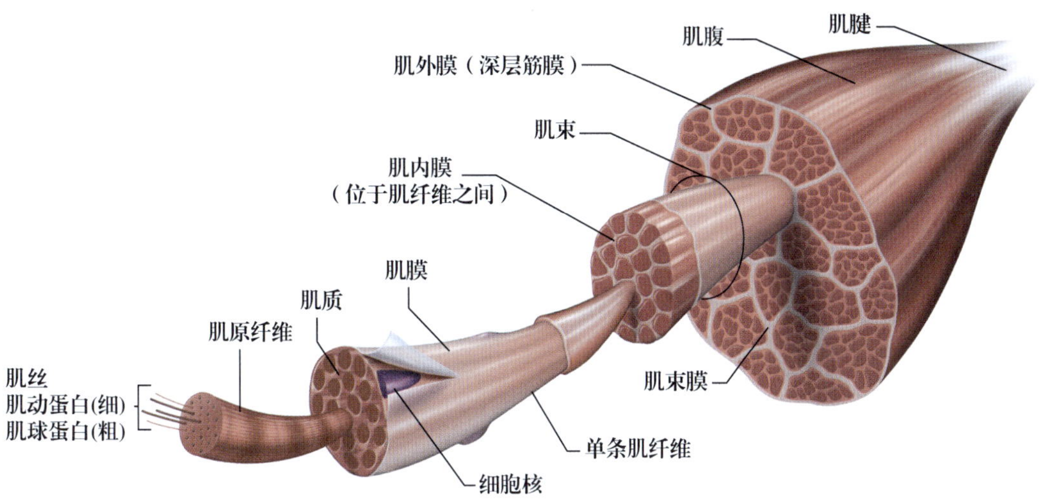

图 1.2　骨骼肌的大体解剖学结构（整块肌肉、肌束以及单独的肌纤维都分别由肌外膜、肌束膜和肌内膜的结缔组织包裹）

来源：Reprinted by permission from NSCA 2008.

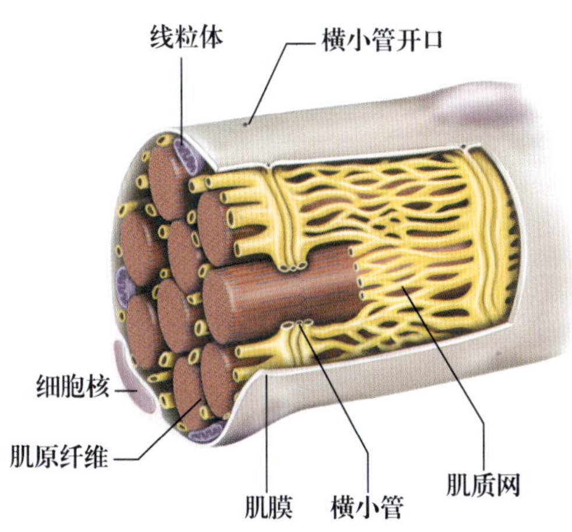

图 1.3　单条肌纤维的解剖结构

来源：Reprinted by permission from NSCA 2008.

骨骼肌细胞是多核的，也就是说一个肌细胞拥有多个细胞核，这是多个单核细胞在发育过程中胚胎融合的结果。细胞核含有细胞的遗传物质，称为 DNA，主要负责对训练过程进行适应，例如肌细胞增大或肥大。关于抗阻训练和有氧耐力训练产生的适应相关内容将在第 5 章、第 6 章分别进行探讨。

肌细胞膜以内、肌细胞核以外的部分是细胞质，称为肌质。这种物质含有细胞的能量来源，例如三磷酸腺苷（adenosine triphosphate，ATP，肌肉收缩的唯一直接能量来源）、磷酸肌酸、葡萄糖和脂肪小滴。肌质中还悬浮着细胞器，这些细胞器包括线粒体，它是有氧呼吸生成 ATP 的场所，因此线粒体对有氧运动能力十分重要。此外，另一个重要的细胞器是肌质网，这种细胞器储存钙，可通过改变细胞内钙离子浓度来调节肌肉收缩过程。特别地，当动作电位通过称为横小管（transverse tubules）或 T 小管（T-tubules）的结构进入细胞后，肌质网释放钙离子进入肌质。T 小管是肌膜上开孔形成的通道。

> 肌纤维是专门进行收缩和产生力量（紧张）的细胞。

肌原纤维

每个肌细胞都含有与肌纤维平行的柱状蛋白质结构，这些结构称为肌原纤维（图 1.4）。

每条肌原纤维由一束肌丝组成，肌丝主要包括肌球蛋白丝（较粗）和肌动蛋白丝（较细）两种。肌球蛋白丝和肌动蛋白丝沿肌原纤维规则排列，使肌原纤维的外观具有条纹。

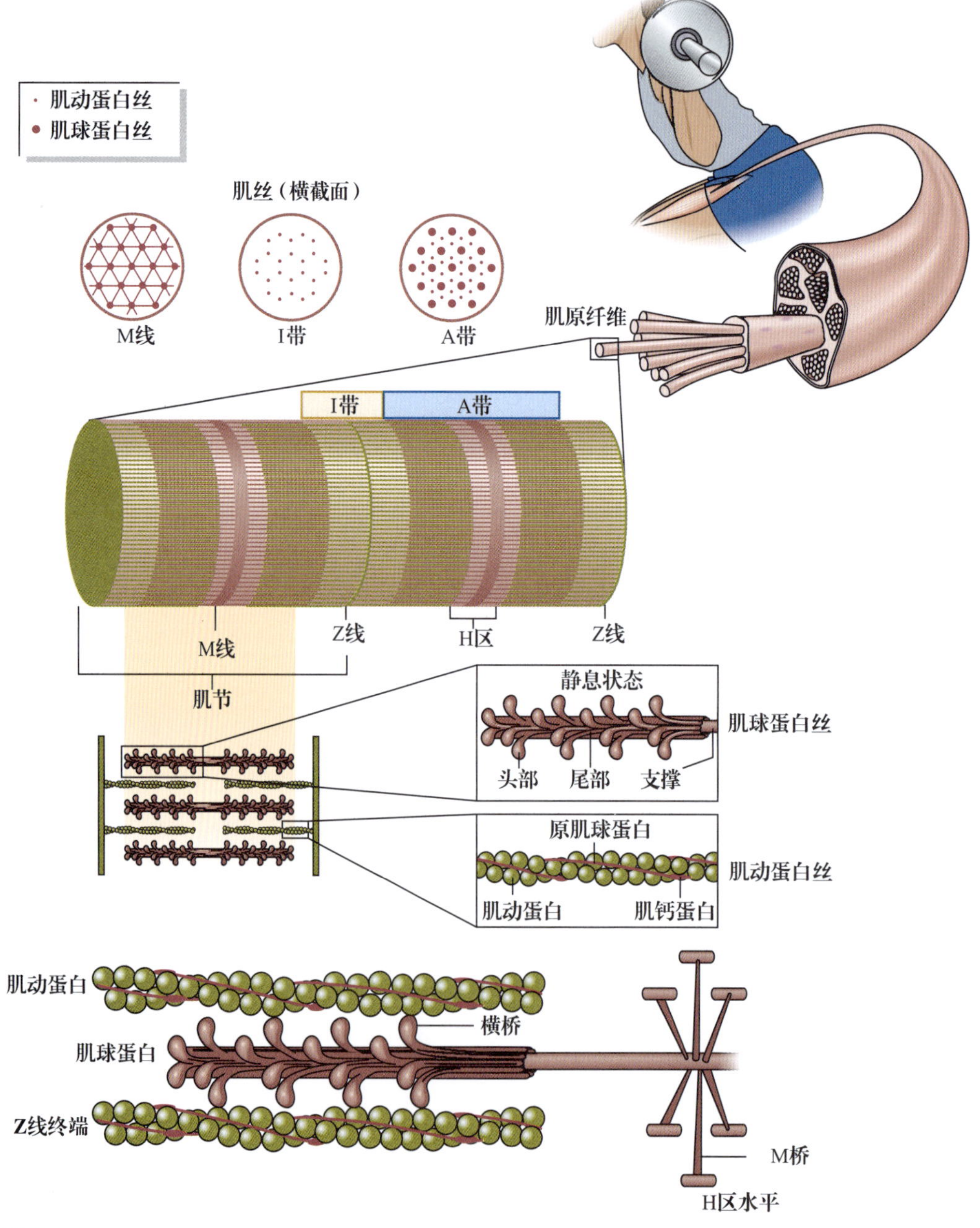

图 1.4 最基本的骨骼肌构成单位——肌节中肌动蛋白丝和肌球蛋白丝的排列结构

来源：Reprinted by permission from NSCA 2008.

肌球蛋白丝由肌球蛋白分子聚集而成，每个肌球蛋白分子由头部、颈部和尾部组成。肌球蛋白分子的头部能够附着并牵拉肌动蛋白丝。ATP 分解或水解产生的能量用于驱动这种过程，这是肌肉激活的一个重要步骤。

肌球蛋白分子的颈部连接头部和尾部。肌球蛋白丝的中部以尾－尾相连的方式进行排列，头部从长丝的末端向外伸出（图 1.4）。肌联蛋白保持肌球蛋白丝和肌动蛋白丝的相对位置。

每个肌动蛋白丝由单个 G-肌动蛋白分子（或称球状肌动蛋白分子）组成。每个 G-肌动蛋白分子都有一个供肌球蛋白头部结合的部位。G-肌动蛋白分子组装后成为丝状的 F-肌动蛋白。与肌动蛋白丝相连的是另外两种蛋白质结构：原肌球蛋白和肌钙蛋白。原肌球蛋白和肌钙蛋白调节肌球蛋白和肌动蛋白的相互作用，故统称调节蛋白。原肌球蛋白是一种棒状蛋白，沿肌动蛋白丝跨越 7 个 G-肌动蛋白分子的长度。当肌细胞处于静息状态时，原肌球蛋白位于肌动蛋白丝上的肌球蛋白的结合位点处。原肌球蛋白的两端与肌钙蛋白连接。当肌钙蛋白与钙结合时，会导致原肌球蛋白从肌动蛋白丝上的肌球蛋白结合位点处脱离，这会让肌球蛋白头部附着并牵拉肌动蛋白丝，这是肌肉激活过程中的一个关键步骤。伴肌动蛋白确保肌动蛋白丝的长度正确。

肌节

肌节是骨骼肌最基本的收缩单位（图 1.4），在两条相邻的 Z 线之间延伸。A 带由肌球蛋白丝的宽度决定，正是 A 带构成了骨骼肌上的暗色条纹。肌动蛋白丝固定在 Z 线的一端上，向肌节中心延伸。A 带中包含肌球蛋白，但不包含肌动蛋白的区域称为 H 区。H 区中央是 M 线。M 线帮助相邻的肌球蛋白丝对齐。I 带跨越相邻两条肌球蛋白丝端点之间的区域。这样，每条 I 带都分别位于两个肌节中。I 带不如 A 带致密，使骨骼肌呈现出浅色条纹。

> 肌节是骨骼肌的基本功能和收缩单位。

神经肌肉接头

肌纤维必须能够通过神经系统正常接受刺激来进行收缩。神经和肌肉系统之间的通信发生在称为神经肌肉接头的特定区域［图 1.5（a）］。每条肌纤维都有一个单独的神经肌肉接头，其大概位于这条纤维的中部区域。神经肌肉接头的结构包括神经元的轴突终末、肌膜上称为运动终板的一个特定区域，以及轴突终末与运动终板之间称为突触间隙或神经肌肉间隙的空间。

肌丝滑行理论

尽管确切的细节仍处于研究之中，但肌丝滑行理论仍是接受最为广泛的肌肉收缩理论[9]。该理论认为肌肉收缩或伸长时肌丝（肌动蛋白丝和肌球蛋白丝）相互滑动，而肌丝本身的长度并不发生改变。肌肉运动的过程如下。

1. 动作电位沿神经元传导，导致神经肌肉接头处释放兴奋性神经递质——乙酰胆碱。当神经元处于静息状态时，乙酰胆碱储存于神经元轴突终末的突触小泡内。动作电位导致储存的乙酰胆碱被释放进并入神经元轴突终末和肌纤维之间的突触间隙中。

2. 乙酰胆碱迁移通过突触间隙，与肌纤维运动终板上的乙酰胆碱受体结合［图 1.5（a）］。

3. 这导致肌纤维的肌膜产生动作电位，此动作电位经 T 小管进入肌纤维内部。动作电位沿 T 小管的移动触发肌质网释放储存的钙离子［图 1.5（b）］。

4. 钙离子被释放到肌质中后，会发生迁移，并与沿肌动蛋白丝排列的肌钙蛋白结合［图 1.5（c）］。

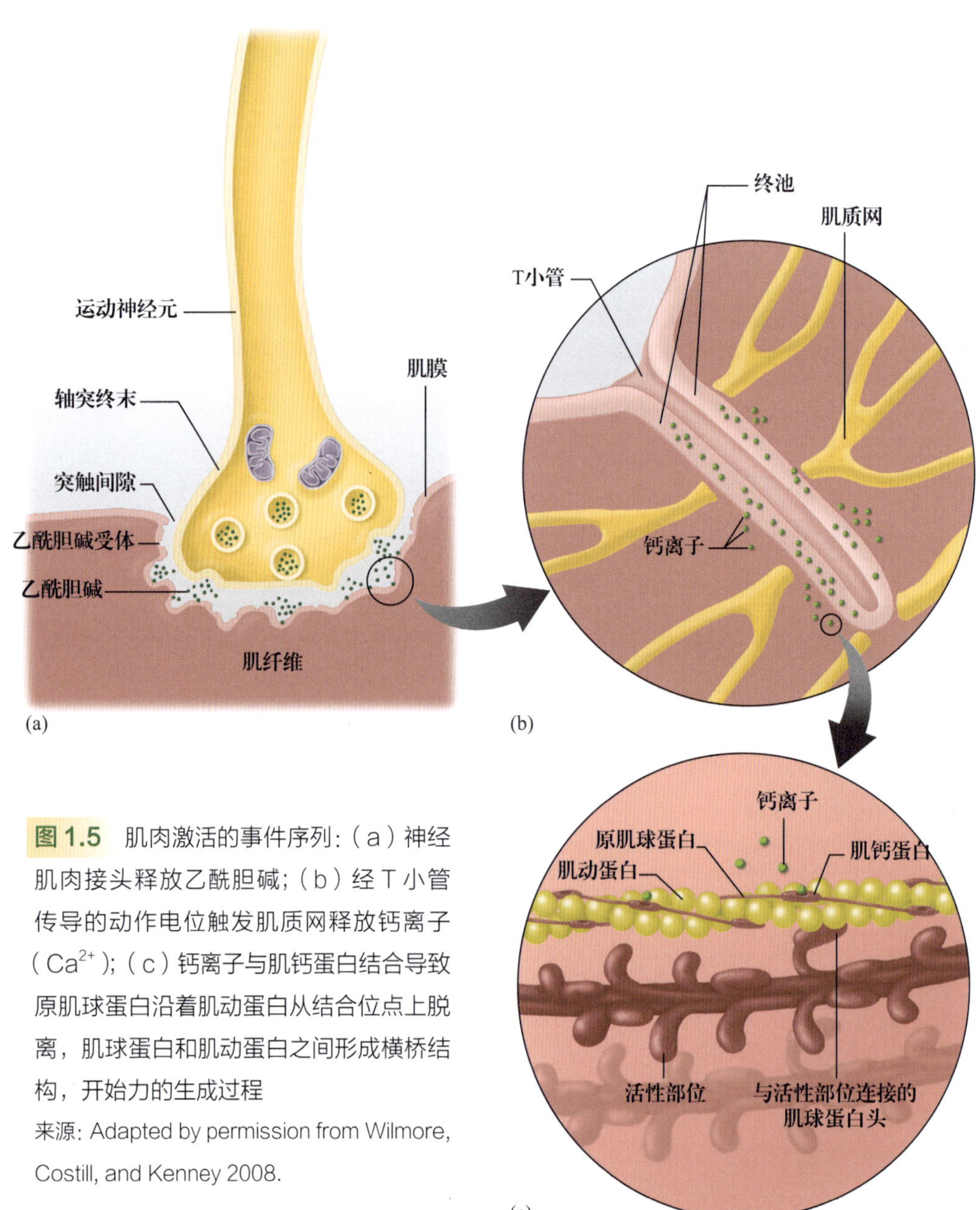

图 1.5 肌肉激活的事件序列：（a）神经肌肉接头释放乙酰胆碱；（b）经 T 小管传导的动作电位触发肌质网释放钙离子（Ca^{2+}）；（c）钙离子与肌钙蛋白结合导致原肌球蛋白沿着肌动蛋白从结合位点上脱离，肌球蛋白和肌动蛋白之间形成横桥结构，开始力的生成过程

来源：Adapted by permission from Wilmore, Costill, and Kenney 2008.

5. 钙离子与肌钙蛋白结合导致肌钙蛋白的构象发生变化。由于原肌球蛋白是附着在肌钙蛋白上的，故肌钙蛋白发生变化会使肌动蛋白上的结合位点暴露给肌球蛋白头。
6. 当肌肉处于静息状态时，肌球蛋白头实际上是处于“蓄能”状态的，就是说它储存着由 ATP 水解成二磷酸腺苷（adenosine diphosphate，ADP）和无机磷酸盐所产生的能量。当肌动蛋白上的结合位点暴露给肌球蛋白头时，肌球蛋白就可与其附着并形成横桥，向肌节中心牵拉肌动蛋白丝。肌球蛋白能否成功地将肌动蛋白丝拉向肌节中心，从而缩小肌肉长度，取决于横桥产生的力和外部对横桥施加的力。
7. 肌球蛋白头在牵拉肌动蛋白丝之后，处于“低能量”状态，必须与一个新的 ATP 分子结合才能脱离肌动蛋白丝，并重新储能。肌球蛋白头一旦与新的 ATP 分子结合，就会脱离肌动蛋白丝，肌球蛋白 ATP 酶（adenosine triphosphatase，ATPase）使 ATP 分子发生分解，这样就使肌球蛋白头再次“蓄能”。如果肌动蛋白丝上的结合位点仍处于暴露状态，那么肌球蛋白头可再次与之结合形成横桥，并将其向肌节中心牵拉。假如肌纤维一直受运动神经元刺激而收缩，那么此过程就会持续进行。

根据肌丝滑行理论，肌肉收缩或伸长是肌动蛋白丝和肌球蛋白丝相互滑动造成的，肌丝本身的长度并不会发生改变。

肌肉收缩类型

必须认识到，当肌纤维受到刺激时总会试图收缩。也就是说，横桥总是试图将肌动蛋白丝向肌节中心牵拉，从而缩短肌节和肌肉。肌肉通常在抵抗某种外部阻力时进行收缩，例如杠铃和哑铃，这些物体的作用力与肌肉产生的力相反。如果肌肉产生的力量大于外部阻力，就会产生向心收缩。肌肉在向心收缩过程中，克服阻力，肌肉长度缩短。如果肌肉产生的力量小于外部阻力，肌肉就会在试图缩短的情况下拉长，这称为肌肉离心收缩。如果肌肉产生的力量等于外部阻力，就会产生等长（静态）收缩。在此情况下，肌肉既不拉长也不缩短，而是保持原有长度。

在抗阻训练过程中，练习者总感觉向心收缩比离心收缩困难得多。例如在卧推练习中，将杠铃向上推离胸部（胸大肌、三角肌前束和肱三头肌向心收缩）比将杠铃拉向胸部（上述肌肉离心收缩）要困难很多。有时这会使人产生离心收缩没有向心收缩重要的误解。然而有证据表明[3, 8]，既重视向心收缩也重视离心收缩，对于使抗阻训练的效果最大化来说非常重要。

延迟性肌肉酸痛和肌肉离心收缩

在新的训练计划开始后 24 ～ 48 小时出现肌肉酸痛和不适的情况并不少见。人们起初认为延迟性肌肉酸痛（delayed onset muscle soreness，DOMS）是乳酸堆积造成的。最近的研究则认为这种情况更可能源于结缔组织和肌肉组织复合损伤，其引发的炎症反应激活了疼痛受体[2]。这种损伤主要是由肌肉离心收缩造成的结缔组织和肌肉组织产生微小撕裂。这种疼痛可能持续数天，造成活动范围、力量水平和快速发力能力下降[2,13]。应对 DOMS 造成的疼痛和运动表现水平下降的策略包括补充营养、按摩、冰敷和超声疗法[1,2]。训练本身可能是缓解 DOMS 带来的疼痛的最佳方法，尽管这种镇痛作用是暂时的。

肌纤维的类型

尽管所有的肌纤维都是用于收缩和发力的，但不同类型的肌纤维的收缩表现和基础生理特征是不同的。例如，同一块肌肉中不同类型的肌纤维在产生的力量、达到力量峰值所需时间、对有氧代谢和无氧代谢的喜好程度以及易疲劳性等方面都有所不同。这就产生了肌纤维类型的概念。根据目标特性的不同，肌纤维可划分成不同的类型。确定肌纤维的类型时需进行肌肉组织活检。该技术需要经肌肉切口插入肌肉活检针来获取少量肌肉，然后将其快速冷冻并进行处理。尽管有多种分析方法，但确定肌肉的生化特征和收缩性质，对私人教练来说可能最具现实意义。

氧对于有氧代谢来说是必需的，因此在有氧情况下产生 ATP 的能力是肌纤维的一个生化性质，称为氧化能力。含有大量的线粒体，且周围有数量充足的毛细血管来供应血液和氧的肌纤维被称为氧化肌纤维（oxidative fibers）。这些肌纤维拥有大量的肌红蛋白（myoglobin），这类蛋白能将氧从肌膜运输至线粒体，增强肌纤维的有氧代谢能力，并降低其对无氧代谢产生 ATP 的依赖性。

如前所述，肌球蛋白 ATP 酶负责分解 ATP，产生肌肉收缩所需的能量。肌球蛋白 ATP 酶有若干形式，它们分解 ATP 的速率不同。肌球蛋白 ATP 酶活性高的肌纤维，能快速从 ATP 中获得能量供肌肉收缩使用，所以肌肉收缩速率快。肌球蛋白 ATP 酶活性低的肌纤维，其情况正好相反。肌球蛋白 ATP 酶的类型会影响肌纤维的最大收缩速率，这一概念使我们将生化特性（肌球蛋白 ATP 酶的类型）与肌肉的收缩特性（收缩速率）联系起来。

除最大收缩速率，肌肉的另外两个收缩特性是最大力量和肌纤维效率。例如，不同的肌纤维由于体积（横截面积）不同，产生的力量强度有所不同，我们将其称为特定张力（specific tension）。可以根据效率描述肌纤维，效率高的肌纤维能够利用一定的 ATP 做更多的功。

生理学家根据肌纤维的生化特性和收缩特性的不同将肌纤维分成不同的类型。被人们广为接受的一种大体上的分类是快肌纤维和慢肌纤维。慢肌纤维又称Ⅰ型肌纤维、慢氧化型（slow oxidative，SO）肌纤维或慢缩型肌纤维（slow-twitch fibers）。顾名思义，这种肌纤维具有很强的氧化能力，耐疲劳，但是其收缩和放松的速率较慢。快肌纤维有两种，一种是Ⅱa 型肌纤维，又称快速糖酵解氧化（fast oxidative glycolytic，FOG）型肌纤维，另一种是Ⅱx 型肌纤维，又称快速糖酵解（fast glycolytic，

FG）型肌纤维。这两种快肌纤维大而有力，具有从中等到较强的无氧代谢能力。两种快肌纤维之间的主要区别是 FOG 型肌纤维具有中等的氧化能力和无氧代谢能力，与纯粹进行无氧代谢且极易疲劳的 FG 型肌纤维相比具有一定的抗疲劳能力。

应该明确的是，划分肌纤维类型所依据的特征是连续的，而非离散的。例如，含有多少线粒体的肌纤维才能被归类为氧化肌纤维？从实践的角度来讲，肌纤维会根据所受的生理压力产生适应，例如，Ⅰ型肌纤维和Ⅱ型肌纤维都会受定期的抗阻训练的影响而增大体积。更多有关抗阻训练和有氧耐力训练适应的内容会在第 5 章、第 6 章分别叙述。

神经系统

尽管骨骼肌产生力量，使我们可以移动和运动，但指导和控制自主运动的则是神经系统。

神经系统的组成

从解剖学上来说，整个神经系统可分成中枢神经系统和周围神经系统（图 1.6）。中枢神经系统由大脑和脊髓组成。顾名思义，周围神经系统则位于中枢神经系统以外，其功能是将神经脉冲由中枢神经系传导至周围部位（如骨骼肌），或将其由周围部位返回至中枢神经系统。周围神经系统也可被认为具有躯体（受意愿支配的）和自主（不受意愿支配的）功能。躯体神经系统负责激活骨骼肌，例如骑自行车过程中股四头肌的节奏性动作。自主神经系统控制如心肌、血管和腺体平滑肌的收缩的功能。

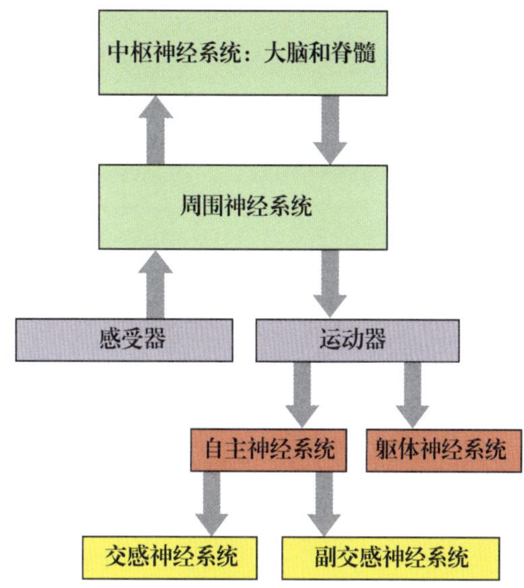

图 1.6　中枢和周围神经系统的组成结构

来源：Adapted by permission from Wilmore, Costill, and Kenney 2008.

神经元

神经系统最基本的单位是神经细胞，或称神经元。传导中枢神经系统的神经脉冲至肌肉的神经元称为运动神经元或传出神经元。这些运动信号使骨骼肌收缩。负责把神经脉冲从人体外周传导至中枢神经系统的神经元称为感觉神经元或传入神经元。感觉神经元将关于紧张、拉伸、运动和疼痛等信息的神经脉冲从人体外周传导至中枢神经系统。两个神经元之间、神经元与腺体或神经元与肌细胞之间相互通信的部位称为突触。例如前文所述，运动神经元和骨骼肌纤维之间的突触称为神经肌肉接头。

图 1.7 展示了典型的神经元结构。树突是神经元细胞体上的突起，负责接收其他神经元的兴奋或抑制信号（或两者都接收）。运动神经元的细胞体和树突位

于脊髓的灰质前角。如果一个神经元充分兴奋，那么其将把动作电位从细胞体沿轴突传递出去。轴突从脊髓向外延伸，可以使距离脊髓较远的肌肉受神经支配。在运动神经元激活骨骼肌时，动作电位使神经肌肉接头释放乙酰胆碱，之后的过程参见前述的肌肉收缩过程（见本章“肌丝滑行理论”一节）。

除运动神经元外，还有多种感觉神经元可将信息从人体外周如肌肉和关节传递回中枢神经系统。肌梭和高尔基腱器（Golgi tendon organ，GTO）这两种感觉神经结构对运动训练具有特殊意义。

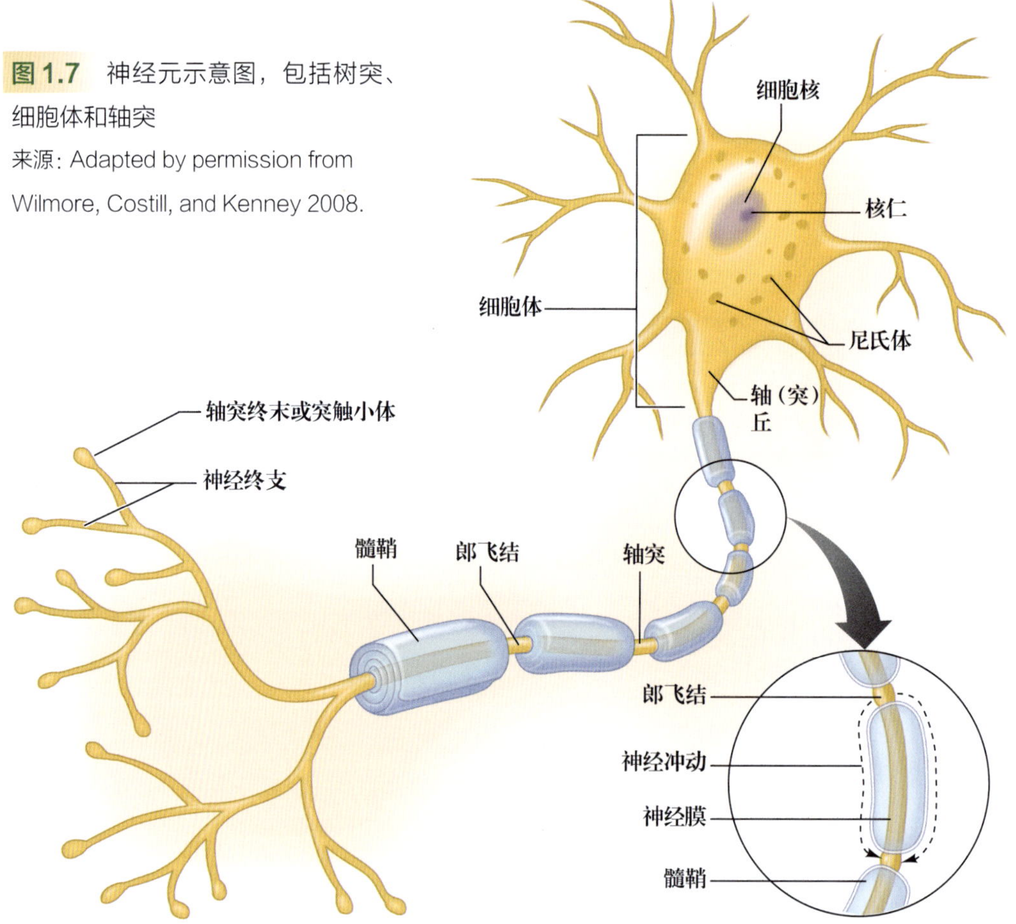

图 1.7 神经元示意图，包括树突、细胞体和轴突

来源：Adapted by permission from Wilmore, Costill, and Kenney 2008.

肌梭

顾名思义，肌梭是一种梭形的感受器，中部厚而两端渐窄。它是一种感觉牵拉刺激的特殊受体，广泛分布于多数骨骼肌中。肌梭专门感觉肌肉长度的变化，特别是当肌肉长度迅速变化的时候。每个肌梭都包裹于一个囊中（图 1.8），平行于梭外肌纤维（普通的骨骼肌纤维）。肌梭含有称为梭内肌纤维的特定肌纤维。这些梭内肌纤维的两个末端含有收缩蛋白（肌动蛋白和肌球蛋白），中部由感觉神经末梢包裹。由于肌梭的梭内肌纤维平行于梭外肌纤维，所以当肌肉受到拉伸力作用时，梭内肌纤维和梭外肌纤维会同时拉伸。这会让感觉器从肌梭放电，并向脊髓传导，产生运动反应并激活最初拉伸的肌肉。

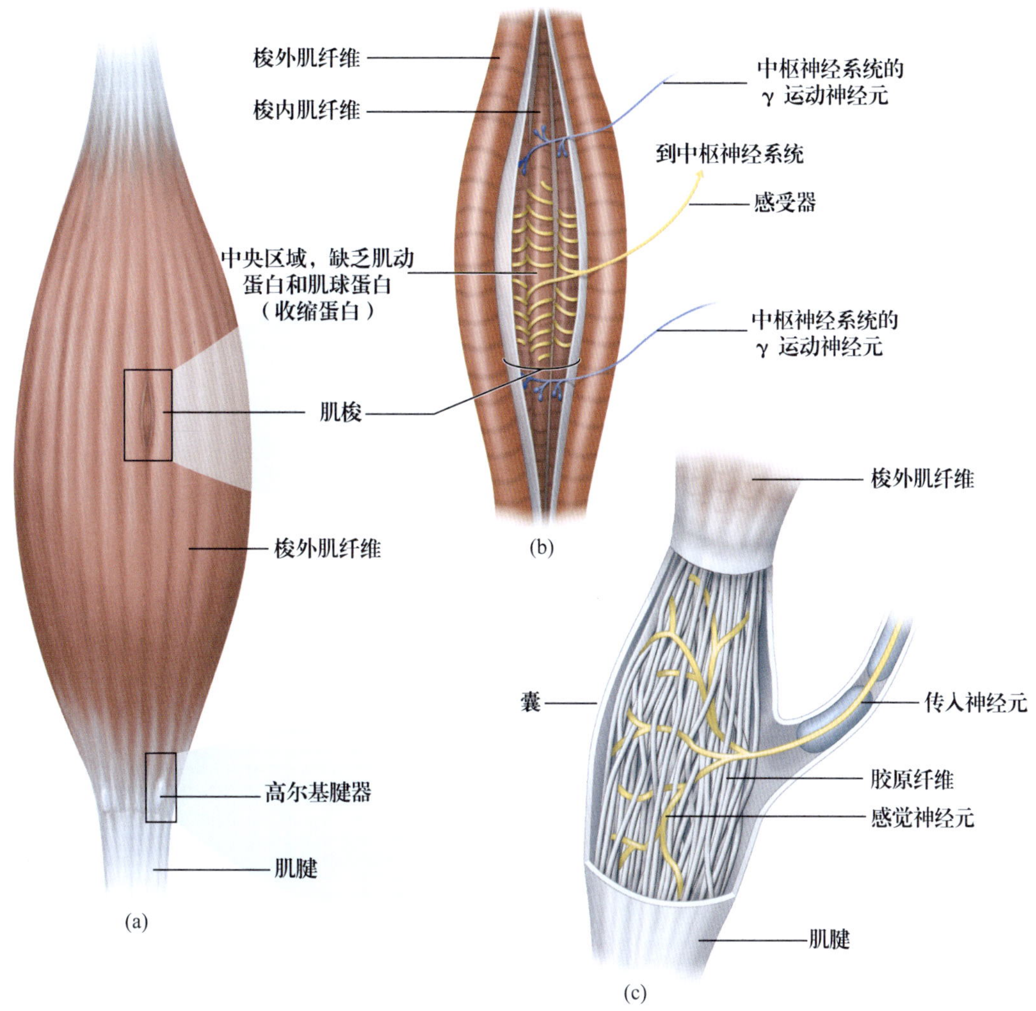

图 1.8　（a）骨骼肌中肌梭的位置；（b）肌梭的结构；（c）高尔基腱器的结构

来源：Adapted by permission from Wilmore, Costill, and Kenney 2008.

这种反射称为肌伸张或牵张反射。从实践的角度讲，静态拉伸运动通常应避免激活肌梭，而慢慢地进入拉伸姿态可以避免激活肌梭。这点很重要，因为肌肉放松时最容易拉伸。但训练过程中有时需要激活肌梭，例如拉长 - 收缩（plyometric）式运动（快速伸缩复合运动）就是先快速拉伸肌肉，随即肌肉进行向心收缩。肌肉这种急速拉伸会激活牵张反射，进而产生更有力的收缩动作。

高尔基腱器

高尔基腱器位于肌肉与骨骼连接的肌腱处（图 1.8），具有保护肌肉免于受伤的作用。当肌肉被激活时，高尔基腱器会变形，如果肌肉收缩的力量足够大，高尔基腱器将向脊髓传递感觉信息，导致动作肌放松并激活该肌肉的拮抗肌。这种保护性的反射可以防止肌肉和关节因收缩力量过大而受损。

运动单位

运动神经元及其支配的肌纤维称为运动单位。一个运动单位中的所有肌纤维都是同一类型的肌纤维。事实上是运动神经元赋予了肌纤维新陈代谢和收缩的特征。不同的运动单位控制的肌纤维数量有所不同，例如手部小肌群的运动单位含有的肌纤维数量相对较少；腿部大肌群的运动单位则含有大量的肌纤维。

单个运动单位中的所有肌纤维都是同一类型的。不同类型的肌纤维具有不同的解剖学和生理学特征，这决定了肌纤维的功能。

力的渐变

神经系统能够支配一块肌肉产生强度范围很宽的力量。例如一个人可以屈臂举起 10 磅（约 4.5 千克）的哑铃，然后增加负重直到以最大力量用 60 磅（约 27.2 千克）的哑铃做同样的练习。简单而言，神经系统通过两种机制调节或逐渐改变发力的大小，以完成一定的任务。第一种机制是改变运动单位的数量，这样激活的肌纤维数量也就不同，这称作运动单位募集；第二种是提高已激活的运动单位的放电速率（firing rate），这称作发放率编码（rate coding）。

当举起较轻的重物时，激活的运动单位数量相对较少。随着阻力的增大，例如举起更重的哑铃，可在运动单位激活库中增加更多的运动单位，或者更多的运动单位被“募集”起来，这样肌肉产生的力量也会随着收缩的肌纤维数量增加而增大。以最大强度举起最大或接近最大重量，就需要募集所有的运动单位。募集运动单位具有特定的顺序，称作运动单位募集的大小原则[7]，了解这点也很重要。最先被募集的是较小的Ⅰ型运动单位，其激活阈值较低，即使在力量较小的肌肉收缩中也会被募集。接下来募集的是Ⅱa 型运动单位，然后是Ⅱx 型运动单位。这些Ⅱ型运动单位比Ⅰ型运动单位大，需要达到较高的阈值才会被激活。尽管多数人似乎无法激活全部运动单位，但通过训练可以募集更多的运动单位[10]。

提高已激活运动单位的放电速率也可增大产生的力量[12]。如果一块肌肉尚未从前一刺激中得到放松，又受到刺激而收缩，则这块肌肉将产生更大的力量。有证据表明，训练有素的举重运动员，即使是老年人，也比没有受过训练的人拥有更高的最大运动单位放电率[11]。

骨骼系统

骨骼肌附着在骨骼上，而骨骼又与关节相连接，因此人才能够完成运动。附着于骨骼的肌肉牵拉骨骼产生旋转。肌肉、骨骼和关节的组合功能使我们能够举起重物、在跑步机上跑步或上单车课。图 1.9 展示了一块长骨的结构。除提供骨杠杆系统外，骨骼还有很多其他重要的解剖学和生理学功能。

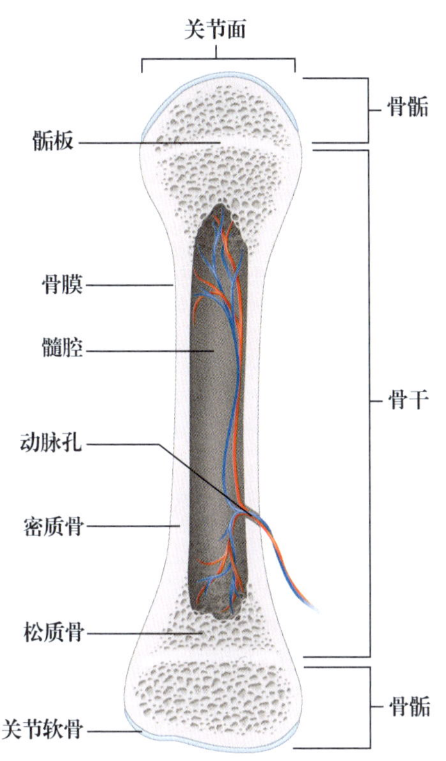

图 1.9 长骨的解剖结构

来源：Reprinted from Behnke 2006.

例如，骨骼不仅是钙和磷等矿物质的主要储存场所，还是产生血细胞的场所，同时具有保护内部器官和脊髓的作用。

骨骼系统的结构

普通成年人的骨骼系统由 206 块骨骼构成（图 1.10）。骨骼在解剖学上分成两种类型：中轴骨骼（axial skeleton）和附肢骨骼（appendicular skeleton）。中轴骨骼主要由头骨、脊柱、胸骨和肋骨组成，这些骨骼保护重要的内部器官，例如脑、心脏和肺，也为骨骼肌提供附着点。附肢骨骼包括上肢骨和下肢骨，这些骨骼围绕关节旋转，负责完成与运动训练有关的多数动作，例如举、跑、投掷、踢和击打等。

骨质疏松症与运动

骨骼是一种复杂的、动态活性组织，不断地进行着称为重塑（remodeling）的过程。在此过程中，破骨细胞（osteoclasts）分解骨骼，同时另一些称为成骨细胞（osteoblasts）的细胞则刺激骨骼的形成。骨骼有两种类型，即皮质（密质）骨（cortical bone）和松质骨（cancellous bone）[带有骨小梁（trabecular）]。皮质骨坚硬致密，主要见于长骨骨干的外层，例如手臂和腿部的骨骼。松质骨，也称作海绵骨（spongy bone），其不如皮质骨致密，主要见于长骨、椎骨和股骨头的内部区域，是造血（hematopoiesis）部位，血细胞在此合成。钙和磷这两种重要的矿物质有助于骨骼的形成。

骨质疏松英文的字面意思为“多孔”。患有骨质疏松症时骨骼比较脆弱，容易骨折，尤其是脊柱和髋骨。运动是保持骨骼健康的一个重要环节，还需结合恰当的营养搭配，包括充足的矿物质摄入。根据沃尔夫定律，骨骼会根据施加给它的压力进行适应调整。例如，跑步一类的负重运动，已经被证明可以增加骨骼矿物质密度（bone mineral density,BMD，简称“骨密度”）[5]，抗阻训练也是增加骨密度的有效方法[4]，离心负荷是一种对促进骨骼生长特别有效的刺激[6, 14]。这些信息对私人教练具有明显的意义——在为客户提供服务时，应在综合抗阻训练计划中加入类似于竞走或跑步（或两者均有）等负重运动，重点强调离心负荷。

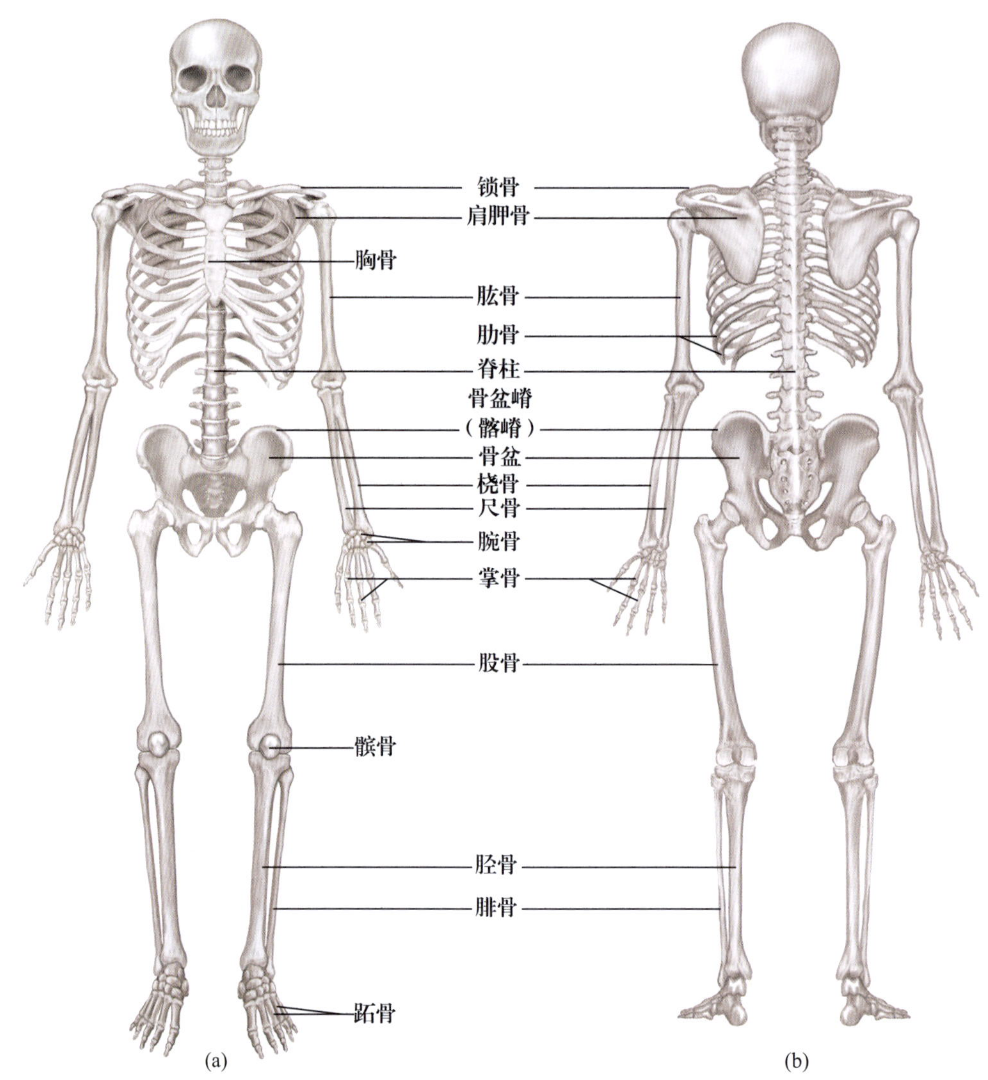

图 1.10 成年男性骨骼系统的结构：（a）前视图；（b）后视图

来源：（a）Reprinted by permission from Watkins 2010.（b）Reprinted by permission from Cartwright and Pitney 2011.

> 骨骼与肌肉一样，也会随着负重和强度的增加而对训练产生适应。负重运动和抗阻训练是增加骨密度的最好运动方式。

肌腱和韧带

肌腱和韧带是与骨骼系统有关的另外两种结缔组织。肌腱是使肌肉附着在骨骼上的结缔组织，本章前文已对其进行过讨论。肌腱适合承受肌肉牵拉骨骼时产生的拉力，主要由非弹性的胶原蛋白组成。韧带在骨骼之间进行连接，也由胶原蛋白组成，但含有弹性蛋白，这就使韧带具有一定的拉伸能力，可以在稳定关节和保持一定程度的活动能力之间达到平衡。

结语

简单而言，运动包括神经系统激活肌肉，肌肉牵拉骨骼及相关的结缔组织等过程。私人教练应该深刻理解上述结构和功能，从而弄清它们在运动时是如何工作的。这些知识有助于私人教练安全、有效地执行训练计划，并为理解反复进行的各种身体活动所产生的具体适应打下基础。

学习问题

1. 下列哪种细胞器在有氧条件下产生 ATP？
   A. 线粒体
   B. 肌质网
   C. 肌原纤维
   D.T 管
2. 下列哪个是粗肌丝？
   A. 肌动蛋白
   B. 肌钙蛋白
   C. 肌球蛋白
   D. 原肌球蛋白
3. 当肌肉试图缩短但仍被拉长时，会发生下列哪种肌肉运动？
   A. 向心
   B. 离心
   C. 等长
   D. 等速
4. 下列哪种类型的肌纤维具有中等的氧化能力和无氧能力？
   A. SO
   B. FOG
   C. FG
   D. 慢肌纤维
5. 下列哪一个神经系统的分支负责激活骨骼肌？
   A. 感觉神经
   B. 自主神经
   C. 传入神经
   D. 躯体神经

应用知识问题

你会给想知道如何通过运动避免骨质疏松症的客户什么建议？

参考文献

1. Beck, T.W., T.J. Housh, G.O. Johnson, R.J. Schmidt, D.J. Housh, J.W. Coburn, M.H. Malek, and M. Mielke. 2007. Effects of a protease supplement on eccentric exercise-induced markers of delayed-onset muscle soreness and muscle damage. *Journal of Strength and Conditioning Research* 21: 661-667.
2. Cheung, K., P. Hume, and L. Maxwell. 2003.

Delayed onset muscle soreness: Treatment strategies and performance factors. *Sports Medicine (Auckland)* 33: 145-164.
3. Colliander, E.B., and P.A. Tesch. 1990. Effects of eccentric and concentric muscle actions in resistance training. *Acta Physiologica Scandinavica* 140: 31-39.
4. Conroy, B.P., W.J. Kraemer, C.M. Maresh, S.J. Fleck, M.H. Stone, A.C. Fry, P.D. Miller, and G.P. Dalsky. 1993. Bone mineral density in elite junior Olympic weightlifters. *Medicine and Science in Sports and Exercise* 25: 1103-1109.
5. Duncan, C.S., C.J. Blimkie, C.T. Cowell, S.T. Burke, J.N. Briody, and R. Howman-Giles. 2002. Bone mineral density in adolescent female athletes: Relationship to exercise type and muscle strength. *Medicine and Science in Sports and Exercise* 34: 286-294.
6. Hawkins, S.A., E.T. Schroeder, R.A. Wiswell, S.V. Jaque, T.J. Marcell, and K. Costa. 1999. Eccentric muscle action increases site-specific osteogenic response. *Medicine and Science in Sports and Exercise* 31: 1287-1292.
7. Henneman, E., G. Somjen, and D.O. Carpenter. 1965. Functional significance of cell size in spinal motoneurons. *Journal of Neurophysiology* 28: 560-580.
8. Higbie, E.J., K.J. Cureton, G.L. Warren 3rd, and B.M. Prior. 1996. Effects of concentric and eccentric training on muscle strength, cross-sectional area, and neural activation. *Journal of Applied Physiology* 81: 2173-2181.
9. Huxley,H.E.1969.The mechanism of muscular contraction. *Science (New York)* 164: 1356-1365.
10. Knight, C.A., and G. Kamen. 2001. Adaptations in muscular activation of the knee extensor muscles with strength training in young and older adults. *Journal of Electromyography and Kinesiology* 11: 405-412.
11. Leong, B., G. Kamen, C. Patten, and J.R. Burke. 1999. Maximal motor unit discharge rates in the quadriceps muscles of older weight lifters. *Medicine and Science in Sports and Exercise* 31: 1638-1644.
12. Milner-Brown,H.S.,R.B.Stein,andR.Yemm. 1973.Changes in firing rate of human motor units during linearly changing voluntary contractions. *Journal of Physiology* 230: 371-390.
13. Nguyen, D., L.E. Brown, J.W. Coburn, D.A. Judelson, A.D. Eurich, A.V. Khamoui, and B.P. Uribe. 2009. Effect of delayed-onset muscle soreness on elbow flexion strength and rate of velocity development. *Journal of Strength and Conditioning Research* 23: 1282-1286.
14. Schroeder, E.T., S.A. Hawkins, and S.V. Jaque. 2004. Musculoskeletal adaptations to 16 weeks of eccentric progressive resistance training in young women. *Journal of Strength and Conditioning Research* 18: 227-235.

第2章

心肺系统与气体交换

莫赫·H. 马立克（Moh H. Malek），PhD

学习完本章后，你将能够掌握如下内容。

- 描述心血管系统的解剖学和生理学特点。
- 描述心脏生物电传导和基础心电图。
- 描述控制全身血液循环的机制。
- 描述呼吸系统的解剖学和生理学特点。
- 解释肺与血液之间的气体交换过程，并理解呼吸控制机制。

心血管系统与呼吸系统协同工作，在各种情况下（例如运动中）为身体提供所需的氧气和营养物质。此外，这两种系统都有助于清除肌肉中的代谢副产物。本章将概述这两种系统的结构和功能。

心血管系统运输营养物质并且清除代谢废物，同时帮助身体维持所有功能的环境稳定。身体中的血液从肺部向组织细胞运输氧气，用于细胞代谢；同时从组织细胞向肺部运输二氧化碳，并在肺部将其清除至体外。

心血管解剖学和生理学

在讨论心血管系统和气体交换之前，简单介绍血液在机体内运输氧气、营养物质和代谢副产物的特点是非常重要的。全血可分离成血浆、白细胞与血小板、红细胞，正常情况下各组成成分大约分别占全血的55%、不到1%和45%（图2.1）。正常动脉血的pH值约为7.4，运动、压力和疾病等因素可影响此值，使其产生偏离。值得注意的是，动脉血和肌肉pH值的生理耐受范围分别为6.9～7.5和6.63～7.10。pH值由碳酸氢盐、肺通气量和肾功能缓冲对其进行调节。

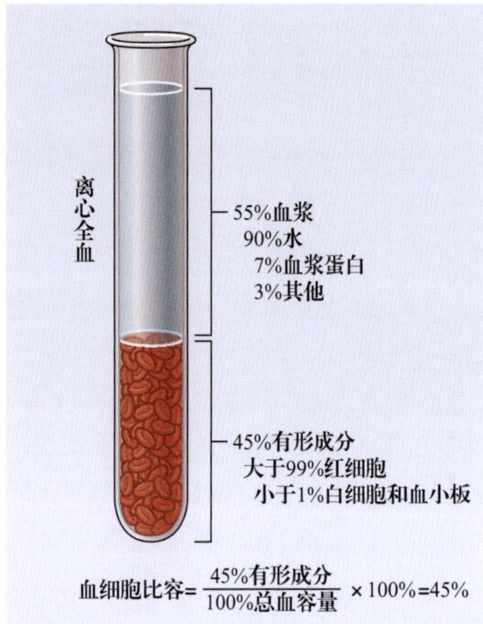

图 2.1　离心后全血的各组成部分

来源：Adapted by permission from Wilmore，Costill，and Kenney 2008.

氧运输

氧溶于血液，由血红蛋白携带。由于溶于血液的氧占比很小（每 100 毫升血液含 0.3 毫升氧），我们主要关注血红蛋白[4]。血红蛋白是红细胞中一种含铁的蛋白质，1 分子血红蛋白可与 4 分子氧结合。每克血红蛋白可携带约 1.39 毫升氧。每 100 毫升健康血液约含 15 克血红蛋白，所以每 100 毫升健康血液能携带 20.85（15×1.39）毫升氧[3]。无贫血的普通健康成年人，其血容量约为 5.0 升，约占体重的 7%。

氧 – 血红蛋白解离曲线

我们现已了解血液如何携带氧，接下来讨论的氧 - 血红蛋白解离曲线是非常重要的。这条曲线展示了各分压下的血红蛋白饱和度。分压本质上是混合气体中某一种气体施加的压力，按混合气体总压力与特定气体的百分比浓度的乘积进行计算。例如，正常大气压为 760 毫米汞柱，大气中氧的百分比为 20.93%。海平面上的氧气分压大约为 159 毫米汞柱（760 毫米汞柱 ×20.93%）。氧分压与氧饱和度之间不呈线性关系，而是 S 型。造成这一现象的部分原因是协同结合，即氧气与血红蛋白结合会促进氧分子随后的结合[2]。第一个氧分子与血红蛋白结合可以增加血红蛋白与氧的亲和性，使第四个氧分子与血红蛋白结合时的亲和力大于第一个氧分子的亲和力。因此，当氧分压增加时，血红蛋白饱和，但这种饱和开始趋于平稳。一般情况下，曲线约在 60 毫米汞柱开始变得相对平稳，此时约 90% 的血红蛋白被氧饱和。随后从 60 毫米汞柱增加到 100 毫米汞柱，98% 的血红蛋白被氧饱和。

影响氧 – 血红蛋白解离曲线的因素

氧 - 血红蛋白解离曲线受很多因素的影响，曲线可左移或右移。

例如，身体温度下降会导致曲线左移，升高则曲线右移。另一个可能导致该曲线向左或向右移动的因素是动脉血液的酸碱度。血液的 pH 值低，曲线右移；pH 值高，曲线左移。要在实际情况中应用氧 - 血红蛋白解离曲线考虑运动项目。一般情况下，运动可以提高身体温度，使曲线右移，因此在高分压下释放的氧气，可供给做功的肌肉，而不是保持与血红蛋白结合的状态。

心脏形态学

心脏由心肌组成，心肌不同于骨骼肌，为单核细胞。心脏由四个腔（右心房、左心房、右心室和左心室）组成，由自主神经控制[1]（图 2.2）。也就是说，心脏有内部起搏器，可以自动地保持节律跳动。心脏的电传导系统始于窦房结，是心脏主要的内部起搏器。窦房结产生电脉冲，跨过心房扩散至房室结（图 2.3）。此脉冲从此处继续向左右束支扩散，进入浦肯野系统。浦肯野系统是一系列围绕心室的纤维，刺激心室收缩。需要注意的是，从窦房结发出的脉冲以极快的速度（约 0.08 米 / 秒）跨越两个心房，经房室结降速，使心房兴奋与心室兴奋之间产生时间延迟。当脉冲到达浦肯野纤维时，心室收缩。脉冲传导的整个过程（窦房结→房室结→浦肯野纤维→心室收缩）耗时约 0.2 秒[1]。

如图 2.4 所示，静脉血通过上腔静脉和下腔静脉返回右心房，然后输送到右心室。头部和上肢的脱氧血经上腔静脉返回，躯干和下肢的脱氧血经下腔静脉返回。脱氧血在此处经肺动脉传递到肺部，进行气体交换。也就是说，脱氧血载氧的同时代谢副产物被清除。富氧血（即含氧的血液）经肺静脉回到左心房，然后输送到左心室。此时，富氧血可以通过数英里（1 英里约 1.6 千米）的脉管系统经主动脉输送到各器官和组织。

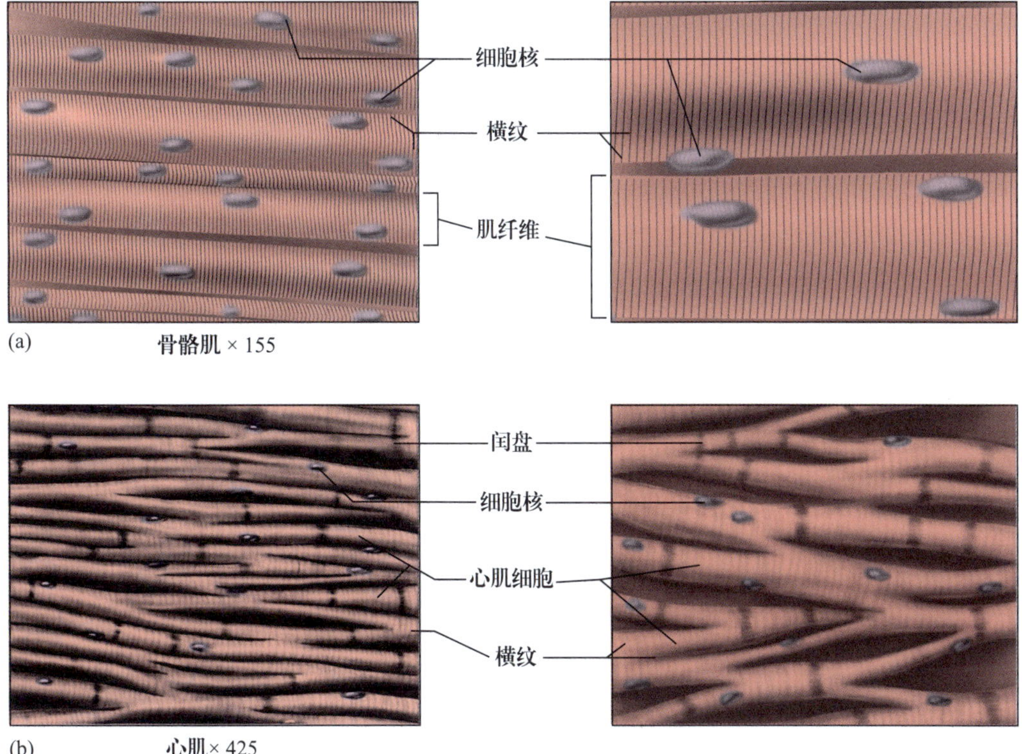

图 2.2　（a）骨骼肌；（b）心肌

来源：Adapted by permission from Whiting and Rugg 2006.

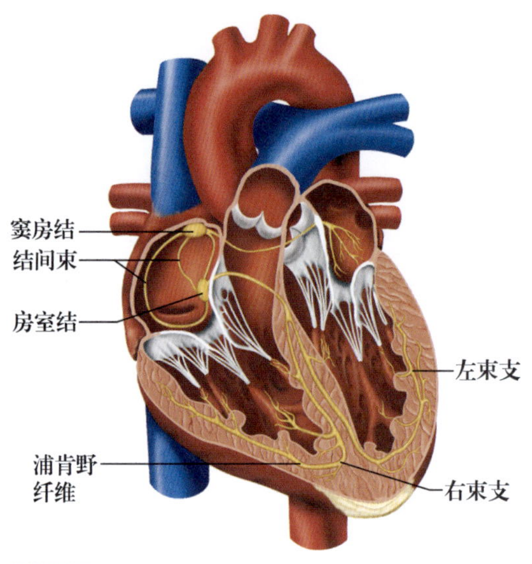

图 2.3 心肌传导系统

来源：Reprinted by permission from NSCA 2008.

> 心肺循环（中央循环）与身体其他部位的循环（外周循环）形成由两部分组成的单一封闭系统：动脉系统将血液从心脏中输送出去，静脉系统将血液送回心脏。

心电图

在身体表面记录心电活动的一种方法是在胸部放置 10 ～ 12 个电极。体表电极记录到的心脏产生的电脉冲（前文已述）具有独特的模式，称为心电图（ECG）。心电图由 3 种不同的部分构成：

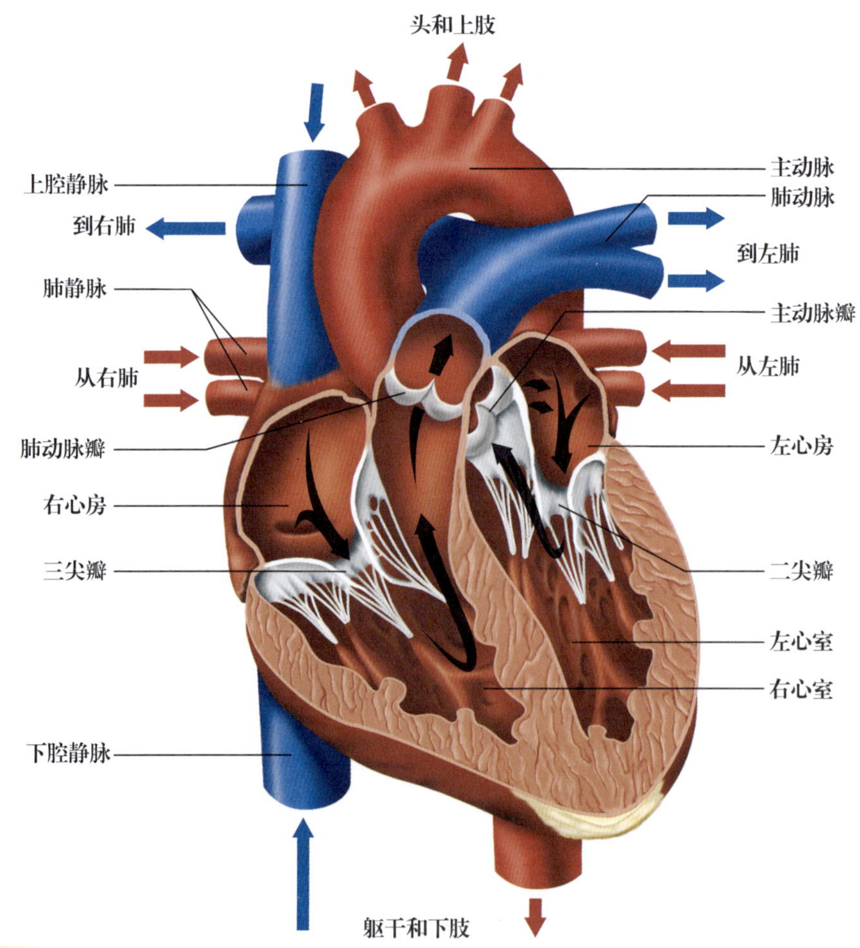

图 2.4 人体的心脏结构和相对应的血流通道

来源：Reprinted by permission from NSCA 2008.

P 波、QRS 波群和 T 波[1]。如图 2.5 所示，P 波代表脉冲从窦房结传递到房室结时发生的心房去极化。QRS 波群代表心室去极化，产生于脉冲从房室结传导至贯穿心室的浦肯野纤维的阶段。T 波代表心室的电复极化。需要注意的是，尽管心房的确会发生复极化，但其发生于 QRS 波群中，故不可见。一般而言，临床上常在增量运动试验下测定心电图，以检查处于压力下的心脏情况。

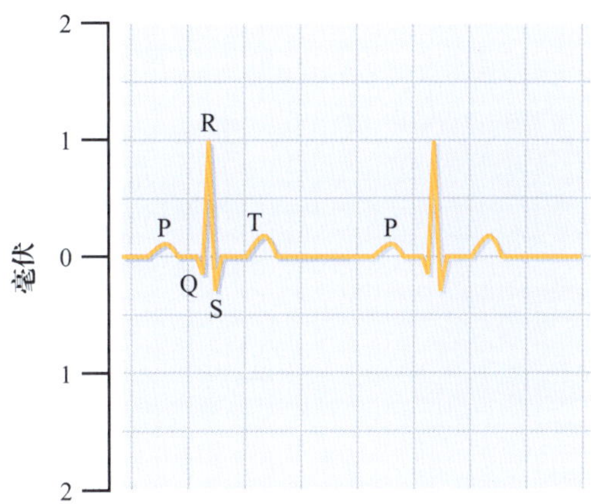

图 2.5　静息心电图的不同阶段

来源：Reprinted by permission from NSCA 2008.

循环

循环系统由动脉和静脉组成。动脉将血液从心脏输送至组织和器官，静脉将血液从组织和器官输送回心脏，例外之处就是肺静脉（前文已述）会将富氧血从肺输送到心脏。对于体循环来说，动脉通常是一个高压系统，主动脉压力约为 100 毫米汞柱，小动脉约为 60 毫米汞柱。相对于动脉，静脉的特点是压力非常低。由于这种低压系统，静脉具有单向瓣膜和平滑肌带，当我们移动或收缩四肢的肌肉时，这些瓣膜和平滑肌带将持续向心脏输送静脉血（图 2.6）。

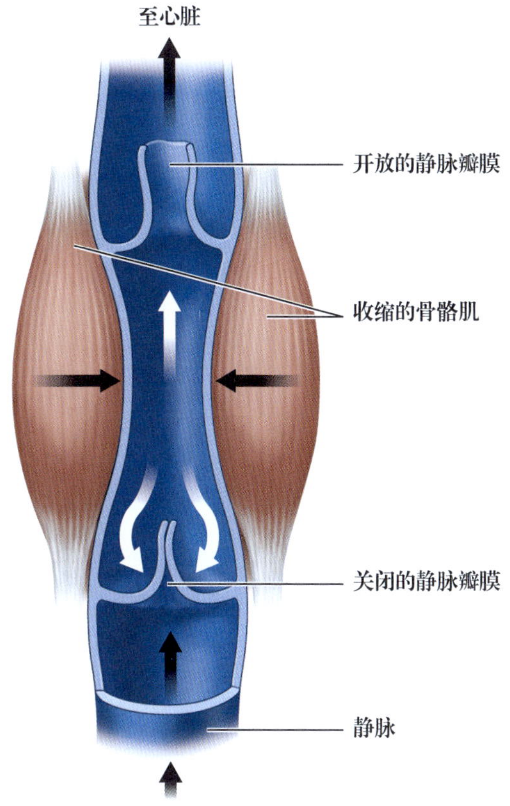

图 2.6　肌肉泵。骨骼肌收缩时，会挤压腿部静脉，帮助血液回流至心脏。静脉瓣膜确保血液单向回流至心脏

来源：Adapted by permission from Wilmore，Costill，and Kenney 2008.

整个体循环的阻力称为总外周阻力。随着血管收缩，外周阻力增大；血管舒张，外周阻力减小。值得注意的是，有很多因素影响血管的收缩和舒张，例如运动方式、交感神经系统刺激、局部肌肉组织代谢和环境应激（热或冷）。例如，在运动期间，交感神经系统刺激动脉血管舒张，导致流向工作肌的血流量增加。如图 2.7 所示，在运动期间，血液从其他器官重新分配至特定运动所需的肌肉。

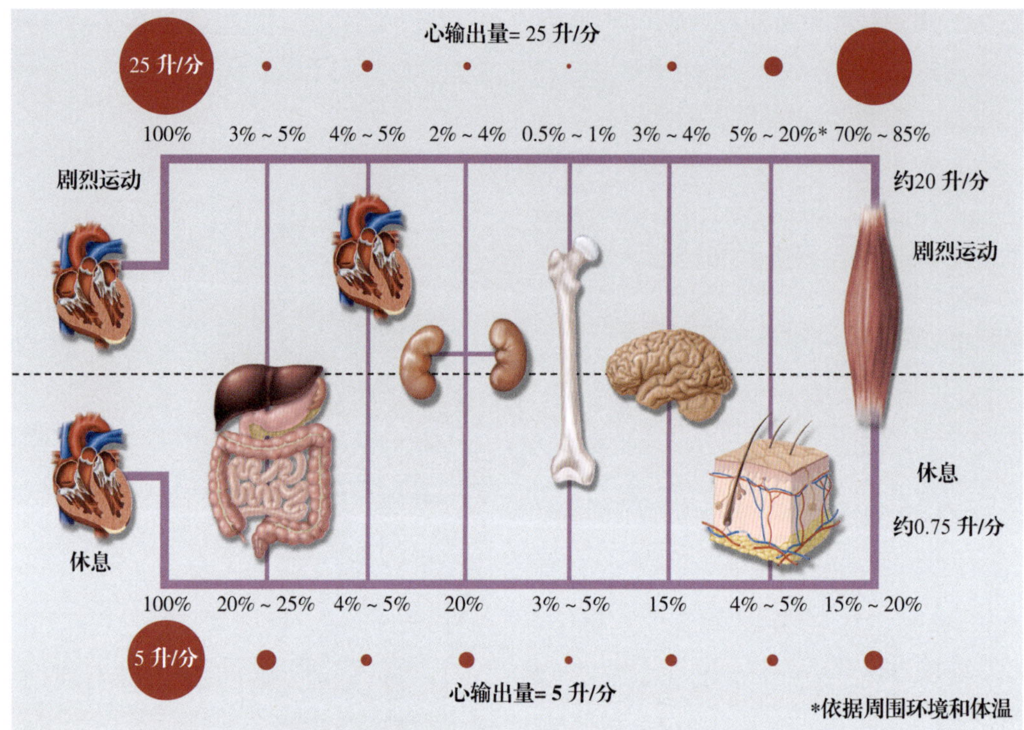

图 2.7 从休息到剧烈运动时血液的重新分配

来源：Reprinted by permission from Åstrand et al. 2003.

心动周期

完整的心动周期由一次心跳开始至另一次心跳开始之间的事件构成。心动周期由心舒期和心缩期组成。心舒期时心脏充满血液。收缩压是心室收缩射血过程中血液对动脉管壁的压强。同时测量收缩压和心率对于评价心脏工作能力很有用，还可用来间接估计心肌摄氧量。心脏工作能力的估计值称为心率－血压乘积或双乘积，按下列公式[1]计算：

心率－血压乘积 = 收缩压 × 心率 （2.1）

相反的，当心脏不向血管射血时，血液对动脉管壁的最小压强称舒张压。它表示外周阻力或血管硬化情况，常随血管舒张而减少，随血管收缩而增加。此外，尽管平均动脉压是整个心动周期的平均血压，但不应与收缩压与舒张压的平均值相混淆。平均动脉压常用下列公式估算：

平均动脉压 = 舒张压 +0.333 ×（收缩压－舒张压） （2.2）

心输出量

心输出量（$\dot{Q}$）的定义是每分钟心脏泵出的血量，按下列公式计算：

心输出量 = 每搏输出量 × 心率 （2.3）

每搏输出量是指每次心跳的射血量，按下列公式进行计算：

每搏输出量 =(心室) 舒张末期容积–收缩末期容积　　(2.4)

舒张末期容积是心室内血液充盈时的体积。收缩末期容积是收缩后心室中的血液体积。心输出量按下列公式计算：

心输出量 = (舒张末期容积–收缩末期容积)× 心率　　(2.5)

弗兰克 - 斯塔林 (Frank-Starling) 原则表明，左心室越舒张，收缩越有力，从心室中流出的血量也越多。此原则基于长度 - 张力关系。预负荷的增加直接受心脏容积和静脉向心脏回流血量的影响。

呼吸系统

呼吸系统的主要功能是进行氧气和二氧化碳的基本交换。本章讨论肺的解剖学和生理学特征以及气体交换功能。

结构

当空气通过鼻子时，鼻腔具有加温、加湿和净化空气的 3 种功能。空气经气管、支气管和细支气管分布至肺。气管可再分成左支气管和右支气管，两个支气管各自形成下一级分支，经过约 23 级分支后最终到达肺泡，在肺泡进行气体交换 (图 2.8) [1]。

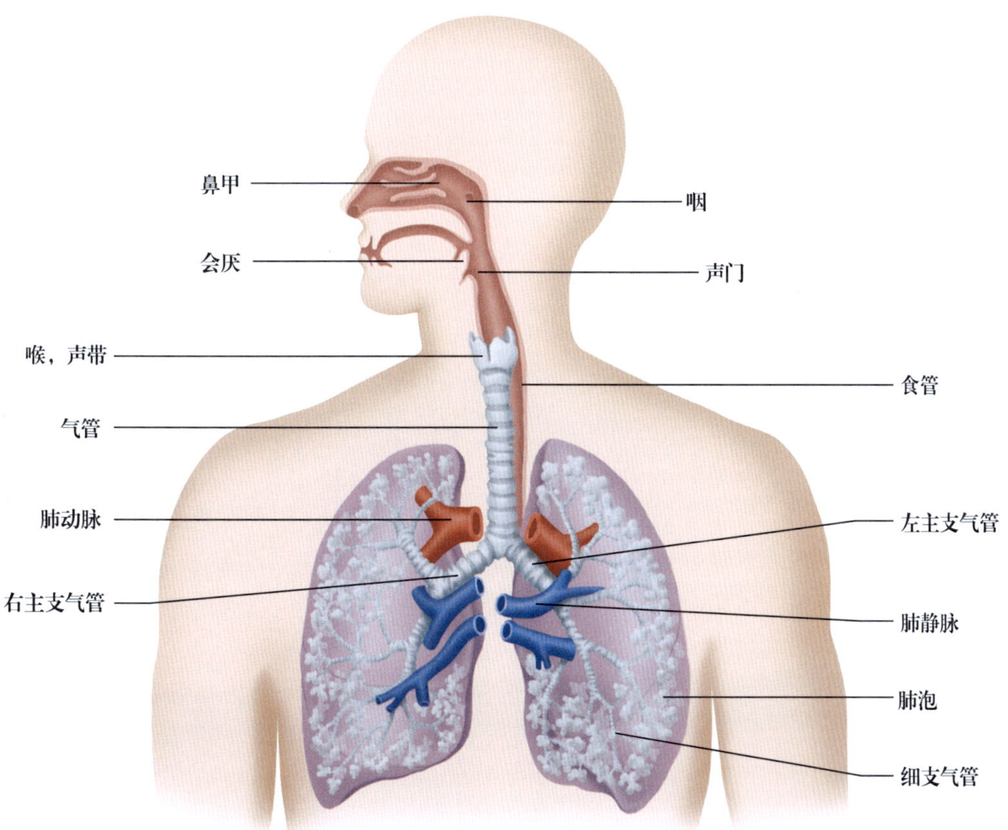

图 2.8 呼吸系统

来源：Reprinted by permission from NSCA 2008.

吸气是主动行为过程，涉及膈肌和肋间外肌（图 2.9）。膈肌收缩导致胸腔扩大，肺内压力降低。由于气体是从高压区移向低压区，故空气进入肺部。需要注意的是，运动期间的吸气涉及其他肌肉（如斜角肌、胸锁乳突肌、胸大肌和胸小肌）。静息时，肋间外肌和膈肌舒张，肺内压强增大，呼出空气，故呼气是一种被动反应，不涉及肌肉。肋间内肌和腹肌参与运动过程中的呼吸，促进空气进出肺部。

肺容量

肺量测定法是一种在临床和研究环境下测量静态肺容量的方法。图 2.10 显示使用肺量测定法可测量的各种肺功能指标。肺容量有多种组合描述方法。

气体交换

肺泡上覆盖着毛细血管，后者是身体中最小的血管单元和气体交换场所。气体（如氧气或二氧化碳）穿过细胞膜称为扩散（图 2.11）。当形成浓度梯度时扩散发生。如前所述，气体从高浓度区域向低浓度区域移动。在组织层面，组织中的细胞利用氧气，生成二氧化碳。组织与动脉血液中的氧气和二氧化碳的分压都不同。

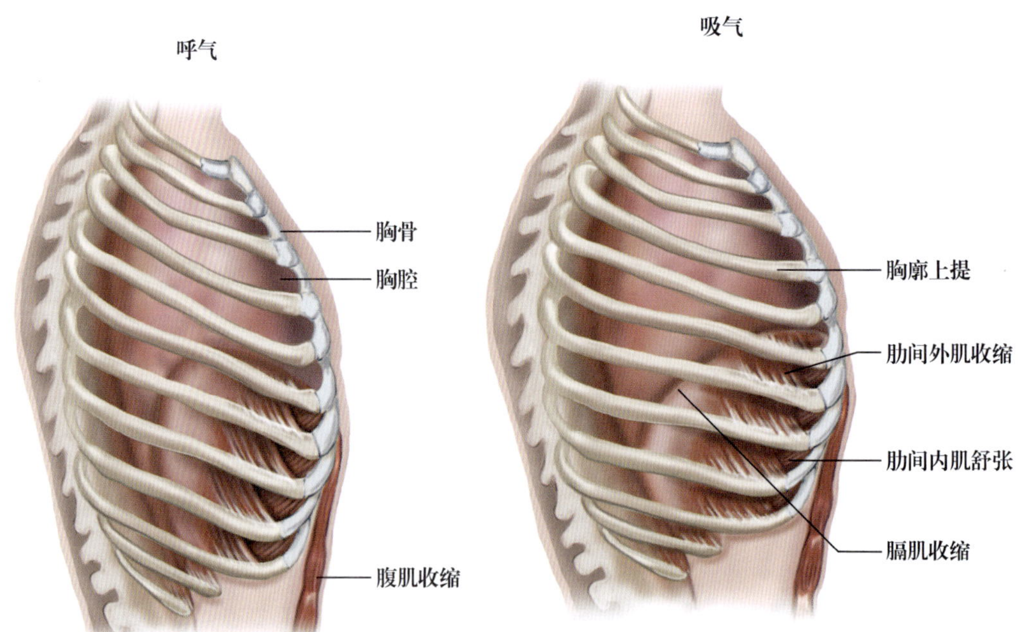

图 2.9 呼气和吸气期间胸廓收缩与扩张，图中展示了膈肌收缩、胸廓上提以及肋间肌的功能。吸气时胸廓的横向和纵向直径增大

来源：Reprinted by permission from NSCA 2008.

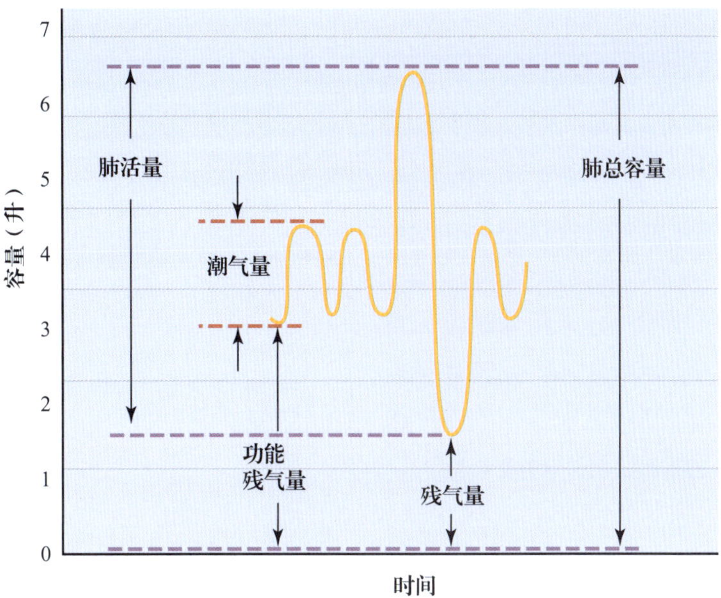

图 2.10　肺量测定法得出的各种肺功能指标

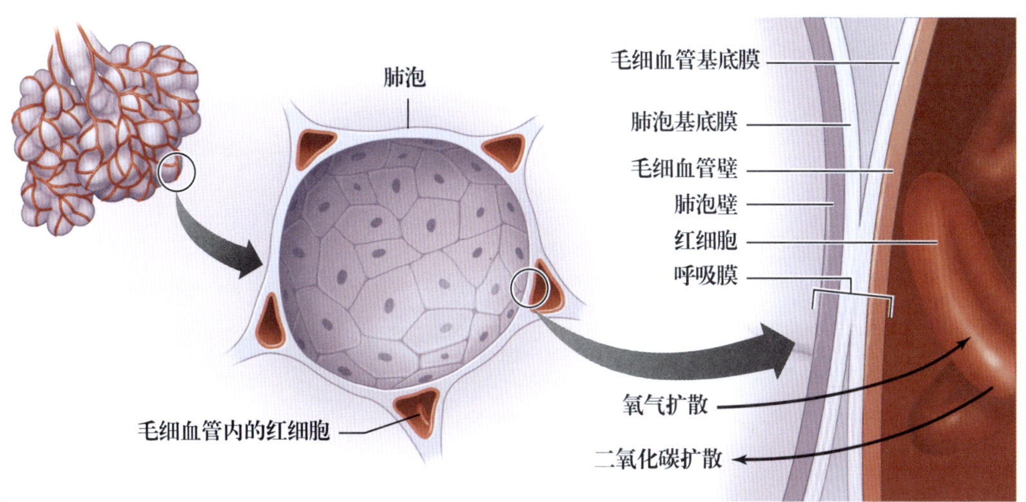

图 2.11　呼吸膜的解剖结构，显示肺泡与肺毛细血管血液之间的氧气和二氧化碳交换

来源：Based on Wilmore，Costill，and Kenney 2008[5].

空气流通过程中，氧气从肺泡扩散进入肺血液中，二氧化碳从血液扩散至肺泡。

摄氧量

摄氧量（$\dot{V}O_2$）是身体组织利用氧气的量。需要注意的是，耗氧量与摄氧量这两个术语可以替换使用。但传统上，若组织的氧使用量是直接测得的，则使用耗氧量这一术语。一般情况下，运动生理学中的摄氧量是利用代谢车经口腔测得的。摄氧量主要与心脏及循环系统经血液将氧气运输到组织及组织提取氧的能力有关。摄氧量可用 Fick 方程，即式（2.6）表示：

摄氧量 = 心输出量 × 动静脉血氧差 （2.6）

摄氧量 =(心率 × 每搏输出量)× 动静脉血氧差 （2.6.1）

摄氧量 = 心率 ×(舒张末期容积 − 收缩末期容积)× 动静脉血氧差 （2.6.2）

摄氧量是心输出量［式（2.3）］与动静脉血氧差的乘积。动静脉血氧差是每 100 毫升血液中动脉氧含量减去静脉氧含量所得的差值。此差值有助于我们了解运动时从转运血中提取的氧量。运动强度和氧提取量之间的关系如表 2.1 所示。

表 2.1 运动强度和氧提取量之间的关系

运动强度	动脉侧	静脉回流	提取
静息	20 毫升氧每 100 毫升血液	14 毫升氧每 100 毫升血液	6 毫升氧每 100 毫升血液
中	20 毫升氧每 100 毫升血液	10 毫升氧每 100 毫升血液	10 毫升氧每 100 毫升血液
高	20 毫升氧每 100 毫升血液	4 毫升氧每 100 毫升血液	16 毫升氧每 100 毫升血液

氧提取量随运动强度增加而增加。计算摄氧量的示例如下：

摄氧量 =（心率 × 每搏输出量）× 动静脉血氧差

摄氧量 =（80 次 / 分 ×65 毫升 / 次）×（6 毫升 /100 毫升）

摄氧量 =312 毫升 / 分

尽管此数值是绝对值（毫升 / 分），但也可以根据个人体重以相对值进行表示（毫升 · 千克 $^{-1}$ · 分 $^{-1}$）。

摄氧量 =（312 毫升 / 分）÷ 75 千克

摄氧量 =4.16 毫升 · 千克 $^{-1}$ · 分 $^{-1}$

最大摄氧量（$\dot{V}O_2max$）是整个身体中细胞利用氧气的最大量。最大摄氧量（峰值摄氧量）与身体调节具有很强的相关性，是评价心肺功能的使用最广泛的指标。静息摄氧量一般为 3.5 毫升 · 千克 $^{-1}$ · 分 $^{-1}$，耐力优秀的运动员的最大摄氧量接近 80 毫升 · 千克 $^{-1}$ · 分 $^{-1}$。

结语

心肺功能和呼吸系统的知识帮助我们理解静息和运动期间的气体交换。本章的内容特别实用，因为私人教练有义务向客户解释与正在进行的运动相关的生理学基础知识。

学习问题

1. 下列哪一项是血液流经的正确结构顺序？
   A. 上腔静脉，右心房，左心房，左心室，主动脉
   B. 下腔静脉，右心房，右心室，肺静脉，左心房
   C. 肺静脉，肺动脉，左心室，左心房，主动脉
   D. 上腔静脉，主动脉，左心房，右心室
2. 下列哪一项是计算峰值摄氧量的 Fick 方程的组成部分？
   Ⅰ. 心率　　Ⅱ. 收缩压
   Ⅲ. 每搏输出量　　Ⅳ. 舒张压
   A. Ⅰ和Ⅲ
   B. Ⅰ和Ⅳ
   C. Ⅱ和Ⅲ
   D. Ⅱ和Ⅳ
3. 肺中的气体交换在下列哪个位置进行？
   A. 毛细血管壁
   B. 基膜
   C. 支气管
   D. 肺泡
4. 心输出量是每搏输出量与心率的乘积。下列哪个等式表示每搏输出量？
   A. 摄氧量 - 心率
   B. 摄氧量 - 每搏输出量
   C. 舒张末期容积 - 心率
   D. 舒张末期容积 - 收缩末期容积
5. 心脏传导路径始于下列哪一部位？
   A. 房室结
   B. 浦肯野纤维
   C. 右心室
   D. 窦房结

应用知识问题

一位 25 岁，体重 170 磅（约 77.1 千克）的男性利用跑步机进行有氧耐力训练。他的运动心率是 160 次 / 分，每搏输出量是 100 毫升，动静脉血氧差是 13 毫升氧每 100 毫升血液。此人在利用跑步机训练中摄氧量的绝对值和相对值分别是多少？

参考文献

1. Guyton, A.C., and J.E. Hall. 2006. *Textbook of Medical Physiology*. Philadelphia: Elsevier Saunders.
2. Nelson, D.L. and M.M. Cox. 2008. *Lehninger Principles of Biochemistry*. New York: W.H. Freeman.
3. Wagner, P.D. 1996. Determinants of maximal oxygen transport and utilization. *Annual Review*

of Physiology 58: 21-50.

4. West, J.B. 2008. *Respiratory Physiology: The Essentials*. Philadelphia: Wolters Kluwer Health/ Lippincott Williams & Wilkins. p. ix.
5. Wilmore, J.H., D.L. Costill, and W.L. Kenney 2008. *Physiology of Sport and Exercise*, 4th ed. Champaign, IL: Human Kinetics.

第 3 章

生物能学

N. 特拉维斯・特里普利特（N. Travis Triplett），PhD

学习完本章后，你将能够掌握如下内容。

- 了解生物能学的基础术语以及与运动训练相关的代谢。
- 探讨 ATP 在肌肉活动中的主要作用。
- 解释人体内的基本能量系统，以及各系统为各种活动提供能量的能力。
- 探讨训练对骨骼肌生物能学的影响。
- 识别各能量系统使用的底物，并探讨各类活动的底物使用方式。
- 制订体现对人体生物能学和代谢，特别是训练代谢特异性的理解的训练计划。

一名私人教练必须了解生物系统产生和使用能量的知识，才能正确而有效地制订运动和训练计划。本章定义了生物能学的基本术语，包括 ATP 的作用，并探讨了用于补充人体骨骼肌中的 ATP 的 3 个基本能量系统；然后考察了我们从食物中获得的物质如何用于各类活动，包括分解过程，产生能量的细节，以及主要能源物质——肌糖原如何得到补充；最后讨论了训练的代谢特征，及其涉及的能量系统的局限性和各能量系统对身体活动的贡献。

在此对迈克尔・康利（Michael Conley）博士和迈克尔・斯通（Michael Stone）博士对本章的贡献表示感谢。康利博士和斯通博士分别撰写了本书第 2 版和第 1 版的很多内容。

基本术语

体力劳动需要能量才能完成。人体中的化学能转换为机械能才能产生运动。生物能学或生物系统中能量的流动主要涉及食物转换，即将含有化学能的碳水化合物、蛋白质和脂肪转化为生物可用的能量形式。

这些分子中的化学键断裂，可以释放身体活动所需的能量。

大分子分解为小分子（如碳水化合物分解为葡萄糖）的过程通常伴随能量的释放这个过程，称为分解代谢。利用分解代谢释放的能量，将小分子合成大分子的过程称为合成代谢，例如由氨基酸合成蛋白质。人体处于合成代谢与分解代谢的稳定状态，称为代谢，其定义为体内所有合成代谢反应与分解代谢反应的总和。分解代谢反应产生的能量通过媒介分子 ATP 用于合成代谢。如果 ATP 供应不足，肌肉就不可能活动和增长。私人教练在制订训练计划时应基本了解运动如何影响 ATP 的使用与再合成。

ATP 由 1 分子腺嘌呤（含氮碱基）、1 分子核糖（即五碳糖，腺嘌呤和核糖形成腺苷）和 3 分子磷酸基团组成（图 3.1）。去除一个磷酸基团生成 ADP；再去除第二个磷酸基团生成一磷酸腺苷（adenosine monophosphate，AMP）。ATP 的两个末端磷酸基团的化学键中储存着大量能量，属于高能分子。这些化学键断裂，释放能量，为体内的各种反应提供能量。由于肌细胞储存的 ATP 数量有限，而肌肉活动需要稳定的 ATP 供给，所以细胞内必须有 ATP 的生成过程。

能量系统

人体有 3 个补充 ATP 的能量系统。

- 磷酸原系统（无氧过程，即在无氧条件下进行）。
- 糖酵解系统（两种类型——快速糖酵解和慢速糖酵解，均在无氧条件下进行）。
- 氧化系统（有氧过程，即需要氧气）。

食物中 3 个主要的物质组成部分（碳水化合物，脂肪和蛋白质），只有碳水化合物可以在无氧条件下直接参与代谢产生能量[6]。

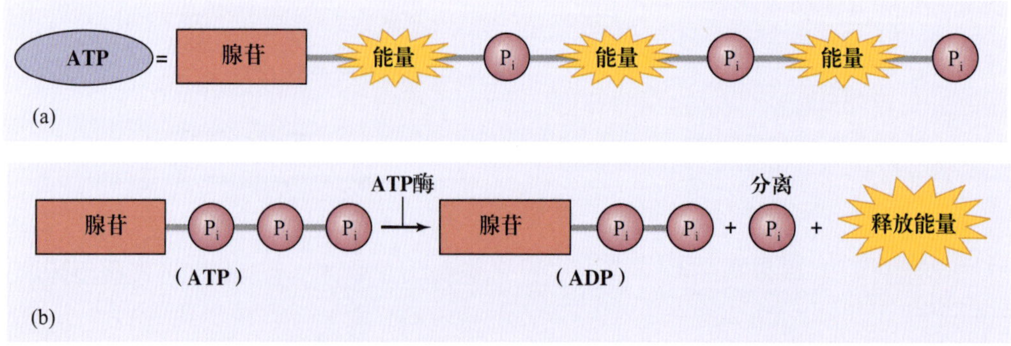

图 3.1 （a）一个 ATP 的分子结构，显示了高能磷酸键；（b）ATP 分子上的第三个磷酸基团在 ATP 酶的作用下与腺苷分离，释放能量

来源：Adapted by permission from Wilmore，Costill and Kenney 2008.

ATP组成部分

- 腺嘌呤（1 分子含氮碱基）
- 核糖（1 分子五碳糖或戊糖）
- 3 个磷酸基团

腺嘌呤与核糖合称为腺苷

3 个磷酸基团合称为三磷酸盐

ATP 的化学键中储存的能量为肌肉活动供能。人体骨骼肌中的 ATP 通过 3 个基本能量系统进行补充：磷酸原系统、糖酵解系统和氧化系统。

磷酸原系统

尽管磷酸原系统是短时、高强度运动（例如跳跃和冲刺）中 ATP 的主要来源，但其会在任何强度的运动开始时活化[6]。例如，即使在简单的 5 千米慢跑或中等强度的动感单车练习课程的前几秒，肌肉活动的能量最初都来自磷酸原系统。该能量系统依赖于 ATP 和磷酸肌酸的化学反应，这两种磷酸原都含有肌球蛋白 ATP 酶和肌酸激酶。肌球蛋白 ATP 酶提高 ATP 分解成 ADP 和无机磷酸盐的速率，并释放能量。这都是分解代谢反应。合成代谢反应是肌酸激酶通过供应磷酸基团，与 ADP 结合形成 ATP 的过程，其中肌酸激酶可提高由磷酸肌酸和 ADP 合成 ATP 的速率。

这些反应提供能量的速率很高，不过，肌肉中储存的 ATP 和磷酸肌酸数量少，故磷酸原系统无法为长时间的连续运动提供能量[7]。一般而言，Ⅱ型肌纤维的磷酸肌酸浓度大于Ⅰ型肌纤维[22]。

肌酸激酶活性主要调节磷酸肌酸的分解。肌细胞 ADP 浓度增高，肌酸激酶活性就增高；ATP 浓度增高可抑制肌酸激酶活性[33]。在运动开始时，ATP 分解成 ADP，释放能量用于肌肉活动。ADP 浓度增高激活肌酸激酶，促进磷酸肌酸分解形成 ATP。如果继续保持高强度运动，则肌酸激酶活性继续升高。如果停止运动，或运动强度低至糖酵解或氧化系统足以满足肌细胞 ATP 的需求水平，肌细胞中 ATP 的浓度将会增高。ATP 浓度增加使肌酸激酶活性降低。

糖酵解系统

糖酵解是指碳水化合物——肌肉储存的糖原或血液转运的葡萄糖发生分解，产生 ATP[6]。糖酵解产生的 ATP 最初用来补充磷酸原系统，然后成为持续时间长达约 2 分钟的高强度运动所需 ATP 的主要来源，比如为在激烈的壁球比赛中为保持良好的截击状态或为跑 600 ～ 800 米提供 ATP。糖酵解过程涉及控制一系列化学反应的多种酶（图 3.2）。糖酵解酶位于细胞质（肌细胞肌质）中。

如图 3.2 所示，糖酵解有两种方式：快速糖酵解和慢速糖酵解。快速糖酵解常称为无氧糖酵解，慢速糖酵解称为有氧糖酵解，最终都产生丙酮酸。糖酵解本身不依赖于氧气，故这些术语并不能准确地描述该过程[6]。在快速糖酵解过程中，终产物丙酮酸转化为乳酸盐，其提供能量（ATP）的速率大于慢速糖酵解。慢速糖酵解通过氧化系统将丙酮酸转运到线粒体中产生能量。终产物的代谢途径受控于细胞内的能量需求。如果必须高速供能，如在抗阻训练中，则首先进行快速糖酵解。如果能量需求不高，且细胞内的氧气充足，如低强度有氧舞蹈课的开始阶段，则慢速糖酵解被激活。另外，该过程还会产生还原型（还原是指加氢）烟酰胺腺嘌呤二核苷酸（nicotinamide adenine dinucleotide，NADH），NADH可进入电子传递系统，生成ATP。

快速糖酵解的总反应如下：

$$\text{葡萄糖}+2P_i+2ADP\rightarrow 2\text{乳酸盐}+2ATP+\text{水} \quad (3.1)$$

慢速糖酵解的总反应如下：

$$\text{葡萄糖}+2P_i+2ADP+2NAD^+\rightarrow 2\text{丙酮酸}+2ATP+2NADH+2\text{水} \quad (3.2)$$

糖酵解的能量产出

1分子葡萄糖糖酵解净产生2分子ATP。如果以糖原（葡萄糖的储存形式）作为能量底物可净产生3分子ATP。这是因为葡萄糖的磷酸化反应（增加1个磷酸基团）使其比糖原糖酵解多消耗1分子ATP（图3.2）。

糖酵解调节

在肌肉剧烈收缩过程中，糖酵解受ADP、P_i、氨和pH值轻微下降的刺激，也受AMP的强烈刺激[6, 18]。在氧气供应不足期间，pH显著偏低，糖酵解受到抑制；静息状态下，ATP、磷酸肌酸、柠檬酸盐和游离脂肪酸增加，也可抑制糖酵解[6, 18]。糖酵解主要受控于葡萄糖在已糖激酶作用下的磷酸化反应（图3.2）；但还要考虑糖原分解为葡萄糖的速率，这在糖酵解调节中受磷酸化酶的控制[6, 34]。换言之，如果糖原没有足够迅速地分解为葡萄糖，且游离补充的葡萄糖也已耗尽，则糖酵解将变缓。

调节一系列反应的另一个重要因素是限速步骤，即这一系列中最慢的反应。果糖-6-磷酸转变为果糖-1,6-二磷酸的反应受磷酸果糖激酶（phosphofructokinase，PFK）控制，是糖酵解的限速步骤（图3.2）。磷酸果糖激酶激活是调节糖酵解速率的首要因素。在高强度运动时，磷酸肌酸能量系统通过刺激磷酸果糖激酶，刺激糖酵解产生能量[6, 45]；同时，AMP或氨基酸的脱氨基作用（移除氨基酸分子中的氨基）增强，产生的氨基也能刺激磷酸果糖激酶。

乳酸与血乳酸盐

肌细胞内氧气供应量下降时发生快速糖酵解。尽管运动时出现的肌肉疲劳与肌肉组织内高浓度的乳酸有关[25]，但疲劳更可能是由于多种来源的酸（包括糖酵解的中间产物）使pH值下降造成的[35]。

当pH值降低（酸性更强）时，糖酵解反应受到抑制，进而可能通过抑制钙离子与肌钙蛋白的结合或干扰肌动蛋白－肌球蛋白之间的横桥形成而直接影响肌肉活动[44]。同时，pH值降低会抑制细胞能量系统的酶活性[1]。整体效果是运动时可用的能量和肌肉活动力量下降。乳酸盐常用作能量底物，特别是对于Ⅰ型肌纤维和心肌纤维而言[28]。在长期运动和恢

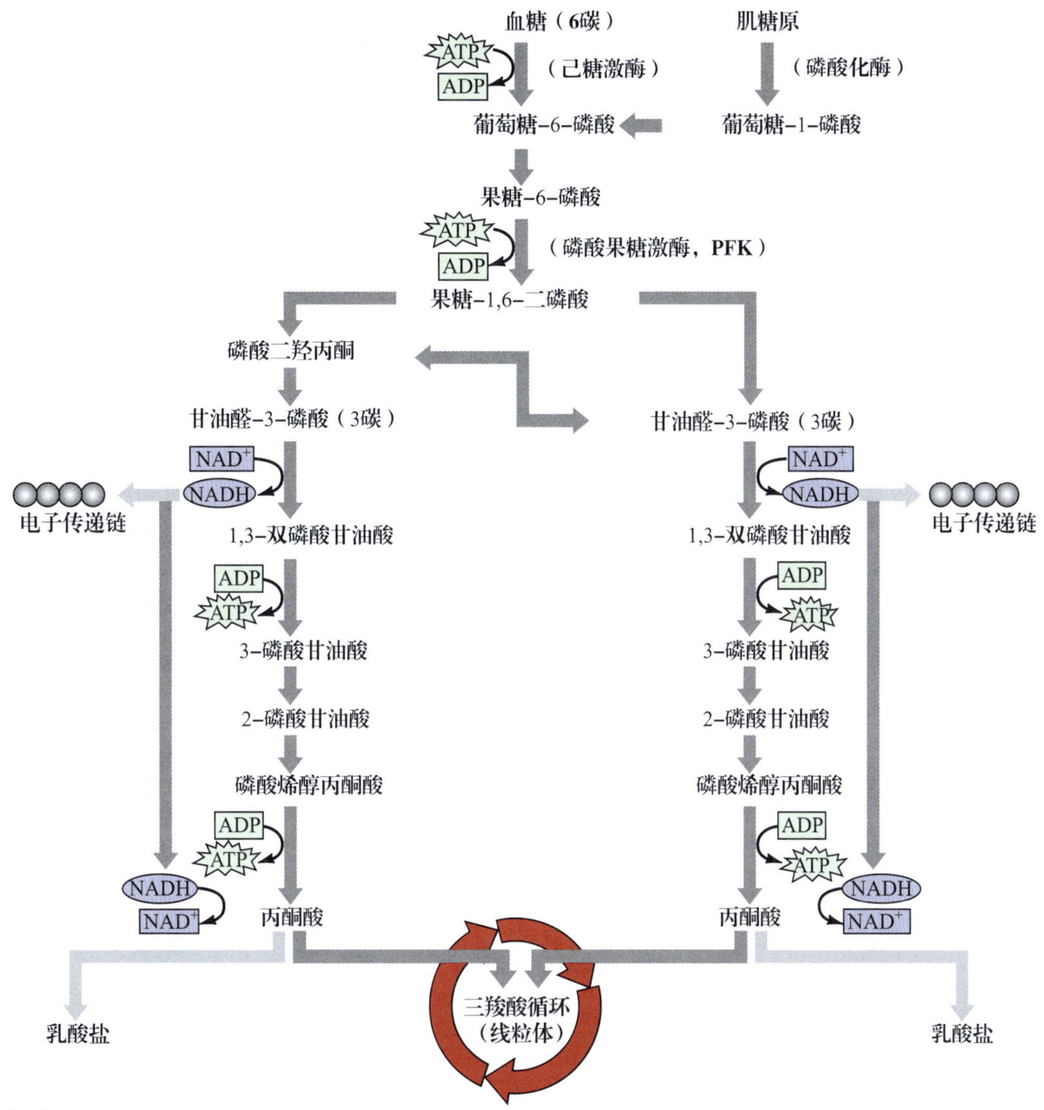

图 3.2　糖酵解

ATP = 三磷酸腺苷；ADP= 二磷酸腺苷；NAD⁺，NADH= 烟酰胺腺嘌呤二核苷酸。

来源：Reprinted by permission from NSCA 2008.

复期间，乳酸还可以进行糖异生，从而形成葡萄糖[4, 28]。血液中乳酸盐的清除表明人的能力恢复。肌纤维中产生的乳酸盐可经氧化清除，或经血液运输至其他肌纤维进行氧化[28]。乳酸盐也可经血液运输至肝脏，转化为葡萄糖。此过程称为科里循环，如图 3.3 所示。

正常情况下，血液和肌肉中的乳酸盐浓度很低。据研究报告称，静息状态下血液中乳酸盐浓度的正常范围为 0.5 ~ 2.2 毫摩尔 / 升[14, 30]。生成的乳酸盐随着运动强度的增加而增加[1, 14, 37]，似乎因肌纤维类型的不同而不同。Ⅱ型肌纤维生成乳酸盐的速率较高可能反映其糖酵解酶的浓度或活性高于I型肌纤维[10]。

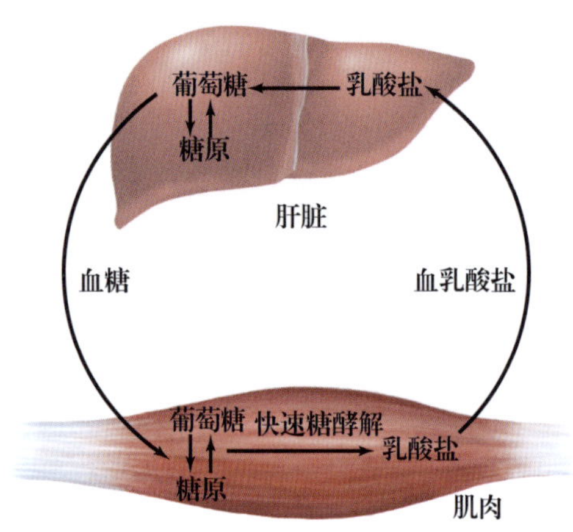

图 3.3 科里循环

来源：Reprinted by permission from NSCA 2008.

戈尔尼克等人（Gollnick et al.）报告称，血乳酸盐浓度常在运动后一小时内恢复到运动前状态。运动后轻度活动可以提高血乳酸盐清除速率，经过有氧训练[14]和无氧训练[31, 32]的人的血乳酸盐清除速率高于未经训练的人。运动停止约5分钟后出现血乳酸盐浓度峰值，此延迟一般是乳酸盐从组织运输到血液所需的时间[14, 24]。

人们普遍认为当运动强度增加时，乳酸盐蓄积曲线（图3.4）将出现特定拐点[6, 35]。血乳酸盐浓度开始自基线浓度急剧增加时的运动强度或相对强度称为乳酸盐阈值[48]。乳酸盐阈值代表对无氧代谢机制的依赖性逐渐增加。未经训练的人的乳酸盐阈值常始于最大摄氧量的50%～60%的强度，受过训练的人则始于最大摄氧量的70%～80%的强度[13, 15, 23]。第二次乳酸盐蓄积速率增加见于强度相对更高的运动。这第二个拐点称为血乳酸盐堆积，常见于血乳酸盐浓度接近4毫摩尔/升时[41, 43]。乳酸盐堆积的突然增加可能对应于随着运动强度的增加，身体募集了中型和大型的运动单位[23]。与大型运动单位有关的肌细胞常为Ⅱ型肌纤维细胞，特别适合于进行无氧代谢和乳酸盐生成。

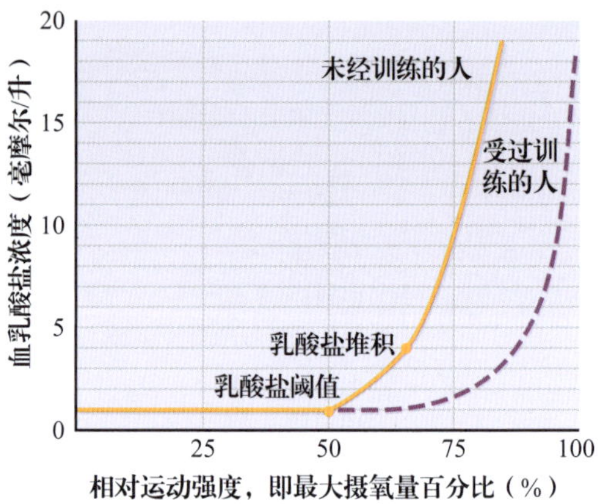

图 3.4 乳酸盐阈值（LT）与乳酸盐堆积（OBLA）

来源：Reprinted by permission from NSCA 2008.

研究表明，强度接近或超过乳酸盐阈值或乳酸盐堆积的训练能够改变乳酸盐阈值和乳酸盐堆积，使乳酸盐堆积在更高的运动强度下出现[9]。此转变可能受数个因素影响，特别是线粒体含量增加，可通过有氧机制产生更多的ATP。这一变化使人能够在有更大的最大摄氧量百分比的条件下运动，而血液中不堆积过多的乳酸盐[6, 23]。

氧化（有氧）系统

氧化系统主要以碳水化合物和脂肪作为能量底物，是静息状态和有氧运动时ATP的主要来源[6]。在跑步机上行走、进行水中有氧运动或参加瑜伽课程的客户都主要依赖氧化系统供能。除非长期饥饿或长时间（>90分钟）运动，蛋白质通常不参与代谢[8,27]。静息状态下，约 70% 的 ATP 源于脂肪，30% 的 ATP 源于碳水化合物。运动开始后，随着运动强度增加，能量底物从脂肪向碳水化合物转换。在高强度有氧运动中，如果供应充足，几乎 100% 的能量源于碳水化合物。在长时间的、次最大强度的、平稳的工作过程中，能量底物逐渐从碳水化合物向脂肪和蛋白质转变[6]。

葡萄糖与糖原氧化

血糖和肌糖原的氧化代谢始于糖酵解。在氧供应充足的情况下，糖酵解的最终产物丙酮酸不转化为乳酸盐，而是转运至细胞内的特殊细胞器——线粒体中。丙酮酸进入线粒体后转化为乙酰辅酶 A，进入三羧酸循环，生成 ATP。糖酵解反应产生的两个 NADH 分子也转运至此。三羧酸循环是另一个反应系列，每个葡萄糖分子可以从鸟苷三磷酸 (guanine triphosphate，GTP) 间接产生两个 ATP（图 3.5）。三羧酸循环还可以从 1 分子葡萄糖生成 6 分子 NADH 和 2 分子还原型黄素腺嘌呤二核苷酸 (reduced flavin adenine dinucleotide，$FADH_2$)。如果脂肪和蛋白质进入三羧酸循环，则 ATP 的量与 NADH 和 $FADH_2$ 的量会有所不同，尽管这些能量底物在进入三羧酸循环之前都必须转化为乙酰辅酶 A。

这些分子将氢原子转运到电子传递链，用于由 ADP 生成 ATP[6]。电子传递链利用 NADH 和 $FADH_2$ 分子将 ADP 磷酸化成 ATP（图 3.6）。氢原子在称为细胞色素的一系列电子载体链上进行传递，形成质子的浓度梯度，以氧作为电子的最终受体（形成水），为生成 ATP 提供能量。因为 NADH 和 $FADH_2$ 在不同位置进入电子传递链，所以其生成 ATP 的能力不同。1 分子 NADH 能生成 3 分子 ATP，而 1 分子的 $FADH_2$ 仅能生成 2 分子 ATP。这种生成 ATP 的过程称为氧化磷酸化。氧化系统始于糖酵解，分解 1 分子葡萄糖大约可生成 38 分子 ATP[6]。这些过程生成 ATP 的效率见表 3.1。

表 3.1 由 1 分子葡萄糖氧化生成的总能量

过程	ATP 生成
慢速糖酵解	
底物水平磷酸化	4
氧化磷酸化：2 NADH	6
三羧酸循环（每分子葡萄糖 2 次循环）	
底物水平磷酸化	2
氧化磷酸化：8 NADH	24
GTP: 2 $FADH_2$	4
总计	**40***

* 糖酵解消耗 2ATP（自葡萄糖开始），故 ATP 净产量是 40 - 2 = 38；此数值也有报告称为 36，这取决于 NADH 经哪个系统转运至线粒体。ATP= 三磷酸腺苷；NADH= 烟酰胺腺嘌呤二核苷酸；GTP= 鸟苷三磷酸；$FADH_2$= 黄素腺嘌呤二核苷酸。

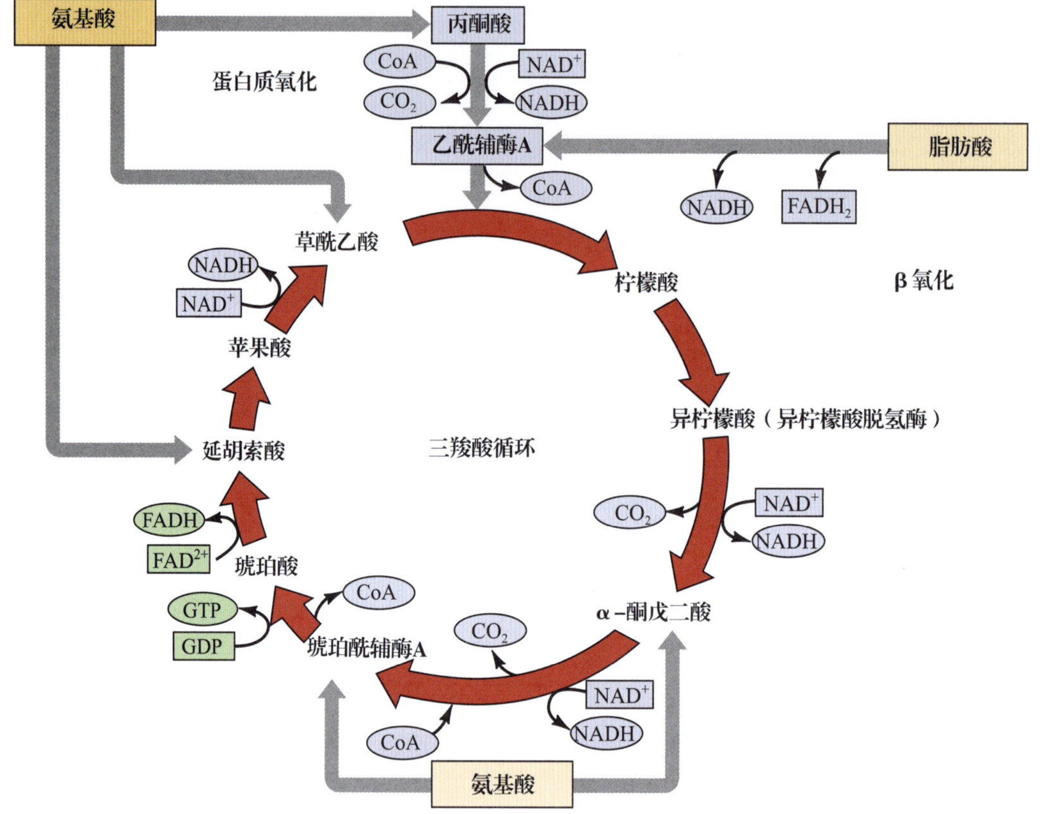

图 3.5　三羧酸循环

CoA = 辅酶 A；FAD^{2+}，$FADH_2$ = 黄素腺嘌呤二核苷酸；GDP = 鸟苷二磷酸；GTP = 鸟苷三磷酸；NAD^+，NADH = 烟酰胺腺嘌呤二核苷酸。

来源：Reprinted by permission from NSCA 2008.

NADH　NAD^+　ADP + P_i　ATP　FAD^{2+}　$FADH_2$　CoQ　CoQ　Cyt b　Cyt b　ADP + P_i　ATP　Cyt c_1　Cyt c_1　Cyt c　Cyt c　Cyt a　Cyt a　ADP + P_i　ATP　Cyt a_3　Cyt a_3　H_2O　$\frac{1}{2}O_2$

图 3.6　电子传递链

CoQ = 辅酶 Q；Cyt = 细胞色素；ATP = 三磷酸腺苷；ADP = 二磷酸腺苷；P_i = 无机磷酸盐；NADH，NAD^+ = 烟酰胺腺嘌呤二核苷酸；$FADH_2$，FAD^{2+}= 黄素腺嘌呤二核苷酸；H_2O = 水；O_2 = 氧。

来源：Reprinted by permission from NSCA 2008.

脂肪氧化

氧化能量系统也能利用脂肪。储存在脂肪细胞内的甘油三酯可被激素敏感性脂肪酶分解。该酶将脂肪细胞中的游离脂肪酸释放进入血液，进行循环并进入肌纤维[6, 19]。肌肉中储存的数量有限的甘油三酯和一种激素敏感性脂肪酶，是肌肉中游离脂肪酸的来源[6, 11]。游离脂肪酸进入线粒体，进行 β 氧化，并经过一系列反应分解形成乙酰辅酶 A 和氢

表 3.2 由 1 分子(18- 碳)甘油三酯氧化生成的总能量

过程	ATP 生成
1 分子甘油	22
18- 碳脂肪酸代谢 *	
每个脂肪酸 147 分子 ATP × 每个甘油三酯分子 3 个脂肪酸	441
总计	463

* 其他碳含量不同的甘油三酯,产生不同数量的 ATP。ATP= 三磷酸腺苷。

原子(图 3.5)。乙酰辅酶 A 直接进入三羧酸循环,NADH 和 $FADH_2$ 将氢原子转运至电子传递链[6]。表 3.2 所示是由一种甘油三酯分子生成 ATP 的实例。

蛋白质氧化

尽管在多数活动中蛋白质不是主要的能量来源,但蛋白质可经多种代谢过程分解并组成氨基酸,这些氨基酸可转变成葡萄糖(在糖异生过程中)、丙酮酸或三羧酸循环的中间产物,最终生成 ATP(图 3.5)。在短期运动过程中,氨基酸对 ATP 生成的贡献很小,而在长期运动中可占能量需求量的 3% ~ 18%[5, 42]。尽管骨骼肌也可利用丙酮酸、天冬氨酸和谷氨酸,但其似乎主要氧化支链氨基酸(亮氨酸、异亮氨酸和缬氨酸)[16]。氨基酸分解产生的含氮废物形成尿素和少量氨,最终通过尿液消除。氨有毒性,且与疲劳相关,故氨的清除很重要。

氧化系统调节

异柠檬酸转化为 α- 酮戊二酸的过程是三羧酸循环的限速步骤(图 3.5),该反应由异柠檬酸脱氢酶控制。异柠檬酸脱氢酶受 ADP刺激,正常情况下受 ATP 抑制。生成 NADH 或 $FADH_2$ 的反应也会影响三羧酸循环的调节。如果 NAD^+ 和 FAD^{2+} 在数量不足的情况下接受氢,三羧酸循环的速率就降低。当鸟苷三磷酸堆积时,琥珀酰辅酶 A 的浓度增加,抑制三羧酸循环的初始反应。电子传递链受 ATP 抑制,受 ADP 刺激[6]。图 3.7 概述了脂肪、碳水化合物和蛋白质的代谢过程。

3 个能量系统都在一定时间内发挥作用;每个能量系统的使用程度主要取决于活动强度,其次取决于活动的持续时间。

能量生成与供能能力

磷酸原、糖酵解和氧化系统为各种不同强度和不同持续时间的活动提供能量的能力不同(表 3.3 和表 3.4)。运动强度的定义是可以用功率输出量化的肌肉活动水平,功率的定义为在特定时间内完成的身体活动量。

抗阻训练或网球比赛中发球的运动强度高,功率输出大,需要迅速供能,几乎完全依靠磷酸原系统供能。

表 3.3 ATP 生成速率和生成能力的排序

系统	ATP 生成速率	ATP 生成能力
磷酸原	1	5
快速糖酵解	2	4
慢速糖酵解	3	3
碳水化合物氧化	4	2
脂肪和蛋白质氧化	5	1

注：1 = 最快或最多；5 = 最慢或最少；ATP = 三磷酸腺苷。

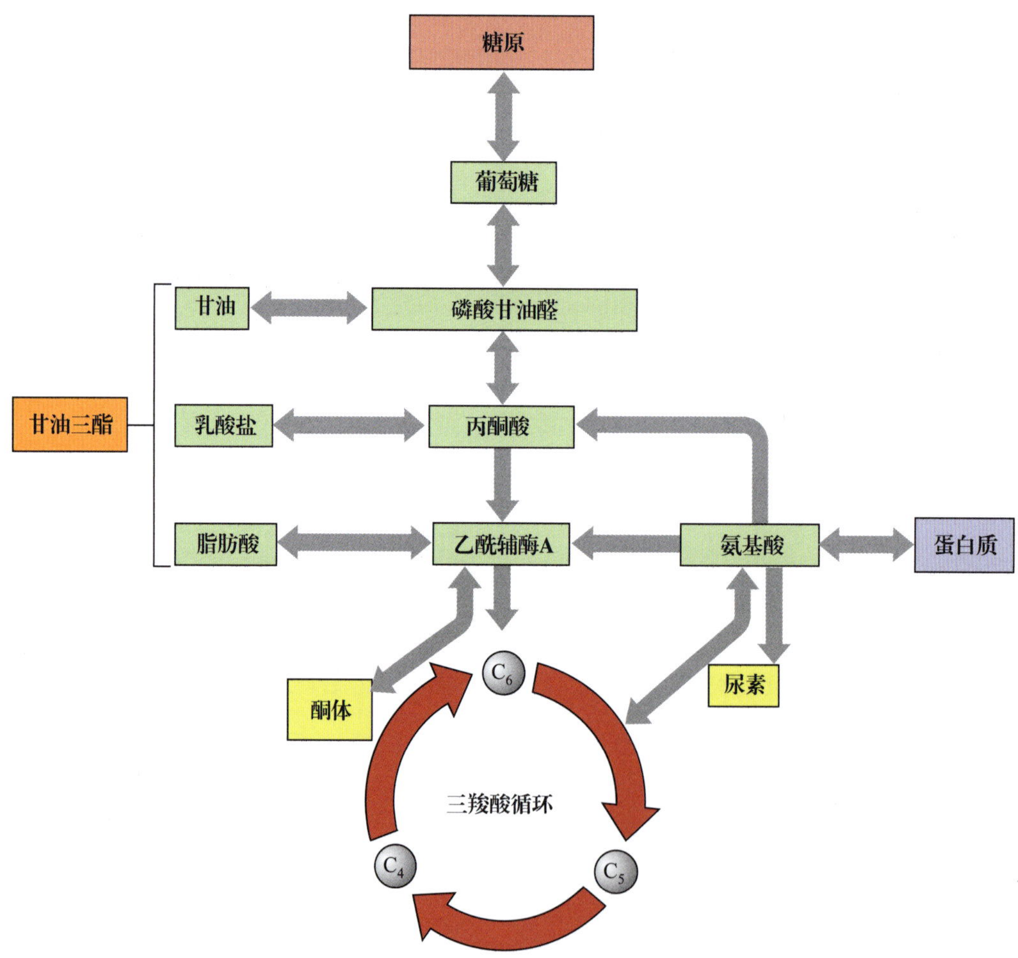

图 3.7 脂肪、碳水化合物和蛋白质的代谢具有一些共同的途径（注：这 3 个物质都被还原成乙酰辅酶 A 并进入三羧酸循环）

来源：Reprinted by permission from NSCA 2008.

表 3.4 不同持续时间和强度下的运动对应的主要供能系统

运动持续时间	运动强度	主要供能系统
0～6秒	极高	磷酸原系统
6～30秒	非常高	磷酸原系统和快速糖酵解
30秒～2分钟	高	快速糖酵解
2～3分钟	中等	快速糖酵解和氧化系统
＞3分钟	低	氧化系统

强度较低、持续时间较长的运动（例如骑自行车16千米或者在泳池中游泳1小时）需要依赖氧化系统提供大量能量（表3.3）。根据强度和持续时间的不同，运动过程中的主要能量来源在这两个极端间移动（表3.4）。一般而言，短时间高强度的运动（例如有氧搏击中的跳跃、踢腿和击打动作）主要依赖于磷酸原系统或快速糖酵解。当运动强度下降，持续时间增加时，主要的供能系统逐渐向慢速糖酵解和氧化系统转移[6, 38]。

运动的持续时间也影响身体使用哪种能量系统。特定训练的具体项目的持续时间可由大约5秒［例如1组强度为90%1RM的卧推，1RM指用正确的技术做一次练习时所能承担的最大重量。90%1RM即一次重复最大重量的90%，依次类推］到1小时以上（例如在跑步机上进行低强度、长时间行走）。如果一个人尽最大努力（即对特定运动可能产生最佳效果的努力），则表3.4所示的时间因素较为合理[6, 36, 44, 46]。

无论是运动还是休息，都不是完全由单一的能量系统提供能量。在运动中，无氧和有氧系统对能量的贡献程度主要取决于运动强度，其次才是运动持续时间。

一般而言，能量系统生成的ATP总量与相对速率呈反比关系。磷酸原系统主要为短时间高强度的运动（例如冲刺穿过足球场）提供能量，糖酵解系统为中短时间且中高强度的运动（例如沿跑道跑一圈）提供能量，氧化系统为长时间低强度的运动（例如骑自行车32千米）提供能量。

> 磷酸原系统主要为短时间高强度的运动提供能量，糖酵解系统为中短时间且中高强度的运动提供能量，氧化系统为长时间低强度的运动提供能量。

训练的代谢特异性

在训练过程中，根据特定的运动项目和训练目标（例如提高短期耐力）采取适宜的训练强度和休息间隔，可选择发挥作用的能量系统[6]。身体活动很少需要人持续用最大力量直至力竭或接近力竭。大部分运动和训练活动（例如足球、有氧搏击、动感单车和抗阻训练）是间歇性的，因此所产生的代谢特性与一系列高强度、稳定或接近稳定的间歇性力竭运动做功的代谢特征类似。在这类运动中，每次运动中产生的功率输出远大于仅使用有氧供能可以维持的最大功率输出。

底物耗竭与补充

为生物能反应提供起始物料的分子，包括磷酸原（ATP和磷酸肌酸）、葡萄糖、糖原、乳酸盐，游离脂肪酸和氨基酸等都是能量底物。这些物质在不同强度和持续时间的运动中可选择性耗竭。随后，生物能量系统所能产生的能量降低。许多活动中产生的疲劳感常与磷酸原[13, 18]和糖原[6, 20, 27, 36]耗竭有关；游离脂肪酸、乳酸盐和氨基酸这些底物的消耗一般不会达到让运动受限的程度。因此，在运动生物能学中，运动后磷酸原和葡萄糖的消耗与补充模式非常重要。

磷酸原

运动过程中产生的疲劳感似乎至少在一定程度上与磷酸原减少有关。高强度无氧训练比有氧运动更快耗竭肌肉中的磷酸原[13, 18]。磷酸肌酸在高强度运动的第一阶段（5～30秒）显著减少（50%～70%），然后在剧烈运动直至力竭时几乎耗竭[17, 21, 29]。在剧烈运动时，肌肉中ATP浓度下降的值不超过初始值的60%[17]。同样需要注意的是，动态肌肉运动，例如完成一次举重训练要消耗较多的代谢能量，常比肌肉不明显缩短的等长肌肉运动（如掰手腕）消耗更多的磷酸原[3]。

运动后磷酸原在短期内就能得到补充，在3～5分钟内可完成ATP再合成，8分钟内可完成磷酸肌酸再合成[18]。尽管高强度运动后快速糖酵解有助于ATP再合成，但还是主要依靠有氧代谢补充磷酸原[24]。

糖原

有限的糖原储存可用于运动。人体全部肌肉储存300～400克糖原，70～100克储存在肝脏中[40]。静息时肝糖原和肌糖原浓度会受训练和饮食的影响[12, 40]。研究表明，包括冲刺和抗阻训练在内的无氧训练和典型的无氧耐力训练都能提高静息时的肌糖原浓度。

糖原耗竭的速率与运动强度有关[40]。在中高强度的训练中，肌糖原是比肝糖原更加重要的能量来源。肝糖原在低强度运动中显得更重要，它对代谢过程的作用随运动持续时间的增加而增强。相对运动强度的增加导致肌糖原分解速率也随之提高，从而使糖酵解途径的可用糖原增加[6, 36]。当相对运动强度超过最大摄氧量的60%时，肌糖原成为越发重要的能量底物；有些肌细胞中的全部糖原会在运动中耗竭[39]。

非常高强度的间歇训练，比如抗阻训练或半场篮球比赛，能使大量肌糖糖原在较少组数（总做功量小）训练后被消耗底物（减少20%～60%）[26, 36, 44]。尽管在重复次数少和组数少的抗阻训练中，磷酸原是主要限制因素，但在总组数多的大量抗阻训练中，肌糖原可成为限制因素[36]。这种类型的运动可引起肌纤维中的糖原选择性耗竭（Ⅱ型肌纤维的肌糖原消耗更多），从而抑制运动表现[36]。与其他类型的动态运动一样，抗阻训练中肌糖原分解的速率取决于运动强度。但等量的总功似乎产生等量的糖原耗竭量，与相对运动强度无关[36]。

恢复期间肌糖原的补充效果与运动

后碳水化合物的摄入量有关。运动后每 2 小时摄入每千克体重 0.7 ～ 3.0 克碳水化合物，补充效果最佳[12, 40]。只要摄入充足的碳水化合物，肌糖原可在 24 小时内补充完全[12, 40]。如果离心收缩的运动偏多（与运动引起的肌肉损伤有关），肌糖原可能需要更长时间才能补充完全。

摄氧量与有氧和无氧对运动的贡献

氧摄入量（或消耗量）是衡量人体摄入和利用氧的能力的一种指标。摄氧量越高，人就越健康。在功率输出恒定的低强度运动中，摄氧量在前几分钟增加，然后进入稳定状态（需氧量等于耗氧量）（图 3.8）[6]。

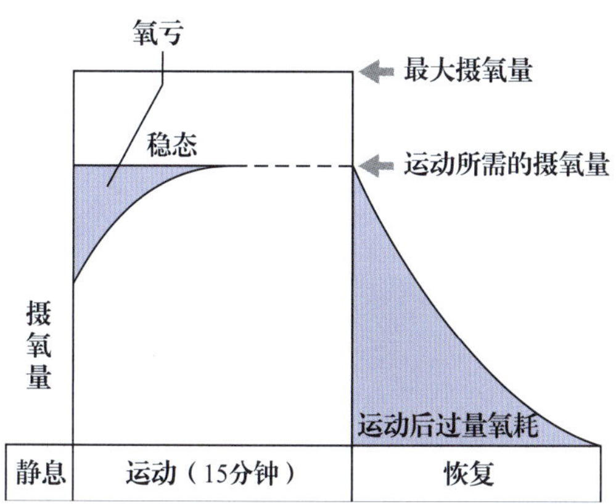

图 3.8 低强度、稳定状态的运动代谢：最大摄氧量的 75%

来源：Reprinted by permission from NSCA 2008.

在运动开始时，一些能量必须依赖无氧机制提供[47]。这种运动总能量消耗中来自无氧代谢的部分称为氧亏。根据运动强度和时长的不同，在运动后一定时间内氧摄入量维持在运动前的水平之上。这种运动后的摄氧量称为氧债，或运动后过量氧耗（excess postexercise oxygen consumption,EPOC）。运动后过量氧耗是运动后使处于高水平代谢的机体恢复至安静水平时消耗的氧量。氧亏与运动后过量氧耗之间仅有低度到中度的相关性；缺氧量可能影响运动后过量氧耗的大小，但这两者并不相等[6]。

如果运动强度能够超过人体的最大摄氧量，则无氧机制将提供主要能量（图 3.9）。例如，如果不习惯此类运动的客户直接进阶至高级动感单车课程，其大部分能量则由无氧机制提供。通常来说，随着无氧机制对运动的贡献增加，运动持续时间将降低[6, 15]。

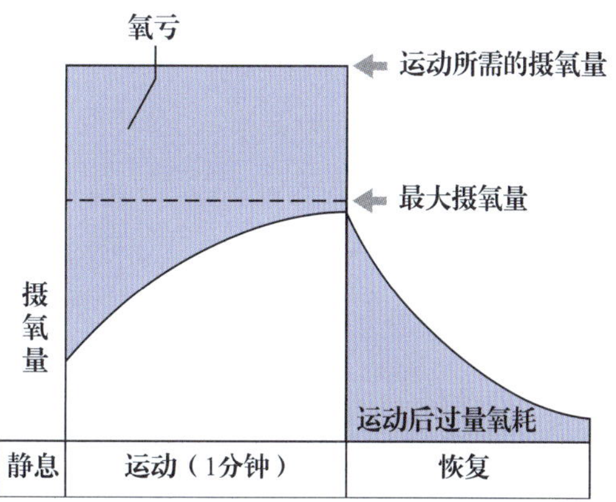

图 3.9 高强度、非稳定状态的运动代谢（最大功率输出的 80%）

此处所需的摄氧量是假设在此摄氧量可达到的情况下维持运动所需的摄氧量，但因为这种摄氧量无法达到，氧亏持续至运动结束。

来源：Reprinted by permission from NSCA 2008.

能量系统的实际应用

尽管能量系统的概念似乎非常抽象，但基本了解能量系统发挥作用的一般性时间框架，就能够确定各类运动或活动中的主要能量系统。需要记住的一件事是，运动强度越大，运动持续时间越短，就越依赖于快速生成 ATP 的能量系统。反之亦然，运动强度越小，运动持续时间越长，就越依赖于慢速生成 ATP 的能量系统。在此情况下，只要体内有充足的肌糖原和脂肪酸，就可生成 ATP。在评估顾客需求时，重要的是从能量系统的角度考虑他们的训练目标，使训练项目的选择和方式得以优化。休息时间更长，磷酸原系统中的 ATP 再合成就更完全，故组间和不同练习间的休息时间也是影响因素之一。例如，如果顾客想在公司垒球比赛中提高自己到达一垒的能力，建议其反复进行强化磷酸原系统的活动（如短跑、自行车间歇训练、提高腿部力量和下半身整体力量的练习）。如果顾客想在阿尔卑斯山进行 32 千米的徒步，那么强化氧化系统的活动就是最佳的选择，例如在任何有氧训练设施上进行长时间运动。

结语

了解各类运动中能量如何产生，以及如何通过特定的训练方案改变能量产生方式，就能制订更有效的训练计划。哪种能量系统为肌肉动作提供能量，首先取决于运动强度，其次取决于运动的持续时间。代谢反应及随后的训练适应，主要受运动强度及持续时间等特征控制，并构成运动和训练代谢特征的基础。这一特征使人们可以通过实施精确的训练计划来提高身体适应性，并获得想要的训练效果。

学习问题

1. 下列哪一项描述了快速糖酵解的过程？

   Ⅰ. 糖原分解

   Ⅱ. 最终代谢产物转化为乳酸盐

   Ⅲ. 葡萄糖分解

   Ⅳ. 最终代谢产物进入三羧酸循环

   A. Ⅰ，Ⅱ，Ⅲ

   B. Ⅰ，Ⅱ，Ⅳ

   C. Ⅱ，Ⅲ，Ⅳ

   D. Ⅰ，Ⅲ，Ⅳ

2. 客户应进行下列哪一项运动，才能使氧化系统对 ATP 生成总量的贡献百分比达到最大？

   A. 静坐

   B. 步行

   C. 慢跑

   D. 短距离冲刺

3. 下列哪一个能量系统生成的 ATP 数量最多？

   A. 磷酸原系统

   B. 快速糖酵解系统

   C. 慢速糖酵解系统

   D. 氧化系统

4. 下列哪一个能量系统生成 ATP 的速率最快？

   A. 磷酸原系统

   B. 快速糖酵解系统

   C. 慢速糖酵解系统

   D. 氧化系统

应用知识问题

填写图表，描述客户在参与最大跑步机测试时生成 ATP 的能量来源的变化。如果是活动期间最主要的能量来源就写“最多”，如果是活动期间最少使用的能量来源就写“最少”。

活动	碳水化合物	脂肪
客户坐在椅子上听私人教练讲话		
测试的前几秒		
客户处于稳态		
测试结束，客户达到最大限度时		

参考文献

1. Barany, M., and C. Arus. 1990. Lactic acid production in intact muscle, as followed by 13C and 1H nuclear magnetic resonance. In: *Human Muscle Power*, N.L. Jones, N. McCartney, and A.J. McComas, eds. Champaign, IL: Human Kinetics. pp. 153-164.
2. Boobis, I., C. Williams, and S.N. Wooten. 1983. Influence of sprint training on muscle metabolism during brief maximal exercise in man. *Journal of Physiology* 342: 36-37P.
3. Bridges, C.R., B.J. Clark III, R.L. Hammond, and L.W. Stephenson. 1991. Skeletal muscle bioenergetics during frequency-dependent fatigue. *American Journal of Physiology* 29: C643-C651.
4. Brooks, G.A. 1986. The lactate shuttle during exercise and recovery. *Medicine and Science in Sports and Exercise* 18: 360-368.
5. Brooks, G.A. 1987. Amino acid and protein metabolism during exercise and recovery. *Medicine and Science in Sports and Exercise* 19: S150-S156.
6. Brooks, G.A., T.D. Fahey, and K.M. Baldwin. 2005. *Exercise Physiology: Human Bioenergetics and Its Applications*, 4th ed. New York: Wiley.
7. Cerretelli, P., D. Rennie, and D. Pendergast. 1980. Kinetics of metabolic transients during exercise. *International Journal of Sports Medicine* 55: 178-180.
8. Dohm, G.L., R.T. Williams, G.J. Kasperek, and R.J. VanRij. 1982. Increased excretion of urea and N-methylhistidine by rats and humans after a bout of exercise. *Journal of Applied Physiology* 52: 27-33.
9. Donovan, C.M., and G.A. Brooks. 1983. Endurance training affects lactate clearance, not lactate production. *American Journal of Physiology* 244: E83-E92.
10. Dudley, G.A., and R. Terjung. 1985. Influence of aerobic metabolism on IMP accumulation in fast-twitch muscle. *American Journal of Physiology* 248: C37-C42.
11. DuFax, B., G. Assmann, and W. Hollman. 1982. Plasma lipoproteins and physical activity: A review. *International Journal of Sports Medicine* 3: 123-136.

12. Friedman, J.E., P.D. Neufer, and L.G. Dohm. 1991. Regulation of glycogen synthesis following exercise. *Sports Medicine* 11 (4): 232-243.
13. Gollnick, P.D., and W.M. Bayly. 1986. Biochemical training adaptations and maximal power. In: *Human Muscle Power*, N.L. Jones, N. McCartney, and A.J. McComas, eds. Champaign, IL: Human Kinetics. pp. 255-267.
14. Gollnick, P.D., W.M. Bayly, and D.R. Hodgson. 1986. Exercise intensity, training diet and lactate concentration in muscle and blood. *Medicine and Science in Sports and Exercise* 18: 334-340.
15. Gollnick, P.D., and L. Hermansen. 1982. Significance of skeletal muscle oxidative enzyme enhancement with endurance training. *Clinical Physiology* 2: 1-12.
16. Graham, T.E., J.W.E. Rush, and D.A. Maclean. 1995. Skeletal muscle amino acid metabolism and ammonia production during exercise. In: *Exercise Metabolism*, M. Hargreaves, ed. Champaign, IL: Human Kinetics. pp. 41-72.
17. Hirvonen, J., S. Ruhunen, H. Rusko, and M. Harkonen. 1987. Breakdown of high-energy phosphate compounds and lactate accumulation during short submaximal exercise. *European Journal of Applied Physiology* 56: 253-259.
18. Hultman, E., and H. Sjoholm. 1986. Biochemical causes of fatigue. In: *Human Muscle Power*, N.L. Jones, N. McCartney, and A.J. McComas, eds. Champaign, IL: Human Kinetics. pp. 215-235.
19. Hurley, B.F., D.R. Seals, J.M. Hagberg, A.C. Goldberg, S.M. Ostrove, J.O. Holloszy, W.G. Wiest, and A.P. Goldberg. 1984. Strength training and lipoprotein lipid profiles: Increased HDL cholesterol in body builders versus powerlifters and effects of androgen use. *Journal of the American Medical Association* 252: 507-513.
20. Jacobs,I.,P.Kaiser, and P.Tesch.1981.Muscle strength and fatigue after selective glycogen depletion in human skeletal muscle fibers. *European Journal of Applied Physiology* 46: 47-53.
21. Jacobs, I., P.A. Tesch, O. Bar-Or, J. Karlsson, and R. Dotow. 1983. Lactate in human skeletal muscle after 10 and 30s of supramaximal exercise. *Journal of Applied Physiology* 55: 365-367.
22. Jansson, E., C. Sylven, and E. Nordevang. 1982. Myoglobin in the quadriceps femoris muscle of competitive cyclists and in untrained men. *Acta Physiologica Scandinavica* 114: 627-629.
23. Jones, N., and R. Ehrsam. 1982. The anaerobic threshold. In: *Exercise and Sport Sciences Review*, vol. 10, R.L.Terjung, ed. Philadelphia: Franklin Press. pp. 49-83.
24. Juel, C. 1988. Intracellular pH recovery and lactate efflux in mouse soleus muscles stimulated in vitro: The involvement of sodium/proton exchange and a lactate carrier. *Acta Physiologica Scandinavica* 132: 363-371.
25. Kreisberg, R.A. 1980. Lactate homeostasis and lactic acidosis. *Annals of Internal Medicine* 92 (2): 227-237.
26. Lambert, C.P., M.G. Flynn, J.B. Boone, T.J. Michaud, and J. Rodriguez-Zayas. 1991. Effects of carbohydrate feeding on multiple-bout resistance exercise. *Journal of Applied Sports Science Research* 5 (4): 192-197.
27. Lemon, P.W., and J.P. Mullin. 1980. Effect of initial muscle glycogen levels on protein catabolism during exercise. *Journal of Applied Physiology: Respiration in Environmental Exercise Physiology* 48: 624-629.
28. Mazzeo, R.S., G.A. Brooks, D.A. Schoeller, and T.F. Budinger. 1986. Disposal of blood

[1-13C] lactate in humans during rest and exercise. *Journal of Applied Physiology* 60 (10): 232-241.
29. McCartney, N., L.L. Spriet, G.J.F. Heigenhauser, J.M. Kowalchuk, J.R. Sutton, and N.L. Jones. 1986. Muscle power and metabolism in maximal intermittent exercise. *Journal of Applied Physiology* 60: 1164-1169.
30. McGee, D.S., T.C. Jesse, M.H. Stone, and D. Blessing. 1992. Leg and hip endurance adaptations to three different weight-training programs. *Journal of Applied Sports Science Research* 6 (2): 92-95.
31. McMillan, J.L., M.H. Stone, J. Sartin, R. Keith, D. Marple, C. Brown, and R.D. Lewis. 1993. 20-hour physiological responses to a single weight-training session. *Journal of Strength and Conditioning Research* 7 (1): 9-21.
32. Pierce,K.,R.Rozenek,M.Stone,andD.Blessing. 1987.The effects of weight training on plasma cortisol, lactate, heart rate, anxiety and perceived exertion (abstract). *Journal of Applied Sports Science Research* 1 (3): 58.
33. Poortmans, J.R. 1984. Protein turnover and amino acid oxidation during and after exercise. *Medicine and Science in Sports and Exercise* 17: 130-147.
34. Richter, E.A., H. Galbo, and N.J. Christensen. 1981. Control of exercise-induced muscular glycogenolysis by adrenal medullary hormones in rats. *Journal of Applied Physiology* 50: 21-26.
35. Robergs, R.A., F. Ghiasvand, and D. Parker. 2004. Biochemistry of exercise-induced metabolic acidosis. *American Journal of Physiology: Regulatory, Integrative, and Comparative Physiology* 287 (3): R502-516.
36. Robergs, R.A., D.R. Pearson, D.L. Costill, W.J. Fink, D.D. Pascoe, M.A. Benedict, C.P. Lambert, and J.J. Zachweija. 1992. Muscle glycogenolysis during differing intensities of weight-resistance exercise. *Journal of Applied Physiology* 70 (4): 1700-1706.
37. Rozenek, R., L. Rosenau, P. Rosenau, and M.H. Stone. 1993. The effect of intensity on heart rate and blood lactate response to resistance exercise. *Journal of Strength and Conditioning Research* 7 (1): 51-54.
38. Sahlin, K., M. Tonkonogi, and K. Soderlund. 1998. Energy supply and muscle fatigue in humans. *Acta Physiologica Scandinavica* 162 (3): 261-266.
39. Saltin, B., and P.D. Gollnick. 1983. Skeletal muscle adaptability: Significance for metabolism and performance. In: *Handbook of Physiology*, L.D. Peachey, R.H. Adrian, and S.R. Geiger, eds. Baltimore: Williams & Wilkins. pp. 540-555.
40. Sherman, W.M., and G.S. Wimer. 1991. Insufficient carbohydrate during training: Does it impair performance? *International Journal of Sports Nutrition* 1 (1): 28-44.
41. Sjodin, B., and I. Jacobs. 1981. Onset of blood lactate accumulation and marathon running performance. *International Journal of Sports Medicine* 2: 23-26.
42. Smith, S.A., S.J. Montain, R.P. Matott, G.P. Zientara, F.A. Jolesz, and R.A. Fielding. 1998. Creatine supplementation and age influence muscle metabolism during exercise. *Journal of Applied Physiology* 85: 1349-1356.
43. Tanaka, K., Y. Matsuura, S. Kumagai, A. Matsuzuka, K. Hirakoba, and K. Asano. 1983. Relationships of anaerobic threshold and onset of blood lactate accumulation with endurance performance. *European Journal of Applied Physiology* 52: 51-56.
44. Tesch, P. 1980. Muscle fatigue in man, with special reference to lactate accumulation during short intense exercise. *Acta Physiologica*

Scandinavica 480: 1-40.
45. Tesch, P.A., B. Colliander, and P. Kaiser. 1986. Muscle metabolism during intense, heavy resistance exercise. *European Journal of Applied Physiology* 55: 362-366.
46. Tesch, P.A., L.L. Ploutz-Snyder, L. Ystrom, M.J. Castro, and G.A. Dudley. 1998. Skeletal muscle glycogen loss evoked by resistance exercise. *Journal of Strength and Conditioning Research* 12: 67-73.
47. Warren, B.J., M.H. Stone, J.T. Kearney, S.J. Fleck, G.D. Wilson, and W.J. Kraemer. 1992. The effects of short-term overwork on performance measures and blood metabolites in elite junior weightlifters. *International Journal of Sports Medicine* 13 (5): 372-376.
48. Yoshida, I. 1984. Effect of dietary modifications on lactate threshold and onset of blood lactate accumulation during incremental exercise. *European Journal of Applied Physiology* 53: 200-205.

第4章

生物力学

威廉·C. 怀廷（William C. Whiting），PhD
肖恩·P. 弗拉纳根（Sean P. Flanagan），PhD

学习完本章后，你将能够掌握如下内容。

- 使用正确的解剖学和力学术语描述人体运动。
- 将力学概念应用于人体运动问题。
- 理解影响人体力量和爆发力的因素。
- 确定运动中涉及的肌肉动作。
- 分析抗阻训练中的生物力学问题。

一个成功的私人教练需要具备科学、系统的多学科专业知识，这其中就包括功能解剖学和生物力学的知识。私人教练在设计训练项目时为了提高运动效果和预防运动损伤，必须从功能性的角度理解人体解剖学，并应用生物力学原理，实现客户的运动目标。

功能解剖学研究人体系统如何协调配合来完成一定的任务[32]。肌肉并不总是根据它们的解剖学分类进行工作[35]，例如，股四头肌在解剖学上定义为膝伸肌。然而即使在膝关节屈曲的状态下，这些肌肉实际上控制下蹲阶段的离心或“向下”运动。要进行有效的运动干预，就必须了解这些活动中哪些肌肉被激活，并给这些肌肉匹配恰当的练习。

生物力学是运用力学原理理解生物体和系统功能的一门学科。生物力学的许多领域，包括运动力学、流体力学、材料力学和关节力学等都与人体运动相关。尽管流体力学、材料力学和关节力学在人体运动中有很多重要运用，但本章仅简要提及，重点是关注运动力学和实用的力学概念。

理解这些概念对于选择有效的训练项目很重要。本章第一部分以清晰的方式对力学术语进行了定义，这些定义可能与术语的日常含义有所不同。人体在运动过程中类似一个力学系统，所以本章的第二部分审视了人体的生物结构具有哪些独特的力学性质。本章第三部分结合力学和解剖学知识详细介绍了一个决定运动中哪些肌肉会变活跃的公式。本章最后一部分探讨了抗阻训练的生物力学机制。

力学基础

力学是物理学的一个分支，研究力和能量对物体的影响。本部分重点讲述与人体运动有关且涉及体能计划的力学基本术语和概念。

力学术语与原理

与其他专业研究领域相同，生物力学也有自己的术语。本书定义和应用的许多术语具有特定的含义，有时这些术语的含义不同于普通公众使用的含义。诸如力、功、功率和能量等术语可能有与科学定义不同的常用含义，也可能被不正确地替代使用。本章对这些术语以及其他一些常用术语进行了定义。

例如，在生物力学中，物体这一术语是指物质的任何集合。因此力学术语中的物体可指整个人体、某一肢体部分（例如大腿或前臂），或其他一些物质的集合（如一根粉笔）。力学上，有两种基本的运动类型：（1）线性运动，即物体沿一条直线或曲线运动；（2）角运动（亦称旋转运动），即物体沿固定线或旋转轴（亦称支点或枢轴）进行旋转。人体的许多运动（例如跑步、跳跃、投掷）都是线性运动和角运动的组合，称为一般运动。想象这些运动在解剖学平面（即冠状面、矢状面和水平面）（图4.1）内发生，对分析运动常常很有帮助。关节的主要运动如图4.2所示，本章自始至终均涉及这些内容。

从描述的角度研究运动，而不考虑潜在力的作用，称为运动学。运动学评估涉及运动的空间和时间特征，使用5个主要变量：（1）时机或时间（例如一名运动员用0.8秒的时间举起杠铃）；（2）位置或地点（如客户举起手臂，外展90度）；（3）位移（如受训者移动肘关节，弯曲60度）；（4）速度（如排球运动员在跳起过程中以600度/秒的速度伸展膝关节）；（5）加速度或单位时间内的速度变化（如重力以9.81米/秒^{2}加速度使一名跳跃者的身体向地面下落）。

研究运动时，考虑所涉及的力的作用，从而进行运动评估，则称为动力学。人体运动是由力学因素引起的，这些因素从内部（内力，例如肌肉力量）或外部（外力，例如重力）产生和控制运动。下文所列的许多力学量度（例如力和扭矩）都是动力学变量。

度量单位

在探讨具体的力学度量单位之前，需要对度量单位进行注释。在国际上，度量单位的标准系统是国际单位制（SI）[19]。在美国或其他国家，有时也使用一种传统的（亦称作英制等）度量单位系统。表4.1列出了各系统中每种度量单位以及换算系数。

我们重点讲解千克这种度量单位，此单位可能产生混淆。此种潜在的混淆源自质量与重量（重力对物体效应的度量）之间的关系。在国际单位制中，千克是质量单位，而重量以力学单位牛来度量。过去在有些情况下，也使用千克作一种力（而不是质量）的单位。例如，在健身房中，杠铃片通常被标注为“10kg”“20kg”等。在此情况下，kg（千克）用作力的度量单位。因此，在某些情况下“kg”这个术语既可用作质量单位（物质的量度，或“kgm”），又可用作力的度量单位（健身房中杠铃片的“kg”或“kgf”）。

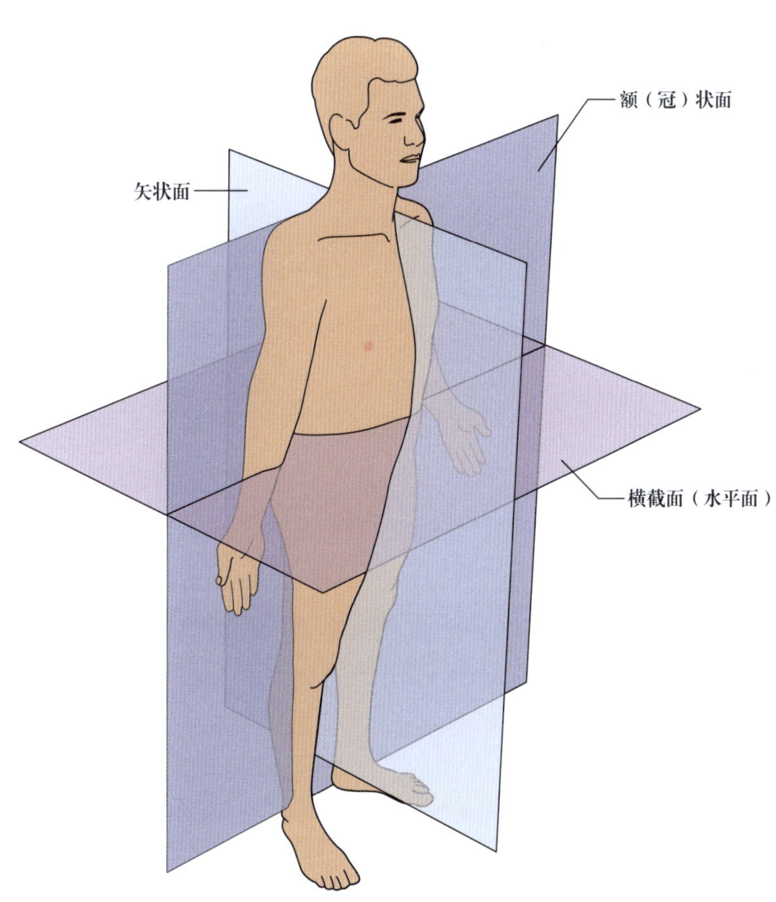

图 4.1　人体处于解剖学姿势下的 3 个主要平面
来源：Reprinted by permission from Watkins 2010.

腕关节——矢状面
屈曲
练习：屈腕
运动：篮球罚球

伸展
练习：腕伸展
运动：壁球反手击球

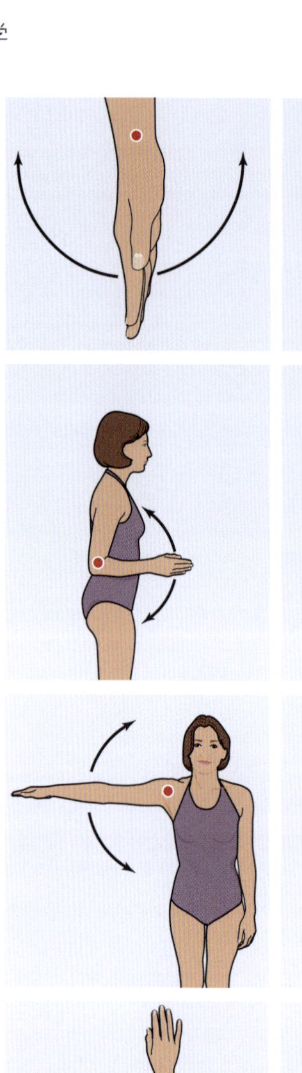

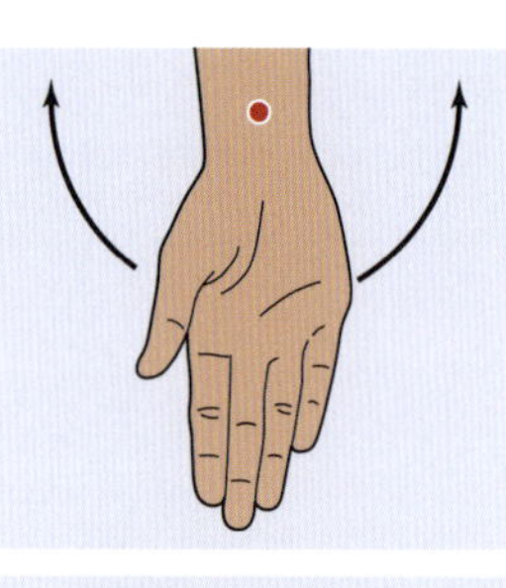

腕关节——额状面
尺侧偏移
练习：向内侧摆腕
运动：棒球挥棒

桡侧偏移
练习：向外侧摆腕
运动：高尔夫后挥杆

肘关节——矢状面
屈曲
练习：肱二头肌弯举
运动：保龄球

伸展
练习：肱三头肌下压
运动：推铅球

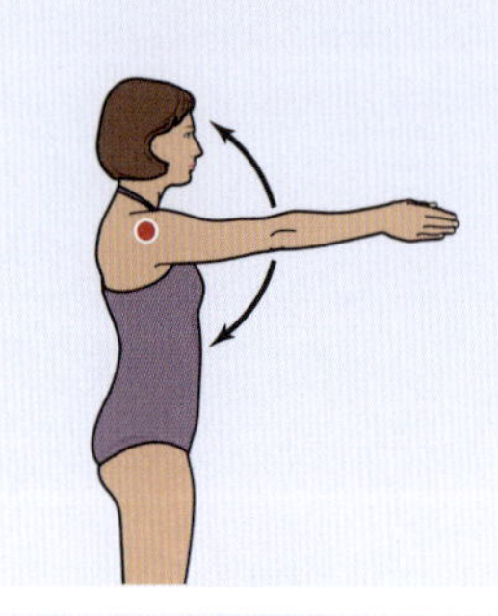

肩关节——矢状面
屈曲
练习：前肩上提
运动：拳击上勾拳

伸展
练习：中立握坐姿划船
运动：自由泳摆臂

肩关节——额状面
内收
练习：宽握背阔肌下拉
运动：蛙泳摆臂

外展
练习：宽握肩上推举
运动：跳板跳水

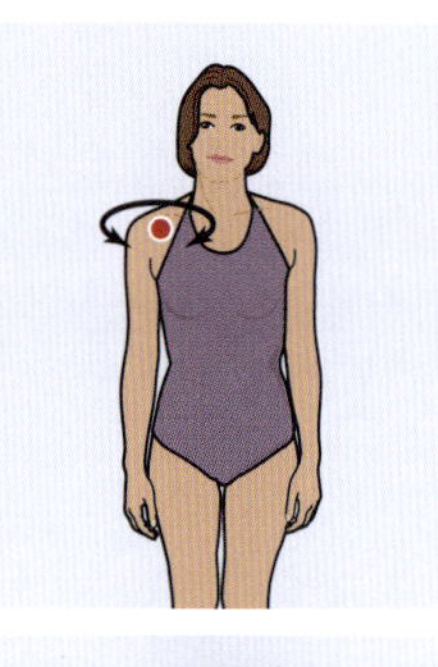

肩关节——横截面
旋内
练习：掰手腕（用哑铃或弹力带）
运动：棒球投球

旋外
练习：反向掰手腕
运动：空手道防守

肩关节——横截面（上臂和躯干呈90°）
水平内收
练习：哑铃胸部飞鸟
运动：网球正手击球

水平外展
练习：俯身侧平举
运动：网球反手击球

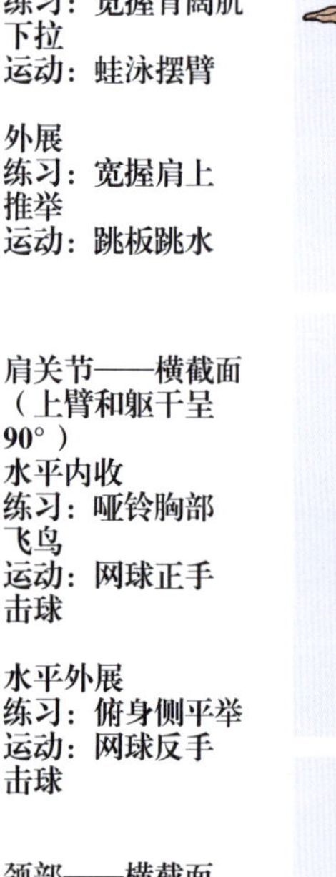

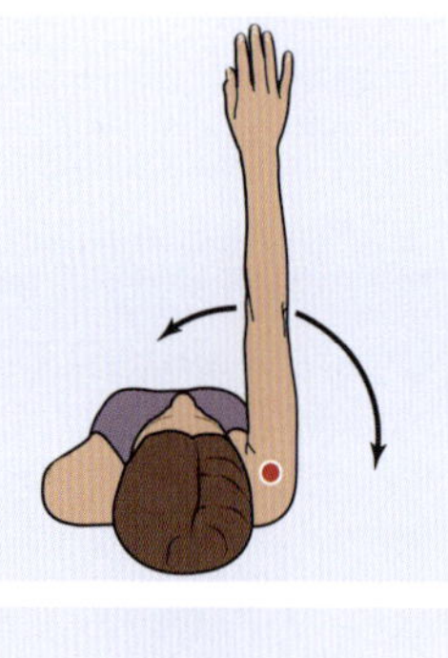

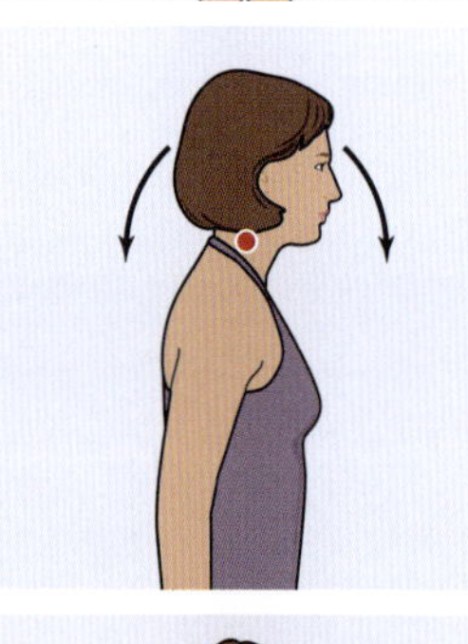

颈部——矢状面
屈曲
练习：颈部器械动作
运动：空翻

伸展
练习：动态背桥
运动：后空翻

颈部——横截面
左旋
练习：手动阻力
运动：摔跤

右旋
练习：手动阻力
运动：摔跤

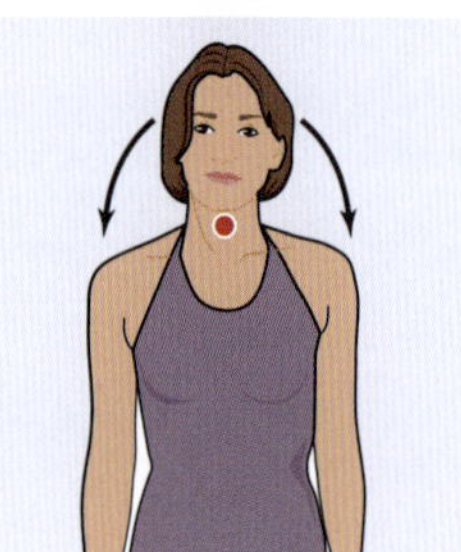

颈部——额状面
左侧屈曲
练习：颈部器械动作
运动：障碍滑雪

右侧屈曲
练习：颈部器械动作
运动：障碍滑雪

图 4.2 身体的主要运动。以处于解剖姿势下的人体为参照的运动平面。这些图片列举了对运动和相关身体活动提供抗阻训练的常见练习

来源：Reprinted by permission from Harman and Johnson 1992.

躯干——矢状面
屈曲
练习：仰卧起坐
运动：投掷标枪的跟进动作

伸展
练习：直腿硬拉
运动：后空翻

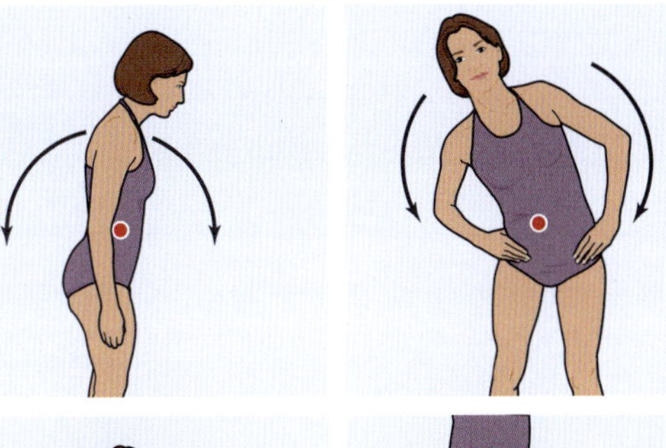
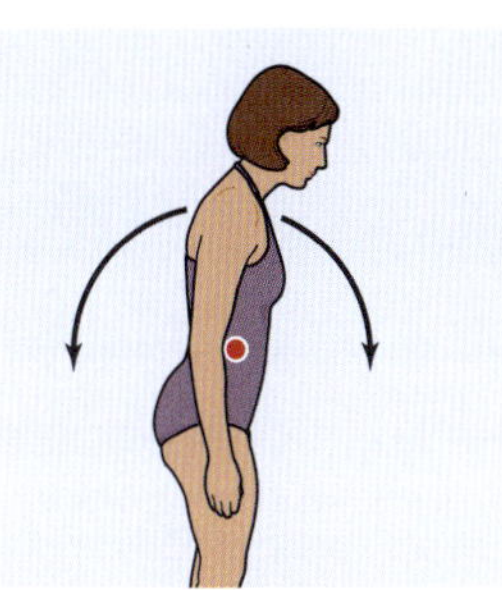
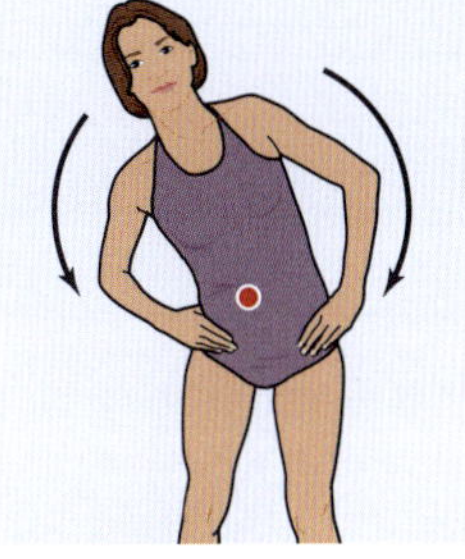

躯干——额状面
左侧屈曲
练习：过头勾手投掷药球
运动：体操侧空翻

右侧屈曲
练习：体侧屈
运动：篮球勾手投篮

躯干——横截面
左旋
练习：药球侧抛
运动：棒球击球

右旋
练习：躯干器械动作
运动：高尔夫挥杆

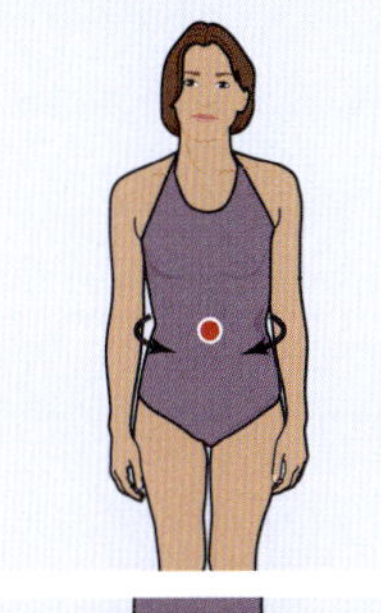
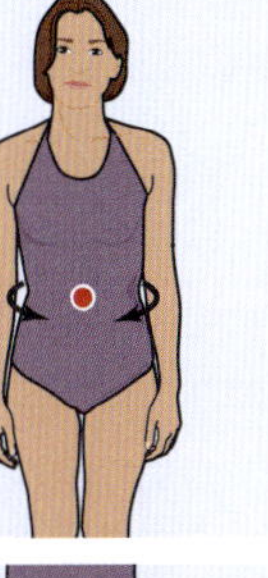
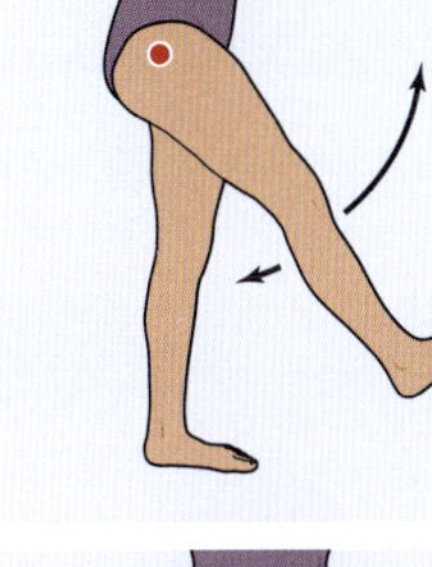

髋关节——矢状面
屈曲
练习：仰卧抬腿
运动：美式足球踢凌空长球

伸展
练习：后深蹲
运动：跳远起跳

髋关节——额状面
内收
练习：站姿内收
运动：足球侧向迈步

外展
练习：站姿外展
运动：旱冰

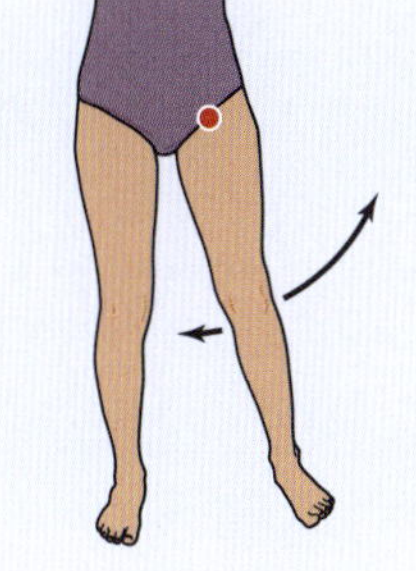
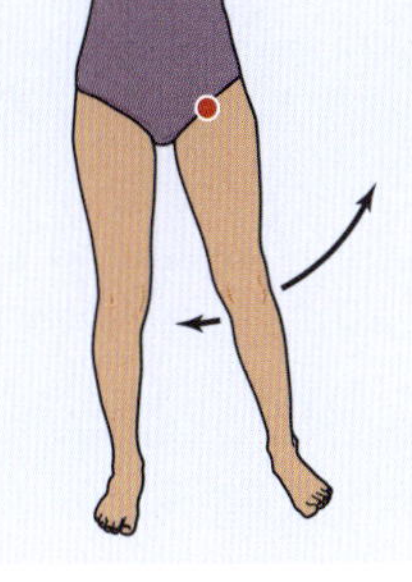

髋关节——横截面
旋内
练习：抗阻式内旋
运动：篮球中枢脚动作

旋外
练习：抗阻式外旋
运动：花样滑冰转身

髋关节——横截面
（大腿和躯干呈90°）
水平内收
练习：内收动作
运动：空手道扫踢

水平外展
练习：坐姿外展动作
运动：摔跤逃脱

膝关节——矢状面
屈曲
练习：俯卧腿（膝）弯举
运动：抱膝跳水

伸展
练习：腿（膝）伸展
运动：排球拦网

踝关节——矢状面
背屈
练习：脚尖上提
运动：跑步

跖屈
练习：小腿（脚跟）上提
运动：跳高

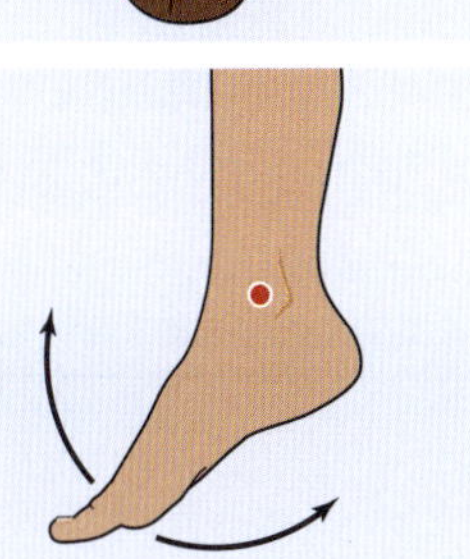
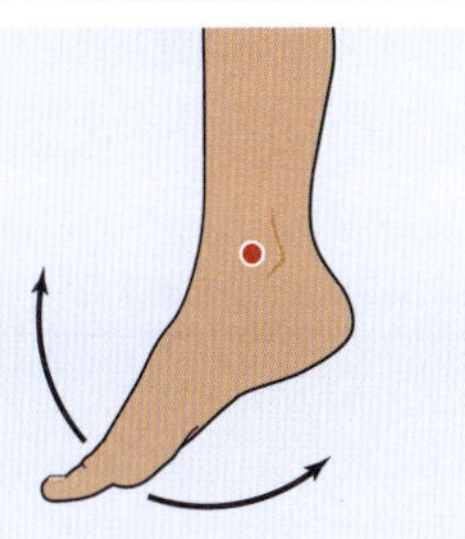
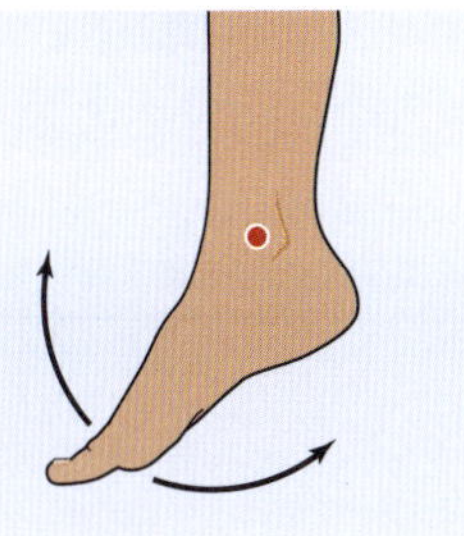
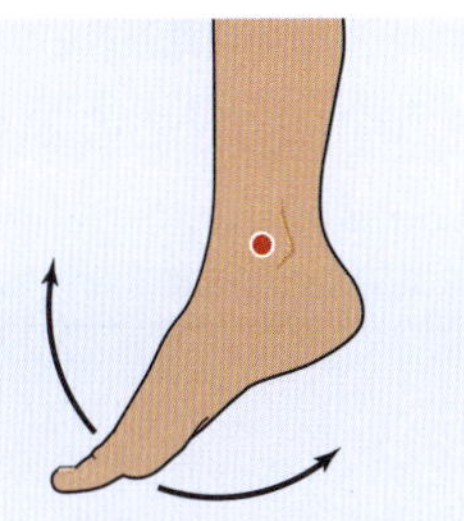
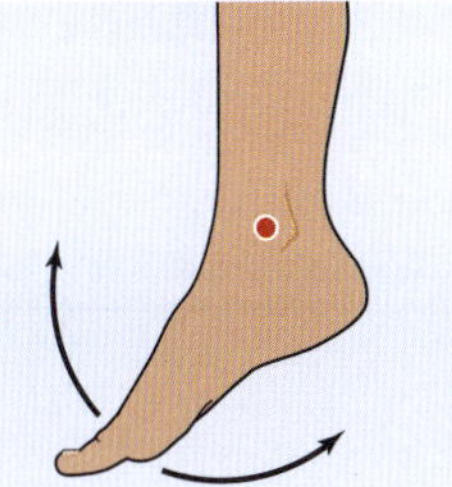
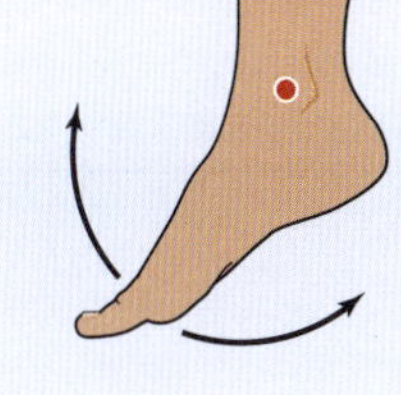

踝关节（距下关节）——额状面
内翻
练习：抗阻式内翻
运动：足球运球

外翻
练习：抗阻式外翻
运动：速度滑冰

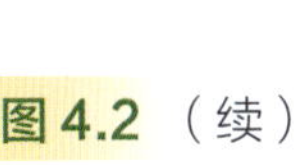

图 4.2 （续）

表 4.1 国际标准单位及其换算系数

量度词	国际标准单位	换算系数	传统单位（英制单位）	换算系数	国际标准单位
长度	米	×3.28=	英尺	×0.304 8=	米
角	度	×57.3=	度	×0.017 5=	度
速度	米/秒	×2.24=	英里/时	×0.447=	米/秒
力	牛	×0.225=	磅	×0.453 5=	牛
功，能量	焦	×0.738=	英尺·磅	×1.356=	焦
功率	瓦	×0.001 3=	马力（英制）	×745.7=	瓦
扭矩	牛·米	×0.738=	英尺·磅	×1.356=	牛·米

力

力是人体运动力学中的一个基本元素，定义为施加于一个趋向于产生加速度的物体的机械作用或效应。私人教练在指导客户训练时会用到许多力，包括施加于身体内部（例如肌肉、肌腱、韧带）的内力和产生于外部的外力（例如重力、摩擦力和空气阻力）。力的国际单位制单位（SI单位）是牛（N），传统英制单位中力的大小用磅（lb）度量，1磅力约为4.45牛。

力量产生、控制或改变人体运动的效果，取决于以下7个与力相关的因素[33]的综合效应。

- 量值（产生或施加多少力）。
- 位置（力施加于身体哪个部位或结构）。
- 方向（力朝哪个方向）。
- 持续时间（单次施力的持续时间有多长）。
- 频率（在给定时间内施加力的次数）。
- 可变性（在施力期间力的大小是恒定或变化的）。
- 速率（力产生或施加的快慢）。

力是人体运动中最基本的力学元素，运动中的人体受内力和外力的影响。

牛顿运动定律

人体运动的力学分析主要基于艾萨克·牛顿（Isaac Newton，1643 ～ 1727）的研究。最主要的是，牛顿三大运动定律构成了经典力学的基础，提出了影响人体运动的物理学规律。牛顿运动定律内容如下。

- 牛顿第一运动定律：任何物体总是保持匀速直线运动状态或静止状态，直至有外力迫使其改变这种状态。
- 牛顿第二运动定律：作用于物体上的合力（ΣF）所产生的加速度（a）与合力成正比，如下列公式所示

$$\Sigma F = m \times a \tag{4.1}$$

（m=质量）。换言之，力等于质量乘以加速度。

- 牛顿第三运动定律：每个作用力都有一个大小相等、方向相反的反作用力。

牛顿运动定律适用于所有人类运动。牛顿第一运动定律表明，开始、结束和改变身体的运动需要力。例如，当一名跳高运动员离开地面时，一个力（重力）会减缓其向上的运动，直到此运动员向上运动到最高点，然后继续向下加速使运动员的身体落地。

牛顿第二运动定律可体现在举物（例如硬拉）过程中。人体必须施加足够的力克服重力，才能使杠铃向上加速。式（4.1）可用于确定杠铃加速度的大小。力（F）越大，相应产生的加速度（a）就按比例增大。

牛顿第三运动定律表明，每一个力都会产生一个大小相等、方向相反的反作用力。例如在跑步过程中，脚每次接触地面时都会向地面施加一个力；地面也会对跑步者的脚产生相应的反作用力，即所谓的地面反作用力。地面反作用力的大小和方向决定了跑步者的加速度。

动量和冲量

动量是物体“运动量”的特征。一般而言，物体越大，移动得越快，它的动量就越大。在力学术语中，线性动量为质量（m）与速度（v）的乘积。物体的大小（质量）或速度增加都能够增加它的线性动量。类似地，角动量是转动惯量（I）和角速度（ω）的乘积，其中惯量的角色类似于线性运动中的质量。转动惯量的大小取决于两个因素：（1）物体的质量，（2）相对于旋转轴的质量分布。质量分布效应可见于垒球棒挥动的过程。当手握垒球球棒手柄末端挥动时，旋转阻力最大。如果击球员将手向球棒的顶端滑动，那么即使球棒质量不变，挥动球棒也更容易，因为球棒的更多质量靠近旋转轴（手）。类似地，把球棒颠倒过来，手握球棒顶端就更加容易挥动，因为球棒的大部分质量靠近手。

从性能的角度来看，动量传递原理很重要。动量传递就是动量从一个物体传递到另一个物体的机制。例如，在投球运动中，垒球投球运动员将动量依次从双腿向躯干、前臂传递，最后传递到手和球，并将球投出。另一个动量传递的实例是，某人进行肱二头肌最大力量弯举训练时“作弊”，通过在肘关节发生实际弯曲前晃动身体，将动量传递到杠铃上，此时他能够抬起比肘关节弯曲前不晃动身体时更重的重物。

必须施加冲量才能改变（增加或减少）动量。冲量是力（F）与力的作用时间（t）的乘积。因此，改变施力大小或时间会导致动量发生较大变化。

扭矩

如前所述，影响物体产生线性运动的力学因素是力。对角运动而言，类似的力学因素称为扭矩（T）或力矩（M），其定义为一种趋向于使物体绕轴旋转或扭曲的力效应。尽管这两个术语存在技术上的差异（即力矩常指力的转动或弯曲作用；扭矩指的是力的扭曲作用），但这两个术语常替换使用。为简便起见，本章使用“扭矩”这一术语。

扭矩的转动效应在人体的整个肌肉骨骼系统中是显而易见的。例如股四头肌肌群常在膝关节部位产生扭矩，使膝关节伸展［图4.3（a）］。腘绳肌肌群则常产生一个使膝关节屈曲的扭矩。由腘绳肌产生的屈曲扭矩见图4.3（b）。

扭矩产生角加速度，类似于力产生线性加速度。

扭矩（T）为力（F）与力臂（d）的乘积。

$$T = F \times d \tag{4.2}$$

力臂的定义是从支点（轴）到力的作用线的垂直距离（d）。扭矩（或力矩）的标准单位源自两个分量的乘积：力的标准单位是牛（N），力臂的标准单位是米（m），因此扭矩的单位是牛·米（N·m）。在英制单位中，扭矩用英尺·磅（ft·lb）度量。

仔细研究的扭矩计算公式，可以揭示几个人体运动力学中重要的概念。首先，扭矩大小取决于两个变量（F和d）。

增大力或力臂，或同时增大两者，都可增大扭矩。相反，减小力或力臂，或同时减小两者，都可减小扭矩。

第二个与扭矩有关的概念涉及向旋转轴施力的实例。在此情况下，力臂为零，不产生扭矩。在人体关节中，身体组织（如骨骼）可以承受很大的力，但不产生扭矩。例如，作用于椎体中心的压缩力，虽不会产生脊柱旋转，但可能会增加椎体受伤的风险[22]。

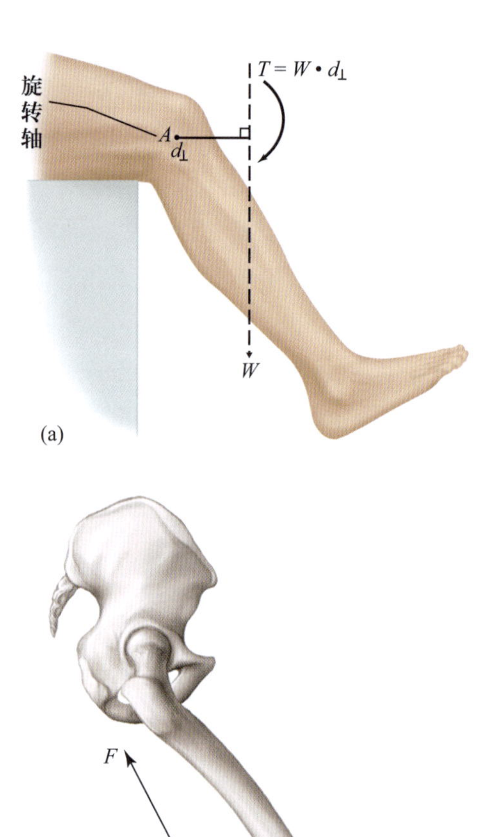

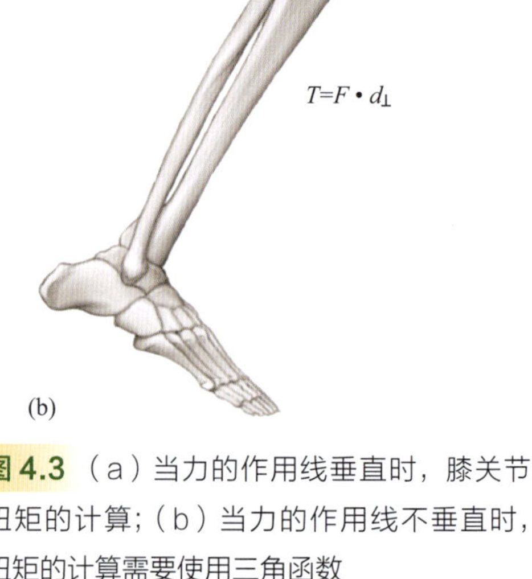

图4.3 （a）当力的作用线垂直时，膝关节扭矩的计算；（b）当力的作用线不垂直时，扭矩的计算需要使用三角函数

来源：Adapted by permission from Whiting and Zernicke 1998.

第三个与扭矩有关的概念源于以下事实：在大多数人体运动中，会产生不止一个扭矩。物体在多个扭矩的作用下产生的运动取决于净扭矩（也就是净力矩），就是所有力矩的数学总和。图 4.4 所示是一个净扭矩的例子，该例中，此人的手臂外展 90 度。

重力作用于手臂和哑铃，产生作用于盂肱关节轴，使手臂内收的扭矩（T_1）。如果手臂只受扭矩 T_1 的作用，手臂将在重力作用下向下内收。为了保持手臂外展 90 度的姿势，外展肌群（例如三角肌中束和冈上肌）需要产生大小相等、方向相反的扭矩以对抗重力产生的扭矩。此例中这种由外展肌群产生的平衡扭矩（T_2）趋向于使手臂外展。

肩部的运动取决于所产生的这两个扭矩（T_1 和 T_2）的相对大小。如果 T_1 和 T_2 的大小相等（方向相反），则净扭矩为零，手臂将保持外展姿势（即手臂不发生运动）。如果重力矩（T_1）大于展肌产生的扭矩（T_2），那么净扭矩

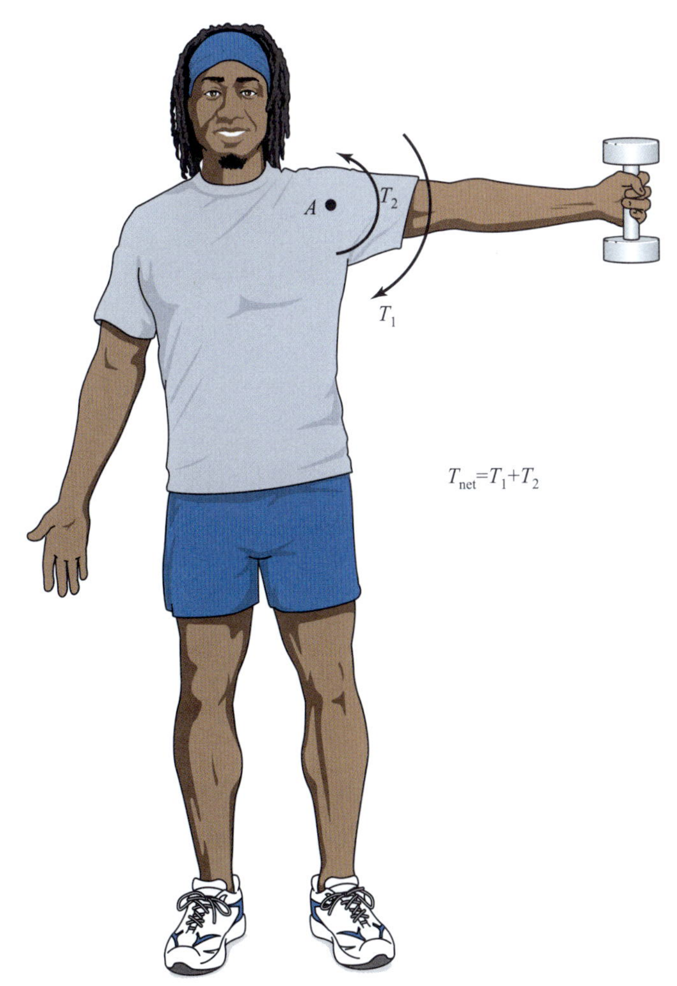

图 4.4　用作用于一个关节轴的所有扭矩之和计算净扭矩

来源：Adapted by permission from Whiting and Zernicke 1998.

偏向于重力，手臂将内收。如果使手臂外展的扭矩（T_2）超过了重力矩（T_1），那么净扭矩偏向于肌肉动作，手臂将继续外展。

扭矩相关概念的针对性对人体运动的评估和运动计划的制订至关重要。后文将对这一主题进行详细探讨。

> 关节运动产生并受控于内部（肌肉）扭矩和重力等外力所产生的外部扭矩的净效果。

杠杆系统

理解了扭矩的概念，人们可以想象关节运动是由身体的解剖结构作为一个机械杠杆系统所产生的。杠杆的定义是固定在一个点（支点或轴）上的刚性结构，受两个力的作用（图 4.5）。人体运动的刚性结构是绕轴旋转的骨骼。其中一种力（F_A）常称为动力或肌力（也就是作用力），由主动肌产生。另一种力（F_R），称为阻力（也就是负荷），是被举起的重量所产生的力（即重力）或另一外力（例如摩擦力）。

杠杆系统的这 3 个组件（F_A，F_R，支点）在空间上可以有 3 种不同的配置。每种独特的配置称为一种杠杆类型。第一类杠杆的支点位于两个力的作用点之间（图 4.6）。第二类杠杆的阻力位于支点和动力之间（图 4.7）。第三类杠杆的动力位于支点和阻力之间（图 4.8）。人体的关节主要是第三类杠杆，其余有些是第一类杠杆，少量是第二类杠杆。

杠杆各组件之间的距离与杠杆类型的定义无关，但各组件之间的距离在确定关节的机械功能方面很重要。为了帮助说明这一点，我们引入了机械效益的概念，其定义为 F_R 与 F_A 的比值（或 F_A 的力臂与 F_R 的力臂的比值）。如果机械效益等于 1，那么阻力和动力所产生的力矩相等，这两种力都不占优势。如果机械效益小于 1，那么阻力占优势，因此动力大于阻力才能克服阻力。相反地，如果机械效益大于 1，那么动力相较于阻力占优势。对于第一类杠杆，力臂较长的力具有机械效益。对于第二类杠杆，动力总是具有机械效益。对于第三类杠杆，阻力总是具有机械效益。

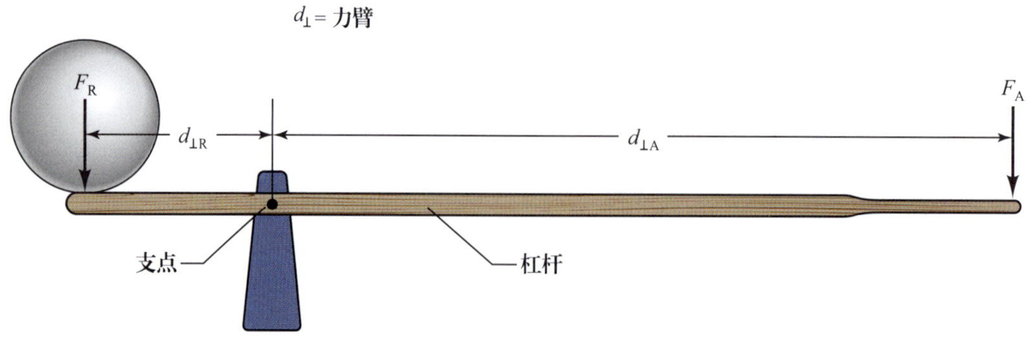

图 4.5　杠杆（垂直作用于杠杆上某一点的力与作用于另一点的力相抗衡）

F_A= 向杠杆施加的力，$d_{\perp A}$= 动力臂；F_R= 阻碍杠杆旋转的力，$d_{\perp R}$= 阻力臂。

来源：Reprinted by permission from NSCA 2008.

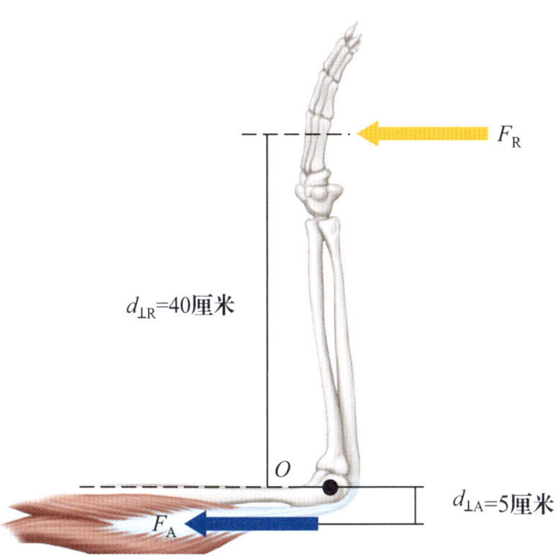

图 4.6　第一类杠杆（前臂）：肘关节伸展，与阻力方向相反（F_A=动力，F_R=阻力；$d_{\perp A}$=动（肌）力臂，$d_{\perp R}$=阻力臂，O= 支点）

来源：Reprinted by permission from NSCA 2008.

功

功（work）是一个具有多重含义的术语，包括体力耗费（如“我工作非常努力”）和能量消耗[如“我骑车消耗了 300 卡热量”（1 卡约等于 4.2 焦，此后不再标注）]等。力学上的功具有特定的定义，它与施力的大小以及物体的移动距离有关。机械功（W）的定义是力（F）与物体在力的作用下移动的距离的乘积：

$$W=F\times d \qquad (4.3)$$

功的标准单位是焦（1 焦 =1 牛 • 米）。一个人进行卧推运动，将 800 牛（180 磅，约 81.6 千克）的杠铃向上推了 0.5 米，则此人做了 400 焦的功（图 4.9）。

在自由重量训练中，每次重复运动的垂直位移以最高点和最低点距离的差值（例如图 4.9 中的 d_{AB}）测量。使用有配重片的器械时，垂直位移以配重片向上运动的最高点和向下运动的最低点计算。

除举起的杠铃重量外，还要考虑移动或举起的肢体部分的重量。例如，在蹲举训练中，下肢在每次重复蹲举中同时举起杠铃和大部分身体的重量。使用腿举器械时，设备的结构和几何形状决定了客户有多少体重参与运动。如果客户水平推举一块配重片，就只有少部分体重参与运动。相反，使用倾斜的雪橇式腿举器械时，所举起的身体重量随橇板倾斜度的变化而变化。

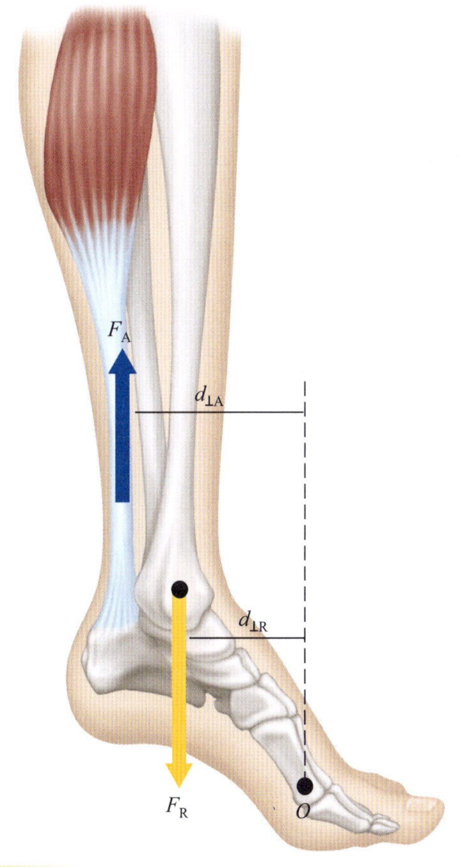

图 4.7　第二类杠杆：当用脚趾站立时，足部跖屈，与阻力方向相反；当身体升高时，脚上的球状物作为支点（$d_{\perp A}$ 大于 $d_{\perp R}$，F_A 小于 F_R；F_A=动力，F_R=阻力；$d_{\perp A}$=动（肌）力臂，$d_{\perp R}$=阻力臂，O= 支点）

来源：Reprinted by permission from NSCA 2008.

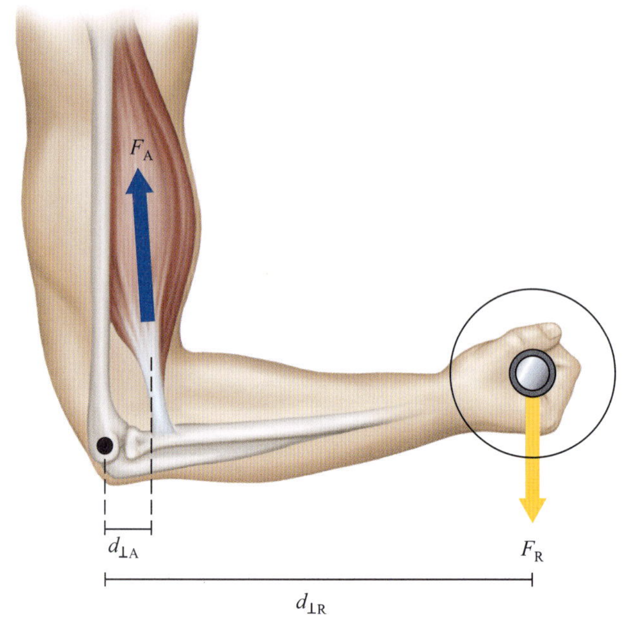

图 4.8 第三类杠杆：肱二头肌弯举练习中的前臂（$d_{\perp A}$ 小于 $d_{\perp R}$，F_A 大于 F_R；F_A= 动力，F_R= 阻力；$d_{\perp A}$= 动（肌）力臂，$d_{\perp R}$= 阻力臂）

来源：Reprinted by permission from NSCA 2008.

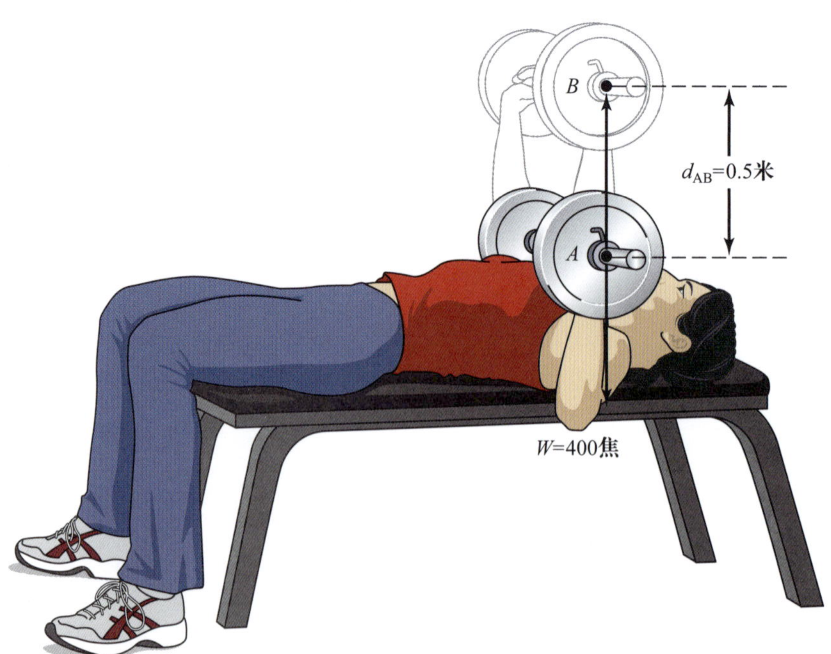

图 4.9 抗阻训练中功的计算

来源：Reprinted by permission from Whiting and Zernicke 2008.

功率

机械功并不总能充分描述某一特定运动的力学特征。在上一小节的卧推例子中，运动者在每个阶段做了 400 焦的功。在一组重复 10 次，每次卧推 800 牛的练习中，此运动者在一次练习中做了 400 焦的功。如果首次动作耗时 1 秒，末次动作耗时 2 秒，尽管这两次练习的做功都是 400 焦，但这两次卧推的力学特征明显不同。这两次练习的区别不在于功的多少，而在于做功的速率。做功的速率称为机械功率（P），以功（W）除以做功所需时间（t）进行计算：

$$P=W/t \tag{4.4}$$

功率的 SI 单位名称是瓦特（1 瓦 =1 焦 / 秒）。在上述的卧推例子中，首次卧推的功率是 400 瓦，末次卧推的功率是 200 瓦。在传统的英制单位系统中，功率以马力（hp）计算，1 马力 =550 英尺•磅 / 秒。

功率还可以力与速度的乘积计算：

$$P=F\times V \tag{4.5}$$

许多快速运动（例如跳跃和投掷）需要较高的功率输出。人体在快速（高速）移动中必须产生很大的力，才能产生强有力的动作并训练爆发力。许多常见的健身运动，例如游泳、走路、瑜伽的进行速度较慢，不适合用于提高爆发力。挺举、抓举、武术中的踢腿和击打以及各种形式的跳跃等爆发性训练有利于提高爆发力。

非常有趣的是，力量举这种运动，从名字上看应归类为力量运动，而非爆发性运动。力量举比赛包括 3 个项目：深蹲、卧推和硬拉。在负荷最大时，这 3 种举重运动的速度都不快。因此尽管完成力量举需要很大的力量，但功率输出比奥林匹克举低[14]。

能量

能量（energy）是另一个具有多种含义的术语。例如，小孩非常有活力（energetic），或工人工作了一天可能会精疲力尽（run out of energy）。机械能（与机械功的情况相同）具有特定的含义。机械能的定义是做机械功的能力。在众多能源（化学能、核能和电磁能）中，机械能是一种最常用于描述和评估人体运动的形式。机械能可分为动能（运动产生的能量）和势能（位置或形变产生的能量）。有两种与运动形式一致的动能形式。线性动能（linear kinetic energy，LKE）的计算方法如下：

$$\text{LKE}=1/2\times m\times v^2 \tag{4.6}$$

m 是质量，v 是线速度。

角动能（angular kinetic energy，AKE）的计算方法如下：

$$\text{AKE}=1/2\times I\times \omega^2 \tag{4.7}$$

I 是转动惯量，ω 是角速度。这两个动能公式中的一个重要因素是速度（v 和 ω）的平方项，速度小幅度提高，都会导致动能的大幅度增加。例如，一名赛跑运动员的速度从 5 米 / 秒提高到 6 米 / 秒（速度提高 20%），其线性动能将提高 44%。

势能也有两种形式，第一种形式是位置产生的势能，称为重力势能，是一种与物体相对于某个参考水平面（通常是地面）高度有关的势能。因此，在完全伸展手臂的情况下将杠铃举在头顶的重力势能大于将杠铃举于胸前水平位置的重力势能。

重力势能（potential energy，PE）的计算方法如下：

$$PE=m\times g\times h \tag{4.8}$$

m 为质量（单位为千克），g 为重力加速度（9.8 米 / 秒 ^{2}），h 为参考水平面以上的高度（单位为米）。

势能的另一种形式称为形变（应变）能，是物体发生形变（例如拉伸、压缩、弯曲和扭转）时储存的能量。形变能的实例有拉伸的跟腱、撑杆跳高中弯曲的撑杆和压缩的椎间盘产生的能量。当导致形变的力移除时，物体常恢复至原来（无负荷时）的形状或配置，并释放或返还储存的形变能。储存的形变能并不完全返还，其中有一部分以热能的形式丧失。形变能的储存与释放在许多运动中都很重要。

机械与运动效率

在生物力学术语中，效率指的是在给定代谢输入（能量）的情况下，可以产生多少机械输出（机械功）。机械输出与代谢输入的比值决定了运动效率。例如，人体骨骼肌的效率只有 25% 左右。这意味着，实际上肌肉活动中只有 25% 的代谢能量做机械功，剩下的 75% 被转化为热能或用于能量恢复过程[9]。

除肌肉做机械功的效率不高外，一些动作或状况也将导致运动效率低下[32]，这些动作或状况包括如下内容。

- 肌肉的共激活：拮抗肌对抗关节另一侧的原动肌的动作。
- 不平稳运动：交替改变肢体部位加速或减速方向，需消耗代谢能量。
- 多余运动：跑步过程中超过维持身体平衡所需的手臂过度运动。
- 等长运动：在等长运动中，因为没有产生位移，故不做功。
- 重心偏移过度：降低或提高身体重心所需的代谢能量超过了给定任务的最低要求。

人类运动中的生物力学

力学规律决定人体的运动方式。但私人教练必须认识到，人是生物体，而非机械。肌肉系统的独有特征将影响人产生力与扭矩的方式。本节的开始部分将探讨肌肉的结构和功能。

肌肉

骨骼肌占体重的很大一部分（40% ～ 45%），发挥重要作用（例如运动、保护和产热）。就人体运动而言，肌肉产生用于移动主要关节部位以及维持身体稳定的力。对于私人教练来说，了解肌肉的作用非常重要。

肌肉有 4 个与众不同的特征：（1）兴奋性，即对刺激做出反应的能力；（2）收缩性，即产生拉力的能力（亦称张力）；（3）伸展性，即伸长或拉伸的能力；（4）弹性，即移除受力后恢复原来长度和形状的能力。任一属性缺失或受损都会影响肌肉产生和控制人体活动的能力。

肌肉动作主要受自主控制，但也参与反射（例如对痛苦刺激的快速反应）

和常规运动（例如行走等自动非反射动作）。

肌构建

肌肉组织由产生力的结构元素（收缩成分），以及其他一些结构（例如结缔组织）组成。后者虽然不产生力，但对于维持肌肉的正常生理和力学功能非常重要。肌肉的层次结构见第 1 章的图 1.2，单一的肌纤维结构见图 1.3。肌原纤维产生力量的功能单位是肌节（图 1.4）。

肌肉内的肌纤维的排列方式有很多种（图 4.10）。有些肌肉（例如肱二头肌和半腱肌）的肌纤维平行于肌肉的起点和止点之间的一条线（牵拉线）。这些肌肉属于梭形肌。其他肌肉中的肌纤维与牵拉线成一定角度（通常小于 30 度）这个角称为羽状角。单羽肌（例如半膜肌）具有一组有相同牵拉线的肌纤维。羽状肌（例如股直肌）有两组不同角度的肌纤维。多羽肌（例如三角肌）具有许多组不同角度的肌纤维。其他肌肉，例如胸大肌和背阔肌，其肌纤维呈辐射状排列。

羽状肌的优势是在一定体积内可填充更多的肌纤维，比非羽状肌具有更大的生理横截面积，因而产生力的潜能更大。虽然抗阻训练无法改变肌肉的组成，但了解肌肉结构差异，可以帮助私人教练了解肌肉功能和潜在的肌肉损伤。例如，股四头肌旨在产生力量，而腘绳肌更适合进行快速收缩。这些结构差异使涉及双关节的腘绳肌（由半腱肌、半膜肌和股二头肌的长头组成）比单关节的股四头肌（由股直肌、股内侧肌、股外侧肌和股中间肌组成）在爆发性和高功率的运动，如短跑和跳跃中，受伤的风险更高。

肌肉动作类型

肌肉产生的力受外力（如由重量、绳索、绷带和阻力机等产生的力）的阻挡。内力（肌力）和外力（阻力）所产生的净扭矩决定产生的关节运动。如果净扭矩为零，肌肉的运动是等长收缩，关节不产生运动。如果肌肉产生的扭矩大于外力产生的扭矩，肌肉向心收缩（肌肉主动缩短）。相反地，如果外力产生的扭矩大于肌力产生的扭矩，肌肉离心收缩（肌肉主动拉长）。

肌肉的动作类型决定所产生的机械功的类型。如果肌力和位移的方向相同，则产生正功。在做正功时，肌肉产生能量，并通过向心收缩将能量传递到肢体部分[26]。相反，如果肌力和位移的方向相反，则会产生负功。在做负功时，能量则从肢体部位传递到肌肉。肌肉经离心收缩吸收能量。在肌肉等长收缩的过程中，关节无运动，根据定义，也就不做功。然而这些肌肉动作对于能量在肢体部位间的传递很重要。例如，在自行车运动中，如果一个人用脚趾踩脚踏板，踝关节几乎不运动，而腓肠肌和比目鱼肌产生较大的力，这些肌力将臀肌和股四头肌产生的能量传递给脚踏板[13]。

> 肌肉动作类型（等长、向心和离心）是在运动过程中产生、控制关节运动和身体各部分之间能量传递的一个重要因素。

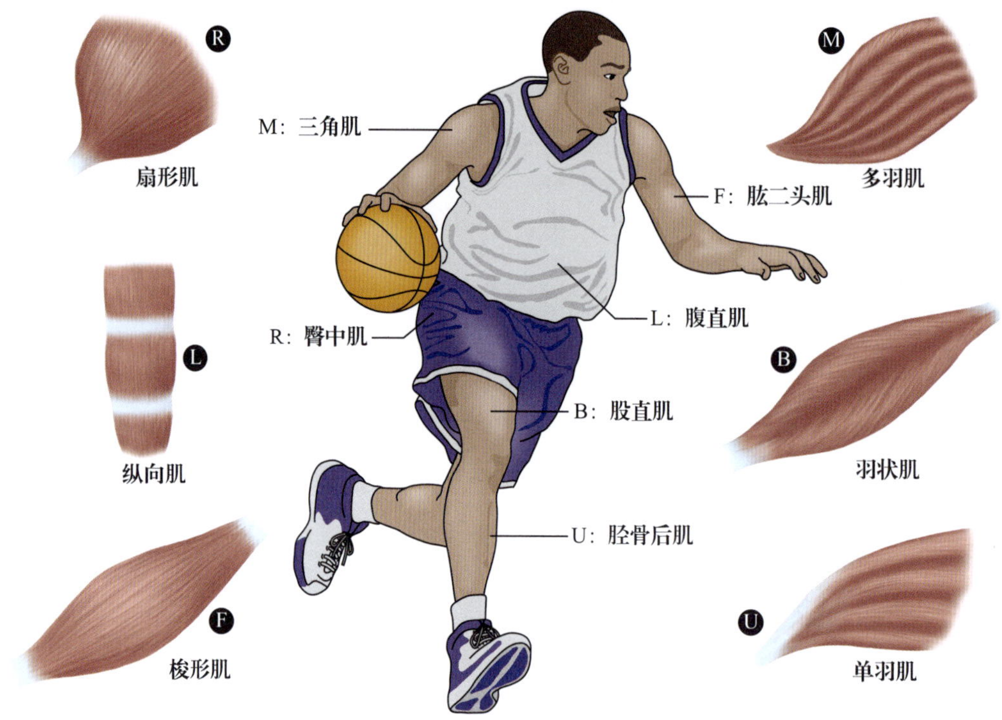

图 4.10 肌纤维排列类型和实例

来源：Reprinted by permission from NSCA 2008.

长度－张力

肌肉的收缩部分（肌动蛋白和肌球蛋白）产生力。非收缩部分（例如结缔组织鞘、肌腱和肌巨蛋白）也影响肌肉肌腱单位的整体力特性。肌肉的所有结构要素的综合作用体现于长度－张力关系中。在一定程度上，肌肉长度决定了肌肉肌腱单位产生的力。长度－张力曲线见图4.11。

倒U形的主动张力曲线代表肌节在力的产生过程中的作用。肌节过短会导致：（1）肌动蛋白丝完全重叠；（2）肌球蛋白丝压迫Z线；（3）肌球蛋白的结合能力减弱。上述情况都会使产生的力减小。肌节伸长时，肌丝的重叠范围最佳，产生的力最大。肌节进一步伸长，肌动蛋白丝的重叠部分减少，产生的力减小。

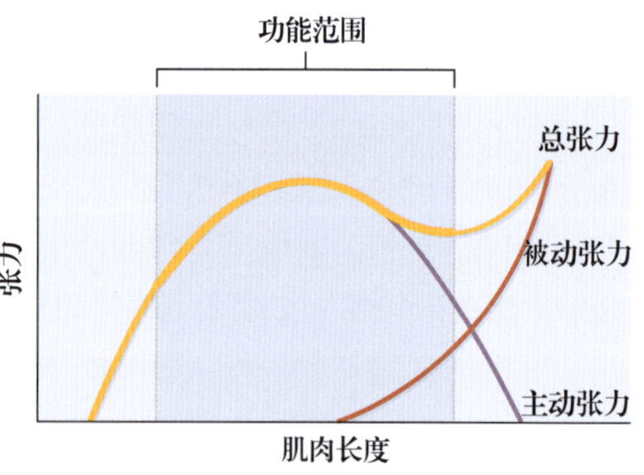

图 4.11 骨骼肌的长度—张力关系

来源：Reprinted by permission from Whiting and Rugg 2005.

如长度－张力曲线（图4.11）的右侧所示，在肌肉长度超过静息状态下的长度之前，肌肉的非收缩部分不对肌肉的力量特性产生影响。在曲线的这部分，非收缩部分试图回缩，从而产生阻力。肌肉肌腱单元产生的力等于主动收缩部分产生的动力与被动非收缩部分产生的阻力的总和。

肌肉长度由其跨越的关节的运动范围决定，这显然是有限度的。这就形成了如图 4.11 所示的肌肉长度的功能范围。

下面比较了站姿和坐姿提踵训练，从中我们可以很容易地体会到长度 - 张力关系的应用。腓肠肌跨越（即作用于）两个关节，既是膝关节屈肌也是踝关节跖屈肌。处于站姿时，腓肠肌处于拉长状态，持续产生的力大于处于坐姿时膝关节屈曲、小腿抬高和腓肠肌缩短时产生的力。处于坐姿时提踵，腓肠肌长度较短，作用减弱，对单关节的比目鱼肌的需求更大。

张力 - 速度

除肌肉长度外，肌肉产生力的能力还取决于收缩速度。张力 - 速度曲线（图 4.12）上的每个点表示肌肉在充分激活时所能产生的最大的力。在肌肉向心收缩过程中，肌肉的收缩速度越快，肌力越小。肌肉等长收缩产生的力大于任何向心收缩速度下产生的力。有悖常理的是，肌肉能够产生比向心收缩或等长收缩更大的力，并且似乎受运动速度的影响较小。

简单的肱二头肌弯举练习就可体现张力与速度的关系。在手臂无负重的状态下，屈肘动作很容易完成。随着负重的增加，肘关节的屈曲速度降低。当无法移动重物时，就处于或接近等长收缩的最大值。此时肌肉无法将更重的重物举起，甚至无法保持在固定位置，仅能以离心收缩的方式使肘关节伸展。

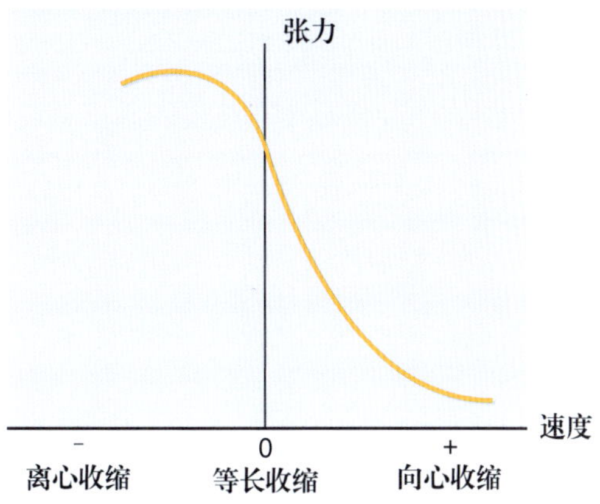

图 4.12　骨骼肌的张力 - 速度关系

来源：Reprinted by permission from Whiting and Rugg 2005.

肌肉离心收缩产生的更大的力构成了“负向”训练的基础。在进行负向训练时，可增大下降阶段的阻力，或在升高阶段安排某种形式的辅助。这类训练是增强力量和增大肌肉的有效手段[16]。

肌纤维类型与特性张力

肌肉产生最大力量的能力与其横截面积成比例。从理论上讲，将肌肉横截面积乘以单位面积的收缩力就得到肌力。单位面积的收缩力称为特性张力[20]。对独立运动单位的研究表明，快缩型肌纤维的张力（22 牛 / 厘米^2）大于慢缩型肌纤维（15 牛 / 厘米^2）。所有肌肉的特性张力的变化范围很大[21]。鉴于人体肌肉中的肌纤维类型都是混合的，这一发现并不令人感到惊讶。目前的研究证据表明，主要由快缩型肌纤维构成的肌肉的特性张力比主要由慢缩型肌纤维构成的肌肉略大[20]。快缩型肌纤维常常比慢缩型肌纤维更大，故能产生更大的绝对张力。

肌纤维募集

肌肉内和肌肉间的协调配合可使肌肉产生最大力。以下方法可增加肌内力：（1）提高运动单位的放电频率；（2）增加运动单位的募集数量；（3）渐进性募集较大的运动单位。肌肉间或多块肌肉间的相互作用，可提高原动肌和协同肌活性、降低拮抗肌活性或者两者均进行，从而增强肌肉力量。在训练的最初几周内，由于力量的增强超过了肌纤维的增大，故力量的增强主要归功于这些神经适应[23]。

私人教练需要认识到，客户最初可能会受肌肉力量大增的鼓舞，而随后会因增大幅度减小而气馁。私人教练除鼓励客户之外，还应告知客户肌肉的缓慢增大将如何使力量增强并改善形体。

激活的时间变化

肌肉力量的发展需要时间，无法瞬间完成。一个人可能需要用 0.5 秒才能产生最大肌力[31]。如果动作的持续时间少于 0.5 秒，最大肌力就无法产生。在此情况下，力的产生速率（the rate of force development，RFD）是决定运动表现的重要性质。力产生的速率的定义是力的时间变化率。不应将力的产生速率与功率混淆。例如，等长收缩能够快速产生力，但是由于肌纤维长度没有变化，所以功率为零。抗阻训练能够提高力的产生速率[31]。

提高力的产生速率的另一方法是运用拉长－缩短周期。拉长－缩短周期需要肌肉先快速进行离心牵拉，紧接着进行向心收缩。运用拉长－缩短周期提高力的产生速率主要归功于储存的弹性势能（即前文所述的“形变能”）和神经驱力增强[6]。肌肉在离心收缩期间开始产生力量，故肌肉不以零力开始向心收缩。这种情况可认为是提前对肌肉进行牵拉[34]。

这种提前预拉可体现在卧推和在深蹲架中进行深蹲运动时。此时，如果杠铃置于架子上，则很难直接从底部举起杠铃（没有任何肌肉动作）。如果在举起杠铃之前肌肉提前收紧（例如先将杠铃从架子上抬高），举起杠铃就稍微容易些。这是因为肌肉提前被预拉。在肌肉的提前预拉以及肌肉—肌腱复合体的弹性成分回弹的联合作用下，可以较容易地将杠铃从杠铃架举起。

人体的力臂与杠杆

人体的力臂在不同人之间会有很大差别。例如，巴塞特（Bassett）和同事的研究证明，冈上肌力臂的标准偏差是平均值的 52%[3]。这可能有助于解释为什么两个人的肌肉大小相似，但力量水平不同。力臂长（肌腱止点离关节较远）的人在相同肌力下可产生更大的扭矩。这一原理在图 4.13 中得以体现。

图 4.13 说明了另一重要观点：尽管肌肉和肌腱止点之间的距离是固定的，但此肌肉的力臂会随关节角的变化而变化[1]。运动范围内某些点的扭矩大于其他点。

回想一下，杠杆的 3 种类型。按杠杆类型对人体关节进行分类的重要性不仅仅在于将经典力学应用到人体解剖结构上。就人体运动能力而言，每种类型的杠杆都有优缺点。例如，人体中的第三类杠杆（例如作用于肘关节的肱二头肌）在肘关节轴（支点）和阻力（如手中的哑铃）之间有应用力。在此结构中，机械效益（动力臂 / 阻力臂）远小于 1。这实际上就意味着，由于力臂较短，肌肉必须产生相对较大的力才能使肘关节屈曲。解剖学中的第三类杠杆的明显缺点可通过提高关节运动的有效速度来弥补。例如，在肘关节伸展过程中，一定的角位移使前臂和手上的各点产生不同的线性位移。离关节轴远的点沿弯曲弧线移动的距离大于靠近轴的点。前臂上的所有点都以同样的角速度移动，越远的点（例如哑铃），线速度越大。棒球投球手和排球扣球手分别利用这一运动优势使手在释放球和触球前产生较快的速度。

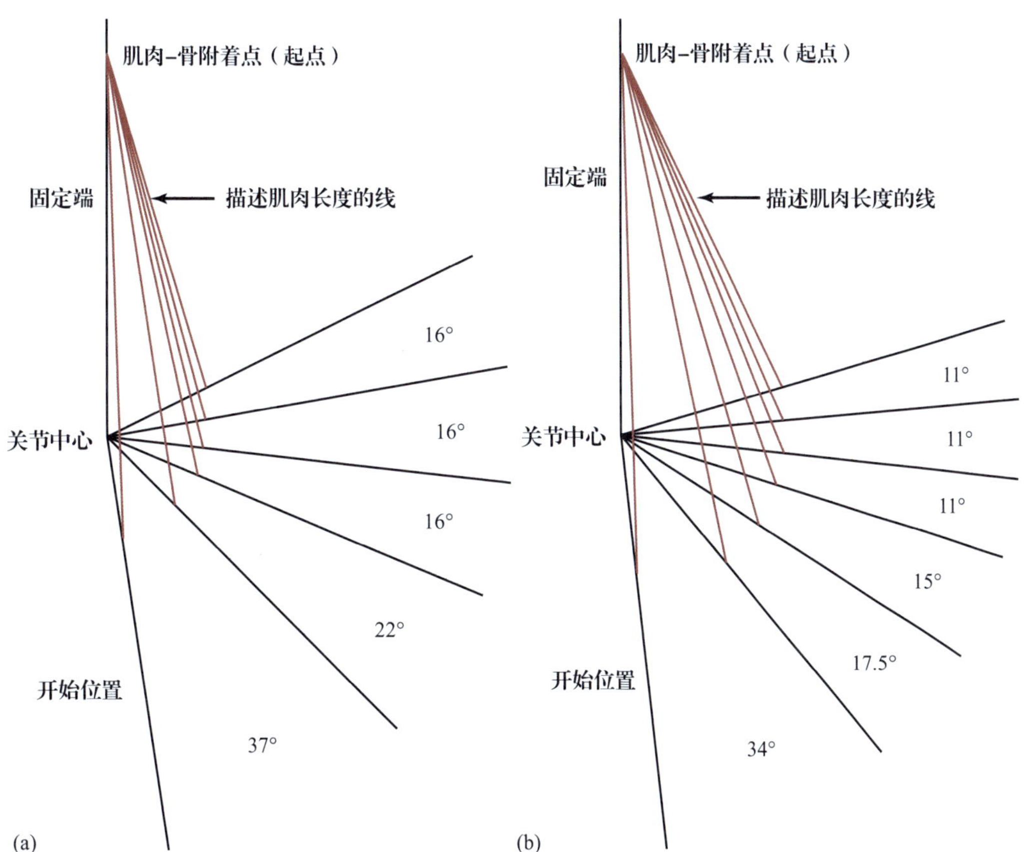

图 4.13 肌肉等量缩短时关节角度的变化。肌腱止点靠近（a）和远离（b）关节中心。结构 b 的力臂较长，在一定的肌肉力量下会产生较大的扭矩，但是每一肌肉收缩单元的旋转角度较小，运动速度较慢

来源：Reprinted by permission from NSCA 2008.

力量和症结点

就人体表现而言，力量通常是指施力的能力。测量力量的方法有简单的（例如一个人可以举起多少重量），也有使用先进技术的复杂方法，例如力传感器、加速计和等动装置等。鉴于肌力产生的复杂性，以及力的产生取决于肌肉动作的速度和对抗阻训练的适应[2, 11, 25]。力的更精确定义是肌肉或肌群在特定的速度下能产生的最大力[17]。实际上，在测量力量时，并不总能测量到速度。在此情况下，仍会使用更老、更简单的测量方法。

力量的展现常受限于肢体运动范围内的最弱点能够举起的重量，此位置称为症结点（症结区）。症结点的位置难以确定，该点不仅是运动范围内外部阻力的力臂最长的位置[8]，因为该点的肌力力臂可能在运动范围内也是最长的。准确地说，症结点可能处于外部阻力相较于肌力具有最大机械效益的位置。

运动和动力链

一系列的连接装置在工程中称为运动链。如果该系列的两个端点是固定的，那么这个链就称为闭式链。如果一个连接装置的终端不固定，那么这个链就称为开式链。闭式链的实用性作用是，一个关节的运动使其他关节产生可预测的运动。开式链则不受这些约束：一个关节的运动不一定引起另一个关节的运动。

在20世纪50年代中期，施坦德勒（Steindler）[28]认为身体是一条动力链。他将开放式动力链描述为“末端自由的组合”，将闭合式动力链描述为“末端关节受到相当大的外部阻力，无法自由运动或运动受限”。施坦德勒指出，动力链只有在不产生可见运动的情况下，才是“绝对闭合”的。但他认为“在动力链周围的关节受到极大的外部阻力的所有情况下使用此术语”是可以接受的。这通常理解为末端（手和脚）被固定的情况。

需要注意的是，施坦德勒使用了动力学（力）这一术语，而工程师使用的是运动学（运动）这一术语，但两者似乎是一回事儿。“动力链”这一术语一般不用于工程学或机器人学，因为技术上运动链是正确的描述。如果动力链不能与运动链替换使用，那么运动训练出版物中常使用动力链这一术语。

施坦德勒承认，这一动力链很少“绝对闭合”。如果我们查看其物理学描述，会发现这是显而易见的。但他从未描述过什么是“相当大的”外部阻力，故他的定义仍然令人感到困惑。例如，深蹲与腿举在运动学和动力学上是相似的[10]，但深蹲时肢体末端（足）是固定的，而腿举时肢体末端是移动的。类似地，即使阻力难以称为“相当大”，卧推和俯卧撑在整个运动范围内仍具有相似的肌肉激活模式[4]。

通过观察功能性结果而非对运动的物理学描述，人们从这些术语中可以获得更多的实用效果。开式链是指链中的某一关节的运动独立于链中其他关节的动力链，而闭式链是指某一关节的运动导致链中其他关节产生可预测运动[20]的动力链。开式链的运动常涉及单个关节抵抗某种形式的角阻力而发生移动（例如肱二头肌弯举）。闭式链的运动常涉及多个关节抵抗线性阻力而发生移动（如卧推和深蹲）。

识别闭式链运动的重要性在于多个关节的运动是相互耦合的[36]。例如，以负重站姿进行深蹲运动时，如果髋关节和踝关节不同时屈曲，那么膝关节就不可能屈曲。任何一个关节的运动范围受限都会影响整体的运动范围。同样，关节的扭矩同样也是相互耦合的：当人在深蹲中降低身体，增大关节的屈曲角度时，动力链中所有肌肉的内部扭矩都会增大。任何一个关节存在缺陷都会限制整体的运动表现。

开式链和闭式链这些术语的定义在文献中并没有统一，故应谨慎使用。

运动的肌肉控制

在设计和制订训练计划时，私人教练的一项重要任务是确定哪些特定的肌肉在产生特定的关节活动并控制运动过程中是活跃的。如前所述，肌肉有 3 种运动类型：等长、向心和离心。主要关节的肌肉向心动作见表 4.2。私人教练必备的一项基本技能是确定特定关节运动，包括所涉及的具体肌肉和肌肉的运动类型。

下列肌肉控制公式提供了一个步进式算法，用于确定任一关节运动所涉及的肌肉和肌肉的运动类型[32]。此公式包含 6 个步骤。

步骤 1 确定关节运动（例如外展或屈曲）或位置。

步骤 2 通过提出以下问题确定外力（如重力）对关节运动或位置的作用：“在没有肌肉动作（即没有激活的肌肉）的情况下，外力将产生何种运动？”

步骤 3 根据如下所示的步骤 1 和步骤 2 的回答确定肌肉的运动类型（向心、离心或等长）。

a. 如果步骤 1 和步骤 2 的回答方向相反，则肌肉以向心收缩方式主动缩短。此时运动速度不是影响因素之一。

b. 如果步骤 1 和步骤 2 的回答方向相同，则需要问：“运动速度多大？”

- 如果关节运动速度大于外力自身产生的运动速度，则肌肉以向心收缩方式主动缩短。
- 如果关节运动速度小于外力自身产生的运动速度，则肌肉以离心收缩方式主动伸长。

c. 如果没有产生运动，而外力本身作用时应产生运动，则肌肉进行等长收缩。

d. 不受其他外力作用时对抗重力（如平行于地面）的运动由向心收缩产生。当重力不影响关节运动时，就需要收缩（向心）动作牵拉肢体部位抵抗其自身的惯性。此时运动速度不是影响因素之一。

现在已经确定了肌肉的运动类型。从步骤 4 到步骤 6 确定哪些肌肉产生或控制运动。

步骤 4 确定运动平面（额状面、矢状面和横截面）和旋转轴。此步的目的是确定控制运动的肌肉跨越关节的哪一侧（例如屈肌跨越关节一侧，同时伸肌跨越关节另一侧）。

表 4.2 肌肉动作表

1. 髋关节和膝关节肌肉动作

髋关节			
伸展	屈曲	外展	旋外
臀大肌	腰大肌	臀中肌	臀大肌
半腱肌	髂肌	*臀小肌*	梨状肌
半膜肌	耻骨肌	*阔筋膜张肌*	上孖肌
肱二头肌长头	股直肌	*臀大肌上部纤维*	闭孔内肌
大收肌后部纤维	*短收肌*	*腰大肌*	下孖肌
	长收肌	*髂肌*	闭孔外肌
	大收肌前上部纤维	*缝匠肌*	股方肌
	阔筋膜张肌		*腰大肌*
	缝匠肌		*髂肌*
			缝匠肌

内收	旋内
耻骨肌	臀小肌
短收肌	*阔筋膜张肌*
长收肌	*耻骨肌*
大收肌	*短收肌*
股薄肌	*长收肌*
臀大肌下部纤维	*大收肌前上部纤维*

膝关节			
伸展	屈曲	旋内*	旋外
股内侧肌	半膜肌	腘肌	股二头肌
股中间肌	半腱肌	半膜肌	
股外侧肌	股二头肌	半腱肌	
股直肌	*缝匠肌*	*缝匠肌*	
	股薄肌	*股薄肌*	
	腘肌		
	腓肠肌		
	跖肌		

2. 踝关节和距下关节肌肉动作

续表

踝关节		距下关节	
跖屈	背屈	内翻	外翻
腓肠肌	胫骨前肌	胫骨前肌	腓骨长肌
比目鱼肌	趾长伸肌	胫骨后肌	腓骨短肌
跖肌	第三腓骨肌	*踇长屈肌*	第三腓骨肌
胫骨后肌	*踇长伸肌*	*趾长屈肌*	趾长伸肌
踇长屈肌		*腓肠肌*	
趾长屈肌		*比目鱼肌*	
腓骨长肌		*跖肌*	
腓骨短肌			

3. 肩关节肌肉动作

肩带骨					
上抬	下沉	后缩	前伸	上旋	下旋
肩胛提肌	下斜方肌	菱形肌	胸小肌	斜方肌	菱形肌
上斜方肌	胸小肌	中斜方肌	前锯肌	前锯肌	肩胛提肌
菱形肌					胸小肌

肩关节（盂肱关节）			
屈曲	伸展	内收	外展
胸大肌锁骨部分	胸大肌胸骨部分	背阔肌	三角肌中束
三角肌前束	背阔肌	大圆肌	冈上肌
肱二头肌短头	大圆肌	胸大肌胸骨部分	三角肌前束
喙肱肌	*三角肌后束*		*肱二头肌*
	肱三头肌长头		
旋内	旋外	水平屈曲	水平伸展
背阔肌	小圆肌	胸大肌	三角肌中束
大圆肌	冈下肌	三角肌前束	三角肌后束
肩胛下肌	*三角肌后束*	*喙肱肌*	小圆肌
三角肌前束		*肱二头肌短头*	冈下肌
胸大肌			*大圆肌*
肱二头肌短头			*背阔肌*

4. 肘关节、桡尺关节和腕关节肌肉动作 续表

肘关节		桡尺关节	
屈曲	伸展	旋后	旋前
肱二头肌	肱三头肌	肱二头肌	旋前圆肌
肱肌	*肘肌*	旋后肌	旋前方肌
肱桡肌		*肱桡肌* **	*肱桡肌* **
腕关节			
屈曲	**伸展**	**桡偏（外展）**	**尺偏（内收）**
桡侧腕屈肌	桡侧腕长伸肌	桡侧腕屈肌	尺侧腕屈肌
尺侧腕屈肌	桡侧腕短伸肌	桡侧腕长伸肌	尺侧腕伸肌
指浅屈肌	尺侧腕伸肌	桡侧腕短伸肌	
指深屈肌	*示指伸肌*		
掌长肌	*小指伸肌*		
	指伸肌		

5. 脊柱肌肉动作

脊柱（胸部和腰部区域）				
屈曲	侧屈	同侧旋转	异侧旋转	伸展
腹直肌	腹外斜肌	腹内斜肌	腹外斜肌	竖脊肌 多裂肌
腹外斜肌	腹内斜肌	竖脊肌	多裂肌	
腹内斜肌	腰方肌			
腰大肌（腰区）	*腹直肌*			
	竖脊肌			

注：非斜体字体的肌肉是原动肌，斜体字体的肌肉表示协同肌。

* 仅膝关节弯曲时才发生旋转。

** 肱桡肌的作用是使前臂移至中间或中立位置。

步骤5 询问："运动中，关节哪一边的肌肉伸长了，哪一边的肌肉缩短了？"

步骤6 结合步骤3和步骤5的信息确定运动中哪些肌肉产生或控制运动。例如，如果运动类型是向心（缩短）收缩（从步骤3可知），并且关节前部的肌肉缩短了（从步骤5可知），那么关节前部的肌肉必须在运动中主动产生运动。表4.2中的信息可以帮助我们确定具体的肌肉名称。

我们现在在肱二头肌弯举训练中应用肌肉控制公式。分析此人将关节从位置a（肘关节完全伸展）运动到位置b（肘关节屈曲）这一简单的屈肘动作（图4.14）。

步骤 1 进行的是屈曲运动。

步骤 2 外力（重力）趋向于使肘关节伸展。

步骤 3 该运动（屈曲）与外力的方向相反，因此在向心收缩中该部分肌肉缩短。

步骤 4 运动发生在矢状面上，旋转轴在肘关节处。

步骤 5 关节前表面的肌肉在运动中缩短，关节后表面的肌肉在运动中伸长。

步骤 6 肌肉做向心收缩（从步骤 3 可知），关节前部的肌肉缩短（从步骤 5 可知）。因此，关节前部的肌肉产生运动。从表 4.2 可知，肱二头肌、肱肌和肱桡肌负责此运动。

现在分析一下反向运动（图 4.14）：肘关节从位置（b）伸展到位置（a）。运动速度很慢（在没有任何肌肉作用的情况下，运动的速度比外力单独作用时要慢很多）。

步骤 1 进行的是伸展运动。

步骤 2 外力（重力）趋向于使肘关节伸展。

步骤 3 该运动（伸展）的方向与受外力产生的运动方向相同，故我们可以问一下："运动速度多大？" 而运动速度缓慢，这表明控制运动的肌肉以离心收缩方式主动伸长。

步骤 4 运动发生在矢状面上，旋转轴在肘关节处。

步骤 5 关节前部的肌肉伸长，关节后部的肌肉缩短。

步骤 6 肌肉进行离心收缩（从步骤 3 可知），关节前部的肌肉伸长（从步骤 5 可知），故关节前部的肌肉主动控制运动。肱二头肌、肱肌和肱桡肌是控制运动的肌肉。在此类运动中，肘关节屈肌（肱二头肌、肱肌和肱桡肌）以离心收缩的方式控制肘关节伸展。

图 4.14　肱二头肌弯举：肘关节先从位置（a）屈曲到位置（b），再从位置（b）伸展到位置（a）

来源：Reprinted by permission from Whiting and Rugg 2005.

如果肘关节从位置（b）快速（比重力单独作用时快）伸展到位置（a），则肌肉控制公式将确定是肘关节伸肌（肱三头肌）的向心收缩使肘关节快速伸展。

空间限制效应（space constraints）排除了不止一个实例，但怀廷（Whiting）和鲁格（Rugg）描述了更多实例[32]。

私人教练在制订和评估具体训练计划时应牢记一点：上举和移动方式的不同会影响肌肉的募集。下面来看看几个实例。

- 许多练习（例如哑铃锤式弯举、曲杠弯举、正握弯举和反握弯举）可训练肘关节屈肌（肱二头肌、肱肌和肱桡肌）。在不同的训练中，这3个肘关节屈肌的使用程度并不相同。这主要是因为前臂的位置会影响肱二头肌和肱桡肌的募集。例如，肱桡肌处于中间（在旋前与旋后之间）位置时最强壮有力，故哑铃锤式弯举可以最大限度地使肱桡肌参与运动。正握弯举训练的目标是肱二头肌，因为肱二头肌是前臂中最强壮的旋后肌，在旋后时处于有利位置。相反，肱肌是反握弯举的原动肌，其止点在尺骨上，这意味着长度和牵拉线不受前臂位置的影响。尽管肱二头肌也参与了反握弯举训练，但前臂的旋前位置使肱二头肌处于解剖劣势位，从而最大限度地发挥其作用。
- 比较平板握推和上斜卧推会发现，胸大肌的参与程度不同。在平板卧推训练中，肩关节的主要运动是水平内收，胸大肌的胸骨部分起很大的作用。在上斜卧推训练中，肩关节同时进行水平内收和屈曲，随倾斜度的增大，胸大肌的胸骨部分参与运动的程度降低。上斜卧推使用胸大肌的锁骨部分，因为这部分肌肉同时起水平内收肌和屈肌的作用。卧推的倾斜度越大，胸大肌的胸骨部分参与运动的程度越低，能够举起的重量就越少。
- 在窄距深蹲训练中，肌肉运动主要由髋关节伸肌完成。宽距深蹲训练主要涉及髋关节伸肌和内收肌。宽距深蹲训练有更多的肌肉参与，能举起的重量也更大。

了解哪些肌肉控制运动以及更改训练项目将如何影响这些肌肉，是根据既定目标选择合适的训练项目的关键所在。

抗阻训练中的生物力学

要通过训练提高运动质量（如力量、爆发力或耐力），就需要随着时间的推移增加负荷。在很多情况下，超负荷刺激是由一组具体运动的某种类型的阻力提供的。阻力可分为3种类型：恒定、可变和适应性。每种类型的阻力都以不同的方式对身体产生压力，本节将探讨与若干种不同类型的阻力相关的生物力学情况。

恒定阻力训练器械

恒定的阻力即在整个运动范围内阻力都不会发生改变。自由重量和固定器械提供恒定阻力。

自由重量

自由重量是指任何具有固定质量且运动不受限的器械。按此定义，杠铃、哑铃和药球都是自由重量。重力场中的自由重量受到力（重量）的作用，此力大小恒定，方向与重力方向一致。因此，自由重量提供的阻力取决于运动方向。自由重量在垂直方向上产生的阻力等于物体质量乘以加速度再加上物体重量的和。所有其他方向上的阻力等于质量乘以加速度。此概念可表示为：

$$F_R=ma+W \tag{4.9}$$

注意，除垂直方向外，其他方向上的物体重量 W 都为 0。

施加的力必须稍大于重量才能移动（加速）一个自由重量，否则其不会移动。超过阈值的力越大，重物移动的速度就越快。在典型的重复运动中，人从静止位置（速度为零）开始运动，然后反转方向（此点的速度为零）返回起始位置（此点的速度再次为零）。在这个很简单的描述中，速度（以及加速度）显然不是恒定的，而是在整个运动过程中发生变化。如果运动速度足够慢，加速度常可近似为零，而此时自由重量产生等于其重量的恒定阻力。

即使在整个运动过程中外力恒定，内力也不恒定。原因是身体必须克服这些力产生的扭矩才能移动。回忆一下，扭矩是力与其力臂的乘积，力臂是力到旋转轴的垂直距离。在单关节运动中（如图 4.15 中肱二头肌弯举），自由重量的力臂在整个运动范围内不断变化。

当肢体处于水平位置时，自由重量的力臂最长，并在两个方向上减少，直到其径直处于关节上方或下方。此时，力臂为零，扭矩也为零。

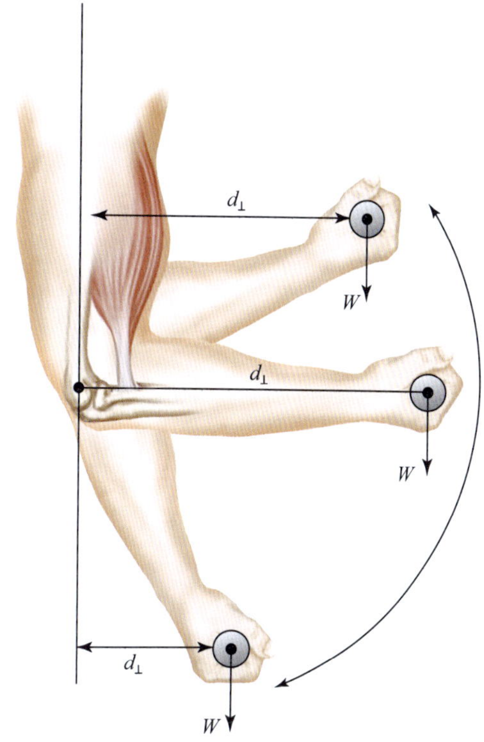

图 4.15 物体至肘关节的水平距离（$d_\perp$）在整个弯举运动中不断变化，物体重量（W）产生的扭矩也随之变化

来源：Reprinted by permission from NSCA 2000.

一个人运用此概念，通过调整运动姿势，可以改变整个运动范围内的阻力。例如，在进行站姿腿弯举和手臂侧平举时，当腿或手臂处于水平位置时，膝关节和肩关节分别屈曲和外展 90 度，此时，自由重量的力臂最长。如果以仰卧（腿弯举）或侧卧（侧平举）姿势进行运动，尽管当腿或手臂处于水平位置时，自由重量的力臂仍最长，但此情况仅出现在动作开始（中立）的位置。与此类似，在进行站姿肱二头肌弯举时，肘关节屈曲 90 度时前臂水平，但在斜托弯举运动过程中，此角度为 90 度减去椅子的角度。

根据这些概念，私人教练可调整训练内容，在运动范围内的不同位置向肌肉组织施力。

在多关节运动（例如深蹲或卧推）中，杠铃杆的路径似乎呈直线，但此直线运动仍然是由关节的角运动产生的。这时同样的原理也适用：力臂最长时，恒定重量的阻力最大。进行深蹲和卧推时，动作处于较低位时，力臂往往较长；随着杠铃向顶端移动，动力臂随之变短。杠铃到达顶部时，力臂基本上为零，此时骨骼系统支撑重量，无须肌肉动作。

在多关节运动中，动作的变化可以将对肌肉的需求从一个关节转移到另一个关节。例如在深蹲运动中，躯干前倾幅度较大，体重向前移动，髋关节和踝关节的力臂明显变长，膝关节的力臂则缩短。因此，相比于更竖直的姿势，在此姿势下，对髋关节伸肌和跖屈肌的需求增加，对膝关节伸肌的需求减少。

训练任务中也应重视某些机械约束[36]。例如深蹲时，必须保持平衡，故杠铃杆和人的组合重心的垂直投影必须保持在双脚的支撑范围之内。如果杠铃置于躯干后部较低的位置，练习者必须前倾才能保持平衡。基于前述原因，此时对髋关节伸肌和跖屈肌的需求增加，对膝关节伸肌的需求减少。同样地，若把杠铃置于肩关节前部（如颈前深蹲），练习者的躯干就需要更为挺直，此时对膝关节伸肌的需求增加，对髋关节伸肌和跖屈肌的需求减少。

即使在训练任务的机械约束范围内，上举技术也会有变化。客户为举起更大的重量，可能会采取微小或不怎么微小的调整策略，将需求从相对较弱的肌肉转移到较强的肌肉。这些调整策略是否可接受取决于许多因素，但均不在本章的讨论范围内。私人教练需要保持警惕，及时纠正可能导致损伤的动作偏差。

单关节和多关节运动可以相互补充。例如，当膝关节屈曲的角度增大时，对股四头肌的需求增加；在动作的最低点，膝关节屈曲角度最大，对股四头肌的需求较大；当膝关节屈曲角接近零时（即膝关节完全伸展），对股四头肌的需求也降为零。相反，在坐姿腿屈伸训练中，腿水平时，力臂最长，对股四头肌的需求随膝关节的伸展而增加。因此，深蹲和坐姿腿屈伸训练可以最大限度地增加整个运动范围内对股四头肌的需求。这在某些情况下是有益的[29]。其他的单关节和多关节运动组合也同样如此。

固定器械

与自由重量不同，固定器械会以某种方式限制阻力。其中阻力的路径可以是直线（就像腿举机和史密斯机），也可以有角度的（腿屈伸或腿弯举机）。尽管有些固定器械的滑轮有许多方向，但阻力的方向仍是绳索的方向。此类固定器械属于本章所述类型。尽管具有固定阻力的固定器械会以某种方式限制运动，但其外部阻力不变。例如单滑轮的下拉机、史密斯机或任何具有杠杆和固定轴的滑轮的设备。

可变阻力器械

可变阻力会在整个运动范围内增大或减少（或两者兼具）。某些固定器械、弹力带和弹力绳，以及连接到杠铃末端的举重链，都具有这种阻力可变的性质。

器械

具有可变阻力的器械，其阻力在整个运动范围内可发生变化。在杠杆末端装载配重片的任何器械，都可因力臂变化而使阻力发生变化（类似于将一个自由重量附着于进行单关节运动的肢体末端）。杠杆平行于地面时，阻力最大。当远端处于水平位置时，肌群产生扭矩的能力并不一定最强。为使器械与人体力量曲线相匹配（即在产生扭矩的能力最强的位置，对力的需求也最大，而在运动范围内的其他点，对力的需求较小），人们开发出了具有可变半径凸轮的器械（图 4.16）。这个可变凸轮的用处是在整个运动范围内调整配重片的力臂，更近似地模拟各肌群产生扭矩的能力。由于每个人特定关节的力量曲线都不相同，故此目标难以或无法实现[12, 15]。

弹性阻力

材料的弹性也可用于提供可变阻力，此类阻力遵循胡克定律（Hooke’s law）：

$$F_R = -kx \quad (4.10)$$

k 是弹性系数（即材料刚度或抵抗拉伸的一种量度），x 是材料的拉伸长度。弹力绳、弹力带、线圈和弹簧都具有弹性特性，可提供阻力。k 值越大，材料的刚度越大，需要更强的力才能拉伸它。负号表示阻力与拉力的方向相反。与自由重量的阻力不同，弹性阻力不恒定，且与材料从静息长度拉伸的距离成正相关。因此在运动开始时，阻力最小，阻力随运动的进行而增加。重要的是要记住，弹性阻力与材料原始长度的相对变化有关，并不是材料实际的拉伸长度[27]。例如，将一根弹力绳从静息长度拉伸至 0.5 米，与将一根同样的弹力绳从 0.5 米拉伸到 1 米产生的阻力不同。即使两种情况下材料的拉伸距离都是 0.5 米，第二种情况下产生的阻力也更大。

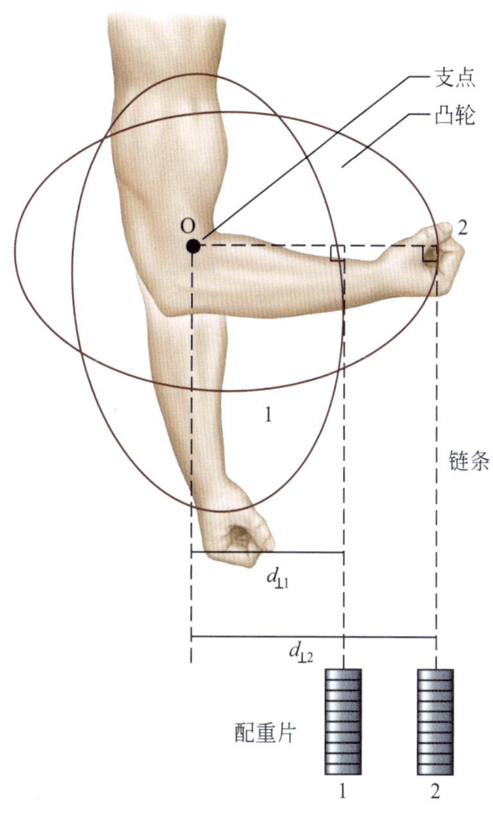

图 4.16　基于凸轮的重物阻力机的重量力臂（$d_{\perp}$）（从链条到支点的水平距离）在运动中发生变化

来源：Reprinted by permission from NSCA 2008.

弹性材料经常被忽视的另一个特性是其疲劳特性[27]，即一种材料经反复拉伸后会失去产生阻力的能力的特性。与疲劳相关的变化基于每次拉伸循环的形变量和循环次数而发生。研究发现，在以初始长度100%的形变量循环拉伸501次时，弹力绳和弹力带产生的阻力分别减少5%～6%和9%～12%；当以初始长度200%的形变量拉伸时，两者产生的阻力均减少10%～15%，大部分阻力减少的情况出现在前50次重复拉伸中[28]。这些结果表明，应经常更换弹性材料，以确保负荷恒定。

增加负荷时可能也会出问题。制造商常使用颜色编码表示材料的阻力。识别颜色编码时要小心，颜色之间的差异可能很大，不同的弹力带和弹力绳的颜色差异可能不同。例如，一家制造商的绿色弹力带的阻力几乎是黄色弹力带的2倍，黑色弹力带的阻力是绿色弹力带的1.5倍。同一制造商生产的绿色弹力绳的阻力是黄色弹力绳的5倍，而黑色弹力绳的阻力是绿色弹力绳的1.5倍[27]。

链条

最近，人们将重金属链安装在杠铃上作为一种改变上举阻力的方法。从理论上讲，做卧推和深蹲等直线上举动作（没有链条）时，阻力在上举动作的最低位置是最大的，随着杠铃移动到顶端位置，阻力逐渐减小（见前文讨论）。链条系于杠铃上时，在上举动作的最低位置，链条的大部分重量在地面上；随着杠铃上升，链条的更多部分脱离地面，阻力在上举过程中变大。对这种做法的研究尚处于初级阶段，还需更多的试验来检验链条的阻力。

适应性阻力器械

适应性阻力随受力的变化而变化。换言之，适应性阻力与客户的施力成正比。适应性阻力器械包括等动设备、飞轮和流体阻力器械等。

等动装置

等动装置旨在控制运动速度，至少提供恒定的角速度。（注意，“等动”这一术语的字面意思是“相等的力量”。等动装置其实是控制角速度的运动变量，因此更正确的术语是“等运动”。鉴于普遍使用“等动”一词，本章忽略两者的技术差别，使用“等动”）使用等动装置时，肢体以预定速度运动，从0度/秒（等长）到300度/秒（离心）和500度/秒（向心）。当肢体的运动速度超过预定速度时，装置将产生一个大小相等、方向相反的力（扭矩），以维持特定的角速度[24]。此力（扭矩）就是练习者对器械施加的力。

飞轮

飞轮需要练习者牵拉一根绳子，使圆盘旋转。圆盘上装有一块物体，离旋转轴有一定的距离，旋转的圆盘产生阻力。飞轮的阻力随角加速度增加而增大。换言之，越用力拉绳子，飞轮产生的运动阻力越大[7]。此外，飞轮可储存动能（随设计不同，最大可达80%）。在牵拉结束时，绳子开始回卷，练习者需以肌肉的离心收缩来克服。

流体阻力

液压和气动装置利用活塞推动或拉动流体（液压的液体和气动的气体）通过圆筒，水下运动具有与之相似的力学性质。流体阻力的表达形式为：

$$\boldsymbol{F}_{\mathrm{R}}=\alpha\rho A v^2 \quad (4.11)$$

这表明，阻力与流体密度ρ、活塞横截面积A和运动速度的平方成比例。对于一定的器械，流体密度和活塞横截面积固定不变，因此器械对练习者产生的阻力随运动速度的增加而增大。需要注意的是，这不是一种线性关系：速度增加 2 倍，阻力增加 4 倍。

水中运动

在水中运动时，浮力向上，与向下的重力方向相反。当人体浮在水中时，浮力与重力相互抵消（即净力为 0）。当人在水池的浅水区运动时，浮力取决于身体有多少部分浸没于水中。当身体浸没到髋部（髂前上棘的水平位置）时，浮力约是 50%，当身体浸没到颈部（即 C-7 水平位置）时，浮力增大至 90%[30]。

这可用于制订利用浮力进行支撑、辅助或抗阻的训练[31]。

- 浮力支撑训练平行于池底进行。例如，入没到颈部进行肩关节水平外展和内收，浮力有助于支撑手臂，阻力主要位于运动方向上。
- 浮力辅助训练进行的方向与浮力的方向相同。
- 浮力抗阻训练进行的方向与浮力的方向相反。

当水没到颈部时，浮力有助于练习者进行肩关节屈曲。相反，当逆转运动方向，进行肩关节伸展时，就必须克服浮力。一些器械，比如水上哑铃，可增大浮力。使用这些器械时，进行浮力辅助运动将更容易，进行浮力抗阻运动则更困难。

水产生的阻力称为曳力，遵循前文所述的流体阻力的公式［式（4.11）］。这种力与器械一样具有适应性，与速度的平方成比。此外，控制表面积 A 可增大或减小阻力。分析在水中进行肩关节屈曲和伸展的情况。如果手掌朝向中线，而不是朝上（图 4.17），表面积减小，运动会更容易。如果使用手蹼或桨在解剖姿势下进行运动，就更加困难。与液压机的阻力相同，水产生的阻力总是与运动方向相反，肌肉只有进行向心收缩才能克服这种力。

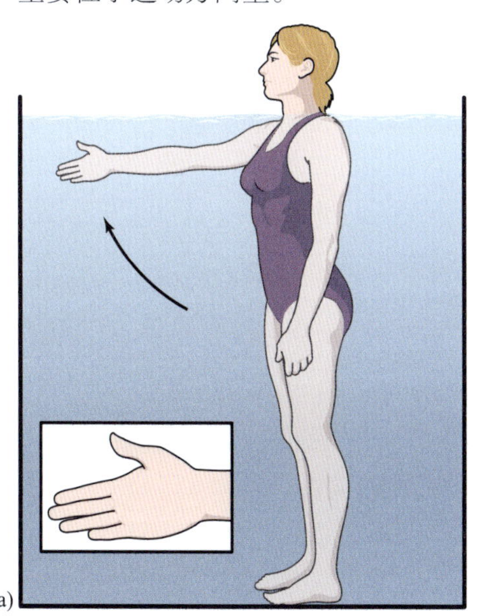

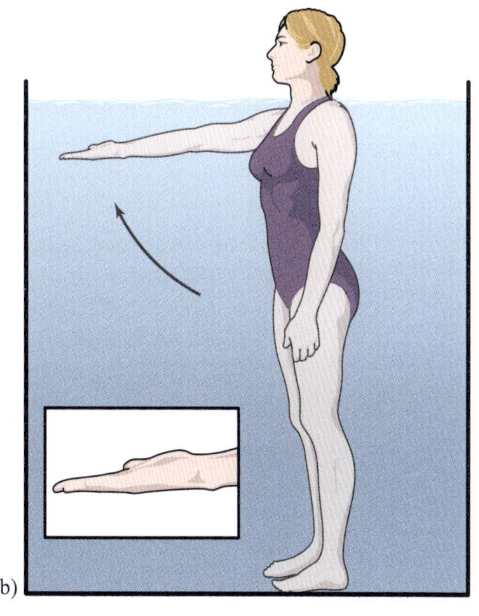

图 4.17　在水中进行肩关节屈曲训练：（a）手掌朝向中线；（b）手掌朝向上方

在制订安全有效的训练计划时，阻力类型（恒定、可变和适应性）的选择是一个重要考虑因素。

结语

了解基本的生物力学原理对于了解运动如何产生所需的训练效果，并最大限度地降低受伤的可能性而言非常重要。私人教练只有具备坚实的生物力学基础，才能够更好地确定训练目标和制订训练计划，有效且高效地提高客户的身体素质。

学习问题

1. 以下哪种运动模式需要客户产生的功率最大？
   A. 1 秒内举起 60 千克的重物
   B. 0.1 秒内举起 60 千克的重物
   C. 1 秒内举起 30 千克的重物
   D. 0.1 秒内举起 30 千克的重物
2. 以下哪一项运动是最佳的开式链运动实例？
   A. 站立弯举杠铃
   B. 俯卧撑
   C. 深蹲
   D. 引体向上
3. 以下哪种变化能够增大向心力？
   A. 降低发放率编码
   B. 减弱关节运动范围内的杠杆作用
   C. 加快收缩速度
   D. 增大生理横截面积
4. 以下哪项较好地描述了深蹲训练中向下运动阶段的肌肉控制过程？
   A. 髋关节伸肌、膝关节伸肌和踝关节跖屈肌进行向心收缩
   B. 髋关节屈肌、膝关节屈肌和踝关节背屈肌进行向心收缩
   C. 髋关节伸肌、膝关节伸肌和踝关节跖屈肌进行离心收缩
   D. 髋关节屈肌、膝关节屈肌和踝关节背屈肌进行离心收缩

应用知识问题

在表格中填写适用于身体的各种外部阻力的抗阻训练练习和设备的实例。

外部阻力类型	实例
自由重量	
恒定阻力器械	
可变阻力器械	
弹性阻力	
适应性阻力器械	

参考文献

1. An, K.N., F.C. Hui, B.F. Morrey, R.L. Linscheid, and E.Y. Chao. 1981. Muscles across the elbow joint: A biomechanical analysis. *Journal of Biomechanics* 14 (10): 659-661.
2. Andersen, L.L., J.L. Andersen, S.P. Magnusson, C. Suetta, J.L. Madsen, L.R. Christensen, and P.Aagaard. 2005. Changes in the human muscle force-velocity relationship in response to resistance training and subsequent detraining. *Journal of Applied Physiology* 99 (1): 87-94.
3. Bassett, R.W., A.O. Browne, B.F. Morrey, and K.N. An. 1990. Glenohumeral muscle force and moment mechanics in a position of shoulder instability. *Journal of Biomechanics* 23 (5): 405-407.
4. Blackard, D.O., R.L. Jensen, and W.P. Ebben. 1999. Use of EMG analysis in challenging kinetic chain terminology. *Medicine and Science in Sports and Exercise* 31 (3): 443-448.
5. Bodine, S.C., R.R. Roy, E. Eldred, and V.R. Edgerton. 1987. Maximal force as a function of anatomical features of motor units in the cat tibialis anterior. *Journal of Neurophysiology* 57 (6): 1730-1745.
6. Bosco, C., J.H.T. Vitasalo, P.V. Komi, and P. Luhtanen. 1982. Combined effect of elastic energy and myoelectrical potentiation during stretch-shortening cycle exercise. *Acta Physiologica Scandinavica* 114 (4): 557-565.
7. Chiu, L.Z.F., and G.J. Salem. 2006. Comparison of joint kinetics during free weight and flywheel resistance exercise. *Journal of Strength and Conditioning Research* 20 (3): 555-562.
8. Elliott, B.C., G.J. Wilson, and G.K. Kerr. 1989. A biomechanical analysis of the sticking region in the bench press. *Medicine and Science in Sports and Exercise* 21 (4): 450-462.
9. Enoka, R.M. 1994. *Neuromechanical Basis of Human Movement*. Champaign, IL: Human Kinetics.
10. Escamilla, R.F., G.S. Fleisig, N.G. Zheng, S.W. Barrentine, K.E. Wilk, and J.R. Andrews. 1998. Biomechanics of the knee during closed kinetic chain and open kinetic chain exercises. *Medicine and Science in Sports and Exercise* 30 (4): 556-569.
11. Finni, T., S. Ikegawa, V. Lepola, and P.V. Komi. 2003. Comparison of force-velocity relationships of vastus lateralis muscle in isokinetic and in stretch-shortening cycle exercises. *Acta Physiologica Scandinavica* 177 (4): 483-491.
12. Folland, J., and B. Morris. 2008. Variable-cam resistance training machines: Do they match the angle-torque relationship in humans? *Journal of Sports Sciences* 26 (2): 163-169.
13. Fregly, B.J., and F.E. Zajac. 1996. A state-space analysis of mechanical energy generation, absorption, and transfer during pedaling. *Journal of Biomechanics* 29 (1): 81-90.
14. Garhammer, J., and T. McLaughlin. 1980. Power output as a function of load variation in olympic and power lifting. *Journal of Biomechanics* 13 (2): 198.
15. Harman, E. 1983. Resistive torque analysis of 5 nautilus exercise machines. *Medicine and Science in Sports and Exercise* 15 (2): 113.
16. Hather, B.M., P.A. Tesch, P. Buchanan, and G.A. Dudley. 1991. Influence of eccentric actions on skeletal-muscle adaptations to resistance training. *Acta Physiologica Scandinavica* 143 (2): 177-185.
17. Knuttgen, H., and W.J. Kraemer. 1987. Terminology and measurement in exercise

performance. *Journal of Applied Sport Science Research* 1 (1): 1-10.

18. Lehmkuhl, L.D., and L.K. Smith. 1983. *Brunnstrom's Clinical Kinesiology*. Philadelphia: Davis.
19. Le Système International d' Unités. 2006. Sevres, France: Bureau International des Poids et Mesures.
20. Lieber, R.L. 1992. *Skeletal Muscle Structure and Function: Implications for Rehabilitation and Sports Medicine*. Baltimore: Williams & Wilkins.
21. Maganaris, C.N., V. Baltzopoulos, D. Ball, and A.J. Sargeant. 2001. In vivo specific tension of human skeletal muscle. *Journal of Applied Physiology* 90 (3): 865-872.
22. McGill, S.M. 2007. *Low Back Disorders: Evidence-Based Prevention and Rehabilitation*. Champaign, IL: Human Kinetics.
23. Moritani, T., and H.A. deVries. 1979. Neural factors versus hypertrophy in the time course of muscle strength gain. *American Journal of Physical Medicine & Rehabilitation* 58 (3): 115-130.
24. Perrin, D.H. 1993. *Isokinetic Exercise and Assessment*. Champaign, IL: Human Kinetics.
25. Perrine, J.J., and V.R. Edgerton. 1978. Muscle force-velocity and power-velocity relationships under isokinetic loading. *Medicine and Science in Sports and Exercise* 10 (3): 159-166.
26. Robertson, D.G.E., and D.A. Winter. 1980. Mechanical energy generation, absorption and transfer amongst segments during walking. *Journal of Biomechanics* 13 (10): 845-854.
27. Simoneau, G.G., S.M. Bereda, D.C. Sobush, and A.J. Starsky. 2001. Biomechanics of elastic resistance in therapeutic exercise programs. *Journal of Orthopaedic and Sports Physical Therapy* 31 (1): 16-24.
28. Steindler, A. 1973. *Kinesiology of the Human Body Under Normal and Pathologic Conditions*. Springfield, IL: Charles C Thomas.
29. Steinkamp, L.A., M.F. Dillingham, M.D. Markel, J.A. Hill, and K.R. Kaufman. 1993. Biomechanical considerations in patellofemoral joint rehabilitation. *American Journal of Sports Medicine* 21 (3): 438-444.
30. Thein, J.M., and L.T. Brody. 1998. Aquatic based rehabilitation and training for the elite athlete. *Journal of Orthopaedic and Sports Physical Therapy* 27 (1): 32-41.
31. Thorstensson, A., J. Karlsson, J.H.T. Vitasalo, P. Luhtanen, and P.V. Komi. 1976. Effect of strength training on EMG of human skeletal-muscle. *Acta Physiologica Scandinavica* 98 (2): 232-236.
32. Whiting, W.C., and S. Rugg. 2006. *Dynatomy: Dynamic Human Anatomy*. Champaign, IL: Human Kinetics.
33. Whiting, W.C., and R.F. Zernicke. 2008. *Biomechanics of Musculoskeletal Injury*. Champaign, IL: Human Kinetics.
34. Zajac, F.E. 1993. Muscle coordination of movement: A perspective. *Journal of Biomechanics* 26 (S1): 109-124.
35. Zajac, F.E., and M.E. Gordon. 1989. Determining muscle's force and action in multi-articular movement. *Exercise and Sport Sciences Reviews* 17: 187-230.
36. Zatsiorsky, V.M. 1998. *Kinematics of Human Motion*. Champaign, IL: Human Kinetics.

第5章

抗阻训练的适应

约瑟夫 • P. 韦尔（Joseph P. Weir），PhD
李 • E. 布朗（Lee E. Brown），EdD

学习完本章后，你将能够掌握如下内容。

- 描述身体对抗阻训练的急性和慢性适应。
- 确定影响抗阻训练适应程度和速率的因素。
- 制订抗阻训练计划，使具体的目标适应实现最大化。
- 制订抗阻训练计划，避免过度训练。
- 理解停训效应，并了解如何减弱这些效应。

当客户开始进行抗阻训练时，身体会以若干种明显的方式产生响应。本章论及抗阻训练产生的生理适应，包括急性和慢性两个方面。私人教练了解了这些适应活动后才能制订合理的抗阻训练计划，从而更好地满足客户的个性化需求。私人教练应根据客户的个人目标，敏锐地感知和掌握训练各生理系统的方法。

本章将介绍渐进式超负荷训练产生的普遍适应，涉及神经、肌肉和结缔组织、骨骼、代谢、内分泌、心肺系统，以及人体成分的变化。与其他各类训练一样，抗阻训练具有很大的特殊性，故本章将论述抗阻训练特定领域的特征，并且说明性别、年龄和遗传基因对生理适应的影响。本章的结尾部分还会探讨在个人训练场景下，必须避免由过度训练引起的有害的生理反应，以及停训的后果和避免方法。

抗阻训练的基本适应

在研究抗阻训练的适应时，应区分急性适应和慢性适应。急性适应通常指运动反应，是运动过程中或运动结束后短时间内出现的身体变化。例如，肌肉中的能量底物磷酸肌酸（creatine phosphate，CP）可在一次运动中耗竭。相反，慢性适应是多次重复训练以及训练结束后长时间内持续存在的身体变化。比如，长期的抗阻训练会提升肌肉质量，从而大幅提高肌肉产生力量的能力。本节后面两节将介绍抗阻训练中典型的急性和慢性适应。

急性适应是运动过程中或运动结束后短时间内出现的身体变化。慢性适应是多次重复训练以及训练结束后长时间内持续存在的身体变化。

增大肌肉体积和力量的关键在于对系统进行超负荷训练，也就是让神经肌肉系统承受尚未习惯的训练压力。这一原则同样适用于骨骼和结缔组织的适应。渐进式超负荷训练能够提高肌肉应对较大负荷的能力，这说明身体已产生了多种适应。

大量文献描述了超负荷抗阻训练的适应活动。肌肉力量在训练初期明显提高，这表明在抗阻训练初期，运动单位的激活程度大幅提高。科学研究证实，训练开始阶段力量水平的提高主要源于神经适应。此外，训练初期肌肉蛋白的改变（如肌球蛋白重链和肌球蛋白 ATP 酶发生改变），使肌肉能够更加快速有力地收缩。

尽管肌肉体积的最大增幅最终由基因决定，但大量研究证实，抗阻训练可以引起肌肉增大。肌纤维增粗通常在开始抗阻训练后 8 ～ 12 周才会表现出来。长期训练时，肌肉增大与神经适应之间的相互影响会持续存在。尽管长期训练对肌肉增大的影响尚未被深入研究，但当客户逐渐接近基因限度时，肌肉体积和力量增大的绝对幅度将降低。不过，终身坚持运动有助于客户改善生活质量、减缓衰老。

抗阻训练使细胞产生各种适应，包括无氧代谢酶的数量变化、能量底物（例如糖原和磷酸原）变化、肌原纤维蛋白含量增加（即肌球蛋白和肌动蛋白增加）和非收缩肌肉蛋白增加。中枢神经系统与周围神经系统会发生重要变化，辅助激活运动单位满足肌肉发力和产生功率的需要。其他生理系统（如内分泌、免疫和心肺系统）也会发生各种变化，以支持神经肌肉系统适应抗阻训练。上述所有适应都有助于抗阻训练后神经肌肉在身体运动和做功能力方面得到改善。

急性适应

神经肌肉系统在抗阻训练过程中以及训练结束后不久出现的短期变化，会驱动慢性适应的产生。本节概述抗阻训练产生的主要适应反应，特别探寻神经系统、肌肉系统和内分泌系统的反应。表 5.1 对这些急性适应反应进行了总结。

表 5.1 抗阻训练的急性适应反应

变量	急性适应反应
神经系统变化	
EMG 振幅	增加
运动单位募集数量	增加
肌肉系统变化	
氢离子浓度	增加
无机磷酸盐浓度	增加
氨含量	增加
ATP 浓度	不变或稍降低
CP 浓度	降低

续表

变量	急性适应反应
糖原浓度	降低
内分泌系统变化	
肾上腺素浓度	增加
皮质醇浓度	增加
睾酮浓度	增加
生长激素浓度	增加

注：EMG= 肌电图；ATP= 三磷酸腺苷；CP= 磷酸肌酸。

神经变化

抗阻训练和其他身体活动一样，需要激活骨骼肌。骨骼肌的激活过程涉及支配（刺激）特定肌细胞的 α 运动神经元释放乙酰胆碱，在肌膜上形成动作电位。动作电位表现为肌膜上的电压变化，可用表面或肌内电极进行记录。这种记录肌肉电活动的技术称为肌电图（electromyography，EMG）。尽管肌电信号的强弱随肌力输出而变化，但也受其他因素的影响，例如疲劳和肌纤维构成[27]。许多关于抗阻训练的神经反应与适应的知识源自利用肌电图进行的研究。

肌力控制受运动单位募集与发放率编码这两个因素之间的相互作用的影响[28]。运动单位募集仅指需要更强的力量才能完成的任务激活更多运动单位的过程。例如，一个人卧推 100 磅（约 45.4 千克）需激活的运动单位要多于卧推 50 磅（约 22.7 千克）需激活的运动单位。发放率编码指对运动单位放电速率（单位时间内动作电位的数量）的控制。在一定限度内，放电速率越高，产生的力越大。假设卧推 50 磅（约 22.7 千克）时运动单位的放电速率为每秒 20 次，则在卧推 100 磅（约 45.4 千克）时的放电速率可为每秒 30 次。一般而言，小肌群（如手部肌肉）需要进行精确的动作控制，在较低的强度下（例如最大力量的 50%）即可几乎完全募集。此后，完全依赖提高放电速率来增强肌肉力量。相反，像股四头肌这样的大肌群，至少需要达到最大力量的 90% 或更多才能实现完全募集，最大放电速率也低于小肌肉群[7]。因此，小肌群非常依赖放电速率控制肌力输出，而大肌群则更依赖于募集更多运动单位来提高肌力。

在利用重物进行一组典型的抗阻训练的过程中，参与运动的肌肉中有大量的运动单位被激活，每个运动单位都以一定的速率进行放电。随着练习的重复次数增加，肌肉产生疲劳，运动单位的募集数量和放电速率发生变化。此时运动单位的募集数量可能增加，以弥补先前已激活的运动单位丧失的力量[97]。当运动继续进行时，在运动初期放电速率较低的运动单位可提高放电速率，以应对运动产生的疲劳。这些变化可在表面肌电图信号中显示出来。具体来说，表面肌电图信号的大小会在一组抗阻训练过程中增大[90]，这表明运动单位募集和放电速率发生变化。

运动单位的募集基于大小原则[29]（图 5.1）。一般来说，支配慢缩型肌纤维的运动单位要少于支配快缩型肌纤维的运动单位。支配慢缩型肌纤维的运动单位的肌纤维大小和 α 运动神经元的直径都要小于支配快缩型肌纤维的运动单位。支配慢缩型肌纤维的运动单位的神经元体积小，这些运动神经元的募集阈值较低，因此肌力较小时，它们首先被募集。相反，体积较大的运动神经元，例如支配快缩型肌纤维的神经元，其募集阈值较高，募集时肌力水平较高。当需要更强的肌肉力量才能完成任务时，神经系统就要募集更多且更大的运动单位[30]。

根据大小原则，进行肌肉力量输出要求高的任务才会募集激活阈值高（快缩型）的运动单位。慢缩型和快缩型这两个术语并不意味着神经系统在肌肉慢速收缩时只募集支配慢缩型肌纤维的运动单位，在快速收缩时只募集支配快缩型肌纤维的运动单位。准确地说，运动单位的募集遵循大小原则，故由任务所需要的肌肉力量决定，因此即便在进行慢速（或等长）肌肉动作时，如果肌肉的力量需求很大，也会募集快缩型肌纤维。

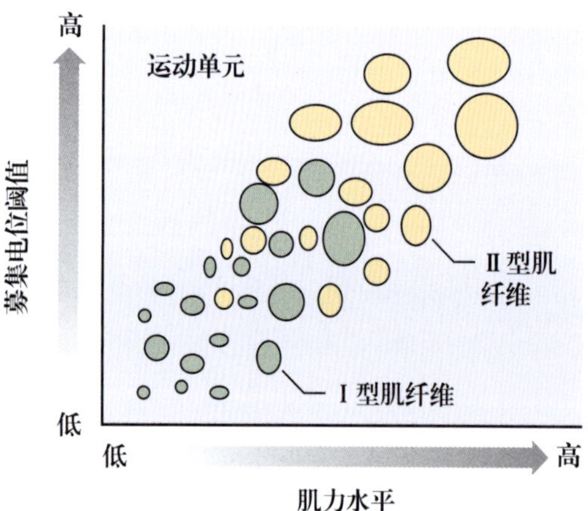

图 5.1 大小原则示意图

来源：Reprinted by permission from NSCA 2008.

> 募集运动单位产生力量时，遵循大小原则，即肌力水平低时募集小运动单位，肌力水平高时募集大运动单位。

肌肉变化

如前所述，在一组抗阻训练后，肌肉会感到疲劳。尽管疲劳是一种很复杂的现象，但可以明确的是，这种肌细胞的急性变化包括代谢产物堆积和能量底物耗竭[24]的情况。这些涉及的因素与无氧活动（如抗阻训练）中强调的代谢途径息息相关，特别是磷酸原系统和糖酵解系统。堆积的代谢产物包括氢离子（氢离子降低肌肉的 pH 值）、无机磷酸盐和氨[86]。人们把上述因素作为引起肌肉疲劳的潜在原因进行研究。

如上所述，在抗阻训练过程中磷酸肌酸含量会下降，这反映了典型的抗阻训练对磷酸原系统的依赖。在高强度运动中，磷酸肌酸对于 ADP 磷酸化为 ATP 很重要。磷酸肌酸耗竭很可能引起功率输出下降。尽管抗阻训练不大可能导致糖原完全耗竭，但糖原分解是此类训练的一个重要供能因素[84, 106]。实际上现已证明，健美式抗阻训练中 80% 以上的 ATP 来自糖酵解[79]。因此，高强度抗阻训练会导致糖原水平下降。这表明了在进行抗阻训练前摄入足量碳水化合物的重要性[46, 82]。

> 抗阻训练过程中或结束后短时间内，代谢产物堆积，能量底物耗竭。因此，客户需要在日常膳食中摄入充足的碳水化合物。

内分泌变化

激素是内分泌腺分泌的血源性分子。激素主要有两种类型：（1）蛋白和肽类激素,(2)类固醇激素。生长激素(growth hormone，GH)和胰岛素是两种典型的蛋白和肽类激素。类固醇激素包括睾酮(主要的雄性激素)和雌激素(主要的雌性激素)，均衍生自相同的前体(胆固醇)。

很多激素都会对组织(如肌肉组织)的生长或衰退发挥作用。同化激素(如睾酮、生长激素和胰岛素)常刺激组织的生长过程。分解激素(如皮质醇)利用组织降解维持血糖等指标的动态平衡。剧烈运动会影响这些激素的浓度。有些激素的浓度变化确实用于支持对运动的代谢响应。例如，运动会引起肾上腺素浓度升高。肾上腺素会促进细胞分解脂肪和碳水化合物，可以为肌肉收缩提供更多的 ATP。肾上腺素还会影响中枢神经系统，从而促进运动单位的募集。

其他的激素浓度也会在一组抗阻训练过程中升高。同化激素浓度迅速增加可能对短期运动效果的影响不大，但这些变化可能更好地促进训练适应。例如，抗阻训练会提高男性睾酮和生长激素的浓度[50, 71, 75, 76, 111]。这些激素刺激骨骼肌蛋白合成，故对肌肉体积的发展起重要作用。重复训练引起睾酮和生长激素浓度急性升高的累积效应有助于肌肉长期增大。多次训练时同化激素浓度的反复升高是一种比慢性激素浓度的变化更强效的内分泌刺激[75]。

抗阻训练引起的激素反应取决于训练内容及形式。通常情况下，运动量大、间歇短的抗阻训练引起的内分泌反应强于运动量小、间歇长的抗阻训练[14, 69, 75]，不过两者之间的差别可能会随训练时间的延长而减少[14]。同样，大肌肉群训练引起的刺激强于小肌肉群训练[75]。其他因素(例如性别、年龄等)也会影响激素的急性反应。男性同化激素浓度的急性变化常比女性更明显[25]。类似地，老年人同化激素对训练的反应要弱于年轻人[25]。

慢性适应

慢性适应是运动训练导致的身体结构和功能发生的长期变化。长期抗阻训练后的适应一般表现为肌肉力量和体积增大。肌肉力量的增强同时受神经功能和肌肉质量变化的影响。肌肉内的酶和底物的浓度同样可影响肌肉耐力。表 5.2 对这些慢性适应进行了总结。

神经变化

常会看到，肌肉力量在抗阻训练的早期阶段迅速增强，且这种增速远大于用肌肉体积的变化能解释的范围。这种早期肌肉力量增强的现象主要归因于所谓的“神经因素”[96]。并且一些研究发现，抗阻训练造成的力量增强受神经驱动力增强的影响[29, 47, 60]。神经因素参与其中的这种假设不仅基于训练初期肌肉体积增大和力量增强的差距，还基于肌肉最大收缩时 EMG 振幅增大的现象[47, 66, 96]。

神经因素的影响对于抗阻训练初期(1～2 个月)肌肉力量的增强起主导作用。此后力量的增强主要由肌肉体积增大来促进[52, 108](图 5.2)。这些效果可能主要源自抗阻训练技能的提高，特别是自由重量练习者技能的提高，这些训练需要掌握平衡和高效率才能获得更好的效果。不过有研究表明，这种效果一部分源自运动单位募集和放电速率的改变。就运动单位募集而言，人们认为未经训练的人无法激活所有可用的运动单位，而抗阻训练可增强人体募集高阈值运动单位的能力，从而增强肌肉力量，而这与肌肉增大无关。不过应注意的是，部分研究表明，未经训练的人也有可能能够募集全部可用的运动单位[9, 92, 107]。此外，并不是所有研究都表明抗阻训练后 EMG 振幅会增大[41, 127]。最近的研究表明，抗阻训练还可以提高运动单位的最大放电速率[102]，提升肌力产生能力，并且与肌肉体积增大无关。

除运动单位募集和放电速率变化外，某些资料还介绍了其他神经适应。协同收缩（或共激活）是指运动时主动肌和拮抗肌同时被激活。例如，在膝关节伸展运动中，股四头肌是主动肌，腘绳肌是拮抗肌。数项研究发现，膝关节等长或等动收缩时有明显的协同收缩[99, 105, 128]。协同收缩减少，肌肉动作中主动肌必须克服的拮抗肌扭矩减少，因此力量的表达增强。等长抗阻训练似乎可以减少协同收缩[17]。尽管无法知晓动态运动（如自由重量训练）是否也会发生类似的协同收缩变化，但这似乎是可能的。其他研究表明，抗阻训练可改变运动神经元的兴奋性[109]，并提高运动单位的同步性[95]。单侧抗阻训练会导致未训练的一侧肢体力量增强。并且在某一关节角度下进行等长抗阻训练，在此训练角度下力量的增强大于其他关节[64, 119, 127]。通过这两个现象都可以推断出神经因素发挥了作用[54, 126, 127]。

表 5.2　抗阻训练的慢性适应

变量	慢性适应
肌肉表现	
肌肉力量	增加
肌肉耐力	增加
肌肉爆发力	增加
肌肉酶	
磷酸原系统酶浓度	可能增加
磷酸原系统酶绝对水平	增加
糖酵解酶浓度	可能增加
糖酵解酶绝对水平	增加
肌肉能量物质	
ATP 浓度	可能增加
ATP 绝对水平	增加
CP 浓度	可能增加
CP 绝对水平	增加
运动时 ATP 和 CP 变化	减少
运动时乳酸盐的堆积	减少
肌纤维特性	
Ⅰ型肌纤维 CSA	增加（＜Ⅱ型肌纤维）
Ⅱ型肌纤维 CSA	增加（＞Ⅰ型肌纤维）
Ⅱa 型肌纤维百分比	增加
Ⅱx 型肌纤维百分比	减少
Ⅰ型肌纤维百分比	无变化
身体成分	
体脂百分比	可能下降
去脂体重	增加
代谢率	可能增加
神经变化	
MVC 时 EMG 振幅	可能增加
运动单位募集	可能增加
运动单位放电速率	增加
协同收缩	下降
结构变化	
结缔组织强度	可能增加
骨密度／质量	可能增加

注：ATP= 三磷酸腺苷；CP= 磷酸肌酸；CSA= 横截面积；EMG= 肌电图；MVC= 肌肉最大自主收缩。

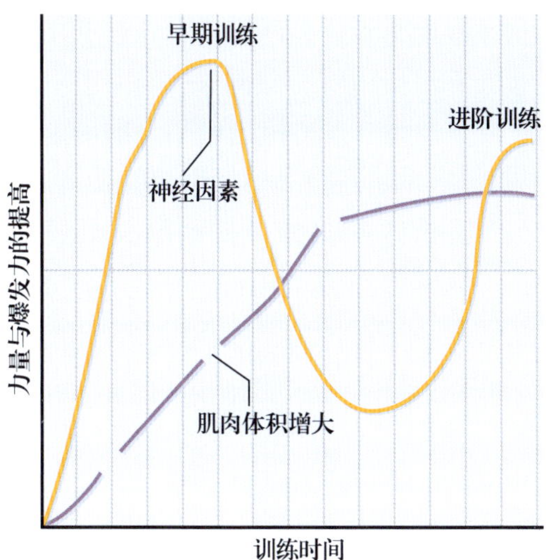

图 5.2 神经因素与肌肉体积对提高力量的作用（神经因素包括与运动技能、运动单位募集和放电速率改善有关的因素）

来源：Reprinted by permission from NSCA 2008.

肌肉组织变化

抗阻训练使肌肉、肌腱和韧带产生适应。肌肉最明显的适应就是肌肉增大，即肌肉体积（肌肉横截面积和大小）增加。抗阻训练使Ⅰ型和Ⅱ型肌纤维横截面积增加。Ⅱ型肌纤维的增大比Ⅰ型肌纤维明显[33, 114]，停训后萎缩也更明显[57]。肌肉横截面积增加的原因是肌纤维中肌原纤维体积以及数量增加。抗阻训练导致蛋白质合成增加和（或）蛋白质降解减少，从而使肌球蛋白丝和肌动蛋白丝数量增加。肌原纤维的数量增加可能是现有肌原纤维“分裂”成单独的“子肌原纤维”（daughter myofibril）的结果[42]。尽管未明确发现人体中出现增生，即肌纤维数量增加的现象，但已发现了动物模型出现增生的证据[4]。肌肉横截面积增加以及肌球蛋白丝和肌动蛋白丝数量的增加，最终使肌肉力量和产生力量的能力增强。

> 骨骼肌对长期抗阻训练的主要适应是增大，或肌纤维横截面积增大，从而使肌肉力量和产生爆发力的能力增加。

就肌纤维类型而言，抗阻训练会诱发肌纤维亚型从Ⅱx 型转化为Ⅱa 型[44, 114, 122]。若干期抗阻训练后就可观察到这些亚型的转化[112]，这可能反映了肌细胞中肌球蛋白重链的构成发生了改变。抗阻训练不仅能改变肌肉数量，而且可以提升其质量。但是，目前尚无证据证实抗阻训练可以使慢缩型肌纤维和快缩型肌纤维相互转化。

抗阻训练带来的增大反应是肌细胞中的蛋白质合成增加超过蛋白质分解减少的结果[120]。抗阻训练使蛋白质合成明显增加[19, 83]。由于抗阻训练产生的肌肉增大程度小于单独因抗阻训练引起的蛋白质合成增加而增大的程度，故尽管蛋白质具体的降解程度不太清楚，但降解很可能增加[19]。蛋白质降解可能是训练过程中肌肉损伤的结果，有假设认为，此损伤可能刺激肌肉增大。为证实此假设，已有研究表明，当训练包含离心收缩时（典型的抗阻训练中会发生离心收缩）训练反应会增强[20, 53, 78]，而离心收缩主要引起延迟性肌肉酸痛和肌肉损伤。

抗阻训练除增加骨骼肌收缩蛋白的含量外，似乎还增加骨骼肌细胞骨架蛋白和结构蛋白的含量。这些蛋白质赋予细胞形状和结构完整性，其在骨骼肌中还参与了力量从肌原纤维向细胞外基质的传递以及弹性势能在伸缩循环动作中的储存。关于骨骼肌细胞骨架蛋白对抗阻训练的适应的研究比关于收缩蛋白变化的研究更晚，且不够深入。有研究明确证实，抗阻训练导致细胞骨架蛋白（如结蛋白）含量增加[101, 131]。力量及爆发型项目的运动员的肌巨蛋白含量高。肌巨蛋白是一种大型的弹性结构蛋白，可能有助于储存更多的弹性势能[91]。目前，尚未有研究表明，抗阻训练能够影响这种重要的肌养蛋白的基因表达[101, 131]。

骨骼变化

人们很容易将骨骼系统看作是一个在肌肉作用下能够产生运动的惰性杠杆系统。其实，骨组织是一个非常活跃的动态组织。除了具有运动和保护功能外，骨还是重要矿物质，尤其是钙离子的仓库。骨质疏松是骨骼中的矿物质长期流失的结果。近年来，人们研究了抗阻训练对骨密度的影响。骨组织受应力影响明显，也就是说骨的形变（弯曲）会迅速刺激骨细胞形成骨[6, 65]。因此，研究抗阻训练对骨生成的影响，尤其是在骨质疏松的情况下的影响是合理的。由于骨质疏松常发生在绝经后的女性身上，虽然不是完全如此，但仍有大量相关的研究关注女性。具体而言，研究重点关注抗阻训练对绝经前骨组织蓄积（骨量通常在40岁前达到峰值）的影响，以及抗阻训练对与年龄增长和绝经相关的骨质量下降的影响[6]。女性绝经后促进骨生成的雌激素水平显著降低，因此绝经是造成骨质疏松症的重要原因之一。绝经前骨量越大，骨流失的后果就越不严重，因此绝经前的骨量蓄积很重要。

研究文献中的横断面研究清楚表明，身体强壮的女性的骨骼通常更厚、更坚硬。不过，此类研究会受选择性偏差的影响[3]。干预性研究并没有明确发现抗阻训练会增加骨量。有些研究认为，抗阻训练不会对骨骼产生明显影响[10, 104]，也有研究认为抗阻训练对骨骼有积极的影响[87, 121]。这些研究的差别受很多因素的影响而产生，如训练计划的长度和特征（例如运动强度、运动量和类型）、样本规模、训练前骨去矿化程度的差别以及性别和年龄等。一项Meta分析报告称，高强度抗阻训练可显著增加绝经前女性腰椎的骨密度，但不影响股骨颈的骨密度[89]。文献中有充足的证据表明，抗阻训练极有可能对骨组织有积极作用[6]。关于爆发性和快速伸缩复合训练对骨密度的影响尚未得到充分研究。应力大小以及频率都会影响骨生成[6]，而通过爆发性和快速伸缩复合训练，这两个参数都会更高。抗阻训练除对肌肉质量和力量产生显著影响外，还能降低年老后发生骨质疏松、骨折和摔倒的风险。

> 女性绝经前的骨量越大，骨流失的后果越不严重。抗阻训练可以降低老年人发生骨质疏松、骨折和摔倒的风险。

肌腱与韧带变化

长期的抗阻训练会使肌腱和韧带产生适应。这些结缔组织主要由纤维状胶原蛋白束组成，结构中的细胞数相对较少，因此对血液、氧气和营养物质的需求不大。这些结缔组织的血管供应差，伤后康复时间长。

训练中的急性负荷可能刺激胶原蛋白的更新生成[80, 94]。尽管研究一致表明，肌腱能够适应训练中施加的负荷，但关于训练对韧带产生的影响的研究资料目前仍很少。

近来，利用超声与磁共振成像技术的研究发现，肌腱大小及力学性质的变化与身体活动有关。例如一项研究表明，男性长跑运动员的跟腱横截面积大于皮艇运动员[67]；另一项研究表明，优秀的击剑和羽毛球运动员主导腿的髌腱横截面积（以及大腿肌肉横截面积与肌力）显著大于非主导腿[23]。击剑和羽毛球运动中的单侧弓箭步动作，会对主导腿施加很大的离心负荷。还有一项研究表明，身体活动对肌腱大小的影响因性别不同而不同。一项研究发现，女性长跑运动员的跟腱和髌腱的横截面积并不大于女性对照组，女性长跑运动员的跟腱横截面积明显小于男性长跑运动员[129]。该研究者指出，肌腱大小的性别差异可能与男女之间的内分泌差别有关。这是因为：（1）韧带的成纤维细胞中有雌激素和孕酮受体；（2）雌激素已被证明会抑制胶原蛋白合成。服用口服避孕药的女性在运动后出现胶原合蛋白成速率受到抑制的相关数据可以支持此种解释[51]。

纵向训练研究显示，抗阻训练能够改变肌腱的力学性质。例如，在 12 周高负荷腿屈伸运动（1RM 的 70%）训练后，肌腱刚度（在负荷下，每单位肌腱长度变化产生的力）增大，而低负荷训练不会引起此变化。此外，报告称抗阻训练会增大肌腱横截面积，但其他研究未发现肌腱增大[77]。因此，需要进一步的研究以确定使肌腱训练获益最大的训练变量（例如方式、负荷、运动量和频率），以及受伤风险和康复情况将如何受到影响。

代谢变化

研究表明，长期抗阻训练会引起细胞发生各种变化，从而影响骨骼肌代谢。肌肉增大会降低酶和底物浓度，其中绝对水平发生变化，而相对水平（例如每单位肌肉质量）没有发生变化，这使抗阻训练的代谢适应研究变得复杂。此外，浓度相对降低可能只是反映了肌肉体积增大。

抗阻训练主要依靠无氧代谢，故酶或底物适应应涉及无氧代谢。通常认为，无氧代谢包括两个系统，即磷酸原系统和糖酵解系统。有关这两个系统中底物和酶浓度增加的研究的结论存在冲突。有研究证实，抗阻训练并未增加磷酸原系统产生的 ATP 和磷酸肌酸的浓度[118]，但是其他研究表明这些变量增加了[85]。同样，有研究数据表明，磷酸原系统中的肌酸激酶和肌激酶的浓度在抗阻训练结束后并未增加[117]，但其他研究表明抗阻训练会增加这些酶的浓度[22]。研究结论的差异可能反映了训练模式和训练量的差别，同时也说明制订训练计划以满足不同客户的个性化需求的重要性。

对于糖酵解活动来说，有研究指出，抗阻训练后未见糖酵解途径中的关键酶（如磷酸果糖激酶和乳酸脱氢酶）的浓度增加[69]。由于运动量大且间歇短的健美运动员的糖酵解酶的浓度比力量举运动员更接近有氧耐力较强的运动员（如游泳运动员），故这些结果可能具有专项性。这表明，运动量大的抗阻训练可引起糖酵解酶适应，从而提高肌肉耐力。

需要注意的是，关于上述的磷酸原系统和糖酵解系统对抗阻训练的适应，尽管有些研究没有发现关键酶的浓度发生变化，但由于肌肉的总质量增加，一定肌肉中这些底物和酶的总量也会增加，故抗阻训练可能会提高肌肉的绝对耐力。这一点可以从能够完成更多次的抗阻练习上明显看出[12,116]。

内分泌变化

虽然多数研究发现，抗阻训练过程中或结束时激素浓度会出现明显的波动[63]，但长期抗阻训练对静息状态下激素浓度的影响尚不明确。过度训练引起激素水平的变化不同于正常的抗阻训练，对这些效应的理解因此变得复杂。有证据表明，长期抗阻训练会引起睾酮浓度慢性升高[48,76]，这有助于创造有利于肌肉生长的良好环境。相反，其他研究表明，静息状态下睾酮浓度并无变化[2,49,50]，对静息状态下的生长素浓度似乎并无慢性训练效应[48,50,76]。然而，抗阻训练会使生长激素浓度急性上升，其累积效应可能对长期肌肉生长具有重要意义。

长期抗阻训练还会影响内分泌反应的程度以及组织对激素的敏感性。研究显示，若干期抗阻训练之后才会出现由训练引起的睾酮浓度升高[76]。同样，长期抗阻训练会改变肾上腺素对训练的急性反应[45,73]。长期抗阻训练可能通过增加靶组织中的激素受体数量来影响敏感性[62]。激素受体数量增加，一定浓度的激素的影响会被放大。

心肺系统变化

抗阻训练对心肺系统造成的压力明显不同于跑步和自行车等耐力运动，故对心肺系统的影响也不同。对有氧耐力表现而言，抗阻训练并不能提高峰值摄氧量[55,74,88]。这可能是因为尽管进行抗阻训练时心率上升，但总代谢需求低于有氧耐力训练相应的心率需求[21]。因此抗阻训练对峰值摄氧量的刺激很小。这表明，在抗阻训练时采用目标心率区作为心肺训练指标是一种误导。

尽管抗阻训练对最大耗氧量的影响程度不及其他心肺训练方式（例如跑步、骑自行车），但可提高心肺耐力，并在提高跑步经济性的同时，不对最大耗氧量产生负面影响[55,56,100]。尽管抗阻训练不直接增加峰值摄氧量，但却是心肺训练的重要辅助措施。尽管如此，还是需要进行有氧耐力专项训练才能使客户心肺耐力的提升达到最佳效果。第16章将详述提高最大耗氧量的训练计划，并探讨这些训练对力量增强的影响。

需要进行有氧耐力专项训练，才能有效提高心肺耐力；抗阻训练能增强肌肉力量，提高心肺耐力和跑步经济性。

如前所述，人们在进行抗阻训练时主要依靠无氧代谢产生肌肉运动所需的ATP。因此，抗阻训练似乎并不会改善用氧化酶活性和毛细血管密度进行评估的骨骼肌细胞的有氧代谢功能，这并不令人感到惊讶。抗阻训练确实可以增加毛细血管数量，因此，就算肌肉增大也能维持毛细血管供应[44]。肌红蛋白浓度和线粒体密度常随抗阻训练的持续进行而下降[117, 85]。这些变化反映了抗阻训练会造成肌肉体积增大和氧化应激（即刺激）缺乏。

尽管无法改善骨骼肌细胞的有氧功能，但重要的是抗阻训练会使肌肉体积正常增大并且不降低肌肉耐力。相反，肌肉体积增大和肌肉力量的提高还可以增强局部肌肉耐力[12, 116]。也就是说，肌肉增大，伴随着力量和代谢酶及底物数量相应增加（密度并不一定变高），因此肌肉可长时间做更多的功。

身体成分变化

人们已经开发了很多模型来量化身体成分。对私人教练来说，与客户需求最相关的模型是双因素模型，该模型将身体分成脂肪体重和去脂体重（fat-free mass，FFM）。去脂体重包括肌肉、骨和结缔组织。如前所述，抗阻训练可影响所有这些身体成分，故引起肌肉体积增大的抗阻训练计划可直接影响身体成分。换言之，去脂体重的增加可降低体脂率，而与脂肪质量的变化无关。若干研究表明，抗阻训练会增加男性[13]、女性[26, 103]的去脂体重，降低体脂率。

抗阻训练还可直接影响能量消耗，从而影响脂肪量。大运动量训练比小运动量训练消耗更多的热量。此外，抗阻训练还会增加训练间隔恢复期的能量消耗，进一步促进脂肪减少[110]。

去脂体重特别是肌肉质量增加可提高身体的静息代谢率并增加每日能量消耗总量。这是抗阻训练的另一个好处。这是因为肌肉组织与脂肪组织不同，它拥有较高的代谢率。也就是说，由于肌肉在正常静息状态下的能量需求很高，肌肉越多的客户在静息状态下和整天的能量消耗就越大。尽管有些研究表明抗阻训练可以提高静息代谢率[58, 103]，但其他研究并无此发现[13, 26]。目前还不清楚抗阻训练是否能够显著提高每日能量消耗[103]。尽管如此，基于抗阻训练对去脂体重和对静息代谢率的确切影响，抗阻训练也应该成为以控制体脂为目标的任何训练计划的重要组成部分。

影响抗阻训练适应的因素

此前，我们谈到影响抗阻训练适应的因素有很多，主要包括专项性（即身体产生适应的能力，能独特地提高与运动压力源类似的活动中的运动表现）、性别、年龄和遗传因素等。这些因素会影响身体进行长期适应的程度和速度。本节将对此进行探讨。

专项性

运动训练具有很强的专项性，也就是说，身体对运动产生的适应，使其能在特定类型的运动压力源中获得最佳表现，而在其他类型中不行。例如，长跑对卧推的表现几乎没有任何积极作用。专项性也会影响抗阻训练的适应。就抗阻训练而言，静态与动态项目之间的关联性很差

[5]。人们对一种抗阻训练对其他类型的抗阻训练的影响进行了各种研究。一般而言，力量型抗阻训练使力量增强得更多。例如，带有负重的抗阻训练对负重成绩的提高明显大于等动训练成绩[125]。等长训练对涉及相同肌群的自由重量训练的表现几乎没有影响。因此，抗阻训练的效果似乎对运动中的肌肉活动模式具有专项性。

抗阻训练的适应还对训练时肌肉运动的速度具有专项性。也就是说，一个人在与训练时的速度类似的情况下进行测试，力量增长常常较快[8, 125]。快速伸缩复合训练比慢速高强度负重训练更能有效提高肌肉爆发力[122]。可见，为了让客户在自己的比赛项目中有更好的表现，私人教练必须尽可能量体裁衣，制订与体育比赛中涉及的肌肉动作类型相似的训练计划。同样，尽管面面俱到的抗阻训练计划能使所有类型的客户受益，但希望提高力量和耐力，从而能够手提较重的购物袋长距离行走的老年客户将受益于手部负重行走训练；而希望增强力量，以从事房屋修缮活动（如钉藩篱桩或修理露台）的客户将受益于推拉训练。

性别

虽然男性和女性对抗阻训练刺激的反应大体相同，但在肌肉力量、肌肉质量以及激素水平方面却存在着明显的性别差异。拿肌肉力量来说，性别之间的差异主要与体形和身体成分有关。具体而言，男性体形通常比女性大，而且男性和女性在肌肉质量上的差异决定了肌肉力量上的差异。一般情况下，女性的体脂率要高于男性，因此单位体重中的肌肉含量少。男性和女性在体形和身体成分上的差异主要是激素水平不同所致，最主要的激素是睾酮和雌激素。例如，成年男性运动员的睾酮水平约是同级别同项目女性运动员的10倍[16]。有趣的是，在上肢肌肉力量上的性别差异表现得更明显[11]，这与肌肉分布的性别差异关系密切[93]。换言之，男性和女性的下肢肌肉力量相差不大，但男性的上肢肌肉力量要明显强于女性。

如果人们用每单位去脂体重来看待肌肉力量的性别差异，那么这种力量差异就会减弱[11, 130]。当用单位肌肉横截面积来反映肌肉力量时，男性和女性之间的差异微乎其微[59]。而且，男性和女性的肌肉结构特征也十分相似[1]。也就是说，用单位肌肉量来衡量力量生成能力时，结果并不受性别因素的影响。

> 用单位肌肉量来衡量力量生成能力时，结果并不受性别因素的影响。

年龄

随着年龄的增长，人体内各系统会发生各种变化，神经肌肉系统也不例外。从30岁开始，肌肉质量就会逐年下降[61]。肌肉质量的下降被称作肌少症。除了肌肉质量减少外，多数研究认为肌肉性能也会随着年龄的增长而下降[35]。就是说，年龄增长后单位肌肉产生的力量也会逐渐减弱。老化的骨骼肌的流失在高阈值的快速运动单位上表现得最明显[81]。因此，随着年龄增长，人体生成力量的能力不仅会下降，而且快速生成力量的能力也会下降。老化会削弱骨骼肌完成日常活动的能力，并且会增加摔倒的风险。

不过，老化产生的有害影响可以通过高强度抗阻训练得到缓解，甚至是逆转（在短期内）。大量研究显示，抗阻训练可以增加老年人的肌肉质量和力量[18, 31, 34]。此外，抗阻训练还可以明显增强肌肉功能，在日常运动（如行走和爬楼梯）中的表现尤为明显[32]。而且，训练后老年人肌肉力量提高的幅度非常显著（伸膝力量提高 200%），无论是Ⅰ型还是Ⅱ型肌纤维，肌肉都会增大[34]。对老年人来说，抗阻训练也可以增加骨密度[98]。第18章会详细介绍抗阻训练对老年人的影响。

人上了年纪后，不仅产生肌肉力量的能力会下降，而且肌肉快速产生力量的能力也会降低。

遗传

前文所述的生理指标证明，人体的各种生理指标对运动刺激的反应并不是和预想中的一模一样。究其原因，至少有一部分与开始抗阻训练时人体的基本情况有关。有些因素并非人为能够左右。也就是说，人体会受到遗传潜力的限制。Ⅰ型与Ⅱ型肌纤维的相对比例限制了肌肉增大以及爆发力或有氧耐力运动的能力。性别不仅决定了激素的表达，还会进一步限制肌肉增大与肌力发展的能力。年龄会限制可用的肌肉量和动作电位的传递，这些因素都会共同限制力量和动作速度。私人教练也无法通过训练计划提升客户的遗传潜力。不过，对未经训练的普通大众而言，抗阻训练可以在遗传潜力范围内明显提高客户的肌肉功能。

过度训练

虽然在一定程度上，训练量和强度越高，身体产生的适应就越强，但训练中的某些时候，更多并不意味着更好。如果训练量或强度安排不当，就会导致过度训练。顾名思义，过度训练是训练过量，会导致心理和生理疲劳。过度训练不仅不能继续提高肌肉力量和爆发力水平，而且会导致运动表现变差。不过，过度训练引起的生理和心理方面的变化（如在能量代谢、神经肌肉以及内分泌系统上）不是本章将要讨论的内容，读者如果对这一话题感兴趣，可以参考相关文献[36, 115]。鉴于过度训练带来的危害，在进行每个抗阻训练计划时都要密切注意训练耐受度与恢复情况。

相比之下，人们更加关注有氧耐力训练中的过度训练问题，对抗阻训练中的过度训练的研究较少。这些研究表明，人们在耐力训练中发现的代表过度训练的标志并不适用于抗阻训练。在抗阻训练中，过度训练要么是训练强度过大，要么是训练量过多[36]。但是，每种因素都不好研究。不过可以肯定的是，抗阻训练导致的过度训练会引起神经肌肉系统运动能力下降[15, 37, 38, 39, 40]。一个值得注意的有趣现象是，在实验条件下诱发过度训练虽然需要严格的运动干预，但可以通过反复高强度（100%1RM）而运动量相对较低的训练获得[37, 38, 39]。很多时候，过度训练症状与训练进程呈函数关系，也就是说，在身体适应能应对训练压力之前，过早、过多地进行训练会导致过度训练症状，这常造成肌肉极度酸痛或损伤。

抗阻训练的过度训练症状

- 进入高原期后肌肉力量增幅下降。
- 睡眠障碍。
- 净体重下降（在未节食的情况下）。
- 食欲下降。
- 感冒难以好转。
- 持续的流感症状。
- 丧失训练兴趣。
- 情绪变化。
- 肌肉过度酸痛。

训练者的过度训练可能属于肌群过度训练或身体过度训练，或者兼而有之。这两种情况都非常普遍，很多训练者可能都经历过。通常，过度训练是训练量增加过快引起的。此外，有些训练者可能很多天保持高强度训练，而没有调整负荷或休息一下。科学有效的训练计划在训练量上应有增也有减，并采用周期化模式对训练量、训练强度以及恢复安排进行调整与控制。在处理过度训练及可能出现的症状时，真正的难点在于无法通过测量手段确切地知道何时会出现过度训练。一般来说，一旦出现症状，则可以肯定已经过度训练，而力量也已停止增长。一旦症状出现，最有效的治疗方法就是休息[36]。

有些训练计划会有意安排短期的过量训练，随后要么休息，要么减少训练量来获得在体力和力量上的“反弹”或超量恢复[36]。这种“训练方式”只适合优秀运动员和经验丰富的教练一起使用。其他大多数客户最好采用更温和的训练计划。

停训

停训适应指停止训练计划后出现的生理机能以及运动能力的适应。停训适应其实就是训练适应的反面，是个体逐渐回到开始训练时的状态的过程。具体来讲，就是肌肉质量会下降[57, 113]，由训练产生的神经功能变化（如募集能力、放电速率、协同收缩变化）会消失[47]。因此，停训后肌肉会变弱，爆发性用力的能力会下降。肌肉萎缩在快缩型肌纤维上表现得更明显[57]。与训练过程相比，抗阻训练的停训方面的研究偏少，所以对停训过程的快速性还知之甚少。不过现有资料表明，短期停训对抗阻训练经验丰富的运动员[57]和业余抗阻训练者来说，肌肉力量和爆发力不会发生多大的变化。这说明，短期停训的影响进程很慢。长期（32周）停训的确会引起女性抗阻训练者肌肉力量的大幅下降，但力量还是会高于开始训练时的水平[113]。停训似乎对神经肌肉各方面的表现有不同的影响。例如，等长肌力下降的速度要比其他力量快[72, 123, 124]。同样，停训对无氧代谢测试（如温盖特测试）的影响要比力量及爆发力测试更加明显[72]。只要维持每周1～2次训练，就可以有效预防停训带来的影响[43]。对于那些经常加班或计划无法保证有效执行的客户，一周即便训练1次或2次也是可以的。

结语

抗阻训练是一种强效的生理刺激，会对身体的各种系统产生很大影响，包括肌肉、骨骼、神经、内分泌和结缔组织等。虽然抗阻训练并非“万应灵药”，但多数情况下对人体的影响都是积极的。私人教练应鼓励客户参与抗阻训练，并且制订出具有挑战性的训练计划。客户会从抗阻训练中会受益良多，例如改变体形、优化身体成分、增强肌肉力量和爆发力、提高肌肉耐力，以及强健骨骼和结缔组织等。上述变化可以提高生活质量和健康水平，包括缓解衰老过程中肌少症和骨质疏松症造成的不良效应。此外，肌肉功能的改善（提高力量、耐力和爆发力）可以提高日常生活中的运动表现，无论是提购物袋还是更换轮胎都会变得更加轻松。

学习问题

1. 肌肉疲劳时最可能出现下列哪种情况？
   Ⅰ. 运动单位募集数量增加
   Ⅱ. 发放率编码加快
   Ⅲ. 肌肉的 pH 值降低
   Ⅳ. ATP 存量增加
   A. Ⅰ和Ⅱ
   B. Ⅱ和Ⅳ
   C. Ⅰ和Ⅳ
   D. Ⅱ和Ⅲ
2. 下列哪项主要负责激活快缩型肌纤维的运动单位？
   A. 速度需求增加
   B. 力量需求增加
   C. 速度需求减少
   D. 力量需求减少
3. 下面哪类因素最能明显提高激素反应？
   A. 大运动量、短间歇、小肌群训练
   B. 大运动量、长间歇、大肌群训练
   C. 大运动量、短间歇、大肌群训练
   D. 小运动量、短间歇、大肌群训练
4. 抗阻训练通过下列哪种方法提高有氧耐力？
   A. 提高最大摄氧量
   B. 提高有氧酶活性
   C. 增大毛细血管密度
   D. 提高肌肉力量和爆发力

应用知识问题

填写下列表格，写出身体各系统适应长期抗阻训练计划的两种方式。

系统	两种适应方式
神经系统	
肌肉系统	
骨骼系统	
代谢系统	
内分泌系统	
心肺系统	

参考文献

1. Abe, T., W.F. Brechue, S. Fujita, and J.B. Brown. 1998. Gender differences in FFM accumulation and architectural characteristics of muscle. *Medicine and Science in Sports and Exercise* 30 (7): 1066-1070.
2. Alen, M., A. Pakarinen, K. Hakkinen, and P.V. Komi. 1988. Responses of serum androgenic-anabolic and catabolic hormones to prolonged strength training. *International Journal of Sports Medicine* 9: 229-233.
3. American College of Sports Medicine. 1995. Position stand: Osteoporosis and exercise. *Medicine and Science in Sports and Exercise* 27: i-vii.
4. Antonio, J., and W.J. Gonyea. 1993. Skeletal muscle hyperplasia. *Medicine and Science in Sports and Exercise* 25 (12): 1333-1345.
5. Baker, D., G. Wilson, and B. Carlyon. 1994. Generality versus specificity: A comparison of dynamic and isometric measures of strength and speed-power. *European Journal of Applied Physiology* 68 (4): 350-355.
6. Barry, D.W., and W.M. Kohrt. 2008. Exercise and the preservation of bone health. *Journal of Cardiopulmonary Rehabilitation* 28: 153-162.
7. Basmajian, J.V., and C.J. DeLuca. 1985. *Muscles Alive: Their Functions Revealed by Electromyography*, 5th ed. Baltimore: Williams & Wilkins. p. 164.
8. Behm,D.G.,andD.G.Sale.1993.Intended rather-than actual movement velocity determines velocity-specific training response. *Journal of Applied Physiology* 74 (1): 359-368.
9. Bellemare, F., J.J. Woods, R. Johansson, and B. Bigland-Ritchie. 1983. Motor unit discharge rates in maximal voluntary contractions of three human muscles. *Journal of Neurophysiology* 50: 1380-1392.
10. Bemben, D.A., N.L. Fetters, M.G. Bemben, N. Nabavi, and E.T. Koh. 2000. Musculoskeletal responses to high- and low-intensity resistance training in early postmenopausal women. *Medicine and Science in Sports and Exercise* 32 (11): 1949-1957.
11. Bishop, P., K. Cureton, and M. Collins. 1987. Sex difference in muscular strength in equally-trained men and women. *Ergonomics* 30 (4): 675-687.
12. Braith, R.W., J.E. Graves, S.H. Leggett, and M.L. Pollock. 1993. Effect of training on the relationship between maximal and submaximal strength. *Medicine and Science in Sports and Exercise* 25 (1): 132-138.
13. Broeder, C.E., K.A. Burrhus, L.S. Svanevik, and J.H. Wilmore. 1992. The effects of either high-intensity resistance or endurance training on resting metabolic rate. *American Journal of Clinical Nutrition* 55 (4): 802-810.
14. Buresh, R., K. Berg, and J. French. 2009. The effect of resistive exercise rest interval on hormonal response, strength, and hypertrophy with training. *Journal of Strength and Conditioning Research* 23: 62-71.
15. Callister, R., R.J. Callister, S.J. Fleck, and G.A. Dudley. 1990. Physiological and performance responses to overtraining in elite judo athletes. *Medicine and Science in Sports and Exercise* 22 (6): 816-824.
16. Cardinale, M., and M.H. Stone. 2006. Is testosterone influencing explosive performance? *Journal of Strength and Conditioning Research* 20: 103-107.
17. Carolan, B., and E. Cafarelli. 1992. Adaptations in coactivation after isometric resistance

training. *Journal of Applied Physiology* 73 (3): 911-917.

18. Charette, S.L., L. McEvoy, G. Pyka, C. Snow-Harter, D. Guido, R.A. Wiswell, and R. Marcus. 1991. Muscle hypertrophy response to resistance training in older women. *Journal of Applied Physiology* 70: 1912-1916.
19. Chesley, A., J.D. MacDougall, M.A. Tarnopolsky, S.A. Atkinson, and K. Smith. 1992. Changes in human muscle protein synthesis after resistance exercise. *Journal of Applied Physiology* 73 (4): 1383-1388.
20. Colliander, E.B., and P.A. Tesch. 1990. Effects of eccentric and concentric muscle actions in resistance training. *Acta Physiologica Scandinavica* 140: 31-39.
21. Collins, M.A., K.J. Cureton, D.W. Hill, and C.A. Ray. 1991. Relationship between heart rate to oxygen uptake during weight lifting exercise. *Medicine and Science in Sports and Exercise* 23 (5): 636-640.
22. Costill, D.L., E.F. Coyle, W.F. Fink, G.R. Lesmes, and F.A. Witzman. 1979. Adaptations in skeletal muscle following strength training. *Journal of Applied Physiology* 46: 96-99.
23. Couppe,C.,M.Kongsgaard,P.Aagaard,P.Hansen, J.Bojsen-Moller, M. Kjaer, and S.P. Magnusson. Habitual loading results in tendon hypertrophy and increased stiffness of the human patellar tendon. *Journal of Applied Physiology*, 105: 805-810, 2008.
24. Crewther, B., J. Cronin, and J. Keough. 2006. Possible stimuli for strength and power adaptation. Acute metabolic responses. *Sports Medicine* 36: 215-238.
25. Crewther, B., J. Keough, J. Cronin, and C. Cook. 2006. Possible stimuli for strength and power adaptation. Acute hormonal responses. *Sports Medicine* 36: 65-78.
26. Cullinen, K., and M. Caldwell. 1998. Weight training increases fat-free mass and strength in untrained young women. *Journal of the American Dietetic Association* 98 (4): 414-418.
27. DeLuca, C.J. 1997. The use of surface electromyography in biomechanics. *Journal of Applied Biomechanics* 13: 135-163.
28. Deschenes, M. 1989. Short review: Rate coding and motor unit recruitment patterns. *Journal of Applied Sport Science Research* 3 (2): 33-39.
29. Dons, B., K. Bollerup, F. Bonde-Peterson, and S. Hanacke. 1979. The effect of weight-lifting exercise related to muscle fiber composition and muscle cross-sectional area in humans. *European Journal of Applied Physiology* 40: 95-106.
30. Enoka, R.M. 1994. *Neuromechanical Basis of Kinesiology*, 2nd ed. Champaign, IL: Human Kinetics. p. 194.
31. Fiatarone, M.A., E.C. Marks, N.D. Ryan, C.N. Meredith, L.A. Lipsitz, and W.J. Evans. 1990. High-intensity strength training in nonagenarians. Effects on skeletal muscle. *Journal of the American Medical Association* 263: 3029-3034.
32. Fiatarone, M.A., E.R. O'Neill, N.D. Ryan, K.M. Clements, G.R. Solares, M.E. Nelson, S.B. Roberts, J.J. Kehayias, L.A. Lipsitz, and W.J. Evans. 1994. Exercise training and nutritional supplementation for physical frailty in very elderly people. *New England Journal of Medicine* 330 (25): 1769-1775.
33. Folland, J.P., and A.G. Williams. 2007. The adaptations to strength training. Morphological and neurological contributions to increased strength. *Sports Medicine* 37: 145-168.
34. Frontera, W.R., C.N. Meredith, K.P. O'Reilly, H.G. Knuttgen, and W.J. Evans. 1988. Strength conditioning in older men: Skeletal muscle hypertrophy and improved function. *Journal of Applied Physiology* 64: 1038-1044.

35. Frontera, W.R., D. Suh, L.S. Krivickas, V.A. Hughes, R. Goldstein, and R. Roubenoff. 2000. Skeletal muscle fiber quality in older men and women. *American Journal of Physiology* 279: C611-C616.
36. Fry, A.C., and W.J. Kraemer. 1997. Resistance exercise overtraining and overreaching. *Sports Medicine* 23 (2): 106-129.
37. Fry, A.C., J.M. Webber, L.W. Weiss, M.D. Fry, and Y. Li. 2000. Impaired performances with excessive high-intensity free-weight training. *Journal of Strength and Conditioning Research* 14 (1): 54-61.
38. Fry, A.C., W.J. Kraemer, F. Van Borselen, J.M. Lynch, J.L. Marsit, E.P. Roy, N.T. Triplett, and H.G. Knuttgen. 1994. Performance decrements with high-intensity resistance exercise overtraining. *Medicine and Science in Sports and Exercise* 26 (9): 1165-1173.
39. Fry, A.C., W.J. Kraemer, F. Van Borselen, J.M. Lynch, N.T. Triplett, L.P. Koziris, and S.J. Fleck. 1994. Catecholamine responses to short-term, high-intensity resistance exercise overtraining. *Journal of Applied Physiology* 77 (2): 941-946.
40. Fry, A.C., W.J. Kraemer, J.M. Lynch, N.T. Triplett, and L.P. Koziris. 1994. Does short-term near maximal intensity machine resistance training induce overtraining? *Journal of Strength and Conditioning Research* 8 (3): 188-191.
41. Garfinkel, S., and E. Cafarelli. 1992. Relative changes in maximal force, EMG, and muscle cross-sectional area after isometric training. *Medicine and Science in Sports and Exercise* 24: 1220-1227.
42. Goldspink, G. 1992. Cellular and molecular aspects of adaptation in skeletal muscle. In: *Strength and Power in Sport: The Encyclopedia of Sports Medicine*, P.V. Komi, ed. Oxford, England: Blackwell Scientific. pp. 211-229.
43. Graves, J.E., M.L. Pollock, S.H. Leggett, R.W. Braith, D.M. Carpenter, and L.E. Bishop. 1988. Effect of reduced training frequency on muscular strength. *International Journal of Sports Medicine* 9 (5): 316-319.
44. Green, H., C. Goreham, J. Ouyang, M. Bull-Burnett, and D. Ranney. 1999. Regulation of fiber size, oxidative potential, and capillarization in human muscle by resistance exercise. *American Journal of Physiology* 276 (2 Pt 2): R591-R596.
45. Guezennec, Y., L. Leger, F. Lhoste, M. Aymonod, and P.C. Pesquies. 1986. Hormone and metabolite response to weight-lifting training sessions. *International Journal of Sports Medicine* 7: 100-105.
46. Haff, G.G., M.H. Stone, B.J. Warren, R. Keith, R.L. Johnson, D.C. Nieman, F.Williams, and K.B. Kirksey. 1999.The effect of carbohydrate supplementation on multiple sessions and bouts of resistance exercise. *Journal of Strength and Conditioning Research* 13 (3): 111-117.
47. Häkkinen, K., A. Pakarinen, W.J. Kraemer, A. H.kkinen, H. Valkeinen, and M. Alen. 2001. Selective muscle hypertrophy, changes in EMG and force, and serum hormones during strength training in older women. *Journal of Applied Physiology* 91 (2): 569-580.
48. Häkkinen,K.,A.Pakarinen,W.J.Kraemer,R. U.Newton,and M.Alen.2000.Basal concentrations and acute responses of serum hormones and strength development during heavy resistance training in middle-aged and elderly men and women. *Journal of Gerontology* 55 (2): B95-B105.
49. Häkkinen, K., A. Parkarinen, M. Alen, H. Kauhanen, and P.V. Komi. 1988. Neuromuscular and hormonal adaptations in athletes to strength training in two years. *Journal of Applied Physiology* 65: 2406-2412.

50. Häkkinen, K., and P.V. Komi. 1983. Electromyographic changes during strength training and detraining. *Medicine and Science in Sports and Exercise* 15: 455-460.
51. Hansen, M., B.F. Miller, L. Holm, S. Doessing, S.G. Petersen, D. Skovgaard, J. Frystyk, A. Flyvbjerg, S. Koskinen, J. Pingel, M. Kjaer, and H. Langberg. Effect of oral contraceptives in vivo on collagen synthesis in tendon and muscle connective tissue in young women. *Journal of Applied Physiology*, 106: 1435-1443, 2009.
52. Harris, R.T., and G.A. Dudley. 2000. Neuromuscular anatomy and adaptations to conditioning. In: *Essentials of Strength Training and Conditioning*, T.R. Baechle and R.W. Earle, eds. Champaign, IL: Human Kinetics. pp. 15-23.
53. Hather, B.M., P.A. Tesch, P. Buchannon, and G.A. Dudley. 1991. Influence of eccentric actions on skeletal muscle adaptation to resistance training. *Acta Physiologica Scandinavica* 143: 177-185.
54. Hellebrandt, F.A., A.M. Parrish, and J.J. Houtz. 1947. Cross education: The influence of unilateral exercise on the contralateral limb. *Archives of Physical Medicine* 28: 76-85.
55. Hickson,R.C.,B.A.Dvorak,E.M.Gorostiaga,T. T.Kurowski, and C. Foster. 1988. Potential for strength and endurance training to amplify endurance performance. *Journal of Applied Physiology* 65: 2285-2290.
56. Hoff, J., J. Helgerud, and U. Wisloff. 1999. Maximal strength training improves work economy in trained female cross-country skiers. *Medicine and Science in Sports and Exercise* 31 (6): 870-877.
57. Hortobagyi, T., J.A. Houmard, J.R. Stevenson, D.D. Fraser, R.A. Johns, and R.G. Israel. 1993. The effects of detraining in power athletes. *Medicine and Science in Sports and Exercise* 28 (8): 929-935.
58. Hunter, G.R., C.J. Wetzstein, D.A. Fields, A. Brown, and M.M. Bamman. 2000. Resistance training increases total energy expenditure and free-living physical activity in older adults. *Journal of Applied Physiology* 89 (3): 977-984.
59. Ikai, M., and A.H. Steinhaus. 1961. Some factors modifying the expression of human strength. *Journal of Applied Physiology* 16: 157-163.
60. Ikai, M., and T. Fukunaga. 1968. Calculation of muscle strength per unit cross-sectional area of human muscle by means of ultrasonic measurement. *Internationale Zeitschrift fur angewandte Physiologie, einschliesslich Arbeitsphysiologie* 26 (1): 26-32.
61. Imamura, K., H. Ashida, T. Ishikawawa, and M. Fujii. 1983. Human major psoas muscle and sacrospinalis muscle in relation to age: A study by computed tomography. *Journal of Gerontology* 38 (6): 678-681.
62. Inoue, K., S. Yamasaki, T. Fushiki, T. Kano, T. Moritani, K. Itoh, and E. Sugimoto. 1993. Rapid increase in the number of androgen receptors following electrical stimulation. *European Journal of Applied Physiology* 66 (2): 134-140.
63. Judelson, D.A., C.M. Maresh, L.M. Yamamoto, M.J. Farrell, L.E. Armstrong, W.J. Kraemer, J.S. Volek, B.A. Spiering, D.J. Casa, and J.M. Anderson. 2008. Effect of hydration state on resistance exercise-induced endocrine markers of anabolism, catabolism, and metabolism. *Journal of Applied Physiology* 105: 816-824.
64. Kitai, T.A., and D.G. Sale. 1989. Specificity of joint angle in isometric testing. *European Journal of Applied Physiology* 58: 744-748.
65. Kohrt, W.M., S.A. Bloomfield, K.D. Little, M.E. Nelson, and V.R. Yingling. 2004. American

College of Sports Medicine position stand. Physical activity and bone health. *Medicine and Science in Sports and Exercise* 36: 1985-1996.

66. Komi, P.V., J.T. Viitasalo, R. Rauramaa, and V. Vihko. 1978. Effect of isometric strength training on mechanical, electrical, and metabolic aspects of muscle function. *European Journal of Applied Physiology* 40: 45-55.
67. Kongsgaard, M., P. Aagaard, M. Kjaer, and S.P. Magnusson. Structural Achilles tendon properties in athletes subjected to different exercise modes and in Achilles tendon rupture patients. *Journal of Applied Physiology*, 99: 1965-1971, 2005.
68. Kongsgaard, M., S. Reitelseder, T.G. Pedersen, L. Holm, P. Aagaard, M. Kjaer, and S.P. Magnusson. Region specific patellar tendon hypertrophy in humans flowing resistance training. *Acta Physiologica*, 191: 111-121, 2007.
69. Kraemer, W.J. 1992. Endocrine responses and adaptations to strength training. In: *Strength and Power in Sport: The Encyclopedia of Sports Medicine*, P.V. Komi, ed. Oxford, England: Blackwell Scientific. pp. 291-304.
70. Kraemer, W.J., and N.A. Ratamess. 2005. Hormonal responses and adaptations to resistance exercise and training. *Sports Medicine* 35: 339-361.
71. Kraemer, W.J., B.J. Noble, B. Culver, and R.V. Lewis. 1985. Changes in plasma proenkephalin peptide F and catecholamine levels during graded exercise in men. *Proceedings of the National Academy of Sciences* 82: 6349-6351.
72. Kraemer, W.J., J.F. Patton, S.E. Gordon, E.A. Harman, M.R. Deschenes, K. Reynolds, R.U. Newton, N.T. Triplett, and J.E. Dziados. 1995. Compatibility of high intensity strength and endurance training on hormonal and skeletal muscle adaptations. *Journal of Applied Physiology* 78 (3): 976-989.
73. Kraemer, W.J., K. H.kkinen, R.U. Newton, M. McCormick, B.C. Nindl, J.S. Volek, L.A. Gotshalk, S.J. Fleck, W.W. Campbell, S.E. Gordon, P.A. Farrell, and W.J. Evans. 1998. Acute hormonal responses to heavy resistance exercise in younger and older men. *European Journal of Applied Physiology* 77 (3): 206-211.
74. Kraemer, W.J., L.P. Koziris, N.A. Ratamess, K. H.kkinen, N.T.Triplett-McBride, A.C. Fry, S.E. Gordon, J.S.Volek, D.N. French, M.R. Rubin, A.L. Gomez, M.T. Sharman, J.M. Lynch, M. Izquierdo, R.U. Newton, and S.J. Fleck. 2002. Detraining produces minimal changes in physical performance and hormonal variables in recreationally strength-trained men. *Journal of Strength and Conditioning Research* 16 (3): 373-382.
75. Kraemer, W.J., R.S. Staron, F.C. Hagerman, R.S. Hikida, A.C. Fry, S.E. Gordon, B.C. Nindl, L.A. Gotshalk, J.S. Volek, J.O. Marx, R.U. Newton, and K. H.kkinen. 1998. The effects of short-term resistance training on endocrine function in men and women. *European Journal of Applied Physiology* 78 (1): 69-76.
76. Kraemer,W.J.,S.J.Fleck,andW.J.Evans.1996. Strengthand power: Physiological mechanisms of adaptation. *Exercise and Sport Science Reviews* 24: 363-397.
77. Kubo, K., T. Ikebukuro, H. Yata, and N. Tsunoda. Time course of changes in muscle and tendon properties during strength training and detraining. *Journal of Strength and Conditioning Research*, 24: 322-331, 2010.
78. LaCerte, M., B.J. deLateur, A.P. Alquist, and K.A. Questad. 1992. Concentric versus combined concentric-eccentric isokinetic training programs: Effect on peak torque of human quadriceps femoris muscle. *Archives of Physical Medicine and Rehabilitation* 73: 1059-1062.

79. Lambert, C.P., and M.G. Flynn. 2002. Fatigue during high-intensity intermittent exercise. Applications to bodybuilding. *Sports Medicine* 32 (8): 511-522.

80. Langberg, H., L. Rosendal, and M. Kjaer. Training-induced changes in peritendinous type I collagen turnover determined by microdialysis in humans. *Journal of Physiology*, 534.1: 297-302, 2001.

81. Larsson, L. 1978. Morphological and functional characteristics of the ageing skeletal muscle in man. *Acta Physiologica Scandinavica* (Suppl) 457: 1-36.

82. Leveritt,M.,andP.J.Abernethy.1999.Effect of carbo hydrate restriction on strength performance. *Journal of Strength and Conditioning Research* 13: 52-57.

83. MacDougall, J.D., G.R. Ward, D.G. Sale, and J.R. Sutton. 1977. Biochemical adaptation of human skeletal muscle to heavy resistance training and immobilization. *Journal of Applied Physiology* 43: 700-703.

84. MacDougall, J.D., M.J. Gibala, M.A. Tarnopolsky, J.R. Mac-Donald, S.A. Interisano, and K.E. Yarasheski. 1995. The time course for elevated muscle protein synthesis following heavy resistance exercise. *Canadian Journal of Applied Physiology* 20 (4): 480-486.

85. MacDougall, J.D., S. Ray, D.G. Sale, N. McCartney, P. Lee, and S. Garner. 1999. Muscle substrate utilization and lactate production during weightlifting. *Canadian Journal of Applied Physiology* 24: 209-215.

86. MacLaren, D.P., H. Gibson, M. Parry-Billings, and R.H.T. Edwards. 1989. A review of metabolic and physiological factors in fatigue. *Exercise and Sport Sciences Reviews* 17: 29-66.

87. Maddalozzo, G.F., and C.M. Snow. 2000. High intensity resistance training: Effects on bone in older men and women. *Calcified Tissue International* 66: 399-404.

88. Marcinik, E.J., J. Potts, G. Schlabach, S. Will, P. Dawson, and B.F. Hurley. 1991. Effects of strength training on lactate threshold and endurance performance. *Medicine and Science in Sports and Exercise* 23: 739-743.

89. Martyn-St James, M., and S. Carroll. 2006. Progressive high-intensity resistance training and bone mineral density changes among premenopausal women. Evidence of discordant site-specific skeletal effects. *Sports Medicine* 36: 683-704.

90. Masuda, K., T. Masuda, T. Sadoyama, M. Inaki, and S. Katsuta. 1999. Changes in surface EMG parameters during static and dynamic fatiguing contractions. *Journal of Electromyography and Kinesiology* 9 (1): 39-46.

91. McBride,J.M.,T.Triplett-McBride,A.J.Davie,P. J.Abernethy, and R.U. Newton. 2003. Characteristics of titin in strength and power athletes. *European Journal of Applied Physiology* 88: 553-557.

92. Merton, P.A. 1954. Voluntary strength and fatigue. *Journal of Physiology (London)* 123: 553-564.

93. Miller, A.E.J., J.D. MacDougall, M.A. Tarnopolsky, and D.G. Sale. 1993. Gender differences in strength and muscle fiber characteristics. *European Journal of Applied Physiology* 66: 254-262.

94. Miller, B.F., J.L. Olesen, M. Hansen, S. Dossing, R.M. Crameri, R.J. Welling, H. Lanberg, A. Flyvbjerg, M. Kjaer, J.A. Babraj, K. Smith, and M.J. Rennie. Coordinated collagen and muscle protein synthesis in human patella tendon and quadriceps muscle after exercise. *Journal of Physiology*,567.3: 1021-1033, 2005.

95. Milner-Brown, H.S., R.B. Stein, and R.G. Lee. 1975. Synchronization of human motor units: Possible roles of exercise and supraspinal reflexes. *Electroencephalography and Clinical*

Neurophysiology 38: 245-254.

96. Moritani, T., and H.A. deVries. 1979. Neural factors vs. hypertrophy in the time course of muscle strength gain. *American Journal of Physical Medicine* 58: 115-130.
97. Moritani, T., and Y. Yoshitake. 1998. 1998 ISEK Congress Keynote Lecture. The use of surface electromyography in applied physiology. *Journal of Electromyography and Kinesiology* 8: 363-381.
98. Nelson, M.E., M.A. Fiatarone, C.M. Morganti, I. Trice, R.A. Greenberg, and W.J. Evans. 1994. Effects of high-intensity strength training on multiple risk factors for osteoporotic fractures. *Journal of the American Medical Association* 272: 1909-1914.
99. Osternig, L.R., J. Hamill, J.E. Lander, and R. Robertson. 1986. Co-activation of sprinter and distance runner muscles in isokinetic exercise. *Medicine and Science in Sports and Exercise* 18: 431-435.
100. Paavolainen, L., K. H.kkinen, I. Hamalainen, A. Nummela, and H. Rusko. 1999. Explosive-strength training improves 5km running time by improving running economy and muscle power. *Journal of Applied Physiology* 86: 1527-1533.
101. Parcell, A.C., M.T. Wolstenhulme, and R.D. Sawyer. 2009. Structural protein alterations to resistance and endurance cycling exercise training. *Journal of Strength and Conditioning Research* 23: 359-365.
102. Patten, C., G. Kamen, and D.M. Rowland. 2001. Adaptations in maximal motor unit discharge rate to strength training in young and older adults. *Muscle and Nerve* 24 (4): 542-550.
103. Poehlman, E.T., W.F. Denino, T. Beckett, K.A. Kinaman, I.J. Dionne, R. Dvorak, and P.A. Ades. 2002. Effects of endurance and resistance training on total daily energy expenditure in young women: A controlled randomized trial. *Journal of Clinical Endocrinology and Metabolism* 87 (3): 1004-1009.
104. Pruitt, L.A., D.R. Taaffe, and R. Marcus. 1995. Effects of a one-year high-intensity versus low-intensity resistance training program on bone mineral density in older women. *Journal of Bone Mineral Research* 10: 1788-1795.
105. Psek, J.A., and E. Cafarelli. 1993. Behavior of coactive muscles during fatigue. *Journal of Applied Physiology* 74: 170-175.
106. Robergs, R.A., D.R. Pearson, D.L. Costill, W.J. Fink, D.D. Pascoe, M.A. Benedict, C.P. Lambert, and J.J. Zachweija. 1991. Muscle glycogenolysis during different intensities of weight-resistance exercise. *Journal of Applied Physiology* 70 (4): 1700-1706.
107. Rutherford, O.M., D.A. Jones, and D.J. Newham. 1986. Clinical and experimental application of percutaneous twitch superimposition technique for the study of human muscle activation. *Journal of Neurology, Neurosurgery, and Psychiatry* 49: 1288-1291.
108. Sale, D.G. 1992. Neural adaptation to strength training. In: *Strength and Power in Sport: The Encyclopedia of Sports Medicine*, P.V. Komi, ed. Oxford, England: Blackwell Scientific. pp. 249-265.
109. Sale, D.G., J.D. MacDougall, A.R.M. Upton, and A.J. McComas. 1983. Effects of strength training upon motoneuron excitability in man. *Medicine and Science in Sports and Exercise* 15: 57-62.
110. Schuenke, M.D., R.P. Mikat, and J.M. McBride. 2002. Effect of an acute period of resistance exercise on excess post-exercise oxygen consumption: Implications for body mass management. *European Journal of Applied Physiology* 86: 411-417.

111. Schwab, R., G.O. Johnson, T.J. Housh, J.E. Kinder, and J.P. Weir. 1993. Acute effects of different intensities of weightlifting on serum testosterone. *Medicine and Science in Sports and Exercise* 25: 1381-1385.

112. Staron, R.S., D.L. Karapondo, W.J. Kraemer, A.C. Fry, S.E. Gordon, J.E. Falkel, F.C. Hagerman, and R.S. Hikida. 1994. Skeletal muscle adaptations during early phase of heavy-resistance training in men and women. *Journal of Applied Physiology* 76: 1247-1255.

113. Staron, R.S., E.S. Malicky, M.J. Leonardi, J.E. Falkel, F.C. Hagerman, and G.A. Dudley. 1990. Muscle hypertrophy and fast fiber type conversions in heavy resistance-trained women. *European Journal of Applied Physiology* 60: 71-79.

114. Staron, R.S., M.J. Leonardi, D.L. Karapondo, E.S. Malicky, J.E. Falkel, F.G. Hagerman, and R.S. Hikida. 1991. Strength and skeletal muscle adaptations in heavy-resistance trained women after detraining and retraining. *Journal of Applied Physiology* 70 (2): 631-640.

115. Stone, M.H., R.E. Keith, J.T. Kearny, S.J. Fleck, G.D. Wilson, and N.T. Triplett. 1991. Overtraining: A review of the signs, symptoms, and possible causes. *Journal of Applied Sport Science Research* 5 (1): 35-50.

116. Stone, W.J., and S.P. Coulter. 1994. Strength/endurance effects from three resistance training protocols with women. *Journal of Strength and Conditioning Research* 8 (4): 231-234.

117. Tesch, P.A. 1992. Short- and long-term histochemical and biochemical adaptations in muscle. In: *Strength and Power in Sport: The Encyclopedia of Sports Medicine*, P. Komi, ed. Oxford, England: Blackwell Scientific. pp. 239-248.

118. Tesch, P.A., A. Thorsson, and E.B. Colliander. 1990. Effects of eccentric and concentric resistance training on skeletal muscle substrates, enzyme activities and capillary supply. *Acta Physiologica Scandinavica* 140: 575-580.

119. Thepaut-Mathieu, C., J. Van Hoecke, and B. Maton. 1988. Myoelectrical and mechanical changes linked to length specificity during isometric training. *Journal of Applied Physiology* 64: 1500-1505.

120. Tipton, K.D., and R.R. Wolfe. 2001. Exercise protein metabolism and muscle growth. *International Journal of Sport Nutrition and Exercise Metabolism* 11 (1): 109-132.

121. Vincent, K.R., and R.W. Braith. 2002. Resistance exercise and bone turnover in elderly men and women. *Medicine and Science in Sports and Exercise* 34: 17-23.

122. Vissing, K., M. Brink, S. Lonbro, H. Sorensen, K. Overgaard, K. Danborg, J. Mortensen, O. Elstrom, N. Rosenhoj, S. Ringgaard, J.L. Andersen, and P. Aagaard. 2008. Muscle adaptations to plyometric vs. resistance training in untrained young men. *Journal of Strength and Conditioning Research* 22: 1799-1809.

123. Weir, J.P., D.A. Keefe, J.F. Eaton, R.T. Augustine, and D.M. Tobin. 1998. Effect of fatigue on hamstring coactivation during isokinetic knee extensions. *European Journal of Applied Physiology* 78: 555-559.

124. Weir, J.P., D.J. Housh, T.J. Housh, and L.L. Weir. 1995. The effect of unilateral eccentric weight training detraining on joint angle specificity, cross-training, and the bilateral deficit. *Journal of Orthopaedic and Sports Physical Therapy* 22 (5): 207-215.

125. Weir, J.P., D.J. Housh, T.J. Housh, and L.L. Weir. 1997. The effect of unilateral concentric weight training and detraining on joint angle specificity, cross-training, and the bilateral

deficit. *Journal of Orthopaedic and Sports Physical Therapy* 25: 264-270.

126. Weir,J.P.,T.J.Housh,andL.L.Weir.1994. Electromyographic evaluation of joint angle specificity and cross-training after isometric training. *Journal of Applied Physiology* 77: 197-201.

127. Weir, J.P., T.J. Housh, L.L. Weir, and G.O. Johnson. 1995. Effects of unilateral isometric strength training on joint angle specificity and cross-training. *European Journal of Applied Physiology* 70: 337-343.

128. Weir, J.P., T.J. Housh, S.A. Evans, and G.O. Johnson. 1993. The effect of dynamic constant external resistance training on the isokinetic torque-velocity curve. *International Journal of Sports Medicine* 14 (3): 124-128.

129. Westh, E., M. Kongsgaard, J. Bojsen-Moller, P. Aagaard, M. Hansen, M. Kjaer, and S.P. Magnusson. Effect of habitual exercise on the structural and mechanical properties of human tendon, in vivo, in men and women. *Scandinavian Journal of Medicine and Science in Sports*, 18: 23-30, 2008.

130. Winter, E.M., and R.J. Maughan. 1991. Strength and crosssectional area of the quadriceps in men and women. *Journal of Physiology (London)* 438: 175.

131. Woolstenhulme, M.T., R.K. Conlee, M.J. Drummond, A.W. Stites,andA.C.Parcell.2006. Temporal response of desmin and dystrophin proteins to progressive resistance exercise in human skeletal muscle. *Journal of Applied Physiology* 100: 1876-1882.

第6章

有氧耐力训练的生理反应与适应

约翰·P. 麦卡锡（John P. McCarthy），PhD
简·L. P. 洛伊（Jane L. P. Roy），PhD

学习完本章后，你将能够掌握如下内容。

- 识别有氧训练的急性生理反应。
- 识别有氧耐力训练的慢性生理适应。
- 理解影响有氧耐力训练适应的因素。
- 理解和识别与过度训练相关的生理因素。
- 识别停训的生理后果。

本章的主要内容是讨论有氧训练对身体生理系统的影响，并解释身体生理系统发生的适应性变化。在一次运动中身体可立即发生急性反应，而长期的训练适应则是由一系列重复运动引起的。有氧训练的效果受到强度、持续时间和活动频率的制约。这其中最重要的是强度（例如最大心率的百分比）。换言之，身体对急性运动压力源的适应与该压力源成比例关系。一般来说，如果一个人以较高的心率进行有氧训练，那么其对训练的适应将好于一个以低心率进行训练的人。当然，在此训练过程中，我们假定频率和持续时间是恒定的。正是这些因素的相互作用导致了有氧训练的生理适应。通过有氧耐力训练，身体会对许多生理过程和系统的变化做出反应。本章将进一步详细解释这些变化是如何发生的。对循环有氧训练的全面适应是指训练者可获得一个更高效的身体，可理解为拥有在相同的训练效率中只需要消耗较少能量的能力。

有氧耐力训练的急性反应

本节描述了有氧训练对心血管系统、呼吸系统和内分泌系统的急性影响，以及对新陈代谢的影响。对有氧训练的急性反应的总结见表 6.1，大多数生理变量［如耗氧量、心率（heart rate，HR）］的反应都与训练强度密切相关。

心血管系统反应

心血管系统由两部分组成，包括心脏和血管系统（即血液和血管）。关于心血管系统的结构和功能的具体信息请参阅第 2 章。

在有氧训练中，为了给运动中的骨骼肌提供血液，心脏受到的刺激或兴奋会增加。虽然这不是引起血液流动增加的唯一原因，但一个简单的解释是交感神经系统对心脏的刺激增加，同时副交感神经系统对心脏的刺激减少。由于神经系统的影响，运动时的心率和每搏输出量（SV，左心室每次搏动射血量）增加。心率和每搏输出量的增加将最终使心输出量增加。下面的公式较好地解释了心输出量与心率、每搏输出量的关系：

心输出量（升 / 分）= 心率（次 / 分）× 每搏输出量（升 / 次）　　（6.1）

表 6.1　有氧训练的急性反应

变量	反应
心血管系统	
心率	增加
每搏输出量	增加
心输出量	增加
总外周阻力	减小
冠状动脉血流量	增加
骨骼肌血流量	增加
内脏血流量	减少
平均动脉压	增加
收缩压	增加
舒张压	无变化或轻微降低
心率 - 血压乘积	增加
血浆量	减少
血细胞比容	增加
呼吸系统	
肺每分钟通气量	增加
呼吸频率	增加
潮气量	增加
RER/RQ	增加
代谢系统	
耗氧量	增加
动静脉血氧差	增加
血乳酸盐	增加
血液 pH	降低
内分泌系统	
儿茶酚胺	增加
胰高血糖素	增加
胰岛素	减少
皮质醇	减少——低到中等运动强度
	升高——中等到高运动强度
生长激素	增加

注：RER：呼吸交换率；RQ：呼吸商。

每搏输出量的增幅最大将达到最大摄氧量的 40% ～ 60%，并在疲劳之前长期处于稳定状态。这一发现并不是决定性的，因为其他研究已经表明，每搏输出量会持续线性上升，直到极限[65]。在运动过程中，心脏静脉充盈的增加有助于心壁的伸缩，从而使与神经和体液因素无关的弹性收缩力得到提升。这是更多的血液从左心室中喷射出来（每搏输出量增加）的原因之一，它被称为“弗兰克－斯塔林机制”（Frank-Starling mechanism）[59]；也就是说，心输出量随每搏输出量增加而成比例增加。

当有氧训练从静止状态逐渐增加到最大运动强度时，总外周阻力（total peripheral resistance，TPR，全身血管系统的血流阻力）减少 50% ～ 60%。总外周阻力的减少是由在运动中为了给工作肌提供更多的血液而导致的血管扩张引起的[36]。在运动过程中，更多的血液被分配给需要运动的骨骼肌[24]。与此同时，流向身体的其他部位（如内脏区）的血流量会减少。一些机制能解释有氧训练后外周血管的变化，但这些内容超出了本章的范围，故不再论述。

血压［blood pressure，BP，单位为毫米汞柱（mmHg）］是血液对血管施加的压力，通过循环系统推动血液的流动。收缩压（systolic blood pressure，SBP）和舒张压（diastolic blood pressure，DBP）则分别代表在心室收缩和舒张（放松）期间血液对血管的压力。在包括散步、慢跑、骑自行车和游泳等在内的有大肌群参与运动的有氧耐力训练中，收缩压与运动强度和心输出量成正比并线性增加，而舒张压的变化可以忽略不计（图 6.1）。总外周阻力将会随着运动强度的增加而减少（但心输出量增加程度更高），这对血压将产生较大的影响。这种结果将导致运动中的平均动脉压（mean arterial blood pressure，MAP）升高，这种关系可以通过下面两个公式加以表达：

平均动脉压 = 舒张压 + [0.333 ×（收缩压－舒张压）]　（6.2）

平均动脉压 = 心输出量 × 总外周阻力　（6.3）

在运动过程中，血压的增加有助于促进通过血管的血流量增加，同时增加了从血液中流出并进入细胞间隙的血浆量（并成为细胞间液的一部分）。因此，在运动过程中，虽然红细胞的总数没有变化，但血浆量会减少，血细胞比容（血液中红细胞的比例）会增加[64, 71]。

冠状血管由左右冠状动脉构成，由于心肌对氧气的需求增加，运动时冠状血管会扩张。心率－血压乘积（rate-pressure product，RPP）表明了心脏需要多少氧气。这是一个相当简单的测量方法，它提供了一个良好的说明心脏工作强度的无创指标[46]。它可以通过下面的公式来表达：

心率－血压乘积 = 心率 × 收缩压　（6.4）

> 在运动过程中，心输出量、心率、每搏输出量、平均动脉压、冠状动脉直径和心率－血压乘积增大。

呼吸系统反应

肺每分钟通气量（$\dot{V}_E$）是呼吸频

率（breathing rate，BR）和潮气量（tidal volume，TV）的乘积，它表示肺每分钟吸入和呼出的气体量。在运动中，身体对氧气的需求和消耗增加，将导致肺通气量的增加。

肺每分钟通气量（升/分）= 呼吸频率 × 潮气量 （6.5）

呼吸商（respiratory quotient，RQ）是细胞的二氧化碳产生量（$\dot{V}CO_2$）与氧气消耗量（$\dot{V}O_2$）的比值。呼吸商这一值通常是通过对用嘴吸入和呼出的气体成分进行测量得到的，而不是通过细胞，因此它又被称为呼吸交换率（respiratory exchange ratio，RER）。呼吸商和呼吸交换率的计算公式相同：

呼吸商或呼吸交换率 = 二氧化碳产生量/氧气消耗量 （6.6）

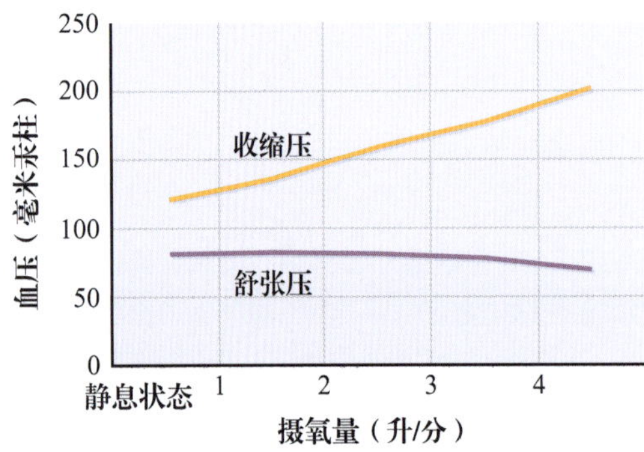

图6.1 渐进性有氧耐力训练对血压的影响

来源：Reprinted by permission from Hoffman 2002.

运动生理学家可以利用呼吸商估计静息状态下和稳定运动中脂肪和碳水化合物的利用率。静息时呼吸商的值在0.82左右（大约60%的能量来自脂肪，40%的能量来自于碳水化合物）。随着运动强度的增加，呼吸商和呼吸交换率的值将接近于1.0，并且来自碳水化合物的能量将增加（表6.2）。在非常高强度或最高强度的运动中，由于过度换气，呼吸交换率的值将大于1.0，这就使得相较于氧气的消耗量，更多的二氧化碳被排放出来。有时呼吸交换率可用来评定运动强度，而大于1.0的呼吸交换率值有时被视为一种标准指标，用来评定个体在递增负荷测试中能否达到最大摄氧量[46, 59, 71]。

表6.2 呼吸交换频率的热量当量（caloric equivalence）与来自碳水化合物和脂肪的能量占比

	热量当量	能量占比	
呼吸交换率	氧气（千卡/升）	碳水化合物	脂肪
0.71	4.69	0	100
0.75	4.74	16	84
0.80	4.80	33	67
0.85	4.86	51	49
0.90	4.92	68	32
0.95	4.99	84	16
1.00	5.05	100	0

来源：Adapted by permission from Wilmore, Costill, and Kenney 2008.

在运动过程中，通气量、呼吸频率、潮气量、呼吸交换率和呼吸商提升。

代谢反应

一个没有受过训练的人进行有氧训练是很低效的。心血管和呼吸系统的局限性限制了代谢过程，使有氧训练难以进行。最终将使短时间内的运动表现变得糟糕。在运动中，对ATP的需求变大，因此身体需要消耗更多的氧气。动脉血和混合静脉血中的氧含量之间的差异是动静脉血氧差，它代表了血液在流经身体时，其中的氧被移走的程度。静息状态下每 100 毫升动脉血和静脉血中氧的正常含量分别是 20 毫升和 14 毫升，而正常静息状态下的动静脉血氧差大约是每 100 毫升血液相差 6 毫升的氧。这个值几乎随着运动强度的增加而线性增加，且在达到最大摄氧量时每 100 毫升血液大约有 18 毫升的氧（图 6.2）。摄氧量由心输出量和动静脉血氧差的乘积组成，这就是所谓的 Fick 方程：

摄氧量（升/分）= 心输出量 × 动静脉血氧差　（6.7）

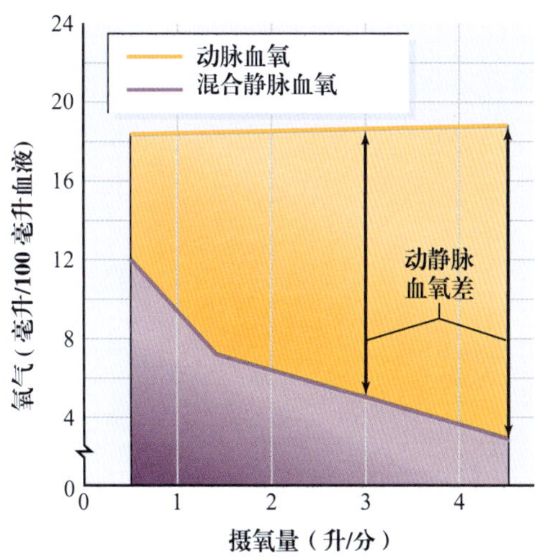

图 6.2　从低强度到最高强度运动过程中动脉静脉血氧差的变化

来源：Adapted by permission from Wilmore, Costill, and Kenney 2008.

在有氧训练中，身体的新陈代谢增加，会产生较多的二氧化碳和乳酸（这就产生了高浓度的氢离子）。在高强度运动中（增加对无氧途径产生的能量的依赖），乳酸在活跃的肌肉中不断积累，并显著增强血液的酸性（pH 值降低）[19]。关于与有氧训练相关的能量系统的内容，请参见第 3 章。

内分泌系统反应

为了应对有氧训练，内分泌系统的主要工作是通过保持碳水化合物（葡萄糖）和脂肪（游离脂肪酸）的供应来促进新陈代谢，而这些都是为了满足不断增长的能量需求。儿茶酚胺也能促进心血管系统反应，氧和营养物质的运送以及废物的清除。与有氧训练相关的主要腺体包括胰腺、肾上腺皮质和肾上腺髓质。内分泌系统很复杂，本节的内容只介绍与急性反应相关的基本信息。

胰腺是一种内分泌腺，能产生和释放胰高血糖素和胰岛素，因而在急性运动代谢中起着重要的作用。这些激素在组织中释放或吸收葡萄糖，这对人的生存至关重要。血浆中的胰高血糖素能刺激血浆中的葡萄糖浓度的增加，而胰岛素则促进葡萄糖进入人体细胞。由于急性运动的代谢需求增加，胰高血糖素分泌增多，而胰岛素分泌减少。血浆中的胰高血糖素的增加会刺激糖原转化为葡萄糖，从而增加血浆中的葡萄糖的浓度，使更多的葡萄糖被输送到细胞中。在运动过程中，血浆中的胰岛素浓度降低，而胰岛素敏感性增强，非胰岛素介导的葡萄糖被运输至细胞内[9, 52]。在急性运动中，增加胰高血糖素的释放（或减少胰岛素的释放）也会增加组织中脂肪的分解（脂解），并提高血浆中脂肪酸的浓度，使更多可用的脂肪变成运动的“燃料”。

皮质醇是肾上腺皮质分泌的唯一一种在新陈代谢中起直接作用的物质。它负责促进氧化系统和糖酵解过程中蛋白质的转化，以及维持正常的血糖水平。同时皮质醇还促进了脂肪的利用。运动强度是影响皮质醇分泌水平的一个因素，进行低强度运动时皮质醇分泌量降低，而进行中等至高强度的运动时升高[13, 35]。在运动过程中，垂体前叶分泌生长激素，这有助于皮质醇和胰高血糖素促进血浆中产生更多可用的脂肪和碳水化合物，从而促进运动中的新陈代谢[46, 70]。

儿茶酚胺（肾上腺素和去甲肾上腺素）是一种从肾上腺髓质中释放出来的“战斗或逃跑激素”，在紧张的情况下它将被交感神经系统激活。肾上腺髓质将运动作为一种压力源进行感知，并在运动过程中释放出额外的儿茶酚胺。在运动中，儿茶酚胺等离子体浓度将增加，这些激素能够帮助人体将血液和氧气（通过提高心率和血压）输送到工作肌。[71]

同样需要注意的是，一般来说，在递增强度（负荷）的运动中，血浆中的胰高血糖素、皮质醇、生长激素、肾上腺素和去甲肾上腺素等激素的浓度将逐渐升高[46, 59]。这些变化将同时伴随着胰岛素的逐渐减少。随着中等强度运动持续时间的延长，这些激素也会发生类似的变化[59]。

有氧训练的慢性适应

除了了解身体系统在有氧训练中的反应，私人教练还需要了解不同的身体系统是如何适应有氧训练的。这部分内容描述了有氧训练对心血管系统、呼吸系统和内分泌系统的长期影响，以及对骨骼肌、骨骼、结缔组织、新陈代谢、身体成分和运动表现的影响。为了便于理解这些训练的长期适应性，我们提供了3个总结表。表6.3对心肺系统和新陈代谢系统在静息状态下以及次最大和最大强度训练中的慢性适应进行了总结。表6.4提供了一名不常运动的男性进行有氧耐力训练前后的数据，以及与一名世界级男性耐力跑运动员的比较值。表6.5总结了其他慢性生理性和运动表现的适应。

心血管系统的适应

表示最大有氧能力的术语有很多个，它们是提高有氧训练表现的关键因素。这些术语包括最大摄氧量、最大耗氧量和有氧能力。提高有氧能力在很大程度上依赖于心肺系统和呼吸系统功能的有效整合。摄氧量可以通过前面提到的Fick方程［式（6.7）］来表达。这个方程表明，最大有氧能力取决于身体运输（如心输出量）和利用氧的能力。慢性有氧训练的一个标志性特点是最大心输出量的增加，这主要是由每搏输出量的增加引起的（图6.3和图6.4）[46]。有氧耐力训练不会对最大心率产生影响或者会轻微地降低最大心率（图6.5）。最大心输出量与最大有氧功率密切相关，即心输出量越大，有氧功率就越高。在有氧耐力训练中，心输出量在静息时基本保持不变，而在任何固定频率的次最大运动强度[46]下保持不变或轻微下降。在静息和任何固定频率的次最大运动强度下，身体的适应包括心率的降低和每搏输出量的增加（表6.3）。训练引起的心率降低会在训练两周后发生[12]，但是根据训练强度、持续时间和训练频率的不同，也可能需要10周才会出现[62]。这一反应被认为是由副交感神经调节作用的增强和交感神经调节作用的减弱引起的[71]。

表 6.3　静息状态和运动状态下心肺系统和新陈代谢系统对有氧耐力训练的慢性适应

变量	静息状态	固定频率的次最大强度训练	最大强度训练
心率	降低	降低	无变化或轻微降低
每搏输出量	升高	升高	升高
心输出量	无变化	无变化或轻微降低	升高
收缩压	降低	降低	很小或无变化
舒张压	降低	降低	很小或无变化
肺通气量	无变化	降低	升高
耗氧量	无变化	无变化或轻微降低	升高
动静脉血氧差	无变化	无变化或轻微升高	升高

表 6.4　有氧耐力训练对一名不常运动的男性以及一名世界级男性耐力跑运动员的影响

	久坐的男性受试者		
变量	**训练前**	**训练后**	**世界级耐力跑运动员**
心血管系统			
静息心率（次 / 分）	75	65	45
最大心率（次 / 分）	185	183	174
静息每搏输出量（毫升 / 次）	60	70	100
最大每搏输出量（毫升 / 次）	120	140	200
静息心输出量（升 / 分）	4.5	4.5	4.5
最大心输出量（升 / 分）	22.2	25.6	34.8
心容量（毫升）	750	820	1 200
血容量（升）	4.7	5.1	6.0
静息收缩压（毫米汞柱）	135	130	120
最大收缩压（毫米汞柱）	200	210	220
静息舒张压（毫米汞柱）	78	76	65
最大舒张压（毫米汞柱）	82	80	65
呼吸系统			
静息肺通气量（升 / 分）	7	6	6
最大肺通气量（升 / 分）	110	135	195
静息潮气量（升）	0.5	0.5	0.5
最大潮气量（升）	2.75	3.0	3.9

续表

久坐的男性受试者			
变量	训练前	训练后	世界级耐力跑运动员
肺活量（升）	5.8	6.0	6.2
残气量（升）	1.4	1.2	1.2
新陈代谢			
静息动静脉血氧差（毫升每 100 毫升血液）	6.0	6.0	6.0
最大动静脉血氧差（毫升每 100 毫升血液）	14.5	15.0	16.0
静息耗氧量 (毫升・千克 $^{-1}$・分 $^{-1}$)	3.5	3.5	3.5
最大耗氧量 (毫升・千克 $^{-1}$・分 $^{-1}$)	40.7	49.9	81.9
静息血乳酸盐（毫摩尔 / 升）	1.0	1.0	1.0
最大血乳酸盐（毫摩尔 / 升）	7.5	8.5	9.0
身体组成			
体重（千克）	79	77	68
体脂（千克）	12.6	9.6	5.1
去脂体重（千克）	66.4	67.4	62.9
体脂率（%）	16.0	12.5	7.5

来源：Adapted by permission from Wilmore，Costill，and Kenney 2008.

表 6.5 有氧耐力训练的选择性慢性适应

变量	慢性适应
心脏	
左心室舒张末期直径	增加
左心室肌厚度	增加
冠状动脉小动脉厚度、密度（或两者都有）	增加
心肌毛细血管密度	无变化或增加
血液	
血容量	增加
血浆容量	增加
红细胞容积	增加
呼吸系统	
通气肌耐力	增加

续表

变量	慢性适应
呼吸肌有氧酶	增加
骨骼肌	
整块肌肉的横截面积	无变化
Ⅰ型肌纤维横截面积	无变化或增加
Ⅱa 型肌纤维横截面积	无变化
Ⅱx 型肌纤维横截面积	无变化
毛细血管密度	增加
线粒体密度	增加
肌红蛋白	增加
肌糖原储备	增加
甘油三酯储备	增加
氧化酶	增加
新陈代谢	
乳酸盐阈值	增加
骨骼系统	
骨密度	无变化或增加
身体成分	
体重	降低
体脂	降低
去脂体重	无变化
体脂率	降低
表现	
心肺耐力	增加
肌肉力量	无变化
纵跳	无变化
无氧功率	无变化
冲刺速度	无变化

有氧耐力训练可以提高最大摄氧量。一般认为，最大摄氧量是有氧适能的一种最佳度量方法。

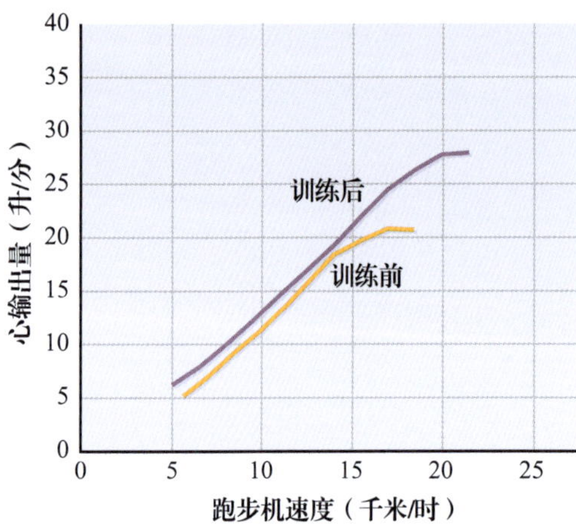

图 6.3 步行、慢跑、跑步机上增速跑步等有氧耐力训练中心输出量的变化

来源：Adapted by permission from Wilmore，Costill，and Kenney 2008.

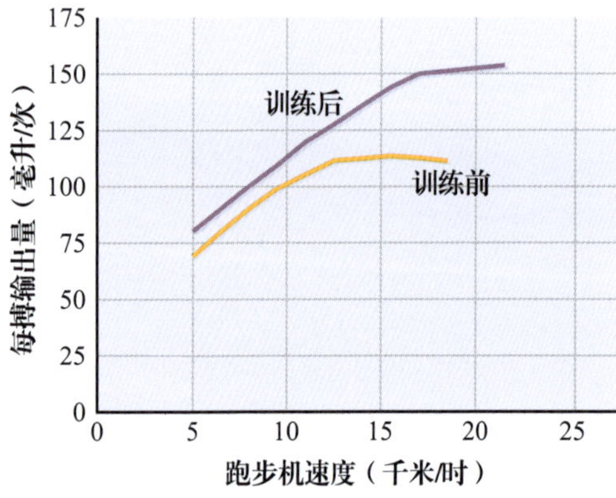

图 6.4 步行、慢跑、跑步机上增速跑步等有氧耐力训练中每搏输出量的变化

来源：Adapted by permission from Wilmore，Costill，and Kenney 2008.

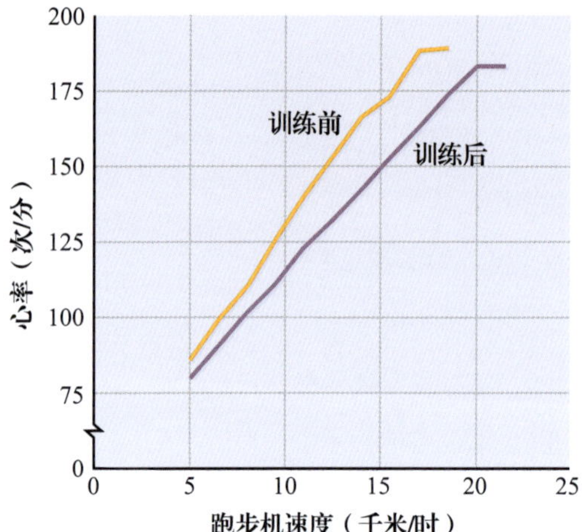

图 6.5 步行、慢跑、跑步机上增速跑步等有氧耐力训练中心率的变化

来源：Adapted by permission from Wilmore，Costill，and Kenney 2008.

长期的有氧训练会导致心脏中等程度肥大，其特征表现为左心室腔增大（容积增加）和心肌壁厚度增加[4, 46]。左心室容积的增加，以及由训练引起的心动过缓（心率变慢）造成的心室充盈时间增加和心脏收缩功能的改善是每搏输出量长期提升的主要原因[46, 51]。

随着对有氧耐力训练的适应，血容量的增加非常迅速，从而促进了心室容积的增大和最大摄氧量的提高[64]。血容量可分为血浆容量和红细胞体积两部分。有氧训练能促进血浆容量的快速增加（24 小时内可测量到变化），但是红细胞容量的增大则需要几周的时间[64]（图 6.6）。

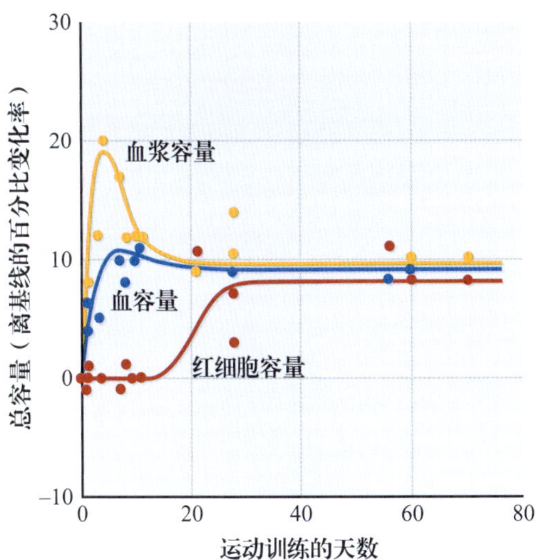

图 6.6 血容量、血浆容量以及红细胞容量的百分比随时间变化的预计过程

来源：Adapted by permission from Wilmore，Costill and Kenney 2008.

许多研究已经探讨了长期有氧耐力训练对静息血压的影响。对于血压正常的人来说，收缩压 / 舒张压的值在长期的有氧耐力训练中平均降低 3/2 毫米汞柱；高血压患者（收缩压＞ 140 毫米汞柱，舒张压＞ 90 毫米汞柱）的降幅则更大，平均降低 7/6 毫米汞柱[57]。需要注意的是，血压正常的人和高血压患者进行一次有氧训练后，静息血压会立即降低，这可能会持续到运动后 22 小时[38, 57]。“运动后低血压”一词常用来描述这种变化。在相同的次最大工作效率下，长期的有氧训练也会导致收缩压[39, 46]降低。由于收缩压和心率都是在一定的次最大强度有氧耐力训练中降低的，所以很明显心率 - 收缩压乘积也会减小，这表明心肌耗氧量和心脏工作负荷减少[39, 46]。

在训练过的外周骨骼肌中，长时间的有氧训练会使单位肌肉的毛细血管密度增加[40]。这有助于促进氧气和底物的输送，减少血液和运动肌之间的扩散距离。根据对动物的研究可知，有氧训练与心肌血管系统的适应有关，包括小动脉密度或直径的增加，或者两者均增加[17]。在对年轻雄性大鼠的游泳训练研究中发现，心肌毛细血管密度会增加；在对较大的动物（如狗和猪）进行跑步机训练后发现，增加的毛细血管数量与增加的心室质量成正比，因此其毛细血管密度没有变化[17]。

> 有氧耐力训练可以降低高血压患者在静息状态下的血压。

呼吸系统的适应

呼吸系统可以通过增加肺通气量来满足运动对氧气的需要，同时，呼吸中消耗的氧（或能量）占全身总消耗的比例相对较低，有氧耐力训练对人类呼吸系统的要求并不像其他系统那样高。因此，长期的有氧训练对呼吸系统造成的适应性变化要比心血管系统和骨骼肌少得多[39, 46]。对于绝大多数健康的成年人来说，呼吸系统并不是进行最大强度运动的一个限制因素[14, 46, 71]。然而，呼吸系统中有几个重要的适应性变化与增强有氧训练的表现有关。

肺每分钟通气量（$\dot{V}_E$）对长期有氧训练的适应主要是在次最大和最大强度运动期间发生的，而在静息状态下是没有发生变化的。在进行有氧耐力训练时，在标准化的次最大工作效率的测试中，肺通气量可能会减少 20% ～ 30%

[71]；相反，在最大强度运动中，肺通气量可能会增加 15% ～ 25%，或更多[39]。在有氧耐力训练中，在次最大强度运动中发生的适应性变化通常包括潮气量的增加和呼吸频率的降低，而在最大强度运动期间，潮气量和呼吸频率都会增加。

在中等强度的有氧训练中，呼吸的耗氧量平均为全身耗氧量的 3% ～ 5%，在达到最大摄氧量时增加至 8% ～ 10%[15]。在标准化的次最大强度的有氧耐力训练后，全身耗氧量中的呼吸耗氧量的占比降低，氧通气当量（$\dot{V}_E/\dot{V}O_2$）降低，这表明肺通气效率有所提高[39, 46]。呼吸耗氧量的降低可以通过锻炼骨骼肌释放更多氧气，以及减少膈肌运动时的疲劳效应来增强有氧耐力表现。对手臂和腿部的有氧训练进行比较，可以说明呼吸系统慢性适应的特异性。进行手臂有氧训练的人在训练时会表现出氧通气当量的升高，而腿部有氧训练并未出现相同的现象；而相反的情况则发生在进行蹬自行车训练中。由此看来，训练肌的局部适应是氧通气当量适应的原因。

有氧耐力训练可以提高肺通气效率。在次最大强度运动期间，肺每分钟通气量降低，而在最大强度运动期间，肺每分钟通气量增加。

骨骼肌的适应

有氧耐力训练包括大量持续的低强度肌肉动作，因此会在骨骼肌上引起特定的适应变化。长期的有氧训练不会在宏观（整个肌肉）上影响肌肉的尺寸或影响很小，如果有影响，那也只是在微观层面（特定的肌纤维横截面区域）上的影响[31, 48, 61]。有氧训练主要募集Ⅰ型肌纤维（慢肌纤维），而低强度的肌肉动作会导致这些肌纤维的横截面积没有变化或仅有小幅度的增加。Ⅱa 型和Ⅱx 型肌纤维（快肌纤维）的横截面积都不会随着有氧耐力训练的持续进行而改变。肌纤维类型分布的微小变化可能发生在对长期有氧训练的反应中，这种训练可增加氧化肌纤维的比例，从而提高耐力表现[59, 71]。一项样本容量相当大的研究表明，进行每周 3 天且持续 20 周的有氧训练后，Ⅱx 型肌纤维的分布比例减少了 5%，Ⅱa 型肌纤维的比例没有改变，而Ⅰ型肌纤维的比例增加了 4%[61]。

骨骼肌在有氧耐力训练中的主要变化与耐力的增强有关，包括毛细血管供应增加，线粒体密度增加以及氧化酶的活性增强。在长期的有氧训练中，经过训练的骨骼肌毛细血管数量的增加，表明单位肌纤维的毛细血管数量或单位肌肉横截面中的毛细血管数量（毛细血管的密度）增加了[61]。较多的毛细血管能够促进血液和工作肌之间的氧气、营养物质和代谢废物的交换[71]。线粒体是细胞的能量来源，它能生产 90% 以上人体所需的 ATP[46]。通过长期的耐力训练，线粒体的数量和大小都能有所增加，同时也能提高重要的氧化酶（柠檬酸合酶和琥珀酸脱氢酶）的活性，从而提高线粒体加速营养物质分解形成 ATP 的速率[46, 61, 71]。在有氧耐力训练中，氧化酶的活性能够迅速提高，而经过较为剧烈的定期训练，酶的活性水平可以提高 2 倍或 3 倍[30, 46, 71]。

肌糖原的储备会随着长期有氧训练的持续进行增加[18, 46, 58]。下肢的长期有氧训练导致的疲劳与腿部 I 型和 Ⅱa 型肌纤维[30, 46]中的糖原的消耗有关。肌糖原储备的增加，再加上上文所述的线粒体的适应，将导致肌糖原存量的消耗速度变缓，这通常会转化为耐力的增强。肌红蛋白是一种含铁的蛋白质，可进行肌肉内的氧储存，相较于 Ⅱ 型肌纤维，I 型肌纤维中的肌红蛋白浓度更高。从静息到运动的过程中，肌红蛋白中储存的氧将释放进入线粒体中。在剧烈运动期间线粒体对氧的需求量增加时，肌红蛋白的氧释放量将逐渐提高[46, 7]。有氧耐力训练已被证明最多能使肌肉肌红蛋白的存量增加 80%[28, 71]。

有氧耐力训练诱发骨骼肌发生 3 种与增强耐力表现直接相关的主要变化：（1）毛细血管的密度增加；（2）线粒体的密度增加；（3）氧化酶的活性增强。

新陈代谢的适应

身体对长期有氧训练的适应，体现在对前面已经讨论过的心血管系统、呼吸系统及骨骼肌系统的适应的整合，而这一切都集中反映在身体新陈代谢[71]的适应上。身体新陈代谢的适应主要体现在次最大强度运动中增加对脂肪作为能量的依赖，并减少碳水化合物的使用，同时提高乳酸盐阈值和最大耗氧量。在较长时间的高强度运动中，这些变化都将转化为更强的运动能力。

增强血液供应（氧转运），并增加线粒体含量（线粒体的密度）和运动肌中的氧化酶，可极大地提高肌纤维产生 ATP 的能力。这些变化促进了在次最大强度运动期间脂肪酸消耗量的增加[32, 34]。这些变化会增加肌糖原的存量（因为较少地使用碳水化合物），这对于维持长时间高强度的有氧训练非常重要[46, 71]。脂肪和碳水化合物代谢产生的这种训练性适应，也反映在相对固定的次最大强度[71]运动中呼吸商的降低上。

在未受过训练和受过有氧耐力训练的人身上，乳酸盐的产生和积累存在类似的模式，但乳酸盐积累的阈值（血乳酸盐阈值）在受过有氧耐力训练的人中出现在运动强度为较高的最大摄氧量的百分比的情况下（图 6.7）。未受过训练的人，乳酸盐阈值为最大摄氧量的 50% ～ 60% 时，通过训练可将乳酸盐阈值提高到 70% ～ 80%；而受过一定强度训练的，并且可能还具有有利的遗传条件的耐力运动员，其乳酸盐阈值可能在其最大摄氧量[46]的 80% ～ 90% 的范围内。乳酸盐阈值的提高，很可能是因为身体局部的适应导致乳酸盐的产生减少与乳酸盐的清除速度加快[46, 71]。由于受过训练的人的最大摄氧量也会随着长期有氧训练的持续进行而增加，乳酸盐阈值的提高，可有效地转化为在持续耐力性的运动中表现出的更高有氧效率。

长期的有氧训练使身体在静息状态、次最大强度运动以及最大强度运动下的耗氧量方面产生的适应性是不同的。静息状态下的耗氧量（也称为静息代谢率）通常不会改变[71, 72]。在固定的工作速率下进行次最大强度的有氧训练后，耗氧量也是不会变化的，或者只是有轻微的降低。运动经济性的提高（消耗较少的能量进行相同数量的运动）可以解释训练后相同工作速率下耗氧量减少的现象[46, 71]。有研究报告称，经过6～12个月的有氧训练，最大耗氧量有很大范围的提升（与训练强度、持续时间、训练频率及初始健康水平的差异或其中某些组合的不同有关），但绝大多数的提升都在10%～30%[2, 39]。

动静脉血氧差是一个可以归在心血管系统、呼吸系统或代谢系统适应范畴内的变量。正如Fick方程［式（6.7）］所示，动静脉血氧差可能是影响最大摄氧量提高的主要因素。长期最大强度的有氧训练，能够在很大程度上提高动静脉血氧差。这一提高是通过骨骼肌的适应来实现的，它可以在运动过程中增强氧的摄取能力，并且更加有效地将血液输送到激活的组织中，而远离未激活的组织[46]。

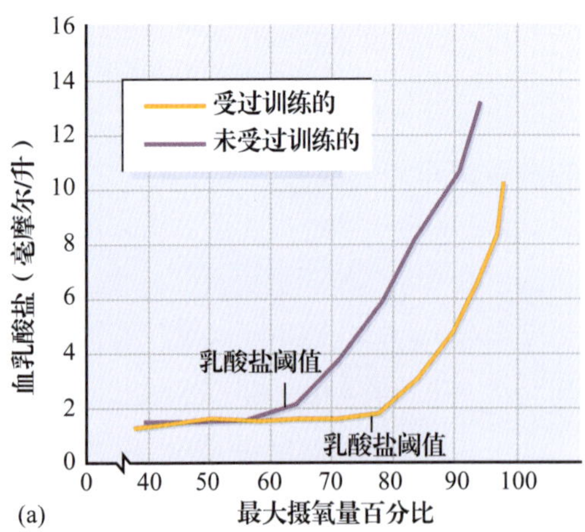

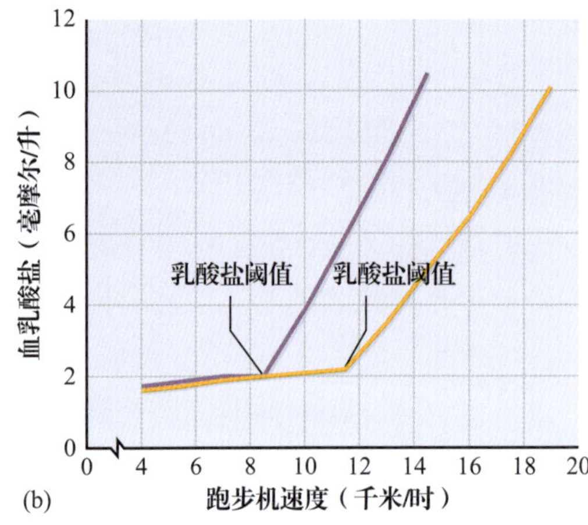

图6.7 两种情况下乳酸盐阈值的变化：（a）最大摄氧量百分比的变化；（b）跑步机的增速的变化

未受过训练的人，其乳酸盐阈值对应的跑速为5.2英里/时（约8.4千米/时），受过训练的人，其出现乳酸盐阈时对应的跑速为7.2英里/时（约11.6千米/时）。

来源：Adapted by permission from Wilmore, Costill, and Kenney 2008.

内分泌系统的适应

有氧耐力训练通常会导致在强度相同的次最大强度运动中激素释放的敏感性降低。对相同绝对水平下次最大强度训练前后的情况的比较，相当于对在任何特定和固定（或绝对）的次最大强度工作效率（如在水平跑步机上以特定的速度跑步）下产生的对有氧训练的反应的比较。相较于训练前，一个人经过系统的有氧训练后，在进行相同水平的次最大强度训练时血液中肾上腺素、去甲肾上腺素、胰高血糖素、皮质醇和生长激素分泌的增量将会降低[22, 46, 59, 73]。在次最大强度运动中，训练有素的人的血浆中胰岛素的水平也会降低。在组织层面，考虑到糖尿病的高患病率，运动对胰岛素敏感性的影响显得尤其重要。对于 2 型糖尿病患者，中等强度或剧烈的运动可以提高其胰岛素的敏感性，并降低血糖水平[1, 25, 27, 41, 46]。这些有利的变化通常在最后一次运动后 72 小时内消退。通过有规律的运动，胰岛素敏感性增强带来的急性效应，能促进长期的血糖控制。然而，这种长期血糖控制的改善并不是肌肉组织功能慢性适应的结果[1, 25, 46]。

骨骼与结缔组织的适应

结合中等到高强度骨负荷的慢性有氧训练，对儿童时期和成年早期骨量的最大化有重要作用，并且有助于在中年时保持骨矿物质含量，在老年时减少骨矿物质流失[42]。骨密度是评估骨骼强度最常用的指标，它是单位面积或体积内的骨矿物质含量。特异性和渐进性超负荷的基本原则对于骨骼适应训练尤为重要。骨骼的这种变化只有在长期负荷的情况下才会发生，而且只有刺激大于骨骼已经习惯的负荷时变化才会发生。骨骼承受力的持续性提高需要一个渐进性的超负荷过程。考虑到这些基本原则，将有氧耐力训练与对骨骼的中等到高强度负荷刺激结合起来，可能会产生最有益的效果[42, 54, 58]。事实上，尽管持续一年时间的步行训练计划并不能有效地防止年龄增长带来的骨质流失[8]，但带有高强度骨负荷的慢跑已经被证明可以减少因年老而导致的骨质流失[42, 50]。需要记住的是，由于中老年人骨密度的降低，能够降低这种损失的运动应该被视为是有益的[43, 51]。在一些研究中，关于有氧训练和其他类型的训练对骨密度[42, 54, 58]的影响的说法是模棱两可的。有研究表明，骨密度的增大与高强度负重有氧训练、快速伸缩复合训练或跳跃类训练、抗阻训练或这些训练的组合训练等相关。有氧负重训练（如果步行是主要运动方式，还应包括至少是间歇性的慢跑）和包含跳跃类及抗阻训练的活动（包括对所有主要肌群施加负荷的运动）的组合是成年人保持骨骼健康的推荐运动[42]。

关于有氧耐力训练对肌腱、韧带和关节软骨的影响的研究比对骨骼或心血管系统的研究要少，而且现有的研究主要集中在动物身上[37]。肌腱、韧带和关节软骨像骨骼一样，在受到机械应力[7, 55]的作用下会发生重塑。当负荷增加时，肌腱和韧带会变得越来越强壮和坚硬，负荷减少时，其将变得越来越弱[7, 37]。幼犬[7]在中等运动量的跑步运动之后，其关节软骨已经显示变得较厚。肌腱、韧带和关节软骨是活细胞含量相对较少的组织。这一特点，再加上供血能力不足，使这些组织与其他类型的组织相比，需要更长的训练适应期[37, 45]。

身体成分的适应

由于美国有超过 66% 的成年人超重或肥胖，且多种慢性疾病都与超重有关，因此运动对身体成分的影响是一个重要的公共健康问题[56]。大量关于持续几个月不等的体育活动干预的研究表明，每周少于 150 分钟的中等强度有氧训练可以少量减少体重；每周超过 150 分钟的中等强度活动会使体重减轻 2 ～ 3 千克；每周 225 ～ 420 分钟的中等强度有氧训练会使体重减轻 5 ～ 7.5 千克[16]。因此有证据表明，有氧训练量和体重减少量之间存在剂量－反应关系。有氧耐力训练对身体成分的一个好处是它可以减少脂肪量，同时对去脂体重部分产生最小的影响[6, 47, 67]。单独的有氧耐力训练或与控制饮食相结合的训练相较于单纯的节食，能够使脂肪减少得更多，因为该类运动可以促进对去脂体重部分的保护[46, 67]。

> 有氧耐力训练与健康相关的好处包括：增强胰岛素的敏感性、减少体脂、对骨密度产生有利的影响。

运动表现的适应

关于前文已述的生理适应，需要记住的是，有氧耐力训练是由一系列连续的低强度肌肉动作组成的，这种训练对特定类型的运动表现的影响应该是显而易见的。尽管有氧耐力训练通常对高强度的肌肉激活或无氧代谢的表现没有影响，但对提高心血管耐力特别有效。长期的有氧耐力训练一般不改善青年的肌肉力量[26, 43, 47]、垂直弹跳能力[26, 33, 47]、无氧功率[43]或冲刺速度[26]。虽然在本章没有详细地进行讨论，但应该记住的是，长期的有氧训练对治疗许多慢性内脏疾病和运动障碍[23]具有许多的益处。

影响有氧耐力训练适应的因素

在本章中提到的有氧耐力训练的生理适应受到众多个体因素的影响。这些因素包括人进行的运动的类型（如特异性运动）、遗传、性别和年龄。上述因素都在决定有氧耐力训练成果中发挥作用。

特异性

运动的效果都要受特定条件的限制。这意味着，适应是训练的结果，而且与运动的方式关系极大。简而言之，如果训练涉及自行车运动，那么训练的适应性将与自行车运动的性质密切相关。这也适用于跑步、游泳和在测力计或跑步机上进行的训练。身体会试图以一种特定的方式去适应它所遇到的压力，这一原则对训练计划的制订有着明显的影响。虽然该内容超出了本章的范围，但对于私人教练来说，重要的是要记住，任何训练计划都会产生与客户所进行的特定运动密切相关的适应性。

遗传

可以有把握地说，我们每个人都可以达到与生俱来的人类行为理论的上限。这个上限不是绝对的，而是取决于一系列在一定范围内的变化的值，而这些值又取决于训练的刺激和激励水平。然而，根据我们祖先遗传下来的遗传因素，似乎每个人都有一个无法超越的绝对水平。有一种说法是，最好的训练是从选择正确的父母开始的。虽然我们无法控制这个因素，但它确实在我们的发展中扮演了重要的角色。然而，研究也表明，身体并不是完全不可改变的。例如，长时间进行有氧训练的人会改变其快肌纤维，使其有更多类似于慢肌纤维的特征，从而提高有氧训练的能力。据估计，遗传因素差异占个体最大有氧能力差异的 20% ～ 30%，占最大心率差异的 50%。

性别

关于有氧训练引起的生理变化，男性和女性之间的区别很小。然而，一些基本的差异会影响这些变化的绝对数量。相较于男性，女性平均拥有的肌肉量较少，身体脂肪量较多。她们的心脏和肺也较小，总的血容量也较小。研究表明，男性和女性的年龄相当时，在 50% 最大摄氧量强度的运动中，女性的心输出量、每搏输出量和耗氧量都低于男性。考虑到女性通常会以较低的生理指标开始一个有氧训练计划，她们的绝对适应变化量也比男性少，但是她们产生的相对适应变化与男性相近。

年龄

随着儿童的长大，其绝对最大有氧能力的水平不断提高。女性在 12 ～ 15 岁之间便可达到其最大摄氧量的最大值，而男性直到 17 ～ 21 岁时才能达到其最大摄氧量的最大值[71]。最大摄氧量在这期间会出现一个高峰，而后随着年龄的增长逐渐减少。持续的训练，可以减缓最大摄氧量的降低。年龄较大的有氧耐力运动员在维持训练五六十年后，其最大摄氧量只出现轻微的降低，而当他们停止训练后，则与未经训练的人表现出相似的最大摄氧量下降的特征。在 5 名中年男性中，过去 30 年里发生的与年龄相关的有氧能力的下降，全部通过 6 个月的有氧耐力训练逆转（改善、提高）[49]。图 6.8 描述了受过训练的男性和未经过训练的男性的最大摄氧量随年龄的变化趋势。

过度训练

当训练的强度、持续时间、训练频率或这些因素的任意组合超过个人的适应能力时，可能会发生过度训练。在没有充分恢复的情况下，超过个体的适应能力的训练，通常会导致身体机能下降，这是基于多种生物系统和心理影响之间复杂的相互作用而产生的[3, 20, 44, 46, 68]。过度训练指的是在身体没有充分恢复的情况下，超过了个人的适应能力的短期训练。进行适当的恢复干预，身体在几天或最多两周内就能成功地从过度训练中恢复过来[36]。虽然一些权威人士认为过度训练是未经计划的、不可取的大运动量训练的结果，但也有另外一些人认为过度训练是一种提高运动成绩的训练技巧[3, 71]。尽管短期的过度训练会导致身体机能下降，但经过适当周期的恢复后，与基线相比，过度训练可能让运动员的成绩提高。值得注意的是，过度训练综合征的影响更为严重，因为没有配合治疗的过度训练将会导致长期的身体机能损伤，以及其他可能需要医疗干预的情况。

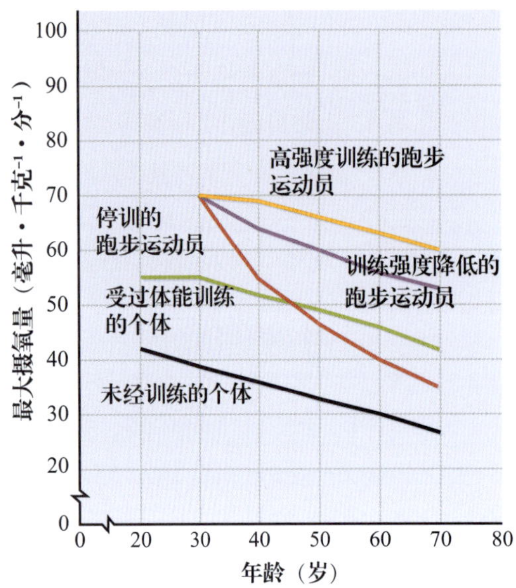

图6.8 受过训练和未经训练的男性的最大摄氧量随年龄的变化

来源：Adapted by permission from Wilmore，Costill，and Kenney 2008.

现有两种过度训练理论存在，它们之间的差异在于交感神经系统和副交感神经系统谁占优势[3, 44, 71]。显然，过度的有氧耐力训练主要是过度的负荷（副交感神经系统支配）造成的，而过度的无氧或抗阻训练（交感神经系统支配）主要是过度的高强度负荷造成的。据报道，尽管身体机能下降是两者的一个主要共同点，但这些不同类型的过度训练还具有不同的症状。对过度训练的许多复杂和不完全的讨论超出了本章的范围，读者可以参考其他资源来获取关于这些概念的更完整的信息[3, 20, 44, 68]。

研究人员已经发现了大量的过度训练的标志。请参阅第125页的“有氧耐力训练过量或过度的常见标志”的内容，可了解一些常见的有氧耐力训练过量或过度的标志（即体征或症状）[3, 20, 44, 46, 68]。

个体之间在过度训练方面存在高度的差异性。训练使某些人成长，但也会导致有些人过度训练。不幸的是，一些个体会出现高度个性化的过度训练的症状，使客户和私人教练很难识别[3, 46, 71]。除了运动表现下降之外，人们通常只会表现出很少（如果有的话）的相关迹象和症状。熟悉每个客户的训练过程是防止过度训练的必要条件。身体机能的下降加上一个或多个易于识别的标志（如疲劳、不适、丧失对训练的热情、酸痛加剧），可能意味着过度训练的发生。检查心率对标准的次最大强度运动负荷的反应，是监测进行高强度有氧训练的客户的另一种合适的方法。为了防止过度训练，一个重要的手段是制订一个合理的周期性计划。对于客户来说，在训练期间能够有足够的休息时间来促进身体的逐渐恢复是至关重要的。然而，休息时间取决于训练的持续时间和强度，并且每个客户都应有不一样的安排。高负荷量或高强度训练期间，客户更需要充分的休息来恢复。需要记住的是，进行高强度和频繁的耐力训练的人还需要足够的碳水化合物来维持肌糖原的存量，因为连续几天的训练会逐渐降低糖原水平，从而影响运动表现[46, 71]。

有氧耐力训练过量或过度的常见标志

- 运动表现降低。
- 最大摄氧量降低。
- 过早出现疲劳。
- 全身不适。
- 对训练丧失兴趣或热情。
- 不安的心理状态（抑郁、焦虑、疲劳增加、无精打采，或这些状态的组合）。
- 肌肉酸痛加剧。
- 静息心率或最大心率降低。
- 次最大强度运动时心率升高。
- 次最大强度运动时血乳酸盐浓度降低。
- 交感神经应激反应增强。
- 儿茶酚胺水平降低。

停训

身体对停止训练的反应方式类似于接受训练。一旦停止训练两周，肌肉耐力就会降低。有研究显示，停训 4 周后受过训练的肌肉支持的呼吸能力和糖原水平降低，而血乳酸盐分泌增加，这些变化显示肌肉的代谢功能发生了明显变化[10]。另一项研究显示，在停训仅仅 12 天后，人体最大摄氧量和最大心输出量都下降了 7%，氧化酶水平降低了 17% ～ 19%[11]。另一项调查显示，老鼠停止有氧训练后，其胫骨在特定部位的骨密度有所下降[66]。

结语

在过去的几十年中，我们对有氧耐力训练的生理学特征的兴趣和理解已经大大扩展了。有氧耐力训练对心血管系统、呼吸系统、骨骼肌系统、代谢系统、内分泌系统以及骨骼系统的生理变化产生了有效的刺激，并且对身体成分和运动表现具有重要的影响。要想成为一名专业的私人教练，重要的是要清楚地了解人体许多生理系统的急性反应和慢性适应。理解身体是如何适应超负荷有氧训练的，这对于制订有效的训练计划、监测运动反应和进展、评估训练结果是至关重要的。私人教练也必须认识到遗传、性别、年龄、特异性、过度训练以及停训对生理反应和适应能力的影响。

学习问题

1. 一名 35 岁的女性在 4 个月前开始一项运动计划，她每周有 4 天使用跑步机跑步。该训练计划最可能引发下列哪项适应？

   A. 最大强度运动心率升高，毛细血管密度降低

B. 静息状态下收缩压增大，最大动静脉血氧差降低
C. 线粒体的密度增大，次最大强度运动心率降低
D. 血容量增加，胰岛素敏感性降低

2. 受过训练的骨骼肌，其下列哪项变化是其对长期有氧训练的适应？
A. 线粒体的密度降低
B. 氧化酶的浓度增大
C. Ⅱa 型肌纤维的横截面积增大
D. 毛细血管的密度降低

3. 有氧耐力训练过度最有可能导致下列哪项变化？
A. 最大摄氧量降低
B. 肌糖原存量增加
C. 体脂率增大
D. 血容量降低

4. 在急性运动期间下列哪些变量会降低？
A. 心率 – 血压乘积、每搏输出量、平均动脉压、血细胞比容
B. 耗氧量、动静脉血氧差、收缩压、氧通气当量
C. 血液 pH 值、流入内脏部位的血液量、血浆容量、胰岛素
D. 儿茶酚胺水平、胰高血糖素水平、每搏输出量、潮气量

应用知识问题

填写下列表格，描述身体适应长期有氧训练的两种方式。

系统	两种适应方式（变化）
呼吸系统	
代谢系统	
骨骼肌系统	
心血管系统	
内分泌系统	

参考文献

1. Albright, A., M. Franz, G. Hornsby, A. Kriska, D. Marrero, I. Ullrich, and L.S. Verity. 2000. American College of Sports Medicine position stand. Exercise and type 2 diabetes. *Medicine and Science in Sports and Exercise* 32 (7): 1345-1360.

2. American College of Sports Medicine. 1998. Position stand on the recommended quantity and quality of exercise for developing and maintaining cardiorespiratory and muscular fitness, and flexibility in healthy adults. *Medicine and Science in Sports and Exercise* 30 (6): 975-991.

3. Armstrong, L.E., and J.L. VanHeest. 2002. The unknown mechanism of the overtraining syndrome: Clues from depression and psychoneuroimmunology. *Sports Medicine* 32 (3): 185-209.

4. Barbier,J.,N.Ville,G.Kervio,G.Walther,andF. Carre.2006. Sports-specific features of athlete's

heart and their relation to echocardiographic parameters. *Herz* 31 (6): 531-543.

5. Bouchard, C., F.T. Dionne, J.A. Simoneau, and M.R. Boulay. 1992. Genetics of aerobic and anaerobic performances. *Exercise and Sport Sciences Reviews* 20: 27-58.
6. Broeder, C.E., K.A. Burrhus, L.S. Svanevik, J. Volpe, and J.H. Wilmore. 1997. Assessing body composition before and after resistance or endurance training. *Medicine and Science in Sports and Exercise* 29 (5): 705-712.
7. Buckwalter,J.A.,andS.L.-Y.Woo.1994.Effects of repetitive motion on the musculoskeletal tissues. In: *Orthopaedic Sports Medicine: Principles and Practice*, Vol. 1, J.C. DeLee and D. Drez, eds. Philadelphia: Saunders. pp. 60-72.
8. Cavanaugh, D.J., and C.E. Cann. 1988. Brisk walking does not stop bone loss in postmenopausal women. *Bone* 9 (4): 201-204.
9. Coggan, A.R. 1991. Plasma glucose metabolism during exercise in humans. *Sports Medicine* 11 (2): 102-124.
10. Costill,D.L.,W.J.Fink,M.Hargreaves,D.S.King, R.Thomas, and R. Fielding. 1985. Metabolic characteristics of skeletal muscle during detraining from competitive swimming. *Medicine and Science in Sports and Exercise* 17 (3): 339-343.
11. Coyle, E.F., W.H. Martin III, D.R. Sinacore, M.J. Joyner, J.M. Hagberg, and J.O. Holloszy. 1984. Time course of loss of adaptations after stopping prolonged intense endurance training. *Journal of Applied Physiology* 57 (6): 1857-1864.
12. Dart, A.M., I.T. Meredith, and G.L. Jennings. 1992. Effects of 4 weeks endurance training on cardiac left ventricular structure and function. *Clinical and Experimental Pharmacology and Physiology* 19 (11): 777-783.
13. Davies, C.T., and J.D. Few. 1973. Effects of exercise on adrenocortical function. *Journal of Applied Physiology* 35 (6): 887-891.
14. Dempsey, J.A. 1986. J.B. Wolffe memorial lecture. Is the lung built for exercise? *Medicine and Science in Sports and Exercise* 18 (2): 143-155.
15. Dempsey, J.A., C.A. Harms, and D.M. Ainsworth. 1996. Respiratory muscle perfusion and energetics during exercise. *Medicine and Science in Sports and Exercise* 28 (9): 1123-1128.
16. Donnelly, J.E., S.N. Blair, J.M. Jakicic, M.M. Manore, J.W. Rankin, and B.K. Smith. 2009. American College of Sports Medicine position stand. Appropriate physical activity intervention strategies for weight loss and prevention of weight regain for adults. *Medicine and Science in Sports and Exercise* 41 (2): 459-471.
17. Duncker, D.J., and R.J. Bache. 2008. Regulation of coronary blood flow during exercise. *Physiology Reviews* 88 (3): 1009-1086.
18. Ebeling, P., R. Bourey, L. Koranyi, J.A. Tuominen, L.C. Groop, J. Henriksson, M. Mueckler, A. Sovijarvi, and V.A. Koivisto. 1993. Mechanism of enhanced insulin sensitivity in athletes. Increased blood flow, muscle glucose transport protein (GLUT-4) concentration, and glycogen synthase activity. *Journal of Clinical Investigation* 92 (4): 1623-1631.
19. Faude, O., W. Kindermann, and T. Meyer. 2009. Lactate threshold concepts: How valid are they? *Sports Medicine* 39 (6): 469-490.
20. Halson, S.L., and A.E. Jeukendrup. 2004. Does overtraining exist? An analysis of overreaching and overtraining research. *Sports Medicine* 34 (14): 967-981.
21. Harms, C.A., M.A. Babcock, S.R. McClaran, D.F. Pegelow, G.A. Nickele, W.B. Nelson, and J.A. Dempsey. 1997. Respiratory muscle work

compromises leg blood flow during maximal exercise. *Journal of Applied Physiology* 82 (5): 1573-1583.

22. Hartley, L.H., J.W. Mason, R.P. Hogan, L.G. Jones, T.A. Kotchen, E.H. Mougey, F.E. Wherry, L.L. Pennington, and P.T. Ricketts. 1972. Multiple hormonal responses to graded exercise in relation to physical training. *Journal of Applied Physiology* 33 (5): 602-606.
23. Haskell, W.L., I.M. Lee, R.R. Pate, K.E. Powell, S.N. Blair, B.A. Franklin, C.A. Macera, G.W. Heath, P.D. Thompson, and A. Bauman. 2007. Physical activity and public health: Updated recommendation for adults from the American College of Sports Medicine and the American Heart Association. *Medicine and Science in Sports and Exercise* 39 (8): 1423-1434.
24. Haughlin, M.H., R.J. Korthuis, D.J. Duncker, and R.J. Bache. 1996. Control of blood flow to cardiac and skeletal muscle during exercise. In: *Section 12: Exercise: Regulation and Integration of Multiple Systems*, L.B. Rowell and J.T. Shepherd, eds. New York: Oxford University Press. pp. 705-769.
25. Hawley, J.A., and S.J. Lessard. 2008. Exercise training-induced improvements in insulin action. Acta Physiologica 192 (1): 127-135.
26. Hennessy, L.C., and A.W.S. Watson. 1994. The interference effects of training for strength and endurance simultaneously. *Journal of Strength and Conditioning Research* 8 (1): 12-19.
27. Henriksen, E.J. 2002. Invited review: Effects of acute exercise and exercise training on insulin resistance. *Journal of Applied Physiology* 93 (2): 788-796.
28. Hickson, R.C. 1981. Skeletal muscle cytochrome c and myoglobin, endurance, and frequency of training. *Journal of Applied Physiology* 51 (3): 746-749.
29. Higginbotham, M.B., K.G. Morris, R.S. Williams, P.A. McHale, R.E. Coleman, and F.R. Cobb. 1986. Regulation of stroke volume during submaximal and maximal upright exercise in normal man. *Circulation Research* 58 (2): 281-291.
30. Holloszy, J.O., and E.F. Coyle. 1984. Adaptations of skeletal muscle to endurance exercise and their metabolic consequences. *Journal of Applied Physiology* 56 (4): 831-838.
31. Hoppeler, H. 1986. Exercise-induced ultrastructural changes in skeletal muscle. *International Journal of Sports Medicine* 7 (4): 187-204.
32. Horowitz, J.F. 2001. Regulation of lipid mobilization and oxidation during exercise in obesity. *Exercise and Sport Sciences Reviews* 29 (1): 42-46.
33. Hunter, G.R., R. Demment, and D Miller. 1987. Development of strength and maximum oxygen uptake during simultaneous training for strength and endurance. *Journal of Sports Medicine and Physical Fitness* 27 (3): 269-275.
34. Hurley, B.F., P.M. Nemeth, W.H. Martin Ⅲ, J.M. Hagberg, G.P. Dalsky, and J.O. Holloszy. 1986. Muscle triglyceride utilization during exercise: Effect of training. *Journal of Applied Physiology* 60 (2): 562-567.
35. Jacks, D.E., J. Sowash, J. Anning, T. McGloughlin, and F. Andres. 2002. Effect of exercise at three exercise intensities on salivary cortisol. *Journal of Strength and Conditioning Research* 16 (2): 286-289.
36. Janicki, J.S., D.D. Sheriff, J.L. Robotham, and R.A. Wise. 1996. Cardiac output during exercise: Contributions of the cardiac, circulatory, and respiratory systems. In: *Section 12: Exercise: Regulation and Integration of Multiple Systems*, L.B. Rowell and J.T. Shepherd, eds. New York: Oxford University Press. pp. 651-704.
37. Jozsa, L., and P. Kannus. 1997. *Human Tendons:*

Anatomy, Physiology, and Pathology. Champaign, IL: Human Kinetics.

38. Kenney, M.J., and D.R. Seals. 1993. Postexercise hypotension. Key features, mechanisms, and clinical significance. *Hypertension* 22 (5): 653-664.
39. Keteyian, S.J., and C.A. Brawner. 2006. Cardiopulmonary adaptations to exercise. In: *ACSM's Resource Manual for Guidelines for Exercise Testing and Prescription*, 5th ed., L.A. Kaminsky, ed. Philadelphia: Lippincott Williams & Wilkins. pp. 313-324.
40. Kiens, B., B. Essen-Gustavsson, N.J. Christensen, and B. Saltin. 1993. Skeletal muscle substrate utilization during submaximal exercise in man: Effect of endurance training. *Journal of Physiology* 469: 459-478.
41. King, D.S., P.J. Baldus, R.L. Sharp, L.D. Kesl, T.L. Feltmeyer, and M.S. Riddle. 1995. Time course for exercise-induced alterations in insulin action and glucose tolerance in middle-aged people. *Journal of Applied Physiology* 78 (1): 17-22.
42. Kohrt, W.M., S.A. Bloomfield, K.D. Little, M.E. Nelson, and V.R. Yingling. 2004. American College of Sports Medicine position stand: Physical activity and bone health. *Medicine and Science in Sports and Exercise* 36 (11): 1985-1996.
43. Kraemer, W.J., J.F. Patton, S.E. Gordon, E.A. Harman, M.R. Deschenes, K. Reynolds, R.U. Newton, N.T. Triplett, and J.E. Dziados. 1995. Compatibility of high-intensity strength and endurance training on hormonal and skeletal muscle adaptations. *Journal of Applied Physiology* 78 (3): 976-989.
44. Lehmann, M., C. Foster, and J. Keul. 1993. Overtraining in endurance athletes: A brief review. *Medicine and Science in Sports and Exercise* 25 (7): 854-862.
45. Mangine, B., G. Nuzzo, and G.L. Harrelson. 2004. Physiologic factors of rehabilitation. In: *Physical Rehabilitation of the Injured Athlete*, 3rd ed., J.R.Andrews, G.L. Harrelson, and K.E. Wilk, eds. Philadelphia: Saunders. pp. 13-33.
46. McArdle, W.D., F.I. Katch, and V.L. Katch. 2010. *Exercise Physiology: Nutrition, Energy, and Human Performance*, 7th ed. Philadelphia: Lippincott Williams & Wilkins.
47. McCarthy, J.P., J.C. Agre, B.K. Graf, M.A. Pozniak, and A.C. Vailas. 1995. Compatibility of adaptive responses with combining strength and endurance training. *Medicine and Science in Sports and Exercise* 27 (3): 429-436.
48. McCarthy, J.P., M.A. Pozniak, and J.C. Agre. 2002. Neuromuscular adaptations to concurrent strength and endurance training. *Medicine and Science in Sports and Exercise* 34 (3): 511-519.
49. McGuire, D.K., B.D. Levine, J.W. Williamson, P.G. Snell, C.G. Blomqvist, B. Saltin, and J.H. Mitchell. 2001. A 30-year follow-up of the Dallas Bedrest and Training Study: II. Effect of age on cardiovascular adaptation to exercise training. *Circulation* 104 (12): 1358-1366.
50. Michel, B.A., N.E. Lane, A. Bjorkengren, D.A. Bloch, and J.F. Fries. 1992. Impact of running on lumbar bone density: A 5-year longitudinal study. *Journal of Rheumatology* 19 (11): 1759-1763.
51. Mier, C.M., M.J. Turner, A.A. Ehsani, and R.J. Spina. 1997. Cardiovascular adaptations to 10 days of cycle exercise. *Journal of Applied Physiology* 83 (6): 1900-1906.
52. Mikines,K.J.,B.Sonne,P.A.Farrell,B. Tronier,andH.Galbo. 1988.Effect of physical exercise on sensitivity and responsiveness to insulin in humans. *American Journal of Physiology: Endocrinology and Metabolism* 254 (3): E248-E259.
53. Nichols, D.L., and E.V. Essery. 2006. Osteoporosis

and exercise. In: *ACSM's Resource Manual for Guidelines for Exercise Testing and Prescription*, 5th ed., L.A. Kaminsky, ed. Philadelphia: Lippincott Williams & Wilkins. pp. 489-499.

54. Nichols, D.L., C.F. Sanborn, and E.V. Essery. 2007. Bone density and young athletic women. An update. *Sports Medicine* 37 (11): 1001-1014.
55. Nordin,M.,T.Lorenz,andM.Campello.2001. Biomechanics of tendons and ligaments. In: *Basic Biomechanics of the Musculoskeletal System*. M. Nordin and V.H. Frankel, eds. Baltimore: Lippincott, Williams & Wilkins. pp. 102-125.
56. Ogden, C.L., M.D. Carroll, L R. Curtin, M.A. McDowell, C.J. Tabak, and K.M. Flegal. 2006. Prevalence of overweight and obesity in the United States, 1999-2004. *Journal of the American Medical Association* 295 (13): 1549-1555.
57. Pescatello, L.S., B.A. Franklin, R. Fagard, W.B. Farquhar, G.A. Kelley, and C.A. Ray. 2004. American College of Sports Medicine position stand. Exercise and hypertension. *Medicine and Science in Sports and Exercise* 36 (3): 533-553.
58. Plowman, S.A., and D.L. Smith. 2008. *Exercise Physiology for Health, Fitness, and Performance*, 2nd reprint ed. Philadelphia: Lippincott Williams & Wilkins.
59. Powers, S.K., and E.T. Howley. 2004. *Exercise Physiology: Theory and Application to Fitness and Performance*, 5th ed. New York, NY: McGraw Hill.
60. Rasmussen,B.,K.Klausen,J.P.Clausen,andJ. Trap-Jensen. 1975. Pulmonary ventilation, blood gases, and blood pH after training of the arms or the legs. *Journal of Applied Physiology* 38 (2): 250-256.
61. Rico-Sanz, J., T. Rankinen, D.R. Joanisse, A.S. Leon, J.S. Skinner, J.H. Wilmore, D.C. Rao, and C. Bouchard. 2003. Familial resemblance for muscle phenotypes in the HERITAGE Family Study. *Medicine and Science in Sports and Exercise* 35 (8): 1360-1366.
62. Rubal, B.J., A.R. Al-Muhailani, and J. Rosentswieg. 1987. Effects of physical conditioning on the heart size and wall thickness of college women. *Medicine and Science in Sports and Exercise* 19 (5): 423-429.
63. Saks,V.,P.Dzeja,U.Schlattner,M.Vendelin,A. Terzic,and T. Wallimann. 2006. Cardiac system bioenergetics: Metabolic basis of the Frank-Starling law. *Journal of Physiology* 571 (2): 253-273.
64. Sawka, M.N., V.A. Convertino, E.R. Eichner, S.M. Schnieder, and A.J. Young. 2000. Blood volume: Importance and adaptations to exercise training, environmental stresses, and trauma/sickness. *Medicine and Science in Sports and Exercise* 32 (2): 332-348.
65. Scruggs, K.D., N.B. Martin, C.E. Broeder, Z. Hofman, E.L. Thomas, K.C. Wambsgans, and J.H. Wilmore. 1991. Stroke volume during submaximal exercise in endurance-trained normotensive subjects and in untrained hypertensive subjects with beta blockade (propranolol and pindolol). *American Journal of Cardiology* 67 (5): 416-421.
66. Shimamura, C., J. Iwamoto, T. Takeda, S. Ichimura, H. Abe, and Y. Toyama. 2002. Effect of decreased physical activity on bone mass in exercise-trained young rats. *Journal of Orthopaedic Science* 7 (3): 358-363.
67. Stiegler, P., and A. Cunliffe. 2006. The role of diet and exercise for the maintenance of fat-free mass and resting metabolic rate during weight loss. *Sports Medicine* 36 (3): 239-262.
68. Urhausen, A., and W. Kindermann. 2002. Diagnosis of overtraining: What tools do we have? *Sports Medicine* 32 (2): 95-102.

69. Vogiatzis, I., D. Athanasopoulos, R. Boushel, J.A. Guenette, M. Koskolou, M. Vasilopoulou, H. Wagner, C. Roussos, P.D. Wagner, and S. Zakynthinos. 2008. Contribution of respiratory muscle blood flow to exercise-induced diaphragmatic fatigue in trained cyclists. *Journal of Physiology* 586 (22): 5575-5587.
70. Widdowson, W.M., M.L. Healy, P.H. S.nksen, and J Gibney. 2009. The physiology of growth hormone and sport. *Growth Hormone & IGF Research* 19 (4): 308-319.
71. Wilmore, J.H., D.L. Costill, and W.L. Kenney. 2008. *Physiology of Sport and Exercise*, 4th ed. Champaign, IL: Human Kinetics.
72. Wilmore, J.H., P.R. Stanforth, L.A. Hudspeth, J. Gagnon, E.W. Daw, A.S. Leon, D.C. Rao, J.S. Skinner, and C. Bouchard. 1998.Alterations in resting metabolic rate as a consequence of 20 wk of endurance training: The HERITAGE Family Study. *American Journal of Clinical Nutrition* 68 (1): 66-71.
73. Zouhal, H., C. Jacob, P. Delamarche, and A. Gratas-Dela-marche. 2008. Catecholamines and the effects of exercise, training and gender. *Sports Medicine* 38 (5): 401-423.

第7章

个人训练环境中的营养

玛丽·斯帕诺（Marie Spano），MS

学习完本章后，你将能够掌握如下内容。

- 确定私人教练的工作范围，了解何时将客户转诊给营养方面的专业人士。
- 了解客户的日常饮食，估算客户的能量消耗和需求。
- 理解因运动导致客户对营养和水分的需求的变化。
- 向客户提供增重和减重的指导建议。
- 认识膳食补充剂的作用和适宜性。

营养和身体活动应该放在一起讨论。仅关注其中一个而忽略另一个，将会给客户带来不理想的结果。私人教练可以通过遵循营养学的核心知识和个性化的营养建议来提高训练的整体效果。营养评估和建议应该与客户的需求和目标相匹配，并做出相应的调整和变化。最后，当客户的需求超出了私人教练的专业知识和实践经验的范围时，私人教练应该了解什么时候把他们的客户转诊给营养方面的专业人士[38]。

私人教练在营养方面的作用

电视、报纸、杂志和网站是大多数人获取营养信息的主要渠道。营养信息通过声音片段和广告得以传播，这可能会导致消费者产生困惑。私人教练有机会通过提供可靠的营养信息来帮助客户消除困惑。

私人教练要在实践经验的范围内去澄清误导信息，并给出与营养有关的建议，包括运动能力、疾病预防、减重和增重等方面。例如，一名私人教练会说“根据美国心脏协会（American Heart Association）的说法，鲑鱼或鲭鱼这些鱼中的ω-3脂肪酸，可能有益于那些有患心血管疾病风险的人”，以此来介绍一些常规的营养知识。从安全的角度来看，私人教练需要掌握的核心知识的一个重要组成部分是能够识别更复杂的营养问题，并知道将客户介绍给哪些专业人士。

当客户受营养方面的影响而处于疾病状态（如糖尿病、心脏病、胃肠疾病、进食障碍、骨质疏松症、高胆固醇等）时，应当将他们转诊给营养专家。这种类型的营养信息被称为医学营养疗法（medical nutrition therapy），属于执业营养学家、营养专家和注册营养师的从业范围（不同的国家有所不同，在美国取决于各州的许可法）[3]。当营养问题的复杂性超出了私人教练的能力时，也需要转诊，但这种情况有些不同。私人教练应该找到一名营养专家，其能信任地把客户转诊给他，并可以和他交流客户的问题。在美国和加拿大，注册营养师可通过国家营养师组织来寻找，比如从美国营养协会（American Dietetic Association，ADA）的网站获得；从运动、心血管和健康营养协会（Sports，Cardiovascular and Wellness Nutritionists，SCAN，是 ADA 的营养实践机构）的网站获得；从加拿大营养协会（Dietitians of Canada）的网站获得；从欧盟营养协会（European Federation of the Association of Dietitians）的网站获得；从澳大利亚运动营养协会（Sports Dietitians Australia）的网站获得。为方便交流，客户应签订一份公开信息表格，以便私人教练和营养专家能就客户的训练计划和日常营养需求进行交流。

> 当客户处于与饮食营养有关的疾病状态（如心血管疾病），或营养问题的复杂性超出了私人教练的能力范围时，私人教练就应该把客户转诊给营养师。

谁能提供营养咨询和教育

在评估客户的饮食情况之前，私人教练应该通过相关的营养管理机构了解当地的有关营养建议的规定。在美国，各州都通过许可证、法定认证或注册登记来监管营养信息的提供。根据美国营养协会的说法，这些术语的定义如下。

- **许可证**：相关法规包括明确界定的执业范围，除非获得国家颁发的许可证，否则从事该职业是非法的。
- **法定认证**：符合规定要求的人可以使用特定的头衔，而未经认证的人仍然可以从事该职业。
- **注册登记**：这是限制最少的监管形式；与法定认证一样，未注册的人可以从事这一职业；通常情况下，不进行考试，并且注册的要求是最低的[3]。

例如，在撰写本书的时候，路易斯安那州的营养师的执业范围是明确的，并且只有注册营养师或营养专家才被允许对一个人的饮食进行特定的指导[25]。但是在亚利桑那州，没有相关的许可证的规定，任何专业人士都可以提供营养建议[23]。不同州和不同国家的法律对于私人教练是否能提供饮食建议有不同的规定，私人教练也应该遵循这些规定。

饮食评估

如果一个客户在私人教练的能力范围内寻求营养方面的建议，私人教练可能会想先评估客户的饮食。如果这超出了他的能力范围，私人教练可以和一位评估客户饮食的营养师合作。

一个完整的营养评估包括饮食数据、人体测量数据、生化数据（实验室测试），以及临床检查（皮肤、牙齿等）。虽然私人教练通常不参与全面评估，但他们可能想熟悉综合饮食评估的各个组成部分，这样他们就可以与营养专家合作，为他们的客户提供最好的服务。（注意：本章使用的“饮食”这一术语，指的是个人的日常饮食习惯，而非限制性的减重计划。）

饮食摄入量信息

私人教练在提供有效的营养建议之前，必须掌握一些关于客户当前饮食的信息。客户目前的饮食均衡吗？客户对某些食物过敏吗？客户偏爱素食吗？客户有排斥的食物吗？客户需要减肥吗？客户是一个偶尔吃零食的人吗？客户刚刚采用了一种新的饮食方式吗？所有这些问题和其他问题的答案可能会影响私人教练对客户的饮食建议。

收集饮食摄入量数据是一个简单的概念，但是要做到却是非常复杂的。大多数人很难准确地回忆起他们在某一天吃了什么。研究表明，人们倾向于低估实际的摄入量，尤其是体重超标的人。考虑到这种普遍的问题，且如果在其国家的允许范围内，有以下 3 种收集饮食摄入量数据的方法可供私人教练选择。

- 饮食回顾。
- 饮食历史。
- 饮食记录。

在饮食回顾中，客户会报告他们在过去 24 小时里吃了什么。有了饮食历史，客户就会回答有关日常饮食习惯、喜恶、饮食计划、病史和体重历史等问题。饮食记录通常是一个日志，客户记录 3 天内吃过的所有东西。

3 天的饮食记录被认为是收集饮食摄入量数据的 3 种方法中最有效的一种。然而，一个有效的饮食记录需要严谨的记录和分析。这种方法的缺陷是，记录食物摄入量的行为通常会抑制正常的饮食习惯，因而记录的摄入量会低于真正的摄入量。为了得到有效的数据，私人教练应该只要求最积极的客户完成这一过程。对多数客户来说，饮食回顾或饮食历史是更适合的方式。

私人教练不应该对客户的饮食习惯做出假设。在给出饮食建议之前，评估客户的饮食是至关重要的。

评估数据

当私人教练成功地收集了饮食摄入量数据后，有几种方法可以用来评估这些数据。其中一种方法是将客户的饮食与国家饮食指南中给出的建议进行比较。在美国，美国农业部（the U.S.Department of Agriculture，USDA）开发了“我的餐盘”（MyPlate）[46]。对于那些对营养学有浓厚兴趣的客户，还可以用饮食分析软件对其进行更详细的分析。以下是这两种方法的介绍。

我的餐盘

美国农业部开发的“我的餐盘”（图 7.1）是用来提醒人们注意健康饮食的。在“我的餐盘”中，“我”强调了针对个人不同的生活习惯提供建议的重要性，而熟悉的盘子符号则提供了一种视觉表现，即人们的饮食应该由以下几种食物组成。

1. 谷物。
2. 蔬菜。
3. 水果。
4. 蛋白质。
5. 乳制品。

美国农业部在“我的餐盘”网站中列出了美国人的 3 个主要饮食目标[46]。

平衡热量

- 享受食物，但少吃。
- 避免饮食过量。

需增加的食物

- 使盘子的一半装满水果和蔬菜。
- 至少一半主食为全谷物。
- 选择脱脂或低脂（1%）牛奶。

需减少的食物

- 比较诸如汤、面包、冷冻食品中的钠，并选择钠含量低的食物。
- 多喝水，不喝含糖饮料。

美国农业部还确定了与各主要食品类别有关的具体目标。例如，消费者被告知至少要有一半的主食是全谷物食物，要提高他们的蔬菜摄入量，要多吃水果，吃更多富含钙的食物，并摄入更多的蛋白质。

虽然旧版“我的食物金字塔”（MyPyramid）包含了“自由支配热量”的指导原则，但“我的餐盘”已经将其用“空热量”这一范畴替换。空热量是来自固体脂肪或没有营养的添加糖食物的热量。固体脂肪（在室温下呈固体的脂肪）包括黄油、牛油和酥油。添加糖是指在食品加工或制备过程中添加的糖或糖浆。

图 7.1 我的餐盘

来源：U.S.Department of Agriculture/U.S.Department of Health and Human Services.

美国农业部列出以下食品和饮料的例子，它们向美国人提供最多的空热量。

- 蛋糕、饼干和甜甜圈（含固体脂肪和添加糖）。
- 碳酸饮料、能量饮料、运动饮料和果汁饮料（含添加糖）。
- 奶酪（含固体脂肪）。
- 比萨（含固体脂肪）。
- 冰激凌（含固体脂肪和糖）。

- 香肠、热狗、培根和排骨（含固体脂肪）。

除了提供有用的教学材料，“我的餐盘”网站还包含了一些工具，可以让访问者创建定制饮食计划、分析他们的饮食和追踪他们的体育活动。这个网站对于私人教练来说是一个很好的起点，可以用来帮助指导客户。在“我的餐盘”里，每一个食物类别都提供了一些重要的营养成分，如果这个食物类别缺失的话，那么这些营养成分在饮食中将很难获得。

“我的餐盘”网站是一个互动工具，客户可以自己使用，也可以在私人教练的帮助下使用。网站的计划健康饮食功能允许客户输入有关年龄、体重、身高、性别和身体活动水平的数据，并为他们提供个性化的指导，以实现他们的日常营养目标（表 7.1）。如果客户点击一个食品类别，他们将得到更多关于如何将该食品类别纳入他们日常饮食的具体信息[46]。

表 7.1 菜单计划示例

食物类别	日常用量
谷物	10 盎司（约 283 克）
蔬菜	3.5 杯
水果	2.5 杯
乳制品	3 杯
蛋白质	7 盎司（约 198 克）

注：该菜单计划适用于一位 22 岁，身高 5 英尺 6 英寸（约 168 厘米），体重 140 磅（约 63.5 千克），每周大部分天数的运动时间超过 60 分钟的男性。

计算机化的饮食分析

计算机化的饮食分析可以提供客户饮食的概况，包括维生素和矿物质的摄入量。然而，客户准确、完整地记录至少 3 天的饮食摄入量是非常重要的。客户应该输入每种食物和饮料的数量，说明是如何烹饪的，并给出品牌名称与通用的描述。

即使饮食的摄入量被完美地记录下来，分析也不会完全准确，因为所有的软件程序都有缺点。对于数据库中的某些食物来说，某些维生素和矿物质的数值缺失，意味着对这些营养物质成分的分析也缺失了，这将导致这些物质的摄入量过低。此外，毫无疑问有些客户吃的食物可能不在数据库中，因此有必要替换实际的饮食数据。（对于加工食品，结果可能不包括所有维生素和矿物质的值，因为这不是食品标签的要求。）

在要求客户评估他们的饮食习惯之前，私人教练要自己先完成一次计算机化的饮食分析，这对他们认识到这些记录对纠正习惯会造成的偏见是很有帮助的。此外，分析自己的饮食习惯可以让私人教练意识到精确评估饮食所需要的数据细节。

在许多情况下，私人教练没有经验、时间、知识或资源来完成计算机化的饮食分析。在这个领域里，许多私人教练会向营养师求助。对于积极性很高的客户，另一种选择是推荐他们使用可以输入自己的饮食数据并获得反馈的网站。这些网站是很好的资源，因为它们把责任放在了客户身上。此外，一些客户认为在私人场合询问问题和报告饮食摄入量会感觉更舒服。这种方法的其中一个缺点是，大多数网站都没有食物分析程序那样的庞大数据库，而且它们通常不会分析所有的维生素、矿物质、脂肪等的摄入量。相反，大多数网站只告诉用户消耗了多少热量，以及消耗了多少克脂肪、碳水化合物和蛋白质。另一个缺点是，这些网站不能像专业营养师那样精确地计算热量需求。

对客户的饮食进行分析是一个需要专业知识和时间的细致过程。私人教练应该考虑求助于营养师来分析这些饮食数据，或者要求客户进行自我饮食分析。

能量

能量通常是用千卡来表示的。千卡是能量的一种计量单位，它等同于将1千克水的温度升高1摄氏度所需要的热量。大众一般将此称为热量（热量和能量在这一节中可以互换使用）。

影响能量需求的因素

成年人的能量需求由3个因素构成：静息代谢率、身体活动和食物热效应。这些因素都直接或间接地受年龄、遗传、体形、身体成分、环境温度、训练条件、非训练身体活动和热量摄入等的影响。对于婴儿、儿童和青少年来说，生长是另一个增加能量需求的变量。

静息代谢率（resting metabolic rate，RMR）是总能量需求的最大贡献者，占日常能量消耗的60%～75%。它是衡量维持正常身体机能所必需的热量的指标，如呼吸、心脏功能和体温调节，即躺在床上一整天，什么也不做所消耗的热量。增加静息代谢率的因素包括：去脂组织增加、较小的年龄、身体生长、不正常的体温、月经周期和甲状腺功能亢进。减少静息代谢率的因素包括低热量摄入、去脂组织减少和甲状腺功能减退。由于新陈代谢的正常变化，静息代谢率在不同个体之间的差异可能高达20%。

能量需求的第二大组成部分是身体活动。在所有因素中，这是最重要的变量。身体活动所需的能量不仅取决于运动的强度、持续时间和频率，还取决于环境条件。也就是说，极热或极冷条件会增加热量消耗。当评估客户的身体活动强弱时，私人教练需要记住，要确定客户常规训练之外的身体活动。即使有运动的习惯，那些工作和休闲时习惯久坐的人也只能被认定是轻度活跃的。

食物热效应是高于静息代谢率的能量消耗的增长，可以在餐后数小时内测量到。食物热效应是消化和吸收食物所需的能量，一般占一个人总能量需求的7%～10%。

饮食分析网站

- sparkpeople：该网站提供食物跟踪、个性化饮食计划、定制健身计划、食谱、文章和留言板功能。
- fitday：该网站能追踪食物、运动和减肥目标。
- ChooseMyPlate：“我的餐盘”网站使用户能够跟踪饮食、身体活动和能量平衡，还能分析食物摄入和身体健康状况。

评估能量需求

能源需求的真实估计（即一天的能量消耗）是很难直接获得的。因此，人们通常使用替代的方法。其中一种方法是测量热量的摄入量。如果客户保持稳定的体重，则这个方法是有效的，因为稳定的体重表明能量摄入大致等于能量消耗。对于那些准确记录摄入量的客户来说，使用这种方法来确定能量需求时最好是评估 3 天的食物记录中摄入的热量。如果这个做法难以实现，那么人们可以使用一些数学方程来估算能量的消耗。然而，由于影响能量需求的变量很多，以及个体内和个体间的巨大差异，所以很难准确计算出能量需求。必须强调的是，这些方程只用来估计，其结果只能作为参考。个人的实际能量消耗将会有很大的不同。表 7.2 列出了可用于能量需求评估的因素。例如，对于一个体重 170 磅（约 77.1 千克）并且经常进行体育活动的男性来说，能量需求是 3 910（23×170）千卡。

另一种计算能量消耗的方法是先计算静息能量消耗，然后再乘以一个基于活动水平的因子。用来估算静息能量消耗的方程有几种。表 7.3 展示了由世界卫生组织（World Health Organization，WHO）[14] 开发的一组静息能量消耗估算方程。

能量需求评估的结果就是一个人平均每天消耗的能量。希望保持当前体重的客户需要消耗与摄入量相同的能量。

表 7.2　基于身体活动水平估计的男性和女性每日能量需求

活动水平	男性（千卡 / 磅体重）	男性（千卡 / 千克体重）	女性（千卡 / 磅体重）	女性（千卡 / 千克体重）
低 *	17	38	16	35
中等 **	19	41	17	37
高 ***	23	50	20	44

* 低活动水平：每小时步行 2.5 ～ 3 英里（4.0 ～ 4.8 千米），包括车库工作、电器销售、木工、餐馆工作、打扫卫生、儿童护理、高尔夫、帆船、乒乓球。

** 中等活动水平：每小时步行 3.5 ～ 4 英里（5.6 ～ 6.4 千米），包括除草、挖地、提重物、骑自行车、滑雪、网球、跳舞。

*** 高活动水平：负重登山、伐木、繁重的人工挖掘工作、篮球、攀岩、英式足球、美式足球。

表 7.3　根据静息能量消耗（REE）和身体活动水平（PAL）估算每日能量需求

1. 可选择以下 6 个公式中的一个来计算静息能量消耗

年龄和性别	千卡 / 天
男性：10 ～ 18 岁	[17.686× 体重（千克）] +658.2
男性：19 ～ 30 岁	[15.057× 体重（千克）] +692.2
男性：31 ～ 60 岁	[11.472× 体重（千克）] +873.1
男性：>60 岁	[11.711× 体重（千克）] +587.7
女性：10 ～ 18 岁	[13.384× 体重（千克）] +692.6

续表

年龄和性别	千卡/天
女性：19～30岁	[14.818×体重（千克）]+486.6
女性：31～60岁	[8.126×体重（千克）]+845.6
女性：>60岁	[9.082×体重（千克）]+658.5

2. 用一个因子乘以静息能量消耗来计算身体活动水平，以估算每日能量需求

活动水平	PAL值（×REE）
久坐或少量活动的生活方式	1.40～1.69
活跃或适量活动的生活方式	1.70～1.99
积极或经常活动的生活方式	2.00～2.40*

*PAL值很难长时间维持超过2.40。

来源：Adapted from FAO 2004[14].

准确估算客户的能量消耗，即使可能做到也会很困难。私人教练可以帮助客户根据能量摄入量进行估算，或者使用如本章所提供的方程。不管方法是什么，这些都是对实际消耗的粗略估计。

营养

一旦私人教练了解了客户的饮食摄入量和能量需求，他就可以评估常见的营养需求。要了解身体和食物之间的关系，并提供营养指导，重要的是要了解6种营养素：蛋白质、碳水化合物、脂肪、维生素、矿物质和水。

蛋白质

几个世纪以来，蛋白质被认为是饮食的主要组成部分，是速度和力量的源泉。虽然我们现在知道碳水化合物是人类的主要能量来源，但蛋白质仍然是人们重视的主要营养物质，特别是对于健美运动员、举重运动员和其他参与抗阻训练的人来说。

在回答“我的客户需要多少蛋白质”的问题时，私人教练必须考虑两个关键因素：能量摄入和蛋白质来源。当摄入的能量比消耗的少时，蛋白质可能被用作能量。如果是这样，摄入的蛋白质将不会仅仅用于构建和替代去脂组织。因此，当能量摄入下降时，蛋白质的需求就会上升。蛋白质需求量源于对摄入足够能量的受试者的研究。要减肥的客户对蛋白质的需求量高于标准需求量。

此外，蛋白质需求基于“参考蛋白”，如肉类、鱼类、家禽、乳制品和鸡蛋，这些食物中的蛋白质被认为是高质量蛋白质。如果饮食中的蛋白质主要来自植物，那么需求量就会更高。健康的、久坐的美国成年男性和女性的蛋白质的推荐摄入量（recommended dietary allowance，RDA）为每天0.8克/千克体重。世界卫生组织确定了安全的蛋白质摄入量为每天每千克体重0.83克，这一水平对97.5%的人来说是足够的。这一安全水平保证了蛋白质需求未被满足的风险较低，同时也包括了另一个概念，即个体摄取水平从过量至远高于 0.83 克 / 千克体重是没有什么风险的。虽然这两个规定的摄入量对于不常运动的青年来说可能是足够的，但对于那些在运动中需要更多蛋白质来帮助抵消蛋白质氨基酸氧化、修复肌肉损伤和构建去脂组织的客户来说，这是不够的。根据运动量、训练强度、总热量摄入以及总体健康状况，一般建议运动员每天摄入 1.2 ～ 2.0 克 / 千克体重蛋白质[10]。

私人教练应该意识到，对于肾功能受损、钙摄入量低或液体摄入受限的患者来说，摄入过多的（如每天的蛋白质摄入量大于 4 克 / 千克体重）蛋白质是不合适的。这些情况可能会因为高蛋白质摄入量而加剧。然而，在大多数情况下，无须担心高蛋白质摄入量会有潜在的负面影响，尤其是对于健康的个体来说。消耗超过组织合成所需量的蛋白质会被用作供能物质或被储存起来。

碳水化合物

碳水化合物是脂肪酸完全代谢所必需的物质。每天摄入 50 ～ 100 克碳水化合物（相当于 3 ～ 5 块面包）可防止由脂肪酸的不完全分解引起的酮中毒（血液中的酮类物质含量过高）[50]。除了基础需求之外，碳水化合物的作用是为能量提供燃料，因此客户的碳水化合物的需求量取决于他们的总能量需求。对客户碳水化合物摄入量的建议也要基于客户的训练方式。

因为在高强度体育活动中，饮食中的碳水化合物取代了肌糖原和肝糖原用于供能，所以高碳水化合物（占总热量的 60% ～ 70%）饮食通常被推荐给经常进行体育活动的个体[40]。然而，值得注意的是，各种各样的饮食，包括各种碳水化合物、蛋白质和脂肪混合物，都被证明对训练和运动表现方面的供能同样有效。哪种饮食是合适的，取决于客户的目标、训练方案和健康水平[7, 8, 33, 34]。一些经常进行体育活动的人可能会从高碳水化合物的饮食中受益，但另一些人却无法受益，他们可能会受到一些负面的影响，比如血清甘油三酯水平或体重会增加。根据训练计划和饮食习惯来制订个性化的碳水化合物摄入量是必要的。此外，将营养时间策略纳入考虑可能比计算总体碳水化合物摄入量更重要。营养时间策略包括进食和使用营养品的时间策略，以最大限度地增加肌肉量、改变身体成分和恢复糖原水平。

在确定关于碳水化合物摄入量的建议时，一个重要的影响因素是训练计划。如果客户是一个有氧耐力型运动员，如长跑运动员、公路自行车运动员、铁人三项运动员或越野滑雪运动员，他们会进行较长时间的有氧训练（每天 90 分钟或更多），所以他们应该每天每千克体重补充糖原 7 ～ 10 克[19, 41, 42]。对于一个体重约 75 千克的人来说，这相当于每天大约补充 600 ～ 750 克碳水化合物（每天大约从碳水化合物中获取 2 400 ～ 3 000 千卡能量）。这一标准已被证明能使人体在 24 小时内充分恢复肌糖原储备[1, 11, 20, 25, 26, 35]。

大多数人每天进行的有氧身体活动都不超过 1 小时。关于这些人的碳水化合物摄入量的研究很少。适度的低碳水化合物摄入和低肌糖原水平似乎对抗阻训练的运动表现影响不大（如果有的话）[30, 45, 47, 52]。大约摄入推荐量的一半似乎就能满足进行力量、冲刺和技巧训练时的能量需求，因此，每天摄入5～6克/千克体重碳水化合物是比较合理的[9, 41]。

膳食脂肪

人体对膳食脂肪的需求很低。据估计，每个人至少需要从ω-6脂肪酸（如亚油酸）和ω-3脂肪酸（如α-亚麻酸）中分别获取0.3%和0.5%～1%的能量才能避免身体的膳食脂肪能量缺失[12]。尽管这个要求很低，但是对于那些过度限制膳食脂肪摄入量的健康个体来说，膳食脂肪摄入量不足是一个潜在的问题。过于低脂的饮食，如有时为那些患有严重的心脏病的人设计的方案，并不推荐给健康、活跃的人。膳食中脂肪摄入量少于15%可能会降低睾酮的分泌，因此可能影响新陈代谢和肌肉发育[48]。而且过于低脂的饮食可能会影响脂溶性维生素的吸收。

私人教练需要了解客户对膳食脂肪的看法，并向客户强调摄入脂肪酸（ω-3脂肪酸和ω-6脂肪酸）的重要性。当然，在过去的几十年里，科学家、卫生保健服务者和公众一直关注的是脂肪的过度消耗，特别是关于膳食脂肪和心血管疾病之间的关系，而不是摄入不足。

在典型的美式饮食中，大约34%的能量来自脂肪[13]。大多数欧洲国家的膳食摄入都是相似的，即女性34%的能量来自脂肪，男性36%的能量来自脂肪[24]。大多数健康组织给公众的建议是，脂肪的消耗应该占身体总能量消耗的30%或更少。这些健康组织建议身体20%的总能量（或总脂肪摄入量的2/3）应来自单不饱和或多不饱和脂肪，少于10%的能量（或总脂肪摄入量的1/3）消耗来自饱和脂肪，以及最好不要摄入人造反式脂肪中的氢化油。

在向客户提供减少膳食脂肪的建议之前，建议私人教练了解第143页中“客户应该何时减少膳食脂肪”的内容。

> 蛋白质、碳水化合物和脂肪都是必需的营养素，任何一种摄入过度或摄入不足都会让身体出现问题。私人教练应该帮助客户关注整体的饮食摄入，而非单种的营养物质。

维生素和矿物质

美国和加拿大使用的膳食营养素参考摄入量（dietary reference intakes，DRIs）是美国国家科学院（the U.S. National Academies）医学研究所（Insititude of Medicine）下属的食品和营养委员会（Food and Nutrition Board）针对维生素和矿物质摄入量提出的饮食建议，用于规划和评估健康人群的饮食（表7.4）。膳食营养素参考摄入量是建立在生命发展阶段之上的，其中涉及年龄、性别、怀孕和哺乳等因素。私人教练，通过计算机对客户的饮食结构进行分析，能够将客户实际的维生素和矿物质的摄入量与膳食营养素参考摄入量进行对比。从1997年开始，膳食营养素参考摄入量取代了于1941年发布的膳食营养素推荐摄入量。膳食营养素参考摄入量代表了一种不同的饮食方法，该方法强调的是人体长期的健康而不是营养素的缺乏。膳食营养素参考摄入量被分为以下 4 类。

1. 膳食营养素推荐摄入量能够满足几乎所有（97% ～ 98%）特定年龄和性别的健康个体的营养需求。
2. 当没有足够的科学信息来估计膳食营养素推荐摄入量时，适宜摄入量（adequate intake）是目标摄入量。
3. 平均需求量（estimated average requirement）是满足某一特定群体中一半人的营养需求的摄入量。
4. 可耐受最高摄入量（tolerable upper intake level）是不太可能对一个群体中几乎所有的健康个体产生不良影响的最大摄入量。

客户应该何时减少膳食脂肪

总的来说，个人减少膳食脂肪主要有以下 3 个原因。

1. 需要增加碳水化合物的摄入来支持训练（参见前面关于碳水化合物的部分内容）。在这种情况下，为了保证足够的蛋白质供给，客户应减少饮食中的脂肪，这样在增加碳水化合物摄入的同时，可以保证热量摄入的平衡。

2. 需要减少总热量摄入以达到减肥的效果。达到负热量平衡是减少身体脂肪的唯一途径。脂肪是多余热量的来源之一，因为它含有大量的热量（脂肪的热量为 9 千卡 / 克，而碳水化合物和蛋白质的热量为 4 千卡 / 克）。研究还表明，由于高脂肪食物较为美味，这可能会使这类食物的食用量增加。因此，减少多余的膳食脂肪有助于减少热量的摄入（不应在做饮食摄入评估之前提出关于减少膳食脂肪的建议。有些人可能已经有了低脂的饮食计划）。

3. 需要降低血液中的胆固醇含量。对于有高血脂或心脏病家族史的人来说，如果有相关的医嘱，那么加强对脂肪和碳水化合物的控制可能是有必要的。但是这种饮食疗法应该只能由注册营养师提供。

表 7.4 19 ～ 30 岁年龄阶段的人的膳食营养素参考摄入量[35]

特定的维生素和矿物质	男性	女性	可接受上限
维生素 A（微克 / 天）	**900**	**700**	3 000
维生素 C（毫克 / 天）	**75**	**75**	2 000
维生素 D（微克 / 天）	5*	5*	50
维生素 E（毫克 / 天）	**15**	**15**	1 000

续表

特定的维生素和矿物质	男性	女性	可接受上限
维生素 K（微克 / 天）	120*	75*	ND
维生素 B_1（毫克 / 天）	**1.2**	**1.0**	ND
维生素 B_2（毫克 / 天）	**1.3**	**1.0**	ND
烟酸（毫克 / 天）	**16**	**14**	35
维生素 B_6（毫克 / 天）	**1.3**	**1.2**	100
叶酸（微克 / 天）	**400**	**400**	1 000
维生素 B_{12}（微克 / 天）	**2.4**	**2.4**	ND
泛酸（毫克 / 天）	5*	5*	ND
生物素（微克 / 天）	30*	25*	ND
钙（毫克 / 天）	1 000*	1 000*	2 500
铬（微克 / 天）	35*	25*	ND
铜（微克 / 天）	**900**	**900**	10 000
铁（毫克 / 天）	**8**	**18**	45
镁（毫克 / 天）	**400**	**310**	350
磷（毫克 / 天）	**700**	**700**	4 000
硒（微克 / 天）	**55**	**55**	400
锌（毫克 / 天）	**11**	**8**	40

注：该表（摘自《膳食营养素参考摄入量报告》）以粗体字显示膳食营养素推荐摄入量，在普通人群的适宜摄入量后加 *。膳食营养素推荐摄入量旨在满足群体中 97% ～ 98% 个体的需求。尽管成年人和各性别组的适宜摄入量覆盖该组中的所有成年人，但由于缺乏具体数据，无法确定该摄入量所覆盖的个体百分比。ND：未确定。

来源：Adapted from The National Academy of Sciences and The National Academies[32].

与膳食营养素推荐摄入量（RDAs）只发布了一版不同，多个营养组织都发表了膳食营养素参考摄入量（DRIs），且每个组织都有自己的版本。需要着重记住的是，某些营养摄入量建议仅仅代表了当时的科学研究成果，因此需要继续发展和完善。

从历史上来看，人们关注的重点是营养摄入不足。然而，营养摄入不足和摄入过量都是有问题的。因此，膳食营养素参考摄入量包含了各营养物质摄入量的上限，或者说是可能导致负面影响的摄入量。过高的维生素和矿物质摄入量不仅是没有必要的，而且在某些情况下是有害的。

欧洲食品安全管理局（European Food Safety Authority，EFSA）制订了营养饮食参考值。其中对微量元素的研究于 2010 年开始。在撰写本书时，EFSA 已经为维生素和矿物质设定了可耐受最高摄入量（UL）。私人教练可以从中找到关于饮食参考值的最新信息。

水

对于一些人来说，液体的摄入是一个不需要关注的问题。人们对喝多少水和如何喝水产生了各种各样的疑惑。令人惊讶的是，很少有关于人类对水的需求的研究。而目前已有的关于水的研究，其主要对象局限于住院病人、士兵或在炎热环境下极度缺水的运动员。人们认为，口渴会促使人摄入适量的水，并在肾脏工作的情况下获得舒适感，这在很大程度上导致科学家忽视了健康个体的饮水问题。

液体摄入量的通用指导方针

与其他许多营养物质不同的是，不可能为水设定通用的摄入量。人们普遍认为每天需要摄入 1.9 ～ 7.5 升水。这种说法可能是正确的，而具体摄入多少水取决于实际情况。事实上，水的需求的变化是基于多种因素产生的，包括环境、出汗、身体表面面积、热量摄入、体形和肌肉组织，从而导致了巨大的内部和个体差异。对于私人教练来说，评估每个客户的情况，并尝试给予个性化的饮水建议，而不是规定所有客户每天的水的摄入量，是非常重要的。

摄入液体的基本目标是避免脱水，即保持身体体液平衡。当水通过排尿，或通过皮肤和肺无法察觉地蒸发，以及通过粪便代谢，且人体正常补充水时，人体中水的平衡状态就建立了。不管水摄入量发生多大的变化，肾脏都会稀释或浓缩尿液，以保证身体内环境的动态平衡。当身体脱水程度达到 1% 时，会引起口渴。因此，在温度适宜的环境中，对于那些久坐不动且有大量液体可供饮用的健康成年人来说，鼓励其根据口渴程度来补充液体，即可有效地维持体液平衡。

久坐不动的成年人平均每天需要摄入 1.4 ～ 2.6 升液体。人们经常会问较高的液体摄入量是否对身体健康有益。目前答案尚不清楚，但关于疾病预防与液体摄入量之间的关系的研究表明，较高的液体摄入量可预防膀胱癌、肾结石、胆结石和结肠癌[6, 21, 29, 39]。

> 设置水的推荐摄入量，比如每天喝 8 杯水，这是不现实的。每个人对水的需求会随着时间的变化而变化，不同人的需求也不一样。

液体摄入量与运动

虽然在久坐不动的情况下，还没有通用的液体摄入量的标准，但目前有较多关于液体摄入量和运动的关系的研究。这些研究为个人在运动前、运动中和运动后的液体摄入量制订了指导方针。

运动前　在运动前 4 小时，身体每千克体重大约至少需要消耗 5 ～ 7 毫升液体。如果尿液颜色深并且很少，那么运动前 2 小时每千克体重需要额外补充 3 ～ 5 毫升液体[39]。

运动中　当人在一个温暖的环境中进行运动时，想要防止脱水是很困难的。在长时间的运动中，人体持续出汗速度可超过1.8升/时，这将显著地增加身体对水的需求。除非出汗减少，不然体温持续升高将导致热衰竭、中暑，甚至造成死亡。比较矛盾的是，在运动过程中，当液体被消耗时，人们并不能充分地补充流失的汗水。事实上，大多数人只能补充身体在运动过程中所出汗水的2/3的水分。私人教练必须意识到这种现象，并让客户注意到这一点。当在高强度运动中大量出汗时，需要有系统的补水方案，因为在这种情况下，口渴并不是一个可靠的判断指标。

运动后 几乎在所有的身体活动中，轻微脱水是很常见的，因此需要及时补充水分。然而“预防性维护”也很重要。在运动过程中，开始水合并消耗液体是系统化水合方法的一个非常重要的部分。运动后水合作用的主要目标是补充人体运动中流失的任何液体和电解质。

客户应该通过比较身体活动前后的体重来监测出汗情况（为了数据的准确，客户应该在称重前脱掉汗湿的衣服）。每减少1磅（约0.45千克）体重，客户就应该喝600～700毫升液体。可以选择富含钠的食物或运动饮料来缓解口渴、补充流失的电解质，并促进再水合。在再水合过程中，尿液是在完全再水合之前产生的[43]。在理想情况下，客户应将需要补充的液体量换算成瓶装或罐装等，这样就能比较方便地补充液体，从而确保水合作用的发生。

那些有减肥目标的客户可能会在运动中错误地感觉到体重的迅速减少，并且觉得这是脂肪的减少，因此他们会认为这种现象是积极的。对于私人教练来说，重要的是要向客户澄清，在运动过程中，迅速减少的是水，而不是脂肪，而且必须要通过水合来补充（最好是摄入富含钠的食物或富含电解质的运动饮料）。

监控水合状态

虽然不像体重变化那么敏感，但其他的水合状态指标可能都是有用的监测工具。脱水的迹象包括尿液呈深黄色、有强烈气味，排尿的频率减少，静息心率加快，肌肉长时间的酸痛[4]。成年人正常的排尿量是每天约1.1升，或每天排尿4次，每次排出237～296毫升的尿液。正常尿液的颜色是淡柠檬黄，除非客户经常补充维生素，这样会使尿液呈亮黄色。

运动前和运动后喝什么

所有来自饮料和食物的液体，都有助于满足身体对液体的需求。果汁和软饮料的89%是水，牛奶的90%是水。在运动前后，水或者像牛奶、果汁、碳酸或非碳酸饮料的其他饮品，以及运动饮料都是用来补充液体的合适选择。对于那些经常食用很多水果、蔬菜和经常喝汤的客户来说，他们补充的大部分水可能来自于食物。

饮用含咖啡因的饮料是否会导致脱水是一个作为私人教练经常被问到的问题。数据显示，对咖啡因的耐受在1～4天内发生，而那些耐受的人的排尿量不会增加。因此，含咖啡因的饮料有助于补充水合作用所需的液体[16]。

当人们大量出汗时，通过饮料或食物的形式摄入氯化钠（盐）会减少尿液的排出，从而加速水和电解质的平衡[27, 28]。从现实的角度来说，这意味着在训练后摄入大量的饮料和食物是很重要的。事实上，大部分的液体消耗发生在吃饭时间。

所有食物和液体都有助于水合作用，包括比萨这样的食物和咖啡这样的饮料。

运动中喝什么

在运动过程中，补充液体的目的是使液体从口腔通过肠道，迅速进入血液循环，并提供一个与出汗量相匹配的液体量。实现这一目的的方法是提供能够被身体快速吸收的液体，并使客户觉得身体舒适。在运动过程中，多种液体可以有效补充流失的体液[18]。除了在长时间的运动（如耐力运动、一天多场比赛等）中，冷却水是一种理想的补液进行长时间运动时及时补充钠变得非常重要，应防止血液中钠含量降低而导致的低钠血症。其他提高身体钠含量的方法包括摄入运动饮料，如稀释的果汁或稀释的软饮料。虽然淡水在大多数情况下都能满足补充体液的需求，但有些人觉得风味饮料比水更可口，因此人们喝得也更多[51]。在有氧耐力训练中，如果运动持续超过 60 ～ 90 分钟，那么共同摄入水和碳水化合物对身体是有很大帮助的。

商业运动饮料含有水、糖和电解质（通常是钠、氯和钾）。运动饮料的含糖量略低于大多数软饮料和果汁。商业运动饮料的碳水化合物浓度为 6% ～ 8%，这是一种容易被身体迅速吸收的液体。

为了保持或减轻体重而监控热量摄入的客户可能不愿意因为运动饮料摄入额外的热量。在这种情况下，应该充分评估消耗碳水化合物的成本与收益。值得记住的是，在有氧耐力训练中，补充碳水化合物的益处对于那些想要提高速度和有氧耐力的竞赛型客户来说是很重要的，但是对于一个以保持健康和体能为主要训练目标，并对减肥感兴趣的客户来说，这可能不是那么重要。

增重

客户试图增加体重有两种基本的原因：改善身体形态或增强运动能力。要想以增肌的形式来增加体重，饮食和渐进式抗阻训练的结合是必不可少的。然而，遗传因素、体形以及遵从性决定了客户体重的发展态势。肌肉组织含有 70% 的水，22% 的蛋白质，8% 的脂肪酸和糖原。如果在抗阻训练期间消耗的所有额外的能量都用于肌肉生长，那么每增加 1 磅（约 0.45 千克）的去脂体重就需要额外消耗 2 500 千卡的能量。这包括组织同化所需的能量，以及在抗阻训练期间消耗的能量。因此，每天需要消耗 350 ～ 700 千卡的热量，来提供身体每周增加 1 ～ 2 磅（0.45 ～ 0.91 千克）的去脂体重和在相应的抗阻训练中所消耗的能量。

为了达到增加热量摄入的目的，建议客户在用餐时吃更多的食物，在每顿饭摄入更多的热量，并且坚持经常吃高热量的食物。为了适应更频繁的进食节奏，代餐饮料可以派上用场，特别是当一个人不饿的时候。

肌肉的增加会使身体对蛋白质的需求增加。据估计，蛋白质的需求量是每天 1.2 ～ 2.0 克 / 千克体重，如果客户摄入的蛋白质主要来自植物，那么身体对蛋白质的需求量可能会更高。因为植物蛋白的生物价值比动物蛋白低。

增重的两项主要营养原则是增加热量摄入和蛋白质摄入（或将二者保持在充足的水平）。

减重

把减重作为目标的人，特别是追求脂肪的减少的人，大体上可以分为两组：体重正常但想减掉脂肪以使体形美观的人或超重、肥胖的人。换言之，也就是身体质量指数（body mass index，BMI）分别大于 25 或 30 的人。第 11 章介绍了与 BMI 有关的程序和规范，而第 19 章提供了关于减肥的内容。以下是当客户开始实施减肥计划时需要考虑的一般性原则。

- 实现和维持最低体脂的能力在某种程度上是遗传决定的。
- 客户能否同时实现肌肉增长和减脂，取决于他们的训练计划和营养摄入。以前没有受过训练的客户会因为热量限制和训练而达到减脂和增加去脂体重的目的；然而，对于那些受过训练、已经拥有较低体脂率的人来说，在不减掉一些去脂体重的情况下，谋求身体脂肪的减少是很困难的。
- 平均每周减少 1 ～ 2 磅（0.45 ～ 0.91 千克）的体重，相当于每天消耗 500 ～ 1 000 千卡的热量，这可以通过限制饮食结合运动来实现。体重减少过快会导致身体脱水，同时会减少维生素和矿物质的摄入，这将导致食量的降低[17]。通过热量限制来减少大量体重，将导致去脂体重明显减少[53]。脂肪的下降率因身体成分、食物摄入量和训练计划而异。总体重每周下降 1% 是一个常见的指导策略。例如，如果以每周 1% 的速度减少体重，体重 110 磅（约 50.0 千克）的客户每周将减少 1 磅（约 0.45 千克）的体重，而体重 331 磅（约 150.1 千克）的客户则每周减少 3 磅（约 1.4 千克）的体重。
- 饮食应该选择能量密度低的食物。能量密度指的是单位重量或体积的食物所含的热量。低能量密度的食物包括蔬菜和水果等。一般来说，低能量密度的食物含有高比例的水和纤维。人们可以大量食用这些食物而不会摄入过多热量，有助于控制饥饿感和减少热量摄入[37]。
- 饮食应该是营养均衡的，并且应该包括各种各样的食物。

减重的指导原则是帮助客户实现负能量平衡。许多客户认为减重问题比较复杂，所以私人教练应该让他们专注于这一原则。

评估减重饮食计划

饮食减重计划是无穷无尽的，如高蛋白、低脂肪、低碳水化合物、代餐奶昔、脂肪“燃烧机”、不吃夜宵、每天吃 6 餐、一天吃一顿等。但令人困惑的是，每个客户至少可以说出一个用这些方法中的某一种对减重起到了作用的人。每个客户也都可以想到很多人采用这些方法似乎没有起到减重的效果。事实是，任何一种方法都会使体重下降，但前提是这个人达到了负热量平衡。当私人教练回答他们的客户在电视上看到的饮食问题时，要记住，人们需要消耗热量比他们所摄入的更多时，才可以实现减肥。

显然，要了解每一种新的饮食习惯是不可能的，而且私人教练也不需要这样做。取而代之的是，人们对饮食的评估不是基于它所宣称的效果，而是根据其包含和排除的食物（也就是营养）进行的。私人教练可以通过检查以下标志来帮助客户评估流行的饮食法。

- 这种饮食法排除了一种或多种食物，这意味着它可能缺乏某些营养，或者它对客户来说太过苛刻，无法长期坚持下去。
- 过分强调某一种食物或某一类食物，卷心菜汤饮食法就是一个例子。
- 很低的热量。低热量的饮食法会导致去脂组织的流失，并且限制营养的摄入，可能会降低遵从性。
- 倡导者们不鼓励进行体育活动，认为这是不必要的。
- 该饮食法承诺快速减肥。

最后但非常重要的是，私人教练需要与客户讨论他们真正在做什么，而不是饮食计划是什么。通常情况下，两者是不同的。私人教练可以通过仔细查看信息来源，并与可信赖的网站或营养专家交换信息，来识别错误的营养信息。

除了食物，私人教练还应该检查饮食计划是否包含膳食补充剂。在许多情况下，客户并不知道他们所摄入的补充剂中的所有成分。私人教练可以要求客户把补充剂容器带来，这样他们就可以一起检查里面的内容（成分）了。这时，私人教练可以收集任何有问题的材料的信息。

膳食补充剂

膳食补充剂涵盖了从传统的维生素、矿物质片到像雄烯二酮这样的激素原。因为膳食补充剂具有多样性，所以很难针对其提供全面的建议或指导方针。下面是对膳食补充剂的规定和管理的概述。

膳食补充剂的监管

在美国，膳食补充剂受于 1994 年颁布的膳食补充剂健康和教育法案（Dietary Supplement Health and Education Act，DSHEA）的监管。这项法案是一项具有里程碑意义的补充条款，其确认了膳食补充剂是一种食品，而不是药物，并将膳食补充剂定义为“旨在补充膳食的产品”。膳食补充剂的成分可以是维生素、矿物质、草药或植物萃取物、氨基酸，也可以是一种能增加膳食总摄入量的物质，还可以是以上物质的变体和组合。

2000 年 1 月，美国食品和药品管理局（the U.S.Food and Drug Administration）规定，补充剂制造商可以在商品标签上对补充剂的结构或功能做出声明，但不能注明诊断、预防或治疗疾病的信息。换言之，允许钙补充剂说“补钙有助于保持骨骼健康”，但不允许说“补钙会帮助预防骨质疏松症”。

尽管美国食品和药品管理局没有足够的资源来监督和检测个别的补充剂，但是一些独立的组织提供了质量检测。一个独立的公司和消费者网站，对补充剂质量和纯度等进行测试，并在其网站上公布结果。通过测试的补充剂可以在标签上携带消费者实验室认可的质量产品密封。一个叫作美国药典（United States Pharmacopoeia，USP）的独立志愿组织正在开发一个试验性的膳食补充剂认证计划。补充剂标签上的“USP”的缩写是为了向消费者保证标签信息是准确的，且制造商遵循了良好的生产规范。世界反兴奋剂组织（The World Anti-Doping Agency）、美国国家科学基金会（the National Science Foundation）和知情选择（Informed Choice）也对补充剂中的违禁物质进行了检测。

膳食补充剂疗法的评估

据估计，有48%的美国成年人服用某种膳食补充剂，其中维生素和矿物质是最常用的补充剂。虽然人们认为摄入维生素和矿物质补充剂没有什么风险，但过量摄入维生素和矿物质并非有益，这主要取决于个体的实际情况，甚至可能有时候对人体有害。例如，过量摄入铁对那些有血色素沉着症等遗传性疾病的人来说是危险的，这类人的身体会吸收多余的铁并储存在组织中，这可能会导致身体多系统的衰竭。

评估客户的补充剂疗法时，评估所有的营养来源是很重要的。因为维生素和矿物质经常被添加到各种补充剂（如奶昔和粉剂），以及早餐麦片、运动棒和能量饮料等食物中，这使得过量摄入的可能性不断增加。过量摄入维生素和矿物质，尤其是铁、钙、锌、镁、烟酸、维生素 B_6 和维生素A等问题应该通过改变补充剂疗法来加以纠正。

一个常见的现象是，个人的补充剂选择与饮食的营养不足不匹配，导致某些营养摄入过多，而不能解决其他营养的摄入不足的问题。利用帮助客户调整食物和补充剂的选择来优化维生素和矿物质的摄入量，是饮食分析的一个有用的功能。

除了关于维生素和矿物质的问题，客户可能还会对其他类型的补充剂有疑问，比如肌酸或氨基酸。有一种方法可以对这些形形色色的补充剂进行分类。大多数补充剂符合表7.5所示的类别。对客户的特殊补充剂的评估取决于个人的目标和情况。例如，对于忙碌的人来说，代餐饮料和能量棒是很好的零食；蛋白质补充剂可以满足那些在饮食中无法摄入足够蛋白质的人对蛋白质的需求等。如果一个客户参加了美国全国大学体育协会（National Collegiate Athletic Association）、美国奥林匹克委员会（United States Olympic Committee），或者其他会进行药物测试的比赛，很重要的一点是要知道一些补充剂中可能含有违禁物质，从而导致药检呈阳性。这些人需要与他们的资助组织以获取指导方针。

提供饮食建议的艺术

当私人教练正在评估客户的饮食习惯并给出建议时，记住一些概念是很重要的。首先，营养状况受相对长期饮食摄入的影响，短期饮食不足或过度对长期营养状况的影响很小。此外，身体可以通过无数种不同的食物组合来获得所需的营养，没有适用于所有人的"正确的饮食方式"。一般来说，适当的饮食可以提供身体所需的营养，能够促进身体健康或预防疾病，以及提供达到理想体重所需的热量。这样的饮食方式与个人偏好、生活方式、训练目标和预算是相匹配的。

结语

对于私人教练来说，最重要的是在他们的实践范围内进行操作（干预）。在评估客户的饮食之前，私人教练应该向他们所在地的营养许可委员会寻求帮助，以了解当地法律所规定的营养建议。因为营养学是一个复杂的领域，就像个人的训练一样，私人教练可以与一位专门从事营养工作的营养师合作，并从中获益。

表 7.5　精选的膳食补充剂类别

类别	实例
代餐	饮料、能量棒
蛋白质来源	饮品、粉剂
氨基酸	谷氨酰胺、酪氨酸、支链氨基酸、必需氨基酸
碳水化合物来源	运动饮料、能量饮料、能量棒、能量凝胶
前激素和激素原*	雄烯二酮、脱氢表雄酮
生物药剂 / 能量代谢物质	肌酸、β- 羟基 β- 甲基丁酸盐、丙酮酸盐、共轭亚油酸
草药	人参、贯叶连翘、瓜拉纳

* 前激素和激素原是前体细胞或增强激素产生的一种物质。

在与客户讨论营养问题时，私人教练可以利用 3 种基本工具（方法）。一是事实信息，如本书所提供的，以评估和建议为基础。二是提供个性化的方案。私人教练可能会发现自己在向一个客户推荐一些方法时，也会建议下一个客户做同样的事情（如果当地法律法规允许，那么他们可以提出个性化的建议）。私人教练如果具备将营养建议与客户的实际情况相匹配的能力，那么可以成倍地提高工作效率。当客户询问私人教练专业知识范围之外的营养问题时，私人教练可以运用第 3 种工具：在网络上向一个有营养学知识的人学习或请教。有了这 3 种工具，私人教练能够让营养方案得以提高，而不是违背客户的健康和体能目标。

学习问题

1. 将静息能量消耗考虑在内，一名25岁、体重125磅（约56.7千克）、适度活动的女性客户每日大约需要多少能量？
   A. 1 333千卡
   B. 1 600 千卡
   C. 2 000 千卡
   D. 2 263 千卡
2. 一位爱运动的男性客户在练习期间体重减少了3磅（约1.4千克）。他应该摄入多少液体来补充流失的汗水？
   A. 每磅体重补充8盎司（约237毫升）
   B. 60盎司（约1 774毫升）
   C. 每磅体重补充16盎司（约473毫升）
   D. 40盎司（约1 183毫升）
3. 一名体重150磅（约68.0千克）的优秀男性越野跑运动员每天大概需要消耗多少碳水化合物？
   A. 136克
   B. 340克
   C. 680克
   D. 1 360克
4. 你会向一名爱运动的客户推荐下列哪一种最低蛋白质摄入量？
   A. 1.0克/千克体重
   B. 0.83克/千克体重
   C. 1.2克/千克体重
   D. 2.0克/千克体重

应用知识问题

假设无营养摄入不足、特殊要求或其他需求，请描述一名20岁、体重240磅（约108.9千克）的男性职业橄榄球运动员的一般日常营养需求。

营养	一般日常需求
能量	
蛋白质（克）	
碳水化合物（克）	
脂肪（总千卡百分比）	
单不饱和脂肪（总脂肪摄入量的百分比）	
多不饱和脂肪（总脂肪摄入量的百分比）	
饱和脂肪（总脂肪摄入量的百分比）	
维生素A	
维生素E	
钙	
铁	

参考文献

1. Ahlborg, B., J. Bergstrom, J. Brohult, L. Ekelund, E. Hultman, and G. Maschio. 1967. Human muscle glycogen content and capacity for prolonged exercise after different diets. *Foersvarsmedicine* 3: 85-99.
2. American College of Sports Medicine. 1996. Position stand. Exercise and fluid replacement. *Medicine and Science in Sports and Exercise* 28: i-vii.
3. American Dietetic Association. 2009. Dietetics practitioner state licensure provisions.
4. Balsom, P.D., K. Wood, P. Olsson, and B. Ekblom. 1999. Carbohydrate intake and multiple sprint sports: With special reference to football (soccer). *International Journal of Sports Medicine* 20: 48-52.
5. Below, P.R., R. Mora-Rodriguez, J. Gonzalez-Alonso, and E.F. Coyle. 1995. Fluid and carbohydrate ingestion independently improve performance during 1 h of intense exercise. *Medicine and Science in Sports and Exercise* 27: 200-210.
6. Borghi, L., T. Meschi, F. Amato, A. Briganti, A. Novarini, and A. Giannini. 1996. Urinary volume, water, and recurrences in idiopathic calcium nephrolithiasis: A 5-year randomized prospective study. *Journal of Urology* 155: 839-843.
7. Brown, R.C., and C.M. Cox. 1998. Effects of high fat versus high carbohydrate diets on plasma lipids and lipoproteins in endurance athletes. *Medicine and Science in Sports and Exercise* 30: 1677-1683.
8. Burke, L.M. 2001. Nutritional needs for exercise in the heat. *Comparative Biochemistry and Physiology* 128: 735-748.
9. Burke, L.M., G.R. Collier, S.K. Beasley, P.G. Davis, P.A. Fricker, P. Heeley, K. Walder, and M. Hargreaves. 1995. Effect of coingestion of fat and protein with carbohydrate feedings on muscle glycogen storage. *Journal of Applied Physiology* 78: 2187-2192.
10. Campbell, B., R.B. Kreider, T. Ziegenfuss, P. La Bounty, M. Roberts, D. Burke, J. Landis, H. Lopez, and J. Antonio. 2007. International Society of Sports Nutrition position stand: Protein and exercise. *Journal of the International Society of Sports Nutrition* 4: 8.
11. Costill, D.L., W.M. Sherman, W.J Fink, C. Maresh, M. Witten, and J.M. Miller. 1981. The role of dietary carbohydrates in muscle glycogen resynthesis after strenuous running. *American Journal of Clinical Nutrition* 34: 1831-1836.
12. Davis, B. 1998. Essential fatty acids in vegetarian nutrition. *Vegetarian Diet* 7: 5-7.
13. Ernst, N.D., C.T. Sempos, R.R. Briefel, and M.B. Clark. 1997. Consistency between US dietary fat intake and serum total cholesterol concentrations:The National Health and Nutrition Examination Surveys. *American Journal of Clinical Nutrition* 66 (Suppl): 965S-972S.
14. Food and Agriculture Organization (FAO). 2004. *Human Energy Requirements.* Report of a Joint FAO/WHO/UNU Expert Consultation. Food And Nutrition Technical Report Series 1.Rome: Author.
15. Fogelholm, G.M., R. Koskinen, J. Laakso, T. Rankinen, and I. Ruokonen. 1993. Gradual and rapid weight loss: Effects on nutrition and performance in male athletes. *Medicine and Science in Sports and Exercise* 25: 371-373.
16. Grandjean, A.C., K.J. Reimers, K.E. Bannick, and M.C. Haven. 2000. The effect of caffeinated, non-caffeinated, caloric and non-caloric beverages on hydration. *Journal of the American College*

of Nutrition 19: 591-600.

17. Grandjean, A.C., K.J. Reimers, and J.S. Ruud. 1998. Dietary habits of Olympic athletes.In: *Nutrition in Exercise and Sport*, I. Wolinsky, ed. Boca Raton, FL: CRC Press. pp. 421-430.
18. Horswill, C.A. 1998. Effective fluid replacement. *International Journal of Sport Nutrition* 8: 175-195.
19. Jacobs, K.A., and W.M. Sherman. 1999. The efficacy of carbohydrate supplementation and chronic high-carbohydrate diets for improving endurance performance. *International Journal of Sport Nutrition* 9: 92-115.
20. Kochan, R.G., D.R. Lamb, S.A. Lutz, C.V. Perrill, E.M. Reimann, and K.K. Schlende. 1979. Glycogen synthase activation in human skeletal muscle: Effects of diet and exercise. *American Journal of Physiology* 236: E660-E666.
21. Leitzmann, M.F., W.C. Willett, E.B. Rimm, M.J. Stampfer, D. Spiegelman, G.A. Colditz, and E. Giovannucci. 1999. A prospective study of coffee consumption and the risk of symptomatic gallstone disease in men. *Journal of the American Medical Association* 281: 2106-2112.
22. Lemon, P.W.R. 1998. Effects of exercise on dietary protein requirements. *International Journal of Sport Nutrition* 8: 426-447.
23. Licensure for Arizona RDs. Arizona Dietetic Association.
24. Linseisen, J., A.A. Welch, M. Ock, P. Amiano, C. Agnoli, P. Ferrari, E. Sonestedt, V. Chaj, H.B. Bueno-de-Mesquita, R. Kaaks, C. Weikert, M. Dorronsoro, L. Rodr, I. Ermini, A. Mattieloo, Y.T. van der Schouw, J. Manjer, S. Nilsson, M. Jenab, E. Lund, M. Brustad, J. Halkj, M.U. Jakobsen, K.T. Khaw, F. Crowe, C. Georgila, G. Misirli, M. Niravong, M. Touvier, S. Bingham, E. Riboli, and N. Slimani. Dietary fat intake in the European Prospective Investigation into Cancer and Nutrition: Results from the 24-h dietary recalls. *European Journal of Clinical Nutrition* 63: S61-S80.
25. Louisiana Board of Examiners in Dietetics and Nutrition. Rules and Regulations Title 46: Professional and Occupational Standards Part LXX: Registered Dieticians.
26. MacDougall, G.R., D.G. Ward, D.G. Sale, and J.R. Sutton. 1977. Muscle glycogen repletion after high intensity intermittent exercise. *Journal of Applied Physiology* 42: 129-132.
27. Maughan, R.J., J.B. Leiper, and S.M. Shirreffs. 1996. Restoration of fluid balance after exercise-induced dehydration: Effects of food and fluid intake. *European Journal of Applied Physiology* 73: 317-325.
28. Maughan, R.J., J.H. Owen, S.M. Shirreffs, and J.B. Leiper. 1994. Post-exercise rehydration in man: Effects of electrolyte addition to ingested fluids. *European Journal of Applied Physiology* 69: 209-215.
29. Michaud, D.S., D. Spiegelman, S.K. Clinton, E.B. Rimm, G.C. Curhan,W.C.Willett,and E.L.Giovannucci.1999.Fluid intake and the risk of bladder cancer in men. *New England Journal of Medicine* 340: 1390-1397.
30. Mitchell, J.B., P.C. DiLauro, F.X. Pizza, and D.L. Cavender. 1997. The effect of pre-exercise carbohydrate status on resistance exercise performance. *International Journal of Sport Nutrition* 7: 185-196.
31. Muoio, D.M., J.J. Leddy, P.J. Horvath, A.B. Awad, and D.R. Pendergast. 1994. Effect of dietary fat on metabolic adjustments to maximal VO_2 and endurance in runners. *Medicine and Science in Sports and Exercise* 26: 81-88.
32. National Academy of Sciences Institute of Medicine, Food and Nutrition Board. 2005. *Dietary Reference Intakes for Energy, Carbohydrate, Fiber, Fat, Fatty Acids, Cholesterol, Protein, and*

Amino Acids (Macronutrients). Washington, DC: National Academies Press.

33. Pendergast, D.R., P.J. Horvath, J.J. Leddy, and J.T. Venkatra-man.1996.The role of dietary fat on performance,metabolism, and health. *American Journal of Sports Medicine* 24: S53-S58.
34. Phinney, S.D., B.R. Bistrian, W.J. Evans, E. Gervino, and G.L. Blackburn. 1983. The human metabolic response to chronic ketosis without caloric restriction: Preservation of submaximal exercise capability with reduced carbohydrate oxidation. *Metabolism* 32: 769-776.
35. Piehl, K.S., S. Adolfsson, and K. Nazar. 1974. Glycogen storage and glycogen synthase activity in trained and untrained muscle of man. *Acta Physiologica Scandinavica* 90: 779-788.
36. Reimers, K.J. 1994. Evaluating a healthy, high performance diet. *Strength and Conditioning* 16: 28-30.
37. Rolls, B.J., V.H. Castellanos, J.C. Halford, A. Kilara, D. Panyam, C.L. Pelkman, G.P. Smith, and M.L. Thorwart. 1998. Volume of food consumed affects satiety in men. *American Journal of Clinical Nutrition* 67: 1170-1177.
38. Santana, J.C., J. Dawes, J. Antonio, and D.S. Kalman. 2007. The role of the fitness professional in providing sports/ exercise nutrition advice. *Strength and Conditioning Journal* 29 (30): 69-71.
39. Sawka, M.N., L.M. Burke, E.R. Eichner, R.J. Maughan, S.J. Montain, and N.S. Stachenfeld. 2007. Exercise and fluid replacement position stand. *Medicine and Science in Sports and Exercise* 39 (2): 377-389.
40. Sherman, W.M. 1995. Metabolism of sugars and physical performance. *American Journal of Clinical Nutrition* 62 (Suppl): 228S-241S.
41. Sherman, W.M., J.A. Doyle, D.R. Lamb, and R.H. Strauss. 1993. Dietary carbohydrate, muscle glycogen, and exercise performance during 7 d of training. *American Journal of Clinical Nutrition* 57: 27-31.
42. Sherman,W.M.,andG.S.Wimer.1991.Insufficient carbohydrate during training: Does it impair performance? *Sports Nutrition* 1 (1): 28-44.
43. Shirreffs, S.M., A.J. Taylor, J.B. Leiper, and R.J. Maughan. 1996. Post-exercise rehydration in man: Effects of volume consumed and drink sodium content. *Medicine and Science in Sports and Exercise* 28: 1260-1271.
44. Sugiura, K., and K. Kobayashi. 1998. Effect of carbohydrate ingestion on sprint performance following continuous and intermittent exercise. *Medicine and Science in Sports and Exercise* 30: 1624-1630.
45. Symons, J.D., and I. Jacobs. 1989. High-intensity exercise performance is not impaired by low intramuscular glycogen. *Medicine and Science in Sports and Exercise* 21: 550-557.
46. USDAMyPlate. Accessed 26 June 2011.
47. Vandenberghe, K., P. Hespel, B.V. Eynde, R. Lysens, and E.A. Richter. 1995. No effect of glycogen level on glycogen metabolism during high intensity exercise. *Medicine and Science in Sports and Exercise* 27: 1278-1283.
48. Volek, J.S., W.J. Kraemer, J.A. Bush, T. Incledon, and M. Boetes. 1997. Testosterone and cortisol in relationship to dietary nutrients and resistance exercise. *Journal of Applied Physiology* 82: 49-54.
49. Walberg, J.L., M.K. Leidy, D.J. Sturgill, D.E. Hinkle, S.J. Ritchey, and D.R. Sebolt. 1987. Macronutrient needs in weight lifters during caloric restriction. *Medicine and Science in Sports and Exercise* 19: S70.
50. Wardlaw, G.M., and P.M. Insel. 1996. *Perspectives in Nutrition*. St. Louis: Mosby Year Book. p. 76.
51. Wilmore, J.H., A.R. Morton, H.J. Gilbey, and

R.J. Wood. 1998. Role of taste preference on fluid intake during and after 90 min of running at 60% of VO_2max in the heat. *Medicine and Science in Sports and Exercise* 30: 587-595.

52. World Health Organization. 2007. *Protein and Amino Acid Requirements in Human Nutrition.* WHO Technical Report Series. Geneva: WHO Press. Accessed 20 April 2010.

第8章

私人教练的运动心理学

布拉德利·D. 哈特菲尔德（Bradley D. Hatfield），PhD
菲尔·卡普兰（Phil Kaplan），MS

学习完本章后，你将能够掌握如下内容。

- 了解运动的心理益处。
- 与客户一起制订有效的运动目标。
- 认识动机的价值。
- 采用激励客户的方法。

从生理学和心理学领域的角度来说，参与体育活动对急性适应和慢性适应都有健康的促进作用[75]。尽管运动带来的好处众所周知，但美国国家健康统计中心（the National Center for Health Statistics）的最新估计显示，大约有40%的美国人在休闲时间是久坐不动的[10]。一项研究显示，在那些开始定期进行体育活动的人中，在6个月后只有不到50%的人会继续参与体育活动。此外，对于那些坚持运动的人来说，可能由于运动强度和努力程度不足，他们有关提高肌肉力量、心血管健康水平及其他与体能相关的目标可能会受到影响。

对于许多人来说，运动的好处仍然是难以想象的，而且他们不完全遵循私人教练所提供的计划，这对客户和私人教练来说都不是一种令人满意的体验。虽然敦促人们进行运动是一项有难度的挑战，但是理解和实施基本的激励原则，可以提高客户的参与度、坚持执行计划的动力和在训练过程中的努力程度。尽管有些人看起来天生比其他人更有动力去取得成功，但事实上，那些有动力的人可能会采用他们自己的策略。如果私人教练能够激发客户的特定心理策略，来激发运动的动力，并且能够学会激励客户使用这种策略，那么就有可能启动激励机制，就像打开墙上的灯的开关来照亮房间一样。这种方法可能是实现运动和营养目标的关键。

本章的第一部分介绍了身体活动的心理益处，包括运动的抗焦虑（如焦虑减少）和抗抑郁效果及认知方面的益处，尤其是对于那些年龄较大的人来说。此外，第一部分还概述了一些科学证据来证明遗传因素的作用，这些因素导致了个体在参与运动和心理健康方面的差异。也就是说，一些人从运动中获得的心理和生理上的收益比其他人更大，这支持了运动对某些人来说是必不可少的“良药”的观念。让客户了解这些好处可以为他们进行坚持运动提供额外的动机和动力。第二部分涉及运动目标、目标导向和有效的目标设定。最后一部分介绍动机、强化、自我效能或自信的发展，以及激励技巧的实践指导。在这一部分，私人教练会找到具体的方法来帮助客户减轻拖延习惯、改正错误信念、识别和调整自我暗示，并学会使用心理意象。

运动的心理健康

大量的科学证据表明，体育活动除了能够产生人们所需的生理效果外，还对精神健康有明显的益处。此外，意识到这些体育活动的益处的人可能会受到鼓励，促使其定期进行体育运动。体育活动在心理健康方面的益处包括减少焦虑和抑郁、降低对心理压力的反应、增强认知能力。在这一节中，我们将讨论运动的心理影响，帮助私人教练向客户介绍体育活动的益处，以达到教育和激励的目的。

运动的减压效应：证据与机制

据估计，大约有7.3%的美国人患有与焦虑相关的疾病，且需要接受治疗[44, 45]。大多数人在他们的一生中都出现过一些与压力有关的症状，有时症状甚至会持续。定期的体育活动既能缓解状态焦虑，也能缓解特质焦虑[58]，其中状态焦虑（state anxiety）指的是短期的焦虑状态，而特质焦虑（trait anxiety）指的是长期的焦虑状态。对许多人来说，通过体育活动缓解焦虑症状可能是他们坚持参与体育活动的一个强有力的理由。

状态焦虑可定义为焦虑的实际体验，其特征是感到恐惧或感受受到威胁，并伴随着更多的生理唤起，特别是由自主神经系统所主导的[37, 72]。状态焦虑的主要特征是坎农（W.B. Cannon）于1929年首次提出的战或逃反应（fight or flight response），表现为心率、血压和下丘脑－垂体－肾上腺轴（hypothalamic-pituitary-adrenal axis，HPA）活动相对不受控制的提高，以及皮质醇等应激激素的活动增强。另一方面，特质焦虑是一种倾向性因素，与一个人认为情境具有威胁性的概率有关[37, 72]。通常，这两种形式的焦虑都是通过自我评定量表，比如状态－特质焦虑量表（State-Trait Anxiety Inventory）[72]，或者身体的生理变化，如肌肉紧张、血压升高和脑电活动增强等来测量的。显然，急性（状态焦虑）和慢性（特质焦虑）焦虑代表了一个人想要避免的消极心理变量，参与体育活动能够有效地减轻与焦虑相关的症状[59]。

根据一些文献显示[45]，已经有超过100项关于运动减轻焦虑的效果的科学研究。如此大量的研究能提供有力的支持，尤其是当一些客户调查提供了相互矛盾的结论时。尽管私人教练可能对关于运动减轻焦虑的效果的知识感到不确定，但是根据相关文献的定量总结，对文献综述进行广泛而综合的 meta 分析就可得到解释说明。meta 分析提供了研究文献中总体发现的共有模式，而不是强调个别的研究，这样私人教练就可以把握总体而不是受限于局部。

在过去的 30 年里，运动心理学的相关研究一直认为体育活动能够轻度至中度缓解焦虑[12, 41, 46, 48, 51, 59, 79, 80]。在各种不同强度的有氧运动中，体育活动的这些效果通常是比较明显的，虽然低强度和高运动量的抗阻训练似乎对减轻焦虑也有效果[4][如大家所预料的那样，尽管有些条件非常好的人能够在此类型活动中宣泄和释放情绪，但高强度运动（通气阈值以上）似乎并不能立即缓解压力]。体育活动的效果可以用所罗门（Solomon）和科比特（Corbit）[71]的情绪相对历程论（opponent-process theory of emotion）来解释。该理论假定，人们在高强度的运动中产生不适感和压力后，积极的情绪可能会有反弹的表现。剧烈运动后"感觉良好"的效果，可能是源于身体启动的生理应激反应，例如释放β- 内啡肽和改变情绪的中枢神经递质（如血清素）。这些中枢神经递质能够缓解运动时的压力，一旦停止工作和运动，这种抗压力效果就会消失[5]。在这方面，β- 内啡肽的释放有助于管理或有效利用对工作、运动中的通气或呼吸活动的激素反应，这是人们自我感知疲劳或努力的一种主要输入[36]。这些反作用的生理反应能够在运动期间管理运动诱导的应激反应，同时可以解释为什么训练有素的运动参与者一旦完成了具有挑战性和高强度的训练，就会产生一种满足感和实质性的积极影响。

关于运动减轻焦虑的效果的解释可能有很多[36]。其中一种解释是各种形式的体育活动和许多运动方式具有一定的节奏感。人们发现，在一段时间内，以稳定的速度步行、跑步或骑车可以促进心理和身体的放松。例如大家比较喜欢的登阶运动和有氧舞蹈的动作通常是按照一定的节拍或节奏来进行。节奏性运动的心理镇静效应可能是由某种生理过程引起的。运动中从骨骼肌传入的传入节律性脉冲，向脑干中的抑制性或"放松"部分提供了传入脉冲或反馈，这可能抑制了大脑皮层的兴奋，从而使与焦虑和压力相关的认知活动处于静息状态[9, 36, 53]。有趣的是，许多体育活动都富有节奏感。

此外，许多研究表明，运动改变了大脑额叶的活动，使大脑皮层的左侧额叶在运动后相对于右侧更活跃[58]。在大量调查的基础上，戴维森（Davidson）[24]清楚地描述了额叶活动不对称现象，并提供了大脑左侧额叶活动相对更活跃（即大于右侧额叶的活性）的证据，这种现象可以用脑电活动或脑电图（electroencephalography，EEG）技术来测量，这会产生积极的影响，并让人主动去适应环境，而右侧额叶的激活活动产生的是消极影响，会让人退缩。一些研究人员认为，在运动过程中发生的生理变化会对中枢神经系统和大脑产生影响，从而导致大脑额叶活动的不对称和情绪发生变化[79, 80]。

> 运动能够缓解焦虑的一个原因是运动刺激的节奏性。

运动具有减压效果的另一个可能的原因被称为“产热效应”[36, 59]。根据这个模型，同时基于对动物[77]的研究显示，人体在运动过程中代谢效率的降低将导致身体产热增加，进而引起身体一系列的放松效应。大脑中的下丘脑部分能够检测到人体体温的升高，从而促进大脑皮层引发放松效应以维持体内环境平衡。这将导致α和γ运动神经元相应控制的骨骼肌梭内纤维和梭外纤维的活化作用减弱。继而，肌纤维兴奋性的减弱将会导致肌肉紧张和肌梭的牵张效应减弱。这种“镇静”效果反过来也会减少对脑干唤醒中枢（reticular activating formation，RAF）的刺激或反馈，进而促使身体随后进入放松状态。

如前所述，与情绪相对历程论有关，由于激素作用的半衰期，在运动结束后的一段时间内，β-内啡肽在运动压力下的自然释放所产生的影响会持续一段时间。总的来说，这样的效果与运动中肌纤维神经传入的节奏性及运动的产热效应有关，这可能是人们在运动后立即体验到精神和身体的紧张状态有所改变的基础。

同样需要重点记住的是，运动可能发生在社交环境中，也可能发生在相对独立的其他环境中。在这两种情况下，运动可能会使你的注意力从日常生活的压力中转移出来[2]。另外，社交环境中的运动可能会带来有意义的社交互动，从而缓解压力。

最后，完成运动目标可能会促使一个人产生一种强烈的自立感或自信心，这也能改变一个人运动后的感觉。总的来说，运动中心理状态的改变被称为“感觉好多了”现象[54]，这可能是社会和心理生物因素综合作用的结果，这些因素共同改变了运动参与者的整体心理状态。

运动的抗抑郁效应

与焦虑一样，研究证据清晰且一致地表明，体育活动对于有临床抑郁症状的人，以及抑郁症状较不严重的患者，具有统计学意义上的显著和中度程度的影响（即减轻抑郁程度），且对有临床抑郁症状的患者的影响要大一些[23, 56]。尽管抑郁症患者通常由内科医生进行精神干预、心理治疗或电休克治疗，但考虑到相关的成本效益和不必要的副作用，体育活动似乎是一种不错的手段。此外，体育活动对患有临床抑郁症状的人来说，似乎与药物治疗具有同样的效果[8]。鉴于传统药物治疗的副作用，包括成本、潜在的体重增加、轻生的念头，以及其他一些如肌肉痉挛和心律失常等生理反应，相对而言，运动缓解抑郁症的效果还是较为理想的。相比之下，体育运动产生的副作用较少，反而具有较多的益处，包括减少体脂，预防心血管疾病、高血压、某些癌症和关节炎等，甚至有助于降低痴呆症和阿尔茨海默病的发生概率。因为许多人在生活中都有过间歇性抑郁的经历，因此参加体育活动似乎提供了一种适当而有效的应对方式，这样能使他们感觉更好。

与焦虑一样，体育活动通过一些机

制能够减轻抑郁。两种相关的可能性是大脑中释放了生物胺。血清素是一种具有抗抑郁作用的重要神经递质，其浓度在体育活动期间和之后会升高[16]，能同时提高多巴胺与其受体结合的敏感性，从而有可能缓解抑郁症和帕金森病[73]。有强有力的研究证据表明，在中枢神经系统中，体育活动能够维持多巴胺（一种与运动控制过程相关的重要神经递质）的水平[73]。此外，有研究表明，这种神经递质对于运动技能的学习以及心理健康的维持（例如预防抑郁症）来说是必不可少的[73]。去甲肾上腺素是另一种在抑郁症发作期间会减少的神经递质，它同样也会随着体育活动强度的增加而增加[28]。

除了生物胺假说之外，一些人也有可能受益于在许多运动环境中发生的社交互动，或者从成就感或增强的自我效能感中获益，这源于在日常体育活动中身体力量的增强和灵活性的提高。这种影响对于年龄较大的人群来说可能尤为重要，因为他们可能会从中获得独立感，并由于身体健康而减少无助感。这样的认知感觉会随着肌肉力量和耐力的提升而增强，这可能有助于提高他们对生活的满意度并增加在老年时期保持独立生活的机会。

尽管在抑郁症发作时，血清素和去甲肾上腺素水平降低，但体育活动能自然地提高这些生物胺的水平，发挥抗抑郁作用。

认知的益处

体育活动除了能够带来情绪或情感上的好处，还能带来认知上的益处。认知包括记忆、分析思维、计划、焦点、集中和决策等。在脑力工作中，身体健康的人似乎比身体活动较少的人更能有效地发挥作用。在年龄较大（55 周岁或者年龄更大）的人群中，这种差异更明显。由于这些人年龄的不断增长，他们通常会表现出一定程度的认知功能衰退。一项早期的研究显示，身体活动对衰老的大脑具有有益的影响，与那些身体活动较少的人相比，经常进行身体活动的人与年龄相关的反应时间（reaction time，RT）的增加速度较慢。这种影响在复杂的或有选择性的反应时间上更加明显。久坐的男性，他们的反应时间很有可能随着年龄的增长而变长，而经常参加体育活动的男性在反应时间方面几乎没有变化[67]。重要的是，反应时间被认为是描述中枢神经系统（central nervous system，CNS）整体完整性的基本指标[73]。

除了反应时间这个基本指标以外，心理表现在身体健康的人群（经常参加体育活动的人群）和久坐的人群之间的差异也非常普遍。有项研究显示，60 多岁的身体健康的男性比久坐不动的男性（31 岁）在一系列复杂的认知挑战中有更好的表现。事实上，那些身体健康的老年男性与男性大学生的心理表现相似，同时比那些久坐不动的男性表现出更好的状态[31]。

认知益处的潜在生物学机制：血管变化

关于体育活动给老年人带来的所能观察到的认知益处，有许多可能的解释。

一种假设是，身体健康可以减少通常随年龄增长而发生的脑血流量的下降[31]，或者产生血管生成效应（即生成新的血管）。这一可能性的直接证据来自对年龄较大的退休人员的大脑血液流动的研究，而且这些人的身体活动水平不同[64]。那些经常参加体育活动的退休人员表现出较强的认知能力及大脑皮层血流灌注量的增加。这种由运动引起的变化有助于向神经组织提供氧气和营养，从而支持行为背后的神经活动。

另一生物学机制：神经营养因子

除了引起血管变化外，运动还可导致神经营养因子（用于保存和滋养脑组织）的基因表达增加[20]。一项动物研究表明，与久坐不动的老鼠相比，进行自主轮跑的老鼠的脑源性神经营养因子（brain-derived neurotrophic factor，BDNF） 有所增加。脑源性神经营养因子能够有效地保持神经元或脑细胞的健康，并产生新的突触或神经元之间的连接，从而增加脑组织的厚度和完整性。更具体地说，唐（Tong）和他的同事[74]的研究显示老鼠的海马体中的脑源性神经营养因子的基因表达增加，这是大脑中一种与长期或情景记忆相关的结构。鉴于体育活动在动物身上有如此强大的神经生物学影响，那么人类也有可能发生类似的变化，并且有助于提高身体健康的老年人的认知能力。为了证明这种可能性，科尔科姆（Colcombe）和其同事[18]用最大摄氧量来测量有氧能力的研究表明，中年男性和女性的有氧能力，与大脑皮层的几个区域（即灰质），以及白质束中的脑组织密度有正相关关系，而白质束允许不同大脑区域之间进行交流。也就是说，具有较高心血管健康水平的人，其关键的大脑区域的组织密度更大，且与年龄相关的衰退更少，如前额叶皮层，这些部位是执行功能和推理的基础。重要的是，研究显示正常或非痴呆人群脑额叶区的衰老速度非常快，而体育活动似乎是一种有效的“解药”，或者是针对这一典型的与年龄相关的衰退的有效处方。因此，有切实的生物学证据表明，运动和健身可以延缓大脑的衰老。

更具体地说，在人类大脑中，运动的神经生物学益处很可能有助于认知储备现象的出现，这是对与年龄相关的衰退，以及与痴呆有关的病理[如阿尔茨海默病（斑块和缠结的形成）]的抵抗，尤其是在海马区中。这种抵抗衰退的恢复能力或者忍受神经退化过程的能力基于被动储备或大脑生物完整性（即脑组织的厚度和脉管的保存），以及主动储备或神经过程的战略性激活，以补偿遭受与年龄相关的衰退和病理变化的神经网络。重要的是，由于神经营养和血管生成效应，体育活动似乎可以通过促进被动储备来保持大脑和心理的年轻状态。图8.1说明了认知储备与认知功能之间的关系，因为认知储备能够赋予大脑抵抗认知衰退的能力（参见图中相对于较低线的顶部线部分），从而让大脑在较长一段时间内保持较高水平的认知功能。较高水平的认知储备也有助于应对临床前病理的出现。

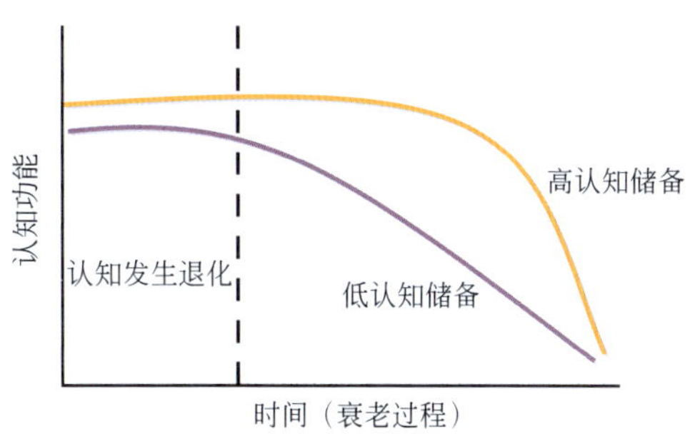

图 8.1　认知能力下降后，认知储备水平高和认知储备水平低的人的认知表现

神经效率

健康男性和女性的特征之一是肌肉系统、骨骼系统和心血管系统的效率较高。例如，力量增强会导致举起一定重量（绝对值）[27] 所需募集的运动单位的数量减少。同样，在运动后，心率降低是很常见的。这种生理过程似乎也反映了那些身体健康的人的大脑适应能力。例如，达斯特曼（Dustman）和他的同事[31] 观察到，与对照的久坐男性相比，健康的老年男性在光刺激下大脑感觉区域的活动较少。而麦克道尔（McDowell）和其同事[52] 发现，在基本的决策挑战中，也能观察到健康男性的大脑皮层的反应更具适应性。这种中枢神经系统的益处能缓解日常活动中持续的脑力劳动所产生的疲劳。神经递质功能和神经营养效应的维持能够提高大脑的工作效率，这些功能与由血管生成造成的更好的氧合作用协同工作，以共同保护心智功能。

特异性和认知功能

与运动的外周生理适应一样，运动对心理上的益处似乎也要遵循特异性原则。这些影响主要在涉及流体智力的认知任务中被观察到，而以晶体智力为特征的任务相对来说似乎不受影响[17]。流体智力指的是抽象的推理和解决问题的能力，而晶体智力指的是积累事实知识，以及识别单词和回忆事实的能力[78]。一项经典的研究表明，涉及大脑额叶执行过程的心理活动最容易受身体活动的影响[40]。克莱默（Kramer）和其同事[40] 假设这种运动带来的好处，对于大脑额叶介导的任务的影响最为明显，因为大脑额叶是大脑中衰老最快的区域，所以从我们所描述的积极的神经生物学效应中获益最多。

有趣的是，人类的大脑额叶是大脑中最后一个成熟的区域，也是最早受年龄影响的区域。大脑额叶区域的执行过程涉及工作记忆的储存，复杂的注意功能的协调，以及对行为的抑制和控制。因为它是大脑中最重要的认知功能区，但最容易受到衰老（年龄）的影响，所以我们有理由推断它将受到我们所讨论的积极的神经生物学变化的影响。事实上，老年人明显表现出了运动带来的特殊效果。有项研究显示，与对照组相比，进行有氧训练的老年男性和女性的非额叶执行过程几乎没有差异，但额叶执行过程有显著改善。因为非执行过程，如快速识别词汇等较少依赖大脑额叶的功能，而更多地依赖大脑的其他区域的功能，因此有理由推断，运动对大脑的生物益处在这样的心理任务中的表现不是那么明显。最近，比克斯比（Bixby）及其同事[6] 通过斯特鲁普色词测验（快速识别并说出以相互矛盾的文本打印的单词的油墨颜色，例如用红墨水打印“绿色”这一词）发现自我评估的运动水平和执行过程的效率之间存在明显的正相关关系，但测试中的非执行元素（如识别单词和颜色的速度）并不存在这样的关系。更为重要的是，在对试验参与者进行不同教育程度和认知刺激水平的控制后，能够观察到身体健康水平对执行功能的显著影响。然而，值得注意的是，运动带来的益处存在于各种各样的认知领域（如速度、视觉空间处理和推理）中，但最大的益处似乎出现在年长男性和女性的执行性任务中[19]。

个体遗传基础的差异对体育活动的影响

运动科学领域最近的一个重大进展关注对训练的生理适应的遗传基础的研究。由此看来，客户对运动的反应差异在很大程度上源于遗传的多样性。对遗传因素的认识与客户的动力有很大的关系，因为一些客户对有氧耐力训练或抗阻训练反应良好而另一些人可能会在试图提高自己的机能水平或改变身体成分时遭遇挫折。这种客户之间的差异也与体育活动的心理益处有关。

作为研究基因与体育活动之间的相互作用的一个例子，一项研究显示，老年人认知能力的下降与载脂蛋白 e4 等位基因（APOE e4）的存在密切相关[66]。也就是说，这种特定的基因会增加患认知障碍以及老年痴呆症的可能性。罗维奥（Rovio）等人的研究报告显示，相对于那些在中年时久坐不动的老年人，在中年时经常参加体育活动的老年人患痴呆症和阿尔茨海默病的可能性大大降低，而且观察到 APOE e4 携带者的下降程度比非携带者更大（图 8.2）。这类信息表明，对于某些人来说，缺乏锻炼的成本将特别高，而对基因－运动相互作用的科学评估和理解，可能会为那些特别容易患阿尔茨海默病的人提供一个重大的激励。这类人最适合从运动中获益，以防止认知能力下降。对基因－运动相互作用的了解可以帮助人们认识到拥有一种积极健康的生活方式的重要性。这些见解以及前述的生物心理学变化，印证了古希腊的名言：健全的精神寓于健全的身体。

重要的是，对于那些有患痴呆症风险的人来说，运动和身体健康对大脑的影响尤其重要。因此，提倡一种多运动的生活方式可能会将患阿尔茨海默病的时间向后推迟或延缓认知障碍的发生。

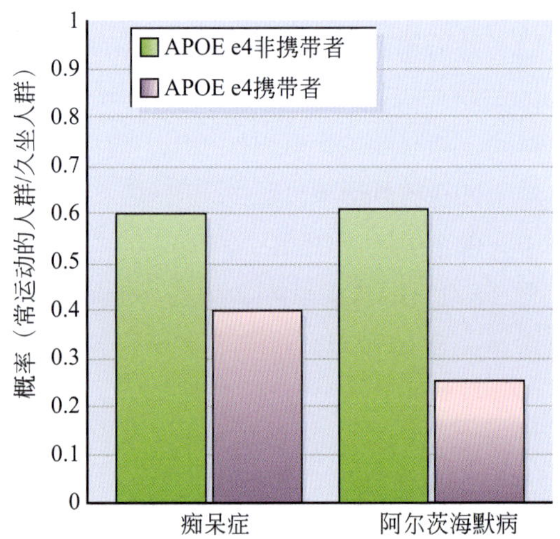

图 8.2 APOE e4 携带者和非携带者痴呆症和阿尔茨海默病的患病风险是体育活动水平（高或低）的函数，常运动的携带者，其认知水平的衰退程度相对较小

来源：Data from Rovio et al 2005.Leisure-time physical activity at midlife and therisk of dementia and Alzheimer's disease.*Lancet Neurol*.4:705-711.

目标设定

正如上一节所述，体育活动和身体健康给人们带来了大量的心理和生理上的益处。然而，参与训练和运动的动机和动力是获得这些益处的关键因素。设定目标是提高体育活动水平的有效策略。这种方法可以被定义为一种行为改变的策略，客户设定一系列成功的标准（即短期目标），并不断接近期望达到的成功标准（即长期目标）。重要的是，当人们追求理想目标时系统地设定目标培养了一种不断精进和成功的感觉。成功和提高的感觉促使人们承诺并坚持体育活动。私人教练可以帮助客户设定令人信服和可实现的目标。

目标设定不是一刀切的过程，不是简单地从评估中提取信息并将目标强加给客户，重要的是私人教练要确定客户的真实需求，并作为一名引导者帮助客户发现最迫切需要达到的目标[34]。然后，通过有针对性的对话，私人教练和客户应该可以共同确定量化的、可实现的和意见一致的目标。以这种方式，连续的短期目标就成了一系列可实现的步骤，这些步骤在一个长期目标的范围内帮助客户实现个人价值（图 8.3）。

设定反馈和强化的目标

人们需要不断达成每一个阶段性目标，因此反馈和强化对于整体目标设定计划的成功是至关重要的。例如，一个客户可能想要通过降低体脂率来改善身体成分。他的长期目标可能是减重 60 磅（约 27.2 千克）或达到目标体脂率。这可以通过在指定的时间段中设定一系列短期减重目标来实现[22]。反馈（feedback）或对结果的认识，是在完成后或完成短期目标的过程中所固有的，并产生对成功或失败的认知评价。重要的是，成功或失败也会唤起相应的情绪或情感状态。虽然客户可能远未达到减重 60 磅（约 27.2 千克）的终极目标，但达到短期目标时的积极情绪或情感状态将增强其坚持体育活动的决心。在影响行为改变方面，较为困难但仍在客户能力范围内的目标要优于过于简单或非常困难的目标。

图 8.3 短期目标和中期目标的发展能够带来具有个人意义的长期目标

> 目标设定不是一刀切的过程，不是简单地从评估中提取信息并将目标强加给客户，重要的是确定客户的真实需求。

设定长期目标的目的是为客户提供有意义的追求。另外，一个私人教练可以假定客户选择的目标具有很高的意义和要求，因为它确定了短期目标的方向，并为客户提供了一个有价值的终点。因此，与客户进行初步的访谈时，不仅要评估他们的短期需求，还要评估他们的核心价值，这样似乎比较明智。客户在一生中更有可能追求并坚持有目的、有意义的体育活动，而不是坚持没有目的或意义的体育活动[55]。例如，有些人认为自己是跑者，他们对这项体育活动的投入是如此之深，进而很可能会长久地保持这种习惯，除非受伤或遇到慢性的健康问题才会停止。

短期目标提供了通过可实现的步骤来达成长期目标的策略。有挑战性的短期目标是一种有效的工具，可以激发客户的努力，从而产生一种有意义的生理和心理变化。一个具有挑战性的目标有50%的成功概率。因此，一个精心构建的短期目标代表了一种在保证成功和需要付出过多努力之间的折中。短期目标如果没有合理的难度，那就会显得毫无意义，因为人们只会投入一定的行动，而不会付出真正的努力。如果最初客户没有实现短期目标，那么为了获得所需的运动强化，他们很可能会继续尝试实现目标或坚持这种行为（例如，在减肥时限制热量摄入和进行步行运动）。如果在指定的时间段内没有实现短期目标，则需要调整或将其替换为另一个目标。

行为强化带来的动力可以在心理和神经生物学层面上进行解释。从心理上来说，客户可能会感受到自尊心或自我效能感（self-efficacy）的增强[3]。神经生物学层面的强化包括释放多巴胺，多巴胺能增强涉及学习行为的突触通路。事实上，这两个方面可能是有内在联系的。因此，反馈和相关的强化对于有效的目标设定是至关重要的，但是当短期目标模糊时，反馈是不可靠的。因此，最好是确定客观的或高度可量化的目标，这样客户就可以参照一个明确的标准来努力，从而得出明确的结果。下面几部分将详细分析提高目标效率的具体特征。

> 成功概率为 50% 的目标是有效且有挑战性的。

目标类型

长期和短期目标的具体细节会根据客户的不同而有所不同。例如，客户的初始健康水平在很大程度上决定了实现长期目标所需的短期目标量。目标的另一个普遍特征是客户对他们的成就所能施加的控制量。目标可以分为过程目标、表现目标和结果目标，这取决于客户对自己的控制水平。过程目标是客户能够高度控制个人行为的目标，而结果目标是客户无法控制的目标。表现目标是介于两者之间的目标。

过程目标

在体育活动过程中付出的努力是过程目标的一个例子。其他的例子包括运动形式和技巧，以及运动过程中的积极态度。不管短期目标有多么困难，如果客户设定了一个过程目标，那么他们都可以通过高度的努力获得成功。这样的目标对于长期坚持体育活动是非常重要的，因为以其他方式（如结果目标）获得成功或实现目标的难度会增加，这种情况可能会导致客户放弃。

结果目标

对于一些客户来说，过程目标可能无法令他们满足。有些人需要通过社会比较来衡量进步或成就。例如，他们可能想成为社区步行爱好者中走得最快的人，或者健身房中最强壮的人。结果目标是通过社会比较来证明的，比如在比赛中获胜或击败对手。这样的目标可以引起高度的兴奋，并且可以激发那些喜欢将自己与他人进行比较的人付出极大的努力。然而，与过程目标相比，结果目标成功的可能性更小：客户可以保证努力获得比“对手”更大的优势，但他们不能保证结果本身。

表现目标

表现目标比过程目标更难实现，并且通常是以客户的自我评价标准来衡量的，而不是与另一个客户或对手进行比较。表现目标的个人控制水平介于从低（结果目标）到高（过程目标）之间。一个个性化表现目标的例子要求客户以一种有意义的方式来关注自我提升，这是一个基于范围或间隔目标的概念[57]。例如，在一个周期性的阻抗训练计划中，客户可能想要提高深蹲或卧推的最大力量。间隔目标是根据客户最近的运动表现历史计算出来的，其中达成了一系列目标。目标界限是由成功的下限（最有可能达成）和上限（最具挑战性）确定的。目标下限的定义是客户之前最佳的1RM。为了确定目标上限，客户需要“计算”最近的运动表现（3～5次）的平均值，并确定平均值和之前的最佳运动表现之间的差异。这种差异能够对客户运动表现的波动进行估计。然后将差异添加到之前的最佳结果中，以生成具有更高挑战性的自我评价标准。

总的来说，设定各种各样的目标或制订实现目标的多样化策略是比较好的选择，因为这样可以平衡驱动客户运动的潜在原因，同时保持合理的成功和强化的可能性。

多元化的目标设定

就像成功投资需要多元化的金融投资组合一样[22]，一个成功的目标设定计划应该包含多元化的目标。此外，为了实现长期目标，私人教练需要在一个合理的科学战略背景下制订这些多元化的目标。因此，私人教练需要从心理学、生物力学、生理学、营养学和其他相关的学科领域中提取和整合知识。

作为多元化目标设定方法的一个例子，假设有一个中年客户，他希望能跑一场可以引以为傲的10千米的比赛。长期目标可以明确地表述为一种期望的结果，且这对个人有一定的意义。假设他能够以一种合理的策略优化自己的努力和训练，那么这个客户就有天赋和能力来实现表现目标。然而，在为任何一个努力追求具有挑战性的行为标准的客户提供训练服务的过程中，一定会出现一些激励问题。为了克服由于只关注单一的表现目标（比如“在不到一小时内完成比赛”）而带来的打击，客户也应该在一个精心设计的训练项目的背景下使用多样化的目标策略来设定短期目标。在一些训练日，客户可以为跑姿训练、机械摆臂训练和步长训练设定适当形式的目标。在其他的日子里，客户可能会强化抗阻训练的目标，以促进下肢工作效率的提高，实现耐力的增强。在另一些日子里，客户可能会专注于心理目标，比如在跑步训练中尝试进行积极的调整与自我暗示。实现过程目标的这些积极反馈可以延续对长期目标的渴望与承诺。同样，基本原则是为不同自我控制力的人设置不同的目标，可以很好地帮助他们坚持体育训练计划。

> 一个成功的目标设定计划应该包括短期目标和长期目标的多种组合。

目标的导向

一个与目标多样化有关的概念是个体差异，即客户的不同个性。分析客户对成就情境的看法的个体差异，有助于提高目标设定的效率[30, 61, 63]。例如，那些根据先前的运动能力水平来评估他们的运动能力提高程度的客户，被称为任务卷入型

（task involed）。另一种自我卷入型（ego involved）或以他人为参考的客户将他们的提高程度建立在与一个或多个其他客户的运动表现进行比较上[62]。这种类型的客户的动力会被社会比较强烈地激发出来，并且会在允许社会比较的情况下付出更大的努力，尤其在当他们认为自己的运动能力或健康水平较高时。另外，任务卷入型客户的参与导向可能与更强的个人控制需求有关，如果不恰当地强调将客户取得的成就与他人的成就进行比较，那么任务卷入型的客户可能会气馁。为了有效地进行目标设定，私人教练必须考虑到在目标定位和感知能力上的个体差异。

> 私人教练应将重点放在客户期望的目标和预期结果上，并与客户共同制订一个合理的行动计划。

有效设定目标的技巧

下面的建议可以帮助私人教练制订一个有效的目标设定策略。第 170 页的“有效目标设定的实用原则”总结了研究得出的目标设定的主要考虑要素。

- 确定客户的需求和愿望，就长期目标达成一致并制订计划。
- 找出那些能导向长期目标的步骤和短期目标。如果目标是跑马拉松，而客户从未跑过超过 8 千米的距离，那么第一个目标可能是养成每周训练 4 次的习惯；第二个目标可能是跑 3.2 千米；第三个目标可能是参加一场 10 千米的赛跑。客户先达成短期目标，最终达到可以完成 42.195 千米的目标。
- 当与新客户合作时，要确定一个初步的目标，这个目标更多的是基于成就感而不是测量结果。例如，你可以设定一个目标，在前两周内每周去健身房锻炼 3 次，或者每天早上吃一顿健康的早餐。在开始的时候，目标很简单，并且没有潜在的失败压力，私人教练就能帮助客户培养一种有成就感的心态，并建立自信。一旦客户积累了一些小的成就，目标就应该开始变得更有挑战性。
- 私人教练和客户都应该认识到，缺乏必要的知识往往会阻碍长期目标的实现。评估客户目前的知识水平将有助于设定一个用于补充知识的目标。这个目标可以是学习主要肌群的名称和功能，或者阅读一系列推荐的营养学书籍。
- 随着时间的推移和客户对训练计划的执行，通过确定具体的成就指标来设定更积极的目标是非常合适的。这些目标通常包括直接测量出的表现和成就，比如“卧推 90 千克”“走 4.8 千米”或“减掉 7 千克脂肪”等。这些目标应该设为可量化的形式，这样私人教练和客户就能很容易发现目标达成的时刻。
- 一旦目标明确了，就给每个目标加上时间期限。重要的是要认识到，如果一个目标没有在指定的时限内完成，就要重新评估和调整计划，以帮助客户更接近目标。目标可以并且应该被定期评估和调整，频率可以是每周或者每月进行一次。

- 商定一种方法来确认这个计划是否有效。如果设定一个目标是为了减少腰围，一些客户可能想使用卷尺来评估，而另一些人可能会发现，偶尔试穿一条多年没穿的裤子，在心理上更有助于衡量目标的进展。
- 设定目标后，一定要确保客户相信目标是可以实现的。如果不相信，那就调整客户的自信心（即引导客户）或调整目标。
- 检查这些目标以确保它们彼此之间是相互兼容的。如果目标冲突，客户成功的概率可能会受到影响。
- 目标应该优先考虑。如果一个客户提出了一长串目标，那么最好从中挑出3个最重要的，然后将其按重要程度排序。

给每个目标添加一个时间期限，并注意如果一个目标没有在指定的时限内完成，那么目标可以并且应该被重新评估和调整。

激励

根据基本定义，激励是一种激发和指导行为的心理建构[43]。一个建构仅仅是一种内部驱动或神经过程，它不能被直接观察到，必须通过观察外在行为来间接推断。例如，一个人在黎明时分起床，并开始工作，这被认为是非常有动力的。心理学中还有很多其他建构的例子，比如人格、志向和自信，虽然不能被直接观察到，但它们对行为产生了重要的影响。

有效目标设定的实用原则

1. 让目标具体化、可量化和可观察。
2. 清晰地确定时间期限。
3. 设定中等难度的目标[42]。
4. 记录目标并监控进度。
5. 使过程目标、表现目标和结果目标多样化。
6. 设定短期目标以实现长期目标。
7. 确保目标已经被内化（客户应该参与其中或为自己设定目标）。

“SMART”这一缩写词有助于抓住这些要点[78]。

具体（specific） 可量化（measurable）
行动导向（action oriented） 现实可行性（realistic）
时效性（time bound）

来源：Cox 2002 (22).

基本定义表明激励有两个维度：（1）方向性方面，它影响客户对运动时间和运动承诺的选择；（2）影响他们执行这些选择的强度。这样的定义有助于阐明激励的概念，但没有提供关于如何利用激励改变行为的策略或线索。因为我们很难坚持经常运动，所以提供下面的心理原则作为提高参与程度的策略。

正面和负面的强化与惩罚

目标设定的使用与行为主义的概念有关，为了阐明激励实践的哲学，定义行为或操作性条件反射中使用的基本概念是很有帮助的。行为主义是由 B.F. 斯金纳（B.F.Skinner）确立形式[69, 70]的一种学习观，认为行为是由其结果构成或塑造的。因此，私人教练可以通过对客户行为的反应显著影响客户对训练的遵从性。

一个目标行为（例如完成 45 分钟的有氧运动课程）是一个操作性行为，并且当行为被强化时，这种目标行为在未来重复的概率会增加。当受到惩罚时，这种行为持续下去的可能性会降低。强化是某种发生于目标行为之后，可增加未来这种目标行为发生的可能性的行为、对象或事件；惩罚是某种发生于目标行为之后，可以降低未来这种目标行为发生的可能性的行为、对象或事件。尽管私人教练不能进行有目的的惩罚行动，但理解行为主义可以帮助私人教练理清他们自己的领导理念，并理解它们与增强客户的学习动机之间的关系。

> 强化可以提高一种行为重复的可能性，而惩罚则减少行为重复的可能性。

正强化和负强化这两个术语常常被混淆。两者都是可以增加预期行为或操作发生的概率的激励方式，但是正强化是“给予”客户一些反馈来回应他的行为，而负强化则是“带走”了一些东西[50]。正强化的例子：社会认可或祝贺客户完成一项训练。负强化的例子：由于客户成功完成了训练任务，减少客户不喜欢的任务，比如擦掉运动设备旁边累积的汗液。从本质上来说，负强化就是移走或拿走厌恶的东西来奖励好的行为。

相反地，关注客户缺点或不足的惩罚式是一种激励方式，因为从定义上来说，事后的惩罚会降低事件再次发生的可能性。正惩罚意味着要表现出厌恶之类的情绪，而负惩罚则意味着要去除某些东西以减少行为的重复。对客户的技术动作进行批评，这是一个正惩罚的例子。由于训练效果较差或未能完成训练目标而取消客户的特权，这是一个负惩罚的例子。尽管在客户不努力训练的情况下，私人教练可以合理地反对或采取惩罚措施，但强化型做事风格的侧重点是关注客户的进步。

自我决定理论

虽然新的方式、新的音乐或新的设备可以让客户想要继续训练，但客户需要的激励是更深层次的。人们总是受两种可能的刺激的影响去采取行动。他们要么感到一种想满足欲望的冲动（快乐），要么觉得需要远离痛苦。尽管有时这可能是一个需要考虑的因素，但疼痛并不仅仅意味着身体上的疼痛，更为常见的是情感上的痛苦。当一种情况变得越来越不舒服时，客户摆脱这种不适感的动力将会增强。

内在激励的行为是为了从中获得快乐，而外在激励的行为则是为了实现另一个目标或结果。从一般意义上来说，内在激励意味着对训练体验和训练蕴含的乐趣的真正热爱。另一方面，外在激励意味着渴望参与某种训练以获得外部奖励。尽管最初人们认为这两种动机是独立的，但内在和外在激励的概念是由自我决定或内化的概念联系在一起的[25, 26]。从本质上说，自我决定意味着个人为了自我目标实现而参与活动，而不是试图满足其他人的期望（这将是一种“工作”导向）。因此，内在和外在激励是代表激励连续体或动机范围的重要标志，两者本质上不是独立的，除非一种激励达到了极端。

> 一个具有内在激励的客户真正热爱运动，而一个具有外在激励的客户通常只是想通过训练获得外部奖励。

那些最初就表现出内在激励的客户比那些缺乏内在激励的人更有可能坚持他们的训练[65]。因此，认清客户现有的激励在激励连续体上的位置，对激励方法类型的选择将产生一定的影响，这将有效地增加客户坚持某项运动项目时所获得的乐趣。关于自我决定连续体的主要观点已得到确定[76]，可以总结[22]如下。

1. 缺乏激励：这类客户完全缺乏内在的或外在的训练动机。
2. 外在调节：这类客户进行训练是为了避免惩罚，而不是为了个人的满足。
3. 内射调节：客户将运动和训练行为视为实现价值目标的一种手段。
4. 认同调节：客户认为接受私人教练的指导是有益的，但主要是服从私人教练的领导而不是主动进行训练。
5. 综合调节：客户个人重视训练行为，将其内化，并自由地参与其中而且能和私人教练就训练目标达成一致。

如果客户有内在激励，那么他们就会对自己的训练目标做出更大的承诺，因为他们渴望并致力于实现自己的目标[25]。虽然有些人可能仅仅依靠外部强化来维持他们的训练行为，但是那些受内在和外在激励的人可能会更喜欢运动和训练，这对客户和私人教练来说都是一种更积极的体验。因此，客户可能对参与目标设定有不同的偏好，而私人教练可以确定他的参与是否合适。也就是说，有些人更喜欢私人教练制订的目标，而另一些人则希望积极参与目标设定的过程。一般来说，在目标设定的过程中考虑让客户参与似乎是很有道理的。

奖励对内在激励的影响

外部奖励可以在增强内在激励和坚持训练的过程中发挥作用。虽然私人教练不应该只依靠长期的外部奖励来激励客户，但承诺给客户T恤衫、晚餐礼券或

30 天的健身俱乐部会员资格可以促进客户在训练初期的遵从和坚持。考虑到这一点，私人教练可能会在逻辑上认为，他们可以通过给客户更多的奖励来增强其内在动力。例如，如果一个客户可以在 10 千米跑步比赛中获得巨大的满足感，那么为每个成绩提供奖品或经济奖励就可能会给客户带来更大的满足感。事实上，外部奖励或认可也可能减少内在激励[25]。

一个著名的例子[68]是一位退休的心理学教授的故事，他需要安宁与清静，但他被孩子们在草坪上玩耍发出的声音所打扰。他并没有惩罚（内在激励）顽皮的孩子们，而是给每个孩子 0.5 美元，并衷心地感谢他们给予他的“欢乐”。孩子们盼望着第 2 天能够再来。第 2 天，孩子们在草坪上玩耍结束时，他告诉孩子们他很缺钱，但是他能给他们 0.25 美元。失望的孩子们第 3 天又来了，当他们得知这个人没有钱给他们时，他们更加失望了。于是，这些孩子再也没有去那人的草坪上玩耍了。究竟发生了什么事？这正是教授所希望的！如果行为和奖励之间形成了强烈的依赖关系，那么奖励的下降很可能导致行为的减少。在这种情况下，奖励是控制者[25]。如果接受者察觉到行为与奖励之间的联系，奖励就可以被视为控制者。

何时进行激励性干预

为了最有效地激励客户，私人教练需要了解客户参与运动的阶段。行为阶段变化模型描述了一个客户在其“准备开始训练”时所经历的过程[7, 60]。

1. 无准备阶段：这个人不打算增加体育活动，也不考虑做体育活动。
2. 犹豫阶段：这个人想要增加体育活动，并时不时产生一个想法，但还没有进行体育活动。
3. 准备阶段：这个人正在进行一些运动，每周至少有一天进行 30 分钟中等强度的体育活动，但并不是每周的大部分日子。
4. 行动阶段：这个人在一周中的 5 天或更长时间里进行了每天至少 30 分钟中等强度的体育活动，但坚持这样做不足 6 个月。
5. 维持阶段：这个人在一周中的 5 天或更长的时间里进行了每天至少 30 分钟中等强度的体育活动，并且已经坚持了 6 个月或更长时间。

确定了客户所在的阶段之后，私人教练可以应用适当的方法更改或干预训练计划，以便将客户的训练向下一个阶段转移，并最终实现和维持终极训练目标。行为阶段变化模型似乎只是一种常识，但对个性化地干预潜在客户可能确实是有帮助的。训练阶段量表（stages of exercise scale，SES）[14]可以用来方便地确认潜在客户所处的训练阶段。总的来说，一些研究证明了这种方法的有效性[1, 15, 21, 49]。

自我效能感：建立自信

要想让客户真正体验到成功，重要的是要分析客户的动机，以及客户对实现目标的信心。例如，有些人缺乏自我概念或存在社会性体格焦虑，因此缺乏参加训练计划的信心[35]。在班杜拉

（Bandura）[3] 的社会认知理论中，自我效能感被描述为一个人对自己从事某项行为的能力所持有的信心，从而促成一个成功的行为结果。训练的自我效能感是训练行为的有力预测因素。自我效能感的特点是客户对完成任务有信心，并且在面对失败或挫折时保持这种信念。换言之，自我效能感与坚持不懈地追求目标有关。以下 4 类因素会影响自我效能感的建立。

1. 成功表现。
2. 模仿效应。
3. 言语说服。
4. 生理唤起或焦虑。

行为表现的成功或连续接近成功的表现，对增强这种行为未来的自我效能感具有强大的影响，并在这种意义上，强调了目标成就与建立自信的关系。

观察他人的目标行为并通过行为模仿来增强自我效能感。例如，如果看到与自己性别相同、年龄和体形相似的人达到了同样的目标，那么一些客户可能会更有信心做出重大的行为改变，如减肥。

另一个能够积极影响自我效能感的因素是来自一个受人尊敬的人的言语说服。一个受人尊敬的人，和在某一特定领域（例如力量增强或健身）拥有专业知识的人可通过提供鼓励和指导来显著影响客户的自我效能感，例如夸客户“有潜力”。

最后，客户在运动前或运动期间对其生理状态的自我暗示也会对自我效能感产生影响，并且能有效降低或增强自信心。例如，在通过进行一次最大力量重复练习来确定卧推的 1RM 之前，客户可能会负面（“我太紧张”）或者正面地（“我准备好了”）判断自己的情绪唤起水平。

> 取得成功最能提高客户的自我效能感。

激励客户的方法

有时，一种特殊的心理方法有助于激励客户坚持训练。本节提供了减少拖延、改正错误信念、识别和调整自我暗示，以及使用心理意象的技巧。

减少拖延

14 世纪的哲学家让 • 布里丹（Jean Buridan）讲述了一个饿死的骡子的故事，这头骡子渴望在两捆离它一样远的干草之间做出选择。因为那两捆干草离它的距离是相等的，所以骡子无法决定走哪一条路。这个寓言为人类的优柔寡断提供了一个很有价值的类比。身体健康和良好的体能是每个人都想要的，但只有当我们的身体状况很差时才能促使我们坚持参加体育活动。如果人们认为他们有太多的选项，必须在饮食、设备或私人教练之间做出决定，那么决策过程本身往往会导致决定停滞。私人教练必须考虑到个人训练课程以外的问题，并且让客户不仅在今天训练，还要在下周，而且更要在很长一段时间内坚持训练。当一个客户拖延时，他可能正在权衡各种选择，陷入一种犹豫不决的状态，并且在试图想清楚感受到的痛苦是否会超过潜在的好处。

实用的激励方法

1. 让客户使用训练日志或日记记录基线测量结果和每次训练的详细情况。教客户不仅要把日志作为训练的成绩单，还要记录情绪、饮食和进步的方法。

2. 让客户以熟悉的方式开始运动。缺乏对训练或训练模式的熟悉感会使客户感到沮丧，并导致客户缺乏继续训练的欲望。

3. 只要有可能，就提供选择。让客户参与决策，但要提供同样有益的选择。与其让客户质疑他今天是否应该锻炼身体，不如让客户决定今天是否愿意在椭圆攀岩器或健身自行车上做热身运动。

4. 经常提供反馈，发现客户的进步。私人教练可以在提供训练建议的同时，注意并评价客户有氧能力的提高、力量的增强和身体脂肪的减少。例如，如果客户在某一特定的抗阻训练中训练负荷增加了 2.5 千克，这说明客户正在进步。

5. 为健康的生活方式树立模范。私人教练能为客户做的最好的事情之一就是充当一个坚持运动的榜样。

6. 让客户做好准备，以应对训练势头的中断时期。如果让客户理解，即使是最敬业的人偶尔也会降低他们的训练强度，那么那些不可避免或不希望发生的失误就不会使客户放弃训练。

7. 利用社会支持资源。私人教练可以通过电话联系、电子邮件通信和邮寄教育资源或激励信息来检查客户的情绪、反应和毅力。如果可能的话，与客户的家庭成员就所期望的目标和训练方案进行讨论，这可以通过在家里提供一个强大的支撑网络来增强客户坚持运动的动机。

8. 让过去的事过去。如果一个客户觉得他过去没有获得训练计划的好处，那么就让其把让其注意力放在未来的训练目标上。

9. 用“尽力而为”的态度来代替“做到完美”的态度。追求完美的客户一定会遭遇失败。要让客户明白，付出最大的努力和坚持就是最优秀的。

10. 商定一种激励方法，并让客户把它写下来。

帮助辨别错误信念的几个问题

私人教练可以向客户询问以下问题，以找出错误的信念。

- 你最理想的塑形方法是什么?
- 你过去尝试过什么方法来达到你想要的健身效果?
- 你认为什么运动和营养策略是重要的?
- 你觉得你需要做些什么来重塑你的身体，改善你的健康状况?

改正错误信念

由于通常选择一些权宜之计作为解决方案，许多客户已经让错误和误导性的信息影响了他们的想法。例如，如果一个客户认为减肥只能通过严格限制食物摄入来实现，那么他将会拒绝私人教练提出的更适当的热量摄入的建议。此外，许多人已经习惯于相信体育活动不适合他们，或者他们的身体不会像其他人那样对运动做出反应。“没有付出就没有收获”有时也是一种有错误的想法。这种想法会增加一个人过度训练的倾向，从而破坏训练的效果。

私人教练在试图灌输新的激励性信念之前，必须先进行识别，然后修正和限制错误的信念。因此，私人教练先要和客户建立一个清晰而有效的沟通渠道，这个渠道必须涉及包括讨论客户目前关于健身和运动的信念在内的询问过程。通过引导、推理和强化等方法，私人教练可以帮助客户理解为什么错误的信念实际上是误导性的和有局限的。有了这种理解，错误的信念就会被削弱，并最终被摒弃，这样客户就能够学习接受新的、正确的信息了。

> “没有付出就没有收获”有时候也是一种错误的信念，它可能会导致过度训练，从而降低客户训练的潜力。

识别和调整自我暗示

每个客户都有自己的“内在声音”。有时这是动机的来源，但如果这种自我暗示是消极的，那么他就不太可能接受最正面的肯定。随着时间的推移，强烈的、不断重复的外部鼓励会改变客户消极的自我暗示，但如果客户能主动改变消极的自我暗示，那么正面的肯定会达到更好的效果。下面这4个简单的练习可以用来识别和调整潜在的消极的自我暗示。

1. 让客户注意一下自己一天的自我暗示，并了解自己的想法会在精神上产生的画面、文字和情感。
2. 一旦客户意识到了内部声音，就可以让他每天在同一时间进行确认，且最好是在预定的训练课程之前进行。例如，如果一个客户每天下午5点有个人训练课程，那么可以要求客户在下午4点45分准备运动的时候写下他的自我暗示内容。
3. 让客户在一张纸的中间画一条直线，并在左手边写下他的自我暗示内容。然后，客户应该在右手边写下自我暗示能说些什么来支持或激励他们。当客户每天都在特定的时间完成这项工作后，鼓励他在每天固定的时间（比如醒来后或睡觉前）里确认自我暗示的内容。
4. 在确定了3种常见的自我暗示短语（和3个较好的短语）之后，客户应该写下新的短语（肯定的话），并私下背诵更好的短语，起初在每天特定的时间段内每分钟大声地背诵5～6次，以慢慢地培养说出带有“更好”等字眼的短语的习惯。一旦私人教练帮助客户养成这个习惯，客户就可以转而用精神上的

"对话"来代替"语言文字对话"。配合实践中的应用，客户这种积极的自我暗示将激励他们走向成功或取得成就。

心理意象

在 1988 年的汉城（现名首尔）奥运会上，有资格参加奥运会的田径运动员参与了一项调查研究[32]。调查结果显示，83% 的运动员曾进行过心理训练。从那时起，心理意象的普及程度就大大提高了。心理训练所带来的对最佳运动表现的公认价值并不局限于运动员。心理训练在音乐[47]、军事[29]和康复[33]等几乎所有的领域中都取得了卓越的成效。

心理意象的放松训练

心理意象的放松训练应该在放松的、不紧张的状态下进行。运动心理学家会使用一些技巧来促进放松。由雅各布森（Jacobson）[39]开发的渐进式放松法，是最常用的心理意象放松技巧之一。在渐进式放松法中，要求个体收紧每组肌群，一次一组，并在每次收缩后完全放松。首先要区分肌肉紧张和肌肉放松的感觉。尽管人们可能会认为这种差异是显而易见的，但即使处于一个放松的坐姿，人们可能也会绷紧许多肌肉。在要求客户进行心理意象放松练习之前，私人教练应该熟悉放松的过程。

可视化

可视化包括利用大脑"绘制"和"回忆"心理图像的能力，以帮助客户学习如何创造积极的情绪反应并提高训练的积极性。下面这 3 个简单的可视化练习，可以在放松的状态下进行。

- 见证过去的成功：如果一个客户"看到"或经历了一些成功，或见证了自己的优秀，那么这样的表现就有可能变为现实。由于心理和神经系统是紧密相连的，对记忆事件的感知可能具有与实际成就相同的"信念"力量。
- 见证尚未获得的成功：即使一个客户还没有达到想要的目标或运动表现，但他也能创造出一种成功的心理影像，就好像事情已经发生了一样。
- 见证价值：运动前、运动期间或运动后，客户在心理上"看到"训练效果或有价值的结果，将极大地增强客户实现目标的愿望（热情）。

当客户的心理意象变得更强大时，心理意象所带来的影响就会变得更加强大。当客户每一次在心理层面上看到自己实现一个目标，如举起了重物、改善了他们的身体情况或冲过了终点线，这种愿景都将伴随着胜利感和成就感。

结语

在心理健康方面，体育活动所带来的益处在于减少焦虑和抑郁，这些益处对青少年和老年人都有特殊的作用。鼓励客户定期参加体育活动的一种方法是让私人教练和客户共同制订具体的、可量化的、行动导向的、合理的和有时间期限的目标。此外，私人教练的职责之一是通过包括心理意象和可视化在内的方法，最大限度地为客户减少拖延、错误的认识和消极的自我暗示，从而激励客户实现既定目标。

学习问题

1. 下列哪一项没有描述运动具有的改善认知的益处？
   A. 增加大脑的氧气供应
   B. 增强遗传变异
   C. 改善神经递质的功能
   D. 提高神经效率
2. 下列哪一项是结果目标的实例？
   A.“我要在1分钟内做60个仰卧起坐”
   B.“我尽量在今晚睡觉前不吃东西”
   C.“我做的卧推负重要比我的朋友多”
   D.“我要减掉10磅（约4.5千克）体脂”
3. 当一个客户刚完成了1个月内每周3次的步行运动时，下列哪一项是私人教练应该使用的负强化实例？
   A.“干得好！下个月，你不用花时间填写自己的健身卡，我会帮你填的”
   B.“干得好！你赢得了本月的行走达人称号”
   C.“走路？我想我们说的是让你骑自行车而不是走路”
   D.“每周3次？本来应该是每周4次，下个月你不能在午休时间继续出来运动了”
4. 具有高度内在激励的客户位于下列自我决定连续体中的哪个点上？
   A. 内射调节
   B. 综合调节
   C. 认同调节
   D. 缺乏激励

应用知识问题

利用7条“有效目标设定的实用原则”，为一个客户制订一项6个月的有效目标设定策略，使客户的单次腿举最大重量从225磅（约102.0千克）提高到315磅（约142.9千克）。

参考文献

1. Armstrong, C.A., J.F. Sallis, M.F. Howell, and C.R. Hofstetter. 1993. Stages of change, self-efficacy, and the adoption of vigorous exercise: A prospective analysis. *Journal of Sport and Exercise Psychology* 15: 390-402.
2. Bahrke, M.S., and W.P. Morgan. 1978. Anxiety reduction following exercise and meditation. *Cognitive Therapy and Research* 2: 323-333.
3. Bandura, A. 1997. *Self-Efficacy: The Exercise of Control*. San Francisco: Freeman.
4. Bartholomew, J.B., and D.E. Linder. 1998. State anxiety following resistance exercise: The role of gender and exercise intensity. *Journal of Behavioral Medicine* 21: 205-219.
5. Bixby,W.R.,T.W.Spalding,andB.D.Hatfield. 2001.Temporal dynamics and dimensional specificity of the affective response to exercise of varying intensity:Differing pathways to a

common outcome. *Journal of Sport and Exercise Psychology* 23: 171-190.

6. Bixby, W., T.W. Spalding, A.J. Haufler, S.P. Deeny, P.T. Mahlow, J. Zimmerman, and B.D. Hatfield. 2007. The unique relation of physical activity to executive function in older men and women. *Medicine and Science in Sports and Exercise* 39 (8): 1408-1416.
7. Blair, S.N., A.N. Dunn, B.H. Marcus, R.A. Carpenter, and P. Jaret. 2001. *Active Living Every Day*. Champaign, IL: Human Kinetics.
8. Blumenthal,J.A.,M.A.Babyak,K.A.Moore,W. E.Craighead,S. Herman, P. Khatri, R. Waugh, M.A. Napolitano, L.M. Forman, M. Applebaum, M. Doraiswamy, and R. Krishman. 1999. Effects of exercise training on older patients with major depression. *Archives of Internal Medicine* 159: 2349-2356.
9. Bonvallet, M., and V. Bloch. 1961. Bulbar control of cortical arousal. *Science* 133: 1133-1134.
10. Brown, D. 2002. Study says 38 percent of adults are sedentary in leisure time. *Washington Post* (April 8): A2.
11. Buckworth, J., and R.K. Dishman. 2002. *Exercise Psychology*. Champaign, IL: Human Kinetics.
12. Calfas, K.J., and W.C. Taylor. 1994. Effects of physical activity on psychological variables in adolescents. *Pediatric Exercise Science* 6: 406-423.
13. Cannon, W.B. 1929. *Bodily Changes in Pain, Hunger, Fear, and Rage*, vol. 2. New York: Appleton.
14. Cardinal, B.J. 1995. The stages of exercise scale and stages of exercise behavior in female adults. *Journal of Sport Medicine and Physical Fitness* 35: 87-92.
15. Cardinal, B.J. 1997. Predicting exercise behavior using components of the transtheoretical model of behavior change. *Journal of Sport Behavior* 20: 272-283.
16. Chaouloff, F. 1997. The serotonin hypothesis. In: *Physical Activity and Mental Health*, W.P. Morgan, ed. Washington, DC: Taylor & Francis. pp. 179-198.
17. Chodzko-Zajko, W.J., and K.A. Moore. 1994. Physical fitness and cognitive functioning in aging. *Exercise and Sport Sciences Reviews* 22: 195-220.
18. Colcombe,S.J.,K.I.Erickson,N.Raz,A. G.Webb,N.J.Cohen, E. McAuley, and A.F. Kramer. 2003. Aerobic fitness reduces brain tissue loss in aging humans. *Journal of Gerontology* 58A: 176-180.
19. Colcombe, S., and A.F. Kramer. 2003. Fitness effects on the cognitive function of older adults: A meta-analytic study. *Psychological Science* 14: 125-130.
20. Cotman, C.W., and C. Engesser-Cesar. 2002. Exercise enhances and protects brain function. *Exercise and Sport Sciences Reviews* 30: 75-79.
21. Courneya, K.S. 1995. Perceived severity of the consequences of physical inactivity across the stages of change in older adults. *Journal of Sport and Exercise Psychology* 17: 447-457.
22. Cox, R.H. 2002. *Sport Psychology: Concepts and Applications*, 5th ed. Boston: McGraw-Hill.
23. Craft,L.L.,andD.M.Landers.1998.The effect of exerciseon clinical depression and depression resulting from mental illness: A meta-analysis. *Journal of Sport and Exercise Psychology* 20: 339-357.
24. Davidson, R.J. 1993. Cerebral asymmetry and emotion: Conceptual and methodological conundrums. *Cognition & Emotion* 7: 138.
25. Deci, E.L., and R.M. Ryan. 1985. *Intrinsic Motivation and Self-Determination in Human*

Behavior. New York: Plenum Press.

26. Deci, E.L., and R.M. Ryan. 1991. A motivational approach to self: Integration in personality. In: *Nebraska Symposium on Motivation 1991: Vol. 38. Perspectives on Motivation: Current Theory and Research in Motivation*, R.A. Dienstbier, ed. Lincoln, NE: University of Nebraska Press. pp. 237-288.
27. deVries, H.A., and T.J. Housh. 1994. *Physiology of Exercise for Physical Education, Athletics, and Exercise Science*. Madison, WI: Brown and Benchmark.
28. Dishman, R.K. 1997. The norepinephrine hypothesis. In: *Physical Activity and Mental Health*, W.P. Morgan, ed. Washington, DC: Taylor & Francis. pp. 199-212.
29. Druckman, D., and J.A. Swets. 1988. *Enhancing Human Performance: Issues, Theories and Techniques*. Washington, DC: National Academy Press.
30. Duda, J.L. 1989. Relationships between task and ego orientation and the perceived purpose of sport among high school athletes. *Journal of Sport and Exercise Psychology* 11: 318-335.
31. Dustman, R.E., R.Y. Emmerson, R.O. Ruhling, D.E. Shearer, L.A. Steinhaus, S.C. Johnson, H.W. Bonekat, and J.W. Shigeoka. 1990. Age and fitness effects on EEG, ERPs, visual sensitivity, and cognition. *Neurobiology of Aging* 11: 193-200.
32. Golding, J., and S. Ungerleider. 1992. *Beyond Strength: Psychological Profiles of Olympic Athletes*. Madison, WI: Brown and Benchmark.
33. Groden, J., J.R. Cautela, P. LeVasseur, G. Groden, and M. Bausman. 1991. *Imagery Procedures for People With Special Needs: Video Guide*. Champaign, IL: Research Press.
34. Hall, H.K., and A.W. Kerr. 2001. Goal setting in sport and physical activity: Tracing empirical developments and establishing conceptual direction. In: *Advances in Motivation in Sport and Exercise*, G.C. Roberts, ed. Champaign, IL: Human Kinetics. pp. 183-234.
35. Hart, E.A., M.R. Leary, and W.J. Rejeski. 1989. The measurement of social physique anxiety. *Journal of Sport and Exercise Psychology* 11: 94-104.
36. Hatfield, B.D. 1991. Exercise and mental health: The mechanisms of exercise-induced psychological states. In: *Psychology of Sports, Exercise and Fitness,* L. Diamant, ed. Washington, DC: Hemisphere. pp. 17-50.
37. Iso-Ahola, S.E., and B.D. Hatfield. 1986. *Psychology of Sports: A Social Psychological Approach. Dubuque*, IA: Brown.
38. Issacs, K.R., B.J. Anderson, A.A. Alcantara, J.E. Black, and W.T. Greenough. 1992. Exercise and the brain: Angiogenesis in the adult rat cerebellum after vigorous physical activity and motor skill learning. *Journal of Cerebral Blood Flow and Metabolism* 12: 110-119.
39. Jacobson, E. 1974. *Progressive Relaxation.* Chicago: University of Chicago Press.
40. Kramer, A.F., S. Hahn, N.J. Cohen, M.T. Banich, E. McAuley, C.R. Harrison, J. Chason, E. Vakil, L. Bardell, R.A. Boileau, and A. Colcombe. 1999. Aging, fitness and neurocognitive function. *Nature* 400: 418-419.
41. Kugler, J., H. Seelback, and G.M. Kruskemper. 1994. Effects of rehabilitation exercise programmes on anxiety and depression in coronary patients: A meta-analysis. *British Journal of Clinical Psychology* 33: 401-410.
42. Kyllo, L.B., and D.M. Landers. 1995. Goal setting in sport and exercise: A research synthesis to resolve the controversy. *Journal of Sport and Exercise Psychology* 17: 117-137.
43. Landers, D.M. 1980. The arousal-performance relationship revisited. *Research Quarterly for Exercise and Sport* 51: 77-90.

44. Landers, D.M., and S.A. Arent. 2001. Physical activity and mental health. In: *Handbook of Sport Psychology*, 2nd ed., R.N. Singer, H.A. Hausenblas, and C.M. Janelle, eds. New York: Wiley. pp. 740-765.

45. Landers, D.M., and Arent, S.A. 2007. Physical activity and mental health. In: *Handbook of Sport Psychology*, 3rd ed., G. Tenenbaum and R.C. Eklund, eds. New York: Wiley. pp. 469-491.

46. Landers, D.M., and S.J. Petruzzello. 1994. Physical activity, fitness, and anxiety. In: *Physical Activity, Fitness, and Health*, C. Bouchard, R.J. Shepard, and T. Stevens, eds. Champaign, IL: Human Kinetics. pp. 868-882.

47. Lim, S., and L. Lipman. 1991. Mental practice and memorization of piano music. *Journal of General Psychology* 118: 21-30.

48. Long, B.C., and R. Van Stavel. 1995. Effects of exercise training on anxiety: A meta-analysis. *Journal of Applied Sport Psychology* 7: 167-189.

49. Marcus, B.H., C.A. Eaton, J.S. Rossi, and L.L. Harlow. 1994. Self-efficacy, decision making, and stages of change: An integrative model of physical exercise. *Journal of Applied Social Psychology* 24: 489-508.

50. Martens, R. 1975. *Social Psychology and Physical Activity*. New York: Harper & Row.

51. McDonald, D.G., and J.A. Hodgdon. 1991. *The Psychological Effects of Aerobic Fitness Training: Research and Theory*. New York: Springer-Verlag.

52. McDowell, K., S.E. Kerick, D.L. Santa Maria, and B.D. Hatfield. 2003. Aging, physical activity, and cognitive processing: An examination of P300. *Neurobiology of Aging* 24 (4): 597-606.

53. Meijer, E.H., F.T.Y. Smulders, and B.D. Hatfield. 2002. The effects of rhythmic physical activity and the EEG. Paper submitted for presentation at the annual meeting of the Society for Psychophysiological Research, Washington, DC.

54. Morgan,W.P.1985.Affective beneficence of vigorousphysical activity. *Medicine and Science in Sports and Exercise* 17: 94-100.

55. Morgan, W.P. 2001. Prescription of physical activity: A paradigm shift. *Quest* 53: 366-382.

56. North, T.C., P. McCullagh, and Z.V. Tran. 1990. Effects of exercise on depression. *Exercise and Sport Sciences Reviews* 18: 379-415.

57. O'Block, F.R., and F.H. Evans. 1984. Goal setting as a motivational technique: In: *Psychological Foundations of Sport*, J.M. Silva and R.S. Weinberg, eds. Champaign, IL: Human Kinetics. pp. 188-196.

58. Petruzzello, S.J., P. Ekkekakis, and E.E. Hall. 2006. Physical activity, affect and electroencephalogram studies. In: *Psychobiology of Physical Activity*, E.O Acevedo and P. Ekkekakis, eds. Champaign, IL: Human Kinetics. pp. 91-109.

59. Petruzzello, S.J., D.M. Landers, B.D. Hatfield, K.A. Kubitz, and W. Salazar. 1991. A meta-analysis an the anxiety-reducing effects of acute and chronic exercise. *Sports Medicine* 11: 143-182.

60. Prochaska, J.O., and B.H. Marcus. 1994. The transtheoretical model: The applications to exercise. In: *Advances in Exercise Adherence*, R.K. Dishman, ed. Champaign, IL: Human Kinetics. pp. 161-180.

61. Roberts, G.C. 1993. Motivation in sport: Understanding and enhancing the motivation and achievement of children. In: *Handbook of Research on Sport Psychology*, R.N. Singer, M. Murphy, and L.K. Tennant, eds. New York: Macmillan. pp. 405-420.

62. Roberts, G.C. 2001. Understanding the

dynamics of motivation in physical activity: The influence of achievement goals on motivational processes. In: *Advances in Motivation in Sport and Exercise*, G.C. Roberts, ed. Champaign, IL: Human Kinetics. pp. 1-50.

63. Roberts,G.C.,andD.C.Treasure.1995.Achievementgoals, motivation climate and achievement strategies and behaviors in sport. *International Journal of Sport Psychology* 26: 64-80.
64. Rogers, R.L., J.A. Meyer, and K.F. Mortel. 1990. After reaching retirement age physical activity sustains cerebral perfusion and cognition. *Journal of the American Geriatric Society* 38: 123-128.
65. Ryan, R.M., C.M. Frederick, D. Lepes, N. Rubio, and K.M. Sheldon. 1997. Intrinsic motivation and exercise adherence. *International Journal of Sport Psychology* 28: 335-354.
66. Schuit, A.J., E.J.M. Feskens, L.J. Launer, and D. Kromhout. 2001. Physical activity and cognitive decline, the role of apolipoprotein e4 allele. *Medicine and Science in Sports and Exercise* 33: 772-777.
67. Sherwood, D.E., and D.J. Selder. 1979. Cardiorespiratory health, reaction time and aging. *Medicine and Science in Sports* 11: 186-189.
68. Siedentop, D., and G. Ramey. 1977. Extrinsic rewards and intrinsic motivation. *Motor Skills: Theory Into Practice* 2: 49-62.
69. Skinner, B.F. 1938. *The Behavior of Organisms: An Experimental Analysis*. New York: Appleton Century Crofts.
70. Skinner, B.F. 1953. *Science and Human Behavior*. New York: Macmillan.
71. Solomon, R.L., and J.D. Corbit. 1973. An opponent-process theory of motivation: Ⅱ. Cigarette addiction. *Journal of Abnormal Psychology* 81: 158-171.
72. Spielberger, C.D. 1983. *Manual for the State-Trait Anxiety Inventory (Form Y)*. Palo Alto, CA: Consulting Psychologists Press.
73. Spirduso,W.W.1983.Exerciseandtheagingbrain. *Research Quarterly for Exercise and Sport* 54: 208-218.
74. Tong, L., H. Shen, V.M. Perreau, R. Balazas, and C.W. Cotman. 2001. Effects of exercise on gene-expression profile in the rat hippocampus. *Neurobiology of Disease* 8: 1046-1056.
75. U.S. Department of Health and Human Services. 1996. *Physical Activity and Health: A Report of the Surgeon General*. McLean, VA: International Medical.
76. Valler and,R.J.,and G.F.Losier.1999.Anintegration analysis of intrinsic and extrinsic motivation in sport. *Journal of Applied Sport Psychology* 11: 142-169.
77. Von Euler, C., and V. Soderberg. 1957. The influence of hypothalamic thermoceptive structures on the electroencephalogram and gamma motor activity. *Electroencephalography and Clinical Neurophysiology* 9: 391-408.
78. Weinberg, R.S., and D. Gould. 1999. *Foundations of Sport and Exercise Psychology*. Champaign, IL: Human Kinetics.
79. Woo, M., S. Kim, J. Kim, and B.D. Hatfield. (2010). The influence of exercise intensity on frontal electroencephalographic (EEG) asymmetry and self-reported affect. *Research Quarterly for Exercise and Sport* 81: 349-359.
80. Woo, M., S. Kim, J. Kim, S.J. Petruzzello, and B.D. Hatfield. 2009. Examining the exercise-affect dose-response relationship: Does duration influence frontal EEG asymmetry? *International Journal of Psychophysiology* 72 (2): 166-172.

第 2 部分

初始咨询与评估

第9章

客户咨询与健康评估

塔米·K. 埃韦托维奇（Tammy K. Evetovich），PhD
克里斯季·R. 海涅里希（Kristi R. Hinnerichs），PhD

学习完本章后，你将能够掌握如下内容。

- 进行初步的客户访谈，评估适合度，制订目标，与客户签订协议。
- 了解运动前健康评估筛查的过程。
- 确定与心血管疾病有关的冠状动脉风险因素。
- 对潜在客户的健康状态进行评估与分级。
- 识别出需转诊至专业医护人员的客户。

私人教练的工作范围包括与潜在客户进行沟通交流，以收集与他们的个人健康水平、生活方式和运动准备相关的信息。咨询过程本身就是一项十分重要的筛查机制，我们可以将其视为评估健康状态与制订符合客户个人需求的安全高效的综合训练计划的工具。本章内容包括客户咨询；运动前健康评估筛查；冠状动脉风险因素、疾病与生活方式评估；对结果的分析；转诊流程；医学许可。

在此感谢本书第1版本章的作者约翰·A. C. 科迪奇（John A.C.Kordich）对本书的贡献。

咨询与健康评估的目的

美国国家体能协会私人教练认证工作分析委员会［The NSCA-Certified Personal Trainer Job (Task)Analysis Committee］对私人教练的工作范围做了如下定义。

作为健康或健身专业人员，私人教练采用个性化方式对客户进行评估、鼓励、指导，为客户提供训练服务，以满足其健康与体能的需求。私人教练设计安全有效的训练计划，并为客户提供指导以实现其个人目标。此外，私人教练能对紧急状况做出适当反应。私人教练熟悉专业领域的知识，可以在适当的时候将客户转诊至其他专业医护人员。

私人教练很重要（MATER）

私人教练的重要性如下。

- 激发（motivate）运动表现与遵从性。
- 评估（assess）健康状态。
- 安全高效地为客户提供训练（train）服务以实现其个人目标。
- 把客户培训（educate）成见多识广的消费者。
- 必要时将客户转诊（refer）至专业医护人员。

客户咨询与健康评估的目的直接与私人教练的工作范围相一致。也许描述私人教练在运动前筛查过程中的角色与职责，最好的方法可能是通过英文首字母缩写“MATER”。

客户咨询与健康评估过程中最重要的原则，就是筛查客户与慢性心血管疾病、肺部疾病、代谢疾病和其他骨骼疾病有关的症状与风险因素，以提升运动与相关测试中的安全性。因此本章内容的重点是健康状态评估以及风险分级，这也是分析是否需要将客户转诊至专业医护人员的基础。

执行过程

健康与健身行业具有多样性，目前还没有关于客户咨询与健康评估机制的特定标准流程。但是这一过程的执行一般基于以下 4 个因素。

1. 资格证书。
2. 工作场所。
3. 服务人群。
4. 法律章程。

鉴于上述因素的差异，下面的“客户咨询与健康评估步骤”可以作为客户咨询与健康评估执行过程中的参考。

客户咨询

虽然没有统一的执行过程，但是业界对于客户咨询的第一步，即初步访谈的重要性已经达成共识。私人教练通过这一步骤可以获得并共享与计划流程相关的必要信息[16, 28]。作为预约好的安排，初步访谈是一个双向的信息共享过程。教练与客户会在初步访谈中互相评估，讨论训练目标并达成一致。

客户咨询与健康评估步骤

1. 预约咨询日期。
2. 进行采访咨询。
3. 填写健康评估表格。
4. 评估冠状动脉风险因素、已确诊疾病和生活方式。
5. 评估和解释结果。
6. 在需要时转诊至专业医护人员。
7. 获得医学许可与运动建议。

> 教练与客户在初步访谈中会评估双方的适合度、制订目标并签订客户与教练的协议。

评估客户与教练的适合度

作为评估客户与教练的适合度的第一步，私人教练会就提供的服务进行详细的描述。传递给潜在客户的信息包括私人教练的学历学位、专业水平、资格证书、擅长领域，以及执教的宗旨、成功率与特点。其他影响适合度的因素包括提供服务的地点和时间等问题。

私人教练也需要评估客户的动机与坚持程度来估计客户的训练准备水平。对于训练执行力的预测可以起始于对过往经历、运动水平、支持力度、时间管理、组织能力，以及其他可能影响训练执行力的潜在障碍的讨论。对于运动准备度与训练执行力的预测也可以借助于纸质测试表。本书第 208 页提供了态度评估表。

决定适合度的最后一步需要私人教练与潜在客户就边界、规则、资源与预期目标达成一致，同时解决在初步访谈中出现的问题。

如果双方在初步访谈中发现了影响适合度的问题，私人教练需要告知客户通过其他途径获得服务的信息。

讨论目标

确定适合度之后的下一步是对训练目标进行讨论。确定目标的主要作用在于确定并提供方向，这个方向关系到目的和动机。作为训练过程中的重要元素，制订个性化的、可量化的、行动导向的、合理的和有时间期限的目标既是科学也是艺术。本书第 8 章已经讨论了目标设定。

签订客户与教练的协议

在私人教练和客户确定并阐明目标后，下一个步骤就是签订客户与教练的协议。根据合同法的要求签订协议需要一个法律驱动的正式程序。合同的内容应包括服务描述、当事方、各方期望、服务时间、成本结构及付款过程，还应包括解除政策、终止条款及无效条件等。咨询过程中应该提供讨论合同内容的机会。私人教练应该在客户同意签订合同之前记录并阐明与之有关的问题。在满足法定年龄与行为能力的相关条件下，合同经双方签订后即生效[23]。本书第 212 页提供了私人训练合同范本。私人教练应该咨询律师以确保合同符合当地法规。

运动前健康评估筛查

运动前健康评估筛查的目的在于确认已知的疾病及与冠状动脉疾病有关的风险因素，评估客户生活方式中可能需要特殊考虑的因素，以及确定那些在开始运动前需要转诊的人群。

运动前健康评估筛查的第一步是让客户填写相关表格。私人教练应该在提供服务之前检查客户填写的表格。这个过程一定要经济高效，以免给不需要医学许可的人造成阻碍[30]。

健康评估工具指用于收集评估信息以确定适当的运动与转诊等级的工具。常用的工具有两种：（1）体育活动准备问卷（Physical Activity Readiness Questionnaire，PAR-Q）和（2）健康/医学问卷（Health/Medical Questionnaire）。

健康评估工具

体育活动准备问卷是由加拿大人开发的工具，包括一份问卷，除了医生的诊断外，这份问卷还需要客户自我回顾经历过的医学检察与病史。体育活动准备问卷详见本书第213页。

体育活动准备问卷的优势在于成本低、简便易行，而且可以敏感地辨识出需要进行额外医学筛查的人群，以及可以直接参与并受益于低强度运动的人群[45]。体育活动准备问卷的限制在于其设计初衷是为了确定运动的安全性而非患冠状动脉疾病的风险。鉴于体育活动准备问卷在辨识冠状动脉风险因素、用药及运动禁忌方面的不足，建议私人教练使用额外的健康评估工具，以便更有效地辨识这些关键因素。

健康/医学问卷是评估客户可否进行中高强度运动的有效工具，它可以辨识出与冠状动脉疾病和猝死有关的风险因素、确诊的病理和骨科问题、近期手术与以往的症状、用药史和生活方式。健康/医学问卷范例详见本书第214页。

健康评估工具收集到的信息对于辨识风险因素、风险分级与选择合适的测试和训练方式十分有帮助。本章后续内容也讨论了客户在进行测试或开始运动前必须获得医学许可的原因。

其他筛查

其他筛查表格提供了收集并交换有价值信息的机会，这些内容包括生活方式问卷、知情同意书及风险解除/自负协议等。

生活方式问卷

生活方式问卷的形式、主旨和深度各不相同，通常都由对一系列问题的选择和模式的评估组成。这些问题涉及饮食摄入、压力管理、体育活动水平，以及其他可能影响个人健康的行为。尽管问卷结果的具体益处还不清楚，但是其在定性和定量评估可能对促进个人健康和体能变化产生积极或消极影响的行为方面似乎有一定的价值。私人教练可以通过生活方式问卷来增加之前收集到的与健康和体能相关的信息，以此来阐明和确认有助于或不利于客户成功的个人特点。此外，问卷结果对于制订目标来说可以提供非常有价值的信息。

绝大多数现行的标准生活方式问卷都是为健康人群设计的，让之前被医生确诊过有健康问题的人填写这类问卷可能不会提供准确有效的信息，对这部分人的指导应该借助于医生提供的诊断信息。本书第216页的健康风险分析表格就是生活方式问卷的一个示例。

知情同意书

知情同意书为客户提供了训练计划执行的内容和过程。知情同意书最重要的组成部分包括训练计划的详细描述、参与训练的风险和益处、保密条款、客户责任，以及对知情同意书内条款的接受与否。知情同意书的信息通常会在客户开始进行任何测试或运动前，采用口头和书面两种形式传达给客户，以确保客户了解与训练计划有关的情况和风险。关于知情同意书的相关法律问题的讨论详见第 25 章。本书第 801 页给出了两份知情同意书的范本。

风险解除 / 自负协议

风险解除 / 自负协议指客户在参与运动前同意放弃发生损害时获得法律补偿（赔偿金）[2] 的权利，即使损害是由于服务提供商的疏忽造成的。由于弃权文件的多样性（详见第 25 章），所以有关风险自负协议执行的法律影响还不清晰。一份风险自负协议需要列出参与运动的潜在风险，明确潜在客户了解这些风险并自愿承担责任。签订风险自负协议可能会减少责任。如果私人教练需要向法院证明客户知道如何避免风险并承担这些风险，那么这类文件可能是有用的。但是这些协议内容不会减少私人教练表现出应有的职业素养的责任。更多讨论详见第 25 章。本书第 803 页给出了一份风险自负协议范本。

儿童与运动前文件

随着超重和肥胖儿童数量的持续增长，家长们开始雇佣私人教练帮助他们的孩子减肥、增加体能水平和自信心。此外，一些家长为了提高孩子们的运动表现也开始求助于私人教练。不幸的是，关于儿童参加这种训练项目的医学和法律方面的文件很少。目前可以明确的是，家长或法定监护人应该在他们的孩子开始训练前填写一份健康回顾问卷。运动前体格检查（Preparticipation Physical Examination）[36] 包括一份已被美国儿科学会和美国家庭医生学会批准的运动前体格评估表。这份表格有助于确定儿童在参加一项体育活动之前是否需要获得医生的许可。但是还不清楚弃权条款、家长同意书或者风险自负协议等是否适用于这个年龄段的人群。家长们没有代表他们的孩子签署风险自负协议的权利 [22]。因此，儿童在发生伤病时很难撇清私人教练的责任。事实上，根据许多州的法律规定，特定年龄段的儿童（通常是 7 ～ 14 岁）不具备控制自我过失的能力 [22]。因此，儿童的自我过失不足以限制对损害赔偿的任何判定。

基于这些考虑，儿童的私人教练需要了解安全有效的训练方式，以及儿童群体独有的心理和生理特点。虽然儿童的私人教练涉及很多法律和医学层面的问题，但是这个年龄段的人群进行体育活动的好处非常多 [19]。如果私人教练能够遵循既有的训练指导原则和安全规定，那么他们就可以降低客户的损伤风险并免除自己的责任。

记录保存

私人教练需要收集、归档并保存初步访谈中获得的重要信息和材料。记录保存系统可以帮助私人教练确认是否收到相关表格、这些表格是否填写完整，以及其他涉及客户状态的文件是否完整，以使私人教练得以进行运动前健康评估筛查过程的下一步。

私人教练的工作范围包括对潜在客户进行访谈，评估与其个人健康、医疗状况、生活方式相关的信息，以更加安全有效地满足客户的个人健康与体能需求。

冠状动脉风险因素、疾病与生活方式评估

客户填写完适当的表格之后，私人教练需要评估内容信息以辨识出与客户目前健康状态有关的任何潜在风险因素。这种评估可以帮助私人教练对客户进行风险分级并在必要时将客户转诊至医生。评估的重点包括与冠状动脉疾病（coronary artery disease，CAD）、医疗状况、已确诊疾病以及目前的生活方式有关的阳性风险因素。

冠状动脉疾病的风险因素

冠状动脉疾病是西方社会死亡率升高的首要原因[6]。动脉粥样硬化指与冠状动脉疾病有关的渐进性退化，表现为动脉血管壁的内皮组织硬化和弹性下降。长此以往，脂肪的沉积和斑块的形成将导致动脉血管变窄，这反过来会影响血液通过血管组织到达心脏，从而导致心脏组织死亡或者心肌梗死。

虽然研究表明运动的保护性机制可以阻止动脉粥样硬化，但是某些已经出现这种情况的人在运动时会对这些受损系统产生过大的压力，因此其患冠状动脉疾病的风险反而更大[34]。

可辨识的引起动脉粥样硬化的风险因素与患冠状动脉疾病的可能性相关。风险因素可以被定义为：在流行病学证据基础上，与健康状况有关且需要重点预防的个人行为、生活方式、环境暴露或遗传特性[29]。十分有必要对与动脉粥样硬化有关的风险因素进行评估，以辨识出那些运动风险更高的人。

冠状动脉疾病阳性风险因素

流行病学研究表明一个人发生冠状动脉疾病的概率与这个人的冠状动脉疾病的风险因素有关。这些风险因素的数量越多，程度越严重，患冠状动脉疾病的概率越大[26]。与冠状动脉疾病显著相关的 8 个冠状动脉疾病阳性风险因素分别是年龄、家族病史、吸烟、高血压、血脂异常、空腹血糖水平过高、肥胖，以及久坐少动的生活方式（表 9.1）。

年龄 冠状动脉疾病的发病率随年龄的增长而增加。与女性相比，男性患冠状动脉疾病的风险更大，且发病年龄更早。根据最新的指南，年龄达到 45 岁的男性和年龄达到 55 岁的女性将自动归为中等风险层级。

家族病史 冠状动脉疾病与基因关联的家族遗传有关。虽然还无法确认是否涉及具体某一个基因编码或某一项环境影响，但基本可以断定有相关家族病史的人更容易患冠状动脉疾病[27]。因此，一代内男性亲属 55 岁以前或一代内女性亲属 65 岁以前出现过心肌梗死、冠状动脉搭桥或猝死的情况都属于冠状动脉疾病阳性风险因素[3]。

表 9.1　冠状动脉疾病风险因素阈值

阳性风险因素	定义标准
年龄	男性≥ 45 岁；女性≥ 55 岁
家族病史	一代内男性亲属 55 岁以前或一代内女性亲属 65 岁以前出现过心肌梗死、冠状动脉搭桥或猝死的情况
吸烟	正在吸烟、戒烟 6 个月以内或暴露于吸烟环境中
久坐少动	3 个月内每周至少进行 30 分钟中等强度体育活动（摄氧量储备的 46% ～ 60%）的天数不满 3 天[47]*
肥胖†	BMI ≥ 30、男性腰围＞ 40 英寸（约 102 厘米）或女性腰围＞ 35 英寸（约 88 厘米）[17]
高血压	两次不同时间测量时收缩压≥ 140 毫米汞柱和（或）舒张压超过 90 毫米汞柱或正在服用降压药物**
血脂异常	低密度脂蛋白胆固醇≥ 130 毫克 / 分升（3.37 毫摩尔 / 升），或高密度脂蛋白胆固醇 <40 毫克 / 分升（1.04 毫摩尔 / 升），或正在服用降血脂药物，或总胆固醇≥ 200 毫克 / 分升 (5.18 毫摩尔 / 升）***
糖尿病前期	两次不同时间测试时空腹血糖浓度介于 100 毫克 / 分升（5.50 毫摩尔 / 升）与 126 毫克 / 分升（6.93 毫摩尔 / 升），或口服糖耐量测试 2 小时后血糖浓度介于 140 毫克 / 分升（7.70 毫摩尔 / 升）与 200 毫克 / 分升（11.00 毫摩尔 / 升）****
阴性风险因素	**定义标准**
高血清高密度脂蛋白胆固醇§	超过 60 毫克 / 分升（1.55 毫摩尔 / 升）

*Pate，R.R.，M.Pratt，S.N.Blair，et al.1995. Physical activity and public health.A recommendation from the Centers for Disease Control and Prevention and the American College of Sports Medicine.Journal of the American Medical Association 1:273 (February，5): 402-407.

**Chobanian，A.V.，G.L.Bakris，H.R.Black，et al.2003.The seventh report of the Joint National Committee on Prevention，Detection，Evaluation，and Treatment of High Blood Pressure: The JNC 7 report.Journal of the American Medical Association 289: 2560-2572.

***NCEP Expert Panel.2002.Third report of National Cholesterol Education Program (NCEP) Expert Panel on Detection，Evaluation，and Treatment of High Blood Cholesterol in Adults (Adult Treatment Panel III).Final report.Circulation 106: 3143-3421.

****American Diabetes Association.2007.Diagnosis and classification of diabetes mellitus.Diabetes Care 30 (suppl 1): S42-47.

† 关于肥胖的适用指标与阈值存在不同的观点，因此体育从业人员在评估风险因素时应进行临床判断。

§ 在做临床判断时，计算风险因素的总和很常见。因为高密度脂蛋白胆固醇可以降低患冠状动脉疾病的风险，所以高密度脂蛋白胆固醇浓度高的话可以抵消一个阳性风险因素。

来源：Adapted by permission from ACSM 2010.

吸烟 无数实验证据都证明吸烟是引发冠状动脉疾病的主要风险因素[21]。心血管疾病与吸烟量和吸烟时间之间也呈线性相关关系[14]。数据表明香烟中的化学成分可以提高心肌对氧气的需求并影响氧气输送，从而导致心血管系统获得氧气的效率下降[15]。此外，吸烟会导致高密度脂蛋白胆固醇减少，从而加速动脉粥样硬化的过程[35]。目前仍在吸烟及戒烟6个月以内的人仍然有较高的患冠状动脉疾病的风险[3]。

高血压 高血压指血压长期处于比较高的水平。大多数临床上被确诊的病人都属于原发性高血压，即无法明确特定病因的高血压。继发性高血压指由肾病和肥胖等特定因素引起的血压升高[31]。

无论致病原因是什么，高血压引起的直接血管损伤及其对心肌的副作用都会让人更容易发生冠状动脉疾病。血管壁压力升高后，心脏泵出额外的血液时就必须增加工作负荷以克服外周血管阻力[44]。总体来说，血压越高，发生冠状动脉疾病的风险越大。

血脂异常 胆固醇是人体器官内具有特定代谢功能的脂肪样物质。胆固醇的运输由血液中的两种蛋白质分子——高密度脂蛋白（HDL）和低密度脂蛋白（LDL）负责。有证据表明LDL释放的胆固醇可以穿过动脉血管壁内皮导致形成血栓并最终引起血管阻塞和心脏病[46]。研究表明HDL可以将胆固醇运送至肝脏进行代谢和分解，因此具有保护作用。

流行病学研究发现不论男性还是女性，总胆固醇水平高、低密度脂蛋白胆固醇水平高、高密度脂蛋白胆固醇水平低与冠状动脉疾病发病率升高之间存在非常强的联系[18]。总胆固醇≥200毫克/分升，高密度脂蛋白胆固醇水平小于35毫克/分升，低密度脂蛋白胆固醇≥130毫克/分升的人和正在服用降血脂药物的人，患冠状动脉疾病的风险更高。需要注意的是，高密度脂蛋白胆固醇水平比总胆固醇更能有效预测冠状动脉疾病。上述情况都属于冠状动脉疾病的阳性风险因素[3]。

空腹血糖水平过高 空腹血糖水平是用于评价机体代谢功能的指标。血液循环中的葡萄糖水平升高导致的化学性失衡会影响脂肪和葡萄糖的利用。因此，这类代谢失衡的人更容易发生动脉粥样硬化和冠状动脉疾病[5]。空腹血糖水平升高也可能预示着糖尿病的发生。如果一个人在两次不同时间的测量中出现空腹血糖浓度≥100毫克/分升，或在口服糖耐量测试结束2小时后血糖浓度≥140毫克/分升的情况，则认为其患冠状动脉疾病的风险增加[3]。

肥胖 肥胖在医学上被定义为多余身体脂肪的累积与储存。肥胖与冠状动脉疾病之间的关系还不清楚，因为肥胖与体育活动不足、高血压、高血脂和糖尿病等风险因素之间都有关联。但是已有证据表明肥胖本身也是一个独立的冠状动脉疾病风险因素[24]。这种风险因素除了与多余身体脂肪的累积有关之外，还与内脏脂肪沉积的位置有关。在腰腹部累积或储存多余身体脂肪的人有着更高的患冠状动脉疾病的风险[17]。与肥胖有关的评估标准包括BMI≥30，男性腰围大于40英寸（约102厘米）或女性腰围大于 35 英寸（约 88 厘米）。[3] 本书第 11 章讲解了计算 BMI 与测量腰围的方法。

久坐少动的生活方式 体育活动不足或久坐少动的生活方式被认为是患病率和死亡率升高的首要贡献因素（表 9.1）。无数研究都发现久坐少动的生活方式或运动水平低会导致更高的患冠状动脉疾病的风险[47]。许多证据都表明久坐少动人群患冠状动脉疾病的风险显著高于体育活动水平高的人群。体育活动对于减少其他冠状动脉疾病风险因素也有许多益处，例如降低静息收缩压与舒张压及甘油三酯水平，提高高密度脂蛋白胆固醇水平、及葡萄糖耐量与胰岛素敏感性[20]。在美国外科医生总体报告（the U.S. Surgeon General's report）中，不参加常规运动或不满足最低体育活动要求（一周中大部分时间或每天累积进行 30 分钟或以上中等强度的运动，每天消耗 200 ～ 250 千卡热量）的具有冠状动脉疾病阳性风险因素[3]。

冠状动脉疾病阴性风险因素

冠状动脉疾病阴性风险因素具有保护心脏的有利作用[32]。HDL 可以移除体内的胆固醇并阻止动脉血栓形成，因此对冠状动脉疾病具有抵抗作用。研究表明 HDL 水平升高伴随着患冠状动脉疾病的风险下降[12]。因此，血清高密度脂蛋白胆固醇≥ 60 毫克 / 分升的人能改善他们的胆固醇分布，降低患冠状动脉疾病的风险[3]。如果客户的高密度脂蛋白胆固醇水平高（≥ 60 毫克 / 分升），私人教练可以从表 9.1 所示的阳性风险因素中减去一项。冠状动脉疾病风险因素的评估结果将会影响风险分级与转诊，这些内容将在本章后续内容中讨论。

> 私人教练必须能够辨别并理解阳性风险因素及其与冠状动脉疾病的关系，还有可能涉及的潜在的安全性问题。

医疗状况与已确诊疾病的鉴别

辨别并理解阳性风险因素及其与冠状动脉疾病的关系，还有这些风险因素出现时可能涉及的问题都是私人教练在筛查过程中的重要职责。但是辨识各种慢性心血管疾病、肺部疾病、代谢疾病、骨骼疾病等的迹象和症状的能力同样重要，这些疾病患者可能不适合进行运动或在运动时病情会加重，从而对个人健康产生不利影响。由于潜在风险增大，对已有患病证据、心血管疾病症状，以及正在使用药物控制这些疾病的人要重点关注。

冠状动脉与肺部疾病

个人病史在冠状动脉疾病的早期诊断过程中非常重要。指向冠状动脉疾病的迹象和症状是辨识疾病高发人群的重要参考。病史中出现过与冠状动脉疾病有关的迹象和症状的人，在参与体育活动时需要考虑安全问题。前面提到过的健康筛查评估就是为了辨识出之前被确诊的或个人发现的迹象和症状。私人教练还需要在客户咨询与健康评估过程中格外注意观察，以辨识出客户可能存在的指向心血管与肺部疾病的迹象与症状。指向心血管与肺部疾病的主要迹象与症状如下。

- 胸部、颈部、下颌、手臂或其他部位可能由于缺血而引起的疼痛和不适（或其他类似于心绞痛的感觉）。
- 安静或轻微用力时呼吸短促。
- 头昏或晕厥。
- 端坐呼吸（需要坐起来才能顺畅呼吸）或突发性夜间呼吸困难。
- 踝关节水肿。
- 心悸或心动过速。
- 间歇性跛行（小腿痉挛）。
- 心脏杂音。
- 正常活动时特别疲劳或呼吸短促。

来源：Adapted from ACSM 2010[3].

重要的是，私人教练需要明白这些体征与症状必须以诊断为目的在临床环境下进行解释，它们并非心血管、肺部和代谢疾病特有的[9]。但是如果客户表现出这些迹象与症状，私人教练有责任采取适当行动并将客户转诊至医院进行医学检查。

许多肺部疾病都会影响运动时呼吸系统通过心血管系统将氧气输送至组织的能力。由氧气供应不足引起的系统性故障，将对心血管系统产生异于寻常的需求，并在某些情况下极度降低运动耐力。慢性支气管炎、肺气肿和哮喘被认为是与慢性阻塞性肺病（chronic obstructive pulmonary disease，COPD）有关的综合征，且是最常见的呼吸系统功能障碍疾病。慢性支气管炎是由支气管壁变厚引起痰液持续产生而导致的炎症，这种情况反过来又会导致气流减少。肺气肿是一种影响小气道的疾病。随着肺泡毛细血管单位逐渐被破坏，肺部气室扩大，引起肺部血管阻力增大，大多数情况下可能导致心力衰竭。哮喘的主要原因是支气管周围的平滑肌痉挛性收缩，引起支气管内壁黏膜细胞水肿与黏液过度分泌。与哮喘有关的气道收缩的发作原因包括过敏反应、运动、空气质量和压力[8]（本书第 20 章提供了详细信息）。

心脏性猝死的风险

与运动有关的心脏性猝死可能是由心脏骤停导致的，在个人已有的临床状态发生急剧变化或发生这种变化的数分钟内发生[48]。对于心血管系统正常的健康人来说，运动一般不会引发心血管问题[3]。事实上，医疗界强烈主张进行规律的体育活动，因为大量流行病学、临床与基础研究证据都表明，体育活动与运动训练可以延缓动脉粥样硬化的发展，并降低心血管疾病的发生概率[4]。但是对于易感人群来说，高强度体育活动会暂时增加急性心肌梗死和心脏性猝死的风险[4]。

小于 35 岁的年轻人和老年人都有心脏性猝死风险，但是背后的原因各不相同。在年轻人中，引起心脏性猝死的最常见的心血管异常包括肥厚型心肌病、冠状动脉异常、主动脉狭窄、主动脉夹层和破裂［通常与马方综合征（Marfan syndrome）有关］、二尖瓣脱垂、各种心律不齐及心肌炎等。除马方综合征（主动脉破裂是最常见的原因）外，室性心律失常是引起死亡的直接原因[4]。之前无临床症状的老年人发生心脏性猝死的原因通常是急性冠状动脉斑块破裂伴随着急性血栓闭塞[4]。

健康 / 医学问卷（详见第 214 页）中的个人病史可以帮助私人教练辨识出心脏性猝死的潜在风险。出现下列一种或多种情况时应该将客户转诊至医院并进行心血管检查。

- 运动时胸部疼痛或不适。
- 莫名其妙地出现头昏或眩晕，尤其在运动时。
- 运动时不明原因的和过度的呼吸短促或疲劳。
- 之前确认过的心脏杂音。
- 血压升高。
- 不止一个亲属在 50 岁之前猝死和意外死亡。
- 近亲 50 岁之前由于心脏疾病而残疾。
- 肥厚型心肌病、长 QT 间期综合征、马方综合征或心律失常等家族病史。

来源：Adapted from American Heart Association Council on Nutrition，Physical Activity，and Metabolism 2007[7].

这些项目选取自美国心脏协会的竞技体育运动员筛查推荐。相比于普通人群，与中高强度体育活动有关的心脏性猝死更常见于竞技体育运动员群体。这也是使用上述筛查指南替代竞技体育运动员筛查的原因[7]。虽然普通人群猝死风险升高的概率小得多，但是竞技体育运动员筛查使用的医学与家族史问题同样适用于普通人群。

私人教练必须牢记这些体征和症状都必须以诊断为目的在临床环境中进行解释，而且它们并非心脏性猝死特有。如果客户被筛查出一个或多个风险因素，私人教练有责任在客户开始任何类型的运动之前采取适当的行动并推荐客户接受医学检查[4]。

私人教练必须牢记，与运动有关的心脏性猝死的原因并非必须严格依据年龄来划分。年轻人可能表现出心血管疾病早发的迹象，老年人也可能表现出先天结构性心脏异常[4]。因此私人教练需要了解每个人潜在的风险因素。对于患有冠状动脉疾病风险的人来说，规律地进行体育活动的益处大于心脏性猝死的风险。但是对于已经确诊或有隐匿性心脏疾病的人来说，高强度体育活动的风险几乎总是超过其益处的[4]。

对大多数人来说，定期进行体育活动的益处超过心脏性猝死的风险。但对于已经确诊或有隐匿性心脏疾病的人来说，定期进行体育活动的风险几乎总是超过益处的。

心脏性猝死在任何人群中都是不常见且灾难性的事件。如果能够预防，那么一例死亡也会显得太多。据估算，年轻运动员中与运动有关的死亡的绝对发生率为在男性中每 133 000 人一例，在女性中每 769 000 人一例[4]。这些估算包括所有与运动有关的非创伤性死亡，且并不仅限于心血管事件。老年人进行高强度体育活动时的心脏性猝死发生率为每 15 000 ～ 18 000 人一例[3]。心脏性猝死，尤其是年轻人群体的心脏性猝死，引发了关于运动前筛查指南的大量争论[42]。作为一名私人教练，在健康 / 医学问卷中加入心脏性猝死风险因素的内容对于辨识出可能有心脏性猝死风险的客户十分重要。根据个人准备程度对所有客户进行评估也很重要。当进行不适应的运动时，所有年龄段的人都更容易发生心脏性猝死[4]。

代谢疾病

如前所述，空腹血糖水平升高是冠状动脉疾病的阳性风险因素，也是糖尿病发展的潜在预测指标。糖尿病是一种影响机体正常的血糖代谢能力的代谢疾病。这项疾病的特点是由胰岛素分泌不足（1 型）、胰岛素功能缺陷（2 型）或两者共同导致的血糖升高。1 型糖尿病患者对胰岛素有依赖性，意味着他们需要注射胰岛素以代谢血糖。2 型糖尿病患者大多数都能够产生胰岛素，但组织会产生抵抗，因此血糖调节能力不足。糖尿病在心血管疾病发展过程中是一个独立因素，其增加了冠状动脉疾病、外周血管疾病和充血性心脏衰竭的可能性[3]。虽然体育活动、锻炼、饮食调节和处方药对调节血糖有影响，但糖尿病依然需要持续的医学治疗和预防措施[39]。第 19 章提供了与患糖尿病客户合作的信息。此外，客户的糖尿病会影响风险分级和转诊，相关知识将在本章后续内容中进行讨论。

骨骼状况与疾病

尽管骨骼限制与疾病没有表现出与心血管功能相关的风险，但是私人教练在评估客户时也要考虑肌肉骨骼问题，并且在开始运动之前可能需要将客户转诊至医生处。与急性创伤、过度使用性损伤、骨关节炎和下背部疼痛等相关的常见肌肉骨骼问题可能需要根据具体情况进行评估。类风湿性关节炎、近期进行过手术或退行性骨病等问题可能会限制运动表现且对私人教练来说很重要。由于这些情况涉及更复杂的并发症，因此私人教练服务于这类客户时可能需要额外注意。与关节置换、近期进行过手术、骨质疏松症和类风湿性关节炎有关的问题可能需要与医生进行沟通，且在大部分情况下需要医学许可（见本书第 21 章提供的详细信息）。

用药

接受医生治疗的人可能正在服用处方药物作为控制病情的治疗手段。机体内发生的化学反应可能会影响运动时的生理反应。不同的药物可能会改变心率、血压、心脏功能和运动能力。私人教练必须要了解常见药物的种类及其效果。例如，β- 受体阻断类药物一般用于治疗高血压，可影响运动时心率的正常升高，导致服用者很难达到训练心率，此时服用者不应该竭力达到训练心率。此外，由于药物对心率的影响，使用心率来监控运动强度可能是不合适的。因此，主观用力程度分级可能是用来调节运动强度的更有效的方法[38]。

生活方式评估

了解一个人与饮食摄入、体育活动和压力管理有关的行为模式，可以为评估与生活方式有关的潜在健康风险提供额外的信息。有证据表明，饮食摄入、体育活动和压力管理等生活方式的选择，与冠状动脉疾病的潜在风险及其他致病和致死原因之间存在非常明显的关系[41]。生活方式评估的结果可能会影响风险分级和转诊，本章后续内容会讨论这些问题。

饮食摄入与饮食习惯

由于营养习惯对健康和运动表现的显著影响，私人教练应该鼓励客户评估他们目前的日常饮食摄入。识别、定量和评估一个人的日常饮食摄入可以为私人教练提供非常宝贵的信息，例如摄入过量、摄入不足和热量失衡等可能导致疾病发生的因素。饮食摄入与疾病发生之间有着非常强的联系。通过饮食摄入的饱和脂肪和胆固醇与发生动脉粥样硬化之间的关联最强[13]。过量摄入酒精也可能导致患心血管疾病的风险增加，高盐饮食可能导致收缩压长期升高或心力衰竭恶化[25]。热量摄入过多可能引起肥胖和疾病，而热量摄入不足可能导致退行性骨病和与进食障碍有关的心理健康问题。记录并分析为期 3 天或 7 天的典型饮食摄入，可以作为个人饮食习惯评估的起点。私人教练也可以使用本书第 7 章讨论的饮食回顾。通过这些方法获得的信息是辨识疾病风险这一整体过程的重要组成部分。收集信息和评估客户营养习惯的详细指南见本书第 7 章。此外，针对有进食障碍迹象与症状的人，目前已有相应的辨识与咨询的策略与方法（见本书第 19 章提供的详细信息）。

活动与运动模式

辨识体育活动与运动模式可以帮助私人教练了解很少或没有体育活动或运动历史的人。与之前讨论过的一样，体育活动不足是导致冠状动脉疾病发展的主要因素，需要评估相关潜在问题和风险等级。体育活动与运动模式的评估应该包括运动类型、频率、运动量和强度的辨识，并记录与运动有关的迹象或症状，特别是呼吸短促或胸部疼痛。任何与关节不适或长期疼痛有关的肌肉骨骼问题也应该被关注。

压力管理

流行病学研究的证据表明压力与冠状动脉疾病风险有关[37]。许多研究已经把压力与心脏疾病联系起来。此外，许多前瞻性研究表明，A 型行为模式可能导致冠状动脉疾病发展的总体风险增加[10]。A 型行为模式的特征包括由“高需求低控制”情况与社交孤立引起的敌对意识、抑郁、长期压力等[1, 40]。这些与生活方式压力有关的特征可以从心理和生理的角度通过情绪压力量表和标准运动测试进行测量[11, 43]。鉴于压力本身及其对冠状动脉疾病发展的影响，私人教练需要能够辨识出压力超负荷的常见迹象和症状，并制订出减少健康风险的干预策略。本书第 9 章的健康风险分析表格可以用于评价客户的潜在压力与压力反应。这部分内容需要在运动前健康筛查过程中完成。

> 一旦完成运动前健康评估筛查，私人教练应该评价客户的冠状动脉疾病阳性风险因素、医疗状况、已确诊疾病和目前的生活方式。评估结果将用于风险分级。

分析结果

在运动前健康评估筛查，以及对冠状动脉风险因素、疾病和生活方式的回顾与评估完成之后，筛查过程的下一步就是辨识出那些风险较高的人，并对风险进行分级。针对潜在健康问题进行风险分级是确定体育活动合理性和在开始训练计划之前辨识出需要转诊的客户的准备步骤。为了有针对性地解释筛查过程中得到的结果，私人教练可以使用体育活动准备问卷和初步风险分级方式识别出潜在风险更大的客户，以及可能需要转诊和医学许可的客户。

体育活动准备问卷

如前所述，体育活动准备问卷对于明显健康且想要定期进行低强度运动的人来说是一种简便易行且经济高效的工具。体育活动准备问卷可以辨识出需要额外医学筛查的人，同时又不会排除那些可能受益于运动的人。在使用“是”或“否”客观回答完与冠状动脉疾病、骨科问题和医生诊断有关的 7 个问题之后，体育活动准备问卷可以提供基于结果分析得出的方向，以及针对体育活动和转诊过程的详细建议。本章“转诊流程”一节将会讨论关于这个问卷的详细建议。

初步风险分级

初步风险分级的目的在于使用年龄、健康状态、个人症状和冠状动脉疾病风险因素等信息将客户归入 3 个风险等级中的某一级以便于初步决策[3]。表 9.2 提供了风险分级过程的标准。任何指南或方案都不可能囊括所有可能出现的情况。但通过决策过程评估初步健康评估筛查过程中获得的信息，私人教练应该能够将客户归入 3 个风险等级中的某一级。案例研究 9.1 展示了私人教练如何通过初步风险分级过程进行风险分级。私人教练可以通过运动前健康评估筛查访谈获取相关信息。

表 9.2 美国运动医学会（ACSM）初步风险分级表

风险等级	标准
低风险	无临床症状且拥有不超过一个表 9.1 中列出的冠状动脉疾病风险因素的男性和女性
中风险	无临床症状且拥有≥两个表 9.1 中列出的冠状动脉疾病风险因素的男性和女性
高风险	患有下列疾病 ■ 心脏、外周血管或脑血管疾病；慢性阻塞性肺病、哮喘、间质性肺病或囊性纤维化；糖尿病（1 型和 2 型）、甲状腺功能障碍或肝肾疾病 ■ 出现下列一种或多种迹象或症状 - 胸部、颈部、下颌、手臂或其他部位可能由于缺血而引起的疼痛和不适（或其他类似于心绞痛的感觉） - 安静或轻微用力时呼吸短促 - 头昏或晕厥 - 端坐呼吸（需要坐起来才能顺畅呼吸）或突发性夜间呼吸困难 - 踝关节水肿 - 心悸或心动过速 - 间歇性跛行（小腿痉挛） - 心脏杂音 - 正常活动时特别疲劳或呼吸短促

来源：Adapted from ACSM 2010[3].

案例研究9.1

风险分级

陈述

拉尔夫 • D.（Ralph D.）是一名久坐少动的 36 岁男性模具工程师。他的父亲在 70 岁时曾出现过心脏病。拉尔夫报告称，他的血压为 136/86 毫米汞柱，总胆固醇为 250 毫克 / 分升，高密度脂蛋白胆固醇为 45 毫克 / 分升。他最近的 BMI 为 30，臀围为 40 英寸（约 102 厘米），腰围为 47 英寸（约 119 厘米）。除了在 7 个月之前开始戒烟以外，拉尔夫未报告其他迹象或症状。

分析

根据对上述情况陈述的评估，拉尔夫目前有 3 项冠状动脉疾病阳性风险因素：高血脂（总胆固醇 >200 毫克 / 分升）、久坐少动的生活方式和肥胖（腰围 >39 英寸或 100 厘米；BMI 为 30）。因此，拉尔夫被归入中度风险等级。

风险分级的能力使私人教练可以最终确定是否对客户进行进一步评估和训练，或将客户转诊至医生以进行医学检查。

转诊流程

目前为止提到的所有步骤（运动前健康评估；冠状动脉疾病风险因素、疾病与生活方式评估；对初步访谈和客户咨询所得的信息进行分析）都是为了辨识出客户在开始参加规律运动之前是否需要转诊至专业医护人员且获得医学许可。下列转诊流程可以用于评估运动准备度和适合度。

医学检查

正常情况下，鼓励人们定期进行医学检查来评估健康状态，以防不测。人们在开始一项新的体育活动之前，也应该咨询医生[3]。

体育活动准备问卷的建议

在客户填写完体育活动准备问卷之后，私人教练可以通过下列分析得出针对 7 个问题的建议。如果客户对一个或多个问题的答案为“是”，则建议客户在增加体育活动和参加体能评估之前联系并告知其医生哪些问题的答案为“是”。客户应该向医生寻求关于体育活动水平和方式的建议，以及与个人特殊情况有关的限制。如果客户对所有问题的答案都为“否”，则可以开始循序渐进的运动计划和体能评估。还需注意的一点是，正在或将要怀孕的客户在开始体育活动之前应咨询其医生。本书第 18 章提供了关于孕妇应在何种情况下停止运动或寻求医嘱的指南。

如果客户在体育活动准备问卷中的回答总为"是"，表现出任何心血管或肺部疾病的体征或症状，被归入中风险等级但仍想参加高强度运动，或被归入高风险等级但仍想参加中等强度运动，则其在进行训练或开始运动之前必须获得医学许可。

当前医学检查与运动测试的建议

目前已有关于客户何时需要在进行中高强度运动之前进行诊断性医学检查、次最大和最大强度运动测试，以及何时需要在测试时进行医生监督的指南。图9.1（请扫描本章"结语"下方的二维码，关注"人邮体育"后获取）提供了美国运动医学会（ACSM）关于运动前医学检查与运动测试，以及在运动测试时进行医生监督的建议[3]。医学检查与运动测试的指南与建议是与初步风险分级中的低、中、高风险级别相联系的。该指南与建议秉承以下理念，当运动强度从中等（40%～60%最大摄氧量）增加到高等（>60%最大摄氧量），运动者的潜在风险显著升高。为了帮助读者更好地理解，图9.1列举并定义了与医学检查和运动测试有关的必备元素。图9.1清晰界定了哪一项运动测试和风险等级需要医生监督。私人教练应该注意次最大强度与最大强度运动测试的区别以便给出适当的监督建议。次最大强度与最大强度运动测试的定义如下。

次最大强度运动测试是一种非诊断性评估，通常被称为场地测试，特点是花费少、简便易行且不需要尽全力。这些测试一般由经过认证的私人教练执行。如果进行测试的客户被认为具有"高风险"（表9.2），则可能需要医生在场以保证客户的安全。最大强度运动测试通常在临床环境中进行，且需要使用特殊诊断设备以评估一个人的运动能力。这种测试需要受试者尽全力且相对复杂，通常使用直接测量的方式以评估生理反应。出于对诊断能力的要求且考虑到心脏病并发症的高风险，这些测试通常由医生执行。下列建议适用于不同的风险等级[3]。

低风险 参加中等至高强度运动之前不需要进行医学检查与运动测试。进行次最大强度与最大强度运动测试时不需要医生监督。

中风险 参加中等强度运动之前不需要进行医学检查与运动测试，参加高强度运动之前建议进行医学检查与运动测试。进行次最大强度运动测试时不需要医生监督，进行最大强度运动测试时需要医生监督。

高风险 参加中等至高强度运动之前建议进行医学检查与运动测试。进行次最大强度与最大强度运动测试时需要医生监督。

下面的案例研究信息来自运动前健康评估筛查访谈（案例研究9.2～9.4），其提供了根据医学检查与运动测试的建议进行风险分级与转诊的例子。

案例研究9.2

中风险客户

陈述

玛莎 • G.（Martha G.）是一名 56 岁的秘书，她的父亲在 45 岁时死于心肌梗死。玛莎报告说她的低密度脂蛋白胆固醇为 125 毫克 / 分升，BMI 为 25。她平时经常打高尔夫球和网球，每天都进行健步走。

分析

玛莎有 2 项冠状动脉疾病阳性风险因素：年龄（超过 55 岁）和家族病史（父亲在 55 岁之前死于心肌梗死）。因此她被归入中风险类别。根据医学检查与运动测试指南与建议，玛莎进行中等强度运动前不需要进行诊断性医学检查与运动测试，但是进行高强度运动前则需要。此外，她在进行次最大强度运动测试时不需要医生监督，但在进行最大强度运动测试时则需要医生监督。

案例研究9.3

高风险客户

陈述

凯瑟琳 • K.（Kathleen K.）是一名久坐少动的 47 岁女性。她报告说她的总胆固醇为 210 毫克 / 分升，高密度脂蛋白胆固醇为 68 毫克 / 分升。她身高 157 厘米，体重 110 磅（约 50.0 千克），BMI 为 20。她两次不同时间测得的血压均为 120/80 毫米汞柱。她在儿童时期就被诊断出患有 1 型糖尿病。

分析

凯瑟琳有两项冠状动脉疾病阳性风险因素：久坐少动的生活方式和高血脂（总胆固醇水平大于 200 毫克 / 分升）。但是她高密度脂蛋白胆固醇水平为 68 毫克 / 分升，是一项风险抵消因素（高密度脂蛋白胆固醇大于 60 毫克 / 分升，可以抵消一项阳性风险因素）。因此她最终只有一项阳性风险因素。考虑到她的年龄（小于 55 岁）和一项阳性风险因素，她应该属于低风险类别。但是她患有代谢疾病（1 型糖尿病），故将她归入高风险类别。因此，根据医学检查与运动测试指南与建议，凯瑟琳在进行中高强度运动之前都需要进行诊断性运动测试与医学检查。此外，她在进行次最大强度与最大强度运动测试时建议医生在场进行监督。

案例研究9.4

家族病史的影响

陈述

亚历克斯·M.（Alex M.）是一名经常运动的 20 岁男性。他非常喜欢骑行、滑雪、徒步和跑步。亚历克斯在两次不同时间测得的血压为 145/85 毫米汞柱。他身高 185 厘米，体重 176 磅（约 79.8 千克），BMI 为 23。他报告说他的叔叔在 34 岁时死于不明原因的猝死，后来医生发现死亡原因与心脏状况有关。亚历克斯的祖父在 47 岁时同样死于不明原因的猝死。

分析

亚历克斯有两项冠状动脉疾病阳性风险因素：血压 145/85 毫米汞柱，以及两名近亲 50 岁之前由于心脏问题和未知原因导致意外死亡的家族病史。一开始由于健康的 BMI，爱好运动的生活方式，以及唯一的阳性风险因素（高血压），亚历克斯属于低风险类别。但是，他的家族病史增大了他的猝死风险。按照指南建议，亚历克斯在开始运动前需要在私人教练的监督下进行心血管检查。

医学许可

在需要转诊时，私人教练有责任劝告客户取得医学许可并将其作为安全措施。建议客户在进行运动前咨询医生不应被认为是私人教练在推卸责任，这实际上是在共同努力获取宝贵信息和专业指导以确保客户的健康与安全。

医生转诊

一旦建议客户获取医学许可，私人教练就应该给客户一份医生转诊表格以获取关于健康状态和医学限制等必需信息，以及未来制订健身训练计划时需要考虑的限制。本书第 9 章提供了一份医生转诊表格的示例。医生转诊表格包括对个人功能能力的评估，基于评估的参与运动能力分级，已有的且可能在运动中恶化的问题，用药状况以及健身训练计划建议。本书第 25 章讨论了私人教练与转诊有关的工作职责。

训练计划建议

医学建议可以为私人教练提供与客户的特殊问题和需求，以及与训练计划合适与否有关的指导与方向。在诊断性医学检查与运动测试结果的基础上，医生可以推荐无监督、普通监督或医生监督的训练计划。

- 无监督训练计划一般适用于明显很健康或可能健康且无明显风险的客户。这种类型的训练计划既考虑到规律运动对于健康的益处，又考虑到参与运动可能带来的相对较低的风险。这些训练计划可以在私人教练的支持下设计和启动，最终目标是发展成由私人教练执行的持续的每周训练课程，并与自主执行且无监督的课程相结合。

- 普通监督训练计划可能适用于有限制或先前存在限制但运动不完全受限的人。这些训练计划一般由经认证的专业健身人员执行，例如，认证私人教练通过监控训练强度和改变运动方式以满足客户的特殊需求。
- 医生监督训练计划可能适用于因有易感状况、多种风险因素或未受控的疾病而具有较高潜在风险的人。这些训练计划由专业医护人员在有紧急情况应对能力的临床环境下执行与监控。

因为无法保证转诊至医生后的初始训练计划建议能满足客户的特定需求，所以涉及转诊和训练建议的私人教练必须监控并调整训练计划以确保其安全性和有效性。

> 在需要进行转诊时，私人教练有责任劝告客户取得医学许可，并将之作为合理的安全措施。

结语

客户咨询与健康评估过程与私人教练的工作范围相关，在必要时应进行激励、评估、训练、指导和转诊。为了制订出既安全又能有效满足个人目标的训练计划，私人教练需要收集并记录相关信息和资料，以用于评估健康状态、潜在风险，并在需要时转诊以让客户取得医学许可。

学习问题

1. 私人教练在与客户初步访谈时应该进行下列哪些工作？
   Ⅰ. 通过次最大强度自行车测试估算客户的最大摄氧量
   Ⅱ. 让客户填写医疗历史表格
   Ⅲ. 评估客户的运动准备度
   Ⅳ. 讨论客户运动计划的目标
   A. 只有Ⅰ和Ⅱ
   B. 只有Ⅲ和Ⅳ
   C. 只有Ⅰ、Ⅱ和Ⅲ
   D. 只有Ⅱ、Ⅲ和Ⅳ
2. 知情同意书应包括下列哪些内容？
   Ⅰ. 客户测试结果总结
   Ⅱ. 参与运动的益处
   Ⅲ. 客户的训练目标
   Ⅳ. 客户的责任
   A. 只有Ⅰ和Ⅲ
   B. 只有Ⅱ和Ⅳ
   C. 只有Ⅰ、Ⅱ和Ⅲ
   D. 只有Ⅱ、Ⅲ和Ⅳ
3. 运动前健康评估筛查中发现下列哪些因素说明客户具有患冠状动脉疾病的风险？
   Ⅰ. 高密度脂蛋白：33 毫克 / 分升
   Ⅱ. 家族病史：叔叔 42 岁时死于中风
   Ⅲ. 两次测试中的血压均为：128/88 毫米

汞柱

Ⅳ. 60天前开始戒烟

A. 只有Ⅰ和Ⅲ

B. 只有Ⅱ和Ⅳ

C. 只有Ⅰ和Ⅳ

D. 只有Ⅱ和Ⅲ

4. 下列哪位客户具有最高等级的冠状动脉疾病风险?

A. 44岁男性，其父60岁时死于心脏病

B. 46岁男性，总胆固醇为205毫克/分升

C. 48岁男性，BMI为30

D. 50岁男性，患有慢性阻塞性肺病

5. 出现下列哪些情况会增加心脏性猝死的风险?

Ⅰ. 大于50岁的近亲因心脏病致残

Ⅱ. 之前发现有心脏杂音

Ⅲ. 久坐少动的生活方式

Ⅳ. 与运动有关的不明原因的呼吸短促和疲劳

A. 只有Ⅰ和Ⅲ

B. 只有Ⅱ和Ⅳ

C. 只有Ⅰ和Ⅳ

D. 只有Ⅱ和Ⅲ

应用知识问题

一名久坐少动的45岁男性会计想要跟随私人教练开始运动。在完成初步访谈和运动前健康评估筛查之后，私人教练得到了客户的下列信息。

家族病史：他父亲和祖母均在60岁时发生过心脏病

吸烟：非吸烟者

静息血压：122/86毫米汞柱

血脂：总胆固醇240毫克/分升；高密度脂蛋白35毫克/分升

空腹血糖：100毫克/分升

BMI：25

请评估其健康状态并对其进行风险分级。

参考文献

1. Almada, S.L., A.B. Zonderman, R.B. Shekelle, A.R. Dyer, M.L. Daviglus, P.T. Costa Jr., and J. Stamler. 1991. Neuroticism and cynicism and risk of death in middle-aged men: The Western Electric Study. *Psychosomatic Medicine* 53 (2): 165-175.

2. American College of Sports Medicine. 2006. *ACSM's Resource Manual for Guidelines for Exercise Testing and Prescription*, 5th ed. Baltimore: Williams & Wilkins.

3. American College of Sports Medicine. 2010. *ACSM's Guidelines for Exercise Testing and Prescription*, 8th ed. Philadelphia: Lippincott Williams & Williams.

4. American College of Sports Medicine, American Heart Association. 2007. Exercise and acute cardiovascular events: Placing the risks into perspective. *Medicine and Science in Sports and*

Exercise 39 (5): 886-897.

5. American Diabetes Association. 1998. Report of the Expert Committee on the Diagnosis and Classification of Diabetes Mellitus. *Diabetes Care* 21: S5-S19.
6. American Heart Association. 2001. *2001 Heart and Stroke Statistical Update*. Dallas: American Heart Association.
7. American Heart Association Council on Nutrition, Physical Activity, and Metabolism. 2007. Recommendations and considerations related to preparticipation screening for cardiovascular abnormalities in competitive athletes: 2007 update: A scientific statement from the American Heart Association Council on Nutrition, Physical Activity, and Metabolism: Endorsed by the American College of Cardiology Foundation. *Circulation* 115 (12): 1643-1644.
8. American Thoracic Society. 1995. Standards for diagnosis and care of patients with chronic obstructive pulmonary disease. *American Journal of Respiratory and Critical Care Medicine* 152: S77-S120.
9. Brownson, R., P. Remington, and J. Davis, eds. 1998. *Chronic Disease Epidemiology and Control*. Washington, DC: American Public Health Association. pp. 379-382.
10. Burns, J., and E. Katkin. 1993. Psychological, situational, and gender predictors of cardiovascular reactivity to stress: A multi-variate approach. *Journal of Behavioral Medicine* 16: 445-466.
11. Carrol, D., J.R. Turner, and S. Rogers. 1987. Heart rate and oxygen consumption during mental arithmetic, video game, and graded static exercise. *Psychophysiology* 24 (1): 112-121.
12. Cholesterol: Up with the good. 1995. *Harvard Heart Letter* 5 (11): 3-4.
13. Committee on Diet and Health Food and Nutrition Board Co. 1989. *Diet and Health* 7.
14. Doll, R., and R. Peto. 1976. Mortality in relation to smoking: 20 years' observations on male British doctors. *British Medical Journal* 2: 1525-1536.
15. Donatelle, R.J. 2001. *Health: The Basics*, 5th ed. San Francisco: Benjamin Cummings.
16. Drought, H.J. 1990. Personal training: The initial consultation. *Conditioning Instructor* 1 (2): 2-3.
17. Expert Panel. 1998. Executive summary of the clinical guidelines on the identification, valuation, and treatment of overweight and obesity in adults. *Archives of Internal Medicine* 158: 1855-1867.
18. Expert Panel on Detection, Evaluation and Treatment of High Blood Cholesterol in Adults. 1993. Summary of the second report of the National Cholesterol Education Program (NCEP) Expert Panel on Detection, Evaluation and Treatment of High Blood Cholesterol in Adults (Adult Treatment Panel II). *Journal of the American Medical Association* 269: 3015-3023.
19. Faigenbaum, A.D., and W.L. Westcott. 2005. *Youth Strength Training*, 1st ed. Monterrey, CA: Healthy Learning Books and Videos.
20. Fletcher, G.F., G. Balady, S.N. Blair, J. Blumenthal, C. Caspersen, B. Chaitman, S. Epstein, E.S. Sivarajan Froelicher, V.F. Froelicher, I.L. Pina, and M.L. Pollock. 1996. Statement on exercise: Benefits and recommendations for physical activity programs for all Americans. A statement for health professionals by the Committee on Exercise and Cardiac Rehabilitation of the Council on Clinical Cardiology, American Heart Association. *Circulation* 94 (4): 857-862.
21. Glantz, S.A., and W.W. Parmley. 1996. Passive and active smoking.A problem for adults. *Circulation* 94 (4): 596-598.
22. Herbert, D.L. 1993. Medical, legal considerations

for strength training for children. *National Strength and Conditioning Association Journal* 15 (6): 77.

23. Herbert, D.L., and W.G. Herbert. 1993. *Legal Aspects of Preventative and Rehabilitative Exercise Programs*, 3rd ed. Canton, OH: Professional Reports Corporation.
24. Hubert, H.B., M. Feinleib, P.M. McNamara, and W.P. Castelli. 1983. Obesity as an independent risk factor for cardiovascular disease: A 26-year follow-up of participants in the Framingham Heart Study. *Circulation* 67 (5): 968-977.
25. Joint National Committee on Detection, Evaluation, and Treatment of High Blood Pressure. 1993. The fifth report Client Consultation and Health Appraisal of the Joint National Committee on Detection, Evaluation, and Treatment of High Blood Pressure (JNCV). *Archives of Internal Medicine* 153: 154-183.
26. Kannel,W.B.,andT.Gordon.1974. *The Framingham Study: An Epidemiological Investigation of Cardiovascular Disease.* Section 30. Public Health Service, NIH, DHEW Pub. No. 74-599. Washington, DC: U.S. Government Printing Office.
27. Klieman, C., and K. Osborne. 1991. *If It Runs in Your Family: Heart Disease: Reducing Your Risk.* New York: Bantam Books.
28. Kordich, J.A. 2000. Evaluating your client: Fitness assessment protocols and norms. In: *Essentials of Personal Training Symposium Study Guide.* Lincoln, NE: NSCA Certification Commission.
29. Last, J.M. 1988. *A Dictionary of Epidemiology*, 2nd ed. New York: Oxford University Press.
30. McInnis, K.J., and G.J. Balady. 1999. Higher cardiovascular risk clients in health clubs. *ACSM's Health and Fitness Journal* 3 (1): 19-24.
31. National Heart, Lung, and Blood Institute. 1993. National High Blood Pressure Education Program Working Group report on primary prevention of hypertension. *Archives of Internal Medicine* 153 (2): 186-208.
32. NIH Consensus Development Panel on Triglyceride, High Density Lipoprotein, and Coronary Heart Disease. 1993. Triglyceride, high-density lipoprotein, and coronary heart disease. *Journal of the American Medical Association* 269: 505-510.
33. NSCA-CPT Job Analysis Committee. 2001. *NSCA-CPT Content Description Manual.* Lincoln, NE: NSCA Certification Commission.
34. Olds, T., and K. Norton. 1999. *Pre-Exercise Health Screening Guide.* Champaign, IL: Human Kinetics.
35. Pasternak, R.C., S.M. Grundy, D. Levy, and P.D. Thompson. 1996. 27th Bethesda Conference: Matching the intensity of risk factor management with the hazard for coronary disease events. Task Force 3. Spectrum of risk factors for coronary heart disease. *Journal of the American College of Cardiology* 27 (5): 957-1047.
36. Physician and Sports Medicine. 2005. *Preparticipation Physical Evaluation*, 3rd ed. Minneapolis: McGraw-Hill.
37. Pieper, C., A. LaCroix, and R. Karasek. 1989. The relation of psychosocial dimensions on work with coronary heart disease risk factors: A meta-analysis of five United States databases. *American Journal of Epidemiology* 129: 483-494.
38. Pollock, M.L., D.T. Lowenthal, C. Foster, et al. 1991. Acute and chronic responses to exercise in patients treated with beta blockers. *Journal of Cardiopulmonary Rehabilitation* 11 (2): 132-144.
39. Report of the Expert Committee on the Diagnosis and Classification of Diabetes Mellitus. 1997.

Diabetes Care 20 (7): 1183-1197.

40. Russek, L.G., S.H. King, S.J. Russek, and H.I. Russek. 1990. The Harvard Mastery of Stress Study 35-year follow-up: Prognostic significance of patterns of psychophysiological arousal and adaptation. *Psychological Medicine* 52: 271-285.
41. Schuler, G., R. Hambrecht, G. Schlierf, J. Niebauer, K. Hauer, J. Neumann, E. Hoberg, A. Drinkmann, F. Bacher, M. Grunze, et al. 1992. Regular physical exercise and lowfat diet: Effects on progression of coronary artery disease. *Circulation* 86 (1): 1-11.
42. Seto, G.K., and M.E. Pendleton. 2009. Preparticipation cardiovascular screening in young athletes: Current guidelines and dilemmas. *Current Sports Medicine Reports* 8 (2): 59-64.
43. Sims, J., and D. Carrol. 1990. Cardiovascular and metabolic activity at rest and during physical challenge in normotensives and subjects with mildly elevated blood pressure. *Psychophysiology* 27: 149-160.
44. The sixth report of the Joint National Committee on Prevention, Detection, Evaluation, and Treatment of High Blood Pressure (JNC VI). 1997. *Archives of Internal Medicine* 157: 2413-2446.
45. Thomas, S., J. Reading, and R.J. Shepard. 1992. Revision of the physical activity readiness questionnaire (PAR-Q). *Canadian Journal of Sport Sciences* 17: 338-345.
46. U.S. Department of Health and Human Services. 1989. *Report of the Expert Panel on Detection, Evaluation, and Treatment of High Blood Cholesterol in Adults*. Department of Health and Human Services, Public Health Services, NIH Pub. No. 89-2925. Washington, DC: U.S. Government Printing Office.
47. U.S. Department of Health and Human Services. 1996. *Physical Activity and Health: A Report of the Surgeon General*. Atlanta: U.S. Department of Health and Human Services, Centers for Disease Control and Prevention and Health Promotion.
48. Van Camp, S.P. 1992. Sudden death. *Clinics in Sports Medicine* 11 (2): 273-289.

态度评估

此评估不应该只被视为对身体情况的评估，它也是对态度、看法和观点的衡量。让客户对每一个问题给出 1 ~ 4 分的评分。当第一次进行此测试时，客户可能只想回答每个问题的第一部分（标“*”的部分）。当认为客户准备好时，可以让他完成每个问题的剩余部分。在每个问题的第一部分，即客户对当前状态的评估，最积极主动的运动员应该至少有 7 项评分为 4 分且没有一项评分低于 3 分。客户有 3 项或 3 项以上评分为 1 分时，说明其需要额外协助才能制订出合适的目标，可能经常需要对其进行奖励和指导。

1. 您认为您现在对运动的态度是什么？

①一想到运动我就无法忍受。

②我会进行运动因为我知道我应该运动，但我不享受运动。

③我不介意运动，而且我了解运动的好处。

④我运动积极性很高。

* 您的答案：______

如果您能改变看法，您将如何看待运动？

您的答案：______

详细描述您愿意改变对运动的看法的原因和细节，以及这些看法可能对您的生活带来的积极变化。

2. 您认为您现在对达成目标的态度是什么？

①我感觉无论发生了什么就只是发生了而已，我选择逆来顺受。

②我设定目标，认为这样可使目标更加清晰，有利于自己掌控结果。

③我写下目标，相信这是一项很有价值的活动，能够决定我未来的表现与成就。

④我已经写下目标，并经常回顾。我相信我有能力获得我想要的任何事物，而且知道设定目标是获得成功的一个重要部分。

* 您的答案：______

如果您能改变看法，您将对实现目标的态度有何看法？

您的答案：______

详细描述您愿意改变对实现目标的看法的原因和细节，以及这些看法可能给您的生活带来的积极变化。

3. 健康对您来说有多重要？

①我不需要为改善我的健康状况付出任何努力。

②我确信我会花些时间和精力改善我的健康状况。

③我致力于保持和改善健康状况。

态度评估（续）

④健康是我的一切成就的基础，一直是我的首要任务。

* 您的答案：_____

如果您能改变看法，您将如何看待健康？

您的答案：_____

详细描述您愿意改变对健康的看法的原因和细节，以及这些看法可能给您的生活带来的积极变化。

4. 您愿意改善的想法有多强烈？

①我真的十分满意目前的状况，奋斗进取可能使我感到沮丧和失望。
②我愿意改善但是不知道所涉及的工作是否值得。
③我喜欢自我改善的感觉，接受任何针对改善的建议。
④我追求卓越，致力于持续不断地努力改善。

* 您的答案：_____

如果您能改变看法，您将如何看待改善？

您的答案：_____

详细描述您愿意改变对改善的看法的原因和细节，以及这些看法可能给您的生活带来的积极变化。

5. 您如何看待自己和自己的能力（自尊）？

①在大多数情况下我对自己的外表、感受或表现感到不满意。
②虽然我对自己很满意，但我也乐于改变自己。
③我很善于做必须要做的事情，对我的许多成就感到自豪，在大多数情况下能够把控自己。
④我的力量、能力和自尊心都很强。

* 您的答案：_____

如果您能改变看法，您将如何看待自己和自己的能力（自尊）？

您的答案：_____

详细描述您愿意改变对自己和自己的能力（自尊）的看法的原因和细节，以及这些看法可能给您的生活带来的积极变化。

6. 就外表而言，您如何看待您目前的身体状况？

①我想要完全改变我的体形。

态度评估（续）

②我对于镜子中的自己有许多地方感到不满意。
③我总体上看起来不错，我衣着得体时看起来很棒，但我确实对外表的某些方面感到不满意。
④我对自己的外表很自信，并且在任何场合穿任何衣服都很好看。

* 您的答案：_____

如果您能改变看法，您将如何看待自己的外表？

您的答案：_____

详细描述您愿意改变对外表的看法的原因和细节，以及这些看法可能给您的生活带来的积极变化。

7. 就总体健康而言，您如何看待您目前的身体状况？

①我希望能感到健康。
②比起我见过的大多数人，我感到我在这个年龄很健康。
③我保持高健康水平。
④我非常健康。

* 您的答案：_____

如果您能改变看法，您将如何看待自己的总体健康？

您的答案：_____

详细描述您愿意改变对总体健康的看法的原因和细节，以及这些看法可能给您的生活带来的积极变化。

8. 就所选的任意体育活动领域（运动和训练等）的运动表现而言，您如何看待自己的身体状况？

①我感到我的状况很差，并且在面对体育挑战时感到不安。
②我对自己的运动表现感到不满意，但我对于通过训练获得提升感到舒适。
③虽然我想要进一步提升，但我对自己的运动表现感到满意。
④我有超常的运动能力，并且很享受展现这些运动能力。

* 您的答案：_____

如果您能改变看法，您将如何看待自己的运动表现？

您的答案：_____

详细描述您愿意改变对运动表现的看法的原因和细节，以及这些看法可能给您的生活带来的积极变化。

态度评估（续）

9. 您相信您能让自己的身体变得更好的意愿有多强?

①我认为我大多数的身体缺陷都是先天的，大部分试图改变的努力都是浪费时间。

②我已经见过很多人让他们的身体变得更好，也确信可以通过足够的努力获得一些提升。

③我十分相信运动与营养的适当搭配能够带来一些提升。

④我坚信运动与营养的适当搭配能够给我的身体带来明显的改变。

* 您的答案：_____

如果您能改变看法，您将如何看待自己改善身体状况的能力?

您的答案：_____

详细描述您愿意改变对自己改善身体状况的能力的看法的原因和细节，以及这些看法可能给您的生活带来的积极变化。

10. 当您制订一项计划或设定一个目标后，您完成计划或实现目标的可能性有多大?

①我不擅长真正把事情进行到底。

②当有正确的动机和一些效果时，我想我可能会坚持一项计划。

③我有耐心和能力来坚持一项计划，并且会进行尝试以评估其价值。

④一旦我设定了一个目标，就没有什么能够阻止我。

* 您的答案：_____

如果您能改变看法，您将如何看待坚持实现目标?

您的答案：_____

详细描述您愿意改变对坚持实现目标的看法的原因和细节，以及这些看法可能给您的生活带来的积极变化。

来源：NSCA，2012，*NSCA's essentials of personal training*，2nd ed.，J.Coburn and M.Malek (eds.)，(Champaign，IL: Human Kinetics).

私人训练合同（协议）

祝贺您决定参与一项训练计划！在私人教练的帮助下，您不仅会更快、更安全地提升您达成训练目标的能力，还会获得最大的益处。这些训练课的内容会让您受益终身。

为了加速这个过程，您在有人监督和无人监督（如果适用）的训练日都必须遵循训练计划指南。请记住，运动和健康饮食同等重要！

在您进行训练时，我们将会尽全力确保您的安全。但是任何训练计划都有风险，在自愿参加这项计划时，您同意为这些风险承担责任并放弃任何可能的针对个人损伤的赔偿。据您所知，您也同意，您的身体状况不会妨碍训练计划的执行。

一旦签字，即表明您同意对您自己的健康负全部责任，并确认您了解这个计划的带领者不会承担责任。

一般推荐计划参与者每周跟随私人教练训练 3 次。但是由于日程冲突和经济考量，也有可能是有人监督和无人监督训练的组合。

私人训练条款和事项

1. 更改或取消已预定课程需提前 24 小时告知，否则将导致已预定课程取消并扣除相关课程费用。

2. 迟到的客户只能在剩余时间内接受指导，除非之前已经与私人教练做出其他安排。

3. 过期政策要求所有的私人训练课程需在合同签订后 120 天内完成。超过此时间段的私人训练课程失效。

4. 私人训练课程费用不会因任何原因退还，包括但不限于搬迁、疾病和未使用课程。

计划描述：

总金额：

付款方式：

在新的私人训练课程中，我们祝您好运！

____

参与者姓名（请书写清楚）

______________________________　日期：______________________________

参与者签名

______________________________　日期：______________________________

父母 / 监护人签名（如有需要）

______________________________　日期：______________________________

见证人签名

来源：NSCA，2012，*NSCA's essentials of personal training*，2nd ed.，J.Coburn and M.Malek (eds.)，(Champaign，IL: Human Kinetics).

体育活动准备问卷
（2002 年修订）

体育活动准备问卷

（适用于15～69岁的人）

规律的体育活动可以促进健康并令人感到愉悦，所以越来越多的人参与到运动中。对于大多数人来说，运动是安全的。而对某些人来说，在明显增加体育活动前应先征求医生的意见。

如果您计划更积极地参加体育活动，请先回答下表中的 7 个问题。如果您的年龄在 15～69 岁，体育活动准备问卷会告诉您运动前是否需要咨询医生。如果您超过了 69 岁且没有体育活动习惯，那么请咨询医生。

回答问题时最好依据您的一般感觉，请仔细阅读并诚实回答每一个问题：选择是或否。

是	否	
☐	☐	**1. 医生是否告诉过您患有心脏病并且只能参加医生推荐的体育活动？**
☐	☐	**2. 当您参加体育活动时，是否会感觉胸痛？**
☐	☐	**3. 自上个月以来，您是否在没有参加体育活动时感到胸痛？**
☐	☐	**4. 您是否曾因头晕跌倒或失去知觉？**
☐	☐	**5. 您是否有因体育活动变化而导致骨骼或关节（如腰背部、膝关节或髋部）疾病加重的经历？**
☐	☐	**6. 最近医生是否因为您的血压或心脏问题给您开药（如水剂或片剂）？**
☐	☐	**7. 您是否知道您不能进行体育活动的任何其他原因？**

如果您对一个或更多问题的答案为"是"

您需要在您开始增加体育活动或进行体能评估前通过电话咨询医生或与医生面谈，告知医生体育活动准备问卷以及您的回答为"是"的问题。

• 只要您循序渐进即可参加您想要参加的体育活动。或者，您需要将您的体育活动限定在那些对您来说较为安全的类别。告知您的医生您想要参加的体育活动的类型并遵循其建议。

• 找出哪些社区运动计划对您来说安全有效。

如果您对所有问题的答案都为"否"

如果您诚实地回答了体育活动准备问卷的所有问题且答案都为"否"，您有理由确信您能够完成以下事项

• 参加更多的体育活动，但要循序渐进。这是最安全也是最有效的方法。

• 进行体能评估，这是一种很好的确定您基础健身水平的方法，并且能使您为自己选择最好的生活方式。一般强烈建议您测量血压。如果您的血压超过 144/94 毫米汞柱，请在参加更多的体育活动前咨询医生。

出现下列情况时应推迟增加体育活动。

• 如果您因为暂时性疾病（如感冒或发烧）而感到身体不适，请等待身体状况好转。

• 如果您已怀孕或可能怀孕，请在增加体育活动前咨询医生。

请注意：如果您的健康状况改变后对上述任何一个问题的答案变为"是"，请告知您的健身或健康专业人员。向他们询问您是否应该改变您的体育活动计划。

体育活动准备问卷使用注意：加拿大运动生理协会（Canadian Society for Exercise Physiology）、健康加拿大（Health Canada）以及它们的代理机构对参加体育活动的人不承担任何责任。如完成问卷后有疑问，请在参加体育活动前咨询医生。

不允许改动。我们鼓励您复印体育活动准备问卷，但仅限于您使用整个表格的情况。

注：如果一个人在参加体育活动或体能评估之前被要求填写体育活动准备问卷，本部分内容可用于法律或管理目的。

"我已经阅读、理解并完成了这份问卷。我的任何疑问都已得到令我满意的回答。"

姓名 ________________________________

签名 ________________________________ 日期 ________________________________

父母或监护人（未成年参与者）签名 ______________________ 见证人 ________________________

注：这份体育活动许可自完成之日起有效期最长为 12 个月。如果您的状况改变导致您 7 个问题中的任意一个答案变为"是"，则本许可失效。

来源：NSCA，2012，*NSCA's essentials of personal training*，2nd ed.，J.Coburn and M.Malek (eds.)，(Champaign，IL: Human Kinetics).

健康/医学问卷

日期：__________

姓名：__________ 出生日期：__________ 身份证号码：__________

地址：__________

电话（家庭）：__________ 电话（工作）：__________ 电子邮件：__________

发生紧急情况时我们应该联系谁？

姓名：__________ 关系：__________

电话（家庭）：__________ 电话（工作）：__________

私人医生

姓名：__________ 电话：__________ 传真：__________

目前/过去病史

您是否有过或目前有下列任何状况？（如果有请打“√”。）

_____ 风湿热

_____ 最近进行过手术

_____ 水肿（脚踝肿胀）

_____ 高血压

_____ 背部或膝关节损伤

_____ 低血压

_____ 癫痫

_____ 肺部疾病

_____ 心脏病

_____ 身体用力或不用力时晕厥或头昏

_____ 糖尿病

_____ 高血脂

_____ 端坐呼吸困难（需要坐起来才能正常呼吸）或突发性夜间呼吸困难

_____ 休息或轻微用力时呼吸短促

_____ 胸痛

_____ 心悸或心动过速（心跳特别强烈或快速）

_____ 间歇性跛行

_____ 身体用力或不用力时胸部、颈部、下颌、手臂或其他部位疼痛和不适

_____ 已知的心脏杂音

_____ 正常活动时异常疲劳或呼吸短促

_____ 暂时性视敏度或语言能力丢失，身体一侧、上肢或下肢出现短时麻木或无力

_____ 其他情况

家族病史

您的一代近亲（父母、兄弟或子女）中是否有人经历过下列情况？（如果有请打“√”。）此外，请标注情况发生时的年龄。

_____ 心律失常

健康/医学问卷（续）

_____ 心脏病
_____ 心脏手术
_____ 先天性心脏病
_____ 50 岁之前去世
_____ 有心脏问题引起的明显残疾
_____ 马方综合征
_____ 高血压
_____ 高血脂
_____ 糖尿病
_____ 其他主要疾病 __________

解释勾选的项目：____

体育活动史

1. 您是如何了解到这个项目的？（请详细说明。）__________________________
2. 您为什么要加入这个项目？（请详细说明。）________________________________
3. 您目前是否有工作？是 _____ 否 _____
4. 您目前的工作职位是什么？ ____
5. 公司名称：____
6. 您之前是否与私人教练合作过？是 _____ 否 _____
7. 您上次由医生进行体检的日期：___________________
8. 您目前是否在进行规律运动？是 _____ 否 _____ 如果是，请简要描述：___________
____
9. 您目前能否较快地走完 4 英里（约 6.4 千米）而不疲劳？是 _____ 否 _____
10. 您以前是否进行过抗阻训练？是 _____ 否 _____
11. 您是否有影响运动的伤病（骨骼或肌肉问题）？是 _____ 否 _____ 如果有，请简要描述：____
12. 您是否吸烟？是 _____ 否 _____ 如果是，每天的吸烟量是多少？几岁时开始吸烟？每天的吸烟量 _____ 年龄 _____
13. 您现在的体重是多少？ _____1 年前的体重是多少？ _____21 岁时的体重是多少？_____
14. 您是否正在进行或近期进行过任何饮食控制计划？总体来说，您认为您的营养习惯如何？ ____
15. 列举出您正在服用的药物。____
16. 按顺序列举出您的健康和健身目标。

a.____
b.____
c.____

来源：NSCA，2012，*NSCA's essentials of personal training*，2nd ed.，J.Coburn and M.Malek (eds.)，(Champaign，IL: Human Kinetics).

健康风险分析表格

这份健康风险分析表格有助于辨识出健康行为的正面和负面影响。虽然许多效果都来自大型流行病学研究的真实发现，但是这些估算都是针对整体而言的，所以不应该过于当真。比如精确预测您还能活多久或者您将何时死亡是不可能的。

“+1”代表可能助您增加寿命或提高生命质量，“–1”意味着寿命在时间和质量上的下降。“0”代表对您的寿命没有缩短或延长作用。如果列表里的因素无一适用于您，则输入 0。填完每个部分并在第七部分记录总分。

第一部分：冠心病风险（CHD）因素

胆固醇或总胆固醇与 HDL 比值					得分
<160	160 ～ 200	200 ～ 240	240 ～ 280	>280	
<3	3 ～ 4	4 ～ 5	5 ～ 6	>6	
+2	+1	-1	-2	-4	
血压					**得分**
<110	110 ～ 120	120 ～ 150	150 ～ 170	170	
60 ～ 80	60 ～ 80	80 ～ 90	90 ～ 100	>100	
+1	0	-1	-3	-5	
吸烟					**得分**
从未	戒烟	抽雪茄、烟斗或同住家庭成员吸烟	每天吸烟 1 包	每天吸烟 2 包或以上	
+1	0	-1	-3	-5	
遗传					**得分**
无冠心病家族病史	1 位 60 岁以上近亲有冠心病	2 位 60 岁以上近亲有冠心病	1 位 60 以下近亲有冠心病	2 位 60 岁以下近亲有冠心病	
+2	0	-1	-3	-5	
BMI（使用第 294 页的表 11.8）					**得分**
19 ～ 25	<19	26 ～ 30	31 ～ 40*	>40*	
+2	0	-1	-3	-5	
* 如果腰围小于 40 英寸（约 102 厘米）则少减 1（即，-2 或 -4）					
性别					**得分**
55 岁以下的女性	55 岁以上的女性	男性	矮而粗壮的男性	秃顶、矮而粗壮的男性	
0	-1	-1	-2	-4	
压力					**得分**
镇定、从容、总体高兴	有抱负但总体放松	有时精力旺盛、时间意识强、有竞争性	精力旺盛、时间意识强、有竞争性（A 型）	A 型且有压抑的敌对意识	
+1	0	0	-1	-3	

健康风险分析表格（续）

体育活动					得分
高强度，每周大多数日子里 60 分钟	中等强度，每周大多数日子里 30 分钟	中等强度，20 ～ 30 分钟，每周 3 ～ 5 天	低强度，10 ～ 20 分钟，每周 1 ～ 2 天	很少或没有	
+3	+2	+1	−1	−3	
第一部分总分：冠心病风险因素					

第二部分：健康习惯（与健康和寿命有关）

早餐					得分
每天	有时	从不	咖啡	咖啡与甜甜圈	
+1	0	−1	−2	−3	
规律进食					**得分**
3 次或以上	每天 2 次	不规律	饮食盲从	暴饮暴食	
+1	0	−1	−2	−3	
睡眠					**得分**
7 ～ 8 小时	8 ～ 9 小时	6 ～ 7 小时	>9 小时	<6 小时	
+1	0	0	−1	−2	
酒精					**得分**
无	女性，每周 3 次	男性，每天 1 ～ 2 次	每天 3 ～ 6 次	每天超过 6 次	
+1	+1	+1	−2	−4	
第二部分总分：健康习惯					

第三部分：医学因素

医学检查与筛查测试（血压、糖尿病、青光眼）					得分
定时测试，必要时就医	周期性医学检查与筛查测试	周期性医学检查	有时进行筛查测试	无筛查测试或医学检查	
+1	+1	0	0	−1	
心脏					**得分**
自己或家人皆无问题史	过去有一些问题	儿童时患风湿热，目前无心脏杂音	儿童时患风湿热，目前有心脏杂音	心电图异常或心绞痛	
+2	0	−1	−2	−3	

健康风险分析表格（续）

肺部（包括肺炎和肺结核）					得分
无问题	过去有一些问题	轻度哮喘或支气管炎	肺气肿、严重哮喘或支气管炎	严重肺部问题	
+1	0	−1	−1	−3	
消化道					**得分**
无问题	偶尔腹泻，没有胃口	经常腹泻或肚子痛	溃疡、结肠炎、胆囊炎或肝病	肠胃严重失调	
+1	0	−1	−2	−3	
糖尿病					**得分**
无问题或家族病史	受控的低血糖	高血糖和家族病史	轻度糖尿病（通过饮食与运动控制）	糖尿病（通过胰岛素控制）	
+1	0	−1	−2	−4	
药物					**得分**
很少服用	很少但规律服用阿司匹林或其他药物	重度使用阿司匹林或其他药物	规律服用情绪控制或精神性药物	重度使用情绪控制或精神性药物	
+1	0	−1	−2	−3	
第三部分总分：医学因素					

第四部分：安全因素

驾车					得分
每年小于 7 000 英里（约 11 265.4 千米），大多为本地公路	每年 7 000 ～ 10 000 英里（11 265.4 ～ 25 749.5 千米），本地公路和一些高速公路	每年 10 000 ～ 15 000 英里（25 749.5 ～ 38 624.3 千米），本地公路和高速公路	每年超过 15 000 英里（约 38 624.3 千米），高速公路和一些本地公路	每年超过 15 000 英里（约 38 624.3 千米），大多为高速公路	
+1	0	0	−1	−2	
使用安全带					**得分**
一直	大多数时间	只在高速公路	有时（<25%）	从不	
+1	0	−1	−2	−4	
有风险的行为（摩托车、跳伞、登山、驾驶小型飞机等）					**得分**
偶尔且准备仔细	从不	偶尔	经常	为了刺激而尝试任何事	
+1	0	−1	−1	−2	
第四部分总分：安全因素					

健康风险分析表格（续）

第五部分：个人因素

饮食					得分
低脂，低热量	均衡的复合碳水化合物	高蛋白，控制脂肪	额外热量，低碳水化合物	跟风饮食	
+2	+1	未知	−1	−2	
寿命					**得分**
祖父母寿命大于 90 岁，父母寿命大于 80 岁	祖父母寿命大于 80 岁，父母寿命大于 70 岁	祖父母寿命大于 70 岁，父母寿命大于 60 岁	很少有亲人寿命大于 60 岁	很少有亲人寿命大于 50 岁	
+2	+1	0	−1	−3	
爱情和婚姻					**得分**
婚姻幸福	已婚	未婚	离婚	婚外关系	
+2	+1	0	−1	−3	
教育					**得分**
研究生或高级技术工人	本科生或熟练技术工人	专科或职业学校毕业	高中毕业	初中毕业	
+1	+1	0	−1	−2	
工作满意度					**得分**
享受工作，有成果，有提升空间	享受工作，有一些成果，可以提升	工作还可以，没有成果，无提升空间	不喜欢工作	讨厌工作	
+1	+1	0	−1	−2	
社交					**得分**
有一些亲近的朋友	有一些朋友	没有好朋友	被迫接受不喜欢的人	一个朋友也没有	
+1	0	−1	−2	−3	
种族					**得分**
白人或亚裔	黑人或西班牙裔	印第安人			
0	−1	−2			
第五部分总分：个人因素					

健康风险分析表格（续）

第六部分：心理因素

观点					得分
对现状和未来感觉很好	满足	对现状或未来感到不确定	对现状不满，不想展望未来	悲惨，宁可赖在床上	
+1	0	-1	-2	-3	
抑郁					**得分**
无家族抑郁史	有家族抑郁史，但感觉还好	有家族抑郁史，轻度抑郁	有时感到生命没有意义	有自杀的想法	
+1	0	-1	-2	-3	
焦虑					**得分**
很少焦虑	偶尔焦虑	经常焦虑	总是焦虑	感到恐慌	
+1	0	-1	-2	-3	
放松					**得分**
每天放松	经常放松	很少放松	经常紧张	总是紧张	
+1	0	-1	-2	-3	
第六部分总分：心理因素					

第七部分：女性专用

健康保健					得分
定期进行乳房和宫颈检查	偶尔进行乳房和宫颈检查	从未检查过	治疗过疾病	有未治疗的癌症	
+1	0	-1	-2	-4	
避孕药					**得分**
从未使用	至少5年未使用	正在使用，30岁以下	使用的同时吸烟	使用的同时吸烟，超过35岁	
+1	0	0	-2	-3	
第七部分总分：女性专用					

第八部分：得分总结

您现在可以估算您的寿命。将您之前部分的总得分与您的正常预期寿命（见下表）相加即可得到估算寿命。如果您想要提高您的估算寿命，回到之前部分并选择您想要改善的一些生活方式。

健康风险分析表格（续）

类别	得分（之前部分的正或负的得分）		
第一部分：冠心病风险因素	________		
第二部分：健康习惯	________		
第三部分：医学因素	________		
第四部分：安全因素	________		
第五部分：个人因素	________		
第六部分：心理因素	________		
第七部分：女性专用	________		
总分	________ +	________	= ________
	前七部分的总得分	预期寿命（见下表）	

预期寿命

最接近年龄	预期	
	男性	女性
20	76.1	81.0
25	76.5	81.1
30	76.9	81.3
35	77.2	81.4
40	77.6	81.7
45	78.1	82.0
50	78.8	82.5
55	79.7	83.0
60	80.7	83.8
65	82.0	84.7
70	83.6	85.9

来源：NSCA，2012，*NSCA's essentials of personal training*，2nd ed.，J.Coburn and M.Malek (eds.)，(Champaign，IL: Human Kinetics).

来源：Adapted by permission from B.Sharkey and S.Gaskill，2007，*Fitness and health*，6th ed. (Champaign，IL: Human Kinetics)，64-68; Data from Life Expectancy from CDC，National VitalStatistics Reports，June 2010.

关于体能评估和运动预防计划的医生转诊表格

亲爱的医生：

您的病人 __________ 已经联系 __________ 进行体能评估，这项计划的设计初衷是用于评估一个人在参与一项训练计划前的身体状态。通过这项评估，将会形成一个运动处方。此外，我们还将与参与者讨论与一项健康提升计划有关的其他指标。需要理解的一点是，这项计划在本质上是预防性的而非康复性的。

健身测试包括：____

____

我们将会向参与者提供综合咨询以回顾测试结果并介绍一项个性化的健身训练计划。

测试结果与我们的建议将会存档保存，并且在您需要的时候提供给您。

为了您的病人的权益以及我们的信息需求，请填写下列信息：

A. 这位病人在过去1年内是否接受过用于评估运动功能的体检？是 ____ 否 ____

B. 我将这位病人归入（请选择一项）

___ Ⅰ类：大体健康且无明显的心脏疾病，可以参加无人监督的训练

___ Ⅱ类：大体健康，但有一项或更多项与心脏疾病有关的风险因素，可以参加有人监督的训练

___ Ⅲ类：病人无法参加这项训练，推荐参加有医生监督的训练

C. 这位病人是否有任何已经存在且需要长期治疗或跟踪的医学/骨骼问题？是 ____ 否 ____

请解释：____

D. 您是否知道这位病人有或曾经有任何可能因运动而恶化的医学问题？是 ____ 否 ____

E. 请列出病人正在服用的任何药物：______________________________

F. 根据这位病人积极参与健身计划的相关健康现状，提供特殊推荐和（或）列出任何限制。____

评 价：____

____

转诊医生签名：______________________

日期：______________________ 客户姓名：______________________

电话（家庭）：______________________ 电话（工作）：______________________

地址：______________________________ ______________________________

来源：NSCA，2012，*NSCA's essentials of personal training*，2nd ed.，J.Coburn and M.Malek (eds.)，(Champaign，IL: Human Kinetics).

第10章

体能评估的选择与管理

莎伦·拉娜（Sharon Rana），PhD
杰森·B. 怀特（Jason B. White），PhD

学习完本章后，你将能够掌握如下内容。

- 对客户解释进行体能测试的目的。
- 评估一项测试的效度和信度。
- 将风险分级标准应用于客户，以确定具体测试的适用性。
- 为客户选择适当的测试。

完成客户咨询与体能评估后，私人教练在制订一项计划前，需要收集关于客户目前体能水平和技能的更多信息。体能测试中没有所谓的“万全之策”可以适用于所有客户与环境。想选择适当的体能测试，私人教练需要全面考虑客户的健康与运动经历、个人目标，以及私人教练自身完成不同测试的经验与训练。就私人教练而言，选择适合客户且信效度高的测试并精确地执行测试需要实践和练习。设备与场地的可用性与适当性、环境因素以及客户测试前的准备，都会影响测试的选择与执行。确定测试后，私人教练必须准确执行测试，记录与管理数据并分析结果。在个性化计划中与客户交流，以实现客户的目标与利益就是“私人教练”中的“私人”的含义。计划的执行需要对计划进行形成性与终结性评价，并对客户的体能水平和目标再次做出评价，并在不断的循环中调整计划。

测试目的

测试的目的在于收集基线数据，并为制订目标和有效的训练计划打下基础。收集并评估各种信息可以让私人教练对客户进行更全面的了解。这一过程以及收集到的数据可以帮助私人教练确认潜

在此感谢本书第1版本章的作者约翰·A. C. 科迪奇（John A.C.Kordich）和苏珊·L. 海因里希（Susan L.Heinrich）对本书的贡献。

在损伤区域与合理的出发点，并根据目标与体能结果确定运动强度与运动量。

收集基线数据

对客户进行测试的原因有很多。收集到的数据可以有以下 6 个作用。

- 为未来对比提升幅度或进步速度提供基准。
- 确定可能影响特定部分的计划重点的现有优势与劣势。
- 帮助确定合适的运动强度与运动量。
- 帮助说明短期、中期和长期目标。
- 在计划开始前确定可能导致转诊至医生或其他专业医护人员的潜在损伤部位或禁忌证。
- 计划开始后，在客户受伤时提供证明私人教练谨慎判断与适当的工作职责的记录[22, 37]。

测试过程可能属于提供给全部客户的服务，也可能成为私人教练的额外收入，或两者皆有之。但是，让客户接受似乎是无穷无尽的测试，而且这些测试与他们的目标几乎或完全没有关系，这损害了客户对私人教练收集必要信息以制订训练计划的信任。

制订目标与计划

私人教练可以使用体能测试信息与其他收集到的客户信息来设计一项高效的个性化计划，以帮助客户实现其目标。了解客户的个人特点与目前的生活方式有助于私人教练设计出时间、频率、强度与复杂度均合理的训练计划，这样客户才更有可能坚持执行训练计划。与客户一起制订目标对于计划设计与激励都是非常重要的（关于激励客户的详细信息见本书第 8 章）。

在适当的时候，选择与客户的目标或偏好的运动方式相一致的特定测试，有助于让客户清楚他们的进度，也有助于激励他们。对于训练水平高的客户，选择与他们的运动方式（跑步机、自行车、游泳）最接近的测功仪有助于得到更精确的运动表现数据[6, 18, 56]。对于训练水平一般或较低的客户，测试的类型在测试有氧能力时不是非常重要。但是，跑步机测试一般会得到最高的摄氧量数值[34, 35]。很少骑自行车的客户可能会出现局部肌肉疲劳，进而导致功率自行车测试的最大摄氧量估值小于跑步机测试[20, 34]。此外，如果客户在功率自行车上进行测试，但在其计划中没有骑行训练，那么他们可能会忽略一些表明他们训练期间运动表现提高的指标。

1 英里（约 1.6 千米）计时跑可以在一项步行计划中轻易地重复。如果客户可以更快、以更低的心率或自感用力程度值（rating of perceived exertion,RPE）完成规定的距离，客户就会立刻知道其正在进步。这种情况下，一项适当的测试可能与客户喜爱的运动方式相符合。但是，对于超重或下肢关节有问题的客户来说，承重的运动方式会很痛苦，因此，虽然非承重的自行车测试存在低估客户最大摄氧量的风险，但它的优势仍更有吸引力。此外，自行车测试的结果与体重无关，因此对于正在减重的人来说，结果与体重直接相关的跑步机测试更精确[31, 56]。健康或技能相关的体能成分评测为私人教练和客户提供了可以用于制订安全、有效且有适当挑战性的目标的基线信息。

选择适当的测试

私人教练的主要职责是在不造成伤害的情况下协助客户改善身体健康状况。除了评估心血管疾病风险因素外，在设计合适的流程之前，没有人可以给每个客户提供标准化的成套测试[25, 43, 51]。私人教练对客户进行个性化执教的第一步是进行健康与体能指标的特定测试。个性化执教基于客户的健康状况、心血管疾病风险与客户表达出的期望结果。私人教练必须选择适当的测试以做出有意义的评估。考虑到体能测试的范围之大，私人教练有必要了解哪些测试对于特定客户可以提供最好的信息。评估就是使用构建良好且准确度高的测试测量一项特定指标，并且评价和解释测试结果的行为[34]。如果评价与客户目标一致，那么结果对于客户将会更有意义。评价可以是遵循特定测试方法的正式评价，也可以是通过观察客户进行特定活动和运动进行的非正式评价。

形成性与终结性评价

有两种得出评价的方法，即形成性评价或终结性评价。形成性评价包括遵循一种特定测试方法形成的正式评价，以及私人教练每次与客户互动时的客观观察。形成性评价发生于一项计划开始前，并且在训练期间周期性发生。形成性评价使私人教练有机会在计划进行中制订计划、为客户提供反馈和对计划进行调整。

虽然本章内容涉及选择特定评价工具，但必须记住，对客户的每一次观察都可以提供重要信息，私人教练必须在设计、执行和修改客户计划时考虑这些信息。主观观察内容因评价者而异，可能包括引人注意的姿势、步态、运动技术、心血管运动反应、与特定运动或方法有关的评价或身体语言以及每次训练中的每日能量水平。上述内容为私人教练提供了如何指导、激励和改变客户的直接方法。特定测试方法的数据使私人教练可以将客观证据与相关标准进行对比，以分析客户的运动表现。

终结性评价是客户在完成特定的训练时期、训练课程或训练阶段后的最终评价。终结性评价代表一段时间内已经取得的成绩的总和。在一项训练计划开始前和进行中使用的测试一般也应该在最终测试时使用，但是如何使用可能有所不同。例如，如果一位客户对特定关节有一个柔韧性目标，形成性评价应该包括对关节活动度的初始测量与提高关节柔韧性的现实可行的目标。该训练计划可能包括针对特定关节的不同牵拉技术以及周期性重复的测试，这样客户才能知道他朝向目标的进步幅度。在特定训练结束时，会在相似情况下再次进行同一种测试，客户与私人教练可以借此确定是否完成了当初的目标。这项评价是在特定训练时期内达成的目标内容的总和。

评价术语

在为特定客户选择测试之前，私人教练必须了解测试、测量与评价的术语，以及一些测试发展的过程。本章的目的并非列出或解释所有与健康和技能相关的，以及对久坐少动、运动员、健康或疾病人群等每一种客户类型来说所有可选择的评价工具。当新研究和新测试出现时，私人教练需要评估其带来的新的信息，并决定这些信息是否在客户的测试库中享有一席之地。一项测试可能有很高的信效度，但却不适用于特定的客户。例如，一项接近最大强度的跑步测试就不适用于体能不好的成年人[25,40]。此外，虽然有些测试（例如水下称重法）非常适用于测量一项特定的指标或特质，但可能需要一些私人教练不具备的设备、场地或能力。相反，特定设备或计算机生成的测试库可能不适用于所有客户。例如，如果一位客户明显肥胖，那么可能就没有必要或无法精确地通过皮褶法测量身体成分，但可以在体重下降前使用BMI来衡量。私人教练必须对信息进行分类，并选择适用于对应客户的测试，同时也要意识到一些客户对个人进步比多项正式测试更感兴趣。私人教练为客户选择测试的目的在于减少错误并提高测试的准确性。想要提高测试准确性需要回答下列问题。

- 测试的信度和客观性如何？
- 测试的效度如何？
- 设备是否校准？产生的结果是否准确？
- 测试前或测试时受试者身体或精神受到的影响是否会影响结果的准确性？
- 是否仔细遵循测试方法？收集到的数据是否准确？

当这些因素都考虑到并解决时，私人教练可以自信且准确地解释测试数据与应用结果。

信度与客观性

信度指一项测试或观察的可重复性或一致性[34]。为了确定一项测试是否可靠，必须在相同情况下测量同一种特质，且在后续测量前不应有干预（例如训练和饮食）。如果测试结果相同，那么测试是可靠的。确定测试信度的常用方法是重测法（test-retest method）。具体来说就是在1～3天内重复测试同一个或一组人，强度特别高的测试可能需要间隔1周[50]。为了让一项测试可靠，执行测试的人必须确保其测试管理的一致性，这被称为测试者内信度（intrarater reliability），可以按照前面描述的方法确定。但是，一个私人教练可能一致性很好但准确性很差。因此，应该将不同私人教练对同一客户在无干预情况下收集到的分数进行对比，以确定测试者间信度或客观性[5,34,50]。如果不同私人教练可以持续从相同客户身上得到相同的结果，则说明测试是客观的而非主观的。每天或每周对同一名客户进行多次同样的测试是不切实际的，因此私人教练必须使用在提出时已被证明具有良好信度的测试。但是，如果私人教练不花时间在严格且标准的情况下练习测试的话，采用已经具备良好信度的测试也没有意义[13]。下一部分内容将会讨论影响信度的因素，其中与私人教练有关的因素包括能力、自信、任务专注度、对设备的熟悉程度和激励等[6]。

效度

效度指一项测试测量其目标事物的能力[50]。换言之就是测试分数是“真实的”分数吗[34]？测试设备真的可以测得想测试的内容吗？例如，当选择有氧能力测试时，必须选择具有足够时长和强度的测试，以确保其能量主要来自有氧系统。因此，50 米冲刺测试不会给出真实有效的有氧能力结果（$\dot{V}O_2max$）。一项测试要有效，则它必须是相关的[34]。相关指测试与测试目标的匹配度。在刚刚提到的例子中，速度测试与评价有氧能力并不相关。BMI 对于久坐少动人群来说是一项相关的超重状态评价指标，但对于去脂体重大而体脂低的运动员来说则不相关[23, 26, 41]。表面效度指测试在直观感受上测试了其应该测试的内容[21, 50]。从这一方面讲，1RM 测试是一项有效的肌肉力量测试，而非肌肉柔韧性测试。与之相关的术语是内容效度，是指一项测试涵盖了其应该包括的所有内容[21, 50]。例如，一名排球运动员不应只进行跳跃能力测试，也应进行排球运动所涉及的其他技能的测试。

构想效度（construct validity）指一项测试能够区分不同运动表现能力的理论概念。换言之，如果一项测试与某项技能有关，那么具备这些技能的人的得分应该高于不具备这些技能的人[21, 34, 50]。

效标关联效度（criterion-related validity）使私人教练可以在场地或健身中心进行测试，代替那些只能在实验室环境下或使用昂贵设备才能进行的测试。因为实验室测试结果与场地测试结果已经经过了统计学上的对比[34]。一项最大强度压力测试应该在受到密切控制的环境下进行，并且现场应有医护人员与医疗设备[40, 42, 51]。由于这在健身中心进行不实际，所以私人教练可以选择跑步机测试、台阶测试或功率自行车测试等在统计学上与最大强度压力测试相关的基于特定假设的次最大强度心肺耐力测试。这些测试的特定假设指一个人越健康，就能在给定心率下做更多的功并在达到最大心率前做更多的总功[51]。次最大强度测试的结果不像最大强度测试的结果那样精确，不同类型次最大强度测试估算出的最大摄氧量也不完全匹配。但是，如果次最大强度与最大强度测试的误差很小并且测试本身是可靠且有效的，那么这项测试就是一项好的测试。下述内容就是关于这些要点的一个例子。

水下称重法是一种估算身体脂肪的间接方法，基于身体是由脂肪质量和非脂肪质量构成的这个假设[23, 55]。尸体解剖是一种直接测量方法，但因其无法应用于活体而并非是一项有用的测试。皮褶法、生物电阻抗分析（bioelectrical impedance analysis，BIA）、近红外交互作用（near-infrared interactance，NIR）或人体测量等其他估算身体成分的常用方法（场地方法）毫无疑问都是间接的[12]。这意味着水下称重法与统计学关系有关，估算身体成分的标准误差是根据水下称重法确立的，而不是直接方法。运用双重间接测试估算身体成分的误差可能高于间接测试。当一项测试被选定用于评估一位客户时，相同的测试也应该用于对给定的身体组成部分的进一步测试。例如，运用皮褶法估算的体脂无法与 BIA 或 NIR 的估值进行可靠的对比[23]。（进一步讨论详见本书第 11 章。）

有效测试是指对应该测试的内容进行的测试。可信测试是指可以由同一或另一测试者重复准确进行的测试。良好的测试应既有效又可信。

影响信度和效度的因素

所有测试都有测量标准误差，这是观察得分（测试结果）与一个人的真实得分（理论上没有错误的得分）之间的差异。例如，当使用皮褶法估算身体成分时，私人教练将永远不会得知客户的真实体脂率（真实得分），只能得到一个已知包含一些错误的估算体脂率（观察得分）。从经验方面来说，任何测试结果都包括真实数值与误差。所有测试结果都包括被测量因素的真实数值以及与测试本身有关的误差。测量误差的来源很多，包括客户、私人教练、设备或环境等[34]。

客户因素

在辨识和选择合适的测试的过程中，需要考虑可能影响客户表现并因此影响评价结果信效度的因素。选择测试时需要考虑的关键客户因素包括健康状况与功能能力、年龄、性别和训练前状态。

健康状况与功能能力 客户的健康状况与功能能力决定了哪些测试是合适的。运动前评估过程（见第9章）中收集到的信息应该用于确定潜在的身体缺陷。了解这些缺陷有助于选择与客户能力较为匹配的测试。例如，如果客户属于久坐少动人群，年龄超过60岁，有氧功能能力为5METs（MET为代谢当量，1MET相当于摄氧量为3.5毫升 • 千克$^{-1}$ • 分$^{-1}$，是人体在静息状态下耗氧量的估算值），那么这位客户可能不应该进行YMCA台阶测试或1.5英里（约2.4千米）跑测试。这些测试可能超过5METs的强度，且在某些情况下对于低体能水平的人群来说可能被认为是接近最大强度的测试[2, 25, 51]。同样，近期运动、食物与液体摄入、睡眠模式或同一次测试中其他测试数量多或强度高等原因都可能导致客户疲劳，进而影响测试结果[6]。

年龄 实际年龄与成熟度可能影响测试表现。例如，1.5英里（约2.4千米）跑测试是健康男性和女性大学生群体的标准有氧能力场地测试。但是同样的测试不能准确测量青春期前群体的有氧能力，主要是由于心血管系统发育不成熟以及跑步中缺乏调整步调的经验[11]。对于儿童来说更好的选择可能是1英里（约1.6千米）计时跑、9分钟距离跑或PACER测试[7, 32, 52]。对于低风险的老年客户来说，推荐使用1英里（约1.6千米）走测试作为安全的场地测试[39]。

性别 特定性别的生物因素可能影响许多运动或测试的表现，例如引体向上、俯卧撑和卧推等上肢肌肉耐力测试。男性与女性之间的一些差异会明显影响表现：女性有着更多的体脂、更少的肌肉、更小的肩部质量用于支持更少的肌肉组织，以及因此而导致的更少的肩部肌肉工作的力学优势[14, 53]。例如，男性进行引体向上测试的结果更可靠，但是在有些情况下，引体向上测试不能评价女性的肌肉力量与肌肉耐力。因此，有时会将屈臂悬垂作为评价肌肉耐力的替代方法，用静态而非动态肌肉动作来测量保持屈臂悬垂姿势的时间。同样，测试上肢动态肌肉适应性的俯卧撑测试包括适用于不同上肢力量水平的变式，除了屈膝、下肢与测试表面接触和踝关节跖屈之外，这个变式使用与男性标准军事俯卧撑相同的姿势[29, 51]。此外，YMCA 固定负荷卧推测试对男性和女性的负荷要求不同，女性为 35 磅（约 15.9 千克），男性为 80 磅（约 36.3 千克），这说明在选择适当测试时需要考虑与客户因素有关的性别差异[19]（这些测试的完整步骤详见本书第 11 章）。

训练前状态 当考虑到测试需要的技能和相对发力水平时，客户的训练前状态可能影响测试的选择。要特别注意对无训练经验且体能水平低的人的测试，即使他们表达了想要达到高运动表现水平的愿望。例如，1.5 英里（约 2.4 千米）跑测试与 12 分钟跑测试都是接近最大强度的测试，它们需要受试者尽可能快地完成测试[2, 25, 38, 51]。体能水平低的客户在进行这些测试前应该进行 4 ～ 6 周的有氧体能训练[40]。不习惯调整配速的客户在练习测试中学会如何调整配速后，可能在随后的 1 英里（约 1.6 千米）走测试中表现得更好[34, 38]。与之相似，没有练习步法的客户在灵敏性测试中也无法得到准确的分数。给客户一些时间练习运动，将会得到更好的灵敏性测试结果[34]。但是也有观点认为提前练习动作模式会降低测试出实际灵敏性的可能性，因为这样不再需要客户临场反应[45]。

同样地，1RM 深蹲测试可能适用于有自由重量动作模式经验的健康人群。但是对于没有训练经验的人来说，运动技巧的缺乏与运动强度的要求可能导致不可接受的高损伤风险[3, 15, 27, 30]。负荷越大，关节、肌肉、骨骼与结缔组织受到的压力就越大[3, 4, 47]。为了提高安全性与可靠性，可能需要将此测试改为使用次最大负荷估算最大力量的测试，例如 10RM 测试[30]。使用较轻的负荷进行特定训练动作的练习来学习正确的技术动作可能是必须的。对于无训练经历的人来说，神经肌肉系统协调性的适应可能是抗阻训练开始后力量增长的主要原因[3, 15, 33]。即便如此，也应保持谨慎，并通过一个熟悉期使无训练经历的人熟悉动作涉及的新技能，以预防损伤。熟悉期的长度根据客户与所选力量测试要求的相对强度而定。同样地，一些肌肉耐力测试使用的负荷对于无训练经历的人来说可能太重，导致他们只能完成非常有限的重复次数。例如，上肢肌肉力量薄弱的客户（例如青少年和老年客户、一些女性客户、久坐少动的客户）将无法在俯卧撑测试中完成多次动作（例如，小于 6 次），即便使用变式姿势也一样。对于这些客户，俯卧撑测试变成了一项肌肉力量测试。如果出现这种情况，可以使用其他上肢肌肉耐力测试，例如 YMCA 卧推测试。如果客户有过抗阻训练经验的话，这项测试将会更加准确。

私人教练因素

私人教练的经验与训练水平会影响测试的选择。为了保持客观性并减少测试者内误差，需要熟练的技巧的测试应与私人教练的能力相匹配。例如使用不同公式和皮褶法组合评估身体成分

时可以有 ±3.5% 或以下的理论预测误差[23]，但是测试误差可能在不同测试者间有 3% ～ 9% 的变化（测试者内信度）[23]。未遵循测试方法、设备校准不正确以及预测公式的选择都可能使误差变得更复杂[23]。准确测量皮褶是一项复杂技能，私人教练需要在不同的客户身上练习约 100 次后才能获得足够的熟练度[23]。为了提高测试者间的一致性，私人教练应该在不同位置和不同的身体类型上进行测量[23]。相对测试难度与所需的测量类型会影响结果。期待一个私人教练在没有练习的情况下只通过阅读测试说明来评估客户，就能得到好结果是不切实际的。某些测试需要相当多的技能与练习。例如，在 1 英里（约 1.6 千米）走或跑测试中，秒表计时和心率监控对私人教练来说比较简单，但是想在非计算机化的功率自行车测试中得到可靠结果所需的技能更多、更复杂（例如，监控并调整功率自行车的工作负荷与蹬车频率；获取客户测试时的心率）[24, 43]。

> 不熟悉某项测试的私人教练不应选择这项测试，而应花时间练习测试，来继续发展某专业，以供未来的客户使用。

设备因素

任何用于测量做功、运动表现或生理反应的器械或设备都需要校准和调节以保证精确性，这样才能准确测量被评估的特定特质。校准可以检查测量设备的准确性以提供准确的读数。测量工具的准确性直接影响测试的信效度。测试的信效度和客观性评价过程中需要校准的常用器械和设备包括功率自行车、踏步机、跑步机、血压计、皮褶卡钳、身体成分测试设备、节拍器以及其他测量时间、距离与爆发力的电子设备。为了确保设备的准确性，应根据制造商的说明与维护建议制订一个检查和校准器械和设备的计划[25, 37, 51]。

环境因素

气候与环境因素可能影响客户的表现与安全。因此私人教练选择与管理测试时应该考虑与温度和湿度、海拔、空气污染和测试场所有关的环境规划与质量控制。

温度和湿度 环境带来了一些挑战与问题，可能跟对测试执行和结果产生影响的生理反应有关。选择测试时需要考虑高温、高湿度与低温暴露等因素。高温与高湿度的环境会抑制体内热调节系统的散热功能，进而影响耐力运动表现、使健康风险增大并影响测试结果。私人教练应该了解温湿度组合的阈值，在超过这个阈值的情况下持续运动可能增大热损伤的风险，也会影响运动表现[1, 10]。例如，运动性中暑的风险可能在温度 18.4 ～ 22.2 摄氏度以及湿度 65.1% ～ 72.0% 时开始增加[1, 10]。因为运动表现可能会受到影响，高温高湿的室外可能不适合测试有氧耐力。此外，在季节温度波动较大的地区进行测试时，可能需要一段时间的高温（高湿）适应期[49]。

-4 摄氏度以下的低温暴露可能不会对健康年轻人的运动表现产生显著影响，但是老年人与患有心血管和循环功能障碍以及呼吸问题的人可能需要注意。低温暴露可能会刺激交感神经系统，从而影响总外周阻力、动脉压、心肌收缩与心脏工作效率[40, 54]。客户在进行上肢明显用力的室外运动时需要特别注意。有呼吸问题，特别是哮喘的客户可能也更容易因低温出现问题，因为冷空气可能引发支气管痉挛[48, 51]。

海拔 海拔也能影响有氧耐力表现。在海拔 580 米以上进行有氧耐力的测试可能与标准运动表现数据没有关系[17]。此外，不适应海拔变化的人在进行有氧耐力测试前，可能需要 9 ～ 12 天的适应期[51]。

空气污染 另一个需要考虑的环境因素是空气质量指数（air quality index，AQI）。这是一项与污染物有关的空气质量指标。污染会降低血液运输氧气的能力、增大气道阻力、改变某项任务的工作效率，从而对运动表现与健康产生负面影响[16, 40]。通常在地方天气预报中会报道 AQI，私人教练应该了解哪些人群对 AQI 比较敏感[40]。更多关于 AQI 与健康的信息详见图 10.1。

测试场所 与健康和环境控制有关的问题是影响测试信效度的关键因素。为了减少测试过程中的注意力分散与潜在焦虑，测试场所应该安静而私密。私人教练的举止应该表现出积极、轻松、自信，并且应该将流程解释清楚，避免仓促。测试室应该配备舒适的装修和标准的已校准的测试设备。室内温度应该设置在 20 ～ 22 摄氏度，湿度保持在 60% 以下，空气每小时循环 6 ～ 8 次[51]。私人教练必须检查场地的缺陷，而且需要清晰记录并张贴安全流程。当事故发生时，必须有可立即使用的应急设备[8, 43, 51]（关于场地建议的更多细节详见本书第 24 章）。

健康问题相关的空气质量指数水平	数值	含义
良好	0 ～ 50	空气质量令人满意，空气污染无风险或风险很小
中等	51 ～ 100	空气质量可接受，但是对于极少数对空气污染异常敏感的人群来说，一些污染物可能成为中等健康隐患
对敏感人群不健康	101 ～ 150	敏感人群的健康可能受到影响，一般人群不会受到影响
不健康	151 ～ 200	所有人的健康都可能受到影响，敏感人群的健康可能受到严重影响
非常不健康	201 ～ 300	所有人的健康都可能受到严重影响
有害	>300	全部人群都会受到影响

图 10.1　空气质量指数水平

测试过程的完整性取决于所选测试的信度、效度以及训练有素的专业健身人员的管理。私人教练应该通过持续关注与客户、自身、设备和环境有关的可控因素，以提高测试的信度。

评估案例研究

发起与制订一项训练计划所需的最重要的评估是客户的心血管疾病风险，以及由已知肌肉骨骼限制或疾病引起的潜在禁忌证。健康筛查过程与风险分级的结果决定了其他测试的选择与执行。在为客户选择测试前，私人教练必须考虑客户的运动目标、运动经历、对测试的态度、测试相关经验与技能、设备及场地等因素。大多数情况下，设计一项训练计划需要一个以上测试项目以收集信息。后续内容将通过案例研究 10.1 和 10.2 来进一步深入理解这些概念。（风险分级的细节详见本书表 9.2。）

私人教练需要了解客户的健康状态、风险分级和目标，并具备相应的经验水平和可用设备，同时知晓与评估相关的测试特征，才能选择有效、可靠、安全的测试，从而得到有意义的结果。

案例研究10.1

玛丽亚 · G.（Maria G.）

玛丽亚 · G. 是 4 名孩子的祖母，57 岁，生活中的大部分时间都热爱运动。她身高 165 厘米，体重 145 磅（约 65.8 千克）。她在搬到女儿家附近之前每周在以前的俱乐部参加 3 ~ 4 次有氧踏板操和动感单车课程。她计划在新的俱乐部继续进行这些运动。她同样享受偶尔跟她的朋友们进行的娱乐性网球与高尔夫球比赛。她想要增强她的力量，因为她开始帮忙带孩子后发现背着他们与各种用具十分累人。虽然她的丈夫每天吸 1 包烟，但她从未吸过烟。她的父亲在 73 岁时死于车祸，母亲 82 岁目前健在。

上个月，本地医院赞助了一次健康活动，玛丽亚充分利用了这次体检机会。她的平均血压为 129/79 毫米汞柱。她的总胆固醇为 231 毫克 / 分升，低密度脂蛋白胆固醇为 150 毫克 / 分升，高密度脂蛋白胆固醇为 65 毫克 / 分升。她的空腹血糖为 93 毫克 / 分升。她使用手持式 BIA 设备测得的体脂率为 28%。她没有其他健康问题。测试结果总结详见下一页的“玛丽亚个人测试记录表”。

玛丽亚个人测试记录表

前测（已圈选）　　后测　　（圈选一个）

客户姓名： 玛丽亚 · G.　　**年龄：** 57

目标： 增强肌肉力量；保持有氧能力与身体成分；改善平衡能力与血脂水平。

运动前测试备注： 中风险等级，在开始高强度训练计划前需要医生同意。

测试日期： 2011.9.8；2011.11.8

评论： 使用皮褶卡钳重新评估体脂率；她之前有运动习惯但最近没有运动；想要再次开始有氧训练；最近进行了血脂筛查（胆固醇：231 毫克 / 分升；低密度脂蛋白胆固醇：150 毫克 / 分升；高密度脂蛋白胆固醇：65 毫克 / 分升；空腹血糖：93 毫克 / 分升）；她的丈夫吸烟。

重要指标	**分数或结果**	**分类** *	**参考标准（见第 11 章）**
静息血压	129/79	高血压前期	表 11.2
静息心率	72 次 / 分	平均	表 11.1
身体测试	**分数或结果**	**分类**	
身高	165 厘米	百分位数：约第 75 位	表 11.7
体重	145 磅（约 65.8 千克）		
BMI	24.1	正常	表 11.8
腰围	29 英寸（约 74 厘米）	88 厘米截止线以下	表 11.5
臀围	36 英寸（约 91 厘米）	—	—
腰臀比	0.81	中风险	表 11.2
体脂率（方法：BIA）	28%	百分位数：约第 60 位 标准：比平均水平瘦	百分位数：表 11.11 标准：表 11.11
心肺耐力	**分数或结果**	**分类**	
阿斯特兰 - 瑞明自行车测试起始工作负荷：450 千克 • 米 $^{-1}$ • 分 $^{-1}$	28.64 毫升 • 千克 $^{-1}$ • 分 $^{-1}$	标准：良好	标准：表 11.18
肌肉耐力	**分数或结果**	**分类**	
YMCA 卧推测试重量：35 磅（约 15.9 千克）	以 35 磅（约 15.9 千克）重量重复 9 次	百分位数：第 50 位	表 11.24
肌肉力量	**分数或结果**	**分类**	
用次最大负荷估算卧推的 1RM 值	1RM 估算值为 60 磅（约 27.2 千克），约为体重的 41%	百分位数：约第 90 位	
柔韧性	**分数或结果**	**分类**	
YMCA 坐位体前屈测试	33 厘米	百分位数：约第 30 位	表 11.27
其他测试	**分数或结果**	**分类**	
托马斯髋关节活动度测试 **	双侧被测腿都保持与地面接触	足够的髋关节柔韧性	
睁眼单腿站立测试 ***	右腿：6 秒 左腿：9 秒	平均值以下	

* 分类指常模或规范参考标准，具体取决于测试与方法。更详细的解释以及如何针对玛丽亚的结果分配分类标签详见第 11 章中的示例与具体常模和规范参考标准。

** 方法与标准数据源自豪利（Howley）与弗兰克斯（Franks）[25]。

*** 方法与标准数据源自斯普林格（Springer）等[46]。

风险因素分析

玛丽亚的风险分级是什么（表 9.1 与表 9.2）？筛查发现玛丽亚有 3 项风险因素：年龄、吸烟与血脂异常。首先，玛丽亚超过 55 岁，属于一项风险因素。其次，虽然她自己不是吸烟者，但她丈夫是，这意味着她明显暴露于吸烟环境。最后，她的总胆固醇与低密度脂蛋白胆固醇都超过了风险阈值（总胆固醇为 200 毫克 / 分升，低密度脂蛋白为 130 毫克 / 分升）。但是，玛丽亚的高密度脂蛋白胆固醇为 65 毫克 / 分升，超过了 60 毫克 / 分升，属于一项风险抵消因素，可以抵消一项风险因素。她的血压与血糖都正常，BMI 为 24.1，不属于超重状态。她的体脂率为 28%，在她这个年龄的女性中属于“低于平均水平”这个类别。她也没有明显的心血管疾病家族史。玛丽亚的风险因素总和为 2 项，属于中风险，因此她不应参加最大强度运动测试或在医生同意前参与高强度训练计划。

评估建议

什么评估建议对于这位客户来说是合适的呢？对于心肺耐力的评估，私人教练有若干测试可以选择。因为玛丽亚一直以来都持续进行有氧运动，她可以进行一些有一定体能要求的测试［例如，1.5 英里（约 2.4 千米）跑测试、12 分钟跑测试和多级 YMCA 功率自行车测试］[25, 51]。但是，考虑到由她的年龄引起的中风险状态，这些接近最大强度的测试在未获得医生同意的情况下肯定是不合适的。因为她没有关节问题且曾经参加过 3 项运动中的 2 项，所以台阶测试（≤ 30 厘米的台阶）是可接受的选择。

因为玛丽亚从未进行过抗阻训练，所以所有的 1RM 测试都是不推荐的。因为她一直爱好运动，所以使用 YMCA 固定重量卧推测试这种肌肉耐力测试可能是没问题的。但是她之前进行的运动都不属于抗阻训练，所以对相关动作都不熟悉。现在最好等玛丽亚熟悉这些动作，并且将训练状态提高到可以进行标准力量测试再开展测试。但是，因为她上肢力量薄弱，私人教练可以选择使用次最大强度负荷卧推以估算玛丽亚的 1RM 并评估其上肢基线力量。私人教练可以允许客户在进行次最大强度测试前练习卧推动作以使结果更加有效，但是要保证客户在练习与正式测试之间获得足够的休息时间。

如果玛丽亚表达过对体重或体形的担忧，出于谨慎考虑，应在规定状态下重复一次身体成分测试以取得基线数据来与未来进行比较，这是因为并不清楚上次的测试状态。对于体脂测量，建议由相同测试者在相同状态下进行同一种测试[23]。因此，私人教练具备使用工具的技能时可以使用皮褶卡钳为玛丽亚重复测试。围度测量也可能提供与多余腹部脂肪有关的健康风险基线，并允许玛丽亚在参加一项训练计划后追踪变化。（关于如何进行这些人体测量学测试的进一步详细讨论见第 11 章。）

玛丽亚未曾表达出提高运动表现的意愿，因此灵敏性、速度与爆发力测试在此时都不需要。平衡、反应时间与协调能力这些与她日常活动有关的问题可能更重要，且未来需要进一步研究或规划。如果玛丽亚继续打网球与高尔夫球，那么在私人教练为她设计一项计划后，她可能会想要进行一些与提高表现有关的训练以实现她目前想要增强功能性力量的期望。

案例研究10.2

保罗·C.（Paul C.）

保罗·C. 是一名 28 岁的工作繁忙的会计师。他身高 183 厘米，体重 260 磅（约 117.9 千克），从未吸烟或使用过烟草制品。保罗的父亲在 47 岁去世前心脏病发作过 2 次，他 34 岁的哥哥因胸部疼痛最近接受了冠状动脉搭桥手术。他的母亲有 2 型糖尿病但在控制之下。保罗未曾测量过空腹血糖。在初步访谈中，他的血压测量结果为 150/96 毫米汞柱；他的体脂率为 30%，腰围和臀围分别为 41 英寸（约 104 厘米）和 44 英寸（约 112 厘米）。他最近的胆固醇测试在 6 个月前，他不记得测试结果，但声称“医生什么也没有说，所以我猜是正常的”。保罗有哮喘，由季节性过敏与运动引发。他有沙丁胺醇吸入器，并发现运动很容易使他不适，有时会引发哮喘发作。他还称他的左膝有间歇性疼痛，可能跟几个月之前摔倒了有关，但还未经医生检查。保罗在妻子的坚持下前来运动，因为她担心保罗会像他的哥哥一样心脏病发作。他很少运动并且不享受运动，而且担心如何在忙碌的日程中进行运动。

风险因素分析

保罗的风险分级是什么？保罗此时拥有一系列风险因素。他的父亲和哥哥在 55 岁前都经历过心脏病或心血管疾病，因此他有明显的家族病史。他的 BMI 为 35.3，这使他归入非常高风险的 Ⅱ 级肥胖（表 11.5）[23, 51]。其他人体测量指标说明他有储存于腹部区域的多余内脏脂肪，这使他拥有非常高的患心血管疾病、中风与 2 型糖尿病风险。例如体脂率大于 30%（表 11.10）、腰围大于 40 英寸（约 102 厘米）[23, 51]、腰臀比超过 0.94（表 11.12）[23, 51]。他自己也承认他不是一个经常运动的人。他的收缩压（大于 140 毫米汞柱）或舒张压（大于 90 毫米汞柱）连续两次读数都很高，这意味着他需要转诊至医生处进行评估（表 11.2）。他的空腹血糖目前未知。保罗未报告其他心血管疾病的迹象或症状，而且他的血脂目前也未知。除了他现有的 4 个风险因素（家族病史、肥胖、久坐少动、高血压）以外，他还有哮喘这项已确诊疾病以及未确诊的骨骼问题（左膝）。应该建议保罗在得到医生的许可前不要进行任何运动。

评估建议

考虑到保罗的情况，他的医生可能认为他是高风险客户并且可能选择对他进行一项诊断性压力测试。如果是这样且允许他进行有限的运动的话，私人教练可以使用压力测试中的最大心率与最大摄氧量数据来设计训练计划。如果他没有进行压力测试且被允许进行中等强度运动，使用次最大强度功率自行车测试来评估心血管功能可能最合适，因为这种测试不用承重且对他左膝的压力可能最小。根据这位客户提供的一些其他信息，私人教练需要给予他额外的注意。他不是一个经常运动的人，也不是特别享受运动，并且已经在为没时间运动设置心理障碍。他显然正处于改变生活方式的犹豫或无准备阶段[36]（关于运动心理准备的更多信息见第8章）。私人教练也可以让他填写调查运动态度的态度评估表格（第8章）。在等待医生许可时，保罗可能从关于生活方式改变、目标设定、坚持一项计划的策略的讨论，以及与营养专家的交谈中受益。

体能评估的执行与组织

体能评估的执行需要进一步的准备与组织以确保在心理测量学上结果的准确与可靠。当组织与执行体能评估时，必须密切关注准备的细节与可能影响结果的可靠性、准确性和意义的执行因素。

测试准备

能否取得适当的、有价值的测试结果取决于私人教练通过向客户介绍测试的内容，以及测试前要求和对测试过程的预估来让客户做准备的能力。准备评估一个人的健康水平要求私人教练执行评估前筛查程序、审查安全细节、选择合适的测试并履行记录的职责。“测试准备与执行清单”见章末。

执行评估前的筛查程序与回顾安全因素

一项体能测试只能在完整的运动前筛查后进行，运动前筛查包括初步访谈、体能评估、填写相关表格以及在需要时就医学禁忌证征求医生的建议（见第9章）。与测试相关的风险确实存在，但是证据表明并发症的出现相对较少（0.06%或每10 000人6例）[51]。

验证所选测试的适宜性

选择能够提供有意义的结果的有效、可靠、安全的测试需要私人教练对客户的目标与健康状态十分了解，并具备一定的经验水平以及与开展相关测试、评估的能力。

选择设备与验证设备的准确性

易于管理、成本效率、设备可用性与场地设置会影响测试的选择与执行。实验室测试与场地测试这两种测试都可能得到有价值的结果，但是在大多数情况下执行它们的情况不同。实验室测试大多数在临床环境下使用特殊诊断设备评价一个人的最大功能能力。实验室测试的例子包括使用气体代谢仪测量耗氧量，以及使用水下称重法测量身体成分等。实验室测试是相对复杂的，但其使用直接测试工具可以减少数据误差并根据生理反应量化结果。由于测试的诊断能力与心脏并发症的高风险，专业健康人员要对实验室测试的执行与评估过程负责。下列设备有助于完成这些测试。

- 功率自行车或跑步机。
- 身体成分测量设备（例如，皮褶卡钳）。
- 柔韧性测量设备（例如，关节角度计或坐位体前屈计）。
- 肌肉力量测量设备（例如，测力计）。
- 主观用力程度评价表。
- 秒表。
- 节拍器。
- 血压计。
- 听诊器。
- 卷尺。
- 体重秤。
- 急救包。
- 自动体外除颤仪（AED）[9]。

场地测试是一种低成本、易于管理、所需设备较少，耗时较少的实用性方法，可以在不同场地进行，对于大规模人群的评估可能更高效。场地测试的例子包括走 / 跑测试、灵敏性测试与 1RM 测试等。场地测试可能使用次最大强度或最大强度，通常由认证的专业健身人员执行。这些非诊断性的测试使用间接测量来量化并推断运动表现结果。最大强度测试最主要的问题在于，一个人在无诊断性设备的监控下用最大力时存在一定的潜在风险。由于实验室设备成本和管理等因素，私人教练使用实验室测试可能是不实际或不恰当的。在大多数情况下，一个人可以使用场地测试有效且高效地获得评估运动表现所需的信息并可以与常模或规范参考标准进行比较。

指导客户进行测试前准备

测试应该提前确定，让客户做好足够的精神上与身体上的准备。客户应该获得测试前指导来为测试做好准备。这些指导包括如下几点。

- 足够的休息（例如，测试前夜 6 ～ 8 小时睡眠且 24 小时内无高强度运动）。
- 中等食物摄入（例如，测试前 2 ～ 4 小时摄入简餐或小食）。
- 足够的水合状态（例如，测试前一天 6 ～ 8 杯水，测试前 2 小时至少 2 杯或 0.5 升水）。
- 避免服用导致心跳加速的药物（医嘱药物除外）。
- 合适的服装（例如，宽松的衣服，结实、系紧的运动鞋）。
- 测试前、中、后的特定测试步骤与期望。
- 终止测试的情况。

告知客户可以在任何时间出于任何理由终止测试，这点很重要。同样地，偶发情况下私人教练可能出于安全原因在测试完成前终止测试。表 10.1 列出了在没有医生或心电监护的情况下终止测试的原因。如果必须突然终止一项测试，应该尽可能随后进行 5 ～ 15 分钟的放松。

准备记录保存系统

有组织地收集、记录与储存数据的方法对于降低错误发生率非常关键，这对于测试结果的分析与解释非常重要。创建一个收集与储存数据的系统性方法是私人教练的专业职责之一。此外，记录可能会在安全标准受到质疑与被起诉时提供合理且谨慎的证据[37, 44]。

收集数据的系统性方法包括允许以特定测量单位表达原始分数的手写记录表格或软件程序。记录设备也应包含与测试过程有关的重要客户信息，并具有储存测试与数据收集过程中有关的评论的空间。此外，数据收集系统应该是有序的，以便快速查找测试结果。这个特性在重新进行测试的过程中进行前后测试对比时尤其重要。系统也应具备保护机制以确保机密性。将空白的“个人测试记录表”（见案例研究10.1）作为你可能使用的一种测试记录表的例子。

执行测试

一项测试的成功组织与执行，需要私人教练对一系列任务的特别关注：确定测试的顺序、规定并遵循测试方法、收集与分析数据、回顾结果。参考章末的“测试准备与执行清单”。

确定测试顺序

组织一项测试，要求私人教练明确适当的测试顺序，以保证最佳的运动表现与足够的间歇，以获得准确的结果。测试顺序的确定受到许多因素的影响，如测试客户的数量、评估的指标、涉及的技能、所需的能量系统、可用的时间以及客户的特定目标。许多客户不需要像清单中列出的那样进行非常全面的测试。私人教练可以使用多种策略确定测试顺序，下列是针对以一般体能或运动表现为目标的客户符合逻辑的测试顺序的例子[21]。

一般体能

1. 静息测试（例如，静息心率、血压、身高、体重及身体成分测试）。

2. 非疲劳性测试（例如，柔韧性和平衡测试）。

3. 肌肉力量测试。

4. 局部肌肉疲劳测试（例如，YMCA卧推测试、局部卷腹测试）。

表10.1 终止运动测试的原因

终止运动测试的原因
心绞痛或类似心绞痛的症状
尽管负荷增加，但收缩压比基线水平下降超过10毫米汞柱
血压升高过多：收缩压超过250毫米汞柱或舒张压超过115毫米汞柱
气短、气喘、腿部痉挛或跛行
灌注不足体征（例如，共济失调、眩晕、脸色苍白、发绀、皮肤湿冷或恶心）
运动强度增加，而心率未升高
明显的心脏节律变化
客户要求停止
身体或语言上表现出严重疲劳
测试设备故障

来源：Reprinted from ACSM2010[51].

5. 次最大强度有氧能力测试［例如，台阶测试、罗克波特（Rockport）行走测试、阿斯特兰－瑞明（Astrand-Ryhming）功率自行车测试、1.5 英里（约 2.4 千米）跑测试、12 分钟跑 / 走测试］。

运动表现

1. 静息测试（例如，静息心率、血压、身高、体重及身体成分测试）。

2. 非疲劳性测试（例如，柔韧性和纵跳测试）。

3. 灵敏性测试（例如，T 形测试）。

4. 最大爆发力与力量测试（例如，3RM 高翻测试、1RM 卧推测试）。

5. 冲刺跑测试［例如，40 码（约 36.6 米）冲刺跑］。

6. 局部肌肉耐力测试（例如，1 分钟仰卧起坐测试、俯卧撑测试）。

7. 无氧能力测试［例如，300 码（约 274.3 米）折返跑］。

8. 最大或次最大有氧能力测试［例如，最大强度跑步机测试、1.5 英里（约 2.4 千米）跑测试、YMCA 功率自行车测试］。

如果有可能，最合适的安排是另选一天进行最大有氧能力测试。但是，如果所有的测试都安排在同一天完成，最大有氧能力测试应该放在最后进行，并且在测试前至少要安排 1 小时的休息时间[21]。因为之前进行的测试会导致心率升高，所以一些组织推荐在肌肉测试或柔韧性测试之前测试最大有氧能力[51]。但是，在最大有氧能力测试前至少休息 1 小时应该可以避免这个问题。

制订并遵循测试方案

接受测试的人在预定的测试日期前应该接受关于测试的详细指导。指导的清晰性与简洁性对测试的可靠性与客观性有直接的影响[5]。测试指导应该规定包括测试目的、执行步骤、技术与违规的指导原则、测试评分与使运动表现最优化的建议在内的内容。私人教练也应提供正确的测试动作示范并给客户练习与提问的机会。

保证测试执行的安全高效是私人教练的责任。为了增强信度，每位客户每次进行测试时都应该遵循严格的标准步骤。前测时选择的测试应该在后测时重复以提供可靠的分数来进行比较。私人教练应该在测试需要时安排足够的热身与放松步骤，并提供保护。

> 测试应该遵循标准操作步骤，内容包括让客户进行精神上与身体上的准备、验证设备准确性、应用具体测试方案、确保整个过程的安全以及履行记录保存的职责。

结果分析与汇报

测试过程中收集到的数据提供了客户的基线信息。对基线数据的分析取决于测试的具体目的和客户的目标。向客户解释数据的常用方法是使用常模与规范参考标准（见第 11 章）。

常模参考标准

比较数据的两个常用参考标准包括常模参考标准（norm-referenced standards）与规范参考标准（criterion-referenced standards）。常模参考标准用于比较个人运动表现与类别相近的其他人的运动表现。第11章提供了用来展示不同体能测试的百分位数的表格。这些结果表明了研究中的男性与女性表现如何。换言之，这些百分位数比较了每位受试者真正的“好的、坏的和中间的”表现得分。例如，表11.14将一位客户改良Balke跑步机测试的得分与同性别其他受试者的得分进行对比。最先完成与最后完成的人位于这个表格的上下两端，其他人按照统计学进行百分位数排位。一些客户可能混淆了百分位数与百分比，例如他们在上学时获得的分数，70%一般被认为是一个“通过分数”。因此，私人教练应该能够为客户解释测试结果并讲解他们得分的相对价值。如表11.14所示，处于百分位数第50位的得分（意味着这个人的表现超过大约一半的人并低于另一半的人）属于平均表现。

许多客户都会在训练后想要得知他们的原始分数（运动表现），以及他们是否变得更强、更快或柔韧性更好。体能较差，或过去对体能测试有负面经历的客户，可能对知道他们的表现与其他人相比有多大差距没有兴趣。其他客户会感觉使用常模数据阐明表现目标是一种激励以及有一种“攀爬表格”的成就感。使用常模数据虽然可能提供与运动表现相关的正面反馈，但并不能基于期望健康标准排列个人健康状态。

规范参考标准

常模参考标准无法让客户知晓自己的表现是否达到某项健康标准。一项健康标准可以定义为让一个人保持良好健康状况且降低慢性疾病风险的最低表现[40]。或者说，规范指每个人理论上能够达到的特定的最低标准，并不与其他人的表现做比较。规范参考标准的设立在于平衡常模数据与特定领域专家的最佳判断，以确定一项特定的能力水平[34]。与健康水平相匹配的规范参考标准为大多数人提高健康水平提供了合理的目标。例如，表11.5通过展示一个客户基于腰围与BMI得出的疾病风险阐明了健康的标准。如果一位女性客户的腰围超过35英寸（约89厘米）且根据BMI属于超重类别，那么她患糖尿病或冠心病等疾病的风险就很高。另一个例子是表11.2，其展示了血压的规范参考标准，或判断一位客户是否是高血压的方法。

很遗憾，人们对于准确反映健康标准的运动表现水平还未达成一致[34]。针对学龄儿童，美国已经提出了至少4个规范参考的健康相关的体能测试库，但可接受的表示健康水平的运动表现水平各不相同[28, 34]。例如，表11.14展示了最大有氧功率的百分位数值，一些数据建议使用百分位数第20位以下或38.1毫升·千克$^{-1}$·分$^{-1}$作为20～29岁男性的一项健康相关的规范标准（同年龄段的女性的规范标准为31.6毫升·千克$^{-1}$·分$^{-1}$）[51]。这是否意味着在任何体能测试中得分高于百分位数第20位或第30位的客户就是健康的呢？答案是并不一定有关。问题在于针对成年人所有年龄段的每一个有关体能素质的健康标准还未确定且未被广泛接受。对于一位得分处于规范参考标准底部的体能较差的客户来说，这种结果可能会使其心情低落。如果客户的想法错误，那么他可能会认为其得分必

应用常模与规范参考标准

如果一名 39 岁的女性的最大摄氧量为 32 毫升·千克$^{-1}$·分$^{-1}$，她的分数处于百分位数第 40 位（她的分数只是略高于与她最接近的分数——33.8），这意味着 60% 的同年龄段女性的最大摄氧量高于她，而 40% 的同年龄段女性的最大摄氧量低于她（表 11.17）。她的最大摄氧量略微低于她这个年龄的平均水平。这个分数并不能告诉她这是否代表健康的心血管水平。另一方面，29.9 毫升·千克$^{-1}$·分$^{-1}$是有氧功率中的最低健康标准（在这个规范参考表格中未标出），她已经得到了一个超出健康标准的分数。私人教练需要与客户讨论她的兴趣、运动表现目标、现有计划与可用的时间以确定她如何保持（最低目标）或提高她现有的体能水平。

须处于顶部才是健康的。

规范参考标准的存在为健康所需的体能水平提供了一个合理的估值。在特定客户选定测试的规范参考标准缺乏的情况下，使用常模表格的最佳方法是鼓励有与健康相关目标的客户提高体能水平，直到他们达到给定指标的平均或更高水平，然后保持他们的运动表现水平[25]。开始时或训练后具有平均或更高表现水平的客户可能已经具备健康的体能水平，但可以通过使用规范参考表格设置更高的运动表现目标，以促进健康与运动表现[25]。

私人教练应该在测试结束后即刻或短时内安排一次结果汇报。客户应该得到一个测试结果的图表总结以及针对个人优势与需要加强的部分的分析。需要注意的是，测试数据并不意味着好或坏，它们只是用于提供改变基础的基线数据。

再评估

一旦完成测试，私人教练向客户汇报结果后就会基于客户目标制订与执行训练计划。初始测试、中间测试（重复一些或全部初始测试内容）、轶事记录与训练日志等记录客户进度的内容，都是客户正式评估的一部分，能为客户提供大量的反馈与指导。制订完成目标的时间框架后，最终测试会在计划时间内进行。这个日期可能是计划开始后 8 周或更长的时间。完成一些目标可能需要更长或更短的时间。在任何情况下，终结性评价都应安排在最终测试完成之后，以讨论客户的目标达成度，审视初始计划的优势与不足，设定新目标，并在适当时修改计划。需要记住的是，形成性评价是针对目标进度的测量，而终结性评价是针对既定目标达成度的测量。对于大多数客户来说，无论是使用常模参考标准还是规范参考标准，他们都更适合与自己之前的表现进行对比，而非与其他人的技能或健身水平进行对比。

结语

如果私人教练想为其客户提供真正的个性化计划，那么这个过程始于对客户背景的全面评估，包括年龄、健康、过往运动经历、目前训练状态、运动准备度、个人兴趣与目标等。确定这些内容后，私人教练必须在多种信效度高的测试中，选择可以准确得出有价值的基线数据的测试，以制订训练计划。私人教练必须进一步考虑自己的技能水平、设备的可用性与适当性以及影响所选测试的环境因素，以准确收集数据。必须形成一个记录保存系统，以便在初始测试或后续测试完成后帮助私人教练与客户进行交流。这一完整的过程包含了艺术和科学的成分。持续搜寻并正确执行与客户有关的测试和分析结果，这需要精力与主动性。这样做的私人教练将会提高自己的知识水平、技能水平与自信，并且私人教练与客户都会受益于此。

学习问题

1. 下列哪一项用于估算最大摄氧量的测试，可能不适用于一名久坐少动且未获得医生关于参加普通监护训练计划的许可的 43 岁男性客户？

   A. 阿斯特兰－瑞明功率自行车测试

   B. YMCA 功率自行车测试

   C. 罗克波特行走测试

   D. 1.5 英里（约 2.4 千米）跑测试

2. 一位私人教练为客户进行了水下称重测试。这位客户一天后在同样的情况下进行了同样的水下称重测试，但是测得的体脂率比之前高 10%。在这种情况下，进行水下称重的这位私人教练是_____？

   A. 可靠的

   B. 有效的

   C. 有效且可靠的

   D. 既不有效也不可靠

3. 一位新客户已经完成了 YMCA 功率自行车测试，但是她的私人教练发现设备在测试前未正确校准。下列哪一项会受到错误校准的影响？

   A. 客观性

   B. 测试者内信度

   C. 测量标准误差

   D. 测试者间客观性

4. 下列哪一项建议测试顺序在评估一般体能时得到的结果最准确？

   Ⅰ. 罗克波特行走测试

   Ⅱ. 仰卧起坐测试

   Ⅲ. 俯卧撑测试

   Ⅳ. 皮褶测量

   A. Ⅰ、Ⅱ、Ⅲ、Ⅳ

   B. Ⅳ、Ⅲ、Ⅱ、Ⅰ

   C. Ⅰ、Ⅲ、Ⅱ、Ⅳ

   D. Ⅳ、Ⅱ、Ⅲ、Ⅰ

应用知识问题

以下 4 位客户都需要测试一项体能成分。根据客户背景为每位客户确定两项合适的体能测试。

客户	描述	待测体能成分	测试 1	测试 2
27 岁男性	参加 5 千米跑运动已有 3 年	心肺耐力		
33 岁女性	持续进行抗阻训练已有 10 年	肌肉力量		
41 岁女性	已被她的医生确诊为肥胖	身体成分		
11 岁男性	无运动或训练经历	肌肉耐力		

参考文献

1. Armstrong, L.E., D.J. Casa, M. Millard-Stafford, D.S. Moran, S.W. Pyne, and W.O. Roberts. 2007. Exertional heat illness during training and competition. *Medicine and Science in Sports and Exercise*, 39 (3): 556-572.
2. Åstrand, I. 1960. Aerobic work capacity in men and women with special reference to age. *Acta Physiologica Scandinavica* 49 (169): 45-60.
3. Baechle, T.R., and R.W. Earle. 2006. *Weight Training: Steps to Success*. Champaign, IL: Human Kinetics.
4. Baechle, T.R., R.W. Earle, and D. Wathen. 2008. Resistance training. In: *Essentials of Strength Training and Conditioning*, 3rd ed., T.R. Baechle and R.W. Earle, eds. Champaign, IL: Human Kinetics. pp. 382-412.
5. Baumgartner, T.A., and A.S. Jackson. 1995. *Measurement for Evaluation*, 5th ed. Dubuque, IA: Brown.
6. Bilodeau, B., B. Roy, and M. Boulay. 1995. Upper-body testing of cross-country skiers. *Medicine and Science in Sports and Exercise* 27 (11): 1557-1562.
7. Buono, M.J., J.J. Roby, F.G. Micale, J.F. Sallis, and W.E. Shepard. 1991. Validity and reliability of predicting maximum oxygen uptake via field tests in children and adolescents. *Pediatric Exercise Science* 3 (3): 250-255.
8. Carver, S. 2003. Injury prevention and treatment. In: *Health Fitness Instructor's Handbook*, 4th ed., E.T. Howley and B.D. Franks, eds. Champaign, IL: Human Kinetics. pp. 393-420.
9. Caton, M. 1998. Equipment selection, purchase, and maintenance. In: *ACSM's Resource Manual for Guidelines for Exercise Testing and Prescription*, 3rd ed., J.L. Roitman, ed. Baltimore: Lippincott Williams & Wilkins. pp. 625-631.
10. Coris, E., A. Ramirez, and D. Van Durme. 2004. Heat illness in athletes: The dangerous combination of heat, humidity and exercise. *Sports Medicine* 34 (1): 9-16.
11. Daniels, J., N. Oldridge, F. Nagel, and B. White. 1978. Differences and changes in $\dot{V}O_2$ among young runners 10-18 years of age. *Medicine and Science in Sports* 17: 200-203.
12. Deurenberg, P., and M. Durenberg-Yap. 2003. Validity of body composition methods across ethic population groups. *Acta Diabetologica* 40: S246-S249.
13. Earle, R.W., and T.R. Baechle, eds. 2004. *NSCA's Essentials of Personal Training*. Champaign, IL: Human Kinetics.
14. Faigenbaum, A. 2008. Age and sex-related differences and their implications for resistance exercise. In: *Essentials of Strength Training and Conditioning*, 3rd ed., T.R. Baechle and R.W. Earle, eds. Champaign, IL: Human Kinetics. pp. 142-158.
15. Fleck, S.J., and W.J. Kraemer. 2004. *Designing*

Resistance Training Programs, 3rd ed. Champaign, IL: Human Kinetics.

16. Frampton, M. 2007. Does inhalation of ultrafine particles cause pulmonary vascular effects in humans? *Inhalation Toxicology* 19: 75-79.
17. Fulco, C.S., P.B. Rock, and A. Cymerman. Maximal and submaximal exercise performance at altitude. *Aviation, Space, and Environmental Medicine* 69 (8): 793-801.
18. Gergley,T.,W.McArdle,P.DeJesus,M.Toner,S. Jacobowitz, and R. Spina. 1984. Specificity of arm training on aerobic power during swimming and running. *Medicine and Science in Sports and Exercise* 16 (4): 349-354.
19. Golding, L.A., ed. 2000. *YMCA Fitness Testing and Assessment Manual*. Champaign, IL: Human Kinetics.
20. Hambrecht, R., G. Schuler, T. Muth, M. Grunze, C. Marburger, J. Niebauer, et al. 1992. Greater diagnostic sensitivity of treadmill versus cycle exercise testing of asymptomatic men with coronary artery disease. *American Journal of Cardiology* 70 (2): 141-146.
21. Harman, E. 2008. Principles of test selection and administration. In: *Essentials of Strength Training and Conditioning*, 3rd ed., T.R. Baechle and R.W. Earle, eds. Champaign, IL: Human Kinetics. pp. 238-247.
22. Herbert, D.L. 1996. Legal and professional responsibilities of personal training. In: *The Business of Personal Training*, S.O. Roberts, ed. Champaign, IL: Human Kinetics. pp. 53-63.
23. Heyward, V.H., and D.R. Wagner. 2004. *Applied Body Composition Assessment*, 2nd ed. Champaign, IL: Human Kinetics.
24. Housh, T.J., J.T. Cramer, J.P. Weir, T.W. Beck, and G.O. Johnson. 2009. *Physical Fitness Laboratories on a Budget*. Scottsdale, AZ: Holcomb Hathaway.
25. Howley, E.T., and B.D. Franks. 2003. *Health Fitness Instructor's Handbook*, 4th ed. Champaign, IL: Human Kinetics.
26. Katch,F.,andV.Katch.1984.The body composition profile. Techniques of measurement and applications. *Clinics in Sports Medicine* 3 (1): 31-63.
27. Kraemer, W.J., and S.J. Fleck. 2007. *Optimizing Strength Training*. Champaign, IL: Human Kinetics.
28. Lacy,A.C.,and D.N.Hastad.2007. *Measurement and Evaluation in Physical Education and Exercise Science*, 5th ed. San Francisco: Pearson Education.
29. Laughlin, N., and P. Busk. 2007. Relationships between selected muscle endurance tasks and gender. *Journal of Strength and Conditioning Research* 21 (2): 400-404.
30. Mayhew, J.L., B.D. Johnson, M.J. LaMonte, D. Lauber, and W. Kemmler. 2008. Accuracy of prediction equations for determining one repetition maximum bench press in women before and after resistance training. *Journal of Strength and Conditioning Research* 22 (5): 1570-1577.
31. McArdle, W.D., F.I. Katch, and V.L. Katch. 2001. *Exercise Physiology: Energy, Nutrition, and Human Performance*, 5th ed. Philadelphia: Lippincott Williams & Wilkins.
32. McClain, J.J., G.J. Welk, M. Ihmels, and J. Schaben. 2006. Comparison of two versions of the PACER aerobic fitness test. *Journal of Physical Activity and Health* 3 (Suppl 2): S47-S57.
33. Moritani, T., and H. deVries. 1979. Neutral factors versus hypertrophy in the time course of muscle strength gain. *American Journal of Physical Medicine* 58 (3): 115-130.
34. Morrow Jr., J.R., A.W. Jackson, J.G. Disch, and D.P. Mood. 2005. *Measurement and Evaluation in Human Performance*, 3rd ed. Champaign,

IL: Human Kinetics.

35. Myers, J., N. Buchanan, D. Walsh, M. Kraemer, P. McAuley, M. Hamilton-Wessler, et al. 1991. Comparison of the ramp versus standard exercise protocols. *Journal of the American College of Cardiology* 17 (6): 1334-1342.
36. Napolitano, M.A., B. Lewis, J.A. Whiteley, and B.H. Marcus. 2006. Principles of health behavior change. In: *ACSM's Resource Manual for Guidelines for Exercise Testing and Prescription*, L.A. Kaminsky, ed. Philadelphia: Lippincott Williams & Wilkins. pp. 545-557.
37. National Strength and Conditioning Association. 2001. NSCA's strength & conditioning professional standards and guidelines.
38. Noonan, V., and E. Dean. 2000. Submaximal exercise testing: Clinical application and interpretation. *Physical Therapy* 80 (8): 782-807.
39. O'Brien, C.P. 1999. Are current exercise test protocols appropriate for older patients? *Coronary Artery Disease* 10: 43-46.
40. Powers, S.K., and E.T. Howley. 2009. *Exercise Physiology: Theory and Application to Fitness and Performance*, 7th ed. Boston: McGraw-Hill.
41. Prentice, A.M., and S.A. Jebb. 2001. Beyond body mass index. *Obesity Reviews* 2: 141-147.
42. Rodgers, G., J. Ayanian, G. Balady, J. Beasley, K. Brown, E. Gervino, et al. 2000. American College of Cardiology/ American Heart Association Clinical Competence statement on stress testing: A report of the American College of Cardiology/American Heart Association/ American College of Physicians—American Society of Internal Medicine Task Force on Clinical Competence. *Journal of the American College of Cardiology* 36 (4): 1441-1453.
43. Rozenek, R., and T.W. Storer. 1997. Client assessment tools for the personal fitness trainer. *Strength and Conditioning* (June): 52-63.
44. Rusk, D.B. 1996. Creating your own personal training business. In: *The Business of Personal Training*, S.O. Roberts, ed. Champaign, IL: Human Kinetics. pp. 23-30.
45. Sheppard, J.M., and W.B. Young. 2006. Agility literature review: Classifications, training and testing. *Journal of Sports Sciences* 24 (9): 919-932.
46. Springer, B.A., R. Marin, T. Chan, H. Roberts, and N.W. Gill. 2007. Normative values for the unimpeded stance test with eyes open and closed. *Journal of Geriatric Physical Therapy* 30 (1): 8-15.
47. Soutine, H. 2007. Physical activity and health: Musculoskeletal issues. *Advances in Physiotherapy* 9 (2): 65-75.
48. Tan, R., and S. Spector. 1998. Exercise-induced asthma. *Sports Medicine* 25 (1): 1-6.
49. Terrados, N., and R.J. Maughan. 1995. Exercise in the heat: Strategies to minimize the adverse effects on performance. *Journal of Sports Sciences* 13: S55-S62.
50. Thomas, J.R., J.K. Nelson, and S.J. Silverman. 2005. *Research Methods in Physical Activity*, 5th ed. Champaign, IL: Human Kinetics.
51. Thompson, W.R., N.F. Gordon, and L.S. Pescatello, eds. 2010. *ACSM's Guidelines for Exercise Testing and Prescription*, 8th ed. Philadelphia: Lippincott Williams & Wilkins.
52. Turley, K.R., J.H. Wilmore, B. Simons-Morton, J.M. Williston, J.R. Epping, and G. Dahlstrom. 1994. The reliability and validity of the 9-minute run in thirdgrade children. *Pediatric Exercise Science* 6: 178-187.
53. van den Tillaar, R., and G. Ettema. 2004. Effect of body size and gender in overarm throwing performance. *European Journal of Applied Physiology* 91 (4): 413-418.
54. Victor, R., W. Leimbach, D. Seals, B. Wallin,

and A. Mark. 1987. Effects of the cold pressor test on muscle sympathetic nerve activity in humans. *Hypertension* 9 (5): 429-436.

55. Wang, Z., S. Heshka, R. Pierson, and S. Heymsfield. 1995. Systematic organization of body-composition methodology: An overview with emphasis on component-based methods. *American Journal of Clinical Nutrition* 61 (3): 457-465.

56. Wilmore, J.H., D.L. Costill, and W.L. Kenney. 2008. *Physiology of Sport and Exercise*, 4th ed. Champaign, IL: Human Kinetics.

测试准备与执行清单

客户姓名：__________

私人教练姓名：__________

测试准备	√	日期 / 注释
1. 确认所选测试的恰当性：		
a. 确认并评估客户的特定目标		
b. 评估与测试有关的专业技能以确定现有技能水平，从而获得准备结果的恰当性		
c. 评估测试特性以确定与客户目标的一致性并评估风险效益关系		
2. 检查安全问题：		
a. 执行运动前体能评估筛查		
b. 获取医生建议和（或）医学许可		
c. 分发并收集知情同意书与筛查表格		
d. 检查紧急程序		
3. 选择场地并确认设备的准确性：		
a. 选取简便易行且经济高效的测试		
b. 选择合适的设备并确认可用性		
c. 校准设备		
d. 提供安静、私密且放松的测试环境		
e. 确认测试区域的安全、清洁、设置与准备情况		
f. 评估室内温度与湿度（20 ～ 22 摄氏度；60% 湿度）		
4. 指导客户进行测试前准备：		
a. 为客户提供测试前指导 • 足够的休息（测试前夜 6 ～ 8 小时睡眠） • 中等膳食摄入（包括足够的水合状态） • 避免服用导致心跳加速的药物（医嘱药物除外） • 合适的服装（例如，宽松的衣服，结实、系紧的运动鞋）		
b. 解释测试的起始和结束步骤		
5. 准备记录系统：		
a. 创建一个记录表格或系统		

测试准备与执行清单（续）

b. 开发安全保密的数据储存与检索系统		
测试执行	√	**日期 / 注释**
1. 确定测试顺序：		
a. 制订有组织且合适的测试顺序		
b. 制订测试日程		
2. 规定并遵守测试方法：		
a. 为客户提供书面测试步骤与指南		
b. 解释技术、违规原因与测试得分细则		
c. 示范测试动作并给予练习时间		
d. 给客户就测试相关问题提问的机会		
e. 进行充分的热身与休息		
f. 适当为客户提供保护		

来源：NSCA，2012，*NSCA's essentials of personal training*，2nd ed.，J.Coburn and M.Malek (eds.)，(Champaign，IL: Human Kinetics).

个人测试记录表

前测　　　　　　　　后测　　　（圈选一个）

客户姓名：____________________ 年龄：____________________

目标：____

运动前测试备注：________________________________

测试日期：______________________________________

评论：____

重要指标	分数或结果	分类
静息血压		
静息心率		
身体成分测试	**分数或结果**	**分类**
身高		
体重		
BMI		
腰围		
臀围		
腰臀比		
体脂率（方法：______________）		
心肺耐力	**分数或结果**	**分类**
最大摄氧量		
其他：______________		
肌肉耐力	**分数或结果**	**分类**
YMCA 卧推		
局部卷腹		
俯卧双侧直腿抬高		
其他：______________		
肌肉力量	**分数或结果**	**分类**
1RM 卧推		
1RM 腿举		
其他：______________		
柔韧性	**分数或结果**	**分类**
坐位体前屈		
其他：______________		

个人测试记录表（续）

其他测试	分数或结果	分类
其他：________________		
其他：________________		
其他：________________		

来源: NSCA，2012，*NSCA's essentials of personal training*，2nd ed.，J.Coburn and M.Malek (eds.)，(Champaign，IL: Human Kinetics).

第11章

体能测试方法与标准

埃里克·D. 瑞安（Eric D. Ryan），PhD
乔尔·T. 克拉默（Joel T. Cramer），PhD

学习完本章后，你将能够掌握如下内容。

- 了解所选择的体能测试方法。
- 正确执行所选择的体能测试方法。
- 获得客户体能水平的有效而可信的测量值，并为客户选择合适的测试。
- 将客户结果与常模数据进行比较。

如第10章所述，私人教练必须选择适用于客户的信效度合适的测试。私人教练必须准确执行测试，记录结果并进行解释，才能有效实现此目标。本章介绍了最常用且广泛适用的体能测试方法，可以用于评估客户的生命体征、身体成分、心肺耐力、肌肉力量、肌肉耐力与柔韧性等。本章对每种方法都提供了特定的描述性或常模数据。可用的体能测试方法有很多，但其中许多方法并没有描述性和常模数据，故在此不做讨论。

体能测试方法

生命体征

身体成分

心肺耐力

肌肉力量

肌肉耐力

柔韧性

生命体征

私人教练在体能评估时进行的许多测试均包括两项基本任务：测量客户的脉搏与血压。有时这些测试在客户静息状态下进行（例如，测量静息心率）；但是监控运动时，特别是有氧运动时的心率与血压变化，是确定适当运动强度的有效方法（例如，在预先设定的目标范围内保持客户的运动心率）。

心率

大多数成年人的静息心率或脉搏为 60 ～ 80 次 / 分，女性的心率比男性高 7 ～ 10 次 / 分[19]。正常的静息心率可能为 60 ～ 100 次 / 分。心率低于 60 次 / 分被称为心动过缓，而高于 100 次 / 分被称为心动过速[15]。表 11.1 提供了静息心率的标准值。3 种常用的测试静息心率的场地技术对于私人教练来说可能特别有用：触诊、听诊和使用心率监控仪。

设备

根据评估心率的特定步骤，可能需要以下设备中的任意一个或多个。

- 秒表。
- 听诊器。
- 心率监控仪。

触诊步骤

触诊可能是测试静息与运动心率的最常见与最经济高效的方法。

1. 使用食指与中指的指尖触诊脉搏。避免使用拇指，因为拇指内的脉搏可能会对结果产生影响。下列任何一个解剖标志都可以用于触诊脉搏。
   - 肱动脉：上臂肱二头肌肌腹远端的前内侧，肘窝上方约 1 英寸（2 ～ 3 厘米）处[15]。
   - 颈动脉：喉部外侧，颈部表面前侧[19]。这个位置见图 11.1（a）。注：在此位置触诊心率时应避免施加过大的压力。主动脉弓与颈动脉窦内的压力感受器可以感知到施加的压力并向髓质反馈以降低心率。因此，在颈部测量心率时如果操作不当可能导致心率下降。
   - 桡动脉：手腕的前侧面，与拇指基部处于同一条线上[19]。这个位置见图 11.1（b）。
   - 颞动脉：颞窝前部的颅骨外侧，一般沿眼部水平高度的发际线分布。
2. 当使用秒表计时并计算脉搏次数时，如果在按下秒表的同时正好处于第一次脉搏，则第一次脉搏记为 0。如果第一次脉搏发生在按下秒表之后，则第一次脉搏记为1[19]。心率计数应该持续6秒、10秒、15秒、30秒或60秒。

3. 如果心率计数短于1分钟，使用下列公式将测量的数据转换为每分钟脉搏次数：6秒计数 ×10；10秒计数 ×6；15秒计数 ×4；30秒计数 ×2（案例研究11.1）。

短时心率计数（6秒、10秒与15秒）一般适用于运动中与运动后测试[19]。由于运动强度变化常常导致心率波动，短时心率计数不仅更有效还可以提供更精确的瞬时心率。但是静息心率一般使用长时心率计数（30秒与60秒）以减小漏计风险与测量误差。

定位脉搏

颈动脉脉搏

- 使用中指与食指轻轻感受颈部任意一侧的颈动脉，位于下颌骨下方，气管与肌肉（右侧或左侧胸锁乳突肌）之间的位置。
- 警告：感受脉搏时需要施加一定的压力，但压力过大可能导致头部血流减少，因此要注意避免按压颈动脉时压力过大或同时按压双侧颈动脉。

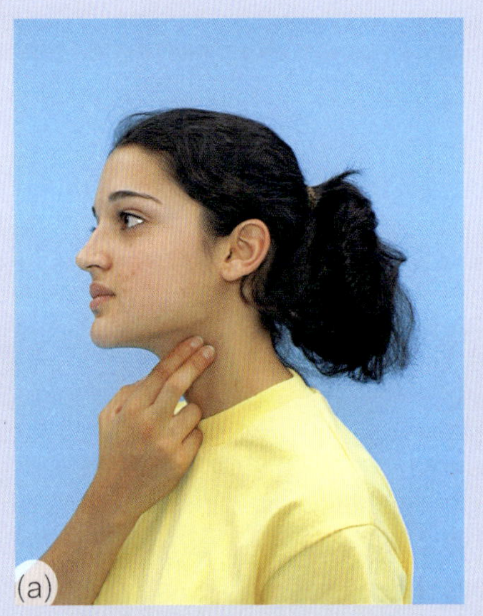

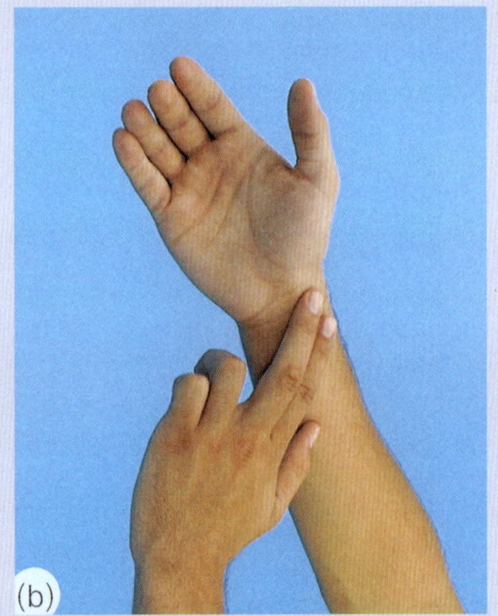

图 11.1 （a）确定颈动脉脉搏；（b）确定桡动脉脉搏

桡动脉脉搏

- 手臂置于体侧并屈肘，手掌应该向上。
- 桡动脉位于腕部内侧靠近拇指基部的位置。
- 使用中指与食指轻轻感受桡动脉。

案例研究11.1

脉搏测量转换

6 秒计数为 12 次脉搏

12 次 /6 秒 × 10 = 120 次 / 分

10 秒计数为 18 次脉搏

18 次 /10 秒 × 6 = 108 次 / 分

15 秒计数为 24 次脉搏

24 次 /15 秒 × 4 =96 次 / 分

30 秒计数为 41 次脉搏

41 次 /30 秒 × 2 = 82 次 / 分

影响心率评估的因素

- 吸烟与烟草制品（静息心率↑；运动心率↑或←）。
- 咖啡因（静息与运动心率↑或←；心率对咖啡因摄入的反应差异很大，且取决于之前的暴露量或摄入量，因此在测量心率前应避免摄入咖啡因）。
- 极端环境温度（热环境下静息与运动心率↑；冷环境下的心率反应差异很大，且取决于客户的身体成分、适应能力与代谢）。
- 海拔（海拔为 1 200 米以上时心率↑）。
- 压力（静息与运动心率↑）。
- 食物摄入（静息与运动心率↑）。
- 身体成分（仰卧时心率↓，从仰卧位至坐姿或站姿时心率↑）。
- 每日时间（早晨心率↓，下午或傍晚时心率↑）。
- 药物（静息与运动心率↑、←或↓；心率对药物反应差异很大，且视药的物具体情况而定）。

注：↑ = 升高；↓ = 降低；← = 无显著变化。

来源：Kordich 2002[18].

听诊步骤

听诊需要使用听诊器。听诊器的钟形部位应该直接放置于胸骨左侧第三肋间的皮肤上[19]。心脏脉搏的声音应该计数30秒或60秒[19]。可以参考之前给出的30秒心率计数的转换关系。

心率监测步骤

由于其效度、稳定性与功能性，数字显示心率监控仪正变得越来越流行[23]。但是心率监测设备的成本较高是一个缺点。然而，私人教练可能发现心率监控仪对于静息与运动状态下的心率测试来说非常方便、高效。

血压

血压可以被定义为血液作用于血管壁的力[8]。这些振动性力量消散的声音称为柯氏音（Korotkoff sounds）。受控压力环境下柯氏音的检测与消失是大多数血压测量方法的基础。虽然确定血压的有创与无创技术有很多[8]，但血压计是最常用的测量仪器，也为私人教练提供了方便评估其客户血压的工具。私人教练也可以使用水银式或无水银式血压计。但是这些设备都需要使用可充气式袖套与听诊器来听诊柯氏音，因此这种方法一般也被称为袖套法或听诊法[8]。

反复测量血压对于高血压检测（表11.2）与运动计划或膳食变化带来的抗高血压效果的检测十分重要[8]。在测试血压时，使用符合认证标准的校准过的设备[37]并遵循标准化方法[34]十分重要。推荐使用无水银式血压计来获取血压读数。虽然其准确性与传统水银式血压计相比还有差距，但最近人们越来越多地使用无水银式血压计或验证过的电子设备[35]。

设备

- 水银式或无水银式血压计。
- 充气袖套。
- 听诊器。

步骤

1. 指导客户在血压测试前至少30分钟内不要吸烟或摄入咖啡因[34]。
2. 让客户竖直地坐在有靠背的椅子上，露出右侧或左侧前臂，旋后，且置于与心脏高度相同的位置（右侧与左侧手臂的血压测量差异很小）。注：如果卷起或撸起衣袖时引起袖套以上部位的任何循环阻塞，就让客户脱掉衣物[19]。
3. 为客户选择适当的袖套尺寸。根据客户的手臂周长正确选择袖套尺寸的方法见表11.3。测量手臂周长时让客户站立且手臂自然垂于体侧，取肩胛骨肩峰与尺骨鹰嘴连线的中点处（大约处于肩关节与肘关节中间）测量手臂周长[19]。

4. 客户按照步骤 2 描述的姿势静息至少 5 分钟后才能开始测量血压[35]。
5. 将袖套戴在手臂上以使气囊管线位于肱动脉上方（一些袖套有指示肱动脉放置位置的标志线）。袖套底部边缘应该位于肘窝上方至少 1 英寸（约 2.5 厘米）的位置[8]。
6. 让客户手掌朝上，将听诊器紧紧放置在肘窝处，但不要凹进皮肤[8]。注：大多数私人教练发现使用优势手控制气囊空气阀更容易，可以将气囊握在手中，使用拇指与食指控制压力释放，然后使用非优势手按住听诊器[8]。
7. 调节血压计高度以使水银柱或指针位于与眼部同高的位置并确保气囊管线未与听诊器头部或其管线重叠、打结[19]。血压测试时的常见错误见图 11.2。
8. 一旦袖套、听诊器与血压计就位，迅速向气囊充气至 160 毫米汞柱或预测收缩压 20 毫米汞柱以上。达到最大充气量时，逆时针旋转气囊空气阀以每秒 2 或 3 毫米汞柱的速度缓慢释放压力[8]。
9. 使用偶数并以毫米汞柱为单位记录收缩压（systolic blood pressure，SBP）与舒张压（diastolic blood pressure，DBP）。为了实现这一点，需要在袖套放气时在头脑中记录听诊过程中听到柯氏音刚出现时所对应的压力，即 SBP。柯氏音消失时的压力为 DPB[8]。注：传统上认为柯氏音出现时会发出“砰”的声音，与使用手指轻触听诊器头部（钟形部位）时的声音类似。因此，气囊管线与听诊器头部碰撞所发出的外部噪声与柯氏音也很相似，所以应通过仔细操作来避免这些错误且混乱的噪声[19]。
10. 柯氏音开始消失时，在放气的同时再仔细观察刻度计上的水银柱直到其下降 10 ～ 20 毫米汞柱以确认声音消失。确认声音消失之后，快速释放剩余压力并移除袖套[8]。
11. 在休息至少 2 分钟以后，使用相同的技术再次测量血压。如果 2 次连续测试的 SBP 或 DBP 差别超过 5 毫米汞柱，进行第 3 次血压测量并取 3 次测量结果的平均值作为最终结果（例如，案例研究 11.2 中客户 A）。如果连续 2 次测试的 SBP 与 DBP 差别都在 5 毫米汞柱以内，取 2 次测量结果的平均值作为最终结果（例如，案例研究 11.2 中客户 B）[8]。
12. 确定客户的血压之后，根据表 11.4 对其结果进行分类。

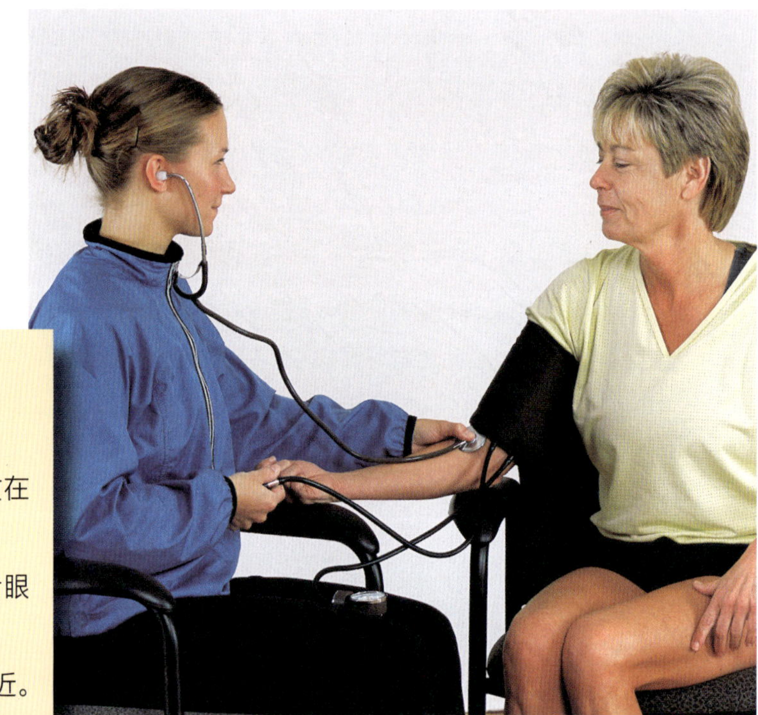

常见错误

- 听诊器戴反。
- 听诊器头部位放在袖套下面。
- 刻度未与测试者眼部持平。
- 袖套距离肘窝过近。

图 11.2 评估血压时的常见错误

血压测量小贴士

1. 客户应该舒适地坐在有靠背的椅子上，且双腿不应交叉。

2. 前臂应该裸露且无限制性衣物。

3. 客户的手臂应该完全放松且有支撑地放置在与心脏同高的位置。

4. 袖套应该覆盖客户前臂至少 80% 的面积。

5. 袖套放气速率应为每秒 2 或 3 毫米汞柱，第一次与最后一次听到声音时的读数分别为 SBP 与 DBP。

6. 客户与测试者在测试时均应保持平静。

来源：Based on Pickering et al.[35]

案例研究11.2

测量血压

客户 A	SBP（毫米汞柱）	DBP（毫米汞柱）	客户 B	SBP（毫米汞柱）	DBP（毫米汞柱）
第一次测试	132	78	第一次测试	110	68
第二次测试	126	80	第二次测试	114	66
差异	6	2	差异	4	2
第三次测试（需要）	130	78	第三次测试（不需要）	—	—
最终平均值	129	79	**最终平均值**	112	67

影响血压测试的因素

- 吸烟与烟草制品（静息与运动血压↑）。
- 咖啡因（血压对咖啡因摄入的反应差异很大，且取决于之前的暴露量或摄入量，因此在测量血压前应避免摄入咖啡因）。
- 压力（静息与运动血压↑）。
- 身体成分（仰卧时血压↓，从仰卧位至坐姿或站姿时血压↑）。
- 每日时间（早晨血压↓，下午或傍晚时血压↑或←）。
- 药物（静息与运动血压↑、←或↓；血压对药物的反应差异很大，且视药物的具体情况而定）。

注：↑ = 升高；↓ = 降低；← = 无显著变化。

来源：Kordich 2002[21].

身 体 成 分

私人教练与客户都对于身体成分的测量都抱有极大的兴趣。测量身体成分的方法有许多种，每一种方法都有其优势与不足。无论选择哪一种，私人教练都必须一丝不苟地遵循正确的方法，并在测量与评估时做好准备工作。

人体测量学

人体测量学是应用于人体的测量科学，一般包括身高、体重、特定身体部位的周长的测量等。测量身高时需要客户背靠一面平整的墙站立，一个固定或不固定于墙面的卷尺，以及一个接触客户头部且附于墙面的矩形物体。本章后续内容提供了更多关于身高测量的细节指导。

最准确的身体质量或重量的测量方法是使用经过认证的平衡称（一般常见于医生办公室），该设备要比弹簧秤更加可靠，并且应该定期校准。使用经校准的电子称是一个可以接受的替代方法。客户在称重时应该穿着尽可能少的干燥衣物（例如，穿短裤与短袖衫，不穿鞋）。在日后再次称重进行对比时，他们应该穿着相似的衣物，并在一天当中的同一时段进行称重。最可靠的身体质量（重量）测量时间是早起排泄后与摄入食物或液体前。水合水平可能导致身体质量（重量）的变化。因此，应该告知客户称重前一天不要吃太咸的食物并在就寝时保持正常水合状态。

最可靠的周长测量方式一般是使用末端带有弹簧附件的柔性卷尺，将其拉长至特定刻度时会对卷尺产生固定的拉力，例如古利克（Gulick）卷尺[2]。周长测量可以在训练或激励期开始时进行，以与后续测量结果进行比较。

BMI

私人教练经常使用 BMI 来检查体重与身材的关系。BMI 是一项比仅仅基于身高与体重的估算（例如，身高 - 体重表）更加准确的身体脂肪指标。

$$\text{BMI（千克/米}^2\text{）= 体重（千克）÷ 身高}^2\text{（米}^2\text{）} \quad (11.1)$$

客户确定 BMI 后，可以与表 11.5 进行对比。为了计算 BMI，私人教练需要知道客户的身高与体重。后续内容介绍了如何准确测量身高与体重。案例研究 11.3 提供了计算 BMI 的示例。

身高

身高是一个基本的人体测量项目，身材是一个更加准确的术语[8]。虽然身材的测量有若干种不同的方法，但两种最常见的方法包括使用标准台秤上垂直的人体测量器与让客户背靠平面墙壁站立测量。人体测量器法很方便，但需要一台标准台秤。使用墙壁是一种经济高效的方法，但需要一个可以同时沿墙壁滑动并接触客户头部的直角设备。无论使用何种特定技术，均推荐使用下列标准方法测量客户的身高[8]。

设备

根据测量客户身材所使用的方法，需要下列设备中的一种。

- 带人体测量器的标准台秤。
- 平、坚硬且呈直角的设备（沿墙壁滑动并且可同时接触客户头部）。

步骤

1. 让客户脱去鞋子。
2. 指导客户尽可能站直，双脚平放于地面，两脚跟并拢并背朝墙壁或刻度仪。
3. 指导客户将眼眶最低点与耳道调整至同一水平线。
4. 开始测量前，指导客户深呼吸并屏住呼吸直至测量结束。
5. 将人体测量器臂或直角测量设备轻放于客户头部。
6. 标记墙面或稳定人体测量器，测量结果精确到 1 厘米。如果测量单位只有英寸，则记录结果精确到 1/4 ～ 1/2 英寸并将其转换为厘米。
7. 客户身高测量完毕后，可将其结果与表 11.6 与表 11.7 进行比较。

体重

体重这个词语可以定义为一个物体的质量因重力而产生的力，因此描述身体重量的一个更准确的词语是身体质量[8]。只有使用经校准与认证的秤才能准确测量身体质量。最常用的一种秤是台式平衡秤。私人教练在测量客户身体质量时应该仔细遵循下列标准方法[8]。

设备

- 经校准与认证的秤。

步骤

1. 让客户尽可能多地脱去衣物和便于取下的饰品。
2. 指导客户轻轻踏上秤并在测试过程中尽可能保持静止。
3. 体重记录结果精确到 1/4 磅，或者在灵敏的公制秤下记录结果精确到 0.02 千克[8]。
4. 使用下列公式将磅转换为千克：

$$\text{磅（lb）} \div 2.204\,6 = \text{千克（kg）} \tag{11.2}$$

5. 可以将身体质量测量结果与表 11.8 进行对比。例如，对于一个身高 152 厘米、体重 61.2 千克的 36 岁女性客户，表 11.8 基于她的 BMI 将她归类为超重。

案例研究11.3

计算BMI

客户 A

一名身高 65 英寸、体重 145 磅的女性客户。

身高 =65 英寸 × 0.025 4=1.65 米

质量 =145 磅 ÷ 2.204 6=65.77 千克（本书部分计算值做了舍入，下同）

BMI=65.77÷（1.65× 1.65）=65.77÷2.72=24.18

根据表 11.5，BMI 为 24.18 属于正常水平。

客户 B

一名身高 69 英寸、体重 214 磅的男性客户。

身高 =69 英寸 × 0.025 4=1.75 米

质量 =214 磅 ÷ 2.204 6=97.07 千克

BMI=97.07÷（1.75× 1.75）= 97.07÷3.06=31.72

根据表 11.5，BMI 为 31.72 属于 Ⅰ 级肥胖。

影响身体质量测量的因素

- 测量前进餐（饭后↑）。
- 每日不同时间（早晨↓，下午或傍晚↑）。
- 水合状态（脱水时↓，运动后因出汗↓）。

注：↑ = 升高；↓ = 降低；← = 无显著变化。

皮褶

人们通过皮褶可间接测量皮下脂肪组织的厚度。皮褶测量与水下称重测得的身体密度高度相关。皮褶法估算出的体脂率是有效的，并且可由经过适当训练的私人教练准确重复测量。

设备

- 皮褶卡钳。

- 非弹性（例如塑料或金属）卷尺。
- 笔或其他标记设备。

皮褶测试需要考虑的一般因素

- 所有的皮褶测试都在身体右侧进行。
- 在客户皮肤干燥且无润肤露时进行皮褶测试。此外，皮褶测试均应在运动前进行。运动导致的不同机体组织水合状态的变化会显著影响皮褶的厚度。
- 仔细辨别、测量并标记皮褶部位。
- 使用拇指与食指紧紧抓起双指之间的皮褶。拇指与食指的位置距离测量点位至少 1 厘米。
- 抓起皮褶时，拇指与食指相距大约 8 厘米且二者之间的连线垂直于皮褶的长轴。长轴与皮肤自然分裂线平行。脂肪组织越厚，抓起皮褶时拇指与食指之间的距离越远。
- 测量时保持皮褶处于被抓起的状态。
- 将卡钳的卡口垂直放置于皮褶处，距离拇指与食指 1 厘米，缓慢释放卡口压力。
- 释放卡口压力后 1 ～ 2 秒（但要在 4 秒以内）再记录皮褶测量结果。
- 如果卡钳没有配备数字显示，可以 0.2 毫米、0.5 毫米或 1 毫米为精度读取卡钳指针上的读数。已有研究比较了使用不同的类型卡钳计算出的皮褶厚度与身体成分[13, 30]。但是从实践层面来看，不同卡钳之间的差异很小。
- 每一个部位至少测量 2 次，如果 2 次测量结果之间的差异超过 2 毫米或 10%，则再进行一次额外测试。

来源：Harrison et al.1988[16].

测量特定部位的皮褶的步骤

1. 从下列部位中为客户选择合适的皮褶部位组合。
    - 胸部。
    - 腋中线。
    - 肱三头肌。
    - 肩胛下部。
    - 腹部。
    - 髂骨上部。
    - 大腿。
    - 小腿内侧。
2. 仔细辨别并标记适当的皮褶部位。
    - 胸部：男性为腋前线（腋窝前部向下延长的假想线）与乳头连线中点处的斜向皮褶［图 11.3（a）］，女性为腋前线与乳头连线上 1/3 处的斜向皮褶。
    - 腋中线：腋中线（腋窝中部向下延长的假想线，将身体分为前后两个部分）与胸骨剑突（胸骨底部）平行处的垂直皮褶［图 11.3（b）］。

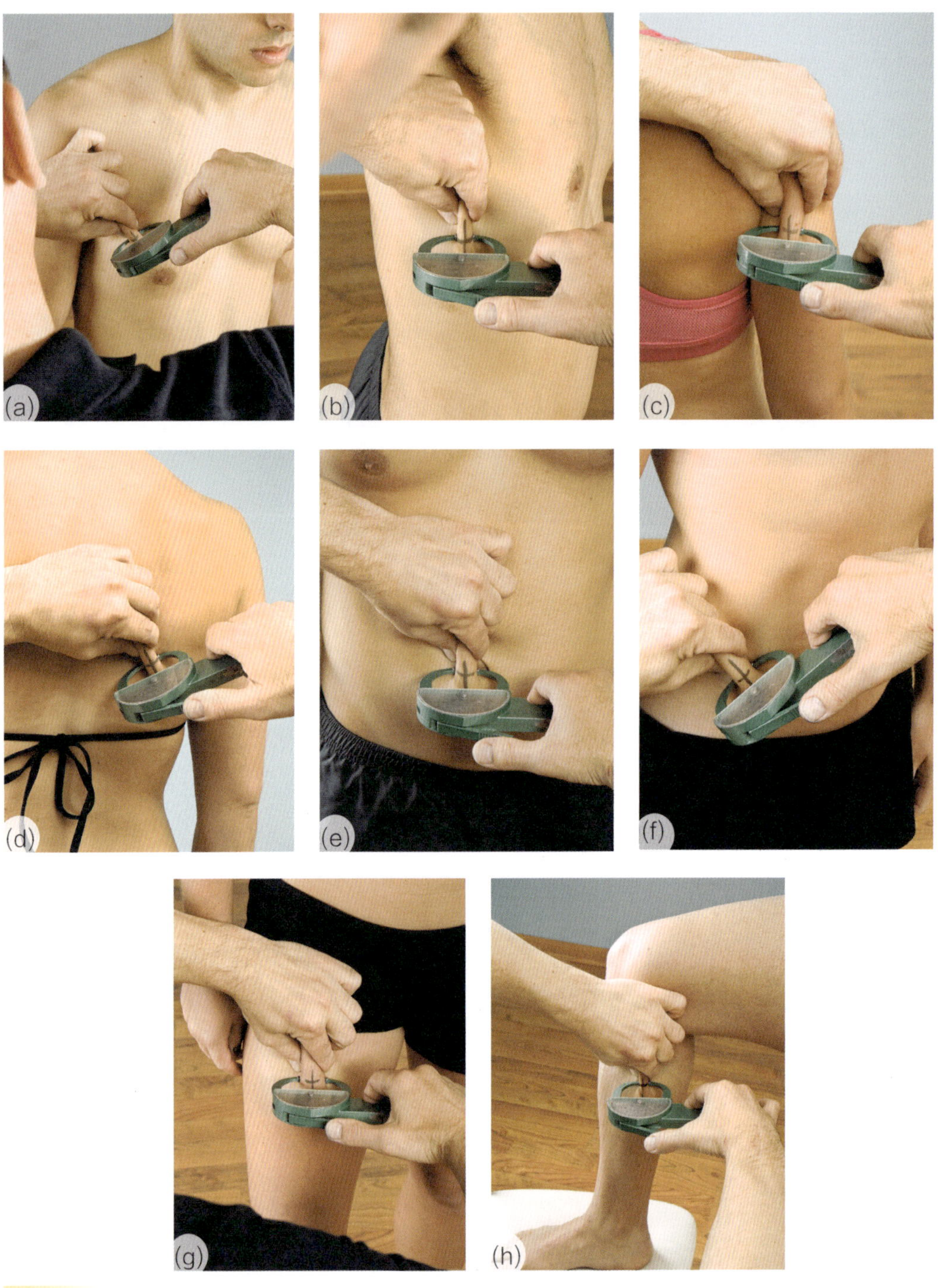

图 11.3 皮褶测量：（a）胸部皮褶；（b）腋中线皮褶；（c）肱三头肌皮褶；（d）肩胛下部皮褶；（e）腹部皮褶；（f）髂骨上部皮褶；（g）大腿皮褶；（h）小腿内侧皮褶

- 肱三头肌：上臂后部中线处的垂直皮褶（在肱三头肌上），位于肩峰（肩部顶点）与尺骨鹰嘴（肘部）的中间，测量时肘部应该伸直并放松[图 11.3（c）]。

- 肩胛下部：脊柱（内侧）边缘距离肩胛骨下角 0.4 ～ 0.8 英寸（1 ～ 2 厘米）处的斜向皮褶［图 11.3（d）］。
- 腹部：距离肚脐侧面大约 2 厘米处的垂直皮褶［图 11.3（e）］。
- 髂骨上部：髂骨（骨盆顶部）顶端与腋前线交汇处的斜向皮褶［图 11.3（f）］。
- 大腿：髋关节与膝关节连线中点处，位于大腿前侧的垂直皮褶［图 11.3（g）］。
- 小腿内侧：让客户将右腿放在凳子上使膝关节呈 90 度角，在小腿内侧的周长最大处进行标记，在标记处上方 1 厘米处取垂直皮褶，测量周长最大处的皮褶［图 11.3（h）］。

3. 从表 11.9 中选择适用的特定人群公式，通过皮褶测量估算身体密度。
4. 将身体密度代入表 11.10 中适用的特定人群公式以计算体脂率。
5. 将体脂率与表 11.11 中的常模数据进行比较。

来源：ACSM 2010[2].

生物电阻抗分析与近红外交互技术测量身体成分

生物电阻抗分析（bioelectrical impedance analysis，BIA）已经被开发为一种测量身体成分的方法。生物电阻抗分析的工作原理是测量两个电极之间通过身体的无痛小电流的电阻或阻抗，这两个电极一般置于手腕与脚踝[12]。背后的理论是去脂体重大的客户对电流的阻力小于脂肪组织多的人。一些作者认为利用 BIA 测试身体成分大体上与皮褶技术同样准确，但 BIA 对于体脂率特别低或特别胖的客户不是太准确[10]。但是也有人质疑 BIA 的效度与灵敏度[12, 27]，并认为 BIA 容易受到水合状态、皮肤温度等因素的影响[27]。但最近的研究报告 BIA 在测量高加索地区的男性与女性时是一种可以接受的场地测试技术[30, 31]。BIA 的适用性还需要进一步研究。

近红外交互法（near-infrared interactance，NIR）用于测量身体成分源于其在农业上用于测量动物的身体成分、肉的质量，以及谷物中的脂质浓度[27]。这种方法的原理是身体的不同组织对光的吸收与反射导致的波长变化，其适用于不同的部位，例如肱二头肌、肱三头肌、肩胛骨、髂骨与大腿等[12]。近红外交互设备包括可以发出低强度电磁辐射光波的光纤探头[12]。但是，大多数研究者[12, 27]都认为近红外交互法测量身体成分不如皮褶测试准确，对于身体成分的变化不敏感，可能产生较大的测量误差。但是最近的研究显示，对于高加索地区的女性来说，利用近红外交互法可以得到可接受的体脂率估值[30]，但这一方法是否具有普适性还需要进一步研究。

腰臀比

腰臀比测量虽然不是真正的身体成分测量方法，但对于评估脂肪分布与疾病风险很有价值。躯干部位脂肪（特别是腹部脂肪）多的人患各种心血管与代谢疾病的风险较高[2]。

设备

- 非弹性（例如塑料或金属）卷尺。

步骤

1. 将卷尺沿腰围（腹部周长最小处）和臀围（臀部周长最大处）放置（图 11.4 和图 11.5）。

2. 用一只手固定卷尺刻度为 0 的一端，并将其置于另一手扶住的卷尺其他部分的下方。

3. 将卷尺拉紧使其舒适地围绕身体部位，但不应使其陷入皮肤或挤压皮下组织。

4. 调整卷尺使其平行于地面。

5. 为确定腰臀比，用腰围除以臀围。

6. 使用表 11.12 评估风险。

来源：Heyward 1998[18].

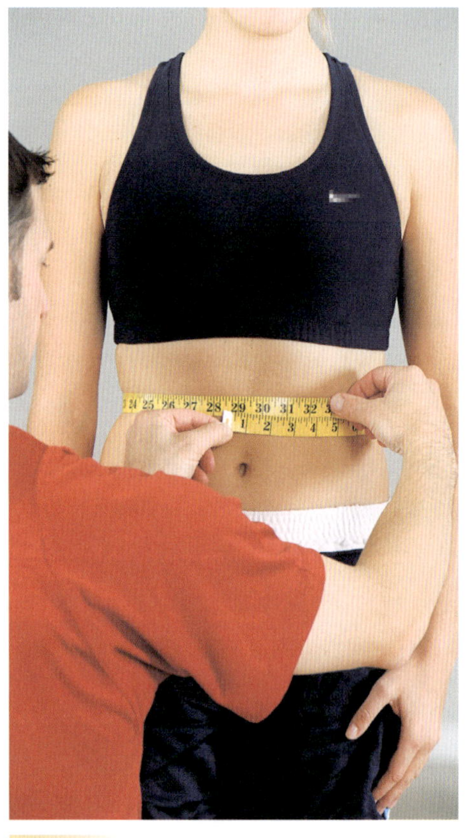

图 11.4 测量腰围

图 11.5 测量臀围

次最大强度运动测试的假设和解决方法

假设 1：心率在测量时必须保持稳定。

解决方法：心率很容易因工作负荷的突然变化而剧烈波动。为了确保心率达到稳定状态，私人教练应该在固定工作负荷阶段末期或以固定工作负荷运动 2 ~ 3 分钟后记录心率值[1]。稳定心率的定义为连续 2 次测量的心率差异在 5 次 / 分以内[2]。

假设 2：特定年龄的真实最大心率对所有客户来说都是相同的。

解决方法：对于任意特定年龄，不同人之间的最大心率差异可高达 10 ~ 12 次 / 分[2]；因此，根据年龄估算最大心率的常用公式在用于在次最大强度测试中评估最大摄氧量时会有一个未知误差。

根据年龄估算的最大心率（次 / 分）= 220 - 年龄（岁）　　（11.3）

假设 3：心率和工作负荷之间的关系必定是很强的线性正相关关系。

解决方法：心率和工作负荷在心率为最大心率的 50% ~ 90% 时呈最强的线性正相关关系[8]。我们在使用心率确定工作负荷时应该考虑这个问题。在案例研究 11.4 中，只有心率处于第 2、3、4 级时才可将其应用于估算最大摄氧量，因为这时心率处于根据年龄估算的最大心率的 50% ~ 90%。

假设 4：所有客户的机械效益（给定工作负荷下的摄氧量）都是相同的。

解决方法：私人教练应该根据客户现有的心肺运动方式和日常活动选择相应的测试。例如，如果一个客户通常每周长途步行 3 次或 4 次，罗克波特（Rockport）行走测试或次最大强度跑步机行走测试可能是用来测量这个客户最大摄氧量的最佳测试方法。

心 肺 耐 力

私人教练可以使用次最大心肺耐力测试相对准确地估算出客户的最大摄氧量[2]。人们最常使用次最大强度运动测试的主要原因是最大强度运动测试所需设备昂贵、测试人员众多、风险因素较多。表 10.1 列出了私人教练应该关注的终止运动测试的原因。次最大强度运动测试背后的理念是在测试过程中监控心率、血压或自感用力程度值，直至心率达到客户估算最大心率的一定的百分比，此时测试结束。为了得到客户心肺耐力的精确结果，私人教练必须采用最大强度运动测试，将客户的心率和摄氧量提高到极限水平。但是最大强度运动测试对许多客户来说既不安全也非必要，且在有些情况下需要医疗监护才可进行。因此，人们经常以次最大强度运动测试代之。从本质上来说，次最大强度运动测试提供的是客户最大摄氧量的估值。但是大多数次最大强度运动测试模型，例如本节介绍的内容，均可提供信度、效度、特异性、敏感性俱佳的最大摄氧量估算方法。同许多估算技术一样，次最大强度运动测试也有一些特定假设必须考虑在内。阅读上一页中的内容以了解次最大强度运动测试中的基本假设，以及私人教练应该考虑的一些潜在的解决方法。

功率自行车测试的一般步骤

1. 确保功率自行车最近进行过正确校准。
2. 调整车座高度，使客户在下肢最大限度伸展时（脚踏板位置最低时）膝关节轻微弯曲（大约 5 度）[19]。
3. 客户应竖直地坐于功率自行车上且双手握住把手[19]，要求客户在测试过程中保持相同的握法和姿势。
4. 在设置负重之前确定蹬骑频率[19]，如有节拍器则可将其设为蹬骑频率的 2 倍（例如，测试要求蹬骑频率为 50 转 / 分，则将节拍器设为 100 转 / 分）[19]。
5. 设置运动负荷。功率自行车的运动负荷通常指工作负荷。工作负荷被定义为功率输出，单位为千克 • 米 • 分 $^{-1}$ 或瓦，计算公式如下：

   工作负荷（千克 · 米 · 分 $^{-1}$）= 负重（千克）× 距离（米）× 频率（每分钟转数） **（11.4）**

   负重等于施加在飞轮上的负重（单位通常是千克），距离等于飞轮转动的距离（米），频率等于蹬骑频率（每分钟转数）。

   以瓦为单位的工作负荷可以通过如下公式计算出来：

   工作负荷（瓦）= 工作负荷（千克 · 米 · 分 $^{-1}$）÷ 6.12 **（11.5）**

   - 在电子功率自行车上设置工作负荷通常比较简单，因为这些昂贵的功率自行车一般配有计算机或数字化的工作负荷设定界面，可以根据蹬骑频率自动调节阻力以维持既定的工作负荷。
   - 在机械负重功率自行车上维持工作负荷要困难得多。机械负重功率自行车的飞轮通过一根阻力带施加的摩擦力来减速。因为工作负荷由阻力和蹬骑频率控制，所以两者都必须保持恒定以维持工作负荷。
6. 在使用机械负重功率自行车时应经常检查负重设置以避免负重意外增加或减小[19]。
7. 持续监控客户的表征和症状（表 10.1），在给低风险成年人进行运动测试时应根据表 10.1 所示的终止测试的原因停止测试。
8. 在进行多级测试（例如，YMCA 功率自行车测试）时，注意以下事项。

- 在每一级测试末尾评估心率或直至达到稳定心率。例如，如果每一级测试时长 3 分钟，在第 2 分钟和第 3 分钟的最后 15 ～ 30 秒测试客户的心率。如果相邻的心率测量结果之差超过 5 次 / 分，则将这一级测试的时间延长 1 分钟并再次测量心率（见心率测试步骤 3）。
- 在每一级测试结束时评估血压，并在血压过低或过高时重复这一过程（见血压测试步骤 3）。
- 使用 6 ～ 20 或 0 ～ 10 的自感用力程度值评估每一级测试结束时的主观用力程度。

9. 测试一旦停止就应该开始进行适当放松。放松可以选择在阻力较小的情况下缓慢蹬骑的主动恢复。在客户不舒服或出现一定体征和症状时（表 10.1）可以使用被动恢复[2]。
10. 在放松时，至少每隔 4 分钟监控一次心率、血压、体征和症状。如果有异常反应发生则需要进一步监控与恢复[2]。

YMCA功率自行车测试

YMCA 功率自行车测试是针对心肺耐力的次最大强度多级运动测试。这项流行的测试通过每级 3 分钟的递增工作负荷将客户的心率提升至根据其年龄估算的最大心率的 85%。

设备

- 机械或电子阻力功率自行车。
- 节拍器（如果功率自行车无法实时显示每分钟转数）。
- 秒表。
- 心率和血压测量设备（见本章的“心率”和“血压”部分）。
- 主观用力程度量表。

步骤

1. 指导客户以 50 转 / 分开始蹬骑，并在测试过程中保持这一节奏。
2. 将首个 3 分钟的工作负荷设定为 150 千克 • 米 • 分 $^{-1}$（0.5 千克，50 转 / 分）。
3. 在第 1 级的第 2 分钟和第 3 分钟的最后 15 ～ 30 秒测量客户的心率，如果相差超过 6 次 / 分，则将这一级延长 1 分钟。
4. 剩余级数的工作负荷设置详见表 11.13。
   - 如果客户在第 1 级结束时的心率小于 80 次 / 分，那么将第 2 级工作负荷设置为 750 千克 • 米 • 分 $^{-1}$（2.5 千克，50 转 / 分）。
   - 如果客户在第 1 级结束时的心率为 80 ～ 90 次 / 分，那么将第 2 级工作负荷设置为 600 千克 • 米 • 分 $^{-1}$（2.0 千克，50 转 / 分）。

- 如果客户在第 1 级结束时的心率为 90 ～ 100 次 / 分，那么将第 2 级工作负荷设置为 450 千克 • 米 • 分 $^{-1}$（1.5 千克，50 转 / 分）。
- 如果客户在第 1 级结束时的心率为超过 100 次 / 分，那么将第 2 级工作负荷设置为 300 千克 • 米 • 分 $^{-1}$（1.0 千克，50 转 / 分）。

5. 在第 2 级第 2 分钟和第 3 分钟的最后 15 ～ 30 秒测量客户的心率，如果相差超过 6 次 / 分，则将这一级延长 1 分钟。
6. 根据表 11.13 设置第 3 级和第 4 级的工作负荷。确保在每一级的第 2 分钟和第 3 分钟的最后 15 ～ 30 秒测量客户的心率，如果相差超过 6 次 / 分，则将这一级延长 1 分钟。
7. 当客户心率达到根据年龄估算的最大心率的 85% 时，或客户发生表 10.1 中任意一种情况时终止测试。

来源：Reprinted by permission from ACSM 2010.

根据 YMCA 功率自行车测试估算最大摄氧量

当测试结束时，私人教练应该能得到如下数据。

- 体重（千克）。
- 根据年龄估算的最大心率。
- 每一级工作负荷至少有 2 次心率测量的结果达到根据年龄估算的最大心率的 85%。
- 每一级工作负荷的血压测量结果。
- 每一级工作负荷的主观用力程度分级结果。

为了得到客户最大摄氧量的估值，可进行如下操作。

1. 将心率（纵坐标，单位：次 / 分）和工作负荷（横坐标，单位：千克 • 米 • 分 $^{-1}$ 或瓦）绘制在一张图上（案例研究 11.4）。
2. 沿根据年龄估算的最大心率数值绘制 1 条水平线（图 11.6 中的 A）。
3. 在根据年龄估算的最大心率的 50% ～ 90% 绘制一条最佳拟合直线（图 11.6 中的 B）。
4. 延长最佳线性拟合线（B）直至与代表根据年龄估算的最大心率的水平线（A）相交。从最佳拟合线与最大心率估算水平线的交点（图 11.6 中的 C）绘制一条垂线。将这条垂线延长至与 x 轴相交，并记录与之相对应的工作负荷数值（图 11.6 中的 D）。这个 x 轴数值即是估算的最大工作负荷，将用于计算最大摄氧量估值（图 11.6 中的 E）。
5. 如果估算的最大工作负荷的单位是千克 • 米 • 分 $^{-1}$，可将其转换为瓦。使用式（11.5）将千克 • 米 • 分 $^{-1}$ 转换为瓦。案例研究 11.4 提供了 YMCA 功率自行车测试的示例。

案例研究11.4

YMCA功率自行车测试

客户 A 是一位 23 岁的男性，体重 181 磅（约 82.1 千克），刚刚完成 YMCA 功率自行车测试并得到如下结果：

静息心率 = 62 次 / 分

静息血压 = 124 / 78 毫米汞柱

根据年龄估算的最大心率 = 220 － 23=197 次 / 分［式（11.3）］

根据年龄估算的最大心率的 85% = 0.85 × 197 次 / 分 =167 次 / 分

级数	工作负荷	耗时	心率	平均心率*	血压	主观用力程度分级
1	150 千克・米・分 $^{-1}$	2 分钟	88 次 / 分			
1	150 千克・米・分 $^{-1}$	3 分钟	88 次 / 分	88 次 / 分	134/82 毫米汞柱	9
2	600 千克・米・分 $^{-1}$	5 分钟	132 次 / 分			
2	600 千克・米・分 $^{-1}$	6 分钟	136 次 / 分	134 次 / 分	148/76 毫米汞柱	13
3	750 千克・米・分 $^{-1}$	8 分钟	154 次 / 分			
3	750 千克・米・分 $^{-1}$	9 分钟	158 次 / 分	156 次 / 分	152/80 毫米汞柱	15
4	900 千克・米・分 $^{-1}$	11 分钟	164 次 / 分			
4	900 千克・米・分 $^{-1}$	12 分钟	168 次 / 分	166 次 / 分	160/82 毫米汞柱	17

* 平均心率即在每一级工作负荷连续 2 次心率测量所得数值的平均值。

第 1 步：将所有的平均心率（y 轴）与相对应的工作负荷（x 轴）绘制在一张图上。

第 2 步：在纵坐标为 197 次 / 分处（根据年龄估算的最大心率）绘制一条水平线（图 11.6 中的 A）。

第 3 步：绘制一条散点图数据（第 1 步）的最佳线性拟合线（图 11.6 中的 B），将之延长至与 A 线相交（图 11.6 中的 A）。

第 4 步：从 A 线和 B 线的交点（图 11.6 中的 C）绘制一条垂线（图 11.6 中的 D）并延长至 x 轴。

第 5 步：确定垂线 D 对应的 x 轴数值（图 11.6 中的 E）。这个数值就是估算的最大工作负荷，将用于计算最大摄氧量估算值，在此例中为 1 175 千克・米・分 $^{-1}$。

第 6 步：使用式（11.5）将千克•米•分 $^{-1}$ 转换为瓦。

工作负荷（瓦）= 工作负荷（千克•米•分 $^{-1}$）÷ 6.12

从第 5 步中得到的最大工作负荷估算值(千克•米•分 $^{-1}$)= 1 175 千克•米•分 $^{-1}$

最大工作负荷估算值（瓦）=1 175 千克•米•分 $^{-1}$ ÷6.12 = 192 瓦

第 7 步：使用式（11.2）将客户体重数据的单位由磅转换为千克。

磅（lb）÷ 2.204 6 = 千克（kg）

体重（千克）=181 磅 ÷2.204 6 = 82 千克

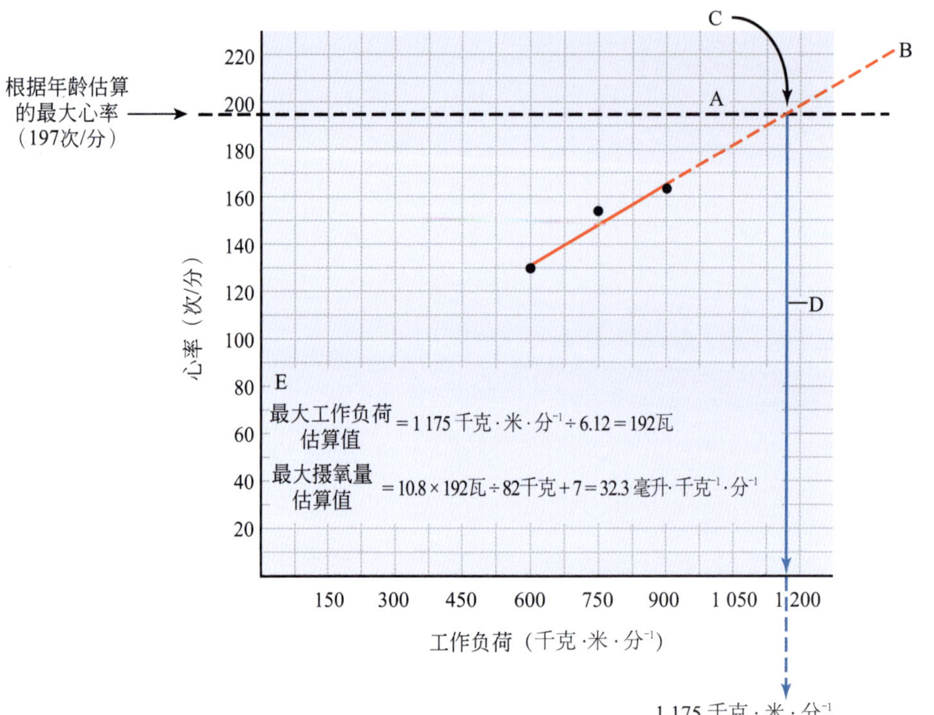

图 11.6 使用案例研究 11.4 中的数据，此图说明了如何绘制 YMCA 数据图，以及如何绘制水平线估算最大心率（A），延长最佳线性拟合线（B），找到交点（C），绘制垂线估算最大工作负荷（D），使用式（11.5）和式（11.6）确定最大摄氧量估算值（E）。

第 8 步：使用式（11.6）[2] 确定最大摄氧量的估算值，单位为毫升•千克 $^{-1}$•分 $^{-1}$。

最大摄氧量（毫升•千克 $^{-1}$•分 $^{-1}$）= 10.8 × 最大工作负荷（瓦）÷ 体重（千克）+7 （11.6）

通过第 6 步，估算最大工作负荷为 192 瓦。

通过第 7 步，得出体重为 82 千克。

最大摄氧量（毫升·千克$^{-1}$·分$^{-1}$）=10.8×192 瓦 ÷82 千克 +7=32.3 毫升·千克$^{-1}$·分$^{-1}$

第 9 步：将客户 32.3 毫升·千克$^{-1}$·分$^{-1}$的最大摄氧量估算值与表 11.14 中的常模数据进行对比；对于 23 岁男性来说，32.3 的百分位数说明超过 90% 的人的最大摄氧量都高于这个值，而只有不到 10% 的人低于这个值。

来源：Golding 2000[14].

6. 使用式（11.6）估算最大摄氧量。
7. 完成客户的最大摄氧量估算后，使用表 11.14 按照客户的年龄算出其最大摄氧量的百分位数排位。例如，一位 46 岁男性客户的最大摄氧量估值为 36.7 毫升·千克$^{-1}$·分$^{-1}$，则这位客户大约排在同年龄段人群的百分位数第 30 位以内。换言之，同年龄段有 30% 的男性的最大摄氧量低于他，而有 70% 高于他。

阿斯特兰 - 瑞明功率自行车测试

阿斯特兰 - 瑞明（Åstrand-Ryhming）功率自行车测试是一项单级测试[5]。测试总持续时间为 6 分钟。

设备

- 机械或电子负重功率自行车。
- 节拍器（如果功率自行车无法实时显示每分钟转数）。
- 秒表。

步骤

1. 将蹬骑频率设置为 50 转 / 分。
2. 设置工作负荷。阿斯特兰 - 瑞明功率自行车测试工作负荷的选择基于性别和健身水平[8]。注意要在测试前评估客户的体能水平（状态差与状态好）以确定起始工作负荷，如果对客户目前的状态有任何疑问，推荐选择更为保守的工作负荷。

   男性，状态差，设为 300 ～ 600 千克·米·分$^{-1}$
   男性，状态好，设为 600 ～ 900 千克·米·分$^{-1}$
   女性，状态差，设为 300 ～ 450 千克·米·分$^{-1}$
   女性，状态好，设为 450 ～ 600 千克·米·分$^{-1}$
3. 指导客户开始蹬骑并在其达到适当踏频后开始计时。2 分钟后测量心率。

- 如果心率≥ 120 次 / 分，让客户按照之前选择的工作负荷继续蹬骑直至 6 分钟测试结束。
- 如果心率< 120 次 / 分，将阻力增加一级或直至在固定工作负荷骑行 2 分钟后心率≥ 120 次 / 分。

4. 在测试第 5 分钟和第 6 分钟末测量心率并取平均值，使用这个平均值根据表 11.15 和表 11.16 分别估算男性和女性的最大摄氧量（升 / 分）。
5. 最大摄氧量估算完成后必须根据客户的年龄进行校准。为了得到校准的最大摄氧量估值（升 / 分），将从表 11.15 和表 11.16 中得到的初始最大摄氧量乘以表 11.17 中的适当年龄校准系数。
6. 校准后的最大摄氧量估值（升 / 分）的单位可以通过下列公式被转换为毫升•千克 $^{-1}$ • 分 $^{-1}$。

   最大摄氧量（毫升·千克 $^{-1}$ · 分 $^{-1}$）= 最大摄氧量（升 / 分） $\times 1\,000 \div BW$ （11.7）

   公式中的 *BW* 为体重，单位为千克。
7. 将阿斯特兰－瑞明功率自行车测试得到的经校准的最大摄氧量估值（毫升 · 千克 $^{-1}$ • 分 $^{-1}$）与表 11.18 中的常模数据进行比较[8]。案例研究 11.5 提供了阿斯特兰－瑞明功率自行车测试的示例。

案例研究11.5

阿斯特兰－瑞明功率自行车测试

一位体重 145 磅（约 65.8 千克）的 57 岁女性客户刚刚完成阿斯特兰－瑞明功率自行车测试。数据记录如下。

工作负荷 = 450 千克 • 米 • 分 $^{-1}$

2 分钟后心率 = 122 次 / 分

5 分钟后心率 = 129 次 / 分

6 分钟后心率 = 135 次 / 分

第 1 步：（129 次 / 分 +135 次 / 分）÷ 2 = 132 次 / 分。

第 2 步：根据 132 次 / 分的平均心率和 450 千克 • 米 • 分 $^{-1}$ 的工作负荷根据表 11.16 估算出最大摄氧量为 2.7 升 / 分。

第 3 步：根据表 11.17 可知 57 岁客户的年龄校准系数为 0.70。

第 4 步：2.7 升 / 分 × 0.70 = 1.89 升 / 分。

第 5 步：（1.89 升 / 分 ×1000）÷ 66 千克 = 28.64 毫升·千克 $^{-1}$·分 $^{-1}$。

第 6 步：根据表 11.18，57 岁女性 28.64 毫升·千克 $^{-1}$·分 $^{-1}$ 的最大摄氧量类别为良好。

第 7 步：根据表 11.14 中的百分位数排位，57 岁女性 28.64 毫升·千克 $^{-1}$·分 $^{-1}$ 的最大摄氧量的百分位数约为第 40 位。

YMCA台阶测试

YMCA 台阶测试是一项基础且经济的心肺耐力测试，用于个人或群体测试时都十分简便。这项测试根据运动后的心率反应对体能水平进行分类，但并不能用来估算最大摄氧量。YMCA 台阶测试让客户在 3 分钟内按照设定频率上下台阶，并在测试结束后即刻测量心率恢复情况。

设备

- 高度为 12 英寸（约 30 厘米）的台阶。
- 设定在 96 次 / 分的节拍器。
- 秒表。

步骤

1. 客户应该在台阶测试前听一下节拍以熟悉测试。
2. 指导客户按照“上、上、下、下”的顺序跟随 96 次 / 分的节拍进行测试，即每分钟完成 24 次上下台阶动作。先迈哪一只脚或测试中改变脚步顺序均无所谓。
3. 让客户持续上下台阶 3 分钟。
4. 在最后一次动作结束后，帮助客户在 5 秒内坐下并测量 1 分钟内的心率变化。
5. 将 1 分钟内心率恢复数值与表 11.19 中的常模数据进行比较。

长跑和行走测试

长跑测试基于这样一种假设，即体能状态好的客户能够在更短的时间内跑完既定距离或在既定时间内跑更长的距离。这些测试都简便易行，适合大批量人群测试。它们也可用于对 40 岁以下的男性和 50 岁以下的女性进行心血管健康水平分类。但是私人教练无法使用这些测试检测或确定客户是否存在心脏异常，因为在这些测试过程中通常不会监控心率和血压。

值得注意的是，这些场地测试都需要尽全力且适合可以进行 12 分钟跑、1.5 英里（约 2.4 千米）跑或 1 英里（约 1.6 千米）跑的客户。换言之这些测试适用于那些已经训练数周且经常将跑步或快走作为强化心肺的运动方式的客户。对于无法满足这些标准的客户，推荐采用阿斯特兰 - 瑞明功率自行车测试或 YMCA 台阶测试等其他用来估算最大摄氧量的测试。

来源: Golding 2000[14].

12分钟跑 / 走测试

12 分钟跑 / 走测试是一项测量 12 分钟跑过或走过的距离的测试。距离在被记录下之后，通过式（11.8）估算最大摄氧量。

设备

- 400 米田径场或已知距离的平坦场地，以方便通过圈数计算距离。
- 可见标志物——将场地按预定间距进行划分（例如，每 1/4 圈或每半圈），这样可以快速计算 12 分钟内完成的精确距离。
- 秒表。

步骤

1. 指导客户在 12 分钟内尽可能快地跑。走也是允许的，但这项测试的目的在于在 12 分钟内完成尽可能多的距离。
2. 记录完成的总距离。例如，一个客户完成了 5 个整圈加 1/4 圈（5.25 圈）。因为每圈距离是 400 米，所以客户完成 2 100 米（5.25 圈 × 400 米 =2 100 米）。
3. 使用下列公式[14]估算客户的最大摄氧量（毫升 · 千克 $^{-1}$ · 分 $^{-1}$）：

$$\text{最大摄氧量（毫升·千克}^{-1}\text{·分}^{-1}\text{）}=0.026\,8\times D-11.3 \qquad (11.8)$$

此公式中的 D 为完成的距离，单位为米。

4. 可以将估算的最大摄氧量与表 11.14 中的常模数据进行比较[2]。案例研究 11.6 提供了 12 分钟跑 / 走测试的示例。

案例研究11.6

12分钟跑 / 走测试

一位体重 128 磅（约 58.0 千克）的 31 岁女性客户刚刚完成 12 分钟跑测试。数据记录如下。

12 分钟跑测试距离 =1 862 米

1. 0.026 8 × 1 862 − 11.3 = 38.60 毫升 · 千克 $^{-1}$ · 分 $^{-1}$。
2. 31 岁女性 38.60 毫升 · 千克 $^{-1}$ · 分 $^{-1}$ 的最大摄氧量在表 11.14 中的百分位数排在第 70 位。

1.5英里（约2.4千米）跑测试

这是一项测量客户完成 1.5 英里（约 2.4 千米）跑所需时间的测试。记录完成时间后，通过式（11.9）估算最大摄氧量。

设备

- 400 米田径场或已知距离为 1.5 英里（约 2.4 千米）的平坦场地（使用里程表或测量轮测量距离[14]）。
- 秒表。

步骤

1. 指导客户在尽可能短的时间内完成 1.5 英里（约 2.4 千米）的距离。走是允许的，但这项测试的目的是在尽可能短的时间内完成既定距离。
2. 在客户通过终点时喊出或记下所用时间（单位为“分：秒”，记录为 00:00）。
3. 将秒除以 60 以转换为分。例如，如果一个客户完成测试所用的时间为 12:30，则完成时间可被转换为 12.50 分。
4. 使用下列公式[14]估算客户的最大摄氧量（毫升 · 千克 $^{-1}$ · 分 $^{-1}$）：

   $$\text{最大摄氧量（毫升·千克}^{-1}\text{·分}^{-1}\text{）} = 88.02 - (0.1656 \times BW) - (2.76 \times time) + (3.716 \times gender^{*}) \quad (11.9)$$

   此公式中 *BW* 为体重，单位为千克；*time* 为完成测试时间，单位为分（精确至小数点后两位，即 0.01 分）。

   **gender* 为性别，计算时男性代入 1，女性代入 0。
5. 最大摄氧量估值可与表 11.14 中的常模数据进行比较[2]。案例研究 11.7 提供了 1.5 英里（约 2.4 千米）跑测试的示例。

案例研究11.7

1.5英里（约2.4千米）跑测试

一位体重 171 磅（约 77.6 千克）的 28 岁男性客户刚刚完成 1.5 英里（约 2.4 千米）跑测试。数据记录如下。

1.5 英里（约 2.4 千米）跑测试用时 = 8:52（分 : 秒）

1. 52 秒 ÷ 60 秒 / 分 = 0.87 分，因此 8:52（分 : 秒）= 8.87 分。
2. $88.02-0.1656 \times 77.6-2.76 \times 8.87+3.716 \times 1 = 54.40$ 毫升•千克 $^{-1}$•分 $^{-1}$。
3. 28 岁男性客户最大摄氧量为 54.40 毫升 · 千克 $^{-1}$ · 分 $^{-1}$ 的在表 11.14 中的百分位数排在第 90 位。

罗克波特行走测试

罗克波特（Rockport）行走测试用于估算 18 ～ 69 岁男性和女性的最大摄氧量[20]。这项测试只需要快速行走，因此适用于测试老年人或久坐少动的客户。

设备

- 秒表。
- 经过测量的距离为 1 英里（约 1.6 千米）的平坦且连续的场地（最好是室外跑道）。

步骤

1. 指导客户尽快走完 1 英里（约 1.6 千米）。
2. 在测试结束后即刻通过 15 秒心率计数计算客户心率（次 / 分）（见本章前面的"心率"部分）。
3. 将秒除以 60 转换为分［见"1.5 英里（约 2.4 千米）跑测试"部分的步骤 3］。
4. 使用下列公式[22]估算客户的最大摄氧量（毫升・千克$^{-1}$・分$^{-1}$）：

   $$\textbf{最大摄氧量} = 132.853-(0.0769\times BW)-(0.3877\times age)+(6.315\times gender^*)-(3.2649\times time)-(0.1516\times HR) \quad (11.10)$$

   此公式中 *BW* 为体重，单位为磅；*age* 为年龄，单位为岁；*time* 为完成测试时间（精确至小数点后两位），单位为分；*HR* 为心率，单位为次 / 分。

   **gender* 为性别，计算时男性代入 1，女性代入 0。
5. 估算的最大摄氧量可以与表 11.14 中列出的常模数据进行比较[2]。
6. 1 英里（约 1.6 千米）走的时间可以与表 11.20 中列出的常模数据进行比较[32]。案例研究 11.8 提供了罗克波特行走测试的示例。

1英里（约1.6千米）跑测试

1 英里（约 1.6 千米）跑测试用于估算 6 ～ 17 岁儿童的心血管耐力[32]。

设备

- 秒表。
- 平坦且连续的距离为 1 英里（约 1.6 千米）的场地（例如室外跑道）。

步骤

1. 指导客户在尽可能短的时间内完成 1 英里（约 1.6 千米）距离。可以走跑结合，但客户应该尽力在最短的时间内完成既定距离。
2. 记录客户通过终点时所用的时间（单位为分：秒，记录为 00:00）。
3. 将秒除以 60 转换为分［见"1.5 英里（约 2.4 千米）跑测试"部分的步骤 3］。
4. 将记录的时间与表 11.21 中列出的常模数据进行比较[32]。

案例研究11.8

罗克波特行走测试

一位体重 228 磅（约 103.4 千克）的 52 岁男性客户刚刚完成罗克波特行走测试。数据如下：

测试后心率 =159 次 / 分

1 英里走时间 =10:35（分 : 秒）

1. 35 秒 ÷ 60 秒 / 分 = 0.58 分；10:35（分 : 秒）=10.58 分。
2. 132.853−0.076 9 × 228−0.387 7 × 52+6.315 × 1−3.264 9 × 10.58−0.151 6 × 159 = 42.05 毫升・千克 $^{-1}$・分 $^{-1}$。
3. 52 岁男性的最大摄氧量为 42.05 毫升・千克 $^{-1}$・分 $^{-1}$ 在表 11.14 中的百分位数排在第 80 ～ 90 位。
4. 根据表 11.20 将 10:35（分 : 秒）归类为良好。
5. 根据表 11.20 可知 10:35（分 : 秒）的百分位数超过第 90 位。

不基于运动的最大摄氧量估算

马立克（Malek）及其同事[21, 22]发明了不基于运动的公式，通过不同的人口统计学和描述性变量估算客户的最大摄氧量。这些公式已应用于对有训练经历和无训练经历的男性和女性的最大摄氧量估算。此外，这些公式估算的最大摄氧量误差在 ±10% ～ 15%，与基于运动估算的最大摄氧量的误差类似[21, 22]。总体来说，不基于运动的公式对于估算最大摄氧量十分有用，特别是在通过运动估算最大摄氧量的风险对于客户来说过高或未知时。

设备

- 标准台秤，带有人体测量臂或平背直角装置（可同时沿墙壁滑动且置于客户头顶）。
- 经过校准和认证的体重秤。
- 主观用力程度量表。

步骤

1. 记录客户的身高（厘米）、体重（千克）和年龄（岁）。
2. 使用主观用力程度量表估算训练强度。
3. 确定客户每周运动的小时数。
4. 确定客户持续运动的年限（间隔不得超过 1 个月）。

5. 确定训练年限的自然对数。可使用计算器的自然对数功能进行计算。
6. 使用下列公式确定最大摄氧量，单位为升 / 分。
7. 使用式（11.7）计算最大摄氧量，单位为毫升 • 千克 $^{-1}$ • 分 $^{-1}$。
8. 将客户评分与表 11.14 进行对比。

公式

人群	最大摄氧量估算公式（升 / 分）
无训练经历的男性	$(0.046 \times H)-(0.021 \times A)-4.31$
无训练经历的女性	$(0.046 \times H)-(0.021 \times A)-4.93$
有有氧训练经历的男性 *	$(27.387 \times BW)+(26.634 \times H)-(27.572 \times A)+(26.161 \times D)+(114.904 \times I)+(506.752 \times Y)-4\,609.791$
有有氧训练经历的女性 *	$(18.528 \times BW)+(11.993 \times H)-(17.197 \times A)+(23.522 \times D)+(62.118 \times I)+278.262 \times Y)-1\,375.878$

H 为身高，单位为厘米；*A* 为年龄，单位为岁；*BW* 为体重，单位为千克；*D* 为每周训练的小时数；*I* 为自主用力程度量表测得的训练强度；*Y* 为训练年限的自然对数。

* 有有氧训练经历的定义为在过去至少 18 个月内每周进行 3 次以上训练，每次训练至少持续进行 1 小时的连续有氧运动[21, 22]。

肌 肉 力 量

肌肉力量是体能的重要组成部分。人在进行日常活动、娱乐活动或工作时，都需要一定水平的肌肉力量，才能避免受伤，尤其是随着年龄的增长。力量可以表示为绝对力量或相对力量。绝对力量就是一个人的原始力量水平，相对力量通常表示为体重的相对值。

1RM卧推测试

1RM 卧推测试可以用于测量上肢力量。因为使用自由重量，所以这项测试需要客户具备一定的技巧。

设备

- 可调节的杠铃和铃片以使阻力可以增加 5 ～ 90 磅（2.3 ～ 40.8 千克）。

步骤

需要一名保护者近距离观察技术动作。正确卧推技术见第 13 章。然后按照下列步骤确定 1RM。

1. 指导客户按照预估 1RM 的 40% ～ 60% 选择一个可以轻松重复完成 5 ～ 10 次的负重进行热身。
2. 休息 1 分钟。
3. 按照下列标准估算一个客户可以重复完成 3 ～ 5 次的热身重量。

身体区域	**递增绝对值或百分比**
上肢动作	10 ～ 20 磅（4.5 ～ 9.0 千克）或 5% ～ 10%
下肢动作	30 ～ 40 磅（13.6 ～ 18.1 千克）或 10% ～ 20%

4. 休息 2 分钟。
5. 按照下列标准估算一个客户可以重复完成 2 ～ 3 次的保守且接近最大负荷的重量。

身体区域	**递增绝对值或百分比**
上肢动作	10 ～ 20 磅（4.5 ～ 9.0 千克）或 5% ～ 10%
下肢动作	30 ～ 40 磅（13.6 ～ 18.1 千克）或 10% ～ 20%

6. 休息 2 ～ 4 分钟。
7. 按照下列标准增加重量。

身体区域	**递增绝对值或百分比**
上肢动作	10 ～ 20 磅（4.5 ～ 9.0 千克）或 5% ～ 10%
下肢动作	30 ～ 40 磅（13.6 ～ 18.1 千克）或 10% ～ 20%

8. 指导客户尝试 1RM。
9. 如果客户成功，休息 2 ～ 4 分钟后回到步骤 7。如果客户失败，休息 2 ～ 4 分钟后按照下列标准减少重量并回到步骤 8。

身体区域	**递减绝对值或百分比**
上肢动作	5 ～ 10 磅（2.3 ～ 4.5 千克）或 2.5% ～ 5%
下肢动作	15 ～ 20 磅（6.8 ～ 9.0 千克）或 5% ～ 10%

10. 持续增加或减少重量直至客户能以正确的技术动作完成一次重复。理想情况下，客户的 1RM 应在 3 次内测得。
11. 将最后一次成功举起的最大重量记录为 1RM。

完成这些步骤后，用客户的 1RM 除以其体重得到相对力量。然后将相对力量数值与表 11.22 的数值进行比较。（注：表 11.22 的标准基于通用卧推器械建立。）

来源：Baechle，Earle 2008[6] and Kraemer，Ratamess，Fry，and French 2006[22].

1RM腿举测试

1RM 腿举测试可用于测量下肢力量。第 13 章提供了客户和保护者在大多数下肢练习中的详细责任。私人教练应该在实施 1RM 测试前熟知第 13 章的指南。

设备

- 通用腿举器械。这种抗阻训练设备相较于其他设备不太常见，因此可能很难找到。私人教练可以选择使用水平腿举等其他替代动作来评估客户的下肢力量。但是需要注意的是，表 11.23 所示的常模数据只适用于使用通用腿举器械的测试。

步骤

1. 让客户坐在腿举器械的座位上并将双脚置于踏板上部。
2. 调整座位使膝关节大致呈 120 度角。
3. 遵循“1RM 卧推测试”部分中确定 1RM 的步骤以评估客户的下肢力量[5]。
4. 用客户的 1RM 除以其体重以确定相对力量。
5. 如果使用通用腿举器械，可将相对力量数值与表 11.23 的数值进行比较。

来源：Baumgartner，Jackson，Mahar，and Rowe 2007[7].

估算1RM

出于安全或技术原因，许多私人教练倾向于不让客户进行 1RM 测试。幸运的是，客户的 1RM 可以通过次最大阻力进行估算。这涉及让客户使用次最大阻力重复尽可能多的次数。更多细节可在别处获得[6]，而估算一个抗阻训练计划的起始负荷的过程在第 15 章进行介绍。

肌 肉 耐 力

肌肉耐力是一块或一组肌肉长时间对抗次最大力的能力。与肌肉力量一样，肌肉耐力对日常活动、娱乐活动和工作十分重要。肌肉耐力可以在静态和动态肌肉动作中测得。

YMCA卧推测试

YMCA 卧推测试用于测试上肢的肌肉耐力。这是一项绝对肌肉耐力测试，即对于同性别的人群来说，所使用的阻力是相同的。

设备

- 可调节的杠铃和铃片。

- 节拍器。

步骤

1. 保护客户并近距离观察其技术动作。
2. 男性客户选择 80 磅（约 36.3 千克）的重量，女性客户选择 35 磅（约 15.9 千克）的重量。
3. 正确卧推技术见第 13 章。
4. 将节拍器频率设定为 60 次 / 分以使每分钟完成 30 次动作。
5. 客户的起始姿势采用肩距宽握法，手臂伸展，降低重量至胸部。测试过程中不能停顿，客户应将手臂伸直再次举起杠铃。这个动作应该平稳可控，杠铃在节拍器每次响起时分别到达最高点和最低点。
6. 当客户举起杠铃的速度无法跟上节拍器时终止测试。
7. 将客户的分数与表 11.24 中的数值进行对比。

卷腹测试

卷腹测试测量腹肌的肌肉耐力。这项测试不使用髋屈肌，比仰卧起坐测试更容易接受。

设备

- 节拍器。
- 尺子。
- 标记胶带。
- 垫子。

步骤

1. 指导客户仰卧在垫子上且膝关节屈曲呈 90 度角［图 11.7（a）］。手臂置于两侧（地面上），手指处贴一条 4 英寸（约 10 厘米）长的标记胶带（与手指垂直贴于垫子上）。第 2 条标记胶带平行贴于距离第 1 条标记胶带的 4 英寸（约 10 厘米）处。
2. 将节拍器设置为 50 次 / 分并让客户跟随节拍器（每分钟完成 25 次卷腹）缓慢受控地卷腹以使肩胛骨抬离垫子［躯干与垫子呈 30 度角；图 11.7（b）］。腰背在卷腹前应该保持平直。
3. 指导客户不停顿地完成尽可能多的卷腹，直至达到 25 次。
4. 将客户的分数与表 11.25 中的数值进行对比。

来源：Adapted from American College of Sports Medicine 2010[2].

图 11.7 卷腹测试：(a)起始姿势；(b)结束姿势

俯卧双侧直腿抬高测试

俯卧双侧直腿抬高测试可以有效检测腰背肌肉耐力，预测潜在的腰背疼痛[3, 24]。

设备

- 训练或按摩床。

步骤

1. 客户开始测试时呈俯卧位，双腿伸直，双手置于额下，前臂垂直于身体［图 11.8（a）］。
2. 指导客户抬起双腿直至膝盖离开床面［图 11.8（b）］。
3. 可以将一只手置于大腿下以监控测试。
4. 以秒为单位记录测试的持续时间。
5. 在客户无法保持膝盖离开床面时终止测试。
6. 将客户分数与表 11.26 中的数值进行比较。

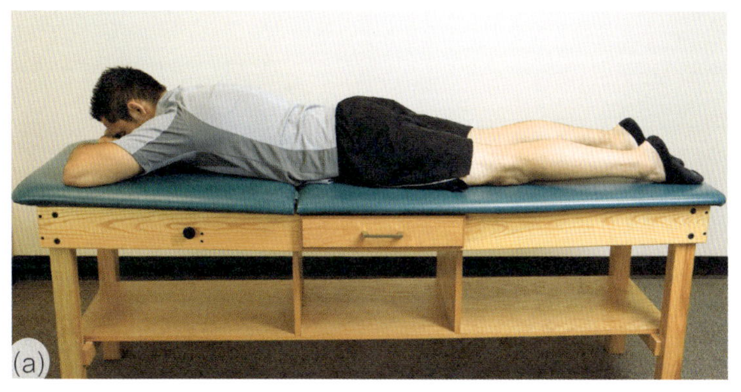

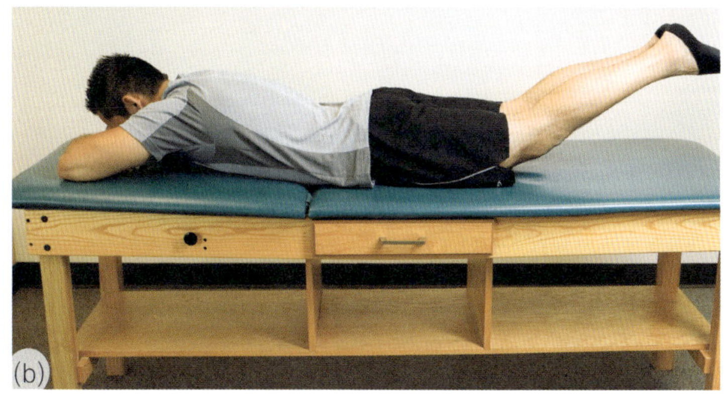

图 11.8　俯卧双侧直腿抬高测试：（a）起始姿势；（b）腿部抬高姿势

柔　韧　性

柔韧性指身体围绕一个（例如肩关节）或一系列关节（例如脊柱）的活动范围（range of motion，ROM）。柔韧性与腰痛等一系列肌肉骨骼病症的发展有关。尚无单一测试可以测量全身的柔韧性。不同的身体部位的柔韧性需要选择不同的测试进行测量。私人教练常常更重视与腰痛发展风险相关的关节柔韧性测试。

坐位体前屈测试

坐位体前屈测试常用于测量髋关节和腰背柔韧性。虽然坐位体前屈测试被视为之前背部不适的指标之一，但其预测腰痛的能力其实非常有限[19]。尽管如此，髋关节与腰背柔韧性的缺失，伴随腹部肌肉力量和肌肉耐力的下降，可以预测腰痛的发生。

设备

- 直尺或坐位体前屈箱。
- 胶带。
- 卷尺。

步骤

1. 让客户热身并在测试前进行适当的拉伸。所有测试均应在不穿鞋的情况下完成。测试进行时动作应该缓慢且受控。
2. 开始坐位体前屈测试前，将直尺置于垫子上，并将胶带垂直于直尺贴在直尺的 15 英寸（约 38 厘米）处 [图 11.9（a）]。客户坐下且双腿置于直尺两侧，双腿以正确角度伸直。脚跟应该接触到胶带且分开 10 ～ 12 英寸（25 ～ 30 厘米）。使用坐位体前屈箱的话，脚跟应该置于箱体边缘 [图 11.10（a）]。

图 11.9 使用直尺时的坐位体前屈测试：（a）起始姿势；（b）结束姿势

3. 让客户双手缓慢前移，移动到尽可能远的位置且停住。手指应该交叉且接触到直尺 [图 11.9（b）] 或坐位体前屈箱 [图 11.10（b）]。
4. 测试得分为移动到的最远距离。取 2 次测试得分中的最高值。客户的膝关节在测试中必须伸直，但测试者不应下压客户的双腿。
5. 将测试结果与表 11.27（或表 11.28）中的数据进行对比。注意坐位体前屈测试的常模数据将 15 英寸（约 38 厘米）处作为“0 点”（客户触碰到脚尖的点），而坐位体前屈箱通常将“0 点”设定在 26 厘米处。当使用不同的“0 点”时，确保在使用常模数据前调整客户得分。例如，如果坐位体前屈箱的“0 点”为 23 厘米，在与表 11.28 对比前将客户得分增加 3 厘米（或将表 11.28 的常模数据减去 3 厘米）。

来源：ACSM　2010[2].

图 11.10　使用坐位体前屈箱的测试：（a）起始姿势；（b）结束姿势

结　语

通常情况下，私人教练在与体能或运动能力相差很大的客户合作时会遇到一定的挑战。为了收集基线评估数据，私人教练可以测量心率、血压、身体成分、心肺耐力、肌肉力量、肌肉耐力和柔韧性等不同的体能指标，并将测量结果与已有的描述性或常模数据进行比较。所得结果可以作为制订客户训练计划的基础。

学习问题

1. 一位 40 岁女性客户在初次评估时，静息血压为 115/72 毫米汞柱。在 1 个月后再次测量她的血压时，气囊应该加压至什么水平（汞柱）?
   A. 115 毫米
   B. 125 毫米
   C. 135 毫米
   D. 150 毫米
2. 为一名 45 岁男性客户进行三位点皮褶测量时，下列哪一位置不适用?
   A. 胸部
   B. 髂前上棘
   C. 腹部
   D. 大腿
3. 一名体重为 88 千克，1.5 英里（约 2.4 千米）跑测试成绩为 13:30 的 38 岁女性的最大摄氧量估算值是多少?
   A. 34.5 毫升 • 千克 $^{-1}$ • 分 $^{-1}$
   B. 36.2 毫升 • 千克 $^{-1}$ • 分 $^{-1}$
   C. 39.9 毫升 • 千克 $^{-1}$ • 分 $^{-1}$
   D. 41.5 毫升 • 千克 $^{-1}$ • 分 $^{-1}$
4. 下列哪一项是对一名 38 岁女性客户局部肌肉耐力的评估?
   A. 以 60 次 / 分卧推 35 磅（约 15.9 千克）直至力竭
   B. 12 分钟跑 / 走测试
   C. 阿斯特兰 - 瑞明功率自行车测试
   D.YMCA 台阶测试

应用知识问题

一名 28 岁的女性客户最近雇佣了一名私人教练。她的体能测试信息如下。

身高：168 厘米

体重：150 磅（约 68.0 千克）

静息心率：75 次 / 分

静息血压：128/82 毫米汞柱

体脂率：20%

最大摄氧量：26 毫升 • 千克 $^{-1}$ • 分 $^{-1}$

1RM 卧推：140 磅（约 63.5 千克）

1RM 腿举：310 磅（约 140.6 千克）

卷腹测试（1 分钟）：25 次

这位客户的哪一项测试结果低于平均水平，且在制订目标时需要加以关注？你是如何确定的?

表 11.1　静息心率标准（次 / 分）

	年龄					
	18 ~ 25 岁		26 ~ 35 岁		36 ~ 45 岁	
评级	男	女	男	女	男	女
优秀	40 ～ 54	42 ～ 57	36 ～ 53	39 ～ 57	37 ～ 55	40 ～ 58
良好	57 ～ 59	59 ～ 63	55 ～ 59	60 ～ 62	58 ～ 60	61 ～ 63
平均值以上	61 ～ 65	64 ～ 67	61 ～ 63	64 ～ 66	62 ～ 64	65 ～ 67
平均值	66 ～ 69	68 ～ 71	65 ～ 67	68 ～ 70	66 ～ 69	69 ～ 71
平均值以下	70 ～ 72	72 ～ 76	69 ～ 71	72 ～ 74	70 ～ 72	72 ～ 75
差	74 ～ 78	77 ～ 81	74 ～ 78	77 ～ 81	75 ～ 80	77 ～ 81
很差	82 ～ 103	84 ～ 103	81 ～ 102	84 ～ 102	83 ～ 101	83 ～ 102
	年龄					
	46 ~ 55 岁		56 ~ 65 岁		> 65 岁	
评级	男	女	男	女	男	女
优秀	35 ～ 56	43 ～ 58	42 ～ 56	42 ～ 59	40 ～ 55	49 ～ 59
良好	58 ～ 61	61 ～ 64	59 ～ 61	61 ～ 64	57 ～ 61	60 ～ 64
平均值以上	63 ～ 65	65 ～ 69	63 ～ 65	65 ～ 68	62 ～ 65	66 ～ 68
平均值	66 ～ 70	70 ～ 72	68 ～ 71	69 ～ 72	66 ～ 69	70 ～ 72
平均值以下	72 ～ 74	73 ～ 76	72 ～ 75	73 ～ 77	70 ～ 73	73 ～ 76
差	77 ～ 81	77 ～ 82	76 ～ 80	79 ～ 81	74 ～ 79	79 ～ 83
很差	84 ～ 104	85 ～ 104	84 ～ 103	84 ～ 103	83 ～ 103	86 ～ 97

来源：Adapted from Golding 2000[14].

表 11.2　18 岁以上的成年人血压分类[a]

收缩压（毫米汞柱）[b]	类别	舒张压（毫米汞柱）
<120	正常	<80
120 ～ 139	高血压前期	80 ～ 89
140 ～ 159	高血压第 1 阶段	90 ～ 99
≥ 160	高血压第 2 阶段	≥ 100

[a] 适用于目前不服用高血压控制药物且无急性疾病的人。基于 2 次或以上不同时间的测量结果的平均值。

[b] 当收缩压和舒张压属于不同类别时，使用更高的类别进行分类。

来源：Adapted from The Seventh Report of the Joint National Committee on Detection，Evaluation，and Treatment of High Blood Pressure，2003[33].

表 11.3 血压计袖套类型指南

袖套类型	手臂周长（厘米）	充气囊宽度（厘米）× 长度（厘米）
体形小的儿童	≤ 17	4 × 13
体形大的儿童	18 ～ 25	10 × 18
标准体形的成年人	26 ～ 33	12 × 26
体形大的成年人	34 ～ 42	16 × 33
肥胖的成年人	43 ～ 50	20 × 42

来源：Reprinted by permission from Heyward 2010.

表 11.4 经常运动的男性和女性血压百分位数标准

	收缩压（毫米汞柱）					舒张压（毫米汞柱）				
百分位数	20 ~ 29 岁	30 ~ 39 岁	40 ~ 49 岁	50 ~ 59 岁	60+ 岁	20 ~ 29 岁	30 ~ 39 岁	40 ~ 49 岁	50 ~ 59 岁	60+ 岁
男性										
90	110	108	110	110	112	70	70	70	72	70
80	112	110	111	116	120	72	74	76	76	76
70	118	116	118	120	124	78	78	80	80	80
60	120	120	120	122	130	80	80	80	80	80
50	121	120	121	128	131	80	80	80	82	81
40	128	124	126	130	140	80	81	84	86	84
30	130	130	130	138	140	84	85	88	90	88
20	136	132	138	140	150	88	90	90	90	90
10	140	140	142	150	160	90	92	98	100	98
女性										
90	100	100	100	108	120	63	65	65	69	70
80	101	104	105	110	120	68	70	70	70	75

续表

女性										
70	106	110	110	118	125	70	70	70	75	76
60	110	110	112	120	128	72	74	75	79	80
50	112	114	118	122	130	75	76	80	80	80
40	118	118	120	130	136	78	80	80	82	80
30	120	120	120	134	140	80	80	80	85	84
20	120	122	130	140	142	80	82	82	90	88
10	130	130	138	148	160	82	90	90	92	98

来源：Adapted from Pollock，Wilmore，and Fox，III 1978[36].

表 11.5　基于 BMI、腰围与相关疾病风险的超重和肥胖分类

	BMI	肥胖等级	相比于正常体重和腰围的疾病*风险	
			男性≤ 102 厘米 女性≤ 88 厘米	男性> 102 厘米 女性> 88 厘米
体重过轻	<18.50		—	—
正常	18.5 ～ 24.9		—	—
超重	25.0 ～ 29.9		增加	高
肥胖	30.0 ～ 34.9	Ⅰ	高	非常高
	35.0 ～ 39.9	Ⅱ	非常高	非常高
极度肥胖	≥ 40.0	Ⅲ	极高	极高

*2 型糖尿病、高血压和冠心病疾病风险。

来源：Reprinted from NIH；NHLBI 1998[34].

表 11.6 美国男性的平均身高（厘米）和百分位数

种族、民族和年龄	平均值	百分位数								
		第 5	第 10	第 15	第 25	第 50	第 75	第 85	第 90	第 95
所有种族和民族										
20 岁及以上	176.3	163.6	166.6	168.4	171.3	176.3	181.5	184.4	186.0	188.7
20 ～ 29 岁	177.6	164.2	167.1	169.3	172.3	177.8	183.0	185.3	186.8	190.1
30 ～ 39 岁	176.4	162.7	165.9	167.9	171.4	176.4	181.5	184.6	186.4	189.6
40 ～ 49 岁	177.1	165.6	168.2	169.8	172.3	177.0	181.8	184.6	186.2	188.0
50 ～ 59 岁	176.6	165.1	167.2	168.8	171.4	176.6	181.5	184.6	186.5	189.1
60 ～ 69 岁	175.4	163.1	166.2	167.8	170.5	175.3	180.7	182.7	184.8	187.2
70 ～ 79 岁	173.8	162.1	164.1	166.3	168.6	174.0	178.5	180.4	182.9	185.7
80 岁及以上	170.7	159.2	161.7	163.4	166.4	170.7	175.0	177.8	179.0	181.2
非西班牙裔白人										
20 岁及以上	177.5	166.0	168.5	170.2	172.6	177.4	182.4	184.9	186.5	189.1
20 ～ 39 岁	178.9	167.4	170.1	171.9	174.4	178.9	183.4	185.7	187.7	190.3
40 ～ 59 岁	178.0	167.3	169.2	170.8	173.1	177.9	182.8	185.2	186.6	188.8
60 岁及以上	174.6	162.6	165.2	167.1	169.8	174.6	179.7	182.2	183.7	186.4
非西班牙裔黑人										
20 岁及以上	177.2	165.4	167.8	169.8	172.3	177.0	181.9	184.7	186.4	189.6
20 ～ 39 岁	178.0	166.3	167.9	170.1	173.1	177.7	183.0	185.2	187.1	190.6
40 ～ 59 岁	177.4	166.0	168.6	170.3	172.7	177.2	181.6	184.5	186.6	189.0
60 岁及以上	174.3	163.0	164.7	166.8	169.4	174.0	179.1	181.8	183.5	185.7
墨西哥裔美国人										
20 岁及以上	170.3	158.7	161.1	163.0	165.2	170.4	174.9	177.0	178.9	182.0
20 ～ 39 岁	170.6	158.3	161.2	163.3	165.3	170.6	175.2	177.6	180.5	183.7
40 ～ 59 岁	170.2	159.4	161.4	163.3	165.6	170.8	174.9	176.3	178.1	180.1
60 岁及以上	167.8	157.7	159.4	160.8	163.4	167.8	172.4	173.7	175.1	176.9

来源：Reprinted from McDowell et al.2008[28].

表 11.7　美国女性的平均身高（厘米）和百分位数

种族、民族和年龄	平均值	百分位数								
		第 5	第 10	第 15	第 25	第 50	第 75	第 85	第 90	第 95
所有种族和民族										
20 岁及以上	162.2	150.7	153.3	154.9	157.7	162.2	166.7	169.1	170.8	173.1
20 ～ 29 岁	163.2	152.2	154.8	156.5	158.7	163.0	167.9	169.8	171.4	172.8
30 ～ 39 岁	163.2	152.4	154.4	156.2	158.9	163.0	167.6	170.4	172.0	174.2
40 ～ 49 岁	163.1	152.1	153.9	155.8	158.5	163.1	167.6	169.8	171.9	174.0
50 ～ 59 岁	162.2	150.7	153.3	155.4	158.1	162.1	166.8	168.7	170.3	172.4
60 ～ 69 岁	161.8	151.9	153.8	155.1	157.6	161.9	165.9	168.0	170.0	171.5
70 ～ 79 岁	159.2	149.0	150.9	152.6	155.0	159.0	163.7	165.5	167.4	169.4
80 岁及以上	156.0	146.2	148.0	149.4	151.7	155.8	159.7	162.3	164.3	166.1
非西班牙裔白人										
20 岁及以上	163.0	152.1	154.4	156.3	158.7	163.0	167.5	169.7	171.3	173.6
20 ～ 39 岁	164.8	154.7	157.2	158.6	160.7	164.7	168.9	171.1	172.4	174.4
40 ～ 59 岁	163.6	152.6	155.5	157.5	159.4	163.4	167.7	169.9	171.8	174.0
60 岁及以上	160.2	149.7	152.0	153.6	155.9	159.8	164.5	166.7	168.6	170.5
非西班牙裔黑人										
20 岁及以上	162.7	151.5	153.9	155.5	158.2	162.7	167.0	169.6	171.0	173.8
20 ～ 39 岁	163.2	151.6	154.7	156.3	158.5	163.0	167.3	170.1	171.8	174.5
40 ～ 59 岁	163.2	152.2	154.1	155.9	158.7	163.5	167.5	169.7	171.2	173.7
60 岁及以上	160.6	150.0	152.6	153.6	156.2	160.5	165.2	166.8	169.0	170.5
墨西哥裔美国人										
20 岁及以上	157.8	147.3	149.8	151.1	153.6	157.8	161.9	164.3	166.2	168.1
20 ～ 39 岁	158.7	148.2	150.7	152.5	154.6	159.0	162.6	165.0	166.6	168.9
40 ～ 59 岁	157.7	*	149.9	151.1	153.5	157.6	161.7	164.0	165.8	*
60 岁及以上	153.9	144.9	145.9	147.4	150.1	154.0	158.1	159.7	161.6	164.3

* 数字不满足效度标准。

来源：Reprinted from McDowell et al.2008[28].

表 11.8 BMI 表

	正常（健康）体重						超重					肥胖					
BMI	19	20	21	22	23	24	25	26	27	28	29	30	31	32	33	34	35
身高（英寸）	体重（磅）																
58	91	96	100	105	110	115	119	124	129	134	138	143	148	153	158	162	167
59	94	99	104	109	114	119	124	128	133	138	143	148	153	158	163	168	173
60	97	102	107	112	118	123	128	133	138	143	148	153	158	163	168	174	179
61	100	106	111	116	122	127	132	137	143	148	153	158	164	169	174	180	185
62	104	109	115	120	126	131	136	142	147	153	158	164	169	175	180	186	191
63	107	113	118	124	130	135	141	146	152	158	163	169	175	180	186	191	197
64	110	116	122	128	134	140	145	151	157	163	169	174	180	186	192	197	204
65	114	120	126	132	138	144	150	156	162	168	174	180	186	192	198	204	210
66	118	124	130	136	142	148	155	161	167	173	179	186	192	198	204	210	216
67	121	127	134	140	146	153	159	166	172	178	185	191	198	204	211	217	223
68	125	131	138	144	151	158	164	171	177	184	190	197	203	210	216	223	230
69	128	135	142	149	155	162	169	176	182	189	196	203	209	216	223	230	236
70	132	139	146	153	160	167	174	181	188	195	202	209	216	222	229	236	243
71	136	143	150	157	165	172	179	186	193	200	208	215	222	229	236	243	250
72	140	147	154	162	169	177	184	191	199	206	213	221	228	235	242	250	258
73	144	151	159	166	174	182	189	197	204	212	219	227	235	242	250	257	265
74	148	155	164	171	179	186	194	202	210	218	225	233	241	249	256	264	272
75	152	160	168	176	184	192	200	208	216	224	232	240	248	256	264	272	279
76	156	164	172	180	189	197	205	213	221	230	238	246	254	263	271	279	287

来源：Reprinted from Heyward 2010[19].

（1 英寸约等于 2.5 厘米，1 磅约等于 0.45 千克）

表 11.9 皮褶估算公式

皮褶位点	群体	公式	参考文献
∑ 7SKF（胸部 + 腹部 + 大腿 + 肱三头肌 + 肩胛下部 + 髂骨上部 + 腋中线）	黑人或西班牙裔女性，18 ～ 55 岁	$Db\ (g \cdot cc^{-1}) = 1.097\ 0 - 0.000\ 469\ 71\ (\sum 7SKF) + 0.000\ 000\ 56\ (\sum 7SKF)^2 - 0.000\ 128\ 28\ (\text{年龄})$	[1]
	黑人男性或男性运动员，18 ～ 61 岁	$Db\ (g \cdot cc^{-1}) = 1.112\ 0 - 0.000\ 434\ 99\ (\sum 7SKF) + 0.000\ 000\ 55\ (\sum 7SKF)^2 - 0.000\ 288\ 26\ (\text{年龄})$	[2]
∑ 4SKF（肱三头肌 + 髂骨上部 + 腹部 + 大腿）	女性运动员，18 ～ 29 岁	$Db\ (g \cdot cc^{-1}) = 1.096\ 095 - 0.000\ 695\ 2\ (\sum 4SKF) + 0.000\ 001\ 1\ (\sum 4SKF)^2 - 0.000\ 071\ 4\ (\text{年龄})$	[1]
∑ 3SKF（肱三头肌 + 髂骨上部 + 大腿）	白人女性或极瘦的女性，18 ～ 55 岁	$Db\ (g \cdot cc^{-1}) = 1.099\ 492\ 1 - 0.000\ 992\ 9(\sum 3SKF) + 0.000\ 002\ 3\ (\sum 3SKF)^2 - 0.000\ 139\ 2\ (\text{年龄})$	[1]
∑ 3SKF（胸部 + 腹部 + 大腿）	白人男性，18 ～ 61 岁	$Db\ (g \cdot cc^{-1}) = 1.109\ 380 - 0.000\ 826\ 7\ (\sum 3SKF) + 0.000\ 001\ 6\ (\sum 3SKF)^2 - 0.000\ 257\ 4\ (\text{年龄})$	[2]
∑ 3SKF（胸部 + 大腿 + 肱三头肌）	黑人或白人大学生运动员，18 ～ 34 岁	$\%BF = 8.997 + 0.246\ 8\ (\sum 3SKF) - 6.343(\text{性别 a}) - 1.998\ (\text{种族 b})$	[3]
∑ 2SKF（肱三头肌 + 小腿）	黑人或白人男孩，6 ～ 17 岁 黑人或白人女孩，6 ～ 17 岁	$\%BF = 0.735\ (\sum 2SKF) + 1.2$ $\%BF = 0.610\ (\sum 2SKF) + 5.1$	[4]

注：∑ SKF= 皮褶厚度总和（毫米）。使用群体转换公式通过 Db（身体密度）计算 %BF（体脂率）。$g \cdot cc^{-1} = g/cm^3$（即克 / 厘米 ^{3}）。

性别 a：男性运动员 =1；女性运动员 =0。种族 b：黑人运动员 =1；白人运动员 =0。

[1] Jackson et al.，1980.Generalized equations for predicting body density of women.*MSSE* 12: 175–182.

[2] Jackson and Pollock.1978.Generalized equations for predicting body density of men.*Brit J Nutr* 40: 497–504.

[3] Evans et al.2005.Skinfold prediction equation for athletes developed using a four-component model.*MSSE* 37: 2006–2011.

[4] Slaughter et al.1988.Skinfold equations for estimation of body fatness in children and youth.*Hum Biol* 60: 709–723.

来源：Reprinted by permission from Heyward 2010.

表 11.10 通过身体密度（Db）估算特定群体体脂率的公式

群体	年龄（岁）	性别	%BF[a]	FFB_d（克/厘米³）[*]
种族和民族				
非洲裔美国人	9 ～ 17	女性	(5.24/Db)-4.82	1.088
	19 ～ 45	男性	(4.86/Db)-4.39	1.106
	24 ～ 79	女性	(4.85/Db)-4.39	1.106
印度裔美国人	18 ～ 62	男性	(4.97/Db)-4.52	1.099
	18 ～ 60	女性	(4.81/Db)-4.34	1.108
日本人	18 ～ 48	男性	(4.97/Db)-4.52	1.099
	18 ～ 48	女性	(4.76/Db)-4.28	1.111
	61 ～ 78	男性	(4.87/Db)-4.41	1.105
	61 ～ 78	女性	(4.95/Db)-4.50	1.100
新加坡人、中国人、印度人、马来西亚人		男性	(4.94/Db)-4.48	1.102
		女性	(4.84/Db)-4.37	1.107
白人	8 ～ 12	男性	(5.27/Db)-4.85	1.086
	8 ～ 12	女性	(5.27/Db)-4.85	1.086
	13 ～ 17	男性	(5.12/Db)-4.69	1.092
	13 ～ 17	女性	(5.19/Db)-4.76	1.090
	18 ～ 59	男性	(4.95/Db)-4.50	1.100
	18 ～ 59	女性	(4.96/Db)-4.51	1.101
	60 ～ 90	男性	(4.97/Db)-4.52	1.099
	60 ～ 90	女性	(5.02/Db)-4.57	1.098
西班牙裔		男性	NA	NA
	20 ～ 40	女性	(4.87/Db)-4.41	1.105
运动员				
抗阻训练	24 ± 4	男性	(5.21/Db)-4.78	1.089
	35 ± 6	女性	(4.97/Db)-4.52	1.099
耐力训练	21 ± 2	男性	(5.03/Db)-4.59	1.099
	21 ± 4	女性	(4.95/Db)-4.50	1.100
所有项目	18 ～ 22	男性	(5.12/Db)-4.68	1.093
	18 ～ 22	女性	(4.97/Db)-4.52	1.099

续表

群体	年龄（岁）	性别	%BF[a]	FFB_d（克 / 厘米^3）[*]
临床群体				
神经性厌食症	15 ～ 44	女性	(4.96/Db)−4.51	1.101
肥胖	17 ～ 62	女性	(4.95/Db)−4.50	1.100
脊柱损伤（截瘫或四肢瘫痪）	18 ～ 73	男性	(4.67/Db)−4.18	1.116
		女性	(4.70/Db)−4.22	1.114

注：FFB_d = 去脂体重密度；Db = 身体密度；%BF = 体脂率；NA = 此群体暂无可用的数据。
[a] 将数值乘以 100 以计算 %BF。
*FFB_d 基于所选研究论文报道的平均值。
来源：Reprinted by permission from Heyward and Wagner 2004.

表 11.11　男性和女性体脂率的标准分和常模数据

评分或数值	年龄（岁）						
男性评级（标准分）[*]							
	6 ~ 17[**]	18 ~ 25	26 ~ 35	36 ~ 45	46 ~ 55	56 ~ 65	66+
非常瘦	<5（不推荐）	3 ～ 7	4 ～ 10	5 ～ 13	8 ～ 16	11 ～ 17	12 ～ 18
瘦（低）	5 ～ 10	8 ～ 10	11 ～ 13	15 ～ 17	17 ～ 19	19 ～ 21	19 ～ 20
比平均水平瘦	—	11 ～ 12	14 ～ 16	18 ～ 20	20 ～ 22	22 ～ 23	21 ～ 22
平均水平（轻微）	11 ～ 25	13 ～ 15	17 ～ 19	21 ～ 22	23 ～ 24	24 ～ 25	23 ～ 24
比平均水平胖	—	16 ～ 18	20 ～ 22	23 ～ 25	25 ～ 27	26 ～ 27	25 ～ 26
肥胖（高）	26 ～ 31	19 ～ 21	23 ～ 26	26 ～ 28	28 ～ 30	28 ～ 29	27 ～ 29
过度肥胖（肥胖症）	>31	23 ～ 35	27 ～ 38	29 ～ 39	31 ～ 40	31 ～ 40	30 ～ 39
男性百分位数（规范性参考）[***]							
		20 ~ 29	30 ~ 39	40 ~ 49	50 ~ 59	60 ~ 69	70 ~ 79
90		7.9	11.9	14.9	16.7	17.6	17.8
80		10.5	14.5	17.4	19.1	19.7	20.4
70		12.7	16.5	19.1	20.7	21.3	21.6
60		14.8	18.2	20.6	22.1	22.6	23.1
50		16.6	19.7	21.9	23.2	23.7	24.1
40		18.6	21.3	23.4	24.6	25.2	24.8
30		20.6	23.0	24.8	26.0	25.4	26.0
20		23.1	24.9	26.6	27.8	28.4	27.6
10		26.3	27.8	29.2	30.3	30.9	30.4

续表

评分或数值	年龄（岁）						
女性评级（标准分）*							
	6 ~ 17**	18 ~ 25	26 ~ 35	36 ~ 45	46 ~ 55	56 ~ 65	66+
非常瘦	<12（不推荐）	9 ～ 17	7 ～ 16	9 ～ 18	12 ～ 21	12 ～ 22	11 ～ 20
瘦（低）	12 ～ 15	18 ～ 19	18 ～ 20	19 ～ 22	23 ～ 25	24 ～ 26	22 ～ 25
比平均水平瘦	—	20 ～ 21	21 ～ 22	23 ～ 25	26 ～ 28	27 ～ 29	26 ～ 28
平均水平（轻微）	16 ～ 30	22 ～ 23	23 ～ 25	26 ～ 28	29 ～ 30	30 ～ 32	29 ～ 31
比平均水平胖	—	24 ～ 26	26 ～ 28	29 ～ 31	31 ～ 33	33 ～ 35	32 ～ 34
肥胖（高）	31 ～ 36	27 ～ 30	29 ～ 32	32 ～ 35	34 ～ 37	36 ～ 38	35 ～ 37
过度肥胖（肥胖症）	>36	32 ～ 43	34 ～ 46	37 ～ 47	39 ～ 50	39 ～ 49	38 ～ 45
女性百分位数（规范性参考）***							
		20 ~ 29	30 ~ 39	40 ~ 49	50 ~ 59	60 ~ 69	70 ~ 79
90		14.8	15.6	17.2	19.4	19.8	20.3
80		16.5	17.4	19.8	22.5	23.2	24.0
70		18.0	19.1	21.9	25.1	25.9	26.2
60		19.4	20.8	23.8	27.0	27.9	28.6
50		21.0	22.6	25.6	28.8	29.8	30.4
40		22.7	24.6	27.6	30.4	31.3	31.8
30		24.5	26.7	29.6	32.5	33.3	33.9
20		27.1	29.1	31.9	34.5	35.4	36.0
10		31.4	33.0	35.4	36.7	37.3	38.2

注：当私人教练评估客户的身体成分时，必须考虑估算值的标准误差（standard error of the estimate，SEE），并确定客户所处的百分比范围。注意，特定人群皮褶公式的最小 SEE 为 ±3% ～ 5%。因此，如果一名 25 岁男性客户测得的体脂率为 24%，最小误差范围是 6%（21% ～ 27%），意味着其标准分可能属于“肥胖”。注意，使用 SEE 范围确定客户的体脂率，也可以覆盖参考标准中的任何间隔和重复。例如，一名体脂率为 29% 的 30 岁男性的标准分是多少？最小 SEE 为 ±3% 时会使客户处于 26% ～ 32% 的范围，这意味着其标准分可能属于“过度肥胖”。

* 年龄为 18 ～ 66+ 岁的男性和女性评分（标准分数）数据（Adapted from Morrow et al.2011[27]）。

** 年龄为 6 ～ 17 岁的男性和女性评分（标准分数）数据（From Lohman,Houtkooper,and Going[24]）。

*** 男性和女性百分位数（规范性参考）（Reprinted from ACSM2010[2]）。

来源：Adapted from Golding 2000[14].

表 11.12　男性和女性腰臀比标准

年龄	风险			
	低	中	高	非常高
男性				
20 ～ 29	<0.83	0.83 ～ 0.88	0.89 ～ 0.94	>0.94
30 ～ 39	<0.84	0.84 ～ 0.91	0.92 ～ 0.96	>0.96
40 ～ 49	<0.88	0.88 ～ 0.95	0.96 ～ 1.00	>1.00
50 ～ 59	<0.90	0.90 ～ 0.96	0.97 ～ 1.02	>1.02
60 ～ 69	<0.91	0.91 ～ 0.98	0.99 ～ 1.03	>1.03
女性				
20 ～ 29	<0.71	0.71 ～ 0.77	0.78 ～ 0.82	>0.82
30 ～ 39	<0.72	0.72 ～ 0.78	0.79 ～ 0.84	>0.84
40 ～ 49	<0.73	0.73 ～ 0.79	0.80 ～ 0.87	>0.87
50 ～ 59	<0.74	0.74 ～ 0.81	0.82 ～ 0.88	>0.88
60 ～ 69	<0.76	0.76 ～ 0.83	0.84 ～ 0.90	>0.90

来源：Adapted from Bray and Gray 1988[9].

表 11.13　YMCA 功率自行车测试

第 1 级	150 千克・米・分 $^{-1}$（0.5 千克）			
	心率 <80 次 / 分	心率为 80 ～ 89 次 / 分	心率为 90 ～ 100 次 / 分	心率 >100 次 / 分
第 2 级	750 千克・米・分 $^{-1}$（2.5 千克）*	600 千克・米・分 $^{-1}$（2.0 千克）	450 千克・米・分 $^{-1}$（1.5 千克）	300 千克・米・分 $^{-1}$（1.0 千克）
第 3 级	900 千克・米・分 $^{-1}$（3.0 千克）	750 千克・米・分 $^{-1}$（2.5 千克）	600 千克・米・分 $^{-1}$（2.0 千克）	450 千克・米・分 $^{-1}$（1.5 千克）
第 4 级	1 050 千克・米・分 $^{-1}$（3.5 千克）	900 千克・米・分 $^{-1}$（3.0 千克）	750 千克・米・分 $^{-1}$（2.5 千克）	600 千克・米・分 $^{-1}$（2.0 千克）

* 此处的阻力设定适用于每蹬一圈飞轮转过 6 米的功率自行车。

来源：Reprinted by permission from ACSM 2010.

表 11.14 最大有氧功率的百分位数（最大摄氧量：毫升・千克 $^{-1}$・分 $^{-1}$）

	年龄（岁）				
百分位数	20 ~ 29	30 ~ 39	40 ~ 49	50 ~ 59	60 ~ 69
男性					
90	54.0	52.5	51.1	46.8	43.2
80	51.1	47.5	46.8	43.3	39.5
70	48.2	46.8	44.2	41.0	36.7
60	45.7	44.4	42.4	38.3	35.0
50	43.9	42.4	40.4	36.7	33.1
40	42.2	42.2	38.4	35.2	31.4
30	40.3	38.5	36.7	33.2	29.4
20	38.1	36.7	34.6	31.1	27.4
10	35.2	33.8	31.8	28.4	24.1
	年龄（岁）				
百分位数	20 ~ 29	30 ~ 39	40 ~ 49	50 ~ 59	60 ~ 69
女性					
90	47.5	44.7	42.4	38.1	34.6
80	44.0	41.0	38.9	35.2	32.3
70	41.1	38.8	36.7	32.9	30.2
60	39.5	36.7	35.1	31.4	29.1
50	37.4	35.2	33.3	30.2	27.5
40	35.5	33.8	31.6	28.7	26.6
30	33.8	32.3	29.7	27.3	24.9
20	31.6	29.9	28.0	25.5	23.7
10	29.4	27.4	25.6	23.7	21.7

来源：Adapted from ACSM 2010 [2].

表 11.15　通过心率和蹬车功率估算男性最大摄氧量（升 / 分）

心率（次/分）	功率（千克·米·分$^{-1}$；瓦）					心率（次/分）	功率（千克·米·分$^{-1}$；瓦）			
	300; 50	600; 100	900; 150	1 200; 200	1 500; 250		600; 100	900; 150	1 200; 200	1 500; 250
120	2.2	3.5	4.8			146	2.4	3.3	4.4	5.5
121	2.2	3.4	4.7			147	2.4	3.3	4.4	5.5
122	2.2	3.4	4.6			148	2.4	3.2	4.3	5.4
123	2.1	3.4	4.6			149	2.3	3.2	4.3	5.4
124	2.1	3.3	4.5	6.0		150	2.3	3.2	4.2	5.3
125	2.0	3.2	4.4	5.9		151	2.3	3.1	4.2	5.2
126	2.0	3.2	4.4	5.8		152	2.3	3.1	4.1	5.2
127	2.0	3.1	4.3	5.7		153	2.2	3.0	4.1	5.1
128	2.0	3.1	4.2	5.6		154	2.2	3.0	4.0	5.1
129	1.9	3.0	4.2	5.6		155	2.2	3.0	4.0	5.0
130	1.9	3.0	4.1	5.5		156	2.2	2.9	4.0	5.0
131	1.9	2.9	4.0	5.4		157	2.1	2.9	3.9	4.9
132	1.8	2.9	4.0	5.3		158	2.1	2.9	3.9	4.9
133	1.8	2.8	3.9	5.3		159	2.1	2.8	3.8	4.8
134	1.8	2.8	3.9	5.2		160	2.1	2.8	3.8	4.8
135	1.7	2.8	3.8	5.1		161	2.0	2.8	3.7	4.7
136	1.7	2.7	3.8	5.0		162	2.0	2.8	3.7	4.6
137	1.7	2.7	3.7	5.0		163	2.0	2.8	3.7	4.6
138	1.6	2.7	3.7	4.9		164	2.0	2.7	3.6	4.5
139	1.6	2.6	3.6	4.8		165	2.0	2.7	3.6	4.5
140	1.6	2.6	3.6	4.8	6.0	166	1.9	2.7	3.6	4.4
141		2.6	3.5	4.7	5.9	167	1.9	2.6	3.5	4.4
142		2.5	5.5	4.6	5.8	168	1.9	2.6	3.5	4.3
143		2.5	3.4	4.6	5.7	169	1.9	2.6	3.5	4.3
144		2.5	3.4	4.5	5.7	170	1.8	2.6	3.4	4.3
145		2.4	3.4	4.5	5.6					

来源：Adapted by permission from Åstrand 1960.

表11.16 通过心率和蹬车功率估算女性最大摄氧量（升/分）

心率（次/分）	功率（千克·米·分⁻¹；瓦）					心率（次/分）	功率（千克·米·分⁻¹；瓦）			
	300; 50	600; 100	900; 150	1 200; 200	1 500; 250		600; 100	900; 150	1 200; 200	1 500; 250
120	2.6	3.4	4.1	4.8		146	1.6	2.2	2.6	3.2
121	2.5	3.3	4.0	4.8		147	1.6	2.1	2.6	3.1
122	2.5	3.2	3.9	4.7		148	1.6	2.1	2.6	3.1
123	2.4	3.1	3.9	4.6		149		2.1	2.6	3.0
124	2.4	3.1	3.8	4.5		150		2.0	2.5	3.0
125	2.3	3.0	3.7	4.4		151		2.0	2.5	3.0
126	2.3	3.0	3.7	4.4		152		2.0	2.5	2.9
127	2.2	2.9	3.5	4.2		153		2.0	2.4	2.9
128	2.2	2.8	3.5	4.2		154		2.0	2.4	2.8
129	2.2	2.8	3.4	4.1		155		1.9	2.4	2.8
130	2.1	2.7	3.4	4.0	4.7	156		1.9	2.3	2.8
131	2.1	2.7	3.4	4.0	4.6	157		1.9	2.3	2.7
132	2.0	2.7	3.3	4.0	4.5	158		1.8	2.3	2.7
133	2.0	2.6	3.2	3.8	4.4	159		1.8	2.2	2.7
134	2.0	2.6	3.2	3.8	4.4	160		1.8	2.2	2.6
135	2.0	2.6	3.1	3.7	4.3	161		1.8	2.2	2.6
136	1.9	2.5	3.1	3.6	4.2	162		1.8	2.2	2.6
137	1.9	2.5	3.0	3.6	4.2	163		1.7	2.2	2.6
138	1.8	2.4	2.9	3.5	4.1	164		1.7	2.1	2.5
139	1.8	2.4	2.8	3.5	4.0	165		1.7	2.1	2.5
140	1.8	2.4	2.8	3.4	4.0	166		1.7	2.1	2.5
141	1.8	2.3	2.8	3.4	3.9	167		1.6	2.1	2.4
142	1.7	2.3	2.8	3.3	3.9	168		1.6	2.0	2.4
143	1.7	2.2	2.7	3.3	3.8	169		1.6	2.0	2.4
144	1.7	2.2	2.7	3.2	3.8	170		1.6	2.0	2.4
145	1.6	2.2	2.7	3.2	3.7					

来源：Adapted by permission from Åstrand 1960.

表 11.17 调整最大摄氧量的年龄校准系数（CF）

年龄	校准系数	年龄	校准系数	年龄	校准系数	年龄	校准系数	年龄	校准系数
15	1.10	25	1.00	35	0.87	45	0.78	55	0.71
16	1.10	26	0.99	36	0.86	46	0.77	56	0.70
17	1.09	27	0.98	37	0.85	47	0.77	57	0.70
18	1.07	28	0.96	38	0.85	48	0.76	58	0.69
19	1.06	29	0.95	39	0.84	49	0.76	59	0.69
20	1.05	30	0.93	40	0.83	50	0.75	60	0.68
21	1.04	31	0.93	41	0.82	51	0.74	61	0.67
22	1.03	32	0.91	42	0.81	52	0.73	62	0.67
23	1.02	33	0.90	43	0.80	53	0.73	63	0.66
24	1.01	34	0.88	44	0.79	54	0.72	64	0.66

来源：Adapted by permission from Åstrand 1960.

表 11.18 阿斯特兰 - 瑞明功率自行车测试表现的评价标准

年龄	有氧能力类别					
	非常高	高	良好	平均	一般	低
	最大摄氧量（毫升·千克$^{-1}$·分$^{-1}$）					
男性						
20 ～ 29	>61	53 ～ 61	43 ～ 52	34 ～ 42	25 ～ 33	<25
30 ～ 39	>57	49 ～ 57	39 ～ 48	31 ～ 38	23 ～ 30	<23
40 ～ 49	>53	45 ～ 53	36 ～ 44	27 ～ 35	20 ～ 26	<20
50 ～ 59	>49	43 ～ 49	34 ～ 42	25 ～ 33	18 ～ 24	<18
60 ～ 69	>45	41 ～ 45	31 ～ 40	23 ～ 30	16 ～ 22	<16
女性						
20 ～ 29	>57	49 ～ 57	38 ～ 48	31 ～ 37	24 ～ 30	<24
30 ～ 39	>53	45 ～ 53	34 ～ 44	28 ～ 33	20 ～ 27	<20
40 ～ 49	>50	42 ～ 50	31 ～ 41	24 ～ 30	17 ～ 23	<17
50 ～ 59	>42	38 ～ 42	28 ～ 37	21 ～ 27	15 ～ 20	<15
60 ～ 69	>39	35 ～ 39	24 ～ 34	18 ～ 23	13 ～ 17	<13

来源：Reprinted from Adams 2002[1].

表 11.19 男性和女性 3 分钟台阶测试后心率恢复标准（次 / 分）

评分	年龄（岁）					
	18 ~ 25	26 ~ 35	36 ~ 45	46 ~ 55	56 ~ 65	66+
男性						
优秀	70 ～ 78	73 ～ 79	72 ～ 81	78 ～ 84	72 ～ 82	72 ～ 86
良好	82 ～ 88	83 ～ 88	86 ～ 94	89 ～ 96	89 ～ 97	89 ～ 95
平均以上	91 ～ 97	91 ～ 97	98 ～ 102	99 ～ 103	98 ～ 101	97 ～ 102
平均	101 ～ 104	101 ～ 106	105 ～ 111	109 ～ 115	105 ～ 111	104 ～ 113
平均以下	107 ～ 114	109 ～ 116	113 ～ 118	118 ～ 121	113 ～ 118	114 ～ 119
差	118 ～ 126	119 ～ 126	120 ～ 128	124 ～ 130	122 ～ 128	122 ～ 128
非常差	131 ～ 164	130 ～ 164	132 ～ 168	135 ～ 158	131 ～ 150	133 ～ 152
女性						
优秀	72 ～ 83	72 ～ 86	74 ～ 87	76 ～ 93	74 ～ 92	73 ～ 86
良好	88 ～ 97	91 ～ 97	93 ～ 101	96 ～ 102	97 ～ 103	93 ～ 100
平均以上	100 ～ 106	103 ～ 110	104 ～ 109	106 ～ 113	106 ～ 111	104 ～ 114
平均	110 ～ 116	112 ～ 118	111 ～ 117	117 ～ 120	113 ～ 117	117 ～ 121
平均以下	118 ～ 124	121 ～ 127	120 ～ 127	121 ～ 126	119 ～ 127	123 ～ 127
差	128 ～ 137	129 ～ 135	130 ～ 138	127 ～ 133	129 ～ 136	129 ～ 134
非常差	142 ～ 155	141 ～ 154	143 ～ 152	138 ～ 152	142 ～ 151	135 ～ 151

来源：Reprinted from Morrow et al.2011 [32].

表 11.20 罗克波特行走测试标准

30 ~ 69 岁的客户（分 : 秒）		
评分	男性	女性
优秀	<10:12	<11:40
良好	10:13 ～ 11:42	11:41 ～ 13:08
平均以上	11:43 ～ 13:13	13:09 ～ 14:36
平均以下	13:14 ～ 14:44	14:37 ～ 16:04
一般	14:45 ～ 16:23	16:05 ～ 17:31
差	>16:24	>17:32

续表

18 ~ 30 岁的客户（分 : 秒）		
百分位数	男性	女性
90	11:08	11:45
75	11:42	12:49
50	12:38	13:15
25	13:38	14:12
10	14:37	15:03

来源：Reprinted from Morrow et al.2011 [32].

表 11.21 1 英里（约 1.6 千米）跑测试标准（分：秒）

	百分位数					
	男孩			女孩		
年龄（岁）	85	50	15	85	50	15
6	10:15	12:36	16:30	11:20	13:12	16:45
7	9:22	11:40	15:00	10:36	12:56	16:00
8	8:48	11:05	14:10	10:02	12:30	15:19
9	8:31	10:30	12:59	9:30	11:52	14:57
10	7:57	9:48	13:07	9:19	11:22	14:00
11	7:32	9:20	12:29	9:02	11:17	14:16
12	7:11	8:40	11:30	8:23	11:05	14:12
13	6:50	8:06	10:39	8:13	10:23	14:10
14	6:26	7:44	10:18	7:59	10:06	12:56
15	6:20	7:30	9:34	8:08	9:58	13:33
16	6:08	7:10	9:22	8:23	10:31	14:16
17	6:06	7:04	8:56	8:15	10:22	13:03

来源：Data from The President's Council on Fitness，Sports & Nutrition 2010 [38].

表 11.22 1RM 卧推的相对力量标准

男性百分位数评级*	年龄（岁）				
	20 ~ 29	30 ~ 39	40 ~ 49	50 ~ 59	60+
90	1.48	1.24	1.10	0.97	0.89
80	1.32	1.12	1.00	0.90	0.82
70	1.22	1.04	0.93	0.84	0.77
60	1.14	0.98	0.88	0.79	0.72
50	1.06	0.93	0.84	0.75	0.68
40	0.99	0.88	0.80	0.71	0.66
30	0.93	0.83	0.76	0.68	0.63
20	0.88	0.78	0.72	0.63	0.57
10	0.80	0.71	0.65	0.57	0.53

女性百分位数评级*	年龄（岁）					
	20 ~ 29	30 ~ 39	40 ~ 49	50 ~ 59	60 ~ 69	70+
90	0.54	0.49	0.46	0.40	0.41	0.44
80	0.49	0.45	0.40	0.37	0.38	0.39
70	0.42	0.42	0.38	0.35	0.36	0.33
60	0.41	0.41	0.37	0.33	0.32	0.31
50	0.40	0.38	0.34	0.31	0.30	0.27
40	0.37	0.37	0.32	0.28	0.29	0.25
30	0.35	0.34	0.30	0.26	0.28	0.24
20	0.33	0.32	0.27	0.23	0.26	0.21
10	0.30	0.27	0.23	0.19	0.25	0.20

注：常模数据使用通用卧推器械获得。

* 百分位数排位描述：90 = 远高于平均水平；70 = 高于平均水平；50 = 平均水平；30 = 低于平均水平；10 = 远低于平均水平。

女性数据来源：Data for women provided by the Women's Exercise Research Center, George Washington University Medical Center, Washington，D.C.，1998.

男性数据来源：Data for men provided by the Cooper Institute for Aerobics Research, *The Physical Fitness Specialist Manual*, The Cooper Institute, Dallas,TX, 2005.

来源：Reprinted from Heyward 2010[19].

表 11.23　1RM 腿举的相对力量标准

男性百分位数评级*	年龄（岁）				
	20 ~ 29	30 ~ 39	40 ~ 49	50 ~ 59	60+
90	2.27	2.07	1.92	1.80	1.73
80	2.13	1.93	1.82	1.71	1.62
70	2.05	1.85	1.74	1.64	1.56
60	1.97	1.77	1.68	1.58	1.49
50	1.91	1.71	1.62	1.52	1.43
40	1.83	1.65	1.57	1.46	1.38
30	1.74	1.59	1.51	1.39	1.30
20	1.63	1.52	1.44	1.32	1.25
10	1.51	1.43	1.35	1.22	1.16

女性百分位数评级*	年龄（岁）					
	20 ~ 29	30 ~ 39	40 ~ 49	50 ~ 59	60 ~ 69	70+
90	2.05	1.73	1.63	1.51	1.40	1.27
80	1.66	1.50	1.46	1.30	1.25	1.12
70	1.42	1.47	1.35	1.24	1.18	1.10
60	1.36	1.32	1.26	1.18	1.15	0.95
50	1.32	1.26	1.19	1.09	1.08	0.89
40	1.25	1.21	1.12	1.03	1.04	0.83
30	1.23	1.16	1.03	0.95	0.98	0.82
20	1.13	1.09	0.94	0.86	0.94	0.79
10	1.02	0.94	0.76	0.75	0.84	0.75

注：常模数据使用通用腿举器械获得。

* 百分位数排位描述：90 = 远高于平均水平；70 = 高于平均水平；50 = 平均水平；30 = 低于平均水平；10 = 远低于平均水平。

女性数据来源：Data for women provided by the Women's Exercise Research Center, George Washington University Medical Center, Washington，D.C.，1998.

男性数据来源：Data for men provided by the Cooper Institute for Aerobics Research, *The Physical Fitness Specialist Manual*, The Cooper Institute, Dallas,TX, 2005.

来源：Reprinted from Heyward 2010 [19].

表 11.24 YMCA 卧推标准

百分位数	年龄（岁）											
	18 ~ 25		26 ~ 35		36 ~ 45		46 ~ 55		56 ~ 65		65+	
	男性	女性	男性	女性	男性	女性	男性	女性	男性	女性	男性	女性
90	44	42	41	40	36	33	28	29	24	24	20	18
80	37	34	33	32	29	28	22	22	20	20	14	14
70	33	28	29	28	25	24	20	18	14	14	10	10
60	29	25	26	24	22	21	16	14	12	12	10	8
50	26	21	22	21	20	17	13	12	10	9	8	6
40	22	18	20	17	17	14	11	9	8	6	6	4
30	20	16	17	14	14	12	9	7	5	5	4	3
20	16	12	13	12	10	8	6	5	3	3	2	1
10	10	6	9	6	6	4	2	1	1	1	1	0

注：评分为 1 分钟内完成次数，男性使用 80 磅（约 36.3 千克）的杠铃，女性使用 35 磅（约 15.9 千克）的杠铃。

来源：Adapted from Golding 2000 [14].

表 11.25 各年龄组和性别的部分卷腹百分位数

评分	年龄（岁）					
	15 ~ 19	20 ~ 29	30 ~ 39	40 ~ 49	50 ~ 59	60 ~ 69
男性						
优秀	25	25	25	25	25	25
非常好	23 ～ 24	21 ～ 24	18 ～ 24	18 ～ 24	17 ～ 24	16 ～ 24
良好	21 ～ 22	16 ～ 20	15 ～ 17	13 ～ 17	11 ～ 16	11 ～ 15
一般	16 ～ 20	11 ～ 15	11 ～ 14	6 ～ 12	8 ～ 10	6 ～ 10
有待提高	≤ 15	≤ 10	≤ 10	≤ 5	≤ 7	≤ 5
女性						
优秀	25	25	25	25	25	25
非常好	22 ～ 24	18 ～ 24	19 ～ 24	19 ～ 24	19 ～ 24	17 ～ 24
良好	17 ～ 21	14 ～ 17	10 ～ 18	11 ～ 18	10 ～ 18	8 ～ 16
一般	12 ～ 16	5 ～ 13	6 ～ 9	4 ～ 10	6 ～ 9	3 ～ 7
有待提高	≤ 11	≤ 4	≤ 5	≤ 3	≤ 5	≤ 2

来源：Reprinted from CSEP 2003 [11].

表 11.26　各年龄组和性别的短时间俯卧双侧直腿抬高标准百分位数

百分位数	年龄（岁）									
	19 ~ 29		30 ~ 39		40 ~ 49		50 ~ 59		60+	
	男性	女性	男性	女性	男性	女性	男性	女性	男性	女性
75	130	126	123	111	95	87	80	83	60	40
50	88	74	73	73	55	45	48	37	22	23
25	55	49	45	45	35	29	22	18	11	7

来源：Reprinted from McIntosh et al.1998[29].

表 11.27　各年龄组和性别的肌肉耐力坐位体前屈测试（英寸）百分位数

百分位数	年龄（岁）											
	18 ~ 25		26 ~ 35		36 ~ 45		46 ~ 55		56 ~ 65		65+	
	男性	女性	男性	女性	男性	女性	男性	女性	男性	女性	男性	女性
90	22	24	21	23	21	22	19	21	17	20	17	20
80	20	22	19	21	19	21	17	20	15	19	15	18
70	19	21	17	20	17	19	15	18	13	17	13	17
60	18	20	17	20	16	18	14	17	13	16	12	17
50	17	19	15	19	15	17	13	16	11	15	10	15
40	15	18	14	17	13	16	11	14	9	14	9	14
30	14	17	13	16	13	15	10	14	9	13	8	13
20	13	16	11	15	11	14	9	12	7	11	7	11
10	11	14	9	13	7	12	6	10	5	9	4	9

注：这些标准基于“0 点”置于 15 英寸（约 38 厘米）处的码尺。1 英寸约等于 2.5 厘米。

来源：Adapted from Golding 2000[14].

表 11.28　使用坐位体前屈箱测试躯干前屈程度（厘米）的各年龄组体能类别

类别	年龄（岁）									
	20 ~ 29		30 ~ 39		40 ~ 49		50 ~ 59		60 ~ 69	
	男性	女性	男性	女性	男性	女性	男性	女性	男性	女性
优秀	40	41	38	41	35	38	35	39	33	35
非常好	39	40	37	40	34	37	34	38	32	34
	34	37	33	36	29	34	28	33	25	31

续表

类别	年龄（岁）									
	20 ~ 29		30 ~ 39		40 ~ 49		50 ~ 59		60 ~ 69	
	男性	女性	男性	女性	男性	女性	男性	女性	男性	女性
良好	33	36	32	35	28	33	27	32	24	30
	30	33	28	32	24	30	24	30	20	27
一般	29	32	27	31	23	29	23	29	19	26
	25	28	23	27	18	25	16	25	15	23
有待提高	24	27	22	26	17	24	15	24	14	22

注：这些标准基于“0 点”位置位于 26 厘米处的坐位体前屈箱。当使用将“0 点”置于 23 厘米处的坐位体前屈箱时，需将表中数值减去 3 厘米。

来源：Reprinted from CSEP 2003[11].

年龄（岁）	百分位数					
	男孩			女孩		
	85	50	15	85	50	15
5	30	25	21	31	27	22
6	31	26	20	32	27	22
7	30	25	19	32	27	22
8	31	25	20	33	28	21
9	31	25	20	33	28	21
10	30	25	18	33	28	21
11	31	25	18	34	29	22
12	31	26	18	36	30	22
13	33	26	18	38	31	22
14	36	28	21	40	33	24
15	37	30	22	43	36	28
16	38	30	21	42	34	26
17+	41	34	25	42	35	28

来源：Adapted from The President's Council on Fitness，Sports & Nutrition 2010[38].

参考文献

1. Adams, G. 2002. *Exercise Physiology Laboratory Manual*. 4th ed. New York: McGraw-Hill Companies.
2. American College of Sports Medicine. 2010. *ACSM's Guidelines for Exercise Testing and Prescription*, 8th ed., W.R. Thompson, N.F. Gordon, and L.S. Pescatello, eds. Philadelphia: Lippincott Williams & Wilkins.
3. American College of Sports Medicine. 2010. *ACSM's Resource Manual for Guidelines for Exercise Testing and Prescription*, 6th ed. Philadelphia: Lippincott Williams & Wilkins.
4. Arab, A.M., M. Salavati, I. Ebrahimi, and M.E. Mousavi. 2007. Sensitivity, specificity and predictive value of the clinical trunk muscle endurance tests in low back pain. *Clinical Rehabilitation* 21 (7): 640-647.
5. Åstrand, P.-O., and I. Ryhming. 1954. A nomogram for calculation of aerobic capacity (physical fitness) from pulse rate during submaximal work. *Journal of Applied Physiology* 7: 218-221.
6. Baechle, T.R., and R. Earle. 2008. Resistance training and spotting techniques. In: *Essentials of Strength Training and Conditioning*, 3rd ed., T.R. Baechle and R.W. Earle, eds. Champaign, IL: Human Kinetics. pp. 325-375.
7. Baumgartner,T.A.,A.S.Jackson,M.T.Mahar,andD. A.Rowe. 2007. *Measurement for Evaluation in Physical Education and Exercise Science*, 8th ed. Boston: McGraw-Hill.
8. Beam, W., and G. Adams. 2011. *Exercise Physiology Laboratory Manual*, 6th ed. New York: McGraw-Hill.
9. Bray, G. and D. Gray. 1988. Obesity Part I—Pathogenesis. *Western Journal of Medicine* 149: 432.
10. Brooks, G.A., T.D. Fahey, and K.M. Baldwin. 2005. *Exercise Physiology: Human Bioenergetics and Its Applications*, 4th ed. New York: McGraw-Hill.
11. Canadian Society for Exercise Physiology (CSEP). 2003. *The Canadian Physical Activity, Fitness & Lifestyle Approach: CSEP-Health & Fitness Program's Health-Related Appraisal and Counselling Strategy*. 3rd ed. Ontario, Canada: Author.
12. Devries, H.A., and T.J. Housh. 1994. *Physiology of Exercise for Physical Education, Athletics, and Exercise Science*, 5th ed. Madison, WI: Brown and Benchmark.
13. Eckerson, J.M., J.R. Stout, T.K. Evetovich, T.J. Housh, G.O. Johnson, and N. Worrell. 1998. Validity of self-assessment techniques for estimating percent fat in men and women. *Journal of Strength and Conditioning Research* 12: 243-247.
14. Golding, L.A. 2000. *YMCA Fitness Testing and Assessment Manual*, 4th ed. Champaign, IL: Human Kinetics.
15. Grenier, S.G., C. Russell, and S.M. McGill. 2003. Relationships between lumbar flexibility, sit-and-reach test, and a previous history of low back discomfort in industrial workers. *Applied Physiology, Nutrition, and Metabolism* 28 (2): 165-177.
16. Harrison, G.G., E.R. Buskirk, J.E. Carter Lindsay, F.E. Johnston, T.G. Lohman, M.L. Pollock, A.F. Roche, and J.H. Wilmore. 1988. Skinfold thicknesses and measurement technique. In: *Anthropometric Standardization Reference Manual*, T.G. Lohman, A.F. Roche, and R. Martorell, eds. Champaign, IL: Human Kinetics. pp. 55-70.

17. Heyward, V. and D. Wagner, 2004, Applied body composition assessment, 2nd ed. Champaign, IL: Human Kinetics.
18. Heyward, V.H. 1998. *Advanced Fitness Assessment and Exercise Prescription.* Champaign, IL: Human Kinetics.
19. Heyward, V.H. 2010. *Advanced Fitness Assessment and Exercise Prescription*, 6th ed. Champaign, IL: Human Kinetics.
20. Kline, G.M., J.P. Porcari, R. Hintermeister, P.S. Freedson, A. Ward, R.F. McCarron, J. Ross, and J.M. Rippe. 1987. Estimation of VO_{2max} from a one-mile track walk, gender, age, and body weight. *Medicine and Science in Sports and Exercise* 19: 253-259.
21. Kordich, J.A. 2002. *Evaluating Your Client: Fitness Assessment and Protocol Norms.* Lincoln, NE: NSCA Certification Commission.
22. Kraemer W.J., N.A. Ratamess, A.C. Fry, and D.N. French. 2006. Strength training: Development and evaluation of methodology. In: *Physiological Assessment of Human Fitness*, P.J. Maud and C. Foster, eds. Champaign, IL: Human Kinetics. pp. 119-150.
23. Leger, L., and M. Thivierge. 1988. Heart rate monitors: Validity, stability, and functionality. *Physician and Sports-Medicine* 16: 143-151.
24. Lohman, T., L. Houtkooper, and S. Going. Body fat measurement goes high-tech: not all are created equal. *ACSM's Health Fit J* 1997;7:30-35.
25. Malek, M.H., T.J. Housh, D.E. Berger, J.W. Coburn, and T.W. Beck. 2004. A new non-exercise based $\dot{V}O_2max$ equation for aerobically trained females. *Medicine and Science in Sports and Exercise* 36: 1804-1810.
26. Malek, M.H., T.J. Housh, D.E. Berger, J.W. Coburn, and T.W. Beck. 2004. A new non-exercise based $\dot{V}O_2max$ equation for aerobically trained men. *Journal of Strength and Conditioning Research* 19: 559-565.
27. McArdle, W.D., F.I. Katch, and V.L. Katch. 2009. *Exercise Physiology: Nutrition, Energy, and Human Performance*, 7th ed. Philadelphia: Lippincott Williams & Wilkins.
28. McDowell, M., Fryar, C., Ogden, C., & Flegal, K. (2008). Anthropometric Reference Data for Children and Adults: United States, 2003-2006. *National Health Statistics Reports* (10).
29. McIntosh,G.,L.Wilson,M.Affleck,andH. Hall.1998.Trunk and lower extremity muscle endurance: Normative data for adults. *Journal of Rehabilitation Outcome Measures* 2: 20-39.
30. Moon, J.R., H.R. Hull, S.E. Tobkin, M. Teramoto, M. Karabulut, M.D. Roberts, E.D. Ryan, S.J. Kim, V.J. Dalbo, A.A. Walter, A.E. Smith, J.T. Cramer, and J.R. Stout. 2007. Percent body fat estimations in college women using field and laboratory methods: A three-compartment model approach. *Journal of the International Society of Sports Nutrition* 4: 16.
31. Moon, J.R., S.E. Tobkin, A.E. Smith, M.D. Roberts, E.D. Ryan, S.J. Kim, V.J. Dalbo, C.M. Lockwood, A.A. Walter, J.T. Cramer, T.W. Beck, and J.R. Stout. 2009. Percent body fat estimations in college men using field and laboratory methods: A three-compartment model approach. *Dynamic Medicine* 7: 7.
32. Morrow, J., A. Jackson, J. Disch, and D. Mood. 2011. *Measurement and Evaluation in Human Performance*, 4th ed. Champaign, IL: Human Kinetics.
33. National Heart, Lung, and Blood Institute Joint National Committee on Prevention, Detection, Evaluation, and Treatment of High Blood Pressure and National High Blood Pressure Education Program Coordinating Committee. 2003. The seventh report of the Joint National Committee on Prevention, Detection, Evaluation, and Treatment of High

Blood Pressure: The JNC 7 report. *Journal of the American Medical Association* 289: 2560-2572.

34. National Institutes of Health, National Heart, Lung, and Blood Institute, 1998, Clinical Guidelines on the Identification, Evaluation and Treatment of Overweight and Obesity in Adults (Executive Summary). NIH Publication 98-4083.
35. Pickering, T.G., Hall, J.E., Appel, L.J., Falkner, B.E., Graves, J., Hill, M.N., Jones, D.W., Kurtz, T., Sheps, S.G., and E.J. Roccella. 2005. Recommendations for blood pressure measurement in humans and experimental animals. Part 1: Blood pressure measurement in humans. A statement for professionals from the Subcommittee of Professional and Public Education of the American Heart Association Council on High Blood Pressure Research. *Hypertension* 45: 142-161.
36. Pollock, M., J. Wilmore and S. Fox III. 1978. *Health and Fitness Through Physical Activity.* New York: Wiley.
37. Prisant, L.M., B.S. Alpert, C.B. Robbins, A.S. Berson, M. Hayes, M.L. Cohen, and S.G. Sheps. 1995. American National Standard for nonautomated sphygmomanometers. Summary report. *American Journal of Hypertension* 8: 210-213.
38. The President's Council on Fitness, Sports & Nutrition. Normative Data. 2010. *The President's Challenge 2010.*

第 3 部分

运动技巧

第12章

柔韧性、自重及稳定球训练

艾伦·赫德里克（Allen Hedrick），MA

学习完本章后，你将能够掌握如下内容。

- 描述柔韧性训练计划的益处。
- 了解影响柔韧性的因素。
- 解释柔韧性训练前进行热身运动的作用。
- 列举并解释不同类型的柔韧性训练。
- 监督柔韧性训练计划的进行，强调动态与静态拉伸的有机结合。
- 监督利用自重和稳定球进行的训练。

本章涉及4个方面的重要内容。第1部分是柔韧性训练，它也是体能训练中的一个重要环节。第2部分是热身，不仅会讨论体育活动前热身的重要性，而且会介绍具体的热身方法。第3部分内容是自重训练和稳定球训练，以及它们潜在的作用。最后一部分将详细介绍具体的静态和动态柔韧性训练，以及推荐的自重和稳定球训练。

定义柔韧性

在体能训练或康复训练计划中，常常会涉及各种形式的拉伸。然而，关于柔韧性训练的科学基础依然存在不少疑惑[9,10]。多数疑惑来自人们的一个错误观念，即为了降低受伤风险和提高运动能力，就必须完全增强人体的柔韧性[14]。其实，这并不是柔韧性在训练中的真正作用。虽然提升柔韧性是训练的一大难题，但也是重要的内容。柔韧性训练和其他训练内容一样，必须建立在个体需求的基础之上。

消除疑惑的合理起点在于对柔韧性的定义。柔韧性最普遍的定义是一个或多个关节活动的幅度[4, 7, 8]。其实，对私人健身教练来说，他们关心的是如何提高客户的运动表现和降低运动损伤的风险，那么更贴切的定义应该是一个关节在完整的活动范围内自由运动的能力[30]。

柔韧性训练是整体训练计划的一部分

尽管本章随后的内容会详细介绍热身，但在这里还要强调的是，任何训练课程都要先从热身开始，其目的在于提高身体核心温度。热身后，客户是否需要进行柔韧性训练主要与接下来的运动内容有关。例如，如果接下来要进行动态性体育活动（如篮球、壁球），则需要进行柔韧性训练；如果他们只进行轻体力的体育活动（如动感单车、楼梯机），可以把柔韧性训练安排在主要健身活动结束后。

> 无论客户的时间多么紧张，每次运动前都必须进行热身。但是否需要柔韧性训练则取决于运动中的活动性质。

柔韧性训练的益处

提高柔韧性是制订任何训练计划的一个重要目标。柔韧性的改善能够让关节在完整的活动范围内任意运动，从而提高动作美感和准确性，也有可能增强肌肉的防伤能力[3, 22, 23, 24, 32, 36]。柔韧性训练的基础性在于动作幅度的改善有可能促进各种运动技能的提高，尤其是那些对柔韧性要求较高的动作（如网球发球、俯身从地上提起购物袋等）[4, 8, 9, 30, 37, 42, 47]。需要注意的是，尽管优秀运动员可能会有优于常人的柔韧性，但这并非他们成功的主要原因。动作效率的提高更加依赖肌肉的协同用力，柔韧性在某种程度上只是促进了协调性力量的发挥而已[14]。柔韧性训练并不会影响客户的关节稳定性，主要目的是将力量与柔韧性有机地结合起来，从而提高受训者对动作的控制能力[14]。

柔韧性训练也是重要的防伤手段[4, 8, 9, 10, 20, 25, 30, 32, 37, 42, 47]。一个普遍的现象是，缺乏柔韧性的人常常会腰背疼，这很可能是股四头肌、髂腰肌和背部肌肉紧张（也会同时伴有腹肌和腘绳肌乏力）造成的。另外，柔韧性不足也会因关节一侧或两侧肌肉紧张而增加肌肉撕裂的概率[9]。目前在柔韧性防伤方面，普遍接受的观点是，如果每个关节都具有正常的活动范围，就可以减少运动损伤的风险[10]。但要是客户进行的体育活动或工作需要超出正常范围的动作幅度，那么就应该通过提高柔韧性来进一步预防损伤。

鉴于柔韧性训练带来的益处，客户在进行柔韧性训练时，私人健身教练要身在其中，进行密切监控。这么做，其实是为了传达热身和拉伸练习的重要性，鼓励客户把注意力放在眼前的训练上[25]。

> 柔韧性训练的重要性在于提高柔韧性能够促进运动表现和降低运动损伤的风险。

影响柔韧性的因素

影响柔韧性的因素来自生理、生活方式和环境等方面。有些因素是客户自身无法控制的，例如关节结构、年龄、性别等。同样，肌肉和结缔组织的弹性、身体核心温度、活动程度以及训练计划也会影响运动时的动作幅度，而这些因素可以通过训练加以改变[4, 19]。

关节结构

静态关节活动范围的主要限制因素是关节自身的结构[10]。关节结构决定了动作范围。个体间的关节结构存在差异，私人教练在评价柔韧性时，要注意个体差异。

不同关节在结构上的差异也十分明显。与其他关节相比，一些关节的活动范围因其结构而比较小。像膝和肘这样的铰链式关节只能进行前后活动（即屈和伸）。因此，这类关节的活动范围要明显小于肩关节和髋关节[4]。肩关节和髋关节都属于球窝关节，它们在 3 个解剖学运动面内都可以活动，是所有关节中活动范围最大的[4, 9, 19, 30]。

而且，关节柔韧性还存在特异性。也就是说，有的关节的活动范围会大于正常值，而有的则会不及正常值[7, 12]。这样看来，柔韧性并不能被当作一个普遍特征，它是和关节结构及关节运动特性息息相关的[30]。因此，简单地用一个关节的柔韧性来代替整体柔韧性是有问题的[12, 25]。

肌肉与结缔组织

对结缔组织（肌肉、韧带、肌腱）的拉伸是柔韧性训练的重点。总体说来，结缔组织是关节活动范围重要的结构性限制因素之一。结缔组织结构包括韧带关节囊、肌腱和肌肉[24, 25]。尽管肌肉通常不会被当作结缔组织的一部分，但有研究显示，在柔韧性训练中当一块放松的肌肉被拉伸后，拉伸阻力主要来自肌肉内部和周围的大量结缔组织结构与鞘[24]。因此，拉伸练习改善活动范围主要是结缔组织适应的结果[4]。

个体间静态关节活动范围差异主要是附着在关节上的肌肉、肌腱组织的弹性能力造成的[10]。如果肌肉和肌腱比较僵硬，那么关节的活动范围就会比较小。相反，如果肌肉和肌腱比较“听话”，关节的活动范围就会增加。

柔韧性训练其实就是改善肌肉和肌腱的弹性能力。肌肉在静态拉伸条件下持续一段时间后，肌肉中的被动张力就会下降，这意味着肌肉将变长或放松。这种反应被称为粘弹性松弛反应（viscoelastic stretch relaxation response）[10]。被动张力是指维持放松肌肉长度的外力[10]。显然，肌肉的柔韧性越好，需要的外力就会越小。拉伸后改善的肌肉柔韧性会保持 90 分钟之久。

横跨或附属在关节上的肌肉也会影响柔韧性[7]。当某块肌肉（主动肌，agonistic）收缩产生动作时，会伴随拮抗肌（antagonistic）的放松或拉伸。拮抗肌越容易放松，其产生的阻力就越小，克服阻力就越省力。柔韧性训练可以提高肌肉的伸展能力。但是，不管训练时间长短，如果拮抗肌不够放松，或者收缩（主动肌）和放松（拮抗肌）之间缺乏协调，那么改善柔韧性的效果都是非常有限的。

过度松弛

虽然不常见，但有些人因天生组织结构原因而过度松弛。过度松弛往往造成关节活动范围超出正常值[37]。如果私人健身教练能够确定客户是过度松弛，那么在安排柔韧性训练时就要格外注意，而且必须保证该客户进行了医学检查。因此，私人健身教练要避免对过度松弛的客户在柔韧性训练中“雪上加霜”，造成关节周围的支撑结构进一步松弛。如果拉伸练习方式选择不当也会因柔韧性的过度提高而增加损伤的风险。

年龄

年龄也会影响柔韧性。调查表明，小学生的柔韧性会随着年龄增长而下降，在10～12岁的时候会达到明显的低点[4, 8, 12, 25, 30]。虽然，高年级的小学生的柔韧性也会有改善，但也比不上低学龄儿童[24]。柔韧性下降的主要原因在于肌肉弹性的逐渐下降[7]。青春期前后青少年的柔韧性并没有明显变化。

从解剖学观点来看，少儿时期，具体说在青春期之前是提升柔韧性的最佳阶段[7, 8]。此时的少儿具有较好的柔韧性基础。这一时期的训练目标应是提升各个关节的柔韧性。

性别

性别同样是影响柔韧性的重要因素，女性的柔韧性要好于男性[4, 9, 12, 22, 25]。研究发现，小学女生要比小学男生的柔韧性好，这种差异会一直保持到成年期[24]。女性柔韧性好于男性的一个重要原因是女性的关节结构特性[22]。结构差异最明显的关节是躯干（屈伸）、髋和踝关节[7]。青春期男孩柔韧性的下降与肌肉体积增加、个头变高以及肌肉力量增强有关。

温度

影响柔韧性的另一个因素是身体温度，无论是身体核心温度上升，还是体表温度增加都会对柔韧性产生积极影响[4, 9, 12, 30]。由于身体核心温度的上升有助于改善柔韧性，因此在柔韧性训练之前有必要进行热身。关于热身，我们随后会进行讨论。

活动水平

研究显示，经常进行体育活动的人要比少动人士的柔韧性好，这也是可以预见的。平常运动少的人，由于身体活动的幅度有限，久而久之就会造成结缔组织的柔韧性降低[4, 24, 30]。同时，运动少会引起体内脂肪增加，使结缔组织韧性下降。而且，沉积在关节周围的脂肪多了，就会限制关节的正常活动[24]。

抗阻训练

如果抗阻训练计划设计得好，训练手段均能保证完整的动作幅度，那么抗阻训练也可以提高身体的柔韧性。但如果抗阻训练只侧重有限动作幅度下的高强度练习，柔韧性则会下降[4]。因此抗阻训练要同时关注主动肌和拮抗肌的训练，而且要保证练习时动作的完整性[4]。虽然不适当的力量训练会损害柔韧性，但主要原因并非单纯是训练者的肌肉块增加或训练者“变壮了”。实际上，柔韧性的下降与关节周围肌肉发展不均衡密切相关，限制了关节的活动范围[9, 14]。例如，一个人如果肱二头肌和三角肌偏大，在完成高翻或前蹲时，他不会有效拉伸到肱三头肌[4]。这再次说明，抗阻训练要均衡发展主动肌和拮抗肌，来保证完成动作时参与关节能够达到最大的活动范围。

柔韧性受多种因素影响。有些因素如关节结构、年龄和性别不受训练影响。柔韧性训练过程中的身体核心温度、总体活动水平、合理的抗阻训练计划以及定期拉伸都会影响柔韧性，而私人教练可以对这些因素施加积极影响。

弹性和可塑性

柔韧性训练的目的表现在组织的两种适应变化上，即弹性和可塑性。弹性是指组织在被动拉伸后恢复到原始长度的特性及能力[4]。因此，弹性导致了组织的临时长度改变。可塑性是指组织被动拉伸后，甚至外力撤销后组织长度增加的趋势[4, 24]。

肌肉只具有弹性。然而，韧带和肌腱组织既有弹性，又有可塑性。人们拉伸结缔组织时，组织的伸展一部分来自弹性成分，另一部分来自可塑性成分。人们拉伸结束后，形变的弹性部分会恢复原状，但可塑性成分则会发生形变[24]。

为了增加关节活动范围，拉伸练习的主要目的是让可塑性成分发生拉长形变。根据拉伸技术及条件的不同，拉伸时弹性与可塑性成分形变的比例也有差异。拉伸时，应保证拉伸部位在轻度不适的条件下持续一段时间，而且在身体核心温度上升时进行拉伸有助于改变组织的可塑性[24]。

柔韧性训练的类型

柔韧性训练中的各种拉伸技术都是用来保持或促进柔韧性的。弹振（ballistic）拉伸、动态拉伸、静态拉伸以及各种本体感受神经肌肉促进法（proprioceptive neuromuscular facilitation，PNF）是最常见的柔韧性训练类型[8, 24, 25, 30]。

柔韧性训练也可以分为主动拉伸和被动拉伸。主动拉伸是主动用力拉伸的方式。例如，坐位体前屈练习者需要主动用力前屈身体，拉伸腘绳肌和腰背部[4]。相反，被动拉伸需要在同伴用力或器械施力的情况下完成[4]。

保证柔韧性训练效果的关键是选择正确的拉伸动作[10]。例如，屈身直腿双手触脚尖是拉伸腘绳肌的常用练习。但是，这种练习需要弯腰，会引起骨盆后旋，这样就会降低对腘绳肌的拉伸效果。拉伸腘绳肌更好的一种方式是双腿前后站立，前腿伸直，脚尖向上脚跟触地，后腿弯曲。随后，上体前倾，腰背保持平直，双手放在后侧膝上方支撑。这样就会明显感觉到前腿腘绳肌被拉伸。由于腰部没有弯曲，骨盆依然保持前倾姿势，这样就能有效拉伸腘绳肌[10]。因此，正确的拉伸动作是提高柔韧性的必要前提。

弹振拉伸

弹振拉伸是一种快速、突然而缺乏控制的拉伸运动。弹振拉伸时，被拉伸部位在整个活动范围内产生运动，直至肌肉拉伸至极限[4, 7, 8, 24, 30, 47]。

虽然过去常常使用弹振拉伸，但目前不再这样增加关节活动范围。一个原因是弹振拉伸时动作速度快，拉伸速度、力度及程度很难控制[24]。其次，这种拉伸会增加肌肉和结缔组织受伤的概率，尤其会导致旧伤复发[4, 30]。受伤概率高是因为这种拉伸的幅度已经超出了组织能够承受的拉伸幅度[47]。

和静态拉伸相比，弹振拉伸的明显劣势体现在以下 4 个方面[3]：

1. 超出组织伸展幅度的风险大；
2. 需要付出更多的能量；
3. 更容易产生肌肉酸痛；
4. 引起牵张反射。

在主动拉伸和被动拉伸时，肌肉中有两种感受器行使防止损伤的保护功能。一个是位于肌肉内部的肌梭[30]，另一个是位于肌肉与肌腱连接处的高尔基（Golgi）腱器。肌梭负责牵张反射，高尔基腱器负责腱反射。

当肌肉被快速大幅度拉长时，肌梭会启动牵张反射。如果肌梭未受到刺激，肌肉就会在放松的状态下得到更好的拉伸。在快速拉伸动作中，肌梭中的感受神经元会刺激脊柱中的运动神经元，运动神经元就会缩短预先拉伸的梭外肌纤维，这一过程被称作牵张反射[4]。因此，客户在进行弹振拉伸时，肌肉就会通过反射性缩短保护肌肉不被过度拉伸[24]。膝跳反射就是典型的牵张反射的例子。敲击髌腱会引起股四头肌小幅快速牵拉，这次牵拉会刺激股四头中的肌梭造成股四头肌缩短，出现小腿“跳起”现象[24]。反射性肌肉活动会影响伸展幅度，因此在拉伸过程中应避免刺激肌梭以及产生牵张反射。

除了牵张反射，当肌肉过度用力时，高尔基腱器会引起肌肉放松，这与牵张反射恰恰相反。腱反射可以预防肌肉在主动拉伸时因肌肉用力过度而造成的损伤[30]。

静态拉伸

提高柔韧性最常见的方式就是静态拉伸。静态拉伸通常采用缓慢恒速的拉伸方式，并保持 30 秒[4]。静态拉伸时会同时涉及肌肉放松和肌肉伸展。由于肌肉静态拉伸的速度很慢，不会引起肌肉的牵张反射，因此静态拉伸的受伤风险要远低于弹振拉伸。虽然静态拉伸强度过大时也会导致肌肉或结缔组织损伤，但如果技术正确，静态拉伸并不会造成严重的伤痛。不过，近期研究表明，在动态运动（跑、跳、投）前进行静态拉伸，对运动表现有负面影响[15, 24]。

刚开始柔韧性训练时，让客户保持 30 秒的静态拉伸有一定困难。因此，私人健身教练可以从 15 或 20 秒拉伸开始，当客户适应后可逐渐增加到 30 秒。但研究显示，静态拉伸时间从 30 秒增加至 60 秒并不会对提高柔韧性带来额外效果[30]。

应确保达到静态拉伸末端的动作缓慢进行，且仅限于轻度不适。保持伸展姿势时，紧张感就会减弱。如果拉伸感觉强烈，动作幅度可略微减小一些。这样有助于避免启动牵张反射[24]。

为了避免拉伸时激活牵张反射，客户应在静态拉伸时以缓慢动作达到最终的拉伸位置，感到轻度不适即可。在保持拉伸姿势时，应感觉张力最小，否则应稍微减小拉伸动作幅度。

本体感受神经肌肉促进法

本体感受神经肌肉促进法最初是一项肌肉放松技术，其目的是提高活动能力。随后，本体感受神经肌肉促进法逐渐被应用在运动训练和大众健身领域，主要用于提高动作幅度[4]。

实践证明，本体感受神经肌肉促进法可以有效提高动作幅度[14, 18, 28, 43, 52]。本体感受神经肌肉促进法需要在同伴配合下以被动和主动相结合（向心收缩和等长收缩）的方式进行[10, 25, 30]。虽然本体感受神经肌肉促进法的种类很多，但最常用的一种（保持–放松技术）可能是在肌肉放松的同时使关节和肌肉处于静态拉伸状态。保持 10 秒静态拉伸后，肌肉在对抗外力条件下（即作用在拉伸方向上的力）进行 6 秒高强度的等长收缩。此时，配合人员应保证客户不出现

对静态拉伸的建议

以下是对客户进行静态拉伸训练计划时的建议[47]。

- 拉伸前应热身 5 ~ 15 分钟，热身标准为身体微微出汗。
- 呼吸缓慢、均匀、有节奏。深吸气，在拉伸过程中长呼气。然后，略微减小拉伸幅度，保持 30 秒，期间进行正常呼吸。最后，在呼气时进一步拉伸至轻度不适状态结束本次拉伸，共重复 3 次。注意拉伸过程中身体保持放松。
- 静态拉伸的程度为轻微不适感，如果拉伸时感觉疼痛，说明拉伸的力度太大。
- 拉伸时不要锁紧关节。
- 避免引起牵张反射，不建议在拉伸时用力过快、过猛。
- 应首先拉伸大肌群，并且训练的内容与顺序应相对固定。如果某些部位的柔韧性不好，需增加针对相应肌肉和关节的拉伸。
- 每周至少保证 3 次拉伸练习，以便更好监控变化情况，而且每次练习时间也应固定。早晨是柔韧性最差的时段，因为早晨的体温最低。因此，如果要在清早进行拉伸练习，必须先进行热身，否则不提倡在早晨进行拉伸练习。
- 有氧运动或力量练习后是拉伸的最佳时机，这时的体温已充分上升。

任何关节活动。随后，在短暂放松后（1～2秒），进行被动拉伸30秒，这时的拉伸幅度会更大。强烈的等长收缩会刺激高尔基腱器，这将有助于在随后拉伸时保持较小的肌肉张力，使结缔组织得到进一步伸展，达到增加关节活度的目的[24]。

本体感受神经肌肉促进法优于其他拉伸方式的主要原因在于其能够有效促进肌肉放松和增加活动范围[14, 26, 28, 37, 43, 52]。一项研究对静态拉伸和本体感受神经肌肉促进法的拉伸效果进行了评估。结果发现，虽然二者都可以提高柔韧性，但本体感受神经肌肉促进法的拉伸效果更好。即便如此，不是所有人都认为本体感受神经肌肉促进法是最佳方法。尽管有些研究认为本体感受神经肌肉促进法的拉伸效果好，不过本体感受神经肌肉促进法并不实用。首先，本体感受神经肌肉促进法是多人参与的活动，至少需要一个同伴协助进行。其次，同伴要注意不能过度拉伸肌肉。而且，如果本体感受神经肌肉促进法技术掌握不好，很容易把训练重点放在拉伸上，而不是动作是否准确上[13]。另外，对儿童或青少年运动员而言，如果不注意本体感受神经肌肉促进法的技术细节，就会增加受伤风险[13]。基于上述原因以及部分研究对本体感受神经肌肉促进法效果的质疑，在青少年运动员群体中采用本体感受神经肌肉促进法时，要格外小心[9]。

由于本体感受神经肌肉促进法存在的问题，私人教练在应用该技术时，应考虑其限制因素。因此，训练的关键在于保证准确的本体感受神经肌肉促进法技术。本体感受神经肌肉促进法需要同伴协助，因此比较费时。另一方面，无论是静态拉伸还是动态拉伸，它们同样可以有效提高柔韧性，所以本体感受神经肌肉促进法对一般客户而言并非必须。如果私人健身教练熟练掌握准确的本体感受神经肌肉促进法技术，而且客户有一个或几个关节的活动范围受限，那么可以考虑使用本体感受神经肌肉促进法。

动态拉伸

动态拉伸和弹振拉伸的共同特点是在较快速度下完成拉伸训练。但是动态拉伸不会出现突然的弹性动作，而且与特定运动的联系更加紧密[4]。弓步走是典型的动态拉伸动作，弓步走时练习者要加大步幅，靠后的腿向下弯曲，要能够做到靠前的腿膝关节处于脚尖上方（但不要超过脚尖），靠后的腿膝关节靠近地面，躯干直立的拉伸姿势。

柔韧性通常可以用类似坐位体前屈的静态拉伸动作进行测量。不过，研究显示静态柔韧性与动态柔韧性之间并没有相关性。有些情况下，静态柔韧性好是一种优势[23]。但根据训练专项化原则，其实动态柔韧性与日常活动的联系更紧密，因此动态柔韧性好更实用。实际上，在家里、超市或工作场所向上伸展手臂在架子上够东西是常见活动。比起静态手臂上举来说，大幅度无停顿的动态手臂绕圈与日常生活中的上举动作更接近。

考虑究竟采用哪种拉伸方法一定要

慎重周全。无论如何，私人健身教练的工作任务就是弄清楚各种拉伸技术的原理和方法以及最佳的应用时机。具体来说，静态拉伸是热身活动中很常见的一部分。然而，研究和经验均认为运动前进行静态拉伸对预防损伤或促进肌肉功能并无多大帮助。相反，在热身活动后进行主动活动性练习，即让肌肉在完整的活动范围内活动，由慢到快地达到特定运动速度，更适合提升日常活动的关节活动范围[10]。

动态拉伸以动作的功能性为着眼点。训练时，从站立姿势前进到走或跳可以加强动态拉伸练习的特异性。其实，将静态拉伸调整为动态拉伸并不困难。通常拉伸动作都是相同的，只不过动态拉伸前后会有某种形式的运动。

私人健身教练在为客户安排动态拉伸时应该注意，开始阶段的负荷量和练习强度都不要太大，因为动态拉伸需要平衡与协调。此外，刚开始进行动态拉伸时，由于对身体是一种新刺激，因此会在一段时间内引起疼痛反应。

有关静态拉伸的一些注意事项同样适用于动态拉伸。正如前文所说，任何柔韧性训练都应该安排在热身之后。根据客户柔韧性以及进行的运动项目的需要，柔韧性训练每周应保证 2～4 次。由于动态拉伸需要在运动中完成，因此每个拉伸动作应重复 20～25 码（18.3～22.9 米）的距离。

当客户熟悉各种动态拉伸动作后，就可以进行组合式训练。例如，将抱膝上提和弓步走结合在一起，左右侧交替进行。由此看来，练习动作间的组合几乎是无限的。组合拉伸主要有两个好处。一是增加多样性，减少训练的枯燥感。二是组合拉伸可以提高效率，同一时间内可以拉伸多处肌群，而不是每个肌肉依次拉伸。这在客户运动时间有限的时候尤为重要。

本章的后半部分将介绍和演示动态拉伸的各种练习动作。由于动态拉伸的练习动作均来自运动和实际生活，因此展示的动作并非动态拉伸的全部。在制订动态拉伸计划时，创造性很大程度上决定了动态拉伸的种类和数量。

动态拉伸是正式运动前最适宜用来改善运动能力的柔韧性训练类型。如果还需要其他柔韧性训练的话，运动结束后进行静态柔性训练也有效。

建议的柔韧性常规训练与指南

为了提高关节活动范围，建议将动态和静态柔韧性训练组合进行。运动员经常进行动态柔韧性训练。不过，动态柔韧性训练也适用于非运动员群体。无论对于竞技运动中的动作还是日常生活中的多种动作来说，提高柔韧性都很有价值。柔韧性训练的功能性越强，参与训练计划的人受益越多。

单纯的动态拉伸具有局限性。有些动态拉伸需要有很好的力量和关节活动度才能完成，因此有些客户难以完成某些动态拉伸动作。而且，比起动态拉伸，

对动态拉伸的建议

以下是对客户进行动态拉伸训练计划时的建议[19]。

- 拉伸训练要适可而止。柔韧性是体能的一个组成部分，不应该训练过度。
- 不要强行拉伸。如果拉伸时感觉疼痛，就应该停止训练。
- 柔韧性应和力量配合在一起练。
- 要根据客户的实际需要或运动特点进行柔韧性训练。
- 应避免弹振式拉伸。
- 拉伸姿势应尽量功能化，无论拉伸的是关节还是肌肉都要突出运动特点。
- 拉伸时尽量利用好重力、体重或地面反作用力。同时还要注意通过改变运动面以及本体感受来进一步提高柔韧性。
- 动态拉伸训练应与客户进行的运动相一致。另外，训练时还要根据客户的个体需要量体裁衣。
- 提高柔韧性需要日积月累。一旦运动幅度改善了，保持起来就相对容易。也就是说，维持柔韧性要比提高更轻松。
- 应按由大到小的顺序拉伸肌肉等组织，而且每节课的练习顺序应尽量固定。如果某一部分的柔韧性较差，应多安排练习手段对其进行重点拉伸。
- 动态拉伸应至少保证每周 3 次或安排在每次训练课中。为了监控柔韧性的变化情况，应注意要固定测试时间。别忘了，清晨时分身体的柔韧性是一天中最低的。
- 在身体核心温度上升后再拉伸。

静态拉伸对某些关节和肌肉（如颈部和肩部）更有效。

热身

在正式运动前应该做一些常规性准备活动。这些准备性活动或动作常被称为热身。

记住，热身和拉伸不是一回事。热身是提高体温的活动，包括肌肉温度，以便满足身体剧烈运动的需要[4]。热身是一堂训练课的基础组成部分。运动前让身心充分调动是完成预期训练任务以及获得最佳训练效果的重要前提。热身可以提高身体核心温度，提升肌肉柔韧性[15, 24, 40, 47, 57]。热身同样可以提高柔韧性是因为肌肉弹性与流经肌肉的血液多少有关[51]。血流量小的肌肉温度低，比起血流量大的肌肉更容易受伤[51]。

然而，不少客户在热身环节上喜欢走“捷径”，结果不仅影响了随后的运动表现，而且还增加了受伤的风险[26]。虽然关于热身心理学的研究还不深入，但已有资料显示，热身后心理准备程度更高[51]。

多数研究指出，热身的最大益处与依赖温度的生理过程有关。热身可以提高体温，由此会带来以下好处[40]。

- 增加肌肉血流量
- 提高神经受体敏感性
- 促进血红蛋白和肌红蛋白的氧分离
- 提高神经脉冲的传送速度
- 降低肌肉粘滞性
- 提高能量代谢化学反应速率

热身提高身体组织温度分别是 3 种生理过程的结果：一是肌肉运动时肌丝滑行产生摩擦；二是能量底物的代谢，三是肌肉内血管扩张的结果[19]。

身体在热身时发生的生理变化，理论上可以提高运动表现[25]。

1. 热身时活动的肌肉温度会上升。这样，肌肉收缩会更有力，放松速度也更快。因此，运动时的力量和速度都会提高。
2. 流经肌肉的血液温度会增加。血液温度上升后，其携氧量会降低，更多的氧气会被释放至工作中的肌肉。
3. 关节活动范围会增大。

热身引起体温上升会降低肌肉、肌腱和韧带组织的粘滞性，因此关节活动范围就会增加[51]。粘滞性下降会提高运动能力，减少因牵拉造成的损伤。而且，热身还会降低肌肉和关节组织的硬度，提高对迅猛动作的抵御能力[19]。也有研究称，组织温度上升后进行的拉伸会降低结缔组织受伤的风险[51]。

基于以上考虑，拉伸应安排在热身活动或训练结束后进行[8, 13, 19, 30, 51]。训练结束后进行拉伸还会产生再生作用，能促进肌肉恢复原始长度，加快血液流动以及降低肌肉痉挛的风险[19]。因此，热身活动为拉伸提供了良好的身体准备[17]。拉伸之前体温上升的标准一般是身体轻微出汗[25]。

遗憾的是，许多客户在活动前的热身主要还是进行静态拉伸。热身时靠静态拉伸来提高体温有 3 个明显的缺点[1]。

1. 由于静态拉伸是被动拉伸，肌丝纤维滑动摩擦非常轻微。
2. 能量代谢率的提高程度不大。
3. 静态拉伸无法引起肌肉内的血管扩张。

正因如此，在运动开始前通过静态拉伸提升客户体温的效果非常差[23]。所以，静态拉伸无法有效提高体温和降低肌肉粘滞性。热身活动，无论是在身体上还是心理上，对达到预期训练强度、优化训练效果都至关重要。

> 柔韧性训练不应作为热身活动，而应在客户的身体核心温度升高，身体轻微出汗后进行。

热身类型

无论选择什么样的热身形式，运动前热身活动的目的就是提高肌肉温度[23]。

热身的类型主要有被动热身、一般热身以及特定热身3种[23, 31, 51]。

被动热身

被动热身主要是通过热水浴、加热垫或按摩等进行的热身方式。除了个别研究[25]，绝大多数研究[18, 46, 50]显示被动热身的效果同样是积极的。被动热身的优点是在运动前不会因热身引起疲劳，并且被动热身可以将上升的体温一直保持到运动开始，而身体为此消耗的能量也是最少的。不过，很多被动热身方式（如热敷包等）其实并不实用。

一般热身

一般热身主要是指通过常见的大肌群活动（如慢跑、自行车或跳绳等）进行的热身方式[51]。一般热身可以提高心率、加快血液循环、提升肌肉深层温度和关节液黏度、增加呼吸频率以及排汗量[4]。肌肉温度上升可以改善柔韧性[4]，为接下来的运动做好准备[4]。相比之下，一般热身要比被动热身更符合运动的实际需要。

特定热身

与一般热身不同，特定热身是正式运动的一部分。例如将慢跑作为长跑前的热身，将小重量卧推作为正式卧推训练前的热身[4, 25, 51]。相比而言，特定热身是热身效果最好的一种类型，因为通过特定热身可以提高即将进行正式运动的肌肉的温度，同时在心理上相当于一次模拟演练，进而提高随后运动中复杂动作的完成效率。

热身指南

热身时的运动量、强度以及持续时间应根据客户当前的身体状况而定。热身时长也要根据天气条件和客户的体能水平来设置。一般情况下，可进行5～15分钟的热身，其标准为身体开始轻微出汗[47]。

当客户的体能水平提高后，热身活动的强度和持续时间都应该适度增加，从而达到有效提高身体核心温度的目的。并且，热身要达到让客户适度出汗的效果。如果客户的体能水平有进一步的提高，那么体温调节系统对运动生热的应激能力也会随之增强。这意味着体能水平高的客户运动时的体温会高于体能水平低的人。所以，相较于体能水平低的客户，体能水平高的客户需要时间更长、强度更大的热身活动，或者二者兼而有之。这样才能使体温达到最佳标准[51]。

自重与稳定球训练

有时，私人健身教练会遇到缺少传统训练条件或不喜欢去健身房训练的客户。这并不是说这些客户就不能进行抗阻训练，而是要看私人健身教练如何发挥创造性。

其中一种可能的解决途径是让客户进行自重或稳定球训练。只要训练强度合适，同样可以达到增肌和增力的目的。而且，运动可以促进能量消耗，运动强度增加后，能量消耗也会“水涨船高”。

因此，采用何种训练手段并不是最

重要的指标。例如，如果想锻炼胸肌和肱三头肌，客户可以做平板卧推，也可以做器械推胸，还可以在地上做俯卧撑或脚撑稳定球俯卧撑。也就是说，不管采用什么训练手段或形式，只要强度合适，运动的肌肉就会出现适应。

自重训练

自重训练中的阻力就是体重而不是杠铃或器械配重等外部阻力。如果训练条件有限或客户原本就不喜欢器械训练，那么自重训练就是不错的选择。作为私人健身教练应该清楚，利用自重训练来提高最大力量或爆发力（或兼而有之）会因为强度限制而效果不明显。不过，如果训练目标只是增强一般性肌肉力量或肌肉耐力，或二者均有的话，自重训练的效果就可以接受。为了保证训练效果，在自重训练时应注意在动作标准的前提下，速度缓慢且可控地进行。

稳定球训练

目前，稳定球在抗阻训练中出现的频率明显增加了[29, 48]。最初，稳定球是物理治疗师给腰痛患者使用的训练用具[35, 52]。但现如今，无论是用于矫正康复、健身还是体育课，稳定球训练的参与者已经扩大至其他群体，甚至是老年群体。不仅康复健身领域的训练清单中加入了稳定球，而且运动员体能训练中也能看到稳定球[56]。

简单来说，采用稳定球训练的主要原因在于它能通过提供不稳定的表面来运动躯干肌群、提高动态平衡能力以及可能有助于稳定脊柱以减少损伤[2]。此外，虽然稳定球主要用来训练躯干肌群，但除了躯干肌群，还可以借助稳定球对其他肌群进行抗阻训练[35]。

研究发现

大量研究证实，不稳定训练通过激活稳定肌和躯干肌来加强专项运动训练[2]。而且，一些参与者认为，稳定球训练是最有效的核心稳定性训练方式。关于使用不稳定平台及其对上身肌肉力量和肌肉活动的影响的研究还很少，并且没有统一的结论[48]。

■ **稳定球与核心激活**。有些研究表明，与传统训练相比，稳定球训练不仅可以增强腹肌，而且还能够激活稳定肌中的运动单位，从而提高整体平衡性以及核心稳定性[16, 29]。另外，稳定球训练在一定程度上还可以刺激小脑、脊柱椎间盘和脑干，它们具有维持人体姿势、平衡和控制身体的作用[29]。早期有研究发现，在稳定球上完成仰卧起坐对腹直肌和腹外斜肌的刺激程度要高于稳定状态下的传统仰卧起坐[54]。此后的研究也发现，稳定球上的腹肌练习对腹外斜肌、腹横肌、腹内斜肌、竖脊肌、腹直肌以及腹部稳定肌的激活效果要比稳定平面上的腹肌练习更明显[6, 34, 41]。因此有人建议，为了提高核心稳定肌力量或肌肉耐力，需要安排不稳定训练[6]。但也有研究并未发现稳定和不稳定条件下腹肌的激活程度存在显著差异[2, 35, 49]。

■ **稳定球与核心训练**。如今，无论是竞技体育中的体能训练，还是健身房中的体育活动以及康复领域的理疗，核心训练均是须着重强调的内容[21]。人们普遍认为，训练核心部分对提高运动能力、降低损伤风险以及促进竞技表现都至关重要[44]。而稳定球训练常常与核心训练联系在一起。资料显示，从对运动表现的影响来看，稳定球训练比其他训练手段发挥的作用更广泛、深远[2]。

多年来，虽然康复界一直在试图通过稳定球训练加强脊柱稳定性[11]，但肯定这种训练形式确实能够提高脊柱稳定性或降低腰痛风险的研究却非常有限[11]。尽管如此，进行稳定球训练时需要稳定且中立的脊柱姿态，在刚开始训练的一段时间，这种要求可以强化脊柱稳定肌。而且，稳定球训练能够动员更多的慢肌纤维，从而提高躯干的肌肉耐力。

提高后背肌肉力量可以防止高强度用力对腰部可能造成的损伤[6, 21]。此外，如果躯干稳定肌变弱，就会影响脊柱的稳定性，而且背部肌肉耐力与腰痛关系密切。

■ **稳定球训练的其他好处**。稳定球训练可能还会带来下列更多的好处。

- □ 提高平衡性、关节稳定性、本体感觉以及神经肌肉控制能力，减少受伤风险[29]。
- □ 提高心率和增加摄氧量[29]。
- □ 改善怀孕时女性的肌肉力量、稳定性、姿势、本体感觉和柔韧性。因此，稳定球训练可以增强孕妇腹肌，有利于稳定胎儿，降低腰痛发生率，减少摔倒风险[29]。

■ **竞技体育中的稳定球训练**。关于证实竞技体能训练中稳定球训练效果的研究并不多见。虽然稳定球训练可以提高游泳运动员的核心稳定性，却不能提高游泳专项成绩[45]。因此，稳定球训练可能无法满足游泳对核心稳定性的特定需要[57]。以长跑运动员为例，即便稳定球训练可以明显提高运动员的核心稳定性，但却无法提高专项成绩[5, 16, 48]或改善跑步姿态[5, 16]。因此，关于稳定球训练可以促进运动成绩提高的说法并没有得到科学上的有效验证[48]。这意味着，无论是核心力量还是爆发力的提高都不能保证促进专项成绩提高[56]。

■ **训练专项化的重要性**。从训练实践角度来看，为了确保训练效果，必须遵循专项化训练原则[48, 56]。拿躯干训练来说，仰卧或俯卧姿势下的稳定球训练都无法直接影响直立姿势下的专项运动[56]。无论如何，专项化训练原则要求训练设计应该与运动项目需求尽量保持一致[56]。某些条件下，稳定球训练可以满足一定专项化的需要。例如，滑雪、冰球、冲浪等运动，都需要在不稳定条件下发力完成动作。此外，多数运动项目也需要在不稳定的情况下将稳定性和发力能力结合在一起来加强对神经肌肉系统的刺激[2]。

专项化训练的另一个体现在于核心稳定能力。在稳定条件下进行的自由重量训练，对运动成绩的影响可能要比稳定球训练明显[56]。通过调整，可以提高传统抗阻训练对核心稳定性的要求（如单腿站立哑铃深蹲或硬拉、单侧哑铃高翻或推举、绳索或药球躯干旋转等）[57]。

■ **不稳定条件对发力的影响**。关于不稳定训练对肢体肌肉力量的影响至今还存在争议[33]。但能够确定的一点是，在不稳定条件下进行力量训练的一个限制因素是产生力量的能力降低[2, 33, 38, 48, 52]，主要原因是在完成动作时，四肢肌肉还需要稳定关节[2]。

相比之下，不稳定抗阻训练中的等长发力明显小于稳定条件下的发力。因此，很多人建议如果想提高肌肉力量和竞技能力，应该在稳定状态下进行抗阻训练。提高运动员肌肉力量的训练强度一般要超过最大力量的 80%，这个标准在不稳定条件下通常是达不到的[33]。在健身人群中，稳定球训练所提供的强度也无法有效提高肌肉力量，其训练优势并不明显[38]。以深蹲和硬拉训练为例，即便训练强度低至 50%1RM，两种手段对神经肌肉的刺激程度也要高于稳定球训练[38]。因此，在提高背部伸肌力量和增加尺寸上，传统力量训练的优势更加明显。

由于神经肌肉系统在不稳定条件下的发力能力会下降，有人提出，类似稳定球这样的不稳定训练工具只能作为扩展传统抗阻训练的一种尝试[55]。努佐（Nuzzo）和其同事建议，由于不稳定训练在提高肌肉力量、增大肌肉以及促进运动表现方面缺乏明显证据，应予以排除或限制。

虽然稳定球训练有明显的不足，但这种训练还是有很多独特之处，可以供私人健身教练使用。和其他形式的训练一样，私人健身教练首先要考虑训练的专项性以及客户的实际需求，从而确定是否采用稳定球进行训练。以下是稳定球训练的主要优点和缺点。

优点

- 稳定球训练可以通过提高平衡性、关节稳定性、本体感觉以及神经肌肉控制能力来降低受伤风险[29]。
- 提高心率和增加摄氧量[29]。
- 通过训练，可以改善孕妇的腹肌力量以及身体稳定性、平衡性、身体姿势、本体感觉能力、柔韧性（详见第 18 章）[29]。
- 对某些具有不稳定特点的运动项目来说，稳定球训练可以满足专项化训练的需要[2]。

缺点

- 有些研究证实，虽然稳定球训练可以提高核心稳定性，但无法直接提高运动成绩[45]。
- 对具有一定训练经验的人士来说，在不稳定条件下进行抗阻训练不能有效提高肌肉力量和增大肌肉维度[2, 33, 38, 48, 55]。
- 为了提高竞技能力，稳定条件下的自由重量训练效果要明显好于稳定球训练[56]。

为避免上述缺点，私人健身教练可以考虑在计划中安排非稳定球的其他训练方式。两种具体方法如下。

- **强调结构性多关节训练。**除了稳定球训练外，私人教练应安排深蹲、硬拉等结构性多关节训练。这种训练可以通过不断增加负重来提高训练强度[38]。而且，这些练习手段会带动更多的大肌肉群，比稳定球的训练效率高[38]。不过，考虑到优势互补，稳定球训练可以作为辅助性训练来提高客户综合训练效果。

■ **不稳定条件下的自由重量训练。**不稳定性不仅受支撑平面影响，还受器械影响。自由重量训练比固定组合器械训练效果好的主要原因是前者可以创造更多的不稳定环境[2]。自由重量训练可以提供中等的不稳定环境[56]，而如果采用注水负重器材，这种不稳定性还会进一步增加[27]。另外，还可以通过单侧哑铃训练来提高不稳定训练程度[6]。日常生活及运动中的动作大多都是利用单侧肢体来完成的。因此，单侧练习的专项化程度要比双侧练习高，而且对躯干稳定肌的刺激更强烈[6]。

安全性与正确尺寸

稳定球本身就不稳定，因此要考虑使用时的安全问题[29]。练习时规范的动作可以防止人们从稳定球上滑落，并且要由易到难进行练习[29]。亚库贝克（Jakubek）建议[29]，可以用沙袋在稳定球四周进行围挡。另外，如果客户是长发，在进行稳定球训练时应把头发盘起来以防被卷。最后，在进行稳定球训练时客户要量力而行，如果出现疼痛，应停止训练[29]。

此外，稳定球的尺寸也属于安全问题，练习时应选择适宜的尺寸。合适的尺寸标准是客户坐在稳定球上时，大腿基本与地面平行。

稳定球的正确放置

稳定球训练中重要但经常被忽视的一个问题是球体和人体的位置关系。一项调查显示，在稳定球上做卷腹时，对腹肌的激活程度要高于平地卷腹，但前提条件是身体在稳定球上的位置要正确[49]。如果上背部的肩胛骨下缘放在稳定球上进行卷腹，腹肌的激活程度明显低于稳定球位置较低或在稳定平面上进行的卷腹。稳定球在后背的位置越低，卷腹时躯干升高的幅度就越大，在水平方向上需要躯干更加稳定，因为此时躯干没有地面或球体的支撑。可见，稳定球越靠下支撑，腹肌的激活程度越高[49]。

如果客户的腹肌力量偏弱，在进行稳定球卷腹练习时可以将球体向背部上方移动，从而降低练习难度。当身体条件和体能状态提高后，可逐渐向下移动球体，从而提高训练负荷，加强对腹肌的刺激[49]。

结语

不管私人教练在训练计划中为客户设计什么样的拉伸方法与内容，重要的是私人教练和客户都要清楚什么是柔韧性，以及柔韧性和其他体能部分之间的关系。柔韧性是指单个关节或一组关节的活动范围，良好的柔韧性可以保证关节在正常范围内活动自如，并且能够提升运动能力和预防运动损伤。影响人体柔韧性的因素主要有关节结构、肌肉和结缔组织、性别、体温以及抗阻训练。热身不能和拉伸混为一谈，热身是一项高效运动的基础，热身可以提高身体温度以及增加关节的活动范围。

稳定球训练指南

与其他训练方式一样，私人教练应该在遵循基本训练指南的基础上，尽量利用稳定球训练提高客户的训练效果。具体的训练指南如下。

1. 训练时，稳定球应处于充盈状态，保证其硬度适宜。
2. 稳定球尺寸要和客户的需求一致。让客户坐在稳定球上，如果尺寸合适，客户在球体上时其大腿应与地面平行或略向上倾。如果客户有腰痛史，坐在稳定球上时，大腿要略向上倾斜，让髋关节位置高于膝关节。
3. 同理，进行稳定球训练前也要进行必要的热身，热身活动可安排 5 ~ 15 分钟。活动内容可以是快步走、慢跑、爬楼梯或有氧操（原地开合跳、登山机活动）。利用稳定球也可以进行热身，其优势在于激活稳定肌，提高平衡性与协调性[53]。
4. 留出一段时间，让客户熟悉稳定球。即便有些客户对传统抗阻训练非常在行，但刚接触稳定球训练时，还是会觉得难度很高。这一点在那些经常在固定组合器械上运动的客户身上表现得尤为明显。如果是在固定器械上进行抗阻训练，则不会激活稳定肌。因此，客户进行稳定球训练时，很容易疲劳，导致无法完成目标重复次数。
5. 练习时动作要规范。在稳定球上训练时，细节非常重要。有时，稳定球训练看上去很容易，但轻微的动作变形或位置不对，都会对动作质量造成严重的影响。请记住，当客户感到疲劳时，正确完成运动的难度会增加。
6. 稳定球训练的次数与组数要根据客户的实际情况而定。无论是采用循环训练方式，还是每个练习重复训练，主要取决于客户的训练目标。在训练初始阶段，应该降低客户的训练负荷，从小负荷量和低强度（例如 1 组 ×8 次）开始。当客户体能水平提高后，可逐渐增加训练负荷（例如 3 组 ×15 次）。

弹振拉伸、静态拉伸和本体感受神经肌肉促进法都是最常用的拉伸技术，可以提高或保持柔韧性。动态拉伸虽然还存在一定争议，但其效果逐渐被越来越多的人所接受。私人教练在为客户设计柔韧性训练计划时，最好将动态拉伸和静态拉伸结合在一起。对有些客户来说，自重训练或稳定球训练，以及将二者组合都是不错的选择。

柔韧性、自重以及稳定球训练

静态柔韧性训练

动态柔韧性训练

自重训练

稳定球训练

静态柔韧性训练

左右看

1. 站姿或坐姿，保持头颈正直。
2. 向左适度用力转头。
3. 向右适度用力转头。

主要拉伸肌肉：
胸锁乳突肌

左右看

常见错误

- 躯干连同头一起转。
- 转头幅度不够大。

颈部屈曲与伸展

1. 站姿或坐姿，保持头颈正直，颈部向前屈，下颚指向胸口。
2. 如果下颚能够触及胸口，试着继续向下移动。
3. 向后尽量仰头，伸展颈部。

主要拉伸肌肉：
胸锁乳突肌、枕下肌、竖脊肌

颈部屈曲与伸展

常见错误

- 颈部无论屈还是伸的幅度均不够大。
- 头部带动颈部进行屈伸时，动作过猛、过快，整个动作应该缓慢、连贯、平稳。
- 借助躯干、手臂或其他身体部位共同完成颈部屈伸，正确动作应该是只有颈部前后运动。

双手背后抬臂

主要拉伸肌肉：
三角肌前束、胸大肌

1. 站立，双臂伸展置于身后。
2. 双手十指相扣，双臂伸直。
3. 双膝微屈，目视前方。
4. 双臂向后上方抬起，直到有拉伸感觉。

常见错误

- 抬起时双臂弯曲。
- 躯干前屈或眼睛向下看。

双手背后抬臂

颈后拉伸

主要拉伸肌肉：
肱三头肌、背阔肌

1. 站立，向上抬右臂，靠近头部。
2. 屈右肘，右手可触及颈后部或上背部。
3. 向上抬左臂，用左手握住右肘。
4. 左手用力向头的方向（或脑后）拉右肘（即增加肩关节内收幅度），直到有拉伸的感觉。
5. 换另一侧拉伸。

常见错误

- 躯干前屈或眼睛向下看。

颈后拉伸

“卷饼”运动

主要拉伸肌肉：
腹内斜肌、腹外斜肌、梨状肌、竖脊肌

1. 坐在地板上，双腿靠拢前伸。
2. 躯干直立，右腿抬起屈膝且跨过左腿，右脚在左腿外侧撑地。
3. 向右扭转躯干，用左肘撑住右膝外侧。
4. 右手在髋部后方 12～16 英寸（30～40 厘米）处撑地。
5. 臀部接触地面，头和肩向右侧继续扭转，用右膝抵住左臂肘关节，直到有拉伸的感觉。
6. 换另一侧进行拉伸。

“卷饼”运动

常见错误

- 将肘置于大腿上方而不是膝关节外侧。
- 拉伸时，臀部离地。

向前弓步

主要拉伸肌肉：
髂腰肌、股直肌、臀大肌、腘绳肌

1. 站立，抬右腿向前迈出一大步。
2. 屈右膝直至其处于右脚正上方。
3. 右脚全脚掌撑地，双脚脚尖指向正前方。
4. 左膝尽量向下弯曲，左脚脚掌离地。
5. 双手放在右侧大腿上或双手叉腰，目视正前方。
6. 躯干直立，向前下方移动髋关节直至有拉伸的感觉。
7. 换另一侧拉伸。

向前弓步

常见错误

- 前腿向前过度弯曲，使膝关节超过脚尖。
- 前腿脚跟离地。
- 躯干前屈或眼睛向下看。
- 骨盆前倾（骨盆向前倾斜，导致腰部曲度增加）。

仰卧抱腿抬膝

主要拉伸肌肉：
臀大肌、腘绳肌、竖脊肌

1. 仰卧，双腿并拢并伸展。
2. 屈右膝向胸部方向抬右腿。
3. 双手抱在右腿后部（右膝下方）。
4. 左腿保持原地不动。
5. 双臂用力向胸部方向抬右腿，直到有拉伸的感觉。
6. 换另一侧拉伸。

仰卧抱腿抬膝

常见错误

- 双手握住膝关节的上方而不是大腿后部。
- 颈部弯曲或塌腰。
- 拉伸时，另一侧腿离地。

半跨坐（改良式跨栏拉伸）

主要拉伸肌肉：
腘绳肌、竖脊肌、臀大肌

1. 坐在地板上，右腿伸直，左腿屈膝旋内，左脚脚掌抵住（或靠近）右膝内侧。
2. 左腿外侧接触或靠近地板。
3. 身体前倾，保持背部平直，右手握住右脚脚尖。
4. 躯干向右腿倾斜，右手握住右脚尖向身体方向拉动，直至出现拉伸的感觉。
5. 换另一侧拉伸。

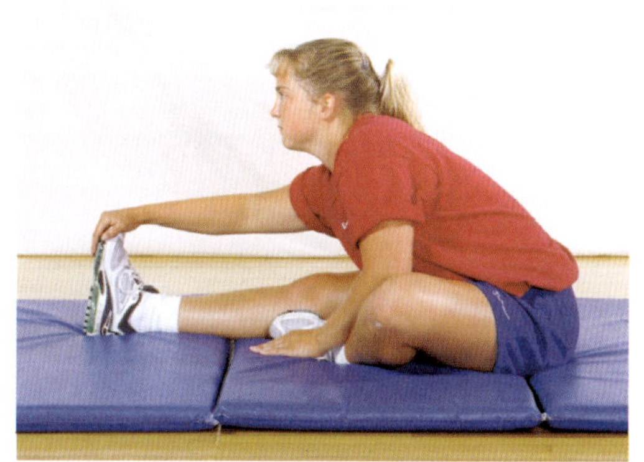

半跨坐（改良式跨栏拉伸）

常见错误

- 向前伸直的腿旋外。
- 圆肩或向前腿弯腰前倾（应该以髋关节为轴，躯干前倾）。
- 向前伸直的腿屈膝。

蝴蝶式拉伸

1. 坐在地板上，躯干直立。
2. 屈髋、屈膝，双腿旋外，让双脚脚掌靠在一起。
3. 前倾，双手握住双脚，并将其向身体方向移动。
4. 双肘放在大腿内侧上。
5. 保持腰部平直，双肘适度下压，向身体方向继续移动双脚，躯干前倾直至出现拉伸感觉。

常见错误

- 圆肩或弯腰前倾（应该以髋关节为轴，躯干前倾）。

主要拉伸肌肉：
髋内收肌、股薄肌

蝴蝶式拉伸

扶墙拉伸

1. 面向墙双脚分开与肩同宽，脚尖距离墙体 12 英寸（约 30 厘米）。
2. 身体前倾，双手撑在墙面上。
3. 左腿向后迈步，距离为 2 英尺（约 61 厘米），右腿微屈。
4. 左膝伸直，左脚脚掌触地。
5. 将髋和躯干向墙壁方向移动，同时微屈双肘，直至出现拉伸感觉。
6. 换另一侧拉伸。

常见错误

- 只向墙壁方向移动躯干，而髋关节没动。
- 后脚脚跟离地。

主要拉伸肌肉：
腓肠肌、比目鱼肌（跟腱）

扶墙拉伸

动态柔韧性训练

直臂肩绕环

主要拉伸肌肉：
三角肌、背阔肌、胸大肌

1. 在规定距离内边走边直臂绕环，随着走动距离增加，逐渐加大绕环幅度。
2. 以肩关节为轴，前后绕环（即肘关节不得弯曲）。
3. 在适宜的幅度内前后直臂绕环。

常见错误

- 绕环时，躯干前屈后仰。

直臂肩绕环

胸前左右摆臂

主要拉伸肌肉：
背阔肌、大圆肌、三角肌前束与后束、胸大肌

1. 手臂伸直抬起至与地面平行。
2. 走动中，左右手臂一起向右摆动，左侧手臂摆至胸前，右侧手臂摆至身体后方。
3. 随后交换方向，向左侧摆动。
4. 以肩关节为轴左右摆动（保证躯干和头部正对前方）。
5. 左右侧交替摆臂，摆动幅度完整且适宜。

常见错误

- 手臂摆动时，躯干或颈部随之左右转动。

胸前左右摆臂

向前弓步走

1. 双手交叉放置于头后。
2. 在站立的基础上左腿向前迈一大步。
3. 左膝弯曲至膝关节置于左脚上方。
4. 右腿弯曲，右膝靠近地面，双脚脚尖指向正前方。
5. 躯干直立（或略微后倾），目视正前方。
6. 每次保持弓步动作约 1 秒后，后腿向前迈步，以此类推完成规定次数或距离。

主要拉伸肌肉：
髂腰肌、股直肌、臀大肌、腘绳肌

向前弓步走

常见错误

- 前腿膝关节向前弯曲超过脚尖。
- 后腿膝关节触地。
- 躯干弯曲或眼睛向下看。

变式：向后弓步走

1. 双手交叉放置于头后。
2. 在站立的基础上右腿向后迈一大步。
3. 左膝弯曲至膝关节置于左脚上方。
4. 右腿弯曲，右膝靠近地面，双脚脚尖指向正前方。
5. 躯干直立（或略微后倾），目视正前方。
6. 每次保持弓步动作约 1 秒后，前腿向后迈步，以此类推完成规定次数或距离。

主要拉伸肌肉：
髂腰肌、股直肌、臀大肌、腘绳肌

常见错误

- 前腿膝关节向前弯曲超过脚尖。
- 后腿膝关节触地。
- 躯干弯曲或眼睛向下看。

曲棍球式弓步走

主要拉伸肌肉：
髂腰肌、股直肌、臀大肌、腘绳肌、髋内收肌

1. 双手交叉放置于头后。
2. 在站立的基础上左腿向左前方迈出一大步。
3. 左脚向外偏移的距离为10～12英寸（25～30厘米）（与常规弓步相比）。
4. 双脚脚尖指向正前方。
5. 左腿屈膝至膝关节位于左脚正上方。
6. 右腿屈膝至膝关节位于略高于地面。
7. 躯干直立（或略微后倾），目视正前方。
8. 每次保持弓步动作约1秒后，后腿向前迈步，以此类推完成规定次数或距离。

常见错误

- 前腿膝关节向前弯曲超过脚尖。
- 后腿膝关节触地。
- 躯干弯曲或眼睛向下看。
- 侧向迈步距离过大或脚尖指向内或指向外。

曲棍球式弓步走

侧向弓步走

主要拉伸肌肉：
髂腰肌、股直肌、臀大肌、腘绳肌、髋内收肌

1. 双手交叉放置于头后。
2. 身体向右转，右肩指向右腿即将迈动的方向。
3. 在站立的基础上右腿向右侧迈出一大步。
4. 左腿伸直，右腿屈膝至膝关节位于右脚上方，髋关节沉向右后方。
5. 躯干直立，目视正前方。
6. 每次保持弓步约1秒后，还原并换至左侧弓步。

常见错误

- 前腿膝关节向前弯曲超过脚尖。
- 后腿膝关节触地。
- 躯干弯曲或眼睛向下看。

行进间抱腿抬膝

主要拉伸肌肉：
臀大肌、腘绳肌

1. 站立，左脚向前迈一步后，抬右腿，膝关节指向胸口。
2. 双手握住右膝或小腿上部。
3. 双臂用力继续将右腿向胸口方向拉动。
4. 保持抬膝约 1 秒后，右腿向后迈步还原，重心移至右腿，并换至左侧。
5. 进行该练习时，每次略微增加抬膝的高度或动作幅度。

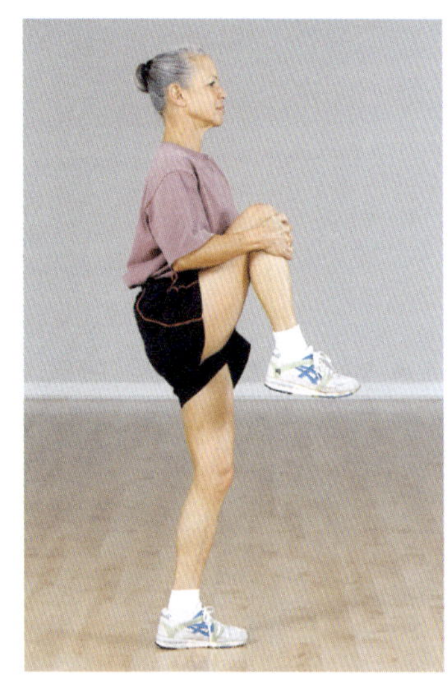
行进间抱腿抬膝

常见错误

- 躯干弯曲或眼睛向下看。

行进间跨栏步

主要拉伸肌肉：
髋内收肌

1. 想象前方有一道高约 3 英尺（约 91 厘米）的栏架，栏间距不大，从左至右依次排开。
2. 由站姿开始，屈右膝，然后外展右腿至与地面平行。
3. 右腿向前平移越过右侧想象中的栏架。
4. 在最高点保持约 1 秒后，向后落步还原，重心移至右腿，随后换左侧进行。
5. 进行该练习时，每次略微增加跨栏的高度或动作幅度。

行进间跨栏步

常见错误

- 躯干在栏架前过度前倾（重点没有放在外展髋动作上）。
- 在躯干或头领先的情况下跨栏（应膝关节领先）。

自重训练

卷腹

主要锻炼肌肉：
腹直肌

1. 平躺在地板上。
2. 屈髋、屈膝，双脚放在一只箱子上。
3. 双手放在身体两侧或头两侧（仅扶住头），或双臂交叉放在胸口或腹部上。
4. 向上卷曲躯干至背部离开地板，保持头颈部微收或直立姿势。
5. 卷腹时保证双脚、臀部和腰部处于静止状态。
6. 完成卷腹后，躯干还原至起始姿势。

常见错误

- 臀部或双脚离地（接触面）。
- 双手用力抱头卷腹。
- 躯干弯曲过度至坐姿。

卷腹

变式：卷腹转体

主要锻炼肌肉：
腹直肌、腹外斜肌、腹内斜肌

1. 平躺在地板上。
2. 屈髋、屈膝，双脚放在一只箱子上。
3. 双手放在身体两侧或头两侧（仅扶住头），或双臂交叉放在胸口或腹部上。
4. 扭转躯干，右肩向左腿方向移动。
5. 持续扭转和弯曲躯干至背部离开地板。
6. 卷腹时保证双脚、臀部和腰部处于静止状态。
7. 扭转卷腹完成后，逐步还原为起始姿势。
8. 换另一侧扭转卷腹。

常见错误

- 臀部或双脚离地（接触面）。
- 双手用力抱头完成扭转卷腹。

向后伸展

1. 俯卧，双腿伸直，双脚脚尖指向地板。
2. 双手交叉放于头后。
3. 脚尖触地，向上伸背至胸口离开地板。
4. 伸背后，还原至起始姿势。

常见错误

- 屈膝或脚尖离地。
- 借臀部反弹伸背（没有合理控制动作速度）。

主要锻炼肌肉：
竖脊肌

向后伸展

变式：向后伸展转体

1. 俯卧，双腿伸直，双脚脚尖指向地板。
2. 双手交叉放于头后。
3. 脚尖触地，向上伸背至胸口离开地板。
4. 伸背的同时右肩向左侧扭转。
5. 扭转并伸背直至胸口离开地板。
6. 双脚、臀部及腹部始终接触地板。
7. 动作完成后，还原至起始姿势。
8. 交换至另一侧练习。

主要锻炼肌肉：
竖脊肌

常见错误

- 屈膝或脚尖离地。
- 借臀部反弹伸背（没有合理控制动作速度）。

俯卧撑

1. 俯卧，双腿伸直，双脚脚尖撑地。
2. 双手掌心向下撑地，双手距离略比肩宽2～3英寸（5～8厘米），双肘指向外侧。
3. 保持身体呈一条直线，双臂伸展，双脚脚尖点地。
4. 在此基础上，下沉身体至屈肘90度。同时，私人教练可以在客户的胸口下方放一个袜卷或半个泡沫滚轴，根据胸口触及次数来进行计数。

常见错误

- 塌腰或撅屁股（未将身体控制在一条直线上）。
- 动作幅度不够大。

主要锻炼肌肉：
胸大肌、三角肌前束、肱三头肌

俯卧撑

变式：改良俯卧撑

在双膝触地支撑，双脚脚踝交叉的条件下，进行俯卧撑。

常见错误

- 塌腰或撅屁股（未将身体控制在一条直线上）。
- 动作幅度不够大。

主要锻炼肌肉：
胸大肌、三角肌前束、肱三头肌

变式：改良俯卧撑

提踵

1. 站在地板或台阶边上，一只手放于体侧或扶在髋部。
2. 另一只手扶墙或楼梯扶手，保持身体平衡。
3. 双脚靠拢脚掌触地。如果站在台阶边上，用前脚掌触地。
4. 在适宜的幅度内用力上下抬放脚跟。

常见错误

- 快速爆发式用力完成提踵，而不是缓慢控制动作速度。
- 动作幅度不够大。

主要锻炼肌肉：
腓肠肌、比目鱼肌

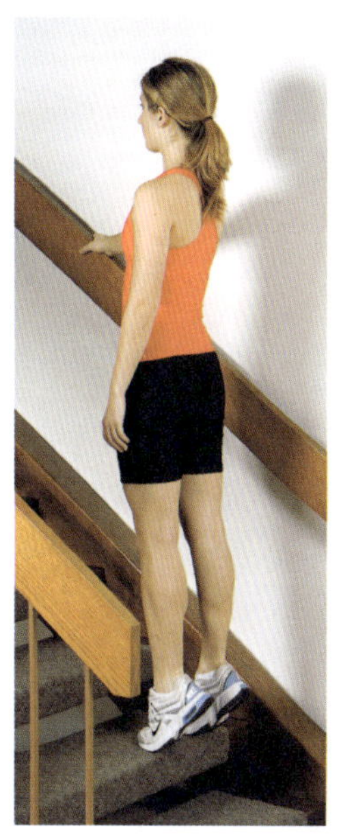

提踵

上台阶

1. 面对椅子、训练椅等支撑物。物体高度为抬脚放在上面时，膝关节与髋关节在同一直线上。
2. 右脚脚掌放在支撑物上。
3. 右腿发力，左脚上步至双脚站立在支撑物体上。
4. 随后，左脚支撑，右脚后撤落地。

常见错误

- 如果不用全脚掌支撑在物体上，会增加练习时滑落跌倒的风险。
- 不应利用落地反弹力来完成上台阶，应在脚掌静止放在物体上时开始用力。

主要锻炼肌肉：
臀大肌、半膜肌、半腱肌、股二头肌、股外肌、股内肌、股中肌、股直肌

上台阶

稳定球训练

伸展式卷腹

主要锻炼肌肉：
腹直肌

1. 平躺在稳定球上，用背部中段和腰部与球体上部紧密接触。
2. 双脚脚掌平放在地板上，两脚距离与肩同宽，髋及腹部与地板平行。
3. 双手交叉放在头后，或双手置于头两侧，或双臂在胸前或腹部交叉。
4. 卷曲躯干，由起始位置上抬30～40度。
5. 双脚、髋及大腿在卷腹时保持静止。
6. 卷腹至最高点后，逐渐还原至起始姿势。

伸展式卷腹

常见错误

- 双脚离地。
- 臀部从球体上下滑。
- 卷腹时，双手用力抱头上抬。

仰卧屈腿

主要锻炼肌肉：
腘绳肌、臀大肌、竖脊肌

1. 仰卧，双腿伸展，双脚靠拢。
2. 外展双臂使肩关节呈90度角，掌心向下放在地板上。
3. 向上抬双腿，小腿和脚跟放置在球体正上方。
4. 做起始动作时，双脚、双膝及髋与肩在同一条直线上。
5. 保持上身不动，屈膝，双脚勾住稳定球，将球体向臀部移动。
6. 屈膝至90度，脚跟置于球体斜上方。
7. 随后，还原至起始姿势。

仰卧屈腿

常见错误

- 塌腰或屈髋（应该保持髋关节与膝、肩关节在一条直线上）。

仰卧提髋

主要锻炼肌肉：
竖脊肌、臀大肌、腘绳肌

1. 仰卧，双腿伸直，双脚靠拢。
2. 外展双臂使肩关节呈 90 度角，掌心向下放在地板上。
3. 臀部接触地板，脚跟放在球体上方。
4. 起始动作为双脚、双膝和髋在一条直线上。
5. 向上提髋至躯干与髋、膝、肩和脚处于一条直线上。
6. 随后，缓慢向下沉髋至起始动作。

常见错误

- 完成动作时屈膝（膝关节与脚、髋应在一条直线上）。

仰卧提髋

向后过度伸展

主要锻炼肌肉：
竖脊肌

1. 俯卧于稳定球上，腹部肚脐在球体正上方。
2. 双脚分开 12 英寸（约 30 厘米）左右，脚尖触地，膝关节基本伸直。
3. 双手扶在头后。
4. 脚尖不离地，向上伸背至腰部背屈，胸部离开球体。
5. 随后，逐渐还原。

常见错误

- 屈膝或双脚离地。
- 伸背时，腹部肚脐离开球体上端。

向后过度伸展

反式向后过度伸展

主要锻炼肌肉：
臀大肌、竖脊肌、腘绳肌

1. 俯卧于稳定球上，腹部肚脐在球体正上方。
2. 双手掌心向下且相距12英寸（约30厘米），直臂撑地。
3. 起始动作为双腿伸直，双脚脚尖触地。
4. 在双手撑地的基础上，抬双腿至髋关节完全向后伸展。
5. 随后，还原至起始动作。

常见错误

- 做起始动作时屈膝或双脚离地。
- 抬腿时，腹部肚脐离开球体上端。

反式向后过度伸展

肘关节桥

主要锻炼肌肉：
腹直肌、腹内斜肌、腹外斜肌、背阔肌、腰方肌、大圆肌、竖脊肌

1. 靠近稳定球呈跪姿，双臂和双肘支撑在球体上。
2. 在双臂和双肘撑在稳定球上的前提下，逐渐向前移动至肩、肘及膝关节弯曲90度。
3. 保持双膝及双脚撑地、双肘压在稳定球上，向前移动稳定球至膝、肘、肩和髋近乎在一条直线上，肱三头肌压在球体上。
4. 屈膝拉回稳定球至起始动作。

常见错误

- 伸膝时塌腰。
- 练习时双脚离地。

肘关节桥

变式：直臂推球

1. 靠近稳定球呈跪姿，双臂伸展，双手放在稳定球上。
2. 在跪姿的基础上，双手向前推稳定球，使肩关节、膝关节分别弯曲呈 90 度角。
3. 保持双膝及双脚撑地、双手按在稳定球上，向前移动稳定球至膝、肘、肩和髋几乎在一条直线上，手臂按压在球体上。
4. 屈膝拉回稳定球至起始动作。

主要锻炼肌肉：

腹直肌、腹内斜肌、腹外斜肌、背阔肌、腰方肌、大圆肌、竖脊肌

常见错误

- 伸膝时塌腰。
- 练习时双脚离地。

稳定球俯卧撑

1. 身体呈俯卧撑姿势，小腿及外脚面放置在稳定球正上方，双臂伸直。
2. 脚、膝、髋及肩处于一条直线上。
3. 屈肘下沉上体至面部距离地板 1 ~ 2 英寸（2.5 ~ 5 厘米），同时保持身体呈一直线。
4. 向上撑起身体还原为起始动作。

常见错误

- 塌腰或撅屁股（未将身体控制在一条直线上）。
- 双臂向后推，使身体后移或球体移至膝关节处。

主要锻炼肌肉：

胸大肌、三角肌前束、肱三头肌

稳定球俯卧撑

派克（Pike）滚球

主要锻炼肌肉：
腹直肌、腹内斜肌、腹外斜肌、腰方肌、髋屈肌

1. 身体呈俯卧撑姿势，小腿及外脚面放置在稳定球正上方，双臂伸直。
2. 脚、膝、髋及肩处于一条直线上。
3. 在完全伸膝和伸臂的基础上屈髋折叠身体，脚尖移动至球体上方，髋关节向前移动至肩关节上方。
4. 身体呈“折刀”姿势后，还原至起始动作。

派克滚球

常见错误

- 身体折叠前塌腰。
- 身体折叠时过度伸颈部。

变式：屈膝至胸（杰克折刀，Jack knife）

主要锻炼肌肉：
腹直肌、腹内斜肌、腹外斜肌、腰方肌、屈髋肌

1. 身体呈俯卧撑姿势，小腿及外脚面放置在稳定球正上方，双臂伸直。
2. 脚、膝、髋及肩处于一条直线上。
3. 在双臂伸直的基础上，向前屈髋、屈膝，小腿带动球体向前移动至双膝靠近身体。
4. 屈膝折叠后，还原至起始动作。

常见错误

- 身体折叠前塌腰。
- 身体折叠时屈肘。

学习问题

1. 下列哪项活动不适宜作为热身项目？
   A. 动感单车
   B. 跳绳
   C. 动态拉伸
   D. 慢跑
2. 下列哪项运动前活动对运动员表现的迁移作用最大？
   A. 本体感受神经肌肉促进法
   B. 特定热身
   C. 静态拉伸
   D. 一般热身
3. 在运动员体能训练中加入稳定球训练后会有哪些效果？
   Ⅰ. 直接提高竞技运动表现
   Ⅱ. 对竞技运动表现有负面影响
   Ⅲ. 增强核心稳定性
   Ⅳ. 降低核心稳定性
   A. 只有Ⅰ和Ⅲ
   B. 只有Ⅱ和Ⅲ
   C. 只有Ⅱ和Ⅳ
   D. 只有Ⅰ和Ⅳ
4. 下列哪项不是稳定球训练的优点？
   A. 降低受伤风险
   B. 提高心率反应
   C. 增加最大力量
   D. 提高不稳定条件下的运动表现

应用知识问题

私人教练评估一名 46 岁女性网球运动员的健康状况时发现，该客户需要改善髋伸肌的柔韧性和肌肉力量，才能提高竞技表现。

a. 有哪些针对髋伸肌的静态柔韧性训练？
b. 哪些动态柔韧性训练涉及髋伸肌？
c. 哪些自重训练能加强髋伸肌群？
d. 哪些稳定球训练能主动训练髋伸肌（向心而非等长）？

参考文献

1. Anderson, B. and E. Burke. 1991. Scientific, medical, and practical aspects of stretching. *Clinics in Sports Medicine*, 10 (1):63-86.
2. Anderson, K.G., and D.G. Behm. 2004. Maintenance of EMG activity and loss of force output with instability. *Journal of Strength and Conditioning Research* 18 (3): 637-640.
3. Bandy, W.D., J.M. Irion, and M. Briggler. 1998. The effect of static and dynamic range of motion training on the flexibility of the hamstring muscles. *Journal of Sports Physical Therapy* 27 (4): 295-300.
4. Baechle, T.R., and R.W. Earle, eds. 2000. *Essentials of Strength Training and Conditioning*,

2nd ed. Champaign, IL: Human Kinetics.

5. Barnes,D.2002.What type of strength training do distance runners need? *Modern Athlete and Coach* 40(2): 35-37.
6. Behm, D.G., A.M. Leonard, W.B. Young, A.C. Bonney, and S.N. MacKinnon. 2005. Trunk muscle electromyographic activity with unstable and unilateral exercises. *Journal of Strength and Conditioning Research* 19 (1): 193-201.
7. Bompa, T.O. 1995. *From Childhood to Champion Athlete*. Toronto: Veritas.
8. Bompa, T.O. 2000. *Total Training for Young Champions*. Champaign, IL: Human Kinetics.
9. Bourne, G. 1995. The basic facts about flexibility in a nutshell. *Modern Athlete and Coach* 33 (2): 3-4, 35.
10. Brandon, R. 1998. What science has to say about the performance benefits of flexibility training. *Peak Performance* (September), 6-9.
11. Carter, J.M., W.C. Beam, S.G. McMahan, M.K. Barr, and L.E. Brown. 2006. The effects of stability ball training on spinal stability in sedentary individuals. *Journal of Strength and Conditioning Research* 20 (2): 429-435.
12. Chek, P. 1998. Swiss ball exercise. *Sports Coach* 21 (3): 27-29.
13. Collins, P. 2001. How to make use of Swiss ball training. *Modern Athlete and Coach* 39 (4): 34-36.
14. Cornelius, W.J., and M.M. Hinson. 1980. The relationship between isometric contractions of hip extensions and subsequent flexibility in males. *Sports Medicine and Physical Fitness* 20: 75-80.
15. Cornwell, A., A.G. Nelson, and B. Sideaway. 2002. Acute effects of stretching on the neuromuscular properties of the triceps surae muscle complex. *European Journal of Applied Physiology* 86 (5): 428-434.
16. Cosio-Lima, L.M., K.L. Reynolds, C. Winter, V. Paolone, and M.T. Jones. 2003. Effects of physical ball and conventional floor exercises. *Journal of Strength and Conditioning Research* 17: 475-483.
17. Franklin,A.J.,C.F.Finch,and C.A.Sherman.2001. Warm-up practices of golfers: Are they adequate? *British Journal of Sports Medicine* 35 (2): 125-127.
18. Funk, D., A.M. Swank, K.J. Adams, and D. Treolo. 2001. Efficacy of moist heat pack application over static stretching on hamstring flexibility. *Journal of Strength and Conditioning Research* 15 (1): 123-126.
19. Gambetta, V. 1997. Stretching the truth; the fallacies of flexibility. *Sports Coach* 20 (3): 7-9.
20. Gesztesi, B. 1999. Stretching during exercise. *Strength and Conditioning Journal* 21 (6): 44.
21. Hamlyn, N., D.G. Behm, and W.B. Young. 2007. Trunk muscle activation during dynamic weight-training exercises and isometric instability activities. *Journal of Strength and Conditioning Research* 21 (4): 1108-1112.
22. Hardy, L., and D. Jones. 1986. Dynamic flexibility and pro-prioceptive neuromuscular facilitation. *Research Quarterly for Exercise and Sport* 57 (2): 150-153.
23. Hedrick, A. 1992. Physiological responses to warm-up. *National Strength and Conditioning Association Journal* 14 (5): 25-27.
24. Hedrick, A. 1993. Flexibility and the conditioning program. *National Strength and Conditioning Association Journal* 15 (4): 62-66.
25. Hedrick, A. 2000. Dynamic flexibility training. *Strength and Conditioning Journal* 22 (5): 33-38.
26. Hedrick,A.2000.Volleyball coaches guide to warm-up and flexibility training. *Performance Conditioning Volleyball* 8 (3): 1-4.
27. Hedrick, A. 2003. Using uncommon implements in the training programs of athletes. *Strength*

and Conditioning Journal 25 (4): 18-22.

28. Holt,L.E.,T.M.Travis,and T.Okia.1970. Comparativestudy of three stretching techniques. *Perceptual and Motor Skills* 31: 611-616.
29. Jakubek, M.D. 2007. Stability balls: Reviewing the literature regarding their use and effectiveness. *Strength and Conditioning Journal* 29 (5): 58-63.
30. Karp, J.R. 2000. Flexibility for fitness. *Fitness Management* (April), 52-54.
31. Kato, Y., T. Ikata, H. Takia, S. Takata, K. Sairyo, and K. Iwanaga. 2000. Effects of specific warm-ups at various intensities on energy metabolism during subsequent exercise. Journal of Sports Medicine and Physical Fitness 40 (2): 126-130.
32. Kokkonen, J., A.G. Nelson, and A. Cornwell. 1998. Acute muscle stretching inhibits maximal strength performance. *Research Quarterly for Exercise and Sport* 69 (4): 411-415.
33. Koshida,S.,Y.Urabe,K.Miyashita,K.Iwai,and A.Kagimori. 2008. Muscular outputs during dynamic bench press under stable versus unstable conditions. *Journal of Strength and Conditioning Research* 22 (5): 1584-1588.
34. Marshall, P.W.M., and B.A. Murphy. 2005. Core stability on and off a Swiss ball. *Archives of Physical Medicine and Rehabilitation* 86: 242-249.
35. Marshall, P.W.M., and B.A. Murphy. 2006. Increased deltoid and abdominal muscle activity during Swiss ball bench press. *Journal of Strength and Conditioning Research* 20 (4): 745-750.
36. McBride, J. 1995. Dynamic warm-up and flexibility: A key to basketball success. *Coaching Women's Basketball* (Summer): 15-17.
37. Ninos, J. 1999. When could stretching be harmful? *Strength and Conditioning Journal* 21 (5): 57-58.
38. Nuzzo, J.L., G.O. McCaulley, P. Cormie, M.J. Cavill, and J.M. McBride. 2008. Trunk muscle activity during stability ball and free weight exercises. *Journal of Strength and Conditioning Research* 22 (1): 95-102.
39. O'Brien, B., W. Payne, P. Gastin, and C. Burge. 1997. A comparison of active and passive warm-ups in energy system contribution and performance in moderate heat. *Australian Journal of Science and Medicine in Sport* 29 (4): 106-109.
40. Poe, C.M. 1995. Principles of off-ice strength, power, and flexibility training for figure skaters. *Skating* 72 (9): 22-30.
41. Purton, J., B. Humphries, and G. Warman. 2001. Comparison of peak muscular activation between Ab-roller and exercise ball. Honors thesis, Central Queensland University, Rockhampton, Queensland.
42. Ross, M. 1999. Stretching the hip flexors. *Strength and Conditioning Journal* 21 (3): 71-72.
43. Sady, S.P., M. Wortman, and D. Blanke. 1982. Flexibility training: Ballistic, static, or proprioceptive neuromuscular facilitation? *Archives of Physical Medicine and Rehabilitation* 63: 261-263.
44. Sato, K., and M. Mokha. 2008. Does core strength training influence running kinetics, lower extremity stability, and 5000-m performance in runners? *Journal of Strength and Conditioning Research* 23 (1): 133-140.
45. Schibek, J.S., K.M. Guskiewicz, W.E. Prentice, S. Mays, and J.M. Davis. 2001. The effect of core stabilization training on functional performance in swimming. Master's thesis, University of North Carolina, Chapel Hill.
46. Shellock, F.G., and W.E. Prentice. 1985. Warming-up and stretching for improved physical performance and prevention of sports-

related injuries. *Sports Medicine* 2 (4): 267-278.

47. Sobel,T.,T.S.Ellenbecker,and E.P.Roetert.1995. Flexibility training for tennis. *Strength and Conditioning Journal* 17 (6): 43-51.
48. Stanton, R., P.R. Reaburn, and B. Humphries. 2004. The effect of short-term Swiss ball training on core stability and running economy. *Journal of Strength and Conditioning Research* 18 (3): 522-528.
49. Sternlight,E.,S.Rugg,L.L.Fujii,K.G.Tomomitsu, and M.M. Seki. 2007. Electromyographic comparison of a stability ball crunch with a traditional crunch. *Journal of Strength and Conditioning Research* 21 (2): 506-509.
50. Stricker, T., T. Malone, and W.E. Garrett. 1990. The effects of passive warming on muscle injury. *American Journal of Sports Medicine* 18 (2): 141-145.
51. Tancred, T., and B. Tancred. 1995. An examination of the benefits of warm-up: A review. *New Studies in Athletics* 10 (4): 35-41.
52. Tanigawa, M.C. 1972. Comparison of the hold relax procedure and passive mobilization on increasing muscle length. Physical *Therapy* 52: 725-735.
53. Thomas, M. 2000. The functional warm-up. *Strength and Conditioning Journal* 22 (2): 51-53.
54. Vera-Garcia,F.J.,S.G.Grenier, and S.McGill.2000. Abdominal muscle response during curl-ups on both stable and unstable surfaces. *Physical Therapy* 80: 564-569.
55. Wahl, J.M., and D.G. Behm. 2008. Not all instability training devices enhance muscle activation in highly resistance-trained individuals. *Journal of Strength and Conditioning Research* 22 (4): 1360-1370.
56. Willardson, J. 2007. Core stability training: Applications to sports conditioning programs. *Journal of Strength and Conditioning Research* 21 (3): 979-985.
57. Wirth, V.J., B.L. Van Luten, D. Mistry, E. Saliba, and F.C. McCue. 1998.Temperature changes in deep muscles during upper and lower extremity exercise. *Journal of Athletic Training* 33 (3): 211-215.

第13章

抗阻训练运动技巧

约翰 • F. 格雷厄姆（John F. Graham），MS

学习完本章后，你将能够掌握如下内容。

- 了解正确完成和指导抗阻训练的基本技术。
- 描述抗阻训练中正确的保护技术，以及需要这些技术的情况。
- 确定适宜的抗阻训练器械与服饰。
- 识别抗阻训练技术的常见错误。

对于客户来说，私人教练的一个最重要的职责是在最安全合理的条件下，通过指导和管理抗阻训练技术来保证获得最理想的训练效果。本章将介绍抗阻训练的益处、生理适应、安全事项及练习技术。本章的后半部分将详细介绍抗阻训练中的练习技术及保护要领。

基础运动技巧指南

在所有抗阻训练中有一些最基本的注意事项。练习者需要了解各种杠铃、哑铃的基本情况及握法，以及练习时的身体姿势、基本动作要领、呼吸方法，以掌握安全高效的练习技术。

握法类型与握距

抗阻训练中最常用的握法为正握和反握［图 13.1（a）和（b）］。正握即手掌朝下，指关节朝上（也称为上手握）。反握即手掌朝上，指关节朝下（也称为下手握）。举例来说，肩上推举即为正握法，屈腕则为反握法。有些练习，如哑铃锤式弯举和坐姿肩上推举则采用对握，这种握法就像握手一样，掌心相对，指关节朝外。

在此感谢本书第 1 版本章的作者托马斯 • R. 贝希勒（Thomas R. Baechle）和罗杰• W. 厄尔（Roger W. Earle）对本书的贡献。

建议在进行杠铃训练时采用正反握，即一只手正握杠铃，另一只手反握杠铃 [图 13.1（c）]。无论是正握、反握还是正反握，大拇指均要包裹在杠铃上，拇指的这种握法称为闭握。如果大拇指没有越过杠铃杆，而是放在食指边，这种握法称为开握或假握 [图 13.1（d）]。另外，客户在进行自由重量抗阻训练时，置于杠铃上双手间的距离也是私人教练需要指导的重点。这个距离就称为握距（图 13.2）。4 种常见的握距分别是窄握距、齐髋握距、齐肩握距以及宽握距。对多数杠铃练习，齐肩握距为最常用的握距。不过，客户的身材体形也会影响握距。不管采用什么样的握距，最重要的是要保证练习时杠铃的稳定。

起始姿势

在进行抗阻训练时，私人教练应教会客户正确的起始姿势。私人教练在演示新动作时，要让客户明白如何建立动作的起始姿势。良好的起始姿势可以在练

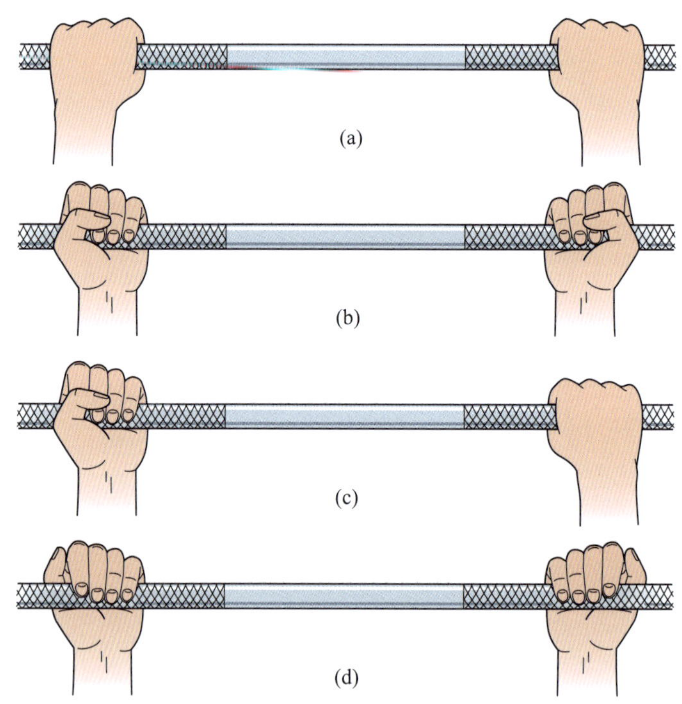

图 13.1 常用握法：（a）正握 - 闭握；（b）反握 - 闭握；（c）正反握 - 闭握；（d）反握 - 开握

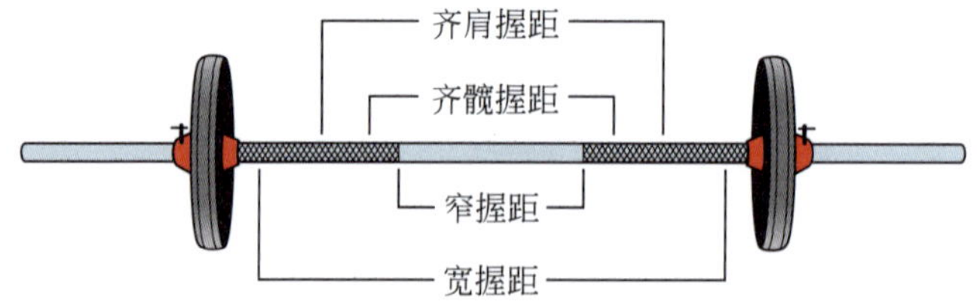

图 13.2 常见握距：窄握距、齐髋握距、齐肩握距、宽握距

习时保持身体姿态稳定，从而保证对目标肌肉施以足够的刺激。站立时的练习（如杠铃背蹲、杠铃俯身划船、杠铃胸前提拉等）需要练习者在平地上双脚分开，距离控制在齐髋宽与齐肩宽之间。固定器械练习时，私人教练应根据客户的身材调整座高及各种靠垫位置，让训练关节与器械转动轴处于同一条直线上。举例说明，客户进行坐姿器械伸腿练习时，私人教练应前后调整靠背角度、前后坐距以及踝关节靠垫上下的高度，以使膝关节与器械转轴在一条直线上。

私人教练在给客户演示每一个新练习动作时，首先要建立稳定的起始姿势。

“五点支撑”姿势

有些自由重量和固定器械练习是以坐姿（如腿举和肩推）或仰卧姿势进行的（如哑铃卧推、仰卧肱三头肌伸展、哑铃飞鸟）。在靠背椅或长条椅上进行仰卧练习时，私人教练需指导客户处于五点支撑姿势，即使身体的 5 个部位接触椅子、地板或踏板。

- 头后部
- 上背部及肩后部
- 下背部及臀部
- 右脚
- 左脚

有些俯卧练习需要客户面部向下（如腿弯举、山羊挺身），身体前部的大部分与地板或器械靠垫和把手接触。例如，俯卧腿弯举练习的五点支撑，需要以下身体的 5 个部位与器材接触。

- 下颚（或头转向左右侧时的一侧脸颊）
- 胸部及腹部
- 髋及大腿前部
- 右手
- 左手

呼吸注意事项

私人教练最好建议客户在抗阻训练的向心或用力过程中的动作粘滞点（动作最难完成的部分）呼气，在动作较容易的部分（离心阶段）吸气。一般来说，粘滞点出现在离心转为向心阶段后不久。例如，杠铃上斜卧推时，在杠铃推起的前半段未达到粘滞点，练习者需采用呼气的方式通过该区域。在杠铃回落至起始姿势的过程中，应吸气。这种呼吸方式适用于绝大多数的抗阻训练。私人教练也可以告诉客户，在动作的困难阶段呼气，在容易阶段吸气。

瓦尔萨尔瓦呼吸法

有些练习需要采用特殊的呼吸方式才能取得更好的表现。因此，私人教练必须向客户讲明在特殊练习采用的特殊呼吸法。比如，客户经常进行抗阻训练，在进行结构性训练（使脊柱负重的练习，如背蹲、推举）或训练时腰部受力的练习（如杠铃俯身划船、杠铃硬拉、肩上推举）时，如果在练习时屏住呼吸，效果会更明显。

这种呼吸方式称为瓦尔萨尔瓦（Valsalva）呼吸法。采用此法呼吸时，腹肌和胸腔用力收缩，声门关闭，阻止肺内气体呼出。人用力呼气，欲将关闭的喉咙冲开。这样一来，膈肌和躯干的深层肌肉收缩形成对抗“流体球”的腹内压，从而由内至外稳固脊柱关节，并明显减轻其他肌肉的参与压力（如背蹲练习时腰部肌肉参与稳定脊柱）[5]。因此，在瓦尔萨尔瓦呼吸方式的作用下，客户能够在练习时保持正确的身体姿势。以下是私人教练可以给高运动能力水平客户提供的在采用瓦尔萨尔瓦呼吸法时的两种口头指导。

- 选择1：在向心用力前的离心收缩阶段吸气；随后在通过粘滞点前屏住呼吸，随后呼气。口头指导：“动作不费劲时吸气，动作最难的时候憋住气，然后呼气”。
- 选择2：在下一次练习前吸气，然后屏住呼吸直到通过粘滞点，随后呼气。口头指导：“练习前吸一口气，动作开始时憋住气，一直到动作最难阶段结束后再呼气”。

以选择1为例，客户在进行大负重杠铃背蹲练习时，在下蹲至最低点过程中吸气，随后进行瓦尔萨尔瓦呼吸，直到上升并通过粘滞点后呼气至动作结束。

尽管瓦尔萨尔瓦呼吸法在进行抗阻训练时有一定优势，但这种呼吸方式会引起胸内压上升，对心脏产生不适压力，造成静脉血回流困难。此外，瓦尔萨尔瓦呼吸法还会导致短时血压升高，客户可能会出现眩晕、疲劳、血管破裂、失去方向感和晕厥等生理现象。所以，私人教练不应让患有或疑似患有心血管疾病、代谢或呼吸疾病的客户在进行抗阻训练时使用瓦尔萨尔瓦呼吸法。对健身客户进行最大或次最大力量测试时，私人教练应该权衡瓦尔萨尔瓦呼吸法的利弊，最终决定是否让客户使用这种方法。虽然瓦尔萨尔瓦呼吸法有利于在测试时加强脊柱内部稳定性以及保证测试安全及动作正确，但屏气的时间建议不宜过长。即便是经常进行抗阻训练的高水平客户，也应建议其只能短暂屏气（即1～2秒）。

私人教练不应允许已知患有或疑似患有心血管、代谢或呼吸疾病的客户在抗阻训练时使用瓦尔萨尔瓦呼吸法。

举重腰带的使用建议

实践证明，使用举重腰带可以在进行抗阻训练时增加腹内压[19, 21, 22]。使用举重腰带可减轻作用在脊柱上的压力，增加训练的安全性。然而，不管做什么练习，如果客户都使用举重腰带，反而会削弱腰部和腹部肌肉对躯干的支撑能力[19]。那么一旦不系举重腰带，在练习时躯干肌群将无法产生足够的腹内压来稳定动作，受伤的风险会随之增加。客户何时需要佩戴举重腰带，私人教练可以参考以下建议。

- 进行对躯干和腰部会产生压力，以地面为支撑的结构性抗阻训练（如背蹲、前蹲、站姿肩上推举、硬拉）以及最大强度或次最大强度的举重练习时需要系举重腰带（当然，如果上述两类练习的负荷轻，也没有必要系举重腰带）。

- 进行只对腰部产生压力，但没有直接对躯干产生负荷的练习（如背部下拉、卧推、肱二头肌弯举、坐姿伸腿）等可以不用系举重腰带。

建议在站立于地面进行的结构性训练中、举起最大或接近最大负荷时佩戴举重腰带。

抗阻训练中的保护措施

在客户进行抗阻训练时，私人健身教练的首要任务是要保证训练安全。除了给客户讲清楚动作要领并在练习时给予强化外，私人健身教练还要担当客户练习时的保护者的角色，从而降低受伤风险。客户在进行自由重量练习时通常需要有人保护。杠铃、哑铃和负重片等由于在练习时没有限制运行轨迹，可能会出现客户失控导致受伤的情况。客户在进行固定器械练习时，虽然也可能需要保护人员，但在这类练习中不会出现杠铃、哑铃或负重片滑落砸伤客户的情况，因此也可以不用保护。不过，这并不是说固定器械练习就不需要私人教练的监督或协助（例如，客户可能需要在私人健身教练的帮助下保证一定的练习速度或幅度）。

有时，客户也许需要在私人教练的帮助下进行强迫反复（即在他人帮助下完成重复动作）。但这种情况不应与保护混为一谈或替代训练中的安全保护。

做自由重量练习时，有 4 种情况需要有人保护，这些练习如下。

- 头部上方的练习（如站姿肩上推举）。
- 脸部上方的练习（如卧推、仰卧屈臂伸）。
- 上背部或肩后部杠铃负重练习（如背蹲）。
- 肩前部或锁骨处杠铃负重练习（如前蹲）。

对头部或脸部上方练习的保护措施

很多头部或脸部上方的抗阻训练是在站、坐（如肩上推举、坐姿哑铃头后臂屈伸）或仰卧（如卧推、哑铃飞鸟、仰卧臂屈伸、仰卧哑铃直臂拉）条件下完成的。由于在这些练习中，杠铃或哑铃会在头部或脸部上方运动，因此比起其他抗阻训练而言有更高的致伤可能性。为了真正取得保护效果，私人健身教练至少要和客户一样高。如果不是，私人健身教练也需要调整保护时的身体高度，如让客户采用坐姿进行抗阻训练。有些卧推或肩上推训练器会配备一个小垫板，私人健身教练可以站在上面为客户提供有效的保护。

杠铃练习

在客户进行脸部上方的杠铃练习时，私人教练应在客户双手握距内采用正反握进行保护。这种握法会防止杠铃从私人教练手中滑脱碰撞到客户的头、脸或颈部。另外，私人教练应尽量靠近客户，不得分心，在需要时随时快速握紧杠铃。

最后，私人教练应作为一个稳定的支撑基础，双脚在前后平稳分立，保持腰背挺直，不得弓身。不过，有些卧推架可能没有足够的空间让私人健身教练双脚前后分立。

哑铃练习

在头部或脸部上方的哑铃练习中，经常会看到人们对上臂或肘部给予保护。但这种方式可能在保护练习者上臂或肘部进行托举时，因肘部突然疲劳失控而造成伤害。当这种情况发生时，保护者甚至来不及阻止哑铃掉落至练习者的头部、脸部、颈部或胸部。在健身客户进行这种哑铃练习时，私人健身教练应该在尽量靠近哑铃的位置保护客户的手腕（图 13.3）。有的练习需要客户双手握住哑铃（如仰卧哑铃直臂拉），或每只手各持一个哑铃（如头上哑铃臂屈伸），私人健身教练需要在练习动作的后半程，即接近地面时，用手扶住哑铃。

当客户进行头部或脸部上方的哑铃练习时，私人教练应对其手腕而不是上臂或肘关节进行保护。

对杠铃在前肩或后肩的练习的保护措施

杠铃在颈基部横跨双肩或上背部的练习（如背蹲、弓步蹲、上台阶）或在肩前部和锁骨上的练习（如前蹲）都需要有人保护。和上述练习的保护一样，私人教练不仅要有足够的力量，而且至少要有和客户一样的身高。对于本节提到的练习，私人教练可以采用多种保护方式。例如，保护者可靠近练习者身后站立（但不能影响练习），万一练习者无法完成某次练习，保护者可以在身后抱住练习者并用力向上扶起练习者。为了进一步确保练习的安全性，此类练习应尽可能地在蹲举架内进行，保护横杆可以固定在杠铃下行的最低点，防止因练习者疲劳导致伤害或意外事故。

图 13.3 私人教练在哑铃练习中保护客户时应抓住箭头所指的部位

对爆发性练习的保护

一般来说，爆发性或动作功率练习（如高翻、悬垂翻、挺举、高拉、抓举等）不需要保护。对私人教练而言，保护并抓住高速运动中的杠铃是一件极其困难的事，弄不好还会同时伤及练习者和自己。鉴于这类练习的特性，练习者应在隔离区域或举重台上完成爆发性练习，以防失手（无法完成一次重复）或失去对杠铃的控制。私人健身教练应给客户讲明，如果出现杠铃失控脱落或滑落，需要将杠铃推离身体或只需让其垂直下落即可，而不是亲身去保护客户。一旦杠铃在头部上方脱落时，客户应在其下落的同时及时向前迈步或跳步，快速松手并躲开下落的杠铃。另外，在练习前应保证周围没有任何障碍物。

爆发性练习应该在隔离区域或举重台上进行，并且无须保护。

保护者人数

如果确定客户进行某个练习时需要保护，私人教练接下来应确定进行保护的人数。如果练习时的负重超出了私人健身教练本人的有效保护能力，则需要再增加 1 名保护人员。例如，在前蹲或背蹲练习时，通常需要在杠铃两端各安排 1 名保护者。但在这种情况下需要有经验的保护者，在必要的时候不仅能够同时提供恰如其分的保护，而且能够辅助客户保持杠铃水平和平衡。如果负重特别大，那么 3 个保护者比较合适。

交流

私人教练和客户之间的沟通是双方共同的责任。客户应告知私人健身教练他将何时移动杠铃、哑铃或器械的把手至动作起始姿势（称作“就位”）。如果在练习时，客户需要帮助，他应立刻告诉或示意私人健身教练。每组最后一次练习结束后，私人健身教练应帮客户将杠铃放回支架（称为“回位”）。如果双方沟通不畅，结果可能是私人健身教练提供的帮助要么过早，要么过晚，要么不当。因此，私人健身教练有必要在开始练习前和客户沟通好关于保护及帮助的各项问题。

结语

私人健身教练负责向客户传授抗阻训练的正确技术、保证训练效果并创造安全的训练环境。这不仅包括指导客户如何进行练习，还包括正确的呼吸方法和举重腰带的正确使用。私人教练还必须了解如何在抗阻训练中为客户提供保护，以及如何识别客户的错误动作并予以纠正。私人健身教练应熟悉本章所述的所有有关抗阻训练的内容，并应清楚本章并未对每个可能的练习和保护技术都配有文字说明和图片。下一页的清单是公认的最常用的抗阻训练练习技术的指导原则[7, 8, 24]。读者可通过参考文献[1-4, 6, 9-18, 20, 23]了解补充的指导原则。

抗阻训练

腹部练习

背部练习

手臂（肱二头肌）练习

手臂（肱三头肌）练习

小腿练习

胸部练习

髋关节及大腿练习

肩部练习

全身练习

腹部练习

屈膝仰卧起坐

起始姿势

仰卧在地面的垫子上。

屈膝，双脚脚跟靠近臀部。

双臂在胸前或腹部交叉。

向上运动期

屈颈，下颚向胸部移动。

双脚、臀及腰部接触垫子，躯干向大腿方向弯曲，直至背部离开垫子。

保持双臂在胸前或腹部交叉。

向下运动期

躯干、头颈及腰部依次伸展还原至起始姿势。

保持双脚、臀及腰部原有姿势不动。

主要锻炼肌肉：
腹直肌

向上运动期的结束动作

常见错误

- 向上运动时双脚离开垫子。
- 向下运动时臀部离开垫子。

器械腹部前屈

起始姿势

坐在固定卷腹机上，胸部抵住靠垫或双手握住把手。

向前运动期

屈颈，下颚向胸部移动。

保持双脚、双腿和臀部不动，躯干向大腿方向弯曲。

胸口始终抵住靠垫（或双手抓紧把手）。

向后运动期

依次伸展躯干、头颈还原至起始姿势。

保持双脚、双腿、臀部和手臂不动。

胸口抵住靠垫（或双手抓紧把手）。

常见错误

- 在向前运动期，臀部离开座垫。
- 靠双腿或手臂用力弯曲躯干。

主要锻炼肌肉：
腹直肌

向前运动期的结束动作

背部练习

俯身划船

主要锻炼肌肉：
背阔肌、大圆肌、菱形肌、三角肌后束

起始姿势

双手闭合正握杠铃杆，握距略比肩宽。

身体靠近杠铃，从地面上拉起杠铃至小腿中部。

双脚分开，与肩同宽站立，微屈或适当弯曲膝关节。

躯干前屈，上体与地面接近平行。

目视下前方。

双臂伸直，杠铃片靠近身体。

调整膝、髋和躯干位置，使杠铃片悬垂至体前。

起始姿势

向上运动期

向胸下部或上腹部方向拉起杠铃。

屈臂，双肘指向外侧，手腕与手臂处于一条直线上。

保持躯干稳定，腰背平直，屈膝角度不变。

将杠铃杆拉至肋骨外沿或上腹部。在最高点时，双肘位置高于躯干。

向下运动期

双臂缓慢伸展还原至起始姿势。

保持躯干稳定，腰背平直，屈膝角度不变。

一组练习结束后，身体下蹲，将杠铃放在地面上。

向上和向下运动

常见错误

- 靠猛抬身体、耸肩、伸展躯干、伸膝、屈腕或抬脚尖来帮助提拉杠铃。
- 练习时弓背（腰背不平直）。

下拉

起始姿势

双手闭合正握横杆，握距略比肩宽。

面对固定器械，双腿顶住靠垫，双脚平放在地面上。

上体略微后倾，保证横杆可沿垂直方向下拉。

双臂伸展。

处于起始姿势时，负重片刚好处于悬空状态。

向下运动期

下拉横杆至胸口上方，双肘向下向后移动，下拉横杆时向上挺胸。

保持双脚、膝和躯干静止不动。

向上运动期

缓慢伸展双臂至起始姿势。

保持双脚、膝和躯干静止不动。

完成一组后，起身站立，让负重片回落至原处。

起始姿势

常见错误

- 采用开放式握法。
- 收缩腹肌，弯曲躯干完成下拉。
- 还原时双臂没有伸直。
- 下拉至头颈后。

向下和向上运动

主要锻炼肌肉：

背阔肌、大圆肌、菱形肌、三角肌后束

坐姿划船

起始姿势

主要锻炼肌肉：
背阔肌、大圆肌、菱形肌、三角肌后束

坐姿面对划船器（坐在长条座椅或地板上）。

双脚踩在踏板上。

屈膝、屈髋，前伸双臂抓住把手采用闭合对握。

向后拉动把手保持直立坐姿，躯干垂直于地板，双膝微屈，双腿彼此平行。

双臂伸直。

处于起始姿势时，负重片刚好处于悬空状态。

起始姿势

向后运动期

双手紧握把手向胸口或腹部拉动。

保证躯干直立，双膝微屈。

拉动把手至肋骨或腹部。

向前运动期

缓慢伸展双臂至起始姿势。

保持躯干直立，双膝微屈。

一组练习结束后，屈膝、屈髋，双臂前伸，还原负重片。

向后与向前运动

常见错误

- 在向后运动期，猛抬或后仰上体。
- 在向后运动期，向躯干方向屈肘。
- 在向前运动期，躯干弯曲。

坐姿划船（阻力带）

起始姿势

双手用闭合对握法握住阻力带把手。

坐在地板或垫子上，双膝微屈，在前脚掌上环绕阻力带进行固定。

躯干直立与地面垂直。

双臂伸直，手掌相对。

此时，阻力带处于伸直状态（但未被拉长）。阻力带如果没有伸展，可以增加脚掌处的固定圈数，从而满足起始姿势要求。

向后运动期

向胸口或上腹部拉动阻力带。

保持躯干直立，双膝微屈。

双手拉动阻力带至躯干两侧。

向前运动期

双臂缓慢伸直，身体还原至起始姿势。

保持躯干直立，双膝微屈。

常见错误

- 在向后运动期，猛抬或后仰上体。
- 在向后运动期，向躯干方向屈肘。
- 在向前运动期，躯干弯曲。

主要锻炼肌肉：
背阔肌、大圆肌、菱形肌、三角肌后束

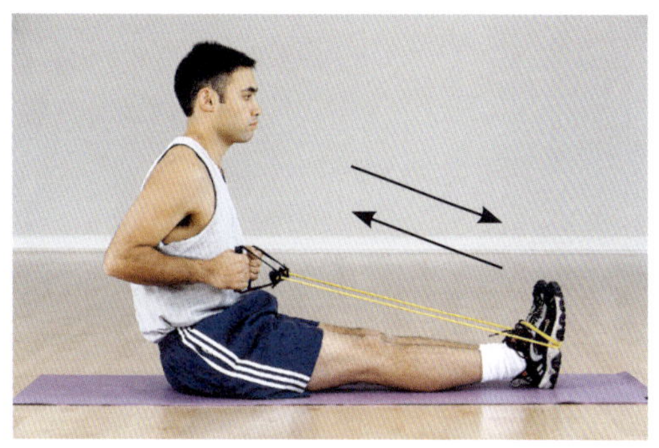

向后运动期结束动作

器械背部伸展

起始姿势

坐在器械座椅上，背部抵住靠背。

躯干前倾，使髋与器械转轴处在同一直线上。

双脚踩在踏板上。

双手握紧座椅两侧把手或座椅两侧。

向后运动期

保持大腿和双脚不动，向后伸背（背后仰）。

保证背部紧贴靠背。

双手握紧把手或座椅两侧。

向前运动期

躯干向前弯曲至起始姿势。

保证背部紧贴靠背，大腿及双脚稳定不动。

双手握紧把手或座椅两侧。

起始姿势

向前与向后运动

常见错误

- 在向后运动期，蹬腿或身体离开座椅。
- 在向前运动期，背部弯曲。

主要锻炼肌肉：
竖脊肌

手臂（肱二头肌）练习

肱二头肌弯举（杠铃）

起始姿势

向上和向下运动

起始姿势

双手闭合反握杠铃，握距略比肩宽。
双脚分开与肩同宽站立，双膝微屈。
双臂伸直，杠铃置于大腿前方。

向上运动期

双臂弯曲沿弧线向肩部拉起杠铃。
躯干保持直立，上臂不动，双膝微屈。
双臂弯举杠铃至距离肩 4 ～ 6 英寸（10 ～ 15 厘米）处。

向下运动期

双臂缓慢伸展，还原至起始姿势。
保持躯干、上臂及双膝位置不变。

常见错误

- 在向上运动期，靠猛抬上体、耸肩、伸展躯干、伸膝、用摆动杠铃或抬起脚尖等方式帮助拉起杠铃。
- 在向上或向下运动期，双臂带动杠铃前后摆动。
- 在向下运动期结束时，双臂伸展不够（动作幅度减小）。
- 靠大腿反弹，通过借力完成下一次重复动作。

主要锻炼肌肉：
肱肌、肱二头肌（重点）、肱桡肌

肱二头肌弯举（阻力带）

主要锻炼肌肉：
肱肌、肱二头肌（重点）、肱桡肌

起始姿势

双手闭合反握阻力带把手。

双脚分开与肩同宽站立，脚掌中部压住阻力带中间部分。

身体直立，双膝微屈。

手掌向上在大腿前部握紧阻力带把手。

此时，阻力带处于伸展状态（但未被拉长），如果阻力带依旧松弛，可适当增加双脚站距或换稍短的阻力带。

向上运动期

双臂弯曲沿弧线向肩部拉紧阻力带。

躯干保持直立，上臂不动，双膝微屈。

双臂弯曲至距离肩4～6英寸（10～15厘米）处。

向下运动期

双臂缓慢伸展，还原至起始姿势。

保持躯干、上臂及双膝位置不变。

常见错误

- 在向上运动期通过耸肩借力弯举。
- 在向上运动期双肘离开身体两侧。
- 还原动作时，双臂伸展不够（动作幅度减小）。

向上运动期结束动作

肱二头肌弯举（传教士式）（组合器械）

起始姿势

坐在肱二头肌弯举器座椅上，胸口抵住靠垫。

双手闭合反握把手，双臂伸直。

双臂放在略微向上倾斜的托板上，使肘关节和器械转轴在同一直线上。

双脚踩在器械踏板、支架或地板上。

躯干直立，胸口抵住靠垫，如果需要可调整靠垫位置，使躯干垂直于地面。

起始姿势

向上运动期

在躯干、双腿及双脚位置不动的前提下，双手握紧把手，向脸及肩部弯曲手臂。

躯干和上臂压紧靠垫。

双臂弯举把手至距离肩 4～6 英寸（10～15 厘米）处。

向下运动期

双臂缓慢伸展，还原至起始姿势。

躯干和上臂压紧靠垫。

向上和向下运动

常见错误

- 在向上运动期，上臂离开托板。
- 在向上运动期，猛抬或后仰躯干。
- 在向下运动期，身体离开座椅。
- 在向下运动期，双臂伸展不够（动作幅度减小）。

主要锻炼肌肉：
肱肌、肱二头肌（重点）、肱桡肌

手臂（肱三头肌）练习

肱三头肌伸展（阻力带）

主要锻炼肌肉：
肱三头肌

起始姿势

闭合正握阻力带把手。

坐在地板或垫子上，臀部坐在阻力带中段。

上身直立，躯干垂直于地面，双腿在身体前弯曲交叉。

单手抓紧把手，在身后弯曲另一手臂，手掌朝上。

此时，阻力带处于伸展状态（但未被拉长），如果阻力带依旧松弛，可换稍短的阻力带。

向上运动期

保持手腕稳定，向上推动阻力带把手伸展手臂。

保持躯干直立、双腿交叉。

向下运动期

手臂缓慢弯曲至起始姿势。

保持躯干直立、双腿交叉。

一组练习结束后，换至另一侧。

起始姿势

常见错误

- 在向上运动期，过度向后伸展腰背。
- 在向下运动期，弯曲躯干或头颈前伸。

仰卧肱三头肌伸展

该练习需要1名保护者（私人教练），但为了清晰演示技术动作，有一张图片中未展示保护者。

客户：起始姿势

仰卧在平板上，呈五点支撑。

沟通后，接住私人教练递来的杠铃。

双手闭合正握杠铃，握距大致为30厘米。

将杠铃置于胸部上方，手臂伸直，双臂彼此平行。

肘关节指向脸部上方。

私人教练：起始姿势

沟通后，私人教练双手闭合正反握住杠铃（并非直接放在练习者脸部上方），从地面抬起杠铃。

靠近平板站立（但不要距离客户过近，以免影响练习）。

双脚分开与肩同宽站立，双膝微屈。

得到客户的信号后，私人教练将杠铃轻放在客户手中。

控制杠铃位置，将其置于客户胸口上方，并保证交接平顺。

客户：向下运动期

缓慢弯曲双肘，逐渐使杠铃向鼻、脸、前额或头顶方向下移（根据客户手臂长短而定）。

保证手腕稳定，肘部指向脸部上方。

保证双臂平行，上臂垂直于地面。

下移杠铃直到与头顶或前额接触。

保持身体五点支撑。

私人教练：向下运动期

在杠铃下移过程中，保持双手呈正反握并空握杠铃杆（不要接触杠铃杆）。

微屈髋、膝和躯干，并保证腰背平直。

客户：向上运动期

向上推起杠铃直至双臂完全伸直。

保持手腕稳定，肘部指向脸部上方。

双臂平行，上臂垂直于地面。

保持身体五点支撑。

一组练习结束后，示意私人教练移开杠铃。

私人教练：向上运动期

在杠铃上升时，私人教练双手呈正反握并空握杠铃杆（不要接触杠铃杆）。

微屈髋、膝和躯干，并保证腰背平直。

完成一组练习后，当接到客户信号后，私人教练双手抓住杠铃杆，缓慢放回地面上。

常见错误

- 完成动作时，双肘向外展开。
- 完成动作时，上臂移动，不能垂直于地面。
- 向上运动期，腰背后伸或臀部离开平板。

主要锻炼肌肉：

肱三头肌

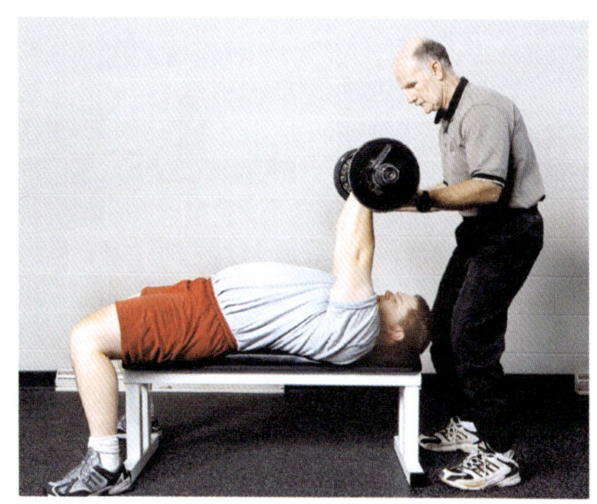

起始姿势

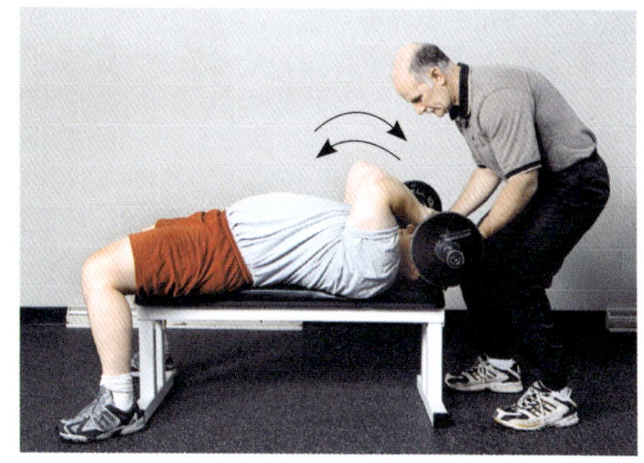

向上和向下运动

向下运动期结束时双臂和肘关节的位置

肱三头肌下压

起始姿势

双手闭合正握器械下压横杆，握距控制在6～12英寸（15～30厘米）。最短握距标准为双手握住横杆后，沿横杆方向伸出两只手的大拇指，二者可以触碰在一起时的距离。最大握距标准为双手握住横杆时，两只手臂相互平行时的距离。

双脚分开与肩同宽站立，躯干直立，双膝微屈。

双手下压横杆，双臂弯曲，双肘置于身体两侧。

调整双臂弯曲的角度使前臂与地面近似平行。

身体靠近器械，在起始姿势时绳索垂直于地面。

头部保持中立位置，绳索刚好位于鼻子前端。

躯干姿势可以通过做到以下几点来维持：

- 双肩后移；
- 双臂和双肘紧贴身体两侧；
- 腹肌始终保持收缩。

在这一姿势下，克服的阻力只是负重片的重量。

向下运动期

双手握紧横杆，双臂用力下压至双肘完全伸展。

保持躯干和上臂不动。

向上运动期

缓慢弯曲双肘至起始姿势。

保持躯干、上臂及双膝位置不变。

完成一组练习后，缓慢回放横杆至负重片恢复原处。

主要锻炼肌肉：
肱三头肌

起始姿势

向下和向上运动

常见错误

- 完成动作时，双肘离开身体两侧（双肘随动作前后摆动）。
- 下压动作时，躯干弯曲。
- 下压动作结束时，锁紧双肘。
- 完成动作时，头颈扭向一侧。

小腿练习

站姿提踵（器械）

起始姿势

面对器械站立，前脚掌踩在垫板边缘，脚尖指向正前方。

身体移至杠铃杆下方，上体直立，使髋关节位于肩关节正下方。

双腿及双脚相互平行。

略微向上提踵，使卡扣脱离支撑横板。如果没有此装置，则需保证肩部处于能够完成完整动作的位置。

完全伸展双膝，但不得用力过猛。

脚跟下落至低于垫板平面，且小腿处于适度拉伸状态。

起始姿势

向上运动期

提踵，完全伸展脚踝。

保持躯干直立，双腿伸直，双腿、双脚彼此平行。

向下运动期

缓慢下落脚跟至起始姿势。

保持身体其他位置不变。

完成一组练习后，微屈双膝，使杠铃杆两端卡扣回落至支撑位，随后将身体从横杆下移开。

向上和向下运动

常见错误

- 完成动作时，双脚内翻或外翻。
- 完成动作时，屈伸膝关节。
- 练习时利用惯性。

主要锻炼肌肉：
腓肠肌（重点）、比目鱼肌

坐姿提踵（器械）

起始姿势

坐在提踵机的座椅上，双腿前部抵住踏板，大腿基本与地面平行。

双脚前脚掌踩在踏板边缘，脚尖指向正前方。

双脚、双腿互相平行。

略微提踵，移开器械上的负重支撑架。

双脚脚跟下移至低于踏板平面，且小腿处于适度拉伸状态。

起始姿势

向上运动期

提踵，完全伸展脚踝，保持躯干直立，双腿、双脚互相平行。

向下运动期

脚跟缓慢下落至起始姿势。

保持身体其他位置不变。

完成一组练习后，还原支撑，移开双脚。

向上和向下运动

常见错误

- 完成动作时，双脚内翻或外翻。
- 借助双手或后仰上身借力克服阻力。
- 练习时利用惯性。

主要锻炼肌肉：

比目鱼肌（重点）、腓肠肌

胸部练习

平板杠铃卧推

客户：起始姿势

仰卧在平板上，身体呈五点支撑。

仰卧时，眼睛处于杠铃正下方。

双手闭合正握杠铃杆，握距略宽于肩。

示意私人教练提起杠铃。

将杠铃移至胸口上方，双臂伸直。

私人教练：起始姿势

靠近客户头部站立（不得干扰客户视线）。

双脚分开略比肩宽，双膝微屈。

在客户两臂之间，双手闭合正反握住杠铃杆。

接到客户的信号后，向上提拉杠铃移开支架，并保证其双臂伸直。

移动杠铃至客户胸口上方。

客户：向下运动期

保持杠铃沿垂直方向缓慢下移至胸口。

双肘外展弯曲，下移至躯干水平线以下。

保持手腕稳定，始终处于肘关节上方。

上臂垂直于地面，双臂互相平行。

保持身体五点支撑。

私人教练：向下运动期

当杠铃向下移动时，双手正反握并空握杠铃杆（不接触杠铃杆）。

屈髋、屈膝，躯干略微向前倾，保持腰背平直。

客户：向上运动期

尽量沿下行轨迹向上推起杠铃至双臂伸直。

保持手腕稳定，处于肘关节正上方。

保持身体五点支撑。

一组练习结束后，示意私人教练一起将杠铃放回支撑架。

直到确认杠铃稳定后，再松开双手。

私人教练：向上运动期

在杠铃上升时，用正反手空握杠铃杆（无需抓握）。

随着杠铃杆的移动，逐渐伸膝、伸髋、抬起上体，保持腰背平直。

当收到客户结束练习的信号后，正反手抓握杠铃杆，帮助客户将杠铃杆放回支撑架。

主要锻炼肌肉：

胸大肌、三角肌前束、胸小肌、前锯肌、肱三头肌

起始姿势

向下和向上运动

常见错误

- 借助胸部反弹力推起杠铃通过动作“粘滞点”。
- 推起杠铃时，臀部离开平板。
- 完成动作时，头部离开平板。

平板哑铃飞鸟

此练习需要一名保护者，为了演示清楚动作，图中并未展示保护者。

客户：起始姿势

仰卧在平板上，身体呈五点支撑。

沟通后，双手依次接过私人教练递来的哑铃（每次接 1 只），然后将哑铃靠近或抵在胸口。

调整哑铃把手呈对握。

示意私人教练后，将哑铃移至胸口上方，双臂伸展，且相互平行。

向体侧方向微屈双肘。

私人教练：起始姿势

收到客户信号后，将哑铃递到客户手中（每次 1 只）。

在客户调整哑铃时，单膝跪地，另一条腿屈膝平放在地板上，身体靠近客户头顶（但不能干扰客户动作）。

之后，双手分别握住客户的手腕。

收到客户信号后，帮助移动哑铃至客户胸口上方。

随后，平稳松开双手。

客户：向下运动期

让哑铃沿两侧画圆弧缓慢移至与肩膀或胸部呈一条直线。

哑铃下行时，保持两只哑铃把手彼此平行。

保持手腕稳定，双肘微屈。

使哑铃、肘和肩关节保持在一条直线上。

保持身体五点支撑。

私人教练：向下运动期

当哑铃向下移动时，双手在客户手腕处进行保护，但不要抓握手腕。

客户：向上运动期

双手沿弧线向上拉起哑铃至起始姿势，想象正张开双臂去抱一棵树粗大的树干。

保持手腕稳定，双肘微屈。

保持哑铃与肘、肩关节在同一直线上。

保持五点支撑。

完成一组练习后，首先将哑铃慢慢下放至胸口或腋窝处，并示意私人教练拿走哑铃，放回地面。

私人教练：向上运动期

在哑铃上行过程中，双手靠近客户手腕进行保护，但不要抓握。

收到客户信号后，从客户手中接过哑铃放回地面。

> 主要锻炼肌肉：
> 胸大肌、三角肌前束

起始姿势

向下和向上运动

常见错误

- 完成动作时，屈伸肘关节。
- 完成动作时，臀部离开平板。
- 完成动作时，头部前屈。
- 在向下运动期，哑铃下降位置超过胸部水平面。

夹胸（蝴蝶机）

主要锻炼肌肉：
胸大肌

起始姿势

坐在夹胸器械座椅上，头部、背部、髋部和臀部分别贴紧靠垫。

如果座椅高度可调，将其调节至：

- 大腿与地面平行，双脚脚掌平放在地面上；
- 根据器械类型，肩部略高于手臂靠垫（或与靠垫在同一条直线上）；
- 双臂与地面平行，双手握住把手。

手握把手时：

呈闭合对握，屈肘呈 90 度角；

前臂抵住把手前部的靠垫（图中未显示）；

如果在起始姿势把手位置过于靠后，则踩下脚垫（有配备的器械）装置使把手前移，或请私人教练帮助前移把手。

起始姿势

向后运动期

握紧把手，控制速度向后缓慢展开双臂。

保持手腕垂直于地面，手臂和肘部贴紧靠垫（图中未显示），上臂与地面平行。

双臂向后展开至与胸部呈一条直线。

向前运动期

在控制速度的前提下，向前推动靠垫，双臂向中线靠近。

手臂抵住靠垫用力向一起夹紧。

完成一组练习后，缓慢还原至起始姿势。

向后和向前运动

常见错误

- 座椅调得过高或过低。
- 依靠手或手掌移动把手，而不是双臂。
- 后摆把手借力完成练习。
- 向前用力时，躯干前倾。

胸推（阻力带）

主要锻炼肌肉：
胸大肌、三角肌前束、肱三头肌

起始姿势

将阻力带绕过背部，双手闭合正握阻力带把手，阻力带的高度与乳头齐平。

双脚分开与肩同宽站立，双膝微屈。

在保持双臂与胸部同高的前提下，使手掌朝下。

该姿势下，阻力带处于伸直状态，如果阻力带松弛，则选择短一些的阻力带。

向前运动期

前推阻力带把手至双臂伸直。

保持双臂与地面平行。

完成动作时，双膝微屈，身体重心控制在脚跟支撑面内。

向后运动期

弯曲双肘，还原至起始姿势。

保持双臂与地面平行。

双膝微屈，身体重心控制在脚跟支撑面内。

向前运动期结束动作

常见错误

- 向前动作完成得过猛，且锁紧肘关节。
- 还原动作幅度减小。

垂直胸推

主要锻炼肌肉：
胸大肌、三角肌前束、肱三头肌

起始姿势

坐在推胸器座椅上，头部、背部、髋部及臀部贴紧靠垫。

如果座椅高度可调，将座椅调节至：

- 大腿与地面平行，双脚平放在地面上；
- 器械把手位置与乳头齐高。
- 前臂与地面平行，肘部外展，双手握住把手。

双手闭合正握把手。如果在起始姿势时把手位置过于靠后，则踩下脚垫（有配备的器械）装置使把手前移，或请私人教练帮助前移把手。

起始姿势

向前运动期

向前推把手至双臂伸直。

保持身体五点支撑。

向后运动期

向后缓慢还原至起始姿势，保持把手与乳头齐高。

保持身体五点支撑。

完成一组练习后，还原把手至初始位置。

向前和向后运动

常见错误

- 座椅调节得过高或过低。
- 完成向前动作时，弯腰或蹬腿。
- 向前用力时，躯干前倾。
- 向前动作完成得过猛，且锁紧肘关节。
- 还原时动作幅度减小。

髋关节及大腿练习

坐姿腿举

起始姿势

坐在器械上，背部、髋部及臀部贴紧靠垫。如果器械有前后调节踏板或座椅的装置，则将其调节至大腿与踏板平行的位置。

双脚分开与肩同宽，放于踏板中间部位，脚尖略向外展。

双腿及双脚保持彼此平行。

双手握住把手或座椅边缘。

向前运动期

用力伸髋伸膝，前推踏板（注：有些器械设计为踏板不动，座椅向后移动）。

蹬腿至双膝伸直，保持上体直立，双脚脚跟抵住踏板。

向后运动期

双脚抵住踏板，缓慢屈髋、屈膝。

保持髋、臀贴紧座椅，背部平直且贴紧靠背。

屈髋、屈膝至大腿与踏板平行为止。

主要锻炼肌肉：

臀大肌、腘绳肌、股四头肌

起始姿势

向前和向后运动

常见错误

- 完成动作时，脚跟离开踏板，臀部离开座椅，松开把手。
- 完成动作时，只是屈伸膝关节。
- 蹬腿后锁紧膝关节。

背蹲

客户：起始姿势

站在杠铃杆下方，脚尖向前，双脚相互平行。

双手握住杠铃杆，使用“高杠铃位置”技巧：

- 闭合正握法，握距略比肩宽。
- 头部前伸至杠铃杆下方，身体向上移动，用三角肌后束抵住杠铃杆中段。双肘向后上方抬起，使杠铃杆平稳地放置在肩后。

向前、向上挺胸。

肩胛骨向下移动，相互靠近。

头颈略微向上抬起。

在此姿势下，示意保护者抬起杠铃。

与此同时，伸髋、伸膝将杠铃从支架上移出，然后后撤 1～2 步。

双脚分开与肩同宽或略比肩宽，脚尖略微外展。

双肘向后上方抬起，确保杠铃压在肩上。

2名保护者：起始姿势

2 名保护者面对面分别站在杠铃两侧，双脚分开与肩同宽，双膝微屈。

双手重叠掌心向上，托在杠铃杆两端。

接到客户信号后，双手用力向上抬起杠铃，从支架处平稳移出。

2 名保护者将杠铃放在客户肩上时，需步调一致。

双手重叠掌心向上，距离杠铃 2～3 英寸（5～8 厘米）呈托举姿势。

当客户肩负杠铃后退时，保护者也随之同时移动。

客户站好准备开始练习时，保护者双脚分开与肩同宽、微屈膝、躯干直立。

客户：向下运动期

微屈髋、屈膝，保持躯干与地面夹角不变。

腰背平直，肘关节处于高位，挺胸。

脚跟紧贴地面，膝关节处于双脚正上方。

继续屈髋、屈膝直到满足下列 3 个标准（达到下降动作的最大幅度或动作的最低点）：

- 大腿与地面平行；
- 躯干开始前屈或无法保持平直；
- 脚跟开始离开地面。

2名保护者：向下运动期

在杠铃下降时，双手重叠掌心向上靠近杠铃呈推举状，但不得接触杠铃。

微屈髋、屈膝，躯干在身体下降时保持平直。

客户：向上运动期

按相同速度伸髋、伸膝，保持躯干与地面夹角不变。

腰背平直，肘关节处于高位，挺胸。

脚跟紧贴地面，膝关节处于双脚正上方。

继续伸髋、伸膝，直到还原成站立姿势。

一组练习结束后，向前移动将杠铃放回支架。

2名保护者：向上运动期

在杠铃上升时，双手重叠掌心向上靠近杠铃呈推举状，但不得接触杠铃。

杠铃上升时，伸髋、伸膝，躯干保持平直。

一组练习结束后，帮助客户将杠铃放回支架。

主要锻炼肌肉：
臀大肌、腘绳肌、股四头肌

起始姿势

向下和向上运动

常见错误

- 下降过程中，脚跟离地，躯干明显前屈或腰背不能保持平直。
- 练习时，膝关节内扣（髋内收）或外展（髋外展）。
- 练习时，双臂放松，肘关节向下向前移动。

深蹲（阻力带）

起始姿势

双手闭合正握阻力带把手。

双脚分开与肩同宽站立，脚尖略微外展，足弓处踩住阻力带中间部分。

手握把与肩同高，略微向外移动，掌心朝前。

保持腰背平直，肩部后展，胸部前挺。

屈髋、屈膝，身体向下移动至最低点。

该姿势下，阻力带处于绷紧状态，但未被拉长；如果不行，则需要换长度稍短的阻力带。

主要锻炼肌肉：
臀大肌、腘绳肌、股四头肌

向上运动期

按相同速度伸髋、伸膝，保持躯干与地面的夹角不变。

腰背平直，肘关节处于高位，挺胸。

脚跟紧贴地面，膝关节处于双脚正上方。

继续伸髋、伸膝，直到身体直立。

向下运动期

在保证躯干与地面夹角不变的前提下，缓慢屈髋、屈膝。

腰背保持平直，挺胸，平视前方。

脚跟紧贴地面，膝关节处于双脚正上方。

继续屈髋、屈膝直到蹲至规定位置。

向上运动期结束动作

常见错误

- 下降过程中，脚跟离地，躯干前屈明显或腰背不能保持平直。
- 练习时，膝关节内扣（髋内收）或外展（髋外展）。

前蹲

> 主要锻炼肌肉：
> 臀大肌、腘绳肌、股四头肌

客户：起始姿势

站在杠铃前，双脚分开与肩同宽或略比肩宽，脚尖略微向外展。

双手放在杠铃上，采用“双臂平行”技巧（即握住杠铃时，双臂相互平行）：

- 闭合正握住杠铃，握距与肩同宽；
- 向前移动身体，使杠铃重量均匀地落在三角肌前束和锁骨上；
- 屈肘伸腕，使上臂与地面平行，手背放置于肩上或肩部外侧，使杠铃杆紧贴在三角肌上；
- 胸部向前上方挺起；
- 内收肩胛骨；
- 头部略微上仰；
- 达到上述标准后，示意保护者准备从支架上抬起杠铃；
- 在保护者协助下，伸髋、伸膝从支架上顶起杠铃，并向后迈出1～2步；
- 保持双肘上抬，保证杠铃重量落在肩上。

2名保护者：起始姿势

两名保护者面对面站在杠铃杆两边，双脚分开与肩同宽，双膝微屈站立。

双手重叠，掌心朝上，托在杠铃杆两端。

接到客户信号后，同时向上用力将杠铃移出支架。

在客户身体稳定后，2名保护者同时放开双手。

双手向下移动2～3英寸（5～8厘米），呈托举状在杠铃杆两端下方进行保护。

当客户向前迈进时，2名保护者同时向两侧移动。

在客户做好下蹲准备时，保护者双脚分开略比肩宽，双膝微屈，躯干保持直立。

客户：向下运动期

微屈髋、屈膝，保持躯干与地面夹角不变。

腰背平直，肘关节处于高位，挺胸。

脚跟紧贴地面，膝关节处于双脚正上方。

继续屈髋、屈膝直到满足下列3个标准（达到下降动作的最大幅度或动作的最低点）：

- 大腿与地面平行；
- 躯干开始前屈或无法保持平直；
- 脚跟开始离开地面。

2名保护者：向下运动期

在杠铃下降时，双手重叠掌心向上靠近杠铃呈托举状，但不得接触杠铃。

微屈髋、屈膝、躯干在身体下降时保持平直。

客户：向上运动期

按相同速度伸髋、伸膝，保持躯干与地面夹角不变。

保持腰背平直，肘关节处于高位，挺胸。

脚跟紧贴地面，膝关节处于双脚正上方。

继续伸髋、伸膝，直到还原成站立姿势。

一组练习结束后，向前移动将杠铃放回支架。

2名保护者：向上运动期

在杠铃上升时，双手重叠掌心向上靠近杠铃呈托举状，但不得接触杠铃。

杠铃上升时，伸髋、伸膝，躯干保持平直。

一组练习结束后，帮助客户将杠铃放回支架。

起始姿势

向下和向上运动

常见错误

- 下降过程中，脚跟离地，躯干明显前屈或腰背不能保持平直。
- 练习时，膝关节内扣（髋内收）或外展（髋外展）。
- 练习时，双臂放松，肘关节向下和向前移动。

腿（膝关节）伸展

主要锻炼肌肉：
股四头肌

起始姿势

坐在固定器械座椅的正中间（不要偏左或右），膝关节与器械转动轴在同一条直线上。如果靠背角度可调，前后调整至：

- 器械转动轴与膝关节处于同一条直线上；
- 膝关节后部能够抵住座椅边缘。

用双脚向上钩住踝关节垫。如果踝关节垫角度可调，将其调至脚背上端。

双腿的大腿、小腿和双脚相互平行。

双手握住器械把手或座椅两侧。

起始姿势

向上运动期

在保持双腿及双脚互相平行的前提下，伸腿至膝关节完全伸直。

保持躯干平直，背部紧贴靠垫。

双手紧握把手或座椅两侧。

向下运动期

缓慢屈膝至起始姿势。

双腿和双脚分别互相平行。

保持躯干平直，背部紧贴靠垫。

双手紧握把手或座椅两侧。

向上和向下运动

常见错误

- 在向上运动期，髋或臀离开座垫。
- 靠反弹式摆腿或借上体向后快速摆动的惯性来完成上升动作。
- 在向上运动期结束时用力锁紧膝关节。

前弓步

主要锻炼肌肉：
臀大肌、腘绳肌、股四头肌、髂腰肌（后腿）、比目鱼肌和腓肠肌（前腿）

客户：起始姿势

闭合正握杠铃杆，握距略比肩宽。
向前上步使身体位于杠铃杆下方，双脚互相平行。
将杠铃杆均衡地放置在上背部和三角肌后束上。
双肘向后上方抬起，使身体为杠铃创造良好的放置平台。
胸部向前上方挺起。
两侧肩胛骨向中心位置靠近。
头部向上略微抬起。
完成上述动作后，示意保护者协助从支架上一同抬起杠铃。
伸髋、伸膝将杠铃移出支架，并后撤 2～3 步。
双脚分开与肩同宽站立，脚尖指向前。

起始姿势

私人教练：起始姿势

身体直立，靠近客户身后站立（但不得影响客户完成动作）。
双脚分开与肩同宽，微屈双膝。
接到客户信号后，帮助其将杠铃平稳地移出支架。
与客户保持步调一致向后撤步。
当客户稳定后，双脚分开与肩同宽，双膝微屈，躯干直立。
双手前伸靠近客户的髋、腰或躯干两侧。

向前和向后运动

客户：向前运动期

向前迈出一大步。
在迈步及接触地面的过程中，保持躯干直立。
后脚处于起始位置，后腿向下弯曲。
前脚全脚掌落地，与地面完全接触，脚尖指向前或微微内扣。为了更好地保持身体平衡，向前迈步时前腿应在同一平面内运动，落地后髋、膝、踝在同一平面内。

前腿缓慢屈髋、屈膝。当重心平稳地落在两腿之间时，后腿继续向下弯曲至靠近地面。后腿屈膝幅度应小于前腿。

保证前腿膝关节处于前脚正上方（前脚全脚掌触地）。

后腿向下屈膝至距离地面3～5厘米。

前腿屈膝呈90度角，后腿小腿与地面保持平行。

将杠铃及身体重心落在两脚中间。身体呈“后坐”姿势，躯干直立，与地面垂直。弓步下蹲的实际距离或运动幅度与客户髋部的柔韧性有很大关系。

私人教练：向前运动期

跟随着客户同时向前迈步（且迈出的腿和客户保持一致）。

前脚在客户身后12～18英寸（30～45厘米）处落地。

与客户同步向下屈膝。

保持身体直立。

双手前伸靠近客户的髋、腰或躯干两侧。

只有在客户无法保证动作平衡时，才能给予帮助。

客户：向后运动期

重心前移至前腿后，前腿用力向后蹬地伸髋伸膝。身体向后移动，前脚后撤步至起始位置，后脚脚跟落地，脚掌与地面完全接触。

保持躯干直立。

前脚还原至起始位置。

动作还原且身体恢复平衡后，短暂停歇，换另一侧腿向前弓步。

完成一组练习后，向前迈步将杠铃放回支架。

私人教练：向后运动期

与客户步调保持一致，向后撤步。

前脚向后迈步，还原至起始位置。

双手始终靠近客户的髋、腰或躯干两侧。

还原至起始姿势，休息片刻，换另一侧腿。

当客户完成一组练习后，协助客户将杠铃放回支架。

常见错误

- 向前迈步过小，导致前腿屈膝时超过脚尖。
- 身体向前移动时，躯干弯曲。
- 还原动作时躯干快速后摆。
- 采用多次小幅度后撤步还原动作。
- 不能保持骨盆或脊柱中立姿势。

腿（膝）弯举

主要锻炼肌肉：
腘绳肌

起始姿势

俯卧在器械椅背正中部，膝关节与器械转轴保持在同一条直线上。

用踝关节抵住脚垫，如果脚部靠垫的角度可调，将其调节至跟腱处（运动鞋上端）。

身体在椅背上下调节位置，使膝关节刚好超出大腿靠垫的边缘。

保持双腿及双脚互相平行。

双手握住把手或胸部靠垫的两侧。

起始姿势

向上运动期

在保持双腿及双脚平行的前提下，向上用力屈膝至脚部靠垫几乎触及臀部。

保持躯干稳定不动。

双手紧握把手或胸部靠垫的两侧。

向上和向下运动

向下运动期

缓慢伸膝，膝关节恢复至起始姿势。

保持双腿及双脚互相平行。

保持躯干稳定不动。

双手紧握把手或胸部靠垫的两侧。

常见错误

- 在向上运动期，臀部抬起（屈髋）。
- 在向下运动期，小腿快速后摆借力完成下一次练习。
- 还原动作末端锁紧膝关节。

肩部练习

肩推举（杠铃）

主要锻炼肌肉：

三角肌前束、三角肌中束、斜方肌、肱三头肌

客户：起始姿势

坐在推举练习器的椅子上，向后靠近椅背，身体呈五点支撑。如果座椅高度可调，需要调节至：

- 坐着时，大腿与地面平行（双脚全脚掌支撑地面）；
- 使杠铃在移出、放回支架时不会碰到头顶（座椅过高）或需要站起身来将杠铃移出、放回支架（座椅过低）。

双手闭合正握杠铃杆，握距略比肩宽。

准备就绪后，示意保护者帮助将杠铃从支架上移出。

将杠铃推举至头顶上方，双臂伸直。

私人教练：起始姿势

身体直立站于推举练习器后方的地面或器械托板（如果配备）上，双脚分开与肩同宽，微屈双膝。

在客户双手握距内正反手闭合式抓握杠铃杆。

接到客户信号后，帮助客户将杠铃移出支架。

引导杠铃杆置于客户头顶上方。

当客户的推举姿势稳定后，平稳松开双手。

起始姿势

向上和向下运动

客户：向下运动期

缓慢屈臂，让杠铃向下移动。

保持手腕稳定，且始终位于肘部正上方。握距将决定双臂是否相互平行。

当杠铃继续下行时，头部略微后仰，让杠铃靠近面部向下移动，直到接触锁骨或三角肌前束。

私人教练：向下运动期

在杠铃向下移动过程中，双手保持正反手抓握姿势靠近杠铃，但不接触杠铃杆。

随着杠铃下移，屈髋、屈膝，保持腰背平直。

客户：向上运动期

向上推举杠铃直至双臂完全伸直。

在杠铃上行过程中，头部略微后仰让杠铃杆靠近面部上行。

保持手腕稳定，且始终处于肘部正上方。

身体保持五点支撑。

完成该组练习后，示意私人教练协助将杠铃放回支架。

私人教练：向上运动期

在杠铃向上推举过程中，双手保持正反手抓握姿势靠近杠铃，但不接触杠铃杆。

随着杠铃上行，伸髋、伸膝，保持腰背平直

完成该组练习后，帮助客户将杠铃放回支架。

常见错误

- 推举时，通过蹬腿或臀部离开座椅借力。
- 推举时，背部过度弯曲。

肩推举（阻力带）

起始姿势

双手闭合正握阻力带把手。

坐在地板或垫子上，用臀部压住阻力带中间部分。

躯干直立且与地面垂直，双腿并拢向前伸展，双脚放置于地面。

微屈髋、屈膝，保持身体平衡。

手握把手置于肩部两侧，掌心向前。

在起始姿势时，阻力带处于绷紧状态（但没有被拉长），如果没有绷紧，需换较短的阻力带。

向上运动期

双手握紧阻力带把手向上推起至双臂伸直。

保持手腕稳定，且处于肘部正上方。

保持躯干和双腿姿势稳定。

向下运动期

沿上升轨迹缓慢向下移动把手至起始姿势。

保持躯干和双腿姿势稳定。

主要锻炼肌肉：
三角肌前束、三角肌中束、斜方肌、肱三头肌

向上运动期结束动作

常见错误

- 上升动作阶段，背部过度弯曲。
- 动作还原时躯干前屈。

持哑铃侧平举

主要锻炼肌肉：
三角肌、斜方肌

起始姿势

双手闭合对握各抓握1只哑铃放置于身体前部。

双脚分开与肩同宽站立，双膝微屈，躯干直立，挺胸抬头，目视前方。

将哑铃移至大腿前部，哑铃相互平行，掌心相对。

微屈肘，并在练习时始终保持屈肘姿势。

向上运动期

手持哑铃用力向体侧伸展，肘部与上臂应同时向上运动，上升过程中，肘关节和上臂应略高于前臂、手腕及哑铃。

保持躯干直立，双膝微屈，双脚全脚掌着地。

双手持哑铃侧平举至手臂与地面基本平行，与肩部几乎在同一条直线上。

在上升动作最高点时，肘部和上臂同样要略高于前臂、手腕及哑铃。

向下运动期

手持哑铃向下缓慢还原至起始姿势。

保持双膝微屈，双脚全脚掌着地，平视前方。

常见错误

- 向上运动及向下运动时，屈肘或伸肘。
- 向上运动时，耸肩、躯干后仰、伸膝或提踵。
- 向下运动时，躯干屈曲或重心向脚趾移动。

起始姿势

向上和向下运动

侧平举（阻力带）

主要锻炼肌肉：
三角肌、斜方肌

起始姿势

双手闭合正握阻力带把手。

双脚分开与肩同宽站立，用脚掌踩住阻力带中段。

身体挺立，双腿微屈。

手臂外展至大腿同高处，此时阻力带处于绷紧状态。如果不是，则需要更换稍短一些的阻力带。

向上运动期

双手握紧把手，沿体侧向上拉伸阻力带，手腕、前臂、肘以及上臂同步向上移动。

保持身体直立，双膝微屈，全脚掌着地。

将阻力带拉伸至手臂与地面平行或与肩部齐高处。

向下运动期

缓慢放松阻力带把手至起始姿势。

保持身体直立，双膝微屈，全脚掌着地。

向上运动期结束动作

常见错误

- 练习时屈肘或伸展手臂。
- 借助耸肩完成上升动作。

全身练习

高翻

杠铃高翻动作分为4个部分（拉、引、发力、翻），但这并不是说每个部分之间要停顿。杠铃从地面上拉起直到落在肩上是一个连贯动作。

起始姿势

双脚分开略比肩宽站立，脚尖略微外展。

屈髋屈膝下蹲，双手闭合正握杠铃杆，握距略比肩宽，双手抓握点在双膝外侧，双臂完全伸展。

双脚全脚掌支撑地面，使杠铃杆距胫骨1英寸（约2.5厘米），且处于前脚掌正上方。

身体姿势调整为：

- 背部平直或微屈；
- 放松斜方肌，并处于适度伸展状态；
- 挺胸；
- 肩胛骨向背部中线靠近；
- 头部与躯干保持在同一条直线上或略微上抬；
- 肩部处于杠铃杆上方或略微前伸；
- 双眼平视前方。

向上运动期：拉

用力伸髋、伸膝从地面向上拉起杠铃。

保持躯干与地面夹角不变。

提拉时，髋部不得先于肩部向上移动。

保持腰背平直。

保持双臂完全伸展，头部与脊柱呈中立姿势，肩部位于杠铃杆正上方。

杠铃拉起时，尽可能靠近胫骨。

向上运动期：引

当杠铃上行刚刚超过膝关节时，髋部向前挺出，再次略微屈膝，使杠铃杆接触大腿面，双膝位于杠铃杆正下方。

保持腰背平直，双臂完全伸展，双肘指向两侧，头部与躯干在同一条线上。

向上运动期：发力

快速用力伸髋、伸膝及伸踝（跖屈）。

保持杠铃杆靠近或接触大腿面。

保持杠铃杆尽量靠近身体。

保持腰背平直，双肘指向两侧，头部与脊柱在同一条直线上。

保证肩部在杠铃杆正上方，双臂尽量向两侧展开。

当下肢完全伸展后，快速耸肩，并保持双肘不再弯曲。

当肩部上升至最高点时，开始屈肘，身体向杠铃杆下方移动。

在爆发用力阶段，躯干要保持直立或略微背屈；头部略微后仰，双脚可以离开地面。

向上运动期：翻

当下肢关节完全伸展，杠铃杆达到最高点时，身体快速向下移动，双臂迅速前屈，躯干及手臂处于杠铃杆下方。

与此同时，快速屈髋、屈膝呈半蹲姿势。

当手臂处于杠铃杆下方时，向上提肘至上臂与地面平行。

杠铃杆与锁骨及三角肌前束接触。

在杠铃杆落在三角肌前束及锁骨时，身体姿势应为：

- 头部直立，平视前方；
- 脖颈处于中立姿势或略微后仰；
- 手腕呈过度伸展姿势；
- 双肘完全弯曲；
- 上臂与地面平行；
- 腰背平直；
- 屈髋、屈膝缓冲杠铃及身体的冲力；
- 全脚掌着地；

- 身体重心落在双脚之间。

随后伸髋、伸膝至身体完全直立。

向下运动期

在速度可控的条件下，放松手臂，伸臂、伸腕自然向下回放杠铃。

同时，屈髋、屈膝缓冲杠铃对身体的冲击力。

双臂伸展，手持杠铃逐渐下蹲至起始姿势。

常见错误

- 提拉阶段，髋先于肩向上提升。
- 提拉阶段，腰背弯曲（无法保证腰背平直）。
- 伸膝速度快于伸髋。
- 高翻时，杠铃距离身体过远。
- 翻起时，伸肘程度不够，肘部在杠铃杆下方（肘部应向前伸出，手臂与地面平行）。

主要锻炼肌肉：
臀大肌、腘绳肌、股四头肌、比目鱼肌、腓肠肌、三角肌、斜方肌

起始姿势

拉

引

发力

翻

学习问题

1. 下列下肢练习中，哪项属于单关节练习？
   A. 背蹲
   B. 前蹲
   C. 腿（膝关节）伸展
   D. 前弓步
2. 下列练习中，哪项不需要保护？
   A. 仰卧肱三头肌伸展
   B. 肱二头肌弯举（杠铃）
   C. 平板杠铃卧推
   D. 背蹲
3. 下列哪一项是进行抗阻训练时要穿着合适鞋子的主要原因？
   A. 出于礼节
   B. 改善技术
   C. 安全
   D. 器械维护
4. 进行爆发力抓举练习时使用下列哪一种握法？
   A. 正手闭合握
   B. 反手闭合握
   C. 正手锁握
   D. 反手锁握

应用知识问题

一名训练有素的客户在2名保护者的保护下，进行1RM背蹲测试。请问每个保护者应站在哪里？他们的职责是什么？

参考文献

1. Barnes, M., and K.E. Cinea. 2007. Explosive movements. In: *Strength Training*, L.E. Brown, ed. Champaign, IL: Human Kinetics.
2. Barnes, M., and K.E. Cinea. 2007. Lower body exercises. In: *Strength Training*, L.E. Brown, ed. Champaign, IL: Human Kinetics.
3. Barnes, M., and K.E. Cinea. 2007. Torso exercises. In: *Strength Training*, L.E. Brown, ed. Champaign, IL: Human Kinetics.
4. Barnes, M., and K.E. Cinea. 2007. Upper body exercises. In: *Strength Training*, L.E. Brown, ed. Champaign, IL: Human Kinetics.
5. Cholewicki, J., K. Juluru, and S. McGill. 1999. Intra-abdominal pressure mechanism for stabilizing the lumbar spine. *Journal of Biomechanics* 32 (1): 13–17.
6. Delavier, F. 2006. *Strength Training Anatomy*. Champaign, IL: Human Kinetics.
7. Earle, R.W., and T.R. Baechle. 2008. Resistance training and spotting techniques. In: *Essentials of Strength Training and Conditioning*, 3rd ed., T.R. Baechle and R.W. Earle, eds. Champaign, IL: Human Kinetics.
8. Faigenbaum, A., and W. Westcott. 2009. *Youth Strength Training*. Champaign, IL: Human Kinetics.
9. Graham, J.F. 2000. Exercise technique: Power clean. *Strength and Conditioning Journal* 22 (6): 63-65.
10. Graham, J.F. 2001. Exercise technique: Back

squat. *Strength and Conditioning Journal* 23 (5): 28-29.

11. Graham, J.F. 2002. Exercise technique: Barbell lunge. *Strength and Conditioning Journal* 24 (5): 30-32.
12. Graham, J.F. 2002. Exercise technique: Front squat. *Strength and Conditioning Journal* 24 (3): 75-76.
13. Graham, J.F. 2003. Exercise technique: Barbell bench press. *Strength and Conditioning Journal* 25 (3): 50-51.
14. Graham, J.F. 2003. Exercise technique: Front lat pulldown. *Strength and Conditioning Journal* 25 (5): 42-43.
15. Graham, J.F. 2004. Exercise technique: Barbell upright row. *Strength and Conditioning Journal* 26 (5): 60-61.
16. Graham, J.F. 2005. Exercise technique: Leg curl. *Strength and Conditioning Journal* 27 (1): 59-60.
17. Graham, J.F. 2008. Exercise technique: Barbell overhead press. *Strength and Conditioning Journal* 30 (3): 70-71.
18. Graham, J.F. 2008. Resistance exercise techniques and spotting. In: *Conditioning for Strength and Human Performance*, T.J. Chandler and L.E. Brown, eds. Philadelphia: Lippincott Williams & Wilkins.
19. Harman, E.A., R.M. Rosenstein, P.N. Frykman, and G.A. Nigro. 1989. Effects of a belt on intra-abdominal pressure during weightlifting. *Medicine and Science in Sports and Exercise* 21 (2): 186-190.
20. Hoffman, J.R., and N.A. Ratamess. 2006. *A Practical Guide to Developing Resistance Training Programs.* Monterey, CA: Coaches Choice.
21. Lander, J.E., J.R. Hundley, and R.L. Simonton. 1990. The effectiveness of weight-belts during multiple repetitions of the squat exercise. *Medicine and Science in Sports and Exercise* 24 (5): 603-609.
22. Lander, J.E., R.L. Simonton, and J.K.F. Giacobbe. 1990. The effectiveness of weight-belts during the squat exercise. *Medicine and Science in Sports and Exercise* 22 (1): 117-126.
23. Newton, H. 2002. *Explosive Lifting for Sports.* Champaign, IL: Human Kinetics.
24. NSCA Certification Commission. 2008. *Exercise Technique Manual for Resistance Training*, 2nd ed. Champaign, IL: Human Kinetics.

第14章

心血管训练方法

特拉维斯 • W. 贝克（Travis W. Beck），PhD

学习完本章后，你将能够掌握如下内容。

- 提供有关心血管活动的建议，包括水合作用、服饰、鞋子、热身和放松活动。
- 提供有关跑步机、划船机、楼梯机、椭圆机以及固定式自行车的正确运动技巧建议。
- 指导客户安全参与团体训练课程。
- 将客户与和其运动表现和体能水平一致的心血管活动进行匹配。

本章的目的是提供关于进行心血管训练活动的重要注意事项的概述。这些活动根据有器械（例如跑步机、楼梯机、椭圆机）和无器械（例如步行、跑步和游泳）进行分类。尽管本章不提供关于这些运动的详细介绍，但是涵盖了正确训练技术、水合作用水平和设计过程等最重要的部分。因为私人教练通常与不同类型的客户合作，有些客户可能有特殊的需要，所以在训练计划中融入各种技术性知识有助于实现很多不同的训练目标。

安全参与运动

客户在参加心血管训练的过程中，为确保安全应该考虑6个变量：（1）恰当的水合作用；（2）合适的衣服和鞋子；（3）热身和放松；（4）训练频率、强度和持续时间；（5）正确的呼吸技术；（6）训练计划的调整。下面介绍这些变量。

在此感谢本书第1版本章的作者J. 亨利 •"汉克"• 德劳特（J. Henry "Hank" Drought）对本书的贡献。

水合作用

人体大约有60%以上是由水组成，其功能是调节身体温度，作为葡萄糖、矿物质、氨基酸和维生素的溶剂，并为关节提供缓冲和润滑。

在高温环境下进行高强度运动时，水尤为重要，因为在这种情况下，人体每小时会流失2～4夸脱（1.9～3.8升）的水。消化系统每小时仅仅能够吸收大约1升的水，因此，长时间在高温高湿环境中进行高强度训练时，补充液体非常重要。一般情况下，训练时间不足1个小时时，水是最好的液体补充物质，但是如果训练时间超过1小时，更加推荐饮用含有钠和葡萄糖的运动型饮料[27, 30]。此外，尽管对于不同个体和不同环境，流汗的速率有较大的不同，但在运动前4小时每个人都应至少摄入每千克体重5～7毫升的液体。此外，应该鼓励客户在训练前后测量体重，并且每失去1磅（约0.45千克）体重就补充20～24盎司（0.6～0.7升）的液体[28]。

服饰与鞋子

在有氧运动中，舒适宽松的衣服非常重要，因为它能够使运动更加轻松。在非常热的环境中，衣服应该尽可能轻薄，而在寒冷时应该穿着多层衣服。在寒冷的空气中，身体的大部分热量是通过头部和四肢流失，因此建议戴帽子、手套和围巾，以防止热量过度流失。对于像步行和跑步等承重运动，一双舒适的鞋子也非常重要。一般情况下，当需要保持灵活性时，鞋子应该发挥缓冲、稳定和舒适的作用。决定跑鞋质量的主要因素是它的压缩能力，其中50%的压缩能力会在使用后的300～500英里（482.8～804.7千米）内丧失[15]。当然，一些跑鞋要优于其他鞋子，但是通常大部分的跑鞋应该在使用300～500英里（482.8~804.7千米）后，或者每6个月进行更换，两者以前者为准。如果跑步者有较大的体重或者不寻常的步态（例如，过度外翻或外翻不足），可能需要更加频繁地更换跑鞋。表14.1和表14.2根据活动类型和脚触地的方式，提供了选择鞋子的建议。过度旋前和旋前不足的图解见图14.1。

跑鞋通常有3种类型：直线型、半曲线型和曲线型（图14.2）。一双直线型跑鞋可能更适合脚过度外翻的人。而曲线型鞋子可能更适用于脚外翻不足的人，能使脚有更大的活动范围。半曲线型跑鞋是有适宜的方向和足部控制特点的鞋子，对正常足的人更有益[14]。咨询一位足科医生，分析跑步的生物力学机制，将有助于选择适当的鞋子。

热身与放松

在训练中，热身和放松活动可以帮助心血管系统和骨骼肌系统调整运动负荷。如果训练计划要求达到目标心率，应该先进行5～15分钟的热身活动，逐渐提高心率达到目标水平，并且训练后应该有5～15分钟的放松活动来降低心率。如果需要，在准备活动之后或者在放松活动中可以采用5～15分钟的低强度拉伸训练（见第12章），也能够放松僵硬的肌肉和关节。

表 14.1　根据活动选择鞋子

	鞋子的一般特性	
活动	**鞋垫**	**侧向稳定性**
步行	中	中
跑步	高	低
有氧运动	中到高	中到高
持拍运动	中	高
交叉训练	中到高	中到高

表 14.2　根据脚触地的方式选择鞋子

脚触地方式	鞋子的具体特性
正常	半曲线型，运动方向控制
过度外翻	直线型，高度运动控制
外翻不足	曲线型，高运动灵活性或直线型（图 14.2）

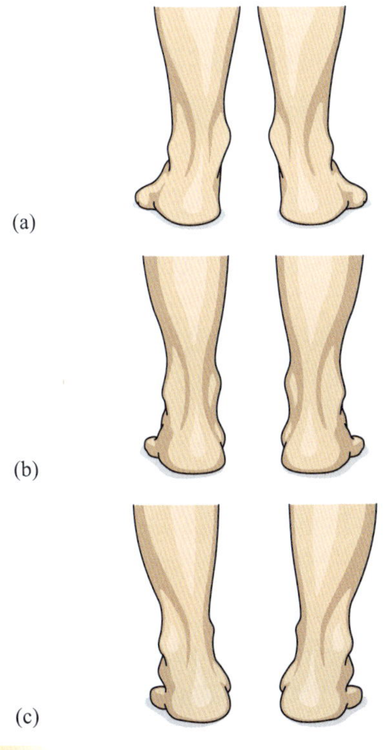

图 14.1　（a）过度外翻，由于脚触地时足弓内陷太深；（b）正常脚触地；（c）外翻不足（旋后），由于脚外侧触地，内翻过少

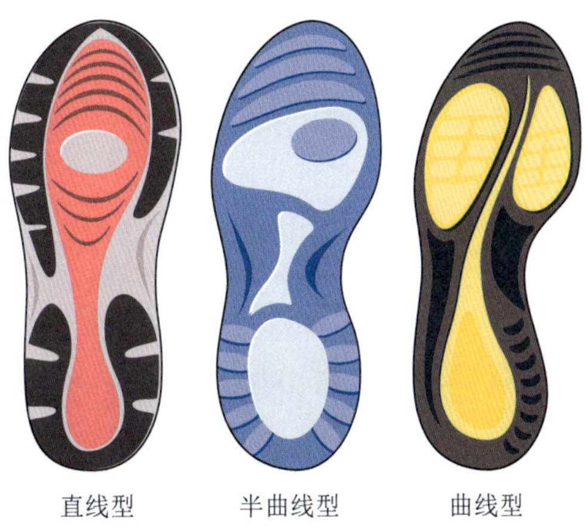

图 14.2　直线型、半曲线型和曲线型跑鞋。直线型的鞋子适合过度外翻的人，正常型鞋（半曲线型）子适合脚触地正常的人，曲线型鞋子适合外翻不足的人

运动频率、强度和持续时间

以下是心血管运动的频率、强度和持续时间的一般原则[2]。

- 频率：2 ～ 5 次 / 周

- 强度：心率储备的 50% ～ 85%
- 持续时间：20 ～ 60 分钟

通常情况下，大多数客户能够完成一次连续的训练课。然而，没有训练经验的客户则可能受益于全天进行的间歇性训练。第 16 章提供了关于制订有氧耐力训练计划的信息。

正确的呼吸技术

重要的是，客户要明白，没有必要在呼吸困难的状态下进行训练来获取心血管的改善。通常，进行心血管训练时呼吸应该放松并且有规律。通常建议客户在训练中通过鼻子和嘴呼吸时，应该能进行随意的谈话。然而，要求更高的客户需要更先进的训练技术，如冲刺或间歇训练，这样能够激发较高的心率和呼吸频率。

训练计划的调整

训练计划的调整对于降低过度运动带来损伤的可能性而言非常重要。然而，请记住，引入新的训练计划通常需要降低运动强度，这一点也同样重要。例如，一位客户每周骑 3 次固定式自行车，每次 30 分钟，可能无法立即切换为在跑步机上进行每周 3 次、每次 30 分钟的运动。因此，客户应该逐渐适应新的训练。此外，每种运动都会呈现一种独特的“应力”，用来引发针对特定活动的适应。在从一种运动转变为另一种运动时，尽管心血管系统和肺功能系统会产生一般适应，但是就像如果客户经常骑自行车，骨骼肌系统和结缔组织就不能适应跑步的机械“应力”。在从一个运动模式转变到下一个运动模式时，私人健身教练应该小心观察客户的适应情况。

> 与专业性原则相一致的是，客户完成一种运动模式的能力并不能完全迁移到另一种运动模式。私人教练在训练计划中增加运动或替换运动时应该注意循序渐进。

心血管器械训练

常见的心血管训练器械有跑步机、楼梯机、椭圆机、固定式自行车和划船机。本节讨论每种器械运动所调动的主要肌肉，以及使用器械时应该考虑的技术。

跑步机

主要锻炼肌肉：**股四头肌、腘绳肌、臀肌、髂腰肌、胫骨前肌，腓肠肌和比目鱼肌**

在跑步机上可以步行或跑步。跑步机的主要优势包括室内运动的便利性、有扶手的保护、能控制速度和高度，以及柔软的跑台表面能够减少脚触地时的冲击力。

在传送带上步行

多数客户都很熟悉跑步机，知道如何在传送带上进行行走。年纪较大的客户和进行过心脏手术的患者康复时可能需要借助跑步机帮助他们适应运动。私人健身教练可以做以下工作，以为在跑步机上有需要的客户提供帮助。

1. 指导客户双脚分开站在传送带两侧，同时双手抓住扶手。跑步机启动后将速度设定为 1 英里 / 时（约 1.6 千米 / 时）。当传送带开始工作时，指导客户一只脚踏上传送带，然后另一只脚开始步行。有些客户发现在踏步之前，一只脚多次“抓”带的动作有助于适应速度。

2. 如果客户感觉不能保持平衡，可以指导他们继续握住扶手。然而，一旦他们适应以后，就应该放开扶手，让手臂自然摆动行走。
3. 指导客户应该在跑步机的前部和传送带的中央部位行走，以减少跌倒的风险。

在跑步机上跑步

习惯在户外跑步的客户会发现，跑步速度相同时，在室内跑步机上跑步更加容易。其原因是在室内跑步机上缺少空气中的阻力，所以身体只需跟上传送带的速度，而不是向前推进。因此，速度相同时，相比于户外跑步，在跑步机上跑步的能量消耗更低。将跑步机增加大约 1% 的坡度（见图 14.3），可以消除这个差异[18]。

楼梯机

主要锻炼肌肉：股四头肌、腘绳肌群、臀肌、竖脊肌、腓肠肌和比目鱼肌

不使用器械爬楼梯时，膝关节所承受的地面反作用力可能是自身体重的 3～4 倍[25]。自动楼梯机能通过移动踏步协助腿部摆动，从而降低膝关节的应力。缺点是这些设备不允许步幅有变化，这样会使很矮的客户难以使用这些设备。踏板式楼梯机可以调整步幅，一般情况下，一次较大的跨步需要激活更多的肌肉。一个明显的缺点是未受过训练的客户不能使用楼梯机，即使是最低的运动负荷也不行[1]。

减少扶手使用

在可能的情况下，私人教练应该努力使客户在使用跑步机和楼梯机时减少扶手的使用。一般实现这个目标的过程是指导客户按照以下步骤逐渐放开扶手。

1. 双手轻扶
2. 双手的手指扶
3. 一只手扶，另外一只手臂在体侧摆动
4. 一只手的手指扶
5. 仅一只手的一根手指扶

客户应该按照从第 1 步到第 5 步的过程，直到完全放开扶手。对于跑步机和楼梯机而言，客户使用扶手的原因是扶手可以支撑他们的大部分体重，从而减少运动负荷。过度使用扶手会影响校准体态，增加腰部损伤的风险。

身体姿势

制造商设计楼梯机是供客户面向前方并向前行走使用的。因此，不推荐客户完全改变身体姿势，面向后方使用楼梯机，因为这样会使腰部应力过大，从而增加受伤风险。

楼梯机有益于改善髋关节动作。但不鼓励髋关节动作不受控制或过于夸张。

髋关节的左右极度摆动表明运动的步幅过大，由于脊柱过度前屈，通常会影响体态的校准[31]。私人教练应该降低步幅或步速，或者同时降低两者，指导客户将髋部上方的躯干保持自然的平衡，同时保持良好的姿势。

图 14.3 在跑步机上以一定速度奔跑，所消耗的能量低于在户外跑步，增加 1% 的跑步机坡度才能弥补这个差异

活动范围

客户的身高和体能水平首先决定楼梯机的踏步深度。合适的活动范围通常为 4 ～ 8 英寸（10 ～ 20 厘米）[19]。深度过大通常会导致髋关节左右摆动，然而，深度过小不能给予目标肌肉合适的应力，也不能训练心血管系统。通常情况下，所有的客户都应该努力达到一定的踏步深度，以促进正确姿势的形成和肌肉的充分活动。

步速

步速通常为 43 ～ 95 步 / 分[29]。如果步速过快，通常会使（1）髋关节动作过度导致步幅过大，或者（2）动作小而快导致步幅过小。这两种极端情况都不应该出现。对于客户来说，设定一个可以引起适当的代谢需求，但仍有适当生物力学机制支持的恰当步速非常重要。

当客户利用楼梯机、椭圆机或固定式自行车进行运动时，腿处于屈曲位置时膝关节不应该在脚趾的前面，这样会增大膝关节应力，容易造成损伤。

椭圆机

主要锻炼肌肉：股四头肌、腘绳肌、臀肌、髂腰肌、胫骨前肌、腓肠肌和比目鱼肌

椭圆机结合了楼梯机的行走或跑步动作，因此很有用处。椭圆机的优势在于其冲击力影响很小，而且大多数运动模式包含了对上半身的锻炼。从实践的角度看，这一点很重要，因为它增加了活动中的肌肉质量，并且提高了总的能量消耗。下面会说明使用椭圆机的重要注意事项。

脚的放置与扶手的使用

在使用椭圆机时，整个脚在任何时间都应该与脚踏板接触，除非器械要求脚跟抬起（图 14.4）。此外，虽然很多椭圆机没有侧边扶手，但扶手只是为了保持姿势平衡。

图 14.4　利用椭圆机运动的正确技术：抬头，直视前方，躯干在髋关节上保持平衡，不要过度前倾

身体姿势与膝关节位置

所有客户在使用椭圆机时，应该使髋关节上方的躯干保持直立平衡。此外，膝关节不应该超过脚趾的前面，因为这样的姿势会增大关节应力，从而可能导致损伤。

运动节奏、坡度、阻力和方向

通常情况下，椭圆机上慢节奏的运动与行走动作相似，而快节奏运动更接近于跑步动作。中等坡度水平的运动更像步行或者跑步上坡，而大坡度运动更类似于楼梯机。椭圆机的另外一个特点就是允许踏板前后运动，肌肉的运动方式略有不同。因此，改变运动方向可能有助于训练计划的多样化。

> 低冲击力的心血管训练器械（例如椭圆机、固定式自行车）以及游泳，适用于患有关节炎等疾病和腰痛的客户。

固定式自行车

主要锻炼肌肉：股四头肌、腘绳肌、臀肌、胫骨前肌、腓肠肌和比目鱼肌

固定式自行车的优点是不负重和无冲击力。超重的客户及腰部、膝关节、脚踝和脚患有疾病的患者，可借助座椅承受自身体重而受益。这项运动的不足是其会受到局部肌肉疲劳的限制，从而导致不理想的心血管刺激。下面会介绍固定式自行车使用的一些重要注意事项。

座椅高度

合适的座椅高度应该让客户在踏板处于底部时，膝关节稍微弯曲，这样可使腿部达到最大伸展程度，而膝关节不会锁定（图 14.5）。通常的原则是客户站在自行车旁边时，座椅高度应该位于髋关节中间的水平位置。如果客户感觉活动范围过小或者过大，那么他们可以重新调整座椅高度。

车把位置和身体姿势

合适的车把位置应该允许客户的背部在髋关节处前倾，但不会拱起。一些固定式自行车采用弯把型车把，可以适合各种手部姿势，包括以下姿势：

图 14.5 正确调整座椅高度:（a）腿伸直，膝关节锁定，脚跟置于踏板上;（b）膝关节微屈，脚掌置于踏板上;（c）踏板在 12 点的位置，膝关节与髋关节差不多同高，几乎与地面平行

1. 手掌向下握住车把前部，要求身体姿态更加直立;
2. 手掌向内握住车把两侧，需要身体更向前倾;
3. 前臂置于车把两侧，从而支撑更多上半身的重量，便于身体前倾。

许多客户发现，在长时间骑行中调整车把的位置有益处，但很多固定式自行车无法调整车把。

节奏与踏板动作

通常，更加经济有效的踏板节奏范围是 60 ～ 100 转 / 分，初学者更加倾向于采用较低的踏板速率，而有经验的人会采用较高的速率。然而，节奏过快会增加稳定躯干需要的肌肉运动，这是一种能量的浪费[16, 20, 21, 24, 32]。大多数客户能够感受出最经济的踏板节奏。此外，在向下发力时，大部分力的方向是向前和向下。对于大多数客户来说，整体功率输出中向上发力非常少，股四头肌和臀肌产生了运动所需的几乎所有爆发力。在一些情况下，腓肠肌会在下坡发力时提供助力，但是对于整体功率输出没有显著的贡献。

半卧式自行车

很多训练设施中都有半卧式自行车，它可以提供背部的支撑和更宽的座位，特别适合超重、腰部疼痛的客户和孕妇。在半卧式自行车上运动时的心率、耗氧率和自感用力程度值都明显低于直立式自行车（运动负荷相同）。出现这一现象主要有两个原因:（1）半卧式自行车上的背部支撑降低了肌肉的负荷;（2）半卧姿势阻碍心脏在重力作用下垂直输出血液[10]。图 14.6 展示了在半卧式自行车上正确的运动姿势。

室内团体自行车

室内团体自行车的运动强度通常高于个人自行车。这种形式的自行车运动通常在课程的氛围中伴随着音乐进行，由私人教练指导进行模拟骑行，并持续 30 ～ 45 分钟。初学者通常在开始自行车课程之前应该达到一个较好的基础体能水平，这一点非常重要。他们应该根据自己的时间安排来达到这个水平。当感觉准备好以后，他们应该从初级课程开始，并且逐渐过渡到更加高级的课程。

在进行室内团体自行车运动时，通常允许对座位进行前后调整。设定正确时，这种前后调整可以在向下发力时产生最佳的力量，并且提高膝关节的安全性。调整座位的前后位置时，客户应使脚踏板与地面平行，处于 3 点和 9 点位置，然后调整座位的前后位置，使膝关节在 3 点方向不能超过脚趾的前部。从胫骨粗隆（刚好位于髌骨下方的小突起）向下的垂线应在踏板的中心与跖球连接。膝关节不应该向前超过脚趾，因为这样做会降低最佳力量的输出，并且有可能导致膝关节损伤[22]。

室内团体自行车也允许调整手把高度。手把的高度一般以个人喜好为主，但是正常情况下，车把应该与座椅顶端位于同一水平线上。初学者和一些背部柔韧性较差的客户可能更加偏爱更高的车把，以便保持更加直立的坐姿［图 14.7（a）］。不管怎样，手臂应该距手把一个舒适的距离，允许肘部稍微弯曲（至

图 14.6　半卧式自行车，上身姿势倾斜并有支撑；调整座位使膝关节略微弯曲（类似于在标准固定式自行车上的姿势）

图 14.7 参加室内团体自行车运动时正确的身体姿势：（a）非竞赛时；（b）竞赛时

少 15 度）。躯干和上臂之间的角度通常大约为 90 度（或稍小）[12, 22]。一些自行车还包括车把前后定位功能，这样允许更大程度的调整，以达到最为舒适的位置。相比于在电子或发电机驱动的标准固定式自行车上的姿势，上身较为前倾的"竞赛姿势"[图 14.7（b）] 更多地用于室内团体自行车。

划船机

主要锻炼肌肉：股四头肌、腘绳肌、臀肌、胫骨前肌、腓肠肌、比目鱼肌、肱二头肌、肱桡肌、肱肌、腹直肌、三角肌中后束、斜方肌、背阔肌、大圆肌、竖脊肌、尺骨腕屈肌和尺骨腕伸肌

划船是一种非常好的非负重运动，可以同时刺激上肢和下肢肌肉。因为整体肌肉质量的很大一部分都用来完成划船动作，所以降低了局部肌肉疲劳的风险。唯一的缺点是很多客户对这项运动并不熟悉，初学者往往在练习时会动用更多的上肢肌肉。此外，有的客户腰痛是由于背部过度弓起。因此在划船时保持正确的身体姿势非常重要（图 14.8）。

起始姿势和推动

客户在起始姿势时，应该头部直立，直视前方，背部挺直并且稍向前倾。手臂在身体前方伸直，髋关节和膝关节放松。基于这个姿势，他们应该通过用力伸展髋关节和双腿，躯干背部稍向后倾，来完成推动动作。只有髋关节和双腿伸直之后，手臂才应该把手柄拉至腹部。

结束、恢复与抓握

客户处于结束姿势时，双腿应该完全伸直，躯干稍微向后倾斜，肘关节放松的同时手柄应该拉至腹部。恢复姿势则与之相反，躯干在髋关节位置前倾之后，肘部伸展。抓握方式类似起始姿势，具体而言，躯干在髋关节位置稍微前倾，手臂伸直，小腿垂直于踢板准备下一次划动。

阻力与节奏

尽管划船机有多种不同的阻力设定，但是通常设定为空气阻力。具体来说，通气口控制空气到达飞轮的总量。当更多的空气通过通气口时，飞轮上的阻力就会增大。所有初学者都应该在低阻力的条件下开始，并且在体能提高后增加负荷。许多娱乐消遣式的划船运动，会采用 20 ～ 25 桨 / 分的中等节奏。优秀运动员的划船节奏更快（例如 25 ～ 35 桨 / 分）。

所选的心血管训练模式应该与设备的可用性相一致，使客户感到舒适，这样有助于客户实现其体能目标。训练计划开始时的强度水平应该与客户的体能水平相匹配，然后循序渐进，这点非常重要。

图 14.8　身体在划船机上的正确姿势：（a）起始姿势（抓握）；（b）推动；（c）结束姿势；（d）恢复姿势

无器械心血管训练技巧

相比于有器械的运动，无器械运动如步行和跑步，通常更加经济，并且更加容易适应客户的日程安排。本节讨论步行、跑步、游泳、团体运动课程和水中运动。

步行

主要锻炼肌肉：**股四头肌、腘绳肌群、臀肌、髂腰肌、胫骨前肌、腓肠肌和比目鱼肌**

任何类型的步行都适合初学者，这与其所涉及的生物力学机制无关。当体能提高时，客户应该努力做到下文所述的正确身体姿势、脚触地方式、髋关节动作和手臂动作。

身体姿势

在步行期间，保持正确的身体姿势非常重要。因为正确的身体姿势能提高运动效率，并且降低腰部和整个脊柱的拉伤风险。私人教练应该告诉客户，正确的姿势特征是“直立行走”，并且应该想象有一根绳子拉着头部向上，让脊柱挺直；肩部放松，但不能呈现圆肩，躯干的位置应该在髋关节的正上方。

脚触地方式

步行时，脚跟着地，通过足部一种平缓的移动动作，身体重量从脚跟向脚掌转移。错误的脚触地方式，其特征通常是足部内侧或外侧的过度重量转移（图14.1），两者都不健康，可能导致损伤。

髋关节动作

人们可以通过增大步频或步幅来提高步行速度，或者同时增大二者。初学者可能会发现，在步行之前做一些简单的拉伸动作可以提高髋关节的灵活性。髋关节活动范围的提高可以确保保持适当的步幅。逐步提高步频和步幅，通常是很好的提高训练强度的方式。

手臂动作

在步行时手臂和腿应该协调配合，左臂向前摆动的同时迈右腿，右臂向前摆动的同时迈左腿。在快速行走时，肘部弯曲，以便肘关节呈90度角，双手向上移动至胸前位置。这种从髋部到胸部和背部的摆动动作，有助于推动身体向前。

竞走

在正常步行和竞走之间主要有两个不同。第一，竞走比赛的规则要求在任何时候都有一只脚接触地面。第二，竞走时腿必须从脚落地时起完全伸直，直到身体越过支撑腿。竞走运动员通过加大步幅来提高运动成绩。这是通过加大髋关节的旋转（即竞走中常用的“骨盆转动”）来实现的（图14.9）。

参加比赛的竞走运动员，能否获得成功取决于能否持续产生大于正常人的步幅。然而很多客户并不确定他们应该何时在训练计划中加入跑步。一般情况下，当一名客户大概能步行4英里（约6.4千米）而不感到疲劳时，他就可以开始步行/跑步计划。步行和跑步计划应该交替进行（例如：1～2分钟跑步后接3～5分钟步行），并在一定的时间内重复这个顺序。循序渐进地增加跑步时间，直到能够连续不断地跑步。但重要的是要记住，跑步是一项高冲击力的运动。超重的客户和那些有骨骼问题的客户最好采用类似骑自行车和游泳这样低冲击力的心血管运动。

图 14.9　正确的竞走技术要求必须始终有一只脚接触地面，且支撑腿必须保持伸直。竞走运动员会增大髋关节旋转度以增加步幅

跑步

主要锻炼肌肉：股四头肌、腘绳肌群、臀肌、髂腰肌、胫骨前肌、腓肠肌和比目鱼肌

跑步对心血管有明显的益处，而且与步行一样，是一项低成本的运动。对于有条件的客户来说，跑步是一项省时的运动；对于那些业余跑步运动员来说，跑步是一项专项训练。跑步的能量消耗一般要高于步行，因此需要一定技巧来节省能量，并降低损伤的风险。应该避免每一步都进行弹跳，因为这样会加大垂直位移和冲击力，从而浪费很多能量。对于长跑运动员来说，“脚跟—脚掌”这样的触地方式最安全，因为整个脚都能很好地吸收冲击力，能很好地起到缓冲作用。在跑步过程中，不正确的脚触地方式（如过度外翻和外翻不足）会因其触地时的冲击力产生比行走时更大的影响。

身体姿势和脚触地方式

跑步就像走路一样，应该告诉客户保持“直立跑步”，即头部直立、肩膀放松，躯干在髋关节上方保持平衡，并且脚触地使用“脚跟—脚掌”的触地方式，具体动作就是脚跟先着地，然后身体重量通过轻微的传递动作分布在脚上其他部位（图 14.10）。因此，重要的是客户应该集中精力避免跑步时脚拍打地面，这可能是导致骨科疾病的原因。相反，跑步应该被看作是一种滑行动作，并且尽可能减小冲击力。

图 14.10　长跑或者在跑步机上跑步时，正确的脚触地动作包括脚跟触地，然后轻柔地向脚掌部位“滚动”，以备推离地面

手臂动作

长跑时客户应手臂下垂，肩膀放松，肘部弯曲。一些手臂动作源于肩关节，但是太多的肩部动作会浪费能量。大部分动作来自下臂（前臂、手腕和手），需要借助肘关节的铰接动作。使用这种方式时，肘关节没有锁定，在手臂下摆时手肘打开，上摆时关闭。前臂应被提到腰部和胸部之间。如果手臂抬得太高，肩膀和上背部就会疲劳。如果手臂抬得太低，就有可能发生过度前倾。双手略微环握，拇指轻触食指，但不应该握拳。前摆时，双手达到胸部高度。后摆时，双手到达身体侧面的髋关节的位置。手臂和手也会稍微向内移动，但是手不能超过身体的中线。手腕应该放松，但不能太松。

步幅

跑步速度与步行速度一样取决于步幅和步频。想提升跑步成绩就必须增大步幅或步频，甚至同时增大二者。客户的确切步幅取决于腿的长度、灵活性、力量、协调性和疲劳水平。跑步时的每一步，脚都应该大致落在髋关节的下方。如果脚落在身体重心前方较远的位置，即步幅过大，则震动更大，并会出现轻微的制动效果。制动以及腾空时间太长，会降低跨步的效率。许多跑步者让前腿和脚过度前伸，以提高步幅。这种动作效率低下，很可能产生制动作用。步幅不足（步幅过小）会阻碍身体每一步前进足够远的距离，因而也浪费能量。提高步幅的最佳方式是通过提高力量来增加后腿的驱动力，并通过提高柔韧性来增大活动范围。快速伸缩复合运动也能提高后腿驱动力，私人教练在适当的时候可将其纳入训练计划。

步频

为增加步频，私人教练应该指导客户仅仅采取更快、更柔和的放松步伐，让双脚下降落地。在恰当的时候，私人教练也可以采用快速伸缩复合运动来提高步频。那些为了健康而跑步的人可能没有意识到提高步频和步幅的重要性，因为这种跑步和赛跑的目标不同。不过，有一个安全原因值得一提。慢速大步幅通常会导致重心升高，让人在空中停留更长时间，这将导致更大的着陆冲击力。因此，慢速大步幅不仅会导致速度下降，而且会增加受伤风险。

游泳

主要锻炼肌肉：尽管取决于划水动作，但几乎能锻炼全身的主要肌肉

竞技游泳包括自由泳、仰泳、蛙泳和蝶泳 4 种泳姿。每种泳姿都能为心血管系统提供较好的刺激作用，而且冲击力相当低。建议使用美国红十字会认证的水上安全指导（American Red Cross-certified Water Safety Instructors），在开始任何运动计划之前，指导无游泳经验的客户学习游泳。对各种泳姿的正确技术的讨论已经超出本章的范围，下面会对自由泳进行简单介绍。

自由泳（也称自由式或爬泳）是最受欢迎，也是速度最快的泳姿。此泳姿动用了上半身和下半身，高度依赖于全身的协调性，对于心血管系统具有良好的刺激作用[4]。

身体姿势

进行自由泳时，身体俯卧伸直，头

部应该保持自然姿势，眼睛向下看池底或稍微偏向前方。尽可能避免外部的横向或垂直运动，以免降低水平速度。这种直线和流线型的身体姿势结合了身体转动，始于髋关节，也包括肩、腿和脚。只在呼吸时转动头部，而且这种转动应该是身体转动的延伸，包括 4 个基本步骤：（1）髋关节转动，（2）手臂抬起，（3）拉动手臂向前推进和（4）当腿与身体其余部位转动时，通过打腿产生侧向力。身体转动不仅使呼吸更加容易，提高双臂的推进力，也能降低阻力和肩关节应力。

手臂划水

手臂向前划水的动作在自由泳中非常重要，因为它提供了前进时使身体克服水的阻力所需的 80% ～ 90% 的推进力。手臂划水动作包括 3 个步骤：（1）入水 / 抓水阶段，（2）爆发阶段和（3）恢复阶段。手在肩关节前方且在身体中线偏外一点的位置入水。肘关节轻微弯曲并抬高，手臂入水动作要干脆，并且确保保持有效的划水姿势。指尖、手、前臂、肘和肩在相同位置依次入水。入水后开始抓水，手和前臂在肩关节前方抓水。抓水之所以很重要是因为它能正确定位手和手臂，以便其能在划水时有效地拉动。这个动作应被视作对水的“感觉”，就像一个登山者用伸出的手抓住一块岩石，把身体向上拉一样。

爆发阶段很重要，因为它是手臂划水最重要的推进阶段。爆发阶段是通过加速手和前臂向后拉的动作使身体向前的。此动作表现为“S”形，手心向下并略微向外扫掠。手掌和手臂略微向内和向后划水，到达胸部和身体中部，肘关节屈曲呈 90 度角左右。然后将手旋转到中间位置。手掌朝后，手臂向外、向上、向后推过大腿。向大腿后侧划水是爆发阶段最有力的动作，也是手臂有最大拉力的时候。另外，划水的最后阶段与身体转动相结合，可以产生最大推进力。“S”形的划水动作非常微妙，跨度只有 4 ～ 8 英寸（10 ～ 20 厘米）（图 14.11）。手指不应该仅仅并拢，还应感到放松和舒适。

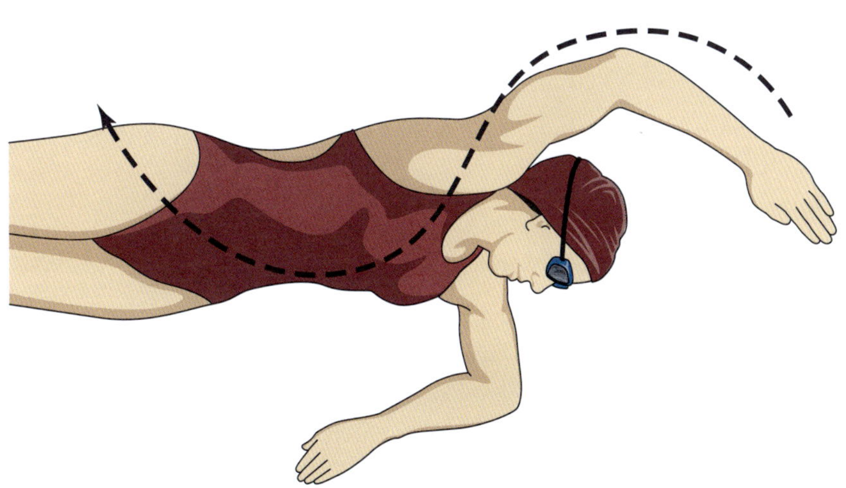

图 14.11　自由泳（爬泳）手臂划水动作的爆发阶段，手的动作呈微妙的“S”形

来源：Adapted by permission from Maglisch 2003.

最后阶段包括恢复和另一只手臂准备推水。首先，肘部抬高离开水面，手掌向内转向大腿。抬高肘部的同时让前臂下垂。一旦手臂干脆利索地划水，就会推动身体向前移动，并且为下一个爆发阶段做好准备。

打腿动作

打腿最主要的功能就是平衡身体和维持水平姿态。大多数游泳者的打腿没有向前推进的作用[13, 17]。在自由泳中，打腿的最佳上下摆动范围是 12 ～ 15 英寸（30 ～ 40 厘米）。向下打腿是主要爆发阶段，也能提供最大的推进力。打腿动作源于髋关节，膝关节保持略微伸展和弯曲并且足部应保持跖屈。在打腿恢复阶段（上打阶段），腿上抬直至脚跟上提到水面之上。

很多游泳者采用 2 次打腿，也就是打腿 2 次配合 1 次手臂动作。然而，重要的是认识到对于长距离游泳来说，应该采用足够快的打腿方式以保持漂浮并节省能量。优秀的游泳者通常会尝试提高打腿的推进力。例如，高水平游泳者在冲刺阶段主要采用 6 次打腿，因为他们不必关心节约能量的问题。

呼吸

当头部随着身体自然转动至一侧时进行呼吸。头部应该保持水平，额头高于下巴。当头部转动时，人们可以在形成的槽中呼吸。很多初学者会犯抬头呼吸的错误，这会使髋关节下沉。吸气后，头部随着身体的转动转回到水中。在低强度的情况下，可仅通过鼻子进行呼气，但在最大用力过程中，重要的是用嘴和鼻子用力呼气，可保证呼出所有的气体。

团体运动课程

主要锻炼肌肉：尽管取决于所进行的运动，但几乎接近全身活动

过去传统的有氧课程已演变为各种团体运动课程，包括跆拳道、踏板操、团体抗阻训练、水中运动、太极和健身瑜伽等[3]。这些课程通常伴随着音乐进行多种多样的心血管活动。本节的目的并不是深度介绍各种心血管训练课程，而是简单介绍传统有氧运动、踏板操、搏击和水中运动。在团体运动课程中，安全非常重要，尤其是保持良好的姿态和身体位置。和大多数运动项目一样，运动时肩关节应该放松，而不是圆肩，躯干应该保持直立。此外，完成需要膝关节屈曲的所有活动时，膝关节不应该超过脚尖。

> 上团体运动课程的客户应该保持良好的姿态，耳朵、肩膀和髋关节保持在一条直线上；腹部和臀肌稍稍收紧以防止背部过度弓起；确保膝关节弯曲时，膝盖不会超过脚尖。

传统有氧运动

传统有氧运动课程的运动时间通常控制在 45 ～ 75 分钟。每节课都应该从热身和运动前的拉伸活动开始，后续再进行有氧运动、放松活动和运动后拉伸活动。基于每节课不同的重点，每一部分训练要求不同的运动时间。

一节课的有氧运动部分可以分为低冲击力，中冲击力和高冲击力，或者三者的结合。在低冲击力有氧运动中，一只脚始终保持触及地面。改变强度的方式一般包括改变所用肌肉的质量，升高或降低重心，调整活动范围和节奏，以及前后或左右移动。低冲击力有氧运动非常适用于无运动经验的人、初学者、肥胖客户以及年纪较大的客户和孕妇，因为其垂直冲击力是自身体重的 1 ～ 1.25 倍[11]。在中等冲击力有氧运动中，一只脚始终触及地面，在脚掌上升时降低重心。这样导致垂直冲击力的范围是自身体重的 2 ～ 2.5 倍[11]。在进行高冲击力有氧运动时，双脚会离开地面犹如身体在空中。这个动作在跑步、双脚跳、单脚跳和跨步跳中比较常见。显然，这类运动需要很大力量，仅适用于运动经验丰富的客户。高冲击力有氧运动的垂直冲击力是自身体重的 3 倍以上[11]。

踏板操

跳踏板操时会使用一个高度为 4 ～ 12 英寸（10 ～ 30 厘米）的小平台，参与者动用大肌群随着音乐按照顺序完成各种上下动作。升高平台高度可以增加强度，但是这种运动方式不适合膝关节有问题的客户。在高度为 6 ～ 8 英寸（15 ～ 20 厘米）的长凳上上下跨步，会产生 1.4 ～ 1.5 倍自身体重的冲击力，类似于轻快的步行。当步速增加和加大推进动作幅度时，冲击力可高达自身体重的 2.5 倍[9, 23, 28]。因此，推进动作通常指踏上平台，而不是从平台往下落地。此外，建议初学者的最大台阶高度应该使膝关节能够屈曲呈 60 度角，以减少膝关节受伤的风险[9, 26]。

搏击

搏击通过精心设计的踢腿和出拳动作来模仿武术训练。这些课程通常包含“空击”训练，而不是与对手对打。课程通常持续 45 ～ 90 分钟，且应该用足够的时间进行热身、放松和拉伸运动。

客户往往在试图做快速动作时受伤，故应该鼓励初学者学习正确的搏击动作。应要求初学者在 2 节课之间至少休息 1 天，以从运动中恢复。更多水平较高的客户在完成适当的热身活动后，应该使用组合出拳动作和快速踢腿动作，且踢腿高度在腰部以上。有些高水平客户偏向于进阶到使用重袋、速度袋以及其他器械来辅助训练。

水中运动

水中运动是一项安全的运动方式，因为水的浮力降低了落地时对关节的冲击力。因此，这种运动形式非常适合无运动经验的客户、老年人、肥胖人员和腰部疼痛的患者[7]。水中运动的优势是不必具有游泳经验。一些肥胖客户可能会觉得他们的整个身体淹没在水中，而不会暴露在外会被他人看见。水中运动时适当饮水很重要。进行水中运动的客户可能没有快速出汗，因而常忽略这一方面。但是呼吸也会导致液体流失，因此应该提醒客户在运动后补充大量水分。

进行水中运动时身体应在浅水或深水中保持直立姿势。一般而言，腰部没入水中时人承受 50% 的自身体重，胸部没入水中时承受 25% ～ 35% 的自身体重，颈部没入水中时仅仅承受 10% 的自身体重[5,6]。水中运动的基本动作包括步行、慢跑、打腿、跳跃和剪刀步。步行可以采取高抬膝、向后、向两侧和踮脚等各种动作形式。慢跑则可以原地进行，也可以在移动中进行。动作速度的提高会导致强度的提高，并且为提高多样性可以增加手臂动作。单腿踢腿动作可以是向前、向两侧和向后踢腿；其他踢腿动作可以是膝盖抬高和腿部弯曲。在所有动作中，客户应该避免双腿过度伸展。客户也可以坐在泳池边，或俯卧的同时抓住泳池一侧进行游泳时的打腿动作。参与者可以单腿或双腿完成跳跃动作，也可以从泳池底部跳起以增加强度。跳跃的变化形式包括开合跳、移动跳、转体跳、蛙跳和跳远[8]。所有参与者都应该在完成跳跃动作之前先学会正确的落地技术。正确的落地技术是"脚趾—脚掌—后跟"落地，膝关节柔软地（伸展但不锁定）位于脚踝的正上方，以吸收体重的冲击力，减小受伤风险。剪刀步动作包括手臂和腿部的同时动作，类似于越野滑雪。更大幅度的动作和从池底起跳都可以加大运动强度。

其他水中运动包括深蹲、弓步、腿和前臂的屈伸动作等。同样重要的是，如果一些高水平的跑步客户受伤，可以使用水中运动或深水跑步（或同时使用两者）作为跑步的补充练习。这些活动可以让他们保持高水平的心血管体能和跑步能力。水中运动时双脚可以接触池底，或者采用漂浮装置帮助客户保持悬浮状态。

结语

进行心血管训练时都应该使用正确的技术，因为错误的技术会导致损伤。私人教练有责任帮助客户选择适合自身能力的心血管训练。如果有可能，私人教练应该在训练计划中增加多样化运动，以减少过度使用性损伤的风险。长期坚持正确的训练计划，是终生保持高体能水平的重要因素。

学习问题

1. 关于运动导致每磅体重减少而应该补充的液体量，下列哪一项是正确的？
   A. 1 杯
   B. 1 加仑（3.8 升）
   C. 10～14 盎司（0.3～0.4 升）
   D. 20～24 盎司（0.6～0.7 升）
2. 使用跑步机运动时，下列哪一项是要进行的第一个动作？
   A. 调整跑步机坡度到 0 度
   B. 横跨传送带两侧时紧紧抓住扶手
   C. 在跑步机前部走 / 跑
   D. 开机以低于 1 英里 / 时（约 1.6 千米 / 时）的速度进行
3. 使用楼梯机的客户应该接受下列哪一条指令？
   A. "把你整个脚放在踏板上，但允许脚跟随踏板升起"
   B. "稍向前倾，尤其是运动难度增加时"
   C. "每一步结束时锁紧膝关节"
   D. "必要时握住扶手以保持平衡"

4. 下列哪一项正确描述了身体在固定式自行车上的正确姿势？
   A. 前脚掌置于踏板上，膝盖超过髋关节的高度
   B. 脚跟置于向下运动的踏板上，腿伸直
   C. 脚跟置于向上运动的踏板上，膝盖与髋关节齐高
   D. 前脚掌置于向下运动的踏板上，腿伸直

应用知识问题

解释步行与跑步在运动技术方面（如身体姿势、脚触地方式和手臂动作）的异同之处。

参考文献

1. American College of Sports Medicine. 2010. *ACSM's Resource Manual for Guidelines for Exercise Testing and Prescription*, 6th ed. Philadelphia: Lippincott Williams & Wilkins.
2. American College of Sports Medicine. 2009. *ACSM's Guidelines for Exercise Testing and Prescription*, 8th ed. Baltimore: Lippincott Williams & Wilkins.
3. American Council on Exercise. 2008. *Group Fitness Instructor Manual. 2nd ed.* San Diego: Author.
4. American Red Cross. 1992. *Swimming and Diving*. Boston: American Red Cross. pp. 112-119, 236.
5. Aquatic Exercise Association. 2010. *Aquatic Fitness Professional Manual*, 6th ed. Nokomis, FL: Author.
6. Aquatic Exercise Association. 2001. *The Water Well Newsletter* 6.
7. Ariyoshi, M., K. Sonoda, K. Nagata, T. Mashima, M. Zenmyo, C. Paku, Y.Takamiya, H.Yoshimatsu, Y. Hirai, H.Yasunaga, H. Akashi, H. Imayama, T. Shimokobe, A. Inoue, and Y. Mutoh. 1999. Efficacy of aquatic exercises for patients with low-back pain. *Kurume Medical Journal* 46 (2): 91-96.
8. Bonelli, S. 2001. *Aquatic Exercise*. San Diego: American Council on Exercise.
9. Bonelli, S. 2000. *Step Training*. San Diego: American Council on Exercise.
10. Bonzheim, S.C., B.A. Franklin, C. Dewitt, C. Marks, B. Goslin, R. Jarski, and S. Dann. 1992. Physiologic responses to recumbent versus upright cycle ergometry, and implications for exercise prescription in patients with coronary artery disease. *American Journal of Cardiology* 69 (1): 40-44.
11. Bricker, K. 2000. *Traditional Aerobics*. San Diego: American Council on Exercise.
12. Burke, E.R., ed. 1988. *The Science of Cycling*. Champaign, IL: Human Kinetics.
13. Deschodt, V.J., L.M. Arsac, and A.H. Rouard. 1999. Relative contribution of arms and legs in humans to propulsion in 25-m sprint front-crawl swimming. *European Journal of Applied Physiology and Occupational Physiology* 80 (3): 192-199.
14. Evans, M. 1997. *Endurance Athlete's Edge*. Champaign, IL: Human Kinetics. pp. 75-77, 93.

15. Glover, B., and S.L. Florence Glover. 1999. *The Competitive Runner's Handbook*, rev. ed. New York: Penguin Books. pp. 336-337.
16. Hagberg, J.M., J.P. Mullin, M.D. Giese, and E. Spitznagel. 1981. Effect of pedaling rate on submaximal exercise responses of competitive cyclists. *Journal of Applied Physiology* 51 (2): 447-451.
17. Hobson,W.,C.Campbell,andM.Vickers.2001. *Swim, Bike, Run*. Champaign, IL: Human Kinetics. pp. 45-54.
18. Jones, A.M., and J.H. Doust. 1996. A 1% treadmill grade most accurately reflects the energetic cost of outdoor running. *Journal of Sports Science* 14 (4): 321-327.
19. Kordich, J.A. 1994. *Stair Machine. Treadmill. Teaching Technique Series*. Colorado Springs, CO: National Strength and Conditioning Association.
20. Lepers, R., G.Y. Millet, N.A. Maffiuletti, C. Hausswirth, and J. Brisswalter. 2001. Effect of pedaling rates on physiological response during endurance cycling. *European Journal of Applied Physiology* 85 (3-4): 392-395.
21. Lucia, A., J. Hoyos, and J.L. Chicharro. 2001. Preferred pedaling cadence in professional cycling. *Medicine and Science in Sports and Exercise* 33 (8): 1361-1366.
22. Mad Dogg Athletics. 2010. The spinning program keeping it safe.
23. Michaud, T., J. Rodriguez-Zavas, C. Armstrong, et al. 1993. Ground reaction forces in high impact and low impact aerobic dance. *Journal of Sports Medicine and Physical Fitness* 33: 359-366.
24. Neptune, R.R., and W. Herzog. 1999. The association between negative muscle work and pedaling rate. *Journal of Biomechanics* 32 (10): 1021-1026.
25. Nordin, M., and V.H. Frankel. 2001. *Basic Biomechanics of the Musculoskeletal System*. 3rd ed. Philadelphia: Lea & Febiger.
26. Reilly, D., and M. Martens. 1972. Experimental analysis of quadriceps muscle force and patellofemoral joint reaction force for various activities. *Acta Orthopaedica Scandanavica* 43:16-37.
27. Sawka, M.N., L.M. Burke, E.R. Eichner, R.J. Maughan, S.J. Montain, and N.S. Stachenfeld. 2007. American College of Sports Medicine position stand. Exercise and fluid replacement. *Medicine and Science In Sports and Exercise* 39 (2): 377-390.
28. Scharff-Olson, M., and H. Williford. 1998. Step aerobics fulfills its promise. *ACSM's Health & Fitness Journal* 2: 32-37.
29. Shih, J., Y.T. Wang, and M.H. Moeinzadeh. 1996. Effect of speed and experience on kinetic and kinematic factors during exercise on a stair-climbing machine. *Journal of Sport Rehabilitation* 5 (3): 224-233.
30. Sizer, F., and E. Whitney. 2011. *Nutrition: Concepts and Controversies*, 12th ed. Pacific Cove, CA: Brooks Cole.
31. Stairmaster Health & Fitness Products. 2001. *Stair Climbing: From Head to Toe*. Kirkland, WA: Stairmaster Health & Fitness Products.
32. Takaishi, T., Y. Yasuda, T. Ono, and T. Moritani. 1996. Optimal pedaling rate estimated from neuromuscular fatigue for cyclists. *Medicine and Science in Sports and Exercise* 28 (12): 1492-1497.

第 4 部分

计划制订

第15章

抗阻训练计划制订

G. 格雷戈里·哈夫（G. Gregory Haff），PhD
埃琳·E. 哈夫（Erin E. Haff），MA

学习完本章后，你将能够掌握如下内容。

- 理解如何应用专项化、超负荷、多样性、循序渐进性原则。
- 选择训练项目，确定训练频率以及安排具体的训练顺序。
- 合理运用一次最大重复次数、体重或最多重复次数确定训练负荷。
- 根据客户需求，确定训练负荷、训练量及训练间歇的长度，并合理安排连续的训练方式。
- 在训练课、训练日及训练周之间增加训练多样性。
- 决定何时增加或调整训练负荷。

制订安全有效的抗阻训练计划，是一个多因素联动的过程，私人教练需要根据实际目标考虑并调整各种训练要素。虽然很多私人教练认为抗阻训练不同于有氧训练或短跑间歇训练，但在制订抗阻训练计划时，各种训练要素必须考虑周全。无论客户的目标如何，私人教练最好从初始咨询开始，以评估客户的健康状况、疾病史以及体能状况，最终为客户确定训练目标（见第9、10和11章）。这样私人教练可以掌握客户的抗阻训练情况，并对其技术能力做出粗略的评估。这些收集的信息能为开发整体训练计划提供有益的参考，包括帮助确定训练频率、选择训练类型、确定训练负荷、调整重复次数和组数、训练顺序和休息间歇等。为保证客户不断进步，私人教练还需考虑训练计划分期。训练分期可合理确保训练的多样性和循序渐进性，能尽可能地避免过度训练，确保客户顺利实现训练目标。

一般训练原则

专项化、超负荷、多样性以及循序渐进性是保证抗阻训练计划有效的4项基本的原则。如果制订训练计划时没有充分考虑上述原则，客户可能无法实现目标，并且受伤风险也可能增加，可能会使私人教练遭受诉讼。

专项化

专项化是决定所有训练计划有效性的首要原则。训练专项化是指在训练客户时，应该通过专门性的训练来实现既定的训练目标。具体而言，私人教练应根据客户需求，在训练中确定肌群、能量系统、动作速度、动作类型或肌肉活动形式[31, 107, 117]。例如，如果健身客户想要加强腿部肌肉，私人教练可安排背蹲等针对腿部的训练，这常称为肌群专项化[31]。

客户训练专项化的另一种方法是关注具体的运动模式。运动模式专项化一般用于希望增强力量以提高专项运动能力的运动员或客户。例如，如果客户是一名排球运动员，那么在训练时就应该考虑到，连续的垂直跳跃是排球运动的专项动作。因此，针对专项动作类型，私人教练可以在训练计划中安排背蹲（或前蹲）、高翻、抓举等训练，因为这些训练与排球中的跳跃动作十分相似。抗阻训练手段与专项动作越接近，训练向目标运动迁移的效果就越明显[104]。举重类训练（如高翻、抓举等）之所以训练迁移效果好，原因主要在于其动作模式与大多数运动项目中的动作类似。

超负荷

超负荷是指训练压力或强度超过客户已经适应的水平。如果训练计划没有遵循超负荷原则，则预期的训练效果有限。在抗阻训练中实现超负荷的最常用方法包括增加负重、增加训练次数或组数、缩短组间间歇时间以及增加一周内的训练次数等。虽然制订抗阻训练计划时超负荷是一个重要因素，但要系统安排超负荷训练，并与渐进性和多样性原则结合应用。在应用超负荷原则时，必须给客户留出充足的时间，使其逐渐适应新的训练刺激。

多样性

多样性是指在具体训练时对负荷量、训练强度、手段选择、训练频率、间歇时间以及动作速度等训练要素进行综合设计[4, 117]。为了保证训练的长期适应，训练要素之间的搭配非常关键[65, 72, 113, 117]。多样性训练的最佳方式是使用分期原则[117]。这是指合理安排各种阶段性训练要素，优化特定时间点的训练效果[90]。如果训练计划没有整合训练多样性，则可能出现训练效果停滞[4, 117]或减退，出现“单一计划过度训练”[106]。抗阻训练的多样性不是随意的，应合理安排训练要素的顺序[45, 89, 117]。例如，客户想要提高爆发力和力量，训练时可以先安排肌肉抗阻训练，随后安排一段时间的爆发力训练。这种训练的效果明显优于缺乏多样性和合理顺序的训练计划[45]。

制订抗阻训练计划的顺序步骤

制订有效的抗阻训练计划时，私人教练必须确定各种计划设计变量，如训练频率、所用训练及安排、计划结构、组间间歇时间以及计划的总体进度等。为促进决策过程，私人教练应考虑按顺序进行。这一过程的最终结果是制订一项定期培训计划，增加客户实现预定训练目标的可能性。首先，对客户进行初始体能咨询与评估，这一步是按序进行后续步骤的基础。

1. 初始体能咨询与评估。
2. 确定训练频率。
3. 选择训练内容。
4. 安排训练顺序。
5. 训练负荷：阻力和重复次数。
6. 训练量：重复次数与组数。
7. 休息时间。
8. 训练多样性。
9. 训练顺序。
10. 循序渐进。

循序渐进性

无论一项训练多么有效，都不应始终固定不变。当客户已经适应当前的训练计划时，就应该调整训练刺激性或强度，使客户产生新的积极性适应。这种不断调整训练刺激，使客户不断适应的过程被称为渐进性超负荷。当客户训练水平提高时，就应该调整训练安排[31]，保证客户朝着具体的训练目标不断前进[4]。抗阻训练必须系统而循序渐进[4]，与客户的训练水平相匹配。通常情况下，为保证训练计划循序渐进，训练模式需要结合多样性和分期训练原则。

成功的抗阻训练计划必须整合专项化、超负荷、多样性和循序渐进性。若忽视这些因素，则会导致训练效果有限、训练计划的依从性降低、受伤及法律纠纷的风险增加。

初始体能咨询与评估

在训练计划开始前，私人教练应首先进行咨询并评估相互适应性，与客户签署教练协议，探讨训练目标以及完成训练的投入程度（见第 9 章）。讨论完这些内容后，私人教练还需评估健身客户的训练史和当前的体能情况、确定力量与不足、受伤的潜在风险、是否存在训练禁忌，并细化训练目标（见第9、10章）。

咨询是抗阻训练开始前的重要内容，私人教练借此可获得有关客户训练水平的有用信息。私人教练评估客户起始抗阻训练水平、训练经验、体能，并对结果进行分析，确定主要目标后可获得更具体的信息。

起始抗阻训练水平与经验

客户当前抗阻训练的水平和经验会显著影响训练计划的制订。初次会面（或不久以后）时，在探讨客户的训练经历时，私人教练能够获得关于客户抗阻训练经验的一些基本信息。

首先，客户需要回答第9章中“健康/医学问卷”中的问题。私人教练需了解关于客户抗阻训练水平和经验更具体的信息。这些信息可以通过询问客户以下5个基本问题获得[26]：

问题1. 目前是否在进行抗阻训练？

问题2. 定期的抗阻训练（每周1次或多次）已进行多久了？

问题3. 每周进行几次抗阻训练？

问题4. 抗阻训练的强度（或难度）如何？

问题5. 抗阻训练是什么类型的？使用正确动作可以完成多少训练？

通过回答上述问题，私人教练一方面可以大概了解客户的训练经验，另一方面可以对其训练水平进行定级。表15.1是根据以上问题确定客户抗阻训练水平级别（从初级到高级）的具体方法。如果客户对问题的回答内容在一行中至少有3栏相匹配，那么其训练等级就如最右栏所示。虽然这种基本的分类系统很有用，但重要的是要认识到很难将客户归入广义的训练类别。因此，私人教练还必须根据专业知识和经验对客户的反应做出分析。

例如，如果客户目前没有进行抗阻训练，但在过去的4～6周内一直进行常规训练计划，那么问题1的答案可以认作“是”。这种情况下，私人教练应根据目前的训练计划，要求客户回答问题2～5。私人教练应完全根据个人对客户能力的专业判断确定当前抗阻训练的一个近期计划。

体能评估

对客户的体能状况的评估，通常包括测量静息心率与血压、身体成分、身高、体重、腰围、肌肉力量与耐力、心肺适能或耐力以及柔韧性。本章重点对客户的肌肉力量和耐力进行测评或预测。第10章和第11章详细介绍体能评估。

私人教练完成客户的体能状况评估后就可以和第11章中的描述性标准进行比较。通过比较，私人教练可以知道客户目前的体能水平，并由此建立与今后训练效果进行对比的标准，以发现基础目标的力量与不足。初始评估还能揭示客户是否存在不适宜运动的地方，便于做进一步的医学检查。

表 15.1 确定抗阻训练等级的方法

问题 1*	问题 2	问题 3	问题 4	问题 5**	抗阻训练等级***
否	不适用	不适用	不适用	无	初级
是	≤ 2 个月	1 ～ 2 次	低强度	3 ～ 5 个训练	
是	4 ～ 6 个月	2 ～ 3 次	中低强度	6 ～ 10 个主要及一般器械训练，3 ～ 5 个一般自由重量训练	
是	8 ～ 10 个月	3 次	中等强度	11 ～ 15 个主要及一般器械训练，6 ～ 10 个一般自由重量训练，3 ～ 5 个主要自由重量训练	中级
是	1 年	4 次	中高强度	>15 个主要及一般自由重量与器械训练	
是	1 ～ 1.5 年	4 次	高强度	>15 个主要及一般自由重量与器械训练；3 ～ 5 个爆发力训练	高级
是	≥ 2 年	≥ 5 次	强度非常高	>15 个主要及一般自由重量与器械训练；几乎所有爆发力训练	

* 如果客户虽然目前没有进行抗阻训练，但在 4 ～ 6 周前有过抗阻训练的经历，那么私人教练可以认为问题 1 的回答为“是”，问题 2 ～ 5 则根据目前情况进行判断。判断客户目前是否正在进行抗阻训练，完全依靠私人教练的职业经验。

** 由有资质的私人教练进行认定。各类型抗阻训练的说明请参考本书“抗阻训练类型”部分。

*** 抗阻训练的等级由客户所回答的问题结果而定，标准为 5 个问题中至少有 3 个问题与对应的等级相一致。

私人教练应清楚，这种等级认定方法不一定适用于所有客户，需考虑每名客户的特性。

来源：Adapted from Baechle and Earle 2000[8] and Earle and Baechle 2004[26].

抗阻训练的主要目标

在制订抗阻训练计划时，明确客户的训练目标至关重要。为了达到预期的训练效果，客户必须采用专门的训练方式与设计。4 类抗阻训练目标分别是提高肌肉耐力、增大肌肉、提高肌肉力量和爆发力。

有时客户的训练目标并不十分清晰。例如，客户可能很少会说“我想通过训练增大肌肉块”，他们也许会说“我想让小肚子变平点”之类的话。在初始咨询以及体能评估中确立训练目标后，私人教练应将抗阻训练目标与客户需求进行匹配。在咨询中，私人教练经常会向客户讲述抗阻训练能够产生的各种效果。

肌肉耐力

如果客户想提高自己的肌肉耐力，他们通常会说“我想要更好的耐力”或

“我要提高耐力”。针对提高肌肉耐力的抗阻训练常称为肌肉耐力训练，其训练重点是提高肌肉在次最大负重条件下多次重复克服阻力或长时间克服阻力的能力。如果训练重点突出，此类训练就可以有效提高客户的肌肉耐力[12, 50, 61, 116]。肌肉耐力训练也常被视作是一种有氧训练，比如在 20 分钟的长跑中，肌肉会连续收缩上千次。

肌肉增大

当私人教练听到客户说“我想把胳膊练粗一点”“我要自己更壮一些”“我想把体形练得更棒”“我想改造体形”等时，言下之意就是让私人教练设计出一套能增大肌肉的计划。肌肉增大是指增加肌肉体积，增肌训练通常会增加瘦体重，降低体脂百分比。

肌肉力量

在抗阻训练的 4 类目标中，提高肌肉力量是最显而易见的。客户有时会很直接地说：“我想变得更强壮。”但对运动员来说，提高运动成绩才是他们最关注的抗阻训练效果[114, 115, 116]。当然，其他客户可能也有这种想法。例如，有些老年客户会说“我想能提得起高尔夫球包”或者“我要上下楼梯更利索一些”。现在一些科学研究成果已经证实，只要训练计划合适，老年人就可以通过提高肌肉力量来改善日常生活能力[46, 57]。

提高肌肉力量的训练负重大于旨在提高肌肉耐力与增大肌肉的训练。因此，对那些想要提高肌肉力量的客户来说，明智的做法是先提高肌肉耐力或增肌，然后再进行增强肌肉力量的训练。

肌肉爆发力

传统上，提高肌肉爆发力的计划仅用于运动员或想要提高运动成绩的客户。如果客户说“我想跳得更高”或“我想跑得更快，运动时更灵敏”，则说明客户想要提高爆发力。以爆发力为目标的抗阻训练计划对提高运动成绩的作用更大[11, 55, 130]。为了使效果明显，私人教练最好规划出一个完整的训练过程。例如，在爆发力训练开始前先安排一段以提高肌肉力量为目的的训练，这样对速度及弹跳能力的提升效果会更好[45]。

虽然爆发力训练看似是运动员的专利，但资料显示，这类训练对上了年纪的客户或非运动员客户都有不错的效果。近来，有证据证实，老年客户进行爆发力训练可以提高生活质量[46]和运动能力[47, 48]。

确定训练频率

训练频率是指客户一周训练的次数。对每个客户而言，有多种因素决定其最佳训练频率，如训练类型、每次训练的肌群数量、计划结构（量与强度）、训练水平及体能状况等[4]。此外，工作安排、社会活动、家庭义务等也会影响客户一周的训练次数。

影响训练频率的因素

在私人教练决定客户每周的抗阻训练次数时，应首先考虑客户的训练水平和体能状况。客户训练水平越高，体能状况越好，训练频率就越高。如果有其他因素增加客户生理或心理压力（即工作、社会或学业压力，以及有其他训练或各种因素同时存在），私人教练应减少其训练频率。例如，如果客户是一名建筑工人，其在工作中会经常完成推举动作，那么他可能无法再完成一周 2 ～ 3 次或 3 次以上的抗阻训练。

私人教练常忽视一个因素，就是不同训练计划之间的干扰问题[58, 59, 90]。很多私人教练同时为客户制订了力量、耐力、灵敏以及快速伸缩复合训练计划，但并没有考虑所有训练内容所产生的训练负荷。因此，有必要考虑不同训练内容的相互关系以及对客户形成的总体负荷。例如，如果客户一周跑步 5 天，每次（天）跑 30 分钟，那么对他来说一周安排 2 次抗阻训练就可以了。

确定训练频率的原则

在确定训练频率时，要留出充足的恢复时间。一般情况下，同一块肌肉或同一个肌群每次训练之间要留出至少 1 天的休息时间（但不得超过 3 天）[5, 14, 54, 85]。更具体的训练频率应根据客户的训练等级而定（表 15.2）。对刚开始训练或初级水平的客户来说，一周训练 2 ～ 3 次就会有很不错的效果。但是，对那些已有一定抗阻训练基础的客户来说，一周 1 ～ 2 次的训练只能保持肌肉力量，无法继续增加肌肉力量[4, 35]。通常情况下，训练频率越高，肌肉力量增加的幅度就越大[4, 34]。

初级水平客户的训练频率

对具有初级训练水平的客户来说，如果进行全身性抗阻训练，那么一周 2 ～ 3 次即可[4, 19, 22, 25, 51, 95]。这种训练频率具有间歇性（即周一、周四；周二、周四、周六，或周一、周三、周五），在训练课之间可以留出一定的恢复时间。为了使身体得到有效恢复，对初级水平的客户而言，需要在抗阻训练课之间保证 1 ～ 3 天的休息，但不得超过 3 天。例如，如果客户每周在周一和周三训练，但周三到下周一之间的休息时间已超过 3 天，那么训练效果会大打折扣[35, 54]。即便客户的训练水平已由初级上升为中级，也并不是说训练频率一定要增加[4]。不过，训练频率从每周 1 ～ 2 次增加为 3 ～ 4 次后，训练内容则可变得更灵活多样。

表 15.2 抗阻训练频率的通用指南

抗阻训练水平	每周建议训练频率（次）
入门或初级	2 ～ 3
中级	3（全身都练）
	4（采用分割法）
高级	4 ～ 6*

* 高水平客户可 1 天安排几节训练课。

来源：Adapted from Ratamess et al.2007[92].

中级水平客户的训练频率

如果客户已步入中级水平行列，那么建议训练频率增加至每周 3 或 4 次[4]。这或许意味着，客户将进行 2 天或多天的连续训练。这种情况下，最常见的办法就是采用分割式训练，即在一周内将训练内容平均拆分成 4 节或更多节训练课。其结果就是，客户每节课只训练某一个部位（如上背或下肢）或某一个肌群（如胸、背或腿）[70]，或按照某种动作模式进行训练（如“推”或“拉”）[117]。

这种训练方式既可以增加训练频率，同时还能够保证肌肉有充足的恢复时间[85, 95]。

经典的中级水平分割训练法是周一和周四练上肢，周二和周五练下肢[70]。尽管客户连续训练了2天，但训练的肌肉并不一样，这就保证了训练的肌肉有足够的恢复时间。这样，同一肌肉部位的训练课之间就会有2天的休息时间，保证了训练课之间的良好恢复[95]。像这种训练计划，有周三、周六和周日3天休息时间。训练具体的肌群或身体部位时，客户采用这种分割法能够通过有效增加训练量获得更好的训练效果[95]。

高级水平客户的训练频率

当中级水平的客户的训练水平越来越高时，可能有必要增加训练频率，这取决于客户的目标。对高级水平的客户来说，为保证足够的训练刺激，一周通常会训练4～6次[4]。他们还常会用“双分割法”训练，即每天两练，一周要完成8～12次训练课[4, 110]。很多科学研究支持这种在同一天进行1次以上简短训练课的方法[4, 44, 110]。

还有一种分割训练法可以将训练频率从每周训练5天增加至6天，这就是练3天，歇1天的分割训练模式。使用这种训练模式时，需对特定肌群安排3节训练课，连续训练3天，每天1节课，第4天休息。在内容安排上，可以分为上肢的“推”训练（即胸、肩、肱三头肌），下肢训练以及上肢“拉”训练（即背、斜方肌、肱二头肌）。这种训练课的日期不固定，每周的休息日也不同。

训练选择

私人教练选择训练计划中的训练内容通常要考虑训练专项化、训练器材、客户的训练经验以及训练时间等因素。一旦私人教练充分考虑了上述因素，那么所制订的训练内容应最能激发客户适应，并且能最大限度地帮助客户实现的特定目标。

影响因素

在选择训练内容时，私人教练的决定往往基于初次咨询时了解到的客户需求和目标。但很多因素都会影响私人教练的最终决定，其中包括客户投入训练的时间。训练时间的多少直接影响一节训练课中的训练数量及训练的复杂程度。例如，针对下肢的背蹲训练显然要比腿弯举和腿伸展花费的时间少。

还有一个影响因素就是可供客户使用的训练器材。虽然有些训练很有效，也能很好地满足客户需要，但如果不具备相关的训练器材条件，也不能将其列进训练计划。鉴于此，私人教练在制订计划前，有必要列出能够满足客户训练需要的器材清单。这样可以为私人教练节省很多编写计划的时间。

客户能否掌握正确的训练动作也是选择训练手段时需要考虑的因素。如果客户对某个训练缺乏经验或压根不熟悉，或者客户的训练经验不明，私人教练必须给客户进行示范和讲解，并且预留足够的学习时间，让客户掌握正确的技术动作。因此，有必要在正式训练开始之前，为客户安排一些矫正性的简单训练，为长期训练做好准备工作。刚接触抗阻训练的客户，一般会先从固定器械和简单的自由重量训练开始，因为这类训练的技术动作要求比“核心”自由重量训练简单[31, 107, 124]。（注：这里提到的核心训练并不是指针对躯干部位的训练手段，具体解释见本章“抗阻训练类型”。）采纳这些建议可以减少法律纠纷、降低客户训练时的受伤风险以及提高客户对训练的依从性和整体训练效果。

抗阻训练类型

在制订抗阻训练计划时，有许多种训练可供选择。这些训练可以按肌肉激活程度分为核心训练和辅助训练，也可按动作模式的复杂程度进行分类或按与客户训练目标的相关程度进行划分。

核心训练

核心训练是训练计划的重要组成部分，与辅助训练结合更能帮助客户达到特定的训练目标。一般而言，核心训练有以下主要特征。

- 有两个或两个以上关节参与训练，是多关节训练。
- 大肌群参与，会激活协同肌。

1 个多关节大肌群的训练可激活的肌肉数量相当于 4 ～ 8 个小肌肉单关节训练[112]。抗阻训练计划中多安排核心训练会让训练事半功倍。

在制订计划时，可供私人教练选择的核心训练手段数量不少（见第 13 章）。例如卧推，这个训练手段涉及肩关节和肘关节，在训练胸肌的同时也会有三角肌和肱三头肌协同参与。

如果核心训练（如高翻、下蹲、前蹲、肩上推举等）的阻力作用在人体骨骼的纵轴上（脊柱），那么在核心训练的基础上还可以进一步归类为结构性训练。结构性训练需躯干肌群维持身体直立。例如，在进行背蹲训练时，杠铃的重量作用在人体骨骼的纵轴上，在动作上升和下降阶段，需要躯干保持近似直立的姿势。动作迅速的结构性训练，例如高翻、抓举等也可以归类为爆发力训练，类似的训练还有推举、提拉、高拉和挺举。此类训练具有全方位的刺激，能够增大很多肌肉，能量消耗大，训练效果明显[101]。

> 抗阻训练中的核心训练是指涉及大肌群的多关节训练。

辅助训练

辅助训练的功能主要是促使跨关节的肌肉平衡发展、防止损伤、促进伤后康复或对某块肌肉或肌群进行针对性训练。辅助训练有以下主要特征。

- 单关节训练（只有 1 个关节参与活动的力量训练）。
- 激活的肌肉较少（即小肌群或个别部位）。

辅助训练不是训练计划的主要内容，对核心训练只起一定的补充作用。

最常见的辅助训练手段是杠铃肱二头肌弯举。该训练只激活为数不多的肌肉（即肱二头肌、肱肌、肱桡肌），只涉及 1 个关节活动（肘关节）。夹胸和哑铃仰卧飞鸟仅有肩关节和胸肌参与，也是辅助训练。

训练选择指南

无论客户是高水平运动员还是刚开始训练，是训练水平严重退化还是伤后康复，训练计划的训练内容都应满足客户的需求。

对初级训练水平或毫无训练经验的客户来说，私人教练应侧重对其进行基础训练，可安排一些辅助训练或相对简单的核心训练。这种情况下，可能会针对某一特定肌群或部位进行训练。每个部位可以选择一个针对性的训练，分别是胸部、肩部、背部、臀部和大腿、肱二头肌、肱三头肌、腹部和小腿[6, 85]。当客户的训练水平提高后，每个部位的训练种类就可随之增加[85]。一般来说，私人教练在制订计划时可以先从小肌群或单关节训练开始，随后再逐渐增加多关节大肌群的核心训练。

多关节大肌群的训练可以提高客户的适应程度，也能增加训练时的能量消耗，背蹲和卧推就是其中的代表。这两个动作比较复杂，激活的肌肉多，能量消耗大，产生的训练效果也更明显。高翻、抓举以及高拉等训练也是如此。这些训练可对全身进行锻炼，更适合运动员[104]和临床人群[57]。对运动员来说，力量训练与专项动作模式越接近，增长的力量对专项成绩的贡献就越明显[15, 31, 107, 117, 120, 121, 131]。例如，如果客户是排球或篮球运动员，私人教练在设计抗阻训练时可以考虑高翻和抓举等涉及跳跃运动的训练（“专项运动选择指南”，请参见第23章）。

如果客户有特殊需求，比如腰部有问题或最近受过伤，训练计划必须进行相应调整。选择训练内容时，应参考专业医务人员的指导。重要的是训练计划中不得出现与客户实际问题相抵触或不推荐的训练内容。假如一个客户最近刚接受过理疗师对其肩关节撞击综合征的治疗，那么客户在锻炼三角肌时可采用哑铃侧平举替代肩上推举。

训练顺序（1）

训练顺序或安排是指一节抗阻训练课中各种训练手段的先后关系。影响训练顺序的因素有很多，其中训练类型或训练特点的影响最明显。

影响因素

影响训练顺序的主要因素包括客户的训练目标、训练产生疲劳的程度以及训练类型（核心训练或辅助训练）等。

确定训练顺序的一种方法是按训练的重要程度，或按与客户目标、运动项目的关联度对训练手段进行排序。先进行与客户目标联系最直接的训练，因为此时身体还未疲劳，当这些训练结束后，在训练课的末尾再安排与目标关联不大的训练。

第二种方法是按照训练类型（即核心训练和辅助训练）排序。这种方法的排序结果是先进行核心训练，在训练课的后半部分再安排辅助训练，使客户在体力充沛的情况下进行复杂的多关节训练。私人教练需把握的原则是，通过设计合理的训练顺序保证客户既能承受训练负荷，又能完成所有的训练任务。

训练安排指南

安排一节抗阻训练课的训练顺序有多种方法[31]。可按照训练类型安排，先进行爆发力训练或核心训练，之后再进行辅助训练，或“推”与“拉”训练交替进行，又或者上肢与下肢交替训练。私人教练还可组合使用各类方法或采用次级排列法（表 15.3 和表 15.4）。

先爆发力及核心训练，后辅助训练

最常用的一种训练顺序如下所示：

爆发力训练→核心训练→辅助训练

从概念上讲，爆发力和核心训练通常是多关节训练，而辅助训练一般为单关节训练，训练顺序也可是：

多关节训练→单关节训练

表 15.3 基于训练类型和激活肌肉大小排列的训练顺序

训练顺序：爆发力训练→核心训练→辅助训练				
训练顺序	**训练名称**	**训练类型**		
1	高翻	爆发力训练	多关节	大肌群
2	挺举			
3	前蹲	核心训练		
4	卧推			
5	肱三头肌下压	辅助训练	单关节	小肌群
6	屈腕			
7	坐姿提踵			
训练顺序：多关节训练→单关节类训练				
训练顺序	**训练名称**	**训练类型**		
1	下蹲 + 推举		多关节	大肌群
2	背蹲			
3	上斜卧推			
4	腿弯举		单关节	小肌群
5	肩三维推举			
训练顺序：大肌群训练→小肌群训练				
训练顺序	**训练名称**	**训练类型**		
1	高翻	爆发力训练	多关节	大肌群
2	过头下蹲	核心训练		
3	罗马尼亚硬拉			
4	俯身划船	辅助训练	单关节	小肌群
5	哑铃侧平举			
6	卷腹			

注：以上是简单的训练顺序实例，并不代表完整的抗阻训练内容。

表 15.4 交替训练顺序实例

训练顺序：“推”和“拉”训练交替进行				
训练顺序	训练名称	训练分类		
1	背蹲	推	核心	多关节
2	腿弯举	拉	辅助	单关节
3	站姿提踵	推	辅助	单关节
4	胸前提拉	拉	辅助	单关节
5	上斜卧推	推	核心	多关节
6	哑铃肱二头肌屈曲	拉	辅助	单关节
7	肩上推举	推	核心	多关节
8	下拉	拉	辅助	多关节
训练顺序：交替训练上肢和下肢				
训练顺序	训练名称	训练分类		
1	坐姿腿举	下肢	核心	多关节
2	卧推	上肢	核心	多关节
3	弓箭步蹲	下肢	核心	多关节
4	耸肩	上肢	辅助	单关节
5	坐姿伸腿	下肢	辅助	单关节
6	哑铃肩上推举	上肢	核心	多关节
7	腿弯举	下肢	辅助	单关节
8	肱三头肌下压	上肢	辅助	单关节

注：以上是简单的训练顺序实例，并不代表完整的抗阻训练内容。

还可以考虑按激活肌肉的多少安排训练顺序。大肌群训练一般是核心或多关节训练，应该安排在单关节训练之前。即：大肌群训练→小肌群训练。

不管采用何种训练排序方法，本章所述的训练顺序对大多数客户而言都是非常有效的。

多关节爆发力训练比单关节的辅助训练更费力，动作技术要求更高，锻炼效果更好，需要在客户体力充沛的情况下进行[31, 30]。虽然在过去相当长的一段时间里，仅建议运动员进行爆发力训练，如举重类训练，但现在越来越多的研究资料显示，此类训练同样有助于普通人达到训练目标[20, 57, 64]。一项针对成年人抗阻训练的研究发现，爆发力训练对日常生活能力的影响优于一般的力量类训练[46]。不管是运动员还是普通客户，私人教练都可以安排此类训练。

“推”和“拉”训练交替进行

还有一种安排训练顺序的方法是交替进行“推”（如坐姿推胸和肱三头肌下压）和“拉”的训练（如坐姿划船和哑铃肱二头肌弯举）[8]。这样安排的好处在于不会连续训练同一块肌肉[8]。虽然可交替进行“推”和“拉”训练，但私人教练应该清楚，核心训练会激活身体的大量肌肉，难免会出现连续训练某些肌肉的情况。例如，如果客户先做背蹲（“推”类训练）再做腿弯举（“拉”类训练），那么这两个训练都会激活腘绳肌。

交替训练上肢与下肢

交替训练上肢和下肢是传统的训练顺序[31]。这种顺序常应用于间歇时间短的循环举重训练。与交替进行“推”和“拉”训练一样，该训练顺序更适合器械训练或以小肌群或辅助类为主的训练。

组合式排序

私人教练也可将最常见的训练顺序组合在一起。例如，先核心训练，后辅助训练，在辅助训练中交替进行推拉动作。在采用组合式排序时，常在上肢训练之前安排下肢训练。

次级排序法

次级排序法是指连续无间歇地完成1组两个不同的训练，通常有两种方式。如果是将锻炼同一个肌群（如上斜卧推和斜板哑铃飞鸟）的两个训练安排在一起，则称为复合组[8]。健美运动员常常采用复合组训练达到增大肌肉的目的[31]。

另一种次级排序形式称为超级组，即将针对主动肌和拮抗肌的训练（如肱二头肌弯举和肱三头肌下压）安排在一起，每组训练之间不休息[8, 31, 107]。超级组训练在健美运动员、想提高肌肉耐力以及训练时间有限的人群中很流行[31]。

训练负荷：阻力与重复次数

在制订抗阻训练计划时，训练负荷或训练总量是一个重要的考虑因素。确定训练负荷的方法很多。指定的负荷对训练的重复次数以及最终的训练适应类型有很大影响。训练计划的类型和目标决定训练负荷和训练量（次数 × 组数 × 强度）之间的关系。

在确定客户的训练负荷和每组训练的重复次数时，私人教练应测试客户的能力。测试的目的是确定客户在完成所选训练时的能力。一旦私人教练通过测试了解了客户的能力后，就可依此安排具体的训练负荷。

影响因素

训练强度、训练量和训练结果息息相关。例如，高强度（＞80%1RM）、少次数（3～5次）的训练主要提高肌肉力量。而低强度（＜70%1RM）、多次数（＞10次）的训练可以提高肌肉耐力。训练负荷主要依据客户的训练目标而定。不过，这是一种相对简化的训练计划。无论客户的目标如何，训练计划都应该包括增强肌肉耐力、增加肌肉力量和提高爆发力的阶段。对不同的重复次数和训练负荷方案进行排序可以提高训练适应，更好地实现客户的训练目标[45, 90, 117]。

1RM百分比关系

重复最大次数（repetition maximum，RM）是指在特定训练时，某一负重条件下客户 1 组训练能够重复的最多次数。随着负重的增加，重复的次数会随之减少。最终，负重增大到客户只能进行 1 次时，该负重称为一次重复最大重量（1-repetition maximum，1RM）。负重越小，重复次数越多。一次重复最大重量与重复次数的这种相关性称为 1RM 百分比与重复次数的关系。

私人教练在确定训练强度时，最常采用 1RM 百分比模式[3, 9, 38, 62, 63, 101, 102, 107]或特定的重复最大次数目标来确定负重大小。如表 15.5 所示，如果一位客户的 1RM 是 200 磅（约 90.7 千克），那么 160 磅（约 72.6 千克）的负重，他可以完成 8 次左右。假如他的 10RM 对应的负重是 150 磅（约 68.0 千克），那么估计他的 1RM 是 200 磅（约 90.7 千克）左右。根据上述关系，私人教练可以确定客户某一训练的重复次数。注意，表 15.5 中的重复次数只是一个相对值，训练方式不同或者训练水平的差异都会影响实际的重复次数[6, 8, 9, 15, 17, 18, 27, 28, 80, 123]。

私人教练还可以通过具体强度对应的重复次数（即强度次数目标）确定训练时的负荷。这种方法需要客户在规定次数所对应的最高强度下完成训练。例如，如果客户要做 3 组 12RM 的训练，那么每组训练采用的负重基本可以让客户只能完成 12 次。同理，还有一种相似的方法是采用目标强度次数区间，即确定一个强度区间，如 3 ～ 5RM。当规定了最大重复范围时，客户应使用他能承受的最大重量来进行范围内重复次数的练习。无论使用强度次数目标，还是强度次数区间确定训练负荷，都需客户每组训练至肌肉疲劳。但研究资料显示，力竭式训练会降低训练适应[87]，也可能增加客户过度训练和运动损伤的风险[60]。因此，私人教练在确定训练强度时，要慎用上述两种方法。

表 15.5 1RM 百分比与重复次数的关系

1RM 百分比（%）	重复次数
100	1
95	2
93	3
90	4
87	5
85	6
83	7
80	8
77	9
75	10
70	11
67	12
65	15
60	20

注：根据客户训练水平的不同，1RM 百分比会有一定误差（±0.5% ～ 2.0%）。

来源：Adapted from Baechle and Earle 1989，2000[7, 9]; Baechle，Earle，and Wathen 2008[10]; Bompa and Haff 2009[15]; Bryzychi 1993，2000[17, 18]; Epley 1985，2004[27, 28]; Mayhew et al.1995[80]; Wathen 1994[123].

1RM百分比的局限

尽管以 1RM 百分比确定训练强度是一种非常好的方法，但也要注意影响其准确性的一些限制因素。

1. 虽然某一种强度和该强度下所能完成的训练次数似乎存在一定关系，但有数项研究指出，这种关系并没有想象中那么固定[52, 76, 78, 79, 80, 82]。
2. 训练水平同样会影响重复次数与 1RM 百分比的关系。受过训练的客户能够在一定的 1RM 百分比下完成更多的次数[52, 53, 79, 100, 118]。
3. 当使用 1RM 百分比与重复次数关系时，重要的是牢记，一定的 1RM 百分比仅与单组训练而非多组训练相关。如果是多组训练，重复次数会随组数的增加而减少，原本规定的强度次数关系会发生变化[123]。
4. 1RM 百分比与重复次数关系很大程度上是在卧推、背蹲以及高翻等训练的基础上建立起来的[31, 118]。这种关系也许并不适用于所有训练手段[52, 53, 100]，应谨慎用于客户。
5. 抗阻训练方式似乎会影响一定的 1RM 百分比下的可重复次数。一般来说，在相同的 1RM 百分比下，固定器械训练（如坐姿推胸）重复的次数大于自由重量训练（如杠铃卧推）的重复次数[52, 53]。
6. 在一定的 1RM 百分比下可重复的核心训练次数多于辅助训练[91, 118]。
7. 训练顺序也会影响在一定的 1RM 百分比下可重复的次数。无论是核心训练还是辅助训练，训练课后半部分的训练的重复次数会下降[103]。

私人教练查看表 15.5 所述的 1RM 百分比与重复次数的关系时会发现，大于 75% 1RM、重复次数小于 10 次的关系较准确，训练效果也越容易保证[17, 21, 81, 122]。这是因为强度次数关系的准确性会随训练强度下降和重复次数增加而下降[8]。故表 15.5 只是一个总体参照，训练中不能生搬硬套。

负荷能力评估指南

在确定具体训练强度前，私人教练应该先了解客户的能力。以下是几种常用方法。

1. 1RM 实测法。
2. 1RM 估算法。
3. 体重百分比测试法。
4. 重复最大次数测试法。

在实践中可根据客户训练水平、动作技术掌握情况以及测试手段，采用 1 种或多种方法。

1RM实测法

私人教练必须了解客户某一训练的 1RM，才能使用表 15.5 所述的 1RM 百分比与重复次数的关系。一般而言，1RM 测试对临床和运动员客户来说风险很小[98, 99]，这种方法被视作肌肉最大力量评估的黄金标准[56]。关键点是，客户在测试时是否在负重递增情况下还能保持正确的测试动作。如果在测试时动作不正确，那么最好使用其他方法。虽然1RM实测法是最为准确的，但有时也可以用次最大强度来估算1RM[8, 53]。值得注意的是，用次最大强度估算1RM时可能会高估1RM[73, 80, 82, 93, 125]，从而在确定训练强度时出现问题。

假如客户未曾练过力量、刚受过伤或正处于医学治疗期，都应避免进行1RM测试。1RM测试更适合有一定抗阻训练基础，能够掌握不同负重条件下的准确技术动作的高水平客户。

在确定采用何种方式测试1RM时，私人教练仅应选择安全、动作精准而连贯的方式[8]。通常，多关节的核心训练的可耐受性较好，适用于最大力量测试。一般情况下，辅助训练会对单关节和小肌群施加巨大的负重压力，不应用于1RM测试[10]。重要的是，在选择1RM测试训练时应有合理判断。

例如，尽管弓步下蹲和负重上台阶是多关节训练，但其施加在下肢的负荷不均衡，会增加受伤和发生意外的可能性，所以二者均不适合作为1RM测试。俯身划船也不适用于1RM测试，其原因是虽然该训练会激活上身的多关节和大肌群，但如果客户腰部肌肉力量不足可能无法保持测试时的身体姿态，会增加受伤风险并造成评估结果不准。一旦1RM测试手段确定下来，并且客户也有能力顺利完成，私人教练就可以按测试流程进行规范化操作（见第11章）。

1RM估算法

如果无法实际测量客户的1RM，还可考虑数种估算1RM的方法，即1RM估算法。私人教练使用这些估算方法可以确定负重结构，制订抗阻训练计划。

1. 使用重复最大次数测试。
2. 使用估算公式。

测试重复最大次数可估算1RM。为保证其准确性，最好用较少的重复次数（如5～10次）或6～10RM（即在保证动作正确的前提下，最多完成6次至10次）。如果按照上述标准进行测试后，就可参照表15.6确定1RM。确定1RM的测试一般不超过3次。

6RM测试与1RM测试类似，主要的区别是每个测试训练组需重复6次[67]。由于测试次数较多，测试时负重增加幅度会减少（每次增加幅度约为第11章中1RM测试的50%）。

如果私人教练获得了客户6RM的测试结果，也可从表15.6中换算出1RM，即先从首行“重复最大次数”栏目中找到数字“6”以及向下对应的85%，然后再向下找到重复6次所用的负重（该数字不应大于6RM所用的负重，且与之最接近），该数字对应的最左侧数值即为估算的1RM。例如，如果1名客户进行坐姿蹬腿6RM测试对应的强度是140磅（约63.5千克），那么估算该训练的1RM则是165磅（约74.8千克），其结果可作为客户的实际训练负荷的基础值。

表 15.6　根据训练负荷估测 1RM

	重复最大次数												
	1	2	3	4	5	6	7	8	9	10	12	15	20
	1RM 百分比（%）												
	100	95	93	90	87	85	83	80	77	75	67	65	60
负荷（磅）*	10	10	9	9	9	9	8	8	8	8	7	7	6
	15	14	14	14	13	13	12	12	12	11	10	10	9
	20	19	19	18	17	17	17	16	15	15	13	13	12
	25	24	23	23	22	21	21	20	19	19	17	16	15
	30	29	28	27	26	26	25	24	23	23	20	20	18
	35	33	33	32	30	30	29	28	27	26	23	23	21
	40	38	37	36	35	34	33	32	31	30	27	26	24
	45	43	42	41	39	38	37	36	35	34	30	29	27
	50	48	47	45	44	43	42	40	39	38	34	33	30
	55	52	51	50	48	47	46	44	42	41	37	36	33
	60	57	56	54	52	51	50	48	46	45	40	39	36
	65	62	60	59	57	55	54	52	50	49	44	42	39
	70	67	65	63	61	60	58	56	54	53	47	46	42
	75	71	70	68	65	64	62	60	58	56	50	49	45
	80	76	74	72	70	68	66	64	62	60	54	52	48
	85	81	79	77	74	72	71	68	65	64	57	55	51
	90	86	84	81	78	77	75	72	69	68	60	59	54
	95	90	88	86	83	81	79	76	73	71	64	62	57
	100	95	93	90	87	85	83	80	77	75	67	65	60
	105	100	98	95	91	89	87	84	81	79	70	68	63
	110	105	102	99	96	94	91	88	85	83	74	72	66
	115	109	107	104	100	98	95	92	89	86	77	75	69
	120	114	112	108	104	102	100	96	92	90	80	78	72
	125	119	116	113	109	106	104	100	96	94	84	81	75
	130	124	121	117	113	111	108	104	100	98	87	85	78
	135	128	126	122	117	115	112	108	104	101	90	88	81
	140	133	130	126	122	119	116	112	108	105	94	91	84

续表

	重复最大次数												
	1	2	3	4	5	6	7	8	9	10	12	15	20
	1RM 百分比（%）												
	100	95	93	90	87	85	83	80	77	75	67	65	60
负荷（磅）*	145	138	135	131	126	123	120	116	112	109	97	94	87
	150	143	140	135	131	128	125	120	116	113	101	98	90
	155	147	144	140	135	132	129	124	119	116	104	101	93
	160	152	149	144	139	136	133	128	123	120	107	104	96
	165	157	153	149	144	140	137	132	127	124	111	107	99
	170	162	158	153	148	145	141	136	131	128	114	111	102
	175	166	163	158	152	149	145	140	135	131	117	114	105
	180	171	167	162	157	153	149	144	139	135	121	117	108
	185	176	172	167	161	157	154	148	142	139	124	120	111
	190	181	177	171	165	162	158	152	146	143	127	124	114
	195	185	181	176	170	166	162	156	150	146	131	127	117
	200	190	186	180	174	170	166	160	154	150	134	130	120
	205	195	191	185	178	174	170	164	158	154	137	133	123
	210	200	195	189	183	179	174	168	162	158	141	137	126
	215	204	200	194	187	183	178	172	166	161	144	140	129
	220	209	205	198	191	187	183	176	169	165	147	143	132
	225	214	209	203	196	191	187	180	173	169	151	146	135
	230	219	214	207	200	196	191	184	177	173	154	150	138
	235	223	219	212	204	200	195	188	181	176	157	153	141
	240	228	223	216	209	204	199	192	185	180	161	156	144
	245	233	228	221	213	208	203	196	189	184	164	159	147
	250	238	233	225	218	213	208	200	193	188	168	163	150
	255	242	237	230	222	217	212	204	196	191	171	166	153
	260	247	242	234	226	221	216	208	200	195	174	169	156
	265	252	246	239	231	225	220	212	204	199	178	172	159
	270	257	251	243	235	230	224	216	208	203	181	176	162
	275	261	256	248	239	234	228	220	212	206	184	179	165

续表

	重复最大次数												
	1	2	3	4	5	6	7	8	9	10	12	15	20
	1RM 百分比（%）												
	100	95	93	90	87	85	83	80	77	75	67	65	60
负荷（磅）*	280	266	260	252	244	238	232	224	216	210	188	182	168
	285	271	265	257	248	242	237	228	219	214	191	185	171
	290	276	270	261	252	247	241	232	223	218	194	189	174
	295	280	274	266	257	251	245	236	227	221	198	192	177
	300	285	279	270	261	255	249	240	231	225	201	195	180
	305	290	284	275	265	259	253	244	235	229	204	198	183
	310	295	288	279	270	264	257	248	239	233	208	202	186
	315	299	293	284	274	268	261	252	243	236	211	205	189
	320	304	298	288	278	272	266	256	246	240	214	208	192
	325	309	302	293	283	276	270	260	250	244	218	211	195
	330	314	307	297	287	281	274	264	254	248	221	215	198
	335	318	312	302	291	285	278	268	258	251	224	218	201
	340	323	316	306	296	289	282	272	262	255	228	221	204
	345	328	321	311	300	293	286	276	266	259	231	224	207
	350	333	326	315	305	298	291	280	270	263	235	228	210
	355	337	330	320	309	302	295	284	273	266	238	231	213
	360	342	335	324	313	306	299	288	277	270	241	234	216
	365	347	339	329	318	310	303	292	281	274	245	237	219
	370	352	344	333	322	315	307	296	285	278	248	241	222
	375	356	349	338	326	319	311	300	289	281	251	244	225
	380	361	353	342	331	323	315	304	293	285	255	247	228
	385	366	358	347	335	327	320	308	296	289	258	250	231
	390	371	363	351	339	332	324	312	300	293	261	254	234
	395	375	367	356	344	336	328	316	304	296	265	257	237
	400	380	372	360	348	340	332	320	308	300	268	260	240
	405	385	377	365	352	344	336	324	312	304	271	263	243
	410	390	381	369	357	349	340	328	316	308	275	267	246

续表

	重复最大次数												
	1	2	3	4	5	6	7	8	9	10	12	15	20
	1RM 百分比（%）												
	100	95	93	90	87	85	83	80	77	75	67	65	60
负荷（磅）*	415	394	386	374	361	353	344	332	320	311	278	270	249
	420	399	391	378	365	357	349	336	323	315	281	273	252
	425	404	395	383	370	361	353	340	327	319	285	276	255
	430	409	400	387	374	366	357	344	331	323	288	280	258
	435	413	405	392	378	370	361	348	335	326	291	283	261
	440	418	409	396	383	374	365	352	339	330	295	286	264
	445	423	414	401	387	378	369	356	343	334	298	289	267
	450	428	419	405	392	383	374	360	347	338	302	293	270
	455	432	423	410	396	387	378	364	350	341	305	296	273
	460	437	428	414	400	391	382	368	354	345	308	299	276
	465	442	432	419	405	395	386	372	358	349	312	302	279
	470	447	437	423	409	400	390	376	362	353	315	306	282
	475	451	442	428	413	404	394	380	366	356	318	309	285
	480	456	446	432	418	408	398	384	370	360	322	312	288
	485	461	451	437	422	412	403	388	373	364	325	315	291
	490	466	456	441	426	417	407	392	377	368	328	319	294
	495	470	460	446	431	421	411	396	381	371	332	322	297
	500	475	465	450	435	425	415	400	385	375	335	325	300
	505	480	470	455	439	429	419	404	389	379	338	328	303
	510	485	474	459	444	434	423	408	393	383	342	332	306
	515	489	479	464	448	438	427	412	397	386	345	335	309
	520	494	484	468	452	442	432	416	400	390	348	338	312
	525	499	488	473	457	446	436	420	404	394	352	341	315
	530	504	493	477	461	451	440	424	408	398	355	345	318
	535	508	498	482	465	455	444	428	412	401	358	348	321
	540	513	502	486	470	459	448	432	416	405	362	351	324
	545	518	507	491	474	463	452	436	420	409	365	354	327

续表

	重复最大次数												
	1	2	3	4	5	6	7	8	9	10	12	15	20
	1RM 百分比（%）												
	100	95	93	90	87	85	83	80	77	75	67	65	60
负荷（磅）*	550	523	512	495	479	468	457	440	424	413	369	358	330
	555	527	516	500	483	472	461	444	427	416	372	361	333
	560	532	521	504	487	476	465	448	431	420	375	364	336
	565	537	525	509	492	480	469	452	435	424	379	367	339
	570	542	530	513	496	485	473	456	439	428	382	371	342
	575	546	535	518	500	489	477	460	443	431	385	374	345
	580	551	539	522	505	493	481	464	447	435	389	377	348
	585	556	544	527	509	497	486	468	450	439	392	380	351
	590	561	549	531	513	502	490	472	454	443	395	384	354
	595	565	553	536	518	506	494	476	458	446	399	387	357
	600	570	558	540	522	510	498	480	462	450	402	390	360

很多 1RM 估算公式也使用重复最大次数的测试结果（表 15.7）[1, 18, 27, 73, 74, 79, 80, 84]。通常情况下，测试负重越大时估算公式得到的结果越准确[1]。建议采用不超过 10RM 的测试结果代入估算公式计算 1RM[1, 17, 21, 81, 122]。训练所处的阶段会影响估算的准确性[9]。如果客户正处于肌肉耐力训练阶段，即采用多组、每组重复 10 ～ 15 次的训练，那么测试后利用公式估算出 1RM 结果的准确性就会降低。相反，如果客户正进行负重较大、重复次数较少的训练，那么用公式得到的 1RM 的准确性就会更高。

体重百分比测试法

无论是核心训练还是辅助训练，都可采用体重百分比估算 1RM[10]。这种方法的负重相对较低，特别适合初级水平或刚开始进行抗阻训练的客户。经验丰富的客户的力量与体重比较大，采用该方法总体上会低估训练负荷，故不应采用。

该方法根据体重百分比，用训练特异性数字因子确定训练强度（表 15.8 ～表 15.10）。表 15.8 列出了以体重百分比为依据估算 1RM 的具体方法。体重不超过 175 磅（约 79.4 千克）的男性和体重不超过 140 磅（约 63.5 千克）的女性客户可采用这种方法。该条件充分考虑了个体间身体成分的差异以及测试的安全性。此类方法的目的是得出客户能够完成 12 ～ 15 次的负重。利用表 15.9 和表 15.10 中的训练手段因子可以实现上述目的。由于个体差异、动作质量变化以及器械类型等因素影响，估算结果不可能非常准确。不过，这种方法在确定训练负重时，还是很有用的工具。

例如，一名 130 磅（约 59.0 千克）的女性客户，在枢轴型器械上进行蹬腿测试，使用的负重应该是 130 磅（约 59.0 千克）（表 15.9）。完成准备活动后，这位女性客户在 130 磅（约 59.0 千克）的负重下理论上的最大重复次数为 12 ～ 15 次。

重复最大次数测试

私人教练还可根据客户实际训练计划中的负重及重复次数确定其 1RM。例如，如果一名高级水平客户要进行一组 4 次的背蹲训练，私人教练就可采用 4RM 测试。

虽然这种方法不是最佳的 1RM 测试法，在进行多组测试的情况下，重复次数较多（即 8 次或更多）会导致大量的蓄积性疲劳，但这种方法几乎可以用于测试所有核心训练的 1RM [107]。进行辅助训练测试时，应采用 8RM 或较轻的负重 [10]。由于同样的原因，这些训练不应用于 1RM 测试。重复最大次数测试适合中级水平和高级水平客户，初级水平客户最好采用强度较低（≥ 8RM）、重复次数较多的测试。无论客户训练水平高低，测试时最关键的一点是严格监控身体疲劳程度，避免因过度疲劳而受伤。建议测试训练不超过 3 组。

尽管重复最大次数测试类似于 1RM 测试（见第 11 章），但前者每组采用较低的负重（1RM 的 50% ～ 75%）重复目标次数。

表 15.7 1RM 的简单估算公式

参考文献	公式
亚当斯（Adams）[2]	1RM=RepWt/（1−0.02 × RTF）
布朗（Brown）[6]	1RM=（Reps × 0.033 8+0.984 9）× RepWt
梅休（Mayhew）等 [78]	1RM=RepWt/（0.522+0.419e$^{-0.055\times RTF}$）
奥康纳（O'Conner）等 [84]	1RM=0.025（RepWt × RTF）+RepWt

注：1RM = 一次重复最大重量；RepWt = 重复重量，负重 <1RM；RTF = 重复至力竭的次数；Reps= 重复次数；e=2.718 1。

来源：Adapted from Mayhew et al.2008 [79].

表 15.8 根据客户的体重百分比评估力量的方案

步骤	内容
1	按照表 15.9 和表 15.10（有性别之分），确定用于测试的训练。有两种固定器械，即凸轮型器械（CM）和枢轴型器械（PM），测试前必须加以区分
2	测量客户体重，体重是确定训练强度的重要依据。注意，适用的男性客户体重不超过 175 磅（约 79.4 千克），女性体重不超过 140 磅（约 63.5 千克）。如果客户的体重不到最高制订标准，则按实际体重计算训练强度

续表

步骤	内容
3	用体重乘以因子系数（即以小数表示的百分数），得出的结果四舍五入至最接近的 5 磅（约 2.3 千克）增量，以确定测试负荷。对于配置配重片的器械，选择与测试负荷最接近的阻力
4	向客户讲解并演示测试动作，并让客户在无负重或低负重条件下练习几次。在客户熟悉测试时，私人教练根据其技术动作表现确定其是否能进行实际测试。如果技术动作没问题，那么让客户先做 1 组热身，负重为测试强度的 50%，重复 10 次
5	休息 1 ～ 3 分钟，随后开始正式测试。将负重增加到规定强度，让客户在该负重下完成一组极限次训练。重要的是在测试过程中客户应始终保持正确的测试动作。如果客户在测试时坚持不了或无法再次重复时，则需要停止测试
6	测试结束后，记录重复次数。将结果作为今后制订训练计划时的重要依据

来源：Adapted from Baechle and Groves 1998[10] and Earle and Baechle 2004[26].

表 15.9　根据体重百分比评估力量的方法（女性适用）

身体部位	训练	体重	因子	测试强度	重复次数	调节	训练强度
胸	卧推（FW）		×0.35				
	器械飞鸟（CM）		×0.27				
	器械推胸（PM）		×0.27				
背	俯身杠铃划船（FW）		×0.35				
	坐姿划船（CM）		×0.20				
	头后拉（CM）		×0.20				
	坐姿划船（PM）		×0.25				
肩	站姿推举（FW）		×0.22				
	坐姿推举（PM）		×0.15				
	器械推举（CM）		×0.25				
肱二头肌	杠铃弯举（FW）		×0.23				
	器械斜板弯举（CM）		×0.12				
	绳索弯举（PM）		×0.15				
肱三头肌	杠铃头后屈臂伸（FW）		×0.12				
	器械屈臂伸（CM）		×0.13				
	器械肱三头肌下压（PM）		×0.19				

续表

身体部位	训练	体重	因子	测试强度	重复次数	调节	训练强度
腿	器械蹬腿（CM）		×1.00				
	器械蹬腿（PM）		×1.00				
腹	器械卷腹（CM）		×0.20				

注：按测试强度一般最多能完成 12 ～ 15 次。FW 指自由重量，CM 指凸轮型器械，PM 指枢轴型器械，考虑到身体成分对测试结果的影响，女性体重不应超过 140 磅（约 63.5 千克）。

来源：Adapted from Baechle and Groves 1998 [10] and Earle and Baechle 2004 [26].

表 15.10 根据体重百分比评估力量的方法（男性适用）

身体部位	训练	体重	因子	测试强度	重复次数	调节	训练强度
胸	卧推（FW）		×0.60				
	器械飞鸟（CM）		×0.55				
	器械推胸（PM）		×0.55				
背	俯身杠铃划船（FW）		×0.45				
	坐姿划船（CM）		×0.40				
	头后拉（CM）		×0.40				
	坐姿划船（PM）		×0.45				
肩	站姿推举（FW）		×0.38				
	坐姿推举（PM）		×0.35				
	器械推举（CM）		×0.40				
肱二头肌	杠铃弯举（FW）		×0.30				
	器械斜板弯举（CM）		×0.20				
	绳索弯举（PM）		×0.25				
肱三头肌	杠铃头后屈臂伸（FW）		×0.21				
	器械屈臂伸（CM）		×0.35				
	器械肱三头肌下压（PM）		×0.32				
腿	器械蹬腿（CM）		×1.30				
	器械蹬腿（PM）		×1.30				
腹	器械卷腹（CM）		×0.20				

注：按测试强度一般最多能完成 12 ～ 15 次。FW 指自由重量训练，CM 指凸轮型器械，PM 指枢轴型器械，考虑到身体成分对测试结果的影响，男性体重不应超过 175 磅（约 79.4 千克）。

来源：Adapted from Baechle and Groves 1998 [10] and Earle and Baechle 2004 [26].

负荷评估指南

在决定训练计划采用多大负荷时，私人教练首先要考虑客户的训练目标（是提高肌肉耐力、增大肌肉、提高肌肉力量还是提高爆发力）。不同的负荷强度和重复次数会产生不同的训练效果（表 15.11）。建议私人教练在训练时，采用不断变换负荷结构的方式[4, 117]，避免过度训练，保证循序渐进，以获得最理想的训练效果。

根据 1RM 确定训练负荷

私人教练可根据客户的 1RM 测试结果确定训练负荷。训练的重复次数基于不同训练阶段的目标，即肌肉耐力、尺寸、力量或爆发力（表 15.11）。私人教练可以根据客户实测或估算的 1RM 百分比确定相应的重复次数。

例如，如果一位客户想增大肌肉（增加肌肉尺寸），那么他应采用的训练强度为 1RM 的 67% ～ 85%，每组重复 6 ～ 12 次。假如他的 1RM 背蹲为 220 磅（约 99.8 千克），每组做 10 次，那么负重可以控制在 147 ～ 187 磅（220×0.67=147；220×0.85=187）。为便于安排合适的杠铃重量，可将负重调整为 150 ～ 185 磅（68.0 ～ 83.9 千克）。私人教练可根据客户每次训练课的目标和目标训练强度调整训练负荷。

根据体重百分比确定训练负荷

私人教练还可根据客户体重百分比确定训练负荷。私人教练可以将根据表 15.9 和表 15.10 估算出的训练强度及次数与表 15.11 相比较。虽然使用体重百分比评估力量的方法规定了重复次数为 12 ～ 15 次，但客户在实际训练时，一组训练次数也可少于 12 次或多于 15 次。私人教练在训练中可根据客户实际需要调整训练负荷。表 15.12 为调整提供了参考，如果客户重复次数过多，则需增加负重，相反则需要减轻负重。表 15.12 只是关于调整的基本指南，未充分考虑误差的存在（若进行多关节训练，调整的幅度可能会更大）。不过，这能为制订训练计划提供一个非常有用的"起始点"。

表 15.11 不同训练目标下的训练负荷和重复次数

训练目标	训练负荷（1RM 百分比）			重复次数		
	初级客户	中级客户	高级客户	初级客户	中级客户	高级客户
提高肌肉耐力	≤ 65%	≤ 70%	≤ 75%	10 ～ 15	10 ～ 15	10 ～ 25
增大肌肉	67% ～ 80%	67% ～ 85%	67% ～ 85%	8 ～ 12	6 ～ 12	6 ～ 12
提高肌肉力量*	≥ 70%	≥ 80%	≥ 85%	≤ 6	≤ 6	≤ 6
提高爆发力**	无	30% ～ 60%	30% ～ 70%	无	3 ～ 6	1 ～ 6

* 核心训练采用这些负荷，辅助训练的负重≤ 8RM。

** 这些负荷不同于重复次数—负荷连续体中所标注的数值。

来源：Based on ACSM 2009[4]；Baechle，Earle，and Wathen 2008[9]；Earle and Baechle 2004[26]；Fleck and Kraemer 2004[31]；Kraemer et al.2002[66]；Peterson，Rhea，and Alvar 2004[86]；Rhea et al.2003[95]；Stone 1987[111]；Stone，Stone，and Sands 2007[117].

表 15.12 调整训练负荷以达到目标重复次数

目标重复次数	根据训练负荷完成的重复次数									
	≥ 18	16~17	14~15	12~13	10~11	8~9	6~7	4~5	2~3	< 2
14 ～ 15	+10	+5		−5	−10	−15	−15	−20	−25	−30
12 ～ 13	+15	+10	+5		−5	−10	−15	−15	−20	−25
10 ～ 11	+15	+15	+10	+5		−5	−10	−15	−15	−20
8 ～ 9	+20	+15	+15	+10	+5		−5	−10	−15	−15
6 ～ 7	+25	+20	+15	+15	+10	+5		−5	−10	−15
4 ～ 5	+30	+25	+20	+15	+15	+10	+5		−5	−10
2 ～ 3	+35	+30	+25	+20	+15	+15	+10	+5		−5

注：增加负重为“+”，减少负重为“−”。

来源：Adapted from Baechle and Earle 1989 [7] and Earle and Baechle 2000 [26].

例如，如果客户的训练目标是增大肌肉，建议其负重为 1RM 的 67% ～ 85%，重复次数为 6 ～ 12 次（表 15.11）。假设客户体重为 170 磅（约 77.1 千克），利用体重百分比测试法评估力量时负重约 100 磅（体重 ×0.6=170 磅 ×0.6=102 磅，约 46.3 千克）完成 10 次杠铃卧推，私人教练应根据客户的实际目标将测试负荷调整为训练负荷。如果训练负荷为每组重复 8 ～ 9 次，对照表 15.12 后就应在测试强度的基础上增加相应的重量。首先在表 15.12 首行中找到 10 ～ 11 次，然后在最左列中找到 8 ～ 9 次，两栏交叉处的数值为“+5”，即训练负重应在测试强度的基础上增加 5 磅（约 2.3 千克）。训练负重最终确定为 105 磅（100 磅 +5 磅 =105 磅，约 47.6 千克）。这种方法可以用于确定表 15.9 和表 15.10 中列出的每个练习的训练负荷。另一种方法是在训练过程中调整训练负荷。例如，如果客户无法完成预先安排的 2 组或 2 组以上负重为 105 磅（约 47.6 千克），重复 8 ～ 9 次的杠铃卧推，根据表 15.12，如果客户只能用 105 磅（约 47.6 千克）的杠铃卧推 6 次，那么重量可减少 5 磅（约 2.3 千克），以保证客户完成 8 ～ 9 次。虽然这种方法便于操作，但也应小心谨慎。该方法可因负荷缺乏变化而导致过度训练。这种训练模式需客户进行每一组训练时都要按规定次数进行至力竭，但是研究证实训练至力竭的方式的效果并不好 [86, 105]。

根据重复最大次数确定训练负荷

重复最大次数法是确定训练负荷的另一种方法。这种方法无须计算，测试时的负荷强度与重复次数可以直接用于训练。可以说，测试负荷就是训练负荷。

例如，表 15.11 指出，如果想要提高肌肉力量，那么训练强度应≥ 85%1RM，重复次数每组不超过 6 次。假设私人教练要测试客户进行卧推的 4RM，客户刚好能用 200 磅（约 90.7 千克）杠铃卧推 4 次。那么每组训练 4 次的负重就可以用 200 磅（约 90.7 千克）。不过，这种方法同样以肌肉力竭为标准确定训练负荷。

如前所述，与非力竭性肌肉训练相比，这种训练提高肌肉力量的效果并不好，实际上，已经证明这种训练方式并不能提高肌肉力量[86, 105]。如果指导客户长期采用这种肌肉力竭的训练模式，会增大过度训练和受伤的风险。因此，私人教练在设计训练负荷时，采用 1RM 百分比改变一周内的训练强度的方法要好得多。

用训练至肌肉力竭的方式来确定训练负荷的效果最差。重复最大次数和重复次数范围测试都不是最佳方法。用 1RM 百分比确定训练负荷的方法最好。

训练量：重复次数与组数

私人教练最好用负荷量确定抗阻训练的训练量[112, 117]，计算方法通常为：

训练量 = 总次数 × 负重

总次数为组数与次数的乘积。

训练量是衡量抗阻训练做功多少的可靠指标[83]。私人教练通过计算训练量可以知道客户训练中的做功总量。如果仅以重复次数衡量训练量，就降低了做功量的准确性。例如，3 组 10 次和 5 组 6 次训练的总次数都是 30。据此似乎可以判断，两种训练所做的功相同，但实际上并非如此。根据表 15.6，如果客户背蹲的最大负重是 300 磅（约 136.1 千克），那么用 225 磅（约 102.0 千克）可以蹲 10 次，用 255 磅（约 115.7 千克）可以蹲 6 次。通过计算可以看出，以 255 磅（约 115.7 千克）完成 5 组 6 次的做功量（7 650 磅，约 3 470.0 千克）明显高于以 225 磅（约 102.0 千克）完成 3 组 10 次的做功量（6 750 磅，约 3 061.7 千克）。

影响因素

很多因素都会影响训练量。客户的训练目标或训练计划决定了训练组数或次数。例如，如果客户准备提高肌肉耐力，那么每组训练必须重复多次（≥ 12）。相反，如果客户想要提高肌肉力量，那么每组重复次数较少（不超过 6 次）。私人教练可调整具体训练的训练量。

不管客户有无训练背景或经历，单组训练都不如多组训练的效果好[4, 87, 94, 95, 129]。单组训练对于刚刚开始训练的客户也许比较有用，一旦客户的训练水平提高了，最好还是采用多组训练模式[4]。

训练量确定原则

训练量取决于训练目标，更取决于客户的训练水平。

抗阻训练目标

诱发训练适应的能力主要取决于催生超负荷的能力，以及针对具体训练结果调整训练量和训练强度的能力（表 15.11 和表 15.13）。此外，在训练计划中体现渐进性和多样性也是非常重要的，以激发客户实现目标所必需的特定训练适应。训练计划必须针对提高肌肉耐力、增大肌肉、提高肌肉力量或提高爆发力这 4 个目标中（表 15.13）的一个。

- 提高肌肉耐力：根据客户训练水平，设计多组、每组多次数（即≥ 10次）的训练计划[4, 9, 26, 31, 66, 86, 95, 111, 117]。

- 增大肌肉：根据客户水平，采用训练量（重复6～12次）较大，中等强度（67%～85%1RM）的训练计划[4, 9, 26, 31, 66, 95, 111, 117]。
- 提高肌肉力量：核心训练采用多组（3组或更多）、每组重复次数较少（≤6次）的训练计划；辅助训练则采用1～3组，每组重复8次或8次以上的训练计划[4, 9, 26, 31, 66, 86, 95, 111, 117]。
- 提高爆发力：爆发力训练不适用于初级水平的客户。如果想提高肌肉的爆发力，客户首先要提高肌肉力量[66]。对于中级水平的客户，爆发力训练通常采用1～3组，每组3～6次的训练计划。高级水平的客户的爆发力训练计划为3～6组，每组重复1～6次[4, 9, 26, 31, 66, 86, 95, 111, 117]。

抗阻训练水平

客户的训练水平影响抗阻训练的重复组数。总体上，初级水平的客户在训练中完成的组数要少于中级水平或高级水平的客户[4, 66]。初级水平的客户刚开始训练的时候可采用单组训练，随后就应进阶为多组训练[4]。表15.13列出了从初级到中高级训练水平所对应的参考次数和组数[4, 66]。

休息间隔

组间的休息间隔，即间歇时间对训练适应有明显影响[4, 8, 9]。间歇时间也可指两个练习间的休息。无论是组间间歇，还是练习间的间歇都要根据客户目标和训练计划的结构确定。

影响因素

一般来说，间歇时间长短与负重大小直接相关，负重越大，组间或练习间的间歇时间越长[9, 31, 77, 107]。同时，还需考虑客户的训练水平，未曾训练或初级水平的客户的组间或练习间的休息时间更长，这主要是为了能使客户的身体更好地恢复。

表15.13 不同训练目标的训练量

训练目标	次数			组数		
	初级	中级	高级	初级	中级	高级
提高肌肉耐力	10～15	10～15	10～25	1～3	≥3	≥3
增大肌肉	8～12	6～12	6～12	1～3	≥3	≥3
提高肌肉力量*	≤6	≤6	≤6	1～3	≥3	≥3
提高爆发力**	无	3～6	1～6	无	1～3	3～6

* 核心训练采用这些负荷，辅助训练的负重≤8RM。

** 这些负荷不同于重复次数—负荷连续体中所标注的数值。

来源：Based on ACSM 2009[4]; Baechle, Earle, and Wathen 2008[9]; Earle and Baechle 2004[26]; Fleck and Kraemer 2004[31]; Kraemer et al.2002[66]; Peterson, Rhea, and Alvar 2004[86]; Rhea et al.2003[95]; Stone 1987[111]; Stone, Stone, and Sands 2007[117].

确定休息间歇的原则

客户的总体目标决定了训练负荷和训练量，这两者均会影响间歇时间。

抗阻训练状况

虽然表 15.14 列出了不同训练目标对应的间歇时间，但展示的只是参考值。刚刚开始训练或初级水平的客户的间歇时间要加倍。为充分恢复体力，组间或练习间休息 2 ～ 5 分钟为宜。客户在学习新动作技术或掌握技术含量高的动作时，间歇时间也要适当延长[4]。客户掌握了正确的训练动作，训练水平逐步提高后，才可采用表 15.14 建议的间歇时间。

抗阻训练目标

私人教练应根据不同的客户的目标制订训练计划，在组间和练习间留出足够的休息时间，保证客户在相应的负重下完成规定次数。表 15.14 列出了每个目标对应的间歇时间。

- 提高肌肉耐力：如果采用循环训练法，锻炼不同肌群的不同练习之间的间歇时间相对较短，一般 ≤ 30 秒[96, 126]；锻炼相似肌群，则不同练习之间的休息时间最长可达 3 分钟[126]。
- 增大肌肉：以增大肌肉为目标的训练，间歇时间适中[4, 126]，一般为 30 秒～ 1.5 分钟[49, 85, 119]；多关节肌肉运动的代谢需求大，间歇时间应在上述基础上略微增加[107]。
- 提高爆发力：全力训练时，组间间歇时间长达 2 ～ 5 分钟。
- 提高肌肉力量：为提高肌肉力量，要保证较长的间歇时间，特别是下肢或全身力量训练时，建议间歇时间为 2 ～ 5 分钟[69, 75, 85, 92]。

表 15.14　不同训练目标的间歇时间

训练目标	间歇时间
提高肌肉耐力	≤ 30 秒
增大肌肉	30 秒～ 1.5 分钟
提高爆发力	2 ～ 5 分钟
提高肌肉力量	2 ～ 5 分钟

注：表中的时间只是参考值，应谨慎使用。安排间歇时间要保证训练时动作技术不变形，如果原本安排的间歇时间导致下一组训练的质量下降，就应该增加间歇时间。间歇时间与训练做功呈函数关系，一组训练做的功越多，间歇时间就应越长。

来源：Based on ACSM 2009[4]；Baechle，Earle，and Wathen 2008[9]；Fleck and Kraemer 2004[31]；Stone and O'Bryant 1987[107].

多样性

无论训练计划多么有效或个性化，最终都要不断变化，以产生持续的训练适应[4, 117]。所谓训练变化是指通过合理调整各项训练要素保证长期产生适应[65, 72, 112, 113, 117]。有目的地安排训练要素是其中的重要环节[45, 90, 117]。如果训练顺序安排得好，那么前一个阶段的训练就会对下一个阶段的训练产生积极的影响，最终形成叠加式的训练效应[45, 58, 59]。只有处理好训练阶段之间的顺序关系，训练才能更有效。

任何合理的训练都能对初级水平的客户或未曾接受训练的客户产生积极的效果，故这些客户对训练变化的要求不高[117]。随着客户训练水平的提高，如果训练缺少变化或渐进式设计，训练效果就会下降。采用一成不变的计划进行的训练往往会产生“单一性过度训练”（monotonous overtraining）[106]。假如训练安排长期不变（如数月），那么即便是有训练经验的客户，训练对其肌肉力量以及神经肌肉系统的影响也会越来越弱[40, 41, 42, 43, 45]，出现过度训练症状的概率反而会越来越高[32, 33, 45, 106]。

为避免单一过度训练问题，私人教练在制订训练计划时应有意识地增加训练要素之间的变化，使客户不断接受训练刺激[23, 117]。在制订计划时，可供私人教练调整的训练要素很多，包括训练频率、训练强度、训练量以及组间和练习间的间歇时间等[23, 29, 45, 85, 90, 108, 117]。训练变化既可是训练量的变化，也可是一周内的变化，还可是数周的变化。这里我们只介绍关于训练变化策略的一小部分方法（抗阻训练分期的详细讨论及训练变化的系统方法请见第23章）。

训练课内的多样性

在一节训练课中，有很多改变训练刺激的办法。最常用的一种方法就是改变训练强度，即有的练习的强度大，另一些练习的强度小[117]。一节课中的间歇时间也可有长有短。一般来说，核心训练的间歇时间长，辅助训练的间歇时间短[4, 65, 88, 97, 127]。

另一种在训练课中改变训练刺激的方法是调整训练组内的间歇时间[36, 37, 39]。传统的抗阻训练中，一组重复数次的练习几乎是不间断地完成的。近年来有研究发现，在组内的练习之间可以安排相应的休息时间，这种训练设计称为“聚集组”（cluster set）[39]。在这种结构中，组内两次重复之间一般休息5～45秒[36]。举个例子，如果客户的目标是提高肌肉耐力或“拉体力”，次间间歇可以控制在5秒；如果目标是提高爆发力，次间间歇可以延长至45秒。聚集组训练模式也为私人教练提供了另一种可供选择的训练变化形式，即在一组训练中设计不同的次间间歇时间。聚集组有3种类型，一是标准型聚集组，即一组练习的训练负荷不发生变化；二是波浪式聚集组，即在一组练习内的训练负荷进行高低调整；三是递增式聚集组，即一组练习的训练负荷逐渐增加（表15.15）[36, 37, 39]。聚集组提供了另一个层次的变化，可以影响训练课的重点。

周内多样性

训练计划体现变化的最佳方式是调整一周内的训练负荷[117]。客户可能难以承受一周的大运动量训练。随着周训练计划的推进，客户的各种压力（包括来自训练、工作、家庭或个人事务等的压力）会不断累积，承受训练压力的能力减弱[107, 117]，过度训练的风险增加[106]。解决这一问题的最好办法是小负荷训练日与大负荷训练日互相搭配。小负荷训练日使客户能够恢复体力，降低过度训练的风险。

虽然有很多调整训练负荷的方法，但最简便的是根据 1RM 百分比调整一周内的训练负荷。例如，一位客户 1RM 背蹲是 300 磅（约 136.0 千克），训练日的目标重复次数为 5 次，根据换算可知，该客户需要用 260 磅（约 117.9 千克），即 5RM 对应的重量进行训练。假设客户每周一和周四训练，那么周一的训练可安排为大强度训练，杠铃重量控制在 240 磅（约 108.9 千克），即 5RM 重量的 92%，周四则采用 208 ～ 220 磅（94.3 ～ 99.8 千克）的重量进行训练，即 5RM 重量的 80% ～ 85%。第二节训练课的负重将减少 10% ～ 15%，从而缓解每周训练累积的疲劳，也能保证第二次训练具有足够的训练刺激来诱发适应性反应。如前所述，力竭式的训练法并非必需[105]，训练效果并不是最理想的[60, 87]，还会增大过度训练的风险[32]。比这好得多的方法是在原定训练次数的基础上调整训练强度。表 15.16 列出了为期 4 周的训练强度调整方案。表 15.17 是周内训练调整的另一实例，该客户 1RM 背蹲测试结果是 225 磅（约 102.1 千克），将此结果与表 15.6 对照后，预测 5RM 为 195 磅（约 88.5 千克），10RM 为 170 磅（约 77.1 千克）。在 10RM 的基础上可以对一周的大负荷、小负荷训练日的具体强度做出规划。这种调整训练负荷的方法不仅能激发训练适应，还可降低过度训练的风险，非常不错。

表 15.15 聚集组内负荷结构实例

类型	组数	重复次数	次间间歇（秒）	聚集组重复次数负荷结构									
标准型	1 ～ 3	10/1	5	80/1	80/1	80/1	80/1	80/1	80/1	80/1	80/1	80/1	80/1
	1 ～ 3	10/2	10	80/2	80/2	80/2	80/2	80/2					
	1 ～ 3	10/5	15	80/5	80/5								
波浪型	1 ～ 3	10/1	5	75/1	80/1	82.5/1	85/1	85/1	82.5/1	80/1	77.5/1	75/1	80/1
	1 ～ 3	10/2	10	77.5/1	80/1	85/1	80/1	77.5/1					
递增型	1 ～ 3	10/1	5	55/1	60/1	65/1	70/1	75/1	85/1	90/1	95/1	100/1	105/1
	1 ～ 3	10/2	10	70/2	75/2	80/2	85/2	90/2					

注：10/1 指总次数 10 次分成每组 1 次，共 10 组；10/2 指总次数 10 次分成每组 2 次，共 5 组；10/5 指总次数 10 次分成每组 5 次，共 2 组。

所有重量基于 1RM 高翻为 100 千克（80 千克 =80%1RM）。每组练习的平均负荷为 80 千克，或 80%1RM。依训练结构的目标不同，间歇时间可增至 45 秒。

来源：Adapted from Haff et al. 2003[37]，Haff et al. 2008[38]，and Haff et al. 2008[39].

表 15.16 训练日与训练周的多样性实例

训练日	训练	目标范围		训练强度（磅）			
		组数	次数	第1周	第2周	第3周	第4周
周一	背蹲	3	10	200	210	220	205
	单腿下蹲	3	10	135	140	145	135
	腿弯举	3	10	120	125	130	120
	坐姿伸腿	3	10	150	155	160	150
	腹肌训练	3	25				
周二	卧推	3	10	180	185	190	180
	俯身划船	3	10	150	155	160	150
	肩上推举	3	10	130	135	140	130
	下拉	3	10	140	145	150	140
	肱三头肌下压	3	10	100	105	110	100
	肱二头肌弯举	3	10	95	100	105	95
周四	背蹲	3	10	180	185	190	185
	单腿下蹲	3	10	120	125	130	125
	腿弯举	3	10	105	110	115	110
	坐姿伸腿	3	10	135	140	145	130
	腹肌训练	3	25				

续表

训练日	训练	目标范围		训练强度（磅）			
		组数	次数	第 1 周	第 2 周	第 3 周	第 4 周
周六	卧推	3	10	160	165	170	160
	俯身划船	3	10	135	140	145	135
	肩上推举	3	10	115	120	125	115
	下拉	3	10	125	130	140	125
	肱三头肌下压	3	10	90	95	100	90
	肱二头肌弯举	3	10	85	90	95	85

小周期	周一			周二			周四			周六			每周		
	次数	训练量	训练量／总次数	次数	训练量	训练量／总次数	次数	训练量	训练量／总次数	次数	训练量	训练量／总次数	次数	训练量	训练量／总次数
第 1 周	120	18 150	151	180	23 850	133	120	16 200	135	180	21 300	118	600	79 500	134
第 2 周	120	18 900	158	180	24 750	138	120	16 800	140	180	22 200	123	600	82 650	140
第 3 周	120	19 650	164	180	25 650	143	120	17 400	145	180	23 250	129	600	85 950	145
第 4 周	120	18 300	153	180	23 850	133	120	16 500	138	180	21 300	118	600	79 950	135

（1 磅约为 0.45 千克）

在制订小负荷训练日的计划时，私人教练可保持重复次数不变，降低训练负荷。如果降低训练负荷，同时增加重复次数，则训练量可能反而增加了，小负荷训练就变成了大负荷训练。

周间多样性

私人教练可调整训练计划中的训练量、训练强度、训练频率、训练手段以及训练重点，来保证每周的训练有所变化。例如，制订为期 4 周的肌肉耐力训练计划，训练负荷为每个练习 3 组，每组重复 12 次。按照训练分期理论，训练强度在前 3 周递增，在第 4 周降低，这就是所谓的 3∶1 的训练模式[15, 90]。表 15.16 显示，第 1 周的训练量为 79 500 磅，第 2 周为 82 650 磅，第 3 周为 85 950 磅，第 4 周降至 79 950 磅，4 周平均训练强度分别为第 1 周 134 磅，第 2 周 140 磅，第 3 周 145 磅，第 4 周 135 磅。这种训练负荷结构是最基础的一种，也有其他训练负荷变化模式，如 2∶1、4∶1、3∶2 或 4∶2 等。结合前述的训练日变化方法进行调整，客户能获得最大的训练适应，降低过度训练的风险。

表 15.17 训练周训练负荷分级与多样化实例

训练负荷分级*				
强度	1RM 百分比	实际负重	5RM 估算负重	10RM 估算负重
很大	95 ~ 100	214 ~ 225	185 ~ 195	162 ~ 170
大	90 ~ 95	203 ~ 214	176 ~ 185	153 ~ 162
中等偏大	85 ~ 90	191 ~ 203	166 ~ 176	145 ~ 153
中等	80 ~ 85	180 ~ 191	156 ~ 166	136 ~ 145
中等偏小	75 ~ 80	169 ~ 180	146 ~ 156	128 ~ 136
小	70 ~ 75	158 ~ 169	137 ~ 146	119 ~ 128
很小	65 ~ 70	146 ~ 158	127 ~ 137	111 ~ 119

训练周负荷变化**							
周数	周一	周二	周三	周四	周五	周六	周日
1	很小（111 ~ 119）			很小（111 ~ 119）			
2	小（119 ~ 128）			很小（111 ~ 119）			
3	中等偏小（128 ~ 136）			小（119 ~ 128）			
4	小（119 ~ 128）			小（119 ~ 128）			

*1RM 背蹲为 225 磅。表 15.17 显示，估算的 5RM 为 195 磅，10RM 为 170 磅。

** 此例中，周一和周四进行背蹲训练，目标为 3 组，每组重复 10 次。

来源：Adapted from Stone and O'Bryant 1987[107] and Stone et al. 2006[110].

（1 磅约为 0.45 千克）

训练周之间的变化还体现在训练强度与重点的调整上。例如，第 1 周可安排 4 节抗阻训练课、2 节高强度间歇训练课和 2 节有氧训练课，该周的重点是抗阻训练。第 2 周的抗阻训练课减少到 3 次，高强度间歇训练课增加到 3 次，有氧训练课保持不变，重点则变为高强度间歇训练。通过在训练周内使用不同的训练模式，可以有选择地以特定结果为目标。这既可有效控制训练疲劳，又能使客户获得最大的训练适应。

力竭式训练法并不必需，其训练效果并非最佳，反而会使过度训练的风险增加。最好的办法是在保持重复次数不变的基础上，合理地调整训练强度。

训练顺序（2）

制订抗阻训练计划时，私人教练常犯的一个错误是没有安排好训练因素的顺序[45, 90, 117]。合理安排训练顺序，可获得优良的训练适应和运动成绩[45]。相反，训练顺序安排不当，则会削弱客户的生理适应和专项适应效果。

私人教练制订计划的传统做法是根据客户的主要目标（如提高肌肉耐力、增大肌肉、提高肌肉力量或爆发力）设计训练过程。乍一看这种基于专项化原则的方法并没有错，但科学研究证实，不同训练目标之间是相互依存的。例如，当客户主要的训练目标是提高最大力量时，增大肌肉的训练应先于提高最大力量的训练进行。

提高最大力量的训练顺序 = 增大肌肉训练→最大力量训练。

这种训练顺序能够增大肌肉横截面积，刺激肌肉产生适应，效果非常好。

同理，如果想提高爆发力，首先需要提高总体力量水平。

提高爆发力的训练顺序 = 增大肌肉训练→最大力量训练→肌肉爆发力训练。

肌肉横截面积增大提高了产生最大力量的能力，在训练重点转为爆发力训练时有助于提高爆发力。

一般情况下，所有客户的抗阻训练计划都应从提高肌肉耐力或增大肌肉开始。这种训练是其他目标的基础[90, 107]。大多数客户都可承受为期 2～4 周训练量和强度合理变化的训练。结束该类训练后，客户的适应性反应减弱，训练适应明显降低。此时，私人教练应调整训练计划，将训练重点转为发展力量，训练周期一般为 2 ～ 4 周。随后，多数客户的训练再次返回肌肉耐力或增大肌肉训练，但运动员则转为爆发力训练。不管训练目标如何，安排训练顺序的目的是产生阶段增强性效应，即前一阶段训练所产生的生理及运动表现适应促进下一阶段的训练效果[15, 58, 59, 107]。在设计训练阶段顺序时，私人教练可以参考表 15.18 建议的各阶段时长。

私人教练和客户先前确定的总体训练目标将决定训练顺序。如前所述，客户的训练目标有助于私人教练确定基本训练量和负荷参数。没有哪位客户的训练目标是不会改变的。在制订训练计划时，私人教练最好根据训练目标采用阶段性调整的方式。例如，一位客户的目标是增大肌肉，私人教练可以先安排4周的增大肌肉训练（如3组，每组重复10次），再安排3周的肌肉力量训练，最后安排4周的增大肌肉训练。增大肌肉和肌肉力量训练阶段相互交替，这样无论是增大肌肉还是提高肌肉力量，效果都非常好[91]。图15.1列出了3种训练顺序的安排模式。

表15.18 训练因素顺序指南

训练阶段	时长（周）	高强度/低强度训练比率
肌肉耐力	2～4	2～3/1
增大肌肉	2～4	2～3/1
肌肉力量	2～5	2～4/1
爆发力	2～4	2～3/1

注：2～3/1：训练强度连续增加2～3周，然后1周无负重训练。2～4/1：训练强度连续增加2～4周，1周无负重训练。

来源：Adapted from Stone & O'Bryant 1984[107].

为取得特定的训练效果，安排好训练重点是关键。按顺序调整阶段性训练重点，可促进生理和运动表现适应，预防训练停滞和过度训练等问题。

渐进性

渐进性是任何训练计划都要遵守的一项重要原则。渐进性是客户朝着目标前进的过程，而维持是目标已经实现，客户试图保持特定体能水平[4]。渐进性既是训练的一般原则，又是训练多样化的功能。私人教练可增加训练负荷、训练量或训练频率和设置不同的训练数量，来改变训练刺激以保证训练的渐进性。最常用的方法是改变训练强度和训练量。

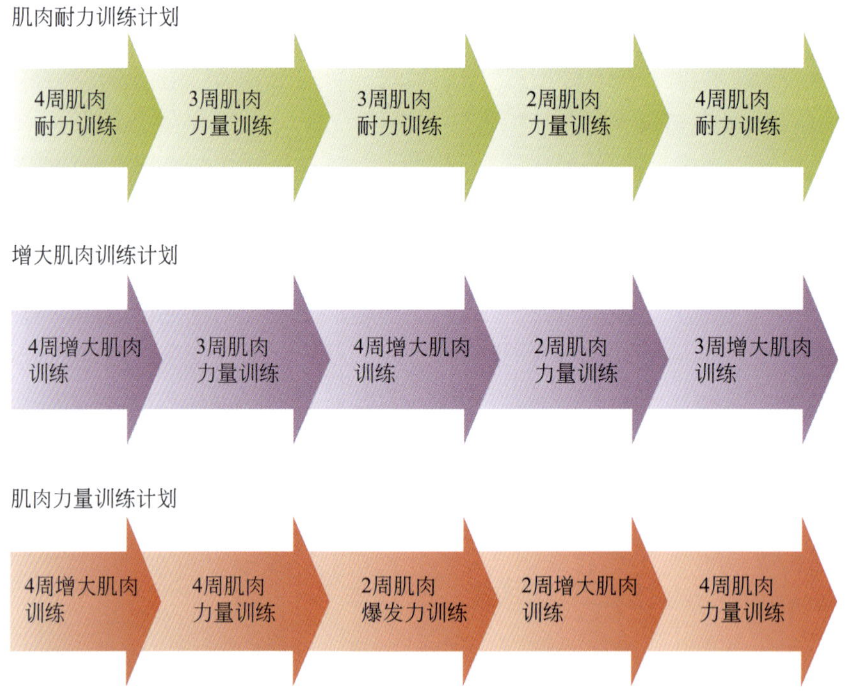

图15.1 为期16周的训练计划顺序

确定何时增加训练负荷的最佳方法是安排定期的 1RM 测试。1RM 测试可采用任何前述的实测法或估算法。举例说明，一位客户背蹲测得 165 磅（约 74.8 千克）负重下可以完成 10 次，参照表 15.6 估算其 1RM 为 220 磅（约 99.8 千克）。然后，可以根据该值的百分比确定训练负荷。这种方法很容易应用于本章前述的训练课和训练周的变化中。鉴于力竭式训练法的不足，这似乎是确定训练负荷的最佳方法[95, 105]。一般来说，根据训练类型、客户训练水平或训练部位的不同，较为保守的做法是将训练负重提高 2.5% ～ 10%（表 15.19）[9]。

另一种也很常用的方法是基于能够完成目标重复次数的“二二法则”[8, 9, 10]。如果客户连续 2 节训练课在一个练习的最后一组能够超出规定次数 2 次，那么就可以在下一节课增加训练负重（表 15.20）。虽然这种方法也不错，但由于需连续进行力竭式训练，也并不是最佳选择。

表 15.19 训练阶段按计划增大训练强度而增加负荷的示例

		训练负荷大致增加量		
抗阻训练等级	身体部位	训练类型	绝对增加量（重量）	相对增加量（原负重百分率）
初级	上肢	核心	2.5 ～ 5 磅	2.5%
		辅助	1.25 ～ 2.5 磅	1%～ 2%
	下肢	核心	10 ～ 15 磅	5%
		辅助	5 ～ 10 磅	2.5% ～ 5%
中级或高级	上肢	核心	5 ～ 10 磅或以上	2.5% ～ 5+%
		辅助	5 ～ 10 磅	2.5% ～ 5%
	下肢	核心	15 ～ 20 磅或以上	5% ～ 10+%
		辅助	10 ～ 15 磅	5% ～ 10%

注：表中列出的数值仅作为指导性参考，更适用于每个练习做 3 组，每组完成 5 ～ 10 次的抗阻训练。私人教练应该进行阶段性测试来不断调整客户训练的负重。

来源：Adapted from Baechle and Earle 2000[8] and Baechle et al. 2008[9].

（1 磅约为 0.45 千克）

表 15.20 使用“二二法则”增加训练负荷（示例）

范例：以背蹲每组做 10 次为目标的入门客户				
训练课 1	**第 1 组**	**第 2 组**	**第 3 组**	
负重	135 磅	135 磅	135 磅	超出目标 1 次
完成次数	10	10	11	
训练课 2	**第 1 组**	**第 2 组**	**第 3 组**	
负重	135 磅	135 磅	135 磅	未超出目标次数
完成次数	12	11	10	
训练课 3	**第 1 组**	**第 2 组**	**第 3 组**	
负重	135 磅	135 磅	135 磅	超出目标次数 2 次
完成次数	12	12	12	
训练课 4	**第 1 组**	**第 2 组**	**第 3 组**	
负重	135 磅	135 磅	135 磅	连续 2 节课超出目标次数 2 次
完成次数	12	12	12	
下一节训练课	**第 1 组**	**第 2 组**	**第 3 组**	
负重	145 磅	145 磅	145 磅	所有 3 组负重均增加 10 磅
完成次数	10	10	10	

来源：Baechle and Earle 2000[26].
（1 磅约为 0.45 千克）

针对目标训练结果的计划示例

根据训练顺序设计的基本思路，可以制订出各种各样的训练计划。私人教练需要记住的是，在对客户进行肌肉抗阻训练前，应安排一个阶段的肌肉耐力或增大肌肉训练。爆发力训练应安排在肌肉抗阻训练阶段后。私人教练所制订的训练计划不仅应满足客户的个体需求，还应符合本章开始所述的基本训练原则。训练计划千差万别，表 15.21 ～表 15.24 所列的训练计划并不一定适合所有客户。

表 15.21 展示了针对想提高肌肉耐力的初级水平的客户设计的训练计划。鉴于客户为初级水平，故用体重确定训练强度。该计划主要采用器械训练，组间间歇较短，目的是提高肌肉耐力。一旦

客户在较短的时间内获得了一定的训练基础后，私人教练就应及时调整训练计划，根据客户实测或估算的 1RM 重新确定训练强度，使训练适应最大化。完成一个周期的肌肉耐力训练后，私人教练应为客户制订 2 ～ 4 周的肌肉抗阻训练计划。随后，训练重点转变为肌肉耐力，此时可使用更高级的训练技术。

表 15.22 是一项旨在增大肌肉，为期 4 周的训练计划。该计划基于客户的增肌需求，体能评估时利用 10RM 估算 1RM 和训练水平（表 15.1）。据此结果确定客户的训练强度范围（表 15.17）。客户每周练 4 次，主要为多关节的自由重量动作。该训练计划包含大负荷训练日和小负荷训练日，训练强度多样化。整个训练计划呈“增三降一”（3 ∶ 1）的变化模式，即训练负重连续增加 3 周，随后的第 4 周进行无负重训练，总体训练强度降低。

表 15.23 是一项旨在提高肌肉力量，为期 4 周的训练计划。该计划适用于高级水平的客户来提高最大力量。根据客户训练水平及经验，该计划每周训练 4 次（表 15.2）。该计划中核心训练 3 组，每组重复 5 次，辅助训练 3 组，每组 10 次。根据客户 1RM 实测与 10RM 测试确定重复 5 次的强度，确定训练负重范围。该训练计划的负重结构采用 3 ∶ 1 模式，一周内包含大负荷与小负荷训练日，以促进身体恢复和训练适应。

最后，表 15.24 是一项高级水平的客户提高爆发力的训练计划。该计划根据估算的 1RM 和 3RM 负荷确定核心训练的强度，多为自由重量训练。鉴于客户训练水平较高，每周训练 4 次，每次训练 3 组，每组重复 3 次，组间间歇 3 分钟，以遵循表 15.13 和表 15.14 所示的建议。在高翻和抓举训练时采用如表 15.15 所示的递增型次间间歇的聚集组训练法。训练负荷按照 3 ∶ 1 模式进行变化，训练日和训练周的训练强度不断变化（表 15.17 和表 15.19）。

结语

私人教练在制订抗阻训练计划前，应熟知专项化、超负荷、多样性、渐进性、训练顺序等概念。私人教练应合理调整训练项目选择、训练频率、训练负荷、训练量、训练强度、间歇时间、训练顺序等训练因素，以取得理想的训练效果。训练计划制订完成后，私人教练应不断调整和推进训练计划，以帮助客户实现训练目标。

表 15.21 肌肉耐力训练计划示例（上下肢交替式训练）

训练课（周二和周五）		训练负荷			
训练	训练类型	组数	次数	重量	休息时间
杠铃卧推	自由重量	2	15	50 磅	30 秒
坐姿腿举	枢轴型器械	2	15	150 磅	30 秒
坐姿划船	凸轮型器械	2	15	30 磅	30 秒
腿弯举	凸轮型器械	2	15	15RM	30 秒
肩上推举	凸轮型器械	2	15	20 磅	30 秒
坐姿伸腿	凸轮型器械	2	15	15RM	30 秒
肱二头肌弯举	自由重量	2	15	25 磅	30 秒
坐姿提踵	枢轴型器械	2	15	15RM	30 秒
肱三头肌下压	枢轴型器械	2	15	20 磅	30 秒
腹肌训练		2	25		30 秒

训练计划说明

初步咨询	根据表 15.1 确定客户初始训练水平与经验	初级
	体能评估	体重百分比及 15RM 测试
	主要训练目标	提高肌肉耐力
训练	训练手段选择	自由重量、枢轴型器械及凸轮型器械相结合
	核心训练	卧推、坐姿腿举、坐姿划船、肩上推举
	辅助训练	腿弯举、坐姿伸腿、肱二头肌弯举、坐姿提踵、肱三头肌下压、卷腹
	每个肌群练习数量	一个肌群选择一种练习
频率	训练频率	每周采用间歇性训练 2 ～ 3 次
顺序	训练顺序	交替安排上下肢训练，每个训练采用重复训练法

续表

<table>
<tr><th>训练课（周二和周五）</th><th colspan="5">训练负荷</th></tr>
<tr><td rowspan="9">确定负荷*</td><td colspan="5">体重百分比测试（表 15.8 和表 15.9）</td></tr>
<tr><td colspan="5">根据客户体重确定训练负重（以体重 140 磅的女性客户为例）</td></tr>
<tr><td colspan="2">训练</td><td>计算公式</td><td>训练负重</td><td>重复次数</td></tr>
<tr><td>杠铃卧推</td><td>自由重量</td><td>140 × 0.35</td><td>49 磅（用 50 磅）</td><td>15</td></tr>
<tr><td>坐姿腿举</td><td>枢轴型器械</td><td>140 × 1.00</td><td>140 磅</td><td>20</td></tr>
<tr><td>坐姿划船</td><td>凸轮型器械</td><td>140 × 0.20</td><td>28 磅（用 25 磅）</td><td>16</td></tr>
<tr><td>肩上推举</td><td>凸轮型器械</td><td>140 × 0.25</td><td>35 磅</td><td>8</td></tr>
<tr><td>肱二头肌弯举</td><td>自由重量</td><td>140 × 0.23</td><td>32 磅（用 30 磅）</td><td>12</td></tr>
<tr><td>肱三头肌下压</td><td>枢轴型器械</td><td>140 × 0.19</td><td>26.6磅（用25磅）</td><td>13</td></tr>
<tr><td rowspan="10">指定负荷**</td><td colspan="5">根据体重百分比测试结果确定：每组练习重复 15 次</td></tr>
<tr><td colspan="5">根据体重百分比测试结果调整训练负重（表 15.8、表 15.9 和表 15.10）</td></tr>
<tr><td colspan="5">确定实际训练负重（以体重 140 磅的女性客户为例）</td></tr>
<tr><td colspan="2">训练</td><td>负重调整</td><td>计算公式</td><td>训练负重</td></tr>
<tr><td>杠铃卧推</td><td>自由重量</td><td>无调整</td><td>无</td><td>50 磅</td></tr>
<tr><td>坐姿腿举</td><td>枢轴型器械</td><td>+10 磅</td><td>140+10=150</td><td>150 磅</td></tr>
<tr><td>坐姿划船</td><td>凸轮型器械</td><td>+5 磅</td><td>25+5=30</td><td>30 磅</td></tr>
<tr><td>肩上推举</td><td>凸轮型器械</td><td>−15 磅</td><td>35−15=20</td><td>20 磅</td></tr>
<tr><td>肱二头肌弯举</td><td>自由重量</td><td>−5 磅</td><td>30−5=25</td><td>25 磅</td></tr>
<tr><td>肱三头肌下压</td><td>枢轴型器械</td><td>−5 磅</td><td>25−5=20</td><td>20 磅</td></tr>
</table>

*15RM 测试（为避免客户疲劳，每个测试的组数限于 3 组，保守性测试），可使用的练习包括腿（膝关节）弯举、腿（膝关节）伸展和坐姿提踵。

** 基于重复次数最大值（多组数时，必须减少重复次数最大值的负荷），根据腿（膝关节）弯举、腿（膝关节）伸展、坐姿提踵的 15RM 测试结果确定负重。

（1 磅约为 0.45 千克）

表 15.22 增大肌肉训练计划示例（每周 4 次区分程序）

训练日	训练	组数	次数	训练负荷			
				第 1 周	第 2 周	第 3 周	第 4 周
周一	背蹲	3	10	中低	中	中高	中低
	弓箭步蹲	3	10	中低	中	中高	中低
	罗马尼亚硬拉	3	10	中低	中	中高	中低
	腿弯举	3	10	中低	中	中高	中低
	站姿提踵 + 坐姿提踵	3	10	中低	中	中高	中低
	屈膝仰卧起坐	3	25				
周二	杠铃卧推	3	10	中低	中	中高	中低
	哑铃上斜卧推	3	10	中低	中	中高	中低
	俯身杠铃划船	3	10	中低	中	中高	中低
	肩上推举	3	10	中低	中	中高	中低
	耸肩	3	10	中低	中	中高	中低
	肱二头肌弯举	3	10	中低	中	中高	中低
	头后屈臂伸	3	10	中低	中	中高	中低
	卷腹	3	25				
周四	背蹲	3	10	低	中低	中	低
	弓箭步蹲	3	10	低	中低	中	低
	罗马尼亚硬拉	3	10	低	中低	中	低
	腿弯举	3	10	低	中低	中	低
	站姿提踵 + 坐姿提踵	3	10	低	中低	中	低
	屈膝仰卧起坐	3	25				
周六	杠铃卧推	3	10	低	中低	中	低
	哑铃上斜卧推	3	10	低	中低	中	低
	俯身杠铃划船	3	10	低	中低	中	低
	肩上推举	3	10	低	中低	中	低
	耸肩	3	10	低	中低	中	低
	肱二头肌弯举	3	10	低	中低	中	低
	头后屈臂伸	3	10	低	中低	中	低
	卷腹	3	25				

注：组间和练习间间歇 1.5 分钟或 90 秒。只有肱二头肌弯举和肱三头肌下压组成的超级组训练以及站姿提踵和坐姿提踵组成的复合组训练不遵循此建议。

续表

训练计划说明			
初步咨询	根据表 15.1 确定客户初始训练水平与经验	中级	
	体能评估	10RM 测试（估算 1RM）	
	主要训练目标	增大肌肉	
训练	训练选择	自由重量为主，利用固定器械进行辅助训练	
	核心训练	背蹲、弓箭步蹲、罗马尼亚硬拉、杠铃卧推、肩上推举、俯身杠铃划船	
	辅助训练	肱二头肌弯举、肱三头肌下压、腿弯举、站姿提踵、坐姿提踵、耸肩	
	每个肌群练习数量	每个肌群 1 ～ 2 种练习	
训练频率	训练频率（表 15.2）	每周采用间歇性训练 3 ～ 4 次	
训练顺序	主要方法	先核心训练，后辅助训练；先大肌群训练，后小肌群训练；先多关节训练，后单关节训练	
	次要方法	一组站姿提踵与坐姿提踵的复合训练	
确定负荷	用重复最大次数测试确定训练负荷	用 10RM 测试估算 1RM（见表 15.5 和表 15.6）	
	训练	**10RM**	**1RM 估算值**
	杠铃卧推	165 磅	220 磅
	哑铃上斜卧推	40 磅（每侧）	55 磅（每侧）
	俯身杠铃划船	80 磅	110 磅
	肩上推举	90 磅	120 磅
	耸肩	160 磅	215 磅
	肱二头肌弯举	90 磅	120 磅
	头后屈臂伸	100 磅	135 磅
	背蹲	225 磅	300 磅
	弓箭步蹲	75 磅	100 磅
	罗马尼亚硬拉	150 磅	200 磅
	腿弯举	120 磅	160 磅
	站姿提踵	110 磅	145 磅
	坐姿提踵	120 磅	160 磅

续表

次数	根据表 15.13 和客户训练目标确定每组训练次数 根据客户训练水平（中级），次数范围为 6 ～ 12 次，确定该客户每组训练次数为 10 次
组数	根据表 15.13 和客户训练水平，确定该客户的训练组数为 3 组。3 组为目标训练组数，不含热身，另需 2 ～ 3 组热身
间歇时间	根据表 15.14 确定间歇时间。组间和练习间的间歇时间为 1.5 分钟或 90 秒。只有肱三头肌下压和肱二头肌弯举组成的超级组训练以及站姿提踵和坐姿提踵组成的复合组训练不遵循此建议
训练负荷*	根据重复最大次数测试确定训练负荷。根据表 15.17 使用 10RM 测试确定具体的训练负荷范围

训练	10RM	很高	高	中高	中等	中低	低	很低
杠铃卧推	165 磅	165 ～ 157 磅	157 ～ 149 磅	149 ～ 140 磅	140 ～ 132 磅	132 ～ 116 磅	116 ～ 107 磅	107 ～ 99 磅
哑铃上斜卧推	40 磅（每侧）	40 ～ 38 磅	38 ～ 36 磅	36 ～ 34 磅	34 ～ 32 磅	32 ～ 30 磅	30 ～ 28 磅	28 ～ 26 磅
俯身杠铃划船	80 磅	80 ～ 76 磅	76 ～ 72 磅	72 ～ 68 磅	68 ～ 64 磅	64 ～ 60 磅	60 ～ 56 磅	56 ～ 52 磅
肩上推举	90 磅	90 ～ 86 磅	86 ～ 81 磅	81 ～ 77 磅	77 ～ 72 磅	72 ～ 68 磅	68 ～ 63 磅	63 ～ 59 磅
耸肩	160 磅	160 ～ 152 磅	152 ～ 144 磅	144 ～ 136 磅	136 ～ 128 磅	128 ～ 120 磅	120 ～ 112 磅	112 ～ 104 磅
肱二头肌弯举	90 磅	90 ～ 86 磅	86 ～ 81 磅	81 ～ 77 磅	77 ～ 72 磅	72 ～ 68 磅	68 ～ 63 磅	63 ～ 59 磅
头后屈臂伸	100 磅	100 ～ 95 磅	95 ～ 90 磅	90 ～ 85 磅	85 ～ 80 磅	80 ～ 75 磅	75 ～ 70 磅	70 ～ 65 磅
背蹲	225 磅	225 ～ 214 磅	214 ～ 203 磅	203 ～ 191 磅	191 ～ 180 磅	180 ～ 169 磅	169 ～ 158 磅	158 ～ 149 磅
弓箭步蹲	75 磅	75 ～ 71 磅	71 ～ 68 磅	68 ～ 64 磅	64 ～ 60 磅	60 ～ 56 磅	56 ～ 53 磅	53 ～ 49 磅
罗马尼亚硬拉	150 磅	150 ～ 143 磅	143 ～ 135 磅	135 ～ 128 磅	128 ～ 120 磅	120 ～ 113 磅	113 ～ 105 磅	105 ～ 98 磅
腿弯举	120 磅	120 ～ 114 磅	114 ～ 108 磅	108 ～ 102 磅	102 ～ 96 磅	96 ～ 90 磅	90 ～ 84 磅	84 ～ 78 磅
坐姿提踵	110 磅	110 ～ 105 磅	105 ～ 99 磅	99 ～ 94 磅	94 ～ 88 磅	88 ～ 83 磅	83 ～ 77 磅	77 ～ 72 磅
站姿提踵	120 磅	120 ～ 114 磅	114 ～ 108 磅	108 ～ 102 磅	102 ～ 96 磅	96 ～ 90 磅	90 ～ 84 磅	84 ～ 78 磅

* 根据表 15.17，用 10RM 的估算值确定训练负荷范围。

（1 磅约为 0.45 千克）

表 15.23 肌肉力量训练计划示例（周内与周间变化）

训练日	训练	组数	次数	训练负荷			
				第 1 周	第 2 周	第 3 周	第 4 周
周一	高翻	3	5/1	中	中高	高	中
	背蹲	3	5	中	中高	高	中
	杠铃卧推	3	5	中	中高	高	中
	肱二头肌弯举	3	10	中	中高	高	中
	肱三头肌下压	3	10	中	中高	高	中
	卷腹	3	25				
周二	硬拉	3	5	中低	中	中高	中低
	俯身杠铃划船	3	5	中低	中	中高	中低
	罗马尼亚硬拉*	3	5	中低	中	中高	中低
	耸肩	3	5	中低	中	中高	中低
	下拉	3	10	中低	中	中高	中低
	仰卧起坐	3	25				
周四	高翻	3	5/1	中低	中	中高	中低
	背蹲	3	5	中低	中	中高	中低
	杠铃卧推	3	5	中低	中	中高	中低
	肱二头肌弯举	3	10	中低	中	中高	中低
	肱三头肌下压	3	10	中低	中	中高	中低
	卷腹	3	25				
周六	硬拉	3	5	中	中高	高	中
	俯身杠铃划船	3	5	中	中高	高	中
	罗马尼亚硬拉*	3	5	中	中高	高	中
	耸肩	3	5	中	中高	高	中
	下拉	3	10	中	中高	高	中
	仰卧起坐	3	25				

注：组间和练习间休息 3 分钟，5/1 指每次重复之间休息 30 秒的聚集组。

* 罗马尼亚硬拉负荷基于 1RM 高翻。

续表

训练计划说明			
初步咨询	根据表 15.1 确定客户初始训练水平与经验	高级	
	体能评估	1RM 测试及 10RM 测试	
	主要训练目标	提高肌肉力量	
训练	训练手段选择	主要为自由重量训练，辅助训练为固定器械类训练	
	核心训练	高翻、背蹲、卧推、硬拉、俯身杠铃划船、罗马尼亚硬拉	
	辅助训练	肱二头肌弯举、肱三头肌下压、耸肩、下拉	
	每个肌群的练习数量	每个肌群 1 ～ 2 种练习	
训练频率	训练频率（表 15.2）	每周训练 3 ～ 4 次，在一周内均匀分配	
训练顺序	主要方法	先核心训练，后辅助训练	
		先大肌群训练，后小肌群训练	
		先多关节训练，后单关节训练	
估算负荷	根据重复最大次数测试确定训练负荷	部分核心训练进行 1RM 实测	
		辅助训练以及个别 1RM 实测有安全隐患的核心训练采用 10RM 估算 1RM	

1RM 测试结果

训练	1RM	5RM 估算值
高翻	225 磅	196 磅
背蹲	375 磅	326 磅
卧推	300 磅	261 磅
硬拉	325 磅	283 磅

10RM 测试结果

训练	10RM	5RM 估算值	1RM 估算值
俯身杠铃划船	140 磅	161 磅	185 磅
下拉	175 磅	300 磅	230 磅
肱二头肌弯举	105 磅	122 磅	140 磅
肱三头肌下压	105 磅	122 磅	140 磅

根据 1RM 高翻估算的训练负荷

训练	1RM	5RM 估算值
耸肩	225 磅	196 磅
罗马尼亚硬拉	225 磅	196 磅

续表

次数	根据表 15.13 和客户训练目标确定
	每组训练重复次数参考客户的训练级别：高级水平 ≤ 6 次 / 组；本例中采用 6 次 / 组
组数	根据表 15.13 和客户训练水平来确定每个训练训练组数，高级水平 ≥ 3 组，本例中采用 3 组
	3 组为目标训练组数，不含热身，另需 2 ～ 3 组热身
间歇时间	间歇时间参照表 15.14
	组间和练习间休息时间为 3 分钟或 180 秒。仅有肱三头肌下压和肱二头肌弯举组成的超级组、站姿提踵和坐姿提踵组成的复合组的训练间歇除外
训练负荷*	根据重复最大次数测试确定训练负荷。根据表 15.17 使用 1RM 和 10RM 测试确定具体的训练负荷范围

训练	5RM	很高	高	中高	中等	中低	低	很低
高翻	196 磅	196 ～ 186 磅	186 ～ 176 磅	176 ～ 167 磅	167 ～ 157 磅	157 ～ 147 磅	147 ～ 137 磅	137 ～ 127 磅
背蹲	326 磅	329 ～ 310 磅	310 ～ 293 磅	293 ～ 277 磅	277 ～ 261 磅	261 ～ 245 磅	245 ～ 228 磅	228 ～ 212 磅
杠铃卧推	261 磅	261 ～ 248 磅	248 ～ 235 磅	235 ～ 222 磅	222 ～ 209 磅	209 ～ 196 磅	196 ～ 183 磅	183 ～ 170 磅
硬拉	283 磅	283 ～ 269 磅	269 ～ 255 磅	255 ～ 241 磅	241 ～ 226 磅	226 ～ 212 磅	212 ～ 198 磅	198 ～ 184 磅
俯身杠铃划船	161 磅	161 ～ 153 磅	153 ～ 145 磅	145 ～ 137 磅	137 ～ 129 磅	129 ～ 121 磅	121 ～ 113 磅	113 ～ 105 磅
耸肩	196 磅	196 ～ 186 磅	186 ～ 176 磅	176 ～ 167 磅	167 ～ 157 磅	157 ～ 147 磅	147 ～ 137 磅	137 ～ 127 磅
罗马尼亚硬拉	196 磅	196 ～ 186 磅	186 ～ 176 磅	176 ～ 167 磅	167 ～ 157 磅	157 ～ 147 磅	147 ～ 137 磅	137 ～ 127 磅
训练	**5RM**	**很高**	**高**	**中高**	**中等**	**中低**	**低**	**很低**
下拉	175 磅	175 ～ 166 磅	166 ～ 158 磅	158 ～ 149 磅	149 ～ 140 磅	140 ～ 131 磅	131 ～ 123 磅	123 ～ 114 磅
肱二头肌弯举	105 磅	105 ～ 100 磅	100 ～ 95 磅	95 ～ 89 磅	89 ～ 84 磅	84 ～ 79 磅	79 ～ 74 磅	74 ～ 68 磅
肱三头肌下压	105 磅	105 ～ 100 磅	100 ～ 95 磅	95 ～ 89 磅	89 ～ 84 磅	84 ～ 79 磅	79 ～ 74 磅	74 ～ 68 磅

* 根据表 15.17，用 1RM 和 10RM 确定具体的训练负荷范围。

（1 磅约为 0.45 千克）

表 15.24 肌肉爆发力训练计划示例（周内与周间变化）

训练日	训练	组数	次数	训练负荷 第1周	第2周	第3周	第4周
周一	高翻	3	3/1 递增聚集组	中	中高	高	中低
	快速背蹲	3	3	中	中高	高	中低
	挺举	3	3	中	中高	高	中低
	肱二头肌弯举	3	10	中	中高	高	中低
	肱三头肌下压	3	10	中	中高	高	中低
	腹肌训练	3	25				
周二	宽握耸肩	3	3	中低	中	中高	低
	抓举	3	3/1 传统聚集组	中	中高	高	中低
	宽握罗马尼亚硬拉	3	3	中低	中	中高	低
	下拉	3	10	中低	中	中高	低
	腹肌训练	3	25				
周四	高翻	3	3/1 传统聚集组	中低	中	中高	低
	深蹲跳	3	3	中低	中	中高	低
	挺举	3	3	中低	中	中高	低
	肱二头肌弯举	3	10	中低	中	中高	低
	肱三头肌下压	3	10	中低	中	中高	低
	腹肌训练	3	25				
周六	宽握耸肩	3	3	低	中低	中	很低
	抓举	3	3/1 递增聚集组	低	中低	中	很低
	宽握罗马尼亚硬拉*	3	3	低	中低	中	很低
	下拉	3	10	低	中低	中	很低
	腹肌训练	3	25				

注：组间和练习间休息3分钟。3/1是指根据表15.14，聚集组随每次重复而重量递增，次间休息时间为45秒。

* 宽握罗马尼亚硬拉负荷基于1RM抓举。

续表

训练计划说明				
初步咨询	根据表 15.1 确定客户初始训练水平与经验	高级		
	体能评估	1RM 测试及 10RM 测试		
	抗阻训练的主要目标	提高爆发力		
训练	训练选择	主要是自由重量训练，辅助训练为固定器械类		
	核心训练	高翻、快速背蹲、挺举、深蹲跳、罗马尼亚硬拉		
	辅助训练	肱二头肌弯举、肱三头肌下压、宽握耸肩、下拉		
	每个肌群练习数量	每个肌群选择 1 ～ 2 种练习		
频率	根据表 15.2 确定	每周间歇式训练 3 ～ 4 次		
训练顺序	主要方法	先核心训练，后辅助训练		
		先大肌群训练，后小肌群训练		
		先多关节训练，后单关节训练		
估算负荷	根据重复最大次数测试确定训练负荷	部分核心训练进行 1RM 实测		
		辅助训练以及个别 1RM 实测有安全隐患的核心训练采用 10RM 估算 1RM		
	1RM 测试结果			
	训练	**1RM**	**3RM 估算值**	
	高翻	255 磅	235 磅	
	抓举	200 磅	185 磅	
	背蹲	300 磅	280 磅	
	挺举	220 磅	205 磅	
	10RM 测试结果			
	训练	**10RM**	**3RM 估算值**	**1RM 估算值**
	下拉	175 磅	219 磅	230 磅
	肱二头肌弯举	105 磅	130 磅	140 磅
	肱三头肌下压	105 磅	130 磅	140 磅
	根据 1RM 抓举确定训练负荷			
	训练	**1RM**	**3RM 估算值**	
	宽握耸肩	240 磅	223 磅	
	宽握罗马尼亚硬拉	255 磅	235 磅	
	根据 1RM 背蹲确定训练负荷			
	快速背蹲	165 磅	150 磅	
	深蹲跳	135 磅	126 磅	
	根据表 15.13 及客户训练目标确定负荷			
	根据客户训练水平确定每组训练次数（本例为高级水平）			

续表

组数	根据表 15.13 和客户训练水平来确定每个训练训练组数，高级水平 ≥ 3 组，本例采用 3 组
	3 组为目标训练组数，不含热身，另需 2 ～ 3 组热身
间歇时间	间歇时间参照表 15.14
	组间和练习间休息时间为 3 分钟或 180 秒
训练负荷*	根据重复最大次数测试确定训练负荷。根据表 15.17 使用 1RM 和 10RM 测试确定具体的训练负荷范围

训练	3RM	很高	高	中高	中等	中低	低	很低
高翻	235 磅	235 ～ 223 磅	223 ～ 212 磅	212 ～ 200 磅	200 ～ 188 磅	188 ～ 176 磅	176 ～ 165 磅	165 ～ 153 磅
抓举	185 磅	185 ～ 176 磅	176 ～ 167 磅	167 ～ 157 磅	157 ～ 148 磅	148 ～ 139 磅	139 ～ 130 磅	130 ～ 120 磅
挺举	205 磅	205 ～ 195 磅	195 ～ 185 磅	185 ～ 174 磅	174 ～ 164 磅	164 ～ 154 磅	154 ～ 144 磅	144 ～ 133 磅
宽握罗马尼亚硬拉	235 磅	235 ～ 223 磅	223 ～ 212 磅	212 ～ 200 磅	200 ～ 188 磅	188 ～ 176 磅	176 ～ 165 磅	165 ～ 153 磅
宽握耸肩	223 磅	223 ～ 212 磅	212 ～ 201 磅	201 ～ 190 磅	190 ～ 178 磅	178 ～ 167 磅	167 ～ 156 磅	156 ～ 145 磅
快速背蹲	150 磅	150 ～ 143 磅	143 ～ 135 磅	135 ～ 128 磅	128 ～ 120 磅	120 ～ 113 磅	113 ～ 105 磅	105 ～ 98 磅
深蹲跳	126 磅	126 ～ 120 磅	120 ～ 113 磅	113 ～ 107 磅	107 ～ 101 磅	101 ～ 95 磅	95 ～ 88 磅	88 ～ 82 磅
训练	**10RM**	**很高**	**高**	**中高**	**中等**	**中低**	**低**	**很低**
下拉	175 磅	175 ～ 166 磅	166 ～ 158 磅	158 ～ 149 磅	149 ～ 140 磅	140 ～ 131 磅	131 ～ 123 磅	123 ～ 114 磅
肱二头肌弯举	105 磅	105 ～ 100 磅	100 ～ 95 磅	95 ～ 89 磅	89 ～ 84 磅	84 ～ 79 磅	79 ～ 74 磅	74 ～ 68 磅
肱三头肌下压	105 磅	105 ～ 100 磅	100 ～ 95 磅	95 ～ 89 磅	89 ～ 84 磅	84 ～ 79 磅	79 ～ 74 磅	74 ～ 68 磅

* 根据表 15.17，用 1RM 和 10RM 确定具体的训练负荷范围。

（1 磅约为 0.45 千克）

学习问题

1. 在推—拉动作交替训练时，建议采用下列哪种训练顺序？
   A. 杠铃卧推、肩上推举、仰卧头后屈臂伸、肱二头肌弯举、俯身杠铃划船
   B. 肩上推举、肱二头肌弯举、仰卧头后屈臂伸、杠铃卧推、俯身杠铃划船
   C. 俯身杠铃划船、肩上推举、杠铃卧推、肱二头肌弯举、仰卧头后屈臂伸
   D. 杠铃卧推、俯身杠铃划船、肩上推举、肱二头肌弯举、仰卧头后屈臂伸
2. 如果一位客户杠铃卧推重复 5 次，1RM 为 200 磅（约 90.7 千克），下列哪项是中低强度训练日的负荷？
   A. 165 ~ 174 磅（74.8 ～ 78.9 千克）
   B. 113 ~ 122 磅（51.3 ～ 55.3 千克）
   C. 148 ~ 157 磅（67.1 ～ 71.2 千克）
   D. 131 ~ 139 磅（59.4 ～ 63.0 千克）
3. 对于想要提高肌肉力量的中级水平的女性客户，下列哪种训练量比较合适？
   A. 3 组，每组重复 10 次
   B. 5 组，每组重复 15 次
   C. 5 组，每组重复 5 次
   D. 1 组，每组重复 4 次
4. 一名中级水平的客户在杠铃卧推 15RM 测试时共重复了 17 次，下列哪项负荷调整方案能使该客户达到重复 15 次的目标？
   A. +5%
   B. +10%
   C. −10%
   D. −5%
5. 下列哪种间歇时间范围适用于增大肌肉训练？
   A. 10 ～ 20 秒
   B. 30 ～ 90 秒
   C. 2 ～ 3 分钟
   D. 4 ～ 6 分钟

应用知识问题

根据初步咨询及体能评估信息，请填写下表空白处，以确定客户各训练项目的训练负荷。

初步咨询 体能评估	初始训练水平及经验	中级	
	体能评估	根据 10RM 估算 1RM	
	主要训练目标	增大肌肉	
负荷能力评估	**10RM 负荷及所选项目的 1RM 估算值**		
	训练（凸轮型器械）	**10RM（磅）**	**1RM 估算值（磅）**
	坐姿推胸	60	
	坐姿划船	50	
	肩上推举	45	

续表

负荷能力评估	肱二头肌弯举	35					
	肱三头肌下压	30					
	坐姿伸腿	70					
	腿弯举	60					
确定负荷	根据训练目标，每组重复次数范围：____ 至 ____次						
	目标重复次数：8 次						
	符合训练目标的训练负荷（1RM 百分比）范围：1RM 的____%至____%						
	符合重复 8 次训练目标的 1RM 百分比：1RM 的____%						
根据 1RM 估算值计算训练负荷	**训练**	**1RM 估算值（磅）**	**×**	**每组重复 8 次的 1RM 百分比（10 进位格式）**	**=**	**训练负荷计算值**	**确定值（四舍五入）**
	坐姿推胸		×		=		
	坐姿划船		×		=		
	肩上推举		×		=		
	肱二头肌弯举		×		=		
	肱三头肌下压		×		=		
	坐姿伸腿		×		=		
	腿弯举		×		=		

（1 磅约为 0.45 千克）

参考文献

1. Abadie, B.R., and M. Wentworth. 2000. Prediction of 1-RM strength from a 5-10 repetition submaximal test in college aged females. *Journal of Exercise Physiology* (Online) 3: 1-5.
2. Adams, G.M. 1998. *Exercise Physiology Laboratory Manual*, 3rd ed. Boston: McGraw-Hill.
3. Aján, T., and L. Baroga. 1988. *Weightlifting: Fitness for All Sports*. Budapest: International Weightlifting Federation.
4. American College of Sports Medicine. 2009. Position stand. Progression models in resistance training for healthy adults. *Medicine and Science in Sports and Exercise* 41: 687-708.
5. Atha, J. 1981. Strengthening muscle. *Exercise and Sport Sciences Reviews* 9: 1-73.
6. Baechle, T.R., and R.W. Earle. 1989. *Weight Training: A Text Written for the College Student*. Omaha, NE: Creighton University Press.
7. Baechle, T.R., and R.W. Earle. 1995. *Fitness Weight Training*. Champaign, IL: Human Kinetics.
8. Baechle, T.R., and R.W. Earle, eds. 2000. *Essentails of Strength Training and Conditioning*, 2nd ed. Champaign, IL: Human Kinetics.

9. Baechle, T.R., R.W. Earle, and D. Wathen. 2008. Resistance training. In: *Essentials of Stength Training and Conditioning*, T.R. Baechle and R.W. Earle, eds. Champaign, IL: Human Kinetics. pp. 381-412.
10. Baechle, T.R., and B.R. Groves. 1998. *Weight Training: Steps to Success*, 2nd ed. Champaign, IL: Human Kinetics.
11. Baker, D., and S. Nance. 1999. The relation between running speed and measures of strength and power in professional rugby league players. *Journal of Strength and Conditioning Research* 13: 230-235.
12. Bastiaans, J.J., A.B. Van Diemen, T. Veneberg, and A.E. Jeukendrup. 2001. The effects of replacing a portion of endurance training by explosive strength training on performance in trained cyclists. *European Journal of Applied Physiology* 86: 79-84.
13. Behm, D.G., G. Reardon, J. Fitzgerald, and E. Drinkwater. 2002. The effect of 5, 10, and 20 repetition maximums on the recovery of voluntary and evoked contractile properties. *Journal of Strength and Conditioning Research* 16: 209-218.
14. Berger, R.A. 1962. Effect of varied weight training programs on strength. *Research Quarterly* 33: 168-181.
15. Bompa, T.O., and G.G. Haff. 2009. *Periodization: Theory and Methodology of Training*, 5th ed. Champaign, IL: Human Kinetics.
16. Brown, H.L. 1992. *Lifetime Fitness*, 3rd ed. Scottsdale, AZ: Gorsuch Scarisbrick.
17. Bryzychi, M. 1993. Strength testing: Predicting a one rep max from reps to fatigue. *Journal of Physical Education, Recreation and Dance* 64: 88-90.
18. Bryzychi, M. 2000. Assessing strength. *Fitness Manage* (June), 4-37.
19. Candow, D.G., and D.G. Burke. 2007. Effect of short-term equal-volume resistance training with different workout frequency on muscle mass and strength in untrained men and women. *Journal of Strength and Conditioning Research* 21: 204-207.
20. Caserotti, P., P. Aagaard, J. Buttrup Larsen, and L. Puggaard. 2008. Explosive heavy-resistance training in old and very old adults: Changes in rapid muscle force, strength and power. *Scandinavian Journal of Medicine and Science in Sports* 18:773-782.
21. Chapman, P., J.R. Whitehead, and R.H. Binkert. 1998. The 225-lb reps-to-failure test as a submaximal estimation of 1-RM bench press performance in college football players. *Journal of Strength and Conditioning Research* 12: 258-261.
22. Coyle, E.F., D.C. Feiring, T.C. Rotkis, R.W.D. Cote, F.B. Roby, W. Lee, and J.H. Wilmore. 1981. Specificity of power improvements through slow and fast isokinetic training. *Journal of Applied Physiology* 51: 1437-1442.
23. Craig, B.W. 2000. Variation: An important component of training. *Strength and Conditioning Journal* 22: 22-23.
24. Craig, B.W., J. Lucas, R. Pohlman, and H. Schilling. 1991. The effect of running, weightlifting and a combination of both on growth hormone release. *Journal of Applied Sport Science Research* 5: 198-203.
25. Dudley, G.A., P.A. Tesch, B.J. Miller, and P. Buchanan. 1991. Importance of eccentric actions in performance adaptations to resistance training. *Aviation, Space, and Environmental Medicine* 62: 543-550.
26. Earle, R.W., and T.R. Baechle. 2004. Resistance training program design. In: *NSCA's Essentials of Personal Training*, T.R. Baechle and R.W. Earle, eds. Champaign, IL: Human Kinetics. pp. 361-398.

27. Epley, B. 1985. Poundage chart. In: *Boyd Epley Workout.* Lincoln, NE: University of Nebraska.
28. Epley, B. 2004. *The Path to Athletic Power.* Champaign, IL: Human Kinetics. p. 318.
29. Fleck, S.J. 1999. Periodized strength training: A critical review. *Journal of Strength and Conditioning Research* 13: 82-89.
30. Fleck, S.J., and W.J. Kraemer. 1997. *Designing Resistance Training Programs*, 2nd ed. Champaign, IL: Human Kinetics.
31. Fleck, S., and W.J. Kraemer. 2004. *Designing Resistance Training Programs*, 3rd ed. Champaign, IL: Human Kinetics. p. 375.
32. Fry, A.C., W.J. Kraemer, F. Van Borselen, J.M. Lynch, J.L. Marsit, E.P. Roy, N.T. Triplett, and H.G. Knuttgen. 1994. Performance decrements with high-intensity resistance exercise overtraining. *Medicine and Science in Sports and Exercise* 26: 1165-1173.
33. Fry, R.W., A.R. Morton, and D. Keast. 1991. Overtraining in athletes. An update. *Sports Medicine* 12: 32-65.
34. Gillam, G.M. 1981. Effects of frequency of weight training on muscle strength enhancement. *Journal of Sports Medicine* 21: 432-436.
35. Graves, J.E., M.L. Pollock, S.H. Leggett, R.W. Braith, D.M. Carpenter, and L.E. Bishop. 1988. Effect of reduced training frequency on muscular strength. *International Journal of Sports Medicine* 9: 316-319.
36. Haff, G.G., S. Burgess, and M.H. Stone. 2008. Cluster training: Theoretical and practical applications for the strength and conditioning professional. *Professional Strength and Conditioning*. 12: 12-17.
37. Haff, G.G., R.T. Hobbs, E.E. Haff, W.A. Sands, K.C. Pierce, and M.H. Stone. 2008. Cluster triaining: A novel method for introducing training program variation. *Strength and Conditioning* 30: 67-76.
38. Haff,G.G.,W.J.Kraemer,H.S.O'Bryant,G.Pendlay,S. Plisk, and M.H. Stone. 2004. Roundtable discussion: Periodization of training-part 1. *National Strength and Conditioning Association Journal* 26: 50-69.
39. Haff, G.G., A. Whitley, L.B. McCoy, H.S. O'Bryant, J.L. Kilgore, E.E. Haff, K. Pierce, and M.H. Stone. 2003. Effects of different set configurations on barbell velocity and displacement during a clean pull. *Journal of Strength and Conditioning Research* 17: 95-103.
40. Häkkinen, K. 1994. Neuromuscular adaptations during strength training, aging, detraining, and immobilization. *Critical Reviews in Physical Rehabilitation Medicine* 6: 161-198.
41. Häkkinen, K., M. Alen, and P.V. Komi. 1985. Changes in isometric force and relaxationtime, electromyographic and muscle fibre characteristics of human skeletal muscle during strength training and detraining. *Acta Physiologica Scandinavica* 125: 573-585.
42. Häkkinen, K., and P.V. Komi. 1983. Electromyographic changes during strength training and detraining. *Medicine and Science in Sports and Exercise* 15: 455-460.
43. Häkkinen, K., and P.V. Komi. 1985. Effect of explosive type strength training on electromographic and force production characteristics of leg extensor muscles during concentric and various stretch-shortening cycle exercises. *Scandinavian Journal of Sports Science* 7: 65-76.
44. Häkkinen, K., A. Pakarinen, M. Alen, H. Kauhanen, and P.V. Komi. 1988. Neuromuscular and hormonal responses in elite athletes to two successive strength training sessions in one day. *European Journal of Applied Physiology* 57: 133-139.
45. Harris, G.R., M.H. Stone, H.S. O'Bryant, C.M. Proulx, and R.L. Johnson. 2000. Short-term performance effects of high power, high force,

or combined weight-training methods. *Journal of Strength and Conditioning Research* 14: 14-20.

46. Hazell, T., K. Kenno, and J. Jakobi. 2007. Functional benefit of power training for older adults. *Journal of Aging and Physical Activity* 15: 349-359.
47. Henwood, T.R., S. Riek, and D.R. Taaffe. 2008. Strength versus muscle power-specific resistance training in communitydwelling older adults. *Journals of Gerontology Series A: Biological Sciences and Medical Sciences* 63: 83-91.
48. Henwood, T.R., and D.R. Taaffe. 2006. Short-term resistance training and the older adult: The effect of varied programmes for the enhancement of muscle strength and functional performance. *Clinical Physiology and Functional Imaging* 26: 305-313.
49. Herrick, A.R., and M.H. Stone. 1996. The effects of periodization versus progressive resistance exericse on upper and lower body strength in women. *Journal of Strength and Conditioning Research* 10: 72-76.
50. Hickson,R.C.,B.A.Dvorak,E.M.Gorostiaga,T. T.Kurowski, and C. Foster. 1988. Potential for strength and endurance training to amplify endurance performance. *Journal of Applied Physiology* 65: 2285-2290.
51. Hickson, R.C., K. Hidaka, and C. Foster. 1994. Skeletal muscle fiber type, resistance training, and strength-related performance. *Medicine and Science in Sports and Exercise* 26: 593-598.
52. Hoeger, W.W.K., S.L. Barette, D.F. Hale, and D.R. Hopkins. 1987. Relationship between repetitions and selected percentages of one repetition maximum. *Journal of Applied Sport Science Research* 1: 11-13.
53. Hoeger, W.W.K., D.R. Hopkins, S.L. Barette, and D.F. Hale. 1990. Relationship between repetitions and selected percentages of one repetition maximum: A comparison between untrained and trained males and females. *Journal of Applied Sport Science Research* 4: 47-54.
54. Hoffman, J.R., C.M. Maresh, L.E. Armstrong, and W.J. Kraemer. 1991. Effects of off-season and in-season resistance training programs on a collegiate male basketball team. *Journal of Human Muscle Performance* 1: 48-55.
55. Hori, N., R.U. Newton, W.A. Andrews, N. Kawamori, M.R. McGuigan, and K. Nosaka. 2008. Does performance of hang power clean differentiate performance of jumping, sprinting, and changing of direction? *Journal of Strength and Conditioning Research* 22: 412-418.
56. Humphries, B., E. Dugan, and T.L. Doyle. 2006. Muscular fitness. In: *ACSM's Resource Manual for Guidelines for Exercise Testing and Prescription*, L.A. Kaminsky, ed. Baltimore: Lippincott Williams & Wilkins. pp. 206-224.
57. Hunter, G.R., J.P. McCarthy, and M.M. Bamman. 2004. Effects of resistance training on older adults. *Sports Medicine* 34: 329-348.
58. Issurin, V. 2008. *Block Periodization: Breakthrough in Sports Training*, M. Yessis, ed. Muskegan, MI: Ultimate Athlete Concepts. p. 213.
59. Issurin, V. 2008. Block periodization versus traditional training theory: A review. *Journal of Sports Medicine and Physical Fitness* 48: 65-75.
60. Izquierdo, M., J. Ibanez, J.J. Gonzalez-Badillo, K. H.kkinen, N.A. Ratamess, W.J. Kraemer, D.N. French, J. Eslava, A. Altadill, X. Asiain, and E.M. Gorostiaga. 2006. Differential effects of strength training leading to failure versus not to failure on hormonal responses, strength, and muscle power gains. *Journal of Applied*

Physiology 100: 1647-1656.

61. Jung, A.P. 2003. The impact of resistance training on distance running performance. *Sports Medicine* 33: 539-552.
62. Kemmler,W.K.,D.Lauber,A.Wassermann,andJ. L.Mayhew. 2006. Predicting maximal strength in trained postmeno-pausal women. *Journal of Strength and Conditioning Research* 20: 838-842.
63. Kemmler, W., J. Lauber, J. Weineck, J. Mayhew, W.A. Kalender, and K. Engelke. 2005. Trainingssteuerung in gesund-heitssport. Lastvorgabe versus subjective intensitatswahl impraventivsportlichen krafttraining. *Deutsche Zeitschrift für Sportmedizin*. 56: 165-170.
64. Korhonen, M.T., A. Cristea, M. Alen, K. H.kkinen, S. Sipila, A. Mero, J.T. Viitasalo, L. Larsson, and H. Suominen. 2006. Aging, muscle fiber type, and contractile function in sprint-trained athletes. *Journal of Applied Physiology* 101: 906-917.
65. Kraemer, W.J. 1997. A series of studies: The physiological basis for strength training in American football: Fact over philosophy. *Journal of Strength and Conditioning Research* 11: 131-142.
66. Kraemer,W.J.,K.Adams,E.Cafarelli,G. A.Dudley,C.Dooly, M.S. Feigenbaum, S.J. Fleck, B. Franklin, A.C. Fry, J.R. Hoff-man, R.U. Newton, J. Potteiger, M.H. Stone, N.A. Ratamess, and T. Triplett-McBride. 2002. American College of Sports Medicine position stand. Progression models in resistance training for healthy adults. *Medicine and Science in Sports and Exercise* 34: 364-380.
67. Kraemer, W.J., and A.C. Fry. 1995. Strength testing: Development and evaluation of methodology. In: *Physiological Assessment of Human Fitness*, P.J. Maud and C. Foster, eds. Champaign, IL: Human Kinetics. pp. 115-138.
68. Kraemer, W.J., D.L. Hatfield, and S.J. Fleck. 2007. Types of muscle training. In: *Strength Training*, L.E. Brown, ed. Champaign, IL: Human Kinetics. pp. 45-72.
69. Kraemer, W.J., B.J. Noble, M.J. Clark, and B.W. Culver. 1987. Physiologic responses to heavy-resistance exercise with very short rest periods. *International Journal of Sports Medicine* 8: 247-252.
70. Kraemer, W.J., and N.A. Ratamess. 2004. Fundamentals of resistance training: Progression and exercise prescription. *Medicine and Science in Sports and Exercise* 36: 674-688.
71. Kraemer, W.J., J.L. Vingren, D.L. Hatfield, B.A. Spiering, and M.S. Fragala. 2007. Resistance training programs. In: *ACSM's Resources for the Personal Trainer*, W.R.Thompson et al., eds. Baltimore: Lippincott Williams & Wilkins. pp. 372-403.
72. Kramer, J.B., M.H. Stone, H.S. O'Bryant, M.S. Conley, R.L. Johnson, D.C. Nieman, D.R. Honeycutt, and T.P. Hoke. 1997. Effects of single vs. multiple sets of weight training: Impact of volume, intensity, and variation. *Journal of Strength and Conditioning* 11: 143-147.
73. Kravitz, L., C. Akalan, K. Nowicki, and S.J. Kinzey. 2003. Prediction of 1 repetition maximum in high-school power lifters. *Journal of Strength and Conditioning Research* 17: 167-172.
74. Lander, J.E. 1985. Maximum based on reps. *National Strength and Conditioning Association Journal*. 6: 60-61.
75. Larson, G.D., and J.A. Potteiger. 1997. A comparision of three different rest intervals between multiple squat bouts. *Journal of Strength and Conditioning Research* 11: 115-118.
76. Lesuer,D.A.,J.H.McCormick,J.L.Mayhew,R.

L.Wasserstein, and M.D. Arnold. 1997. The accuracy of prediction equations for estimating 1-RM performance in the bench press, squat, and deadlift. *Journal of Strength and Conditioning Research* 11: 211-213.

77. Lombardi, V.P. 1989. *Beginning Weight Training*. Dubuque, IA: Brown.
78. Mayhew, J.L., T.E. Ball, M.E. Arnold, and J.C. Bowen. 1992. Relative muscular endurance performance as a predictor of bench press strength in college men and women. *Journal of Applied Sport Science Research* 6: 200-206.
79. Mayhew, J.L., B.D. Johnson, M.J. Lamonte, D. Lauber, and W. Kemmler. 2008. Accuracy of prediction equations for determining one repetition maximum bench press in women before and after resistance training. *Journal of Strength and Conditioning Research* 22: 1570-1577.
80. Mayhew, J.L., J.L. Prinster, J.S. Ware, D.L. Zimmer, J.R. Arabas, and M.G. Bemben. 1995. Muscular endurance repetitions to predict bench press strength in men of different training levels. *Journal of Sports Medicine and Physical Fitness* 35: 108-113.
81. Mayhew, J.L., J.S. Ware, K. Cannon, S. Corbett, P.P. Chapman, M.G. Bemben,T.E. Ward, B. Farris, J. Juraszek, and J.P. Slovak. 2002. Validation of the NFL-225 test for predicting 1-RM bench press performance in college football players. *Journal of Sports Medicine and Physical Fitness* 42: 304-308.
82. Mayhew, J.L., J.R. Ware, and J.L. Prinster. 1993. Using lift repetitions to predict muscular strength in adolescent males. *National Strength and Conditioning Association Journal* 15: 35-38.
83. McBride, J.M., G.O. McCauley, P. Cormie, J.L. Nuzzo, M.J. Cavill, and N.T. Triplett. 2009. Comparison of methods to quantify volume during resistance exercise. *Journal of Strength and Conditioning Research* 23: 106-110.
84. O'Conner, B., J. Simmons, and P. O'Shea. 1989. *Weight Training Today*. St. Paul, MN: West. pp. 26-33.
85. Pearson, D., A. Faigenbaum, M. Conley, and W.J. Kraemer. 2000.The National Strength and Conditioning Association's basic guidelines for the resistance training of athletes. *Strength and Conditioning Journal* 22: 14-27.
86. Peterson, M.D., M.R. Rhea, and B.A. Alvar. 2004. Maximizing strength development in athletes: A meta-analysis to determine the dose-response relationship. *Journal of Strength and Conditioning Research* 18: 377-382.
87. Peterson, M.D., M.R. Rhea, and B.A. Alvar. 2005. Applications of the dose-response for muscular strength development: A review of meta-analytic efficacy and reliability for designing training prescription. *Journal of Strength and Conditioning Research* 19: 950-958.
88. Pincivero, D.M., W.S. Gear, N.M. Moyna, and R.J. Robertson. 1999. The effects of rest interval on quadriceps torque and perceived exertion in healthy males. *Journal of Sports Medicine and Physical Fitness* 39: 294-299.
89. Plisk, S.S. 1991. Anaerobic metabolic conditioning: A brief review of theory, strategy and practical application. *Journal of Applied Sport Science Research* 5: 22-34.
90. Plisk, S.S., and M.H. Stone. 2003. Periodization strategies. *Strength and Conditioning* 25: 19-37.
91. Poliquin, C. 1988. Five steps to increasing the effectiveness of your strength training program. *National Strength and Conditioning Association Journal* 10: 34-39.
92. Ratamess,N.A.,M.J.Falvo,G.T.Mangine,J. R.Hoffman,A.D. Faigenbaum, and J. Kang.

2007. The effect of rest interval length on metabolic responses to the bench press exercise. *European Journal of Applied Physiology* 100: 1-17.

93. Reynolds, J.M., T.J. Gordon, and R.A. Robergs. 2006. Prediction of one repetition maximum strength from multiple repetition maximum testing and anthropometry. *Journal of Strength and Conditioning Research* 20: 584-592.
94. Rhea,M.R.,B.A.Alvar,andL.N.Burkett.2002. Singleversus multiple sets for strength: A meta-analysis to address the controversy. *Research Quarterly for Exercise and Sport* 73: 485-488.
95. Rhea, M.R., B.A. Alvar, L.N. Burkett, and S.D. Ball. 2003. A meta-analysis to determine the dose response for strength development. *Medicine and Science in Sports and Exercise* 35: 456-464.
96. Richardson, T. 1993. Circuit training with exercise machines. *National Strength and Conditioning Association Journal* 15: 18-19.
97. Robinson, J.M., M.H. Stone, R.L. Johnson, C.M. Penland, B.J. Warren, and R.D. Lewis. 1995. Effects of different weight training exercise/rest intervals on strength, power, and high intensity exercise endurance. *Journal of Strength and Conditioning Research* 9: 216-221.
98. Rydwik, E., C. Karlsson, K. Frandin, and G. Akner. 2007. Muscle strength testing with one repetition maximum in the arm/shoulder for people aged 75+ -test-retest reliability. *Clinical Rehabilitation* 21: 258-265.
99. Shaw, C.E., K.K. McCully, and J.D. Posner. 1995. Injuries during the one repetition maximum assessment in the elderly. *Journal of Cardiopulmonary Rehabilitation* 15: 283-287.
100. Shimano, T., W.J. Kraemer, B.A. Spiering, J.S. Volek, D.L. Hatfield, R. Silvestre, J.L. Vingren, M.S. Fragala, C.M. Maresh, S.J. Fleck, R.U. Newton, L.P. Spreuwenberg, and K. H.kkinen. 2006. Relationship between the number of repetitions and selected percentages of one repetition maximum in free weight exercises in trained and untrained men. *Journal of Strength and Conditioning Research* 20: 819-823.
101. Siff, M.C. 2003. *Supertraining*, 6th ed. Denver: Supertraining Institute. p. 496.
102. Siff, M.C., and Y.U. Verkhoshansky. 1999. *Supertraining*, 4th ed. Denver: Supertraining International.
103. Simao, R., T. Farinatti Pde, M.D. Polito, A.S. Maior, and S.J. Fleck.2005.Influence of exercise order on the number of repetitions performed and perceived exertion during resistance exercises.*Journal of Strength and Conditioning Research* 19: 152-156.
104. Stone, M.H., and R.A. Borden. 1997. Modes and methods of resistance training. *Strength and Conditioning* 19: 18-23.
105. Stone, M.H., T.J. Chandler, M.S. Conley, J.B. Kramer, and M.E. Stone. 1996. Training to muscular failure: Is it necessary? *Strength and Conditioning* 18: 44-51.
106. Stone, M.H., R. Keith, J.T. Kearney, G.D. Wilson, and S.J. Fleck. 1991. Overtraining: A review of the signs and symptoms of overtraining. *Journal of Applied Sport Science Research* 5: 35-50.
107. Stone, M.H., and H.O. O'Bryant. 1987. *Weight Training: A Scientific Approach.* Edina, MN: Burgess.
108. Stone, M.H., H.S. O'Bryant, B.K. Schilling, R.L. Johnson, K.C. Pierce, G.G. Haff, A.J. Koch, and M. Stone. 1999. Periodization: Effects of manipulating volume and intensity. Part 1. *Strength and Conditioning Journal* 21 (2): 56-62.
109. Stone, M.H., H.S. O'Bryant, B.K. Schilling,

R.L. Johnson, K.C. Pierce, G.G. Haff, A.J. Koch, and M. Stone. 1999. Periodization: Effects of manipulating volume and intensity. Part 2. *Strength and Conditioning Journal* 21 (3): 54-60.

110. Stone, M.H., K. Pierce, W.A. Sands, and M. Stone. 2006. Weightlifting: Program design. *Strength and Conditioning* 28: 10-17.
111. Stone, M.H., K. Pierce, G.D. Wilson, and R. Rozenek. 1987. Heart rate and lactate levels during weight-training exercise in trained and untrained men. *Physician and Sportsmedicine* 15: 97-101.
112. Stone, M.H., S. Plisk, and D. Collins. 2002. Training principles: Evaluation of modes and methods of resistancetraining - a coaching perspective. *Sports Biomechanics* 1: 79-104.
113. Stone, M.H., J.A. Potteiger, K.C. Pierce, C.M. Proulx, H.S. O'Bryant, R.L. Johnson, and M.E. Stone. 2000. Comparison of the effects of three different weight-training programs on the one repetition maximum squat. *Journal of Strength and Conditioning Research* 14: 332-337.
114. Stone, M.H., K. Sanborn, H.S. O'Bryant, M. Hartman, M.E. Stone, C. Proulx, B. Ward, and J. Hruby. 2003. Maximum strength-power-performance relationships in collegiate throwers. *Journal of Strength and Conditioning Research* 17: 739-745.
115. Stone, M.H., W.A. Sands, K.C. Pierce, J. Carlock, M. Cardinale, and R.U. Newton. 2005. Relationship of maximum strength to weightlifting performance. *Medicine and Science in Sports and Exercise* 37: 1037-1043.
116. Stone, M.H., W.A. Sands, K.C. Pierce, R.U. Newton, G.G. Haff, and J. Carlock. 2006. Maximum strength and strength training: A relationship to endurance? *Strength and Conditioning Journal* 28: 44-53.
117. Stone, M.H., M.E. Stone, and W.A. Sands. 2007. *Principles and Practice of Resistance Training*. Champaign, IL: Human Kinetics. p. 376.
118. Tan, B. 1999. Manipulating resistance training program variables to optimize maximum strength in men: A review. *Journal of Strength and Conditioning Research* 13: 289-304.
119. Tesch, P. 1993. Training for bodybuilding. In: *Strength and Power in Sports*, P.V. Komi, ed. London: Blackwell Scientific.
120. Verkhoshansky, Y.U. 2006. *Special Strength Training: A Practical Manual for Coaches*. Muskegan, MI: Ultimate Athlete Concepts. p. 137.
121. Verkhoshansky, Y.U. 2007. Theory and methodology of sport preparation: Block training system for top-level athletes. *Teoria i Practica Physicheskoj Culturi* 4: 2-14.
122. Ware, J.S., C.T. Clemens, J.L. Mayhew, and T.J. Johnston. 1995. Muscular endurance repetitions to predict bench press and squat strength in college football players. *Journal of Strength and Conditioning Research* 9: 99-103.
123. Wathen, D. 1994. Load assignment. In: *Essentials of Strength Training and Conditioning*, T.R. Baechle and R.W. Earle, eds. Champaign, IL: Human Kinetics. pp. 435-446.
124. Westcott, W.L. 1982. *Strength Fitness*. Boston: Allyn & Bacon.
125. Whisenant, M.J., L.B. Panton, W.B. East, and C.E. Broeder. 2003. Validation of submaximal prediction equations for the 1 repetition maximum bench press test on a group of collegiate football players. *Journal of Strength and Conditioning Research* 17: 221-227.
126. Willardson, J.M. 2006. A brief review: Factors affecting the length of the rest interval between resistance exercise sets. *Journal of*

Strength and Conditioning Research 20: 978-984.

127. Willardson, J.M., and L.N. Burkett. 2005. A comparison of 3 different rest intervals on the exercise volume completed during a workout. *Journal of Strength and Conditioning Research* 19: 23-26.

128. Willardson, J.M., and L.N. Burkett. 2006. The effect of rest interval length on the sustainability of squat and bench press repetitions. *Journal of Strength and Conditioning Research* 20: 400-403.

129. Wolfe, B.L., L.M. Lemura, and P.J. Cole. 2004. Quantitative analysis of single- vs. multiple-set programs in resistance training. *Journal of Strength and Conditioning Research* 18: 35-47.

130. Young, W.B., R. James, and I. Montgomery. 2002. Is muscle power related to running speed with changes of direction? *Journal of Sports Medicine and Physical Fitness* 42: 282-288.

131. Zatsiorsky, V.M., and W.J. Kraemer. 2006. *Science and Practice of Strength Training*, 2nd ed. Champaign, IL: Human Kinetics. p. 251.

第16章

有氧耐力训练计划制订

帕特里克·哈格曼（Patrick Hagerman），EdD

学习完本章后，你将能够掌握如下内容。

- 根据专项化原则和客户的个体目标制订有氧耐力训练计划。
- 选择合适的有氧训练模式。
- 确定有氧耐力训练的强度、频率和持续时间，理解它们之间的相互作用以及对训练结果的影响。
- 使用计算得出的目标心率范围、自感用力程度量表或代谢当量确定训练强度。
- 设计适当的热身、放松和运动计划。
- 根据客户目标应用长距离慢速跑、配速/节奏训练、间歇训练和交叉训练、上肢训练和组合训练。

有氧耐力训练是任何训练计划中必不可少的组成部分。健身会所和体能中心的大部分器材都是有氧耐力训练设备，针对大众的大多数体育比赛都是围绕有氧耐力运动开展的（如10千米跑、5千米跑、马拉松、自行车和铁人三项）。为了强调有氧耐力活动的重要性，1996年美国卫生总署在体育活动与健康的报告中，强烈建议每个人在一周的大部分时间里，参加各种形式的有氧运动。另外，在“健康人群2010”（Healthy People 2010）项目中，美国健康与人类服务部门（U.S.Department of Health and Human Services）列举了2项国家面临的主要健康问题，即缺乏身体活动和肥胖。因此，“健康人群2010”的目标包括增加（1）每天至少参加30分钟规律的、适度的体育活动的成年人比例和（2）每周参加3天以上，每次至少20分钟以上，促进心肺适能的高强度身体活动的青少年比例。无疑，适度的有氧耐力训练十分重要。

有氧耐力训练经常称为有氧运动、心血管运动或者心肺运动。这些术语在本章内表示同一个意思，因为它们都代表心血管和呼吸系统参与的运动，包括心脏、血管和肺。

私人教练制订有氧耐力训练计划时需要检查客户目前的体能水平、训练历史和体能目标。在普通人群中有一个最常见的健康目标就是减脂（经常错误地称为“减重”），有此目标的客户，其训练计划应包括设计合理的有氧耐力训练。与之类似，一个希望参加 10 千米竞赛或完成马拉松比赛的客户，则需要特殊的训练指导来实现目标。

之前的章节已经介绍了如何确定体能水平和最佳运动水平。本章主要介绍为不同客户制订合理的有氧训练计划。

有氧耐力训练的专项化

抗阻训练中的专项化原则也同样适用于有氧耐力训练。专项化原则指训练计划的效果与训练类型直接相关[23]。抗阻训练计划的效果源于抗阻训练的专项化，同样，有氧耐力训练计划的效果也来自有氧耐力训练的专项化。换言之，抗阻训练并不会显著提高最大有氧功率（$\dot{V}O_2max$）[41, 44, 58]。采用一种有氧训练模式并不能保证其提高的效果与另外一种有氧训练模式相同[10, 101]。例如，一个通过自行车练习已经达到高有氧耐力水平的人，用跑步的方式测试其峰值摄氧量时，并不能产生同样的有氧耐力表现[74, 86, 99]。不同运动的肌肉活动形式与需氧量不同，所产生的反应和适应也不同[12, 71, 101]。尽管通过一种运动模式获得的摄氧量提高会对其他运动模式有所帮助，但它们不会达到相同的提高程度[11, 62, 92]。

有氧耐力训练计划的组成

一个有氧耐力训练计划包含许多因素，可以通过各种方式进行调整，从而产生不同的特定训练效果，这些因素包括运动模式，每节课的训练强度、频率和持续时间等。私人教练需要考虑与客户的个人目标相关的每个因素，同时也要考虑每个因素相互之间的影响。

本章将以 2 名假想的客户作为示例，来展示一些将各个组成因素整合为一个有氧训练计划的实践案例。第一名客户是贝姬（Becky），其训练目标是 50 分钟之内完成 10 千米比赛。第二名客户是弗洛伊德（Floyd），其训练目标是减去大约 14 千克体脂。2 名客户都没有任何骨骼肌肉的功能障碍，也收到了医生的运动许可。案例研究 16.1 介绍了这 2 名假想客户的初始状态和目标。

运动模式

设计有氧耐力训练计划的第一步是确定运动模式。运动模式简单来说是指进行什么运动或活动。第 14 章已介绍了有氧运动模式包括器械和非器械运动。运动员应该选择和他们的运动项目或比赛中需要执行的特定动作最相近的运动模式。对于希望参加业余 5 千米跑或 40 千米自行车比赛的客户来说同样如此。采用哪种运动模式取决于以下几个因素：可用设备、个人喜好、客户完成运动的能力和客户的目标。

器械运动模式使用有氧耐力训练设备，并取决于训练场所具备的可用器械。大部分健身俱乐部有不同的有氧耐力训练设备，通常包括跑步机、椭圆机、楼梯机、固定式自行车、模拟越野滑雪机、划船机、上肢测力仪、半卧式自行车、旋转攀岩机等。

如果没有有氧耐力训练设备，也有大量非器械运动模式可供选择。非器械运动模式包含所有不借助器械，允许个人自由活动的运动方式，包括步行、慢跑、赛跑、游泳、水中行走或跑步、滑冰、自行车、有氧搏击操、有氧舞蹈或踏板操等。

器械运动模式看起来与非器械运动模式相似，但是可能不会引发相同的心血管反应或为客户实现目标提供相同的条件。例如，在跑步机上跑步和在跑道上跑步需要使用不同的运动模式和肌肉。跑步机前进的动力由传送带提供，因此不需要使用太多腿部和髋部的肌肉将客户推动向前。同样，骑固定式自行车在旋转曲柄时

案例研究16.1

客户起始状态和目标

客户：贝姬（Becky）

年龄：30 岁

身高：165 厘米

体重：120 磅（约 54.4 千克）

目标：50 分钟内完成 10 千米跑

训练状态：中级水平。过去 3 年平均每周跑 2 次 3 ~ 5 英里（4.8 ~ 8.0 千米），这一节奏和速度对她来说没有压力，能比较轻松地完成。她的 10 千米最好成绩是 53 分。

其他活动：工作为接待员，从上午 8 点至少坐到下午 5 点。没有其他系统的运动或活动。

弗洛伊德（Floyd）

年龄：52 岁

身高：183 厘米

体重：230 磅（约 104.3 千克）

目标：减去大约 30 磅（约 13.6 千克）体脂

训练状态：初级（没有训练经历），大学时期是棒球队队员，大学毕业后没有参加过规律的运动。

其他活动：每天在银行工作多个小时。白天在办公室步行，每次不超过 12 米，在办公室经常坐着。晚上在社区大学教书。没有系统的运动或活动。

所使用的肌肉与普通自行车一样，但是不需要肌肉来保持平衡；固定式自行车也没有逆风阻力或轮胎与地面的摩擦力。运动模式应当与客户的需要和目标相匹配，尤其是客户为了参加跑步或自行车比赛而训练的时候。

客户对运动模式的个人喜好对他们如何坚持训练计划有重要的影响[5, 73, 76]。选择一个客户喜欢的活动或者运动，将有助他们完成既定的训练计划，不会缩短运动时间或降低强度。

运动模式也必须和客户的身体适应能力相匹配。下肢有矫形外科问题的客户由于足、膝、髋关节会受到冲击力的影响，在完成某些特定动作时，能力会受到限制。这些客户最好选择一些没有冲击力的运动形式。关节活动受限的客户需要在能力范围内运动。比如，一位诊断为肩部撞击综合征的客户就不要采用上肢测力仪（手摇自行车）进行运动。

最初的运动模式选择也必须要在客户当前的摄氧量范围之内。很多时候客户没有通过分级运动测试来确定他们的最大摄氧量。由于没有数据来判断客户的能力，一般需要小心谨慎地以客户喜欢的运动方式开始。过去经常步行或骑自行车的客户可以继续这些活动，或作为一个新的训练计划的开始。这种方法可以避免要求客户做一些不适合他们的活动。比如，假如一名私人教练给一位还不具备相应体能的客户制订了一个跑步计划，他就不能坚持完成训练课程并获得任何提高。因此，私人教练需要更换不同的、要求更低的运动模式。

运动模式应该符合客户的最终训练目标。比如，贝姬希望完成 10 千米比赛，要将大量时间用于户外跑道或在天气恶劣时使用室内跑步机。与之相反，弗洛伊德想减去大约 14 千克体脂，则需要专门消耗热量，这可能不需要任何特殊的设备和运动模式，所以可以选择几种不同的运动模式使他的训练多样化。

> 确定使用哪种运动模式取决于几个因素，包括可用设备、个人喜好、客户完成运动的能力和客户的目标。

运动强度

运动强度是运动频率和持续时间的主要决定因素。私人教练在确定运动频率和持续时间前，应保证运动强度达到客户的目标。

调节和监控运动强度是制订正确的有氧耐力训练计划，避免过度训练或训练不足的关键因素。在心肺系统机能有明显改善之前，在有氧运动课程中，摄氧量或心率储备（heart rate reserve，HRR），即客户最大心率与静息心率的差值，必须达到某一阈值，才能改善心肺系统[38, 47, 55, 70, 80, 97]。已经证明摄氧量储备（$\dot{V}O_2R$，最大摄氧量与静息状态下的摄氧量的差值）与心率储备基本等同。由于对参加训练的客户进行实验室评估以获取最大摄氧量和摄氧量储备等数据并不常见，所以可以利用心率储备确定训练强度。

最后，有氧运动的强度阈值取决于客户的初始体能水平，对于明显健康的成年人来说，阈值一般被定为心率储备的 50% ～ 85%。体能水平很低的客户，应该从心率储备的 30% 的强度开始。根据每个人不同的体能水平，有些人也许在心率储备的 50% 的强度就会觉得吃力，而一些能力突出的客户会发现强度达到心率储备的 85% 时仍不足以产生心肺系统的改善。如果运动强度太高，可能会造成过度训练和伤痛；如果强度太低，则生理刺激水平不足，会延长实现设定目标所需的时间。有氧训练开始的关键是评估客户的训练水平和健康史，以及最近的运动测试结果。相较于从高强度运动开始却带来过度训练的风险和更差的坚持性，以保守强度开始，并根据需要增加强度要更加明智。

目标心率

心率和摄氧量高度相关。在运动中，心率随训练负荷提高而上升，同时，训练负荷的增加必然引起摄氧量的增加。因此，当心率接近客户的最大心率（maximal heart rate，MHR）时，会运用更高比例的最大摄氧量。表 16.1 显示了不同范围的最大摄氧量比例、相关的心率储备比例以及最大心率比例（%MHR）。这种关系在不同年龄、性别、冠状动脉疾病状态、体能水平、训练状态、运动的肌肉组织和测试模式等方面是一致的[29, 81, 82, 98]。因为有这种关系，所以心率常作为一种快速简便的测量运动强度的方法。

确定客户实际最大心率的唯一办法就是分级运动测试，测试客户的心率何时随着负荷的增加而不再上升。在这一点上，心脏已经达到了每分钟最多搏动次数。为了安全考虑，在为客户进行最大分级运动测试时需要有一名医生在场[67]。参见第 9 章讨论的情况。除了最大分级运动测试，大多数情况下私人教练可以采用估算客户最大心率的办法。最常用的如年龄估算最大心率（age-predicted maximal heart rate，APMHR）公式。

$$\text{年龄估算最大心率} = 220 - \text{年龄} \quad (16.1)$$

表 16.1 最大摄氧量、心率储备和最大心率的关系

% $\dot{V}O_2$max	%HRR	%MHR
50	50	66
55	55	70
60	60	74
65	65	77
70	70	81
75	75	85
80	80	88
85	85	92
90	90	96
95	95	98
100	100	100

注：% $\dot{V}O_2$max = 最大摄氧量百分比；%HRR = 心率储备百分比；%MHR = 最大心率百分比。

这仅是估算值，存在 ±10 ～ 15 次 / 分的误差[42, 94]。当计算目标心率训练区间时，误差范围非常重要。例如，一名 20 岁客户的估算心率为 200，当考虑误差范围时，估算的最大心率最低为 185（200-15），最高为 215（200+15）。因此，根据年龄估算出的最大心率实际上对于一些人来说可能是最大心率，对另外一部分人来说并没有达到最大值，而对其余的人来说则可能是次最大值[56]。客户永远不应该在次最大有氧耐力训练中达到他的最大心率，所以年龄估算方法为制订有氧训练计划提供了一个可接受的近似值[94]。对于服用药物的客户，比如会在运动过程中减慢心率的 β 阻滞剂，是使用年龄估算最大心率的例外。在这些客户中，药物可以防止心率升高至某一特定的点，而与运动强度和负荷无关。在使用年龄估算最大心率确定运动强度之前，私人教练必须确定客户没有服用任何改变心率的药物，如果客户在服用相关药物，则需要采用其他不基于心率的替代性强度确定方案。详细内容见第 20 章关于改变心率药物的讨论。如果使用年龄估算最大心率是合适的，并且已经计算出该值，就可以采用以下两种公式中的一种来确定一个合适的运动强度“训练区间”或目标心率范围（target heart rate range，THRR）。

年龄估算最大心率百分比

一旦明确年龄估算最大心率，就可以使用年龄估算最大心率百分比和最大摄氧量的关系来确定运动强度范围。如一名健康成年人，55% ～ 75% 的最大摄氧量与 70% ～ 85% 的年龄估算最大心率相近，这个强度为提高有氧能力提供了适度的刺激[97]。私人教练可以根据客户的病史、其他并发症和医生建议来计算客户的训练强度范围。由于最初的体能水平极大地影响了心血管改善的最小阈值，因此，对于体能水平很低的客户来说，使用低于 55% ～ 65% 年龄估算最大心率的强度范围更加合适[2, 49, 59, 77]。

使用年龄估算最大心率百分比，为健康成年人确定训练强度的区间时，将客户的年龄估算最大心率乘以 70% ～ 85%（称为年龄估算最大心率比例），得到的结果就是改善心血管功能所需目标心率的上限和下限（表 16.2）。

目标心率 = 年龄估算最大心率 × 运动强度 （16.2）

心率储备百分比：卡氏公式

卡氏（Karvonen）公式和年龄估算最大心率百分比公式有关，但是卡氏公式包含静息心率差值[47, 48]。使用这个公式需要首先获得客户的静息心率。清晨醒来，下床之前是测试静息心率的最佳时机。私人教练应当教会客户如何使用 1 分钟桡动脉搏动测量方法（食指和中指放置于桡动脉上）并获取静息心率。然后将年龄估算最大心率减去静息心率得到心率储备。

心率储备 = 年龄估算最大心率 − 静息心率 （16.3）

例如一名 40 岁客户的年龄估算最大心率有 180，如果他的静息心率为 70，那么他的心率储备就是 110 次 / 分（年龄估算最大心率 180 − 静息心率 70）。如前所述，改善心血管功能需要心率达到心率储备的 50% ～ 85%，而确定训练的目标心率时，将心率储备乘以 50% 和 85%，然后加上静息心率就得到了目标心率的上限和下限。如果忘记加上静息心率，那么将低估训练心率的范围，从而不能提高训练的效果。在这个例子中，客户的心率储备范围的下限和上限分别为 110 次 / 分 ×0.50 = 55，110 次 / 分 ×0.85 = 94。这些数值加上静息心率 70，得到目标心率的范围为 125 ～ 164。

目标心率下限 =（心率储备 × 低运动强度值）+ 静息心率

目标心率上限 =（心率储备 × 高运动强度值）+ 静息心率 （16.4）

使用心率储备的好处是它是专属于某一客户的，因为它基于客户的静息心率。客户变得越来越健康，他的静息心率会下降，心率储备会提高，这表示有更多的“储备”可以使用。

如表 16.2 所示，在大多数情况下，使用卡氏公式得出的训练心率范围，会略大于年龄估算最大心率公式的推算结果[28, 67]。为了计算运动心率范围，使用年龄估算最大心率的 70% ～ 85%，或者心率储备的 50% ～ 85%，都可以产生适宜的运动刺激，为客户提供能够改善心血管功能的心率范围[4, 47, 54]。要注意的是，没有训练经验或初级水平的客户可能应该以年龄估算最大心率下半部分的目标心率开始（比如，年龄估算最大心率的 70% ～ 80%），训练经验丰富的客户一般可以承受心率储备范围上半部分的强度（如 70% ～ 85%）。两种方法的运动强度计算公式和实例，请参见“使用心率计算运动强度”。

表 16.2 有氧耐力运动心率

年龄	APMHR*（次 / 分）	APMHR 百分比法 70%	APMHR 百分比法 85%	卡氏公式法** 50%	卡氏公式法** 85%
80	140	98	119	105	130
75	145	102	123	108	134
70	150	105	128	110	138
65	155	109	132	113	142
60	160	112	136	115	147
55	165	116	140	118	151
50	170	119	145	120	155
45	175	123	149	123	160
40	180	126	153	125	164
35	185	130	157	128	168
30	190	133	162	130	172
25	195	137	166	133	176
20	200	140	170	135	181
15	205	144	174	138	185

*APMHR = 年龄估算最大心率。

** 卡氏公式法（Karvonen formula method）假设静息心率是 70 次 / 分。

使用心率计算运动强度

APMHR百分比法

公式：年龄估算最大心率（APMHR）= 220- 年龄

目标心率 =（年龄估算最大心率 × 运动强度）

用这个公式计算 2 次，以确定目标心率范围的上限和下限

例如：30 岁的客户；70% ~ 85% 的年龄估算最大心率

年龄估算最大心率 = 220 - 30 = 190 次 / 分

目标心率 (70%) = 190 × 0.70 = 133 次 / 分

目标心率 (85%) = 190 × 0.85 = 162 次 / 分

目标心率范围 = 133 ~ 162 次 / 分

卡氏公式法

公式：年龄估算最大心率（APMHR）= 220- 年龄

心率储备 = 年龄估算最大心率 - 静息心率

目标心率 =（心率储备 × 运动强度）+ 静息心率

用这个公式计算 2 次，以确定目标心率范围的上限和下限

例如：30 岁的客户；50% ~ 85% 的心率储备；静息心率 = 70 次 / 分

年龄估算最大心率 = 220 - 30 = 190 次 / 分

心率储备 = 190 - 70 = 120 次 / 分

目标心率 (50%) = (120 × 0.50) + 70 = 130 次 / 分

目标心率 (85%) = (120 × 0.85) + 70 = 172 次 / 分

目标心率范围 = 130 ~ 172 次 / 分

要计算运动心率范围，应设定运动强度为年龄估算最大心率的 70% ~ 85%，或心率储备的 50% ~ 85%。

功能能力百分比

如果利用医生监督下的分级运动测试确定客户的功能能力（测量最大摄氧量），就可获得客户的实际最大心率。在此情况下，最好使用最大心率的测试值而不是估算值。卡氏公式或年龄估算最大心率百分比公式（采用最大心率代替年龄估算最大心率）都能用于确定客户的有氧运动训练区间。

自感用力程度量表

另一个与心率计算一起使用的方法是自感用力程度量表。自感用力程度量表是用来帮助客户监控训练强度的一种评级系统，可以解释特定训练强度给身体带来的所有反应。私人教练必须教会客户根据生理和心理因素、训练模式、环境（温度和湿度等）、用力强度、紧张不适或疲劳程度等，来量化产生的运动压力[27, 57, 75]。自感用力程度量表不仅是测试心脏搏动快慢的指标，而且包括了对训练的用力程度、呼吸和情绪反应的衡量。

在分级运动测试中，客户在每一级负荷下都要求给出一个自感用力程度量表的评级结果。这些自感用力程度评级要与负荷的摄氧量相对应，以便在测试完成后，在每一个给定负荷下的摄氧量都有一个已知的自感用力程度评级。如果私人教练已经掌握特定负荷对应的自感用力程度，这样他可以利用自感用力程度量表的评级确定运动中摄氧量的近似值，而无须直接测试摄氧量。比如，如果私人教练掌握了客户在 YMCA 功率车测试（见第 11 章）中特定的摄氧量所对应的自感用力程度评级是 7，在后续运动中，私人教练只要把运动强度调整到客户的自感用力程度评级为 7 的点上，就可以使用不同的运动方式进行相似的摄氧量强度训练。图 16.1 是自感用力程度量表示例。

自感用力程度量表的数字评级与描述维持一定运动水平的努力程度的形容词有关。这些等级包括“完全不用力”直至“尽最大努力”。教会客户区分这些努力程度需要花费一些时间。每个量表的最低水平都可以视为静卧或不做任何努力时的值，而最高水平是客户做出最大努力时的值。使用自感用力程度评级的困难之处在于很少有客户曾经达到努力的上限，因此难以体会最高等级的确切感觉。自感用力程度评级对于没有完成最大压力测试的客户来说有很高程度的主观性。对于无训练经验和体能水平低的客户来说，心率储备的 60% 的强度可能是他们的最大值，因为他们不习惯运动，并不了解最大努力程度的情况。这些客户只有通过训练和改变运动强度才能真正领悟评级词语的意义，从而准确报告他们的自感用力程度评级。

等级	描述
1	没有活动（静卧）
2	非常轻微的活动
3	非常轻松
4	轻松（可以做一天）
5	中等
6	有些困难（开始有感觉）
7	比较困难
8	非常困难（需要努力保持）
9	极度困难
10	最大努力（无法更进一步）

图 16.1 自感用力程度量表

使用自感用力程度评级的缺点是在特定心率下，不同客户和运动模式的自感用力程度评级会发生变化[64]。自感用力程度量表应与心率测量一同使用，才能随着时间的推移，为特定客户建立运动强度模式。在设计运动处方时，私人教练应结合目标心率和自感用力程度评级确定不同运动模式对客户的影响。例如当骑固定式自行车时，客户可能使用 80% 的目标心率进行训练，并报告自感用力程度评级为 7，而当他使用 80% 的目标心率在跑步机上进行运动时，可能汇报的自感用力程度评级为 9。不同的运动模式往往意味着不同的肌肉参与和能量消耗，从而改变目标心率百分比或自感用力程度评级，或同时改变两者。因此，私人教练应当避免只是基于自感用力程度评级来制订运动处方，应考虑个体差异。

自感用力程度量表不仅可以衡量心率，当客户服用药物或患有疾病，传统心率强度无法用来设计运动处方时，可以使用这些量表来替代。私人教练结合自感用力程度评级和心率，可以评估运动强度是否足以满足客户的特定需求。例如，一位高级水平客户以心率储备的 80% 运动时，报告自感用力程度评级为 4，则应该提高强度。相反，如果一个新客户指出自感用力程度评级为 9，而实际运动心率等于心率储备的 90%，那么私人教练应当降低运动强度，直到客户变得更加训练有素。私人教练应当记住，自感用力程度评级是整体努力程度的指标，而不仅是心率，所以客户会感受到疲劳、呼吸费力、疼痛、精神紧张或来自其他因素的压力。

代谢当量

训练强度也可用代谢当量（metabolic equivalents，METs）来描述。一个代谢当量等于 3.5 毫升 • 千克 $^{-1}$ • 分 $^{-1}$ 的氧气消耗量，是当人体处于静息状态时氧气的消耗量。任何一个给定的代谢当量水平都表示了一个特定活动相对于静息状态的努力程度指标。比如，一项代谢当量为 4 的活动，其能量消耗是休息时的 4 倍，它意味着身体需要静息时 4 倍的能量消耗。为了基于代谢当量更准确地描述运动强度，私人教练和医生必须给客户做最高级的运动测试，以获得客户最有可能的代谢当量水平（最大摄氧量除以 3.5）。若没有这个数据，则无法评估最大代谢当量的百分比。

已发表的代谢当量近似值见表 16.3。这些近似值可以用来在为客户制订全面训练计划时帮助选择活动项目，并对比各项活动之间的能量消耗。案例研究 16.2 提供了根据各种方法为假想客户制订运动强度方案的例子。

表 16.3 各种活动的估算代谢当量

代谢当量	活动	代谢当量	活动
1.0	平躺或安静地坐着，什么都不做，躺在床上保持清醒，听音乐、看电影	2.5	步行，2 英里 / 时（约 3.2 千米 / 时），平坦地面
2.0	步行 <2 英里 / 时（约 3.2 千米 / 时），平坦地面	3.0	抗阻训练，轻度或中度用力
2.5	拉伸，哈他瑜伽	3.0	固定式自行车，50 瓦，非常轻度地用力

续表

代谢当量	活动	代谢当量	活动
3.0	步行，2.5 英里 / 时（约 4.0 千米 / 时）	6.3	楼梯机［台阶高度 12 英寸（约 30 厘米）］，20 步 / 分
3.3	步行，3 英里 / 时（约 4.8 千米 / 时），平坦地面	6.3	步行，4.5 英里 / 时（约 7.2 千米 / 时），平坦地面
3.5	健美操，家庭练习，轻度或中度用力	6.9	楼梯机［台阶高度 8 英寸（约 20 厘米）］，30 步 / 分
3.5	高尔夫，使用动力车	7.0	有氧舞蹈，高冲击力
3.5	划船机，50 瓦，轻度用力	7.0	羽毛球，比赛
3.5	楼梯机［台阶高度 4 英寸（约 10 厘米）］，20 步 / 分	7.0	越野滑雪，2.5 英里 / 时（约 4.0 千米 / 时），轻度或中度用力，越野行走
3.8	步行，3.5 英里 / 时（约 5.6 千米 / 时），平坦地面	7.0	划船机，100 瓦，中度用力
4.0	水中有氧运动，水中健美操	7.0	固定式自行车，150 瓦，中度用力
4.5	羽毛球，单打和双打	7.0	游泳，自由式，慢速，中度或轻度用力
4.5	高尔夫，步行并拿着球杆	8.0	篮球，比赛
4.8	楼梯机［台阶高度 4 英寸（约 10 厘米）］，30 步 / 分	8.0	健美操（如俯卧撑、仰卧起坐、引体向上、开合跳），较为用力
4.9	楼梯机［台阶高度 8 英寸（约 20 厘米）］，20 步 / 分	8.0	循环训练，包括有氧运动，少量休息
5.0	有氧舞蹈，低冲击力	8.0	越野滑雪，4.0 ～ 4.9 英里 / 时（6.4 ～ 7.9 千米 / 时），中等速度和用力程度
5.0	网球，双人	8.0	户外自行车，12 ～ 13.9 英里 / 时（19.3 ～ 22.4 千米 / 时）
5.0	步行，4 英里 / 时（约 6.4 千米 / 时），平坦地面	8.0	网球，单人
5.5	固定式自行车，100 瓦，轻度用力	8.0	步行，5.2 英里/时（约 8.4 千米/时）
6.0	篮球，非比赛	8.5	划船机，150 瓦，十分用力
6.0	户外自行车，10 ～ 11.9 英里 / 时（16.1 ～ 19.2 千米 / 时）	8.5	台阶有氧操［台阶高度 6 ～ 8 英寸（15 ～ 20 厘米］
6.0	抗阻训练，举重或健美，十分用力	9.0	越野滑雪，5 ～ 7.9 英里/时（8.0 ～ 12.7 千米 / 时），速度较快，十分用力

续表

代谢当量	活动	代谢当量	活动
9.0	跑步，5.2英里/时（约8.4千米/时）	12.0	划船机，200瓦，非常用力
9.0	楼梯机[台阶高度12英寸（约30厘米）]，30步/分	12.5	跑步，7英里/时（约11.3千米/时）
10.0	户外自行车，14～15.9英里/时（22.5～25.6千米/时）	12.5	固定式自行车，250瓦，非常用力
10.0	跑步，6英里/时（约9.7千米/时）	13.5	跑步，8英里/时（约12.9千米/时）
10.0	台阶有氧操[台阶高度10～12英寸（25～30厘米）]	14.0	越野滑雪，8英里/时（约12.9千米/时），竞赛
10.0	游泳，自由式，快速，十分用力	14.0	跑步，8.5英里/时（约13.7千米/时）
10.5	固定式自行车，200瓦，十分用力	15.0	跑步，9英里/时（约14.5千米/时）
11.0	跑步，6.7英里/时（约10.8千米/时）	16.0	户外自行车，>20英里/时（约32.2千米/时）
11.5	跑步，7英里/时（约11.3千米/时）	16.0	跑步，10英里/时（约16.1千米/时）
12.0	户外自行车，16～19英里/时（25.7～30.6千米/时）	18.0	跑步，10.9英里/时（17.5千米/时）
12.0	直排轮滑，非滑行		

案例研究16.2

运动强度

给每位客户安排的运动强度是不同的。私人教练应该根据运动形式和强度选择一种可用的监控工具（如心率监控器或自感用力程度量表）。见第11章关于如何手动测量客户心率的说明和指导。

贝姬（Becky）

年龄：30岁

静息心率：65次/分

年龄估算最大心率：190次/分

70%~85%心率储备 = 153 ~ 171次/分

自感用力程度评级 = 5 ~ 6

代谢当量 = 12.5（每英里 8 分钟的速度）

因为贝姬有一些训练经历，她的目标心率范围可以根据自己心率储备的上半部分（如 70% ~ 85%）来预计。她目前的 10 千米跑的最好成绩是 53 分钟，每英里（1.6 千米）大概 8.5 分钟。尽管她的训练计划可以每天调整，但是要实现 50 分钟内跑完 10 千米的目标，她需要将平均速度提高到每英里（1.6 千米）8 分钟。她的私人教练可以通过自感用力程度量表或心率来监控她承受这种训练强度的能力。

弗洛伊德（Floyd）

年龄：52 岁

静息心率：74 次 / 分

年龄估算最大心率：168 次 / 分

70% ~ 80% APMHR = 118 ~ 134 次 / 分

自感用力程度评级 = 3 ~ 4

代谢当量 = 3 ~ 3.8[每小时步行 2.5 ~ 3.5 英里（4 ~ 5.6 千米）]；5.5（固定式自行车，100 瓦）

由于弗洛伊德没有训练经验，他的目标心率范围要根据年龄估算最大心率的下半部分（如 70% ~ 80%）来预计。他的代谢当量强度选择应让他能以初学者所能维持的节奏进行运动，5.5METs 的难度对于初学者来说稍大一些。他的私人教练应该通过在训练课程中定期测量他的心率来监控他的运动强度，直到他习惯运动并能准确判断自感用力程度。

训练频率

训练频率是指多久进行一次训练（比如每周训练课的次数）。训练频率取决于客户的目标、目前体能水平、训练持续时间、训练强度和训练所需要的恢复时间。

前面提到，美国卫生总署建议，年龄超过 2 岁的所有人在一周的大部分日子里（可以的话是每天），每天需要累积进行至少 30 分钟有氧耐力方面的体育活动，且强度在中等以上[89]。1998 年，美国运动医学会（American College of Sports Medicine）建议，有氧训练的频率为每周 3 ～ 5 天，每周训练少于 2 天一般不会对发展和保持体能水平产生有效的刺激[2]。因此，对于大多数客户来说，建议训练频率最低一周 2 天，最高一周 5 天。如果运动间的休息足够充分，能够避免过度训练造成的伤痛，一些高水平客户也许能承受每周多于 5 天的训练。

初级水平客户（比如，过去 6 个月没有规律参加有氧运动训练）应该以每周少量的训练课开始，间隔要均匀（表 16.4）。随着体能水平的提高，再增加训练频率。每周训练课数量的增加，不应超过客户可以接受和保持的频率。比如，除了常见示例，一些客户只有周内（或周末）可以运动，因此私人教练需要围绕客户的空闲时间设计训练计划。然而，客户的休息时间最好是安排在训练日之间，在一周内均匀分布。

在贝姬的示例中，因为她已经每周跑步 2 次，她的运动处方可以从每周 3～4 天开始。另外，弗洛伊德则是一个没有训练经验的人，应该从每周 2 天开始，尽管他表示自己的时间安排很灵活，并且希望在早上工作前和午饭后运动（不是只在周末）。

训练频率需要与训练的持续时间和训练强度保持平衡。一般情况下，持续时间较长或强度更高的训练，需要更长的恢复时间，因此频率可以较低；反之，持续时间较短或强度较低的训练则不需要很长的恢复时间，因此，训练频率可以更高[69]。

持续时间较长或强度更高的训练需要更长的恢复时间，因此不能有太高的训练频率；持续时间较短或强度较低的训练则不需要很长的恢复时间，可以更频繁地进行。

运动持续时间

运动持续时间是指训练课程持续的时间。和训练频率一样，运动持续时间取决于客户的目标、近期体能水平和训练强度。有氧训练的强度越大，耗氧量越大，客户在这个级别上的运动时间就越少[78]。

美国国家健康医学学会的体育活动和心血管健康发展小组（The National Institutes of Health Consensus Development Panel on Physical Activity and Cardiovascular Health）同意美国卫生总署的报告，称有氧训练的时间应该最少持续 30 分钟[66]。对以

表 16.4　运动频率选择的示例

	初级水平		中级水平		高级水平
	5 天休息	4 天休息	3 天休息	2 天休息	1 天休息
天	2 天运动	3 天运动	4 天运动	5 天运动	6 天运动
周日	休息	休息	休息	休息	运动
周一	运动	运动	运动	运动	运动
周二	休息	休息	运动	运动	运动
周三	休息	运动	休息	休息	休息
周四	运动	休息	运动	运动	运动
周五	休息	运动	运动	运动	运动
周六	休息	休息	休息	运动	运动

维持健康和保护心血管为目的的人而言，美国心脏协会建议的持续运动时间是 30 ～ 60 分钟[24]。美国运动医学会（American College of Sports Medicine） 建议在一天内持续或间歇训练的累积时间为 20 ～ 60 分钟[4]。

如果客户由于时间关系，没有足够完整的时间来满足训练持续时间，或者客户体能水平较低，则可以用较短的间歇训练来替代。如果强度达到中等到高等，每次至少 10 分钟的间歇训练可以提高有氧体能，但是不适用于水平最高的客户[19, 33, 65]。对于不习惯运动的人，已有证据表明间歇训练可以提高他们训练的持续性[54]。对于那些严重缺乏运动，甚至不能完成 10 分钟训练的客户，让他们进行几项较短的、中间有休息的运动，可以使他们养成连续训练的习惯。

训练时间超过所推荐的最低 30 分钟时，人体有能力完成较长时间的有氧耐力训练。这一点在完成铁人三项、24 小时超级马拉松、100 英里（约 160.9 千米）或更长距离的自行车骑行运动员中，表现更明显。特定客户训练计划中的总训练持续时间，完全取决于他的个人目标、训练强度和客户适应训练计划课程的能力。在贝姬的示例中，她能够以每英里 8.5 分钟的速度跑 3 ～ 5 英里（4.8 ～ 8.0 千米），持续 27 ～ 45 分钟。由于她的目标是在 50 分钟以内完成 10 千米跑，间歇训练不能满足她的专项训练要求，因此，她必须调整她的训练计划（比如，训练前或训练后），以延长训练时间。相反，弗洛伊德的目标是减重，不需要持续训练，尽管他完全能够进行较长时间的训练，但他也只需要从每天完成两个 10 ～ 15 分钟的训练课程开始训练。

训练持续时间与训练强度成反比。

循序渐进

制订正确的有氧耐力训练计划的关键是训练的循序渐进。根据客户的训练目的，有氧耐力训练计划分为两种类型：提高型和保持型。私人教练应根据客户最初的体能水平和训练背景，为其选择合适的训练计划类型。没有训练经验的初学者应该从提高型计划开始，有训练经验但还想提高的客户也应该选择提高型计划，只想保持现有有氧能力的客户应该选择保持型计划。

有氧能力的提高可以通过最大摄氧量的增加，或承受持续时间更长或强度更高的运动来衡量。完成一个提高型计划，需要针对训练频率、持续时间和强度，制订循序渐进的定期提高计划。提高训练频率、强度和延长训练持续时间的一般规则是，以每周提高 10% 为限，并且要在身体适应了新的训练计划之后才开始提高。由于客户的训练时间有限，每周也只有 7 天，这意味着训练频率和持续时间往往会在训练强度之前达到其上限，因此客户的有氧能力需要从提高强度开始。换言之，客户只需要在固定的时间内运动，但要不断提高（即使是逐步提高）训练强度。案例研究 16.3 更新了客户信息，介绍了使训练循序渐进的方法。

案例研究16.3

6周训练计划

贝姬

贝姬表示她每周可以完成 3 天训练。既然她已经能每周进行 2 次训练，并以大约每英里 8.5 分钟的速度跑 3 ~ 5 英里（4.8 ~ 8.0 千米），那么其 6 周训练计划的重点在于逐步增加跑步的距离，同时保持更快的速度（每英里 8 分钟），以下是她在目标时间内完成 10 千米跑所需要达到的要求。

第 1 周：3 天（周一、周三、周五），在 24 分钟内跑 3 英里（约 4.8 千米）。

第 2 周：3 天（周日、周二、周四），在 32 分钟内跑 4 英里（约 6.4 千米）。

第 3 周：3 天（周一、周三、周五），在 36 分钟内跑 4.5 英里（约 7.2 千米）。

第 4 周：3 天（周日、周二、周四），在 34 分钟内跑 5 英里（约 8.0 千米）。

第 5 周：3 天（周一、周三、周五），在 44 分钟内跑 5.5 英里（约 8.9 千米）。

第 6 周：3 天（周日、周二、周四），在 48 分钟内跑 6 英里（约 9.7 千米）。

弗洛伊德

弗洛伊德开始时每周训练 2 天（尽管他周内每天都可以训练）。每个训练日包括两个 15 分钟训练课。他的 6 周训练计划的重点在于增加训练天数，同时将最大心率范围保持在 118~134 次 / 分。

第 1 周：2 天（周一、周四），每天 2 次（早晨上班前和午餐时间），在跑步机上以 2.5 ~ 3.5 英里 / 时（4.0 ~ 5.6 千米 / 时）的速度步行 10~15 分钟。

第 2 周：3 天（周二、周四、周六），每天 2 次（早晨上班前和午餐时间），早晨骑固定式自行车，以 100 瓦骑 10~15 分钟；午餐后在跑步机上以 2.5 ~ 3.5 英里 / 时（4.0 ~ 5.6 千米 / 时）的速度步行 10~15 分钟。

第 3 周：4 天（周一、周二、周四、周五），每天 1 次，骑固定式自行车，以 100 瓦骑 20~25 分钟。

第 4 周：4 天（周一、周二、周四、周五），每天 1 次，在跑步机上以 2.5 ~ 3.5 英里 / 时（4.0 ~ 5.6 千米 / 时）的速度步行 15~20 分钟。

第 5 周：5 天（周一、周二、周三、周四、周五），每天 1 次（自己定时间）；一周 3 次（周一、周五、周六），以 2.5 ~ 3.5 英里 / 时（4.0 ~ 5.6 千米 / 时）的速度跑 20~25 分钟；一周 2 次（周二、周四），骑固定式自行车，以 100 瓦骑 25~30 分钟。

第 6 周：5 天（周一、周二、周三、周四、周五），每天 1 次（自己定时间），在跑步机上以 2.5 ~ 3.5 英里 / 时（4.0 ~ 5.6 千米 / 时）的速度步行 25~30 分钟。

保持型计划适用于那些想维持当前体能水平的客户，或者已通过提高型计划达到他们所期望的训练程度上限的客户。保持型计划所需要的努力程度明显低于提高型计划。在较长的时间里，客户如果降低训练频率，但不低于每周2次，同时训练持续时间和强度（尤其重要）保持不变，就可以保持从有氧耐力训练计划中所获得的提高[38, 39, 40]。此外，在保持型计划中，为了保持客户的运动动机，促使客户坚持运动，私人教练应采用多种运动模式来制订训练计划[5, 32]。保持型计划还适用于需要暂停训练的客户（如需要商务旅行或者度假），他们可以在几周内减少70%的有氧运动训练量，而对最大摄氧量没有负面影响[61]。

> 提高训练频率、强度和延长训练持续时间的一般原则是不应超过10%。

热身活动和放松活动

无论客户选择哪种训练计划，训练课程中都应纳入适当的热身活动和放松活动。热身活动的目的是增加训练中将要用到的肌肉中的血流量，缓慢增加心率使氧债最小化，调整神经系统为运动做好准备，提高核心温度，使血液中更多的氧气释放到肌肉[30, 79, 91]。正确的热身活动是缓慢的进阶过程，从小幅度、简单的动作到大幅度、模拟训练课程中所用的复杂动作[22, 51]。举例来说，一个客户要进行跑步训练，那么适当的热身活动应当从左右摆臂的正常行走开始，到轻微的屈臂摆动慢跑，再到肘部呈90度角屈臂全力奔跑。客户在进阶到下一个活动之前，应让每一活动进行足够的时间，以提高心率满足代谢需求。

放松活动则是一个相反的进阶过程。客户要逐步从赛跑到慢跑，再过渡到走，在停下来之前让心率达到较低的稳定水平。在放松之后，客户可以做一些附加的柔韧性练习。见第12章关于热身活动、放松活动和柔韧性练习的更多信息。

有氧耐力训练计划的类型

有许多方式可用来制订有氧耐力训练计划，所有包含的要素都已经在前面讨论过了。如前所述，制订计划的第一步是选择运动模式或者运动的练习方法。有时私人教练可以选择多种合适的运动模式。比如，户外跑步、骑自行车和游泳需要取决于天气情况，当环境不利于户外活动时，采用器械结合非器械练习也可以提供连续的训练刺激。如果调整好训练强度和持续时间，在户外跑步或在跑步机上跑步，骑自行车或固定式自行车，户外游泳或室内游泳，都可以提供提高运动能力所需要的刺激。运动模式必须是客户感兴趣的，完成时没有困难或疼痛，同时能够产生足够的刺激来改善身体状况。

私人教练确定运动模式之后，可以对训练频率、持续时间和强度用很多方式进行组合，不同的组合会产生不同的影响。最后的计划能够组合的训练方法有：长距离慢速跑、配速/节奏训练、间歇训练、循环训练或交叉训练等。最重要的是如何结合这些方法以实现客户的目标。

长距离慢速跑

在长距离慢速（long slow distance，LSD）跑训练中，训练的强度应低于正常训练，因而可以延长运动持续时间。例如，在长距离慢速跑中，客户的跑步能力为每英里6分钟，那么他可能以每英里8分钟进行更长距离的奔跑。客户通常能以150瓦功率骑30分钟固定式自行车，那么他可以100瓦的功率骑1小时。长距离慢速跑的基本前提是降低正常运动强度，以增加运动持续时间。除了心率储备百分比，另一个判断强度是否合理的好方法是观察客户能否在训练中交谈。这一理念的重点不在于讲话时间的长短，而是可以做到在呼吸不局促的情况下对话。长距离慢速跑的训练目标包括提高无氧乳酸阈值、改善肌肉耐力、增加脂肪利用和节省糖原。训练时间一般持续30分钟到2小时，为避免过度训练，每周不应超过2次[18, 93]。

一旦达到目标强度，客户就要将心率保持在设定的范围内，并维持能量供应，这样运动就可以持续。当心率超过了训练范围，无氧系统就开始消耗糖原储备来提供能量，这会导致疲劳感。一旦客户的心率在不增加负荷的时候开始上升，运动就可以结束。对于初学者来说，出现这种情况的时间很短（10～15分钟）。在接下来的训练中，当客户的心肺系统得到改善，能输入更多的含氧血液，以输送能量物质和排除废物时，就可以增加训练的持续时间。

私人教练需要注意的是，不是所有客户都能在最初达到50%～85%心率储备的训练范围，或者可以维持较长的运动时间。体能水平非常低的客户需要一个更低的起点，缓慢增加运动的持续时间和强度。

配速/节奏训练

如果客户想要提高心肺耐力，并且他们有足够的能力将心率范围控制在最高百分比，则可以选择配速/节奏训练方法，帮助他们提高最大摄氧量。配速/节奏训练法是要求客户在短时间内以他们的目标节奏（往往高于他们的现有节奏）进行训练的方法。配速/节奏训练的持续时间为20～30分钟，需要客户达到个体乳酸盐阈值的强度水平[16, 18]。训练可以以间歇或持续的方式进行。间歇配速/节奏训练包括数组3～5分钟的运动，间歇休息30～90秒，一直重复训练直到无法维持目标节奏。在休息阶段，客户可以进行非常慢的步行，以免血液在腿部淤积。间歇配速/节奏训练非常适合不能长时间承受乳酸盐阈值强度运动的客户群体。一段时间后，这些客户的耐受能力会提高，从而能够进阶到持续配速/节奏训练。持续配速/节奏训练由持续20～30分钟的训练组成，并且保持目标节奏。因为配速/节奏训练时需要达到更高的训练强度，所以训练持续时间会缩短。这种训练每周只能完成1～2次。案例研究16.4提供了间歇配速/节奏训练法的示例。

案例研究16.4

贝姬的配速/
节奏训练示例

整体参数

区间：3 ~ 5 分钟

强度：心率储备的 80% ~ 85% 或 8METs

组间休息：60 秒

形式：椭圆机

椭圆机

热身活动

3 分钟。8 级（椭圆机 1 ~ 10 级），休息 60 秒

4 分钟，8 级，休息 60 秒

5 分钟，8 级，休息 60 秒

6 分钟，8 级，休息 60 秒

5 分钟，8 级，休息 60 秒

4 分钟，8 级，休息 60 秒

3 分钟，8 级，休息 60 秒

放松活动

以目标节奏 / 强度完成 30 分钟

间歇训练

顾名思义，间歇训练是由高、低强度训练交替进行的。间歇训练包含短时间高强度的，达到或超过乳酸盐阈值和最大摄氧量水平的训练以及交替进行的长时间低强度训练。间歇训练也包含中间有休息时间的高强度（心率储备的 90% ～ 100%）练习。间歇训练的益处是通过正确的运动和休息节奏，让客户获得持续训练计划无法提供的高强度大运动量。例如，高强度（心率储备的 90% ～ 100%）运动会使客户开始利用无氧供能系统并加速疲劳。采用间歇训练法，疲劳是必然结果，但运动时间相对缩短，休息时间延长，可以促使客户在训练间隔期得到更全面的恢复，从而延后完全疲劳的产生。如果一位客户想以心率储备的 90% ～ 100% 的强度维持尽可能长的时间，几分钟之内就会感到疲劳，因而必须降低运动强度。但是在间歇训练过程中，客户可能会完成几组短时间高强度的运动，伴随着组间休息，因而可以延长高强度训练的时间。例如，客户想要提高跑步和骑自行车的速度，可以采用突破他们心率储备限制的快速跑步或骑自行车的间歇训练，而在休息期间，则继续以较低心率储备进行运动。一位在特定时间里希望消耗最大热量的客户，同样可以使用间歇训练。在这种情况下，使用高低强度训练交替进行的方法代替固定强度训练，可使客户在训练过程中消耗更多热量[6, 7, 13]。

正确调整训练与休息时间的比率，这对客户完成规定训练课程非常重要。高强度的间歇训练应该持续 3 ～ 5 分钟，与休息时间的比值在 1 ∶ 1 ～ 1 ∶ 3 之间，这取决于客户完成连续高强度间歇训练的能力。客户疲劳时，可以延长休息时间，以便客户在两组训练之间获得更好的恢复。在固定时间的训练课程中，若延长休息时间超过 1 ∶ 3，就要减少高强度运动的时间，因此会降低总运动量和

机能的改善程度。训练与休息时间的比在 1 ∶ 1 ～ 1 ∶ 3 之间，可以提高心肺系统耐力，这主要是通过提高血乳酸盐阈值和身体从血液中清除乳酸盐的能力，来改善心肺系统机能的[20, 93]。

客户只有形成了良好的有氧基础，能在心率储备训练范围内维持较高的训练强度，且持续时间大致等于间歇训练的全部时间，才能使用间歇训练[52]。比如，可以保持稳定的心率储备训练范围60 分钟的客户，可以进行 60 分钟（运动与休息时间相加）的间歇训练。

几乎所有的有氧耐力训练方法都可以作为间歇训练中的运动。如果可以快速轻松地调节训练强度，有氧耐力器械训练就可以与进行户外间歇训练的方式相同。为了实现训练方法的多样化，客户进行高强度训练时使用一种器械，休息时可以使用其他器械。比如，在间歇训练中可以使用楼梯机进行训练，休息

案例研究16.5

长距离慢速跑、间歇训练和配速/节奏训练计划示例

由于长距离慢速跑、间歇和配速 / 节奏训练需要良好的有氧基础，这些训练计划示例都是渐进的过程，应通过持续和规律的有氧耐力训练形成运动的耐受性之后才能使用。

贝姬（休息日：周二、周四、周五、周日）			
	周一	周三	周六
训练类型	长距离慢速跑	间歇	配速 / 节奏
活动	户外跑步	跑步机	户外跑步
距离或持续时间	15 ～ 20 千米	60 分钟	30 分钟
节奏或强度	配速为每英里（约 1.6 千米）9 ～ 10 分钟	5 分钟训练，配速为每英里（约 1.6 千米）6 分钟与配速为每英里 12 分钟交替进行，间歇 5 分钟	配速为每英里（约 1.6 千米）8 分钟
弗洛伊德（休息日：周日、周六）			
	周一和周四	周二和周五	周三
训练类型	间歇	长距离慢速跑	配速 / 节奏
活动	固定式自行车	跑步机	固定式自行车
距离或持续时间	30 分钟	60 分钟	20 分钟间歇
节奏或强度	5 分钟训练，功率为 150 瓦与功率为 75 瓦交替进行，间歇 5 分钟	4.8 千米 / 时	4 组 5 分钟训练，强度达到心率储备的 80% ～ 85%，组间休息 1 分钟

时使用跑步机。案例研究 16.5 提供了长距离慢速跑训练、间歇训练和配速 / 节奏训练计划的示例。

长距离慢速跑训练、间歇训练和配速 / 节奏训练计划都是高阶有氧耐力训练计划，只能在客户完成初级有氧耐力训练计划之后进行。

循环训练

循环训练结合了抗阻训练和有氧耐力训练。客户在抗阻训练中进行短时间歇的有氧耐力训练，其目的是将心率提高到训练范围，并在训练课程中持续保持，同时提高心肺系统耐力和肌肉耐力。遗憾的是，大部分针对循环训练多种结果的调查显示，尽管训练者的力量有所提高，但与仅参加有氧训练，或同时参加循环训练和有氧训练的人相比，最大摄氧量并没有明显提高[31, 63, 88]。这些研究表明最大摄氧量出现很小的改善，是因为循环训练需要受试者的心率接近心率储备的 90%[17]。在许多情况下，尽管已经证明循环训练不能明显改善最大摄氧量，但也没有证据显示循环训练会使最大摄氧量下降。因此，它可能是一个很好的保持型训练计划。循环训练也适用于那些运动时间有限的初学者，这是其进行抗阻训练和有氧训练的一种方式。

交叉训练

交叉训练是一种结合了多种运动模式的有氧耐力训练。为了使交叉训练能够有效保持或提高最大摄氧量，客户的体能水平必须足以承受每种练习的强度和持续时间。对于愿意进行交叉训练的客户，私人教练必须分别针对每种运动模式制订运动强度和持续时间，确保训练量在客户的能力范围之内。交叉训练的好处是可以将不同训练活动带来的身体压力分配给不同的肌群，并且提高心肺系统和肌肉骨骼系统的适应能力[51, 68, 102]。

交叉训练的效果突破了专项训练的限制。也就是说，当一位客户的目标不能通过所采用的特定运动来实现时，比如完成铁人三项，那么交叉训练是可以实现目标的一种方法。

有氧耐力交叉训练可以采用两种不同的方式：（1）在每个训练周期内采用不同的运动模式，一周内轮换使用两种或更多的运动模式；（2）在一次训练中采用不同的运动模式。采用第一种方式时，客户可以一天在跑步机上训练，下一训练日在户外骑自行车，最后以划船机结束一周的训练。采用第二种方式时，需要设定一系列可以连续完成的运动模式。比如，客户可以通过在跑步机、椭圆机、手臂测力计上各完成 10 分钟的运动，来代替在跑步机上跑 30 分钟。

使交叉训练有效的关键是确保客户在每种运动模式的规定训练范围内完成训练。在既定负荷或速度下，不同运动可能诱发不同的心率，所以有必要针对每种模式制订个性化的训练计划。案例研究 16.6 是交叉训练的示例。

案例研究16.6

交叉训练示例

交叉训练应该围绕客户能够承受的总运动量和持续时间来制订。以下实例在客户经过持续和规律的有氧耐力训练，且能耐受一定的训练持续时间之后，才可以使用。

贝姬

周一：跑步机 60 分钟
周三：固定式自行车 60 分钟
周五：楼梯机 30 分钟

弗洛伊德

周一：10 分钟跑步机，10 分钟固定式自行车，10 分钟楼梯机
周二：10 分钟划船机，10 分钟椭圆机，10 分钟跑步机
周四：30 分钟固定式自行车
周六：20 分钟户外行走，15 分钟划船机

上肢训练

许多有氧耐力运动主要涉及下肢主要大肌群。但是上肢运动现在变得更加流行，经常作为心脏康复计划的一部分，以及训练游泳爆发力的一种方法。在根据年龄估算最大心率百分比来确定目标心率储备时，私人教练在设计上肢训练时，必须将年龄估算最大心率计算值下调 10 ～ 13 次 / 分，因为负荷相同时，上肢运动的心率要高于下肢运动[21, 25, 26, 46, 87]。此外，上肢运动中的最大摄氧量也显著低于下肢运动。这是因为相较于下肢运动，上肢运动乳酸盐阈值的强度较低[72]。

上肢测功仪（upper body ergometers，UBEs，或上肢功率自行车）是健身中心最常用的上肢运动专用器械。许多固定式自行车、椭圆机和一些楼梯机的附加功能都允许手臂进行“推”“拉”动作的练习，或者只是以手臂模式进行有氧耐力训练。同样，当双脚放在地上让躯干不再前后滑动时，划船机上的上肢练习部分也可以用于训练。

上肢训练可能是最没有被充分利用的有氧耐力训练方式。为了增加多样性，上肢训练可以被纳入许多当前主要使用下肢运动的计划中。对于下肢存在矫正问题的客户，比如脚、膝关节或者髋关节受伤的客户，上肢有氧耐力训练就非常有帮助。

有氧训练和抗阻训练组合计划示例

目标：增强肌肉力量，维持有氧耐力

1. 最初 8~10 周训练：每周 3~4 天，心率储备的 50%~85%，30~60 分钟。

2. 减少有氧训练到每周 2 天，心率储备的 50%~85%，30 分钟，开始抗阻训练。

目标：提高有氧耐力，维持肌肉力量

1. 最初的抗阻训练做 8~10 周。

2. 减少抗阻训练到每周 2 天，开始每周 3~4 天的有氧耐力训练，心率储备的 50%~85%，30~60 分钟。

有氧训练和抗阻训练的组合

客户往往需要同时进行有氧耐力和抗阻训练计划。尽管这两种训练的益处非常明显，而且毫无疑问都是完整训练计划的一部分，但是结合这两种类型的训练也有缺点。研究表明，当整合使用设计合理的抗阻训练和有氧训练计划时，会减弱力量的增长幅度，而摄氧量能正常提高。尽管这些客户的有氧耐力增长幅度类似于那些只完成有氧耐力训练的客户，但在力量提升方面，从组合计划的抗阻训练部分取得的成果小于只进行抗阻训练的客户[9, 15, 34, 35, 43]。除了减弱能够获得的最大力量以外，组合训练计划还会降低肌肉围度，以及削弱与运动表现有关的专项速度和爆发力[17, 35, 53]。另外，在有氧耐力训练计划中额外增加无氧抗阻训练，似乎可以提高低强度的有氧耐力[37, 41, 83]。

一个久坐、刚开始参加训练的客户，在一个完整的计划中同时进行有氧和抗阻训练计划时，从两种运动中都可以获得提高。然而对于水平较高、到达高原期的客户而言，很难从这种训练计划中同时获得充分的提高，因为恢复时间很少或没有。

为了弥补这一缺陷，私人教练应该制订一个训练计划，让客户在开始抗阻训练计划之前先完成有氧耐力训练。比如，一位客户可以先只是进行 8 周的有氧耐力训练，接下来 8 周进行抗阻训练，只需要少量的有氧耐力训练作为维持。这可以使客户的最大摄氧量增加，并首先形成有氧基础，然后在维持摄氧量提高的同时提高肌肉的能力（如力量）水平[8, 14, 36]。初始 16 周后，客户可以开始交替进行有氧耐力训练和最低强度的抗阻训练，在抗阻训练期间维持力量，用最低强度的有氧耐力训练维持有氧耐力[38]。这种训练方式可以持续提高有氧耐力和肌肉力量，虽然与只进行一项训练相比提高的速度有所下降，但私人教练可以改变训练方式和强度等变量，从而提升训练的多样性。不同训练目标的组合训练计划，请参阅“有氧训练和抗阻训练组合计划示例”。

结语

为实现客户目标和提高其心血管和心肺系统的工作能力，私人教练在制订有氧耐力训练计划时，需要认真考虑和精确计算。由于每位客户的运动喜好、长期目标和当前训练状态存在个体差异，私人教练需要谨慎调整训练强度、持续时间和运动频率。在正确组合计划中各个元素的情况下，最大摄氧量的提升仅受限于遗传因素。私人教练可以整合不同的训练方法，如将长距离慢速跑、配速 / 节奏训练、间歇训练、循环训练、交叉训练、上肢训练，以及有氧和抗阻训练进行组合，可持续提升客户的有氧能力和整体体能水平。

学习问题

1. 一位客户准备第一次参加半程马拉松赛，她希望 2 小时内完成 21 千米。下列哪项运动适用于长距离慢速跑训练？
   A. 以 11.3 千米 / 时的速度骑行 21 千米
   B. 爬楼梯 2 小时
   C. 以 8.0 千米 / 时的速度跑 24 千米
   D. 自由泳 1 小时
2. 私人教练正在为一位静息心率为 75 次 / 分的 43 岁客户制订有氧耐力训练计划。如果私人教练安排心率储备的 60% ～ 70% 的强度训练，使用卡氏公式法，下列哪项是目标心率范围？
   A. 106 ～ 123 次 / 分
   B. 136 ～ 146 次 / 分
   C. 123 ～ 137 次 / 分
   D. 154 ～ 165 次 / 分
3. 下列哪一项运动模式最适合一名没有医疗问题或运动禁忌，目标为完成 50 英里（约 80.5 千米）骑行运动的 52 岁女性？
   A. 跑步机行走
   B. 骑自行车
   C. 使用椭圆机
   D. 使用划船机
4. 一位久坐且重度肥胖的 35 岁客户希望减肥，私人教练为他选择半卧式自行车运动。应选择下列哪项作为第一次训练课的运动计划？
   A. 3 组 5 分钟训练，组间间歇，强度为心率储备的 50% ～ 65%
   B. 以心率储备的 75% 的强度，持续训练 20 分钟
   C. 达到心率储备的 70% ～ 90%，之间的间歇时间为 25 分钟
   D. 以心率储备的 65% 的强度，长距离慢速跑 30 分钟

应用知识问题

填写下表，描述有氧耐力训练计划的类型。

类型	强度	持续时间	频率	目标
长距离慢速跑				
间歇配速 / 节奏训练				
持续配速 / 节奏训练				
间歇训练				

参考文献

1. Ainsworth, B.E., W.L. Haskell, M.C. Whitt, M.L. Irwin, A.M. Swartz, S.J. Strath, W.L. O'Brien, D.R. Bassett, K.H. Schmitz, P.O. Emplaincourt, D.R. Jacobs, and A.S. Leon. 2000. Compendium of physical activities: An update of activity codes and MET intensities. *Medicine and Science in Sports and Exercise* 32 (9 Suppl): S498-S516.
2. American College of Sports Medicine. 1998. The recommended quantity and quality of exercise for developing and maintaining cardiorespiratory and muscular fitness, and flexibility in healthy adults. *Medicine and Science in Sports and Exercise* 30 (6): 975-991.
3. American College of Sports Medicine. 2001. Appropriate intervention strategies for weight loss and prevention of weight regain for adults. *Medicine and Science in Sports and Exercise* 33 (12): 2145-2156.
4. American College of Sports Medicine (ACSM). 2010. *Guidelines for Exercise Testing and Prescription*, 8th ed. Philadelphia: Lippincott Williams & Wilkins.
5. Annesi, J.J., and J. Mazas. 1997. Effects of virtual reality-enhanced exercise equipment on adherence and exercise-induced feeling states. *Perceptual and Motor Skills* 85: 835-844.
6. Astrand, I., P.O. Astrand, E.H. Christensen, and R. Hedman. 1960. Intermittent muscular work. *Acta Physiologica Scandinavica* 48: 443.
7. Astrand, P.O., and K. Rodahl. 1986. *Textbook of Work Physiology*. New York: McGraw-Hill.
8. Bell, G.J., S.R. Petersen, J. Wessel, K. Bagnall, and H.A. Quinner. 1991. Adaptations to endurance and low velocity resistance training performed in a sequence. *Canadian Journal of Sport Science* 16 (3): 186-192.
9. Bell, G.J., S.R. Petersen, J. Wessel, K. Bagnall, and H.A. Quinner. 1991. Physiological adaptations to concurrent endurance training and low velocity resistance training. *International Journal of Sports Medicine* 12: 384-390.
10. Ben-Ezra,V.,C.Lacy,and D.Marshall.1992. Perceived exertion during graded exercise: Treadmillvs step ergometry. *Medicine and Science in Sports and Exercise* 24 (5 Suppl): S136.
11. Ben-Ezra, V., and R. Verstraete. 1991. Step ergometry: Is it task-specific training? *European Journal of Applied Physiology* 63: 261-264.
12. Bressel, E., G.D. Heise, and G. Bachman. 1998. A neuro-muscular and metabolic comparison

of forward and reverse pedaling. *Journal of Applied Biomechanics* 14 (4): 401-411.

13. Christensen, E.H., R. Hedman, and B. Saltin. 1960. Intermittent and continuous running. *Acta Physiologica Scandinavica* 50: 269.
14. Chtara, M., K. Chamari, M. Chaouachi, A. Chaouachi, D. Koubaa, Y. Feki, G.P. Millet, and M. Amri. 2005. Effects of intrasession concurrent endurance and strength training sequence on aerobic performance and capacity. *British Journal of Sports Medicine* 39 (8): 555-560.
15. Chtara, M., A. Chaouachi, G.T. Levin, M. Chaouachi, K. Chamari, M. Amri, and P.B. Laursen. 2008. Effect of concurrent endurance and circuit resistance training sequence on muscular strength and power development. *Journal of Strength and Conditioning Research* 22 (4): 1037-1045.
16. Costill, D.L. 1986. *Inside Running: Basics of Sports Physiology*. Indianapolis: Benchmark Press.
17. Craig, B.W., J. Lucas, R. Pohlman, and H. Stelling. 1991. The effects of running, weightlifting and a combination of both on growth hormone release. *Journal of Applied Sport Science Research* 5 (4): 198-203.
18. Daniels, J. 1989. Training distance runners—a primer. *Gatorade Sports Science Exchange* 1: 1-5.
19. Ebisu, T. 1985. Splitting the distance of endurance running: On cardiovascular endurance and blood lipids. *Japanese Journal of Physical Education* 30: 37-43.
20. Esfarjani, F., and P.B. Laursen. 2007. Manipulating high-intensity interval training: Effects on $\dot{V}O_2max$, the lactate threshold and 3000 m running performance in moderately trained males. *Journal of Science and Medicine in Sport* 10 (1): 27-35.
21. Eston, R.G., and D.A. Brodie. 1986. Responses to arm and leg ergometry. *British Journal of Sports Medicine* 20 (1): 4-6.
22. Faigenbaum, A., and J.E. McFarland Jr. 2007. Guidelines for implementing a dynamic warm-up for physical education. *Journal of Physical Education, Recreation and Dance* 78 (3): 25-28.
23. Fleck, S.J., and W.J. Kraemer. 2004. *Designing Resistance Training Programs*, 3rd ed. Champaign, IL: Human Kinetics.
24. Fletcher, G.F., G. Balady, S.N. Blair, J. Blumenthal, C. Caspersen, B. Chaitman, S. Epstein, E.S. Sivarajen Froelicher, V.F. Froelicher, I.L. Pina, and M.L. Pollock. 1996. Benefits and recommendations for physical activity programs for all Americans. A statement for health professionals by the Committee on Exercise and Cardiac Rehabilitation of the Council on Clinical Cardiology, American Heart Association. *Circulation* 94: 857-862.
25. Franklin, B.A. 1983. Aerobic requirements of arm ergometry: Implications for testing and training. *Physician and Sportsmedicine* 11: 81.
26. Franklin, B.A. 1989. Aerobic exercise training programs for the upper body. *Medicine and Science in Sports and Exercise* 21: S141.
27. Glass, S.C., R.G. Knowlton, and M.D. Becque. 1994. Perception of effort during high-intensity exercise at low, moderate, and high wet bulb globe temperatures. *European Journal of Applied Physiology* 68: 519-524.
28. Goldberg, L., D.L. Elliot, and K.S. Kuehl. 1988. Assessment of exercise intensity formulas by use of ventilatory threshold. *Chest* 94 (1): 95-98.
29. Green, J.H., N.T. Cable, and N. Elms. 1990. Heart rate and oxygen consumption during walking on land and in deep water. *Journal of*

Sports Medicine and Physical Fitness 30: 49-52.

30. Gutin, B., K. Stewart, S. Lewis, and J. Kruper. 1976. Oxygen consumption in the first stages of strenuous work as a function of prior exercise. *Journal of Sports Medicine and Physical Fitness* 16 (1): 60-65.
31. Haennel,R.,K.K.Teo,A.Quinney,and T.Kappagoda.1989. Effects of hydraulic circuit training on cardiovascular function. *Medicine and Science in Sports and Exercise* 21 (5): 605-612.
32. Hanson, J.M. 1994. *The Relationship Between Personal Incentives for Exercise and the Selection of Activity Among Patrons of Fitness Centers and Recreation Centers*. Micro-form Publications. Eugene, OR: University of Oregon, International Institute for Sport and Human Performance.
33. Hardman, A.E. 2001. Issues of fractionization of exercise (short vs long bouts). *Medicine and Science in Sports and Exercise* 33 (6 Suppl): S421-S427.
34. Hennessy, L.C., and A.W.S. Watson. 1994. The interference effects of training for strength and endurance simultaneously. *Journal of Strength and Conditioning Research* 8 (1): 12-19.
35. Hickson, R.C. 1980. Interference of strength development by simultaneous training for strength and endurance. *European Journal of Applied Physiology* 45: 255-263.
36. Hickson, R.C., B.A. Dvorak, E.M. Gorostiaga, T.T. Kurowski, and C. Foster. 1988. Potential for strength and endurance training to amplify endurance performance. *Journal of Applied Physiology* 65 (5): 2285-2290.
37. Hickson,R.C.,B.A.Dvorak,E.M.Gorostiaga,T.T.Kurowski, and C. Foster. 1988. Strength training and performance in endurance-trained subjects. *Medicine and Science in Sports and Exercise* 20: S86.
38. Hickson, R.C., C. Foster, M.L. Pollock, T.M. Galassi, and S. Rich. 1985. Reduced training intensities and loss of aerobic power, endurance, and cardiac growth. *Journal of Applied Physiology* 58 (2): 492-499.
39. Hickson, R.C., C. Kanakis Jr., J.R. Davis, A.M. Moore, and S. Rich. 1982. Reduced training duration effects on aerobic power, endurance, and cardiac growth. *Journal of Applied Physiology* 53: 225-229.
40. Hickson, R.C., and M.A. Rosenkoetter. 1981. Reduced training frequencies and maintenance of increased aerobic power. *Medicine and Science in Sports and Exercise* 13: 13-16.
41. Hickson, R.C., M.A. Rosenkoetter, and M.M. Brown. 1980. Strength training effects on aerobic power and shortterm endurance. *Medicine and Science in Sports and Exercise* 12 (5): 336-339.
42. Howley,E.T.2000.Youaskedforit: Questionauthority.The equation “220 -age” is used to estimate maximal heart rate, but there is potential error in the estimate. Where did that equation come from, and are better equations available? *ACSM's Health & Fitness Journal* 4 (4): 6-18.
43. Hunter, G., R. Dement, and D. Miller. 1987. Development of strength and maximum oxygen uptake during simultaneous training for strength and endurance. *Journal of Sports Medicine and Physical Fitness* 27: 269-275.
44. Hurley, B.F., D.R. Seals, A.A. Ehsani, L.J. Cartier, G.P. Dalsky, J.M. Hagberg, and J.O. Holloszy. 1984. Effects of high-intensity strength training on cardiovascular function. *Medicine and Science in Sports and Exercise* 16 (5): 483-488.
45. Jakicic, J.M., R.R. Wing, B.A. Butler, and R.J. Robertson. 1995. Prescribing exercise in multiple short bouts versus one continuous

bout: Effects on adherence, cardiorespiratory fitness, and weight loss in overweight women. *International Journal of Obesity* 19: 893-901.

46. Kang, J., E.C. Chaloupka, M.A. Mastrangelo, and J. Ange-lucci. 1999. Physiological responses to upper body exercise on an arm and a modified leg ergometer. *Medicine and Science in Sports and Exercise* 31 (10): 1453-1459.
47. Karvonen,M.,K.Kentala,and O.Mustala.1957. The effects of training on heart rate: A longitudinal study. *Annales Medicinae Experimentalis et Biological Fennial* 35: 307-315.
48. Karvonen, J., and T. Vuorimaa. 1988. Heart rate and exercise intensity during sports activities. Practical application. *Sports Medicine* 5 (5): 303-311.
49. Kearney,J.T.,A.G.Stull,and J.L.Ewing.1976. Cardiorespiratory responses of sedentary college women as a function of training intensity. *Journal of Applied Physiology* 41: 822-825.
50. Kohrt, W.M., D.W. Morgan, B. Bates, and J.S. Skinner. 1987. Physiological responses of triathletes to maximal swimming, cycling, and running. *Medicine and Science in Sports and Exercise* 19: 51-55.
51. Kraemer, J. 2002. Performance benefits of the warm-up. *Olympic Coach* 12 (4): 8-9.
52. Lamb, D.R. 1995. Basic principles for improving sport performance. *Sports Science Exchange* 8: 1-5.
53. Levin, G.T., M.R. Mcguigan, and P.B. Laursen. 2009. Effect of concurrent endurance and resistance training on physiologic and performance parameters of well-trained endurance cyclists. *Journal of Strength and Conditioning Research* 23 (8): 2280-2286.
54. Liang, M.T.C., J.F. Alexander, H.L. Taylor, R.C. Serfass, and A.S. Leon. 1982. Aerobic training threshold: Intensity, duration and frequency of exercise. *Scandinavian Journal of Sports Sciences* 4 (1): 5-8.
55. Londeree, B.R., and S.A. Ames. 1976. Trend analysis of the % $\dot{V}O_2$max-HR regression. *Medicine and Science in Sports* 8: 122-125.
56. Londeree, B.R., and M.L. Moeschberger. 1982. Effect of age and other factors on maximal heart rate. *Research Quarterly in Exercise and Sport* 53 (4): 297-304.
57. Mahon, A.D., K.O. Stolen, and J.A. Gay. 2001. Differentiated perceived exertion during submaximal exercise in children and adults. *Journal of Pediatric Exercise Science* 13: 145-153.
58. Marcinik, E.J., J. Potts, G. Schlabach, S. Will, P. Dawson, and B.F. Hurley. 1991. Effects of strength training on lactate threshold and endurance performance. *Medicine and Science in Sports and Exercise* 23 (6): 739-743.
59. Marigold,E.A.1974.The effect of training at predetermined heart rate levels for sedentary college women. *Medicine and Science in Sports* 6: 14-19.
60. McArdle, W.D., F.I. Katch, and V.L. Katch. 2009. In: *Exercise Physiology: Energy, Nutrition, and Human Performance*, 7th ed. Philadelphia: Lippincott Williams & Wilkins.
61. McConell, G.K., D.L. Costill, J.J. Widrick, M.S. Hickey, H. Tanaka, and P.B. Gastin. 1993. Reduced training volume and intensity maintain aerobic capacity but not performance in distance runners. *International Journal of Sports Medicine* 14 (1): 33-37.
62. McKenzie, D.C., E.L. Fox, and K. Cohen. 1978. Specificity of metabolic and circulatory responses to arm or leg interval training. *European Journal of Applied Physiology* 39: 241-248.

63. Monteiro, A.G., D.A. Alveno, M. Prado, G.A. Monteiro, C. Ugrinowitsch, M.S. Aoki, and I.C. Picarro. 2008. A cute physiological responses to different circuit training protocols. *Journal of Sports Medicine and Physical Fitness* 48 (4): 438-442.

64. Moyna, N.M., R.J. Robertson, C.L. Meckes, J.A. Peoples, N.B. Millich, and P.D. Thompson. 2001. Intermodal comparison of energy expenditure at exercise intensities corresponding to perceptual preference range. *Medicine and Science in Sports and Exercise* 33: 1404-1410.

65. Murphy,M.H.,and A.E.Hardman.1998.Training effects of short and long bouts of brisk walking in sedentary women. *Medicine and Science in Sports and Exercise* 30: 152-157.

66. National Institutes of Health: Consensus Development Panel on Physical Activity and Cardiovascular Health. 1996. Physical activity and cardiovascular health. *Journal of the American Medical Association* 276: 214-246.

67. Nieman, D.C. 2003. *Exercise Testing and Prescription*, 5th ed. Boston: McGraw-Hill.

68. O'Toole,M.L.,P.S.Douglas,and W.D.B.Hiller. 1989. Applied physiology of a triathlon. *Sports Medicine* 8: 201-225.

69. Potteiger,J.A.2000.Aerobic endurance exercise training.In: *Essentials of Strength Training and Conditioning*, 2nd ed., T.R. Baechle and R.W. Earle, eds. Champaign, IL: Human Kinetics. pp. 495-509.

70. Powers, S.K., and E.T. Howley. 2008. Exercise Physiology: *Theory and Application to Fitness and Performance*, 7th ed. New York: McGraw-Hill.

71. Raasch, C.C., and F.E. Zajac. 1999. Locomotor strategy for pedaling: Muscle groups and biomechanical functions. *Journal of Neurophysiology* 82 (5): 515-525.

72. Reybrouck, T., G.F. Heigenhauser, and J.A. Faulkner. 1975. Limitations to maximum oxygen uptake in arms, leg, and combined arm-leg ergometry. *Journal of Applied Physiology* 38 (5): 774-779.

73. Rhodes, R.E., A.D. Martin, J.E. Taunton, E.C. Rhodes, M. Donnelly, and J. Elliot. 1999. Factors associated with exercise adherence among older adults:An individual perspective. *Sports Medicine* 28 (6): 397-411.

74. Riddle, S., and C. Orringer. 1990. Measurement of oxygen consumption and cardiovascular response during exercise on the Stairmaster 4000PT versus the treadmill. *Medicine and Science in Sports and Exercise* 22 (2 Suppl): S65.

75. Robertson, R.J., and B.J. Noble. 1997. Perception of physical exertion: Methods, mediators, and applications. *Exercise and Sport Sciences Reviews* 25: 407-452.

76. Ryan, R.M., C.M. Frederick, D. Lepes, N. Rubio, and K.M. Sheldon. 1997. Intrinsic motivation and exercise adherence. *International Journal of Sport Psychology* 28 (4): 335-354.

77. Saltin, B., L. Hartley, A. Kilbom, and I. Astrand. 1969. Physical training in sedentary middle-aged and older men. *Scandinavian Journal of Clinical and Laboratory Investigation* 24: 323-334.

78. Sharkey, B.J. 1970. Intensity and duration of training and the development of cardiorespiratory fitness. *Medicine and Science in Sports* 2: 197-202.

79. Shellock, F.G., and W.E. Prentice. 1985. Warming-up and stretching for improved physical performance and prevention of sports-related injuries. *Sports Medicine* 2: 267.

80. Shepard, R.J. 1969. Intensity, duration, and frequency of exercise as determinants of the response to a training regime. *Internationale Zeitschrift fur Angewandte Physiologie* 26:

272-278.

81. Skinner, J.S., S.E. Gaskill, T. Rankinen, A.S. Leon, D.C. Rao, J.H. Wilmore, and C. Bouchard. 2003. Heart rate versus % $\dot{V}O_2$max: Age, sex, race, initial fitness, and training response -HERITAGE. *Medicine and Science in Sports and Exercise* 35 (11): 1908-1913.
82. Springer, C., T.J. Barstow, K. Wasserman, and D.M. Cooper. 1991. Oxygen uptake and heart rate responses during hypoxic exercise in children and adults. *Medicine and Science in Sports and Exercise* 23: 71-79.
83. Stone,M.H.,S.J.Fleck,W.J.Kraemer,and N.T.Triplett.1991. Health and performance related adaptations to resistive training. *Sports Medicine* 11 (4): 210 231.
84. Swain, D.P., K.S. Abernathy, C.S. Smith, S.J. Lee, and S.A. Bunn. 1994. Target heart rates for the development of cardiorespiratory fitness. *Medicine and Science in Sports and Exercise* 26: 112-116.
85. Swain, D.P., and B.C. Leutholtz. 1997. Heart rate reserve is equivalent to $\dot{V}O_2$ reserve, not % $\dot{V}O_2$ max. *Medicine and Science in Sports and Exercise* 29: 837-843.
86. Thomas, T., G. Ziogas, T. Smith, Q. Zhang, and B. Londeree. 1995. Physiological and perceived exertion responses to six modes of submaximal exercise. *Research Quarterly in Exercise and Sport* 66 (3): 239-246.
87. Tulppo, M.P., T.H. Makikallio, R.T. Laukkanen, and H.V. Huikuri. 1999. Differences in autonomic modulation of heart rate during arm and leg exercise. *Clinical Physiology* 19 (4): 294-299.
88. Turcotte, L., W. Byrnes, P. Frykman, P. Freedson, and F. Katch. 1984. The effects of hydraulic resistive training on maximal oxygen uptake and anaerobic threshold. *Medicine and Science in Sports and Exercise* 16: S183.
89. U.S. Department of Health and Human Services. 1996. *Physical Activity and Health: A Report of the Surgeon General*. Atlanta: U.S. Department of Health and Human Services, Centers for Disease Control and Prevention, National Center for Chronic Disease Prevention and Health Promotion.
90. U.S. Department of Health and Human Services. 2000. *Healthy People 2010: Understanding and Improving Health*, 2nd ed. Washington, DC: U.S. Government Printing Office. P.26.
91. Van de Graff, K.M., and S.J. Fox. 1989. *Concepts of Human Anatomy and Physiology*, 2nd ed. Dubuque, IA: Brown.
92. Velasquez, K.S., and J.H. Wilmore. 1993. Changes in cardiorespiratory fitness and body composition after a 12-week bench step training program. *Medicine and Science in Sports and Exercise* 24 (Suppl): S78.
93. Wells, C.L., and R.R. Pate. 1995. Training for performance of prolonged exercise. In: *Perspectives in Exercise Science and Sports Medicine*, D.R. Lamb and R. Murray, eds. Indianapolis: Benchmark Press. pp. 357-388.
94. Whaley, M.H., L.A. Kaminsky, G.B. Dwyer, L.H. Getchell, and L.A. Norton. 1992. Predictors of over-and under-achievement of age-predicted maximal heart rate. *Medicine and Science in Sports and Exercise* 24 (10): 1173-1179.
95. White, L.J., R.H. Dressendorfer, S.M. Muller, and M.A. Ferguson. 2003. Effectiveness of cycle cross-training between competitive seasons in female distance runners. *Journal of Strength and Conditioning Research* 17 (2): 319-323.
96. Wilber, R.L., R.J. Moffatt, B.E. Scott, D.T. Lee, and N.A. Cucuzzo. 1996. Influence of water run training on maintenance of aerobic performance. *Medicine and Science in Sports and Exercise* 28: 1056-1062.

97. Wilmore, J.H., and D.L Costill. 2007. *Physiology of Sport and Exercise*, 4th ed. Champaign, IL: Human Kinetics.

98. Yamaji, K., M. Greenley, D.R. Northey, and R.L. Houghson. 1990. Oxygen uptake and heart rate responses to treadmill and water running. *Canadian Journal of Sport Science* 15: 96-98.

99. Zeni, A., M. Hoffman, and P. Clifford. 1996. Energy expenditure with indoor exercise machines. *Journal of the American Medical Association* 275: 1424-1427.

100. Zeni, A., M. Hoffman, and P. Clifford. 1996. Relationships among heart rate, lactate concentration, and perceived effort for different types of rhythmic exercise in women. *Archives of Physical Medicine and Rehabilitation* 77: 237-241.

101. Zimmerman, C.L., T.M. Cook, M.S. Bravard, M.M. Hansen, R.T. Honomichl, S.T. Karns, M.A. Lammers, S.A. Steele, L.K. Yunker, and R.M. Zebrowski. 1994. Effects of stair-stepping exercise direction and cadence on EMG activity of selected lower extremity muscle groups. *Journal of Occupational and Sports Physical Therapy* 19 (3): 173-180.

102. Zupan, M.F., and P.S. Petosa. 1995. Aerobic and resistance cross-training for peak triathlon performance. *Strength and Conditioning* 17: 7-12.

第17章

快速伸缩复合训练与速度训练计划制订

瓦妮莎·范登霍伊费尔·扬（Vanessa van den Heuvel Yang），MS
凯文·梅西（Kevin Messey），MS
斯泰西·彼得森（Stacy Peterson），MA
罗伯特·马穆拉（Robert Mamula）

学习完本章后，你将能够掌握如下内容。

- 解释快速伸缩复合训练和速度训练的力学和生理学机制。
- 确定拉长—缩短周期的各个阶段。
- 理解快速伸缩复合训练和速度训练的不同作用。
- 推荐合适的设备用于快速伸缩复合训练。
- 制订安全有效的快速伸缩复合训练和速度训练计划。
- 指导快速伸缩复合训练和速度训练的正确技术动作，识别常见错误。

无论处于何种水平的运动员都致力于提高运动表现，以获得竞技优势从而超越对手。运动员都在寻找能够使他们速度更快、爆发力更强、跳得更高、跑得更快的方法。快速伸缩复合训练和速度训练作为两种训练技术，可使不同年龄和不同运动能力的运动员实现各自的目标。尽管在为客户制订训练计划时并未特别强调，但快速伸缩复合训练和速度训练都是均衡计划的重要组成部分，这两种训练方式不仅有益于提高运动成绩，还有益于工作表现和日常生活。训练客户跳得更高、跑得更快是必不可少的过程。很多运动伤病都是由无法控制减速力量引起的，故运用快速伸缩复合

在此感谢本书第1版本章的作者戴维·H. 波塔赫（David H.Potach）对本书的贡献。

训练和速度训练时，重点关注有效产生和运用地面反作用力，可作为预防损伤训练计划的重要组成部分。在训练计划中纳入快速伸缩复合训练和速度训练还有额外的收益，包括增强整体协调性、提高灵敏性和无氧能力、改善整体训练状态。

快速伸缩复合训练是一种快速且具有爆发力的运动，包括肌肉的离心运动（也称为反向运动或预拉伸），以及强有力的肌肉向心运动[115]。速度仅指产生更高速度的能力。快速伸缩复合训练和速度训练在很大程度上依靠拉长—缩短周期获得预期结果。由于所有的功能性活动都包含一系列重复的拉长—缩短周期，故纳入发展客户这一方面能力的训练非常重要[30]。快速伸缩复合训练的目的在于利用牵张反射和肌肉、肌腱的弹性，提高后续动作的爆发力以及增强肌肉和肌腱的功能[19, 30, 69, 78, 120]。速度训练旨在运用同样的力学和神经生理学结构，配合技术动作和肌肉力量，产生更大的地面作用力，使客户跑得更快。本章介绍了如何有效运用快速伸缩复合训练和速度训练，并将其作为整个训练计划的重要组成部分。

快速伸缩复合训练的力学和生理学机制

无论是竞技相关的、工作相关的还是功能性的，成功的目标导向运动均取决于所有激活的肌肉—肌腱联合体结构是否以一个适当的速度协同工作。这个用来定义力量—速度关系的术语称为爆发力（爆发力的定义见第4章）。在正确运用的情况下，快速伸缩复合训练始终能提高肌肉力量和爆发力[6, 58, 69, 93, 107]。本节所述的两种力学和神经生理学模型能够很好地对此进行解释[116]。下文将概述拉长—缩短周期，并对每种模型进行说明。

快速伸缩复合训练的力学模型

在力学模型中，快速拉伸肌肉可以储存弹性势能，向心收缩动作则会释放弹性势能，可提高总的力量输出。常见的模型将肌肉—肌腱单元的功能表示为3个力学成分——串联、并联弹性成分和可收缩成分。串联弹性成分（series elastic component，SEC）是快速伸缩复合训练期间产生力量的主要因素，包括一些肌肉成分（肌动蛋白和肌球蛋白），主要由肌腱构成[19]。与离心运动一样，当拉伸肌肉—肌腱单元时，串联弹性成分被拉长，起弹簧作用，储存弹性势能。如果肌肉立即进行向心收缩，肌肉和肌腱回缩到静息构造状态，就释放储存的弹性势能，产生的力量将增加总的力量输出。如果肌肉进行离心运动之后没有立即进行向心收缩，或者离心阶段时间太长或对一定的关节运动要求太高，那么储存的弹性势能就会消失，然后以热量的形式散失。这样就没有产生快速伸缩复合训练效果[19, 78]。

快速伸缩复合训练的神经生理学模型

神经生理学要素包括拉伸引起的肌肉收缩成分的力量 — 速率特征发生改变，以及牵张反射引起肌肉向心收缩力增加[9, 10, 11, 12]。牵张反射会导致肌肉快速牵拉，是身体应对外部刺激的非自主反应。为响应这种快速牵拉，脊髓收到一个神经信号，随后传回一个指令，使这块过度牵拉的肌肉进行向心收缩[78]。牵张反射是对肌肉被拉长的速率的一种反应[22, 54, 76]。牵张反射的一个实例是当髌骨肌腱遭受反射锤等外部物体击打时，膝关节会快速反弹。当反射锤接触肌腱时，肌腱快速牵拉，股四头肌感受到这个牵拉，然后用非自主向心收缩进行应答，从而产生观察到的快速膝跳反应[22, 78]。

快速伸缩复合训练的反射成分主要包括肌梭的活动。肌梭是肌肉—肌腱联合体连接处附近肌肉内的感受器，可感受肌肉长度变化或牵拉刺激。当感受到肌肉被快速拉长时，肌肉活动就会反射性地增强[54, 76, 78]。这种反射性应答可增强主动肌的活动，增加肌肉力量的输出[9, 10, 11, 12, 64]。尽管训练不能改变反射应答的时间，但肌肉收缩应答产生的力量会随训练的进行而增长。一块肌肉被牵拉得越快，牵拉后所产生的向心收缩力就越大，功率输出增加[22]。与力学模型的解释一样，如果牵拉之后未立即进行向心收缩（例如，由于拉伸和离心收缩动作之间的时间延迟过长或者运动范围过大），牵张反射的增强效应就会消失。

拉长—缩短周期

拉长—缩短周期模型能解释串联弹性成分的能量储存能力以及在最短时间内使肌纤维募集达到最大的牵张反射刺激。拉长—缩短周期包含 3 个不同的阶段（表 17.1）。尽管这些阶段列举了每个拉长—缩短周期中单个的力学和神经生理学活动，但重要的是，有些活动的持续时间长于或短于特定阶段允许的时间，因而这些活动并不必然出现在特定的阶段。离心阶段，即减速阶段，包含主动肌的预负荷。串联弹性成分在此阶段储存弹性势能，肌梭受到刺激[7, 55]。为将此离心阶段直观化，可以试想篮球的跳投动作。其中离心阶段是一种反向运动，始于半蹲动作并持续至最后。

缓冲阶段（或者称转换阶段）是处于离心和向心阶段中间的时期，即从离心阶段结束至肌肉向心运动阶段开始的时间。这是跳投动作中从落地到腾空的转换时间，对爆发力的产生至关重要，是快速伸缩复合训练中最重要的部分[78]。在肌肉离心运动和向心运动之间的时间

表 17.1　拉长—缩短周期

阶段	动作	生理活动
Ⅰ—离心	主动肌牵拉	▪ 储存弹性势能 ▪ 肌梭受到刺激 ▪ 信号传递到脊髓
Ⅱ—缓冲	在阶段Ⅰ和阶段Ⅲ之间暂停	▪ 脊髓中的神经突触交汇 ▪ 信号传递给被拉长的肌肉
Ⅲ—向心	主动肌中的肌纤维收缩	▪ 弹性势能从串联弹性成分中释放 ▪ 受牵拉的肌肉受到神经的刺激

延迟期间，脊髓开始把信号传向已被拉长的主动肌群。肌肉等长收缩约数毫秒，身体准备改变方向。此阶段的持续时间必须短。如果缓冲阶段持续时间过长，在离心阶段储存的能量就会以热能的形式散失，牵张反射在向心收缩阶段将不增长肌肉活动的力量[14, 78]。再次以篮球跳投为例，缓冲阶段始于运动员向下半蹲动作停止，结束于向上运动开始。

向心阶段是身体对离心阶段和缓冲阶段所做的应答反应。在拉长—缩短周期的最后阶段，串联弹性成分在离心阶段中储存的能量被用于增大随后肌肉收缩的力量，或以热量的形式散失。储存的弹性势能使肌肉在向心收缩阶段产生的力量大于肌肉单独进行的向心收缩[15, 107, 112]。牵张反射使主动肌群反射性地向心收缩。同样以跳投为例，半蹲动作后，拉长—缩短周期的向心收缩阶段始于开始向上运动，此时缓冲阶段结束。股四头肌群在此例中是主动肌之一。在反向运动阶段，股四头肌群快速拉长（离心阶段）后，出现一个动作停顿（缓冲阶段）；然后肌肉向心收缩，膝关节伸展，人蹬地腾空（向心收缩阶段）。

拉长—缩短周期所述的牵张反射和储存的弹性势能，可在快速的肌肉离心运动后增大向心收缩力。

何时进行快速伸缩复合训练

多数体育活动都依赖快速而有力的动作，因而快速伸缩复合训练使运动员明显获益[3, 78]。尚不清楚其他人群能否从这类训练中受益。这种偏见使快速伸缩复合训练成为一种被大众忽视的运动形式。其实很多非运动员客户也能从快速伸缩复合训练中受益，比如增大肌肉爆发力。在为非运动员客户制订训练计划时，私人教练必须能够识别可获益于快速伸缩复合训练的客户，以及无须进行快速伸缩复合训练的客户。

快速伸缩复合训练与运动表现

当客户的目标是在运动中具有更强的爆发力时，训练方案必须包含模拟该运动项目动作的训练内容。训练客户以最快的速度产生最大的力量（或者爆发力），能使他们的运动表现达到预期。研究已证实，快速伸缩复合训练可提高肌肉爆发力[2, 16, 57, 58, 59, 75, 78, 86, 96, 107, 117]。肌肉产生更大爆发力的能力与运动表现提升（包括跳跃运动表现提升、冲刺时间缩短和力量增大）紧密相关[4, 5, 33, 70, 77, 106]。当客户目标是提升肌肉爆发力时，快速伸缩复合训练是一种理想的训练模型[77, 78, 96]。快速伸缩复合训练适合对减速、加速和变向能力要求较高的多数运动项目的运动员，因为这类训练可提升他们的能力。中长跑运动员进行适度的快速伸缩复合训练也可改善“奔跑效率（每消耗一定量氧气的奔跑距离）”[108]。

快速伸缩复合训练与工作表现

除运动表现外，快速伸缩复合训练还可提高工作表现[68]。尽管还未得到充分证实，但对一些工作要求的分析表明，肌肉爆发力的产生是提升动作效率的关键，可提升工作输出。例如，警察、消防员以及准备进行军事训练的客户必须跑得很快、变向很迅速以及能跳过特定物体（如栅栏），才能达到职业要求。

快速伸缩复合训练与损伤预防

私人教练在为易受伤人群制订运动训练计划时，降低受伤风险是非常重要的考虑因素。利用快速伸缩复合训练降低伤病风险受到人们的广泛关注。研究表明，个体参与快速伸缩复合训练计划后，运动受伤率有所降低[8, 18, 57, 58, 121]。研究还表明，正确的快速伸缩复合训练可改善人体骨矿物质含量、肌肉募集速度、肌肉力量、身体控制和平衡能力[19, 82, 120]。骨矿物质含量增加可降低人体以后发生骨质疏松的风险。

由于快速伸缩复合训练不仅会使神经肌肉系统快速进行拉长—缩短周期，而且注重正确的技术动作和运动生物力学机制，客户可增强控制运动链中所有关节的能力，改善全身稳定性[121]。这些结果表明快速伸缩复合训练计划应注重正确的跳跃和落地技巧，这将体现在客户的运动竞技或工作活动中。当客户在工作或休闲时进行包含跳跃和落地动作的活动时，应能够正确完成动作，降低运动损伤的风险。快速伸缩复合训练还能改善动态关节稳定性[18]以及活动中身体的控制能力（例如落地时的膝关节姿势控制）。这有助于降低膝关节损伤风险，例如减少髌骨关节痛和前交叉韧带损伤的可能性[18, 82, 104]。改善控制身体的能力也可间接降低摔倒导致骨折的风险[120]。

然而很难将这些研究结果应用于不同的人群。快速伸缩复合训练的一个组成部分是动作的离心控制，研究证实这种离心控制可降低运动损伤风险[101]。对于想进行损伤预防训练而不适合进行快速伸缩复合训练的客户而言，离心训练是一个折中方法。离心训练包含正常举重训练，注重举起的离心阶段。私人教练可指导客户进行一次包含向心阶段和离心阶段的举重，而离心阶段的进行速度较慢。客户自己进行离心阶段的动作更有效，向心阶段动作可由私人教练辅助完成。这样可使客户比无辅助时举起更重的物体。举例来说，尽管快速伸缩复合训练不适合 75 岁的女性客户，但她们可受益于离心训练，以降低摔倒的风险。

快速伸缩复合训练的安全注意事项

尽管分析客户年龄、经验和当前训练状况有助于确定客户是否适合进行快速伸缩复合训练，但目前尚无研究指出哪些人群禁用快速伸缩复合训练。为确保快速伸缩复合训练能有效降低损伤风险以及提高运动表现，客户必须掌握快速伸缩复合训练的技术动作并具备足够的力量、速度和平衡基础。客户还必须在身体和心理上足够成熟，才可以参加快速伸缩复合训练计划。

快速伸缩复合训练本身并不危险，但是与所有的训练模式一样，运动损伤的风险是不可避免的。尽管意外事件可能导致运动损伤，但更常见的损伤来自违反训练规程。训练计划设计不合理、指导和监控不充分或训练环境不合适都会增加训练损伤风险。由于疲劳会影响身体的本体感受能力，故这些损伤常见于肌肉疲劳时。肌肉疲劳会引起动作变形，故快速伸缩复合训练中常发生踝关节和膝关节扭伤[22]。此外，每当客户增加更难的练习或动作，或在更高的强度下进行训练，在客户熟练掌握之前，受伤的风险会增加[69]。私人教练必须知晓并处理这些风险因素，以提高客户进行快速伸缩复合训练的安全性。下述内容有助于私人教练在制订训练计划时确定客户是否满足这些条件。

年龄与成熟

快速伸缩复合训练会对身体施加很大压力，故私人教练首先应确定所有的因素都不会损伤客户的健康。一定强度的快速伸缩复合训练对绝大部分人来说是安全的，但必须根据年龄调整训练强度和训练量。

目前的研究显示，快速伸缩复合训练对年轻人安全而有益[42]。训练指南指出，只要客户足够成熟且接受并遵守指导，就可在训练方案中纳入快速伸缩复合训练[42, 43]。实际上，年轻人的身体可塑性很大，善于学习动作技能，此时非常适合将包括抗阻训练和柔韧性训练的快速伸缩复合训练纳入其综合训练方案[43, 66]。快速伸缩复合训练除提高年轻客户的跑步速率和纵跳高度外，还可提高骨骼重量，降低运动损伤风险[42, 66, 119]。因为青春期前的儿童骨骺板（生长板）尚未闭合，高强度的下肢快速伸缩复合训练可增加骨骺板损伤风险，所以客户必须非常小心[63, 72]。因此，按照指南进行快速伸缩复合训练是非常重要的。

当私人教练为年轻人制订快速伸缩复合训练计划时，教授合理的练习技术，尤其是起跳和落地技术非常重要，这会在本章的后面部分进行介绍[42, 43, 52, 66]。年轻的客户不应该关注比赛或超越他人，而应关注提升自身的运动表现以及熟练掌握技术动作。训练课的开始阶段在客户疲劳之前应先进行低强度的快速伸缩复合训练[69]。这将保证客户以合适的神经肌肉和姿势控制能力进行正确练习。如果客户出现疲劳，发生失误以及运动损伤的风险会增加。将快速伸缩复合训练纳入动态热身非常合适。对于儿童来说，快速伸缩复合训练应类似于玩耍和娱乐游戏等富有趣味性和创造性的活动，以隐藏训练的真正目标[92, 98]。这种训练的范例包括儿童对球做出反应、障碍跑训练、开合跳、跳房子和追逐游戏[42, 43, 92]。

只要青少年客户符合安全要求，就可以在其训练计划中加入低强度的快速伸缩复合训练[97, 98, 102, 120]。青少年客户的神经肌肉控制仍处于发育阶段，私人教练同样应强调动作的准确性。在热身活动中加入小运动量的低强度快速伸缩复合训练非常安全。一旦熟练掌握了低强度的训练后，客户就可以进行中等强度的训练[22, 104]。在青少年客户的训练计划中增加快速伸缩复合训练的好处不只是提升运动表现。研究表明，快速伸缩复合训练有助于青少年客户提高肌肉力量、稳定性和协调性[49, 102, 120]。

老年人是需要关注的另一群体。老年人的骨骼力量以及关节功能退化，需避免进行高强度的快速伸缩复合训练。但是，在老年群体的训练计划中加入低强度到中等强度的快速伸缩复合训练，对老年群体进行拉长—缩短周期训练十分有益[98]。只有在私人教练能够保证这类客户安全、正确进行训练的前提下，老年客户的快速伸缩复合训练才能以低强度开始，再推进至中等强度[80]。近期的研究发现，在正确运用的前提下，高强度抗阻训练可对年龄大于 60 岁的客户产生积极效果[34]。此结果表明，只要客户的医生允许，并满足所有下述安全条件，快速伸缩复合训练就有益于老年客户。

身体成熟不应是各年龄客户能否进行快速伸缩复合训练的唯一决定因素。心理和心智成熟以及敏锐是人们开始快速伸缩复合训练必不可少的条件。客户必须积极对私人教练的指导做出应答，否则，则应推迟快速伸缩复合训练。如果客户忽略了私人教练的指导，则可能发生损伤、训练过度或训练不足。

姿势、柔韧性和稳定性

很多下肢快速伸缩复合训练要求客户以非传统的运动模式（例如双腿 Z 字跳和向后跳）进行移动，或者以单腿进行运动（例如单腿团身跳和单腿跨跳）。这些类型的训练需要稳固的支撑，客户才能够安全有效地进行练习。尽管客户刚开始进行快速伸缩复合训练时强度较低，但同样需要足够的平衡能力以预防损伤。私人教练评估客户是否符合进行快速伸缩复合训练的条件非常重要。下肢快速伸缩复合训练的基础姿势是半蹲姿势，这是所有下肢快速伸缩复合训练的开始和结束姿势。重要的是，私人教练应评估客户是否具备保持这种姿势的能力[104]，以便据此决定其是否能在各项训练中正确落地。

在半蹲和全蹲时，客户的双脚距离约等同于肩宽，下巴微收；肩胛骨微收紧，躯干应与胫骨平行；膝关节应在脚尖的正上方或稍偏后，脚跟着地。客户的重心应处于稳定的支撑面的中央[104]，且必须以正确的形式保持此姿势。

一旦可以保持这种姿势，客户就可以进行自重深蹲。私人教练应指导客户站立时两脚分开，约与肩同宽。客户开始下蹲之前，应先旋转骨盆，然后弯曲踝关节、膝关节和髋关节，整个动作过程中保证躯干与胫骨平行。同样，膝关节应保持稍偏后于脚尖或在脚尖的正上方，双脚平放于地面，尽可能避免脚跟抬起。训练中常见的错误包括圆肩、头部前倾、胸椎过屈、骨盆后倾和脚跟离地[104]。

一旦客户能够保持正确的双腿下蹲姿势以及进行自重深蹲，就可开始进行低强度的快速伸缩复合训练。在进行低强度的快速伸缩复合训练时，他们必须学会保持关节对线正确，为动态动作打下坚实的基础[104]。关节对线错误不仅会导致运动损伤，还会在缓冲阶段增加触地时间，让向心收缩力量小于最佳值[104, 121]。

私人教练在提高练习难度之前，客户应能够保持表 17.2 所示的平衡力测试的单腿下蹲姿势。这些测试按难度可分为不同级别，每种测试的姿势均需维持 30 秒[111]。例如，客户在第 1 次进行双腿快速伸缩复合训练时，需单腿保持平衡 30 秒不跌倒。这表明客户的腿部力量足以完成双腿练习。训练有素的客户在开始进行包含进阶单腿练习的快速伸缩复合训练前，需能保持单腿半蹲 30 秒不跌倒。这种增加难度的半蹲说明客户的腿部力量足以进行单腿快速伸缩复合训练。平衡测试需在与快速伸缩复合训练相同的地面进行。

表 17.2 平衡测试

水平 *	姿势 **	训练变化 ***
初阶	站立	双腿，单腿
进阶	四分之一蹲	双腿，单腿
高阶	半蹲	双腿，单腿

* 每个水平对应一个训练强度水平（例如初阶水平对应低强度快速伸缩复合训练）。

** 在尝试强度相同的快速伸缩复合训练和难度较大的平衡测试之前，要求客户保持每种姿势和每种变形姿势 30 秒。

*** 平衡测试的类型（即使用几条腿）需与预期的快速伸缩复合训练类型（例如刚开始进行训练的客户必须通过单脚站立的平衡测试，才能进行单腿快速伸缩复合训练）相匹配。

力量

在客户的训练方案中增添快速伸缩复合训练之前，私人教练必须考虑客户目前的力量水平。未曾接受过抗阻训练的客户不得进行快速伸缩复合训练。快速伸缩复合训练需要很强的力量和肌肉控制，尤其在离心阶段。应鼓励客户在开始快速伸缩复合训练计划前进行抗阻训练计划，其中包括标准练习（例如深蹲、卧推和硬拉）。

如果客户的肌肉力量不足，在其满足最初用于运动员的一定标准前，应推迟快速伸缩复合训练。目前的研究尚未确定在进行快速伸缩复合训练之前肌肉力量的标准水平，在确定客户是否能够参加快速伸缩复合训练计划时，下文仅是已发表的建议，供私人教练参考。

- 对于下肢快速伸缩复合训练，客户的 1RM 深蹲至少达到其体重的 1.5 倍[17, 38, 60, 69, 84, 114]。
- 对于上肢快速伸缩复合训练，体重超过 220 磅（约 99.8 千克）的客户 1RM 卧推至少达到 1 倍体重；体重低于 220 磅（约 99.8 千克）的客户 1RM 卧推至少达到 1.5 倍体重[60, 84, 114]。
- 上肢必备力量的另一种量度是连续 5 次进行击掌俯卧撑[84, 114]。

这些建议可保证客户具备足够的力量进行快速伸缩复合训练。

尽管这些准则是很好的经验法则，但只要客户能承受中等负荷的抗阻训练，掌握正确的落地技术，并非必须具备此级别的力量才能进行低至中等强度的快速伸缩复合训练，例如简单的原地跳跃运动[19, 78]。当客户开始更高阶段的快速伸缩复合训练（如深跳）时，建议私人教练遵循所列的力量指南[97]。私人教练应意识到即使高强度的快速伸缩复合训练也可有所调整，使其适合客户的力量水平，便于客户安全地进行练习，仍取得相似效果。

另一种非常重要的力量是核心力量[78, 98]。核心力量是指身体控制重心以应对其他部位包括上肢和下肢对躯干施加力量的能力[83, 98, 121]。换句话说，核心力量负责在所有活动中保持身体平衡和姿势稳定[83, 98]。核心力量直接影响力量的各个方面。强有力的核心力量是其他所有工作的肌肉和关节的稳固支撑，能使其发挥最佳功能。核心力量不足，则支撑的基础薄弱而不稳定，会对肌肉和关节运动产生负面影响。核心力量不足将直接导致缓冲阶段时间增加，削弱快速伸缩复合训练的效果[78]。总之，核心力量不足会破坏正确的运动形式、阻碍运动表现以及增加运动损伤的风险[121]。

速度

对于快速伸缩复合训练参与者而言，一个更具体的要求或许是运动速度。快速伸缩复合训练需要快速运动，客户在进行快速伸缩复合训练计划之前必须具备快速移动的能力。目前尚无研究确定在进行快速伸缩复合训练之前客户的速度应达到何种等级，私人教练可以参考下述指南。对于下肢快速伸缩复合训练，客户应能在 5 秒或更短时间内进行 5 次负荷为 60% 自身体重的深蹲[84, 114]。为满足上肢快速伸缩复合训练的速度要求，客户应能够在 5 秒或更短时间内进行 5 次负荷为 60% 自身体重的卧推。这些速度要求与前述的力量建议一样，最初用于运动员群体。如果客户的移动速度不满足上述要求，则可从速度要求较低的低强度快速伸缩复合训练（例如双脚踝跳跃、立定跳远、双腿纵跳）开始。

落地姿势

对于下肢快速伸缩复合训练而言，正确的落地技术动作对增大训练效力、降低运动损伤风险非常重要。这对于深跳来说尤其重要。如果落地时重心偏离支撑基础，则会阻碍运动表现，容易造成运动损伤[104]。如果早期的深蹲评估显示客户具备正确的姿势和一定的柔韧性、稳定性，那么私人教练应开始评估和训练其落地技术。

落地时，肩膀应在膝关节正上方；膝关节应在脚尖的正上方或稍后于脚尖，踝关节、膝关节和髋关节弯曲，双脚与肩膀同宽（图 17.1）。客户应该柔和地落地，保持踝关节背屈的姿势以及全脚掌触地。客户应该将体重更多地放在前脚掌而非脚后跟上。这种落地姿势能够使健身客户进行快速转向，因此客户在地面的时间会尽可能短，功率输出最大[22]。传授正确的落地技术也可以教会客户在支撑面内控制身体重心[104]。

私人教练向客户传授落地技术时，可让客户进行数次练习，包括垂直纵跳后止于落地姿势，这样可正确分析落地姿势，还包括向前或向后跳后止于落地姿势，或者甚至是侧跳后止于落地姿势。在学习正确的技术时，每次练习中或者结束之后，客户不断向私人教练反馈信息非常重要。

对于快速伸缩复合训练中的跳跃、跳行、跳高、弹跳、跳绳和快速脚步练习，客户应注意保持脚尖和膝关节向上。将身体重心放在髋关节和双腿之间有助于保持平衡。正常情况下，当膝关节迅速向上运动时，如进行这些训练时，双肩会有朝前下降的趋势。为防止出现这种情况，客户应注意保持双手拇指向上，使躯干保持直立，这也有助于保持平衡[98]。双臂应置于体后中线，这样双臂可快速向前向上移动，有助于增强肌肉力量[22, 98]。

病史

与其他形式的运动一样，在开始快速伸缩复合训练计划之前私人教练必须检查客户的关节结构、姿势、体形和以前的骨损伤。以前的伤病或脊柱、下肢、

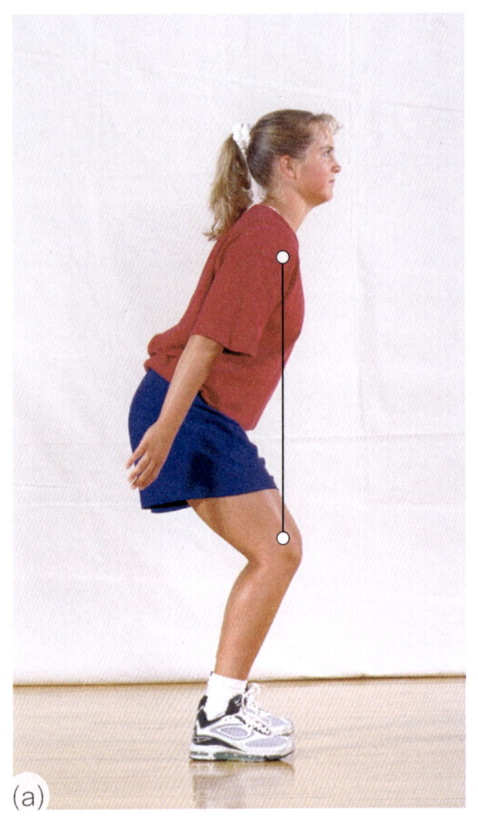

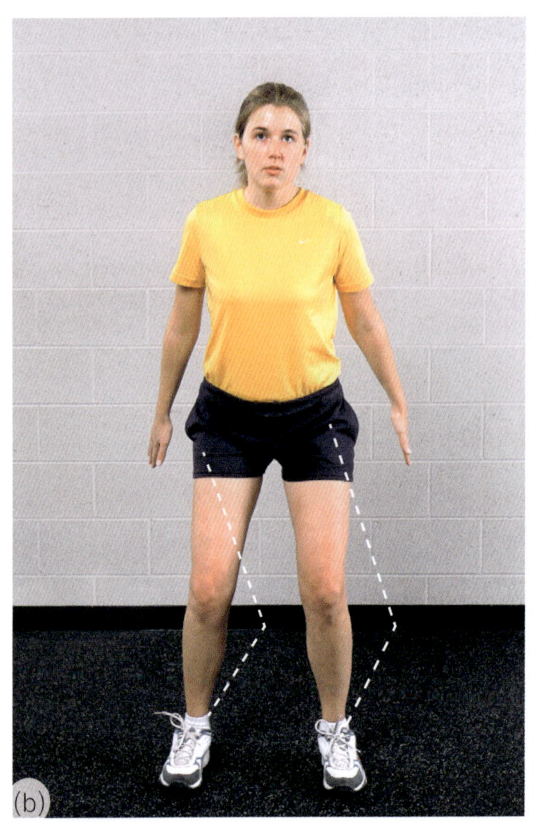

图 17.1 正确的快速伸缩复合训练落地姿势：（a）肩膀和膝关节在一条线上，这有利于将身体重心放在身体的支持点上；（b）膝关节与脚在一条线上，没有外翻（左侧虚线）或内翻（右侧虚线）偏差

上肢的异常都可能在快速伸缩复合训练中增加运动损伤风险。特别是对有肌肉拉伤、病理性关节松弛或脊髓功能障碍史（包括椎间盘功能障碍或压迫性损伤）[48, 49] 的客户进行快速伸缩复合训练时，私人教练应小心谨慎[60, 99]。有这些病史的客户在开始快速伸缩复合训练之前应该获得执业医师的医学许可。任何先前存在的伤病都有可能需要私人教练改变快速伸缩复合训练的方案。例如，髌骨疼痛的客户可能无法不疼痛地深蹲，故不应该进行深蹲等高强度快速伸缩复合训练。在开始任何快速伸缩复合训练之前，客户应能够承受日常生活中的运动，且无疼痛或关节肿胀的情况[19]。

骨质疏松症、关节炎或糖尿病等疾病可能不会对快速伸缩复合训练产生良好的反应。私人教练应在对客户进行快速伸缩复合训练之前要求客户接受正式的体检。他们应该充分了解客户的病史，确保客户有执业医生出具的近期体检证明[104]。

身体特征

客户的身材是一个有必要注意的特征。体重超过 100 千克的客户在进行快速伸缩复合训练时运动损伤的风险可能增加[84, 104, 114]。较大的体重会增加关节的压缩力，这些客户的下肢关节受伤的风险较高。体重超过 100 千克的客户应避免大重量、高强度的快速伸缩复合训练。鉴于同样的原因，体重超过 100 千克的客户不应进行高度大于 46 厘米的深跳[84, 104, 114]。次最大强度步行等快速伸缩复合训练是替代高强度快速伸缩复合训练的一种很好方法。快速伸缩复合训练应该仅限于包含双腿起跳的练习，只有当客户已熟练掌握双腿起跳时才能进阶到单腿跳练习。

设备与设施

除客户的健康水平外，客户进行快速伸缩复合训练的场地和使用的器材也可能对安全性产生重大影响。

落地地面

为预防损伤，下肢快速伸缩复合训练的落地地面必须有足够的减震性能，但也不能太软，以便能显著加快离心阶段和向心阶段的转换。草地、草皮、橡胶垫都是很好的选择[22, 60, 78, 104]。客户可进阶至在较硬的地面上训练，以更快地激发能量反馈[62]。混凝土、瓷砖和硬木之类的地面没有足够的减震性，不建议使用[60, 78]。在这些地面上练习会导致各种下肢损伤。过厚［大于或等于 6 英寸（约 15 厘米）］的训练垫和迷你蹦床可能会延长缓冲阶段，阻碍人体有效利用牵张反射。

训练场地

客户所需要的空间大小取决于训练方式。有些训练可能需要 109 码（约 91.4 米）的直道，大多数跳跃和跑动训练至少需要 33 码（约 31.2 米）的直道。对于大多数直立的训练，如跳箱和深跳，只需很小的一片场地，但需要有足够的高度［9.8 ～ 13.2 英尺（3 ～ 4 米）］。

器材

用于跳箱和深跳的箱子必须坚实稳固，顶部防滑，四面封闭。箱子也应尽量避免有尖锐的棱角。箱子的高度应为 6 ～ 42 英寸（15 ～ 107 厘米）[3, 26, 50, 65, 73]，落地地面的面积至少为 18 英寸 ×24 英寸（46 厘米 ×61 厘米）[22]。箱子要由硬木［如 3/4 英寸（约 2 厘米）厚的胶合板］或厚金属板材制成。为进一步减少受伤风险，落地表面防滑的方法有：（1）添加防滑踏面，（2）在所用跳箱的油漆涂层中添加沙子，（3）在箱子顶部贴上橡胶贴面[22]。

在快速伸缩复合训练中可将不同高度的塑料锥体［8 ～ 27 英寸（20 ～ 69 厘米）］用作跨越的障碍物。锥体是可灵活移动的，如果客户落地时踩到它们，不会对客户造成伤害[22]。楼梯、看台和体育场的台阶也可用作快速伸缩复合训练场地。客户在开始活动之前，必须确

参加快速伸缩复合训练计划的最低要求

- 每次训练中采用正确的技术
- 至少 3 个月的抗阻训练经验
- 力量、速度和平衡能力满足训练水平的要求
- 身体部位近期没有受伤

保可在这些地方安全跳跃。如前所述，水泥地面太坚硬，因而水泥台阶不是首选[22]。药球可以用于上肢的快速伸缩复合训练，也可以配合进行一些下肢的训练。这些药球应该易于抓握、结实耐用，且有不同的重量[22]。

合适的鞋子

快速伸缩复合训练要求鞋子对脚踝和足弓有良好的支撑作用和侧向稳定性，鞋底要宽且防滑[84, 114]。鞋底过窄和上部支撑不良（如跑鞋）可能使踝关节出现问题，尤其是训练包含大量侧向移动时。

监督

除已经提到的安全因素之外，私人教练必须严密监督客户，确保其在训练中使用正确的技术。快速伸缩复合训练在正确执行的情况下并不危险，但是，与其他运动形式一样，技术不佳可能导致客户不必要地受伤。对于私人教练来说，尤为重要的是在下肢训练中观察客户的起跳和落地技术动作。私人教练还必须指导客户避免进行过度的膝关节侧向运动（例如内翻和外翻，见图17.1），使他们尽可能减少在地面上的时间。客户的膝关节应该与第二和第三脚趾处于一条线上，不应超过它们（在它们前面）。训练时缓冲阶段应尽可能短。如果客户违背这些规范，则要降低训练强度，使客户可以准确地完成每个练习。本章末列出了每个练习常见的技术错误。

制订快速伸缩复合训练计划

制订快速伸缩复合训练计划类似于制订抗阻训练和有氧训练计划[46]。在评估客户的需求后，一个设计良好的训练计划必须包含模式、强度、频率、持续时间、恢复、循序渐进和热身。但是，很少有研究界定快速伸缩复合训练计划的最佳计划变量。除现有研究外，私人教练在设计快速伸缩复合训练计划时必须借鉴制订抗阻训练和有氧训练计划的方法和实践经验。当客户对训练量、频率或强度有异议时，私人教练最好谨慎行事[62]。后文的指南有一部分基于研究成果[20, 21, 22, 23, 25, 26]以及美国国家体能协会的声明[84]。

需求分析

与其他训练模式一样，当在训练计划中加入快速伸缩复合训练时，私人教练必须进行需求分析，评估客户当前的能力。具体而言，私人教练应确定客户的个人需求和体育活动和生活方式的要求。下列因素的组合有助于分析客户需求。

- **年龄**——客户的年龄是否会使其容易受伤，从而阻碍快速伸缩复合训练？
- **训练经验和当前的训练水平**——客户是否曾进行过抗阻训练？如果是，他一直在进行何种类型的训练？他曾参加过快速伸缩复合训练吗？如果参加过，什么时候参加的？
- **伤病史**——客户近期受过伤吗？他受的伤可能会影响他参加快速伸缩复合训练吗？
- **体测结果**——客户当前的能力与肌肉爆发力有什么关系？
- **训练目标**——客户想要提高什么？某个特定的动作（例如投掷）？特定的运动技巧（例如排球扣球）？工作活动

（例如装卸货物）？

- **客户在工作（或从事的活动）中受伤的概率**——客户在工作中的受伤风险是什么？该工作（如学生或办公室工作人员）是否缺乏运动？该工作（如壁球运动员或建筑工人）需要不断变换方向吗？如果该工作是动态的，那么客户是否具备相应体力？

案例研究 17.1 展示了快速伸缩复合训练需求分析的一种形式。案例研究 17.2 是这 6 位客户每人的方案，用于说明如何制订计划。

模式

快速伸缩复合训练模式由正在进行某种训练的身体部位决定。例如，深跳是下肢快速伸缩复合练习，药球胸前传球是上肢快速伸缩复合练习。

下肢快速伸缩复合训练

下肢快速伸缩复合训练适合参加任何体育活动（包括足球、篮球、棒球和非竞技体育活动），或需要肌肉爆发力以及快速变向的客户。这类活动要求参与者在最短时间里产生最大爆发力。足球和篮球要求运动员在对抗中快速、有力地移动和变向。篮球运动员为争抢篮板球必须反复跳跃，因此一名打篮球的客户会大大受益于快速伸缩复合训练计划。

下肢快速伸缩复合训练让客户的肌肉在短时间内产生更大的力量，因而可使人跳得更高。各种各样的下肢快速伸缩复合训练，有不同的强度水平和方向性动作。表 17.3 中有不同类型的下肢快速伸缩复合训练方法，按照强度从低到高依次排列。

上肢快速伸缩复合训练

某些体育活动需要人们做出快速、

案例研究17.1

快速伸缩复合训练的需求分析

运动客户 A　一名健康的 30 岁男性，生活中非常热爱运动，参加过基督教青年会篮球联赛。目前正在进行抗阻训练，2 年前开始进行快速伸缩复合训练。身高 183 厘米，体重 200 磅（约 90.7 千克），垂直纵跳高度为 16 英寸（约 40 厘米），1RM 深蹲 180 磅（约 81.6 千克）。他希望：

1. 增加垂直纵跳高度，提升争抢篮板球的能力；
2. 在操场上更快地奔跑和变换方向。

运动客户 B　一名健康的 28 岁女子垒球速投运动员，在过去的 5 年里打第一垒，但正在向外场转移。她每周进行 1 或 2 次举重训练，循环举重训练计划包含上肢训练和下肢训练。身高 160 厘米，体重 125 磅（约 56.7 千克）。测试显示，她 1RM 卧推为 60 磅（约 27.2 千克），垂直纵跳高度为 11 英寸（约 28 厘米）。她要求提高：

1. 防守正确区域的能力;

2. 手臂力量，有助于将球投进场内。

工作客户A 一名35岁的消防队员正参加抗阻训练计划，每周5次，训练上肢和下肢。6个月前开始进行快速伸缩复合训练。身高188厘米，体重225磅（约102.1千克）。40码（约36.6米）冲刺跑时间为5.3秒，1RM深蹲为225磅（约102.1千克），垂直纵跳高度为20英寸（约51厘米）。除必要的心血管系统训练外，他要求提高:

1. 举重能力;

2. 携带消防软管奔跑的速度。

工作客户B 一名40岁的女仓库工人，在过去的两个月内一直难以抬起箱子，并放在肩部以上的货架上。她没有抱怨过疼痛，公司的医生已排除了肌肉骨骼功能障碍。身高178厘米，体重150磅（约68.0千克）。她的1RM卧推估算值为70磅（约31.8千克），1RM深蹲估算值为135磅（约61.2千克），垂直纵跳高度为13英寸（约33厘米）。她未曾参加过抗阻训练。她想要私人教练协助她提高:

1. 手臂力量，尤其把箱子放在货架上时;

2. 腿部力量，有助于举起较重的箱子。

损伤预防客户A 一名健康的14岁女足球运动员，正准备参加高中足球队选拔赛。身高170厘米，体重110磅（约49.9千克）。她未进行过1RM测试，垂直纵跳高度为12英寸（约30厘米）。她父母担心她在跟年龄比她大得多的女孩比赛时受伤。尽管她在过去的6个月内一直参加一般性的抗阻训练计划，但未曾参加过快速伸缩复合训练计划。她父母要求帮助其女儿:

1. 降低损伤风险;

2. 塑造体形。

损伤预防客户B 一名55岁大师级水平的女网球运动员，经长达一年的修整后重返赛场，担心自己“落后”和受伤。她未曾受过任何严重的损伤。身高168厘米，体重150磅（约68.0千克）。体测显示1RM深蹲估算值为140磅（约63.5千克），垂直纵跳高度为10英寸（约25厘米），40码（约36.6米）冲刺跑成绩为7.0秒。过去的4个月内她一直在进行抗阻训练。她希望:

1. 提高向球网奔跑的速度;

2. 降低损伤风险。

强有力的上肢动作，包括高尔夫、棒球、垒球和网球。例如，一名棒球投手通常掷棒球的速度达 80 ～ 100 英里 / 时（128.7 ～ 160.9 千米 / 时）。要达到此量级的速度，投手的肩关节必须每秒移动超过 6 000 度[36, 44, 47, 90]。尽管还需进一步的研究证实快速伸缩复合训练在预防运动损伤方面的作用，但肩关节的快速伸缩复合训练不仅可提高投掷速度，还可预防肩关节和肘关节的运动损伤。

上肢的快速伸缩复合训练不能像下肢那样经常进行，相关的研究还不够彻底。尽管如此，它们对需要上肢爆发力的运动员来说还是非常重要的[87]，并且对需要较高上肢力量水平的客户有一定帮助。上肢快速伸缩复合训练包括药球的投掷、抓接和推起的各种变式练习。

强度

快速伸缩复合训练的强度是指训练期间由肌肉、结缔组织和关节施加的力量大小，由训练类型和移动距离（如跳跃高度）控制（表 17.3）[19, 22, 43]。快速伸缩复合训练的强度范围包括对关节施加较少压力的低水平跳跃到对主动肌和关节产生巨大压力的高水平深跳（表 17.4）。强度应由客户的身体对负荷的承受能力和在训练中保持正确技术的能力共同确定[19]。如果技术不正确，私人教练应降低训练强度，直到客户进行训练时能够保持正确的技术。

客户刚开始训练时，训练强度应该保持低水平。原地双腿跳、立定双腿跳和简单的跳跃运动适合此类客户。青年和青少年客户应从 1 组或 2 组，每组重复 6 ～ 8 次开始，确保每组动作的质量[42, 43]。如果难以完成，最好降低青年客户的体能评估值，并减少重复次数。当客户准备进入更高阶的训练时，应重点强调确保技术正确，预防运动损伤，而不要过度注重增加强度。强度可以通过增加跳箱的高度或深蹲跳的平台高度、增加跳跃距离、结合像单腿起跳等更高阶的训练来增加。水平非常高的客户可使用轻量级的负重或负重背心（表 17.5）。重要的是要记住，如果离心阶段的负荷过大，强度过高，会使缓冲阶段时间增加，从而抵消快速伸缩复合训练的效益。

表 17.3　下肢快速伸缩复合训练

跳的类型	定义	示例
原地跳	在同一位置起跳和落地，重复进行，跳跃动作之间没有休息	蹲跳、团身跳、分腿蹲跳
立定跳	包含垂直和水平方向的最大力跳跃，重复动作之间需要休息	双腿垂直跳高、立定跳远、向前障碍跳
重复单腿跳或双腿跳	常为原地跳和立定跳的组合形式，多次重复	双腿跳、向前障碍跳
弹跳	动作幅度和水平速度均高于其他训练，弹跳的训练量通常用距离来衡量，一般大于 30 米	跳跃和换腿弹跳、侧向弹跳

续表

跳的类型	定义	示例
跳箱	在一个箱子上多次跳上跳下，箱子的高度取决于客户的体形、落地地面和训练计划的目标	跳上箱子、跳下箱子
深跳	客户位于箱子上，跳下、落地并立即垂直、水平跳起，或跳上另一个箱子	深跳，再跳上第 2 个箱子

表 17.4 快速伸缩复合训练的强度序列

低强度	中等强度	高强度
脚踝翻转	双腿团身跳	深跳
跳跃	双腿跳	单腿跳
立定跳远	分腿蹲跳	侧向跳
双腿垂直跳高	换腿跳	
胸前传球	向前障碍跳	
跳上箱子	跳下箱子	
	深度俯卧撑	
	深度仰卧起坐	

表 17.5 影响下肢快速伸缩复合训练强度的因素

因素	提高快速伸缩复合训练强度的方法
接触要领	从双腿支撑过渡到单腿支撑
速度	提高训练中的动作速度
添加多重反应	减少落地停顿，减少缓冲阶段的时间
训练高度	增加训练高度以升高重心（如深跳）
参与者的重量	增加重量（如使用负重背心，给踝关节、腕关节加沙袋等形式）
训练距离	增加训练中水平方向的距离也可以提高强度

频率

频率是每周快速伸缩复合训练课程的次数，这取决于客户的年龄、能力以及目标[22]。频率通常与强度成反比[19]，随强度增加而减少，反之亦然。一周内可多次进行重复次数少的低强度快速伸缩复合训练。当前的研究显示，中等强度的快速伸缩复合训练最好每周 2 次，可提高跳跃能力、跳跃接触次数、最大向心和等长力量，以及 22 码（约 20.1 米）冲刺跑成绩[19, 33]。儿童和青少年客户最多每周进行 2 次不连续的快速伸缩复合训练。

恢复

许多私人教练不专注于调整训练频率，而是更多地依靠快速伸缩复合训练课之间的恢复时间（每次、每组和练习之间的时间）来进行调整[21, 22, 23, 25]。快速伸缩复合训练计划通常需要客户尽最大努力提高无氧功率，这就需要充分休息[19, 84, 114]。组间的时间间隔取决于训练与休息时间的恰当比例（例如 1 ∶ 5 或 1 ∶ 10）[22, 39, 104]，这要根据训练量和训练类型而定。也就是说，训练的强度越高，客户就需要更多的休息。例如，快速伸缩复合训练中跳跃的组间间歇短于深跳[22]。每次深跳之间的恢复时间为 5～10 秒，每组间为 2～3 分钟。

如果组间间歇较短，客户就不能最大限度地恢复，这样会削弱潜在的收益。快速伸缩复合训练是无氧运动，专门提高神经肌肉的反应能力、爆发力、敏捷性和在某个方向产生力量的能力[22, 97]。每一次快速伸缩复合训练都需客户尽最大努力、高质量完成才能有效[104]。一般来说，训练间 60～120 秒的休息时间应该可以让客户完全或接近完全恢复[98]。进行快速伸缩复合训练时，训练课之间常间隔 48～72 小时（即恢复时间）[21, 22, 23, 25, 104]。初学者至少需要 48 小时的休息时间，因此这个间隔比较适合他们[22]。大多数客户以这种常用的恢复时间，每周应能完成 1～3 次训练课。

训练量

快速伸缩复合训练的训练量是单次训练课进行的总运动量[19, 22]，常以 1 次训练课的重复次数和重复组数表示。通常，快速伸缩复合训练的训练量是每次训练的触地次数（每次 1 只脚、双脚一起或手触地面）[1, 19, 21, 22, 23, 25]，也可用距离表示，如快速伸缩复合的跳跃训练。例如，客户每次进行快速伸缩复合训练时可从双臂前进 33 码（约 30.2 米）开始，进阶至 109 码（约 99.7 米）[22]。下肢的快速伸缩复合训练的训练量随客户的条件（例如客户的年龄和目标，抗阻训练和快速伸缩复合

表 17.6 基于年龄和训练经验的一般快速伸缩复合训练指南

年龄	没有抗阻训练经验	总抗阻训练经验超过 3 个月	超过 3 个月的抗阻训练经验，包括爆发力训练	总抗阻训练经验超过 1 年	超过 1 年的抗阻训练经验，包括爆发力训练	有抗阻训练经验，没有快速伸缩复合训练经验	超过 1 年的抗阻训练和快速伸缩复合训练经验	在过去 1 年内有抗阻训练和快速伸缩复合训练经验
≤ 13	Nr*	Nr	Nr	Nr	Nr	Nr	Nr	Nr
14～17	Nr	40～60	40～60	60～80	80～100	40～60	60～80	80～100
18～30	Nr	60～80	60～80	80～100	100～120	80～100	100～120	120～140
31～40	Nr	40～60	60～80	60～80	80～100	60～80	80～100	100～120
41～60	Nr	40～60	40～60	60～80	60～80	40～60	60～80	80～100

注：训练量以脚触地（下肢快速伸缩复合训练）、扔与接（上肢快速伸缩复合训练）的次数表示，应根据各种影响因素确定开始的快速伸缩复合训练量。上表所列训练量可根据每个客户的目标和能力进行调整。
* Nr = 不推荐（即在此情况下，不对客户进行快速伸缩复合训练）。

训练的经验）不同而各异，不同条件下建议的训练量见表 17.6。上肢快速伸缩复合训练量常以每次训练投出和接住的次数表示。至于重复次数，建议每组 8～12 次，训练次数越少则训练强度越大。反之，训练次数越多则训练强度越小[98]。

初学者进行完整的快速伸缩复合训练课程不得超过 30 分钟，训练内容需包括充分热身和放松活动。高水平客户可进行较长时间的训练，但恢复时间较长[22]。快速伸缩复合训练的有效性不应取决于客户的疲劳感。以疲劳感作为指标常造成过度训练、疼痛和过度使用性损伤。训练质量，而非训练数量，产生了最大限度的爆发力增加[22, 104]。快速伸缩复合训练的训练量需与训练强度成反比。如果快速伸缩复合训练从低强度进阶到中等强度，脚触地的总次数就要增加。只有保持动作正确且无疼痛等不利影响的情况下，才可增加训练量[19]。

如果在日常训练中结合使用快速伸缩复合训练，应该在其他训练之前进行。为取得最大化的收益，必须正确进行训练。客户仅受益于正确进行的重复训练[22, 97]。如果在其他训练之后进行快速伸缩复合训练，高要求的训练会使先前疲劳的肌肉和肌腱会变得过度紧张，导致过度训练和损伤[98]

以上关于模式、强度、频率和恢复等的指导适用于案例研究 17.1 中介绍的客户。为这些客户制订的快速伸缩复合训练计划见案例研究 17.2。

循序渐进

快速伸缩复合训练是抗阻训练的一种形式，必须遵循循序渐进的超负荷原则，利用不同组合，系统性地增加训练频率、训练量和强度。通常来说，强度增大，训练量会减少，从低强度、中低训练量的快速伸缩复合训练，逐渐进阶至中高强度、中低训练量的快速伸缩复合训练。快速伸缩复合训练的循序渐进应该系统进行，以正确的落地姿势为起点。一旦正确掌握了落地技术，就可添加水平或垂直方向的训练来提高强度。在进行低强度快速伸缩复合训练计划时，应缓慢进阶，注重训练形式，如跳远、8 英寸（约 20 厘米）锥体双腿跳、蹲跳和分腿跳等[22, 98]。客户在完全适应快速伸缩复合训练的压力之前，应使用双腿进行所有的快速伸缩复合训练。中级水平的客户，包括接触过重量训练的高中生客户，可开始进行分腿跳或单腿跳之类的中等强度的快速伸缩复合训练。如果客户为成年人，精通中等强度的快速伸缩复合训练，且有抗阻训练的经验，就可在训练方案中加入高强度的快速伸缩复合训练，包括单腿快速伸缩复合训练、深跳以及有外部阻力的垂直或水平方向的训练[22]。

热身

正如任何训练计划一样，快速伸缩复合训练课必须从一般性和专门性热身开始（见第 12 章对热身的讨论）。一般性热身由低强度的慢跑或固定式自行车练习组成，快速伸缩复合训练的专门性热身应由低强度的动态运动组成，这些运动与快速伸缩复合训练的风格相似。对动态热身训练的介绍请见表 17.7，这些训练适合大多数客户。

表 17.7　快速伸缩复合热身训练

动态热身训练	描述
弓步	▪ 提高客户进入各种姿势的准备程度 ▪ 可以朝不同方向（比如前、斜、后）进行
脚尖慢跑	慢跑，脚跟不能触地
直腿慢跑	慢跑，保持膝关节伸直（或接近伸直）
后踢腿跑	慢跑，通过屈膝让脚跟向后抬高触及臀部
爆发性跳跃	采用大幅度的动作进行身体的上下运动
步法训练	各种训练都需要改变方向，比如往返跑、滑步、前交叉步、后退跑

案例研究17.2

快速伸缩复合训练计划示例

客户	模式	强度*	频率（每周上课次数）*	训练量*	针对特定活动的训练**
运动客户 A	下肢	中	2	触地 100 次	双腿团身跳 立定跳远 双腿垂直跳 跳上箱 跳下箱
运动客户 B	下肢和上身	低	1	下肢触地 60 次 上身投掷 20 次	立定跳远 双腿跳 双腿跨跳，爆发性跳跃 跳上箱，胸前传球
工作客户 A	下肢和上身	中～高	2	下肢触地 100 次 上身投掷 20 次	分腿蹲跳 立定跳远 双腿垂直跳高，单腿跳 跳上箱，胸前传球，深度俯卧撑
工作客户 B	尽管客户最终会从快速伸缩复合训练中受益，但因为她之前没有参加过抗阻训练计划，所以必须从抗阻训练开始，3 个月后逐步进阶到快速伸缩复合训练				
损伤预防客户 A	下肢	低	1	触地 40 次	分腿蹲跳 双腿垂直跳高，爆发性跳跃
损伤预防客户 B	下肢和上身	低～中	1	触地 40 次	分腿蹲跳，立定跳远 单腿跳，侧向跳

* 这些变量中的值仅代表初始水平，每一项都会根据客户的运动水平的提高而提高（参见案例研究 17.1）。

** 为每一位客户提供的具体练习内容主要基于客户的背景、目标和训练经验等，并不代表客户需要进行该示例中的所有练习。

快速伸缩复合训练计划必须包含训练计划的基本要素。经过需求分析，制订训练计划要考虑的变量包括模式、强度、频率、恢复、训练量、循序渐进和热身。

快速伸缩复合训练的起始水平

如果私人教练认为客户已经准备好进行快速伸缩复合训练，可进行几项测试确定客户的水平。客户应完成垂直纵跳、深跳、跳箱和药球投掷测试[97,98]。

让客户站在墙边，双脚平放于地面，进行垂直纵跳。客户手臂完全向上伸展，接触墙壁，该点为测试的基线。客户双脚起跳，在最高点触碰墙面。最初标记点和跳起最高标记点之间的距离就是该客户的垂直纵跳高度。客户应进行5次测试，取最好的3次成绩[97,98]。测试结果用于评估深跳的跳箱高度。

在进行深跳时，客户从不同高度的跳箱跳到稳固的地面或草地上。客户应该从12英寸（约30厘米）的箱子开始。在跳下箱子和落地之后，客户立即跳起，尝试触碰或超过垂直纵跳测试时的标记。箱子的高度应该不断增加6英寸（约15厘米），直到客户不能再跳到垂直纵跳的高度。每次跳跃之间休息1～2分钟。达到最大垂直纵跳高度时的箱子高度是客户练习时的高度。如果客户从12英寸（约30厘米）的箱子跳下后不能跳到垂直跳的高度，则降低箱子的高度，或不进行深跳，直到他足够强壮[22,97,98]。

私人教练可用跳箱测试确定跳箱快速伸缩复合训练的最大箱子高度。客户双脚平放，站在箱子的正前方，距离箱子一个手臂的距离。客户跳上箱子然后轻缓地落地。在每次成功试跳之后，可增加箱子的高度，直到客户感觉很难再跳上去。客户可以成功落地的最大高度应该是客户进行跳箱训练时的高度。垫子应该放在箱子周围，训练保护人员应该在场，以便在试跳不成功时保护客户[97]。

确定胸前传球的药球重量时，私人教练应让客户坐在直背座椅上，用腰带把客户系在椅子上。客户使出尽可能大的力量用已称重的药球进行胸前传球。如果药球传出距离超过12英尺（约3.7米），客户应该用较重的药球再试一次。如果药球传出距离小于10英尺（约3米），客户应该换用较轻的药球进行胸前传球[97]。

速度训练的力学和生理学机制

大多数运动依赖于执行速度，例如，无论客户是短跑运动员、越野跑运动员还是游泳运动员，是否成功都取决于在尽可能短的时间里完成既定任务的能力。速度训练一直被认为可以改善运动能力。实际上，很难将后文所述的许多理念纳入不参与运动的人的训练计划中。例如，提高足球运动中的速度和棒球跑垒训练的适当性是显而易见的。但很难想象提升工作环境中的速度训练，也很难将其作为一种适宜的训练模式供私人教练选择。尽管后文主要以运动员为例，但也有一些适用于非运动员群体的训练方法。

速度训练的定义

速度训练的基础是以不同的方式，在最短的时间内施加最大的力量。简单而言，如果客户想要更快地移动，当他们的脚在地面上时，必须拥有爆发力。速度—力量是指在高速下施加最大力量的能力。在有阻力和无阻力的情况下通过快速运动提高速度—力量与提高肌肉爆发力的方式在本质上是相同的[109, 110]。实例包括举重类的动作模式（如膝上高翻、膝下高翻、抓举）和快速伸缩复合训练，每种训练模式都要快速进行，通过释放储存的弹性势能和利用牵张反射来增强肌肉力量。要提高速度—力量，训练计划要依靠爆发性训练，避免要求慢速运动的训练[105]。

速度—耐力是在较长持续时间（通常长于 6 秒）内保持奔跑速度的能力[37]。发展速度—耐力有助于防止客户在最大速度下降低速度。设想一名足球运动员在突破时被后面的人追上，或一个步行的警察无法追上逃跑的嫌疑人。这都表明他们的速度—耐力不佳，也就是说，这些人由于疲劳会跑得慢，或不能加速。

冲刺跑技术

技术评估是评估动作效率时以及提高速度的训练中的重要工具。第 14 章已介绍了奔跑的基本技术。虽然速度跑与冲刺跑类似，但训练方法大相径庭。像跑步一样，虽然有各种不同的进行方式，但冲刺是一种比较自然的活动。由于此种自然的属性，技术训练应首先关注优化形式和纠正错误[24]，通常不必让客户形成一套全新的动作模式。私人教练需特别纠正双腿和双臂的错误运动形式和姿势。因此，最高冲刺跑速度取决于身体姿势、双腿和双臂动作的结合［图 17.2（a）和（b）］[35, 51, 61, 74, 92, 103]。

(a)

(b)

图 17.2 正确的冲刺技术：（a）最初加速时，身体向前倾约 45 度；（b）然后快速直立，向前倾斜小于 5 度

姿势

在13～16码（11.9～14.6米）冲刺跑的加速阶段，身体应前倾约45度。当私人教练观察客户加速时，下肢与脚之间的角度应远大于其以最大速度奔跑时的角度。在加速13～16码（11.9～14.6米）后以最大速度奔跑时，客户应迅速直立，身体倾斜度小于5度（地面以上部位倾斜，不是腰以上部位倾斜）。身体直立而放松，头、躯干和腿要始终对齐。虽然常将冲刺跑视为一种受控制的下降，但更准确而言是一系列的"发射性的步伐，身体像抛射物一样反复向前发射"[95]。头部应该放松，运动幅度最小，双眼应平视前方。

腿部动作

文献中描述的冲刺跑技术的两个主要阶段是发力阶段和恢复阶段[28]。在发力阶段或支撑阶段，髋关节伸肌（臀大肌）发力，主导脚落在脚前掌侧面，就在客户重心前面一点。在前行时，股四头肌必须收缩以防膝关节过度屈曲，造成弹性势能损失。踝关节应保持背屈，脚尖伸展。然后臀肌和腘绳肌收缩，让客户自己越过身体重心。当髋关节越过脚时开始跖屈，直到脚尖完全离地。当进行爆发性的腿部运动时，触地时间越短越好。

当脚完全离地时进入恢复阶段。客户一进入冲刺跑的恢复阶段，必须马上使踝关节背屈，脚尖伸展。这时可将腿置于适当位置，从而在脚触地后，地面可推回身体。客户可利用地面的反作用力向前行进。脚在地上的时间太长，会吸收过多的地面反作用力，而这些力本来可以用来帮助客户更高效地移动[91]。他必须屈曲膝关节，使脚向臀部移动。这有助于缩短杠杆，使腿更快地向前摆动[28, 91]。当脚跟向臀部移动时，腿向前摆动，好像客户试图越过对侧的膝关节。膝关节然后伸展至约呈90度角，接着在脚向下、向前移动过程中髋伸肌群向地面方向施力，膝关节伸展至接近直线。提高冲刺跑速度会增加脚向臀部移动的高度（脚跟向上踢）。

奔跑中常见的错误是脚跟过渡到脚尖而不是支撑脚的侧面落地。这会导致失去平衡，下肢结构对地面反作用力的吸收不充分，长期会造成腘绳肌损伤[28]。如果客户缺乏灵活性，也很难将脚跟踢向臀部。

手臂动作

手臂保持放松，屈肘约呈90度角[28, 91]。手臂要积极主动地从前向后摆动，这一动作源于肩膀在额状面内进行的幅度最小的运动。手臂动作必须积极主动地向后捶打或冲压，动作要与腿部动作相反，以保持平衡，为腿部提供动量[28, 91]。如果客户的手臂积极主动地向后用力，会激活肩部的牵张反射，自动推动手臂向前。向前摆动时，手要举到与肩部水平，后摆时应该超过臀部。

手臂摆动的常见错误包括：（a）上臂锁定，仅移动前臂，而不是以肩关节为轴进行运动；（b）手臂越过身体的中线；（c）手臂摆动距离不当；（d）关注手臂向前的动作，未注重向后的动作[91]。如果客户的手臂越过身体的中线，上半身会出现旋转，发生减速。至于手臂摆动的距离，客户常把手伸过肩膀，或手后摆不足，未及臀部就停下来了。

加速

一般而言，客户需加速 13 ～ 16 码（11.9 ～ 14.6 米）才能做到正确的动作。在最初几米内，客户应注重增加速度和步幅。脚起初在身体后面，而不在重心前面，但在 13 ～ 16 码（11.9 ～ 14.6 米）后，此状况迅速改变。此外，客户将增加身体的倾斜度，更多地关注发力阶段，而不是恢复阶段[27, 28]。这种身体倾斜度增加的姿势使客户更加注重正面跑步技巧（即抬膝、背屈），较少注重背面的技巧（即跖屈、脚跟向臀部靠近）。

冲刺跑时，应保持短暂的支撑时间，使触地制动力最小，下肢向后和脚触地时的速度最大。最高冲刺跑速度取决于身体姿势、双腿和双臂动作的结合。

制订速度训练计划

与制订快速伸缩复合训练计划一样，对制订速度训练计划的研究很少，必须以实践经验作为指导。私人教练可以用常见的设计变量制订一份安全而高效的速度训练计划，以提高客户的速度。

模式

速度训练的模式取决于特定练习旨在改善的速度特征。速度训练关注 3 个方面：运动形式、步频和步幅。许多方法都可提高冲刺跑技术，例如提升冲刺跑能力、步幅分析以及特定形式的训练。本章末尾提供了旨在改善动作的训练。动作形式训练的速度较低，故不应取代实际的冲刺跑训练。动作形式训练最好包含在热身活动中[28]。

进行跑速分析时，步频和步幅有着密切联系。一般而言，步频（一定时间内跨步的次数）和步幅（每步所跨的距离）增加，速度就会提高。在开始阶段，速度高度依赖步幅。步幅训练有助于改善冲刺跑运动员的跨步节奏[29]。私人教练首先应测试客户的腿长，即从大转子到地面的距离，将女性的测试结果乘以 2.3 ～ 2.5 倍，将男性的测试结果乘以 2.5 ～ 2.7 倍，得出客户的最佳步幅。例如，如果男性客户腿长 36 英寸（约 76 厘米），那么最佳步幅就是 90 英寸（约 230 厘米）。尽管训练应从最佳步幅的 60% ～ 105% 开始，但私人教练应标记最佳步幅距离，使客户在训练中有落脚的目标。以 90 英寸（约 230 厘米）的最佳步幅为例，90 英寸（约 230 厘米）的 60% 是 54 英寸（约 137 厘米），90 英寸（约 230 厘米）的 105% 是 94.5 英寸（约 240 厘米）。步幅训练应将 54 ～ 94.5 英寸（137 ～ 240 厘米）作为每步的距离。

随着冲刺跑速度的增加，频率成为较重要的变量[79, 88, 89, 104, 119]。在这两个组成部分中，步幅高度依赖于身高和腿长，步频可能更具可训练性[79, 81]。进行快速腿部训练、**冲刺跑辅助性训练**（跑步速度大于客户能独立达到的速度[31]）以及抗阻冲刺跑训练[29]后，步频常常增加。进行冲刺跑辅助性训练时，速度会超过最大值，客户的步频被迫高于平常的训练习惯。假定客户的步幅与常规冲刺跑训练相同，步频增加将使他们跑得更快。冲刺跑辅助性训练的训练方法包括下坡冲刺跑（坡度为 3 ～ 7 度）、高速牵引训练以及使用高速跑步机。不管使用何种方法，冲刺跑辅助性训练的速度增加量不应超过客户最大速度的 10%。

冲刺跑辅助性训练是一种进阶训练，需要私人教练仔细指导和示范，客户需要清楚理解。冲刺跑辅助性训练可改变客户的运动方式，影响无辅助奔跑。每次训练前都应进行适当热身。

抗阻冲刺跑训练用于帮助客户增加步幅以及速度—力量，在支撑阶段增加客户的地面作用力[32, 35, 40, 51, 56, 61, 67, 71, 100]，这是决定冲刺跑速度的最重要因素[105]。在保持动作正确的情况下，客户可进行上坡冲刺跑，在沙子或水中跑，或对抗雪橇、弹力带、训练伙伴或降落伞的阻力进行冲刺跑[29, 31, 80]。抗阻冲刺跑训练特别适用于提升冲刺跑的加速度[32]。抗阻牵引和上坡跑会增加直立行进阶段躯干的倾斜度、直立的持续时间和水平力量，可大幅提升冲刺跑加速度，是两种效果很好的训练方式[32, 53]。抗阻冲刺跑训练的外部阻力增加不应超过 10%[95]。当客户的目标是提高加速度时，私人教练应该用更大的阻力；当客户的目标是提高最大速度时，私人教练应该用更小的阻力[32]。太大的外部阻力可能会改变客户跑步的力学形式（即增加触地时间、减小步幅或降低髋关节伸展度），降低训练收益[29]。一个衡量训练阻力大小的测试是用等于或小于客户体重 15% 的外部负荷。另一种衡量阻力大小的方法是观察运动表现。如果客户的运动表现下降超过 10%，说明使用的负荷太大了，会对冲刺跑技术产生不良影响。抗阻冲刺跑训练的距离应相对较短，可以在 11 ～ 33 码（10.1 ～ 30.2 米）之间[85]。

与其他大多数速度训练技术一样，抗阻冲刺跑适用于想提高速度—力量的客户。但是，在非运动员客户的步态训练中增加阻力也可能促进能力改善。例如，对于一名 70 岁的客户来说，在走路时系上弹力带施加阻力可改善他的上坡能力，或者增加其走路时的自信心，预防摔倒，降低受伤风险。让一名建筑工人推负重的器械或用雪橇施加阻力进行训练，可提升他推动一辆装满水泥的推车的能力。

虽然几乎所有的客户都可进行运动形式训练，但冲刺跑辅助性训练和抗阻冲刺跑训练对有些人来说可能要求太高。较常见的速度训练模式是间歇冲刺跑，大多数客户都能轻松进行。客户在一定距离内或预定时间内尽可能快地进行冲刺跑（或奔跑，这取决于个人能力），然后休息。在休息后，客户重复一次。在进行间歇冲刺跑时，用休息的次数进行调整，使客户保持较高强度的工作周期（即冲刺—跑—走）[45]。

强度

速度训练的强度是指进行一定训练时对体力的要求，由训练类型和距离共同控制。速度训练有低水平的运动形式训练、对身体施加很大压力的冲刺跑辅助性训练和抗阻冲刺跑训练。冲刺跑训练应以接近最大速度的速度进行，以确保保持正确的冲刺跑动作、步幅和步频[29]。私人教练应根据客户的目标确定训练距离。加速度训练要求距离短，但最大速度训练要求距离长[29]。

频率

频率指每周进行速度训练课程的次数，取决于客户的目标。与训练计划的其他变量一样，对频率的研究仅限于速度训练的最佳频率，私人教练在确定合适的频率时，必须依靠实践经验。参加体育运动的运动员常常每周进行 2 ～ 4 次的速度训练，非运动员客户可受益于每周 1 ～ 2 次的速度训练。

恢复

速度训练需要以最大努力提升速度和无氧爆发力，因此需要完全而充分（次间和组间的时间）的恢复，以确保每次重复都能尽最大努力[84, 114]。次间间歇由适当的工作与休息时间的比例确定（例如从 1∶10 ～ 1∶5），具有由训练量和训练类型决定的专属性。也就是说，训练的强度越高，客户需要的休息时间越长。运动形式训练的恢复时间可能最少，递减跑的重复次数之间的休息可能需持续 2 ～ 3 分钟。尽管为确保每次重复都尽最大努力，最好让客户接近完全恢复，但让客户在不完全恢复的情况下进行速度训练实际上也是有益的，这可能更接近他们必须完成的任务类型。但始终在疲劳状态下进行速度训练不会产生最佳效果[113]。实际上，在疲劳状态下持续的训练可能会减慢客户的速度，因此这会教会客户的身体以较慢的速度运动。它也会干扰身体的协调性，导致训练速度变慢。训练后的恢复应持续 24 ～ 48 小时，这取决于之前冲刺跑训练的强度。

训练量

速度训练的训练量通常指一次训练中的次数和组数，常以距离表示。例如，一个刚开始进行速度训练计划的客户可先从每次 33 码（约 30.2 米）的冲刺跑开始，再进阶到每次 109 码（约 99.7 米）的相同训练。与强度一样，速度训练的训练量应该依据客户的目标而定。

循序渐进

速度训练必须遵循循序渐进的超负荷原则，即通过不同的组合形式系统地增加训练频率、训练量和训练强度。通常，训练强度增加，训练量会降低。训练计划的强度应该按以下方式循序渐进。

1. 低至高训练量的低强度速度速度训练（例如固定摆臂）。
2. 低至高训练量的中等强度速度训练（例如向前障碍跳）。
3. 低至高训练量的中等至高强度速度训练（例如下坡冲刺）。

热身

与其他训练计划一样，速度训练必须从一般性热身和专门性热身开始（见第 12 章关于热身的讨论）。速度训练的专门性热身应包括低强度的动态运动。掌握后，可在热身活动中加入本章末尾介绍的许多训练形式。

速度训练的安全注意事项

和其他训练模式一样，速度训练虽然原本不危险，但会使客户处于受伤的风险之中。速度训练中的损伤通常是由力量或灵活性不足、指导或监控不到位或训练环境不合适导致的。

训练前评估

为降低进行速度训练计划时受伤的

风险，客户必须掌握正确的技术，并拥有足够的力量和柔韧性基础。除此之外，客户必须为参加速度训练计划做好充分的准备。下面的因素将有助于确定客户是否符合这些条件。

身体特征

正如其他形式的训练一样，私人教练有必要在客户开始训练计划之前测试和检查关节结构、姿态、体形和之前的损伤。先前的损伤或脊柱、下肢和上肢的异常，会增加客户在参加速度训练计划时受伤的风险。私人教练关注的应是腘绳肌的柔韧性和力量，因为当不在训练平面上的摆动腿从肌肉离心收缩向向心收缩转换时，在几乎是瞬间的肌肉向心收缩动作后，腘绳肌必须准备经受极度牵拉（在动作的离心阶段）。如果这块肌肉没有（通过力量和柔韧性训练）准备好，客户很有可能受伤。

技术与监督

当客户即将进行速度训练时，私人教练演示、监控动作模式和冲刺跑技术是非常重要的，如前所述，这样才能使训练的效率最高，并尽量降低损伤风险。正确的技术动作可确保客户高效而更快地奔跑，技术动作不正确不仅会降低客户的速度，还会使他由于组织负荷过大而容易受伤[28]。对于进行监督的私人教练来说，身体姿势和手臂和腿部动作尤为重要，需要仔细观察。如果客户的动作不正确，必须降低强度，使客户能准确地完成每项训练。本章末尾列出了每项训练的常见错误。

训练地面与鞋子

除客户的体能、健康和技术状况外，速度训练的场地也会极大地影响训练安全。为预防运动损伤，用于速度训练的落地地面必须具备足够强的吸收冲击力的性能，但吸收性能也不能太强，否则会明显增加拉长—缩短周期中离心和向心阶段之间的转换时间。草地和橡胶垫都是较好的选择。要避免使用过厚的训练垫［6英寸（约15厘米）及以上］，这会延长缓冲阶段，让客户不能充分利用牵张反射。除此之外，鞋子要能很好地支撑踝关节和足弓，鞋底应宽而防滑[84, 114]。

将快速伸缩复合训练和速度训练与其他运动形式相结合

快速伸缩复合训练和速度训练仅仅是客户整个训练计划的一部分。许多运动和活动会使用多个能源供应系统或需要其他的训练形式，以使运动员为比赛做好准备，或帮助他们实现目标。一个精心设计的训练计划必须处理好每个能量系统和训练需求之间的关系。

抗阻训练、快速伸缩复合训练和速度训练

私人教练结合快速伸缩复合训练、速度训练和抗阻训练时需要认真考虑，以优化恢复时间、使运动表现最优化。下文及表17.8为制订一个结合了不同但又相互补充的训练模式的计划提供了大概的指导。

表 17.8　结合抗阻训练、快速伸缩复合训练和速度训练计划的示例

时间	抗阻训练	快速伸缩复合训练	速度训练
周一	上肢	下肢	休息
周二	下肢	上身	休息
周三	休息	休息	技术和冲刺跑辅助性训练
周四	上身	下肢	休息
周五	下肢	上身	休息
周六	休息	休息	技术和冲刺跑辅助性训练
周日	休息	休息	休息

- 一般来说，客户在同一天要么进行下肢的快速伸缩复合训练、速度训练，要么进行下肢的抗阻训练，不得在同一天进行两种或两种以上类型的训练。
- 将下肢的抗阻训练与上身的快速伸缩复合训练结合，将上身的抗阻训练与下肢的快速伸缩复合训练结合比较合适。
- 通常不建议在同一天进行抗阻训练和快速伸缩复合训练[17, 56]。然而，有些运动员可能受益于复杂训练，即抗阻训练和快速伸缩复合训练的组合，在快速伸缩复合训练后进行高强度抗阻训练。如果某人正在进行这类训练，那么在快速伸缩复合训练和其他高强度下肢训练，包括速度训练之间充分休息是非常重要的。
- 传统的抗阻训练可结合快速伸缩复合训练动作进一步增强肌肉爆发力[117, 118]。例如，进行外部阻力约为 30% 1RM 的深跳[117, 118]。这是一种高阶的复杂训练形式，仅能由曾参加过高强度快速伸缩复合训练计划的客户进行。

快速伸缩复合训练与有氧训练

大多数运动和体育活动需要人拥有爆发力和有氧运动能力。私人教练有必要结合多种训练类型使客户为这些运动类型做好充足的准备。由于有氧训练可能对给定训练阶段的爆发力产生负面影响[17]，建议在进行较长时间的有氧耐力训练之前先进行快速伸缩复合训练。设计变量不变且应相互补充，以最有效地帮助运动员为比赛做好准备，或帮助客户实现他的目标。实际上，近期的研究表明，快速伸缩复合训练可以改善长距离跑的运动表现，降低损伤的发生率[30, 106, 115]。在不进行跑步的训练日增加低强度的弹跳类训练，也可改善长距离跑的运动表现。

在总体训练计划中应加入快速伸缩复合训练，包括力量训练和有氧训练。尽管速度训练可结合快速伸缩复合训练和抗阻训练，但需要仔细规划，使恢复和运动表现达到最佳。

结语

快速施力并向主动肌提供超负荷的能力是快速伸缩复合训练的主要目标，这有益于大多数体育活动和工作。此外，由于参加竞技运动和休闲运动的客户在运动中需要具备快速移动的能力，速度训练是训练计划中另一个重要组成部分。每一种训练形式都需要在最短的时间里向地面正确发力。如果用力不充分或需要长时间发力，就会丧失有效加速、变向或超越对手的能力。

除提高在运动中取得成功的潜力外，速度训练，尤其是快速伸缩复合训练还可改善工作能力或降低受伤风险。许多职业要求员工更快地举起或移动大型物体，或在其他方面完成爆发性运动。结合使用快速伸缩复合训练和速度训练的原则是提升速度—力量素质的理想方法，这对于大多数运动来说都很重要。有效减速和控制的能力对于降低客户受伤风险的任何尝试都是不可或缺的。正确进行快速伸缩复合训练可以帮助客户在跳跃落地或变向的过程中学会减速。快速伸缩复合训练和速度训练不应单独进行，而应作为整个训练计划的一部分（除抗阻训练、柔韧性训练、有氧耐力训练和适宜的营养外）。具备足够的力量能帮助客户顺利完成快速伸缩复合训练和速度训练。不管是什么运动或体育活动，这些训练模式与其他模式结合使用，都能优化客户的运动表现。

快速伸缩复合训练和速度训练

下肢快速伸缩复合训练

上肢快速伸缩复合训练

步频训练

步幅训练

下肢快速伸缩复合训练

踝关节跳跃

强度水平：低。

跳跃方向：垂直。

起始姿势：站立，双脚与肩同宽，身体直立。

手臂动作：双臂自然摆动。

准备动作：无。

向上运动：仅仅用脚踝向上跳，每一次跳跃时脚踝都完全跖屈。

向下运动：以起始姿势落地，重复这个动作。

常见错误

- 增加反向动作。
- 踝关节未完全跖屈。
- 落地和起跳不同步。

单脚跳

强度水平：低。

跳跃方向：水平和垂直。

起始姿势：一条腿抬高到与身体呈 90 度角，膝关节保持弯曲。

手臂动作：双臂自然摆动（当一条腿抬起时另一侧手臂抬起）。

准备动作：以反向动作开始。

向上运动：用一条腿向上和向前跳，直至落地前，另一条腿保持在开始位置。带动主导腿的脚尖向上，膝关节向上、向前，脚跟保持在髋关节下方。

向下运动：相同腿以起始姿势落地，对侧腿重复此运动。

进阶变化：这种训练也可向后进行，一条腿向上向后跳，以起始姿势落地，另一条腿重复相同的运动。

常见错误

- 不协调，难以完成从一条腿到另一条腿的过渡。

立定跳远

强度水平：低。

跳跃方向：水平。

起始姿势：半蹲，双脚与肩同宽。

手臂动作：双臂自然摆动。

准备动作：以反向动作开始。

向上运动：用双脚的爆发力尽力向前跳，双臂辅助跳跃。

向下运动：以起始姿势落地，重复跳跃。每次跳跃之间充分休息。

进阶变化：进阶至多次跳跃，跳跃之间不停顿，落地后立即向前跳，落地时间较短，重复跳跃时快速挥动双臂。此种改变使训练强度达到中等。

常见错误

- 客户起跳与落地不同步，也就是双脚既没有同时离地也没有同时触地或落地。

双腿垂直跳

强度水平：低。

跳跃方向：垂直。

起始姿势：舒适地竖直站立，双脚与肩同宽。

手臂动作：双臂自然摆动。

准备动作：以反向动作开始。

向上运动：用双腿的爆发力迅速向上跳，用双臂辅助。

向下运动：以起始姿势落地，重复起跳。两次跳跃之间充分恢复。

进阶变化：跳跃之间不停顿，落地后立即起跳，尽可能缩短双脚触地的时间。这一改变使训练强度达到中等，仅用一只脚跳跃使训练强度达到高强度。

常见错误

- 起跳和落地不在同一位置。
- 反向运动过多。
- 反向运动过少。

跳上箱子

强度水平：低。
器　　材：跳箱，高 6 ~ 42 英寸（15 ~ 107 厘米）。
跳跃方向：垂直和水平。
起始姿势：面对训练箱，舒适地竖直站立，双脚与肩同宽。
手臂动作：双臂自然摆动。
准备动作：以反向动作开始。
向上运动：用双腿跳至训练箱顶部。
向下运动：用双脚以半蹲姿势落地，从跳箱上下来，重复动作。
进阶变化：在头后紧握双手或者增加跳箱的高度，增加训练强度。

常见错误

- 为跳过障碍物，膝关节和脚分开过多。
- 反向运动过多。
- 对于客户的身高和能力来说，跳箱过高。

双腿跳

强度水平：中等。

跳跃方向：水平。

起始姿势：舒适地竖直站立，双脚与肩同宽，膝关节稍弯曲，双臂置于体侧。

手臂动作：双臂自然摆动。

准备动作：以反向动作开始。

向上运动：达到最大垂直高度时髋关节伸展，脚趾、膝关节和踝关节收紧，落地后立即向前跳，再重复向前跳，跳跃之间脚触地的时间最短。

向下运动：以起始姿势落地，髋关节和膝关节微屈。

进阶变化：进阶至仅用一条腿跳跃，训练强度由中等增至高。

常见错误

- 跳跃之间的缓冲期过长。
- 未保持正确姿势。
- 过于向前跳，跳的速度减慢。

双臂摆动换腿跳

强度水平：中等。

跳跃方向：水平和垂直。

起始姿势：舒适地竖直站立，双脚与肩同宽。

手臂动作：双臂自然摆动。

准备动作：以舒适的步伐慢跑，左脚向前起跳。

向上运动：左脚触地后身体腾空，腾空过程中右大腿屈曲至与地面平行，膝关节屈曲呈 90 度角，带动右腿向前，双臂前伸。

向下运动：右脚落地，然后对侧腿立即重复动作，对侧脚落地。

注　　意：跳跃是一种夸张的奔跑步态，目的是使每一步跨越尽可能大的距离。

变化形式：双臂未在腾空阶段前伸，单臂和对侧腿前伸。

常见错误

- 客户未在水平和垂直方向上保持适当的平衡。

分腿蹲跳

强度水平：中等。

跳跃方向：垂直。

起始姿势：一条腿在前的弓步（髋关节和膝关节屈曲约呈 90 度角，膝关节位于脚正上方），另一条腿在身体中线的后侧。

手臂动作：双臂自然摆动或无动作。

准备动作：以反向动作开始。

向上运动：以爆发力起跳，需要时使用双臂协助运动，强调达到最大高度和爆发力。

向下运动：落地时，保持弓步（同一条腿在前），然后立即重复跳跃。

注　　意：完成一组动作后，休息并换腿训练。

进阶变化：离开地面时，交换腿的位置，使前腿在后，后腿在前。落地时，保持弓步（对侧腿在前），然后立即重复跳跃。

常见错误

- 弓步太浅。
- 缓冲期过长。
- 客户起跳和落地不在同一位置，侧向、前向或后向移动过多。
- 双肩未和髋关节在一条线上，稳定性降低。

双腿团身跳

强度水平：中等。

跳跃方向：垂直。

起始姿势：舒适地竖直站立，双脚与肩同宽。膝关节微屈，挺胸，双肩向后，双手举至胸前，掌心朝下。

手臂动作：双臂自然摆动。

准备动作：以反向动作开始。

向上运动：用爆发力起跳，双膝抬至胸前，落地之前双手抱膝，然后放开。

向下运动：以起始姿势落地，然后立即重复跳跃。跳跃之间脚与地面接触的时间应该最短。

进阶变化：从单次跳进阶至跳跃间有停顿的多次跳，再进阶至跳跃间无停顿的多次跳，再进阶至仅用一条腿跳（高强度）。

常见错误

- 缓冲期过长。
- 客户起跳和落地不在同一位置，侧向、前向或后向移动过多。

向前障碍跳

强度水平：中等。

跳跃方向：水平和垂直。

起始姿势：舒适地竖直站立，面对障碍物，双脚与肩同宽。

手臂动作：双臂自然摆动。

准备动作：以反向动作开始。

向上运动：髋关节和膝关节屈曲，用双腿跳跃，越过障碍物。双膝和双脚并拢在一起，不侧偏。

向下运动：以起始姿势落地，然后立即重复跳跃，越过下一个障碍物。

交替变化：此练习可侧向进行，站在障碍物的一侧，用双腿起跳，越过障碍物，以起始姿势落地，然后立即重复跳跃至开始的一侧。

进阶变化：逐渐增加障碍物的高度（例如将锥形物换为跨栏）或者进行单腿跳，强度由中等增至高。

常见错误

- 缓冲期过长。
- 越过障碍物时双膝和双脚分离。

跳下箱子

强度水平：中等。

器　　材：跳箱，高 12 ~ 42 英寸（30 ~ 107 厘米）。

跳跃方向：垂直。

起始姿势：舒适地竖直站在箱子上，双脚与肩同宽。

手臂动作：无。

准备动作：踏步离开跳箱。

向下运动：触地时双脚快速吸收冲击力。足中部的侧面应首先受到冲击，然后迅速传递至前脚掌的中部边缘。返回跳箱重复动作。

常见错误

- 落地不同步，也就是说，双脚没有同时触地。
- 对于客户的身高和能力来说，跳箱过高。

深跳

强度水平：高。

器　　材：跳箱，高 12 ~ 42 英寸（30 ~ 107 厘米）。

跳跃方向：垂直。

起始姿势：舒适地竖直站立，双脚与肩同宽，脚尖在跳箱边缘。

手臂动作：双臂自然摆动。

准备动作：踏步离开跳箱。

向下运动：双脚落地。

向上运动：落地后立即起跳，尽可能跳高一点。

注　　意：脚触地的时间应该最短。

注　　意：不断增加跳箱的高度，开始高度为 12 英寸（约 30 厘米）。

常见错误

- 缓冲期过长。
- 客户起跳和落地不在同一个位置，侧向、前向或后向移动过多。
- 对于客户的身高和能力来说，跳箱过高。

侧向跳

强度水平：高。

跳跃方向：侧面。

起始姿势：单脚站立。

手臂动作：双臂自然摆动。

向上运动：开始时非支撑腿和上肢向跳跃方向（非支撑腿方向）分开，然后支撑腿蹬地跳起，尽可能靠近非支撑腿一侧。

向下运动：开始动作腿的对侧脚落地。一落地就立即向回跳，重复进行，跳跃之间的间歇时间最短。

常见错误

- 缓冲期过长。
- 落地不稳。

上肢快速伸缩复合训练

胸前传球

强度水平：低。

器　　材：药球或快速伸缩复合训练球［重 2 ～ 5 磅（0.9 ～ 2.3 千克）］。

运动方向：向前。

起始姿势：舒适地竖直站立，双脚分离，与肩同宽，面对私人教练或者同伴，距离其约 10 英尺（约 3 米）远，肘关节屈曲，将球置于胸前。

准备动作：以反向动作开始。（投掷之前，反向动作需使双臂向后移动，也就是说，在投掷前双臂稍向后移动。）

手臂动作：肘关节伸展，把球扔给同伴，当同伴把球扔回来时，接住球，返回起始姿势，然后立即重复此动作。

注　　意：增加药球的重量，训练强度增加，开始时药球的重量为 2 磅（约 0.9 千克）。

常见错误

- 缓冲期（持球时间）过长。
- 球太重。

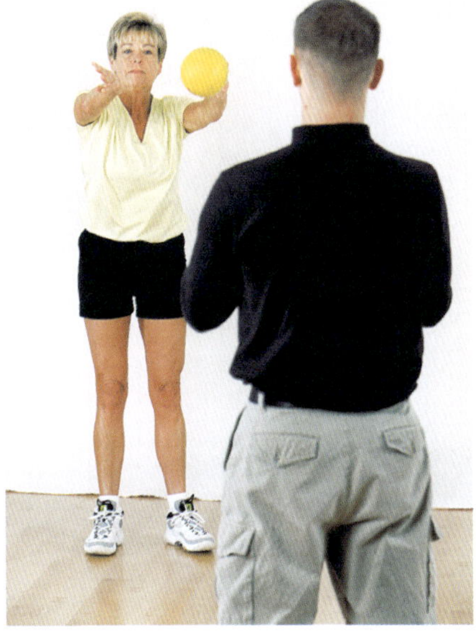

深度俯卧撑

强度水平：中等。

器　　材：药球。

运动方向：垂直。

起始姿势：以俯卧撑的姿势趴下，双手放在药球上，肘关节外展。

准备动作：无。

向下运动：快速移动在药球上的双手，落于地面，双手触地时距离稍大于肩宽，肘关节稍屈曲。胸部几乎触及药球。

向上运动：完全伸展肘关节以爆发力做俯卧撑，快速将双掌置于药球上，然后重复练习。

注　　意：在向上运动过程中，上体达到最高位置时，双手应高于药球。

注　　意：增加药球的重量，强度增大。开始时药球的重量为 5 磅（约 2.3 千克）。

进阶变化：双脚放在有一定高度的地方（如跳箱上）进行练习，训练强度增加。

常见错误

- 缓冲期（即双手在地面的时间）过长。
- 球太大，即从开始位置至向下运动的底部的距离增加。

45度仰卧起坐

强度水平：中等。

器　　材：药球或快速伸缩复合训练球。

起始姿势：坐在地面上，躯干与地面约呈 45 度角，私人教练或同伴应位于药球的前面。

准备动作：同伴将药球扔出双手所及范围以外。

向下运动：同伴扔药球后，用双手接球，躯干可有一定伸展，然后立即把药球扔回给同伴。

注　　意：增加药球的重量，训练强度增加，开始时药球的重量为2磅(约0.9千克)。

注　　意：把药球扔回给同伴的力量主要源于腹部肌肉。

常见错误

- 离心阶段太长(即躯干伸展过度)。
- 球太重。

步频训练

原地摆臂

强度水平：低。

目　　的：练习正确的摆臂和上身控制的方法。

起始姿势：起始姿势为坐立，可进阶至跪立、站立、行走、慢跑。假定是坐立，则应坐直。肘关节屈曲呈 90 度角，右手靠近右髋关节，左手越过左肩。

动　　作：肘关节保持屈曲约呈 90 度角，保持双臂放松，在冲刺跑类动作中双臂前后摆动。手的弧线运动路径应为从肩关节前部至髋关节后部。

进阶变化：从坐立至跪立，至站立，至行走，再到慢跑，每一次的进阶变化都对核心稳定性和身体控制力提出更高的要求，这使得人在慢跑时具有良好的运动形式。

常见错误

- 双臂越过身体中线，手臂摆动应维持在矢状平面内。
- 手臂动作未源自肩关节。
- 手臂摆动过高，超过肩膀的高度，或未后摆至髋关节位置。
- 手臂摆动无力，应保持主动下压或前冲动作。

踝关节运动

强度水平：低。

目　　的：练习在快速跑过程中如何将脚抬离地面和如何正确将脚放回地面。正确的姿势可减少脚在地面的时间，减少能量丢失，减少触地时间过长导致吸收的压力增大而造成的伤害。

起始姿势：始于直立姿势，身体竖直，双脚与髋同宽。注意力集中于一条腿，双腿保持僵直。

起始动作：脚向前移动，直至髋关节越过双脚。右脚的脚跟一离地，踝关节背屈约呈 90 度角，脚尖伸展，脚抬离地面。腿稍向前移动（约脚长度的 1/4），此动作始于髋关节。右脚迅速跖屈，然后用前脚外侧和脚前掌触地，使身体越过脚。立即重复此动作。整个训练中双腿始终伸直。注意力集中于踝关节运动，并且脚尽快离地。在前进 3 英尺（约 10 米）的距离内右脚重复这种背屈—跖屈动作，使脚触地次数尽可能多，步幅不大于 1/4 脚长，然后换腿。

进阶变化：（1）行走过程中腿交替运动；（2）踝关节运动时直腿跳跃，注意力每次集中于一条腿；（3）踝关节运动时直腿跳跃，腿交替运动；（4）踝关节运动时奔跑，腿交替运动。

常见错误

- 脚触地前很难背屈呈 90 度角，大脚趾伸展，并维持此姿势。
- 用脚尖跑而不是前脚落地然后用脚拉动身体重心。
- 腿未保持伸直。
- 步幅大于脚长度的 1/4。
- 前脚掌触地的时间过长。

后踢腿

强度水平：低。

目　　的：建立在踝关节训练之上，练习在冲刺跑运动中，踝关节跖屈之后，立即把脚跟带到臀部。

起始姿势：舒适地竖直站立，双脚与肩同宽，开始慢跑。

动　　作：收缩腘绳肌，带动脚跟到臀部，小腿向后摆动。脚跟弹离臀部。

常见错误

- 用力将脚跟向臀部移动，而不是“让”脚跟朝臀部上抬。
- 大腿运动过多：大腿不应该移动太多，注意力应集中于膝关节和髋关节运动。

高抬膝训练

强度水平：由低到中等。

目　　的：训练髋关节屈肌，加强踝关节训练中的脚部定位；巩固向前的技巧，加强背屈和调节髋关节屈肌。

起始姿势：舒适地竖直站立，双脚与肩同宽，开始行走，注意力每次集中于一条腿。

动　　作：髋关节越过脚时右踝关节跖屈。脚后跟一离开地面，踝关节立即呈背屈姿势，然后大脚趾就像在踝关节训练中一样伸展。同时，右髋关节屈曲直至大腿与地面平行。踝关节保持背屈，脚趾伸展，将脚蹬向地面，使用髋关节，前脚掌外侧置于髋关节前。

进阶变化：（1）行走，注意力每次集中于一条腿，手臂不摆动；（2）重复，手臂摆动；（3）行走，双腿交替运动，手臂不摆动；（4）重复，手臂摆动；（5）跑步跳，注意力集中于一条腿，手臂不摆动；（6）重复，手臂摆动；（7）跑步跳，双腿交替，手臂不摆动；（8）重复，手臂摆动；（9）奔跑，双腿交替运动，手臂不摆动；（10）重复，手臂摆动。

常见错误

- 由于髋关节屈肌和核心肌肉力量不足而不能站立，髋关节屈曲时，躯干屈曲。
- 髋关节屈曲时，踝关节无法保持背屈，大脚趾无法伸直。

腿部快速训练

强度水平：高。

目　　的：下肢的移动速度快于正常跑步。

起始姿势：行走时进行，从右脚开始。

动　　作：第 3 步后，快速进行以下一系列动作。踝关节背屈，脚跟向髋关节移动，大脚趾像进行后踢腿一样伸直；右膝关节伸向前方，仿佛要跨过对侧脚一样；髋关节屈曲，大腿与地面平行，然后就像高抬腿训练一样，伸展腿部，使脚踏向地面。每走 3 步重复这些动作。

进阶变化：（1）快速碎步走 3 步，然后腿部快速动作 1 步，注意力每次集中于一条腿；（2）快速碎步走 3 步，双腿交替动作；（3）快速碎步走 2 步，然后腿部快速动作 1 步，双腿交替动作；（4）直腿跳 3 步，然后腿部快速动作 1 步，注意力每次集中于一条腿；（5）直腿跳 2 步，然后腿部快速动作 1 步，双腿交替；（6）直腿跳 1 步，然后腿部快速动作 1 步，注意力每次集中于一条腿；（7）长距离进行腿部快速训练。

上坡冲刺跑

强度水平：高。

器　　材：3 ~7 度的上坡。

起始姿势：立于斜坡的最低处，舒适地直立，两脚分开，与肩同宽。

动　　作：保持正确的跑步姿势和技术，上坡冲刺跑距离为33 ~ 55码（30.2 ~ 50.3米）。

常见错误

- 冲刺跑速度降低 10% 以上，坡度勿大于 7 度，如果需要持续减速，请降低坡度。
- 不能维持正确的运动形式，请降低坡度直到可维持正确的运动形式。

同伴施阻跑

强度水平：高。

器　　材：11 ~ 22 码（10.1 ~ 20.1 米）长的弹力绳。

目　　的：增加步幅，让髋关节完全伸展，减少触地所用的时间。

起始姿势：客户在前面，私人教练或同伴将弹力绳的一端系在客户身上，然后抓住另一端。当同伴保持起始姿势时，客户先向前跑大约 5.5 码（约 5.0 米）。

动　　作：保持起始距离，当同伴施加阻力时客户开始冲刺跑，同伴仅施加使客户减速 10% 的阻力。冲刺跑的距离仅需 11 ~ 16 码（10.1 ~ 14.6 米）。

常见错误

- 冲刺跑速度下降超过 10%，应减小阻力，直到技术正确。
- 不能维持正确的运动形式，应该缩短冲刺跑的距离，直到技术正确。

步幅训练

下坡冲刺跑

强　　度：高。

器　　材：3 ~7 度的下坡。

目　　的：以比平常更快的速度奔跑。这将使身体学会如何以更快的步频跑步，然后变为无辅助奔跑或在平地上进行冲刺跑。

起始姿势：在下坡的最高点，舒适地竖直站立，双脚分开，与肩同宽。

动　　作：保持正确的跑步姿势和技术，下坡冲刺跑的距离为 33 ～ 55 码（30.2 ～ 50.3 米）。奔跑速度请勿大于最大速度的 106% ～ 110%。

常见错误

- 制动或减速过度，坡度请勿大于 7 度，如果需要持续减速，请降低坡度。
- 不能维持正确的运动形式，请降低坡度直到可维持正确的运动形式。

同伴辅助牵引跑

强　　度：高。

器　　材：11~22码（10.1~20.1米）长的弹力绳或弹力索。

目　　的：以比平常更快的速度奔跑，使身体学会以更快的步频跑步，然后变为无辅助奔跑或在平地上进行冲刺跑。

起始姿势：用弹力绳或弹力索把客户和私人教练或同伴系在一起，同伴在前。当客户保持起始姿势时，同伴先向前跑大约 5.5 码（约 5.0 米）。

动　　作：同伴先跑，客户紧随其后。客户应以稍微倾斜而直立的姿势跑步。注意力应集中于抬步和越过另一侧膝关节、脚在空中背屈、用前脚掌触地，以及手臂保持发挥有力的带动作用。

常见错误

- 辅助力量不足，同伴必须至少和客户一样快。
- 加速后不能维持正确的运动形式。客户通过制动给自己减速，导致其向后仰，用脚跟而不是前脚掌触地。客户触地时间过长，步幅减小，速度降低，随着时间的推移，他自己容易出现过度使用的损伤。同伴应降低冲刺跑速度，直到客户可维持正确的运动形式。

学习问题

1. 下列哪种训练可以从拉长－缩短周期的优势中获得最大的训练效益？
   A. 推举
   B. 硬拉
   C. 背蹲
   D. 前蹲
2. 下列哪项是参与快速伸缩复合训练的要求？
   A. 至少年满 18 岁
   B. 超过 1 年的爆发力训练经验
   C. 至少 3 个月的一般抗阻训练经验
   D. 小于 50 岁
3. 下列哪项调整最适合因缓冲期太长，不能正确进行深跳训练的客户？
   A. 停止深跳训练
   B. 让客户尝试单腿跳
   C. 侧重于吸收落地的能量
   D. 降低箱子的高度
4. 私人教练注意到一位客户冲刺跑时步子小而不连贯，下列哪种类型的训练最有助于客户改善步幅？
   Ⅰ. 抗阻训练
   Ⅱ. 辅助性训练
   Ⅲ. 技术训练
   Ⅳ. 快速伸缩复合训练
   A. 选Ⅰ和Ⅲ
   B. 选Ⅱ和Ⅳ
   C. 选Ⅰ、Ⅲ和Ⅳ
   D. 选Ⅰ、Ⅱ和Ⅲ

应用知识问题

一名健康的 35 岁兼职健美操女教练，为参加一项有氧健身（竞技健美操）比赛想要开始一项训练计划。她从大学时就开始进行抗阻训练，并且熟知如何进行快速伸缩复合训练。她身高 165 厘米，体重 130 磅（约 59.0 千克），1RM 背蹲为 195 磅（约 88.5 千克）。在她每周 1 次的课程中，她进行深跳、俯卧撑和有氧跨步跳。根据客户的描述和目标填写下表，制订一项快速伸缩复合训练计划。

模式	
针对特定活动的训练及其强度	
频率	
训练量（表 17.6）	

参考文献

1. Allerheiligen, B., and R. Rogers. 1995. Plyometrics program design. *Strength and Conditioning* 17: 26-31.
2. Asmussen, E., and F. Bonde-Peterson. 1974. Storage of elastic energy in skeletal muscles in man. *Acta Physiologica Scandinavica* 91: 385-392.

3. Aura,O.,and J.T.Vitasalo.1989.Biomechanical characteristics of jumping. *International Journal of Sport Biomechanics* 5 (1): 89-97.
4. Berg, K., R.W. Latin, and T.R. Baechle. 1990. Physical and performance characteristics of NCAA division I football players. *Research Quarterly for Exercise and Sport* 61: 395-401.
5. Berg, K., R.W. Latin, and T.R. Baechle. 1992. Physical fitness of NCAA division I football players. *National Strength and Conditioning Association Journal* 14: 68-72.
6. Blattner, S., and L. Noble. 1979. Relative effects of isokinetic and plyometric training on vertical jumping performance. *Research Quarterly* 50 (4): 583-588.
7. Bobbert, M.F., K.G.M. Gerritsen, M.C.A Litjens, and A.J. Van Soest. 1996. Why is countermovement jump height greater than squat jump height? *Medicine and Science in Sports and Exercise* 28: 1402-1412.
8. Borkowski, J. 1990. Prevention of pre-season muscle soreness: Plyometric exercise (abstract). *Athletic Training* 25 (2): 122.
9. Bosco, C., A. Ito, P.V. Komi, P. Luhtanen, P. Rahkila, H. Rusko, and J.T. Vitasalo. 1982. Neuromuscular function and mechanical efficiency of human leg extensor muscles during jumping exercises. *Acta Physiologica Scandinavica* 114: 543-550.
10. Bosco, C., and P.V. Komi. 1979. Potentiation of the mechanical behavior of the human skeletal muscle through pre-stretching. *Acta Physiologica Scandinavica* 106: 467-472.
11. Bosco, C., P.V. Komi, and A. Ito. 1981. Pre-stretch potentiation of human skeletal muscle during ballistic movement. *Acta Physiologica Scandinavica* 111: 135-140.
12. Bosco, C., J.T. Vitasalo, P.V. Komi, and P. Luhtanen. 1982. Combined effect of elastic energy and myoelectrical potentiation during stretch shortening cycle exercise. *Acta Physiologica Scandinavica* 114: 557-565.
13. Brown, L.E., V.A. Ferrigno, and J.C. Santana. 2000. *Training for Speed, Agility, and Quickness*. Champaign, IL: Human Kinetics.
14. Cavagna, G.A. 1977. Storage and utilization of elastic energy in skeletal muscle. In: *Exercise and Sport Science Reviews*, vol. 5, R.S. Hutton, ed. Santa Barbara, CA: Journal Affiliates. pp. 80-129.
15. Cavagna, G.A., B. Dusman, and R. Margaria. 1968. Positive work done by a previously stretched muscle. *Journal of Applied Physiology* 24: 21-32.
16. Cavagna, G.A., F.P. Saibere, and R. Margaria. 1965. Effect of negative work on the amount of positive work performed by an isolated muscle. *Journal of Applied Physiology* 20: 157-158.
17. Chambers, C., T.D. Noakes, E.V. Lambert, and M.I. Lambert. 1998. Time course of recovery of vertical jump height and heart rate versus running speed after a 90-km foot race. *Journal of Sports Sciences* 16: 645-651.
18. Chimera, N.J., K.A. Swanik, C.B. Swanik, and S.J. Straub. 2004. Effects of plyometric training on muscle-activation strategies and performance in female athletes. *Journal of Athletic Training* 39 (1): 24-31.
19. Chmielewski, T.L., G.D. Myer, D. Kaufman, and S. M. Tillman. 2006. Plyometric exercise in the rehabilitation of athletes: Physiological responses and clinical application. *Journal of Orthopaedic and Sports Physical Therapy* 36 (5): 308-319.
20. Chu, D. 1983. Plyometrics: The link between

strength and speed. *National Strength and Conditioning Association Journal* 5 (2): 20-21.

21. Chu, D. 1984. Plyometric exercise. *National Strength and Conditioning Association Journal* 5 (6): 56-59, 61-64.
22. Chu, D. 1998. *Jumping Into Plyometrics*, 2nd ed. Champaign, IL: Human Kinetics.
23. Chu, D., and F. Costello. 1985. Jumping into plyometrics. *National Strength and Conditioning Association Journal* 7 (3): 65.
24. Chu, D., and R. Korchemny. 1989. Sprinting stride actions: Analysis and evaluation. *National Strength and Conditioning Association Journal* 11 (6): 6-8, 82-85.
25. Chu, D., and R. Panariello. 1986. Jumping into plyometrics. *National Strength and Conditioning Association Journal* 8 (5): 73.
26. Chu,D.,andL.Plummer.1984.Jumping into plyometrics:The language of plyometrics. *National Strength and Conditioning Association Journal* 6 (5): 30-31.
27. Cissik, J. 2002. Technique and speed development for running. *NSCA Performance Training Journal* 1(8): 18-21.
28. Cissik, J.M. 2004. Means and methods of speed training: Part I. *Strength and Conditioning Journal* 26 (4): 24-29.
29. Cissik, J. 2005. Means and methods of speed training: Part II. *Strength and Conditioning Journal* 27 (1): 18-25.
30. Clark, M.A., and T. Wallace. 2003. Plyometric training with elastic resistance. In: *The Scientific and Clinical Application of Elastic Resistance*, P. Page and T.S. Ellenbecker, eds. Champaign, IL: Human Kinetics. pp. 119-129.
31. Costello, F. 1985. Training for speed using resisted and assisted methods. *National Strength and Conditioning Association Journal* 7 (1): 74-75.
32. Cronin, J., and K.T. Hansen. 2006. Resisted sprint training for the acceleration phase of sprinting. *Strength and Conditioning Journal* 28 (4): 42-51.
33. de Villarreal, E.S.S., J.J. González-Badillo, and M. Izquierdo. 2008. Low and moderate plyometric training frequency produces greater jumping and sprinting gains compared with high frequency. *Journal of Strength and Conditioning Research* 22 (3): 715-725.
34. de Vos, N.J., N.A. Singh, D.A. Ross, T. M. Stavrinos, R. Orr, and M.A.F. Singh. 2005. Optimal load for increasing muscle power during explosive resistance training in older adults. *Journal of Gerontology* 60A (5): 638-647.
35. Dick, F.W. 1987. *Sprints and Relays*. London: British Amateur Athletic Board.
36. Dillman, C.J., G.S. Fleisig, and J.R. Andrews. 1993. Biomechanics of pitching with emphasis upon shoulder kinematics. *Journal of Orthopaedic and Sports Physical Therapy* 18 (2): 402-408.
37. Dintiman,G.B.,R.D.Ward,and T.Tellez.1998. *Sports Speed*. Champaign, IL: Human Kinetics.
38. Dursenev, L., and L. Raeysky. 1979. Strength training for jumpers. *Soviet Sports Review* 14 (2): 53-55.
39. Ebben W., 2007. Practical guidelines for plyometric intensity. *NCSA's Performance Training Journal*. 6(5): 12-16.
40. Enoka, R.W. 1994. *Neuromechanical Basis of Kinesiology. Champaign*, IL: Human Kinetics.
41. Faccioni, A. 1994. Assisted and resisted methods for speed development (part II). *Modern Athlete Coach* 32 (3): 8-11.
42. Faigenbaum A. 2006. Plyometrics for Kids: Facts and Fallacies. *NSCA's Performance*

Training Journal. 5(2): 13-16.

43. Faigenbaum A., W. Kraemer, C.J.R. Blimkie, I. Jeffreys, L.J. Micheli, M. Nitka, and T.W. Rowland. 2009. Youth resistance training: Updated position statement paper from the National Strength and Conditioning Association. *Journal of Strength and Conditioning Research*. Supplement to 23(5): S60-S79.
44. Feltner, M., and J. Dapena. 1986. Dynamics of the shoulder and elbow joints of the throwing arm during a baseball pitch. *International Journal of Sport Biomechanics* 2: 235.
45. Fleck, S. 1983. Interval training: Physiological basis. *National Strength and Conditioning Association Journal* 5 (5): 40, 57-63.
46. Fleck, S., and W. Kraemer. 1997. *Designing Resistance Training Programs*. Champaign, IL: Human Kinetics.
47. Fleisig, G.S., S.W. Barrentine, N. Zheng, R.F. Escamilla, and J.R. Andrews. 1999. Kinematic and kinetic comparison of baseball pitching among various levels of development. *Journal of Biomechanics* 32 (12): 1371-1375.
48. Fowler, N.E., A. Lees, and T. Reilly. 1994. Spinal shrinkage in unloaded and loaded drop-jumping. *Ergonomics* 37: 133-139.
49. Fowler, N.E., A. Lees, and T. Reilly. 1997. Changes in stature following plyometric drop-jump and pendulum exercises. *Ergonomics* 40: 1279-1286.
50. Gambetta, V. 1978. Plyometric training. *Track and Field Quarterly Review* 80 (4): 56-57.
51. Gambetta, V., G. Winckler, J. Rogers, J. Orognen, L. Seagrave, and S. Jolly. 1989. Sprints and relays. In: *TAC Track and Field Coaching Manual*, 2nd ed., TAC Development Committees and V. Gambetta, eds. Champaign, IL: Leisure Press. pp. 55-70.
52. Gamble, P. 2008. Approaching physical preparation for youth teamsports players. *Strength and Conditioning Journal* 30 (1): 29-42.
53. Gottschall, J.S. and Kram, R. 2005. Ground reaction forces during downhill and uphill running. *Journal of Biomechanics* 38:445-452.
54. Guyton, A.C., and J.E. Hall. 1995. *Textbook of Medical Physiology*, 9th ed. Philadelphia: Saunders.
55. Harman, E.A., M.T. Rosenstein, P.N. Frykman, and R.M. Rosenstein. 1990. The effects of arms and countermovement on vertical jumping. *Medicine and Science in Sports and Exercise* 22: 825-833.
56. Harre, D., ed. 1982. *Principles of Sports Training*. Berlin: Sportverlag.
57. Hewett, T.E., T.N. Lindenfeld, J.V. Riccobene, and F.R. Noyes. 1999. The effect of neuromuscular training on the incidence of knee injury in female athletes. A prospective study. *American Journal of Sports Medicine* 27: 699-706.
58. Hewett,T.E.,A.L.Stroupe,T.A.Nance,and F.R.Noyes.1996. Plyometric training in female athletes. *American Journal of Sports Medicine* 24: 765-773.
59. Hill, A.V. 1970. *First and Last Experiments in Muscle Mechanics*. Cambridge: Cambridge University Press.
60. Holcomb, W.R., D.M. Kleiner, and D.A. Chu. 1998. Plyometrics: Considerations for safe and effective training. *Strength and Conditioning* 20 (3): 36-39.
61. Jarver, J., ed. 1990. *Sprints and Relays: Contemporary Theory, Technique and Training*, 3rd ed. Los Altos, CA: Tafnews Press.
62. Judge, L.W. 2007. Developing speed strength: Inseason training program for the collegiate

thrower. *Strength and Conditioning Journal* 29 (5): 42-54.

63. Kaeding, C.C., and R. Whitehead. 1998. Musculoskeletal injuries in adolescents. *Primary Care* 25 (1): 211-23.
64. Kilani, H.A., S.S. Palmer, M.J. Adrian, and J.J. Gapsis. 1989. Block of the stretch reflex of vastus lateralis during vertical jump. *Human Movement Science* 8: 247-269.
65. Korchemny, R. 1985. Evaluation of sprinters. *National Strength and Conditioning Association Journal* 7 (4): 38-42.
66. Kotzamanidis, C. 2006. Effect of plyometric training on running performance and vertical jumping on prepubertal boys. *Journal of Strength and Conditioning Research* 20 (2): 441-445.
67. Kozlov, I., and V. Muravyev. 1992. Muscles and the sprint. *Soviet Sports Review* 27 (6): 192-195.
68. Kraemer, W.J., S.A. Mazzetti, B.C. Nindl, L.A. Gotshalk, J.S. Volek, J.A. Bush, J.O. Marx, K. Dohi, A.L. Gomez, M. Miles, S.J. Fleck, R.U. Newton, and K. H.kkinen. 2001. Effect of resistance training on women's strength/power and occupational performances. *Medicine and Science in Sports and Exercise* 33 (6): 1011-1025.
69. LaChance, P. 1995. Plyometric exercise. *Strength and Conditioning* 17: 16-23.
70. Latin, R.W., K. Berg, and T.R. Baechle. 1994. Physical and performance characteristics of NCAA division I male basketball players. *Journal of Strength and Conditioning Research* 8: 214-218.
71. Lavrienko, A., J. Kravstev, and Z. Petrova. 1990. New approaches to sprint training. *Modern Athlete Coach* 28 (3): 3-5.
72. Lipp, E.J. 1998. Athletic epiphyseal injury in children and adolescents. *Orthopaedic Nursing* 17 (2): 17-22.
73. Luhtanen, P., and P. Komi. 1978. Mechanical factors influencing running speed. In: *Biomechanics VI-B*, E.Asmussen, ed. Baltimore: University Park Press. pp. 23-29.
74. Mach, G. 1985. The individual sprint events. In: *Athletes in Action: The Official International Amateur Athletic Federation Book on Track and Field Techniques*. London: Pelham Books. pp. 12-34.
75. Matavulj, D., M. Kukolj, D. Ugarkovic, J. Tihanyi, and S. Jaric. 2001. Effects of plyometric training on jumping performance in junior basketball players. *Journal of Sports Medicine and Physical Fitness* 41 (2): 159-164.
76. Matthews, P.B.C. 1990. The knee jerk: Still an enigma? *Canadian Journal of Physiology and Pharmacology* 68: 347-354.
77. McBride, J.M., G.O. McCaulley, and P. Cormie. 2008. Influence of preactivity and eccentric muscle activity on concentric performance during vertical jumping. *Journal of Strength and Conditioning Research* 22 (3): 750-757.
78. McNeely, E. 2005. Introduction to plyometrics: Converting strength to power. *NSCA Performance Training Journal* 6 (5): 19-22.
79. Mero, A., P.V. Komi, and R.J. Gregor. 1992. Biomechanics of sprint running: A review. *Sports Medicine* 13 (6): 376-392.
80. Miller, J.M., S.C. Hilbert, and L.E. Brown. 2001. Speed, quickness, and agility training for senior tennis players. *Strength and Conditioning Journal* 23 (5): 62-66.
81. Moravec, P., J. Ruzicka, P. Susanka, E. Dostal, M. Kodejs, and M. Nosek. 1988.

The 1987 International Athletic Foundation/IAAF scientific project report: Time analysis of the 100 metres events at the II World Championships in athletics. *New Studies Athletics* 3 (3): 61-96.

82. Myer, G.D., K.R. Ford, S.G. McLean, and T.E. Hewett. 2006. The effects of plyometric versus dynamic stabilization and balance training on lower extremity biomechanics. *American Journal of Sports Medicine* 34 (3): 445-455.

83. Myer, G.D., M.V. Paterno, K.R. Ford, and T.E. Hewett. 2008 Neuromuscular training techniques to target deficits before return to sport after anterior cruciate ligament reconstruction. *Journal of Strength and Conditioning Research* 22 (3): 987-1014.

84. National Strength and Conditioning Association. 1993. Position statement: Explosive/plyometric exercises. *National Strength and Conditioning Association Journal* 15 (3): 16.

85. Newman, B. 2007. Speed development through resisted sprinting. *NSCA Performance Training Journal* 6 (3): 12-13.

86. Newton, R.U., W.J. Kraemer, and K. H.kkinen. 1999. Effects of ballistic training on preseason preparation of elite volleyball players. *Medicine and Science in Sports and Exercise* 31 (2): 323-330.

87. Newton, R.U., A.J. Murphy, B.J. Humphries, G.J. Wilson, W.J. Kraemer, and K. H.kkinen. 1997. Influence of load and stretch shortening cycle on the kinematics, kinetics and muscle activation that occurs during explosive upper-body movements. *European Journal of Applied Physiology* 75: 333-342.

88. Ozolin, E. 1986. Contemporary sprint technique (part 1). *Soviet Sports Review* 21 (3): 109-114.

89. Ozolin, E. 1986. Contemporary sprint technique (part 2). *Soviet Sports Review* 21 (4): 190-195.

90. Pappas, A.M., R.M. Zawacki, and T.J. Sullivan. 1985. Biomechanics of baseball pitching: A preliminary report. *American Journal of Sports Medicine* 13: 216-222.

91. Phelps, S. 2001 Speed training. *Strength and Conditioning Journal* 23(2): 57-58.

92. Piper, T., and T. Teichelman. 2003. Organizational and motivational strategies for prepubescent athletes. *Strength and Conditioning Journal* 25 (4): 54-57.

93. Plattner, S., and L. Noble. 1979. Relative effects of isokinetic and plyometric training on vertical jumping performance. *Research Quarterly* 50 (4): 583-588.

94. Plisk, S.S. 1995. Theories, concepts and methodology of speed development as they relate to sports performance. Presented at the NSCA Certification Commission's Essential Principles of Strength Training and Conditioning Symposium, Phoenix, June.

95. Plisk, S.S. 2002. Personal communication, March 2002.

96. Potteiger, J.A., R.H. Lockwood, M.D. Haub, B.A. Dolezal, K.S. Almuzaini, J.M. Schroeder, and C.J. Zebas. 1999. Muscle power and fiber characteristics following 8 weeks of plyometric training. *Journal of Strength and Conditioning Research* 13 (3): 275-279.

97. Radcliffe, J.C., and R.C. Farentinos. 1985. *Plyometrics*. Champaign, IL: Human Kinetics.

98. Radcliffe, J.C., and R.C. Farentinos. 1999. *High-Powered Plyometrics*. Champaign, IL: Human Kinetics.

99. Radcliffe, J.C., and L.R. Osternig. 1995. Effects on performance of variable eccentric loads during depth jumps. *Journal of Sport Rehabilitation* 4: 31-41.

100. Romanova, N. 1990. The sprint: Nontraditional means of training (a review of scientific studies). *Soviet Sports Review* 25 (2): 99-102.

101. Sandler, R., and S. Robinovitch. 2001. An analysis of the effect of lower extremity strength on impact severity during a backward fall. *Journal of Biomechanical Engineering* 123 (6): 590-598.

102. Santos, E.J.A.M., and M.A.A.S. Janeira. 2008. Effects of complex training on explosive strength in adolescent male basketball players. *Journal of Strength and Conditioning Research* 22 (3): 903-909.

103. Schmolinsky, G., ed. 2000. *Track and Field: The East German Textbook of Athletics*. Toronto: Sport Books.

104. Shiner, J., T. Bishop, and A.J. Cosgarea. 2005. Integrating low-intensity plyometrics into strength and conditioning programs. *Strength and Conditioning Journal* 27 (6): 10-20.

105. Siff, M.C. 2000. *Supertraining*, 5th ed. Denver: Supertraining Institute.

106. Sinnett, A.M., K. Berg, R.W. Latin, and J.M. Noble. 2001. The relationship between field tests of anaerobic power and 10-km run performance. *Journal of Strength and Conditioning Research* 15 (4): 405-412.

107. Svantesson,U.,G.Grimby,and R.Thome.1994. Potentiation of concentric plantar flexion torque following eccentric and isometric muscle actions. *Acta Physiologica Scandinavica* 152: 287-293.

108. Turner, A.M., M. Owings, and J.A. Schwane. 2003. Improvement in running economy after 6 weeks of plyometric training. *Journal of Strength and Conditioning Research* 17 (1): 60-67.

109. Verkhoshansky, Y. 1969. Perspectives in the improvement of speedstrength preparation of jumpers. *Yessis Review of Soviet Physical Education and Sports* 4 (2): 28-29.

110. Verkhoshansky, Y., and V. Tatyan. 1983. Speedstrength preparation of future champions. *Soviet Sports Review* 18 (4): 166-170.

111. Voight, M. L., P. Draovitch,and S.Tippett.1995. Plyometrics. In: *Eccentric Muscle Training in Sports and Orthopaedics*, M. Albert, ed. New York: Churchill Livingstone. pp. 61-88.

112. Walshe, A.D., G.J. Wilson, and G.J.C. Ettema. 1998. Stretch-shorten cycle compared with isometric preload: Contributions to enhanced muscular performance. *Journal of Applied Physiology* 84: 97-106.

113. Warpeha, J.M. 2007. Principles of speed training. *NSCA Performance Training Journal* 6 (3): 6-8.

114. Wathen, D. 1993. Literature review: Plyometric exercise. *National Strength and Conditioning Association Journal* 15 (3): 17-19.

115. Wilk, K.E., and M. Voight. 1993. Plyometrics for the overhead athlete. In: *The Athletic Shoulder*, J.R. Andrews and K.E. Wilk, eds. New York: Churchill Livingstone.

116. Wilk, K.E., M.L. Voight, M.A. Keirns, V. Gambetta, J.R. Andrews, and C.J. Dillman. 1993. Stretchshortening drills for the upper extremities: Theory and clinical application. *Journal of Orthopaedic and Sports Physical Therapy* 17: 225-239.

117. Wilson, G.J., A.J. Murphy, and A. Giorgi. 1996. Weight and plyometric training: Effects on eccentric and concentric force production. *Canadian Journal of Applied Physiology* 21: 301-315.

118. Wilson, G.J., R.U.Newton,A.J.Murphy, and B.J.Humphries. 1993. The optimal training

load for the development of dynamic athletic performance. *Medicine and Science in Sports and Exercise* 25: 1279-1286.

119. Wilt, F.1968.Training for competitive running. In: *Exercise Physiology*, H.B. Falls, ed. New York: Academic Press. pp. 395-414.

120. Witzke, K.A., and C.M. Snow. 2000. Effects of plyometric jump training on bone mass in adolescent girls. *Medicine and Science in Sports and Exercise* 32 (6): 1051-1017.

121. Zazulak, B., J. Cholewicki, and N.P. Reeves. 2008. Neuro-muscular control of trunk stability: Clinical implications for sports injury prevention. *Journal of the American Academy of Orthopaedic Surgeons* 16 (9): 497-505.

第 5 部分

有特殊需求的客户

第18章

青春期前、老年和孕妇客户

韦恩 • L. 韦斯科特（Wayne L. Westcott），PhD
埃弗里 • D. 费根鲍姆（Avery D. Faigenbaum），EdD

学习完本章后，你将能够掌握如下内容。

- 阐述适合青春期前少年儿童发育情况的体育活动计划，了解年龄专属性需求和关注点。
- 解释高水平运动的益处，概述老年人的运动指南。
- 探讨对孕妇的运动建议和注意事项。

本章的目的是介绍需特殊制订训练计划的 3 种人群的一般性训练注意事项和具体的训练指导，以最大限度地提高他们的训练效益并减少受伤风险。青春期前少年儿童、老年人和孕妇可安全地进行以提高心肺素质的有氧耐力运动，以及可以增强肌肉骨骼功能的抗阻训练。由于这些特殊人群具有不同的特点，所以私人教练必须在针对他们的运动计划中加入一些特别建议。

青春期前少年儿童

青春期前是指第二性征发育前的时间段，大致对应女生的 6 ～ 11 岁年龄段或男生 6 ～ 13 岁年龄段。应该鼓励青春期前少年儿童（本章下文也称儿童）有规律地参与各种能够增强耐力、力量、柔韧性和与运动技巧有关的体能（例如灵敏性、平衡性、协调性、反应、速度和爆发力）的体育活动。定期参与体育活动，能够增强儿童与健康和运动有关的生理素质，同时也能够增强学龄期儿童的社会心理健康[139, 153, 165]。在体育课和校外时间中，增加参与规律性体育活动的机会有助于提高儿童的学习成绩[165]。健康和体能的相关组织应该支持和鼓励儿童参与与其需要和能力一致的体育活动计划[30, 45, 133, 142]。

全世界范围内儿童的超重和肥胖问题不断增加，大多数男孩和女孩的体育活动水平下降[28, 31, 146, 179]，因此如何促进儿童参与体育活动，已经成为一项主要的公共卫生问题。在过去的20年中，超重的男孩和女孩的比例增加超过2倍，很多超重的儿童带有一个或多个引发心血管疾病的风险因子[66, 135]。儿童花费在电子产品（例如电视、电子游戏和计算机等）上的总时间在过去的几年中明显增加，同时只有少于15%的儿童步行往返于学校和家之间[25, 31]。现如今，由于互联网空前发达和手机的普及，儿童在校外时间不需要离开家就可以与朋友们交流接触。

儿童肥胖和不参加体育活动所产生的负面影响，包括儿童和青少年中出现的动脉粥样硬化和“成人发病”的2型糖尿病[92]。儿童2型糖尿病发病率的增加尤其令人担忧，因为与不受控制的糖尿病有关的疾病，如肾衰竭、失明、截肢等会在人年轻的时候出现。这些发现致使更多的研究者预测，与肥胖相关的并发症例如心脏病、糖尿病和癌症的发病率会增加，现今的整体预期寿命可能很快会缩短[136]。

由于儿童时期养成的好习惯和不良习惯趋向于延续至成人期[46, 95, 116]，因此关键是重视体育活动的重要性，帮助儿童在很小的时候就养成健康的习惯和行为模式。私人教练模型化并支持儿童参与适合发育情况、健康、有趣并为文明规范所支持的体育活动，可以对儿童的健康和生活习惯产生强有力的影响。组织良好的、能够令男孩和女孩们体验到体育活动的纯粹快乐的训练，会对儿童的健康与强健产生长期持续的影响。因此，儿童身体素质训练计划的目标不仅仅是在一系列适宜的活动和游戏中鼓励孩子们参与，而且要让孩子们知晓体育活动的内在价值和益处，这样他们成年后也能规律性地参加体育活动。6岁以及6岁以上的儿童的规律性体育活动被认为是提高他们健康和身体素质的最重要的一步[45, 139]。

儿童体育活动

儿童与成年人的需求不同，体育活动的方式也不同，因此适用于成年人的训练指导和训练理念不应强加于儿童。对游乐场中的男孩和女孩们的活动进行观察，可以发现这样一个观点和认知，即儿童的自然活动模式的特点或特征是不定时地突然从中等强度的活动爆发至高强度活动，并伴以短暂的、根据需要而随时随地产生的低强度活动或休息。成年人通常是在预先设定的目标心率范围内进行运动[5]，而儿童则是间歇式地活动，并经常选择间歇式的、运动强度随意增加和减少的运动模式[9]。因此私人教练不应该期望青春期前儿童能以成年人的方式进行训练。但仅是因为儿童没有持续地进行体育活动，就认为他们没有进行体育活动，这样的观点是不正确的。

这不意味着持续30分钟或30分钟以上的、预设目标心率范围（例如70%～85%的最大心率）的运动无益于儿童，只是这样的方式不是最适宜青春期前儿童的训练方式，因为绝大多数儿童没有认识到长期有氧耐力训练的益处。与成年人相比，儿童因训练产生的心肺适应，例如有氧能力的提高不明显[143]，长期剧烈活动反而会降低，而非提高儿童未来参与身体活动的动力。进入青少年时期后，一些儿童根据其需求、目标和能力，可能会采取成年人的目标心率的模式。

私人教练还需认识到儿童和成年人的生理差异。相比于成年人，儿童在进行各种剧烈活动时呼吸频率高、潮气量低[153]。因此在体能训练中，健康的孩子呼吸很急促是正常的。在进行各种剧烈活动时，儿童的每搏输出量低，心率高[153]。最大心率在儿童时期变化不大，同时对于儿童来说，在剧烈活动中心率超过 200 次 / 分也并非罕见。临床医生也观察到，就身体素质表现来说，儿童似乎并不是“新陈代谢专家”（metabolic nonspecialists）[12]。不同于专门从事举重或长跑的成年人，班级中强壮的儿童在耐力性项目中同样可能是最强的。私人教练应该认识到儿童缺少新陈代谢专门化这一特征，并在这个发展阶段中，让男孩和女孩参加各种体育活动。

尽管尚未测定儿童达到并保持体能所需身体活动的绝对水平，一些组织机构和委员会在过去几年已经制订了多份儿童身体活动指南[30, 45, 165]，建议儿童每日参加 60 分钟或 60 分钟以上与身体发育状况相适应、有乐趣的中等至高强度的身体活动，并应包含多种活动类型[165]。除了参与有组织的活动计划，例如体育课、个人训练课和团队项目等，游乐场游戏、走路或骑自行车上学、放学和与生活方式有关的体育活动、家务劳动（例如在院子里劳动）等都有助于增加儿童参与身体活动的总时间。减少儿童用来上网、看电视、玩电子游戏等的时间，能够显著增加他们进行身体活动的时间[71]。

只要能够保证整堂训练课中的训练强度不同，且在需要的时候能够进行短暂休息，大多数儿童（即便是久坐不动的儿童）都能保持 30 分钟以上的身体活动中的活跃状态。私人教练可以制订一个由 8 ～ 12 个例如跳绳、自重练习（例如杰克式跳跃、俯卧撑和深蹲等）、药球练习游戏、平衡练习和折返跑等练习组成的循环训练计划，来代替单纯进行 30 分钟的慢跑运动。随着儿童体能水平的提高，可以减少每个项目之间的休息时间，并且提高每个项目的挑战性。有了合格的指导、热情的带动以及对安全问题的密切关注，儿童可以安全地提高其基本的运动能力，并更好地为在未来的体育和休闲活动中获得成功和快乐做好准备。

> 应该鼓励儿童每日参加 60 分钟或 60 分钟以上的身体活动，并将其作为娱乐、游戏、体育活动、交通活动和学校活动的一部分。

儿童抗阻训练

一直以来，儿童的身体训练计划主要注重有氧运动，例如慢跑、游泳、舞蹈和追逐游戏等。然而有令人信服的证据表明，如果遵循合适的指导原则，抗阻训练能够成为安全、有效和有价值的青春期前儿童的训练手段[53, 57, 63, 117]。虽然传统观念认为抗阻训练对于儿童来说是不适宜的、不安全的，但是医疗和健身组织认可并接受儿童抗阻训练，这种抗阻训练正在变得越来越普遍[2, 5, 14, 22, 55]。

传统的观点担心抗阻训练可能损伤儿童的骺板或妨碍年轻的重量训练者的身高增长，这造成了一些人认为儿童不适宜进行抗阻训练。然而在过去的10年中，科学报告和公众卫生建议已经将目标放在增加规律性参加能够增强或保持肌肉力量的身体活动的儿童数量上[45, 53, 175]。例如，美国卫生与公众服务部（U.S.Department of Health and Human Services）建议儿童在60分钟或60分钟以上的身体活动中加入“增强肌肉”和“增强骨骼”的活动[45]。

现有研究结果显示，无证据表明青春期前的男孩和女孩在监督下进行抗阻训练计划后身高出现降低，同时到目前为止已经发表的任何关于青少年抗阻训练的研究中没有报道骺板骨折[62]。没有科学证据表明，在适宜的、合格的监督下，设计良好的抗阻训练的伤病风险高于其他儿童规律性参加的活动[57, 79, 117]。没有具备资格的训练师的指导时，儿童不应该自己单独进行抗阻训练。已经有报告称，儿童在家里的器械上运动时更容易受伤，部分原因是不安全的训练行为、器械故障以及缺少成年人的监督[98, 132]。这些发现强调了密切监督观察和安全的训练设备对所有儿童抗阻训练计划的重要性。

增加肌肉力量及获得其他益处

很多研究已令人信服地表明，参与设计良好的抗阻训练计划的儿童，其增加的肌肉力量远多于不参与抗阻训练计划的儿童伴随生长和发育而增加的肌肉力量。[53, 63, 117]儿童参加短期（8～12周）抗阻训练计划后，肌肉力量可增加30%～40%。多种不同组数和重复次数的训练方式，包括儿童尺寸的固定器械、自由重量（杠铃和哑铃）、药球、弹力带和自重练习对于健康的儿童来说是安全有效的训练方法[32, 60, 123]。

青春期前儿童的血液中缺乏足够水平的雄性激素来刺激肌肉增大，因此神经适应是训练导致肌肉力量增加的主要原因[140, 149]。肌肉的先天性适应（例如兴奋—收缩偶联、肌原纤维的堆积密度、肌纤维组成）以及运动技能表现和相关肌群协调性的提高，可能也有助于青春期前儿童增加肌肉力量[149]。较长的训练时间和更精确的测量技术（例如计算机成像）可能会在未来揭示训练引发青春期前儿童肌肉增大的原因。

除了增加肌肉力量外，定期进行增强力量的身体活动还可能对若干种健康和体能的衡量指标产生影响[53]。据报告，儿童定期参加抗阻训练计划可以增加骨密度[37, 130]、增强心肺功能[181]、改善运动技能（例如垂直跳高度和冲刺速度）[114]

和降低血脂水平[182]。另一些报告称，参与包括抗阻训练和有氧游戏在内的身体活动计划的儿童的情绪和自我评价因子显著提高[6]。

据最近报告显示，超重儿童可以从抗阻训练中收益[59]。超重儿童似乎更喜欢抗阻训练，因为抗阻训练的特征是短时间的身体活动穿插短暂的组间休息时间。尽管抗阻训练可能不会造成高热量消耗，但是这种训练已经被证明是针对缺乏运动技能和缺乏自信的超重儿童的体重管理计划的重要方面[16, 157, 162, 180]。显然，鼓励超重儿童进行运动的重要的第一步是增强他们对身体活动能力的自信心，这反过来又会增加身体活动，并有希望改善身体组成成分。这对那些通常来说参与有组织的活动的经验非常有限的超重儿童来说尤其重要。

减少体育运动的相关损伤

很多体育运动都含有大量的力量和爆发力成分，因此更强壮、更有爆发力的孩子的成绩更好，这一设想非常诱人。尽管还需更多有关儿童运动表现的研究，但似乎接受抗阻训练的年轻运动员更易获得成功并且比较不容易因骨折、挫败、窘迫经历或损伤等中途退出体育运动[1, 75, 83]。

日益增多的案例显示，有较高目标的年轻运动员并没有为体育训练和竞赛的需求做好准备[50, 127]。基于加速度测试的研究结果显示，仅有 42% 的 6 ～ 11 岁儿童能达到推荐的身体活动水平[169]。如果想更好地为体育训练和竞赛做好准备，应该鼓励那些在过去的 2 ～ 3 个月里不常参与身体活动的孩子们（例如未定期参与娱乐性身体活动或体育活动）参与包含增强力量、提升有氧体能、改善柔韧性的运动以及增强敏捷性、平衡能力、协调性和功率水平训练在内的“赛季前”训练计划（每周 2 ～ 3 次训练）。在一些案例中，儿童可能花费较少的时间用于练习体育专项技能，而花费较多的时间增强基本的身体素质以在体育训练前建立一个较为理想的身体素质基础。随着儿童在他们的身体活动能力上收获自信和能力，开始真正地享受身体活动带来的潜在健康和体能益处，他们会更倾向于在之后的岁月中参与更多的体育运动[151]。

包含抗阻训练在内的综合训练计划已经被证明是减少青春期青少年运动员与体育运动有关的损伤的有效策略，同时，相似的现象也可能发生在儿童身上[82, 84, 118]。尽管全面消除儿童的运动损伤是不现实的，但相较于运动专项技能，仍应更加重视提升基础身体素质（例如力量、爆发力、有氧耐力和敏捷性等）。据估计，15% ～ 50% 与体育运动有关的急性和过度使用性损伤是可预防的[127]。这个观点可能对于年轻的女运动员来说更为重要，因为她们更易出现膝关节损伤[150]。尽管仍需额外的临床试验来判定最好的减少运动损伤的方法，但私人教练鼓励不常参加体育活动的儿童在参与体育活动之间至少进行 6 ～ 8 周的准备训练，因为这是比较谨慎和明智的。

儿童抗阻训练指南

认为抗阻训练对儿童来说不适合或不安全的观点与儿童的实际需求以及研究表明的此类训练的获益不符[53, 57, 117]。尽管儿童参与抗阻训练没有最小年龄限制，但所有的儿童参与者都应该具备能够接受并遵循指令和指导的情绪成熟度，且理解与这种训练有关的益处和风险。大体上来说，如果一个儿童（7～8岁）可以进行娱乐性或体育性活动，那么他应该已经可以进行一些类型的抗阻训练了。尽管对于健康的儿童来说，并不需要强制要求参与抗阻训练之前进行医学检查，但建议已经有某种疾病症状或迹象，或已知患有疾病的儿童在参与抗阻训练前进行医学检查[2]。

对于儿童来说，从与他们的体能水平相对应的强度开始抗阻训练是很重要的。常常出现的情况是训练的量和强度超过了儿童的接受能力，预先设定的休息时间过短不足以充分恢复。这样会削弱抗阻训练的乐趣，以及有可能增加伤病风险。当青春期前儿童开始抗阻训练的时候，低估其能力总是比高估其能力要好。对于参与引导式抗阻训练计划（introductory resistance training program）的儿童来说，采用较低至中等强度的可以被重复举起10～15次的重量作为起始的抗阻训练是安全和有效的[54, 61]。下面罗列的是被广泛接受的有关儿童的抗阻训练指导原则。

- 应有具备资质的成年人监护并提供指导。
- 训练环境应安全，没有各种隐患。
- 抗阻训练之前应先进行5～10分钟的动态热身。
- 进行1～6组，重复6～15次的多种练习。
- 应包括上肢练习、下肢练习和核心练习。
- 随着儿童力量素质的提升，逐渐增加（每次增加5%～10%）阻力。
- 每周在非连续的2～3天内进行抗阻训练。
- 儿童应以较低强度的健身操和静态拉伸来进行放松。
- 随着时间的推移调整抗阻训练计划，以产生最佳效果并避免产生厌倦。

训练一群儿童的私人教练应为每个儿童预先确定个性化的负荷，并告知孩子在规定时间内尽自己最大的努力去完成，而不是设定一种负荷（例如10个俯卧撑或约9千克的卧推）并将其应用于所有人。私人教练和孩子应该共同协作确定更适合该名儿童能力和需求的负荷。尽管一些孩子可能想在第一次锻炼的时候看看自己最大能举起多少重量，但应引导他们将精力和热情放在练习多种形式的、更标准的技术动作上。此外，有关健身房礼仪、实际效果和安全问题的基础教育（包括放置和存放训练器械）也应该是儿童抗阻训练计划的内容之一。

不管一个儿童多强壮、体形多大，都不应将成年人的抗阻训练指南和训练理念强加于儿童。家长、老师、教练和私人教练不应忽视乐趣和建立针对抗阻训练的积极态度的重要性。创造出令所有儿童参与者愉悦的训练体验，这点很重要，也不应被忽视，因为愉悦感被证明会对儿童抗阻训练计划的影响产生调节作用[47]。只有儿童一开始就被激励要做到最好，同时他们对自己的表现感觉满意，才有可能令他们长期坚持任何训练计划。如果有合格的监控措施且针对特定年龄段来设计，那么抗阻训练对青春期前儿童来说就是安全、有效和令人愉悦的训练手段。

青春期前儿童的教学

尽管儿童应该知晓定期进行身体活动具有与健康和体能相关的潜在益处，但热情的引导、创造性的训练计划以及针对特定年龄的教学策略更有可能让儿童对身体活动产生兴趣。私人教练需要尊重儿童的感觉，并接受他们的想法与成年人不同的现实。私人教练不应该忘记玩耍的重要性，这是儿童的一种学习方式[24]。如果私人教练表现出活力，以积极的方式与孩子相处，理解儿童如何思考，同时和儿童一起参与活动，那么这样的努力是值得的，而且效果可能会持续很长时间。本页下方为与儿童一起工作的私人教练提供了一些总体上的建议。

值得注意的是，要让儿童为体能训练做好准备，光是低强度有氧运动和静态拉伸是不够的。一个精心设计的热身活动能够为一堂训练课奠定一个良好的基础，并为接下来的活动建立理想的节奏。如果热身活动节奏缓慢又单调，那么接下来进行的身体活动的效果可能不如预期那样理想。然而如果热身活动节

给训练儿童的私人教练的建议

- 密切留意并倾听每一个孩子关注的事情。
- 用孩子能理解的词语与孩子交谈。
- 孩子来的时候叫他们的名字问好。
- 孩子做好一件事情时要赞扬他。
- 认识到孩子和成年人活动的方式不同。
- 设计活动以保证充分的参与感和愉悦感。
- 逐渐地进阶训练计划。
- 淡化竞争，注重技术的提高、个人获得的成功以及愉悦。
- 提醒孩子学习并掌握新技能是需要时间的。
- 提供多种多样的活动并避免过度管制。
- 强调充分补水的重要性。
- 告知家长有规律的身体活动的益处。

奏快、让人兴奋并且有多样性，那么接下来的训练课可能就会达到甚至超过预期。此外，主动的、吸引人的、具有挑战性的动态热身还是一个良机，儿童可通过动态热身获得对自己的身体活动能力的自信，因此动态热身相较于传统的“拉伸并保持”活动更能令人感到愉悦[56]。合理的建议是在热身活动中进行动态活动，而在放松活动中进行静态拉伸。

儿童体能训练的主要目标是让身体活动成为儿童生活习惯的一部分，故私人教练必须努力帮助每一个参与者获得对其身体活动能力的自我效能感或自信。为了达到这个目标，私人教练必须能够做出清晰明了的指导和演示，这样参与者才能学习到新的练习，感受到成功，并产生熟练掌握某种特定技能的感觉。因此，训练课关注的焦点应该在于提供积极的体验，而不是竞技的压力，因为在竞技中很多孩子都会失败。如果孩子没有理解，或不能做出某种动作，那么孩子是不会继续进行训练计划的。成功制订儿童训练计划需要充分的准备、协调以及对个体承受压力能力的差异的了解。

> 当孩子玩得开心，交了朋友并感到成功时，他们才有可能将身体活动作为生活方式的一种选择。

老年人

50岁及以上的男性和女性通常被称为“老年成人”或“老年人”，他们可以开始适当的体能训练计划，包括提高心肺功能的有氧耐力训练和增强肌肉素质的抗阻训练[3, 5]。然而，老年人可能患有的多种常见疾病使得运动计划需要获得医生批准并进行适当调整。这些疾病包括心血管疾病、癌症、糖尿病、骨质疏松症、腰痛、关节炎、抑郁症、肥胖和全身虚弱等。

有氧训练的益处

也许没有任何其他年龄段的人群能比超过50岁的老年人从有氧训练中获得更多的益处[144, 189]。因为与有氧活动有关的健康益处已经广为人知，故本节将总结这些关系，并提供与抗阻训练相关的健康益处的更详细的信息。

公认的有氧耐力运动，例如走路、慢跑和自行车骑行可有效增加热量消耗并提高心肺功能[3, 5, 52]。一篇非常优秀的有关心肺功能的研究文章揭示，6个月的标准有氧耐力训练可以有效提高老年人17%的有氧能力[158]；3个月的更高强度（最大摄氧量的70%～80%）的训练能提高将近25%的有氧能力。此外，有氧耐力训练可以非常好地增加热量消耗，降低体重，并减少高血压、2型糖尿病和肥胖的风险[3, 5]。有氧训练的益处还包括减少心血管疾病、中风、骨质疏松症、若干种癌症和心理疾病的风险，并提高睡眠质量和消化排泄能力[144, 189]。研究者最近已经发现，训练6个月后，规律的有氧活动增加了老年人大脑中多处区域的灰质和白质[35]。

抗阻训练的益处

尽管并不广为人知，但是对于老年人来说，抗阻训练带来的健康益处同样是不可忽视的。本节介绍了一些最近的研究，这些研究显示抗阻训练可以降低老年人患多种疾病和出现虚弱情况的风险。

心血管疾病

冠状动脉疾病是美国主要的医疗问题，尤其流行于老年人群体中。对于大多数冠状动脉疾病患者来说，抗阻训练似乎是一种安全并富有成效的，可改善肌肉和生理表现状况的，以及保持理想体重和积极的自我认知的方法。众多的研究支持冠状动脉疾病患者进行抗阻训练[26, 58, 68, 77, 86, 101, 120, 163, 173]。在预防方面，抗阻训练已被证明可以降低心血管疾病的风险[21]，以及过早全因死亡率[91, 154]。

抗阻训练主要通过 4 种方式降低心血管疾病的风险。

第一，规律的抗阻训练会降低体脂率[27, 88, 121, 147, 183]，可以对 2 型糖尿病和心血管疾病起到预防作用。由于对静息代谢率的积极影响，抗阻训练对脂肪流失可以产生比有氧运动更大[27, 76, 88, 144, 147]的影响。

第二，抗阻训练可以降低静息血压（收缩压或舒张压，或两者都降低）[39, 80, 89, 102, 103]。进行若干周规律的抗阻训练后，舒张压平均降低 4%，收缩压平均降低 3%[102]，两个月的循环抗阻训练最高能降低 7 毫米汞柱的收缩压[185]。事实上，一些研究显示循环类型的抗阻训练可以与有氧运动一样有效地降低静息血压[18, 160]。

第三，抗阻训练可以改善血脂状况。尽管一些研究并没有发现抗阻训练会带来显著的血脂水平的变化[109, 110, 160]，但是另一些研究却发现 40 ～ 55 岁男性的低密度胆固醇水平显著降低[90]。一些研究者称进行多种抗阻训练后，血脂状况有所改善[20, 104, 164, 170, 172]，另一些研究人员发现，抗阻训练对血脂的影响与有氧运动类似[17, 96, 160]。

第四，抗阻训练可以改善血管状况[137]，能促进血液循环和加大动脉血流量。尽管还不完全了解潜在的机制，但是力量训练已被证明能改善血管内皮功能和由峰值血流量介导的肱动脉扩张，这意味着重要的心血管适应。综上所述，与抗阻训练相关的有益的心血管适应能够显著降低代谢综合征[99, 188]和心血管疾病[21]的风险。

> 研究表明，老年人定期进行抗阻训练能显著提高心肺健康水平。

结肠癌

胃肠蠕动速率的减慢与结肠癌风险增加有关[89]，让食物更快地通过肠道应该可以降低这种疾病的发病率。跑步[38]和抗阻训练[108]都能够显著加速胃肠转运。抗阻训练可有效缓解与年龄相关的胃肠道形态紊乱，降低结肠癌风险。

2 型糖尿病

由于人们变得越来越缺乏运动，患 2 型糖尿病的各年龄段的人也越来越多。

运动能促进葡萄糖利用率，传统上推荐通过有氧运动来增强葡萄糖摄取[40]。但是有关抗阻训练的研究显示，抗阻训练对提高葡萄糖利用率同样有效[48, 86, 129]。抗阻训练可提高老年人的胰岛素反应[42, 128, 155]，改善血糖控制[10, 29, 51]，增加葡萄糖利用率[64, 90]。抗阻训练除刺激更多的肌糖元摄取[115]外还有益于保持瘦体重[11]，治疗肌肉疾病[49]，从而降低2型糖尿病的严重程度，甚至还可以降低患2型糖尿病的风险。

骨质疏松症

骨质疏松症是一种骨骼的退行性疾病，会导致骨骼中蛋白质和矿物质逐渐流失。一些研究表明，抗阻训练对保持能够抵抗退化和骨质疏松症的强健和具有强大功能的肌肉骨骼系统来说是有效的[15, 36, 112, 156, 161]。实际上，对老年男性[126]和绝经后妇女的研究[134, 167]显示，规律的抗阻训练可使骨质流失转变成骨量增加。

腰痛

尽管不会威胁生命，但是腰痛是美国最普遍的医疗问题，对4/5的美国人的一生产生着影响。研究显示[97]下背部肌肉力量弱与腰痛之间呈正相关关系。加强下背部（躯干伸肌）肌肉力量可以缓解甚至消除部分患者的腰痛[152]。在预防方面，强健的下背部肌肉能够提供更好的骨骼肌肉功能，支持、控制和吸收冲击，这些可以降低腰背损伤和结构退化的风险[72, 131]。

关节炎

研究表明[119, 148]，强健的肌肉可以增强关节的功能并缓解关节炎的不适感。事实上，研究者已经发现患有严重膝关节炎的患者可以从力量训练中获得实际益处[107]，而研究采用的抗阻训练计划确实减轻了关节炎和类风湿性关节炎的病痛[94, 111, 171]。

抑郁症

老年个体的抑郁情绪可能与身体机能下降有关。在一项研究中显示[159]，老年受试者在10周的抗阻训练后，抑郁的程度显著减轻。尽管此领域仍需更多研究，但是抗阻训练似乎有利于老年人增强自信，抵抗抑郁[7, 8]。

肌肉流失和新陈代谢率下降

除了可以降低各种退行性疾病的风险外，抗阻训练还可在肌肉组织恢复和重新提高新陈代谢率方面为老年人带来更大的益处。而这些都是影响该年龄段人群的最基本问题。成年人在30～40岁的年龄段中，每年流失约0.22千克的肌肉，肌肉流失的过程被称为少肌症[52, 73]。而更令人不安的是，有证据显示，当人超过50岁后，肌肉流失的速率将加倍，达到每年约0.45千克。图18.1说明了人体肌肉流失的这种“隐匿”的过程会被因随渐进性脂肪堆积而逐渐增加的体重所掩盖。

尽管美国老年人每10年平均增加约4.5千克体重，但是实际情况是减少2～4.5千克肌肉而增加7～9千克脂肪。而且，肌肉流失在一定程度上还是脂肪

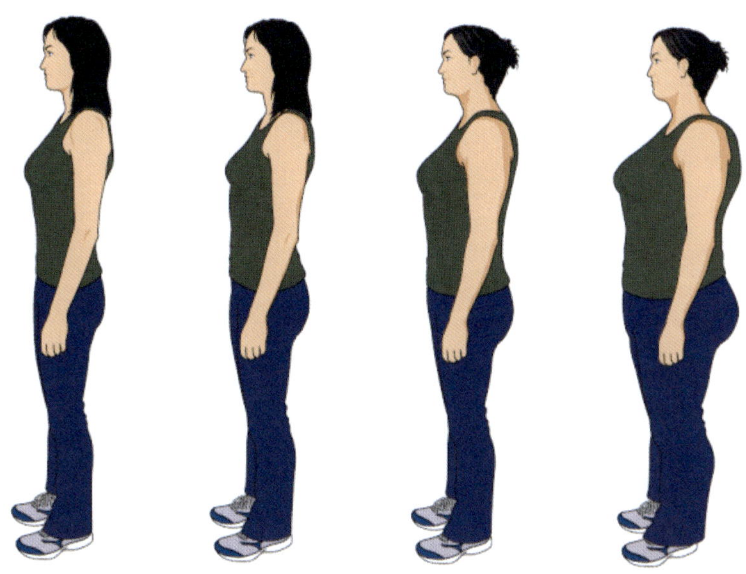

年龄	20 岁	30 岁	40 岁	50 岁
体重	126 千克	136 千克	146 千克	156 千克
肌肉重量	45 千克	40 千克	35 千克	30 千克
脂肪重量	29 千克	44 千克	59 千克	74 千克
体脂率	23%	32%	40%	47%

图 18.1 成年人一生中体重与身体成分的变化

来源：Reprinted by permission from Westcott 2003.

增加的原因。研究者[52, 106]已经发现，由于肌肉组织的减少，静息新陈代谢率每 10 年降低 2% ～ 4%。减慢的静息新陈代谢意味着原先由高耗能的肌肉组织使用的热量不再被需要，转而以脂肪形式储存。

显然，让人们进行基本的抗阻训练以防止肌肉流失和新陈代谢率下降是非常可行的。抗阻训练有助于保持肌肉组织含量，从而能够让人完成身体活动，还能减少整个老年阶段的能量消耗。事实上，随着年龄的增长，抗阻训练是唯一能够保持肌肉和新陈代谢水平的运动。因此，抗阻训练应该成为老年人体能训练计划的重要部分。大量的研究[65, 67, 74, 78, 85, 93, 122, 168, 177, 183, 186]已经表明了若干周的标准力量训练后，（老年人的）肌肉量明显增加，也有很多研究[23, 27, 88, 113, 147, 174]显示（老年人的）静息新陈代谢率显著提升。能量消耗平均增加 7%，并且在头几次的训练后即可产生作用[27, 76, 88, 124, 147, 174]。抗阻训练也被证明能提高运动中和运动后的脂肪利用率。

线粒体功能

循环式力量训练是一种时间效率很高的训练方式。在这种训练中，参与者完成1组针对某个肌群（如股四头肌）的练习后，接着进行1组针对不同肌群（例如针对股后肌群）的另外一种练习，以此方式累计完成8～12种针对主要肌群的练习。尽管每组练习都是无氧运动，但是练习中穿插的短暂休息则为循环训练（通常循环训练的时间为20～30分钟）提供了有氧运动部分。最近的研究已经表明，循环训练能够增加线粒体的含量和提高受到训练的肌群的氧化能力[141, 144, 166]。线粒体是每个细胞的“发电站”。人体老化伴随着基因方面改变，这些改变会造成不同程度的与能量生成和肌肉表现有关的线粒体功能受损。一项研究表明，6个月的渐进式抗阻训练后，线粒体功能性损伤出现逆转[125]。该项研究中的179位老年人（平均年龄68岁）与老化和运动有关的基因出现了基因表达逆转，线粒体特征类似于常进行身体活动的年轻成年人（平均年龄24岁），这又是老年人应该进行循环式力量训练和标准抗阻训练的一个令人信服的证据和理由。

抗阻训练可降低若干种老年人常见的退行性疾病风险，包括少肌症、骨质疏松症、高血压、血脂情况不良、胰岛素不敏感、胃肠道转运延迟、腰痛和代谢综合征等。

功能能力

很多老年人都会感到功能能力的下降，对日常活动和生活产生不良影响。很多研究已经表明，抗阻训练能够增强肌肉力量、爆发力和运动表现[13, 21, 87, 88, 100, 178]，能有效逆转与缺乏运动有关的身体功能失调。

老年人抗阻训练指南

一般而言，老年人应每隔1天或2天进行一次抗阻训练。利用单关节和多关节动作，老年人可进行单组或多组不同的运动，至少可以针对如下主要肌肉（群）：股四头肌、股后肌、胸大肌、背阔肌、三角肌、肱二头肌、肱三头肌、竖脊肌和腹直肌。私人教练应该让老年人以受控制的训练速率（一般来说每次重复4～6秒），进行全活动范围（不包括感觉不适的姿态）内的运动。

老年人进行训练的运动重复次数的范围可以很广，取决于他们的经验和生理条件。初学者和体能不是特别好的老年人可以以相对较轻的重量开始，以完成较多的重复次数，而身体条件比较好的老年人则可以完成较少的重复次数但承受较大的负荷[5]。如图18.2所示，可接受的阻力范围是最大重量的60%～90%。一般来说，老年人可用60%的最大重量完成16次左右的重复次数，以90%最大重量完成4次左右的重复次数[184]。建议老年人以可以完成10～15次重复次数的重量开始进行力量训练，相对应的负荷是最大重量的60%～75%。当老年人可以完成15次重复次数后，以5%为单位逐渐增加负荷[5]。

让老年人成功进行抗阻训练的关键是有效的指导和细心的监控。关于教学技巧，我们推荐使用第591页展示的教

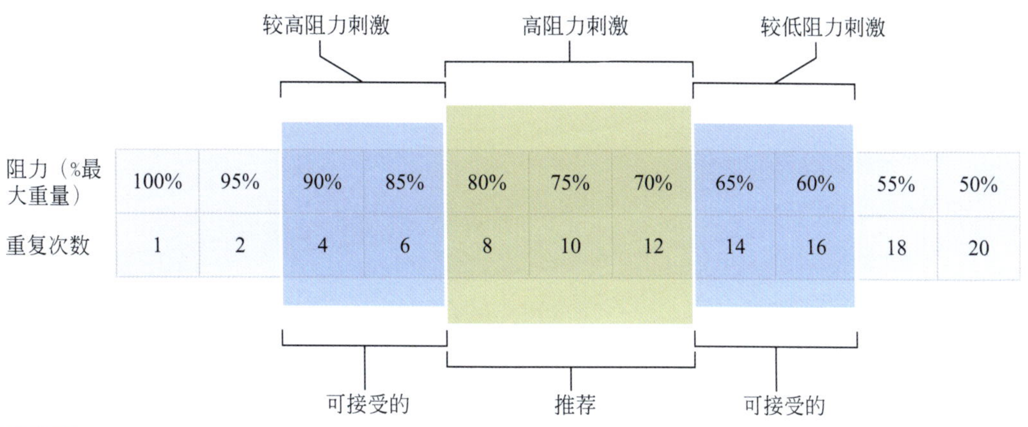

图 18.2 老年人抗阻训练计划的推荐阻力和重复次数

来源：Reprinted by permission from Westcott and Baechle 2010.

指导老年人的教学模式

一个针对老年参与者的、成功的教学和激励策略应该包括如下内容。

- 易于理解的运动目标。
- 简明的指导指令，准确的训练演示。
- 密切的监控。
- 适宜的帮助。
- 要求一次完成一项任务。
- 逐渐提高（训练的）复杂性。
- 主动强化正确的表现。
- 特定的反馈。
- 仔细的询问，以及训练前后的对话沟通（应经常性地包含一些关键词语，例如“你好”“再见”“谢谢”和客户的姓名等）。

来源：Reprinted by permission from Westcott and Baechle 2010.

学模式。

老年人有氧训练指南

所有年龄段的成年人都应该进行有氧训练以增强心肺健康水平[5]。推荐的训练频率是每周 2 ～ 5 次，推荐的训练时长是每次训练 20 ～ 60 分钟。可使用最大心率的 60% ～ 90% 的训练强度，但通常规定训练强度为最大心率的 75%[5]。最大心率随着人年龄的增长而减少（速度大约为每增长 10 岁减少 10 次），这种训练强度的界定对年轻人、中年人和老年人来说都是一样的。当然，心肺功能受限的老年人开始进行训练的时候活动时间应该较短，同时运动强度相对较低。对于某些老年人来说，应以约最大心率的40%的强度进行5～10分钟的身体活动。

最近，美国运动医学会和美国心脏协会修订了一些建议[81]，修订过的建议推荐可在不同的训练日单独或交替实施两种有氧运动方案。第1种方案是每周5次30分钟的中等强度耐力训练（例如走路）。第2种方案是每周3次20分钟左右的高强度耐力训练（例如慢跑）等。我们建议刚开始进行训练的老年人使用相对较低的努力程度、进行时间相对较长的有氧活动（例如30分钟，中等强度），然后进阶至用力相对较高努力程度、时间相对较短的活动（例如20分钟，高强度）。同时，将两种训练方式相结合也是推荐的，例如周一和周五进行高强度有氧活动，周三和周四进行中等强度有氧活动。

尽管基于最大心率百分比的训练方案比较易于监控，比较适用于老年人，但此方法也有一定的局限性。例如，一名心脏功能一般的老年人通过“220－年龄”这个公式计算出的最大心率估算值与实际最大心率相比，可能有±30的误差[187]。此外，服用某些药物（例如β阻滞剂）的老年人会因药物而心动过缓，使最大心率较低。因此，建议通过心率反应和个人努力程度结合的方式来评估运动强度，使用博格自感用力程度量表（Borg scale of perceived exertion）评估个人努力程度可能是最好的方式，它提供了主观性的评价方式来补充监控心率[19]。理想情况下，一名健康的老年人在最大心率的75%的强度下进行运动时，对应的个人努力程度反馈约为13（在初始自感用力程度量表上是12～14）。但如果某个健康的老年人进行运动时，心率已经超过最大心率估算值的75%，却仍反馈较低的自感用力程度（例如10～11，“比较轻松”），这种情况下不应该降低训练强度。反过来，某个老年人如果反馈了较高的自感用力程度（例如15～16，“困难”），那么建议降低训练强度（请参考第16章有关自感用力程度量表的内容）。

另一种监护老年人训练的方法是谈话测试。训练中的老年人，如果能够以短至中等长度的语句交谈，意味着其正在以较为适宜的强度进行活动。如果老年人难以进行简单的对话，那么其可能正以不合适的强度进行运动。

老年人的筛查与计划制订

对老年人来说，抗阻训练是一项非常重要的身体活动，除增加肌肉量、提高肌肉力量和静息新陈代谢率外，还会对肌肉骨骼系统、心肺系统、胃肠道系统和内分泌系统产生有益的影响。有氧耐力训练对于老年人增强心脏健康和体重管理等方面来说同样重要。一些成年人可能有某种生理或心理疾病，使他们较难进行标准的抗阻训练和有氧训练。这时私人教练首先要做的是与客户的医生一起检查具体的运动指南和训练计划，获得这些信息可以让私人教练设计一个更安全和更适宜的训练计划。当对老年人进行训练时，私人教练必须特别留意任何运动禁忌或不良的骨骼肌或心肺反应。私人教练应该对老年客户的训练水平和体能水平进行细心、详细的评估。通过这些评估得到的信息对于未来的训练计划设计来说是重要的指导性材料，也是对老年客户来说非常有效的激励工具。

训练顺序

如果老年人同时进行抗阻训练和有氧训练，则应该以有氧活动（包括热身和放松阶段）开始，然后再进行抗阻训练，并以静态拉伸结束。如果老年人仅进行抗阻训练，则应该在抗阻训练前先进行 5 ～ 10 分钟的轻松有氧活动。在上述两种训练顺序中，不太剧烈的有氧活动就是较为剧烈的抗阻训练的热身活动。柔韧性训练应该在抗阻训练后进行，从而在课程结束时产生放松肌肉的效果。

安全与舒适

老年人的常见疾病会影响运动效果和舒适性，表 18.1 列举了这些疾病以及私人教练或客户可进行的调整，以保证训练的安全和体验。

表 18.1　老年人常见的情况和建议的适应性调整

情况	调整
皮肤干燥	训练前，老年人可以在肘关节、膝关节和接触点上涂抹乳液
平衡性差	老年人开始训练时应以支撑体重式器械进行练习，然后进阶至自重和功能性练习
	老年人应先进行支撑体重的有氧耐力练习，如固定式自行车，再进行负重选择，如跑步机步行或爬楼梯
	老年人应避免进行难以控制的练习，例如弓箭步或踏箱
	老年人可以进行坐姿或躺姿练习，而不是进行站姿练习
容易受伤	老年人必须在平坦、整洁的训练场地和状况良好的训练器械上练习
	应该控制老年人的动作速率
	应强调老年人的姿势正确
易患感冒和流感	老年人要充分补充水分
	老年人要充分休息，保证睡眠时间（至少每天 8 小时）
	训练课结束后应该洗澡，或至少洗脸洗手
柔韧性下降	练习前热身 5 ～ 10 分钟
	应该在训练结束后进行适当的拉伸
	应该避免进行需要极限活动度的练习，例如弓步等
对热和湿度的耐受性降低	尽可能选择温度可控的场所进行训练
	在一天中较早的时间段进行训练
	补充足够的液体，尤其是水
	应该穿轻便的、颜色浅的服装

续表

情况	调整
视听困难	私人教练应讲话清晰，保持足够大的音量
	私人教练使用的训练卡片等材料的尺寸和上面印刷的字体要大
	私人教练要为客户提供准确的训练演示，在必要时提供帮助
	私人教练应该经常询问客户是否明白指导内容和运动的动作流程等

孕妇

孕妇想进行身体活动的原因有很多，她们可能想在生命的这个新阶段对自己身体的变化建立自信，想要有个健康的宝宝，想要在孕期保持良好的体形，想要能应对分娩的生理状态，或需要额外的社交互动和支持。定期运动、没有并发症的健康孕妇，可继续进行经过调整的、适宜的身体活动，以在整个妊娠和产后期间保持心血管和肌肉健康[4,5]。

原本就缺乏运动的女性也能受益于孕期的定期身体活动，但与其生理能力相适应的训练计划应包含专业的指导、良好的激励以及逐渐增加的身体活动。需要注意的是，一些孕妇倾向在孕中期开始训练，因为孕早期的恶心、呕吐和疲劳都会减轻[105]。无论如何，开始训练计划或修改当前的训练计划前，孕妇应该咨询其健康保障提供者。如果出现产科或内科并发症，可能需要根据客户的产科医生的决定调整训练计划。

孕期运动的益处

大多数遵循医生建议的孕妇，都可以通过身体活动将胎儿发育的风险降到最低，并获得健康和体能的益处[5]。一些孕妇参与设计合理的产前训练计划可以获得的益处如下[5, 145]。

- 提高心肺和肌肉素质。
- 促进产后恢复。
- 更快速地恢复到产前体重、力量和柔韧性水平。
- 减少产后腹部变形。
- 提高能量储备。
- 减少产科干预。
- 减少体重增加。
- 缩短生产时间，降低疼痛。
- 改善情绪和自我认知。
- 减少紧张、压力、焦虑和抑郁。
- 增加养成永久性健康生活习惯的可能性。

参加训练计划还可以降低与妊娠有关的健康状况的风险，包括先兆子痫（妊娠引起的高血压）和妊娠期糖尿病（一种在妊娠期被初次诊断出的糖尿病）[44, 145]。定期进行身体活动产生的生理和心理益处可以对降低先兆子痫发生的风险起一定作用[145]。此外，定期进行身体活动对胰岛素分泌、胰岛素敏感度和糖代谢等方面的积极影响可以提高糖耐受，从而减少孕妇患妊娠期糖尿病的风险。参与训练还可以预防或缓解一些其他健康情况，包括腰痛、盆底肌功能障碍、与妊娠相关的尿失禁和慢性肌肉骨骼症状等[145]。在没有内科或产科并发症的情况下，孕妇进行运动能够获得非妊娠女性常见的心理和生理健康益处。

> 健康孕妇应该在妊娠期间参加日常身体活动。

胎儿对运动的反应

一些研究已经发现，在孕期进行高强度身体活动的母亲的胎儿出生体重会降低[33]，降低的幅度为0.30～0.35千克，这可能是由于这些胎儿的皮下脂肪量较低。因此，建议孕妇较多地进行中等强度的身体活动。

尽管孕期的剧烈活动与胎儿的心率增加 5 ～ 15 次 / 分有关，但尚无与运动诱发胎儿心率变化相关的不良影响记录[4]。美国妇产科学会（American College of Obstetricians and Gynecologists）认为大多数没有其他早产风险的健康孕妇进行运动不会提高子宫活动基线，也不会提高早产或流产的发生率[4]。

孕期生理和力学的适应性变化

为适应正常妊娠期间发生的心血管、呼吸、力学、新陈代谢和体温调节方面的变化，医学与健康组织建议如下[4,5]。

心血管反应

尽管妊娠改变了心率和氧消耗量之间的关系，但是仍为孕妇设计了与中等运动强度对应的一般心率范围[43]。例如，建议年龄为 20 ～ 29 岁和 30 ～ 39 岁的孕妇的心率范围分别为 135 ～ 150 次 / 分和 130 ～ 145 次 / 分[5,43]。私人教练还可以使用自感用力程度量表来量化有氧运动的强度[19]。一般来说，自感用力程度在 12 ～ 14（“稍难”），意味着这个强度的有氧体能运动对于孕妇来说较为适宜[5]。在这个强度下，孕妇应该可以保持对话。当然，运动计划需要个性化的定制，要在任何一天根据孕妇的感觉来调节训练强度或时长，或两者都要调整。

在妊娠早期（妊娠前 3 个月）之后，孕妇因子宫体积越来越大出现的仰卧姿态会限制静脉血返回心脏。这种姿态降低了心输出，会造成仰卧位低血压综合征。客户的训练计划在妊娠中期之前应该逐渐减少针对背部的运动，包括腹部卷曲、卧推、稳定球上的脊柱练习以及仰卧姿态的拉伸练习。

妊娠后期身体重心发生改变，孕妇应使用固定器械，可比相应的自由重量提供更多稳定和支撑。此建议对那些原本习惯久坐不动，现在想要进行抗阻训练的孕妇来说更为重要。

呼吸反应

孕妇的每分钟通气量可增加大约 50%，导致静息状态下氧消耗量增加 10% ～ 20%[4]。孕妇可用于有氧活动的氧气会相对减少。在妊娠期间，增大的子宫体积会干扰膈肌的运动，从而增加了对呼吸的影响，降低了目标负荷和最佳运动表现。私人教练应该调整孕妇的训练计划，避免其在高疲劳水平下进行运动或力竭。孕妇应该避免做需要使用瓦尔萨尔瓦呼吸的练习。进行这类练习时，屏住呼吸的动作会对腹腔脏器和盆底产生额外压力。针对孕妇进行抗阻训练的一般建议是在用力阶段，或者每次运动中的“举起”阶段呼气（其他指南见本书第 13 章）。

力学反应

妊娠期间，随着子宫和乳房体积的增大，女性的重心会发生变化，这会影响女性在一些身体活动中的平衡性、身体控制和运动力学特征。因此，在妊娠晚期应慎重对待需要平衡性和敏捷性的练习，同时特别注意对练习和活动的选择。

尽管应该避免任何可能跌倒或对腹部造成轻微损伤的运动，但一些增强生理平衡的活动还是会给孕妇带来益处。私人教练可以进行所谓的“居中式”活动，例如生理平衡类、腹部深呼吸和集中注意力等运动，有助于孕妇达到生理平衡，并在运动中让孕妇对身体动作的感知更强[41]。如果女性在妊娠期间出现关节松弛，则应该以慢速和可控制的方式进行，避免对关节造成伤害。此外，孕妇应该避免参加跌倒和对腹部造成创伤的风险较高的运动，也应避免使用水下呼吸器进行潜水活动，水肺潜水存在导致胎儿发生减压病的风险[4]。

尽管增加孕妇所有的主要肌群的力量是非常重要的，但是私人教练应该重点针对腹部和盆底相关部位的肌肉力量，因为这些肌肉具有基本的姿态支撑的功能，加强这些肌肉还可以让孕妇做好生产的准备[41]。例如，加强位于腹直肌和腹斜肌之下的最深层腹部肌肉腹横肌，有助于支撑腰椎，还能让孕妇为分娩做好准备。

盆底肌练习［凯格尔（Kegels）练习］是孕期抗阻训练的重要内容之一。这些练习包含收缩与放松骨盆区域肌群的动作。通过适宜的训练，孕妇不仅可以学会如何收缩，还可以学会如何放松这些肌肉，这样会使分娩的过程稍轻松一些[41]。凯格尔练习的具体指南尽管不在本章的范围内，但是在绝大多数有关妊娠的书中都有记载。

新陈代谢反应

妊娠期间与氧需求增加同时发生的是能量底物需求的增加。孕妇一般来说每天要额外消耗 300 千卡的能量以满足增加的代谢需求，从而保持其身体生命功能扩展后的动态平衡。在运动和活动中，孕妇消耗能量的代谢率也比非孕妇要高[34]。很显然，私人教练应首先要求孕妇客户通过一个平衡而且丰富的营养计划来保证摄入足够的富含营养的食物，并保持良好的水合状态。值得注意的是，孕妇应该确保摄入足够的钙、维生素 D、铁和叶酸以保证健康的妊娠结果[176]。母体营养摄入不足可能产生毁灭性的不良影响，所有的孕妇都应接受具备资格的专业人士提供的营养咨询，以培养产后可继续保持的健康习惯。

体温调节反应

妊娠增加了女性的基本新陈代谢率和热量产生，而这两者还会进一步因为参与运动和活动而增加。与运动和活动有关的体温升高大部分发生在妊娠早期。在这个阶段，孕妇应确保有良好的水合状态、舒适的衣着和理想的外部环境，以保证充分的散热效果。如果妊娠期的健身客户在某堂训练课中感觉过热或疲劳，私人教练应降低运动的强度并开始进行放松。严重头痛、头昏眼花和定向障碍是潜在严重疾病的表现，此时需要将孕妇转诊至医院。显然，应使孕妇知晓安全的运动指南，以及何时需要降低运动强度或停止运动。

运动禁忌

没有产科或内科并发症的孕妇可以在妊娠期间继续进行运动，并获得健康和体能方面的益处[4]。然而，出现某些情况时，意味着绝对禁止参加运动，这些情况包括如下内容。

- 妊娠高血压综合征（先兆子痫）。
- 胎膜破裂。
- 妊娠期早产。
- 妊娠 12 周后持续流血。
- 宫颈扩张提前（宫颈机能不全）。
- 严重的心脏疾病或限制性肺病。
- 有早产风险的多胎妊娠。
- 妊娠 26 周后胎盘堵塞宫颈。

来源：Adapted from the American College of Obstetricians and Gynecologists 2002[4].

还有如下一些在运动之前需要医生评估的情况。

- 控制不良的 I 型糖尿病、癫痫、高血压、甲亢。
- 极度病态肥胖。
- 体重极低（BMI < 12）。
- 有久坐不动的生活习惯的历史。
- 未经评估的母体心律失常。
- 当前阶段宫内生长受限。
- 严重贫血。
- 烟瘾严重。
- 慢性支气管炎。
- 整形限制。

来源：Adapted from the American College of Obstetricians and Gynecologists 2002[4].

出现以下情况时需要终止运动并寻求医疗建议[5]。

- 任何阴道流血的迹象。
- 用力时呼吸困难。
- 头疼或不知原因的头昏。
- 胸痛。
- 肌肉无力。
- 小腿疼痛或肿胀。
- 早产。
- 胎动减少。
- 羊水渗漏。

运动指南

本书为孕妇提供了一般运动的安全指南。尽管还需要更多的临床研究来进一步验证不同类型、频率和强度的运动对母体和胎儿的整体影响，但是下列运动指南适用于健康、没有运动禁忌的孕妇[4,5]。

- 每天进行至少 15 分钟的中等强度的身体活动，并逐渐增加到每天累积进行 30 分钟的身体活动，如果无法每天进行，那么每周至少进行 3 次。
- 只要阻力负荷使得孕妇能够重复

妊娠期女性通用运动安全指南

- 在开始运动前与医生联系。
- 以一个舒适的强度进行运动，在这个强度下应该可以保持对话。
- 如果发烧就不要运动。
- 如果出现流血、手肿胀等情况要去看医生。
- 怀孕3个月后避免仰卧练习。
- 避免拉伸或拉扯至一个不舒服的姿态。
- 穿着舒适的鞋子，不要只穿一层衣服。
- 选用状态良好的器械。
- 每天喝8杯水（约2升），避免在炎热或潮湿的环境中运动。
- 避免疲劳或过度训练。

来源：Adapted from Cowlin[41].

多次（例如12～15次），那么针对主要肌群的抗阻训练是可以进行的，但要避免等长收缩练习。

- 在妊娠期开始3个月之后，应避免仰卧练习。
- 运动不应该超过疲劳点，永远不要达到筋疲力尽的程度。
- 动态或有韵律和节奏的身体活动（例如骑固定式自行车或散步等）是理想的、能够降低风险，并且能在妊娠期间持续进行的运动。
- 即使失去平衡或对腹部造成创伤的风险很低，这样的运动或活动也应该避免进行。需要避免的运动或活动包括：足球、篮球、骑马、水肺潜水、轮滑、户外自行车和快速伸缩复合运动等。
- 应该通过适当的补水、舒适的衣着和最佳的环境来避免运动过程中体温大幅度的升高。
- 因为妊娠期的许多生理变化会在产后4～6周内持续存在，所以女性可以从产后开始逐渐恢复身体活动，直至达到孕前的体能水平。

结语

青春期前儿童、老年人和孕妇应定期参与身体活动，加强并保持心肺和肌肉骨骼能力。尽管对于所有年龄段和所有能力水平的客户来说，基本的运动原则都是类似的，但针对不同人群还需要有特定的考量。私人教练应该理解并判断客户的个体需求和担心，制订安全、有效、令人愉悦的身体活动计划，该计划应与青春期前儿童、老年人和孕妇的特定兴趣、需求和能力相一致。

学习问题

1. 一名 10 岁的男孩在进行 8 周定期力量训练后，胸部推举和腿部推举成绩显著提高，下列哪项对增强肌肉力量起主要作用？
   A. 肌肥大
   B. 肌肉增生
   C. 神经适应
   D. 身体成分提高
2. 下列哪些抗阻训练的适应性可降低一位 70 岁客户的心血管疾病风险？
   Ⅰ. 减少体脂
   Ⅱ. 降低收缩压
   Ⅲ. 提高血管内皮细胞功能
   Ⅳ. 降低高密度胆固醇水平
   A. Ⅰ，Ⅱ和Ⅲ
   B. Ⅰ，Ⅱ和Ⅳ
   C. Ⅰ，Ⅲ和Ⅳ
   D. Ⅱ，Ⅲ和Ⅳ
3. 下列哪个训练方案最适合原本不常进行身体活动的老年人？
   A. 仅进行有氧耐力训练，每周 5 天
   B. 仅进行抗阻训练，每周 4 天
   C. 抗阻训练每周 4 天，有氧耐力训练每周 2 天
   D. 抗阻训练每周 2 天，有氧耐力训练每周 3 天
4. 下列哪些运动建议适合健康的孕妇？
   Ⅰ. 逐渐增加至每天累积 30 分钟的身体活动，每周至少 3 天
   Ⅱ. 只要采用的阻力负荷客户可以重复多次（例如 12 ～ 15 次），那么针对主要肌群的力量训练是可以进行的
   Ⅲ. 随意进行如骑马、轮滑、户外自行车等运动，只要运动强度为中等即可
   Ⅳ. 妊娠中期以后避免在仰卧姿势下进行运动
   A. Ⅰ和Ⅳ
   B. Ⅰ和Ⅱ
   C. Ⅱ和Ⅲ
   D. Ⅲ和Ⅳ
5. 下列哪项胸部运动最适合妊娠中期的女性？
   A. 哑铃训练凳上卧推
   B. 站姿绳索飞鸟
   C. 哑铃胸部飞鸟
   D. 杠铃训练凳上卧推

应用知识问题

针对一名 8 岁女孩、一名 65 岁老年男性和一名健康孕妇，分别阐述相应的一般性抗阻训练指南、安全注意事项、运动坚持策略。

参考文献

1. Abernethy, L., and C. Bleakley. 2007. Strategies to prevent injury in adolescent sport: A systematic review. *British Journal of Sports Medicine* 41: 627-638.
2. American Academy of Pediatrics. 2008. Strength training by children and adolescents. *Pediatrics* 121: 835-840.
3. American Association of Cardiovascular and Pulmonary Rehabilitation. 2006. *AACVPR Cardiac Rehabilitation Resource Manual*. Champaign, IL: Human Kinetics.
4. American College of Obstetricians and Gynecologists. 2002. Exercise during pregnancy and the postpartum period. *International Journal of Gynecology and Obstetrics* 77: 79-81.
5. American College of Sports Medicine. 2010. *ACSM's Guidelines for Exercise Testing and Prescription*, 8th ed. Philadelphia: Lippincott Williams & Wilkins.
6. Annesi, J., A. Faigenbaum, W. Westcott, A. Smith, J. Unruh, and G. Franklin. 2007. Effects of the Youth Fit For Life protocol on physiological, mood, self-appraisal, and voluntary physical activity changes in African American preadolescents: Contrasting after-school care and physical education formats. *International Journal of Clinical and Health Psychology* 7: 641-659.
7. Annesi, J., and W. Westcott. 2007. Relations of physical self-concept and muscular strength with resistance exercise-induced feeling state scores in older women. *Perceptual and Motor Skills* 104: 183-190.
8. Annesi, J., W. Westcott, and S. Gann. 2004. Preliminary evaluation of a 10-week resistance and cardiovascular exercise protocol on physiological and psychological measures for a sample of older women. *Perceptual and Motor Skills* 98: 163-170.
9. Bailey, R., J. Olsen, S. Pepper, J. Porszasz, T. Barstow, and D. Cooper. 1995. The level and tempo of children's physical activities: An observational study. *Medicine and Science in Sports and Exercise* 27: 1033-1041.
10. Baldi, J., and N. Snowling. 2003. Resistance training improves glycemic control in obese type 2 diabetic men. *International Journal of Sports Medicine* 24: 419-423.
11. Ballor, D., V. Katch, M. Becque, and C. Marks. 1988. Resistance weight training during caloric restriction enhances lean body weight maintenance. *American Journal of Clinical Nutrition* 47: 19-25.
12. Bar-Or, O. 1983. *Sports Medicine for the Practitioner*. New York: Springer-Verlag.
13. Barry, B., and R. Carson. 2004. The consequences of resistance training for movement control in older adults. *Journals of Gerontology Series A: Biological Sciences and Medical Sciences* 59: 730-754.
14. Behm, D., A. Faigenbaum, B. Falk, and P. Klentrou. 2008. Canadian Society for Exercise Physiology position paper: Resistance training in children and adolescents. *Appl Physiol Nutr Metab* 33: 547-561.
15. Bell, N., R. Godsen, and D. Henry. 1988. The effects of muscle-building exercise on vitamin D and mineral metabolism. *Journal of Bone and Mineral Research* 3: 369-373.
16. Benson, A., M. Torade, and M. Fiatarone Singh.

2008. The effect of high-intensity progressive resistance training on adiposity in children: A randomized controlled trial. *International Journal of Obesity* 32:1016-1027.

17. Blessing, D., M. Stone, and R. Byrd. 1987. Blood lipid and hormonal changes from jogging and weight training of middle-aged men. *Journal of Applied Sport Science Research* 1: 25-29.
18. Blumenthal, J., W. Siegel, and M. Appelbaum. 1991. Failure of exercise to reduce blood pressure in patients with mild hypertension. *Journal of the American Medical Association* 266: 2098-2101.
19. Borg, G. 1998. *Borg's Perceived Exertion and Pain Scales*. Champaign, IL: Human Kinetics.
20. Boyden, T., R. Pamenter, S. Going, T. Lohman, M. Hall, L. Houtkooper, J. Bunt, C. Ritenbaugh, and M. Aickin. 1993. Resistance exercise training is associated with decreases in serum low-density lipoprotein cholesterol levels in premenopausal women. *Archives of Internal Medicine* 153: 97-100.
21. Braith, R., and K. Stewart. 2006. Resistance exercise training: Its role in the prevention of cardiovascular disease. *Circulation* 113: 2642-2650.
22. British Association of Exercise and Sport Sciences. 2004. BASES position statement on guidelines for resistance exercise in young people. *Journal of Sports Sciences* 22: 383-390.
23. Broeder, C., K. Burrhus, L. Svanevik, and J. Wilmore. 1992. The effects of either high-intensity resistance or endurance training on resting metabolic rate. *American Journal of Clinical Nutrition* 55: 802-810.
24. Burdette, H., and R. Whitaker. 2005. Resurrecting free play in young children. *Archives of Pediatric and Adolescence Medicine* 159: 46-50.
25. Bureau of Transportation Statistics. 2003. National household travel survey .
26. Butler, R., W. Baierwalter, and F. Rogers. 1987. The cardiovascular response to circuit weight training in patients with cardiac disease. *Journal of Cardiopulmonary Rehabilitation* 7: 402-409.
27. Campbell, W., M. Crim, V. Young, and W. Evans. 1994. Increased energy requirements and changes in body composition with resistance training in older adults. *American Journal of Clinical Nutrition* 60: 167-175.
28. Carnethon, M., M. Gulati, and P. Greenland. Prevalence and cardiovascular disease correlates of low cardiorespiratory fitness in adolescents and adults. *Journal of the American Medical Association* 294: 2981-2988.
29. Castaneda, C., J. Layne, L. Munoz-Orians, P. Gordon, J. Walsmith, M. Foldvari, R. Roubenoff, K.Tucker, and M. Nelson. 2002. A randomized controlled trial of resistance exercise training to improve glycemic control in older adults with type 2 diabetes. *Diabetes Care* 25: 2335-2341.
30. Cavil, N., S. Biddle, and J. Sallis. 2001, Health enhancing physical activity for young people. Statement of the United Kingdom Expert Consensus Conference. *Pediatric Exercise Science* 13: 12-25.
31. Centers for Disease Control and Prevention. 2005. Participation in high school physical education-United States, 1991-2003. *Journal of School Health* 75: 47-49.
32. Chu, D., A. Faigenbaum, and J. Falkel. 2006.

Progressive Plyometrics for Kids. Monterey, CA: Healthy Learning.

33. Clapp, J., and E. Capeless. 1990. Neonatal morphometrics after endurance exercise during pregnancy. *American Journal of Obstetrics and Gynecology* 163: 1805-1811.
34. Clapp, J., B. Seaward, R. Sleamaker, and J. Hiser. 1988. Maternal physiologic adaptations to early human pregnancy. *American Journal of Obstetrics and Gynecology* 159: 1456-1460.
35. Colcombe, S., K. Erickson, P. Scalf, J. Kim, R. Prakash, E. McAuley, S. Elavsky, D. Marquez, L. Hu, and A. Kramer. 2006. Aerobic exercise training increases brain volume in aging humans. *Journals of Gerontology Series A: Biological Sciences and Medical Science* 61: 1166-1170.
36. Colletti, L., J. Edwards, L. Gordon, J. Shary, and N. Bell. 1989.The effects of muscle-building exercise on bone mineral density of the radius, spine and hip in young men. *Calcified Tissue International* 45: 12-14.
37. Conroy, B., W. Kraemer, C. Maresh, S. Fleck, M. Stone, A. Fry, P. Miller, and G. Dalsky. 1993. Bone mineral density in elite junior Olympic weightlifters. *Medicine and Science in Sports and Exercise* 25: 1103-1109.
38. Cordain, L., R. Latin, and J. Behnke. 1986. The effects of an aerobic running program on bowel transit time. *Journal of Sports Medicine* 26: 101-104.
39. Cornelissen,V.,and R.Fagard.2005.Effect of resistance training on resting blood pressure:A meta-analysis of randomized controlled trials. *Journal of Hypertension* 23: 251-259.
40. Council on Exercise of the American Diabetes Association. 1990. Technical review: Exercise and NIDDM. *Diabetes Care* 13: 785-789.
41. Cowlin, A.F. 2002. *Women's Fitness Program Development*. Champaign, IL: Human Kinetics.
42. Craig, B., J. Everhart, and R. Brown. 1989. The influence of high-resistance training on glucose tolerance in young and elderly subjects. *Mechanisms of Ageing and Development* 49: 147-157.
43. Davies, G.L., M. Wolfe, F. Mottola, and C. MacKinnon. 2003. Society of Obstetricians and Gynecologists of Canada, SOGC Clinical Practice Obstetrics Committee. Joint SOGC/CSEP clinical practice guideline. Exercise in pregnancy in the postpartum period. *Canadian Journal of Applied Physiology* 28: 330-341.
44. Dempsey, J., C. Butler, and M. Williams. 2005. No need for a pregnant pause: Physical activity may reduce the occurrence of gestational diabetes and preeclampsia. *Exercise and Sport Sciences Reviews* 33: 141-149.
45. Department of Health and Human Services. 2008. *Physical Activity Guidelines for Americans*. Washington, DC: Author.
46. Dietz, W. Overweight in childhood and adolescence. 2004. *New England Journal of Medicine* 350: 855-857.
47. Dishman, R., R. Motl, R. Saunders, G. Felton, D. Ward, M. Dowda, and R. Pate. 2005. Enjoyment mediates effects of a school-based physical-activity intervention. *Medicine and Science in Sports and Exercise* 37: 478-487.
48. Durak, E. 1989. Exercise for specific populations: Diabetes mellitus. *Sports Training, Medicine and Rehabilitation* 1: 175-180.
49. Durak, E., L. Jovanovis-Peterson, and C. Peterson. 1990. Randomized crossover study of effect of resistance training on glycemic

control, muscular strength, and cholesterol in Type I diabetic men. *Diabetes Care* 13: 1039-1042.

50. Emery, C., W. Meeuwisse, and J. McAllister. 2006. Survey of sports participation and sport injury risk in Calgary and area high schools. *Clinical Journal of Sports Medicine* 16: 20-26.
51. Eriksson, J., S. Taimela, K. Eriksson, S. Parvoinen, J. Peltonen, and U. Kujala. 1997. Resistance training in the treatment of noninsulin dependent diabetes mellitus. *International Journal of Sports Medicine* 18: 242-246.
52. Evans, W., and I. Rosenberg. 1992. *Biomarkers*. New York: Simon and Schuster.
53. Faigenbaum, A. 2007. Resistance training for children and adolescents: Are there health outcomes? *American Journal of Lifestyle Medicine* 1: 190-200.
54. Faigenbaum, A., R. Loud, J. O'Connell, S. Glover, J. O'Connell, and W. Westcott. 2001. Effects of different resistance training protocols on upper body strength and endurance development in children. *Journal of Strength and Conditioning Research* 15: 459-465.
55. Faigenbaum, A., W. Kraemer, C. Blimkie, I. Jeffreys, L. Micheli, M. Nitka, and T. Rowland. 2009. Youth resistance training: Updated position statement paper from the National Strength and Conditioning Association. *Journal of Strength and Conditioning Research* 23 (Suppl 5): S60-S79.
56. Faigenbaum, A., and J. McFarland. 2007. Guidelines for implementing a dynamic warm-up for physical education. *Journal of Physical Education, Recreation and Dance* 78: 25-28.
57. Faigenbaum, A., and G. Myer. 2010. Resistance training among young athletes: Safety, efficacy and injury prevention effects. *British Journal of Sports Medicine* 44: 56-63.
58. Faigenbaum, A., G. Skrinar, W. Cesare, W. Kraemer, and H. Thomas. 1990. Physiologic and symptomatic responses of cardiac patients to resistance exercise. *Archives of Physical Medicine and Rehabilitation* 70: 395-398.
59. Faigenbaum, A., and W. Westcott. 2007. Resistance training for obese children and adolescents. *President's Council on Physical Fitness and Sports Research Digest* 8: 1-8.
60. Faigenbaum, A., and W. Westcott. 2009. *Youth Strength Training*. Champaign, IL: Human Kinetics.
61. Faigenbaum, A., W. Westcott, R. Loud, and C. Long. 1999. The effects of different resistance training protocols on muscular strength and endurance development in children. *Pediatrics* 104: e5.
62. Falk, B., and A. Eliakim. 2003. Resistance training, skeletal muscle and growth. *Pediatric Endocrinology Reviews* 1: 120-127.
63. Falk, B., and G. Tenenbaum. 1996. The effectiveness of resistance training in children: A meta-analysis. *Sports Medicine* 22: 176-186.
64. Ferrara, C., A. Goldberg, H. Ortmeyer, and A. Ryan. 2006. Effects of aerobic and resistive exercise training on glucose disposal and skeletal muscle metabolism in older men. *Journals of Gerontology Series A: Biological Sciences and Medical Sciences* 61: 480-487.
65. Fiatarone, M., E. Marks, N. Ryan, C. Meredith, L. Lipsitz, and W. Evans. 1990. High-intensity strength training in nonagenarians. *Journal of the American Medical Association* 263: 3029-3034.

66. Freedman, D., W. Dietz, S. Srinivasan, and G. Berenson. 1999.The relationship of overweight to cardiovascular risk factors among children and adolescents: The Bogalusa heart study. *Pediatrics* 103: 1175-1182.

67. Frontera, W., C. Meredith, K. O'Reilly, H. Knuttgen, and W. Evans. 1988. Strength conditioning in older men: Skeletal muscle hypertrophy and improved function. *Journal of Applied Physiology* 64: 1038-1044.

68. Ghilarducci, L., R. Holly, and E. Amsterdam. 1989. Effects of high resistance training in coronary heart disease. *American Journal of Cardiology* 64: 866-870.

69. Goldberg, L., L. Elliot, R. Schultz, and F. Kloste. 1984. Changes in lipid and lipoprotein levels after weight training. *Journal of the American Medical Association* 252: 504-506.

70. Gordon, B., A. Benson, S. Bird, and S. Fraser. 2009. Resistance training improves metabolic health in type 2 diabetes: A systematic review. *Diabetes Research and Clinical Practice* 83: 157-175.

71. Gortmaker,S.,A.Must,A.Sobol,K.Peterson,G. Colditz,and W. Dietz. 1996. Television viewing as a cause of increasing obesity among children in the United States, 1986-1990. *Archives of Pediatric and Adolescent Medicine* 150: 356-362.

72. Graves, J., M. Pollock, and D. Foster. 1990. Effects of training frequency and specificity on isometric lumbar extension strength. *Spine* 15: 504-509.

73. Greenlund, L., and K. Nair. 2003. Sarcopenia-consequences, mechanisms, and potential therapies. *Mechanisms of Ageing and Development* 124: 287-299.

74. Grimby, G., A. Aniansson, M. Hedberg, G. Henning, U. Granguard, and H. Kvist. 1992. Training can improve muscle strength and endurance in 78 to 84 year old men. *Journal of Applied Physiology* 73: 2517-2523.

75. Grimmer, K., D. Jones, and J. Williams. 2000. Prevalence of adolescence injury from recreational exercise: An Australian perspective. *Journal of Adolescent Health* 27: 266-272.

76. Hackney, K., H. Engels, and R. Gretebeck. 2008. Resting energy expenditure and delayed-onset muscle soreness after full-body resistance training with an eccentric concentration. *Journal of Strength and Conditioning Research* 22: 1602-1609.

77. Haennel, R., H. Quinney, and C. Kappogoda. 1991. Effects of hydraulic circuit training following coronary artery bypass surgery. *Medicine and Science in Sports and Exercise* 23: 158-165.

78. Hagerman, F., S. Walsh, R. Staron, R. Hikida, R. Gilders, T. Murray, K. Toma, and K. Ragg. 2000. Effects of high-intensity resistance training on untrained older men. I. Strength, cardiovascular, and metabolic responses. *Journals of Gerontology Series A: Biological Sciences and Medical Sciences* 55: B336-346.

79. Hamill, B. 1994. Relative safety of weight lifting and weight training. *Journal of Strength and Conditioning Research* 8: 53-57.

80. Harris, K., and R. Holly. 1987. Physiological response to circuit weight training in borderline hypertensive subjects. *Medicine and Science in Sports and Exercise* 10: 246-252.

81. Haskel, W., I. Lee, R. Pate, K. Powell, S. Blair, B. Franklin, C. Macera, G. Heath, P.

Thompson, and A. Bauman. 2007. Physical activity and public health: Updated recommendation for adults from the American College of Sports Medicine and the American Heart Association. *Circulation* 116: 1081-1093.

82. Heidt, R., L. Sweeterman, R. Carlonas, J. Traub, and F. Tekulve. 2000. Avoidance of soccer injuries with preseason conditioning. *American Journal of Sports Medicine* 28: 659-662.
83. Hewett, T., G. Myer, and K. Ford. 2005. Reducing knee and anterior cruciate ligament injuries among female athletes. *Journal of Knee Surgery* 18: 82-88.
84. Hewett, T., A. Stroupe, T. Nance, and F. Noyes. 1996. Plyometric training in female athletes. *American Journal of Sports Medicine* 24: 765-773.
85. Hikida, R., R. Staron, F. Hagerman, S. Walsh, E. Kaiser, S. Shell, and S. Hervey. 2000. Effects of high-intensity resistance training on untrained older men. II. Muscle fiber characteristics and nucleocytoplasmic relationships. *Journals of Gerontology Series A: Biological Sciences and Medical Sciences* 55: B347-354.
86. Holten,M.,M.Zacho,M.Gaster,C.Juel,J. Wojaszewskil,and F. Dela. 2004. Strength training increases insulin-mediated glucose uptake, GLUT4 content, and insulin signaling in skeletal muscle in patients with type 2 diabetes. *Diabetes* 53: 294-305.
87. Hunter, G., J. McCarthy, and M. Bamman. 2004. Effects of resistance training on older adults. *Sports Medicine* 34: 329-348.
88. Hunter, G., C. Wetzstein, D. Fields, A. Brown, and M. Bamman. 2000. Resistance training increases total energy Clients Who Are Preadolescent, Older, or Pregnant expenditure and free-living physical activity in older adults. *Journal of Applied Physiology* 89: 977-984.
89. Hurley, B. 1994. Does strength training improve health status? *Strength and Conditioning* 16: 7-13.
90. Hurley, B., J. Hagberg, A. Goldberg, D. Seals, A. Ehsani, R. Brennan, and J. Holloszy. 1988. Resistance training can reduce coronary risk factors without altering $\dot{V}O_2$ max or percent body fat. *Medicine and Science in Sports and Exercise* 20: 150-154.
91. Hurley, B., and S. Roth. 2000. Strength training in the elderly: Effects on risk factors for age-related diseases. *Sports Medicine* 30: 249-268.
92. Institute of Medicine of the National Academies. 2005. *Preventing Childhood Obesity. Health in the Balance*. Washington, DC: National Academies Press. pp. 21-53.
93. Ivey, F., S. Roth, R. Ferrell, B. Tracy, J. Lemmer, D. Hurlbut, G. Martel, E. Siegel, J. Fozard, E. Metter, J. Fleg, and B. Hurley. 2000. Effects of age, gender, and myostatin genotype on the hypertrophic responses to heavy resistance strength training. *Journals of Gerontology Series A: Biological Sciences and Medical Sciences* 55: M641-648.
94. Jan, M., J. Lin, J. Liau, Y. Lin, and D. Lin. 2008. Investigation of clinical effects of high- and low-resistance training for patients with knee osteoarthritis: A randomized controlled trial. *Physical Therapy* 88: 427-436.
95. Janz, K., J. Dawson, and L. Mahoney. 2000. Tracking physical fitness and physical activity from childhood to adolescence: The Muscatine study. *Medicine and Science in Sports and Exercise* 32: 1250-1257.
96. Johnson, C., M. Stone, S. Lopez, J. Hebert, L.

Kilgoe, and R. Byrd. 1982. Diet and exercise in middle-aged men. *Journal of the Dietetic Association* 81: 695-701.

97. Jones, A., M. Pollock, J. Graves, M. Fulton, W. Jones, M. MacMillan, D. Baldwin, and J. Cirulli. 1988. *Safe, Specific Testing and Rehabilitative Exercise for Muscles of the Lumbar Spine.* Santa Barbara, CA: Sequoia Communica-tions.
98. Jones, C., C. Christensen, and M. Young. 2000. Weight training injury trends. *Physician and Sportsmedicine* 28: 61-72.
99. Jurca, R., M. LaMonte, T. Church, C. Earnest, S. Fitzgeald, C. Barlow, A. Jordan, J. Dampert, and S. Blaire. 2004. Associations with muscle strength and aerobic fitness with metabolic syndrome in men. *Medicine and Science in Sports and Exercise* 36: 1301-1307.
100. Kalapotharakos, V., M. Michalopoulos, S. Tokmakisis, G. Godolias, and V. Gourgoulis. 2005. Effects of heavy and moderate resistance training on functional performance in older adults. *Journal of Strength and Conditioning Research* 19: 652-657.
101. Kelemen, M., K. Stewart, R. Gillilan, C. Ewart, S. Valenti, J. Manley, and M. Kelemen. 1986. Circuit weight training in cardiac patients. *Journal of the American College of Cardiology* 7: 38-42.
102. Kelley, G. 1997. Dynamic resistance exercise and resting blood pressure in healthy adults: A meta-analysis. *Journal of Applied Physiology* 82: 1559-1565.
103. Kelley, G., and K. Kelley. 2000. Progressive resistance exercise and resting blood pressure: A meta-analysis of randomized controlled trials. *Hypertension* 35: 838-843.
104. Kelley, G., and K. Kelley. 2009. Impact of progressive resistance training on lipids and lipoproteins in adults: A meta-analysis of randomized controlled trials. *Preventive Medicine* 48: 9-19.
105. Kelly, A. 2005. Practical exercise advice during pregnancy. *Physician and Sportsmedicine* 33: 24-31.
106. Keys, A., H. Taylor, and F. Grande. 1973. Basal metabolism and age of adult man. *Metabolism* 22: 579-587.
107. King, L., T. Birmingham, C. Kean, I. Jones, D. Bryant, and J. Giffin. 2008. Resistance training for medial compartment knee osteoarthritis and malalignment. *Medicine and Science in Sports and Exercise* 40: 1376-1384.
108. Koffler, K., A. Menkes, R. Redmond, W. Whitehead, R. Pratley, and B. Hurley. 1992. Strength training accelerates gastrointestinal transit in middle-aged and older men. *Medicine and Science in Sports and Exercise* 24: 415-419.
109. Kokkinos, P., B. Hurley, M. Smutok, C. Farmer, C. Reece, R. Shulman, C. Charabogos, J. Patterson, S. Will, J. DeVane-Bell, and A. Goldberg. 1991. Strength training does not improve lipoprotein lipid profiles in men at risk for CHD. *Medicine and Science in Sports and Exercise* 23: 1134-1139.
110. Kokkinos, P., B. Hurley, P. Vaccaro, J. Patterson, L. Gardner, S. Ostrove, and A. Goldberg. 1998. Effects of low and high repetition resistive training on lipoprotein-lipid profiles. *Medicine and Science in Sports and Exercise* 20: 50-54.
111. Lange, A., B. Vanwanseele, and M. Fiatarone

Singh. 2008. Strength training for treatment of osteoarthritis of the knee: A systematic review. *Arthritis and Rheumatism* 59: 1488-1494.

112. Layne, J., and M. Nelson. 1999. The effects of progressive resistance training on bone density: A review. *Medicine and Science in Sports and Exercise* 31: 25-30.

113. Lemmer, J., F. Ivey, A. Ryan, G. Martel, D. Hurlbut, J. Metter, J. Fozard, J. Fleg, and B. Hurley. 2001. Effect of strength training on resting metabolic rate and physical activity. *Medicine and Science in Sports and Exercise* 33: 532-541.

114. Lillegard, W., E. Brown, D. Wilson, R. Henderson, and E. Lewis. 1997. Efficacy of strength training in prepubescent to early postpubescent males and females: Effects of gender and maturity. *Pediatric Rehabilitation* 1: 147-157.

115. Lohmann, D., and F. Liebold. 1978. Diminished insulin response in highly trained athletes. *Metabolism* 27: 521-523.

116. Malina, R. 2001. Tracking of physical activity across the lifespan. *President's Council on Physical Fitness and Sports Research Digest* 3: 1-8.

117. Malina, R. 2006. Weight training in youth-growth, maturation and safety: An evidenced based review. *Clinical Journal of Sport Medicine* 16: 478-487.

118. Mandelbaum, B., H. Silvers, D. Watanabe, J. Knarr, S. Thomas, L. Griffin, D. Kirkendall, and W. Garrett. 2005. Effectiveness of a neuromuscular and proprioceptive training program in preventing anterior cruciate ligament injuries in female athletes. *American Journal of Sports Medicine* 33: 1003-1010.

119. Marks,R.1993.The effects of isometric quadriceps strength training in mid-range for osteoarthritis of the knee. *Arthritis Care Research* 6: 52-56.

120. Marzolini, S., P. Oh, S. Thomas, and J. Goodman. 2008. Aerobic and resistance training in coronary disease: Single versus multiple sets. *Medicine and Science in Sports and Exercise* 40: 1557-1564.

121. Mason, C., S. Brien, C. Craig, L. Gauvin, and P. Katzmarzyk. 2007. Musculoskeletal fitness and weight gain. *Medicine and Science in Sports and Exercise* 39: 38-43.

122. McCartney, N., A. Hicks, J. Martin, and C. Webber. 1996. A longitudinal trial of weight training in the elderly-continued improvements in year two. *Journals of Gerontology Series A: Biological Sciences and Medical Sciences* 51: B425-B433.

123. Mediate, P., and A. Faigenbaum. 2007. *Medicine Ball for All Kids*. Monterey, CA: Healthy Learning.

124. Melby, C., C. Scholl, G. Edwards, and R. Bullough. 1993. Effect of acute resistance exercise on postexercise energy expenditure and resting metabolic rate. *Journal of Applied Physiology* 75: 1847-1853.

125. Melov, S., M. Tarnopolsky, K. Beckman, K. Felkey, and A. Hubbard. 2007. Resistance exercise reverses aging in human skeletal muscle. *PLoS ONE* 2: e465.

126. Menkes, A., S. Mazel, R. Redmond, K. Koffler, C. Libanati, C. Gunberg, T. Zizic, J. Hagberg, R. Pratley, and B. Hurley. 1993. Strength training increases regional bone mineral density and bone remodeling in middle-aged and older men. *Journal of Applied Physiology* 74: 2478-

2484.

127. Micheli L. 2006. Preventing injuries in sports: What the team physician needs to know. In: *F.I.M.S. Team Physician Manual*, 2nd ed., K. Chan, L. Micheli, A. Smith, C. Rolf, N. Bachl, W. Frontera, and T. Alenabi, eds. Hong Kong: CD Concept. pp. 555-572.

128. Miller, J., R. Pratley, A. Goldberg, P. Gordon, M. Rubin, M. Treuth, A. Ryan, and B. Hurley. 1994. Strength training increases insulin action in healthy 50 to 65 year-old men. *Journal of Applied Physiology* 77: 1122-1127.

129. Miller, W., W. Sherman, and J. Ivy. 1984. Effect of strength training on glucose tolerance and post glucose insulin response. *Medicine and Science in Sports and Exercise* 16: 539-543.

130. Morris, F., G. Naughton, J. Gibbs, J. Carlson, and J. Wark. 1997. Prospective ten-month exercise intervention in pre-menarcheal girls: Positive effects on bone and lean mass. *Journal of Bone and Mineral Research* 12: 1453-1462.

131. Morrow, J. 1997. Relationship of low back pain to exercise habits. Paper presented at ACSM conference, Denver, May 31.

132. Myer G., C. Quatman, J. Khoury, E. Wall, and T. Hewett. 2009. Youth vs. adult "weightlifting" injuries presented to United States emergency rooms: Accidental vs. non-accidental mechanisms. *Journal of Strength and Conditioning Research* 23: 2054-2060.

133. National Association for Sport and Physical Education. 2005. *Physical Education for Lifelong Fitness*, 2nd ed. Champaign, IL: Human Kinetics.

134. Nelson, M., M. Fiatarone, C. Morganti, I. Trice, R. Greenberg, and W. Evans. 1994. Effects of high-intensity strength training on multiple risk factors for osteoporotic fractures. *Journal of the American Medical Association* 272: 1909-1914.

135. Ogden, C., M. Carroll, and K. Flegal. 2008. High body mass index for age among US children and adolescents, 2003-2006. *Journal of the American Medical Association* 299: 2401-2405.

136. Olshansky, S., D. Passaro, R. Hershow, J. Layden, B. Carnes, J. Brody, L. Hayflick, R. Butler, D. Allison, and D. Ludwig. 2005. A potential decline in life expectancy in the United States in the 21st century. *New England Journal of Medicine* 352: 1138-1145.

137. Olson, T., D. Dengel, A. Leon, and K. Schmitz. 2006. Moderate resistance training and vascular health in overweight women. *Medicine and Science in Sports and Exercise* 38: 1558-1564.

138. Ormsbee, M., J. Thyfault, E. Johnson, R. Kraus, M. Choi, and R. Hickner. 2007. Fat metabolism and acute resistance exercise in trained men. *Journal of Applied Physiology* 102: 1767-1772.

139. Ortega, F., J. Ruiz, M. Castillo, and M. Sjostrom. 2008. Physical fitness in childhood and adolescence: A powerful marker of health. *International Journal of Obesity* 32: 1-11.

140. Ozmun, J., A. Mikesky, and P. Surburg. 1994. Neuromuscular adaptations following prepubescent strength training. *Medicine and Science in Sports and Exercise* 26: 510-514.

141. Parise, G., A. Brose, and M. Tarnopolsky. 2005. Resistance exercise training decreases oxidative damage to DNA and increases cytochrome oxidase activity in older adults. *Experimental*

Gerontology 40: 173-180.

142. Pate, R., M. Davis., T. Robinson, E. Stone, T. McKenzie, and J. Young. 2006. Promoting physical activity in children and youth. *Circulation* 114: 1214-1224.

143. Payne, G., and J. Morrow. 1993. Exercise and $\dot{V}O_2$ max in children: A meta-analysis. *Research Quarterly for Exercise and Sport* 64: 305-313.

144. Phillips, S. 2007. Resistance exercise: Good for more than just Grandma and Grandpa's muscles. *Applied Physiology, Nutrition, and Metabolism* 32: 1198-1205.

145. Pivarnik, J., H. Chambliss, J. Clapp, S. Dugan, M. Hatch, C. Lovelady, M. Mottola, and M. Williams. 2006. Impact of physical activity during pregnancy and postpartum on chronic disease risk. *Medicine and Science in Sports and Exercise* 38: 989-1006.

146. Powell, K., A. Roberts, J. Ross, M. Phillips, D. Ujamma, and M. Zhou. 2009. Low physical fitness among fifth- and seventh-grade students, Georgia, 2006. *American Journal of Preventive Medicine* 36: 304-310.

147. Pratley, R., B. Nicklas, M. Rubin, J. Miller, A. Smith, M. Smith, B. Hurley, and A. Goldberg. 1994. Strength training increases resting metabolic rate and norepinephrine levels in healthy 50 to 65 year old men. *Journal of Applied Physiology* 76: 133-137.

148. Quirk, A., R. Newman, and K. Newman. 1985. An evaluation of interferential therapy, shortwave diathermy and exercise in the treatment of osteoarthritis of the knee. *Physiotherapy* 71: 55-57.

149. Ramsay, J., C. Blimkie, K. Smith, S. Garner, J. Macdougall, and D. Sale. 1990. Strength training effects in prepubescent boys. *Medicine and Science in Sports and Exercise* 22: 605-614.

150. Renstrom P., A. Ljungqvist, E. Arendt, B. Beynnon, T. Fukubayashi, W. Garrett, T. Georgoulis, T. Hewett, R. Johnson, T. Krosshaug, B. Mandelbaum, L. Micheli, G. Myklebust, E. Roos, H. Roos, P. Schamasch, S. Shultz, S. Werner, E. Wojtys, and L. Engebretsen. 2008. Non-contact ACL injuries in female athletes: An International Olympic Committee current concepts statement. *British Journal of Sports Medicine* 42: 394-424.

151. Reynolds, K., J. Killen, S. Bryson, D. Maron, C. Taylor, N. Maccoby, and J. Farquhar. 1990. Psychosocial predictors of physical activity in adolescents. *Preventive Medicine* 19: 541-551.

152. Risch, S., N. Norvell, M. Polock, E. Risch, H. Langer, M. Fulton, M. Graves, and S. Leggett. 1993. Lumbar strengthening in chronic low back pain patients. *Spine* 18: 232-238.

153. Rowland, T. 2005. *Children's Exercise Physiology*, 2nd ed. Champaign, IL: Human Kinetics. pp. 181-195.

154. Ruiz, J., X. Sui, F. Lobelo, J. Morrow, A. Jackson, M. Sjostrom, and S. Blair. 2008. Association between muscular strength and mortality in men: Prospective cohort study. *British Medical Journal* 337: a439.

155. Ryan, A., D. Hurlbut, M. Lott, F. Ivey, J. Fleg, B. Hurley, and A. Goldberg. 2001. Insulin action after resistance training in insulin resistant older men and women. *Journal of the American Geriatric Society* 49: 247-253.

156. Ryan, A., M.Treuth, M. Rubin, J. Miller, B. Nicklas, D. Landis, R. Pratley, C. Libanati, C.

Grundberg, and B. Hurley. 1994. Effects of strength training on bone mineral density: Hormonal and bone turnover relationships. *Journal of Applied Physiology* 77: 1678-1684.

157. Shaibi, G., M. Cruz, G. Ball, M. Weigensberg, G. Salem, N. Crespo, and M. Goran. 2006. Effects of resistance training on insulin sensitivity in overweight Latino Adolescent males. *Medicine and Science in Sports and Exercise* 38: 1208-1215.
158. Shephard, R.2009. Maximal oxygen intake and independence in old age, *British Journal of Sports Medicine,* 43: 342-346.
159. Singh, N., K. Clements, and M. Fiatarone. 1997. A randomized controlled trial of progressive resistance training in depressed elders. *Journal of Gerontology* 52A: M27-M35.
160. Smutok, M., C. Reece, P. Kokkinos, C. Farmer, P. Dawson, R. Shulman, J. De Vane-Bell, J. Patterson, C. Charabogos, A. Goldley, and B. Hurley. 1993. Aerobic vs. strength training for risk factor intervention in middle-aged men at high risk for coronary heart disease. *Metabolism* 42: 177-184.
161. Snow-Harter, C., M. Bouxsein, B. Lewis, D. Carter, and R. Marcus. 1992. Effects of resistance and endurance exercise on bone mineral status of young women. A randomized exercise intervention trial. *Journal of Bone and Mineral Research* 7: 761-769.
162. Sothern, M., M. Loftin, J. Udall, R. Suskind, T. Ewing, S. Tang, and U. Blecker. 1999. Inclusion of resistance exercise in a multidisciplinary outpatient treatment program for preadolescent obese children. *Southern Medical Journal* 92: 585-592.
163. Stewart, K., M. Mason, and M. Kelemen. 1988. Three-year participation in circuit weight training improves muscular strength and self-efficacy in cardiac patients. *Journal of Cardiopulmonary Rehabilitation* 8: 292-296.
164. Stone, M., D. Blessing, R. Byrd, J. Tew, and D. Boatwright. 1982. Physiological effects of a short term resistance training program on middle-aged untrained men. *National Strength Coaches Association Journal* 4: 16-20.
165. Strong, W., R. Malina, C. Blimkie, S. Daniels, R. Dishman, B. Gutin, A. Hergenroeder, A. Must, P. Nixon, J. Pivarnik, T. Rowland, S. Trost, and F. Trudeau. 2005. Evidence based physical activity for school-age youth. *Journal of Pediatrics* 146: 732-737.
166. Tang, J., J. Hartman, and S. Phillips. 2006. Increased muscle oxidative potential following resistance training induced fiber hypertrophy in young men. *Applied Physiology, Nutrition, and Metabolism* 31: 495-501.
167. Taunton, J., A. Martin, E. Rhodes, L. Wolski, M. Donnelly, and J. Elliot. 1997. Exercise for older women: Choosing the right prescription. *British Journal of Sports Medicine* 31: 5-10.
168. Trappe, S., D. Williamson, M. Godard, and P. Gallagher. 2001. Maintenance of whole muscle strength and size following resistance training in older men. *Medicine and Science in Sports and Exercise* 33: S147.
169. Troiano, R., D. Berrigan, K. Dodd, L. Masse, T. Tilert, and M. McDowell. 2008. Physical activity in the United States measured by accelerometer. *Medicine and Science in Sports and Exercise* 40: 181-188.
170. Tucker, L., and L. Silvester. 1996. Strength training and hypercholesterolemia: An epidemiologic study of 8499 employed men.

American Journal of Health Promotion 11: 35-41.

171. *Tufts University Diet and Nutrition Letter*. 1994. Never too late to build up your muscle. 12 (September): 6-7.

172. Ulrich, I., C. Reid, and R. Yeater. 1987. Increased HDL-cholesterol levels with a weight training program. *Southern Medical Journal* 80: 328-331.

173. Vander, L., B. Franklin, D. Wrisley, and M. Rubenfire. 1986. Acute cardiovascular responses in cardiac patients: Implications for exercise training. *Annals of Sports Medicine* 2: 165-169.

174. Van Etten, L., K. Westerterp, F. Verstappen, B. Boon, and W Saris. 1997. Effect of an 18-week weight-training program on energy expenditure and physical activity. *Journal of Applied Physiology* 82 (1): 298-304.

175. Vaughn, J., and L. Micheli. 2008. Strength training recommendations for the young athlete. *Physical Medicine and Rehabilitation Clinics of North America* 19: 235-245.

176. Vause, T., P. Martz, F. Ricjard, and L. Gramlich. 2006. Nutrition for healthy pregnancy outcomes. *Applied Physiology, Nutrition, and Metabolism* 31: 12-20.

177. Verdijk, L., B. Gleeson, R. Jonkers, K. Meijer, H. Savelberg, P. Dendale, and L. van Loon. 2009. Skeletal muscle hypertrophy following resistance training is accompanied by a fiber typespecific increase in satellite cell content in elderly men. *Journals of Gerontology Series A: Biological Sciences and Medical Sciences* 64: 332-339.

178. Vincent, K., R. Braith, R. Feldman, P. Magyari, R. Cutler, S. Persin, S. Lennon, A. Gabr, and D. Lowenthal. 2002. Resistance exercise and physical performance in adults aged 60 to 83. *Journal of the American Geriatric Society* 50: 1100-1107.

179. Wang, Y., and T. Lobstein. 2006. Worldwide trends in childhood overweight and obesity. *International Journal of Pediatric Obesity* 1: 11-25.

180. Watts, K., P. Beye, A. Siafarikas, E. Davis, T. Jones, G. O'Driscoll, and D. Green. 2004. Exercise training normalizes vascular dysfunction and improves central adiposity in obese adolescents. *Journal of the American College of Cardiology* 43: 1823-1827.

181. Weltman, A., C. Janney, C. Rians, K. Strand, B. Berg, S. Tippit, J. Wise, B. Cahill, and F. Katch. 1986. The effects of hydraulic resistance strength training in prepubertal males. *Medicine and Science in Sports and Exercise* 18: 629-638.

182. Weltman,A.,C.Janney,C.Rians,K.Strand,and F. Katch.1987. Effects of hydraulic-resistance strength training on serum lipid levels in prepubertal boys. *American Journal of Diseases in Children* 141: 777-780.

183. Westcott, W. 2009. ACSM strength training guidelines: Role in body composition and health enhancement. *ACSM's Health & Fitness Journal* 13: 14-22.

184. Westcott, W., and T. Baechle. 1999. Strength Training for Seniors. Champaign, IL: Human Kinetics. Updated as Baechle, T. and W. Westcott. *The Fitness Professional's Guide to Strength Training Older Adults,* 2nd ed. Champaign, IL: Human Kinetics.

185. Westcott, W., F. Dolan, and T. Cavicchi. 1996. Golf and strength training are compatible

activities. *Strength and Conditioning* 18: 54-56.

186. Westcott, W., and J. Guy. 1996. A physical evolution: Sedentary adults see marked improvements in as little as two days a week. *IDEA Today* 14: 58-65.

187. Whaley, M., L. Kaminsky, G. Dwyer, L. Getchell, and J. Norton. 1992. Predictors of over- and under-achievement of age-predicted maximal heart rate. *Medicine and Science in Sports and Exercise* 24: 1173-1179.

188. Wijndaele, K., N. Duvigneaud, L. Matton, W. Duquet, M. Thomis, G. Beunen, J. Lefevre, and R. Phillippaerts. 2007. Muscular strength, aerobic fitness, and metabolic syndrome risk in Flemish adults. *Medicine and Science in Sports and Exercise* 39: 233-240.

189. Wolfe, R. 2006. The underappreciated role of muscle in health and disease. *American Journal of Clinical Nutrition* 84: 475-482.

第19章

有营养和代谢问题的客户

道格拉斯·B. 史密斯（Douglas B. Smith），PhD
瑞安·菲德勒（Ryan Fiddler），MS

学习完本章后，你将能够掌握如下内容。

- 描述与有营养和代谢问题的客户合作的私人教练的工作实践范围。
- 探讨适宜于有肥胖、超重、高血脂、进食障碍和糖尿病等问题的个体的运动处方与计划。
- 描述针对有营养和代谢问题的个体的一般营养指南。
- 探讨有营养和代谢问题的个体改善健康状况、改变生活方式的策略（饮食、运动和行为改变）

随着技术的进步，工业化和自动化等已经降低了人们对重体力劳动的需求，让人们获得了更多的闲暇时间，并极大地增加了可获得的食物量。这些在很多方面都带有积极意义的进步，却对人类的健康产生了负面的影响。这些社会环境的变化与其他一些因素共同作用，导致了肥胖、高血脂和糖尿病发病率的不断升高，以及饮食紊乱和进食障碍的高发趋势。私人教练可能会遇到这样的客户：他们有一种或多种与营养有关的问题。私人教练应该如本书第9章所述，筛查这些情况和问题，在必要的时候一定要获得医生的许可[25]。有本章所讨论的问题的客户应该首先咨询医生以获得治疗，并咨询营养饮食专家以获得医学营养方面的建议。而私人教练的职责仅限于训练计划的设计和执行，并帮助客户改变生活方式。私人教练不应该对客户进行诊断或开处方，也不应该接受或训练有医学问题的客户，这超出了私人教练的知识和经验范围，而应该建议这样的客户转诊至合适的专业医护人员[25]。

在此感谢本书第1版本章的作者克里斯蒂娜·L. 维加（Christine L.Vega）和卡洛斯·E. 希门尼斯（Carlos E. Jiménez）对本书的贡献。

私人教练不应对客户进行诊断或开处方，也不应该接受或训练有医学问题的客户，这超出了私人教练的知识和经验范围，而应该建议这样的客户转诊至合适的专业医护人员。

超重与肥胖

儿童和成年人的肥胖和超重已经变成了“全球流行病”[62]。最近在发达国家以及一些发展中国家进行的调查显示，肥胖和超重的儿童和成人的比率有所上升[62]。大多数西欧国家的肥胖发病率为10%～25%，一些美洲国家为20%～25%，而一些西太平洋岛屿国家的发病率超过50%，而考虑到这些数字还不包括超重的成年人的比率，现实情况更值得人警惕[62]。最新一次美国国家健康与营养调查（U.S.National Health and Nutrition Examination Survey，NHANES，2007-2008）显示，32.2%的男性和35.5%的女性肥胖（BMI ≥ 30），68.0%的成年人（20岁以上）超重（BMI ≥ 25）或肥胖（BMI ≥ 30）[46]。

这些数字未来可能进一步增加：美国全国范围内的调查已经显示，在过去的40年中，儿童和青春期青少年的肥胖问题的流行情况在6～11岁儿童中变为原来的4倍多，在12～19岁青春期青少年中变为原来的3倍多[37]。美国卫生总署[61]报告了一些重要的发现：（1）与健康体重的儿童和青少年相比，心脏病风险因素，例如高胆固醇和高血压等在超重的儿童和青少年中出现的频率上升；（2）之前一直认为是成年人疾病的2型糖尿病在儿童和青少年中发病的情况急剧增加；（3）超重的青少年有70%的可能性成为超重或肥胖的成年人，如果其父母中至少有1人超重或肥胖，这个数字会增加到80%；（4）从儿童自己的角度来看，超重带来的最严重的后果是社会歧视。超重和肥胖是受到极大关注的公共健康问题，超重或肥胖会增加患高血压、高血脂、2型糖尿病、冠心病、脑卒中、胆囊疾病、关节炎、睡眠呼吸暂停和呼吸系统疾病，以及子宫内膜癌、乳腺癌、前列腺癌和结肠癌等疾病的风险[41, 62]。此外，较高的体重也与全因死亡率增加相关。在美国，人们已认定超重和肥胖为可预防性死亡的第二大原因[41, 42]。

超重与肥胖的定义和重要区别

超重是指BMI为25～29.9，而肥胖指BMI ≥ 30[41]。BMI描述的是相对于身高的体重，与全身体脂含量显著相关。采用BMI进行评估，对那些肌肉含量非常高的个体（体脂含量被高估）和肌肉含量非常少的年老个体（体脂含量被低估）来说具有局限性[42]。私人教练应该通过BMI结合监控体重变化的方式来评估超重和肥胖[41, 42, 62]。

BMI的计算方式是：体重（千克）除以身高的平方（米^2）。见表19.1，美国国家心肺血液研究所（National Heart，Lung，and Blood Institute，NHLBI）根据BMI对体重进行了分类。采用非公制计量单位的BMI的方法参见本页的“计算BMI”。

表 19.1　以 BMI、腰围区分超重和肥胖以及相关疾病的风险

	BMI	肥胖等级	相对于正常体重和腰围的人的疾病风险* 男性≤40 英寸（约 102 厘米） 女性≤35 英寸（约 89 厘米）	 男性>40 英寸（约 102 厘米） 女性>35 英寸（约 89 厘米）
体重偏低	<18.50		—	—
正常**	18.50 ～ 24.90		—	—
超重	25.00 ～ 29.90		增加	高
肥胖	30.00 ～ 34.90	Ⅰ	高	非常高
	35.00 ～ 39.90	Ⅱ	非常高	非常高
极度肥胖	≥ 40.00	Ⅲ	极高	极高

*：2 型糖尿病、高血压和冠心病的风险。

**：即使是体重正常的人，腰围增加也可作为体重增加的标志。

来源：Reprinted from NIH and NHLBI 1998[40].

计算BMI

非公制计量单位的换算

采用非公制计量单位计算 BMI 时，使用如下公式：

$$体重（磅）\div 身高^2（英寸^2）\times 703 \quad (19.1)$$

例如，某人体重 164 磅，身高 68 英寸（或 5 英尺 8 英寸），BMI 为 25：

$$(164 \div 68^2) \times 703 = 25$$

公制计量单位换算

采用公制计量单位计算 BMI，使用如下公式：

$$体重（千克）\div 身高^2（米^2） \quad (19.2)$$

例如，某人体重 78.93 千克，身高 1.77 米，BMI 为 25：

$$78.93 \div 1.77^2 = 25$$

在选择适宜的预防策略，设计有效的训练计划时，私人教练必须理解超重和肥胖之间复杂而重要的区别[16]。

- 肥胖的人的多余体重显著大于超重的人，特别是脂肪组织的质量。肥胖的人脂肪组织与无脂肪组织的比率更高。这意味着肥胖的人脂肪显著增加，而肌肉组织没有相对应地增加[14]。
- 总体来说，与超重的人相比，肥胖的人可能处于更大的正能量平衡，且时间更长。导致这种正能量平衡出现的原因不仅仅是身体活动的减少，还有食物摄入的增加[14]。当一个人摄入的热量和消耗的热量相等时，会出现中性能量平衡，结果是体重不发生变化；正能量平衡，或者说摄入的热量大于消耗的热量，会造成体重的增加；负能量平衡，或者说摄入的热量小于消耗的热量，会造成体重的降低。
- 平均来说，肥胖的人的静息新陈代谢率高于正常体重和超重的人，进行相同活动，消耗的能量更多。这是因为移动更重的身体需要更多的能量[14]。

回顾这些差异及其意义，可以发现久坐不动的生活方式，或习惯性身体活动水平较低，似乎在很大比例上是成年人超重的原因[13, 14]。换言之，一个成年人不多摄入食物，仅降低身体活动水平，也有可能变得超重。

对于超重人群来说，通过提高身体活动水平、制订训练计划，进行早期干预是非常重要的。我们希望能够说服和鼓励超重人群在变得肥胖之前与私人教练一起行动起来。恢复甚至超过原本的身体活动水平至少能阻止超重向肥胖转变，还可能产生显著的体重下降，为超重的人带来不必进行中度或重度的热量限制就能回到正常体重范围的希望。

另外，严重肥胖（例如BMI为35甚至更高）的人可能在很长时间内保持正能量平衡状态。多数情况下，这一状况是热量摄入增加（摄入食物增多）和热量消耗（身体活动）减少导致的[14]。对于严重肥胖的人来说，不参加运动是一个重要的因素，此外也与食物摄入增加有关。肥胖人群，必须既要重视减少热量摄入，也要重视增加身体活动。

> 超重的客户仅通过增加身体活动以及稍微改变饮食习惯便能有所改善。肥胖的人既要注意减少热量摄入，又要注意增加身体活动。

超重与肥胖的原因和关联性

没有一个理论能完整回答肥胖是如何产生的。尽管因富含热量食物的易获得性导致的正能量平衡伴随久坐不动的生活习惯是肥胖在世界范围内增加的主要原因，但还有一些其他因素[62]。美国卫生总署在《超重与肥胖：健康后果》（*Overweight and Obesity: Health Consequences*）中称："体重是受遗传、新陈代谢、行为、环境、文化和社会经济影响的综合结果"，并指出行为和环境因素对超重和肥胖有非常大的影响。这两个因素也"给旨在预防和治疗的行动和干预带来了最佳时机”[57]。

环境因素包括食物的可获得性、社会经济状况，以及可使用的运动场馆和器械，例如体育馆或跑道等。行为因素包括由个人喜好和民族背景决定的饮食模式，包括过度饮食或暴饮暴食以及活动模式。遗传和新陈代谢因素包括静息新陈代谢率差异、脂蛋白脂肪酶以及其他酶的水平、交感神经活动水平和饮食诱导的生热作用。

斯特芬（Steffen）和其同事们最近调查了儿童和青少年的超重与看电视和父母体重之间的联系，调查结果佐证了之前的研究结果[16, 33, 19, 23, 31, 50, 58]，即看电视与儿童变得超重之间直接相关。此外，他们还报告“每天习惯性地在电视或屏幕前花费 1 小时，就增加 20% ～ 30% 的超重概率”，而且这种肥胖是全家性的[56]。在最近的另外一项研究中，耶恩（Yen）和其同事将访问互联网也纳入考量，得到了类似的结果。花大量时间看电视和访问互联网，与青少年 BMI 的增加直接相关[63]。

脂肪分布

重要的是不仅要让客户认识到自己是否已经处于超重或肥胖的范围，还要辨别出其脂肪分布的模式。有两种脂肪分布的类型，即男性型肥胖和女性型肥胖。女性型肥胖（gynoid obesity，梨形体态）指大量的体脂分布于臀部和大腿区域；男性型肥胖（android obesity，苹果形体态）的特征则是大量的身体脂肪分布于躯干和腹部区域。这种腹部脂肪过多与全身脂肪分布比例失调是 2 型糖尿病、高血压和心血管疾病风险的独立预测因子[41, 42]。

腹部脂肪的测量

研究者认为，向心性肥胖比总体肥胖更能显著地预示心血管疾病风险，腰围和腰臀比能比 BMI 更好地预测动脉粥样硬化和心血管疾病风险[38]。此外，腹部脂肪含量和腰围值之间成正相关[41, 42, 63]。私人教练可以使用这个临床认可的测量值在进行减少体重的训练计划前和训练中评估客户的腹部脂肪含量[41, 42]。本书第 11 章第 266 页对正确适宜的测量腰围的方法进行了介绍。BMI 在 25 ～ 34.9 之间的成年客户，腰围超过 1.02 米的男性和腰围超过 0.88 米女性发生 2 型糖尿病、血脂异常、高血压和心血管疾病的风险增加[41, 42]。注意，这些腰围的界限值不适用于 BMI ≥ 35 的对象，毫无疑问这些人的腰围值肯定会超过界限。下面“评估超重或肥胖健身客户的腹部脂肪”中包含对超重或肥胖客户的腹部脂肪进行测量的实用性建议。

很难通过皮褶法判定一个人是否肥胖。测量部位的准确选取需要足够的经验。此外，在测定皮褶的过程中，皮褶的大小可能导致误判肥胖客户。BMI 和腰围已获得广泛接受，鼓励私人教练使用这些测量方法进行初次和跟踪测量。实际上，尺寸数字的下降对于客户来说意义更为重大。腰围的测量方法还可以用于身体其他部位，例如大腿、手臂和臀部等，来跟踪显示体重降低的效

评估超重或肥胖健身客户的腹部脂肪

- 用腰围和 BMI 来代替或补充皮褶测量。
- 评估应在私密的场所进行，保证除了客户外他人无法看到结果。
- 以就事论事但对客户的感受保持敏感的方式进行测量，要避免令人不舒服的幽默。
- 如果客户觉得让他人来测量他的腰围太过尴尬，应该允许客户在被指导后自行测量。
- 告诉客户事先穿比较薄的衣服，并且如果客户觉得实在不舒服，那么允许他在测量过程中穿着所有的衣服，尽管这样的测量结果可能不准确，但这个结果仍然可以给我们提供一个起始数据，并且避免尴尬。
- 下列界限值表明 BMI 在 25 ~ 34.9 之间的人患 2 型糖尿病、血脂异常、高血压和心血管疾病的风险增加[19, 20]。

  男性：> 40 英寸（约 102 厘米）。

  女性：> 35 英寸（约 89 厘米）。

果。最近，人们发明了双能 X 射线吸收法（dual-energy X-ray absorptiometry，DXA）作为一种评估超重成年人骨骼状况和软组织成分的方法[15]。盖特利（Gately）和其同事建议，气体置换和双能 X 射线吸收法可能是最准确的评估超重和肥胖成人和儿童体脂的方法[27]。在这方面似乎仍需进一步研究，以确定针对这些人群的所有限制因素。此外，对于在这类人群中使用双能 X 射线吸收法，布朗比尔（Browbill）和伊里奇（Ilich）提到，双能 X 射线吸收法所使用的标准设备的有效扫描区域可能无法容纳下一些超重或肥胖的人[15]。

控制心血管疾病的风险因子

表 19.1 将腹部脂肪增加预示的疾病风险纳入 BMI 增加预示的疾病风险中[41, 42]。以此为据，腹部脂肪的增加可能使一名超重的或 I 级肥胖的人有更高的患病风险。表格中的范围是相对风险，不是绝对风险[41, 42]。换言之，风险大小是与正常体重的人相比较而言的，这与计算绝对风险不同，后者是风险因子的总和[41, 42]。

私人教练在与超重的健身客户合作时，在整体计划中应对控制心血管疾病的风险因子和减重给予同等关注[42]。换言之，客户必须明白，增加身体活动加上停止吸烟、摄入对心脏健康有利的食物，不论此时体重有没有减少，都会显著改善他们的健康状况。事实上，即便客户没有改变任何与健康有关的习惯，而仅将身体素质提高到一个中等或较高的水平，他们仍会感到心血管疾病造成的过早死亡率和全因死亡率的降低[12]。这可以让一个人不仅仅通过体重的降低，并且通过积极改变不良习惯等方面来评估训练计划的效果。

减重计划中身体活动的益处

在减重计划中，身体活动能够产生生理和心理上的益处。尽管确切的身体活动影响体重流失的机制，以及影响的程度等还不为人所完全了解，但是（体能）运动应该被纳入减重计划，来确保更大的减重成功概率。研究表明，参与身体活动的肥胖成年人，能发现一定的体重流失以及心血管疾病风险因子的降低[41]。

运动产生的生理收益可能不会如预先料想的那样转化成体重减轻。例如，一名肥胖的、身体形态走样的人经常没有办法完成按照足够的时长或强度进行的运动以消耗足够的热量。尽管运动非常重要，但降低热量摄入此时对减轻体重有更大的帮助。但是体能运动计划因其在降低心血管疾病风险因子方面的积极作用，以及其他下面将要列出的生理和心理益处，仍然是重要的。

尽管运动产生的心理和情绪益处，

减重计划中运动的益处

- 增加热量消耗。
- 与单纯减少体重相比更能降低心脏疾病风险。
- 可能有助于降低体脂含量并预防在体重流失过程中经常发生的肌肉组织疾病。
- 可以减少腹部脂肪。
- 降低胰岛素抵抗。
- 有助于产生更好的饮食依从性，包括降低热量摄入。
- 可能无法预防与低热量饮食有关的静息新陈代谢率下降，但是可以使下降的幅度最小化。
- 改善情绪和整体健康状况。
- 改善身体形象。
- 提升自我认知和自我效能感。
- 可以作为一种应对策略。

来源：Based on NIH and NHLBI 2000[42]; Baker and Brownwell 2000[10].

及其对动机、投入和心理资源的影响需进一步研究，但是现有研究和试验数据已经表明，这些益处的确存在。一项运动计划可能在动机和投入方面产生的心理益处包括改善整体健康和情绪状况、改善身体形象、提高自我认知和自我效能感，以及提高应对能力[10]。例如，身体活动改善整体健康状况、加强自我认知等会影响生活的其他方面，并改善饮食依从性。换言之，客户会感觉更有成就，更能掌控生活，也更愿意选择适宜的食物种类和数量。图 19.1 概述了运动和体重控制之间的联系机制和潜在的可能路径。

尽管关于在减重阶段进行身体活动的研究结果并不一致，但是已经有强有力的证据支持身体活动是长期保持体重的必要因素[55]。定期进行身体活动不仅能帮助减少体重，提升生理素质，还能确保客户随着时间的推移保持其体重。私人教练的一个主要目标应该是帮助客户养成经常运动的习惯。

> 身体活动不一定能减少体重，但它可减少很多与肥胖有关的风险因子，对长期体重管理至关重要。

针对肥胖的生活方式改变计划

一般来说，最成功的体重管理计划由调整饮食结构、增加身体活动和改变生活方式等内容构成[41, 42]。私人教练不仅需要提高客户的身体活动水平，同时也必须为其改变生活方式提供帮助和支持。

饮食结构调整与低热量饮食

大多数超重或肥胖客户需要调整饮食结构，以形成“热量赤字”来降低体重。私人教练应该建议这些客户咨询

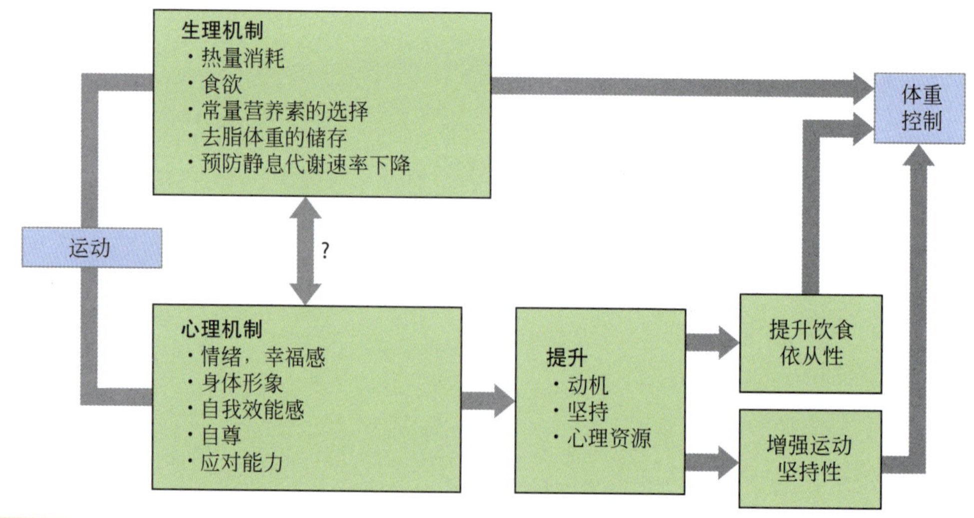

图 19.1 运动和体重控制之间的联系机制与潜在的可能路径

来源：Reprinted by permission from Baker and Brownwell 2000.

营养师。营养师将会评估客户的饮食结构，设计一个适宜的、热量较少但富含营养的饮食方案，并提供后续的跟踪监控来对饮食结构进行调整，以及回答客户的问题，并解决问题。强烈建议将肥胖或胆固醇水平高的客户推荐给营养师，而对于患糖尿病的客户来说，必须咨询营养师（由医生和营养师共同治疗糖尿病）。

为了保证有效性，设计的饮食方案必须与客户的文化和民族背景相适应，不仅应该考虑食物的可获得性和价格，而且应该包含可以降低其他与营养有关的心血管疾病风险因素，例如可以降低高血脂和高血压的食物，还应该符合客户特定的生活习惯[42]。此外，饮食方案应确保满足所有建议的饮食允许量，这可能要求热量摄入较低的客户使用饮食或维生素补充剂[42]。当饮食方案满足客户的个性化要求和偏好后，私人教练可以提供支持和鼓励，帮助客户坚持这个饮食方案。

肥胖的人体重降低的首要原因是热量摄入减少。美国心肺血液研究所的指南推荐制订个体化饮食方案，每日产生 500 ～ 1 000 千卡热量赤字，每周减少体重 0.45 ～ 0.90 千克。多余的体重会以此水平逐渐降低。（总减重目标同样取决于客户每日的运动量，换言之，如果客户每日在训练课上消耗 250 千卡热量，那么每日饮食摄入的能量只需要降低 250 ～ 750 千卡——这让整个计划易于完成）。

可用本书第 7 章第 139 页的方法来评估每日能量需求，不断摸索并加以调整。建议热量摄入应该仅被降低至保持理想体重的水平。

一般而言，女性通过饮食每日摄入的热量不应少于 1 000 ～ 1 200 千卡，男性不应该少于 1 200 ～ 1 600 千卡[42]。1 200 ～ 1 600 千卡的每日最低热量摄入值对于一个体重 75 千克以上的，或进行规律运动的女性也适用[42]。如果某个客户每日摄入的能量为 1 600 千卡，体重没有降低，那么可以建议尝试降低摄入量至 1 200 千卡。另外，如果某个客户采用低热量饮食的时候感到饥饿，无法获得足够的能量支撑一天的消耗，或无法进行身体活动，那么他可能每天需要额外摄入能量 100 ～ 200 千卡[42]。

此外，客户采用低热量饮食（low-calorie diet，LCD）所减轻的体重少于极低热量饮食（very low-calorie diets，VLCDs），即每天低于 800 千卡。只有经过特殊训练并有特定经验的医生才能够使用极低热量饮食，因为这种饮食方案需要特殊的监控和实施方法，仅限于个别情况下的特定个人[44]。事实上，临床实践已经证明，使用低热量饮食方案 1 年后的体重减轻量与极低热量饮食相同[62]。

参考表 19.2（即美国心肺血液研究所建议的“低热量饮食阶段 I”）中列出的内容来获得一般性的低热量饮食指南。这个饮食指南还包含降低其他心血管疾病风险（例如高胆固醇水平和高血压）的营养方面的内容。

表 19.2 低热量饮食阶段 I

营养元素	建议每日摄入量
总能量[1]	相较于平常摄入量降低 500 ～ 1 000 千卡
总脂肪[2]	总能量的 30% 或更少
饱和脂肪酸[3]	总能量的 8% ～ 10%
单不饱和脂肪酸	最多占总能量的 15%
多不饱和脂肪酸	最多占总能量的 10%
胆固醇[3]	＜ 300 毫克
蛋白质[4]	约总能量的 15%
碳水化合物[5]	总能量的 55% 或更多
钠	不超过 100 毫摩尔（约 2.4 克钠或约 6 克氯化钠）
钙[6]	1 000 ～ 1 500 毫克
膳食纤维素[5]	20 ～ 30 克

1：每天减少 500 ～ 1 000 千卡有助于每周减重 0.45 ～ 0.90 千克，酒精会提供多余的能量，从而占据饮食中其他营养物质的热量份额。摄入酒精不仅会增加总的热量摄入，流行病学和实验研究上还发现它与肥胖有关联。酒精带来的热量应该被评估并监控。

2：脂肪改性食品可能会为我们降低总脂肪摄入提供一定帮助，但仅在这种食物本身的热量含量较低且没有因为同时摄入其他食物而产生代偿的情况下起作用。

3：高胆固醇水平的患者需要采用饮食阶段 II 来更多地降低低密度胆固醇水平。在饮食阶段 II 中，饱和脂肪酸摄入量降低到不到总热量摄入量的 7%，胆固醇摄入水平降低至低于 200 毫克 / 天，而其他营养元素与饮食阶段 I 相同。

4：蛋白质应来源于植物，也可通过瘦肉来摄入动物蛋白。

5：来自不同蔬菜、水果和全谷物的复合碳水化合物是维生素、矿物质和膳食纤维的优良来源。富含可溶性膳食纤维（包括燕麦麸、豆类、大麦以及大多数水果和蔬菜等）的食物可以有效降低血液中的胆固醇水平。富含所有类型的膳食纤维的食物，能在低热量和低脂肪摄入时产生饱腹感而有助于体重管理。一些权威人士建议每天摄入 20 ～ 30 克膳食纤维，上限为 35 克。

6：在降低体重的过程中，应保持充足的维生素和矿物质摄入。保持建议的 1 000~1 500 毫克 / 天的钙摄入量对于有骨质疏松风险的女性来说尤为重要。

来源：Reprinted from NIH and NHLBI 2000[42].

初始的比较合理的体重减少目标是减少全身体重的 10%，达到这个目标的合理时间是 6 个月[42]。6 个月后，私人教练和营养专家以及医生可以设定新的目标。即便是客户仅达到并保持这个初始的 10% 的目标，那么他与肥胖相关的风险因素也会显著降低[41, 42]。事实上，文献显示，体重减少 3% ～ 5% 就足以降低健康风险[6]。

> 6 个月减少 10% 的体重是一个适宜的初始目标。达到此目标后，可以设定新的目标。相对缓慢地减少适量的体重，比快速大量减少体重然后又几乎完全反弹要好得多。

很多客户可能发现在第 1 个 6 个月后静息代谢率会降低，坚持饮食和运动计划的难度增加，难以减少体重。此外，体重减少，客户的热量需求降低（体重的减少意味着负荷的降低），需要更高的饮食目标（进一步减少热量摄入）和身体活动目标（进一步增加身体活动水平）才能在更低的体重下产生热量赤字[42]。

在实现减重 10% 的初始目标后，私人教练和客户可以设定新的体重减少目标。在一个相对长的时间段内减少适量的体重，这样产生的收益要远大于以快速减少大量体重却又反弹的方式所产生的收益，尤其是如果反复多次反弹，就会损害参与减重计划获得的益处，这将影响时间、金钱和健康决定因素等多个方面，尤其是降低自尊心[42]。

尽管为客户提供饮食处方和咨询不是私人教练的业务范围，但私人教练还是可以通过提供营养方面的知识和指导来帮助自己的客户，内容包括低能量食物的选择、低脂食物的准备技巧、如何阅读食物标签、假日饮食策略、补充水分的重要性、如何在饮食中多摄入蔬菜和水果等。

为客户提供饮食处方和咨询超出了私人教练的业务范围，但私人教练可提供营养方面的指导。

身体活动

建议超重或肥胖，或刚开始运动计划的客户，在每周大多数日子里，至少进行 30 分钟的中等强度水平的身体活动[45, 46]。中等强度水平的定义是每日活动总消耗 150 千卡、每周总消耗约 1 000 千卡[41, 42]。事实上，美国疾病预防和控制中心（Centers for Disease Control and Prevention）、美国运动医学会、美国卫生总署以及国家健康学会等机构在《NHLBI 实践指南》（*NHLBI Practical Guide*）中提出了如下建议：“所有的成年人都应该设定一个长期目标，在每周绝大部分日子，或最好所有日子里，至少累积进行 30 分钟或更多中等强度的身体活动。”[42, 48, 55] 对大部分此领域的文献的回顾进一步支持了上述建议。美国运动医学会在 2010 年发表的《运动测试与处方指南》（*ACSM's Guidelines for Exercise Testing and Prescription*）第 8 版中建议，超重或肥胖的人每周最少进行 150 ～ 250 分钟的中等强度（心率储备的 40% ～ 60%）至剧烈（心率储备的 50% ～ 75%）的身体活动，以有效地预防体重增加。除此以外，指南还建议超重和肥胖的客户逐渐将身体活动水平提高到每周 250 ～ 300 分钟或每天 50 ～ 60 分钟，以提高长期保持体重减少的效果。为实现减轻体重这个目标，有些人甚至需要提高到每天进行 60 ～ 90 分钟中等强度至剧烈的身体活动。适量身体活动的示例见表 19.3。

私人教练在为客户设计身体活动计划时，重要的是要考虑循序渐进的理念。很多肥胖的客户可能无法进行中等强度

表 19.3 适量身体活动示例

常见的家务劳动	体育活动	剧烈程度降低，时间增加*
洗车或打蜡 45 ～ 60 分钟	打排球 45 ～ 60 分钟	↑
擦窗户或地板 45 ～ 60 分钟	玩触身材式橄榄球 45 分钟	
园艺劳动 30 ～ 45 分钟	35 分钟走 1.75 英里（约 2.8 千米）	
自己推轮椅行进 30 ～ 40 分钟	篮球（投篮）30 分钟	
推婴儿车 30 分钟走 1.5 英里（约 2.4 千米）	30 分钟骑 5 英里（约 8.0 千米）自行车	
耙树叶 30 分钟	跳快步舞（社交舞）30 分钟	
30 分钟走 2 英里（约 3.2 千米）	水中有氧运动 30 分钟	
铲雪 15 分钟	一圈圈地游泳 20 分钟	
爬楼梯 15 分钟	篮球（比赛对抗）15 ～ 20 分钟	
	跳绳 15 分钟	↓
	15 分钟跑 1.5 英里（约 2.4 千米）	时间减少，剧烈程度增加

注：适量的身体活动大致上相当于每天额外消耗 150 千卡，每周消耗 1 000 千卡。

*：一些活动可以以剧烈的方式进行，时长与努力程度相对应。

来源：Reprinted from NIH and NHLBI 2000[42].

水平的身体活动计划。对于这些客户，初始活动可以降低强度，甚至仅重点增加日常活动量。例如，客户可以进行如下活动。

- 饭后散步。
- 步行到同事的办公场所，而不用电话与之联系。
- 不坐电梯，走楼梯。
- 走路去买饭而不是叫外卖。
- 至少提前 1 站下公交车或地铁，然后走剩下的路。
- 将车停到距离商场入口较远，需要步行的位置。
- 走路到社区的小商铺去取牛奶而不是开车去。
- 遛狗。
- 做园艺活。
- 主动与儿童或孙子辈玩耍。

循序渐进、设计良好的计划能够避免意外伤病，还能让整个活动的开始阶段变得舒适和能被忍受。很多肥胖的人，因其久坐不动的生活方式，其功能能力都很低。在私人教练看来是中等强度或适量的身体活动，可能对于一个肥胖的人来说也是巨大的挑战。太过苛刻的运动计划可能使客户产生不习惯的酸痛感。不舒适的感觉可使客户动机削弱、泄气，从而不能继续坚持计划。

随着客户体重减少，功能性活动能力提高，私人教练可以安排增加运动强度和时长。较长期的中等强度的身体活动（例如健身走）与较短期的稍高强度的身体活动，可能具有同样的活动量和热量消耗，但最好采用较长期的较低强度的运动方式（至少在计划开始阶段），以避免伤病，并提高客户对计划的坚持度。合适的活动，除抗阻和柔韧性运动以外，还可包括健身走、健身游泳、户外自行车、划船、徒步旅行、广场舞和有氧舞蹈等。

客户每天通过日常家务活动和休闲活动额外消耗 100 ～ 200 千卡，可以产生更大的热量赤字，并伴随体脂减少量、功能性活动能力和去脂体重的增加[42]。所有增加的活动，再加上有计划的运动，均有助于产生所需要的热量赤字，保障体重减少以及后续的体重保持。

> 较长期的中等强度的身体活动与较短期的更高强度的身体活动，可能具有同样的活动量和热量消耗，但采用较长期的低强度的运动方式，至少在计划的开始阶段更加合理，可以避免伤病，提高客户对计划的坚持度。

改变生活方式的支持

客户改变生活方式的支持包括多种帮助客户坚持身体活动和饮食计划的策略。对改变生活方式的支持能够帮助客户识别障碍，让他们跟随计划，并采用解决问题的多种方法来设计并实施策略以跨越这些障碍。对于任何人来说，挑战已经养成的习惯是很不容易的，必须要跨越很多障碍来完成挑战。具体来说，自我监控（self-monitoring）、奖励、目标设定、刺激控制和饮食行为改变等技巧可以帮助客户了解如何坚持当前的减重计划，可以让客户做出实际的、长期的生活方式改变。

自我监控指客户注意并记录自己的活动和饮食习惯。记录食物和热量摄入、运动和身体活动时长、进食时的情绪、进食的地点和体重增加或减少等，能够为私人教练和客户本人带来有价值的信息。此外，在一些案例中，仅仅是自我监控一个行为，就能带来积极变化，因为客户密切注意到了他们做了什么，并立即做出改变[42]。私人教练可以为客户提供特定的、个性化的自我监控表格，例如第 626 页示例的“小进步—大变化 日常饮食和活动”。自我监控可以从以下几个方面帮助客户和私人教练。

- 识别对计划成功产生威胁的行为。
- 识别阻碍参与身体活动或进行健康饮食的障碍。
- 图表进度既能激励客户，又是奖励的依据。

以识别危险行为为例，记录客户进食时间、进食地点甚至进食时情绪的历史饮食表，可揭示客户喜欢坐在电视机前相对大量地摄入高热量的零食这样的情况，这样就可以建议客户在看电视节目时准备一碗切好的新鲜蔬菜或控制量的、不含黄油的爆米花；或者客户可以通过这样的表格发现自己下班回家后马上就从冰箱里拿食物吃，不管实际需要与否，这样客户可以用在下班路上吃一片水果然后等到既定时间再吃饭的方式解决这个问题。

小进步—大变化 日常饮食和活动

姓名 ________________ 日期 ____________________

时间	摄入的食物和完成的活动	饮食和活动的时间	地点	想法或感觉

食物

1. 记录你每次吃零食或吃饭的时间，同时也记录你每次进食花费的时间。

2. 罗列出你吃的东西和量。

3. 记录你进食的地点，以及你进食时的感觉和想法（积极的、消极的或中性的情绪）。

运动和活动

1. 记录你参加的任何形式的活动（例如走路、有氧运动课、骑自行车、抗阻训练、水上活动等）。

2. 记录每天花费在进行活动上的时间和天数，以及任何伴随的感觉和想法（消极的、积极的或中性的情绪）。

3. 记录任何其他的身体活动，以及何时、花费多长时间进行该活动（例如上楼梯、扫地、刷漆、园艺活动、擦洗窗户等）。

来源：NSCA，2012，NSCA's essentials of personal training，2nd ed.，J.Coburn and M.Malek (eds.)，(Champaign，IL: Human Kinetics). 2003 Christine L.Vega，MPH，RD，CSCS.

自我监控运动行为还可以帮助客户识别妨碍达到规定的身体活动量的障碍。例如，客户和私人教练相约每周见面 2 次上减重课，客户要隔天进行 30 ～ 45 分钟的步行活动。通过对自我监控表的检查，可以发现一个客户按照计划，早晨早起上班前进行了步行，而当计划下午进行步行活动时，她却由于工作限制，工作结束后到家太累了，没有完成这个计划，这名客户可能需要将计划集中设定在早晨进行步行活动。

奖励可以用来鼓励，并确认客户达成的行为目标或产生的特定结果。有效的奖励是客户想要的东西，要以一定时间段为频率，视达成目标的情况给予奖励[42]。

奖励可大可小、可有形或无形，可由客户自己或家人颁发，或由私人教练颁给客户。有形的奖励可以是新衬衫、一套新的运动服装或一本书等。无形的奖励可以是放松时间，例如奖励客户一次钓鱼旅行、商场购物或周末乡村客栈游等。通常，达到阶段性目标后给予小奖励，达到长期的目标后给予大奖励，例如 6 个月内减少 10% 体重。

第 8 章介绍了目标设定。私人教练与超重或肥胖客户一起合作时，需要制订切实可行的计划，然后在长期目标中设定短期目标。例如，某客户的目标是在 6 个月内减少 9 千克体重。将这个目标分解成每周减少 1.30 ～ 1.80 千克，可以使客户更容易达成目标。幸运的话，如果客户没能在前 6 个月完成全部的减重目标，但完成了若干个小目标，也仍然会感到令人鼓舞，使其继续坚持计划[59]。

仅关注减重目标，而不关注行为改变目标，可能会让客户减重失败。行为改变目标结合减重目标，将会帮助客户认识到现有计划的重要价值，即使是他们正在经历减重的停滞期。例如，某个目标可能是每周至少 4 次走路，每次 40 分钟，如果客户达到这个目标，那么他就是成功的，不管体重是否减少。

应该将目标设定和奖励、自我监控等方法结合使用。客户可以签订“自我契约”，在自我契约中，客户罗列想要达到的目标或产生的行为（例如，每周降低 0.20 千克体重，每个月总共降低 0.90 千克体重；每周至少走路 4 次，每次 30 分钟等）。客户还可以自行决定达到目标后的奖励。第 628 页提供的“活动和运动契约”就是一个自我契约的示例。

刺激控制包括识别引起或刺激非想要的饮食模式或不参加身体活动的社会或环境线索，并加以修正[5]。一些时候，“环境触发”会代替“刺激”，尤其是“触发”的确存在的时候。有些时候，环境会促使产生某种不理想的行为，客户开始进行非想要的饮食模式。例如，某个客户可能发现他总是在看电影的时候吃爆米花并喝可乐，不管饥饿与否，以及在自助餐馆、在工作时过度饮食，或和某些朋友外出的时候偏爱吃甜食。

通过自我监控策略或反思，或同时采用这两种方法，客户可以识别出这些环境中的线索以及解决问题的方法，来控制情况。例如，总是习惯在看电影的时候，即使不饿也要吃爆米花的健身客

活动和运动契约

我，_______，将下列活动或运动纳入我每日 / 周的计划中，并坚持进行 _____ 周。

将要被纳入我日常生活的额外身体活动 *：

活动	地点	时间	活动次数	活动时长

我要进行的正式的运动计划 **：

运动计划名称	地点	时间	时长	每周次数

* 例如：在工作的时候走楼梯，并在吃饭时间步行 10 分钟

** 例如：和私人教练一起进行的一堂课、一次步行 20 分钟、一次有氧训练课或游泳

如果我在 1 周内完成这个契约，我会奖励我自己：

____

____

____

____

签名：____________________________ 日期：__________________________

来源：NSCA，2012，NSCA's essentials of personal training，2nd ed.，J.Coburn and M.Malek (eds.)，(Champaign，IL: Human Kinetics).

户，可以在看电影前吃顿简餐或沙拉，然后再去看电影吃爆米花；如果一个客户总是在吃自助餐的时候过量，解决办法可以是只去点餐式的餐厅；如果客户非自愿地在工作时过度饮食，可以建议这类客户定个规矩，即必须离开办公桌再进食；会在与某些朋友外出时过度吃喝的客户，可以改成同这些朋友进行与食物无关的活动，例如逛街或看电影。解决问题的方法，要么是消灭这些线索，要么是将这些线索控制在不会导致过度饮食的程度上。

食物摄入行为改变可以帮助客户减少进食，并且不会产生节食或被限制饮食的感觉[42]。一些客户需要减慢进食的速度。进食过快可能让身体在结束一餐之前来不及识别饱腹感的信号。客户也可以使用较小的餐盘，使食物的分量看上去更多，同时还建议用小餐盘吃自助餐，以防止摄入大量的食物。一些客户需要努力做到一天三餐来避免吃零食；而另一些人可以一天四或六餐，因为这些人如果一天三餐，那么每餐可能过度饮食。那些可能会错过某一餐，却在随后的一餐中因过度饥饿而过量饮食的客户，必须考虑严格执行饮食计划，来避免出现这类问题。每个客户都是独特的个体，没有适应所有人的饮食模式。通过试误法，私人教练和客户总能找到效果最好的方法。

超重和肥胖客户运动时的注意事项

当与超重或肥胖的客户合作的时候，私人教练需要额外关注很多生理学和生物力学方面的注意事项。很多问题会影响运动计划制订、运动选择和对客户的指导[54]，包括热耐受不良、动作和活动度受限、承重压力过大、姿态问题与腰痛、平衡问题、呼吸过度与呼吸困难。

热耐受不良

超重和肥胖的人出现热耐受不良的现象是由多余的身体脂肪产生的绝缘隔热效应导致的。与正常体重的人相比，肥胖的人难以调节体温，尤其是在炎热和湿度大的环境下[53]。私人教练应该鼓励客户在中高温天气下穿棉质的衣服，最好是短裤和 T 恤衫（穿较短的衣服可能会让一些肥胖和超重客户感到难堪，那么他们可以穿稍长的篮球短裤或穿一件超长的 T 恤衫盖住下面穿的自行车骑行裤。如果客户不想穿短衣裤，那么私人教练应该鼓励他们穿着轻便、宽松的棉质短裤）。在特别热或潮湿的天气里，可考虑任意修改下列训练内容：降低运动强度，避免产生不适或中暑；在温度可控的环境中进行训练；以游泳或水上运动作为训练计划中的心血管训练内容；在泳池中进行抗阻训练；在水中进行步行或慢跑。私人教练必须确保客户在训练课前、中和后摄入充足的清凉的水。（建议内容见第 7 章。）

动作和活动度受限

肥胖的人多余的身体脂肪会导致身体运动和活动度受限，这就需要私人教练调整很多运动[7]。例如：大腿和小腿处的多余脂肪可能使客户很难完成腿向后伸、足部向臀部方向压、拉伸股四头肌的动作。对此，更合适的股四头肌拉伸动作可以是让客户降低后侧的膝关节，将髋关节向前压进行小腿拉伸，以此来拉伸股四头肌。另外，客户可以让腘绳肌（股后肌群）尽可能地屈曲膝关节，同时倾斜骨盆，伸展髋关节，主动拉伸股四头肌（图19.2）。虽然调整过的动作不足以完全拉伸股四头肌，但可提高柔韧性。

另一个例子：客户在做仰卧股后肌群拉伸时可能无法够到腿（由于腹部脂肪的限制）并将腿拉向胸部，因此可以让客户使用毛巾绕住大腿后侧，拉动毛巾来完成有额外辅助的被动拉伸（图19.3）；或者在指导下屈曲髋关节将腿推入拉伸位置，进行主动的股后肌群拉伸。私人教练需要观察客户的各种拉伸和运动动作，从而针对客户特定的受限情况做出针对性改进（图19.4）。

图19.2 客户在进行改良后的股四头肌拉伸运动时，应尽可能通过屈曲膝关节，或将髋关节向前“摇摆”或压迫，同时保持直立站姿，主动拉伸股四头肌

图19.3 在进行改良后的股后肌群拉伸运动时，客户可借助毛巾将腿拉向胸部，同时尝试伸展（不要过度伸展）膝关节

图 19.4　在进行改良后的髋屈肌拉伸时，客户应采用弓箭步，右脚（后脚）的前脚掌触地；向前摇动右侧髋关节或下压，主动拉伸髋屈肌；右侧膝关节可以有少许屈曲

承重压力过大

施加在关节上的承重压力绝对是超重或肥胖的人应该关注的问题，尤其是那些已经患有关节炎或肌肉骨骼伤病的人[53]。低冲击性活动不一定是低强度的活动，可以不产生这些压力，例如健身步行相较于慢跑或跑步，对关节产生的冲击更小。其他低冲击性活动还有室内或户外自行车、游泳、水上有氧活动、深水跑步、浅水步行、徒步旅行和划船（如果客户因体脂过多而动作受限，就不建议进行）。需要保持单腿支撑的活动（在较长时间内单腿站立，另一条腿做动作的活动）同样也可能会给相关的关节带来额外的压力，尤其是髋关节，很多传统的有氧健身课和平衡活动中都包含有这种腿部姿态的运动。避免压力过大的一个方法是在进行这些运动的时候，经常交换支撑腿。

姿态问题与腰痛

由于腹部堆积的脂肪会对脊柱产生压力，并且腹壁肌肉经常出现力量不足，肥胖的人发生姿态问题和腰痛的情况并不少见。这种情况会使脊柱下部发生脊柱前弯症，伴随脊柱上部产生脊柱后凸，以及其他可能的姿态问题。肥胖的人的髋屈肌可能会因为需反复移动周围的大重量负荷而非常强壮，这又进一步加剧了因腹部肌肉较弱产生的肌肉力量不平衡的现象。因此，私人教练必须将多种能够加强腹部肌肉以及针对髋屈肌（例如髂腰肌）的柔韧性的运动纳入训练计划中。因为体脂量大、腹部肌肉弱，健身客户还可能需要私人教练对腹部运动动作进行调整。此外，私人教练必须注意加强上背肌肉力量和增强胸部肌肉柔韧性的运动。应建议有明显或慢性下腰痛的客户咨询整形外科医师做评估，医生可能会将客户转给理疗师，使其接受背部治疗和私人教练的训练课之外的康复计划。

平衡问题

肥胖的客户可能很少具有活动或体育运动的经验，没有机会很好地提高平衡能力。不幸的是，当客户因为缺乏活动状态下的平衡能力而要跌倒的时候，多余的体重、本体感觉调整经验和力量的缺乏会令其更难调整体态。因此，私人教练应该将平衡训练纳入训练计划中，但需要以循序渐进的方式来实施，并在客户进行需要良好平衡能力的多种运动时，对其进行密切观察、纠正和识别。

呼吸过度与呼吸困难

运动过程中出现的呼吸过度和呼吸困难，既令客户感到不适，也是肥胖客户产生焦虑的根源[53]。虽然一定程度的呼吸过度（呼吸速率增加）或呼吸困难（呼吸比较吃力或者比较困难）是运动课中所常见的，但是肥胖客户可能因功能能力不足而感受更深刻。此情况会令人不安和不适，使客户由于恐惧而放弃运动计划。

私人教练可以采用自感用力程度量表评分（见第 16 章）让客户在适当的运动强度下进行运动，避开这方面的问题。强烈建议采用调整过的间歇训练，尤其是在一个运动计划开始的时候采用间歇训练，因为间歇休息（主动或被动的）会让客户的呼吸恢复为更好的节奏。随着时间的推移，运动的时长可以增加，间歇休息可以缩短。

制订超重或肥胖客户的运动处方和计划

针对超重和肥胖客户的全面的运动计划应包括有氧体能、抗阻训练和柔韧性训练（表 19.4）。私人教练和客户首先应就每周运动次数和运动内容达成一致。例如，应共同决定训练课是包含所有 3 种训练还是以“热身 + 抗阻训练和柔韧

表 19.4 肥胖健身客户的运动处方

模式	频率、强度和时长	指南和关注事项
有氧体能	▪ 最小推荐值 = 每周的大部分日子里，30 分钟（150 分 / 周） ▪ ≥ 5 天 / 周，使热量消耗最大化 ▪ 最终目标：300 分 / 周 ▪ 中等强度（40% ～ 60% 静息摄氧最或心率储备）至剧烈强度（50% ～ 75% 静息摄氧最或心率储备） ▪ 运动时长至少为 10 分钟的间歇式运动是有效的代替持续性运动的方式	▪ 采用低冲击性活动 ▪ 采取适当的预防措施预防骨损伤、心血管疾病和中暑 ▪ 首先强调增加活动时长，而不是增加强度，优化热量消耗 ▪ 如果需要，对器械进行调整（例如在划船机和自行车功率仪上安装大座位）
抗阻训练	▪ 每周 2 ～ 3 个非连续的日子中进行运动 ▪ 从 1 组以上进阶至 2 ～ 4 组，每组重复 10 ～ 15 次 ▪ 每个主要的肌群都要进行运动（胸、肩、上背和下背部、腹部、髋和腿） ▪ 逐渐增加负荷	▪ 可以以自重训练开始 ▪ 可以和有氧运动交错安排 ▪ 如果有必要，调整器械（例如采用框架更大的器械等） ▪ 可以作为有氧体能训练的补充（例如保持或增加去脂体重）
柔韧性训练	▪ 2 ～ 3 天 / 周 ▪ 每个肌群的重复次数 ≥ 4 次 ▪ 静态拉伸保持 15 ～ 60 秒	

来源：Adapted from ACSM 2010[2].

性训练”的方式进行。如果采用后一种方式，就意味着客户在训练课前、后的某一天中，或前一天和后一天里都进行有氧体能训练。初始的训练课应该包含有氧体能训练，这样私人教练可以进行观察、讲解和激励，并确保客户既正确又有效地进行心血管训练计划。如果客户在完成心血管训练计划的时候有任何困难，那么这个内容的训练应该一直被保留在训练计划中。

有氧体能

典型的针对超重和肥胖人群的运动处方，要求每周进行 5 天有氧体能训练，以最大限度地燃烧能量并建立进行规律性身体活动的习惯。一些客户可能无法进行心血管训练的所有内容，这种情况下，开始的训练课强度要低，并要求客户如前所述地增加日常身体活动。即便客户能够完整地完成所有计划的训练，鼓励他们提高日常活动水平也是非常重要的，这样可以燃烧更多的能量，提高体重减少的程度。

一些客户的体形可能会非常差，甚至于无法在不停下来休息的情况下在操场跑道上正常行走一圈或更少的路程。这种情况下，私人教练首先要考虑使用间歇训练，例如，客户可以走半圈，再完成自重健美操或用弹力带进行运动，然后再走完剩下的半圈，再停下完成其他运动，并且动作重复 10 ～ 20 次，直到这个客户走完 1.60 千米。随着时间的推移，客户应增加间歇走的距离，直到可以一次性走完 0.80 千米再停下来做一半的抗阻训练，然后再走 0.80 千米做剩下的一半抗阻训练，最后直到客户可以一口气走完 1.60 千米。

抗阻训练

美国运动医学会最新的立场声明认为[5]：“尽管抗阻训练对体重和身体成分可能仅有适度的作用，但即便没有显著的体重减少，抗阻训练还是与心血管疾病风险因子的改善有关。”此外，这个立场声明中还引用了研究文献，认为抗阻训练具有如下的益处：改善高密度脂蛋白胆固醇[36]、低密度脂蛋白胆固醇[28, 32]和甘油三酯[27]水平；改善胰岛素敏感性[22, 36]；降低葡萄糖刺激导致的血浆胰岛素浓度[32]；降低收缩压和舒张压[34, 45]。抗阻训练的设计要根据可供使用的器械设备，以及客户的能力限制来进行。建议私人教练首先检查客户是否存在任何骨骼方面的问题，例如髋关节、背或膝关节损伤等，并根据相应情况调整具体的运动。客户可以首先以站姿、自重练习开始（见图 19.5）。私人教练必须牢记，多余体重是（肥胖或超重）客户的内在、固有的运动负荷。

肥胖的人通常下肢比较强壮，因为人体会产生适应以承受多余体重。因此，训练应该强调上半身力量。但是，抗阻训练的主要目标是消耗热量，并增加肌肉量，因此强调的重点应该在核心练习上，同时不应该将大量的时间花费在训练小肌群上。总体上讲，可以遵循第

13 章和第 15 章中的抗阻训练指南。

图 19.5 无法做标准俯卧撑（在地板上）的客户可进行对墙俯卧撑运动

柔韧性训练

尽管典型的拉伸运动不会消耗很大的能量，但拉伸运动对预防伤病、保持关节活动度来说非常重要。柔和的拉伸运动可以被纳入热身活动中，而较强烈的拉伸运动可以安排在运动课的末尾或某些抗阻训练运动之后进行，以提高柔韧性。这种安排可以保证肌肉充分升温，从而变得更柔韧。拉伸可以针对所有主要肌群进行。

拉伸需要根据客户的结构和生理限制而进行相应调整。见本书第 630 页和第 631 页的示例。私人教练必须认识到超重和肥胖客户的活动度有限。例如，在做坐位体前屈时，肥胖或超重客户甚至可能无法摸到膝盖以下的位置。此时，运动的目标不应该是让其触碰到脚尖，而应该是拉伸至感到大腿后侧被轻柔拉扯的感觉。

进食障碍

当今社会，人们承受着很大的“苗条”的压力。“瘦”为潮流，很多年轻的女性，甚至男性为达到“瘦”的目的甚至愿意以健康为代价。

有 1% ～ 5% 的青春期和年轻成年女性存在因过度节食而导致的进食障碍[40]。尽管所有的社会群体中都报告有存在案例，但进食障碍似乎主要影响的是上中产和中产阶级的女性。临床样本显示，仅有 5% ～ 10% 的进食障碍病例是男性[40]。考虑到当下的社会和文化环境，这个数字在未来还会升高。

私人教练不仅有责任让客户明白进食障碍的风险，还要确保不要促使产生任何不必要或有风险的减重行为，或设定不切实际的目标，将客户推向饮食紊乱的模式。尽管私人教练不是客户产生进食障碍的唯一原因（可能客户已经处于濒临进食障碍的敏感状态），但是不合时宜的评论或目标可能促使其出现饮食紊乱，并很有可能最终发展成进食障碍。

私人教练需要引导他们的客户认识到基因决定身体形态差异，以及男性和女性之间身体成分的不同。私人教练应该帮助每个客户设定切实可行且符合其遗传特征的目标，后者会显著影响个体的新陈代谢和体形。卡罗尔•奥蒂斯（Carol Otis）博士认为“理想的体重，是一个让你感到舒适并健康的体重范围，同时不会因保持这个体重而出现进食障碍的迹象，而且身体的免疫和生殖系统还是健康和功能性的”[47]。

私人教练有责任引导有饮食紊乱问题的客户，避免其进行任何不必要或有风险的减少体重的行为，或设定不切实际的目标。

饮食紊乱

进食障碍的发展通常都经历了节食、饮食紊乱等阶段，直至最终发展为全面的进食障碍。客户可能从节食开始减肥，当体重下降看上去明显速度不快时，他们会感到沮丧。在这种沮丧甚至是绝望的情绪下，他们会开始更进一步限制自己的饮食。如果这样在他们看来仍不起作用，那么他们可能会尝试更危险的紊乱的饮食行为，例如使用利尿剂（一种增加排尿频率从而增加体重流失的化学品）、服用节食药、自我催吐、食癖（即只吃一种或特定几种食物），或者追随时尚进行节食（例如吃菠萝餐或葡萄柚餐等）、禁食、使用桑拿出汗脱水、咀嚼食物后将其吐出、使用泻药甚至灌肠等[47]。不幸的是，这些行为并不起作用。虽然采用这些手段可以造成体重的减少，但是减少的体重可能是水分和去脂体重流失，而不是体脂。

饮食紊乱行为的频率范围很广。一些人可能不是非常频繁地采用上述的手段，而另一些人可能一天中多次使用这些方法。饮食紊乱行为，是向进食障碍的神经性厌食和贪食症发展的第 1 步。

预防进食障碍发生的关键是私人教练、客户或两者均意识到这种常见和复杂的情况。私人教练需要通过和客户谈论他们的饮食习惯，或让客户填写几天或一周的自我监控表等，来识别、挑出一个或多个饮食紊乱行为。尽管很多饮食紊乱行为可能无法通过自我监控表识别出来，但是至少可以让我们注意到客户所摄入的食物类型。上述内容的重点是如果私人教练能够提供给客户良好的引导、适宜的目标设定和支持，那么客户在发展成全面的进食障碍之前，可能可以被说服回归健康饮食。

令人担忧的是，有饮食紊乱行为的个体，可能长期或短期处于厌食症和贪食症的医学和心理状况中。同时，并发症可能包括抑郁症、自卑、胃部和消化道疾病、月经失调、心脏问题，甚至可能导致心力衰竭[47]。越早寻求帮助，一个人预防和治愈进食障碍的概率就越大。

神经性厌食症

神经性厌食症的特点是体重的急剧下降，拒绝保持体重，尽管个体已经体重过轻却仍强烈惧怕体重增加或发胖，身体形象扭曲，闭经（至少连续 3 个月经循环周期）[8]。体重流失通常由限制食物摄入结合过度运动，也可能包括上述的饮食紊乱行为等促使发生。与厌食症有关的心理和情绪问题可能包括自卑、对自己的身体形象的看法扭曲等。此外，极度营养不良状态可能导致个体出现冷漠、迷惑、社会孤立和木讷无应答等问题。

厌食症有两种类型，一种是限制型，另一种是暴饮暴食并清除型[40]。限制型厌食症患者会不定期进行暴饮暴食和清除型行为，例如自我催吐，滥用泻药、利尿剂或灌肠等，这种类型的患者极度限制摄入食物的量和种类[40]，这是厌食症最常见的类型。暴饮暴食并清除型厌食症患者会定期暴饮暴食，随后进行清食行为[40]。

如果某个私人教练发现了“厌食症的警报信号”中列出的任何信号，重要的是将客户转给专业医生以获得全面的治疗，通常包括来自专业团队（医生、营养师、心理医生、精神导师）的医学、饮食、精神和心理咨询。罹患厌食症的人很难认识到自己的问题，因此私人教练需要将“厌食症的警报信号”与客户分享，以期望他去寻求帮助。

神经性贪食症

贪食症是一种复杂的疾病，包括反

厌食症的警报信号

- 剧烈的体重下降（高达体重的 15% 甚至更多）。
- 自我否认；即使很瘦仍感觉胖；痴迷于体重、饮食和外表。
- 采用饮食仪式或主动规避涉及食物的社交场合。
- 痴迷运动、活动过度。
- 对冷很敏感。
- 用宽松的衣物来掩盖体重的下降。
- （后期）容易感到疲劳。
- 工作表现、学习成绩或运动能力下降。
- 脸部和身体长出“婴儿毛”（胎毛）。
- 皮肤、手掌和脚底板呈黄色（因为 β 胡萝卜素水平较高）。
- 脱发、头发干枯、皮肤干燥、指甲变脆。
- 肌肉流失，音调下降。
- 无月经（闭经）。
- 静息时脉搏很慢，快速站起时感到头晕。
- 便秘。

来源：Reprinted by permission from Otis and Goldingay 2000.

复发作的暴饮暴食并伴随清食行为。在暴饮暴食时，患者会在短时间内吃掉大量的食物，而之后的所谓清食行为则包括催吐、服用泻药和利尿剂、灌肠，以及为燃烧能量而进行的过度、着魔式的运动[40, 47]。厌食症的表现是对食物的摄入采取苛刻的控制，而贪食症的表现则是失控[40, 47]。

诊断病人是否患贪食症，是根据这种狂欢式的无节制暴饮暴食以及伴随其后的清食行为至少在 3 个月内是否平均每周至少发生 2 次。贪食症的暴饮暴食行为是指人在 2 小时的时间内吃掉大量食物并感觉无法停止进食，以及无法控制吃什么或（和）吃多少。对贪食症的进一步诊断的标准包括是否采用了一种或多种清食的补偿性行为，例如过度运动或禁食，以及过度担心体重和体形[8]。即使暴饮暴食行为发生的频率低于上文所描述的，此时也应该开始将重点放在预防并打破这种恶性循环上。及早发现这种恶性循环并给予帮助，可以防止个体对身体、心理和精神产生进一步的损害。

识别贪食症并不容易。事实上，贪食症经常不易被察觉。贪食症患者经常会试图将问题隐藏起来不让家人和朋友发现。患贪食症的人可能还处于正常体重，甚至略微超重，并且其背景多种多样，做出的饮食行为也有很多类型。由于经常交替进行暴饮暴食和清食行为，患有贪食症的人体重波动经常大于 4.5 千克[40]。对于私人教练来说，熟知与贪食症相关的迹象、影响和行为非常重要，这样私人教练可以识别客户的疾病，及时推荐他们寻求帮助（见“贪食症的警报信号”）。

贪食症的警报信号

- 催吐（3 个月内平均每周至少发生 2 次）。
- 服用泻药、利尿剂和采用灌肠等方法清食。
- 过度运动。
- 过度担心身体形态。
- 体重波动超过 4.50 千克。
- 呼吸带有呕吐物的气味。
- 指节有痂或瘢痕。
- 面部和脸颊持续肿胀。
- 面部和眼睛血管破裂。
- 咽喉和口腔问题。
- 腹部症状。
- 一夜间体重急剧变化，幅度达 0.90 ~ 2.50 千克。
- 工作、学习和运动中表现得飘忽不定。
- 月经不规律或无月经。
- 口腔有撕裂。
- 腹泻。
- 便秘。
- 容易疲劳。
- 电解质紊乱。
- 心律不齐。
- 胃穿孔。

来源：Reprinted by permission from Otis and Goldingay 2000.

制订从进食障碍中恢复的健身客户的运动处方和计划

- 在重新进行或继续进行训练计划之前，要求正从进食障碍中恢复的客户去看医生以获得全面的医学检查。
- 不要安排剧烈的运动。
- 帮助健身客户参与一个全面的，包含有氧体能、抗阻训练和柔韧性训练在内的计划。
- 确保客户处于充分的水合和再水合状态。
- 鼓励客户每日摄入足够的热量。
- 鼓励客户在训练课后的30～90分钟里摄入200～400千卡的复合碳水化合物。
- 合理安排训练课，不要让客户每天都进行训练，每周2～3天不训练。
- 检查客户的血压和脉搏。
- 如果客户有应力性骨折问题，不要安排会产生冲击的运动。
- 保持规律性的与客户的医生、营养师及其他保健专业人士的沟通。
- 如果客户感觉有以下任何的症状或迹象，要让客户得到医学许可之后再继续进行训练计划：头晕、心律不齐、恶心、伤病、血压或脉搏异常。

女性运动员三联征

饮食紊乱可能导致女性运动员三联征的发生，女性运动员三联征包括以下3个相互关联的障碍[4]。

- 进食障碍。
- 闭经。
- 骨质疏松。

病征的名称中有“运动员”一词，因为这种病征首先发现于年轻的女性运动员群体中。而事实上这种三联征影响着很大范围内不同活动水平的女性，不仅仅是运动员[5]。不是参与身体活动或体育运动导致这种三联征的发生，而是“让女性变得不合实际的消瘦可以改善运动表现和外表”这种想法的误导才导致这种病征产生[47]。

女性首先开始出现饮食紊乱的行为，使其身体处于热量赤字的状态，随着时间的推移，这将造成闭经。闭经（月经停止）是一种严重的医学问题，闭经状况下的女性缺乏骨密度累积（女性的骨密度累积过程从出生开始，一直到30岁）所必需的激素，不能正常生成骨质成分，出现不可逆转的骨质损失，导致骨质疏松和并发症[4, 49]。私人教练应该对已经表现出女性运动员三联征迹象的女性保持警惕，并将这些客户转给专业医护人员进行评估。

> 女性运动员三联征的发展通常始于饮食紊乱，随后导致闭经，进一步导致骨质疏松。女性运动员三联征广泛发生于女性之中，不仅仅是女性运动员。

制订从进食障碍中恢复的客户的运动处方和计划

确认罹患进食障碍的客户首先应征得医生允许之后再开始训练计划。训练计划可以带来生理和情绪上的益处，但是必须安全，不会刺激客户重新进行清食行为。医生必须确定开始训练是否安全以及应该何时开始。

当客户重新继续自己的训练计划时，私人教练需要重新评估客户。一些客户可能因骨质疏松而有应力性骨折问题，私人教练必须找到其他形式的替代运动，例如游泳或水深较深的水上运动，这些运动不会对客户产生冲击，也可考虑进行瑜伽和普拉提（Yoga and Pilates）。经历过进食障碍的并发症（电解质异常、心律不齐、随时可能昏倒等）的客户不应该开始运动，直到所有问题被纠正或缓解。当经历过并发症的客户重新返回训练计划中的时候，监控其心率和血压是非常重要的。

此时的训练计划不应该还是强调减轻体重，而应强调那些低能量消耗的运动[2]。私人教练应推迟重新进行高能量消耗的运动，直到客户得到医生的允许。训练计划要包含抗阻训练，以保持去脂体重，尽管如果客户没有摄入足够的营养和热量会使训练效果大打折扣。

私人教练可能遇到罹患进食障碍，却又拒绝看医生的客户。尽管私人教练可能是为数不多的仍然与这个客户有联系的人，或者想要尝试继续这个客户的训练，但是私人教练仍必须在得到医生许可之后再继续客户的训练。如果客户拒绝看医生，那么私人教练就不应该训练这名客户。

高血脂

在工业化国家，心血管疾病是导致死亡的主要原因，在美国每年造成一百多万人死亡。血脂紊乱是在动脉硬化过程中扮演重要角色的风险因子，而动脉硬化则会导致冠心病、心绞痛、心肌梗死、心源性猝死和慢性心力衰竭等临床综合征。

血脂紊乱包括高血脂和血脂异常。高血脂统指血液中任何一种或所有脂类（脂肪）浓度的升高，这些脂类包括胆固醇、甘油三酯和脂蛋白。高血脂这个术语通常指低密度胆固醇和极低密度胆固醇水平很高。血脂异常指的是血液中的脂质水平、脂蛋白组成异常，或两者均异常。

2001年，美国国家卫生研究院（NIH）发布了国家胆固醇教育计划成人治疗小组 Ⅲ 指南（*National Cholesterol Education Program Adult Treatment Panel Ⅲ*，*ATP Ⅲ*），用于识别、评估和处理胆固醇的问题[43]。该指南设定了降低低密度脂蛋白水平、提升高密度脂蛋白水平的目标，同时还降低了甘油三酯类物质的水平分级的临界点，可通过表 19.5 获取该部分信息。

表 19.5 ATP Ⅲ规定的低密度脂蛋白、高密度脂蛋白、总胆固醇和甘油三酯的分级标准（毫克 / 分升）

低密度脂蛋白	
<100	最佳
100 ～ 129	接近最佳
130 ～ 159	偏高
160 ～ 189	高
≥ 190	非常高
总胆固醇	
<200	理想
200 ～ 239	偏高
≥ 240	高
高密度脂蛋白	
<40	低
≥ 60	高
甘油三酯水平	
<150	正常
150 ～ 199	偏高
200 ～ 499	高
≥ 500	非常高

来源：Reprinted from NIH and NHLBI 2001[43].

该指南还推荐“治疗性生活方式改变（therapeutic lifestyle change，TLC）”，作为治疗大多数紊乱问题的第 1 步。所谓的治疗性生活方式改变，包括饮食、身体活动和减重等方面。而药物治疗对于高风险以及对 TLC 反应并不十分良好的人群来说可能是必需的。私人教练应该熟知此指南以及未来的指南，来设计有效的身体活动计划，促使客户采取医生提出的其他必要的生活方式改变，以改善客户的血脂状况和其他心血管疾病的风险因子情况。

高血脂的可能原因

大量的研究表明低密度脂蛋白水平升高是冠心病的主要诱因[43]。此外，临床试验提供了强有力的证据，证明降低低密度脂蛋白的治疗减少了慢性心脏病的风险。因此，ATP Ⅲ确定高水平的低密度脂蛋白是降低胆固醇的治疗所针对的首要目标[43]。大多数没有糖尿病或心血管疾病的成年人的低密度脂蛋白目标水平应＜ 130 毫克 / 分升，而那些患有糖尿病或心血管疾病的成年人的低密度脂蛋白目标水平应＜ 100 毫克 / 分升。

ATP Ⅲ 还指定了高密度脂蛋白低水平的标准，即＜ 40 毫克 / 分升，这是冠心病的强独立预测因子。高密度脂蛋白水平低还与胰岛素抵抗有关，其原因可能是高甘油三酯水平、超重或肥胖、不活动和 2 型糖尿病，其他原因还包括吸烟、高糖摄入（尤其是单糖）和某些药物（例如 β 阻滞剂、合成代谢类固醇、促孕剂等）。针对升高高密度脂蛋白水平的治疗包括 2 部分，重点是让那些患有新陈代谢综合征的患者（经医生确诊具有本书第 644 页列出的 3 个或 3 个以上可能的致病因素，以及心血管疾病和糖尿病风险增加）降低低密度脂蛋白水平，增加身体活动，减少体重[43]。

高甘油三酯水平是另一个需要关注的问题，因为其已被证明是慢性心脏病的独立风险因子[43]。造成甘油三酯水平高于正常值的因素包括肥胖和超重、缺乏身体活动、抽烟、过度摄入酒精和高糖饮食以及疾病（2 型糖尿病、慢性肾功能衰竭、肾病综合征以及某些药物）和遗传疾病。知晓这些因素的私人教练应鼓励客户改变其生活习惯，例如，除参与全面 TLC 计划外，还可以少摄入酒精，少吃甜食和高糖食物，停止吸烟。

表 19.6 列举了低密度脂蛋白、高密度脂蛋白和甘油三酯水平不理想的可能因素与应对策略。

表 19.6　低密度脂蛋白、高密度脂蛋白和甘油三酯水平不理想的可能因素与应对策略

血脂	可能的致病因素	可能的应对策略 *
低密度脂蛋白水平高	■ 腹部肥胖 ■ 久坐不动的生活方式 ■ 超重和肥胖 ■ 高脂饮食 ** ■ 胰岛素抵抗 ■ 葡萄糖耐受不良 ■ 遗传易感性 ■ 遗传紊乱 ■ 其他疾病，如甲状腺功能减退症、阻塞性肝病、慢性肾功能衰竭 ■ 某些药物如孕激素类、合成代谢类固醇、糖皮质激素	■ 减重 ■ TLC 饮食，包括控制饱和脂肪和胆固醇的摄入 ■ 减少热量摄入 ■ 增加纤维素（固态）的摄入（10 ～ 25 克 / 天） ■ 增加身体活动 ■ 药物治疗 ■ 控制风险因子（例如抽烟、高血压等）
高密度脂蛋白水平低	■ 久坐不动的生活方式 ■ 超重和肥胖 ■ 高甘油三酯水平 ■ 胰岛素抵抗 ■ 2 型糖尿病 ■ 抽烟 ■ 高糖摄入（＞ 60% 总能量） ■ 一些药物（例如 β 阻滞剂、合成代谢类固醇、促孕剂等）	■ 控制低密度脂蛋白水平 ■ 减重 ■ 身体活动 ■ 戒烟 ■ TLC 饮食，包括控制饱和脂肪和胆固醇的摄入 ■ 药物治疗
甘油三酯	■ 久坐不动的生活方式 ■ 超重和肥胖 ■ 抽烟 ■ 过度摄入酒精 ■ 高糖摄入（＞ 60% 总能量） ■ 胰岛素抵抗 ■ 其他疾病，例如 2 型糖尿病、慢性肾功能衰竭、肾病综合征 ■ 一些药物（如合成代谢类固醇、雌激素、类视黄醇、高剂量的 β- 肾上腺素能阻滞剂）	■ 控制低密度脂蛋白水平 ■ 减重 ■ 身体活动 ■ TLC 饮食，包括控制饱和脂肪和胆固醇的摄入 ■ 限制酒精摄入 ■ 药物治疗 ■ 对甘油三酯水平极高（≥ 500 毫克 / 分升）的客户采用极低脂饮食

* 客户的医生将根据患者的具体情况及其严重程度，决定每一位客户的具体治疗策略。

** 高脂饮食是指具备下列一个或多个特点的饮食习惯：高脂肪、高饱和脂肪、高胆固醇、高反式脂肪酸、高热量，或水果和蔬菜少。

来源：Data from NIH and NHLBI 2001 [43].

健康的饮食习惯和体重减少在降低低密度脂蛋白和甘油三酯水平中起重要作用，高血脂的客户除定期看医生以外，还应该规律性地咨询注册营养师。营养师可以给客户提供医学营养治疗，这是一个专业术语，指由注册营养师提供的营养干预和指导。针对血脂紊乱的医学营养治疗是一个过程，包括评估当前客户的饮食习惯、根据 ATP Ⅲ 设计降低低密度脂蛋白和甘油三酯水平的饮食计划、控制体重，以及提供行为修正策略来确保客户能够遵从设计的饮食计划。而接下来的内容则是令这个饮食计划得以成功的重要助力。

私人教练将在实施 TLC 计划和促进 TLC 计划成功方面起重要作用。如前所述，涉及多方面的计划包括调整饮食、增加身体活动和降低体重。私人教练将发挥运动计划对高密度脂蛋白水平提高、甘油三酯水平降低、体重减少的积极作用。此外，私人教练还可以扮演支持者的角色，鼓励客户咨询注册营养师，以达到遵循医生制订的 TLC 计划中的饮食方案的目的。

治疗性饮食方式改变

采用抗动脉粥样硬化饮食是高低密度脂蛋白水平 TLC 计划的主要重点和最重要的阶段[43]。所谓抗动脉粥样硬化饮食，或称 TLC 饮食，在一般文献中被称为“心脏健康饮食”，因为这种饮食计划往往会降低胆固醇水平，尤其是在其与身体活动和体重减少相结合的时候。

TLC 饮食的核心是限制饱和脂肪（＜ 7% 总能量）和胆固醇（＜ 200 毫克 / 天）的摄入。表 19.7 展示的是这种饮食计划的营养构成。

从实际应用的角度来看，将表 19.7 中的建议转化成实际的饮食食谱，就是总脂肪、饱和脂肪和胆固醇摄入要低，营养元素摄入充足，多吃水果、蔬菜和全谷物。

表 19.7 TLC 饮食的营养构成

营养成分	建议摄入量
饱和脂肪 *	＜ 7% 总能量
多不饱和脂肪	最多 10% 总能量
单不饱和脂肪	最多 10% 总能量
总脂肪	25% ～ 35% 总能量
碳水化合物 **	50% ～ 60% 总能量
纤维素	20 ～ 30 克 / 天
蛋白质	约 15% 总能量
胆固醇	＜ 200 毫克 / 天
总能量	能量摄入和消耗之间保持平衡，以保持理想体重并预防增重 ***

* 反式脂肪酸是另一种可以提高低密度脂蛋白水平的脂类，应该保持低摄入量。

** 碳水化合物应该主要来源于富含复合碳水化物的食物，包括谷物，尤其是全谷物、水果和蔬菜等。

*** 日常能量消耗至少应该包括中等强度的身体活动（约 200 千卡 / 天的能量消耗）

来源：Reprinted from NIH and NHLBI 2001[43].

TLC身体活动：制订高血脂客户的运动处方和计划

ATP Ⅲ 的治疗针对久坐不动的生活方式，这是慢性心脏病的主要潜在风险因子。定期进行身体活动可降低极低密度脂蛋白水平和甘油三酯水平、提高高密度脂蛋白水平，还能降低有些人的低密度脂蛋白水平，降低慢性心脏病风险[41]。身体活动也会缓解其他慢性心脏病风险因子，这是因为身体活动同样在降低血压、降低胰岛素抵抗和改善心血管功能方面起重要作用。正是由于这些原因，ATP Ⅲ建议人们定期进行身体活动，作为高血清胆固醇管理的常规组成部分[41, 48]。

尽管只进行一次有氧训练也能产生有益的脂蛋白水平变化，但参与一项规律性的、长期的、至少一年的训练计划，并在完成这个计划之后仍然继续进行运动以获得并保持持久的效果，还是非常必要的[11, 32]。此外，训练计划应该包含每周相对高频率的运动，因为较剧烈的运动已经被证明，在训练之后最多 48 ～ 72 小时内既能改善胰岛素作用又能改善血脂情况[21]。表 19.8 列出了目标是改善血脂情况的运动指南。

尽管现有证据并不十分确凿，但是抗阻训练可能会对血脂情况以及慢性心脏病相关的风险因素——例如糖尿病、肥胖和超重——产生积极影响[18, 49]。私人教练制订抗阻训练计划时应该遵循第 15 章的建议。正因为上述的这些益处，私人教练给客户提供全面的、包含有氧、抗阻和柔韧性训练在内的训练计划，是比较适合的。

TLC体重减少

训练计划与饮食计划相结合带来的体重减少，可以带来低密度脂蛋白水平更大的降低，提高高密度脂蛋白水平，并减少总胆固醇[47]。私人教练必须告诉自己的客户体重管理对缓解高血脂的重要性。有关安全减重的内容可参见本章开始的部分。

代谢综合征

麦格考斯（Magkos）和其同事将代谢综合征描述为“以一系列与代谢有关的异常和心血管疾病风险因子为特征的临床症状，包括肥胖、胰岛素抵抗 / 葡萄糖耐受不良、高血脂和高血压”[39]。但是对于代谢综合征的确切定义现在仍有争论。大多数的定义都包含腹部肥胖、高甘油三酯症、低高密度脂蛋白胆固醇水平、高血压和空腹血糖高[41]。这种综合征也被称为 X 综合征、血脂异常性高血压和胰岛素抵抗综合征等。罹患代谢综合征的人发生糖尿病和心血管疾病的风险，以

表 19.8　高血脂健身客户的运动处方

模式	频率、强度、时长	指南和注意事项
有氧体能	■ ≥ 5 天 / 周，以使能量消耗最大化 ■ 30 ～ 60 分钟 / 天 ■ 最终目标：50 ～ 60 分钟 / 天来提高或保持体重的流失 ■ 40% ～ 75% $\dot{V}O_2R$ 或 HRR	■ 肥胖可能限制运动的种类 ■ 首先强调增加运动时长而不是增加运动的强度来最优化能量消耗

来源：Adapted from ACSM 2010[2].

及因心血管疾病致死的风险增高。《成人高血液胆固醇检测、评估和治疗专家组执行总结第三次报告（成人治疗专家组Ⅲ）》[*The Third Report of the Expert Panel on Detection, Evaluation, and Treatment of High Blood Cholesterol in Adults* (*Adult Treatment Panel Ⅲ*) *Executive Summary*][47]提出了一个大家一致认同的该综合征的定义，即达到下列3项或3项以上指标的人被认为患有代谢综合征[26]。

1. 腹部肥胖：男性腰围>1.02米；女性腰围>0.88米。
2. 高甘油三酯血症：≥1.69毫摩尔/升。
3. 低高密度脂蛋白胆固醇水平：男性<1.04毫摩尔/升；女性<1.29毫摩尔/升。
4. 高血压：≥130/85毫米汞柱。
5. 高空腹血糖：≥6.1毫摩尔/升。

美国成年人中代谢综合征的总体患病率为27%[38]。代谢综合征会导致心血管疾病和中风发病率增加2～4倍[38]。代谢综合征的患病率，与肥胖和2型糖尿病的患病率在过去的几十年中平行增加[7]，现在人们确信这些疾病是通过潜在的病理生理学机制相关联的[35]。胰岛素抵抗产生的血糖调节不良是代谢综合征的根本原因。胰岛素是一种重要的激素，刺激体细胞从血液中吸收葡萄糖。胰岛素通过结合细胞表面的特定受体来完成这个功能。罹患代谢综合征的人通常还患有高胰岛素血症，即血液中胰岛素水平很高。胰岛素水平表现得很高是因为胰岛素抵抗，后者意味着细胞没有对胰岛素产生适当的反应。胰岛素受体变得越来越少，而且对胰岛素越来越不敏感，所以胰岛素无法与细胞结合，只能存在于血液中。同时，血糖保持较高水平，因为受体没有让胰岛素产生作用，帮助血糖进入细胞。

代谢综合征的患者通常都有“苹果形身材”或“机器人形身材”，特点是躯干和腹部堆积大量脂肪。研究者发现，腹部脂肪细胞将大量的甘油三酯沉积于血液中。附近的肝脏接收这些脂类，产生极低密度脂蛋白分子，后者将甘油三酯运输至细胞。正是低密度脂蛋白分子携带大量胆固醇，在全身储存。因此，高水平的低密度脂蛋白与因动脉粥样硬化情况恶化而导致的冠心病和中风风险增加有关。甘油三酯水平升高，可干扰血糖调节，导致胰岛素水平上升，反过来刺激交感神经系统进行调节，使血压升高。这些疾病会导致下列一系列问题：高血糖、高血脂、高血压和腹部肥胖，这些被称为“代谢综合征”。

与冠心病一样，代谢综合征通常发展得很缓慢，甚至要经过数年才开始影响一个人到需要医疗干预的水平。不幸的是，血糖水平异常、血压异常、脂肪和血脂异常的人发生心脏疾病和中风的风险很高。异常肥胖或有家族糖尿病史的人尤其应该对代谢综合征的早期迹象保持警惕。

代谢综合征的产生既有遗传因素也有行为习惯因素成分。家族史会增加代谢综合征的风险，此外还有抽烟、久坐不动的生活方式、摄入酒精、饮食习惯不良和压力等。对代谢综合征的早期干预包括通过调整饮食习惯、增加身体活动等引起的体重降低等，这些干预措施能够显著推迟或预防代谢综合征的发生。

运动是代谢综合征的一线治疗方法，因为它影响这种综合征的所有成分。定期进行身体活动能够帮助减少多余体脂，运动还能提高细胞对胰岛素的敏感性，降低血糖水平。运动还能帮助降低血压，以及提高高密度脂蛋白胆固醇水平。罗斯（Ross）和德普雷（Despres）[51]近期报告称，主要的健康组织同样提倡利用身体活动作为代谢综合征的治疗策略。私人教练应该与客户的医生和注册营养师合作，让客户能够成功应对代谢综合征的各种问题[1, 22, 29, 30]。

通过改变饮食习惯和增加身体活动减轻体重的早期干预，可显著推迟或预防代谢综合征的发生。

糖尿病

糖尿病是一组以过高的（或不受控的）血糖水平为特征的代谢类疾病。糖尿病的体征和症状包括以下几种。

- 排尿次数增加。
- 口渴感增强。
- 食欲增加。
- 全身无力。

糖尿病的一种诊断方法是 2 次血糖水平都达到 126 毫克 / 分升甚至更高。另一个诊断方法为餐后 2 小时葡萄糖负荷 75 克后血糖测量值达 200 毫克 / 分升或更高，或 2 次随机血糖达到 200 毫克 / 分升。失控的慢性糖尿病会导致很多身体部位损伤，包括眼睛、肾、神经、心脏、血管等。糖尿病是失明、肾衰竭和下肢截肢的主要原因。

糖尿病的类型

糖尿病的主要类型有 1 型糖尿病、2 型糖尿病和妊娠糖尿病。1 型糖尿病，以前被称为“胰岛素依赖型糖尿病”（insulin-dependent diabetes mellitus，IDDM），与胰腺 β 细胞遭受自身免疫过程破坏有关，通常造成胰岛素的绝对缺乏（绝对不足）。1 型糖尿病患者约占糖尿病患者的 10%，绝大部分 1 型糖尿病患者在 25 岁以前发病。患者需要外源性胰岛素，即注射或胰岛素泵才能生存。1 型糖尿病失控或新确诊的患者往往容易出现糖尿病酮症酸中毒。糖尿病酮症酸中毒是一种由于严重降低的胰岛素水平产生的酮类物质累积所造成的代谢性酸中毒。1 型糖尿病的初始症状是频繁排尿、恶心、呕吐、腹痛和嗜睡。未经治疗的个体甚至可能陷入昏迷。

2 型糖尿病以前被称为“非胰岛素依赖型糖尿病”（non-insulin-dependent diabetes mellitus，NIDDM），其特点是身体外周组织的胰岛素抵抗和胰腺 β 细胞的胰岛素分泌不足。2 型糖尿病是最常见的糖尿病类型（约占 90%），并与家族糖尿病史、年龄增大、肥胖和缺乏运动等高度相关。2 型糖尿病的治疗通常包括饮食调整、体重控制、规律性运动和口服降血糖药。

妊娠糖尿病是一种之前未被确诊为糖尿病患者的妇女在妊娠期出现高血糖，并伴有其他糖尿病症状的情况。妊娠糖尿病的出现不是因为缺乏胰岛素，而是因为胰岛素抵抗。妊娠糖尿病造成的糖尿病症状通常在分娩后消失，但会影响母体，增加其日后患2型糖尿病的风险。在美国有2%～5%的孕妇被诊断为妊娠糖尿病。妊娠糖尿病的治疗方法包括制订特殊饮食计划、运动和注射胰岛素。

制订糖尿病患者的运动处方和计划

运动是糖尿病治疗手段的重要组成部分。对于所有类型的糖尿病，运动都能够增加胰岛素敏感性和葡萄糖利用率，从而降低血糖水平。此外，定期进行身体活动可以减少其他与心血管疾病相关的风险因子，例如高血压、血脂异常和肥胖。尽管运动非常有益于患有糖尿病的客户，但也可能造成一些潜在的并发症，例如**低血糖**（血糖水平为65毫克/分升或更低），因此私人教练在制订和监控训练计划的时候需要牢记这一点[17]。

在开始一个训练计划前，患有糖尿病的客户需要进行医疗评估，以评估其血糖控制能力，并筛查任何可能因运动而加剧的并发症。一般建议所有想进行中等强度运动，并被认为有心脏疾病风险的患糖尿病的客户接受由专业医疗人员进行的心脏压力测试。这类客户包括超过35岁、罹患2型糖尿病超过10年、罹患1型糖尿病超过15年，以及已有微血管疾病（例如视网膜病变和肾病）迹象的人[17]。

对于长期受糖尿病折磨并已经出现器官损伤的人需要额外小心，要避免让其进行可能导致问题恶化的某些身体活动。例如，出现外周神经病变的个体由于缺乏感觉和愈合反应减弱，足部溃疡和感染风险增大。在这种情况下，低冲击性的活动，例如游泳和骑自行车，可能比步行和慢跑更适合他们。适宜的足部装备，鞋子舒适而合脚对预防水泡和其他足部损伤来说非常重要。任何头晕、虚弱感或气短现象，对私人教练来说都

糖尿病患者的运动禁忌证

- 1型糖尿病患者血糖 > 250毫克/分升，伴有尿酮[7]。
- 1型糖尿病患者血糖 > 300毫克/分升，不伴有尿酮[7]。
- 2型糖尿病患者在感觉良好并且水合状况良好的情况下可以参加运动。
- 增殖性视网膜病——患此疾病的健身客户应该避免剧烈的高强度活动。
- 严重的肾脏疾病。
- 足部感觉缺失（外周神经病）——患此疾病的健身客户应该避免户外步行和慢跑（建议进行游泳和自行车运动）。
- 急性疾病、感染或发烧。
- 未经医学评估的潜在心血管疾病。

是预示可能出现心脏疾病的预警信号，需要让客户进行医疗评估。

血糖控制

糖尿病患者在运动中的主要风险是低血糖症（血糖水平 65 毫克 / 分升或更低）。相对于 2 型糖尿病患者来说，1 型糖尿病患者更需关注此问题。

容易使患者在运动中发生低血糖症的因素包括以下几种。

- 运动强度增加。
- 运动时间延长。
- 运动前热量摄入不足。
- 胰岛素过量。
- 向运动的肌肉注射胰岛素。
- 周围环境温度较低。

运动诱发低血糖症的发生机制与运动增强外源性胰岛素的吸收，增加肌肉对葡萄糖的摄入和破坏血糖调节有关。低血糖症的迹象包括注意力下降、摇晃或颤抖、出汗、心率过高和意识丧失等。

低血糖症

低血糖症的迹象和症状

- 出汗。
- 心率过高。
- 头昏。
- 抽搐。
- 饥饿。
- 焦虑。
- 视觉模糊。
- 昏厥。
- 心悸。
- 震颤。
- 意识错乱。
- 昏迷。
- 头痛。

应对出现低血糖症的客户的措施

1. 考虑拨打急救电话。
2. 有必要立即使用碳水化合物进行处理。
3. 用血糖检测仪（如果可能）测量血糖。
4. 健身客户如果血糖水平低于 70 毫克 / 分升，或已知患有糖尿病，并存在低血糖的症状和迹象，为其提供 15 克碳水化合物，这个量相当于以下食物的量。
   - 3 ~ 4 片葡萄糖片。
   - 半杯常规软饮料或果汁。
   - 约 6 片苏打饼干。
   - 1 汤匙糖或蜂蜜。
5. 等待大约 15 分钟后重新测量血糖水平，如果仍旧低于 70 毫克 / 分升，再提供 15 克碳水化合物，并重复测量血糖，直至血糖水平高于 70 毫克 / 分升。

对这些迹象的全面介绍参见第 647 页的“低血糖症”中的内容。私人教练应能识别低血糖症的这些迹象，并在受训者不能自我处理时候，通过含葡萄糖或果糖的食物来控制情况。参见第 647 页的应对低血糖症的建议。患有糖尿病的客户应该经常携带医疗报警手环，这样可以让私人教练很容易察觉出现低血糖反应[24]。

使用便携式血糖仪测量血糖，对运动处方来说非常重要。客户应该在运动前和运动后，以及在运动中每 30 分钟测量一次血糖水平。根据美国糖尿病协会（American Diabetes Association）的建议，若 1 型糖尿病患者血糖水平高于 300 毫克 / 分升，或尿酮水平高于 250 毫克 / 分升，则不应该参加运动[7]。美国运动医学会则建议，尽管在血糖水平高于 300 毫克 / 分升，且无尿酮的时候需要注意，但 2 型糖尿病患者只要感觉良好且水合状态良好，就可参加运动[6]。在上述血糖水平下进行运动，可能会加剧高血糖症，引起酮中毒和酸中毒。另外，运动前血糖水平低至 100 毫克 / 分升的个体则有在运动中和运动后出现低血糖症的风险，这样的糖尿病患者应该在运动前摄入含碳水化合物的零食。

药物调节包括使用胰岛素或口服降糖药物，并且适宜的进餐时间对于在身体活动中保持良好的血糖水平来说也至关重要。总体而言，训练应该安排在正餐后 1 ～ 2 小时，或降糖药没有处于活跃峰值的时候。在训练后，应该根据运动的强度和时长，重新补充碳水化合物。糖尿病患者的医生会指导患者如何使用胰岛素。私人教练经常性地与营养师沟通可以避免低血糖情况发生。私人教练绝不应该建议客户如何使用胰岛素或安排进餐时间。如果客户感觉到血糖缺乏控制的情况定期发作，那么其应该被送还给医生来治疗。

最后，患糖尿病的客户对运动有其自己特定的代谢反应。没有任何一般性的指南比明智的自我观察和定期监控葡萄糖更有利于在制订个人计划时保证运动安全和愉悦。有氧体能和抗阻训练指南见表 19.9。

有氧体能

为糖尿病患者设计的运动处方应该包含频率为 3 ～ 7 天 / 周的有氧身体活动，持续时间为每天 20 ～ 60 分钟，强度为摄氧量储备或心率储备的 50% ～ 80%[2, 3]。摄氧量储备不同于静息摄氧量和最大摄氧量[2, 3]。体能条件不好的人可以较低强度进行较长时间的运动，直至其达到更好的素质水平。训练课应该以低强度的热身和拉伸开始，并应包含放松阶段。这些运动让心血管从静息状态到运动状态的转化变得容易，并能预防肌肉和关节损伤。巴尔杜奇（Balducci）和其同事[9]最近的报告指出，定期进行有氧身体活动对 2 型糖尿病患者有积极的影响。定期运动可改善血糖控制、脂蛋白和血脂控制、体重控制的情况，提高胰岛素敏感性。他们的报告还指出，剧烈水平的运动相比较于低至中等水平的运动，可能具有更多的益处。客户应该被告知，要运动到自我感觉疲劳的状态，而不是完全筋疲力尽。

表 19.9 糖尿病患者的运动处方

模式	频率、强度、时长	指南和注意事项
有氧体能	■ 3～7 天 / 周 ■ 20～60 分钟 / 天（150 分钟 / 周） ■ 最终目标：300 分钟 / 周 ■ 摄氧量储备或心率储备的 50%～80%（相当于自感用力程度量表中的 12～16 和 6～20 范围）	■ 零食可能是必需的 ■ 运动前后监控血糖 ■ 5～10 分钟的热身和整理放松 ■ 通过自感用力程度量表监控强度，尤其是当客户服用会改变心率的药物时
抗阻训练	■ 间断的 2～3 天 / 周 ■ 2 组或 3 组，8～12 次重复（60%～80% 1RM） ■ 每堂课上最多进行 8～10 种针对所有主要肌群（全身）的多关节运动，或将整堂训练课划分成针对不同肌群的部分	■ 可以以自身体重负荷开始，并进阶至自由重量和抗阻训练器械 ■ 病情控制良好的糖尿病患者可以进阶至力量训练（例如高负荷，且重复次数少）
柔韧性训练	■ ＞2 或 3 天 / 周* ■ 每个肌群≥4 次重复	

* 静态拉伸保持 15～60 秒。

来源：Adapted from ACSM 2010[2].

抗阻训练

对糖尿病患者的抗阻训练的建议是：每周进行 2～3 次，训练课应至少包含 8～10 种使用主要肌群的不同动作，每个动作重复 8～12 次，随着能力的提高，客户能够完成 12 次以上重复后，可以增加重量。超过 50 岁，或有其他健康问题（例如高血压）的糖尿病患者，选择以较低的重量负荷完成更多重复次数（12～15 次）是比较合适的[2, 48]。巴尔杜奇（Balducci）和其同事们[9]报告，参加规律性的抗阻训练能够产生与有氧训练一样的益处（改善血糖控制、提高胰岛素敏感性、增加去脂体重以及增强整体功能性）。此外，他们还报告说，参与混合有氧训练和抗阻训练的计划，相较于只参加一种类型的训练计划，可能为改善血糖指数提供最佳益处。

结语

在帮助有肥胖、进食障碍、高血脂和糖尿病问题的人通过遵循健康的饮食计划和设计良好的训练计划，来实现健康和健身目标方面，私人教练发挥着重要作用。为了确保客户取得成功，私人教练应该深刻地认识到与客户的医生和营养师合作的重要性。通过这样的方式，私人教练可以在客户的健康护理团队中发挥重要作用。

学习问题

1. 根据计算得出的 BMI，对于身高 1.75 米、体重 90 千克、腰围 1.04 米的男性客户来说，下列哪一项是其疾病风险等级？
   A. 无风险
   B. 增加
   C. 高
   D. 很高
2. 除下列哪一项外，其他所有饮食目标均适用于所有超重客户？
   A. 设定前 6 个月的减重目标为体重的 10%
   B. 改变食物选择，减少热量和脂肪摄入
   C. 每周减重 0.45 ～ 0.9 千克
   D. 遵循 1 200 千卡 / 天的热量饮食计划
3. 以下哪些血脂水平低于预期？
   Ⅰ. 总胆固醇：250 毫克 / 分升
   Ⅱ. 甘油三酯：200 毫克 / 分升
   Ⅲ. 低密度脂蛋白：100 毫克 / 分升
   Ⅳ. 高密度脂蛋白：50 毫克 / 分升
   A. 仅 Ⅰ 和 Ⅳ
   B. 仅 Ⅰ 和 Ⅱ
   C. 仅 Ⅱ 和 Ⅲ
   D. 仅 Ⅲ 和 Ⅳ
4. 下列哪一项描述了 1 型和 2 型糖尿病之间的区别？
   A. 只有患有 1 型糖尿病的患者才会患妊娠糖尿病
   B. 患有 1 型糖尿病的患者更为普遍
   C. 患有 2 型糖尿病的患者可以自主产生胰岛素
   D. 只有 2 型糖尿病患者才能接受外源性胰岛素治疗

应用知识问题

向一位肥胖的客户提供调整饮食、参与训练计划和改变生活方式的支持性建议。

参考文献

1. Alberti, K.G., P. Zimmet, and J. Shaw. 2006. Metabolic syndrome—a new worldwide definition. A consensus statement from the international diabetes federation. *Diabetic Medicine* 23: 469-480.
2. American College of Sports Medicine. 2010. *ACSM's Guidelines for Exercise Testing and Prescription*. 8th ed. Philadelphia: Lippincott Williams & Wilkin.
3. American College of Sports Medicine. 2010. *ACSM's Resource Manual for Guidelines for Exercise Testing and Prescription*. 8th ed. Philadelphia: Lippincott Williams & Wilkins.
4. American College of Sports Medicine. 2007. Position stand: The female athlete triad. *Medicine and Science in Sports and Exercise* 39 (10): 1867-1882.
5. American College of Sports Medicine. 2009.

Position stand: Appropriate physical activity intervention strategies for weight loss and prevention of weight regain for adults. *Medicine and Science in Sports and Exercise* 41 (2): 459-471.

6. American College of Sports Medicine and American Diabetics Association. 2010. Position stand: Exercise and type 2 diabetes. *Medicine and Science in Sports and Exercise* 42 (12): 2282-2303.
7. American Diabetes Association. 2002. Position statement: Diabetes mellitus and exercise. *Diabetes Care* 25 (Suppl 1): S64.
8. American Psychiatric Association. 1994. *Diagnostic and Statistical Manual of Mental Disorders (DSMV IV)*, 4th ed. Washington, DC: APA.
9. Balducci, S., S. Zanuso, F. Fernando, S. Falluccaa, F. Fallucca, and G. Pugliese. 2009. Physical activity/exercise training in type 2 diabetes. The role of the Italian diabetes and exercise study. *Diabetes Metabolism Research and Reviews* 25: S29-S33.
10. Baker, C., and K.D. Brownwell. 2000. Physical activity and maintenance of weight loss: Physiological and psychological mechanisms. In: *Physical Activity and Obesity*, C. Bouchard, ed. Champaign, IL: Human Kinetics. pp. 311-328.
11. Berg, A., I. Frey, M.W. Baumstark, H. Halle, and J. Keul. 1994. Physical activity and lipoprotein lipid disorders. *Sports Medicine* 17 (1): 6-21.
12. Blair, S.N., J.B. Kampert, H.W. Kohl, C.E. Barlow, C.A. Macera, R.S. Paffenbarger, and L.W. Gibbons. 1996. Influences of cardiorespiratory fitness and other precursors on cardiovascular disease and allcause mortality in men and women. *Journal of the American Medical Association* 276 (3): 205-210.
13. Blair, S., and M.Z. Nichaman. 2002. The public health problem of increasing prevalence rates of obesity and what should be done about it. *Mayo Clinic Proceedings* 77: 109-113.
14. Bouchard, C. 2000. Introduction. In: *Physical Activity and Obesity*, C. Bouchard, ed. Champaign, IL: Human Kinetics. pp. 3-19.
15. Brownbill, R.A., and J.Z. Ilich. 2005. Measuring body composition in overweight individuals by dual energy x-ray absorptiometry. *BMC Medical Imaging* 5: 1.
16. Caballero, B. 2004. Obesity prevention in children: Opportunities and challenges. *International Journal of Obesity and Related Metabolic Disorders* 28 (3S): S90-95.
17. Colberg, S.R., and D.P. Swain. 2000. Exercise and diabetic control. *Physician and Sportsmedicine* 28 (4): 63-81.
18. Conley, M.S., and R. Rozenek. 2001. National Strength and Conditioning Association position statement: Health aspects of resistance exercise and training. *Strength and Conditioning Journal* 23 (6): 9-23.
19. Delva, J., L.D. Johnston, and P.M. O'Malley. 2007. The epidemiology of overweight and related lifestyle behaviors: Racial/ethnic and socioeconomic status differences among American youth. *American Journal of Preventative Medicine* 33 (4S): S178-S186.
20. De Pietro, L., J. Dziura, C.W. Yeckel, and P.D. Neufer. 2006. Exercise and improved insulin sensitivity in older women: Evidence of the enduring benefits of higher intensity training. *Journal of Applied Physiology* 100: 142-149.
21. Despres, J.P., and B. Lamarche. 2000. Physical activity and the metabolic complications of obesity. In: *Physical Activity and Obesity*, C. Bouchard, ed. Champaign, IL: Human Kinetics. pp. 329-354.
22. Despres, J.P., I. Lemieux, and D. Prud'homme.

2001. Treatment of obesity: Need to focus on high risk abdominally obese patients. *British Medical Journal* 322: 716-720.

23. Dietz, W.H. Jr., and S.L. Gortmaker. 1995. Do we fatten our children at the television set? Obesity and television viewing in children and adolescents. *Pediatrics* 75: 807-812.
24. Drazin,M.B.2002.Type1diabetesandsportsparticipation. *Physician and Sportsmedicine* 28 (12): 49-66.
25. Eickhoff-Shemek, J. 2002. Scope of practice. *ACSM's Health and Fitness Journal* 6 (5): 28-31.
26. Ford, E.S., W.H. Giles, and W.H. Dietz. 2002. Prevalence of the metabolic syndrome among US adults: Findings from the Third National Health and Nutrition Examination Survey. *Journal of the American Medical Association* 287: 356-359.
27. Gately, P.J., D. Radley, C.B. Cooke, S. Carroll, B. Oldroyd, J.G. Truscott, W.A. Coward, and A. Wright. 2003. Comparison of body composition methods in overweight and obese children. *Journal of Applied Physiology* 95: 2039-2046.
28. Goldberg, L., D.L. Elliott, R.W. Schutz, and F.E. Kloster. 1984. Changes in lipid and lipoprotein levels after weight training. *Journal of the American Medical Association* 252: 504-506.
29. Grundy, S.M., H.B. Brewer Jr., J.I. Cleeman, S.C. Smith Jr., and C. Lenfant. 2004. Definition of metabolic syndrome: Report of the National Heart, Lung, and Blood Institute/ American Heart Association conference on scientific issues related to definition. *Circulation* 109: 433-438.
30. Grundy, S.M., B. Hansen, S.C. Smith Jr., J.I. Cleeman, and R.A. Kahn. 2004. Clinical management of metabolic syndrome: Report of the American Heart Association/ National Heart, Lung, and Blood Institute/American Diabetes Association conference on scientific issues related to management. *Circulation* 109: 551-556.
31. Hancox, R.J., and R. Poulton. 2006. Watching television is associated with childhood obesity: But is it clinically important? *International Journal of Obesity* 30: 171-175.
32. Hurley, B.F., J.M. Hagberg, A.P. Goldberg, et al. 2005. Resistive training can reduce coronary risk factors without altering $\dot{V}O_2$max or percent body fat. *Medicine and Science in Sports and Exercise* 20 (2): 150-154.
33. Ibanez, J., M. Izquierdo, I. Arguelles, et al. 2005. Twice-weekly progressive resistance training decreases abdominal fat and improves insulin sensitivity in older men with type 2 diabetes. *Diabetes Care* 28: 662-667.
34. Kelley, G. 1997. Dynamic resistance exercise and resting blood pressure in adults: A meta-analysis. *Journal of Applied Physiology* 82 (5): 1559-1565.
35. Klem, M.L., R.R. Wing, M.T. McGuire, H.M. Seagle, and J.O. Hill. 1997. A descriptive study of individuals successful at long-term maintenance of substantial weight loss. *American Journal of Clinical Nutrition* 66: 239-246.
36. Kokkinos, P.F., and B. Fernhall. 1999. Physical activity and high density lipoprotein cholesterol levels. *Sports Medicine* 28: 307-314.
37. Koplan J.P., C.T. Liverman, and V.I. Kraak. 2005. Preventing childhood obesity: Health in the balance: Executive summary. *Journal of the American Dietetic Association* 105 (1): 131-138.
38. Lavie, C.J., R.V. Milani, S.M. Artham, D.A. Patel, and H.O. Ventura. 2009. The obesity paradox, weight loss, and coronary disease. *American Journal of Medicine* 122 (12): 1106-1114.
39. Magkos, F., M. Yannakoulia, J.L. Chan, and

C.S. Mantzoros. 2009. Management of the metabolic syndrome and type 2 diabetes through lifestyle modification. *Annual Review of Nutrition* 29: 223-256.

40. Magrann, S., and S. Radford Keagy. 2001. *Weight Control and Eating Disorders. Eureka*, CA: Nutrition Dimension.
41. National Institutes of Health and National Heart, Lung, and Blood Institute. 1998. *Clinical Guidelines on the Identification, Evaluation, and Treatment of Overweight and Obesity in Adults*. NIH Pub. No. 98-4083.
42. National Institutes of Health and National Heart, Lung, and Blood Institute. 2000. *The Practical Guide: Identification, Evaluation, and Treatment of Overweight and Obesity in Adults*. NIH Pub. No. 00-4084.
43. National Institutes of Health and National Heart, Lung, and Blood Institute. 2001. *Third Report of the National Cholesterol Education Program (NCEP) Expert Panel on Detection, Evaluation, and Treatment of High Blood Cholesterol in Adults (Adult Treatment Panel III) Executive Summary*. NIH Pub. No. 01-3670.
44. National Task Force on the Prevention and Treatment of Obesity, National Institutes of Health. 1993. Very low-calorie diets. *Journal of the American Medical Association* 270: 967-974.
45. Norris, R., D. Carroll, and R. Cochrane. 1990. The effect of aerobic and anaerobic training on fitness, blood pressure, and psychological stress and well-being. *Journal of Psychosomatic Research* 34: 367-375.
46. Ogden, C.L., M.D. Carroll, M.A. McDowell, and M.K. Flegal. 2007. Obesity among adults in the United States—no statistically significant change since 2003-2004. *NCHS Data Brief* (1): 1-8.
47. Otis, C., and R. Goldingay. 2000. *The Athletic Woman's Survival Guide*. Champaign, IL: Human Kinetics.
48. Pate, R.R., M. Pratt, S.N. Blair, W.L. Haskell, C.A. Macera, C. Bouchard,D.Buchner,W. Ettinger,G.W.Heath,andA.C.King. 1995. Physical activity and public health: A recommendation from the Centers for Disease Control and Prevention and the American College of Sports Medicine. *Journal of the American Medical Association* 273: 402-407.
49. Pollock, M.L., B.A. Franklin, G.J. Balady, B.L. Chaitman, J.L. Fleg, B. Fletcher, M. Limacher, I. Pia, R.A. Stein, M. Williams, and T. Bazzarre. 2000. AHA Science Advisory. Resistance exercise in individuals with and without cardiovascular disease: Benefits, rationale, safety, and prescription. *Circulation* 101 (7): 828-833.
50. Proctor, M.H., L.L. Moore, D. Gao, et al. 2003. Television viewing and change in body fat from preschool to early adolescents: The Framingham Children's Study. *International Journal of Obesity and Related Metabolic Disorders* 27: 827-833.
51. Pronk, N.P., and R.R. Wing. 1994. Physical activity and longterm maintenance of weight loss. *Obesity Research* 2: 587-599.
52. Ross, R., and F.P. Despres. 2009. Abdominal obesity, insulin resistance, and the metabolic syndrome: Contribution of physical activity/ exercise. *Obesity* 17: S1-S2.
53. Steffen, L.M., S. Dai, J.E. Fulton, and D.R. Labarthe. 2009. Overweight in children and adolescents associated with TV viewing and parental weight. *American Journal of Preventative Medicine* 37: S50-S55.
54. Storlie, J., and H.A. Jordan, eds. 1984. *Behavioral Managment of Obesity*. Champaign, IL: Human Kinetics.
55. U.S. Department of Health and Human

Services. 1996. Historical background, terminology, evolution of recommendations, and measurement, Appendix B, NIH consensus conference statement. In: *Physical Activity and Health: A Report of the Surgeon General.* Atlanta: U.S. Department of Health and Human Services, Centers for Disease Control and Prevention, National Center for Chronic Disease Prevention and Health Promotion. p. 47.

56. U.S. Department of Health and Human Services. 2007. Overweight and Obesity: *At a Glance: The Surgeon General's Call to Action to Prevent and Decrease Overweight and Obesity*. Washington, DC: U.S. Department of Health and Human Services, Office of Surgeon General.
57. U.S. Department of Health and Human Services. 2007. *Overweight and Obesity: Health Consequences: The Surgeon General's Call to Action to Prevent and Decrease Overweight and Obesity.* Washington, DC: U.S. Department of Health and Human Services, Office of Surgeon General.
58. Vanderwater, E.A., and X. Haung. 2006. Parental weight status as a moderator of the relationship between television viewing and childhood overweight. *Archives of Pediatrics and Adolescent Medicine* 160: 622-627.
59. Vega, C.L. 1991. Taking small steps to big changes. *IDEA Today* 2: 20-22.
60. Vega, C.L. 2001. Nutrition. In *Aquatic Fitness Instructor Fitness Manual*. Nokomis, FL: Aquatic Exercise Association.
61. Wadden, T.A., G.D. Forester, and K.A. Letizia. 1994. One-year behavioral treatment of obesity: Comparison of moderate and severe caloric restriction and the effects of weight maintenance therapy. *Journal of Consulting and Clinical Psychology* 621: 165-171.
62. World Health Organization. 1998. *Obesity: Preventing and Managing the Global Epidemic*. Report of a WHO Consultation on Obesity. Geneva: WHO.
63. Yen, C.F., R.C. Hsiao, C.H. Ko, J.Y. Yen, C.F. Huang, S.C. Liu, and S.Y. Wang. 2010. The relationships between body mass index and television viewing, internet use and cellular phone use: The moderating effects of socio-demographic characteristics and exercise. *International Journal of Eating Disorders* 43 (6): 565-571.

第20章

患有心血管和呼吸系统疾病的客户

莫赫·H. 马立克（Moh H. Malek），PhD

学习完本章后，你将能够掌握如下内容。

- 了解高血压、心肌梗死、脑血管意外、周围血管疾病、哮喘和运动诱发哮喘的病理生理学和风险因素。
- 了解各种疾病的发展阶段以及如何进行运动，以提高客户的生活质量。
- 何时需要将客户转给专业医护人员。

心血管和呼吸系统疾病不仅给传统的健康护理从业者，也给私人教练带来了挑战。在美国，与心血管和脑血管疾病有关的死亡病例在减少，但是与包括慢性阻塞性肺疾病（chronic obstructive pulmonary disease，COPD）在内的肺部疾病有关的死亡病例在增加（图 20.1）[33]。高血压是心血管疾病的主要风险因素，心肌梗死（心脏病）和脑血管意外（中风）等都是私人教练最常遇到的疾病。除提供有关这些常见问题和疾病的信息之外，本章还包含针对患有周围血管疾病的客户的训练内容，这些客户可以从低强度有氧训练中获得很大的益处。

尽管呼吸系统疾病不在本章讨论的范围之内，但是本章还会论及哮喘和运动诱发哮喘，这两种疾病在私人教练的客户中比较常见。慢性肺部疾病的康复和训练计划需要呼吸系统康复专家的监督，这超出了私人教练的业务范围。

为了合理指导、教育和训练有心血管和呼吸系统问题的客户，私人健身教练必须了解这些疾病的病理生理学特征，并能够识别训练中出现的血循环不足和呼吸困难的早期征兆。

在此感谢本书第 1 版本章的作者罗伯特·瓦蒂纳（Robert Watine）对本书的贡献。

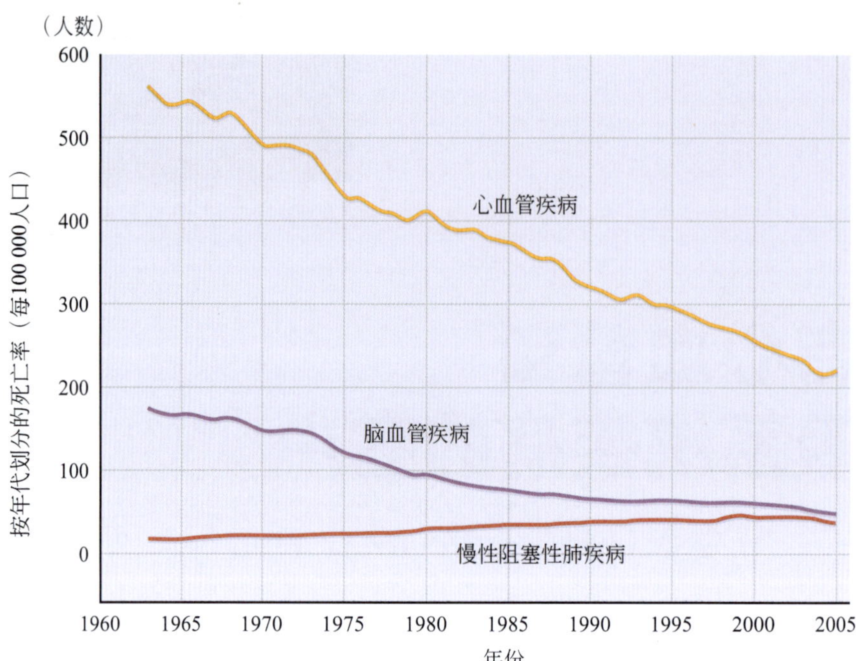

图 20.1 按年代划分的心血管疾病、脑血管疾病和慢性阻塞性肺疾病的死亡率

来源：Based on data from U.S.National Center for Health Statistics 2006[33].

只要足够关注，私人教练就能够对这类客户的生活质量产生很大的积极影响。此外，私人教练应参与到以客户的医生为领导的团队中，通过这种方式来制订客户的训练计划。当然，应该就责任问题签下足够完善的责任豁免文件以应对可能出现的各种问题（见第 25 章）。

健康筛查与风险分级

健康筛查过程是任何体能评估或训练计划开始之前的关键环节。私人教练在开始训练有医学疾病的客户前必须得到医生的准许。正如本书第 9 章所述，客户必须填写体育活动准备调查问卷，私人教练必须详细记录健身客户的健康史，然后存档。以健康史调查问卷为基础，客户可划分成低、中、高风险组。必须注意的一点是，当私人教练想要开始训练某个临床患者的时候，应该首先接受有关客户的疾病的体征和症状的培训。例如，与癌症患者合作的私人教练必须熟知并充分理解各种治疗方法对生理功能，比如心血管、呼吸和肌肉骨骼功能的副作用（例如化疗和理疗的副作用）。本章的主要对象是已知具有心血管和呼吸系统问题的客户。

高血压

高血压不仅是老年人的疾病，而且是年轻人也会患的疾病[26, 27, 28]。超过五千万 6 岁以上的美国人患有这种病症。高血压的定义是收缩压超过 140 毫米汞柱，或舒张压超过 90 毫米汞柱，或收缩压和舒张压都超过上述数值[2]。高血压会在没有已知病因的情况下发生。这也是为什么高血压会被认为是“沉默的杀手”。包括医生在内，没有人能够在一个房间里找到 10 个人，然后看出哪些人患有高血压，哪些没有。90% 的病例都是原发性的。另外 10% 左右的病例则是可治愈的，因为这些病例的高血压是由间接病因，即其他疾病造成的。

这些间接病因包括甲状腺功能亢进、嗜铬细胞瘤、皮质醇增多症、醛固酮增多症以及肾动脉狭窄等。这些疾病每种都可细分，但不在本书讨论范围内。重要的有 2 点：（1）任何 35 岁以下患有高血压的患者都应针对上述病症进行进一步评估（由医生实施）；（2）患有高血压的任何客户，必须咨询医生以获得进一步的评估和治疗。已经有研究发现，35 岁以下新确诊患有高血压的人间接病因的发病率较高。

血压升高，会有心脏病（心梗）、中风或两者同时发生的风险。轻度升高的血压（随着时间的推移）会导致肾脏疾病和全身性血管疾病。不能以个人的感受为基础来判断血压是否高。如果某人的确感觉到血压升高了，此人可能已经处于高血压危象状态，与这有关的症状有胸痛、视觉模糊、神经功能缺损或上述症状的组合。

表 20.1 展示的是高血压的风险分级，所划分的层级有正常、高血压前期、Ⅰ期高血压和Ⅱ期高血压。这些分级基于高血压主要风险因素（例如吸烟、血脂异常、糖尿病、年龄超过 60 岁、女性绝经、家族史等）、靶器官损伤（target organ damage，TOD）和临床心血管疾病（clinical cardiovascular disease，CCD）。任何Ⅰ期高血压以上风险的人都不应该进行训练，除非医生控制住了此人的血压，并准许其进行训练[4,6]。

靶器官损伤包括心脏、大脑、肾脏、周围血管和视网膜等方面的疾病。靶器官性心脏病指因未经治疗或治疗不充分的高血压、劳累性胸痛或心绞痛史、心脏病发作史、再灌注手术（例如冠状动脉搭桥手术、支架植入、气囊血管成形术等）史和综合性心脏功能失调（衰竭）等引起的左心室增厚或肥大。中风和周围血管疾病与冠心病有类似的病理生理学因素。肾脏疾病会导致肾小球功能障碍，使肾脏无力清洁血液，也会影响血液流向和流出肾脏，从而导致高血压。视网膜疾病是由于高血压导致的功能性出血而产生的，会影响视力，并有可能造成失明。

对于血压处于正常偏高范围（不存在主要的风险因子，没有 TOD 或 CCD）内的客户来说，应该通过调整生活方式进行治疗，这种方法也适用于高血压前期的客户（至少存在 1 个主要风险因子，但没有糖尿病、TOD 或 CCD）。Ⅰ期高血压和Ⅱ期高血压的客户如果有 TOD 或 CCD、有糖尿病或者这两方面的问题都有，那么不管这个客户是否有主要风险因子，都必须有医生的介入以获得治疗和许可。

表 20.1 成年人血压的分级与管理 *

				初始药物治疗	
血压级别	收缩压 *（毫米汞柱）	舒张压 *（毫米汞柱）	生活方式调整	无强制适应证	有强制适应证 **
正常	<120	并且 <80	鼓励	可不服用抗高血压药物	用于强制适应证的药物‡
高血压前期	120 ～ 139	或者 80 ～ 89	是的		
Ⅰ期高血压	140 ～ 159	或者 90 ～ 99	是的	噻嗪类利尿剂，也可考虑 ACEI、ARB、CCB、BB，或组合服用上述两大类药物	用于强制适应证的药物‡ 如有需要可服用其他抗高血压药物（利尿剂、ACEI、ARB、BB、CCB）
Ⅱ期高血压	≥ 160	或者≥ 100	是的	绝大多数情况下两种药物联用†（通常是噻嗪类利尿剂联合 ACEI、ARB、BB 或 CCB 使用）	

注：药物名称缩写：ACEI，血管紧张素转换酶抑制剂；ARB，血管紧张素受体阻滞剂；BB，β 受体阻滞剂；CCB，钙通道阻滞剂。

*：其应对治疗措施由最高血压类别决定。

**：强制适应证包括心力衰竭、心肌梗死、高冠状动脉疾病风险、糖尿病，慢性肾脏疾病和复发性脑卒中的预防。

†：对有直立性低血压风险的个体，应谨慎使用初始联合疗法。

‡：有慢性肾脏疾病或糖尿病的患者的血压治疗目标为控制在 130/80 毫米汞柱以内。

来源：Adapted from NIH and NHLBI 2003[22].

Ⅰ期高血压或血压超过正常血压范围的客户在血压得到控制且获得医生允许前，不应该接受训练。

高血压的管理

对高血压客户进行的生活方式调整包括非药物性干预，例如合适的运动、减重、改变饮食习惯等。一般性的生活方式改变包括充足的睡眠、每日钠摄入量减少至 1 茶匙（约 2.3 克）、充分的钾摄入、体重减少（如果需要的话）、限制酒精摄入、每周 4 次以上有氧活动并逐渐增加至每次 30 ～ 45 分钟、减少饱和脂肪和胆固醇摄入及戒烟等。

很多人使用 DASH 饮食降低血压。这种饮食方式要求降低饱和脂肪、胆固醇和总体脂肪的摄入，重点是摄入更多的水果、蔬菜和低脂乳制品，以及更多的全谷物食品、鱼、家禽和坚果，减少食用红肉、糖果和含糖饮料，同时多食用富含镁、钾、钙、蛋白质和纤维素的食物。

高血压客户可服用 1 种或多种药物，这些药物包括 β 受体阻滞剂、钙通道阻滞剂、血管紧张素转换酶抑制剂、血管紧张素受体阻滞剂、利尿剂和 α 受体阻滞剂。上述药物确切的机制不在本章的讨论范围内，但这些药物都会降低血压。利尿剂会造成血容量不足，但是私人教练不应该限制客户摄入液体，或担心他们摄入电解质溶液。α 受体阻滞剂、β 受体阻滞剂和钙通道阻滞剂会导致血管舒张，可能造成血液汇集。血管紧张素转换酶抑制剂和血管紧张素受体阻滞剂对肾脏的管脉系统产生作用。这些药物都会造成血液滞积，使体温下降过程变长（放松时间延长），尤其是在利用跑步机步行、慢跑和循环负重训练后。此外，β 受体阻滞剂不仅会降低心率，还会阻止人体对运动产生的正常反应的心率上升，这将导致很难使用心率衡量运动强度，因此必须使用自感用力程度量表。

高血压客户的安全因素

如果高血压受控，那么是可以进行有限制的运动的，这一点对于客户来说是最有希望的，对于私人教练来说是最令人激动的。患有高血压的客户运动时所受的限制是比较有限的，只需要对所有的运动形式保持简单的预防措施。运动对身体有很多好处，尤其是对患有高血压的客户来说。一些研究显示，长期运动后，个体的静息血压会明显下降。一项采用 Meta 分析的文献综述揭示，长期的抗阻训练和有氧训练会分别降低收缩压和舒张压约 4.5/3.8 毫米汞柱和 4.7/3.1 毫米汞柱[7, 9, 12, 13, 14, 15, 16, 17, 18]。那么问题如下。

1. 要使客户产生理想的训练反应，训练需处于什么样的强度水平。
2. 客户有无运动禁忌。
3. 客户应进行什么运动。

如果血压得到控制，患高血压的客户可进行较少限制的运动。

强度

既然研究已经表明可以通过 40% ~ 50% 最大摄氧量强度的运动产生积极的训练适应，即静息血压降低[5, 25]，那么私人教练可以制订一项计划，在产生训练适应的同时不增加客户的风险。根据相关研究，对降低静息血压和应激血压来说，低强度运动相较于中等强度的运动，似乎更有效。

上述内容很重要，因为经常出现这样的情况，即客户已经获得了进行运动的医疗许可，但是私人教练却认为这些客户的“体能”状况不足以进行比较费力的训练。这时私人教练在开始时可以降低运动强度，安全地对这样的客户进行训练，在此强度水平下不会产生过度的生理压力，或增加急性心脏病或神经意外风险。

运动禁忌

运动禁忌包括任何增大胸腔压力的活动，胸腔压力增大会减少流回心脏的血液，心输出量会相应地降低，这基本上意味着与延长式瓦尔萨尔瓦动作（超过1秒或2秒）有关的任何运动。私人教练不仅要教客户以正确的技术方式来完成动作，而且要教会他们正确地呼吸（更多有关呼吸的指导见第13章），这是私人教练的责任。

安全运动

血压受控的高血压客户可以进行多个种类的运动，包括但不限于使用自由重量、固定器械、自重或弹力带进行的运动、有氧运动（步行、慢跑或游泳）和循环负重训练。基本上所有的运动形式都是可行的[3]。如果高血压客户有合并症，可能需要改变或限制训练选择[32]，这些合并症包括以下这些。

1. 骨骼肌肉问题或疾病：退行性关节疾病、风湿性疾病。
2. 神经系统疾病：中风、重症肌无力、肌营养不良。
3. 血管疾病：颈动脉疾病、心脏病、动脉瘤。

高血压客户的运动指南

如果客户处于I期高血压或血压更高，则必须取消训练课，建议客户去看医生。如果客户回到其正常的血压状态，那么如之前所述，应重新安排训练课并在下次训练课前重新检查客户的血压。

有氧体能

对于高血压客户，有氧训练计划的目标是增加最大摄氧量以及通气阈值（这样可延缓客户出现“气短”现象）[29]。此外，客户能够发现最大负荷和耐力水平提高。能量消耗会更多，这有助于使体重下降（如果需要的话）更多。不仅如此，低至中等强度的训练计划可降低血压[21]。建议以40%～50%最大摄氧量强度作为初始强度，最终达到50%～85%最大摄氧量强度[2]；初始的自感用力程度应该为8～10（以6～20为测量范围），目标区域为11～13(以6～20为测量范围)。每堂训练课应持续15～30分钟，最终目标为持续30～60分钟，训练课的频率应为每周3～7天。每周能量消耗应为700～2 000千卡。达到上述目标所必需的时间是4～6个月。很多情况下，训练计划必须个性化。

抗阻训练

训练计划的剩余内容应包括抗阻训练[19]。为保持一致性，开始时客户的重复次数应在16～20次。大概是1RM的50%～60%，这与上述有氧训练计划的强度保持一致[2]。

高血压客户的目标

- 增加最大摄氧量和通气阈值。
- 提高最大工作负荷和耐力水平。
- 增加热量消耗。
- 控制血压。
- 提升肌肉耐力。

运动中组间休息时间初始应为2～3分钟（甚至更长），以保证客户充分恢复。客户可能会服用处方药以控制血压，因此从运动中获得生理补偿尤为必要[20]。在训练计划开始时，高血压客户进行抗阻训练的组数可以低到每种练习只做 1 组，每组的重复次数可以低到最多重复 3 次。至于应采用何种类型的练习，在训练计划开始时，针对大肌群、多关节的动作是最安全的选择。

随着时间的推移（例如 4 ～ 6 个月后），抗阻训练的重复次数可以降低到每组 8 ～ 12 次（强度增加）。运动频率应为每周 2 ～ 3 次，每次训练时长应为 30 ～ 60 分钟。

心肌梗死、中风和周围血管疾病

心肌梗死（myocardial infarction，MI）、中风以及周围血管疾病（peripheral vascular disease，PVD）都会对客户的生理和心理产生严重的后果[23, 24]。在生理上，如果存在上述疾病，那么肯定会产生生理缺陷或身体缺陷。除了生理影响以外，不管客户是否觉察到，心理影响也确实存在。这些心理影响会从多方面表现出来，一部分客户的心理可能是惧怕运动（例如惧怕引发另一种急性疾病），而另一部分客户则表现出对运动完全没有戒备和恐惧，他们会想“我要展示给你，我是能打败这个东西的，我能攻破这个壁垒”。与这些客户合作的时候，私人教练必须注意是否有这种态度。正因如此，私人教练必须主动倾听，关注非语言暗示释放的信息和话语的含义。

病理生理学

本节涉及的 3 种疾病的病理生理学在本质上是一样的，因为它们代表的都是血管闭塞性疾病在人体不同部位上发作的结果，这些部位包括心脏、大脑或一般性的周围血管系统[11]。血管腔内形成粥样斑块后，斑块周围产生局灶性炎症，导致其状态不稳定；随着时间的推移，胶原蛋白帽（collagen cap）发展，稳定此区域，随后由平滑肌细胞（血管的正常内层）将其完全覆盖。根据情况发生的时间长短，最终结果可能有很大不同。

如果这个胶原蛋白帽和平滑肌的组合增生到一定的稳定点，血管直径会显著减小，将导致血流量降低，形成血液涡流或血栓，血栓则可能堵塞血管腔，或破碎分离后沿血管向下流动，在下游更远端的位置产生堵塞。当这个胶原蛋白帽仍柔软、不稳定的时候，它有可能发生破损、破裂，随后将组成物质全部释放进血液从而造成突发性阻塞性疾病。前文描述的所谓“成熟”的胶原蛋白帽，比较不容易发生破损，因此更稳定，使得人体可以溶解血栓从而预防出现更严重的情况。抗凝血酶Ⅲ的同源机制带来了这种保护机制。而胶原蛋白帽破损的情况更加危险，因为这种突然性的包容物质释放会造成突发情况，例如急性心肌梗死或脑血管意外（cerebrovascular accident，CVA）。与稳定状态下的胶原蛋白帽有关的问题通常会影响外围循环，但也有可能见于冠状动脉，例如心绞痛（胸痛）。

风险因素

风险因素包括高血压、高胆固醇症、糖尿病、吸烟、肥胖和家族疾病史等。高血压会增加全身的血管阻力和左心室的心内压力，心内压力会使心缩期发生。在心缩期，心脏血管受到压迫，当这个压力超过了一定的阈值，会造成流向心脏的血液减少甚至没有血液流向心脏，从而产生胸痛。当然，如果有高胆固醇和前文提到的胶原蛋白帽的问题，胶原蛋白帽破损也会产生相同的结果。

糖尿病会对血管疾病产生加速效应，在病理学上对心脏病产生独立影响。尼古丁（例如吸烟）会增加全身血管阻力，即血压升高，从而造成类似前文提到的问题。肥胖的人需要更多的血液来供应脂肪组织，这会显著地增加心脏工作负荷，影响心脏泵血动作的血循环效率。随着时间的推移，这种情况会导致多种类型的心肌病以及心力衰竭。至于家族疾病史，如果某人的任何一位一级亲属（父母和兄弟姐妹）在55岁前（男性亲属）或65岁前（女性亲属）确诊患有某种已知心脏疾病，则此人的患病风险将增加[1]。

心肌梗死

当个体发生心肌梗死时，心肌细胞可能死亡。专业医疗人员的介入可以挽救一部分受损组织甚至扭转整个情况。而作为私人教练，可以和心脏病发作、已完成心脏康复、已被准许出院继续进行训练的客户合作。此时，私人教练可以获得客户最近的测试数据，即运动压力测试结果、超声心动图结果，以及从心脏病专家处得到的最新的有关这名客户的建议和许可。

这些报告给私人教练提供了客户的基本情况，以及私人教练可以于何处着手进行工作的所需信息（例如强度水平和其他参数等）。压力测试可以告诉私人教练客户的最大摄氧量水平，从而可以决定客户的运动强度水平。需要意识到，有些客户在活动中没有出现胸痛，但他们仍有潜在的冠状动脉疾病。当运动至出现冠状动脉痉挛、急性心梗发作和心脏突然停跳的时候，这些个体有猝死的风险。再次强调，压力测试可以揭示某个客户是否属于某种（有风险的）人群类别。这类客户应该在医疗监控下进行运动。

私人教练不应该训练心肌梗死和已经存在冠状动脉疾病风险但无相关胸痛现象的客户，这类客户应在医疗监控下进行运动。

发生过心肌梗死的客户的训练指南

发生过心肌梗死的客户在没有获得心脏病医生、心血管外科医生或两者共同许可前不得进行训练[10]。当可以进行训练的时候，专业医疗人员必须给私人教练提供可执行的强度水平和训练类型范围。专业医疗人员必须给出代谢当量或最大摄氧量范围，以便让私人教练以此为基准制订训练计划。训练计划必须提交给医生以获得许可，或至少应放入客户的个人医疗档案。

对于私人教练来说，最重要的是对异常症状和迹象的识别和监测。这些症状和迹象包括胸痛、心悸、呼吸急促、发汗、恶心、颈部疼痛、手臂疼痛（左臂或右臂）以及濒死感等。

警告：很多发生过心肌梗死的客户都患有合并症，例如糖尿病和周围血管疾病。周围血管疾病的有关内容将稍后进行讨论，而有关糖尿病客户的训练计划的内容请见第 19 章。

发生过心肌梗死的客户的运动计划

发生过心肌梗死的客户获得医生许可后，训练和运动计划的目标是增加最大摄氧量、降低血压，以降低再次发生其他冠状动脉疾病的风险。有氧体能训练一般以 40% 最大摄氧量，或自感用力程度为 9 ～ 11（范围为 6 ～ 20）的强度进行。训练时长为 15 ～ 40 分钟，每周进行 3 ～ 4 次。还可额外增加一些时间用于热身和放松。这种情况下训练的主要目的是增强心脏肌肉，预防其他意外事件，因此没有什么特定的最终要达成的目标。制订运动和训练计划的终点时必须参考心脏病专科医生进行的运动压力测试结果。

很多发生过心肌梗死的客户会对简单的日常活动感到惧怕，因此训练目标之一就包括帮助这些客户重建进行日常活动的信心，比如举起装牛奶的盒子、从瓶子里倒出橙汁、拿一个手提包或推购物车等。

发生过心肌梗死的客户的目标

- 提高有氧能力。
- 降低血压。
- 减少冠状动脉疾病风险。
- 提高完成娱乐、工作和日常活动的能力。
- 增强肌肉力量和耐力。

通过抗阻训练，发生过心肌梗死的客户可以立即获得对力量能力素质的反馈。这可能更像是一种心理刺激和鼓励，而非真正提高了多少力量水平。抗阻训练计划开始时，练习的重复次数应为 20 次，练习组数为 1 ～ 3 组，每周进行 2 ～ 3 次。私人教练和医生需要讨论具体的目标。私人教练应嘱咐客户应永不做需要使用瓦尔萨尔瓦呼吸法的动作。

心肌梗死发病后的客户应永不做需要使用瓦尔萨尔瓦呼吸法的动作。

脑血管意外

对于发生过中风或脑血管意外的客户，除了要注意闭塞性疾病特性外，还有其他注意因素。出现过这类情况的人一般都有神经性缺陷，常需要专业护理人员监护。如果患者没有神经性缺陷，并获得了医生的许可进行运动，且无需仪器进行监控，那么此时私人教练可以遵循本书介绍的训练计划设计指南，帮助客户努力获得提高。

发生过脑血管意外的客户的运动指南

发生过脑血管意外的客户将面临很

多挑战，这些挑战取决于此客户脑部的受影响部位。发生过脑血管意外的客户通常在手臂、腿部、脸部和嘴等部位出现运动能力丢失的现象，难以完成日常活动。其他发生过脑血管意外的人可能在听、说或理解空间布局方面存在困难，或经常忽略一侧的身体。本书讨论的对象限于左脑发生脑血管意外的客户，这类客户右臂、右腿或两者运动能力缺失。

毫无疑问，一个设计合理的训练计划能显著提高发生过脑血管意外的客户的生活质量。但是，所有的训练计划都必须在完成脑血管康复之后进行。因此，私人教练需要与客户的康复团队紧密合作，明确康复训练后的方向和目标。

> 运动能显著提高发生过脑血管意外的客户的生活质量。私人教练可在获得医生许可后，在不使用监控设备的情况下，对发生过脑血管意外但无神经缺陷的客户进行训练。

发生过脑血管意外的客户的运动内容

测力计应该成为发生过脑血管意外的客户有氧体能训练的主要内容，这与发生过心肌梗死的客户的情况相反，后者可以用跑步机。这是因为体能脑血管意外的客户的肢体功能受限，力量和平衡能力均受影响。客户在发生脑血管意外后，健康状况急剧恶化，故运动强度可从30%峰值摄氧量开始。有趣的是，也正是因为如此，在对发生过脑血管意外的客户的训练中，最大摄氧量不是特别受重视。发生过脑血管意外的客户的健康状况非常差，无法准确测定他们的最大摄氧量，所以需要采用峰值摄氧量这一术语。发生过脑血管意外的客户的运动强度最终应达峰值摄氧量的40%～70%。任何活动类型都有助于这些客户提高运动能力。运动课的持续时间取决于个体差异，时长范围为5～60分钟，运动频率为每周最少3次。

抗阻训练不仅有助于提高发生过脑血管意外的客户的整体健康水平，还可募集休眠的神经通道，有助于发展受影响的肢体的新神经通路。健康肢体的抗阻训练会对受损肢体产生交叉影响。因为无法测量这类客户的1RM，所以私人教练在确定抗阻训练的重量时，应小心评估客户的起始重量负荷。私人教练应该鼓励客户最终达到每组重复8～12次，每次3组，每周进行2～3次训练的目标。显然，此类客户应该进行柔韧性训练，这类训练有助于保持健康肢体的灵活度，有可能提高受影响的肢体的活动范围。发生过脑血管意外的客户缺乏绕关节活动，经常发生关节挛缩，于是关节就“冻住”了。随着时间的推移，破骨细胞和成骨细胞不断进行骨骼重塑，直到关节发生钙化。早期进行关节活动可预防这种情况。应该在每堂训练课（可以短至5分钟）之前、之后以及没有训练的日子里进行关节活动。

训练计划也可加入协调性和平衡性练习。单足站立、手指指鼻和手指指目标就是很好的例子。私人教练可以制订个性化的训练计划。

周围血管疾病

尽管运动对患有周围血管疾病（peripheral vascular disease，PVD）的客

户来说是一项艰巨的挑战，但是这类客户的各种能力具有非常大的提高潜力。一般情况下，患周围血管疾病的客户行走时会感到疼痛，尤其是没有停歇地行走 2 ～ 5 分钟以上时，就会感到小腿区域出现灼热的痛感，而不得不停下来。因此，训练目标是增加他们日常活动的距离，提高他们的生活质量，甚至可能避免手术。周围血管疾病的更多详细信息请见表 20.2。

患周围血管疾病的客户的药理学注意事项基本上与高血压患者相同。唯一值得注意补充的是使用医生开具的处方中的三硝酸甘油酯即硝酸甘油，用于治疗胸痛时，硝酸甘油片或喷雾剂用于舌下。如果药物起效，人们感到苦味不久后会头痛。如果客户出现任何心脏病征兆（即胸痛、疼痛、呼吸短促等），必须立即停止运动，坐下甚至平躺，按照规定服用硝酸甘油，同时让他人拨打紧急服务电话。最好是有另一个人打电话或留在客户旁边，否则，私人教练必须在给予援助之前打电话。

患周围血管疾病的客户的运动指南

周围血管疾病的病理生理学原理作用于全身，私人教练在训练患周围血管疾病的客户的时候，应认识到周围血管疾病可能会造成心脏问题。因此，患周围血管疾病的客户在进行训练前，应该接受运动压力测试，从心脏疾病的角度获得批准。基于与心脏病和中风患者一样的原因，患周围血管疾病的客户必须积极改变生活习惯，同时进行血脂管理。

脑血管意外（中风）后的客户的目标

- 增强日常活动能力。
- 增强受影响的或未受影响的肢体的力量。
- 增加受影响侧的活动范围。
- 避免关节挛缩。

表 20.2　周围血管疾病的级别

方丹（Fontaine）量表			卢瑟福（Rutherford）量表	
阶段	描述	级别	类别	描述
Ⅰ	无症状	0	0	无症状
Ⅱa	行走时轻微疼痛	Ⅰ	1	行走时轻微疼痛
Ⅱb	行走时中等至剧烈疼痛	Ⅰ	2	行走时中等疼痛
		Ⅰ	3	行走时剧烈疼痛
Ⅲ	休息时疼痛	Ⅱ	4	休息时疼痛
Ⅳ	组织丢失	Ⅲ	5	轻度组织丢失
		Ⅳ	6	中等至重度组织丢失

来源：Adapted from TASC 2000[31].

患周围血管疾病的客户的目标

- 缓解疼痛反应，能够主动地活动更长时间。
- 减少冠心病发生的风险。
- 改善步态。
- 提高日常活动能力。
- 提高工作能力。
- 提高生活质量。

一般来说，当患病的客户开始进行运动时，需氧量肯定会增加，患者的疼痛等级也可能增加，但是私人教练应该注意到每个患病的健身客户的反应都不一样，这取决于每个人对疼痛的忍耐度。此外，私人教练需按照患者医生的指示进行工作。

患周围血管疾病的客户的训练计划内容

患周围血管疾病的客户需要进行有氧运动，原因很直接：这种运动使客户可以无疼痛地行走更长的距离。跛行或小腿疼痛是限制速度的因素。这种疼痛令人无法忍受。健身客户也不会说有点疼，而会说很疼。因此客户不可能咬牙“走出”疼痛，而是需要停下来，坐下来休息。一些患周围血管疾病的客户甚至可能走1分钟就不得不停下。因此，患周围血管疾病的客户的计划设计很简单：坚持走路，直到疼痛，停下休息，然后继续走路，不断重复。走路的整体时长应在10～30分钟，目标是延长每次走的时间，缩短间歇休息的时间。

至于抗阻训练，包括抗阻训练的重复次数、组数和休息时间的范围，对患周围血管疾病的客户的建议与对高血压客户的建议相同。

最后，到目前为止本书没有提及针对心绞痛患者的训练指南和建议，因为这类人群对于私人教练来说风险太高。私人教练发挥作用的场所是常规的健身俱乐部或家庭健身房，心绞痛患者则应该在具备医疗监控设备的场所由具备必需的急救保障技能的人员进行训练。

慢性阻塞性肺疾病

“慢性阻塞性肺疾病”这一术语用于描述一种肺部疾病，这种肺部疾病会渐进性发展、恶化，且不可逆[8]。我们应该注意到，“慢性气流受限”这一术语也用于指代慢性阻塞性肺疾病。慢性阻塞性肺疾病是一类疾病的总称，这类疾病会阻碍呼吸道中的气体流动，包括哮喘、肺气肿和慢性支气管炎等。慢性阻塞性肺疾病在美国是第四大致死原因，预计在2020年前会成为第三大致死原因，它也是唯一一种发病率持续升高而不降低的主要疾病。慢性阻塞性肺疾病的一个标志是骨骼肌功能障碍，导致慢性阻塞性肺疾病患者身体活动水平下降，生活质量变差。慢性阻塞性肺疾病患者的股外侧肌的肌肉活检表明，这一人群的I型肌纤维数量下降，氧化酶（例如琥珀酸合成酶）数量减少。

慢性阻塞性肺疾病患者常被指定进行一些肺疾病康复活动，包括各种有氧运动等。最近，研究也证明抗阻训练也是肺部康复训练的重要组成内容。此外，以家庭为基础的（家庭里的）、有氧运动和抗阻训练相结合的训练计划被证明能够增强运动能力和呼吸肌功能，从而提高患者的生活质量。

慢性阻塞性肺疾病患者应该在正规的呼吸和肺部康复训练机构中进行运动，不应该接受私人教练的指导。

哮喘

根据定义，哮喘是一种可逆性气道疾病，伴有高反应性，其特征是容易发展为支气管痉挛、收缩或两者同时发生。常见的一类哮喘是运动诱发哮喘（exercise-induced asthma，EIA）[30]。相比于普通哮喘，运动诱发哮喘通常是自限的，很少导致住院，常在开始运动后 15 ～ 20 分钟（也有一些病例发生在运动开始后 5 分钟）发作，伴有咳嗽、气喘或两者都有。此外，如果不经治疗，客户在停止活动或运动 10 ～ 30 分钟后能自然恢复，症状消除。相比于儿童，成年人的发作时间更晚，持续时间更长。

客户发生上述两种哮喘（普通哮喘和运动诱发哮喘）的症状类似，区别是普通哮喘在不运动或休息的时候也会发病。重要的一点是，私人教练必须要知道，还有一些更严重的哮喘类型，应对这些哮喘还需要除吸入支气管扩张剂以外的其他药物治疗，包括吸入和口服类固醇。有些哮喘患者可能因为呼吸道急性黏液堵塞（即哮喘持续状态）而有过哮喘急救史，这些患者应该由专业的肺科医生来监督进行康复计划。

不管是普通哮喘还是运动诱发哮喘，支气管痉挛症状都有早期和后期阶段。早期阶段是支气管收缩，吸入支气管扩张剂就可以缓解，可以通过训练开始前 15 ～ 20 分钟预先吸入支气管扩张剂的方式来预防；后期阶段可能延迟发生于 1 ～ 6 小时以后，产生原因是气道水肿，最好通过吸入类固醇药物来控制。有这种后期阶段症状的客户，最好应该在训练结束后 2 ～ 3 小时进行处理。

哮喘客户的运动指南

当哮喘患者进行运动时，最好通过自感用力程度量表和气短感监控运动强度。很多这类客户很可能达不到正常的训练心率，但客观上仍然可以获得生理收益，所以必须这么做。服用全身糖皮质激素（类固醇类）的客户可能患有呼吸肌疾病，从而难以在训练压力下进行呼吸。

哮喘患者最好在上午的晚些时候进行运动，这是肾上腺皮质醇自然释放的时间段。哮喘客户应避免在极端环境下运动，因为周围环境和吸入的空气也可能是诱发支气管痉挛的原因。高湿度会产生类似的效果。重要的是私人教练要记住，与哮喘有关的气短感会导致明显的焦虑和抑郁，以及对运动的恐惧。

训练哮喘患者时，最好通过自感用力程度量表和气短感监控运动强度。很多这类客户很可能达不到正常的训练心率，但客观上仍然可以获得生理收益。

哮喘客户的训练计划内容

大肌群的有氧活动（例如步行、自行车和游泳）有助于提高客户的最大摄氧量和有氧能力以及耐力，同时还可增加乳酸盐阈值和通气阈值，以及对呼吸困难（气短感）进行脱敏。随着气短感的缓解，客户的日常活动也会增多。

应该保持自感用力程度值为11～13的训练强度，并持续监控呼吸困难情况。应该每天进行1～2次训练课，每周3～7天，每堂训练课持续30分钟，尽管一些客户可能在一开始只能进行5～10分钟。计划重点应该强调不同强度水平下训练时长的渐进性增加，使客户逐渐对呼吸困难脱敏。

建议进行一般性的抗阻训练，目标包括增加最大重复次数（对呼吸困难进行脱敏）、训练量和瘦体重。初始的计划应该采用低负荷重量、多重复次数（16次以上），每周进行2～3次。

哮喘客户也应该进行一般性的柔韧性训练。

结语

对患心血管和呼吸系统疾病的客户进行训练的难度非常大。本章所述的指南是基于将原本非常复杂的主题简单化的理念。私人教练在制订训练计划时，需要从健身客户的健康需求出发，真正制订个性化的训练计划。保守一点总没错。如果存疑，那么训练开始的强度就应低于预期。只有这样（已经对运动产生恐惧的）客户才有充分的改善空间，并且没有受伤的风险，也无加重已有疾病的风险。设定容易实现的目标，达成这些目标会帮助客户从心理上加强继续训练的意愿，并降低不良反应的风险。

学习问题

1. 一名44岁男性有高血压病史（144/92毫米汞柱），从未参加过运动，现在想开始训练。他的医生批准他参加训练。以下哪一项运动的强度最适合该客户？
   A. 使用跑步机以自感用力程度值为14的强度行走
   B. 以1RM的75%进行背蹲，重复10次
   C. 椭圆机，强度为65%最大摄氧量
   D. 以1RM的50%进行哑铃卧推，重复16次

2. 一名52岁的老年客户，3个月前心脏病发作，他的医生最近批准其开始进行低强度的运动。以下哪种模式、强度和持续时间最适合该客户？
   A. 固定式自行车，自感用力程度值为12，15分钟
   B. 跑步机，40%最大摄氧量，20分钟
   C. 楼梯机，70%的最大心率，25分钟
   D. 椭圆机，自感用力程度值为8，10分钟

3. 一名63岁的周围血管疾病患者，在行走5分钟或更长时间时感到明显疼痛。以下哪个项目能最有效地帮助他延长

无痛行走时间？

A. 在疼痛开始后让客户忍受疼痛行走2分钟。

B. 减少行走时间至2分钟，强度相同。

C. 一旦开始疼痛，让客户休息，然后继续行走直到疼痛再次出现。

D. 过于痛苦，不再进行行走运动。

4. 运动诱发哮喘患者在过去1年里一直在进行抗阻训练。他现在希望改善他的“耐力”。这个客户应该使用下列哪些方法监测有氧强度？

Ⅰ. 目标心率

Ⅱ. 呼吸困难的感觉

Ⅲ. 代谢当量

Ⅳ. 自感用力程度值

A. 仅 Ⅰ 和 Ⅲ

B. 仅 Ⅱ 和 Ⅳ

C. 仅 Ⅰ、Ⅱ 和 Ⅲ

D. 仅 Ⅱ、Ⅲ 和 Ⅳ

应用知识问题

填写下表，给出关于初始运动计划的建议，以及私人教练应该了解的任何与患有这些疾病的客户有关的问题。

	初始运动计划				运动时注意的问题
	模式	强度	频率	持续时间	
高血压					
心肌梗死					
中风					
周围血管疾病					
哮喘					

参考文献

1. American College of Sports Medicine. 2010. *ACSM's Guidelines for Exercise Testing and Prescription*, 8th ed. Philadelphia: Lippincott Williams & Williams.
2. American College of Sports Medicine. 2003. *Exercise Management for Persons With Chronic Diseases and Disabilities*, 3rd ed. Champaign, IL: Human Kinetics.
3. American Heart Association. 2001. Exercise standards for testing and training: A statement for healthcare professionals from the American Heart Association. *Circulation* 104 (14): 1694-1740.
4. Arakawa, K. 1996. Effect of exercise on hypertension and associated complications. Hypertension Research 19 (Suppl 1): S87-S91.
5. Arakawa, K. 1999. Exercise, a measure to lower blood pressure and reduce other risks. *Clinical and Experimental Hypertension* 21 (5-6): 797-803.

6. Blumenthal, J.A., E.T. Thyrum, E.D. Gullette, A. Sherwood, and R. Waugh. 1995. Do exercise and weight loss reduce blood pressure in patients with mild hypertension? *North Carolina Medical Journal* 56 (2): 92-95.
7. Borhani, N.O. 1996. Significance of physical activity for prevention and control of hypertension. *Journal of Human Hypertension* 10 (Suppl 2): S7-S11.
8. CIBA-GEIGY Corporation. 1991. *Hazards of Smoking: A Patient Guide to COPD and Lung Cancer*. Peapack, NJ: Tim Peters and Company.
9. Conley, M., and R. Rozeneck. 2001. Health aspects of resistance exercise and training: NSCA position statement. *Strength and Conditioning Journal* 23 (6): 9-23.
10. Engstrom, G., B. Hedblad, and L. Janzon. 1999. Hypertensive men who exercise regularly have lower rate of cardiovascular mortality. *Journal of Hypertension* 17 (6): 737-742.
11. Fauci, A.S., E. Braunwald, K.J. Isselbacher, et al., eds. 1998. Disorders of the cardiovascular system. In: *Harrison's Principles of Internal Medicine*, 14th ed. New York: McGraw-Hill. pp. 1345-1352.
12. Hagberg, J.M., A.A. Ehsoni, and D. Goldring. 1984. Effect of weight training on blood pressure and haemodynamics in hypertensive adolescents. *Journal of Pediatrics* 104: 147-151.
13. Hagberg, J.M., J.J. Park, and M.D. Brown. 2000. The role of exercise training in the treatment of hypertension: An update. *Sports Medicine* 30 (3): 193-206.
14. Halbert, J.A., C.A. Silagy, R.T. Withers, P.A. Hamdorf, and G.R. Andrews. 1997. The effectiveness of exercise in lowering blood pressure: A meta-analysis of randomized controlled trials of 4 weeks or longer. *Journal of Human Hypertension* 11 (10): 641-649.
15. Harris, K.A., and R.G. Holly. 1987. Physiological responses to circuit weight training in borderline hypertensive subjects. *Medicine and Science in Sports and Exercise* 19: 246-252.
16. Kelley, G. 1997. Dynamic resistance exercise and resting blood pressure in adults: A meta-analysis. *Journal of Applied Physiology* 82 (5): 1559-1565.
17. Kelley, G.A., and K.A. Kelley. 2000. Progressive resistance exercise and resting blood pressure: A meta-analysis of randomized controlled trials. *Hypertension* 35 (3): 838-843.
18. Kokkinos, P.F., and V. Papademetriou. 2000. Exercise and hypertension. *Coronary Artery Disease* 11 (2): 99-102.
19. Majahalme, S., V. Turjanmaa, M. Tuomisto, H. Kautiainen, and A. Uusitalo. 1997. Intra-arterial blood pressure during exercise and left ventricular indices in normotension and borderline and mild hypertension. *Blood Pressure* 6 (1): 5-12.
20. Manolas, J. 1997. Patterns of diastolic abnormalities during isometric stress in patients with systemic hypertension. *Cardiology* 88 (1): 36-47.
21. Mughal, M.A., I.A. Alvi, I.A. Akhund, and A.K. Ansari. 2001. The effect of aerobic exercise training on resting blood pressure in hypertensive patients. *Journal of the Pakistan Medical Association* 51 (6): 222-226.
22. National High Blood Pressure Education Program. 2003 JNC 7 Express: The Seventh Report of the Joint National Committee on Prevention, Detection, Evaluation, and Treatment of High Blood Pressure (JNC 7).NIH Publication No .03-5233.
23. Papademetriou, V., and P.F. Kokkinos. 1996. The role of exercise in the control of hypertension and cardiovascular risk. *Current Opinion in Nephrology and Hypertension* 5 (5): 459-462.
24. Roberts, S. 1992. Resistance training: Guidelines for individuals with heart disease. *Conditioning*

Instructor 2 (3): 4-6.

25. Rogers, M.W., M.M. Probst, J.J. Gruber, R. Berger, and J.B. Boone. 1996. Differential effects of exercise training intensity on blood pressure and cardiovascular responses to stress in borderline hypertensive humans. *Journal of Hypertension* 14 (11): 1369-1375.
26. Roos, R.J. 1997. The Surgeon General's report: A prime source for exercise advocates. *Physician and Sportsmedicine* 25 (4): 122-131.
27. Sallis, R.E., ed. 1997. *Essentials of Sports Medicine.* St. Louis: Mosby Year Book.
28. Sallis, R.E., M. Allen, and F. Massimino, eds. 1997. *Sports Medicine Review*. St. Louis: Mosby Year Book.
29. Seals, D.R., H.G. Silverman, M.J. Reiling, and K.P. Davy. 1997. Effect of regular aerobic exercise on elevated blood pressure in postmenopausal women. *American Journal of Cardiology* 80 (1): 49-55.
30. Storms, W., and D.M. Joyner. 1997. Update on exercise-induced asthma. *Physician and Sportsmedicine* 25 (3): 45-55.
31. TransAtlantic Inter-Society Consensus (TASC). 2000. Management of peripheral arterial disease (PAD). *J Vasc Surg* 31 (1): 1.
32. Tulio, S., S. Egle, and G. Greily. 1995. Blood pressure response to exercise of obese and lean hypertensive and normotensive male adolescents. *Journal of Human Hypertension* 9 (12): 953-958.
33. U.S. National Center for Health Statistics. 2006. *National Vital Statistics Reports* (June 28) 54 (19).

第21章

骨科病、外伤和康复客户

凯尔·T. 埃伯索尔（Kyle T. Ebersole），PhD，LAT
大卫·T. 拜内（David T. Beine），MS，LAT

学习完本章后，你将能够掌握如下内容。

- 识别外伤（即外科损伤，以下简称“外伤”）和骨科问题的常见类型。
- 了解外伤对身体功能的影响。
- 描述组织愈合各阶段的目的。
- 描述私人教练对特定的骨科、外伤和康复问题所起的作用。

人们逐渐认识到健康保险覆盖的范围有限，因而提高了对私人教练的认可度，为私人教练创造了独特的实践机会。在很多情况下，为完全恢复功能和运动，发生骨科外伤的患者能够重新进行目标活动所需的时间，超过了医疗保险的报销限额。因此，人们经常需要依靠专业的私人教练制订个性化的、安全的、有效的计划，来支撑完整的恢复过程，促进其恢复。为了满足这类人群的需求，私人教练需要了解骨科外伤的类型、组织愈合的时间阶段、有助于外伤恢复的心理生理学因素，以及损伤影响活动和功能的方式。如果不能识别组织愈合过程的大致框架，将不可避免地减缓整个愈合过程，最终影响客户身体功能的完全恢复。

本章并非为特定外伤提供详细的康复方案，也并非要取代有资质的专业医疗人员所提供的医学建议，而是试图提供一个总体框架，来指导私人教练提供服务，以满足有骨科外伤的客户的特定需求。私人教练应就本章所包含的信息与专业医疗人员合作沟通，最终获取最佳效果。

外伤的分类

肌肉、骨骼损伤的分类和特征基于各种因素，包括受伤的原因和受创组织的类型。宏观创伤和微观创伤是关于伤病机制的术语，用于对伤病进行分级和分类。所谓宏观创伤，是指组织有明显、突然的过度负荷，伴随后续发生的外伤。宏观创伤的急性程度不像微观创伤那样隐匿发作并常有慢性特征[67]。因为并没有发生明显的创伤，所以微观创伤是由组织受损的累积导致的，因此微观创伤常称为“过度使用外伤”。但是需要注意的是，微观创伤与“过度使用”这个词的意思不同，它并不暗示或代表这类创伤是由反复进行的身体活动引起的[30]。例如，在医学术语语境中，“过度使用”外伤也指可能因为训练错误（比如训练设计不合理、过早进阶等）、不适宜的训练接触面（太硬或不平）、运动过程中生物力学或技术方面的错误、动作控制不足、柔韧性下降或骨骼畸形等导致的损伤[29]。

外伤的类型（比如拉伤、扭伤、骨折）等则由所涉及的组织类型（肌肉、肌腱、韧带、关节、骨骼）决定。了解常见的骨科外伤的医学分类，可以为我们提供一个适宜的组织愈合的时间阶段，并为相关训练计划的设计和进阶提供参考信息。表21.1介绍了常见的骨骼肌肉损伤类型。

外伤对功能的影响

外伤经常会导致关节活动范围、力量、平衡性以及协调性功能动作模式受限。此外，同样重要的是应该认识到外伤对个体、对后续的恢复过程以及时间进度可能产生的心理方面的影响。

关节活动范围可能尤其受影响，因为外伤会造成所有类型组织的改变。在创伤发生后，损伤副产物（例如组织分泌物和分泌液）和胶原蛋白交联（例如疤痕组织）会沉积下来。基质（凝胶状物质）减少，导致组织出现纤维化（组织不如之前一样柔软，变得更致密、坚硬，出现收缩的情况），上述问题限制了结缔组织的柔韧性。如果受伤后有一段时间不能活动，或由于年龄或身体状况导致血液循环受损，关节活动范围受限的情况可能会进一步复杂化。关节活动范围或拉伸练习的进阶需要根据组织的类型、外伤的严重程度、愈合的阶段和患者的个人意愿决定。如果外伤不是特别严重，损伤发生后较短时间便允许进行活动，那么动态、主动活动或关节活动范围类运动应该首先进行，因为这些活动不需要额外的外部支持。如果出现一段时间内活动需要减少或固定的情况，那么胶原蛋白交联的形成可能更为明显，并可能需要反复的长度拉伸来重新获得和保持关节活动范围，即使完全恢复运动后也是如此。如果沉积的胶原蛋白是新近生成的，那么其应该仍然是较为柔软的，并还算能够对活动或被动式短时间拉伸做出反应；如果是发生外伤若干月之后，胶原蛋白可能就不是很柔软，如果关节活动范围仍然不足，那么此时需要持续时间较长的拉伸。

表 21.1　常见的骨骼肌肉外伤

外伤	描述
肌肉挫伤	通常称为瘀伤，由于身体受到某个突然并且有力的打击而产生。其结果是在受伤肌肉周围组织形成一个血肿（血块）。愈合速度取决于损伤程度和内出血程度。挫伤可能会严重限制受伤肌肉的运动
肌肉拉伤	通常是由于某个非正常的肌肉动作导致拉扯或撕扯肌纤维而产生的。拉伤的严重程度分度或级（一级、二级和三级）。一级或二级拉伤是肌肉部分撕裂，而三级拉伤则指肌肉组织的完全撕裂。随着拉伤等级的提高，疼痛、限制发力和动作受限的程度也提高
肌腱病变	最近才获得认可的术语，用来描述肌腱炎和肌腱变性的总体效应
肌腱炎	肌腱发生的炎症。这种微观创伤经常与受伤肌腱周围明显的肿胀和疼痛相联系。如果没有正确处理，或组织没有完全恢复，可能导致肌腱变性
肌腱变性	肌腱炎的组织学定义，包括肌腱炎的进步一分细分和受伤肌腱的结构性变性、退化
韧带扭伤	连接骨骼并对关节稳定性起作用的组织的创伤，发生于当一个过度的力（例如由于改变运动方向而产生的力）造成关节产生超过其解剖学限制的运动，并拉扯韧带时。韧带扭伤分为不同等级（一级、二级、三级），用以区分损伤程度。级别越高，疼痛感、压痛、肿胀、关节不稳定和韧带功能的丧失情况越严重
关节脱位	滑液关节的活动超过其解剖学限制的时候会发生关节脱位。关节脱位有两个类别：半脱位和脱臼。半脱位指两个关节骨面部分错位或分离。脱臼指完全错位，造成两个关节骨面完全分离
骨软骨病	骨软骨病是指骨骺的退行性变化，尤其是在儿童显著成长期，确切的原因尚未完全明确。剥脱性骨软骨炎和骨突炎是两个经常出现的骨软骨病的变体
骨关节炎	关节内的关节软骨或透明软骨的退化性病变，会发生在任何关节内，最常见于负重的关节，如髋关节、膝关节和踝关节
滑囊炎	滑囊是充满滑液的滑膜囊，用以减缓组织之间的摩擦，例如骨骼和肌腱之间。当受到刺激后，滑囊发生炎症，产生滑囊炎。滑囊炎通常发生在髋关节、膝关节、肘关节和肩关节，经常伴随肿胀、疼痛和部分功能的丧失
骨折	由于直接作用力造成的骨骼部分或完全的破坏
应力性骨折	应力性骨折是一种可能由于不正常的肌肉活动、因疲劳而无法分散骨骼压力、运动或训练的接触面剧烈变化（例如从木地板变成了草地）、训练量过大等造成的微观创伤。最新的研究显示营养情况可能也会对应力性骨折产生影响

外伤对力量输出的影响程度取决于外伤的程度、组织损伤的面积、伤者被固定或无法活动的时间或上述因素的联合作用。肌肉本身也会受到损伤或者发生疼痛、肿胀等，也会加剧肌肉或肌群的抑制作用[43, 47]。在发生外伤之后，肌肉损失的速率超过肌肉生成的速率，因此，力量输出能力似乎成了最广为接受的外伤发生后的测量参数[49, 56, 67]。

与外伤有关的骨骼肌肉和控制本体感觉不足是由于软组织中的显微神经损伤（称为传入神经阻滞），以及用于稳定关节和协调神经肌肉的感觉反馈通路中断[67, 68, 90]造成的。简单来说，上述情况会影响个人正常识别外周感觉，并以适宜的、协调的肌肉活动进行反应来保护受伤区域的能力。因此，受伤组织和相关的结构（例如关节）更容易再次发生损伤，以及形成不正确的代偿动作模式。

与外伤后神经肌肉控制不足类似的是相关的平衡性和姿态控制损失。尽管恢复平衡能力是一件易事，但肌肉无力、本体感觉不足和关节活动范围不足会改变一个人感知身体重心是否超过支撑面的能力，易导致其失去平衡感[67]。外伤对软组织及其神经组织产生伤害，造成受伤肢体末端神经反馈方面的损失，这会加剧保持平衡的感觉机制的弱化[3, 25, 32]。

尽管外伤与生理或功能性损伤相关，但是外伤造成的心理影响也不能被忽视。人们对外伤的心理反应取决于损伤和康复的程度[67]。短期的外伤和康复可能给人带来轻度不适，伤者可能表现出不耐烦，甚至积极地想回归运动；但是长期的伤病和康复过程则可能产生一些诸如愤怒、沮丧、恐惧甚至孤立和隔离等反应，因此产生的行为可能包括丧失活力、疏离感、不理性思维、不安、忧虑以及对治疗的依赖或排斥等。所有的这些问题都受个人的应对能力、社会支持、以往受伤的经历和性格等影响。也就是说，每个人对相同外伤的反应都不一样，因此对于任何恢复或训练计划应该进行个性化管理[72]。此外，与伤者融洽地相处，与其形成值得信赖的关系，可以成为产生最佳恢复效果的催化剂[86]。

外伤后的组织愈合

尽管相关的文献和信息量非常大，但是有关组织愈合过程中的一些特定方面的问题仍然无法解答。总体上公认的是，所有的组织都遵循一种愈合模式，包含3个阶段：炎症、修复（或增殖）和重塑。尽管上述的每个阶段都有已知的结果产生，但是组织愈合的过程是一个这些阶段连续并重叠发生的循环过程，没有明确的开始或结束的时间点。了解这一点是非常有必要的。在受伤组织对负荷和压力准备就绪之前就开始一个任务或运动，可能最终会妨碍组织的全面愈合或造成额外损伤。图21.1总结和展示的是组织愈合各阶段的重叠特性。

炎症期

炎症是身体对外伤的初始反应，对于正常愈合过程的开始是必需的。在炎症期中，会出现一系列有助于组织愈合并造成初始的身体功能性下降的情况。组织受损后，会释放若干种化学物质，包括组胺和缓激肽等，这些物质会增加血流量和毛细血管的通透性，引起水肿（液体流失至周围组织），这可能会抑制组织的收缩功能并明显限制伤者的活动水平。此外，炎性物质可能会伤害性地刺激感觉神经纤维，产生疼痛，进一步加剧身体功能性的降低。在某急性外伤发生之后，这个阶段（炎症期）可能一般持续 2 ～ 3 天，但如果发生血供应情况受损和更严重的结构性损伤或后续接受手术治疗等，也有可能持续长达 5 ～ 7 天[67]。尽管炎症期对于组织愈合是非常关键的，但是如果该阶段没有在比较合理的时间内结束，进一步愈合将不会产生，从而有可能延迟整个康复过程。

在炎症期中，各种反应的主要目标是为愈合后续阶段新组织的生成做准备[66]。对新组织的再生与形成来说，一个健康的环境对防止炎症期过长，干扰新的血管和胶原蛋白产生来说非常重要。为了达到这些目标，可选择采取相对静息和被动的措施，包括冰敷、加压、抬高等应对手段。虽然快速恢复伤病前的活动水平是非常重要的，但是受创组织应该充分休息以免受到额外损伤。因此，在此阶段不建议对受伤部位进行包括运动等在内的主动治疗。

> 休息使炎症期的自然生理过程最大化，有助于产生适宜的组织愈合环境。

修复（或增殖）期

尽管炎症期仍可能持续，但身体在受伤后 3 ～ 5 天或在严重的情况下可能 7 天后开始修复组织，这个阶段可能持续数周至两个月。并不存在炎症期的明确结束和修复期的明确开始，相反，从炎症期到修复期是一个过渡式的流程，私人教练明白这点是非常重要的。伤后或手术后无活力的组织在愈合的修复期得以替换[67]。为提高组织的整体性，受创组织得以再生（例如形成疤痕组织）。受伤部位生成新的毛细血管和结缔组织，胶原纤维（新组织的结构成分）在修复部位随机出现，起框架结构作用[27]。胶原纤维平行地、并沿应力方向纵向排布时最强韧，但会有很多新的纤维横向排布。这种随机的排布方式使得新组织无法产生最佳的强韧度，从而限制了新组织的传导和承受能力。

这个阶段的目标是预防受创部位发生过度肌肉萎缩和关节退行性病变，促

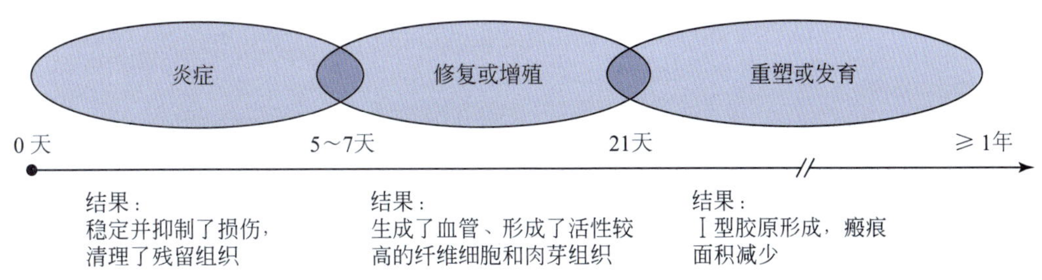

图 21.1 愈合阶段和产生的生理结果

进胶原蛋白的合成，以及避免新生成的胶原纤维分解[67]。上述这些需要小心注意的方面必须与小负荷施加应力相互平衡，来促进胶原蛋白的合成，预防关节活动范围缩小。为了保护新生成的、相对比较脆弱的胶原纤维，应该避免进行会影响受创区域和位置的抗阻性质的运动。在修复期，特定的运动应该在咨询过伤者的医生、运动防护师、理疗师等后才开始进行。次最大强度的等长运动可以进行，只要不疼痛或无其他现象。次最大强度的等长收缩运动可以增强力量，但是强度必须足够低，以保证新生成的胶原蛋白不被破坏。

重塑期

修复期产生的较脆弱的组织将在重塑期获得加强。同之前的炎症期过渡到修复期一样，修复期过渡到重塑期的变化是渐进式的活性过度和转换，没有明确的起始点。在重塑期，胶原纤维的产生显著减少，这使得新形成的组织得以增强它的结构、强韧度和功能性。随着负荷的增加，新生成的疤痕组织的胶原纤维开始增生（放大或生长），并沿应力方向排列，从而提高新生成组织的强韧度，并使伤者重新获得功能性。尽管胶原纤维的强韧度显著提高，但是新的组织很可能永远不会如同原先的组织一样强韧[1, 14, 27]。根据受创严重程度、之前的受伤情况、受伤组织的位置和类型、接受的手术、并发症和伤者年龄等情况，组织的重塑期可以持续至2～4个月，甚至超过1年[48]。

在这个组织愈合过程的最后阶段中，首要目标是优化组织的功能性。客户可继续进行修复期的运动，并增加更多进阶的、特定的运动，进一步增加受伤组织的应力和负荷，以此来提高功能性。进阶性地施加到组织上的负荷可以改善胶原纤维的排列情况，并增粗胶原纤维，使疤痕组织的拉伸强度最优化。最后，康复训练和体能恢复运动必须是功能性的，这样有助于伤者恢复活动和运动。为了使受伤组织更强健，应该从一般性的运动过渡到特别设计的、模仿和复制特定运动和活动中常见动作的运动。

细心地安排运动，使其与组织愈合的生理阶段相适应，有助于伤后组织功能的全面恢复。

骨科问题与私人教练

私人教练常遇到有外伤史的客户。因此，私人教练应基本熟悉常见的外伤和骨科问题。但同样重要的是，私人教练也应该认识到其实践的范围和限制。私人教练的职责不是确定活动和运动限制。私人教练应能够根据任何常见的与损伤有关的运动限制或局限性，或与客户的医护团队，包括医生、理疗师、运动防护师等的协商内容决定适宜的训练策略。在很多情况下，客户的医护团队还会与其他专业人士（例如营养师或运动心理专家）进行协商。服务于有骨科问题的客户的私人教练应与整个医护团队进行有效的沟通，并在决定提高运动强度之前，经常性地咨询客户的医护团队。

为受伤的客户确定适宜的运动和进阶运动可能会比较困难。从伤病中恢复的客户的运动与活动的选择应该根据损伤的时间阶段，以及对显示出的某种损伤并发症的迹象和症状的监控等来进行。私人教练容易观察到的基本的迹象是疼痛、肿胀、发热，（组织）颜色、关节活动范围和柔韧性的下降，以及功能性和力量素质的下降等。上述典型迹象和症状，可能是对运动的不适应或对运动和活动强度过快提高产生的反应。一次提高一个运动的强度是很好的方法，并容易发现是什么诱发了不良反应。表 21.2 提供给读者的是如何利用组织愈合的生理学原理来指导运动选择。

每种骨科损伤、手术或疾病过程的基础病理生理学，都与基于适应证、禁忌证和注意事项的特定活动和运动指南相联系。适应运动是指让受伤客户获益的运动[66]，例如，近期接受了膝关节置换手术的客户必须要保持上肢末端的功能性，所以私人教练可以设计一个计划，让客户在膝关节康复的过程中继续进行上肢末端的力量训练。禁忌运动是指不建议或禁止给某种损伤的客户进行的活动或运动[66]，例如，客户在膝关节前十字韧带重建康复过程中，必须保护前十字韧带植入物，此时闭链运动更有利，开链运动在愈合过程的某个时间段内是禁忌运动。腿伸展运动进入最后 30 度将使植入物处于不利的位置，也属于禁忌运动。这同时很好地证明了与客户的医师、运动防护师或理疗师保持沟通对损伤的愈合至关重要。注意事项（警惕运动）指根据客户的局限性和症状再现，可以在有资质的私人教练的严格监控下进行的某种活动[66]。例如，一般来说不建议前肩不稳定的客户进行卧推运动，但只要避免肩关节在水平面过度外展（比如上臂举起，高于身体）并适当增加重量，也可进行。

当前采用的外科手术种类有很多，很难为术后的客户制订训练计划。一般来说，这些客户正在进行一些正式的康复过程或已经安排了家庭训练计划。但不幸的是，因保险覆盖范围的限制或客户缺乏对康复计划的依从性，康复计划经常无法让客户完全恢复功能性。这种情况给私人教练提供了一个机会，让其可以通过采用传统或非传统的训练计划恢复客户的功能性。当然，在设计这些训练计划之前，私人教练不仅要大致地

表 21.2 不同时间阶段的康复目标

康复目标	炎症期	修复期	重塑期
控制疼痛和炎症	×		
提升关节活动范围、柔韧性		×	保持
增强平衡性、本体感觉、神经肌肉控制		×	×
增强力量		×	×
增强功能性力量			×
恢复运动			×

理解客户进行的手术，还要了解并遵循这些手术产生的禁忌证和注意事项，这是非常重要的。

对每一种外伤、手术或疾病的详细介绍超出了本章讨论的范围。同样地，提供所有损伤特定的、可行的活动和运动指南也是非常困难的。接下来的内容将给出常见骨科损伤和问题的一般性描述，以及为具有相应问题的客户设计训练计划的指南。本章接下来的内容不应代替损伤或术后康复计划，也不应该代替其他医护专家提供的指南。我们提供的是对特定损伤或骨科问题的概述讨论，以增强私人教练的知识基础，从而提高其与专业医疗人员的沟通效果，最终帮助客户安全、有效地恢复功能性。在开始训练前，私人教练必须与客户的医师、运动防护师或理疗师进行沟通，以获得对客户损伤和手术的详细描述和介绍，从而获得可选择的活动和运动指南。

> 理解愈合过程的生理学原理有助于私人教练选择合适的运动，有利于客户的全面恢复。

腰

腰痛是疼痛和残疾的首要原因[5]，是专业医疗人员，以及诊断出具有这类问题的客户的私人教练应主要关注的问题。“腰痛”是一个内容广泛的术语，涉及多种不同的病症诊断，包括但不限于椎间盘功能障碍、肌肉拉伤、腰椎管狭窄症（例如脊椎间隙变窄压迫组织）和腰椎滑脱。

这些病症的表现形式不同，所需的治疗也不一样，但它们在原则上都可以通过缓解疼痛的姿态和运动，并避免进行任何导致疼痛恶化和扩散至更大部位的动作得以缓解和稳定。例如，如果某人向前弯腰时感到疼痛，那么可以建议其避免做这种动作，甚至让其在不感到疼痛的情况下进行伸展运动。椎间盘突出的患者一般对腰骶部伸展类的运动反应良好，而腰椎管狭窄的患者则可能更喜欢屈曲类动作[64]。本部分的目的，是为私人教练介绍针对病症的适宜的和不适宜的动作和运动。图 21.2 展示的是与本部分内容有关的腰骶部脊柱的基本的解剖学结构。

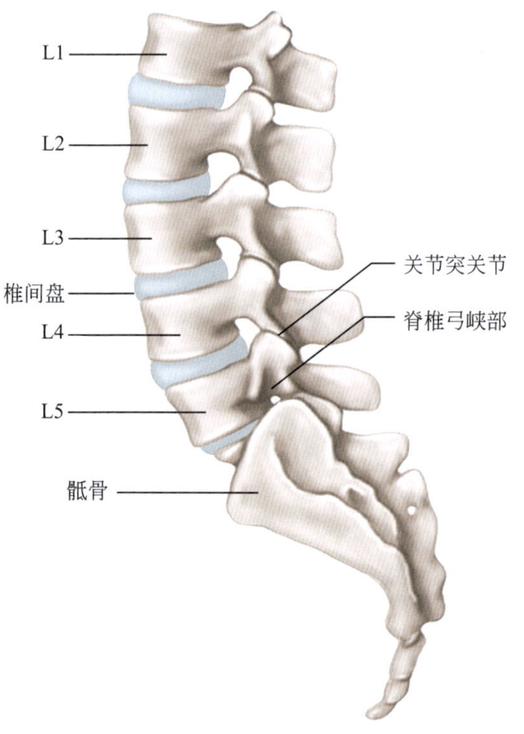

图 21.2 脊柱的解剖学结构

腰痛

腰痛可呈慢性或急性，可由扭伤、拉伤、肌肉紧张或触发点、运动不足、运动过度、骶髂关节功能障碍等多种原因引起。不管是何种情况，腰痛都与相似的一些影响因素有关。腰痛会产生疼痛的恶性循环、导致功能性降低，并造成肌肉支撑作用下降，如不能有效恢复，腰痛会反复发作。腰部的疼痛会造成对肌肉的抑制作用，尤其是多裂肌、腰部竖脊肌、腰肌和腹横肌，这些肌肉在正常情况下都受自动控制，对控制椎间盘和稳定脊柱来说非常重要[71]。一旦产生抑制作用，这些肌肉就会力量不足，不能正常工作。在疼痛停止后这些肌肉并不能自动恢复功能，即便疼痛减轻，仍然会力量不足，这样的情况可能导致腰痛和功能障碍日后反复发作[39]。

运动与训练指南

腰部或躯干具有一个功能性肌肉解剖结构，常称为“核心”，对于运动表现非常重要，其周围的肌肉对于适当的腰部功能也有很强的影响。腰部某节段活动不足，而相邻节段活动过度，这样的情况并不罕见。例如，腘绳肌尽管属于下肢末端肌群，但向后牵拉骨盆，仍能造成腰部过度前屈，尤其在运动中，会造成腰痛。因此，建议就很简单：拉伸腘绳肌或进行能够拉长腘绳肌的运动。

腰痛对脊柱稳定运动、姿态矫正运动和柔韧性运动的反应较好。私人教练对相关肌肉紧张程度或力量不足的情况进行适当评估是非常关键的，问题的罪魁祸首常在髋部：髋关节屈肌、髋外旋肌（臀肌）和腘绳肌[67]。腰伸肌和腹肌对稳定性和产生支撑作用而言非常关键，必须增强这些部位的力量。没有腰部损伤的人倾向于稳定或支撑踝关节，而有腰痛问题的人在需要保持平衡的时候则倾向于稳定髋和腰部来保持上身的竖直姿态，这样就增加了他们控制姿态摇摆和保持平衡的困难程度[60]。因此，有腰痛问题的人，尤其是有活动过度或不稳定问题的人，应该将平衡运动纳入训练计划中[62]。

总之，应该正确评估柔韧性或关节活动范围以及缺陷。应经常进行改善关节活动范围的柔韧性运动，运动中不应感到疼痛，甚至应向感到疼痛的相反方向进行运动。确定不感到腰痛时，骨盆神经肌肉稳定的训练和人体力学机制应是主要的强化目标，之后进阶至强健躯干的运动，最后进阶至更高级的稳定性和动态运动[67]。如果客户已经有相当长时间的腰痛或腰部损伤的历史，或感觉症状恶化，或私人教练不十分确定当前的病情和情况，那么此时非常有必要咨询提供医疗服务的专业人士（例如运动防护师、理疗师或医师）。

腰椎间盘损伤

脊柱各段的椎骨通过椎间盘相互连接（图 21.3），这些椎间盘的作用就是吸收冲击，稳定椎骨，防止出现过度的剪切位移。每个椎间盘本质上都由 2 层物质构成：坚韧的纤维环是外层，包围凝胶状的是内层髓核[65]。在脊椎的腰段，前纵韧带前向巩固加强纤维环，由于后纵韧带在腰椎段变窄，从后向上对脊椎产生的支撑作用受限。这种从后向上的支撑作用受限是最常见的后外侧椎间盘突出症的原因之一。

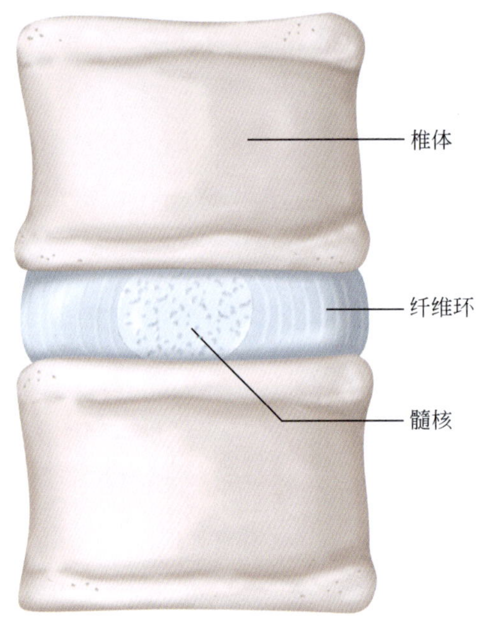

图 21.3 椎间盘的组成

来源：Reprinted by permission from Watkins 2010.

当椎间盘突出时，部分髓核穿过外层的纤维环，产生炎症，刺激脊髓神经根[73]。这种刺激的表现形式有很多种，客户可能会感到背部疼痛，或下肢末端感觉异样，包括疼痛、感觉异常和下肢无力等。椎间盘突出产生的抑制，除了包括人体后侧力学上的无力和虚弱外，还对腰椎功能障碍和损伤有显著影响。过度屈曲（例如向前弯）会使脊椎的髓核物质向后推挤，使其向椎管和神经根的移动超过正常的范围。如果一个客户患有腰椎间盘突出症，应向医师寻求治疗方案，这个治疗方案可能包括治疗性运动。

运动与训练指南

基于上述内容，建议椎间盘突出的客户避免进行腰椎屈曲动作，而进行伸展动作，预防出现椎间盘组成物向后突出的情况[89]。有腰椎间盘突出症的客户，应避免进行有显著的腰椎屈曲动作的运动，应在盆骨中立位的姿态下进行强健和稳定性运动。抗阻训练的禁忌运动包括全关节活动范围的仰卧起坐，警惕运动则包括深蹲、所有类型的划船运动（例如坐姿划船、俯身划船）和硬拉。有氧运动的警惕运动包括骑自行车（蹬自行车时前倾的体态可造成脊柱弯曲）、利用划船机的运动以及含有屈曲动作的有氧舞蹈等。柔韧性运动对于患腰椎间盘突出的客户而言非常重要，但是因为拉伸运动涉及屈曲动作，所以私人教练在指导客户进行运动的时候要格外小心。柔韧性运动的禁忌包括强调腰部屈曲的腘绳肌拉伸（例如站姿体前屈）以及可能产生相似动作的其他拉伸运动，警惕运动则可能有臀肌、髋内收肌、上背部等的拉伸。

肌肉拉伤

如前所述，肌肉拉伤就是对肌纤维产生的撕扯。腰骶部肌肉的拉伤比较常见，原因有多种，包括直接性的创伤以及过度使用。创伤性肌肉拉伤的愈合需要在专业医疗人员的指导下进行。而过度使用造成的拉伤，则需要客户纠正任何不正确的姿态和动作模式。对肌肉进行重新训练，使其以预期的方式发挥功能性，可以增强这些肌肉工作的效率，从而降低之前不正常的肌肉应力。

运动与训练指南

肌肉拉伤后的具体限制和禁忌取决于拉伤的肌肉。当医疗人员确认了发生拉伤的具体肌肉后，相应肌肉的动作和运动应该被避免进行。例如，如果竖脊肌发生了拉伤，那么在组织愈合早期应该避免进行腰部伸展动作（比如过度伸展）以及需静态保持腰椎前凸（比如椭圆机俯身哑铃划船）的运动，受伤肌肉的疼痛消失后，可在重塑期进行上述和类似的运动。

腰椎滑脱和腰椎前移

腰椎滑脱是一种腰椎椎弓峡部区域（椎骨连接上下关节面的一块弓形区域）缺陷或骨折损伤[37, 40]。腰椎前移则是腰椎滑脱可能的发展性病症，即椎体整体向前移[46, 80]。虽然原因各不相同，但腰椎滑脱和腰椎前移均常发生于腰椎伸展动作造成损伤后或需要进行腰椎伸展运动的人（例如足球锋线球员或跳水运动员）身上。有这两个问题的客户，一般都会感到腰痛，也有可能有下肢末端根性疼痛、感觉异常或肌肉无力。腰椎伸展时，疼痛常会加重，而腰椎屈曲时疼痛会缓解。

运动与训练指南

与腰椎管狭窄症患者一样，患腰椎滑脱或腰椎前移的客户，重点应加强脊柱周围的肌肉，避免进行有伸腰动作的任何运动。绝大多数的腹肌运动都适用，尤其是腹肌卷曲以及针对腹外斜肌和腹横肌的运动。而稳定性运动（当然不包括有伸腰动作的运动），则可以利用稳定球进行。与腰椎管狭窄症的情况不同，步行或其他包含站立姿态的心血管运动不应该被视为腰椎滑脱或腰椎前移客户的禁忌运动，而应该鼓励其进行这种类型的运动，当然可能需要对运动的具体方法进行适当调整以适应健身客户的特定情况。例如，因为腰痛的影响，如果某个客户无法进行 10 分钟以上的台阶蹬踏运动，那么运动的时长就需要控制在相应水平，然后根据客户可耐受程度循序渐进。急剧增加或改变运动参数（例如频率、剧烈程度、时间长度、活动类型、运动的接触表面等）可能造成某些症状出现，即便对那些看上去训练有素的运动员来说也是如此。表 21.3 提供了一些与腰痛有关的运动指南。

有效评估姿态和运动损伤是制订不感到腰痛、保持骨盆中立稳定和适宜的柔韧性训练计划的关键。

表 21.3 腰痛的运动和训练指南

诊断	禁忌运动	禁忌动作	适应运动 / 动作
椎间盘损伤	■ 腰屈 ■ 腰旋转	■ 仰卧起坐 ■ 屈膝抵胸拉伸 ■ 脊柱扭曲	■ 被动腰椎伸展 ■ 等长收缩的腹肌和伸肌强化运动，进阶至腰椎稳定运动
肌肉拉伤	■ 被动腰屈（炎症期） ■ 主动腰伸（炎症期）	屈膝抵胸拉伸	炎症期不可进行运动，进阶至轻柔而温和的屈曲拉伸，然后再进行伸展强化
腰椎滑脱和腰椎前移	■ 腰伸展	■ 深蹲 ■ 肩部推举 ■ 俯卧撑	■ 屈膝抵胸拉伸 ■ 腹肌卷曲 ■ 盆骨中立位稳定

肩

由于肩关节固有的活动性和对肌肉动态稳定性的要求，肩关节是一个在受外伤或手术后进行特殊锻炼，能对客户的整体功能产生巨大影响的区域。肩关节的解剖学特点使其活动范围非常大，也更易受伤，包括急性、创伤性、非创伤性、慢性和过度使用损伤。肩关节是高度同步和平衡的复合体，运动时必须考虑姿态、肌肉平衡、肩胛胸区域控制、关节活动范围甚至是与躯干和髋关节的关系。

髋关节和躯干对于肩关节的运动功能非常重要。进行过头动作和运动时，腿部和躯干产生总动能和总力量的 51% ～ 55%[44]。针对肩关节的训练计划应该包含加强髋外展肌、髋旋转肌、髋伸肌以及腹肌和下腰稳定肌等。

正确的姿态是发挥肩关节功能非常重要的另一个方面，任何进行肩关节运动或有肩关节损伤史的客户在进行活动前都要进行姿态评估。常见的不良和不正确的姿态有头前伸、圆肩（驼背姿势），这会导致肱骨旋内和肩部牵长，以及肩后部（例如肩胛牵缩肌和侧旋肌）力量不足和肩前部（牵伸肌和旋内肌）紧张[67]。这可能限制肱骨的完全抬高动作，形成肩峰撞击以及肩袖肌腱炎和撕裂。

肌肉不平衡会影响肩关节的力偶，导致肩部损伤。旋外肌与旋内肌在肩关节部位形成力偶，肩袖与三角肌形成力偶。肌肉之间的平衡非常重要，因为肩袖不仅辅助肩关节产生动作，还将肱头压进肩关节窝，促进稳定性，并产生适当的关节活动。肩胛胸区域的上斜方肌和肩胛提肌提升肩胛骨；中斜方肌和菱形肌使肩胛骨内收；下斜方肌内收和下压肩胛骨；前锯肌外展，向上旋转肩胛骨；胸小肌下压肩胛骨。肩部肌群和肩胛胸区域肌群共同作用，产生同步而一致的肩部动作[66]。常见的肌肉不平衡可能是由于旋外肌与旋内肌的力量比下降、上斜方肌和三角肌过度活跃、下斜方肌和菱形肌活跃程度下降、前锯肌受抑制造成的[67, 76]。当考虑上述情况时，重要的是认识到应该以低负荷阻力强化肩袖。增加阻力负荷会激活三角肌，这反而不利于肩袖的强化，会造成我们并不希望的肱头上移，不利于肩袖运动，使这个部位更容易产生撞击[12]。此外，研究已发现肩胛肌肉的疲劳会影响肩关节的运动表现，故训练计划中应加入耐力训练，尤其是增加肩胛骨稳定性的闭合式动力链运动[67]。还要注意的是，如果对适宜的运动进阶有不清楚的地方，应该咨询客户的医疗团队。

下文是对各种外伤和手术流程进行的介绍，并给出了具体的适应运动和禁忌运动，内容还包括最适合运动的大致时间框架。对于本部分涵盖的所有损伤和问题，私人教练在给出运动建议之前，都应咨询客户的医疗团队，包括医师、运动防护师和理疗师等。

撞击综合征

撞击综合征是指冈上肌、肱二头肌长头肌腱或肩峰弓下的肩峰下囊发生“钳捏”痛（图 21.4）。撞击综合征有很多致病因素，有些因素可通过保守治疗获得改善，另一些则需要手术干预（例如肩峰下减压术）。需要手术治疗的致病因素包括解剖结构异常或骨异常（例如肩峰呈鹰嘴钩状，压迫肩峰下结构）；可以改善的致病因素包括肌肉不平衡、姿态不佳和肩胛控制不良、运动动作不正确、肩部过度使用（典型的是过头类动作，比如棒球投手、游泳运动员经常做的过头类动作）。

许多运动防护师和理疗师在炎症减轻后，重点关注改善肌肉不平衡和耐力、关节活动范围（如果受限）、肩胛控制和姿态等内容。正式的康复结束之后，私人教练将承担继续指导运动的重要职责。肩袖重获力量，肩胛骨重获稳定性之后，私人教练常在客户发现肩部疼痛消失或显著减轻时逐渐增加常见的抗阻训练。

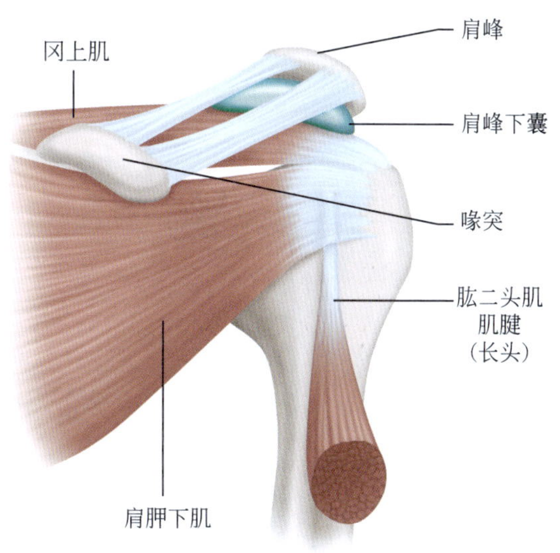

图 21.4　肩部的前方视图

肩袖肌肉的功能是将肱骨头定位于浅关节盂，抵抗肱骨头向肩峰的移动。附着在肩胛的肌肉（主要是上斜方肌、下斜方肌、前锯肌和肩胛提肌）必须正常工作，在过头类动作中旋转肩胛。如果上述的任何肌肉力量不足，无法正常工作，就会发生撞击综合征。

运动与训练指南

图 21.5 ～图 21.9 展示的是一系列的肩袖练习动作，能够提高肩袖肌群激活水平，减少其他肌肉的代偿[6, 67]。这些动作是术后或非手术性肩关节康复计划中的主要练习[18]，也适用于康复后的

图 21.5 侧卧外旋：（a）起始姿势；（b）结束姿势

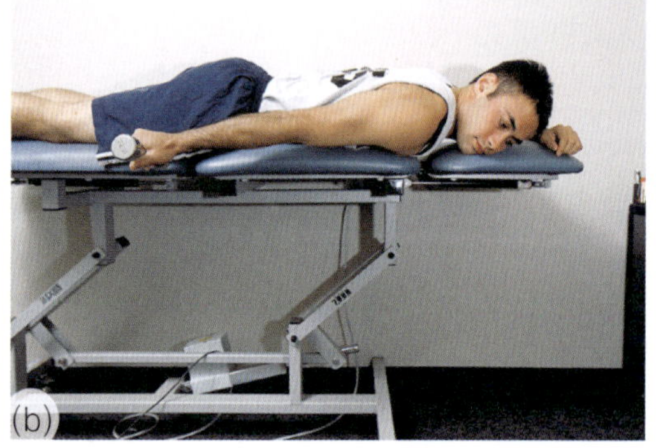

图 21.6 俯卧肩关节伸展：（a）起始姿势；（b）结束姿势

图 21.7 俯卧水平外展：（a）起始姿势；（b）结束姿势

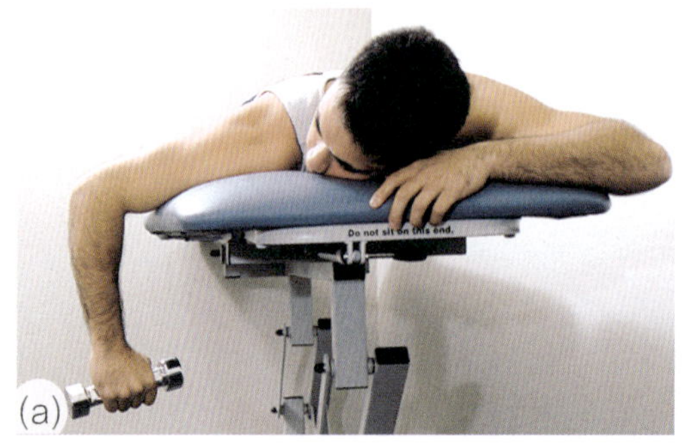

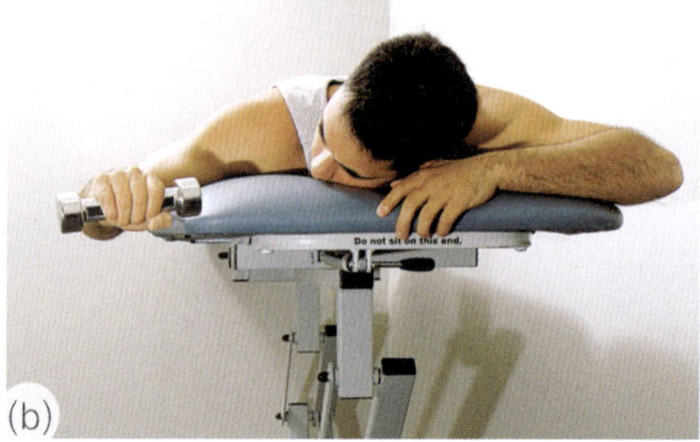

图 21.8 俯卧 90 度 / 90 度外旋：（a）起始姿势；（b）结束姿势

训练计划，用来继续强化肩袖，保持适宜的肌肉平衡。肩袖肌肉主要起耐力作用，这些动作通常以低重量负荷（很少超过 1.8 千克）、高重复次数（每组 15 ～ 20 次重复）的方式进行。选择这些动作是基于肌肉激活的特征，以及将肩关节置于低于 90 度抬升角度的安全、中立位置，同时让手臂位于身体前方（在额状面内）的要求。这些姿态减少了肩袖撞击，绝大多数人都不会感到疼痛。

图 21.9　站姿“开罐头”式

有肩峰撞击综合征的客户应注意持续进行肩袖和肩胛骨运动。建议进行多种针对菱形肌和中斜方肌、下斜方肌的划船练习，强调肩胛骨下沉和回缩。过头的推举（例如肩部推举）和所有形式的卧推类练习应该小心进行。下斜卧推对这个部位产生的压力最小，比较适宜在可以重新进行常规卧推之前进行。站立姿态的肩关节划船同样需要小心进行，因为划船动作过高（肘关节抬升过高），可能会加重撞击类疼痛。下拉是让客户将拉杆拉至胸前，强调激活背阔肌使肱骨头下降，而不是让客户将拉杆下拉至颈后部。

有些心血管运动也会使从肩峰撞击综合征中恢复的客户产生问题。利用沃萨攀爬器（Versa Climber）进行的运动应被视为禁忌运动，这种运动会导致肩部在起始动作时位于“撞击”位（例如超过头的位置），尤其是在肩袖肌群和肩胛稳定肌的力量尚未恢复的情况下。再次强调，将手臂置于越过头的位置，例如网球发球或抽击壁球等动作，会增加肩关节内部发生“撞击”的可能性。

前部不稳定

当肩部的前部不稳定时，肱骨头过度前移，可能造成损伤或脱臼[31]。对有这种问题的人的情况的控制管理是骨科运动医学领域的从业者面临的最大挑战之一。由于后部不稳定比较少见，本书主要针对前部不稳定问题，但表 21.4 列举了针对各个方向不稳定问题的指南。

已有研究表明，肩关节前向脱臼后，年轻、身体活动活跃的年轻人再次发生脱臼的情况占 90%，而中年人再次发生脱臼的情况则只有 30% ～ 50%。近年来，针对肩关节不稳定的康复和手术方法得到了巨大的发展。肩关节不稳定的外科管理已经发展至主要采用关节镜进行，以及利用高科技仪器（热关节图）缩小关节囊，以辅助稳定关节窝内的肱骨。

运动与训练指南

不稳定问题的适应运动（例如加强肩袖和肩胛的运动）与撞击综合征的类似，因为不管怎样肩袖都是盂肱关节的主要动态稳定器。图 21.5 ～图 21.9 及表 21.4 列出的是安全运动的指南。肩关节抬高超过 90 度，使双手和双臂处于肩关节平面（即额状面前方约 90 度）后侧，使肩关节处于不合适位置，这样的动作比较危险。这些肩关节的运动标准可以划定肩关节运动的安全区，即双臂在身体额状面上前向方向较高不超过 90 度（图 21.10）[19]。

肩关节不稳定的客户可以选择保守的、基于运动的方法或手术治疗。经保守治疗或手术治疗的肩关节不稳定的客户通常希望可以重新进行传统的抗阻训练和有氧训练。私人教练必须调整运动方法以保护手术修复部位。此类客户的举重运动计划需进行永久性修改，以确保肩关节的稳定性不受损（图 21.11）[31]。

当客户完成肩部不稳定的治疗后，绝大多数的有氧训练总体上都是安全的，少数有氧舞蹈类活动、游泳（尤其是自由泳、仰泳和蝶泳）和一些球拍类活动除外。严禁进行使肩关节运动超过上述安全区的柔韧性运动（例如，本书第 336 页的双手背后抬臂、颈后拉伸），这些运动会对已经不稳定的肩关节施加不良应力。表 21.4 是有肩关节功能障碍的客户的运动和训练指南。

表 21.4 肩关节运动和训练指南

诊断	禁忌运动*	禁忌动作*	适应运动
撞击综合征	越过头并肩部旋内的动作或产生疼痛的运动	■ 肩部推举 ■ 侧向、肩关节旋内的哑铃抬升 ■ 肩关节平面以上的站姿划船 ■ 上斜杠铃卧推	■ 肩袖强健运动 ■ 无痛运动
不稳定	■ 前：外展＞ 90 度并伴有外旋；水平外展 ■ 后：结合了旋内、水平内收和屈 ■ 下：依赖手臂进行的、完全的抬升	■ 卧推** ■ 蝴蝶机** ■ 俯卧撑** ■ 颈后下拉和肩部推举	■ 肩袖强健运动 ■ 肩胛强健运动 ■ 稳定运动：静态至动态
肩袖损伤	抵抗阻力的越过头的运动	产生疼痛的动作和过早的快速离心动作	肩袖强健运动（术后 4 ～ 6 周开始）*

* 与专业医疗人员协商确定何时以及何种动作不再是禁忌。

** 手握杠铃位置较近，双手位置不超过肩宽，避免肩关节伸展至最后的 10 ～ 20 度。

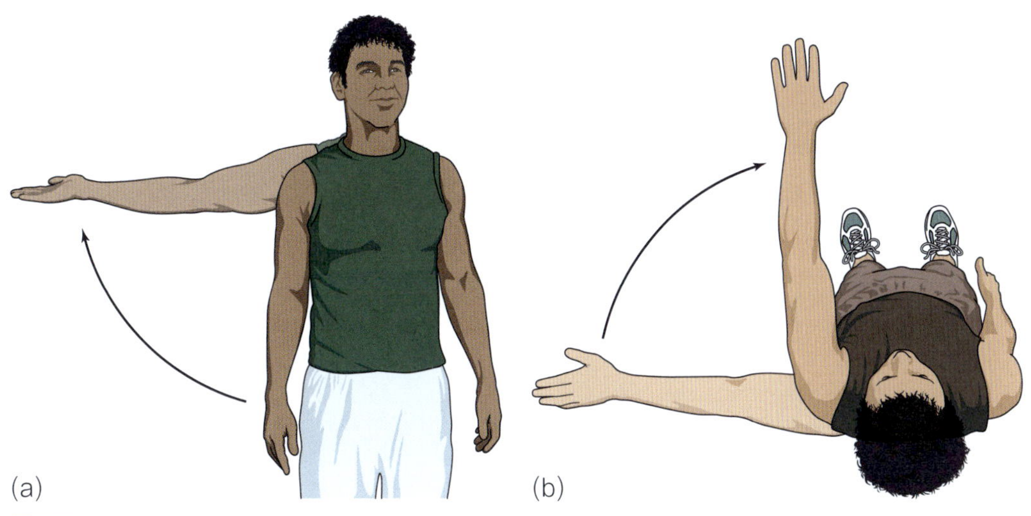

图 21.10　运动姿态的安全区，姿态应该位于：（a）肩关节水平以下；（b）身体额状面的前方

肩袖修复

当肩袖肌腱发生损伤时，需进行肩袖修复术。肩袖肌腱损伤最常见于冈上肌肌腱，包括所谓的“全层”撕裂，即肩袖不是发生磨损，而是发生了整体撕裂伤。这些撕裂伤会显著地改变肩关节的力学特性[63]，通常通过缝合或缝合锚（辅助撕裂的肌腱重新连接至附着点或接入点紧固件）修复，除进行关节镜检查外，最常见的是开放式手术切口。

由于额外开放式手术切口以及防止对肩袖肌腱造成更大程度的损伤，肩袖修复术后常用悬带进行长期固定。用悬带固定不进行运动的确切时长由外科医师确定，通常为 2 天至 6 周，取决于个体的年龄、组织质量和其他伤病等因素。

运动与训练指南

引入不适宜客户进行的运动可能造成肩袖修复术失败，以及灾难性的后果[9]。尽管这些客户可运动肩袖和肩胛肌（图 21.5 ～图 21.9），但是通常不在术后 4 ～ 6 周内进行。患者通常在肩袖修复术后正式进入 3 ～ 4 个月的康复期。康复期后的计划仍应重视图 21.5 ～图 21.9 的动作，确保肩袖肌肉组织的激活。

经历过肩袖修复术的客户的禁忌列于表 21.4 中。过头的上举运动以及俯卧撑和卧推等会使肩关节处于受压力位置，造成肩袖负荷过度。应限制会产生不适感或疼痛的有氧耐力训练（例如游泳、沃萨攀爬器运动）。一般来说，经历过肩袖修复术的客户可较好地忍受主要利用下肢完成的有氧耐力运动，例如步行、跑步和阶梯运动都可在康复期进行。肩袖手术的一个并发症是关节活动范围减小，减小程度取决于术后固定时间的长短，通常表现为旋外、旋内和外展等动作的关节活动范围减小。这进一步使传统运动的表现复杂化，比如需将手臂或肩关节置于头部后侧的运动。

正确的（安全的）

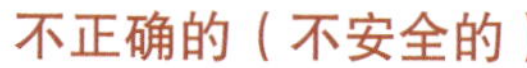

图 21.11　改良的动作与前囊应力（左侧的图片展示正确的动作，不会对前囊造成压力；右侧图片所示动作不正确，会对前囊施加有害压力。）（a）面部前肩部推举；（b）颈后肩部推举；（c）蝴蝶机；（d）使用蝴蝶机时在水平面上过度外展；（e）下拉运动，拉杆位于面部之前；（f）颈后下拉

本章讨论的数种肩关节疾病都会妨碍标准上肢力量训练的进行。私人教练应负责任地进行干预，有效筛查存在此类上肢力量训练风险的客户。表 21.5 介绍了对常见训练方法和动作的调整，以降低肩关节的不良应力。肌肉在这些训练中的重要作用是产生动作和稳定肩关节复合体，故建议将肩袖和肩胛运动视为上肢训练的“核心”内容。

应确保在功能性练习中，在肩胛肌肉和肩胛肌肉的参与下，肩部练习以肩关节处于稳定的状态进行。

踝关节

踝关节扭伤是最常见的与体育相关的外伤之一，占所有运动损伤的 10% ～ 28%[41, 73, 74]。踝关节扭伤常与需要突然停止动作、突然变向和突然起跳的体育项目有关，例如足球和篮球项目。内翻扭伤会损伤侧韧带，这种扭伤是最常见的扭伤类型。踝关节在侧面主要依靠 3 个韧带固定：距腓前韧带、距腓后韧带和跟腓韧带（图 21.12）[41, 73, 74]。最常见的侧韧带扭伤主要与距腓前韧带有关，这条韧带相对较弱，尤其是对跖屈、翻转、旋内姿态的承受能力很弱。尽管距腓后韧带和跟腓韧带也容易损伤，但一般认为需要很高的反向力才能扭伤这些韧带，因此距腓后韧带或跟腓韧带扭伤通常都比较严重。踝关节扭伤发生率较高，故很多人都选择自行对扭伤进行处理。私人教练可能会面对一个正在自行处理中等程度扭伤，或已完成正式康复、踝关节非常弱的客户。对踝关节扭伤进行不适宜的处理，会导致踝关节慢性不稳定。为了减小踝关节潜在的慢性不稳定问题，非常重要的是，私人教练需要意识到在制订训练计划前应该鼓励客户寻求医生或临床医师的评估。

需要调整运动方法的肩部问题

运动对于有下列问题的客户来说并不是禁忌，但是每种问题都要求对运动方法进行特定的调整。

- 肩袖修复术。
- 肩袖肌腱炎。
- 肩关节不稳定（前脱位或半脱位）。
- 肩锁关节损伤（分离）。
- 盂肱关节炎。

运动与训练指南

踝关节康复初期的首要任务是控制疼痛和炎症，保护踝关节，使韧带愈合，故一般不建议进行剧烈活动[43]。允许的承重大小取决于损伤程度。总体而言，如果能尽早步行，哪怕仅仅是范围和幅度非常小的步行，也应鼓励患者进行。这可以产生促使韧带更全面愈合的少量应力。这个恢复过程的初期，客户可能还会继续发生肌肉萎缩，平衡能力和姿态控制稳定性下降等情况。同其他肌肉骨骼损伤问题一样，踝关节扭伤造成的功能性损失和功能性缺陷的程度，

表 21.5 肩部动作的调整

动作	修改动作
肩部推举	在杠铃下降的过程中，越过客户面部前方，以使肩前部应力负荷最小化
卧推	在杠铃下降的过程中，有肩功能障碍的客户不应让杠铃杆在最低点接触到胸，以使肩前部应力负荷最小化
	让手臂靠近躯干，使水平面的外展最小化，降低肩部应力负荷
蝴蝶机	在离心阶段，有肩功能障碍的客户双臂展开手柄最靠后的位置也不应该超过颈后侧，以使肩前部应力负荷最小化
下拉	下拉拉杆的时候，让整个行程位于面部前方，以使肩前部应力负荷最小化 采用反握（相对于标准动作），减少肩部应力负荷

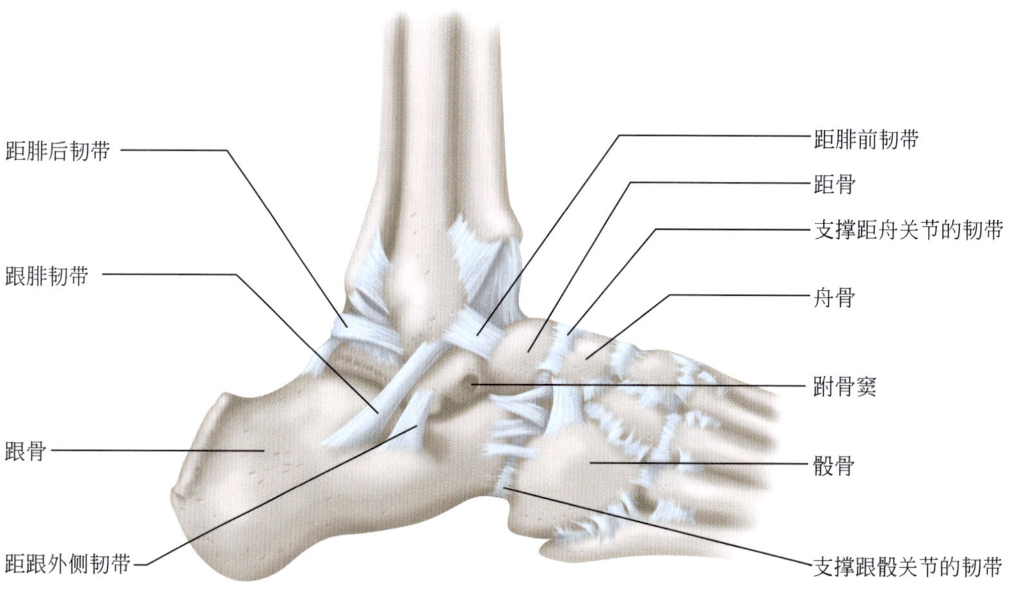

图 21.12 踝关节的侧韧带

来源：Reprinted by permission from Watkins 2010.

取决于损伤的剧烈程度。当肿胀和疼痛消退后，运动和活动的强度可以增加。除了保持心肺耐力素质的运动（例如固定式自行车运动）以外，还需要强调恢复关节活动范围、力量、本体感觉，然后不断进阶，以恢复更多的功能（单一动作练习和复合动作练习都要进行）[43, 82]。

最近的证据表明，将经过设计的平衡训练纳入训练计划中可以降低踝关节扭伤的风险[52, 84]。平衡训练计划，和其他种类的训练计划一样，应该采用进阶式的设计，逐渐引入难度更高和更复杂的训练。对于运动员来说，平衡训练计划应最终过渡到数量和频率都更小的赛季中阶段[84]。很多平衡和姿态控制运动还可以作为其他针对下肢末端损伤和问题的训练计划的一部分。例如，单腿稳定平面上的运动进阶为睁眼或闭眼在不稳定平面（如泡沫垫或 Bosu 球）进行的运动，快速伸缩复合跳跃和敏捷性运动，奔跑进阶运动（如从直线奔跑进阶为变向跑），这些都是能有效恢复受伤踝关节功能的运动方式[13, 43, 69, 73, 74, 82]。表 21.6 是踝关节扭伤的运动与训练指南。

受伤踝关节应从无承重运动循序渐进至承重运动，然后进行力量运动、关节活动范围运动和平衡运动，可使受伤踝关节为更多功能性活动做好准备。

膝关节

与肩关节一样，膝关节可能发生多种损伤，可能进行多种手术治疗。本章将讨论常见的膝关节问题：膝前疼痛、前十字韧带损伤和全膝关节置换。需要再次强调的是，我们并不详述所有外伤的病理学特征和手术过程，而是对上述内容进行概述，讨论一般性康复计划，概述正式康复后的运动因素（适应与禁忌运动）。图 21.13 展示了膝关节韧带的解剖图。

膝前疼痛

尽管膝前疼痛这一术语有时可与“跑步膝”这一术语互换，但在这里是指“髌股关节疼痛综合征”（patello femoral pain syndrome，PFPS），常见于年轻的成年人，与一般性的膝关节前部或髌后疼痛有关，无其他明显病理学特征[17, 67, 88]。髌股关节疼痛综合征是一个多因素导致的疾病，病理学原因可能与人体本身的内在因素有关，例如下肢排列不正、股四头肌无力或大腿肌肉组织中的神经肌肉效率低下（或上述因素的组合）[17, 42, 88]。

表 21.6 踝关节运动与训练指南

诊断	禁忌运动	禁忌动作	适应运动
内翻扭伤*	承重内翻	需要部分或完全承重的动作	开放式动力链的关节活动范围和力量运动，直到允许进行负重活动

* 所述信息基于急性踝关节内翻扭伤，并强调早期康复阶段。扭伤的严重程度决定允许的活动水平。在允许进行全重量负荷练习后，可以进行闭合式动力链运动和更具功能性的运动。

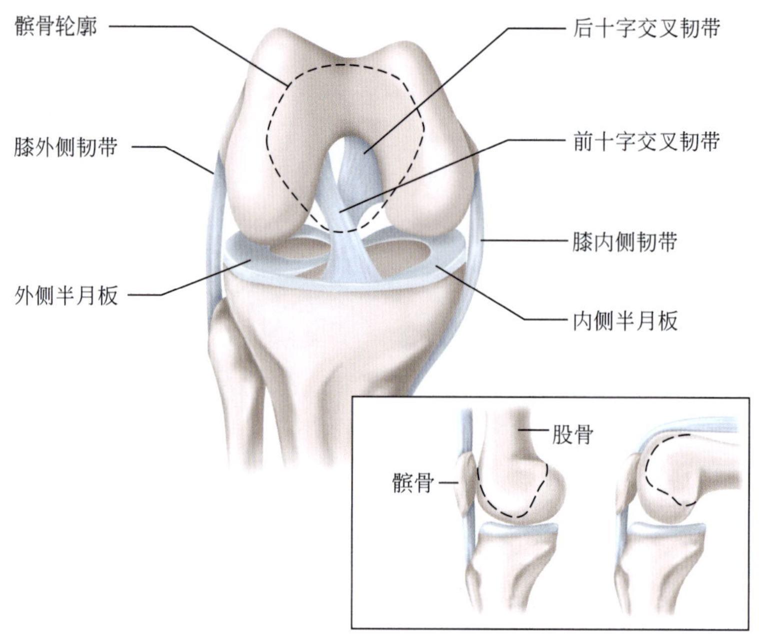

图 21.13 膝关节韧带 屈曲 90 度的右膝关节前部，移除髌骨以显示囊内韧带，股骨髁轻微上移以显示半月板。侧韧带位于膝关节中间，关节腔的外侧

来源：Reprinted by permission from Watkins 2010.

膝前疼痛常见于私人教练的客户，可能与很多病症（例如软骨软化、髂胫束摩擦综合征、滑膜皱襞发炎、髌腱炎）有关。膝前疼痛的客户经常在久坐和上下楼梯时感到疼痛。对于膝前疼痛的成因缺乏共识，原因可能是这种疾病的病理学原因有很多，包括过度使用（尤其是跑步）、过度负荷、生物力学缺陷和肌肉不平衡等。尽管膝前疼痛的症状和诊断比较常见，但对其的治疗则需要个性化，根据潜在的诱发因素和共生损伤决定治疗方法。也就是说，膝前疼痛的所有治疗手段都有一些共通点，康复通常重点强调减少疼痛和炎症，弥补生物力学缺陷，以及优化相关区域的组织功能。

运动与训练指南

膝前疼痛也称为“严重排列综合征”，是多种因素联合作用的结果，包括股骨前倾、髌骨排列不良、股四头肌角度增加［Q-角度（quadriceps angle，Q-angle）增加］、胫骨外旋[17]。膝前疼痛的最常见原因是不稳定平面内的过度使用和过度训练，常发生于跑步、跳跃和自行车等活动中。总体来说，上述因素改变了髌骨在滑车沟中的运动轨迹，造成周围组织僵硬紧绷（例如侧韧带、髂胫束），让作用在髌骨上的力不平衡，并可能改变了足部的生物力学机制，例如造成过度或错误的旋前或旋后[17, 51]。在正确的运动表面（混凝土、沥青和跑步机）上奔跑、穿戴适宜的足部装备和交叉训练可能对解决减少过度使用非常重要。

膝前疼痛相关的肌肉不平衡，通常与股外侧肌以及股内侧肌和股内斜肌（vastus medialis obliquus，VMO）之间的关系有关。通常认为，股外侧肌过度强于股内侧肌，会造成髌骨在股四头肌激活的时候发生侧向移动。尽管这种不平衡是可能存在的，但是针对这种情况的治疗手段却比较有争议。加强股内侧肌，对于改善这种不平衡的情况似乎是很符合逻辑的，但是最近的研究却尚未表明优先募集股内侧肌是可行的方法。最近的研究显示，除了股四头肌的力量和功能性的因素，近端肌（例如臀中肌）无力也可能是膝前疼痛的影响因素。具体而言，臀中肌无力使得骨盆下降，强迫人站立时的姿态出现股骨和胫骨内向旋[17, 42]。这改变了盆骨、股骨和胫骨的生理排列，加剧了足部的旋前，进一步恶化了本来的不良排列模式[17]。

股四头肌可以帮助客户上楼梯，在水平面行走和下楼梯的过程中有助于减速，所以一般性地强健股四头肌确实会增强髌股关节的功能并减轻膝前疼痛。但是近端肌无力总体上会降低人体稳定下肢末端的能力。因此，特定的加强单侧平衡能力并强健髋关节的活动，被视为是对膝前疼痛的治疗处理和预防的关键内容。必须要小心，在实施上述训练的同时不要增加髌股关节的压力。膝前疼痛的客户没有十分明确的禁忌，但是在进行一些运动的时候需要小心谨慎。深蹲和其他一些需要膝关节屈曲超过 90 度的闭合式动力链运动必须要在监控下进行，因为这些运动会压缩髌骨与股骨之间的距离。此外，绝大多数开放式动力链运动，例如膝伸类运动，在运动中，股骨关节伸动作的最后 30 度会增加髌股关节负荷，因此需要避免进行。高冲击性的有氧舞蹈或阶梯类有氧运动，以及在活动过程中要求膝关节出现低位分腿蹲或深蹲姿态的有氧耐力活动，应被视为禁忌运动。一般来说，自行车运动（如果座椅高度适宜）是推荐进行的，能使对膝关节冲击最小化的同时保持客户的有氧能力素质。膝前疼痛的客户还常会使用绷带［例如麦康奈尔式（McConnell）］、辅助支撑或矫正器械，以辅助稳定髌骨，保持适宜的生理排列。表 21.7 列举了膝前疼痛和其他膝关节问题的运动指南。

表 21.7　膝关节运动和训练指南

诊断	禁忌运动	禁忌动作	适应运动 / 动作
膝前疼痛*	闭合式动力链，膝关节屈曲＞ 90 度	全深蹲；全弓步蹲	1/4 或 1/2 蹲和压腿
	开放式动力链，膝关节屈曲 0 ～ 30 度	膝关节伸展动作中关节活动范围的最后一段行程	部分弓步蹲；屈腿
		大跨步上楼梯	上楼梯但是步子小，腿部动作类似劈剁动作

续表

诊断	禁忌运动	禁忌动作	适应运动 / 动作
前十字韧带损伤	开放式动力链，膝关节屈曲＜ 45 度	伸膝动作中关节活动范围的最后一段行程	■ 3/4 深蹲和腿部推举 ■ 踏箱 ■ 屈腿 ■ 直腿硬拉 ■ 椭圆机运动
全膝关节置换	■闭合式动力链，膝关节屈曲＞ 100 度 ■ 下跪	■ 颈后深蹲 ■ 全弓步蹲	■ 1/4 至 1/2 深蹲和腿部推举 ■ 部分弓步蹲 ■ 腿伸展和屈腿 ■ 固定式自行车 ■ 水中运动，游泳等

* 尽管这些运动和禁忌较为常见，但应该记住每个客户对膝前疼痛的反应都不一样；如果有这些问题的客户，对其关节活动范围和运动应该进行个性化分析。使膝前部感到疼痛的运动和活动是绝对禁忌，应该从客户的训练计划中移除。

前十字韧带损伤

前十字韧带（anterior cruciate ligament，ACL）是主要的稳定膝关节的结构。前十字韧带损伤会导致膝关节在身体落地和旋转时不稳定[7, 16, 50]。前十字韧带主要是限制胫骨前侧相对股骨的位移和旋转[7, 16, 50]。由于这些重要的功能，前十字韧带重建是关节松弛和功能不稳定的主要治疗选择，尤其是对于那些身体活动比较活跃、需要进行竞技活动以及从事对膝关节功能有很高要求的职业（例如消防、建筑业）的人群来说。

随着手术技术的发展，人们可以采取更快速和更激进的术后康复过程，使病人更快地恢复功能，并发症也更少[78]。前十字韧带重建通常使用中央第三髌韧带或腘绳肌肌腱作为移植源。有关各种移植源韧带的强健程度，目前各种研究结论相互矛盾[2, 4, 24]，每种移植源都有各自的优缺点。但是任何情况下，前十字韧带重建术后的运动对于个体恢复功能、预防再次出现前十字韧带损伤非常重要。

运动与训练指南

两种移植源的前十字韧带重建术的康复中以及康复后的禁忌运动和警惕运动在很大程度上都相同，主要区别在于是否可以利用腘绳肌。如果以半腱肌和股薄肌肌腱（无论采用腘绳肌的哪块肌腱作为移植源）做移植源，术后不能即刻活动或进行抵抗性的膝关节屈曲练习，直到术后 4 ～ 6 周。现在，不管是髌腱还是腘绳肌肌腱作为移植源，可以提早至术后 3 ～ 4 个月结束正式康复。理想状态下，当某人结束康复时，应完全恢复关节活动范围，重新获得术前水平的下肢力量（尤其是髋关节和膝关节周围肌肉组织的力量），恢复静态和动态的平衡能力[38]。

前十字韧带重建术的康复过程中，闭合式和开放式动力链运动对整个训练计划都十分重要。开放式动力链运动（图 21.14）是肢体远端最终释放在空中的运动[13, 20]。开放式动力链运动的实例包括直腿抬升、屈腿、髋关节屈曲、髋关节伸展、髋关节外展和髋关节内收等动作。进行开放式动力链的腿伸展运动时应小心。研究显示，在开放式动力链的腿伸展运动的最后 30 度中，胫骨前侧移动幅度最大，对前十字韧带移植物施加的应力最大[87]。因此，开放式动力链的腿伸展运动的关节活动范围应限制在膝关节屈曲 90 度至伸展 45 度范围内，以减少前十字韧带移植物的受力。客户至少应在 6 个月至 1 年内遵循这一重要原则，使移植物成熟，减小施加的有害应力。

闭合式动力链运动（图 21.15）指肢体远端固定在某个固定或运动物体上的运动[13, 20]。闭合式动力链运动包括腿部推举、深蹲、多方向弓步蹲、踏箱运动以及单侧站姿活动等。胫骨在闭合式动力链运动中承重，肌肉（股四头肌和腘绳肌等）协同收缩，胫骨相对股骨的平移最小。这些运动由多关节和多肌群参与，使其同时受到训练。最近的研究[58]显示，经过前十字韧带重建术的个体进行双侧闭合式动力链运动后，会在长达 1 年的时间内使受累肢体不承重，同时增加未受影响一侧的肢体的负重百分比。这种做法是下意识的。个体在前十字韧带重建术后仅依赖双侧的闭合式动力链运动进行恢复，可能无法对受影响侧的肢体产生足够的刺激，不是最佳承重模式。而采用单侧承重站立和运动模式，例如单腿深蹲和踏箱运动等可有助于避免出现这种训练代偿[13]。

快速伸缩复合训练总体上可以接受，绝大多数前十字韧带重建术后的运动员必须恢复爆发力和快速变换方向的能力[38, 69, 70]。重要的是，私人教练必须注意，应先理解并建立适当的落地力学机制，然后再开始或进阶进行快速伸缩复合运动。

图 21.14 腿伸展和腿屈曲的开放式动力链运动示例

图 21.15 股四头肌和臀肌的闭合式动力链运动示例

私人教练应该考虑使用动态热身，作为客户训练课前的准备活动[70]。动态热身可以通过多平面的活动改善姿态、平衡、稳定和柔韧性[70]，这些对前十字韧带重建术后的客户的康复非常重要。尽管可以定制动态热身活动，以符合客户的个人能力和身体素质水平，但应在动态热身中强调所有主要关节的活动范围，以及所有与特定体育活动相关的动作能力。例如，甘贝塔（Gambetta）[28] 介绍了许多指导髋关节功能热身的步行弹力带练习，这是前十字韧带康复和预防计划中非常重要的内容。

综上所述，前十字韧带重建后特定的禁忌包括开放式动力链腿伸展全关节活动范围运动，以及膝屈曲超过90度的闭合式动力链运动。半腱肌肌腱或股薄肌作为移植源的前十字韧带重建术后，主动和抗阻性的腘绳肌运动至少在前4～6周是禁忌。而这类运动在此后的康复训练中，对于私人教练来说也是警惕运动。如果采用髌腱为移植源，髌骨和髌腱在前十字韧带重建术后都很脆弱，要对股四头肌大量参与的运动（例如颈后深蹲和弓步蹲、用高台阶的上楼梯运动）保持警惕和小心。自行车、椭圆机、矮台阶的上楼梯运动和游泳等是比较适宜的，不管采用何种肌腱作为移植源。表21.7包含了前十字韧带损伤的动作指南。

一个全面的前十字韧带损伤预防计划应该强调正确的力学机制，包括针对在所有动态活动中改善神经肌肉控制的力量训练、平衡训练和快速伸缩复合训练。

全膝关节置换

膝关节长年反复受到压力，可造成膝关节股骨远端和胫骨近端关节面退化和退行性病变。退行性病变尤其见于膝关节中侧或外侧，具体情况取决于磨损模式，更具体地说是个人的下肢排列情况。过度膝内翻或膝外翻，或膝关节有严重损伤（例如大范围穿透性骨折、半月板损伤或因韧带结构未修复或修复失败造成的膝关节不稳定）的人应考虑进行全膝关节置换。

全膝关节置换术（total knee arthroplasty，TKA）需要大范围地暴露膝关节，在中央位置开一个大的手术切口，选择植入假体，然后覆盖胫骨和股骨两端磨损部位。术后康复过程会立即开始，首要目的是恢复关节活动范围。病人首先在医院或家中进行开放式和闭合式动力链运动，之后再进行正式的门诊康复。

运动和训练指南

结束正式的康复后，全膝关节置换术后的病人能恢复至膝关节伸展100～120度的状态，接近完全伸展。此时适应性运动包括自行车、游泳和基于耐力训练的活动，以降低对膝关节的冲击负荷，提高肌肉、心肺功能和身体素质水平。通常推荐进行针对性的运动，例如腿部推举、多角度的髋关节加强运动、提踵、低阻力而多重复次数的膝关节屈曲和伸展等。例如，Bosu球上弓步（图21.16）不仅是一种强化运动，而且还有益于增强客户平衡性和对整体动力链的本体感觉。

膝关节屈曲超过100度的闭合式动力链运动有一定危险，对膝关节的应力较大。下跪动作是全膝关节置换后的前几周的禁忌运动，必须让客户避免进行包含此动作的运动（例如跪姿下拉、俯身划船）或进行可导致非故意跪姿的运动（例如弓步下蹲过低）。无论进行开放式还是闭合式动力链运动，建议膝伸展不超过 90 度。表 21.7 包含了全膝关节置换后的客户的运动指南。

图 21.16 在一个平面朝下的 Bosu 球上做弓步，可以对运动者远端的动力链产生较大挑战。此运动的一个变式是将 Bosu 球的球面向下，这将对近端动力链产生很大挑战

膝关节每个结构的损伤或外伤都需要特定的运动，来让客户重获全功能。以膝前疼痛为例，恢复的重点是减少疼痛和炎症情况，而全膝关节置换后的恢复重点则是恢复关节活动范围。对股四头肌和髋关节的加强通常是各种膝关节损伤康复的目标，也是客户伤后恢复全功能的关键。

髋关节

尽管髋关节功能障碍的问题确实存在，但相对于膝关节和肩关节损伤，私人教练可能很少会遇到髋关节损伤或接受过髋关节手术的客户。髋关节损伤比较少见，主要是由于髋关节的内在稳定性。尽管髋关节和肩关节都是同一种类型的关节，但是髋关节有更深的髋臼或关节窝，关节结构更加稳定。髋关节的这种稳定结构排除了很多异常的磨损模式，预防了很多其他关节会出现的损伤，因此髋关节需要进行手术的情况比较少。尽管髋关节的配合情况很好，但同样会出现损伤，或发生不良生理排列，导致骨性关节炎和疼痛。

髋关节镜

近年来，髋关节镜技术的发展彻底改变了髋关节损伤的管理方式，尤其对于运动性髋关节损伤而言。髋关节镜是微创手术，有助于快速恢复活动[10, 21]。这种手术技术经常用来取出关节内的游离体或修复髋臼盂唇撕裂[10]。尽管这种手术技术仍在不断发展中，但随着对髋关节损伤病理学和相关病理力学的认知加深，现在的髋关节镜技术已经比较成熟。这种手术的发展远远超过了相关研究以及针对性的康复指南的发展速度。髋关节镜术后康复的一般方法仍然与其他术后康复的方法在强调恢复关节活动度、力量和步态等方面具有一致性[21, 79]。运动员的康复计划还要强调恢复爆发力、速度和敏捷性，这是一个逐步增加挑战和困难度的连续过程[15]。

运动与训练指南

尽管髋关节镜可以相对较快地让客户恢复活动，但仍需严格遵循组织愈合时间进程，以减小施加在被修复的组织和关节区域的过度而有害的应力[10, 21, 79]。总体来说，目前的报告显示此种手术后患者恢复活动的总时间大约是16～32周，但具体时间仍取决于手术涉及的范围（即游离体、盂唇撕裂、整形手术、微骨折）以及对活动的需求程度[10, 21, 79]。受到良好激励的个人在没有术后并发症的情况下，恢复时间会大幅减少。例如，10～12周便结束受监督的康复过程并不罕见，而且此时甚至可以开始体育专项训练。如同本章之前讨论的，私人教练可以在髋关节镜手术后的客户完全恢复身体活动的过程中起重要作用。可以设想，客户完成康复后就与私人教练合作，此时客户的关节已能完全活动，能够循序渐进地进行承重抗阻训练。手术后康复的专项训练阶段应该包括单侧和双侧平衡以及功能性活动，继续重新建立动态旋转稳定，强调激活臀中肌和臀中肌力量，以循序渐进地进行难度更大的专项运动技术动作，在各活动平面上使客户受到训练[15, 21, 79]。例如，多向弓箭步、单侧敏捷性运动、奔跑过程中加入切线和对角运动模式、前交叉步和在不稳定平面上进行的活动。表21.8是髋关节镜术后的运动指南。

> 随着组织愈合，髋关节镜术后的康复必须进阶性地强调整个下肢末端的力量、平衡和运动专项训练。

全髋关节置换

全髋关节置换术常被称为“髋关节置换”（hip arthroplasty，THA），是非手术干预（例如药物治疗和物理治疗）治疗髋骨关节炎失败后的手术治疗选项。每年有超过100 000个髋关节假体被植入人体。髋关节置换术的首要目标是消除关节炎疼痛，这种对疼痛的缓解和消除一般可以持续超过15年。植入的假体主要有两种：骨水泥型和非骨水泥型假体（cemented and uncemented）。髋关节置换手术有很多方法（例如后侧、偏前侧和粗隆），每种手术方法都有特定的适应运动和禁忌运动。

植入骨水泥型假体，需使用骨接合剂（bone cement）将假体粘接到股骨和髋臼上，而非骨水泥型假体则可以直接黏合至骨骼上。每种假体都有其优缺点，最大、最重要的不同是术后的负重限制。骨水泥型假体允许术后直接承重，而非骨

表21.8　髋关节镜术后的运动和训练指南

诊断	禁忌运动	禁忌动作	适应运动
髋关节镜*	■ 对抗力的髋关节屈曲 ■ 髋关节外展和旋转（康复的早期）	弹震式或施加力的拉伸	水中步行

* 禁忌运动和适应运动根据所进行的特定关节镜手术（即盂唇修复、微骨折等）而有所不同。

水泥型假体需要限制负重 6 ～ 12 周。

就像对假体的选择一样，每种髋关节置换的手术方法也都有不同的切入点。对于私人教练来说，最重要的是记住各种手术方法后的禁忌运动。每种手术方法，都以不同的角度切入髋关节，因此将会降低切入点处的髋关节囊的强健程度。例如，后侧髋关节置换——美国最常见的髋关节置换方法——将会削弱后侧部分的髋关节囊的强健度，使髋关节有脱臼的风险。接受手术的患者通常需要严格遵循限制至少 6 周，当然时间长短也取决于外科医生的手术流程。

尽管髋关节置换术的各种方法非常不同，但是在手术后 6 周左右对运动的限制，以及何时可以引入功能性活动等方面是相似的，如下所述。

- 髋关节屈曲不可超过 90 度。
- 髋关节内收不可超过中立位。
- 髋关节不可旋内。

至于髋关节置换后正式的康复过程，本书在此不会像之前的伤病或手术的康复那样详细地介绍。手术后，患者需要进阶至髋关节和下肢末端的强健练习（根据医生的具体手术过程，每个个体都不一样），应该集中注意力改善上述部位的步态模式。例如，训练计划可以开始于水疗，进行步态训练，之后当手术切口完全愈合后逐渐进阶至陆地训练和负重活动，这个过程可以降低关节的负荷、缓解患者对失败的恐惧和肌肉的僵直情况（muscle guarding）。

运动和训练指南

与进行过髋关节置换的客户合作时，私人教练首先应该联系手术医师，讨论后续的运动限制。当制订计划的时候，私人教练要避免进行高冲击性的运动（例如跑步、阶梯有氧运动和快速伸缩复合训练）。低冲击性运动（例如游泳、步行、上台阶、椭圆机等）是术后增强功能性的适应运动。力量训练不是禁忌，但是一些特定的运动方式应该进行适当调整，以适应客户特殊的生理能力和受限制情况。咨询客户的手术医师动作和运动的选择，应该是必须进行的事情。表 21.9 展示的是髋关节置换术后的运动和训练指南。

表 21.9　髋关节置换术后的运动和训练指南

手术方法	重量负荷情况	关节活动范围限制	功能性警惕动作
后侧髋关节置换	可立即全负重运动	屈曲＞ 90 度、外展、旋内	移动坐进座椅和从座椅上移动出来；髋屈（例如穿鞋）
偏前侧髋关节置换	限制负重≥ 6 周	伸展、内收、侧旋	从受手术的髋侧进行的转体
粗隆髋关节置换	限制负重≥ 6 周	伸展、内收、侧旋	从受手术的髋侧进行的转体

关节炎

关节炎（arthritis）是一个包含若干病症在内的总称术语。两个主要的关节炎类别是骨关节炎（osteoarthritis，OA）和类风湿性关节炎（rheumatoid arthritis，RA）。尽管这两种疾病都与关节有关，但是这是两种非常不同的疾病。骨关节炎，通常指关节的退行性病变，是关节软骨（articular cartilage）——覆盖在关节表面的软骨组织——被不断破坏；类风湿性关节炎则是一种系统性的炎症类疾病，不仅影响关节面，还影响与关节面相连接的组织（例如关节囊和韧带）。接下来，我们将对每种关节炎以及相对应的适宜的运动选择进行有限的讨论。

骨关节炎

骨关节炎是一种退行性关节疾病，以负重关节面上软骨组织的退化、软骨下骨（subchondral bone）硬化和关节边缘（margins of joints）新骨增生为主要特征[11, 22, 23, 53, 54]。新骨增生通常表现为骨刺或骨赘（spurs or osteophytes），会干扰正常的关节功能，造成疼痛和关节活动范围受限。15%的成年女性和11%的成年男性会发生骨关节炎，一些类型的骨关节炎以某种形式主要发生于55岁以上的老年人群中[8, 22, 53, 54]。

骨关节炎的病理生理学机制包括导致微小骨折的机械应力。这种微小骨折会导致软骨细胞的新陈代谢发生改变，进一步导致软骨丧失、关节结构改变和骨赘出现[11]。软骨的损失会导致骨与骨之间直接接触，因此造成炎症。

使用膳食补剂来改善关节功能，是当前医师推荐的针对几乎所有类型的骨关节炎的方法。口服的非处方硫酸软骨素（chondroitin sulfate）、葡糖胺（glucosamine）和透明质酸（hyaluronic acid）补剂是常见的用来治疗负重关节关节炎的推荐药物[11]，但仍需更多的研究来更好地解释上述补剂的作用机制以及在何种阶段服用补剂最有益。

运动和训练指南

患骨关节炎的客户的适应运动包括低阻力负荷、高重复次数、能够使关节面负荷最小化的运动。对患骨关节炎的客户尤其有帮助的练习是水中运动。水产生的自然浮力比其他任何运动形式都能更显著地降低对关节的负荷[81, 83]。此外，适应运动还可包括限制身体负重的心血管训练运动，例如自行车、椭圆机和游泳等保护关节面并使冲击产生的负荷最小化的运动。体重管理，以及通过心肺训练获得的肌肉耐力的增强，对患关节炎的客户非常有益（表21.10）。

就上肢末端来说，推荐进行主要采用开放式动力链运动的抗阻训练计划。闭合式动力链运动——例如俯卧撑等——是禁忌运动，因为这些运动的压缩式的动作和负荷特征会压迫盂肱关节。在下肢末端，开放式动力链运动一般都是适应运动，但是患髌骨骨关节炎的客户不可做包含全关节活动范围的伸腿动作。正如前述，这种包含伸腿动作的开放式动力链运动可能需要经过适当的调整，仅在部分关节活动范围内完成，

表 21.10　骨关节炎的运动和训练指南

禁忌运动	禁忌动作	适应运动
高冲击的活动	■ 跑动 ■ 滑雪 ■ 慢跑	■ 自行车 ■ 楼梯机 ■ 椭圆机 ■ 水上项目，如游泳

包括 45 ～ 90 度和 0 ～ 30 度，这个范围内的动作对髌股关节的伤害性压缩力最小[51]。

根据客户的疼痛情况和忍耐能力，客户可以进行下肢末端的轻重量负荷的闭合动力链运动。平衡性练习、本体感觉练习和动作控制练习也是适合骨关节炎客户的，尤其是对于经常出现平衡性问题的老年人来说。

类风湿性关节炎

类风湿性关节炎是一种炎症性、自身免疫性疾病，影响多个关节，并经常影响身体多个系统。尽管类风湿性关节炎由病毒或细菌沉淀（bacterial or viral precipitant）引起，但是其病理学原理尚不清楚，可能性最大的病因是 T 细胞异常调节导致的关节炎症和破坏[8, 22, 23, 61]。

类风湿性关节炎包括关节滑膜衬里（joint's synovial lining）的炎症和增生。这种增生或增厚会增加关节压力，再加上类风湿血管翳（一种溶解胶原蛋白的组织）的作用，会导致关节营养不良、关节肿胀和肌肉抑制。炎症的发展过程、肿胀和缺乏营养等情况会弱化关节囊和韧带的限制，接着，因为相同的原因，关节面（例如关节软骨）状况恶化。这些情况最终会导致过度活动或者松动，并有可能造成关节不稳定。私人教练如果怀疑自己的客户可能存在关节不稳定的问题，应建议该客户首先去相关专业医疗人员那里进行进一步的评估和确定下一步的训练计划。类风湿性关节炎导致的病变是非常令人痛苦的，并经常造成病人回避某些动作来避免疼痛，这会导致失用性萎缩（disuse atrophy）[77, 85]。不活动又会进一步加剧软骨的退变，加剧疼痛并进一步削弱关节面的结构[33, 34]。因此，从初始的关节恶化开始，类风湿性关节炎造成的后续损害包括力量、有氧耐力和柔韧性的下降[54]。

类风湿性关节炎的病症表现是可变化的，存在发作（爆发式疼痛、肿胀和僵硬程度增加）和缓和（相对良好，没有明显发炎迹象的阶段）循环周期。在类风湿性关节炎的发作期，病人通常会陈述说关节感到暖意、肿胀和晨僵（morning stiffness）。除了这个周期以外，类风湿性关节炎被认为是会恶化的，症状包括骨质疏松症、肌肉萎缩、关节周围结节（periarticular nodules）、关节畸形（joint deformity），最终出现关节强直（joint ankylosis）。

类风湿性关节炎影响的部位包括脖颈、肩部、手腕和手，上肢和颈部区域是常见的炎症部位，其会导致上述部位出现组织变性（tissue degeneration）[45, 55]。支撑颈椎的前两个椎骨的韧带变性或撕裂可能会造成危及生命的情况。因此，脖颈相关的运动应被视为禁忌，或应在医疗护理专业人士的监控下进行。

除了关节之外，类风湿性关节炎还会影响肌肉和关节囊。肩关节和相关结构（例如肩袖肌肉和肌腱）的退化可能导致关节松弛，造成不正常的动作模式，并有可能进一步导致肩关节不稳定。30%～40% 的类风湿性关节炎患者会出现肩袖撕裂[26, 57]。韧带和关节囊的退化可能导致腕关节不稳定，若情况进一步发展，手指关节将经常出现肿胀，使得患者丧失抓握力量。

运动和训练指南

和骨关节炎类似，当发生了类风湿性关节炎之后，其病理学致因是无法被防止的，但可以减缓类风湿性关节炎的后续损害（例如力量、有氧耐力和柔韧性等的降低）。类风湿性关节炎患者的运动目标是增加日常活动的功能性，提升总体的健康状况，并对未患病关节进行保护。保持肌肉力量素质、有氧耐力素质、关节和肌腱柔韧性、功能性平衡能力和身体成分是主要目标，而这些目标是私人教练能够应对的。

设计合理的、强调上述内容的训练计划不会增加患者的疼痛，实际上反而可以降低疼痛[53, 81]。抗阻训练是类风湿性关节炎患者的适应运动。等长和动态抗阻模式是适宜的[33, 34, 35, 59, 85]，其中快速伸缩复合抗阻训练适用于类风湿性关节炎的发作期[77]。此外，可能令人感到惊讶的是，剧烈的有氧耐力训练不是禁忌。事实上，类风湿性关节炎患者不仅可以承受高强度的运动，反而这种类型的运动可以起到抵抗炎症和减缓疼痛的效果[22, 23, 36, 53, 85]。但关节正在发生炎症的患者应该避免进行剧烈的有氧耐力训练。柔韧性运动是适用于类风湿性关节炎患者的另一种类型的训练[53]，但私人教练应该强调不要过度拉伸松弛和不稳定的关节。类风湿性关节炎患者应该进行柔韧性练习以保持足够的关节活动范围[53, 59]，应每天进行拉伸，甚至在病情发作期还可以进行限制在不疼痛的活动幅度范围内的运动。

对类风湿性关节炎经常影响的部位（例如颈椎、肩部和手腕）进行的练习则需要经过适当调整。应避免进行颈椎参与的运动（例如拉伸和手动抵抗式的脖颈力量练习），以及会导致肩部做出反向冲击姿态的运动（例如站姿划船），或进行图 21.10 中所展示的安全范围以外的运动（例如颈后肩部推举）。最后，对于腕部和手部，因为手掌和手腕会受到类风湿性关节炎的影响，患者可能需要增加杠铃杆、哑铃杆或器械杆的直径，以抵消他们抓握力量下降的影响。例如，如果某个客户难以做哑铃肱二头肌弯举，那么可以给哑铃杆缠上绷带或垫填充物，增加客户可以抓握的面积，从而使客户能够抓住哑铃杆。

因为疼痛和功能性损伤情况会发生改变，所以运动的选择和强度需要根据类风湿性关节炎患者的忍受度来决定。

客户必须知道自己病情的发作期，并对活动做出相应调整。具体来说，如果关节发生炎症，那么需要休息[53, 54]。表21.11介绍的是类风湿性关节炎患者适宜和不适宜进行的运动。

患骨关节炎或类风湿性关节炎的客户都可以从力量和有氧训练中获益，两者的不同点是对活动和运动的反应不同。对于这两类客户而言，运动不会增加关节疼痛，但私人教练需要额外注意发病期的类风湿性关节炎客户。

结语

私人教练会遇到各种客户，其中很多客户都经历过外伤或接受过某种手术治疗，这就需要对运动处方进行相应的调整。当为这类人群制订训练计划时，重要的是私人教练应了解外伤的基本类型和骨骼肌肉组织的愈合阶段。私人教练应与客户的医疗和保健专业人士保持沟通，熟悉损伤、外科手术过程和愈合阶段等情况，有助于私人教练为客户制订并实施安全和合适的训练计划。

表21.11　类风湿性关节炎患者的运动和训练指南

禁忌运动	禁忌动作	适应运动
■ 高冲击性的心肺运动 ■（有颈部不稳定病史的客户）屈颈或颈部力量运动 ■ 安全活动范围以外的运动	■ 跑步或慢跑 ■ 上斜方肌拉伸 ■ 手动抵抗式的脖颈强健动作 ■ 颈后肩部推举	■ 中等强度（60%～80%最大心率）[54]的有氧耐力运动（例如固定式自行车、椭圆机、踏楼梯机） ■ 关节活动范围以内的柔韧性运动 ■ 等长收缩运动（对于不稳定的关节） ■ 水中的有氧运动

学习问题

1. 有以下哪种病史的人禁止进行腰部和腹部向前屈曲的运动？
   A. 腰椎滑脱
   B. 腰伸肌劳损
   C. 椎间盘向后突出
   D. 脊椎滑脱

2. 参加休闲垒球运动的客户表示他的肩膀曾经脱臼，以下哪项运动最适合该客户？
   A. 肩袖加强
   B. 俯卧撑
   C. 颈后下拉
   D. 头上推举

3. 打篮球的客户发生侧踝扭伤。假设他已准备好开始功能性活动，除以下哪项内容外，其余都是适宜的进阶运动？
   A. 闭着眼睛在地板上保持平衡，在气垫上睁开眼睛保持平衡
   B. 12 英寸（约 30 厘米）的跳箱进展到 18 英寸（约 45 厘米）的跳箱
   C. 对角线和侧向跑进阶至直线慢跑
   D. 在地板上向前弓步进展至在圆顶装置上侧向弓步
4. 一位 30 岁的跑步运动员客户说其有周期性膝关节疼痛。私人教练注意到他的膝盖在跑步时会略向内侧移动。如果想使其脚与膝关节保持对齐，则应进行以下哪项运动？
   A. 深蹲
   B. 向前 6 英寸（约 15 厘米）踏步
   C. 全活动范围的开放式动力链腿（膝关节）伸展
   D. 在楼梯上跑步
5. 一名 59 岁男性，接受全髋关节置换手术后成功康复。他有兴趣进行心血管训练。除以下哪项内容外，其余均适合该客户？
   A. 游泳
   B. 楼梯踏步
   C. 有氧踏步运动
   D. 固定式自行车

应用知识问题

一名消防员正从脚踝扭伤中恢复。他已被允许重返工作岗位，但他说爬梯子时感觉关节不稳定。描述你应该采用何种运动和活动，以提高他在攀爬梯子以及携带重型设备时的力量和平衡能力。

一名女性足球运动员，最近在前交叉韧带重建手术后完成了为期 9 个月的康复计划。她正在为即将到来的赛季做准备并且希望获得一些建议，作为前交叉韧带损伤预防计划的一部分。你将建议她进行何种运动，以提升下肢的神经肌肉控制能力？

参考文献

1. Amadio, P.C. 1992. Tendon and ligament. In: *Wound Healing: Biochemical and Clinical Aspects*, I.K. Cohen, R.F. Diegelmann, and W.J. Lindblad, eds. Philadelphia: Saunders. p. 384.
2. Anderson, A.F., R.B. Snyder, and A.B. Lipscomb Jr. 2001. Anterior cruciate ligament reconstruction. A prospective randomized study of three surgical methods. *American Journal of Sports Medicine* 29 (3): 272-279.
3. Barrett, D. 1991. Proprioception and function after anterior cruciate reconstruction. *Journal of Bone and Joint Surgery (British)* 73: 833-837.
4. Barrett, G.R., F.K. Noojin, C.W. Hartzog, and C.R. Nash. 2002. Reconstruction of the anterior cruciate ligament in females: A comparison of hamstring versus patellar tendon autograft. *Arthroscopy* 18 (1): 46-54.
5. Berkowitz, M., and C. Greene. 1989. Disability

expenditures. American Rehabilitation 15 (1): 7.

6. Blackburn, T.A., W.E. McLeod, B. White, and L. Wofford. 1990. EMG analysis of posterior rotator cuff exercises. *Athletic Training* 25: 40-45.
7. Boden, B.P., G.S. Dean, J.A. Feagin, and W.E. Garrett. 2000. Mechanisms of anterior cruciate ligament injury. *Orthopedics* 23 (6): 573-578.
8. Breedveld, F.C. 1998. New insights in the pathogenesis of rheumatoid arthritis. *Journal of Rheumatology* (Suppl) 53: 3-7.
9. Burkhart, S.S., D.L. Diaz Pagan, M.A. Wirth, and K.A. Athanasiou. 1997. Cyclic loading of anchor-based rotator cuff repairs. *Arthroscopy* 13 (2): 720-724.
10. Byrd,J. W. T. 2006.The role of hip arthroscopy in the athletic hip. *Clinics in Sports Medicine* 25: 255-278.
11. Carfagno, D., and T.S. Ellenbecker. 2002. Osteoarthritis of the glenohumeral joint: Nonsurgical treatment options. *Physician and Sportsmedicine* 30 (4, April): 19-32.
12. Clisby, E.F., N.L. Bitter, M.J. Sandow, M.A. Jones, M.E. Magarey, and S. Jaberzadeh. 2008. Relative contributions of infraspinatus and deltoid during external rotation with symptomatic subacromial impingement. *Journal of Shoulder and Elbow Surgery* 17 (1 Suppl): 87S-92S.
13. Cook, G. 2003. *Athletic Body in Balance*. Champaign, IL: Human Kinetics.
14. Curwin, S., and W. Stanish. 1984. *Tendinitis: Its Etiology and Treatment*. Lexington, MA: Collamore Press.
15. DePalma, B. 2001. Rehabilitation of the groin, hip, and thigh. In: *Techniques in Musculoskeletal Rehabilitation*, 1st ed., W.E. Prentice and M.L. Voight, eds. New York: McGraw-Hill.
16. Dodds, J.A., and S.P. Arnoczky. 1994. Anatomy of the anterior cruciate ligament: A blueprint for repair and reconstruction. *Arthroscopy* 10 (2): 132-139.
17. Earl, J.E., and C.S. Vetter. 2007. Patellofemoral pain. *Physical Medicine and Rehabilitation Clinics of North America* 18: 439-458.
18. Ellenbecker,T.S.1995.Rehabilitation of shoulder and elbow injuries in tennis players. *Clinics in Sports Medicine* 14 (1): 87-110.
19. Ellenbecker, T.S. 2000. Postrehabilitation: Shoulder conditioning for tennis. *IDEA Personal Trainer* (March): 18-27.
20. Ellenbecker, T.S., and G.J. Davies. 2001. *Closed Kinetic Chain Rehabilitation*. Champaign, IL: Human Kinetics.
21. Enseki, K.R., R.L. Martin, P. Draovitch, B.T. Kelly, M.J. Philippon, and M.L. Schenker. 2006. The hip joint: Arthroscopic procedures and postoperative rehabilitation. *Journal of Orthopaedic and Sports Physical Therapy* 36 (7): 516-525.
22. Feldmann, M., F.M. Brennan, and R.N. Maini. 1996. Rheumatoid arthritis. *Cell* 85 (3): 307-310.
23. Feldmann, S.V. 1996. *Exercise for the Person with Rheumatoid Arthritis. Rehabilitation of Persons with Rheumatoid Arthritis*. Gaithersburg, MD: Aspen.
24. Feller, J.A., K.E. Webster, and B. Gavin. 2001. Early postoperative morbidity following anterior cruciate ligament reconstruction: Patellar tendon versus hamstring graft. *Knee Surgery, Sports Traumatology, Arthroscopy* 9 (5, September): 260-266.
25. Freeman, M., M. Dean, and I. Hanham. 1965 The etiology and prevention of functional instability of the foot. *Journal of Bone and Joint Surgery* 47B: 669-677.
26. Friedman, R.J. 1990. Total shoulder arthroplasty in rheumatoid arthritis. In: *Shoulder Reconstruction*.

Philadelphia: Saunders. p. 158.

27. Galin, J.I., I.M. Goldstein, and R. Snyderman. 1988. *Inflammation: Basic Principles and Clinical Correlates*. New York: Raven Press.
28. Gambetta, V. 2007. *Athletic Development: The Art and Science of Functional Sports Conditioning*. Champaign, IL: Human Kinetics.
29. Giladi, M., C. Milgrom, A. Simkin, and Y. Danon. 1991. Stress fractures: Identifiable risk factors. *American Journal of Sports Medicine* 19 (6): 647-652.
30. Gregory, P.L. 2002. "Overuse" - an overused term. *British Journal of Sports Medicine* 36: 83-84.
31. Gross, M.L., S.L. Brenner, I. Esformes, and J.J. Sonzogni. 1993. Anterior shoulder instability in weight lifters. *American Journal of Sports Medicine* 21 (4): 599-603.
32. Guskiewicz, K.M., and D.H. Perrin. 1996. Effect of orthotics on postural sway following inversion ankle sprain. *Journal of Orthopaedic and Sports Physical Therapy* 23 (5): 326-331.
33. H.kkinen, A., K. H.kkinen, and P. Hannonen. 1994. Effects of strength training on neuromuscular function and disease activity in patients with recent onset inflammatory arthritis. *Scandinavian Journal of Rheumatology* 23 (5): 237-242.
34. H.kkinen, A., T. Sokka, A. Kotaniemi, H. Kautiainen, I. Jappinen, L. Laitinen, and P. Hannonen. 1999. Dynamic strength training in patients with early rheumatoid arthritis increases muscle strength but not bone density. *Journal of Rheumatology* 26: 1257-1263.
35. Harkcom,T.M.,R.M.Lampman,B.F.Banwell,and C.W.Castor. 1985. Therapeutic value of graded aerobic exercise training in rheumatoid arthritis. *Arthritis and Rheumatism* 28 (1): 32-39.
36. Hazes, J.M., and C.H.M. van den Ende. 1996. How vigorously should we exercise our rheumatoid arthritis patients? *Annals of Rheumatic Diseases* 55: 861-862.
37. Hensinger, R.N. 1989. Spondylolysis and spondylolisthesis in children and adolescents. *Journal of Bone and Joint Surgery* 71A: 1098-1107.
38. Hewett, T.E. 2007. *Understanding and Preventing Noncontact ACL Injuries*, T. Hewett, S. Shultz, and L. Griffin, eds. Champaign, IL: Human Kinetics.
39. Hides, J.A., C.A. Richardson, and G.A. Jeull. 1996. Multifidus muscle recovery is not automatic after resolution of acute, first episode low back pain. *Spine* 21 (23): 2763-2769.
40. Hoshina, H. 1980. Spondylolysis in athletes. *Physician and Sports medicine* 8 (9): 75-79.
41. Hunter, S., and W.E. Prentice. 2001. Rehabilitation of the ankle and foot. In: *Techniques in Musculoskeletal Rehabilitation*, 1st ed., W.E. Prentice and M.L. Voight, eds. New York: McGraw-Hill.
42. Ireland, M.L., J.D. Willson, B.T. Ballantyne, and I.M. Davis. 2003. Hip strength in females with and without patello-femoral pain. *Journal of Orthopaedic and Sports Physical Therapy* 33 (11): 671-676.
43. Johansson, H., P. Sjolander, and P. Soljka. 1991. A sensory role for the cruciate ligaments. *Clinical Orthopedics and Related Research* 268: 161-178.
44. Kibler, W.B. 1995. Biomechanical analysis of the shoulder during tennis activities. *Clinics in Sports Medicine* 14: 79-85.
45. Kramer, J., F. Jolesz, and J. Kleefield. 1991. Rheumatoid arthritis of the cervical spine. *Rheumatic Diseases Clinics of North America* 17: 757.
46. Kraus,D.R.,and D.Shapiro.1989.The symptomatic lumbar spine in the athlete. *Clinics in Sports Medicine* 8: 59-69.
47. Kuland, D.N. 1983. The injured athletes' pain.

Current Concepts in Pain 1: 3-10.

48. Leadbetter, W.B. 1992. Cell-matrix response in tendon injury. *Clinics in Sports Medicine* 11 (3): 533-578.
49. MacDougall, J.D., G.C.B. Elder, D.G. Sale, J.R. Moroz, and J.R. Sutton. 1980. Effect of strength training and immobilization on human muscle fibers. *European Journal of Applied Physiology* 43: 25-34.
50. Mandelbaum, B.R., H.J. Silvers, D.S. Watanabe, J.F. Knarr, S.D.Thomas, L.Y. Griffin, D.T. Kirkendall, and W. Garrett Jr. 2005. Effectiveness of a neuromuscular and proprioceptive training program in preventing anterior cruciate ligament injuries in female athletes: 2-year follow-up. *American Journal of Sports Medicine* 33 (7): 1003-1010.
51. McConnell, J. 2000. Patellofemoral joint complications and considerations. In: *Knee Ligament Rehabilitation*, 2nd ed., T.S. Ellenbecker, ed. Philadelphia: Churchill Livingstone.
52. McGuine, T.A., and J.S. Keene. 2006. The effect of a balance training program on the risk of ankle sprains in high school athletes. *American Journal of Sports Medicine* 34 (7): 1103-1111.
53. Minor, M.A., J.E. Hewett, R.R. Webel, S.K. Anderson, and D.R. Kay. 1989. Efficacy of physical conditioning exercises in patients with rheumatoid arthritis and osteoarthritis. *Arthritis and Rheumatism* 32: 1396-1405.
54. Minor, M.A., and D.R. Kay. 2003. Arthritis. In: *ACSM's Exercise Management for Persons with Chronic Diseases and Disabilities*, 2nd ed., J.L. Durstine and G.E. Moore, eds. Champaign, IL: Human Kinetics.
55. Moncur, D., and H.J. Williams. 1988. Cervical spine management in patients with rheumatoid arthritis. *Physical Therapy* 68: 509.
56. Muller, E.A. 1970. Influence of training and of inactivity on muscle strength. *Archives in Physical Medicine and Rehabilitation* 51: 449-462.
57. Neer, C.S., K.C. Weston, and F.J. Stanton. 1982. Recent experience in total shoulder replacement. *Journal of Bone and Joint Surgery* 64A: 319.
58. Neitzel, J.A., T. Kernozek, and G.J. Davies. 2002. Loading response following ACL reconstruction during parallel squat exercise. *Clinical Biomechanics* 17: 551-554.
59. Nieman, D.C. 2000. Exercise soothes arthritis joint effects. *ACSM's Health and Fitness Journal* 4: 20-27.
60. Nies-Byl, N., and P.L. Sinnott. 1991. Variations in balance and body sway in middle-aged adults: Subjects with healthy backs compared with subjects with low-back dysfunction. *Spine* 16: 325-330.
61. Panayi, G.S. 1997. T-cell-dependent pathways in rheumatoid arthritis. *Current Opinion in Rheumatology* 9 (3): 236-240.
62. Panjabi, M.M. 1992. The stabilizing system of the spine. Part Ⅰ. Function, dysfunction, adaptation, and enhancement. *Journal of Spinal Disorders* 5: 383-389.
63. Parsons, I.M., M. Apreleva, F.H. Fu, and S.L. Woo. 2002. The effect of rotator cuff tears on reaction forces at the glenohumeral joint. *Journal of Orthopaedic Research* 20: 439-446.
64. Petersen, T., P. Kryger, C. Ekdahl, S. Olsen, and S. Jacobsen. 2002. The effect of McKenzie therapy as compared with that of intensive strengthening training for the treatment of patients with subacute or chronic low back pain: A randomized controlled trial. *Spine* 27 (16, August 15): 1702-1709.
65. Porterfield, J.A., and C. DeRosa. 1998. Mechanical low back pain. In: *Perspectives in Functional Anatomy*, 2nd ed. Philadelphia: Saunders.

66. Potach, D.H., and R. Borden. 2000. Rehabilitation and reconditioning. In: *Essentials of Strength Training and Conditioning*, 2nd ed., T.R. Baechle and R.W. Earle, eds. Champaign, IL: Human Kinetics.
67. Prentice, W.E. 2006. *Arnheim's Principles of Athletic Training*, 12th ed. New York: McGraw-Hill.
68. Rack, P.M.H., and D.R. Westbury. 1974. The short range stiffness of active mammalian muscle and its effect on mechanical properties. *Journal of Physiology* 240: 331-350.
69. Radcliffe, J.C. 1999. *High-Powered Plyometrics. Champaign*, IL: Human Kinetics.
70. Radcliffe, J.C. 2007. *Functional Training for Athletes at All Levels. Berkeley*, CA: Ulysses Press.
71. Richardson, C.A., C.J. Snijders, J.A. Hides, L. Damen, M.S. Pas, and J. Storm. 2002. The relationship between the transversus abdominis muscles, sacroiliac joint mechanics, and low back pain. *Spine* 27 (4): 399-405.
72. Rotella, R.J. 1985. Psychological care of the injured athlete. In: *The Injured Athlete*, 2nd ed., D. Kuland, ed. Philadelphia: Lippincott.
73. Saal, J. 1995. The role of inflammation in lumbar pain. *Spine* 20: 1821-1827.
74. Safran, M.R., R.S. Bendetti, A.R. Bartolozzi, et al. 1999. Lateral ankle sprains: A comprehensive review part 1: Etiology, pathoanatomy, histopathogenesis, and diagnosis. *Medicine and Science in Sports and Exercise* 31: S429-437.
75. Safran, M.R., R.S. Bendetti, A.R. Bartolozzi, et al. 1999. Lateral ankle sprains: A comprehensive review part 2: Treatment and rehabilitation with emphasis on the athlete. *Medicine and Science in Sports and Exercise* 31: S438-447.
76. Scovazzo, M.L., A. Browne, M. Pink, F.W. Jobe, and J. Kerrigan. 1991. The painful shoulder during freestyle swimming. An electromyographic cinematographic analysis of twelve muscles. *American Journal of Sports Medicine* 19 (6):577-582.
77. Semble,E.L.,R.F.Loeser,and C.M.Wise.1990. Therapeutic exercise for rheumatoid arthritis and osteoarthritis. *Seminars in Arthritis and Rheumatism* 20: 32-40.
78. Shelbourne, K.D., and R.V. Trumper. 2000. Anterior cruciate ligament reconstruction: Evolution of rehabilitation. In: *Knee Ligament Rehabilitation*, 2nd ed., T.S. Ellenbecker, ed. Philadelphia: Churchill Livingstone.
79. Stalzer, S., M. Wahoff, and M. Scanlan. 2006. Rehabilitation following hip arthroscopy. *Clinics in Sports Medicine* 25: 337-357.
80. Standaert, C.J. 2002. Spondylolysis in the adolescent athlete. *Clinical Journal of Sport Medicine* 12 (2, March): 119-122.
81. Stenstrom, C. 1994. Therapeutic exercise in rheumatoid arthritis. *Arthritis Care Research* 7: 190-197.
82. Thacker, S.B., D.F. Stroup, C.M. Branche, J. Gilchrist, R.A. Goodman, and E.A.Weitman. 1999.The prevention of ankle sprains in sports. *American Journal of Sports Medicine* 27 (6): 753-760.
83. Thein, J.M., and L. Thein-Brody. 2000. Aquatic therapy. In: *Knee Ligament Rehabilitation*, 2nd ed., T.S. Ellenbecker, ed. Philadelphia: Churchill Livingstone.
84. Valovich-McLeod, T.C. 2008. The effectiveness of balance training programs on reducing the incidence of ankle sprains in adolescent athletes. *Journal of Sport Rehabilitation* 17: 1-8.
85. van den Ende, C.H.M., J.M.W. Hazes, S. le Cessie, W.J. Mulder, D.G. Belfor, F.C. Breedveld, and B.A. Dijkmans. 1996. Comparison of high and low intensity training in well controlled rheumatoid arthritis. Results of a randomized

clinical trial. *Annals of Rheumatic Diseases* 55: 798-805.

86. Warner, M.J., and H.K. Amato. 1997. The mind: An essential healing tool for rehabilitation. *Athletic Therapy Today* (May): 37-41.
87. Wilk, K.E., and J.R. Andrews. 1990. The effects of pad placement and angular velocity on tibial displacement during isokinetic exercise. *Journal of Orthopaedic and Sports Physical Therapy* 17 (1): 24-30.
88. Wilk, K.E., G.J. Davies, and R.E. Mangine. 1998. Patellofemoral disorders: A classification system and clinical guidelines for non operative rehabilitation. *Journal of Orthopaedic and Sports Physical Therapy* 28: 307-322.
89. Williams, M.M., J.A. Hawley, R.A. McKenzie, and P.M. van Wijmen. 1991. A comparison of the effects of two sitting postures on back and referred pain. *Spine* 16 (10, October): 1185-1191.
90. Young, A., M. Stokes and J.F. Iles. 1987. Effects of joint pathology on muscle. *Clinical Orthopedics and Related Research* 47: 678-685.

第22章

脊髓损伤、多发性硬化症、癫痫和脑瘫客户

保罗·索拉切（Paul Sorace），MS
彼得·罗奈（Peter Ronai），MS
汤姆·拉方丹（Tom LaFontaine），PhD

学习完本章后，你将能够掌握如下内容。

- 了解有关脊髓损伤、多发性硬化症、癫痫和脑瘫的病因学和流行病学方面的基本知识。
- 了解由上述疾病造成或加重的生理性、功能性和健康相关的损伤。
- 了解罹患这些疾病的人对运动的基本生理反应，及其与他人的不同之处。
- 识别罹患这些疾病的客户对运动的异常生理反应。
- 为罹患上述疾病的患者制订和实施运动和身体活动计划时，采取必要的预防措施。
- 了解罹患上述疾病的客户在进行定期运动时，产生的潜在的功能性和健康收益。

普通人群进行定期运动的确能够获得很多益处。近年来的研究表明，各种慢性疾病患者和功能丧失者也可明显获益于定期的系统运动计划。本章将介绍4种慢性神经肌肉失调：脊髓损伤、多发性硬化症、癫痫和脑瘫。

本章将介绍上述疾病或功能丧失的流行病学和病因学原理以及运动反应，以文献资料为基础和依据来阐述罹患上述疾病的人群可获得的运动益处、运动测试方式和训练指南。

在此感谢本书第1版本章的作者汤姆·拉方丹（Tom LaFontaine）对本书的贡献。

脊髓损伤

脊椎管内神经组织的损伤是不可逆的，脊髓损伤（spinal cord injury，SCI）会导致四肢和躯干的运动功能和（或）感觉功能出现损伤或丧失[32]。脊髓损伤可分为完全损伤和不完全损伤两类。在完全损伤的情况中，损伤发生于胸椎最高段（T-1）和颈椎最高段（C-1）之间，损害双臂、腿、躯干和盆腔器官（四肢瘫痪）功能。胸椎 T-2 至 T-12 间的损伤可造成躯干、双腿或盆腔器官一个或多个出现功能损伤（截瘫）。截瘫也可能是由于腰骶部（马尾）的脊椎节段的不可逆脊髓损伤造成的。

一般来说，损伤位置越高，功能缺损范围越大。与发生完全损伤的患者相比，脊髓非完全损伤患者的某些感觉或运动功能至少是部分完整的。这种情况下，最好让医生来诊断患者保留了哪些肌肉和感觉功能。

临床表现

脊髓损伤急性阶段的临床表现多种多样，如血栓栓塞和心律失常的发生概率增加[73]；自主神经系统的破坏导致血管张力降低和迷走神经系统不平衡性亢进；T-3 或 T-4 以上高位损伤的个体，易发生有症状的心动过缓（心率低）、原发性心脏停搏以及严重的心脏传导紊乱。

与私人教练更相关的是脊髓损伤慢性阶段的临床表现。潜在的心血管疾病问题和意外事件尤其需要注意。以下是慢性脊髓损伤患者常见的心血管问题。

- 直立性低血压（即压力感受器功能不全）。
- 自主神经反射异常。
- 心源性疼痛传导障碍（T-4 及以上位置）。
- 反射性心跳加速丧失（T-1 至 T-4 及以上位置）。
- 瘫痪性心脏萎缩（左心室质量减少）。
- 心房纤维性颤动和其他心脏传导障碍。
- 充血性心力衰竭。
- 假性心肌梗死（ST 波异常变化）。
- 心脏停搏而猝死。
- 动脉粥样硬化及其心绞痛和心肌梗死的临床表现。

私人教练需注意的一个脊髓损伤相对较为常见的表现是自主神经性反射异常（autonomic dysreflexia，AD）。脊柱损伤扰乱了正常的动脉血压的神经调节，尤其是对四肢截瘫和 T-6 以上位置损伤的患者而言[73]。自主神经性反射异常由有害刺激引起，例如膀胱或肠道扩张、过紧的服饰和引起交叉神经系统活动增强的感染，导致突然发作高血压。本书第 715 页列出了自主神经性反射异常的典型临床表现和常见诱因。

自主神经性反射异常可成为一种威胁生命的疾病。为了预防自主神经性反射异常的发生，每次训练课时，私人教练必须询问有脊髓损伤疾病的客户是否有某些症状，例如头疼、视线模糊、起鸡皮疙瘩和焦虑等；必须在训练课前后检查血压情况；确定客户在开始训练课

自主神经性反射异常

自主神经性反射异常可威胁生命，私人教练必须注意高血压或增效作用的体征。

自主神经性反射异常的体征与症状

- 收缩压突然增加 20 ~ 40 毫米汞柱或更多。
- 剧烈头痛。
- 损伤位置以上的皮肤大量出汗；皮肤潮红，尤其是头部、颈部和肩部。
- 汗毛竖立（起鸡皮疙瘩）。
- 视线模糊，视野内出现斑点。
- 鼻塞。
- 焦虑。
- 心律失常——房颤、室性早搏的去极化、传导异常。

自主神经性反射异常的常见诱因

- 膀胱扩张，尿路感染，膀胱或肾结石。
- 附睾或睾丸压迫。
- 肠鸣腹胀或肠嵌塞。
- 胆结石。
- 胃溃疡、胃炎、胃肠刺激、阑尾炎。
- 月经、阴道炎、妊娠。
- 深部静脉血栓和肺栓塞。
- 体温波动。
- 压疮、趾甲内卷、晒伤、烧伤、水疱、昆虫叮咬。
- 过紧的服饰、鞋、器械等。
- 疼痛、骨折等创伤。
- 损伤位置以下的任何疼痛或刺激。

前清空胃肠道。私人教练要注意客户在静息和训练间歇恢复期是否出现未经治疗的高血压。舒张压应该在 15 分钟以内恢复到基线水平。但对于运动员来说，收缩压上升 20 ～ 40 毫米汞柱具有“增效作用”（可在长跑项目中自发性诱发自主神经性反射异常，以提高运动成绩）。

私人教练必须警惕客户血压突然升高，这可能是自主神经性反射异常的预示。一些有脊髓损伤的运动员客户会利用这种现象，尝试在赛前诱发自主神经性反射异常增效。这种方法有潜在的危险后果，必须予以劝阻。有脊髓损伤的客户通常心率较高，而血压较低，为了在比赛中“增效”或增强血液循环，一些有脊髓损伤的运动员尝试用一定方法诱发自主神经性反射异常，例如憋尿使膀胱充盈，大力掐捏自己产生反射反应。一项研究表明，这种方法可使轮椅径赛和游泳等项目的运动成绩提高约 9.7%[69]。

脊髓损伤客户的损伤预防

有脊髓损伤的客户由运动引起的损伤通常发生在肩、腕肘等部位，通常都是过度使用损伤。美国国家轮椅运动员协会（National Wheelchair Athletic Association）的运动员中，57 % 报告有肩关节和肘关节损伤[27]。腕管综合征（carpal tunnel syndrome，CTS）也常见于轮椅运动员，一项研究中有 23 % 的运动员报告有这种损伤[9]。一项针对残疾运动员的概述强调，尽管有多种类型的损伤，但是如果具备足够的训练技巧和体能水平、合适的保护装备和客户与私人教练之间的良好沟通，很多损伤都是可预防的[82]。例如，拉伸肩关节前侧肌肉，加强后侧肌肉，能够显著减少肩关节损伤和疼痛[15]。

与脊髓损伤的客户合作的私人教练需了解上述内容和其他的潜在损伤。保持合适的运动技术，遵循正确的运动方式，特别是与强度、时长、频率和运动选择的平衡，以及循序渐进和恢复相关的生理原则，对预防这类客户发生损伤、获得最佳的生理适应至关重要。

> 脊髓损伤的客户常有运动引起的肩关节、腕关节和肘关节损伤。拉伸肩关节前部肌肉、加强后部肌肉的训练计划可预防这些损伤。

脊髓损伤人群的运动注意事项

与其他人群相比，除心率较高、血压较低外，脊髓损伤人群在进行运动时，还需考虑其他若干问题，包括体温调节和静脉回流等。私人教练需对潜在的不良后果保持警惕。

体温调节

脊髓损伤的客户可能出现体温调节紊乱，尤其是 T-6 或以上位置损伤的人群。在极端炎热或寒冷的环境中，T-6 或以上位置损伤的客户无法通过出汗或打冷颤充分调节体温[95]。此类客户须对上述问题做出适应调整，以能够在不适温度的环境中进行比赛，比如，在冷水池中穿湿的衣服，或在湿热环境下进行赛跑比赛时在身上泼冷水降温。应避免在涡流和类似的极端温度环境中运动。同时还要小心冻伤或烧伤。

保持充分的水合状态和逐渐适应环境变化，对脊髓损伤人群进行训练和运动来说至关重要。脱水会加剧体温过高或过低的风险。私人教练需要给予额外关注，确保此类客户有良好的营养和液体摄入。为增强训练的舒适度，私人教练可以采取的方法有：尽可能地保持训练环境的稳定；让客户穿着宽松、轻量和透气面料（例如化纤、聚丙烯等）的衣物；让客户能够使用冷水或运动饮料等。

对于脊髓损伤的客户，尤其是损伤位置较高的客户来说，无法增加瘫痪区域的皮肤血流量，削弱新陈代谢产热的散失能力，使这类人群发生热相关损伤的风险增加。此现象也让他们发生冷相关损伤的风险增加。

静脉回流

因继发于缺乏交感紧张和缺失“肌肉泵”的下肢静脉池状况，脊髓损伤患者的静脉回流能力较差，尤其处于坐姿或站姿时。这不仅降低了这类人群的心血管可训性，还会造成轻度头昏和昏厥伴随发生的运动时低血压（血压较低）状况，以及无法保持每搏输出量和心输出量。研究建议，以仰卧姿态训练脊髓损伤人群可能会减少此类问题，并提高上半身和上肢运动的有效性[33, 54]。穿着渐变式压缩袜也有助于预防下肢肿胀。建议私人教练在训练中对这类客户的血压进行监控。

脊髓损伤人群的一般健康问题

脊髓损伤人群有多种代谢紊乱风险。由于运动相对较少、肌肉质量下降、肥胖状况加剧，脊髓损伤人群中有很大部分患者都存在口服碳水化合物加工异常的问题，从而导致胰岛素抵抗或高胰岛素血症[4]。脊髓损伤人群与非脊髓损伤人群相比，血脂异常、高血压和心血管疾病的发病率略高[73]。

四肢瘫痪的常见后果是心肌萎缩，这会造成心脏功能障碍，进一步损害运动耐受性，增加充血性心脏衰竭的风险。这种心肌萎缩可能与神经肌肉功能障碍（神经肌肉功能丧失）和身体活动少有关，可通过对瘫痪腿的肌肉进行电刺激以及做手臂练习来减轻[61]。

尽管出现脊髓损伤的人可能无法感知缺血性心肌疼痛，但会出现其他症状，例如不同寻常的气短、过度出汗、疲劳、轻微的头昏或感觉轻度昏厥、心悸等。如果客户出现上述任何症状，那么不应该开始训练课，应立即终止训练课，并尽快安排医疗随访。对于怀疑有或已知有冠心病的客户，应在开始剧烈水平的训练计划前进行有医生监督的临床诊断测试。

脊髓损伤客户的运动测试与训练

脊髓损伤人群可以与其他人群一样对训练和运动产生反应。但是，因为使用轮椅而产生的一系列问题，例如场所、器械、人行道、通道的便利性和可使用性等，经常难以进行定期运动。私人教练需要认识到这些问题。适当了解这类人群对运动产生的急性和慢性反应，对于安全和有效地进行训练至关重要。

主要限制脊髓损伤人群参与和适应某个训练计划的病理学因素是大范围的

骨骼肌麻痹[3,4]和交感自主神经系统损伤。这些功能上的损伤降低了身体对高呼吸频率、高心率、高心输出量和高新陈代谢的支持能力。上述这些方面的因素和状况，再加上因神经肌肉紊乱而不得不采取相对久坐不动的生活方式，造成了心肺功能和肌肉骨骼素质明显下降。

在一个为脊髓损伤人群提出的久坐不动的生活方式模型中，身体活动受限和自主神经系统功能受损，导致身体失调、骨骼肌流失、心肺素质下降[20]。大多数罹患脊髓损伤的人的生理素质相较于同龄和同性别的健康人群显著下降。这种模型有助于理解这种现象的基础，能够让我们清晰地认识到给脊髓损伤的客户安排训练计划的迫切性。

运动测试

对于脊髓损伤人群来说，最常见的运动测试方式是采用手臂曲柄测力计。该类人群的心血管损伤风险较高，只有在医疗环境下才能进行最大运动强度测试。如果采用适宜的监控并获得医生的许可，称职的私人教练能够安全地进行次最大强度心肺素质测试。尽管不在本书的讨论范围之内，但人们已制订出标准的手臂曲柄测力计测试计划和规范[19,46]。

人们制订了一种场地测试，通过这种12分钟轮椅推进距离测试可以估算截瘫人群的峰值摄氧量[35]。但是，这种测试需受试者具备良好的技巧、动机和基本的体能水平。这种测试还存在显著的个体差异。这些测试常要付出很大努力，可能超出了私人教练的业务范围。尽管人们还开发出了轮椅测力计，用于脊髓损伤人群的运动测试，但这类仪器不容易获得，实用性也非常有限。

> 只有在具有合适的专业人员和有医生监控的医疗环境下，才能对脊髓损伤的客户进行最大运动强度测试。

脊髓损伤人群的身体活动和体能水平

脊髓损伤人群身体素质的降低，部分是由受条件所限造成的久坐不动的生活方式引起[20]的，同时也与损伤位置和神经肌肉损伤程度有关。20世纪80年代的一些研究显示，T-6以下某些特定损伤点（例如T-7、T-8、L-1）的脊髓损伤患者的身体表现、心肺素质或肌肉力量的差异很小[46,47,93]；损伤位置高于T-6（四肢瘫痪的）的患者的心肺素质（以峰值摄氧量和肌肉力量为测量指标）相比于T-6位置以下损伤的患者显著下降[42]。

另一些研究者则认为，体能的显著变化在相当程度上可归因为病变程度决定的神经肌肉损伤[8]。一组研究者称，按照损伤位置，46%的峰值摄氧量差异可用损伤水平不同来解释，表明神经破坏与心肺素质之间具有中等至强的关系[8]。

与其他人群一样，脊髓损伤人群的身体活动水平与峰值摄氧量、上肢肌肉力量和耐力有很大关系[23,25]。研究证据表明，常进行身体活动的脊髓损伤患者的最大心输出量和最大每搏输出量比相同情况下久坐不动的脊髓损伤患者分别高 13% ～ 23% 和 16% ～ 22%[21, 22]。尽管脊髓损伤患者心肺素质和骨骼肌肉素质下降的原因还存有争议，但是习惯性的身体活动与峰值摄氧量、肌肉力量以及其他体能测量值之间有较强的正相关关系。

尤其是四肢瘫痪的人群，很难调动足够的肌肉对中枢循环或心脏进行应激。例如，四肢瘫痪的患者经过手臂曲柄训练获得的心肺功能改善大部分属于外周性（线粒体密度、有氧代谢酶浓度、肌红蛋白和毛细血管密度增加）[30]。对于调理不良的四肢瘫痪的患者，上身有氧运动的刺激足以适度提高最大心输出量和每搏输出量[29]。

四肢瘫痪会给心肺训练造成独特的麻烦。尤其是处于站立姿态时，身体对手臂曲柄测力仪的血流动力学反应显著降低。峰值心率通常不超过 120 ～ 130 次 / 分，心输出量、每搏输出量和血压低于相应摄氧量水平时的正常值[32]。脊髓损伤人群，尤其是四肢瘫痪人群，因自主神经损伤和下肢及躯干肌肉静脉泵缺乏，运动时下肢和躯干静脉血过度汇集。运动时出现的上半身外周血管扩张无法从本应伴随发生的下肢血管收缩得到充分代偿[30]，这就降低了中枢循环量，限制了对运动和训练的血流动力学反应。这种功能障碍（功能缺失）综合征被人称为“运动功能减退型循环”[24, 37, 38]。

高位瘫痪患者的用力肺活量（用力呼出的气体总量）减少 50%[51]。最近的一项研究表明，拮抗性呼吸肌训练（resistive inspiratory muscle training，RIMT）可以增强四肢瘫痪人群的肺功能[50]。因此，拮抗性呼吸肌训练可能是有益的，正为这类客户制订训练计划的私人教练应考虑进行。有关拮抗性呼吸肌训练的更多信息，读者可以咨询列奥（Liaw）和其同事[50]。

运动处方

总体来说，适用于其他人群的训练频率、强度、时间和类型的原则同样适用于脊髓损伤人群。首先，对于心肺训练来说，建议训练强度为最大摄氧量的 40% ～ 60%，持续时间为 10 ～ 20 分钟，频率为每周 3 天或隔天进行。对于抗阻训练来说，比较合适的起始计划是：强度为 1RM 的 40% ～ 70%，8 ～ 12 个练习，2 ～ 3 组，每组重复 8 ～ 12 次，组间间隔为 1 ～ 2 分钟。训练计划应该遵循同样适用于其他人群的循序渐进、专属性和超负荷原则。有关一般性运动技巧和处方，请参阅第 12 ～ 16 章的内容。

脊髓损伤患者应该努力在每周的大部分日子，最好在所有日子里进行 30 分钟以上的身体活动。脊髓损伤人群的目标与其他人群并无不同：提高功能能力；减少与健康有关的风险因子；增强自信和改善自我形象等。脊髓损伤的客户易发生痉挛（过大的肌肉张力和反射），这会损害运动能力。进行抗阻训练时系统性循序渐进地增加热身强度，以缓慢的动作节奏进行肌肉练习可减少痉挛的发生。过度、频繁发生的痉挛预示着客户需要进行医疗随访，并调整治疗方法。

总之，可以明确的是，脊髓损伤人群可受益于系统而循序渐进的综合训练计划。一些出版物提供了更多有关脊髓损伤人群运动的信息[5, 7, 49, 53, 94]。

脊髓损伤的客户的运动指南

以下是私人教练在为脊髓损伤客户设计有氧、柔韧性和抗阻训练计划时，需要注意的指南和建议。

- 训练计划应纳入可以恢复和增强客户仍具功能性的关节周围部位的平衡性的运动，尤其是加强肩关节后部和上背部的肌群，拉伸肩前部和胸部肌肉。
- 建议针对所有仍具备功能性的肌群采用传统的抗阻训练计划：每组重复8～12次，3组，每周训练2～3次。单组重复8～12次、单组重复至疲劳、8～12个练习、每周2～3次的训练计划也可使客户受益。
- 所有的抗阻训练计划应强调关节的完整活动范围和正确的动作，避免憋气和动作受控。
- 由于肩关节、肘关节和腕关节有过度使用损伤的风险，必须注意计划的练习挑选、强度和运动量。
- 经常出现痉挛的脊髓损伤客户，如果痉挛情况非常严重，需避免进行抗阻训练（需转至医疗团队处理）[31]。
- 停止或避免进行任何引起异常的肌肉紧张的运动[31]。
- 对于脊髓损伤的青少年，抗阻训练的注意事项包括不在生长高峰期对正在生长的骨骼施加过度负荷，并尽可能限制抗阻训练，以及强调柔韧性和有氧训练[31]。
- 一般性的柔韧性训练指南同样适用，但需额外注意肩、腕、手臂、躯干和下肢等部位。
- 有氧训练应以中等强度开始，循序渐进地增加时长、频率和强度，目标为每次30分钟，每周进行4天或更多训练。
- 心肺功能训练的方式包括：手臂曲柄；轮椅测功仪；在跑步机和滚筒（适用于轮椅操控技术很好的客户）上或通道、室内或室外田径跑道上推轮椅；游泳；一些体育项目，比如轮椅篮球等；用拐杖或支撑物走路、移动；功能性电刺激或有辅助支撑的跑步机步行（常见于康复或研究机构）。
- 因多种原因（例如脊髓损伤人群激活的肌肉总量不同、自主心率控制方面的差异等），用心率监控脊髓损伤人群的有氧训练强度存在一定的问题[34]。自感用力程度量表是适宜的替代方法，可用于测量有氧训练强度。
- 脊髓损伤人群在训练或运动中需有人进行保护，可能需要调整器械、转移等方面的帮助。
- 绝大多数脊髓损伤的人都有自己的膀胱—肠道计划，应在训练前清空膀胱和胃肠道。
- 应该在训练期间的休息间隙定期监控脊髓损伤的客户的血压，避免出现因训练引起的低血压，尤其是当客户以站立姿态练习的时候。
- 四肢瘫痪的客户可优先考虑使用仰卧手臂曲柄式器械。
- 避免在餐后2～3小时内进行训练。

消化过程使血液分流至做功肌肉的能力降低，血流量和有限的心输出量之间会产生竞争，造成胃肠道紊乱。
- 由于肌肉功能、躯干控制和平衡能力以及瘫痪部位知觉降低或丧失，常规器械可能需要附加额外的物品或器械，例如手套、弹力带、座位带、魔术贴等。
- 客户应避免长期坐着和摩擦，尤其是髋关节、坐骨、骶骨和尾骨等负荷重量的部位，这会导致不易愈合的压疮。
- 客户应避免在存在下列健康问题的时候进行运动：感冒、流感、膀胱感染、便秘和发烧等。在痉挛现象增加的时候应限制有氧和抗阻训练，私人教练仅在获得客户的医生的指导和建议后，才可以轻柔地进行拉伸，以减少痉挛现象。
- 将客户从轮椅转移到运动器械上的时候，应该注意减少重复性应力损伤[89]。
- 注意客户的常规用药和副作用。表 22.1 列出了脊髓损伤患者的常用药物。
- 应时常考虑体温因素[1]：轻便宽松的服装、充足的水合状态、凉爽的训练环境、喷雾等可以增强客户的耐热性。
- 私人教练需激励和帮助脊髓损伤的客户，以鼓励他们坚持训练计划，激励他们增加日常身体活动，同时应让客户定期地报告日常身体活动。

多发性硬化症

多发性硬化症（multiple sclerosis，MS）是一种发生在遗传易感人群中的免疫介导紊乱，尽管多发性硬化症的病因学原理尚不清楚，但是最近的研究认为其具有病毒起源，例如 EB（Epstein-Barr）病毒[3]。多发性硬化症的特征为髓鞘炎症和进行性退化，主要涉及眼、脑、脑室周围灰质、小脑、脑干和脊髓的神经[65]。

表 22.1　脊髓损伤患者的常用药物

药物类型	药物名称	目的和作用	潜在的副作用
解痉剂	巴氯芬、替扎尼定、安定、可乐定、丹曲洛林	减少肌肉痉挛	肌无力、高剂量时造成疲劳、低血压、心动过缓、头晕、镇定状态
解痉剂	盐酸奥昔布宁、酚苄明	改善膀胱充盈和排空，预防自主神经性反射异常	心动过速、低血压
抗血栓药，抗凝血药	华法林、肝素钠	预防和治疗血栓	青紫 / 瘀斑、出血
抗生素	磺胺甲恶唑和甲氧苄啶	预防和治疗感染（例如尿路感染等）	无

多发性硬化症的早期症状（感觉障碍、疲劳和虚弱、同侧视神经炎、步态共济失调、神经源性肠道和膀胱、颈部屈曲诱发的躯干和四肢感觉异常）被认为是轴突脱髓鞘导致神经传导减慢或阻滞的结果[65]。多发性硬化症通常始于成年早期（20～40 岁），临床过程和临床预后差异性很大。80% 的患者为复发缓解型多发性硬化症，20% 是慢性（原发）进展型多发性硬化症[65]。复发缓解型多发性硬化症可进一步划分成良性、典型复发缓解型、慢性复发型等类型。表 22.2 介绍了多发性硬化症的主要临床分类与特征[41]。

多发性硬化症是一种具有毁灭性和潜在性的疾病。尽管尚无已知治愈方法，但包括康复训练、药物治疗和运动在内的早期诊断和治疗能够为很多多发性硬化症患者改善生活质量、功能状态，产生长期的有利结果[16, 45, 52, 64, 71, 76, 77, 84]。

多发性硬化症的医学管理

多发性硬化症的治疗基本上有 4 个方面。第 1 个方面是对患者和其家庭进行有关疾病的过程和发展、临床预后和疾病管理方法的教育。这一方面主要是医生和专业医疗团队的职责，但是具备相应知识的私人教练能够巩固相关信息和建议。

第 2 个方面是对症状、继发症和并发症的管理，例如肌张力异常（一条或多条肢体产生短暂、反复发生的痛苦姿势）、一般性痉挛、共济失调、不协调、抑郁、其他情绪障碍、膀胱和肠道功能障碍以及相关的疼痛症状等。

第 3 个方面主要与管理疾病过程有关。多发性硬化症患者用药物治疗控制与疾病过程有关的炎症，缓和疾病恶化过程[3, 4]。多发性硬化症的药物治疗方案非常

表 22.2 多发性硬化症的主要临床分类和特征

分类	特征
复发缓解型多发性硬化症	特点是疾病复发（疾病突然爆发）后缓解（恢复）。症状程度从轻微到严重不等，复发与缓解期可能持续数天或数月。超过 80 % 的多发性硬化症患者一开始都会出现复发和缓解循环
继发进展型多发性硬化症	常见于已经患有复发缓解型多发性硬化症的人群中。此类型疾病的症状复发后，只是出现部分恢复和缓解，但是循环周期中，残疾状况从不完全消失，而是症状一直存在并不断加重，直至进入一个相对稳定的残疾阶段
原发进展型多发性硬化症	原发进展型多发性硬化症是指疾病从发生开始就持续恶化，没有疾病的缓解或恢复期，疾病的严重程度一般在进展过程中而不会出现减轻，大约 15% 的多发性硬化症患者属于此类
复发进展型多发性硬化症	这是一种相对罕见的多发性硬化症，这种多发性硬化症的患者在缓解期出现持续恶化的症状和发作

来源：Reprinted from MayoClinic.org. For more information see Jackson and Mulchare 2009[41].

复杂，很多人都需要接受神经科医生的诊治。私人教练需要知道患者使用的药物，并应咨询患者的医疗团队和医疗资源，例如《医师案头参考》(*Physician's Desk Reference*)，以便能保证训练处方的有效性和安全性。表 22.3 列举了多发性硬化症患者管理症状时会服用的常见药物，及这些药物的潜在副作用。

治疗多发性硬化症的第 4 个方面是运动和训练。多发性硬化症患者因为动作困难和伴随疾病产生的疲劳和无力感，通常都久坐不动。据一项研究显示，有氧耐力训练计划能够增强多发性硬化症患者的 22% 的心肺功能[70]。另有研究报告有氧运动使多发性硬化症患者的有氧能力增加 30%，但也强调了不同个体对相同训练计划的反应自数周至数月的变化范围为 2% ～ 54%[74]。建议持续感觉疲劳的多发性硬化症患者采用运动和行为疗法作为疾病管理策略[12]。定期拉伸对于保持关节活动范围和组织弹性而言非常重要。抗阻训练能够增强肌肉力量

表 22.3　治疗多发性硬化症的常见药物

药物类型	药物名称	目的和作用	潜在的副作用
皮质类固醇	泼尼松、甲泼尼龙	减少多发性硬化症发病的严重程度、次数、持续时间	痤疮、体重增加、高血压、骨质疏松症、糖尿病、感染增加
β- 干扰素	重组人干扰素 β-1b、重组人干扰素 β-1a、重组人干扰素 β-1a（利比）	减少多发性硬化症发病的严重程度和次数，减缓疾病恶化	发烧、冷战、出汗、肌肉疼痛、疲劳、抑郁
免疫抑制剂诺消灵、氨甲蝶呤			细菌和病毒感染增多
氨基吡啶	氨基吡啶	增强神经脉冲传导，改善协调性和行走能力	
合成髓鞘碱性蛋白质	共聚物 1	减少多发性硬化症的症状和复发率	副作用较少
解痉剂	巴氯芬、替扎尼定、安定、可乐定、丹曲洛林	治疗痉挛	肌无力、高剂量时造成疲劳、低血压、心动过缓、头晕
抗抑郁药	金刚烷胺、匹莫林、阿米替林	治疗疲劳	潜在的癫痫发作风险
镇痛药	退热净	减缓疼痛	
消炎药	阿司匹林		
	可待因		

来源：Data from National Institute of Neurological Disorders and Stroke 2009[62]; Jackson and Mulcare 2009[41].

和耐力[16, 77, 92]，预防肌肉萎缩。其他运动方式（例如太极拳和瑜伽）也有一定效果。

多发性硬化症患者的运动测试与训练

有氧运动明显有益于多发性硬化症患者。多发性硬化症患者进行有氧耐力训练能够增加峰值摄氧量、增强上身和下身力量、改善身体成分、减少心血管疾病风险因素[16, 41, 56, 78, 84, 85]。一组多发性硬化症患者在进行15周有氧耐力训练后，愤怒、抑郁和疲劳水平显著下降（根据心境状态量表），疾病影响总评分和其中的许多子内容分数（身体维度、社会互动、情感行为和娱乐追求）增加[70]。运动能够改善多发性硬化症患者总体的健康状况，抵消一些心理不利因素，例如疲劳、压抑和抑郁等多发性硬化症患者的常见现象[84]。

很多多发性硬化症患者会出现热敏感，这通常与临床症状的加剧有关。这可能妨碍或阻止多发性硬化症患者参与定期训练计划，因为运动会使代谢热量增加。一些研究已经在与这方面相关的领域取得了积极的成果，但很少有研究将55岁以上的多发性硬化症患者纳入研究对象。在训练前采用预冷程序（训练前或训练中使用冷水浴、冷气、湿冷颈包或冷却衣领、冷水喷雾等）可使体温敏感的多发性硬化症患者的直肠温度、心率和自感用力程度低于不采用上述措施的患者[91]。

多发性硬化症患者易于出现热耐受不良。采用预冷程序，保持运动环境的舒适凉爽可增加生理效益，使客户坚持训练。适宜的水合状态对于保持多发性硬化症患者在运动过程中的温度平衡至关重要。

运动测试

对多发性硬化症患者进行运动测试时需极其小心。有心血管疾病风险的多发性硬化症患者在开始训练计划之前应进行筛查，并在专业人士和医生监督下进行临床运动测试，以排除缺血和冠心病的可能。在获得合适的医学许可后，私人教练可以安全地进行次最大强度有氧运动测试，以便为未来的训练监控确定基线。由于身体不协调和可能出现痉挛，首选腿部或手臂测功仪。注意测试过程中的技术动作。可以安全地进行柔韧性测试，例如坐位体前屈等。目前人们对多发性硬化症人群进行1RM测试、其他等张性肌力或耐力测试的安全性和效能还知之甚少。建议谨慎进行最大力量或疲劳肌肉耐力测试，但有关这些测试以及测试的安全性和有效性的数据有限。

抗阻训练

尽管有关抗阻训练的现有研究很少，但新的证据表明，抗阻训练对于患多发性硬化症伴轻度至中度残疾的人群是安全和有效的运动手段[52, 77, 92]。在参与了一个为期8周，每次进行1组强度为 70% 最大自主收缩力量（maximal voluntary contractions，MVC）、重复 10 ～ 15 次的进阶式抗阻训练之后，受试者的膝关节伸展、跖屈和蹬踏的运动表现分别提高 7.4%、52% 和 8.7%[92]。在进行了为期 6 个月的每周 1 次有氧体能训练、3 次抗阻训练的随机对照训练计划后，参与者的步行速度、屈膝力量和上肢肌肉耐力显著提高[77]。在最近的一项中试研究中，参与者进行 3 个月的团体和家庭联合强化训练计划后，标准化测试项目中的运动能力、生命质量和疲劳评分显著提高[52]。室外试验显示，多发性硬化症人群的一般抗阻训练原则应与无多发性硬化症、未进行过训练的普通人类似[16, 41]。强度为 1RM 的 60% ～ 80%、重复 1 ～ 3 组、每组重复 8 ～ 15 次、8 ～ 10 个练习（针对所有主要肌肉）的标准化循序渐进的抗阻训练计划可使多发性硬化症患者获益，并且无风险或风险很小。多发性硬化症患者的抗阻训练目标是增加肌肉力量、提高肌肉紧张度、平衡主动肌—拮抗肌力量、减少痉挛[41]。抗阻训练计划的进阶提升速率应为无多发性硬化症的一般人群的 50%（即每 3 ～ 4周增加负荷，而不是 1 ～ 2 周就增加负荷）。应该每天进行拉伸以增加关节活动范围、抵抗痉挛，改善平衡性[16, 41]。

有氧体能

以前人们认为运动会增加与多发性硬化症有关的疲劳，故不建议多发性硬化症患者进行运动。多发性硬化症患者的训练计划应根据超负荷和渐进性原则精心设计，以充分刺激心肺和骨骼肌肉功能。超负荷应逐渐进行，以防止不产生或加重疲劳和（或）神经传导阻滞。

多发性硬化症患者对次最大有氧运动的反应的差异性很大，随疾病发展阶段和严重程度各异。2 项研究显示，多发性硬化症患者在跑步机上进行次最大强度步行时，心率、通气量和摄氧量消耗几乎是同年龄同性别的其他多发性硬化症患者的 2 ～ 3 倍[67, 68]。然而，最近另一项针对中度残疾的多发性硬化症患者中的研究，则未发现实验组与同年龄同性别的对照组相比，在类似的次最大负荷下的净能量消耗有显著差异[86]。另有研究显示，中等强度的有氧运动能够提高多发性硬化症患者的体能水平[6]、活动性[45, 81]、步行速度和能力[77]、运动耐受[76]，并能减少疲劳[52]和残疾情况[45, 76]。上述研究表明，应该谨慎地设定有氧运动的强度为轻至中等强度，建议有氧强度为峰值心率的 60% ～ 80% 或峰值摄氧量的 50% ～ 70%[16, 41]，此外强度范围也可以为心率储备或摄氧量储备的 40% ～ 60%。建议初始阶段的运动时长为 10 ～ 40 分钟，根据个体的残疾程度而定[16]。在最初几个月中，应该增加训练时长或每周训练天数，通过增加训练量的方式来进阶[16]。对于大多数多发性硬化症患者而言，建议初始运动强度为 40% ～ 50% 最大摄氧量或心率储备，3 ～ 6个月后客户产生适应，再进阶至 50% ～ 70%。有氧体能计划的目标是提高心肺功能，降低心血管疾病风险，减少与身体活动有关的疲劳。

多发性硬化症患者易于疲劳，这会

使人失去运动能力。小心谨慎地进行系统性训练，以传统建议的较低的起点开始，进阶速率应为健康成年人的 50 %。如需更多信息，可以参考已发表的针对多发性硬化症患者的身体活动建议[71]。

尽管多发性硬化症患者容易处于热耐受不良状态，但如果采取适宜的预防措施，暖水疗法可以在不加剧疲劳或增加与心脏疾病有关的风险的前提下，使多发性硬化症患者获益。

应避免使多发性硬化症患者过于疲劳，持续性疲劳状况持续 2 天以上是训练过度的警告信号。

多发性硬化症客户的运动测试和训练指南

以下是多发性硬化症客户进行运动测试和训练的注意事项和指南。

- 由于缺失本体感觉或感知肌肉和关节在空间中的位置的能力，应避免进行复杂的以技术为导向的练习。
- 多发性硬化症患者，尤其是晚期阶段的患者，步行的能量消耗是正常人的 2 ～ 3倍，必须调整负荷，将其保持在 60% ～ 75% 的最大心率。
- 多发性硬化症患者热敏感，与热和冷有关的损害的发生率增高。这就强调保持多发性硬化症患者有充分水合状态，让其在适宜的温度下运动。在运动和训练时发生脱水，可能会加剧多发性硬化症患者的膀胱功能障碍（尿失禁和排尿感），有时候会妨碍多发性硬化症患者的液体摄入。
- 下肢大肌群的练习要谨慎进行，患者的髋关节外展肌和内收肌的痉挛特别突出。
- 多发性硬化症患者的感觉缺失，无法有效抓握杆子，可能无法进行某些练习，例如自由重量练习，此时需将练习方法改成另一种形式。
- 如果患者出现严重痉挛，可能必须进行束缚或捆扎。
- 一些证据显示，早晨时生理节奏体温处于最低点，可能是最适宜的训练时间。
- 横卧式自行车比竖直式自行车可能更适合有平衡问题的客户。
- 多发性硬化症患者常会出现主动肌和拮抗肌不平衡现象。
- 下肢和躯干的肌肉无力问题往往最严重。
- 神经肌肉问题，例如足下垂，可能见于疾病发展的更晚期阶段。
- 一些客户可能存在认知缺陷，易于抑郁，在针对这些客户的教育指导中必须谨慎，需要持续的强化以增强他们对训练计划的保持性。
- 多发性硬化症症状和进展各异，私人教练需每天调整训练计划。
- 明智的是在有氧训练前、中和后监控心率，确保适宜的新陈代谢强度和刺激。
- 强烈建议定期随访以监控疾病的发展状况，从而增强对运动处方的依从性，并适当调整运动处方。
- 当患者病情加重时，应停止训练，直至完全恢复。
- 有些多发性硬化症客户存在认知障

碍，私人教练必须为客户提供手写和图示的信息和指导，必须经常提醒客户注意运动技术和正确使用器械的方法。

- 如果客户的上肢或下肢不协调，使用同步的手臂或腿部测功仪可以提高运动表现，因为通过这种方式可以使强健一侧的肢体帮助弱侧肢体。
- 应在非耐力训练日进行抗阻训练，以免出现疲劳。
- 如果平衡能力受损，抗阻训练刚开始时应采用坐姿。
- 柔韧性练习应以坐姿或卧姿进行[16, 41, 56]。

表 22.4 是多发性硬化症客户训练计划的一般性指南。

表 22.4　多发性硬化症客户训练计划的一般性指南

训练内容	指南
有氧训练	
模式	固定式自行车、横卧式自行车、躺姿踏步、水中有氧运动、上半身测功仪练习、步行等
强度	峰值心率的 60% ～ 80%，心率储备的 40% ～ 60%，峰值摄氧量的 50% ～ 70%，或摄氧量储备的 40% ～ 60%
时长	每堂训练课 30 分钟，初始时可能要分解成一天当中进行 3 次、每次 10 分钟的训练课
频率	每周不连续的 2 ～ 3 天
抗阻训练	
模式	器械、自由重量、阻力带和阻力管、滑轮、普拉提等
肌肉	强调所有主要肌群，8 ～ 10 个练习，以及试图建立主动肌—拮抗肌平衡
强度	8 ～ 15 次重复，1RM 的 60% ～ 80%
组数	在能忍受的范围内针对每个肌群，进行 1 组或 1 组以上
休息	组间和练习间最少休息 1 分钟
柔韧性训练	
模式	主动活动度、被动活动度、瑜伽、太极等
时长	保持拉伸 30 ～ 60 秒，拉伸应该保持在轻柔至中等的紧张度，在整个练习期间不应有不舒适感
频率	每天进行 1 或 2 次柔和的拉伸
肌肉	拉伸所有主要的肌群，应重视拉伸髋屈肌、腘绳肌、髋内收肌、跖屈肌群和肩部前侧肌肉

来源：Data from Dalgas，Stenager，and Tingemann-Hansen 2008[16]；Jackson and Mulcare 2009[41].

癫痫

癫痫（epicepsy）的医学定义是发生 2 次或 2 次以上无外部刺激的复发性癫痫发作（seizure）。癫痫发作是大脑任何部位不可控地、突发性地放电，产生生理和精神症状，可伴有或不伴有抽搐。癫痫发作造成动作、感觉、知觉和认知行为发生非自主性改变或意识丧失（loss of consciousness，LOC），以及上述情况的组合表现。表 22.5 介绍了癫痫发作的类型，以及常见体征和症状[13, 14]。癫痫和乳腺癌一样，在美国很常见，它是一种常被误解的危险疾病，美国每年有 200 000 人被确诊为癫痫发作或癫痫。这绝不是一种良性疾病。

癫痫持续状态的定义为癫痫发作持续超过 30 分钟或意识无法恢复的一系列频繁发作[43]。癫痫持续状态是一种医疗紧急情况，需激活紧急方案，包括拨打急救电话，然后转运至医院急诊室。

对于私人教练来说，重要的是，了解并识别客户原发性或继发性癫痫发作的常见突发原因（或诱因）。表 22.6 总结了一些已知突发原因和运动改良建议。

据说身体活动可能是癫痫发作的突发原因[48, 66, 79]。但系统研究已经显示，身体活动和运动对大多数癫痫客户的癫痫发作无副作用，事实上还有助于客户更好地控制癫痫发作[58, 59]。需要提醒与癫痫患者合作的私人教练的是，上述研究也的确显示，运动可能是导致约 10% 个体癫痫发作的原因，特别是创伤、感染或中风继发癫痫发作的客户。

表 22.5 癫痫发作的类型、常见体征和症状

癫痫发作类型	体征与症状
部分发作——单侧脑部受影响	
单纯型	这种癫痫发作不会导致意识丧失，可能改变情绪或改变对某物体的视觉、嗅觉、触觉、味觉和听觉，也可能造成身体的某一部分非自主性抽搐，例如手或腿，以及产生自发感觉症状，例如刺痛、眩晕或炫目等
复杂型	这种癫痫发作会改变意识，造成意识损伤。复杂型的部分性癫痫发作常导致凝视和无目的性的运动，例如搓手、抽搐、咀嚼、吞咽或绕圈行走
全面发作——大脑两侧受影响	
失神（小发作）	特点是凝视，细微的身体动作，能造成短暂的（2 ～ 15 秒）意识丧失
肌阵挛	这种癫痫发作常表现为双臂和双腿突然、极短地抽搐或痉挛
强直阵挛（大发作）	所有癫痫发作类型中程度最剧烈的一种，特点是意识丧失、身体僵硬并颤抖、膀胱失禁
失张力	又称跌倒发作，这种类型较短暂（< 15 秒），可造成患者丧失正常的肌张力，突然瘫倒或跌倒

表 22.6　癫痫发作的突发原因和运动改良建议

常见的突发原因	建议的运动改良
情绪压力	降低强度水平
过度换气	教授客户呼吸控制和呼吸技巧
月经	降低强度水平
睡眠不足	避免运动
发烧	避免运动
光刺激（频闪灯、电视机等）	避免在相应环境下运动
酒精过量或戒断	降低强度水平

很多癫痫患者不必要地回避身体活动和体育运动，担心诱发癫痫发作或癫痫相关损伤，或同时诱发两者。一般来说，研究表明癫痫患者比普通人更缺少身体活动，但挪威的一个研究小组发现癫痫患者的身体活动水平与一般人无差异[59]。专家的共识是，癫痫患者不仅不应被禁止参与身体活动和体育运动，而应该鼓励他们进行活动和运动[83]。私人教练需要了解这些，鼓励癫痫患者提高身体活动水平。

对于很多癫痫患者来说，定期进行有氧运动有助于控制癫痫发作。但对于这些患者中的 10% 的个体来说，剧烈运动可能是癫痫发作的突发原因。

癫痫发作的医学管理

医学管理对 67% ～ 75% 的癫痫发作病例完全有效[44]。患者的医师会根据癫痫发作的类型和患者对药物副作用的耐受度选择药物。25% ～ 33% 的病例是顽固性癫痫，手术治疗可能有效[44]。对这些手术的过程或操作流程介绍超出了本章的讨论范围，读者可访问美国癫痫基金会的网站（见本章末）获取更多信息。私人教练需要了解患者服用的药物及治疗手段，并查询相关参考资料，例如《医师案头参考》，获取药物性状和副作用。私人教练应该与客户的医师就运动注意事项或禁忌、可能的药物相互作用或手术，以及训练可能产生的不良影响等保持沟通。需强调的是，本章探讨的癫痫客户的训练适用于约 80% 经药物、手术或药物和手术联合良好控制的癫痫客户。表 22.7 介绍了最常用于治疗癫痫的药物及其常见副作用。

癫痫客户的运动测试与训练

多数癫痫客户都不经常运动，体能水平低。实际上，在多数情况下，体育运动和其他休闲活动不是癫痫发作突发的原因，不会增加与癫痫发作相关的损伤风险[55, 60]。事实上，前文所述的一项挪威人进行的研究中，36 % 的癫痫患者显示，定期运动有助于更好地防止癫痫发作[59]。

表 22.7 用于治疗癫痫的药物及其常见副作用

药物	目的	常见副作用
卡马西平	部分性发作、全面性强直阵挛性发作和混合性癫痫发作的一线用药	疲劳、视觉改变、恶心、头晕、皮疹
乙琥胺	用于治疗失神性发作	恶心、呕吐、食欲降低、体重降低
非尔氨酯	治疗部分性和一些全面性发作	食欲降低、体重降低、无法入睡、头疼、抑郁
盐酸噻加宾	常与其他抗癫痫药物联用，用于治疗部分性和一些全面性癫痫发作	头昏、疲劳、虚弱无力、易怒、困惑、焦虑
左乙拉西坦	与其他抗癫痫药物联合使用，用于治疗部分性癫痫发作	疲惫感、虚弱、行为改变
拉莫三嗪	用于治疗部分性和一些全面性癫痫发作	很少有副作用，但可能会产生头晕、皮疹和失眠
普瑞巴林	治疗部分性癫痫发作	头昏、嗜睡、口干、外周水肿、视力模糊、体重增加、难以集中注意力
加巴喷丁	常与其他抗癫痫药物联用，用于治疗部分性和一些全面性癫痫发作	副作用很少，但治疗后的第 1 周内可能产生头昏
苯妥英	治疗部分性发作和强直阵挛性发作	头晕、疲劳、言语不清、痤疮、皮疹，毛发增加（多毛症）；长期服用可能使骨骼变薄
托吡酯	与其他抗癫痫药物联用，治疗部分性或全面性强直阵挛性发作	头晕、疲劳、说话困难、紧张、记忆问题、视觉问题、体重下降
奥卡西平	治疗部分性癫痫发作	疲劳、头晕、头痛、复视

续表

药物	目的	常见副作用
双丙戊酸钠	治疗部分性癫痫发作、失神性和强直阵挛性癫痫发作	头晕、恶心、呕吐、震颤 / 战栗、脱发、体重增加、抑郁（成年人）、易怒（儿童）、减少注意力、认知障碍（某些情况）；严重的长期效应如骨变薄、踝关节水肿、听力下降、肝损害、血小板减少、胰腺问题
唑尼沙胺	与其他抗癫痫药物联用，治疗部分性癫痫发作	嗜睡、头晕、步态不稳、肾结石、腹部不适、头痛以及皮疹
地西泮、氯硝西泮、氯卓酸钾	作为一种紧急处理手段，短期控制癫痫发作	疲劳、步态不稳、恶心、沮丧、食欲不振；儿童则会流口水、多动

如前所述，确实有研究表明，运动可造成小部分癫痫患者（约 10 %）发作，尤其是那些继发于感染、外伤或中风的癫痫患者。体能水平较低的癫痫患者易于发生运动诱导的癫痫发作[59]。私人教练需知晓客户的癫痫发作类型，并对预示可能发生癫痫的症状和体征保持警惕。很多癫痫患者在癫痫发作之前都有征兆，私人教练应了解客户，能够识别这些预示癫痫发作的征兆。

总体而言，病情控制良好的癫痫患者没有运动限制。事实上，如果病情控制效果比较理想，应该鼓励患者以最小的限制进行体育运动和规律练习。

私人教练可对癫痫客户应用与表观健康人群一样的训练和运动原则。建议采用循序渐进的方法进行身体活动和体重控制。获得适宜的医疗许可后，遵循标准的指南，可安全地进行次最大强度运动测试，确立客户的心肺适能、肌肉力量和耐力、柔韧性和身体成分基线。对于体重控制，重要的是要认识到，即便是中等程度的约 4.5 千克的体重下降也可能影响抗癫痫药物的利用度，增加副作用的风险。同样很重要的是，要认识到一些癫痫患者可以采用“生酮饮食（低碳水化合物、高脂肪、充足蛋白质）”。2008 年的一项随机试验[63]表明，这种饮食方式对儿童顽固性癫痫具有明显益处，但对成人有益处的证据则比较有限。

私人教练应掌握癫痫发作，尤其是强直阵挛性发作（大发作）的急救措施。第 732 页“癫痫发作的急救”部分介绍了基本的癫痫发作期间和后续状态（癫痫发作结束后的即刻时间段）的急救措施。

癫痫发作的急救

1. 使客户保持俯卧——可能的话，脸朝下。
2. 去掉客户的眼镜等可能破裂造成伤害的物品。
3. 松开所有紧绷的衣物，特别是脖颈周围的。
4. 不要约束客户。
5. 清除客户行走或行动路线上的障碍物。
6. 不要将任何物品放入客户口腔内。
7. 癫痫发作后，将客户转至恢复位置［参考心肺复苏术（CPR）指南］，防止误吸。
8. 观察客户，直至完全苏醒。
9. 提醒客户的医生和家人。
10. 客户可以恢复运动，但是需经医生根据具体情况进行评估。

即便是中等程度的约4.5千克的体重下降，也可能影响抗癫痫药物的生物利用度，增加副作用的风险。

脑瘫

脑瘫（cerebral palsy，CP，即大脑性瘫痪）这一术语用于描述一组损伤身体运动能力和肌肉协调性的慢性骨骼肌肉缺陷。该病是由于大脑的一个或多个部位在胎儿发育过程中、分娩后不久或婴儿期早期受损造成的[88]。脑瘫的特征是，由于大脑控制肌肉功能和脊髓神经反射的区域受损导致运动、平衡和协调、保持姿态等能力受限。大脑的损伤不会恶化，故脑瘫不是一种进展性疾病。如果不妥善管理继发性疾病如痉挛，病情往往会恶化，导致关节运动能力和灵活性进一步丧失，造成潜在的挛缩（永久性的肌肉和肌腱缩短）。见第733页“脑瘫相关术语的定义”中的相关名词定义。

脑瘫的典型体征和症状包括肌肉紧张、痉挛、不自主肌肉运动、步态障碍、肌肉无力、共济失调、语言和吞咽功能受损等。其他体征和症状还有感觉和知觉不足、视觉或听觉受损、癫痫发作、认知障碍和学习能力障碍、继发于姿势畸形的呼吸困难等。

医学上按肌肉异常的具体类型对脑瘫进行分类，肌肉异常的类型表明脑损伤的部位。

- 痉挛明显的患者可能是大脑皮层损伤[10, 28]。
- 手足徐动症表明中脑损伤。
- 共济失调表明小脑损伤
- 动力障碍表明基底神经节损伤。

还存在混合类型，表明大脑多个部位损伤[10, 28]。

尽管这种分类方法主要用于体育运动，但对于私人教练来非常有用，有助于其了解脑瘫客户的功能范围。

尽管脑瘫无法被矫正，但可被管理，以预防并发症，以及独立能力和身体功能性的进一步丧失。医学治疗的重点是在已出现的情况下减少痉挛，改善神经和肌肉协调。物理疗法和康复对优化生长发育、预防残疾、减少肌肉和运动障碍至关重要。一项持续的训练计划可极大地帮助脑瘫患者保持独立活动能力，成为一名具有创造能力的社会成员。

脑瘫是一种不可逆的疾病，医学治疗和康复治疗的重点在于控制痉挛和手足徐动症，改善功能和神经肌肉协调。

脑瘫的医学管理

对脑瘫的医学管理主要包括对不可逆病变的继发并发症进行管理。60% 的脑瘫患者有癫痫发作或癫痫发作倾向，故脑瘫患者应服用抗癫痫、止痉类药物以及肌松药。许多脑瘫患者还有其他继发性并发症，包括关节疼痛、髋关节和背部畸形、膀胱和肠功能障碍、胃食管反流等，可因此服用相应药物。脑瘫患者总体上久坐不动，易受一些心血管疾病风险因素的影响。

脑瘫客户的运动测试与训练

有关脑瘫患者的训练反应和训练对其的影响的研究较少。历史上很少有脑瘫患者进行正式或非正式的身体活动计划。最近一项女性脑瘫患者的调查报告显示，很大比例的独立生活的女性脑瘫患者定期参与运动（43 % 的受访者表示她们在过去的一周中参与了关节活动度练习或有氧运动）[87]。

脑瘫患者的运动测试和训练涉及畸形、手足徐动症、共济失调、不协调和痉挛等问题。没有病理学依据表明脑瘫患者不能从定期身体活动中获益，相反应该进行鼓励。有关这方面的研究在不断增加，现有的可用信息明确地表明脑瘫患者与其他人群一样可以从定期身体活动计划中获益。最近，范斯楚伦（Verschuren）和同事报告了针对儿童和青少年脑瘫患者的随机试验[90]，86 名粗大运动功能为Ⅰ级或Ⅱ级（Gross Motor Function Level Ⅰ or Ⅱ）的脑瘫青少年和

脑瘫相关术语的定义

失用症——无法做出协调性的自主性粗大运动和精细运动。

共济失调——不协调的自主运动，发生共济失调的患者通常出现宽基步态、膝反曲或膝关节过度伸展，可能表现出轻微的意向性震颤。

手足徐动症——四肢肌肉出现慢速、扭动、扭曲的动作。

舞蹈症——多余、自发的动作状态，持续时间不规律，具有突发性，动作不重复，患者无法保持自主肌肉收缩。

动力障碍——自主运动能力受损，动作不完全。

肌张力失常——肌肉持续收缩，动作扭曲而重复，姿态异常。

肌阵挛——部分、整块肌肉或肌群发生休克样的同步或非同步收缩。

痉挛——肌肉强直性增强状态，特点是深腱反射增强。

儿童随机分成有氧运动和无氧运动组合运动组和对照组，其中有氧和无氧运动组合组每周进行 2 次、每次 45 分钟的训练课，该项目持续 8 个月。相比于对照组，组合运动组的青少年和儿童的有氧和无氧能力均得到了显著提升。斯科尔特斯（Scholtes）和同事进行了一项增强儿童脑瘫患者下肢运动能力的随机试验，但目前尚未公布结果[80]。下面总结了一些关于脑瘫患者进行训练的研究发现。

- 日常生活能力提高[28]。
- 健康感觉、身体形象、体能、生活质量改善[28, 90]。
- 手足徐动症和痉挛等症状的严重程度明显减轻[28]。
- 峰值摄氧量、通气阈值、次最大心率下的工作效率、关节活动范围、协调性和运动技巧改善[28]。
- 增强肌肉力量和耐力，肌肉肥大情况改善[17, 18]。
- 股骨、颈骨密度提高[11]。
- 5 ～ 7 岁儿童的通气能力提高[40]。
- 抗阻训练后步速提高，肌肉力量的对称性改善[17]。
- 幼儿园儿童进行游泳运动后，水中定向能力和自我概念改善[39]。

所有脑瘫患者应筛查是否有骨骼肌肉异常、心血管疾病和慢性疾病（例如动脉粥样硬化、糖尿病、关节炎和高血压）风险因素[2]。具有两个或两个以上风险因素（高血压、血脂异常、抽烟、久坐不动、年龄超过 40 岁、肥胖、糖尿病等）或症状（胸疼、呼吸困难、虚弱或疲劳感增加、心悸等）的高风险客户应该进行临床检查，比如由包括医生在内的专业团队进行心电图监测等。脑瘫患者在开始进行中等强度的训练之前，必须获得医疗许可。很多脑瘫患者同时还服用多种治疗痉挛、癫痫发作、情绪紊乱等的药物。表 22.8 总结了一些脑瘫患者的常用药物，以及这些药物的治疗目的和常见副作用等。对于风险较低，或者具有风险但接受了适宜的筛查并获得医疗许可的脑瘫患者，可建议其进行标准的次最大强度体能测试，称职的私人教练应该能够进行这些情况下的测试。

对于可行走的脑瘫患者，建议使用针对腿部和手臂的测力计。平衡能力和协调能力较好的脑瘫患者，也可使用跑步机。痉挛和手足徐动症患者的脚可能需要固定在踏板上，充分练习才能确保良好的测试成绩。对于无法行走的脑瘫患者，如果条件具备，最好采用手臂曲柄测力计和轮椅测力计进行次最大强度测试。客户应穿戴手套防止皮肤擦伤，尤其是使用轮椅的时候。6 ～ 12分钟步行或推轮椅是用来评估有氧耐力比较适宜的方法。这些测试需要用最大努力，目的是“在规定时间内尽可能走最远距离”，因此仅限于低风险且经过适宜筛查的客户。

可安全地进行常用的柔韧性和肌肉功能测试，例如坐位体前屈和 1RM 测试。测量皮褶时，应在多个不同部位采集，最好选择未受影响的身体部位，记录可以为评估身体成分变化建立基线。虽然

表 22.8　脑瘫患者的常用药物

药物	目的	常见副作用
巴氯芬	止痉挛药，肌肉松弛剂	嗜睡、恶心、头痛、肌肉无力、头晕，大多数副作用是暂时的
丹曲林	止痉挛药，肌肉松弛剂	可引起肝脏损伤，必须有医疗监督；腹泻、头晕、嗜睡、疲劳、隐隐有生病的感觉、虚弱
注射用 A 型肉毒毒素	止痉挛药，注射使用	注射后头痛或肌肉疼痛
环苯扎林	止痉挛药，肌肉松弛剂	困倦、头昏、失眠
丙戊酸钠	抗癫痫发作	可引起肝脏损伤，必须有医疗监督；恶心、呕吐、消化不良
地西泮	镇定剂，肌肉松弛剂，抗焦虑	嗜睡、困倦、抑郁、头痛、混乱、头晕、可能有呼吸抑制
二苯乙内酰脲	抗癫痫发作	嗜睡、头晕、恶心、睡眠障碍、头痛
环己烯巴比妥	抗癫痫发作	可引起肝脏损伤，必须有医疗监督；10 岁以下的儿童谨慎使用，2 岁以下的儿童不得使用；可引起血液疾病
氯硝西泮	抗癫痫发作	可引起肝脏损伤，必须有医疗监督；嗜睡、行为改变、流涎
卡马西平	抗癫痫发作，可能用于神经损伤和情绪失调继发产生的疼痛	肿胀、血压升高、口齿不清、腿抽筋、口干
乙琥胺	抗癫痫发作，尤其是小发作	恶心、呕吐、食欲降低、体重流失

适用于脑瘫患者的利用皮褶厚度估算体脂百分比的有效公式有限，但应选择 7 ～ 8 个部位进行测量来监测进展。

> 脑瘫患者使用系统的身体运动计划才能获得类似于非脑瘫患者的健康和体能。

脑瘫人群的运动测试与训练指南

尽管针对脑瘫人群的训练指南的研究十分有限，但目前没有发现明显的证据表明此类人群会对训练产生与其他人群不一致的反应，下文是对脑瘫人群进行运动测试和训练的基本指南和注意事项。

- 针对脑瘫人群的研究有限，私人教练需要具有创造性，经常对训练器械和训练方法进行适当改良。
- 绝大多数脑瘫人群都能获益于提高柔韧性、肌肉力量和耐力以及心肺适能的平衡训练方法。
- 与其他客户一样，标准的训练指南同

样适用于脑瘫人群。训练目标应为：50% ～ 85% 最大摄氧量或心率储备，每堂训练课 30 分钟或 30 分钟以上，每周进行 4 次或以上。建议采用与久坐不动的正常人一样循序渐进的训练方式。对于所有体能素质条件都较差的脑瘫客户，建议以每次 5 ～ 10 分钟、每天 2 次、每周 4 次或 4 次以上为起始，对于这些脑瘫客户而言，增加身体活动也是目标之一。

- 尽管有些运动方法需要进行改良，但脑瘫人群能够进行常规的中等强度的抗阻训练，每周 2 ～ 3 天，强度为 40% ～ 60% 一次重复最大值，8 ～ 10 种练习，每组重复 8 ～ 12次。总体来说，绝大多数脑瘫人群都不应采用最大负荷。
- 很多脑瘫患者有痉挛和手足徐动症，不适合采用自由重量训练；如果脑瘫患者采用自由重量训练，私人教练需要极度小心，仔细观察。
- 所有标准的指南，例如避免闭气、同一肌群的训练需相隔 48 小时、保证完整的关节活动范围、动作正确等应该小心地应用于脑瘫客户。
- 重要的是关注肌肉不平衡，需选择能够改善不足之处的练习。
- 对于和脑瘫客户合作的私人教练而言，尤为重要的是在抗阻训练前安排有氧热身（10 ～ 15 分钟）和拉伸活动，训练后进行放松和再次拉伸。这是因为脑瘫客户关节活动范围丧失的风险很高。
- 由于受到痉挛的干扰，本指南建议此类人群进行柔韧性训练，包括拉伸所有主要肌群，每个位置拉伸至紧张状态并保持 60 ～ 120 秒，应额外关注运动受限的部位。私人教练小心谨慎地协助客户进行拉伸是有一定帮助的，应每天拉伸影响日常生活的肌群。
- 私人教练必须了解并对以下事实保持敏感：很多脑瘫患者都有认知、视觉、听觉和言语困难。
- 由于有平衡和协调性问题，建议在使用跑步机、椭圆机和越野滑雪机进行运动时，对客户进行监控和保护。
- 私人教练应该对脑瘫客户强调要摄入适宜的营养，尤其是那些超重的脑瘫客户。

结语

私人教练的业务范围正在迅速扩大。越来越多的证据支持对很多特殊人群，包括存在严重神经肌肉失调问题的客户进行训练和运动。强烈鼓励脊髓损伤、多发性硬化症、癫痫和脑瘫人群提高并保持中等至高度的身体活动水平。如果上述人群能够安全有效地进行运动，那么定期运动带来的功能和健康收益类似于其他人群。这类人罹患慢性代谢紊乱的风险增高，至少有部分原因是这些人不经常进行身体活动。

私人教练应在专业健康和医疗从业人士的指导下，努力提升对罹患本章所述疾病的客户的服务质量。和上述存在神经肌肉失调问题的客户一起运动，以及与其他诸如帕金森病、肌萎缩症和小儿麻痹后期综合征等患者一起运动所得到的深层回报，与其他类型的客户，包括非运动员和运动员一起运动的意义是相同的。最后，《ACSM 慢性疾患和残疾人群的运动管理》(*ACSM's Exercise Management for Persons with Chronic Diseases and Disabilities*) 和《ACSM 临床运动生理学资源》(*ACSM's Resources for Clinical Exercise Physiology*)[26, 57]，应是每一个和特殊人群合作的私人教练的资料库中的两个重要参考资料。

学习问题

1. 由于心率的自主控制和主动肌质量不同，自感用力程度量表适用于监测下列患哪种疾病的客户的有氧运动强度?
   A. 脊髓损伤
   B. 多发性硬化症
   C. 癫痫
   D. 脑瘫
2. 一位 38 岁的客户诊断患有多发性硬化症，她是一名土木工程师，诉说在工作场所行走和爬楼梯时会感到腿部肌肉疲劳。她以 90 ~ 100 次 / 分的心率范围，进行斜躺踏步、臂腿组合自行车测功和上肢测功，每项 10 分钟。她还完成了 2 组背阔肌下拉，每组重复 10 次，同时进行了坐姿划船、膝关节伸展，以及以 1RM 的 70% 进行胸部卧推。下一次运动课程应该增加下列哪个活动?
   A. 慢跑和压腿
   B. 划船测力和坐姿髋关节内收
   C. 跑步机行走和压腿
   D. 跳绳和跳箱
3. 私人教练一直帮助一位客户减肥，该客户在过去 3 个月内发生过部分性复杂型癫痫发作。她的建议减肥目标是 10 千克。完成重复身体成分测试后，私人教练发现她已经减掉了 4.5 千克。身体成分测试结果显示，她的体脂减少了 4 千克，去脂体重减少了 0.5 千克。此时私人教练主要会担心下列哪一项问题?
   A. 减肥速度太快了
   B. 降低的重量可能表明她已经脱水了
   C. 体重减轻可能增强抗癫痫药物的副作用
   D. 对这种减重效果不必特别担心
4. 一名脑瘫患者可以使用双腿。对于他来说下列哪种运动方式需要的监督最少?
   A. 跑步机行走
   B. 楼梯机
   C. 固定式自行车
   D. 椭圆机

应用知识问题

填写下表，描述脊髓损伤、多发性硬化症、癫痫和脑瘫患者的一般禁忌运动和安全问题。

疾病	禁忌运动	安全问题
脊髓损伤		
多发性硬化症		
癫痫		
脑瘫		

参考文献

1. American College of Sports Medicine. 2007. Position stand. Exertional heat illness during training and competition. *Medicine and Science in Sports and Exercise* 39 (3): 556-572.
2. Anderson, M.A., and J.J. Laskin. 2009. Cerebral palsy. In: *ACSM's Resources for Clinical Exercise Physiology*, 2nd ed., J. Myers and D. Nieman, eds. Baltimore: Lippincott Williams & Wilkins. Chapter 2, pp. 19-33.
3. Ascherio, A., K.L. Munger, E.T. Lennette, D. Spiegelman, M.A. Hernan, M.J. Olek, S.E. Hankinson, and D.J. Hunter. 2001. Epstein-Barr virus antibodies and risk of multiple sclerosis. *Journal of the American Medical Association* 286: 3083-3088.
4. Bauman, W.A., and A.M. Spungen. 2000. Metabolic changes in persons after spinal cord injury. *Physical Medicine and Rehabilitation Clinics of North America* 11: 109-140.
5. Birk, T.J., E. Nieshoff, G. Gray, J. Steeby, and K. Jablonski. 2001. Metabolic and cardiopulmonary responses to acute progressive resistive exercise in a person with C4 spinal cord injury. *Spinal Cord* 39: 336-339.
6. Bjarnadottir, O.H., A.D Konradsdottir, K. Reynisdottir, and E. Olasfsson. 2007. Multiple sclerosis and brief moderate exercise. A randomized study. *Multiple Sclerosis* 13 (6): 776-782.
7. Bradley-Popovich, G.E., K.R. Abshire, C.M. Crookston, and G.G. Frounfelter. 2000. Resistance training in paraplegia: Rationale and recommendations. *Strength and Conditioning Journal* 22: 31-34.
8. Burkett, L.N., J. Chisum, W. Stone, and B. Fernhall. 1990. Exercise capacity of untrained spinal cord injured individuals and the relationship of peak oxygen uptake and level of injury. *Paraplegia* 28: 512-521.
9. Burnham, R.S., and R.D. Steadrand. 1994. Nerve entrapment in wheelchair athletes. *Archives of Physical Medicine and Rehabilitation* 75: 519-524.
10. Cerebral Palsy International Sports and Recreation Association. 1991. *Classification and Sports Rules Manual*, 5th ed. Nottingham, England: CPISRA.
11. Chad, K.E., D.A. Bailey, H.A. McKay, G.A. Zello, and R.E. Snyder. 1999. The effect of a weight-bearing physical activity program on bone mineral content and estimated volumetric density in children with spastic cerebral palsy. *Journal of Pediatrics* 135: 115-117.
12. Comi, G., L. Leocani, P. Rossi, and B. Columbo. 2001. Physiopathology and treatment of fatigue in multiple sclerosis. *Journal of Neurology* 248: 174-179.
13. Commission on Classification and Terminology

of the International League Against Epilepsy. 1981. Proposal for revised classification of epilepsies and epileptic seizures. *Epilepsia* 22: 389-399.

14. Commission on Classification and Terminology of the International League Against Epilepsy. 1989. Proposal for revised clinical and electroencephalopathic classification of epileptic seizures. *Epilepsia* 22: 489-501.
15. Curtis, K.A., T.M. Tyner, L. Zachary, G. Lentell, D. Brink, T. Didyk, K. Gean, J. Hall, M. Hooper, J. Klos, S. Lesina, and B. Pacillas. 1999. Effect of a standard exercise protocol on shoulder pain in longterm wheelchair users. *Spinal Cord* 37: 421-429.
16. Dalgas, U., E. Stenager, and T. Ingemann-Hansen. 2008. Multiple sclerosis and physical exercise: Recommendations for the application of resistance, endurance, and combined training. *Multiple Sclerosis* 14 (1): 35-53.
17. Damiano, D.L., and M.F. Abel. 1998. Functional outcomes of strength training in spastic cerebral palsy. *Archives of Physical Medicine and Rehabilitation* 79: 119-125.
18. Damiano, D.L., C.L. Vaughn, and M.F. Abel. 1995. Muscle response to heavy resistance training in spastic cerebral palsy. *Developmental Medicine and Child Neurology* 75: 658-671.
19. Davis, G.M. 1993. Exercise capacity of individuals with paraplegia. *Medicine and Science in Sports and Exercise* 25: 423-432.
20. Davis, G.M., and R.M. Glaser. 1990. Cardiorespiratory fitness following spinal cord injury. In: *Key Issues in Neurological Physiotherapy*, L. Ada and C. Canning, eds. Sydney: Butterworth-Heinemann. pp. 155-196.
21. Davis, G.M., and R.J. Shepard. 1988. Cardiorespiratory fitness in highly active versus less active paraplegics. *Medicine and Science in Sports and Exercise* 20: 963-968.
22. Davis, G.M., R.J. Shepard, and F.H.H. Leenen. 1987. Cardiac effects of shortterm arm crank training in paraplegics: Echocardiographic evidence. *European Journal of Applied Physiology* 56: 90-96.
23. Davis, G.M., R.J. Shepard, and R.W. Jackson. 1981. Cardiorespiratory fitness and muscular strength in lower-limb disabled. *Canadian Journal of Applied Sport Sciences* 6: 159-165.
24. Davis, G.M., R.J. Shepard, and R.W. Jackson. 1991. Exercise capacity following spinal cord injury. In: *Cardiovascular and Respiratory Responses to Exercise in Health and Disease,* J.R. Sutton and R. Balnave, eds. Sydney: University of Sydney. pp. 179-192.
25. Davis, G.M., S.J. Tupling, and R.J. Shepard. 1986. Dynamic strength and physical activity in wheelchair users. In: 1984 *Olympic Scientific Congress—Sports and Disabled Athletes*, C. Sherrill, ed. Champaign, IL: Human Kinetics. pp. 139-148.
26. Durstine, J.L. 2002. *ACSM's Exercise Management for Persons with Chronic Diseases and Disabilities*, 2nd ed. Champaign, IL: Human Kinetics.
27. Ferrara, M.S., W.E. Buelly, B.C. McCann, T.S. Limbird, J.W. Powell, and R. Robl. 1992. The injury experience of the competitive athlete with a disability: Prevention implications. *Medicine and Science in Sports and Exercise* 24: 184-188.
28. Ferrara, M., and J. Laskin. 1997. Cerebral palsy. In: *ACSM's Exercise Management of Persons with Chronic Diseases and Disabilities*, J.L. Durstine, ed. Champaign, IL: Human Kinetics. pp. 206-211.
29. Figoni, S.F. 1986. Circulorespiratory effects of arm training and detraining in one C5-6 quadriplegic man. *Physical Therapy* 66: 779.

30. Figoni, S.F. 1993. Exercise responses and quadriplegia. *Medicine and Science in Sports and Exercise* 25: 433-441.

31. Figoni, S.F. 1997. Spinal cord injury. In: *ACSM's Exercise Management for Persons with Chronic Diseases and Disabilities*, 1st ed., J.L. Durstine, ed. Champaign, IL: Human Kinetics. pp. 175-179.

32. Figoni, S.F., R.A. Boileau, B.H. Massey, and J.R. Larsen. 1988. Physiological responses of quadriplegics and able-bodied men during exercise at the same oxygen uptake. *Adapted Physical Activity Quarterly* 5: 130-139.

33. Figoni, S.F., C.G. Gupta, and R.M. Glaser. 1999. Effects of posture on arm exercise performance of adults with tetraplegia. *Clinical Exercise Physiology* 1: 74-85.

34. Figoni, S.F., B.J. Kiratli, and R. Sasaki. 2009. Spinal cord dysfunction. In: *ACSM's Resources for Clinical Exercise Physiology*, 2nd ed., J. Myers and D. Nieman, eds. Baltimore: Lippincott Williams & Wilkins. pp. 58-78.

35. Franklin, B.A., K.I. Swentek, K. Grais, K.S. Johnston, S. Gordon, and G.C. Timmis. 1990. Field test of maximum oxygen consumption in wheelchair users. *Archives of Physical Medicine and Rehabilitation* 71: 574-578.

36. Gates, J.R., and R.H. Spiegel. 1993. Epilepsy, sports, and exercise. *Sports Medicine* 15: 1-5.

37. Hjentnes, N. 1977. Oxygen uptake and cardiac output in graded arm exercise in paraplegics with low level spinal lesions. *Scandinavian Journal of Rehabilitation Medicine* 9: 107-113.

38. Hjentnes, N. 1984. Control of medical rehabilitation of para and tetraplegics by repeated evaluation of endurance capacity. *International Journal of Sports Medicine* 5: 171-174.

39. Hutzler, Y.A., A. Chacham, U. Bergman, and I. Reches. 1998. Effects of a movement and swimming program on water orientation skills and selfconcept of kindergarten children with cerebral palsy. *Perceptual and Motor Skills* 86: 111-118.

40. Hutzler, Y., A. Chacham, U. Bergman, and A. Szeinberg. 1998. Effects of a movement and swimming program on vital capacity and water orientation skills of children with cerebral palsy. *Developmental Medicine and Child Neurology* 40: 176-178.

41. Jackson, K., and J. Mulcare. 2009. Multiple sclerosis. In: *ACSM's Resources for Clinical Exercise Physiology*, 2nd ed., J. Myers and D. Nieman, eds. Baltimore: Lippincott Williams & Wilkins. pp. 34-43.

42. Jackson, R.W., G.M. Davis, P.R. Kofsky, R.J. Shepard, and G.C.R. Keene. 1981. Fitness levels in lower limb disabled. *Transactions of the 27th Annual Meeting of the Orthopedic Society* 6: 12-14.

43. Kammerman, S., and L. Wasserman. 2001. Seizure diagnosis: Part 1. Classification and diagnosis. *Western Journal of Medicine* 175: 99-103.

44. Kammerman, S., and L. Wasserman. 2001. Seizure disorders: Part 2. Treatment. *Western Journal of Medicine* 175: 184-188.

45. Kilef, J., and A. Ashburn. 2005. A pilot study of the effect of aerobic exercise on people with moderate disability multiple sclerosis. *Clinical Rehabilitation* 19: 165-169.

46. Kofsky, P.R., G.M. Davis, G.C. Jackson, C.R. Keene, and R.J. Shepard. 1983. Field testing: Assessment of physically disabled adults. *European Journal of Applied Physiology* 15: 109-120.

47. Kofsky, P.R., R.J. Shepard, G.M. Davis, and R.W. Jackson. 1986. Classification of aerobic power and muscular strength for disabled

individuals with differing patterns of habitual physical activity. In: *1984 Olympic Scientific Congress—Sports and Disabled Athletes*. Champaign, IL: Human Kinetics. pp. 147-156.

48. Korczya, A.D. 1979. Participation of epileptic patients in sports. *Journal of Sports Medicine* 19: 195-198.
49. Laskowski, E.R. 1994. Strength training in the physically challenged population. *Strength and Conditioning* 16: 66-69.
50. Liaw, M.Y., A.C. Lin, P.T. Cheng, M.K. Wong, and F.T. Tang. 2000. Resistive inspiratory muscle training: Its effectiveness in patients with acute complete cervical cord injury. *Archives of Physical Medicine and Rehabilitation* 81: 752-756.
51. Linn, W.S., A.M. Spungen, H. Gong Jr., R.H. Adkins, W.A. Bauman, and R.L. Waters. 2001. Forced vital capacity in two large outpatient populations with chronic spinal cord injury. *Spinal Cord* 39: 263-268.
52. McCullagh, R., A.P. Fitzgerald, R.P. Murphy, and G. Cooke. 2008. Long-term benefits of exercising on quality of life and fatigue in multiple sclerosis patients with mild disability: A pilot study. *Clinical Rehabilitation* 22 (3): 206-214.
53. McLean, K.P., P.P. Jones, and J.S. Skinner. 1995. Exercise prescription for sitting and supine exercise in individuals with tetraplegia. *Medicine and Science in Sports and Exercise* 27: 15-21.
54. McLean, K.P., and J.S. Skinner. 1995. Effect of training position on outcomes of an aerobic training study on individuals with quadriplegia. *Archives of Physical Medicine and Rehabilitation* 76: 139-150.
55. Mellett, C.J., A.C. Johnson, P.J. Thompson, and D.R. Fish. 2001. The relationship between participation in common leisure activities and seizure occurrence. *Acta Neurologica Scandinavica* 103: 300-303.
56. Mulcare, J.A. 2002. Multiple sclerosis. In: *ACSM's Exercise Management for Persons with Chronic Diseases and Disabilities*, J.L. Durstine, ed. Champaign, IL: Human Kinetics. pp. 267-272.
57. Myers, J., W. Herbert, and R. Humphrey, eds. 2002. *ACSM's Resources for Clinical Exercise Physiology: Musculoskeletal, Neuromuscular, Neoplastic, Immunologic, and Hematologic Conditions*, 1st ed. Baltimore: Lippincott Williams & Wilkins.
58. Nakken, K.O. 1999. Physical exercise in outpatients with epilepsy. *Epilepsia* 40: 643-651.
59. Nakken, K.O., P.G. Bjorholt, S.L. Johannssen, T. Loyning, and E. Lind. 1990. Effect of physical training on aerobic capacity, seizure occurrence, and serum level of antiepileptic drugs in adults with epilepsy. *Epilepsia* 31: 88-94.
60. Nakken, K.O., and R. Lossius. 1993. Seizure-related injuries in multihandicapped patients with therapy-resistant epilepsy. *Epilepsia* 34: 846-850.
61. Nash, M.S., S. Bilsker, and A.E. Marcillo. 1991. Reversal of adaptive left ventricular atrophy following electrically stimulated exercise training in human tetraplegics. *Paraplegia* 29: 590-599.
62. National Institute of Neurological Disorders and Stroke (NINDS), National Institutes of Health. Multiple sclerosis: Hope through research. Updated July 1, 2010.
63. Neal, E.G., H. Chaffe, R.H. Schwartz, et al. 2008. The ketogenic diet for the treatment of childhood epilepsy: A randomized controlled trial. *Lancet Neurology* 7: 500-506.
64. Newman, M.A., H. Dawes, M. van den Berg,

D.T. Ward, et al. 2007. Can aerobic treadmill training reduce the effort of walking and fatigue in people with multiple sclerosis: A pilot study. *Multiple Sclerosis* 13 (1): 113-119.

65. Noseworthy, J.H., C. Lucchinetti, M. Rodriguez, and B.G. Weinshenker. 2000. Multiple sclerosis. *New England Journal of Medicine* 343: 938-952.
66. Ogyniemi,A.O.,M.R.Gomez,andD.K.Klass.1988. Seizures induced by exercise. *Neurology* 38: 633-634.
67. Oligati, R., J.M. Burgunder, and M. Mumenthaler. 1988. Increased energy cost of walking in multiple sclerosis: Effect of spasticity, ataxia, and weakness. *Archives of Physical Medicine and Rehabilitation* 69: 846-849.
68. Oligati, R., J. Jacquet, and P.E. Di Prampero. 1986. Energy cost of walking and exertional dyspnea in multiple sclerosis. *American Review of Respiratory Disease* 134: 1005-1010.
69. Peck, D.M., and D.B. McKeag. 1994. Athletes with disabilities: Removing barriers. *Physician and Sports medicine* 24: 59-62.
70. Petajan, J.H., E. Gappmaier, A.T. White, M.K. Spencer, I. Mino, and R.W. Hicks. 1996. Impact of aerobic training on fitness and quality of life in multiple sclerosis. *Annals of Neurology* 39: 432-441.
71. Petajan, J.H., and A.T. White. 1999. Recommendations for physical activity in patients with multiple sclerosis. *Sports Medicine* 27: 179-191.
72. Peterson, C. 2001. Exercise in 94 degrees F water for a patient with multiple sclerosis. *Physical Therapy* 81: 1049-1058.
73. Phillips, W.T., B.J. Kiratli, M. Sarkarati, G. Weraarchakul, J. Myers, B.A. Franklin, I. Parkash, and V. Froelicher. 1998. Effect of spinal cord injury on the heart and cardiovascular fitness. *Current Problems in Cardiology* 23: 649-704.
74. PonichteraMulcare, J.A. 1993. Exercise and multiple sclerosis. *Medicine and Science in Sports and Exercise* 25: 451-465.
75. Poser, C.M., D.W. Paty, and L. Scheinberg. 1983. New diagnostic criteria for multiple sclerosis: Guidelines for research protocols. *Annals of Neurology* 13: 227-231.
76. Rampello, A., M. Franceschini, M. Piepoli, R. Antenucci, et al. 2007. Effect of aerobic training on walking capacity and maximal exercise tolerance in patients with multiple sclerosis: A randomized crossover controlled study. *Physical Therapy* 5: 545-555.
77. Romberg, A., A. Virtanen, J. Ruutiainen, S. Aunola, et al. 2004. Effects of a 6-month exercise program on patients with multiple sclerosis: A randomized study. *Neurology* 63: 2034-2038.
78. Sadovnick, A.D., P.A. Baird, and R.H. Ward. 1988. Multiple sclerosis: Updated risks for relatives. *American Journal of Medical Genetics* 29: 533-541.
79. Schmitt, B., L. Thun-Hohenstein, L. Vontobel, and E. Boltshauser. 1994. Seizures induced by physical exercise: Report of two cases. *Neuropediatrics* 25: 51-53.
80. Scholtes, V.A., A.J. Dallmeijer, E.A. Rameckers, et al. 2008. Lower limb strength training in children with cerebral palsy: A randomized controlled trial protocol for functional strength training based on progressive resistance exercise principles. *BMC Pediatrics* 8: 41-48.
81. Snook, EM., and RW. Moti. 2009. Effect of exercise training on walking mobility in multiple sclerosis: A meta-analysis. *Neurorehabilitation and Neural Repair* 23 (2): 108-116.
82. Sopka, C. 1998. Sports medical concerns for

conditioning athletes with disabilities. *Strength and Conditioning* 20: 24-31.

83. Spiegel, R.H., and J.R. Gates. 1997. Epilepsy. In: *ACSM's Exercise Management for Persons with Chronic Diseases and Disabilities*, J.L. Durstine, ed. Champaign, IL: Human Kinetics. pp. 185-188.
84. Sutherland, G.J., and M.B. Anderson. 2001. Exercise and multiple sclerosis: Physiological, psychological, and quality of life issues. *Journal of Sports Medicine and Physical Fitness* 41: 421-432.
85. Svenson, B., B. Gerdle, and J. Elert. 1994. Endurance training in patients with multiple sclerosis: Five case studies. *Physical Therapy* 74: 1017-1026.
86. Tantucci, C., M. Massucci, R. Piperno, V. Grassi, and C.A. Sorbini. 1996. Energy cost of exercise in multiple sclerosis patients with low degree of disability. *Multiple Sclerosis* 2: 161-167.
87. Turk, M. A. ,C .A.Geremski,P. F. Rosenbaum, and R. J. Weber. 1997. The health status of women with cerebral palsy. *Archives of Physical Medicine and Rehabilitation* 78: S10-17.
88. United Cerebral Palsy, UCP Net. Cerebral palsy-facts & figures.
89. Van Drongelen, S., L.H. van der Woude, T.W. Janssen, E.L. Angenot, E.K. Chadwiock, and D.H. Veeger. 2005. Gleno-humeral contact forces and muscle forces evaluated in wheelchair-related activities of daily living in able-bodied Clients With Spinal Cord Injury, Multiple Sclerosis, Epilepsy, and Cerebral Palsy subjects versus subjects with paraplegia and tetraplegia. *Archives of Physical Medicine and Rehabilitation* 86 (7, July): 1434-1440.
90. Verschuren, O., M. Ketelaar, J.W. Gorter, et al. 2007. Exercise training program in children and adolescents with cerebral palsy: A randomized controlled trial. *Archives of Pediatrics and Adolescent Medicine* 161: 1075-1081.
91. White, A.T., T.E. Wilson, S.L. Davis, and J.H. Petajen. 2000. Effect of precooling on physical performance in multiple sclerosis. *Multiple Sclerosis* 6: 176-180.
92. White, L.J., S.C. McCoy, V. Castellano, G. Gutierez, et al. 2004. Resistance training improves strength and functional capacity in persons with multiple sclerosis. *Multiple Sclerosis* 10 (6): 668-674.
93. Winnich, J.P., and F.X. Short. 1984. The physical fitness of youngsters with spinal neuromuscular conditions. *Adapted Physical Activity Quarterly* 1: 37-51.
94. Wise, J.B. 1996. Weight training for those with physical disabilities at Idaho State University. *Strength and Conditioning* 18: 67-71.
95. Yamasaki, M., K.T. Kim, S.W. Choi, S. Muraki, M. Shiokawa, and T. Kurokawa. 2001. Characteristics of body heat balance of paraplegics during exercise in a hot environment. *Journal of Physiological Anthropology in Applied Human Sciences* 20: 227-232.

其他资源

脑瘫研究基金会（Cerebral Palsy Research Foundation）
5111 East 21st St.
Wichita，KS 67208

美国癫痫基金会（Epilepsy Foundation of America）
8301 Professional Pl.
Landover，MD 20785

《美国医学会杂志》患者页面：多发性硬化症
Journal of the American Medical Association
Patient Page: Multiple Sclerosis

多发性硬化症：MedlinePlus 互动健康教程

美国多发性硬化症协会（Multiple Sclerosis Association of America）
706 Haddonfield Rd.
Cherry Hill，NJ 08002
856-488-4500
800-532-7667

国家神经疾病与中风研究院（National Institute of Neurological Disorders and Stroke）
National Institutes of Health
Bethesda，MD 20892

国家多发性硬化症协会（National Multiple Sclerosis Society）
733 Third Ave.
3rd Floor
New York，NY 10017-3288
212-986-3240
800-344-4867 (FIGHTMS)

国家脊髓损伤协会（National Spinal Cord Injury Association）

《神经病学》杂志患者页面：多发性硬化症
Neurology Patient Page: Multiple Sclerosis

第23章

运动员客户的抗阻训练

大卫·R. 皮尔森（David R. Pearson），PhD
约翰·F. 格雷厄姆（John F. Graham），MS

学习完本章后，你将能够掌握如下内容。

- 理解如何在为训练某项体育运动的运动员客户制订抗阻训练计划时，运用超负荷与专项化原则。
- 理解周期性训练计划的价值、作用及应用。
- 阐述周期性训练计划的周期和阶段。
- 理解如何在线性和非线性的周期性训练模型中调控负荷与重复次数。
- 制订线性和非线性的周期性计划。

私人教练有许多机会与不同类型的客户接触。大部分客户都有久坐不动的生活习惯和有限的娱乐追求，他们可能出现心血管和代谢方面的问题。相反，有些客户却非常活跃好动，无论在工作时间还是私人时间，总是有明确的竞技目标和竞争意识。这类运动员客户的训练需求和大众截然不同。本章将基于第15章阐述的基本抗阻训练计划的制订原则，说明如何制订更高级的周期性训练计划，帮助这些运动员客户达到他们的竞赛目标。

本章来源：Adapted from D. Pearson，A. Faigenbaum，M. Conley，and W. J. Kraemer，2000，“National Strength and Conditioning Association’s Basic Guidelines for the Resistance Training of Athletes，” *Strength and Conditioning Journal* 22 (4): 14-27; and J. F. Graham，2002，“Periodization Research and an Example Application，” *Strength and Conditioning Journal* 24 (6): 62-70.

计划制订的因素

作为提高运动员运动表现能力的抗阻训练计划，多年来一直被视为整体训练计划中不可或缺的一部分。在过去20年中，大量的科学文献认为精心制订的抗阻训练计划是改善身体机能和提升运动表现的有效手段[1, 2, 21, 22, 30, 35, 36]。系统而正确地应用超负荷和专项化原则可使私人教练受益良多，这两个原则是抗阻训练计划的核心原则。结合优化训练强度所需的周期性原则，抗阻训练就成为增强肌肉表现能力、改善运动表现、防止受伤最有效的方法之一。

超负荷原则

超负荷原则的概念是运动员需不断挑战神经肌肉系统，需逐渐增加对肌肉的训练压力或负荷才能获益。如第15章所述，私人教练可以在训练中增加重量，或者加大每周的训练量，包括增加训练次数或者做一些更难完成的动作，或者通过增加组数来加大负荷。

专项化原则

专项化原则指的是特定的训练活动产生特定的变化和结果。这些特定的训练活动与实际的体育运动项目越相似，主动迁移的可能性就越高[3, 8, 14, 17, 18, 24, 34]。尽管运动员可以通过非专项训练提升自己的速度和力量，但最有效的训练计划应符合身体代谢和生物力学的特点。这种专项性将训练适当的代谢系统，包括重复练习体育运动项目所需的关节速度和角度。私人教练应制订至少包含一种能够模拟运动员的体育运动项目的主要运动技能模式的抗阻训练计划（见表23.1的示例）。

虽然采用大负荷的训练计划可以增加1RM，但是想改善运动员快速产生力量的能力，需以高速进行训练[16]。通过传统的低速度，大重量训练来提升1RM，不能保证可以改善有特定轨迹的力量动作（比如篮球跳投、棒球投掷、排球扣杀）。私人教练应该选择爆发性运动和强度适中的负荷使运动员在完成各种训练动作时充满爆发力。

表23.1 体育专项运动实例

专项技能	运动专项相关的运动*
运球和传球	胸前传球、反向臂弯举、窄握距卧推、肱三头肌下压、深俯卧撑
踢球	弓箭蹲、弓箭蹲跳、阻力外展腿、仰卧举腿
自由泳	拉力器握杆下拉、向前交替弓箭蹲、俯身侧举、立定跳远、双脚纵跳
跳跃	高翻、挺举、背蹲、抓举、收腹跳、跳箱、向前跳跃障碍
挥拍	仰卧飞鸟、反向飞鸟、屈腕练习、反向屈腕练习、手腕旋外练习、手腕旋内练习
划船	坐姿蹬腿器、划船机、杠铃俯身划船、收腹跳、屈膝起坐、45度仰卧起坐
奔跑或冲刺	弓箭蹲、双脚踏箱练习、单脚直腿硬拉、高翻、后踢腿、原地摆臂练习、下坡冲刺、协助拖拉练习、上坡冲刺、辅助冲刺
投掷	哑铃屈臂上举、肱三头肌伸展、前举、肩关节旋内和旋外

*只是部分举例，还有与许多专项技能相关的运动。

来源：Adapted by permission from NSCA 2000.

训练活动与实际的专项动作越相似，主动迁移的可能性就越高。私人教练应制订至少包含一种能够模拟运动员的体育运动项目的主要运动技能模式的抗阻训练计划。

周期性抗阻训练

运动训练理论最重要的进展就是周期性训练概念的发展。周期性训练指的是抗阻训练计划中的已规划变量在一个周期中的系统变化过程[12, 13, 30, 35]。通过合理地控制训练量、训练强度和选择有效的训练动作来达到周期性训练计划的目标。大量研究成果表明，此概念可优化训练适应[10, 20]。有针对性地安排时间进行身体和心理恢复，这样的训练方式有一个最突出的优点是降低了过度训练的风险[13, 23, 30]。尽管通常核心训练都是周期性的，但实际上所有训练的训练量和训练强度都有一定的不同。

周期性训练指的是在一个周期中，在抗阻训练计划里系统地设计变量的过程。

周期与阶段

周期性训练计划有 3 个不同的阶段。大周期的时间跨度最长，通常包含全年的训练计划，但也可能长达 4 年（对于奥运选手而言）。大周期通常划分为包含数周至数月的两个或两个以上的中周期。中周期的数量取决于运动员的训练目标，如使用中周期，运动员的比赛也应包括在中周期的计划内。每一个中周期又划分为数个包含 1 ～ 4 周不同训练形式的小周期，通常包含每天和每周的训练内容[5, 6, 7, 11, 13, 30, 32]。

1981 年，斯托恩（Stone）和同事在美国修改苏联和东欧等国家的周期性计划后，建立了一种发展力量和爆发力的美国训练模式。这种模式将抗阻训练分为 5 个中周期，每个中周期包含一个主要目标或重点。

- **肥大阶段：**包含大运动量和低强度的体育专项运动和非体育专项运动的抗阻训练计划，为以后高强度的训练打下肌肉及新陈代谢基础。
- **力量阶段：**包含中等运动量和中等强度的体育专项运动的抗阻训练计划，目的是增加肌肉最大力量。
- **力量或爆发力阶段：**包含小运动量、高强度的体育专项力量或爆发力运动，以增加力量发展速度。
- **比赛或峰值阶段：**包含很高强度和很小运动量的体育专项运动的抗阻训练计划，以提升肌肉力量和爆发力峰值。
- **主动休息阶段：**进行运动量有限和低强度的抗阻训练或与体育专项运动无关的身体活动，进行身体和心理恢复。

研究发现，每年不止一次地重复以上 5 个阶段训练，可以获得更强的力量和爆发力。变化是解释 1 年内进行 3 套而非 1 套完整训练计划的优势的关键因素。

运动选择的多样化

试验证据表明，多样化的运动对于提升同一个肌群的力量和爆发力的效果优于单一的运动。这也并不意味着私人教练需要在每一个训练课中都进行不同的运动，或者当变化一种运动时，所有运动都跟着发生变化。总之，训练动作可以每两周或者3周进行变化，或者也可以根据其他训练课的动作进行变化。（即两个不同的训练课相互替换）。核心运动需要始终贯穿在训练计划中，这样才能保证核心运动顺利进行[25]。

> 多样化的运动在提升同一个肌群的力量和爆发力的效果方面优于无变化的单一运动。

周期性抗阻训练的线性和非线性模型

经典的周期性模型通常是线性训练计划，即从一个中周期到下一个中周期，训练强度逐渐持续增加，训练量逐渐持续降低。如果训练负荷在1周内或者一个小周期中有变化，那么训练动作的组数和次数就没有变化。线性模型中的一个变量，涉及多数（或全部）核心运动的训练负荷和训练量在一周或小周期内发生的变化。这种类型的周期性模型称为波动（或非线性）模型。

线性周期性模型

对于线性模型而言，核心运动的每周变化是，某日（称为大重量训练日）进行最大水平重复训练（即100%指定训练负荷），那么对于接下来在同一周的运动来说，相同的训练动作就采取较低水平（比大重量训练日的负荷小10%～30%）或者中等水平（比大重量训练日的负荷小5%～10%）或者两者皆可（取决于一周有2次还是3次训练），所有的训练都采用相同的组数和重复次数。线性周期性训练计划的示例请参照第15章的“肌肉力量训练计划”（表15.23）。尽管轻量日的负荷只有大重量日最大重量的80%，但是组数和重复次数（即训练量）相同。在推进线性周期性训练计划时，训练强度在数周内（或者数个小周期内）逐渐增加。一个特定的训练强度通常持续2～4周。这种计划在另一完整的训练周期或赛季（竞赛）开始之前，以主动休息阶段结束。

> 线性周期性训练计划从一个中周期到下一个中周期，训练强度逐渐增加，训练量逐渐降低，但每一个中周期的训练组数和次数没有变化。

线性周期性训练计划实例

在线性周期性训练计划开始之前，私人教练应该建议运动员完成持续4～6周的低强度基础训练计划。这种引导式计划有助于运动员学习运动技能，良好地适应抗阻训练所带来的压力，使他们为第1个周期性训练做好准备。这种训练的负荷一般非常小（如重复15～20次）。这样的基础训练对于刚开始进行训练的运动员来说非常重要，却不一定适用于训练有素的运动员。线性周期性训练计划的参数总结见表 23.2，表 23.3 为一项计划实例。

- **肥大或耐力阶段** 在周期性训练计划中，该阶段会进行 2 ～ 4 周。私人教练应该指导运动员每个动作进行 3 ～ 4 组，每组重复 8 ～ 12 次（75% 1RM），每组和每个动作间休息 1 ～ 2 分钟。这种训练产生大运动量、低强度的刺激。
- **力量阶段** 用 2 ～ 4 周的相同时间，让运动员进行 3 ～ 4 组动作练习，每组重复 5 ～ 6 次（85% 1RM）每组和每个动作间休息 3 ～ 5 分钟。
- **力量或爆发力阶段** 在接下来的 2 ～ 4 周中，运动员完成 3 ～ 5 组动作练习，每组重复 3 ～ 4 次（90% ～ 93% 1RM）。私人教练也应该让运动员以较小负荷完成爆发力运动（比如推压、高翻）[3]，保证快速而充满爆发力地进行运动。建议组间有更长的休息时间以保证身体能够充分恢复。
- **比赛或峰值阶段** 私人教练要在 2 ～ 3 周的时间内进一步增加负荷，使运动员能够完成 1 ～ 2 次，95% 1RM 的运动（稍小负荷的爆发力运动）。每个动作完成 3 ～ 4 组，每组和每个动作间休息 3 ～ 5 分钟。这个阶段可使运动员的爆发力和力量达到峰值，这对于需要最大力量和快速爆发的运动来说非常关键。

表 23.2 线性周期性训练计划概览（核心训练）

阶段	时长（周）	组数	目标（重复次数）	休息期（时间）	指定的负荷
肥大	2 ～ 3	3 ～ 5	8 ～ 12	1 ～ 2 分钟	～ 75% 1RM 80% ～ 100% 8RM ～ 12RM
力量	2 ～ 3	3 ～ 5	5 ～ 6	3 ～ 5 分钟	～ 85% 1RM 80% ～ 100% 5RM ～ 6RM
力量或爆发力	2 ～ 3	3 ～ 5	3 ～ 4	2 ～ 3* 分钟	90% ～ 93% 1RM 80% ～ 100% 3RM ～ 4RM**
比赛	2 ～ 3	3 ～ 4	1 ～ 2	3 ～ 5 分钟	≥ 95% 1RM 80% ～ 90% 1RM ～ 2RM**
主动休息	1	非抗阻训练	非抗阻训练	非抗阻训练	非抗阻训练

* 部分训练动作或者情况需要休息 5 分钟。

** 爆发力训练的负荷需要减少到能够让运动员做快速爆发的动作（见第 15 章了解更多关于确定爆发力训练负荷的详情）。

来源：Based on Pearson et al.2000 [26] and Graham 2002 [15].

表 23.3 为期 3 天的线性周期性计划实例

阶段	周	组数	目标重复次数	休息时长（分钟）	星期一 大重量日 100% 指定训练负荷	星期三 小重量日 80% 指定训练负荷***	星期五 中等强度日 90% 指定训练负荷***
肥大	1	3	12	1	67% 1RM 100% 12RM	54% 1RM 80% 12RM	60% 1RM 90% 12RM
	2	3	10	1.5	75% 1RM 100% 10RM	60% 1RM 80% 10RM	68% 1RM 90% 10RM
	3	4	8	1.5	80% 1RM 100% 8RM	64% 1RM 80% 8RM	72% 1RM 90% 8RM
力量	4	3	6	3*	85% 1RM 100% 6RM	68% 1RM 80% 6RM	77% 1RM 90% 6RM
	5	4	5	3*	87% 1RM 100% 5RM	70% 1RM 80% 5RM	78% 1RM 90% 5RM
	6	5	5	3*	87% 1RM 100% 5RM	70% 1RM 80% 5RM	78% 1RM 90% 5RM
力量或爆发力	7	3	4	3*	90% 1RM 100% 4RM**	72% 1RM 80% 4RM	81% 1RM 90% 4RM
	8	4	3	3*	93% 1RM 100% 3RM**	74% 1RM 80% 3RM	84% 1RM 90% 3RM
	9	5	3	3*	93% 1RM 100% 3RM**	74% 1RM 80% 3RM	84% 1RM 90% 3RM
比赛	10	3	2	5	95% 1RM 100% 2RM**	76% 1RM 80% 2RM	86% 1RM 90% 2RM
	11	4	2	5	95% 1RM 100% 2RM**	76% 1RM 80% 2RM	86% 1RM 90% 2RM
	12	4	1	5	100% 1RM 100% 1RM**	80% 1RM 80% 1RM	86% 1RM 90% 1RM
主动休息	13	无抗阻训练					

注：以上实例仅适用于核心训练。对于负荷的分配，参照第 15 章关于 1RM 百分比和重复次数之间的说明。

* 部分训练动作或者情况需休息 5 分钟。

** 爆发力训练的负荷需要减少到能够让运动员做快速爆发的动作（见第 15 章了解更多确定爆发力训练负荷的详情）。

*** 运动员需完成相同数量的目标重复次数——不要因为负荷变小了就完成更多。这也同样适用于负荷小于高强度的爆发力训练。用大重量日 1RM 乘以 0.8 和 0.9 来计算小重量日和中等强度日的 1RM。

来源：Based on Pearson et al.2000[26] and Graham 2002[15].

- **主动休息阶段** 运动员在该阶段经过 1 周的休息进入比赛时期，或者完成 1 ～ 3 周的主动休息期重返肥大或耐力阶段，开始新一轮的周期性训练计划。

非线性周期性模型

在非线性周期性训练计划中，核心训练的量和强度在 1 周内都是变化的。这与改变运动负荷却不改变运动量的线性周期性训练模型产生了鲜明对比。举个例子，为期 4 天的训练计划可以这样安排：星期一为大重量日，星期二为小重量日，星期四为爆发力日，星期五为中等强度日（其他为休息时间）。在运动员进入比赛时期或者 1 ～ 2 周主动休息的阶段之前，该训练计划持续一段时间。

> 非线性或者波动的周期性训练计划的训练负荷和训练量在 1 周内或者小周期内发生变化。

非线性周期性训练计划实例

建议在开始非线性周期性计划之前，运动员需要完成 4 ～ 6 周的基础训练计划，以小负荷（15 ～ 20RM）重复多次来加强正确的运动技巧，为后期计划打下坚实的基础。非线性周期性训练计划可以和线性周期性训练计划采用相同的时间（即 12 ～ 16 周），在 7 日或更长的小周期内顺序或循环进行不同形式的训练。非线性周期性训练计划的特征见表 23.4，计划实例见表 23.5。

表 23.4 非线性周期性训练计划概览（核心训练）

阶段	组数	目标（重复次数）	休息时长	指定的负荷
大重量	3 ～ 4	3 ～ 6	3 ～ 4 分钟	83% ～ 93% 1RM 90% ～ 100% 3 ～ 6RM
小重量	2 ～ 4	10 ～ 15	1 ～ 2 分钟	63% ～ 75% 1RM 70% ～ 80% 10 ～ 15RM
爆发力	3 ～ 4	2 ～ 4	2 ～ 3 分钟*	爆发力训练 30% ～ 60% 1RM** 50% ～ 80% 2 ～ 4RM 其他核心训练 90% ～ 95% 1RM** 90% ～ 100% 2 ～ 4RM
中等强度	2 ～ 4	8 ～ 10	1 ～ 2 分钟	75% ～ 80% 1RM 80% ～ 90% 8 ～ 10RM***

* 部分训练动作或者情况需要休息 5 分钟。

** 对于爆发力训练，私人教练应该将负荷从 1RM 的 30% 提高到 60% 或者从 60% 提高到 80%，使运动员完成动作时充满爆发力。其他核心训练应指定为 2 ～ 4 RM。

*** 或者负荷比大重量日减少 5% ～ 10%。

来源：Based on Graham 2002[15].

表 23.5 为期 4 天的非线性周期性训练计划实例

	第 1 天 大重量日				第 2 天 小重量日				第 3 天 爆发力日					第 4 天 中等强度日			
周	组数	目标重复次数	休息（分钟）	负荷	组数	目标重复次数	休息（分钟）	负荷	组数	目标重复次数	休息**（分钟）	负荷（爆发）*	负荷（其他）*	组数	目标重复次数	休息（分钟）	负荷***
1	3	6	4	85% 1RM 90% 6RM	2	15	1	65% 1RM 70% 15RM	3	4	3	30% 1RM 50% 4RM	90% 1RM 90% 4RM	2	10	1.5	75% 1RM 80% 10RM
2	3	6	4	85% 1RM 95% 6RM	3	15	1	65% 1RM 72.5% 15RM	3	4	3	32.5% 1RM 52.5% 4RM	90% 1RM 92.5% 4RM	3	10	1.5	75% 1RM 82.5% 10RM
3	4	6	4	85% 1RM 100% 6RM	3	15	1	65% 1RM 75% 15RM	4	4	3	35% 1RM 55% 4RM	90% 1RM 95% 4RM	3	10	1.5	75% 1RM 85% 10RM
4	3	5	5	87% 1RM 92.5% 5RM	4	15	1	65% 1RM 77.5% 15RM	4	4	3	37.5% 1RM 57.5% 4RM	90% 1RM 97.5% 4RM	4	10	1.5	75% 1RM 87.5% 10RM
5	3	5	5	87% 1RM 95% 5RM	4	15	1	65% 1RM 80% 15RM	4	4	3	40% 1RM 60% 4RM	90% 1RM 100% 4RM	4	10	1.5	75% 1RM 90% 10RM
6	4	5	5	87% 1RM 97.5% 5RM	2	12	1.5	67% 1RM 70% 12RM	3	3	3	45% 1RM 65% 3RM	93% 1RM 90% 3RM	2	9	2	77% 1RM 80% 9RM
7	4	5	5	87% 1RM 100% 5RM	3	12	1.5	67% 1RM 72.5% 12RM	3	3	3	47.5% 1RM 67.5% 3RM	93% 1RM 92.5% 3RM	2	9	2	77% 1RM 82.5% 9RM
8	3	4	5	90% 1RM 92.5% 4RM	3	12	1.5	67% 1RM 75% 12RM	4	3	3	50% 1RM 70% 3RM	93% 1RM 95% 3RM	3	9	2	77% 1RM 85% 9RM
9	3	4	5	90% 1RM 95% 4RM	4	12	1.5	67% 1RM 77.5% 12RM	4	3	3	52.5% 1RM 72.5% 3RM	93% 1RM 97.5% 3RM	4	9	2	77% 1RM 87.5% 1RM

续表

周	第 1 天 大重量日				第 2 天 小重量日				第 3 天 爆发力日					第 4 天 中等强度日			
	组数	目标重复次数	休息（分钟）	负荷	组数	目标重复次数	休息（分钟）	负荷	组数	目标重复次数	休息**（分钟）	负荷（爆发）*	负荷（其他）*	组数	目标重复次数	休息（分钟）	负荷***
10	4	4	5	90% 1RM 97.5% 4RM	4	12	1.5	67% 1RM 80% 12RM	4	3	3	55% 1RM 75% 3RM	93% 1RM 100% 3RM	4	9	2	77% 1RM 90% 9RM
11	4	4	5	90% 1RM 100% 4RM	2	10	1.5	75% 1RM 70% 10RM	3	2	3	50% 1RM 70% 2RM	95% 1RM 90% 2RM	2	8	2	80% 1RM 80% 8RM
12	3	3	5	93% 1RM 92.5% 3RM	3	10	1.5	75% 1RM 72.5% 10RM	3	2	3	52.5% 1RM 72.5% 2RM	95% 1RM 92.5% 2RM	3	8	2	80% 1RM 82.5% 8RM
13	3	3	5	93% 1RM 95% 3RM	3	10	1.5	75% 1RM 75% 10RM	4	2	3	55% 1RM 75% 2RM	95% 1RM 95% 2RM	3	8	2	80% 1RM 85% 8RM
14	4	3	5	93% 1RM 97.5% 3RM	4	10	1.5	75% 1RM 77.5% 10RM	4	2	3	57.5% 1RM 77.5% 2RM	95% 1RM 97.5% 2RM	4	8	2	80% 1RM 87.5% 8RM
15	4	3	5	93% 1RM 100% 3RM	4	10	1.5	75% 1RM 80% 10RM	4	2	3	60% 1RM 80% 2RM	90% 1RM 100% 2RM	4	8	2	80% 1RM 90% 8RM
16	主动休息																

注：以上实例仅适用于核心训练。对于负荷的分配，参照第 15 章关于 1RM 百分比和重复次数之间的说明。

* 对于爆发力训练，私人教练应该将负荷从 1RM 的 30% 提高到 60% 或者从 60 % 提高到 80 %，使运动员完成动作时充满爆发力。其他核心训练应该指定为 2 ～ 4 RM。

** 部分训练动作或者情况需要休息 5 分钟。

*** 或负荷比大重量日减少 5% ～ 10%。

来源：Pearson et al.2000[26] and Graham 2002[15].

- **星期一（大重量日）** 该训练强调肌肉力量，每个动作完成3～4组，负荷为3～6RM。私人教练应该保证3～5分钟休息时间以促进身体恢复。
- **星期二（小重量日）** 尽管较小负荷可以重复更多次数，但仍然用最大重复次数。每个动作完成2～4组，每个动作和每组间休息1～2分钟。
- **星期四（爆发力日）** 根据不同的动作，有两种不同的负荷和重复次数方案。对于爆发力动作，运动员完成3～4组运动，每组重复2～4次，强度为1RM的30%～60%，以达到更快的运动速度。所有其他的核心动作的组数相同，每组2～4RM。对于那些训练有素的运动员，私人教练可以在计划中加入爆发力运动（比如药球），以在训练有素的运动员的训练计划中增强爆发力成分。建议组间休息2～3分钟，保证爆发力训练后充分恢复，2～4RM的动作则需更长的休息时间。
- **星期五（中等强度日）** 该训练的负荷比大重量日减少5%～10%，或者强度减小到每个动作能够进行2～4组，每组重复8～10次。建议每个动作和每组间休息1～2分钟。

为期3天的非线性周期性训练计划在该周的第1个训练日进行5组运动，负荷为3RM（即大重量日），第2个训练日进行3组运动，负荷为10RM（即小重量日），最后一个训练日进行4组运动，负荷为6RM（中等强度日）。需要再一次强调的是，训练负荷和训练量在1周内不断变化。

线性和非线性周期性训练计划的有效性

线性和非线性周期性训练计划的有效性来源于让运动员从指定的训练负荷和重复次数中充分恢复的系统性变化。非线性周期性训练计划可在整个赛季内持续进行，这对赛季持续时间很长的运动（比如网球、摔跤、篮球、曲棍球等）来说非常重要。一般情况下，赛季期计划的训练频率减少，并根据比赛和运动量调整训练量。这类训练计划的关键在于灵活安排，保证运动员在训练和比赛后充分休息[25]。

尽管有些资料表明这两种训练没有什么区别，但是非线性周期性训练计划在提高肌肉力量方面还是更胜一筹[20, 28, 33]。其中一个原因可能是运动员的训练强度没有持续增加。相反，非线性周期性训练计划的训练压力产生的神经性蓄积性疲劳较少[19]。训练有素的运动员进行非线性周期性训练计划中的相对大负荷训练时，即使在小重量日进行负荷训练，私人教练也要注意监督。

赛季期计划的训练频率减少，并根据比赛数量和运动量调整训练量。

结语

同一种训练类型不能保证每一名运动员都能以同样的方式获益，故训练计划应将现有的运动科学知识（比如遵守专项化和超负荷原则）和个性化运动计划的实际需求相结合。为此，私人教练应制订周期性抗阻训练计划，以满足运动员的需要，同时兼顾个体运动的要求。

学习问题

1. 以下哪个专项抗阻训练动作最适合排球运动员？
   A. 推举
   B. 俯身侧举
   C. 坐姿肩上推举
   D. 坐姿蹬腿器
2. 下列哪一项是从最短周期到最长周期的排列顺序？
   A. 中周期，小周期，大周期
   B. 大周期，小周期，中周期
   C. 小周期，中周期，大周期
   D. 小周期，大周期，中周期
3. 以下哪一项是周期性计划的阶段顺序？
   Ⅰ. 力量或爆发阶段
   Ⅱ. 肥大或耐力阶段
   Ⅲ. 主动休息阶段
   Ⅳ. 比赛阶段
   Ⅴ. 力量阶段
   A. Ⅰ，Ⅱ，Ⅲ，Ⅴ，Ⅳ
   B. Ⅳ，Ⅲ，Ⅱ，Ⅰ，Ⅴ
   C. Ⅲ，Ⅳ，Ⅱ，Ⅴ，Ⅰ
   D. Ⅱ，Ⅴ，Ⅰ，Ⅳ，Ⅲ
4. 私人教练在一位运动员的线性周期性训练计划中加入背蹲。如果该名运动员的 1RM 为 182 千克，每组的目标重复次数是 4 次，那么他的中等强度日的负荷应该是多少？
   A. 164 千克
   B. 148 千克
   C. 130 千克
   D. 116 千克
5. 如果一名运动员可以完成 5 次 102 千克的背蹲，如果要求他完成 80% 5RM 的背蹲，他应该选择以下哪种训练方式？
   A. 102 千克，5 次
   B. 102 千克，1 次
   C. 82 千克，5 次
   D. 82 千克，1 次

应用知识问题

以表 23.3 为指南，在下表中填写一名训练有素的运动员的线性周期性训练计划中卧推的指定负荷（请四舍五入）。他的 1RM 是 195 磅（约 88.5 千克）。尽管该运动员的 1RM 随时间而提高，但此处假设该运动员的力量在所有训练阶段都没有提高。查阅表 15.5 确定 1RM 百分比与重复次数之间的关系。

阶段	周	目标重复次数	星期二 大重量日	星期四 小重量日	星期六 中等强度日
肥大或耐力	1	12			
	2	10			
	3	8			
力量	4	6			
	5	6			
	6	5			
力量或爆发力	7	4			
	8	4			
	9	3			
比赛	10	2			
	11	2			
	12	1			

参考文献

1. American College of Sports Medicine. 1998. Position stand: The recommended quantity and quality of exercise for developing and maintaining cardiorespiratory and muscular fitness, and flexibility in healthy adults. *Medicine and Science in Sports and Exercise* 30 (6): 975-991.
2. Atha, J. 1981. Strengthening muscle. *Exercise and Sport Science Reviews* 9: 1-73.
3. Baechle, T.R. and R.W. Earle. 2008. Resistance training. In: *Essentials of Strength Training and Conditioning*, 3rd ed., T.R. Baechle and R.W. Earle, eds. Champaign, IL: Human Kinetics.
4. Baker, D., G. Wilson, and R. Carlyon. 1994. Periodization: The effect on strength of manipulating volume and intensity. *Journal of Strength and Conditioning Research* 8: 235-242.
5. Chargina, A., M.S. Stone, J. Piedmonte, H.S. O'Bryant, W.J. Kraemer, V. Gambetta, H. Newton, G. Palmeri, and D. Pfoff. 1986. Periodization roundtable. *National Strength and Conditioning Association Journal* 8 (5): 12-23.
6. Chargina, A., M.S. Stone, J. Piedmonte, H.S. O'Bryant, W.J. Kraemer, V. Gambetta, H. Newton, G. Palmeri, and D. Pfoff. 1987. Periodization roundtable. *National Strength and Conditioning Association Journal* 8 (6): 17-25.
7. Chargina, A., M.S. Stone, J. Piedmonte, H.S. O'Bryant, W.J. Kraemer, V. Gambetta, H. Newton, G. Palmeri, and D. Pfoff. 1987. Periodization roundtable. *National Strength and Conditioning Association Journal* 9 (1): 16-27.
8. Coyle,E.F.,D.C.Feiring,T.C.Rotkis,R.W.Cote,F. B.Roby,W. Lee, and J.H. Wilmore. 1981. Specificity of power improvements through slow and fast isokinetic training. *Journal of Applied Physiology* 51: 1437-1442.
9. DeLorme, P. 1945. Restoration of muscle power by heavy resistance exercises. *Journal of Bone and Joint Surgery* 27: 645-667.

10. Fleck, S.J. 1999. Periodized strength training: A critical review. *Journal of Strength and Conditioning Research* 13 (1): 82-89.
11. Fleck, S.J., and W.J. Kraemer. 1988. Resistance training: Exercise prescription. *Physician and Sports medicine* 16: 69-81.
12. Fleck, S.J., and W.J. Kraemer. 1996. *Periodization Break-through!* Ronkonkoma, NY: Advanced Research Press.
13. Fleck, S.J., and W.J. Kraemer. 1997. *Designing Resistance Training Programs*, 2nd ed. Champaign, IL: Human Kinetics.
14. Gardner, G. 1963. Specificity of strength changes of the exercised and nonexercised limb following isometric training. *Research Quarterly* 34: 98-101.
15. Graham, J.F. 2002. Periodization research and an example application. *Strength and Conditioning Journal* 24 (6): 62-70.
16. H.kkinen, K., P.V. Komi, M. Alen, and H. Kauhanen. 1987. EMG, muscle fibre and force production characteristics during a 1 year training period in elite weightlifters. *European Journal of Applied Physiology* 56: 419-427.
17. Kanehisa, H., and M. Miyashita. 1983. Specificity of velocity in strength training. *European Journal of Applied Physiology* 52: 104-106.
18. Knapik, J.J., R.H. Mawdsley, and M.U. Ramos. 1983. Angular specificity and test mode specificity of isometric and isokinetic strength training. *Journal of Orthopedic and Sports Physical Therapy* 5: 58-65.
19. Komi, P.V. 1986. Training of muscle strength and power: Interaction of neuromotoric, hypertrophic, and mechanical factors. *International Journal of Sports Medicine* 7 (Suppl): 101-105.
20. Kraemer, W.J. 1997. A series of studies: The physiological basis for strength training in American football: Fact over philosophy. *Journal of Strength and Conditioning Research* 11 (3): 131-142.
21. Kraemer, W.J., M.R. Deschenes, and S.J. Fleck. 1988. Physiological adaptations to resistance exercise: Implications for athletic conditioning. *Sports Medicine* 6: 246-256.
22. Kraemer, W.J., S.J. Fleck, and W.J. Evans. 1996. Strength and power: Physiological mechanisms of adaptation. *Exercise and Sport Science Reviews* 24: 363-397.
23. Kraemer, W.J., and B.A. Nindl. 1998. Factors involved with overtraining for strength and power. In: *Overtraining in Athletic Conditioning*. Champaign, IL: Human Kinetics.
24. Moffroid,M.T.,and R.H.Whipple.1970. Specificity of speed of exercise. *Physical Therapy* 50: 1693-1699.
25. Pearson, D. 1997. Weight training. In: *Physical Education Handbook*, 9th ed., N. Schmottlach and J. McManama, eds. New York: Prentice Hall.
26. Pearson, D., A. Faigenbaum, M. Conley, and W.J. Kraemer. 2000. National Strength and Conditioning Association's basic guidelines for the resistance training of athletes. *Strength and Conditioning Journal* 22 (4): 14-27.
27. Pearson, D., and G. Gehlsen. 1998. Athletic performance enhancement: A study with college football players. *Strength and Conditioning* 20 (3): 70-73.
28. Poliquin, C. 1988. Five steps to increasing the effectiveness of your strength training program. *National Strength and Conditioning Association Journal* 10 (3): 34-39.
29. Sale, D.G., J.D. MacDougall, A.R.M. Upton, and A.J. McComas. 1983. Effects of strength training upon motor neuron excitability in man. *Medicine and Science in Sports and Exercise* 15: 57-62.

30. Stone, M.H., and H.S. O'Bryant. 1987. *Weight Training: A Scientific Approach*. Minneapolis: Burgess.
31. Stone, M.H., H.S. O'Bryant, and J. Garhammer. 1981. A hypothetical model for strength training. *Journal of Sports Medicine and Physical Fitness* 21: 342-351.
32. Stone, M.H., H.S. O'Bryant, J. Garhammer, J. McMillan, and R. Rozenek. 1982. A theoretical model of strength training. *National Strength Coaches Association Journal* 4 (4): 36-40.
33. Stone, M.H., J. Potteiger, K.C. Pierce, C.M. Proulx, H.S. O'Bryant, and R.L. Johnson. 1997. Comparison of the effects of three different weight training programs on the 1RM squat: A preliminary study. Presentation at the National Strength and Conditioning Association Conference, Las Vegas, NV, June.
34. Thepaut-Mathieu, C., J. Van Hoecke, and B. Maton. 1988. Myoelectrical and mechanical changes linked to length specificity during isometric training. *Journal of Applied Physiology* 64: 1500-1505.
35. Wathen, D., T.R. Baechle, and R.W. Earle. 2008. Periodization. In: *Essentials of Strength Training and Conditioning*, 3rd ed., T.R. Baechle and R.W. Earle, eds. Champaign, IL: Human Kinetics.
36. Zatsiorsky, V. 1995. *Science and Practice of Strength Training*. Champaign, IL: Human Kinetics.

第 6 部分

安全与法律问题

第24章

设施与器材的布局与维护

高桥进也（Shinya Takahashi），PhD

学习完本章后，你将能够掌握如下内容。

- 了解设施的设计和规划过程、设施的规范指南、运动器材的选择过程和健身设施的空间要求。
- 了解影响家庭运动设施布局的特殊因素。
- 掌握运动设施和运动器材全方位的维护和清洁指南。

个人训练的基本组成部分包括健康风险评估、正确选择健康评估方式、准确的评估管理和结果解释、制订适宜的训练计划以及安全有效的训练指导。此外，私人教练还应该负责健身设施（即场所）的规划和维护。本章讨论的主题是设施的规划以及器材的布局和维护。

设施设计与规划

有效的设施规划需要付出努力和周密的计划。设计和规划设施主要包括4个阶段：初步设计、规划、施工、试运营[8]。在这些阶段开始之前，应组建一个由不同领域的专业人士组成的设施规划委员会，包括但不限于行政管理人员、设施管理人员、建筑师、承包商、律师、器材潜在用户代表和私人教练[8]。无论委员会是考虑建设新设施，还是添加或更新现有设施，设施设计与规划过程都包含这些阶段。

在此感谢本书第1版本章的作者迈克·格林伍德（Mike Greenwood）对本书的贡献。

> 私人教练应该参与健身设施规划的4个主要阶段：初步设计、规划、施工、试运营。

初步设计阶段

在初步设计阶段，委员会应进行需求分析和可行性研究。委员会还要制订总体规划，选择建筑师，分析未来可能的扩展和设施内区域的替代用途。

在进行需求分析时，委员会应该考虑以下问题[8, 11]。

- 该设施的用户是谁。
- 潜在用户的最大数量是多少，第 1 年及以后预期的用户数量是多少。
- 该设施位于哪里，该位置的地理特征是什么（例如商业、住宅、靠近一条繁忙的街道、附近的竞争者等）。
- 需要哪些项目和服务。
- 可用预算是多少。
- 潜在用户的具体需求是什么。
- 该设施的重点是什么。
- 由谁监督和维护该设施。
- 该设施什么时候开始建造，何时运行。
- 这个设施的预期寿命是多长。

委员会发现确实有需要时，下一步是进行可行性研究，这将决定该项目是否进行。可行性研究包括分析成本、设施选址、项目需求和设施预计用途。 可行性研究常使用 SWOT 分析法，即分析优势（strengths）、劣势（weaknesses）、机遇（opportunities）和威胁（threats）[8]。

如果需求分析和可行性研究的结果是正面的，则委员会应制订一项总计划，详细说明项目目标和实现这些目标所需的手续。委员会应说明新设施的主要目标[11]，然后制订一些次要目标，如设备数量和心血管训练、自由重量、测试和康复设备的类型。一组人需要在此过程中收集和分析信息，确定目前可用的器材和设施[11]。如果主要目标是扩展设备，在需要进行更新时，这些信息应该特别有用。

委员会在投标过程中，根据成本和经验评估选择建筑师，应该选择资历优秀、工作能力强的建筑师[8]。

在此过程中，委员会应分析今后该设施内区域的扩展或替代用途。这可能是总计划的一部分，包括该设施内部或未来的扩展地点和替代用途，常见的错误是根据当前需要规划设施，未考虑和计划将来的需要[8, 20]。

规划阶段

规划阶段可能持续几个月的时间，最终成果应该是新设施的详细蓝图。委员会与建筑师以及其他设施管理、设计、健康和体能专业人士（包括私人教练）密切合作，完成设施规划的详细蓝图。这些规划应考虑器材和设施的存放空间、当地的卫生、安全和法律规定。

施工阶段

施工阶段占用了大部分时间。在整个施工阶段中，委员会应进行监督，确保总计划和项目按时完工，并监督施工[8]。

试运营阶段

试运营阶段的重点是配备和发展员工，可能需要考虑以下问题[8]。

- 这些设施需要多少员工（专业人员、兼职人员、维修人员、实习生等）。
- 工作岗位需要什么资历。
- 如何打广告和招募人员。
- 面试程序有哪些。
- 如何安排员工工作。
- 如何培训员工。

设施规范指南

私人教练应该熟悉健身设施的结构规范。以下是健身设施的设计指导方针，首先介绍整体设施，然后是抗阻训练室。

通用的健身设施指南

以下许多指南适用于整体设施，包括心血管器械区、抗阻训练室、拉伸区和其他健身区域或房间。

■ **走廊** 《美国残疾人法案》（*Americans with Disabilities Act*）规定，走廊宽度至少应为 0.91 米，以让轮椅通过[8, 21]。门厅和通道至少宽 1.52 米[21]。地板应与门入口保持水平（即地板上的门槛不应高于地板）。如果门槛超过约 0.01 米，必须有一个斜率合适的坡道来调整进入方式[8]。紧急出口必须无障碍物，且有明显的标志（例如充足的照明）[8]。

■ **自然光线和窗户** 自然光线可以增加运动者的动力[19]，应在窗户旁边或面对窗户放置心血管训练器械。开放的感觉和自然光线更有利于人们进行有氧运动。如果窗户太高或安装了天窗，需仔细评估位置[14]。如果有眩光问题，可通过窗口着色、设置遮挡物或百叶窗来明显缓解。

■ **维修和保养店** 为方便起见，在转运大型、重型设备时，应确定健身房旁边或附近维修店的位置。

■ **饮水机** 建议将饮水机置于主要健身室的入口附近，或方便使用的其他位置。不应将饮水机置于可能分散客户注意力或阻碍通行的地方。《美国残疾人法案》规定所有饮水机必须安装在一个坐轮椅的人能够到的高度[21]。

■ **急救箱和自动体外除颤仪（automated external defibrillator，AED）** 应在健身室内或附近安装紧急急救箱和自动体外除颤仪，以便发生紧急情况时立即使用。一个设施内的自动体外除颤仪应位于离事故可能发生的现场步行 1.5 分钟能到达的地方[21]。《美国残疾人法案》规定所有自动体外除颤仪必须安装在坐轮椅的人能触及的高度[21]。

■ **背景音乐和噪声** 建议健身设施的噪声水平低于 70 分贝，不能超过 90 分贝[21]。此外，建议的时间加权平均噪声（time-weighted average，TWA）暴露为 85 分贝 / 时[17]。高于这个水平的暴露具有危害。为使声音均衡分布，扬声器应安装在房间的各个角落[18]。如果房间的天花板很高，且有明显的噪声干扰，安装吸音墙板可以解决这个问题。在抗阻训练区域，噪声的另一个来源是重物本身。尽管氨基甲酸乙酯涂层的自由重量比金属涂层的贵，但可减少噪声。

■ **电力设施** 一些心血管训练设备需要 220 伏电源插座，故建议安装 110 伏和 220 伏的插座[14]。为确保满足电力要求，规划者必须与制造公司协商，然后才能最终决定购买的设备。在健身区域附近增加更多插座，便于吸尘、擦洗和其他用途。接地故障断路器是在进水或绝缘问题引起电力短路故障时，自动关闭电源的重要安全设备[14,21]。

■ **温度和湿度控制** 建议力量和体能设施的温度为22～26摄氏度[2]，其他区域温度的建议范围为20～22摄氏度[21]。根据该设施的结构以及使用水平（例如窗户、门、隔热材料和运动次数）不同，温度可能相差很大。同时使用的设备数量可能影响温度。区域供热和制冷系统最具成本效益，也便于用户使用[14]。通风系统的空气交换频率应至少为8～10次/时，最佳范围是12～15次/时[14]。此外，整个设施内必须有充分的外部新鲜空气和循环内部空气混合[8]。使用吊扇可促进空气流通。例如，可以在一个111平方米的屋顶上安装两个或两个以上的风扇促进空气流通。健身区的最佳湿度为50％或50％以下，不高于60％[21]。可在气味过大的地方使用空气清新剂。

■ **标记** 应安装指示牌，清楚标示运营方针、设施规则、安全准则、入口、出口、休息室等[20,21]。

■ **通信板** 通信板或显示器可以展示即将举行的活动、通知、教育材料等。通信板应该靠近设施的入口，既可以让人们看得到，又不会造成拥挤。

■ **电话** 主管办公室应设电话，以备紧急之用。其他的电话可以安装在入口，最大安装高度为1.2米，以便坐轮椅的人使用[21]。

■ **意见箱** 可在健身设施的主要入口处放置评论和意见箱。

抗阻训练室指南

抗阻训练室比较特殊，需遵循以下特定准则。

■ **位置** 为了便于器材运输，抗阻训练室应位于底层，靠近更衣室和服务入口[14]。抗阻训练室应远离教室、实验室、计算机室、图书馆或旅馆客房等需要私密性和噪声小的区域。

■ **主管空间** 主管办公室最理想的位置是位于抗阻训练区域，这样主管可以查看整个房间，或者至少位于抗阻训练室附近，这样很容易接近客户。如果主管的办公室位于抗阻训练室中，建议安装不会遮挡视线的大窗子，不要让很大的运动器材挡在窗口。

■ **员工与客户比例** 建议抗阻训练室中的工作人员与健身客户的比例不超过1∶10。建议放置中学生力量与体能器材训练室的员工与健身客户比例不超过1∶15。建议服务于客户年龄大于中学生的训练室的员工与健身客户的比例为1∶20[2]。

■ **天花板高度** 抗阻训练室所需的天花板高度为3.7～4.3米[14]。在选择抗阻训练室天花板高度时，常见的错误是没有预留足够的空间安装供热和制冷空气管道、灯具、公用电缆、电线和其他管道结构[14]。

■ **窗户** 抗阻训练室的窗户应该至少高出地面0.51米[14]。这有助于减少杠铃片或哑铃滚动造成的损坏，最好避免在健身客户可能会倚靠的地方设置窗口[14]。

■ **门**　为更方便地转移大型运动器材，抗阻训练室需要有一个双开门，并移除中间的柱子。当安排对抗阻训练室的设施和运动器材进行移动和清洗时，这个门可以方便进出。

■ **光线**　抗阻训练室的灯光要比教室或办公室更明亮（即 538 勒克斯）。建议抗阻训练室的光线为 807 ～ 1 076 勒克斯[16, 21]。《美国残疾人法案》要求所有的灯开关要设置在坐轮椅的人能触及的地方[21]。

■ **储存区**　抗阻训练室需要比预期更多的储存空间[8]，用于储存清洁用品和设备、员工服装、毛巾、小型设备和运动器材配件。

■ **镜子**　抗阻训练室中镜子安放的位置应至少高于地板 0.51 米，避免被滚动的杠铃片或哑铃和倚靠的杠铃片损坏（一个典型的奥林匹克杠铃片直径约 0.46 米）[14]。哑铃架和所有其他器械设备应放置在离镜子至少 0.15 米的地方，以降低镜子破碎的可能性[14]。如果哑铃架靠近镜子，且可移动，则必须固定（即用螺栓固定在地板上）。可在墙壁底部或地板上固定防护轨或特殊防护垫，以保护镜子[2]。

在抗阻训练室中设置镜子有许多好处。镜子可以在客户运动时提供即时的反馈。此外，镜子可以让人看到客户运动时身体的盲区，为私人教练提供训练技术的反馈。客户可以通过镜子看到身体特征的改进和变化，有激励性作用。镜子改善了抗阻训练室的外观，使其看起来显得更加宽敞。

镜子也有负面影响。镜子可能让客户分心，使其无法专注于正确的训练技术。也有一些客户并不想在镜子中看到自己。

■ **地板**　至于抗阻训练区的地板材料，地毯是最便宜的选择，而地毯也有多种颜色和好看的外观[5]。组合式橡胶垫通常比地毯有更好的缓冲力和耐久性，但灰尘、沙子和其他杂物很容易进入垫子之间的接缝[13]。暗色不太容易显出灰尘和污渍，通常推荐地板使用暗一点的颜色[5]。一体成形的橡胶垫是无缝的，有更好的缓冲能力和耐久性，虽然最贵，但是最好的选择[13]。

木质地板光滑、平整、脚感好，对奥运项目来讲是最好的地板[5]。地板表面应具有适当的减震和缓冲功能，以减少高冲击或跌倒的风险。悬浮地板或橡胶垫适合快速伸缩复合训练。坚硬的表面，包括混凝土、沥青、瓷砖和硬木地板，不合适进行高冲击活动[10]。如果抗阻训练室并不位于底层，为能承载重型训练设备，避免器械掉落造成损坏，地板承受能力至少为 488 千克 / 米 ^{2} [18, 20]。

■ **墙壁**　抗阻训练室的人流量大、活动多，墙壁上必须没有障碍物，如延伸杆、电缆、灯泡、破碎或无保护的镜子、架子和其他固定装置[7]。

> 私人教练应该熟悉健身设施规范的所有内容，以提供一个安全有效的运动环境。

选择运动器材

对健身设施中运动器材的评估包括 3 个阶段：制订器材的功能标准；评估器材的规范和有效性；评估制造商的业务能力[12]。除此过程外，还会使用另外 2 个规划工具，即暂定平面布局图和优先性清单[13]。暂定平面布局图不仅要反映设施规划的所有主要和次要目标，而且应该说明所需设备的类型和数量[13]。应根据设备的需求分析拟定优先性清单。安全和预防伤害是所有健身设施的最高优先级事项。

私人教练应该参与运动器材选择过程的所有 3 个阶段：制订器材的功能标准；评估器材的规范和有效性；评估制造商的业务能力。

阶段 1：制订器材的功能标准

选择运动器材的第一步是制订符合用户需求的标准。在选择抗阻训练器材时，理解设备的运作机制（例如凸轮系统、杠杆系统，以及包括水压力、空气压力、砝码、杠铃片、弹簧、液压、电磁设备在内的阻力系统等）非常重要。规划者做最终决定前应该分析所使用的运动类型［例如动态恒定外部阻力（dynamic constant external resistance，DCER）、 等速单平面和多平面、单侧和双侧等］。

在选择心血管训练设备时，必须考虑选择最通用和最受欢迎的设备类型（例如跑步机可用于各种类型和速度的训练；椭圆机可以改变步长），以满足不同目标人群的需要。

阶段2：评估器材的规范和有效性

基于设施的需求分析，在选择运动器材的过程中分析以下问题。

- 哪个年龄组和健身水平的人使用该设备。
- 在购买运动器材（例如心血管和抗阻训练设备）时，是否有需要优先考虑的事项。
- 设备有什么独特的卖点值得考虑。
- 如何协调色彩。
- 该设备的成本是多少。
- 设备的保修期多长。
- 制造商是否提供维护培训。
- 制造商是否提供定期保养服务。
- 零配件的到货速度如何。

对于抗阻训练设备，应考虑以下 3 种规格类别。

- 结构材料（即钢结构大小和厚度）。
- 连接材料（如焊缝、螺栓、螺母、套筒、套环、垫片、垫圈、卡箍）。
- 影响功能的材料（如轴承、轴环、导轨、滑轮、电缆、皮带、手柄、弹簧、绝缘子、润滑剂、涂料、软垫、电镀、磨、锉）。

在决定购买之前，重要的是估算需要多少件健身器材。在大多数情况下，心血管训练设备是健身器材的重要组成部分，应该优先考虑购买多少心血管设备。在健身行业中，没有明确的标准或指导方针来估算正确的心血管设备数量，但通常遵循以下几个步骤。第一步是确定有多少人会在任何给定的 2 小时内使用这个器材，以会员总数的 25% 为准[21]。第二步是确定每天用户数，以第一步中的 25% 数字的 33% 为准。第三步使用先前建立的标准来确定一定数量的日常用户所需的器材数量。例如为 5 名日常用户配备 1 套心血管训练设备，那么拥有 2 000 名会员的健身设施应有 33 套心血管训练设备。

无线心血管训练设备具有一定优势，可最大限度地利用地面空间。电源线会限制设备的位置，而无线设备可以安装在任何地方。一些制造商生产可安装电视监视器的心血管训练设备。有些公司提供可以显示电视频道和连接互联网等的计算机控制台，这些当然更昂贵。在墙上安装多个大型电视监视器或将其悬挂在心血管训练区域前面的天花板上可降低开支。如果器材需要连接电缆或卫星电视，可选择的位置可能有限。如果每台固定器械和心血管训练器械都考虑使用计算机运动跟踪系统，则可能需要额外配包线和插座。

虽然关于抗阻训练设备的数量或类型并没有一定的标准或准则，但可以通过设施的整体空间、会员的人口统计学特征（例如年龄、性别、体能）、会员需求和偏好以及他们的使用模式来确定。建议每 1 000 名用户配备至少 1 个循环力量训练区域[21]。

在最终决定之前，最好先查看并试用设备。如果所选器材还在当地工厂制造，通常应去工厂查看，以做进一步评估。有时制造商及当地的经销商愿意提供一个试用装置。参加运动健身设备贸易展览或健身大会，是了解设备、从销售代表那里获得更多信息的另一种方式，还可能有特殊的折扣。最近，大部分健身俱乐部的设备预算大约为每平方英尺 15 ～ 25 美元[22]。

在购买新设施时，应咨询制造商或经销商是否有以旧换新业务。也可考虑租赁，以降低成本。

阶段3：评估制造商的业务能力

评估运动器材制造商的第一步是调查其业务记录、产品质量、客户服务和整体声誉。要做到这一点，重要的是联系尽可能多的销售代表，以了解不同公司的产品和服务。制造商或经销商应该提供包含特定设备的设施清单。通过电话咨询进一步评估设备和服务可能有一定帮助。不应考虑质量差、服务差，或有其他不良商业行为的制造商或经销商的产品[13]。

如果优先考虑降低成本，最好从同一家制造商购买所有或多数设备，这样可以打折。运费是根据重量确定的，如果大量从一个制造商订购设备，运输成本可以降低。每个制造商都有自己的特色，几乎不可能从一个制造商购买到所有最优质的设备。

确定所有设备的规格以后，应要求选定的制造商、经销商或两者提供标书。得到标书以后，对标书进行评估并选择一个最合适的（例如设备的质量和价格最好）。可能需要制订一份采购订单。订购时首付 50% 并不少见[3]。与制造商或经销商签订的合同中应明确交货日期、安装义务及付款方式。

订购新的运动器材后：发货与到货

订购新的运动器材后，必须确定交货日期[20]。制造商通常会雇用船运公司运送设备，尤其是量比较大的时候。及时联系制造商和船运公司，确认交货日期很重要。船运公司的主要职责是运送货物，并不负责安装。在交付之前确定哪一方负责新设备的安装很重要，这应在订购设备时明确。

在收货时需考虑所需的员工数量，如何将器材运到具体地点，在运输过程中设备或者部分设备是否需要关闭，以及是否需要其他工具或设施，如推车、托盘搬运车等。新设备一完成安装，应该立即进行仔细检查，任何缺陷应记录在案，如有可能应进行拍照。尽快联系生产商或经销商，更换不良设备。记录和归档库存设备的型号是一个很好的做法。

平面规划与器材安放

设施中总共需要 3 类健身器材：抗阻训练，有氧训练、拉伸和自重训练。以下是器材的安放方法和相关注意事项。

- 心血管训练器材、特选器材、自由重量、奥林匹克举重台、拉伸器材、自重训练器材、康复器材区相互分开。
- 根据器材所针对的身体部位（例如胸、肩、背、手臂、腿和腹）安放抗阻训练区内的训练器材。色彩编码系统可以帮助使用者轻松选择训练特定肌肉或肌群的器材（例如不同的装饰色）。可以用一张地图展示具体训练器材的安放位置。
- 可设置循环固定器械区，让客户可在短时间内训练所有主要的肌肉和肌群。
- 抗阻训练设备和心血管训练设备可以根据品牌或制造商安放。从多个制造商购买的大量设备，最好采用这种方式安放。
- 心血管训练设备可以根据类型进行安排，例如跑步机、椭圆机、自行车、划船机和踏步机。安排方式可能会受器材是否需要电源插座的影响。
- 安放设备时应该考虑特殊需求，例如便于残疾人使用等。
- 根据器材类型安排运动区域可以高效地利用空间，这取决于设施规模和目标客户[14]。客户较多的设施，器材类型也较多，根据目标训练部位安放器材可提高功能性和可用性。

> 私人教练应熟悉所有器材的摆放和空间利用方式，才能有效进行监督，提供安全运动的环境。

器材安放

下列是设施中安放器材应遵守的一般原则。表 24.1 是更具体的示例。

- 运动设备应远离窗户和门，避免分散健身客户注意力或与其他客户相撞。

此外，这些设备应该放在便于监督和使用的地方。

- 较高的设备（如下拉器、复合拉伸机）和组合设备（如深蹲架、爆发力架）应该靠墙或柱子放置，以提供更好的可见性。此外，这些设备与墙壁或地板之间需用螺栓固定，以增加安全性、稳定性。
- 哑铃架和配重片通常应该靠墙放置。较短较小的设备应放置在训练室中间，让人更容易看见，并最大限度地利用空间。市场上有单层和多层哑铃架，应根据所需空间大小和客户需要的哑铃数量购买。
- 循环训练区中，抗阻训练器械是根据先训练大肌群再训练小肌群的原则摆放的[19]。可以以交替训练某块肌肉或肌群的方式安排循环，这样可以最大限度地减少休息所需的时长（如胸部推举机、压腿机）。
- 应在抗阻训练室建立一个单独的拉伸区域。拉伸区域常位于较安静且人流量较小的区域。除拉伸区外，较大的设施可能需要提供个人拉伸用的垫子（例如，拉伸区过于拥挤时，使用者可以带着垫子去另一个地方）。
- 要求客户处于站姿或较高位置（如跑步机、台阶器、椭圆机）的心血管训练器材，应该放在要求客户处于相对较低位置的设备后面（如划船机、固定式自行车、半卧位自行车）。这样摆放的话，较高的机器不会妨碍处于较低位置的健身客户的视野（例如看电视时）。
- 跑步机和其他心血管训练设备暴露在外的移动部件应该有足够的安全空间。跑步机不应放在药球或稳定球附近。地板上的球可能会被压在跑步机皮带下，造成严重损伤。
- 所有的运动器材应离镜子至少 0.15 米。

器材间距

适当的器材间距能方便健身客户使用，便于人员移动，让运动更安全。适当的设备间距也使私人教练能够安全有效地进行监督，并与客户交流。

适当的设备间距主要有两个作用。首先，可以提高教练的监督能力，为客户进行的每一项运动提供了足够的空间（称为用户空间）。其次，更便于利用设备之间的空间（称为安全缓冲空间），提高人员流量。健身区应为地面器材提供 7.60 ～ 15.20 平方米的空间[21]。为有效服务使用轮椅的客户，器材周围需有超过 0.91 米的距离。《美国残疾人法案》要求，每件器材之间至少有 0.76 ～ 1.22 米的空地[21]。

表 24.1 展示了各种运动器材的总空间需求（即用户空间加上安全缓冲空间）[14, 21]。下列是美国国家体能协会对设备间距的指导性建议[5, 8]。

场地的人员流动

- 为使客户和私人教练易于使用设备，

抗阻训练和心血管训练区域必须便于人员流动。可使用不同颜色或图案的地板或地毯标记设施人行道。为更有效地服务使用轮椅的客户，空间需求可能超过 0.91 米。

- 至少有一条通道将房间一分为二，在紧急状况下可快速地进出设施。
- 按照美国联邦、州和地方法律的规定，设施内应总有一条宽 0.91 米的通道，运动器材和设备不得阻碍人员通行。
- 虽然天花板高度不影响地面交通，但天花板应该没有任何悬挂过低的物品（如梁、管、灯、标志等），高度足以允许客户进行过头和跳跃运动。建议高度至少为 3.70 米。

拉伸与自重运动区

- 每位使用者的合理拉伸空间是 3.72～5.57 平方米，4.55 平方米最佳。
- 如果私人教练帮助客户进行拉伸，则需要更大的空间（例如本体感觉神经肌肉易化运动）。

抗阻训练器材区

- 所有的抗阻训练器材和设备必须间隔至少 0.61 米，最好是 0.91 米。
- 如果在抗阻训练器材区域进行自由重量训练（例如循环训练），杠铃及其相邻器材之间需 0.91 米的安全空间[17]。
- 由于抗阻训练区的形状、器材安放和可用空间大小等因素，多功能器材是较好的选择，其各种配置可适应不同形状和有不同可用空间的设施。在可能的情况下，建议多功能器材与独立器材之间的空间大于 0.91 米。

抗阻训练自由重量区

- 架子上所有奥林匹克杆的两端和固定重量的杠铃应间隔 0.91 米。
- 自由重量区应能够容纳 3～4 人。
- 如果抗阻训练器材没有重物架（例如蹲架和爆发力架通常有重物架），配重片应放在靠近负荷板设备和板凳的位置，但距离不应小于 0.91 米。
- 哑铃架应放置在离镜子至少 0.15 米的地方，以降低镜子破碎的可能性[14]。如果这些架子会向镜子移动，就需要进行固定，以免健身客户将哑铃放回架子上时产生移动。

奥林匹克举重区

- 平台周围的走道应宽 0.90～1.20 米[8]。
- 奥林匹克举重区的空间为 3.30 平方米[15]。

有氧训练区

- 出于对安全因素的考虑以及为了便于客户及正在监督的私人教练进出，有氧训练器材的各边应有 0.91 米宽的安全缓冲空间（避免离墙太近）。
- 尽管表 24.1 给出了精确的空间指南，但一般的建议是固定式自行车和台阶器材为 2.20 平方米，滑雪机为 0.60 平方米，划船机为 3.70 平方米，跑步机为 4.20 平方米[6]。这些建议包括器材间的安全缓冲空间。

表 24.1 器材的用户空间和安全缓冲空间指南

运动或设备类型	独立器材所需的用户空间和安全缓冲空间
仰卧和俯卧运动（例如仰卧推举、卧位肱三头肌伸展）	公式： ［实际训练凳长度（用户空间长 6 ～ 8 英尺）］+ 每边 3 英尺安全缓冲空间 *）×［实际杠铃宽（用户空间每边宽 4 ～ 7 英尺）+ 每边 3 英尺安全缓冲空间 *］ 举例： 如果客户使用一个奥林匹克杠铃杆在 6 英尺长的训练长凳上做仰卧推举练习，所需空间为：（6 英尺 + 3 英尺 + 3 英尺）×（7 英尺 + 3 英尺 + 3 英尺）= 156 平方英尺
站立运动（例如肱二头肌弯举、直立划船）	公式： （站立运动的用户空间长 4 英尺 + 每边 3 英尺安全缓冲空间 *）×［实际杠铃宽（4 ～ 7 英尺宽的使用空间）+ 每边 3 英尺安全缓冲空间 *］ 举例： 如果客户使用 4 英尺长的杠铃杆做站立的肱二头肌弯举运动，所需空间为：（4 英尺 + 3 英尺 + 3 英尺）×（4 英尺 + 3 英尺 + 3 英尺）= 100 平方英尺
从架子中举重站立运动（例如背蹲、肩上推举）	公式： ［站立运动的用户空间长 4 ～ 6 英尺（在架子上）+ 每边 3 英尺安全缓冲空间 *］×［实际的杠铃杆长（使用空间宽 7 英尺）+ 每边 3 英尺安全缓冲空间 *］ 举例： 如果客户在 4 平方英尺的爆发力台上使用奥林匹克杠铃杆进行深蹲练习，所需空间为：（4 英尺 + 3 英尺 + 3 英尺）（7 英尺 + 3 英尺 + 3 英尺）= 130 平方英尺
奥林匹克举重区（例如高翻、弓箭步 **、踏台阶 **）	［举重台的长度（用户空间的长为 8 英尺）+ 每边 3 ～ 4 英尺安全缓冲空间 *］×［举重台的宽（用户空间的宽为 8 英尺）+ 每边 3 ～ 4 英尺安全缓冲空间 *］ 举例： 如果客户在奥林匹克举重台上进行高翻运动，有 4 英尺的安全缓冲空间，所需空间为：（8 英尺 + 4 英尺 + 4 英尺）×（8 英尺 + 4 英尺 + 4 英尺）= 256 平方英尺
拉伸和热身活动	公式： （用户空间长为 7 英尺）×（用户空间宽为 7 英尺） 举例： 如果客户进行改良的跨栏伸展，所需空间为：（7 英尺）×（7 英尺）= 49 平方英尺

续表

运动或设备类型	独立器材所需的用户空间和安全缓冲空间
有氧和抗阻训练	公式： ［实际器材长度（用户空间长 3 ～ 8 英尺）+ 每边 3 英尺安全缓冲空间 *］×［实际器材宽度（用户空间宽 1.5 ～ 6 英尺）+ 每边 3 英尺安全缓冲空间 *］ 举例： 如果一名客户在跑步机上跑步，所需空间为：（7 英尺 + 3 英尺 + 3 英尺）×（3 英尺 + 3 英尺 + 3 英尺）= 117 平方英尺 如果一名客户在器材上做胸部抗阻练习，所需空间为：（5 英尺 + 3 英尺 + 3 英尺）×（4 英尺 + 3 英尺 + 3 英尺）= 110 平方英尺
家庭健身房（如有氧舞蹈、跆拳道、健美操、自重运动）	公式： （用户空间长 5 ～ 7 英尺）×（用户空间宽 5 ～ 7 英尺） 举例： 如果客户在家庭健身房中进行有氧舞蹈运动，所需空间为：（6 英尺）×（6 英尺）= 36 平方英尺

* 如果这种练习和设备与一组类似的设备放在一起，那么器材间的安全缓冲空间只需要 3 英尺，因为相邻的器材可以提供另一边的安全缓冲空间，所以，所需空间的计算公式就是（使用空间的长 + 3 英尺）×（使用空间的宽 + 3 英尺）。

** 虽然弓箭步和渐进上台阶不是爆发力或力量练习，不需要在举重平台上进行，但这类带有“移动”性质的练习和其他相似的练习也应该在奥运会举重平台上进行，因此，从安全的角度出发，把它们归于此类。

来源：Adapted by permission from NSCA 2008.

（1 英尺约等于 30 厘米）

家庭运动设施的特殊注意事项

家庭健身房的可利用空间较小，因此需要对家庭运动设施进行专门的规划。用于商业设施的考虑因素也适用于家庭运动设施、空间和器材，但相应的规模通常较小。有效教学和安全的环境必须有足够的空间。在很多情况下，客户可向私人教练咨询购买家用设备的建议。客户和私人教练需要解决家庭运动设施可能存在的各种潜在危险，如环境问题（例如照明、温度、湿度等）、儿童和宠物的安全问题等。

私人教练应熟悉关于家庭运动器材的购买，家庭健身房环境的特殊考虑，家庭健身房空间和设备的安排等方面的知识。

家庭运动器材的购买

购买家庭运动器材是私人教练和客户面临的最大挑战之一。必须对设备进行深入分析和评估，再做最终决定。采购家庭运动器材时应从以下几方面考虑。

在购买家庭运动器材之前，必须确定一些重要因素。第一，客户的需求以及预算。第二，可利用的运动空间，包括天花板高度、门宽度和房屋结构的其他方面。第三，从一些信誉良好、有保障的制造商处购买家庭运动器材。使用互联网是找到设备的好方法，但如果当地商店也有，最好试用一下设备。大多数运动器材很重，还应考虑运输和装卸费用。第四，尽管成本是重要因素，但品种多样性、携带是否方便和占用空间也是必须考虑的因素。一些私人教练提醒说，不要购买可拆卸或可以收藏的器材，这可能妨碍用户使用器材和达到训练目标。

家庭环境问题

家庭运动设施主要有儿童和宠物进入运动区的问题，以及用电方面的安全问题。

- 儿童和宠物应远离电源插座和任何运动器材，以避免造成严重伤害。
- 在入口处安装透明的门有助于构成一个安全的家庭运动环境。
- 如果运动区域有门或窗户，则在不使用设备时应将其锁定。为确保生活环境安全，可能需要禁用某些类型的设备（例如拔掉跑步机上的电线、取下电阻机的附件、从机器上卸下重物、从杆上取下重物板、将杆置于远离人流的位置）。
- 客户和私人教练还应该确保家庭运动设施有足够的电力供应以容纳其他设备[19]。
- 在可能的情况下，插座必须配有接地故障断路器，电压为110伏和220伏，电量超负荷时会自动切断电源[14]。其他的电插座用于真空吸尘器和其他电器设备。
- 客户做地面运动时应该铺一个垫子，防止汗渍在地毯表面长期蓄积。

家庭器材安放

因为家庭运动设施较小、器材少，使用的人少于商业设施，所以所有固定器材（如有氧运动器械和哑铃架）通常靠近墙壁，沿房间四周放置。应利用常识避免伤害以及损坏家庭运动设施（图 24.1）。

- 器材周围的缓冲空间减少（例如为 0.46 米而不是 0.91 米）。
- 建议有氧舞蹈、跆拳道、健美操和自重运动等活动的空间为 2.40 ～ 4.60 平方米[21]。
- 在墙上或天花板上安装娱乐设备，例如电视机、录像机、DVD 播放器、收音机、CD 播放器或其他较新的设备，这样客户可以观看运动指导视频、听音乐或新闻[21]。

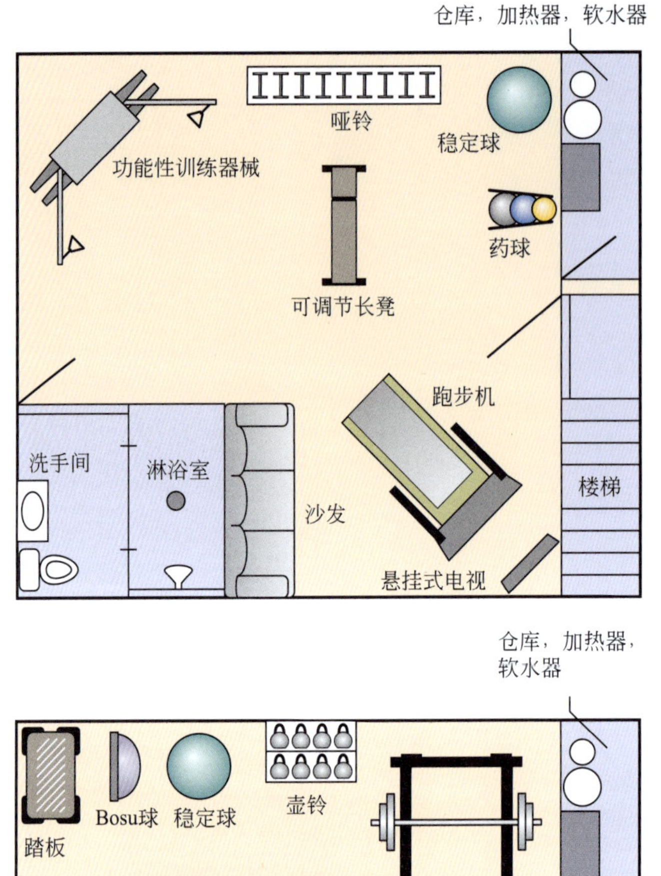

图 24.1 两个家庭健身房的平面设计示例

设施与器材维护

设施与器材维护很容易变成被动行为而不是主动行为。为了提供一个安全的运动环境，预防性维护必须成为重点。定期维护和清理不仅能提供一个安全的环境，而且可以增加运动设施的寿命。应该制订每日、每周、每月的系统性检查，维护和清洁计划。这样能确保客户的安全和设施的正常工作。私人教练必须熟悉设备检查、维护、清洁等各个方面的内容，以保护客户免受潜在伤害，避免被起诉。

正确的场地和设施维护不仅能提供一个安全的环境，而且可以增加运动设施的使用寿命。

设施维护

在许多情况下，大多数客户使用抗阻训练室进行训练，抗阻训练室变成了整个设施的代表。设备下方和设备之间的区域可能难以彻底清洁。因此，维护和清洁健身设施时，应该先评估表面类型以及每个区域可能出现的困难。

- 私人教练应经常检查墙壁、地板和天花板的状况，以及设备的可用性和安全放置情况。
- 商业设施的清洁通常由保管人员和私人教练共同负责。另一个选择是雇用专业的清洁公司。
- 家庭设施的清洁可以由房主或私人教练负责。如果私人教练使用了客户的家庭健身房（现场个人训练），清洁义务应与客户讨论确定。

地板

- 私人教练要检查、保养，并定期清洁地板。
- 地板必须无破裂、漏洞、突出的钉子、不平整、螺钉松动等问题。清洁时必须每天检查这些问题。
- 应该用抗菌剂处理瓷砖地板，特别是在有氧运动区。瓷砖地板应抗滑和防潮，无污垢堆积。
- 自由重量和固定器械区的橡胶弹性地板应使用和有氧运动区同样的抗菌剂进行处理。橡胶地板必须没有大的缝隙、切口和磨损斑点。
- 组合垫必须牢固，无突出的标签，并且排列整齐，避免在交接处产生褶皱。
- 拉伸区必须避免积尘。垫子或地毯应不吸水，并含抗真菌和细菌的成分。
- 地毯必须无破裂，过道和人流量大的区域必须用其他垫子保护。所有的区域都应该制订清洁计划，定时打扫、除尘或拖地。
- 地板必须用胶粘牢，然后正确固定，所有固定设备必须牢固地固定在地板上。

墙面

- 私人教练必须定期检查、保养、清洁墙面。墙面包括镜子、窗户、出口、储藏区和架子。墙面应该 1 周清理 2 ～ 3 次。

天花板

- 私人教练需定期检查、保养、清洁天花板。人们常忽略对天花板的维护和清理。清理时还包括天花板上的固定装置和附属装置，例如灯、空调、加热装置、喷头、管道、音箱、电视和吊扇等。
- 贴瓷砖的屋顶必须保持清洁，任何损坏或丢失的瓷砖都要按时替换。管道暴露在外的天花板不需要定期清理，但在需要时仍要进行清理。

请查阅美国国家体能协会提供的运动设施与器材维护安全清单（Safety Checklist for Exercise Facility and Equipment Maintenance）以获得设施维护和清洁指南。

设备维护

维护设备的功能、清洁和安全是私人教练日常工作的重要部分。经常使用但不经常清洗或维护设备，对客户和私人教练都有潜在的危险。

- 商业设施中，维护人员、私人教练和当地设备管理代表应定期清洁和维护运动设备。
- 在运动器材附近提供一次性清洁巾、清洁液和抹布可以鼓励用户在使用前后进行清洁。在清除机器上的体液如汗液时，建议使用一次性手套。设施内一般都配有这些物品。清除汗液或其他体液后，必须用肥皂水洗手。
- 对健身设施中的运动器材的小型清洁可由客户进行，而定期适当保养和清洁设备是私人教练的责任。

请查阅美国国家体能协会提供的运动设施与器材维护安全清单以获得设施维护和清洁指南。

拉伸区

用于拉伸的器材包括垫子、拉伸棒、弹力绳和壁梯。

- 拉伸区的垫子应每天及时清洁和消毒。
- 垫子应无裂缝和撕裂。
- 应定期清扫垫子之间的区域，避免灰尘和污垢堆积。
- 拉伸区应无凳子、哑铃以及其他可能造成混乱和撕裂垫子表面的器材。所有器材使用后应妥善保存。弹力带应固定在一个基座上，当期检查磨损情况，必要时进行更换。
- 用来清洁垫子的清洁液和抹布应该靠近拉伸垫放置，但不应该产生危害。

自重训练区

自重训练区的训练常使用稳定球、药球、跳箱、绳梯、圆锥、平衡训练器材、长凳、过度伸展椅、跳绳等。

- 所有垫子和长凳每天都要消毒，且应无裂缝。
- 为保证安全，跳箱的顶部和底部都应防滑，应每月定期检查是否过度磨损。
- 应定期检查其他设备和附件是否安全，并定期清洗，以延长其使用寿命。

抗阻训练区

在市场上可以买到各种抗阻训练器械（如凸轮、滑轮、电缆、链条、载重盘、组合、风力），有独立式或组合式设计。

- 与皮肤接触的长凳和器械表面，每天都要清洗消毒，且应无裂缝。
- 应每周清洁特定器材的导杆并润滑 2 ～ 3 次。
- 任何器材都不能有松动的螺栓、螺

钉、电缆、链条或突出、需更换的磨损部件。如果器材固定在地板上或墙上，应每月检查螺栓。

- 应每周检查抗阻训练区的重量片是否有裂缝。
- 用于组合器材的 L 形或 T 形销子和带子应妥善保管，不要让客户临时使用不安全的替代品。
- 应适当调整链条、电线、皮带和滑轮的张力和流畅性，即使轻微的失调也可造成磨损，损坏链条和电缆。

自由重量抗阻训练区

进行自由重量抗阻训练时会使用各种类型的杠铃、凳子（有或无立柱或支架）、下蹲架或爆发力架、哑铃和配重片。

- 所有器材，包括安全器材（如安全带、皮带、包、垫子、链条、手套、锁、安全条等）使用后应送回适当的储存区，以避免通道堵塞。
- 应该根据需要每月定期检查所有长凳和架子。
- 下蹲架和力量架周围的地面要防滑，应定期清洗。
- 应该经常检查杠铃的螺母是否松动或焊接处是否损坏。
- 在已经丧失功能或已损坏的器材上清楚地贴上"故障"标志（即使是在家庭健身房中），或者在这些器材上贴上一张表格以防止客户使用，也可以把这些器材搬离运动区域。
- 所有防护垫和室内装饰应无裂缝，每天清洁消毒。

奥林匹克举重区

并不是所有的设施都有奥林匹克举重区，但通常都有独立的木制举重台、奥林匹克杠铃杆、缓冲片、架子、锁和防滑粉箱。这个区域需要定期进行清洁和维护。

- 应适当润滑和强化奥林匹克杠铃杆和曲柄杆，保持末端可以旋转。
- 应立即更换任何有缺陷的奥林匹克杠铃杆或曲杆。
- 钢丝刷可刷掉累积在滚花上的防滑粉残留。
- 检查举重台是否有间隙、缺口、切口和碎片（根据不同类型的表面而定），正确清扫表面或擦去防滑粉。木制平台的保护涂层（如氨基甲酸酯）如有破损，可重新涂覆。
- 平台区应该没有长凳、盒子和其他杂物，给客户足够的空间安全地进行力量和爆发力训练。

有氧运动区

心血管训练器材也是健身房中常见的健身器材，是扩展健身房设施最重要的优先事项[21]。市场上有各种心血管训练器材，包括固定式自行车、跑步机、划船机、椭圆机、滑雪机等。

- 与皮肤接触的设备表面应经常清洁消毒，特别是在频繁使用器材之后。清洁和消毒不仅可使客户免受细菌侵害，还可延长器材的寿命和保持其美观。市场上有专门摆放清洁液的支架。如果运动器材频繁被使用，应该安装支架并提供合适的抹布，这样人们就可以在训练之后清洁器材。

- 所有可移动设备（如皮带、链条、接头、变速轮），每周要进行2～3次润滑和清洁。
- 在清洁过程中，需要检查皮带、带子、连接处和螺钉是否牢固或磨损，必要时需更换。
- 正确维护测量装置，如转数计。尽管这通常由制造商负责，但定期将汗水和污垢清理干净可以延长设备的使用寿命。
- 器材部件（如座椅和长凳）应易于调整。
- 如果预算允许，购买额外的设备部件以及时更换是一个很好的做法。这就不必向经销商或工厂订购，然后等待零件到货。

结语

付出努力和系统的规划是设施设计成功的关键因素。规划健身设施包括4个主要阶段，即初步设计阶段、规划阶段、施工阶段、试运营阶段。私人教练应熟悉所有设施的规范指南，才能规划一个安全、功能完善的设施。为设施选择运动器材也是一个多方面的过程，主要包括3个阶段，即制订设施的功能标准，评估设施的规范和有效性，评估制造商的业务能力。同时使用暂定平面布局图和优先性清单，最终为设施购买合适的器材。运动器材之间要有适当的空间，便于人员进出、运动的安全执行、有效的设施监管以及与客户交流。虽然家庭运动设施的规划和器材安排的规模较小，但客户和私人教练仍应该考虑到各个方面可能存在的潜在危险，如环境问题、儿童和宠物的安全。设施和器材维护很容易变成被动行为，而不是主动行为。适当的设施和器材维护，不仅能建立一个安全的环境，而且可以延长设施和器材使用的寿命。

学习问题

1. 一个健身设施的会员总数为3 000人，心血管训练器材的标准是每4名会员1台。根据健身行业的一般做法，该设施应该有多少台心血管训练器材？
   A. 56
   B. 62
   C. 72
   D. 81
2. 如果在健身设施中设置镜子，下列哪些指导原则是正确的？
   Ⅰ. 距离器材6英寸（约15厘米）
   Ⅱ. 距离器材20英寸（约51厘米）
   Ⅲ. 比地板高6英寸（约15厘米）
   Ⅳ. 比地板高20英寸（约51厘米）
   A. 只有Ⅰ和Ⅲ
   B. 只有Ⅰ和Ⅳ
   C. 只有Ⅱ和Ⅲ
   D. 只有Ⅱ和Ⅳ
3. 在健身设施中安装运动器材时，私人教练应该遵循下列哪些指导方针？

Ⅰ. 在抗阻训练室中间放置更高的阻力训练器材以获得更好的可见度
Ⅱ. 需要监督者的训练设备应远离窗户、镜子和门
Ⅲ. 所有的奥林匹克杠铃杆应间隔 3 英尺（约 0.91 米）
Ⅳ. 所有的抗阻训练设备应该间隔至少 3 英尺（约 0.91 米），最好是 4 英尺（约 1.21 米）

A. 只有Ⅰ和Ⅲ
B. 只有Ⅰ和Ⅳ
C. 只有Ⅱ和Ⅲ
D. 只有Ⅱ和Ⅳ

4. 天花板的最低高度是多少才足以让客户完成过头运动？
A. 7 英尺（约 2.12 米）
B. 9 英尺（约 2.74 米）
C. 11 英尺（约 3.35 米）
D. 12 英尺（约 3.65 米）

应用知识问题

假设使用独立式器材，计算这些器材或运动区域所需的总面积。

A. 一位客户正在进行坐姿肩推举运动［长 4 英尺（约 1.22 米）；宽 3 英尺（约 0.91 米）］。

B. 一位客户正在使用 5 英尺（约 1.52 米）长的杠铃杆进行提肘上拉运动。

C. 一位客户正在使用 4 英尺（约 1.22 米）长的"EZ curl"杠铃在 5 英尺（约 1.52 米）的长凳上进行仰卧肱三头肌伸展运动。

D. 一位客户正在 3 英尺（约 0.91 米）长的垫子上使用 8 英尺（约 2.44 米）高的平台进行上下台阶运动。

E. 一位客户正在使用奥林匹克杠铃杆在 0.42 平方米的深蹲架上进行前蹲运动。

F. 一位客户正在一台楼梯机上进行运动［长 5 英尺（约 1.52 米）；宽 3 英尺（约 0.91 米）］。

G. 一位客户正在进行坐位体前屈触脚尖拉伸。

参考文献

1. Armitage-Johnson, S. 1989. Maintenance and safety: Maintaining a safe environment in the strength facility. *National Strength and Conditioning Association Journal* 11: 56-57.
2. Armitage-Johnson, S. 1994. Providing a safe training environment for participants, part I. *Strength and Conditioning* 16: 64-65.
3. Bates, M. 2008. Choosing the right equipment. In: *Health Fitness Management*, 2nd ed., M. Bates, ed. Champaign, IL: Human Kinetics.
4. Centers for Disease Control and Prevention. 2002. Nonfatal sports-and recreation-related injuries treated in emergency departments - United States, July 2000-June 2001. *Journal of the American Medical Association* 288: 1977-1979.

5. Coker, E. 1989. Weightroom flooring. *National Strength and Conditioning Association Journal* 11: 26-27.
6. Greenwood, M. 2000. Facility maintenance and risk management. In: *Essentials of Strength Training and Conditioning*, 2nd ed., T. Baechle and R. Earle, eds. Champaign, IL: Human Kinetics.
7. Greenwood, M. 2004. Facility and equipment layout and maintenance. In: *NSCA's Essentials of Personal Training*, R. Earle and T. Baechle, eds. Champaign, IL: Human Kinetics.
8. Greenwood, M. 2008. Facility organization and risk management. In: *Essentials of Strength Training and Conditioning*, 3rd ed., T. Baechle, and R. Earle, eds. Champaign, IL: Human Kinetics.
9. Hillman, A., and D. Pearson. 1995. Supervision: The key to strength training success. *Strength and Conditioning* 17: 67-71.
10. Holcomb, W., D. Kleiner, and D. Chu. 1998. Plyometrics: Considerations for safe and effective training. *Strength and Conditioning* 20: 36-41.
11. Kroll, B. 1989. Facility design: Developing the strength training facility. *National Strength and Conditioning Association Journal* 11: 53-55.
12. Kroll, B. 1990. Facility design: Evaluating strength training equipment. *National Strength and Conditioning Association Journal* 12: 56-65.
13. Kroll, B. 1990. Facility design: Selecting strength training equipment. *National Strength and Conditioning Association Journal* 12: 65-70.
14. Kroll, B. 1991. Facility design: Structural and functional considerations in designing the facility: Part II. *National Strength and Conditioning Association Journal* 13: 51-57.
15. Kroll, B. 1991. Structural and functional considerations in designing the facility: Part Ⅰ. *National Strength and Conditioning Association Journal* 13: 51-58.
16. Kroll, W. 1991. Facility design: Aesthetics of the strength training facility. *National Strength and Conditioning Association Journal* 13: 55-58.
17. National Institute for Occupational Safety and Health. 1998. *Criteria for a Recommended Standard: Occupational Noise Exposure.* NIOSH Pub. No. 98-126. Cincinnati, OH: Author.
18. Patton, R., W. Grantham, R. Gerson, and L. Gettman. 1989. *Developing and Managing Health/Fitness Facilities.* Champaign, IL: Human Kinetics.
19. Polson, G. 1995. Weight room safety strategic planning - part Ⅳ. *Strength and Conditioning* 17: 35-37.
20. Sawyer,T.,and D.Stowe.2005.Strength and cardiovascular training facility. In: *Facility Design and Management for Health, Fitness, Physical Activity, Recreation, and Sports Facility Development*, 11th ed., T. Sawyer, ed. Champaign, IL: Sagamore.
21. Tharrett, S., K. McInnis, and J. Peterson. 2007. *ACSM's Health/Fitness Facility Standards and Guidelines*, 3rd ed. Champaign, IL: Human Kinetics.
22. Tharrett, S., and J. Peterson. 2006. *Fitness Management: A Comprehensive Resource for Developing, Leading, Managing, and Operating a Successful Health/Fitness Club*. Monterey, CA: Healthy Learning.

NSCA运动设施和器材维护安全清单

运动设施

地板

- ☐ 每天检查和清洁。
- ☐ 木地板无破裂、漏洞、钉子突出和螺丝松动。
- ☐ 瓷砖地面防滑，无水或粉尘堆积。
- ☐ 橡胶地板无切口、狭缝，中间无大的缝隙。
- ☐ 组合垫保持牢固，无突出的标签。
- ☐ 地毯没有撕裂，磨损部分用垫子保护起来。
- ☐ 定期打扫、除尘或拖洗地面。
- ☐ 地板用胶粘牢或已正确固定。

墙面

- ☐ 每周清洁 2 ～ 3 次（如果需要可以更多）。
- ☐ 活动区域的墙壁上没有突出的电器、器材或壁挂。
- ☐ 镜子和支架安全地固定在墙上。
- ☐ 定期清洁镜子和窗子（特别是在活动频繁的区域，如饮水机附近和门口）。
- ☐ 镜子至少要高于地板 20 英寸（约 51 厘米）。
- ☐ 镜子无破碎或变形。

天花板

- ☐ 定期清洁所有天花板上的固定物和附件。
- ☐ 保持天花板瓷砖清洁。
- ☐ 损坏或破损的天花板瓷砖需要及时更换。
- ☐ 开放的天花板带有暴露的管道，根据需要清洗管道。

运动器材

拉伸和自重运动区

- ☐ 铺有垫子的区域不能放置长椅和器材。
- ☐ 垫子和长椅无裂缝。
- ☐ 用于拉伸的垫子间没有太大空隙。
- ☐ 每天打扫消毒。
- ☐ 用过的器材妥善保管。
- ☐ 弹力带用安全扣固定在基座，定期检查磨损情况。

- ☐ 每天用抗真菌剂和抗菌剂清洁消毒与皮肤接触的表面。
- ☐ 跳箱的顶部和底部表面应该有防滑材料。
- ☐ 天花板的高度应足以让客户进行过头运动，最少 3.70 米且没有悬挂。

抗阻训练区

- ☐ 器材间至少有2英尺（约0.61米）的间隔，最好为3英尺（约0.91米），以方便进出。
- ☐ 没有松动的螺栓、螺丝钉、电线和链条。
- ☐ 使用合适的组合器材销。
- ☐ 确保皮带功能完备。
- ☐ 适当润滑和清洁部件和表面。
- ☐ 防护垫无裂缝。
- ☐ 每天用抗真菌剂和抗菌剂处理与皮肤接触的表面。
- ☐ 没有突出、需拧紧或除去的螺丝和零部件。
- ☐ 皮带、电线和链条与器材的部件对齐。
- ☐ 没有磨损的零件（磨损的电线、松弛的链条、磨损的螺栓、破裂的接头等）。

自由重量抗阻训练区

- ☐ 每个长凳或器材间至少间隔 2 英尺（约 0.61 米），最好为 3 英尺（约 0.91 米）。
- ☐ 奥林匹克杠铃杆摆放适当，两端至少间隔 3 英尺（约 0.91 米）。
- ☐ 所有器材使用完后都要放回保存区，避免堵塞道路。
- ☐ 安全器材（皮带、锁、安全棒）使用完后都要放回保存区。
- ☐ 保护垫无裂缝。
- ☐ 每天用抗真菌剂和抗菌剂处理与皮肤接触的表面。
- ☐ 旋紧固定螺栓和零部件（轴环、曲杆等）。
- ☐ 深蹲架区域的地面要有防滑垫。
- ☐ 奥林匹克杠铃杆要适当润滑，且已旋紧。
- ☐ 长凳、重物架、举重台和类似器材要固定在地上或墙上。
- ☐ 将已丧失功能或损坏的设备搬离运动区域或者锁起来。
- ☐ 天花板的高度应足以使客户进行高于头的运动，无悬挂在低处的附件（横梁、管道、照明设备、标识等）。

奥林匹克举重区

- ☐ 杠铃杆摆放适当，两端间隔适当［3 英尺（约 0.91 米）］。
- ☐ 所有器材使用完后都要放回保存区，避免堵塞道路。
- ☐ 奥林匹克杠铃杆要适当润滑，且已旋紧。
- ☐ 及时替换已经弯曲的奥林匹克杠铃杆，滚花中无碎屑堆积。

- □ 轴环功能正常。
- □ 有足够的防滑粉。
- □ 腕带、腰带和护膝完好，妥善保存。
- □ 长凳、椅子、跳箱远离举重台区域。
- □ 垫子上没有间隙、切口、裂缝、碎片。
- □ 定期清扫，然后用拖把清除碎片和防滑粉。
- □ 天花板的高度应足够让客户进行高于头的运动，没有悬挂在低处的附件（横梁、管道、照明设备、标识等）。

有氧运动区

- □ 器材之间至少间隔［2 英尺（约 0.61 米）］，最好间隔 0.91 米。
- □ 螺栓和螺钉已拧紧。
- □ 功能性零件易于调节。
- □ 适当地对零件和表面进行润滑和清洁。
- □ 脚和身上的皮带牢固，无破损。
- □ 测量力、时间、每分钟转速的装置功能正常。
- □ 每天用抗真菌剂和抗菌剂清洁与皮肤接触的表面。

维护和清洁工作

每天进行

- □ 检查地板所有的损坏或磨损。
- □ 清洁（扫、吸尘、拖）所有的地板。
- □ 清洁并消毒装饰物。
- □ 清洁并消毒自动饮水机。
- □ 检查地面固定器材的连接。
- □ 清洁消毒接触皮肤的器材表面。
- □ 清洁镜子。
- □ 清洁窗户。
- □ 检查镜子是否有损坏。
- □ 检查所有器材是否损坏或磨损，带子、螺丝、电线、链条是否松动，是否有不安全的或失去功能的固定带。
- □ 清洁并润滑器材可移动的部分。
- □ 检查防滑材料和垫子是否摆放正确，是否损坏或磨损。
- □ 清理垃圾和废物。
- □ 清洁灯罩、风扇、通风口、钟表和扬声器。
- □ 确保器材使用后放回原处，妥善保存。

每周2～3次

- ☐ 清洁并润滑有氧训练器材和抗阻训练组合器材上的导杆。

每周1次

- ☐ 清洁（除尘）天花板上的固定装置和附件。
- ☐ 清洁天花板瓷砖。

在需要的情况下

- ☐ 换灯泡。
- ☐ 清洁墙面。
- ☐ 更换损坏或缺失的瓷砖。
- ☐ 清洁天花板上暴露在外的管道。
- ☐ 将损坏的器材搬走（或贴上标识）。
- ☐ 补充防滑粉。
- ☐ 清洁杠铃滚花。
- ☐ 用除锈液清洁地面、杠铃片、杠铃杆和其他器材上的锈。

来源：From NSCA, 2012, NSCA's essentials of personal training, 2nd ed., J. Coburn and M. Malek (eds.), (Champaign, IL: Human Kinetics). Reprinted by permission from NSCA 2008.

第25章

私人训练的法律问题

大卫·L. 赫伯特（David·L. Herbert），JD

学习完本章后，你将能够掌握如下内容。

- 了解相关法律的基本内容，尤其是侵权法，以及适用于私人训练服务的法律体系。
- 定义过失，阐述受伤客户在法律诉讼中必须证明私人教练的过失的4个要素。
- 确定私人教练的职业责任和法律责任，并理解未承担这些责任的后果。
- 采取风险管理策略，以减少私人训练中的索赔和诉讼风险。

本章讨论私人训练中的法律问题。重点在于讨论私人教练应对客户负责的监护标准，以及这些专业人士提供服务的问题[1]。本章还讨论了与私人教练有关的过失和诉讼概念。本章综述美国国家和州的法律原则，如侵权法和合同法的概念以及刑法的原则。成文法是由美国国会或州立法机构制定的。其他国家使用的法律不同于美国。因此，在其他国家提供私人教练服务时，有必要了解当地的法律。本章还讨论了风险管理策略，以避免或减少法律问题。本章或其他来源提供的材料，不能代替私人教练在具体情况和案例中获得的专业司法建议。

本章中的风险管理是鉴定内部或外部审核发现的私人训练活动中的各种风险，然后利用这些发现努力消除、降低或转移这些风险，从而提高服务的安全性，同时减少、消除或转移相关的索赔和诉讼。风险规避和风险最小化策略侧重于安全有效地筛选客户，提出适当的建议或运动处方，对训练提供适当的限制和监护，必要时提供有效的紧急服务，所有这些都按照公认的标准和原则加以实施。一旦私人教练了解他们向客户提供服务的相关法律要求，意识到自己的过失行为或疏忽可能导致客户受伤而被索赔和诉讼，他们将能更好地做好准备，减少客户在训练中受伤的风险和法律风险[2]。

为使私人教练提前做好准备，避免或减少在这些概念中产生的风险，本章对过失的概念和原理进行了综述。同时也介绍了“防卫线”概念，“防卫线”是私人教练在各种索赔和诉讼中保护自己的方法。这些防卫线包括遵守职业规范和指南，使用防卫性法律文件，如风险形式的假设，前瞻性地执行责任豁免或弃权或两者同时进行。责任保险也很重要，这是对私人教练的保护，以避免他们遭受客户的索赔和诉讼。

私人教练应运用风险管理原则，确保客户的安全，防止产生昂贵的诉讼。

索赔与诉讼

很多私人教练永远不会面对与提供服务相关的客户的索赔和诉讼。然而也有很大一部分从业人员遇到了索赔和诉讼。重要的是，私人教练必须了解这些索赔和诉讼的决定过程，解决这些问题的方式和环境，以及与最终解决客户索赔和诉讼有关的规则或法律概念。

对于主张索赔和提起诉讼的一方来说，索赔和诉讼是一种压力。必须对索赔做出回应和抗辩的专业人员也可能因收到索赔而感到紧张，更不用说他们要为在司法判决之前未解决的索赔相关的诉讼进行辩护。

虽然没有确凿的证据清楚地表明，针对健身专业人员和私人教练的索赔和诉讼正在增加，但实际的确如此。这种索赔和诉讼增加的原因可能有多种，其中最重要的一点是，人们普遍倾向于为生活中的一切或任何可能出错或误入歧途的事情寻求补偿。这种感觉很可能包括这样一个想法：如果坏事发生在我身上，那一定是别人的错。现在可以代表客户要求索赔和提起诉讼的律师比以往任何时候都多。关于适当提供私人教练服务的“规则”在最近也得到了发展，公众对私人教练服务的期望水平应该是多少，以及在特定情况下是否满足了这一水平更为明确。

所有这些因素，包括人口增长、人口老龄化以及某些年龄段人群健身活动增加，导致更多活动的参与者比以往任何时候都更“脆弱”，容易发生更多与活动有关的不幸事件，出现更多的索赔和诉讼。如果私人教练有充分的准备，那么这些专业人员应该能够避免、减少索赔和诉讼或对相关的索赔和诉讼做出适当回应与防卫。

健身行业对索赔和诉讼的反应

为了解决针对健身专业人员，尤其是私人教练的诉讼和索赔增加这一问题，根据他们提供的相关服务，健身行业已在努力改善这些服务。这些努力至少有下列 3 种主要形式。

首先，健身行业已经制订了完善的服务标准和原则。美国运动医学会和美国国家体能协会已经走在了最前沿。美国运动医学会在 1992 年发表了第 1 份声明[3]，并于 2001 年进一步完善[4]。这两份声明与其他专业团体和协会类似的文件一起提出，以提高向客户提供健身服务的门槛。截至 2011 年，密歇根国家科学基金会（NSF International of Ann Arbor，Michigan）正努力制订一项综合健身行业标准，该标准将引导今后健康和健身设施的认证，使用正在制订的标准作为设施评估的基线，然后对这些实体进行认证[5]。美国医学健身协会（Medical Fitness Association，MFA）已经开始根据自己的标准和指南对医学健康和健身设施进行认证[6]。自 1991 年以来，美国运动医学会已经 2 次更新行业标准和指南，2009 年美国国家体能协会更新了行业标准和指南。

其次，健身行业正在着手改善健身专业人员（主要是私人教练）的教育、培训和认证。2002 年，国际健康、球拍及运动俱乐部协会（International Health，Racquet & Sportsclub Association，IHRSA）召集了一些著名的健身组织，对提高美国的私人教练服务的质量提出建议。国际健康、球拍及运动俱乐部协会将美国运动医学会、美国国家体能协会、美国运动协会（American Council on Exercise，ACE）、有氧运动与健身协会（Aerobic and Fitness Association of America，AFAA）和库珀研究院（Cooper Institute）的代表聚在一起，共同为提高公共服务质量提出建议。作为此项工作的成果，2006 年，国际健康、球拍及运动俱乐部协会最终提出了一项有效的解决方案，对俱乐部组织提出了以下建议。

鉴于私人训练对健身俱乐部的重要性不断增加，本协会建议，自 2006 年 1 月 1 日开始，会员俱乐部雇用的私人教练至少应持有当前认证的组织或机构的证明，一个独立的、经验丰富的国家认可的认证机构对其认证程序和协议书进行第三方认证。

美国国家能力认证组织（National Organization for Competency Assurance，NOCA）[现称为卓越认证研究所（Institute for Credentialing Excellence，ICE）] 已经有 26 年的历史。作为一个致力于建立认证机构质量标准的组织，本协会确定美国全国认证机构委员会（National Commission for Certifying Agencies，NCCA）为国家认可的认证机构。

本协会还根据法律地位认可其他的同等认证机构，例如高等教育认证委员会（Council for Higher Education Accreditation）和（或）美国教育部（United States Department of Education）认可的认证机构，目的是进行独立的第三方认证。

在全国认证机构委员会认可的组织中，美国国家体能协会在 1993 年首先取得这一地位。

标准和指导方针确定了专业人士例如私人教练的适宜的实务参数。证明是对某一特定职业能力进行的评估。认证是对组织的教育计划或证明测试（或两者）符合特定标准的正式承认。

最后，除了上述两种形式的努力之外，美国越来越多的州提出规范或许可私人教练的法律法规。加利福尼亚州（California）、马萨诸塞州（Massachusetts）、佐治亚州（Georgia）、马里兰州（Maryland）、新泽西州（New Jersey）和哥伦比亚特区（District of Columbia）已提出这些建议。截至2009年第一季度末，这项建议尚未产生任何法律意义。加利福尼亚州提议的法律在2009年4月23日被加利福尼亚州参议院（California State Senate）投票否决。无论这些努力是否以国家授权立法的形式实现，健身行业都正在朝着这个方向发展。如果任何一个州通过立法，很可能促使其他州提出类似的建议。如果私人教练执照的法律获得通过，这样的规定也可以解决私人教练对客户负责的问题。法院对这些专业人员应对他们的客户所负责任的裁决不一致，这对该行业造成了负面影响。我们将在本章后面讨论这个问题及这些法院的裁决。

通过这些过程提高健身专业人员的专业地位，也可能会提高监护的预期法律标准，要求健身专业人员向客户提供更高水平的服务。更严格的专业和法律标准很可能适用于未来的私人教练，用于在索赔和诉讼中判断短期和长期的职业行为。

颁发执照是国家强制对某些专业人员进行审核的过程，这些专业人士获得执照后可向其他人提供服务。

健康和健身活动的索赔

尽管提供了很好的监护，与包括医疗在内的许多行业一样，健身行业仍然会发生一些不幸事件和随之而来的索赔和诉讼。这些诉讼常与某些常见主题有关，这些领域涉及下列一些问题。

- 将建议、标准和指南应用于健身服务。
- 筛选客户的责任。
- 训练前对客户进行评估或功能性测试。
- 为客户提供运动或活动的指导与建议。
- 监督客户的运动。
- 设备的选择、装配、安装和维护，以及设计与维护设施，以便客户使用。
- 应急响应。
- 保险。
- 弃权和豁免。
- 记录和伦理。

这些主题非常广泛，几乎涉及健身专业人员可能遇到的所有索赔和诉讼。偶尔也会出现涉及刑法的一些其他问题。这些问题几乎都与盗窃客户财产，殴打客户，甚至与客户发生不正当和刑事禁止的性行为（例如性虐待或强奸等）有关。类似的相关索赔也可能涉及未经许可的医疗行为或法律规定的持有相关执照的医护人员的其他一些行为。健身行业相关的索赔可能还包括那些提供未经授权的饮食或营养指导行为，这些服务都应由持有执照的人提供。

通常来说，在美国民法系统中，由法官和陪审团评估与健身专业人员相关的诉讼并审查和评估责任。如果确定了责任和义务，则由法官或陪审团设定过失赔偿额。在刑事方面，刑事指控和起诉涉及犯罪或无罪，从而涉及自由或处罚。在民事方面，涉及合同法和侵权法这两个广义的法律概念。

刑法

在法律体系的刑事方面，有时援引刑法来处理美国联邦或州成文法或者两者都禁止的犯罪行为相关的问题。犯罪行为是美国国会或州立法机关确立的一种反社会的非法行为，处罚包括罚款、监禁或死刑。例如，联邦法律规定持有执照的专业人员才能提供医疗或食疗服务，一些州的法律规定私人教练提供医疗或营养服务是犯罪。类似地，未经授权的个体向客户提供受控药物，也被联邦和州的法律视为犯罪。私人教练了解这些法律很重要，应仅在经授权和未禁止的范围内提供服务，避免违反刑法。

合同法

合同有时称为协议，涉及至少双方对一些有价值事物的承诺或行为进行的谈判和议价。例如，私人教练承诺每周提供服务，客户支付费用，就足以确定合同约束，或者说法律强制性。私人教练的服务一般是根据这些协议提供的，当这些协议没有履行或完成时，常要求民事司法系统解决争端。如果私人教练没有提供服务或客户拒绝支付服务费用，则违反了协议。合同法原则与弃权、豁免、知情同意书和其他各种私人训练文件相关。

民事侵权法

民事侵权法的概念适用于相关当事人，即私人教练和其健身客户之间发生的不法行为或过失。这些行为或过失通常涉及人身伤害，甚至不当的死亡索赔。侵权这个词的意思是错误，侵权制度是司法制度的一部分，旨在纠正错误。鉴于客户提交或代表客户提交的针对健身专业人员和私人教练的个人伤害和不当死亡案件，健身专业人员和私人教练已越来越多地涉及这一制度。

过失索赔

在健身行业中，侵权法一般都涉及过失。过失诉讼要求提出索赔的一方（原告）向被索赔的一方（被告）提供某些要素的证据。这些要素建立在下列证据的基础上。

- 义务。
- 失职。
- 近因（在作为和不作为与某些伤害之间）。
- 伤害或损害。

过失是一个人未履行法律规定的保护另一个人的义务，直接导致他人受到伤害。

大多数针对健身专业人员的此类侵权或过失索赔都与客户在接受专业人员的服务时受伤有关。这些案件几乎总是关于一个专业人员是否应对一个客户负责。由法官而不是陪审团决定这些专业人员是否有义务向其委托人提供监护。如果法官判定存在这种义务，即专业人员具有向客户提供监护的义务，通常情况下会由陪审团确定是否没有履行义务，以及赔偿额是多少。

法官在确定义务时会考虑国家法律、社会的总体道德观念、正义和非正义的概念，以及一方与另一方之间的关系，有时也参考行业标准和指南评估责任。如果法官认为适用，则陪审团等事实发现者也可使用这些标准和指南确定是否没有履行义务，即私人教练是否向客户提供了不合适的服务。如果做出此裁定，则赔偿金额将有利于原告而不利于被告。

在健身和私人训练行业，提起诉讼的索赔涉及各种问题的很多方面。针对私人教练的索赔通常涉及未在运动前对客户进行筛选、评估或测试；运动处方或建议存在缺陷；未能正确监督或指导客户活动；客户过度训练导致伤害；未能将客户转交给医护人员；未能向客户提供或确保适当的应急反应，包括心肺复苏过程或自动体外除颤仪存在缺陷。侵犯个人隐私或泄露私人信息；不当地使用风险承担、免责或弃权文件以及许多其他方面的索赔。至少有1份行业出版物介绍了这些方面的索赔和实际案例[5]。

截至2009年年底，私人训练未在美国任何一个州得到联邦或州的许可或监管。没有专门的联邦或州法律或行政法规来界定私人教练向客户提供服务的时候，可以做什么，不可以做什么。所有州的医护从业人员法律法规都保护公众不受未经许可的人提供明确的医疗服务。私人教练不得提供这些由持有专门执照的人员提供的服务。禁止的活动还包括与治疗各种疾病有关的活动。根据这些法律，禁止无资格人员提供预防性服务，例如建议预防疾病复发或预防出现病情的一种特定的活动或运动[6]。根据许多州的法律，未持有执照的个人无权提供营养或饮食建议，这些应由国家认证的营养师提供[7]。每个私人教练需确保自己提供服务的权限范围未涉及国家许可的专业人员提供的服务。在这方面，可能需要与律师进行协商。

法院有时难以确定健身活动中私人教练与客户的法律责任。缺乏政府授权的私人教练执照很可能是影响这个问题的因素之一。虽然本章后面将讨论实际的法院判决案例，但在为私人教练的过失行为提供风险辩护时，重要的是要注意以下附加事项。

- 私人教练在向客户提供服务时，应在道德上而非法律上遵守职业标准和指南。大多数健身协会和健身标准制订者，如美国国家体能协会编写和出版的伦理道德规范和标准适用于私人教练对客户提供的服务。即使一些法院还未完全认可私人教练对客户的法律义务，或者即使在法律上也未完整规定，但如果私人教练向顾客提供一些不恰当的服务，他们仍有可能受到一些负面影响。拥有取得证书的私人培训师的专业协会、为这些培训师提供保险的公司、私人培训师的雇主，允许在其设施中提供此类服务的公司，以及私人培训师所属的专业团体都可能要求遵守道德标准或书面标准和指南（或两者），这是颁发证书的条件、发放或维持责任保险的必要条件、就业要求、确保或维持专业团体成员资格的条件等。

■ 司法系统不完全同意私人教练对客户有特定义务。迄今为止，只有少数发表的决定为这方面的问题提供专业指导。法律会随着时间的变化而发展和改变。在某些特定的情况下，可能导致特定法院对义务问题和潜在义务做出反应，而在实际情况与此不同的另一种情况下，法院可能就不这样做。各法院的判决并不一致，尚未有州的最高法院对这一特定主题发布任何明确的决定。

■ 私人教练的客户在过去发生的不必要的伤害或死亡在未来也有可能发生。这些事件无疑会引起媒体的注意，推动立法或司法（或两者）对私人教练的责任或特定的标准提出更严格的要求。例如，1998年，纽约的安妮•玛丽•卡帕蒂（Anne Marie Capati）在她的私人教练的监督下死亡。据称，该私人教练曾向卡帕蒂推荐含麻黄的营养补充剂，这是一种美国食品药品监督管理局现在禁止的物质。此事件引起了媒体对私人训练行业和健身行业的极大关注。卡帕蒂的死引起了针对许多被告人的共计 3 亿 2 000 万美元的诉讼，包括针对私人教练和他提供服务的健身设施[8]。法院对此案进行了彻底的审查，但在开庭前双方以超过 400 万美元的金额和解[9]。这一案件可能有助于推动此行业在1998 年后的发展。

对过失行为的辩护

如前所述，经常出现针对健身专业人员包括私人教练过失的案例，其中主要针对一些常见的过失。包括私人教练在内的健身专业人员一般会对这类诉讼提出许多辩护。这些辩护一般包括以下内容。

- 遵守行业标准和指南。
- 收到客户接受测试的知情同意书。
- 客户承担风险。
- 在进行活动前获得客户的免责声明。

遵守行业标准和指南

尽管已经讨论了行业标准和指南的重要性，但对于辩护来说特别重要的是，私人教练要准备好说明他们提供的服务是符合这些标准的。由于行业内发布了许多这样的标准，私人教练应遵守与他们的证书最相关的标准。如果他们有美国国家体能协会颁发的证书，他们应遵守其服务标准。如果他们有 1 种以上的证书，他们在向客户提供服务时应该试图遵守最权威或最保守的标准。虽然遵守这些标准的声明不会使私人教练免于受到客户的诉讼，但这种做法可使被告人能够很好地进行辩护。

获得接受测试的知情同意书

虽然提供私人训练服务不是传统医疗监护模式的一部分，但私人教练正逐渐成为该模式的一部分或者至少与之相关。如果有执照，而且法律规定了私人教练的责任和义务，那么医疗或监护模式对这种行业可能更重要。在任何情况下，运动测试服务本身都有必要让私人教练在提供这种服务之前得到客户的知情同意书。知情同意是一个过程，而不仅仅是客户签署的一张纸。事实上，尽管通常建议这么做，但签署一张被客户称为“知情同意”的纸不是这个过程的前提条件。如果在该过程中适当地签订并获得知情同意书，签订的文件意味着此过程结束，这是遵守该要求的良好证据。

> 让健身客户签署知情同意书是向健身客户介绍他们将经历的，通常是运动测试的过程的手续，借此向其说明风险和收益，提出问题并获得解答。客户可决定是否接受此手续。

知情同意的过程是参与者接受医护人员治疗时所需的基本程序的一部分。它适用于外科手术和治疗混合测试，应该是运动前健身指导者向客户提供测试的一部分。它也应该是训练计划记录的一部分。它包含在一些专业健身协会为健身行业制订并发表的标准和指南之中。

知情同意过程包括私人教练向客户说明，在主要的健身相关活动，特别是运动测试中需要做什么，这是传统上主要需要获得同意的内容。这一过程包括提供足够的信息，说明在测试活动中客户要做什么。这些测试或活动的风险是什么，以及可用的替代方案是什么。

一旦提供了关于这些事项的信息，客户应该有机会向专业人员提出问题，并得到这些问题的答案。完成这一过程后，客户可以利用良好的判断决定是否进行这个既定的过程。实际上所有的司法裁决都是根据一个通情达理的人在类似情况下所做的事情，而非此人在事后所做的决定确定当事人是否有足够的信息做出此决定。

在管理知情同意的过程中，信息的提供、客户的问题和答案以及客户的决定都应记录在案，不仅要在知情同意书上记录，还要在客户的档案中加以记录。在本章末尾的第799页和第801页分别提供了一份运动测试知情同意书和参加训练计划的知情同意书实例。

承担风险

需要注意的是，客户提出人身伤害或不当死亡索赔时，承担风险辩护可以免除健身专业人员除避免对客户进行故意伤害之外的任何义务。换句话说，这样的辩护包括减轻服务提供者（私人教练）对个人（健身客户）的责任要求。如果没有义务，则不必对活动产生的伤害负任何责任。

对过失行为承担风险的辩护基于“参与者自愿了解、理解并同意承担与某些活动有关的普通和合理风险”[10]。这一原则常用于体育和危险的娱乐活动，也常见于针对健身专业人员的诉讼，但结果不一。

在马西斯（Mathis）与纽约健康俱乐部公司（New York Health Club，Inc.）的

案件中[11]，原告提起诉讼，声称在一名私人教练监护下，在一台固定器械上受伤。作为对这一诉讼的回应，健康俱乐部和教练作为被告方鼓动法院发布了对他们有利的简易审判，并辩称原告承担了导致他受伤的活动的相关风险。初审法院驳回了动议，随后原告进行了上诉。法院重新对上诉案件进行了审查并裁定如下。

被告对申诉置之不理，声称支持他们的动议，即原告自愿承担其受伤的风险。尽管事实很清楚，原告不是固定器械的初学者，确实已承担在适当监督下这些力量训练存在的风险，但并不能说他已过度承担了该活动中常见的风险。尤其是由于私人教练判断失误而造成的不合理增大了风险。原告声称，该私人教练的资质并非被告方健康俱乐部在原告购买俱乐部专门训练套餐时向其展示的那样。被告的教练将原告正在使用的固定器械的负重增加到 270 磅（约 122.5 千克），尽管原告多次怀疑他是否能承受如此大的负重，被告还是敦促原告继续进行重复运动。鉴于此，事实问题是，原告的受伤是风险产生的结果。原告声称在重复运动过程中私人教练敦促他进行重复运动。尽管这是固定器械训练的固有风险，但被告对原告能否承受如此大负重的过失性误判不合理地增大了此种风险。

上诉法院判决，即使举重活动本身有风险，但不应出现私人教练的“判断失误”造成的风险，且不应由客户承担此风险，也不应基于这种辩护就禁止客户索赔。本质上，法院认定私人教练对客户有义务。

对于加利福尼亚州 2006 年发生的另一个案例，上诉法院表达了不同的看法。在某客户与 Neste 公司的案例中[12]，客户上私人教练的第一次课时，客户声称由于私人教练未对他进行筛查和评估，以及私人教练要求他进行剧烈运动，使其经历了一场不必要的心脏病发作。私人教练和俱乐部根据承担风险原则对这一诉讼进行辩护。针对这一诉讼的辩护，初审法院进行简易判决，批准被告的动议，原告上诉。上诉法院判决如下。

原告在诉状中称，他已与被告达成协议，为他提供一个定制的健身计划。被告有责任调查他的健康史，包括他目前的身体状况和心脏危险因素。2002 年 9 月 11 日，原告在 Gold’s Gym 健身房参与被告索兹（Shoultz）的第 1 次训练，被告索兹知晓原告身体不适、体重过重。被告索兹安排原告的训练过于剧烈，原告向被告索兹几次诉说他需要休息，在接近 60 分钟的训练课结束时，原告心脏病发作。被告的过失是原告受伤的直接原因。

而在答复原告的申述中，被告声称，原告的受伤是剧烈的身体活动固有风险的结果，被告既未增加也未隐瞒固有风险，承担主要风险的原则禁止原告的申述……被告在简易判决和原告上诉中胜诉。我们现在进行解释……

私人教练工作的目的是改善客户身体素质和外观。健身客户必须完成紧张艰苦的身体活动才能达到这一目标。该活动的固有风险包括一般或特殊情况下的身体不适，如肌肉拉伤、扭伤、撕裂和牵拉，这不仅见于胳膊和腿部肌肉，而且见于心脏等深层肌肉。运动会对心血管系统施加压力，这是私人教练为客户进行健身训练的一个重要组成部分，也是该活动的一种内在风险。消除这一风险将改变该活动的基本性质。

法院增加了以下内容。

虽然原告声称被告索兹对他的身体条件未做出正确评估，尤其是他的心脏危险因素，原告申诉的本质是，索兹作为原告的私人教练，对原告进行超越其身体能力和健康水平的训练。健身训练的目的是挑战，这正是人们愿意接受私人教练服务的原因。与其他运动或身体活动的教练一样，私人教练在健身训练中的作用不仅是指导参与者正确的运动技巧，而且还要制订一项训练计划，要求参与者提升其现有能力，以使身体更健康。在训练过程中，私人教练的作用是敦促参与者，使他们的肌肉用力达到极限，克服身体和心理障碍。此过程的固有风险是，私人教练无法准确地评估参与者的能力，这就造成参与者受伤的结果。

尽管原告提出诉讼，但加利福尼亚州上诉法院（California Court of Appeals）并没有像纽约州上诉法院（New York Court of Appeals）对马西斯（Mathis）案件那样判决，而是根据承担风险的申辩支持私人教练，即使其未进行筛选，也未准确评估客户对规定的运动的承受能力。

无论这些法院对这一问题上的决定有什么不同，但几乎在训练客户之前签订了书面的风险文件的情况下，私人教练都很容易进行辩护。此类文件是表明客户明示承担风险的确凿证据。私人教练与客户开始训练前的文件中应常规包含这些文件，并成为该过程的一部分。如果私人教练所在的州不承认或未事先强制性地给予客户免责权，私人教练在对顾客的过失行为进行辩护时，签订的风险承担文件更是非常重要的。在本章末尾，第 803 页，有一份包含了免责表格的风险承担文件。在不承认或禁止事先免责的州，风险承担文件是一份独立文件，应删除这些表格中的免责条款。

事先免责

在进行运动或活动之前预先给予免责，为参与者或他人免除参与活动的潜在责任，这在多年以前，并不被美国司法系统承认。此决定也许有多种原因，其中一些与保护主义和家长作风的司法理念有关，另一些与州法律禁令有关，还有一些与下列司法决定有关，即社会不应该通过在司法上承认免责而鼓励过失或鲁莽行为。如今美国绝大多数州都对措辞得当、书写整洁且正确实施的事前责任减免给予法律效力。

美国某些州对使用运动器材[13]和常规固定器械[14]，甚至私人教练活动坚持执行事先免责[15]。未成年人（18 岁以下）没有签署合同的法定能力[17]，他们签署的这些文件在美国所有的州都无效[16]，但如果有些父母代表未成年子女签字，在美国的某些州就有效[18]。此外，这些责任豁免在有些国家可能不具有法律效力，因此，如果一个人在签署一份事先适用于配偶或继承人死亡或财产的免责文件后死亡，就可能对其配偶[19]、财产或继承人强制执行[20]。

在美国一些州进行事先免责时，必须声明此文件专用于免除另一人过失的责任[21]，但并非所有州都有这样的要求。一般不可能豁免另一人的重大过失或故意的、肆意的行为或犯罪活动。在某些州，如弗吉尼亚州[22]和美国其他一些州，法院认定这些行为反对公共政策，故不允许免责。

豁免和免责需措辞得当，并合法实施（客户阅读或向客户宣读，与客户讨论，然后正确执行）。

在私人训练中，豁免（或免责）是合同承诺，一方在活动前事先同意在此活动中受伤后不进行索赔或不提起诉讼（或两者皆不）。

过失或失职的保险

所有的私人教练都应该获得并维护足够的责任保险，这样就可由保险公司为他们应付顾客的人身伤害或不正当死亡或同时包含两者的诉讼。这种保险需要向被保险人提供赔偿，以支付由解决这些诉讼产生的费用，至少应达到且包括所提供保险的限度。

私人教练需要与保险代理人或个人法律顾问协商，以确保他们所投保的责任保险涵盖了他们在专业实践中进行的活动。有些保险可能不包括提供的服务，如果是这样的话，那就类似于根本没有保险。

许多私人教练认证协会和其他专业会员团体提供在既定保险费率下获得责任保险的机会。有些公司甚至向某些组织认证的私人教练提供额外的折扣。责任保险对于这个行业来说是必备的。

这里所述的保险是一种合同承诺，保险公司承诺以保险公司的成本为被保险人的某些确定的责任风险提供辩护和赔偿，数额最高可达确定的责任限度，以此作为获得保险费的交换条件。

记录与存档

许多参与有争议记录的诉讼的律师已接受培训，对应存在但实际并不存在的记录提出质疑。这些律师还会对法庭上出示的准备不充分或不完整的记录提出质疑。通常这些司法从业人员认为“如果没有记录，就没有发生”，“如果我们看不到它，它就不存在”或“如果没有人把它写下来，要么没有做，要么认为这事不重要”。这样的信念会影响很多诉讼结果，关键事件的记录、录音或者文件是讨论焦点。

可以肯定的是，包括法官和陪审团在内的许多人都认可有形的、书面的、记录的证据。如果存在纸质记录，这样的记录可为索赔提供支持。反过来，这些记录也可表明遵守正确的监护标准，从而有助于诉讼辩护。缺乏记录或记录不完整、准备不充分可能有利于原告的主张，导致起诉成功。这些概念在向患者和客户提供服务的行业中尤其重要，尤其是在健康监护行业——医学、牙科、物理治疗和包括私人训练在内的其他类似行业。虽然美国联邦政府或州法律或两者皆要求有些职业，以特定方式产生和（或）保存某些记录，但大多数私人训练健身计划都无这样的要求。

无论美国联邦政府或州法律是否要求保证健身客户和私人教练记录的保密性和隐私性，这些记录都应保密。许多此类记录包含个人隐私、私人信息或与医疗有关的信息。这些记录应妥善保管。至少，个人识别信息，例如社会安全号码和信用卡信息（美国联邦政府和州的其他法律可能保护这些信息），筛选信息（PAR-Q）或健康史文件和其他类似文件应保密。泄露这种信息很可能违背客户的隐私期望，甚至违反合同的要求，导致不必要的索赔和诉讼。鉴于国家法律和法院对所谓的诉讼时效适用或不适用的解释存在不同，以至于缩小或扩大提交诉讼时间的法定限度，保存记录的时间应尽可能长，并符合个别法律的建议。

道德规范

大多数健康和健身或私人训练认证机构和会员组织都有其认证或会员教练必须遵守，并应用于专业实践的道德规范。美国国家体能协会的道德规范（NSCA Code of Ethics）可登录其网站下载。此道德规范主要包括以下4个方面。

1. 严禁性别、种族、宗教、国籍或年龄的歧视。必须平等对待所有客户，必须保守他们的秘密。
2. 私人教练应该遵守美国联邦政府、州和地方的所有的相关法律，以及所有的制度指南和美国国家体能协会的规章制度、政策和手续。
3. 私人教练不应错误地传授技能、进行训练，仅应提供他们有资质的服务。
4. 私人教练应该避免对美国国家体能协会产生负面影响的专业或个人行为。例如，他们永远不应该把自己的经济利益放在客户的福祉之上，并应该避免滥用药物。

美国国家体能协会道德委员会（NSCA Ethics Committee）负责调查可能违反此规范的行为，并决定采取何种措施。被发现有违反此道德规范行为的私人教练可遭受谴责，被暂停或终止会员资格，或从需要遵守这些规范的岗位解聘。

通读美国国家体能协会道德规范和其他组织的类似规范不难知晓这些声明，私人教练应严肃对待并遵循这些规范要求，违反这些要求可能导致不必要的纪律处分。与所有这些事项一样，即使这些行为未导致其他类型的法律争议，在良好地行使职责时，也应予以避免。

结语

许多法律问题影响着健康和健身职业，尤其影响着私人教练。在这方面，对专业人员有利的措施包括遵守著名专业协会，例如美国国家体能协会制订的权威标准和指导原则；使用保护性法律文书作为签订风险承担的证据，以及事先免责；足额购买责任保险，内容涵盖专业人员为客户实施的所有实际训练活动；

正确记录并保存客户和其他专业记录；遵守适用的法律、法规和规章制度；遵守职业道德规范和行为准则。这些行动可确保私人教练向客户提供安全有效的服务，减少索赔和诉讼。

学习问题

1. 在下列哪种情况下，法律制度决定人身伤害和不当死亡案件？
   A. 刑事司法制度
   B. 民事司法制度，重点是侵权法
   C. 民事司法制度，重点是合同法
   D. 民事司法制度，重点是公平
2. 下列哪种情况下，私人教练可合法地向客户提供建议？
   A. 使用健身器材
   B. 使用各种运动治疗客户的疾病
   C. 使用特定的运动，降低客户升高的血压
   D. 使用医药产品预防疾病
3. 承担风险或免责可由私人教练在什么情况下使用？
   A. 在大多数州使用
   B. 仅用于法律批准的情况
   C. 在法官事前批准的情况
   D. 向参与者付费以使其在协议上签名时
4. 私人教练的执业专业标准可用于下列哪一项？
   A. 辅助私人教练提供服务
   B. 帮助医生诊断患者
   C. 使私人教练有资格为患者提供服务
   D. 使私人教练有资格在某些州获得执照

应用知识问题

一位久坐不动的 50 岁男性，患有 2 型糖尿病，接受了一家为其提供会员和私人训练服务的健康俱乐部的邀请，加入俱乐部。除上述信息外，他拒绝完成问卷调查表（PAR-Q）或以其他方式提供其健康状况信息。他坚持接受私人教练的指导，在俱乐部里使用各种健身器材。他还向私人教练征求建议，希望能够戒烟、减轻体重、缓解自高中开始的膝关节疼痛。他的医生已建议其接受手术治疗，但他未予重视。在这种情况下，私人教练应如何应对这些请求？

参考文献

1. Additional information on legal aspects of personal training can be found at D.L. Herbert and W.G. Herbert. 2002. *Legal Aspects of Preventive, Rehabilitative and Recreational Exercise Programs*, 4th ed. Canton, OH: PRC.
2. Risk management for personal trainers is also discussed in Eickhoff-Shemek, Herbert, and Connaughton. 2008. *Risk Management for Health/Fitness Professionals: Legal Issues and Strategies.* Philadelphia: Lippincott Williams &

Wilkins. See also The Exercise Standards and Malpractice Reporter, published six times per year by PRC (Canton, OH).

3. *ACSM's Health/Fitness Facility Standards and Guidelines*. 1992. Champaign, IL: Human Kinetics.
4. Medical Fitness Association. *Medical Fitness Association's Standards and Guidelines for Medical Fitness Center Facilities*. 2009. Monterey, CA: Author.
5. *The Exercise Standards and Malpractice Reporter*, published six times per year by PRC (Canton, OH).
6. See, e.g., *Stetino v. State Medical Licensing Board*, 513 N.E. 2d, 1234 (Ind. App. 2 Dist. K87); State v. Winterich, 157 Ohio St. 414 (1952).
7. See, e.g., Ohio Revise Code Adm. sect. 4759, 2006.
8. *Capati v. Crunch Fitness International,* et al., analyzed in Herbert, 1999, "$320 million Lawsuit Filed Against Health Club," *The Exercise Standards and Malpractice Reporter* 13: 33-36.
9. *Capati v. Crunch Fitness International, et al.*, analyzed in Herbert,2006, "Wrongful Death Case of Anne Marie Capati Settles for in Excess of $4 million," *The Exercise Standards and Malpractice Reporter* 20: 36.
10. Eickhoff-Shemek, Herbert, and Connaughton. 2009. *Risk Management for Health/Fitness Professionals.* Baltimore: Wolters Kluwer Health, Lippincott Williams & Wilkins.
11. 261 A.D. 2d 345 (NY App. Div., 1999).
12. *Rostai v. Neste Enterprises* (2006), 138 Cal. App.4th 326 (41 Cal.Rptr.3d 411).
13. *Neumann v. Gloria Marshall Figure Salon*, 500 N.E. 2d 1011 (Ill. App. Ct. 1964).
14. *Garrison v. Combined Fitness Center, Ltd.*, 201 Ill. App. 3d 581 (Ill. App. Ct. 1990).
15. *Avant v. Community Hospital* (2005), 826 NE 2d 7, analyzed in Herbert,2006, "Personal Trainer's Fitness Routine Leads to Suit," *The Exercise Standards and Malpractice Reporter* 20 (6), 81, 85-86.
16. Cotton and Cotton. 1997. *Legal Aspects of Waivers in Sport, Recreation and Fitness Activities*. Canton, OH: PRC.
17. *Bowen v. Kil-Kare, Inc.*, 585 N.E. 2d 384 (Ohio 1992); but see *Byrd v. Matthews*, 571 So. 2d 258 (Miss. 1990).
18. *Dilallo v. Riding Safely, Inc.*, 687 So. 2d 353 (Fla. Dist. Ct. 1997).
19. *Zivich v. Mentor Soccer Club*, 82 Ohio St. 3d 367 (Ohio 1998).
20. See, e.g., *Kissinger v. Kissinger*, 2002-Ohio-3083; but see *Wade v. Watson*, 527 F. Supp. 1049 (N.D. Ga. 1981), *affirmed* 731 F. 2d 5890 (11th Ca. 1984).
21. D.L. Herbert and W.G. Herbert. 2002. *Legal Aspects of Preventive, Rehabilitative and Recreational Exercise Programs*, 4th ed. Canton, OH: PRC. pp. 348-349.
22. Cotton and Cotton. 1997. *Legal Aspects of Waivers in Sport, Recreation and Fitness Activities*. Canton, OH: PRC.
23. See, e.g., The Health Insurance Portability and Accountability Act (HIPAA) of 1996, Public Law 104-191.

表观健康的成年人（无已知或疑似心脏病）运动测试知情同意书

姓名：______________________________

1. 测试的目的与解释

本人同意自愿参加一项运动测试，以确定我的血液循环系统和呼吸系统的健康状况。本人也同意在运动过程中对我呼出的气体进行取样，以测量我的耗氧量。如果有必要，本人同意从我的手臂上抽取少量血液样本进行血液化学分析，然后进行肺功能和体脂检测。我认为所获得的信息有助于评估我未来可以参与的身体活动和体育活动。

在接受此测试之前，本人证明我的健康状况良好，一位持有执照的医生在过去的______ 个月内对我进行了体检。我在此声明，我已经完成了项目工作人员对我进行的测试前经历调查，并正确回答了表格中或工作人员提出的问题。我认为我在接受测试之前将接受一位医生或其他人的询问，以确定是否存在非我所愿或不安全地参加测试的任何原因。我明白我完整而准确地回答提出的问题很重要，并且意识到做不到这一点可能使自己在测试中遭受不必要的伤害。

我将在跑步机或自行车测功仪上进行递增负荷测试，据我所知，这种增量测试会一直持续到我感觉疲劳、气短或胸部不适等。我认为我已清楚地获知，如果我感到异常不适或疲劳，我有权要求在任何时候停止测试。我已获知，当我一出现任何此类症状或我愿意时，就能告知操作员我希望在此时或其他任何时间停止测试。我希望这些能够完全实现。

本人进一步了解到，在开始测试之前，工作人员会用电极和电线将我与一台心电图记录仪连接，以监控我的心脏活动。本人知晓，在测试过程中，一个训练有素的观察员会不断地监测我的反应，频繁测量血压值、心电图和我的疲劳感。我明白我运动能力的真正测定取决于出现疲劳感的测试进程。

测试完成后，在我离开测试区之前，我将接受有关洗澡和识别某些症状的特殊指导，这些症状可能在测试后的 24 小时内出现。我同意遵守这些指导，如果出现这种症状，我会立即联系项目工作人员或医疗人员。

2. 风险

本人了解并已获知，在实际测试中存在不良变化的可能性。本人已获知，这些变化可能包括血压异常、昏厥、心律失常、中风以及非常罕见的心脏病发作甚至死亡。本人已被告知，进行初步检查以及在测试期间采取预防措施和观察能尽量减少这些事故发生的可能性。本人还获知，急救设备和人员可随时应对这些意外情况。本人认识到进行此测试有受伤、心脏病发作甚至死亡的风险，但我了解这些风险，本人仍愿意进行上述测试。

表观健康的成年人（无已知或疑似心脏病）运动测试知情同意书（续）

3. 预期的收益以及运动测试过程中的替代方案

测试的结果可能对我有益，也可能对我无益。潜在的收益主要涉及我参加测试的个人动机，也就是了解我相对于一般人群的运动能力，了解我对某些体育运动和娱乐活动的适应性，规划我的身体调理计划或者评估我最近的身体活动习惯的效果。虽然也可以用其他方式，例如台阶测试或户外跑步测试评估我的体能水平，但这些测试不能像跑步机或者自行车测试一样准确，也不能有效监测我的反应。

4. 保密与信息使用

本人已获知，此次运动测试获得的信息具有特权性和保密性，未经本人的书面同意不会向任何人泄露。本人同意将所有信息用于研究或统计，前提是不泄露我的身份信息。获得的任何其他信息只由项目工作人员用于评估我的运动状态或需求。

5. 询问和同意的自由

我有机会询问关于此项目的一些问题。一般来说，项目工作人员已记录这些问题，他们的回答如下：

____

____

____

____

____

____

我还了解到，可能还存在与此程序相关的其他潜在风险。尽管未完全告知本人这些潜在风险，但我仍然希望继续进行此测试。

我承认我已完整阅读该文件，如果我无法进行阅读，他人已向我宣读过此文件。

本人同意涉及所有项目工作人员在此解释的所有服务和程序。

日期：____________________

参与者签名：____

证人签名：____

测试主管签名：____

各地的法律不同，未经个体化的法律建议，任何计划均不得采用任何表格。

来源：NSCA，2012，NSCA's essentials of personal training，2nd ed.，J.Coburn and M.Malek (eds.)，(Champaign，IL: Human Kinetics).Reprinted by permission from Herbert 1998.

表观健康的成年人（无已知或疑似心脏病）参与个人健身训练计划的知情同意书

姓名：________________________________

1. 目的与程序解释

本人同意自愿参与一项可接受的个人健身训练计划。本人亦同意参与向我建议的个人健康训练计划活动，以改善一般健康状况及幸福感。这些计划包括饮食咨询、压力管理和健康或健身教育活动。我的运动水平基于我的心肺和肌肉适能水平。我明白在我的个人健身训练开始之前，我可能需要进行一次台阶运动测试和其他的体能测试以评估我现在的健康水平。我将得到关于我应该实施的运动量和运动种类确切的说明。我同意每周参加 3 次正式的训练课。受过专业训练的私人教练指导我的活动，监督我的表现，评估我的用力程度。根据我的健康状况，在这些课程期间可能会也可能不会要求评估我的血压和心率，以便将运动控制在预期范围内。我明白我应参加每一堂课，并遵从工作人员关于运动、饮食、压力管理和其他健康或健身计划的指导。如果我正在服用处方药，我已经告知了项目工作人员，还同意立即将我的医生或我对使用这些药物的任何变更告知他们。在我的计划开始后，我有机会定期进行评估。我已获知，在参加此私人健身训练计划期间，除非出现疲劳、气短、胸部不适或类似症状，我应完成训练计划。在这一点上，我完全有权减少或停止运动，我有义务向私人健身训练计划工作人员告知我的症状。本人特此声明，本人已获知并同意在本人出现症状的时候告知私人健身训练计划工作人员。

我明白，当我运动的时候，一个私人教练会定期监控我的表现，测量我的脉搏和血压或者评估我的用力感，以便监测我的进展。我也明白，出于对我安全和利益的考虑，在上述观察结果有所提示时，私人教练可以减少或停止我的训练计划。

我还明白，在我进行个人训练计划时，为评估我的肌肉和身体对特定运动的反应以及确保我使用正确的技术和身体姿势，身体接触和定位是必需的。因此，我明确同意进行身体接触。

2. 风险

我明白并已获知，在运动中可能发生不良变化，可能包括但不限于血压异常、晕厥、头晕、心脏节律紊乱，在非常罕见的情况下，会出现心脏病发作、中风甚至死亡。我还明白也已获知，训练中存在身体伤害的风险，包括但不限于肌肉、韧带、肌腱和身体关节的损伤。我已获知，工作人员在每次运动前评估我的状况，在运动过程中进行监督，我自己也会精心控制运动程度，尽一切努力减少运动相关风险。我完全明白运动相关风险包括身体伤害、心脏病发作、中风甚至死亡。我知晓这些风险，我仍愿意参与所述运动。

表观健康的成年人（无已知或疑似心脏病）参与个人健身训练计划的知情同意书（续）

3. 预期的收益以及运动测试的替代方案

我明白该项目可能对我有益，也可能无益。我认识到参加运动课和私人健身训练课让我学会进行调理运动、使用健身器材和调节身体用力的正确方法。这些经历使我受益，显示我的身体极限如何影响进行各种身体活动的能力。我还明白，如果我严格遵从计划指导，我的运动能力和体能水平可能在 3 ~ 6 个月后提高。

4. 保密与信息使用

本人已获知，此次运动测试获得的信息具有特权性和保密性，未经本人的书面同意不会向任何人泄露。本人同意将所有信息用于研究或统计，前提是不泄露我的身份信息。获得的任何其他信息只由项目工作人员用于评估我的运动状态或需求。

5. 询问和同意的自由

我有机会询问关于此项目的一些问题。一般来说，项目工作人员已记录这些问题，他们的回答如下：

____

____

____

____

____

____

我还了解到，可能还存在与此过程相关的其他潜在风险。尽管未完全告知本人这些潜在风险，但我仍然希望继续参与此计划。

我承认我已完整阅读该文件，如果我无法进行阅读，他人已向我宣读过此文件。

本人同涉述及所有项目工作人员在此解释的所有服务和程序。

日期：______________________

客户签名：____

授权代表：____

俱乐部名称：____

[地址]

各州的法律不同。未经个体化的法律建议，任何计划均不得采用任何表格。

来源：NSCA，2012，NSCA's essentials of personal training，2nd ed.，J. Coburn and M. Malek (eds.)，(Champaign，IL: Human Kinetics).Reprinted by permission from Herbert 1998.

用户陈诉、承担所有风险和免责协议

约束性协议的目的

阅读和签署本文件，以下签名人“您”，有时也称为“用户”或“我”，同意确保 [俱乐部名称]（“俱乐部”或“我们”）免受损失，并承担使用俱乐部设施、场所或服务产生的所有索赔、诉求、损伤和损失赔偿、人身或财产诉讼行为。本协议是为了保护俱乐部及其雇员、代理人、独立承包人、俱乐部其他用户以及俱乐部所有人员的利益。这些行为或过失与这些人的一般过失有关，故本协议使您对这些人的受伤、损失或死亡免责。本协议还包括您对本俱乐部所依赖的重要事项的陈述。

A. 陈述

以下签名人“您”声称：（a）使用本俱乐部的场所、设施、器材、服务和项目有遭受人身伤害或财产损失的固有风险；（b）您身体状况良好，无残疾、无疾病或使您无法进行运动或使用俱乐部器材或设施而不伤害身体或健康的其他疾病；（c）您已就不造成人身伤害或损伤健康的一项运动计划咨询过一位医生。这些伤害的风险包括但不限于因您或他人使用健身器材和机器、更衣室、水疗中心及其他潮湿区域以及本俱乐部其他设施引起的或与之相关的伤害；您或他人通过本俱乐部参与受监督或无监督的活动或计划或与之相关的伤害；使用本俱乐部设施而引起的或与之相关的伤害和疾病，包括心脏病发作、心脏骤停、中风、热应激、扭伤、拉伤、骨折，肌肉、肌腱和韧带撕裂等；在俱乐部的任何地方发生的意外伤害，包括大厅、走廊、运动区、蒸汽浴室、泳池区、按摩浴缸、桑拿浴室和更衣室等。意外伤害包括由您造成的伤害、由其他人造成的伤害以及“滑倒”性质的伤害。如果您有任何特殊的运动要求或限制，您同意在使用俱乐部的设施之前告知俱乐部；在寻求帮助制订运动计划时，您在此同意所有使用俱乐部的设施、服务、计划和场所的风险均由您自行承担。如本文所用，术语“包括”和类似含义的词语仅是描述性的，并不以任何方式进行限制。

您也承认并声称，在无监督的情况下使用俱乐部的设施将增大你所承受的风险。您意识到如果您在无监督的时间使用本俱乐部的设施，在发生意外时可能无法获得需要的急救服务。尽管我们鼓励您在无监督的时候，与一位伙伴使用俱乐部的设施，你也可以选择不与伙伴一起使用，这可能增加不能及时提供急救和启动紧急反应的风险。您认识到延迟提供急救和（或）紧急服务可能给你带来更大伤害，并可能导致或促成您的死亡。不建议也不允许在无任何人在现场监督或观看您使用俱乐部设施的活动，除非您同意承担所有伤害的风险，无论您知道或不知道，都是不允许的。

用户陈诉、承担所有风险和免责协议（续）

您还在此声明自己身体健康，除下文所述，没有妨碍您参与训练或使用器材的任何疾病、损伤、体弱或其他情况。您特此确认，已获知需要医生批准您参加运动或健身活动或使用健身器材和机器。您还承认，建议您每年或更频繁地进行身体检查，并向您的医生咨询关于身体活动、运动和训练设备的使用情况。这样您就可以获得有关这些健身活动和设备使用的建议。您承认已接受过体检并获得了医生的许可，或者您已决定未经医生批准参与活动和使用器械和机械，并对您在活动中使用器械和机器承担全部责任。

您已经阅读了上述条款，承认您已理解前述段落中规定的条款和条件，并同意这些内容。

首字母签名：________________

B.承担所有风险

您已经向我们陈述并承认您了解您参与本俱乐部各种活动的所有风险，包括受伤、残疾和死亡。您也承认如果您决定在无监督的时候使用俱乐部的设施，风险更大甚至有其他风险。您已知晓所有这些风险和增大的风险，并明智地决定承担您在俱乐部所有活动和使用的器材或设施的相关风险。

您了解并知晓力量、柔韧性和有氧运动包括使用相关设备是一种具有潜在危险的活动。您也知道健身活动涉及受伤甚至死亡的风险，在知晓所涉及风险的情况下您自愿参加这些活动，并使用与这些已知风险有关的器材和机器。我们也在您签署本协议时对您的风险进行了审查，并回答了您可能遇到的任何问题。您同意自行承担并接受任何受伤或死亡的风险，包括但不限于您在使用器材、参与活动以及与本协议所披露的一般过失有关的风险，包括但不限于在选择、购买、安装、维护、指导使用、使用和（或）监督使用所有器材和设施时与一般过失有关的所有索赔。

您已经阅读了上述条款，承认您已理解前述段落中规定的条款和条件，并同意这些内容。

首字母签名：________________

C.协议与免责

除支付费用外，鉴于被允许参加本俱乐部的活动和计划以及使用其器材或设施和机器，您在此免除并永久解除本俱乐部及其董事、职员、代理人、员工、代表、继承人和受让人、管理人员，遗嘱执行人以及所有其他人员因您参与任何活动或在上述活动中使用器材或设施或机械而造成的伤害或损害承担的任何责任或义务。您也特此免除代表他们行事的前述任何其他人对您自己的任何伤害或损害承担的任何责任或义务，包括在您参与本俱乐部的任何活动时由前述人员或代表他们行事的其他人的过失或遗漏以任何方式引起或与之相关的损伤或损害。本规定适用于一般的过失行为，但不适用于粗暴行为，失职、故意行为，或犯罪行为。

用户陈诉、承担所有风险和免责协议（续）

您已经阅读了上述条款，承认您已理解前述段落中规定的条款和条件，并同意这些内容。

首字母签名：________________

D. 失物或财产盗窃

俱乐部不对失物或被盗物品负责。在使用本设施时，您应始终随身携带任何贵重物品。储存空间或储物柜并不总能保护贵重物品。通过执行本协议和任何附带文件，您在此同意对您自己的财产和任何受抚养人的财产承担全部责任，并确保财产免受您认为合适的损失风险。通过执行本协议，您将代表您自己和您的任何家属明确同意事先放弃对本俱乐部提出与失物或财产被盗有关的任何索赔或诉讼的任何权利，包括因本俱乐部过失或遗漏而遗失或被盗的财产。您同意使俱乐部及所有工作人员免受此后任何针对俱乐部提起的与您或您的家属财产被盗或丢失相关的任何行动、索赔，诉讼或代位索赔或诉讼的损害。本俱乐部或其工作人员因任何此类行为而产生的所有成本、开支、费用（包括律师费）将由您予以赔偿。

您已经阅读了上述条款，承认您已理解前述段落中规定的条款和条件，并同意这些内容。

首字母签名：________________

用户应在草签和签署上述协议时收到一份副本，并在此确认用户已收到该协议。

您已经阅读了上述条款，承认您已理解前述段落中规定的条款和条件，并同意这些内容。

首字母签名：________________

本协议应根据 ________________（州）法律进行解释。如果本协议的任何部分被最终管辖权法院裁定无效，则本合同的其余部分应视为有效且可执行。

您已经阅读了上述条款，承认您已理解前述段落中规定的条款和条件，并同意这些内容。

首字母签名：________________

致谢

本人已阅读并收到本协议及其所有附件的完整副本，以及本俱乐部所有的相关规则和条例，这些规则和条例在此引用作为参考。本人同意接受现存的或以后不时修订的本协议条款和条件，以及俱乐部规则和条例的约束。本协议对本人及本人的配偶、继承人、执行人、行政人员以及本人的继承人和（或）受让人具有约束力。本人意识到本协议旨在防止本人和（或）他们因一般过失而提起任何人身伤害或其他诉讼，包括过失性殴打，甚至过

用户陈诉、承担所有风险和免责协议（续）

失性不当死亡，配偶权利丧失或由本人或他们以后可能对本人的任何伤害引起的任何其他类似诉讼。

如果包括签名人在内的任何人此后因本协议预期免责的任何事项，包括基于一般过失的索赔，例如不限于人身伤害、不当死亡、配偶权利丧失或其他类似行为向俱乐部或在此免责的人提起诉讼，以下签名人，代表我本人和本人的继承人、遗嘱执行人、管理人、继承人和受让人，特此同意赔偿本俱乐部和本协议免责的所有人，并保持他们绝对不承担法律责任。

签名：________________________ 日期：____________

打印姓名：________________________________

地址：__________________________________

电话号码：________________________________

来源：NSCA，2012，NSCA's essentials of personal training，2nd ed.，J.Coburn and M.Malek (eds.)，(Champaign，IL: Human Kinetics).

学习问题参考答案

第 1 章

1. A; 2. C; 3. B; 4. B; 5. D

第 2 章

1. B; 2. A; 3. D; 4. D; 5. D

第 3 章

1. A; 2. A; 3. D; 4. A

第 4 章

1. B; 2. A; 3. D; 4. C

第 5 章

1. A; 2. B; 3. C; 4. D

第 6 章

1. C; 2. B; 3. A; 4. C

第 7 章

1. D; 2. B; 3. C; 4. C

第 8 章

1. B; 2. C; 3. A; 4. B

第 9 章

1. B; 2. B; 3. C; 4. D; 5. B

第 10 章

1. D; 2. D; 3. C; 4. D

第 11 章

1. C; 2. B; 3. C; 4. A

第 12 章

1. C; 2. B; 3. B; 4. C

第 13 章

1. C; 2. B; 3. C; 4. A

第 14 章

1. D; 2. B; 3. D; 4. B

第 15 章

1. D; 2. D; 3. C; 4. A; 5. B

第 16 章

1. C; 2. B; 3. B; 4. A

第 17 章

1. A; 2. C; 3. D; 4. C

第 18 章

1. C; 2. A; 3. D; 4. B; 5. B

第 19 章

1. C; 2. D; 3. B; 4. C

第 20 章

1. D; 2. B; 3. C; 4. D

第 21 章

1. C; 2. A; 3. C; 4. B; 5. C

第 22 章

1. A; 2. C; 3. C; 4. C

第 23 章

1. A; 2. C; 3. D; 4. B; 5. C

第 24 章

1. B; 2. B; 3. C; 4. D

第 25 章

1. B; 2. A; 3. A; 4. A

应用知识问题参考答案

第 1 章

- 为有氧体能训练选定练习时，选择负重练习（步行、慢跑等）
- 将抗阻训练纳入训练计划，针对所有主要肌群进行各种训练
- 抗阻训练期间，着重离心阶段

第 2 章

以下问题旨在考察读者对 Fick 方程的掌握情况（2.6）：

$\dot{V}O_2$=（HR × SV）× a-$\bar{v}O_2$

绝对摄氧量（$\dot{V}O_2$）=（160 次 / 分 ×100 毫升 / 次）×（13 毫升 /100 毫升）

=（160 毫升 / 分）×（13 毫升 /100 毫升）

=2 080 毫升 / 分

相对摄氧量（$\dot{V}O_2$）=（绝对摄氧量）/（以千克为单位的重量）

=（2 080 毫升 / 分）/（77.10 千克）

=26.97 毫升 • 千克$^{-1}$ • 分$^{-1}$

第 3 章

活动	碳水化合物	脂肪
客户坐在椅子上听私人教练讲话	最少	最多
测试的前几秒	最多	最少
客户处于稳态	最少	最多
测试结束，客户达到最大限度时	最多	最少

第 4 章

外部阻力类型	实例
自由重量	杠铃、哑铃、自重练习
恒定阻力器械	滑轮、平衡机

续表

外部阻力类型	实例
可变阻力器械	附带多种凸轮的器械
弹性阻力	弹力带、弹力绳、弹簧
适应性阻力器械	等动测功仪、飞轮、气动器材

第 5 章

系统	两种适应方式（任意两条即可）
神经系统	▪ EMG 振幅增加 ▪ 技能得以强化 ▪ 运动单位的募集增加 ▪ 运动单位发放率编码增加 ▪ 协同收缩减少 ▪ 运动单位的同步性加强
肌肉系统	▪ 横截面积增大 ▪ 肌肉体积增大 ▪ 纤维类型由Ⅱx 型向Ⅱa 型转变
骨骼系统	▪ 骨形成增强 ▪ 骨量增加
代谢系统	▪ ATP 和磷酸肌酸的浓度增加 ▪ 肌酸激酶和肌激酶的浓度增加
内分泌系统	▪ 睾酮浓度增加 ▪ 肾上腺素反应发生改变 ▪ 受体部位敏感度增加
心肺系统	▪ 改善耐力，提升跑步效率 ▪ 毛细血管增多 ▪ 肌红蛋白和线粒体密度降低

第 6 章

系统	两种适应方式（变化）（任意两条即可）
呼吸系统	▪ 次极限运动期间肺通气量减少 ▪ 极限运动期间肺通气量增加 ▪ 呼吸肌有氧酶增多

续表

系统	两种适应方式（变化）（任意两条即可）
代谢系统	▪ 最大耗氧量增加 ▪ 乳酸盐阈值升高 ▪ 次极限运动期间脂肪利用率增加 ▪ 次极限运动期间碳水化合物利用率降低
骨骼肌系统	▪ 毛细血管密度增加 ▪ 线粒体密度增加 ▪ 氧化酶增多 ▪ 肌糖原储存增加
心血管系统	▪ 静息每搏输出量增加 ▪ 次极限运动期间每搏输出量增加 ▪ 极限运动期间每搏输出量增加 ▪ 最大心输出量增加 ▪ 静息心率降低 ▪ 次极限运动心率降低 ▪ 血容量增加 ▪ 左心室舒张末期室直径增加
内分泌系统	▪ 次极限运动期间血浆中肾上腺素和去甲肾上腺素水平升高的幅度降低 ▪ 次极限运动期间血浆中胰岛素水平下降的幅度降低

第 7 章

营养	一般日常需求
能量	4 667 ～ 5 600
蛋白质（克）	131 ～ 218
碳水化合物（克）	545 ～ 763
脂肪（总千卡百分比）	20% ～ 30%
单不饱和脂肪（总脂肪摄入量的百分比）	约 10%
多不饱和脂肪（总脂肪摄入量的百分比）	约 10%
饱和脂肪（总脂肪摄入量的百分比）	< 10%
维生素 A	900 微克 / 天
维生素 E	15 毫克 / 天
钙	1 000 毫克 / 天
铁	8 毫克 / 天

第8章

1. 让目标具体化、可量化和可观察：
   - 客户提供了一个具体的目标，即他的腿举最大重量增加 90 磅
   - 目标的增长是可测量的（即它是一个确定的负荷）
   - 目标是可观察的，因为客户与私人教练可以直观地看到腿举承受着目标重量所提供的负荷，1RM 的尝试要么成功，要么不成功；不存在“介于两者之间”的情况
2. 清晰地确定时间期限：
   - 客户提出了 6 个月的期限
3. 设定中等难度的目标
   - 90 磅的增重是一个非常大的数字，可能需要对其进行调整（虽然没有提到客户的训练状态；相对来说，一位未经训练的健康男性客户或许可以达到这个目标，但这对其他类型的客户来说可能有难度）
4. 记录目标并监控进度：
   - 客户可以每 4 ～ 8 周重新测试一次，以监测进度
   - 一张健身卡或墙上的海报可以提供一种有价值的视觉激励
5. 使过程目标、表现目标和结果目标多样化：
   - 如果客户能够接受，那么周期性抗阻训练计划（见第 15 章及第 23 章）将会成为最有效的方法
6. 设定短期目标以实现长期目标：
   - 如果客户每 8 周（两个月）重新测试一次，他的短期目标可能是在两个月内 1RM 达到 255 磅，在 4 个月内达到 285 磅，然后在 6 个月内达到 315 磅
7. 确保目标已经被内化（客户应该参与其中或为自己设定目标）：
   - 既然客户提供了自己的目标，那么他很可能已经将其内化了
   - 私人教练应与客户探讨目标，找出他为什么提供该特定目标；这将有助于私人教练确定什么类型的反馈或激励适合该客户（例如，如果客户的朋友 1RM 能够达到 310 磅，客户提出的 315 磅的目标或许表明了一个涉及自我的目标取向）

第9章

根据与表 9.1 进行比较：

- 家族病史：没有风险——客户的父亲心脏病发作时年龄已经超过了 55 岁（他

祖母的心脏病发作并不是一个考虑因素）

- 吸烟：没有风险——客户不吸烟
- 高血压：没有风险——血压低于 140/90 毫米汞柱
- 血脂异常：有风险——胆固醇超过了 200 毫克 / 分升，高密度脂蛋白处于 35 毫克 / 分升的临界值
- 空腹血糖：没有风险——低于 110 毫克 / 分升
- 肥胖：没有风险——BMI 低于 30
- 久坐少动：有风险——客户习惯久坐

根据表 9.2，客户处于中风险

第 10 章

客户	描述	待测体能成分	测试 1	测试 2
27 岁男性	参加 5 千米跑运动已有 3 年	心肺耐力	1.5 英里（约 2.4 千米）跑测试	12 分钟跑测试
33 岁女性	持续进行抗阻训练已有 10 年	肌肉力量	1RM 卧推	1RM 背蹲
41 岁女性	已被她的医生确诊为肥胖	身体成分	围度测量	BMI 或腰臀比
11 岁男性	无运动或训练经历	肌肉耐力	1 分钟仰卧起坐	俯卧撑

第 11 章

体能测试数据表明，客户的有氧能力非常差，她的最大摄氧量为 26 毫升 · 千克 $^{-1}$ · 分 $^{-1}$，在其年龄组的百分位数第 10 位以后。

第 12 章

a. 静态柔韧性训练

- 向前弓步
- 仰卧抱腿抬膝

b. 动态柔韧性训练

- 向前弓步走
- 向后弓步走
- 曲棍球式弓步走
- 侧向弓步

- 行进间抱腿抬膝

c. 自重训练（用于加强髋伸肌群）

- 上台阶

d. 稳定球训练（用于主动训练髋伸肌，向心而非等长）

- 仰卧屈腿
- 仰卧提髋
- 反式向后过度伸展

第 13 章

起始姿势

- 面对面分别站在杠铃两侧，双脚开立与肩同宽，双膝微屈
- 双手重叠掌心向上，托在杠铃杆两端
- 接到客户信号后，双手用力向上抬起杠铃，从支架处平稳移出
- 2 名保护者将杠铃放在客户肩上时，需步调一致
- 双手重叠掌心向上，距离杠铃 2 ～ 3 英寸（5 ～ 8 厘米）呈托举姿势
- 当客户肩负杠铃后退时，保护者也随之同时移动
- 客户站好准备开始练习时，保护者双脚分开与肩同宽、微屈膝、躯干直立

向下运动期

- 在杠铃下降时，双手重叠掌心向上靠近杠铃呈推举状，但不得接触杠铃
- 微屈髋、屈膝，躯干在身体下降时保持平直

向上运动期

- 在杠铃上升时，双手重叠掌心向上靠近杠铃呈推举状，但不得接触杠铃
- 杠铃上升时，伸髋、伸膝，躯干保持平直。一组练习结束后，帮助客户将杠铃放回支架

第 14 章

	步行	跑步
身体姿势	▪ 脊柱应保持直立，眼睛直视前方 ▪ 肩部放松，不能圆肩 ▪ 上身应直接位于髋部上方 ▪ 身体应呈直立状态，躯干直接位于髋部正上方	▪ 与步行相同，此外需要注意避免拱起下背部

续表

	步行	跑步
脚触地方式	▪ 脚跟着地，然后身体重量从脚跟向脚掌转移，使重量立即分散在整个脚上 ▪ 基本上，这种脚跟到脚掌的滚动是从脚跟外侧开始的，在蹬离时继续向前，稍微向内朝向脚掌的中间	▪ 与步行相同（见左栏），但要注意的是，每走一步都要避免跳跃 ▪ 一些精英跑者在跑步时会执行从脚掌滚至脚跟的动作
手臂动作	▪ 右脚向前迈步时，左臂向前摆动 ▪ 左脚向前迈步时，右臂向前摆动 ▪ 肩部放松，手臂自然摆动 ▪ 肘部弯曲 90 度，肘部十分靠近躯干两侧 ▪ 手臂与手主要做向前及向后的摆动 ▪ 双手不应越过身体中线 ▪ 在向前摆动时，双手与乳头处持平；在向后摆动时，双手触及身体一侧的髋骨	▪ 肩部仅控制某些手臂动作 ▪ 手臂的大部分动作来自下臂 ▪ 肘部处于非锁定状态 ▪ 在手臂向下摆动时肘部打开，在向上摆动时肘部关闭 ▪ 前臂提到腰部及胸部之间 ▪ 除以上外与步行相同

第 15 章

初步咨询 **体能评估**	初始训练状态及经验	中级	
	体能评估	根据 10RM 估算 1RM	
	主要训练目标	增大肌肉	
负荷能力评估	**10RM 负荷及所选项目的 1RM 估算值**		
	训练（凸轮型器械）	**10RM（磅）**	**1RM 估算值（磅）**
	坐姿推胸	60	80
	坐姿划船	50	65
	肩上推举	45	60
	肱二头肌弯举	35	65
	肱三头肌下压	30	40
	坐姿伸腿	70	90
	腿弯举	60	80
确定负荷	根据训练目标，每组重复次数范围：6 至 12 次 目标重复次数：8 次 符合训练目标的训练负荷（1RM 百分比）范围：1RM 的 67% 至 85% 符合重复 8 次训练目标的 1RM 百分比：1RM 的 80%		

续表

根据 1RM 估算值计算训练负荷	训练	1RM 估算值（磅）	×	每组重复 8 次的 1RM 百分比（10 进位格式）	=	训练负荷计算值	确定值（四舍五入）
	坐姿推胸	80	×	80	=	64	60
	坐姿划船	65	×	80	=	52	50
	肩上推举	60	×	80	=	48	45
	肱二头肌弯举	45	×	80	=	36	35
	肱三头肌下压	40	×	80	=	32	30
	坐姿伸腿	90	×	80	=	72	70
	腿弯举	80	×	80	=	64	60

第 16 章

类型	强度	持续时间	频率	目标
长距离慢速跑	低于正常训练；心率为心率储备的 50% ～ 85%	比正常训练持续时间长；30 分钟～ 2 小时	每周不超过两次	提高无氧乳酸阈值；改善肌肉耐力；增加脂肪利用；节省糖原
间歇配速 / 节奏训练	达到乳酸盐阈值 RPE 在 13 至 14 之间（或 4 至 5 之间，视量表而定）	数组 3 ～ 5 分钟的运动，期间穿插 30 ～ 90 秒的休息间隔	每周 1 ～ 2 次	提升最大摄氧量
持续配速 / 节奏训练	达到乳酸盐阈值 RPE 在 13 至 14 之间（或 4 至 5 之间，视量表而定）	单节训练课持续 20 ～ 30 分钟	每周 1 ～ 2 次	提升最大摄氧量
间歇训练	达到或超过乳酸盐阈值；心率为心率储备的 90% ～ 100%	3 ～ 5 分钟，期间穿插休息；训练时间与休息时间的比值为 1 : 1 ～ 1 : 3	每周 1 ～ 2 次	在高强度下完成比持续性训练更多的运动量；增强身体清除血液中乳酸盐的能力

第 17 章

模式	▪ 由于她的 1RM 深蹲为她体重的 1.5 倍，她可以进行下半身的快速伸缩复合训练 ▪ 因为不知道她 1RM 卧推的值，无法确定她是否可以安全地进行上半身的快速伸缩复合训练

续表

针对特定活动的训练及其强度	从这些下肢训练中选择： ▪ 踝关节跳跃（强度等级：低） ▪ 双腿垂直跳（强度等级：低） ▪ 单脚跳（强度等级：低） ▪ 跳上箱子（强度等级：低） ▪ 双腿团身跳（强度等级：中等） ▪ 分腿蹲跳（强度等级：中等） ▪ 双腿跳（强度等级：中等） ▪ 跳下箱子（强度等级：中等） ▪ 深跳（强度等级：高） ▪ 深跳至第二个箱子（强度等级：高） 如果她具备进行上半身快速伸缩复合训练的条件，她可以进行以下训练： ▪ 深度俯卧撑（强度等级：中等） ▪ 爆发力下跳（强度等级：高）
频率	▪ 每周 2 ～ 3 次（只要快速伸缩复合训练不导致多度训练）
训练量（表 17.6）	▪ 总共 100 ～ 120 次脚触地（考虑到她接受过抗阻训练，现在在她所教的课程中也会进行快速伸缩复合训练）

第 18 章

儿童、老年人及孕妇都可以受益于抗阻训练，前提是方案设计良好，进展合理，并由合格的专业人员进行监督。参与者应穿着合适的服装，运动室应安全、无危险，并尽可能使温度受控。所有的训练课都应该从热身活动开始，在整理放松时应该进行强度较小的健美操。虽然抗阻训练的指导原则会因个人需求、目标及能力而异，但以下提供的是针对儿童、老年人及孕妇的一般建议。

儿童

- 让孩子们做各种各样的练习，每个练习 1 ～ 3 组，每组 6 ～ 15 次。
- 随着力量的提高，逐渐增加（如，5% ～ 10%）阻力。
- 涵盖上肢、下肢及核心的练习。
- 每周安排 2 ～ 3 天抗阻训练，训练日不应连续，中间要有休息日。
- 专注于技能提升、个人成功及享受乐趣。
- 表扬孩子们做得好。
- 提供各种各样的活动，避免刻板化。

老年人

- 向客户的私人医生咨询具体的锻炼指南。
- 从 8 ～ 10 次练习开始，采用能够让客户完成 10 ～ 15 次重复的阻力。
- 在训练计划中安排单关节及多关节运动。
- 让老年人以受控的运动速度进行抗阻练习。
- 平衡能力不佳的老年人应先进行负重器械练习，然后再进行自由重量练习。
- 关注每个动作阶段的质量及正确的呼吸模式。
- 经常询问客户是否理解教练的指导及练习的执行步骤。
- 如果客户展现出的动作技术正确，应提供积极、具体的反馈，并提供建议以帮助客户提升训练表现。

孕妇

- 在客户锻炼之前，请咨询客户的医生。
- 对主要肌群采取允许多次重复（如，12 ～ 15 次）的阻力，并避免等长收缩。
- 盆底肌练习是孕期训练的重要内容。
- 在第 3 个月后应避免仰卧。
- 抗阻训练期间应避免做需要使用瓦尔萨尔瓦呼吸的练习，因为用力时屏气会对腹腔脏器及盆底带来额外的压力。
- 孕妇应了解安全运动的原则，并应清楚何时应该降低运动强度或停止运动。

第 19 章

饮食调整

- 向注册营养师咨询
- 选择符合客户文化及种族背景的食物
- 选择有助于降低心血管疾病风险的食物（如，遵循 TLC）
- 每天制造 500 ～ 1 000 千卡的热量赤字
- 女性：每天摄入不少于 1 000 ～ 1 200 千卡的热量。体重超过 165 磅（约 74.8 千克）或定期锻炼的女性为 1 200 ～ 1 600 千卡）
- 在前 6 个月内设定体重减轻 10% 的目标，然后设定新的目标
- 每周减 1 ～ 2 磅（0.45 ～ 0.9 千克）
- 改变食物选择，减少热量和脂肪的摄入

训练计划

- 增加消耗以有助于每天制造 500 ～ 1 000 千卡的热量赤字

- 活动的模式、强度及持续时间应达到每天至少消耗150千卡（1 000千卡/周）；然后进阶至每天至少消耗 300 千卡（2 000 千卡 / 周）
- 从低水平开始进行所有的锻炼
- 有氧体能训练
  - 模式：低冲击性活动
  - 频率：每周 5 天（或每天）
  - 持续时间：可以从每天两次开始，每次 20 ～ 30 分钟；最终目标为每天 40 ～ 60 分钟
  - 强度：最大摄氧量的 40%，或最大摄氧量的 50% ～ 70%
- 抗阻训练：
  - 从自重练习开始
  - 穿插有氧练习
- 柔韧性训练：
  - 频率：每天（或每周至少 5 天）

生活方式

- 自我监控：
  - 记录活动和饮食行为、习惯及态度
  - 明确定期锻炼的障碍
- 奖励：
  - 提供大或小、有形或无形的奖励（来自私人教练、客户、客户的家人或客户的支持小组）
  - 小奖励是为了庆祝达成小目标；大奖励是为了庆祝达成大目标
- 目标设定：
  - 设定现实的、循序渐进的短期目标，以达到更大的、长期的目标
  - 填写并签署活动 / 锻炼的合同
- 刺激控制：
  - 识别引发非期望反映的社会或环境因素
  - 调整这些因素并确定处理情况的方法
- 鼓励饮食行为改变：
  - 吃得慢一点
  - 使用较小的盘子
  - 切勿略过任何一顿餐

第 20 章

	初始运动计划				运动时注意的问题
	模式	强度	频率	持续时间	
高血压	有氧训练： ▪ 步行 ▪ 慢跑 ▪ 游泳 抗阻训练（多关节训练）： ▪ 固定器械 ▪ 弹力带 ▪ 循环训练	有氧训练： ▪ 最大摄氧量的 40% ▪ 自感用力程度值为 8（6 ～ 20 标度） ▪ 每周消耗 700 千卡 抗阻训练： ▪ 16 ～ 20 次 ▪ 50%1RM ▪ 1 组	有氧训练： ▪ 每周 3 天 抗阻训练： ▪ 每周 2 天	有氧训练： ▪ 15 分钟 抗阻训练： ▪ 30 分钟	▪ 如果血压处于Ⅰ期高血压级别，则应取消锻炼，并建议客户与医生交谈 ▪ 避免需要使用瓦尔萨尔瓦呼吸的动作
心肌梗死	有氧训练： ▪ 不设限，但尽可能包含跑步机步行	有氧训练： ▪ 最大摄氧量的 40% ▪ 自感用力程度值为 9（6 ～ 20 标度） 抗阻训练： ▪ 20 次 ▪ 1 组	有氧训练： ▪ 每周 3 天 抗阻训练： ▪ 每周 2 天	有氧训练： ▪ 15 分钟	▪ 监测病人是否有胸痛、心悸、呼吸急促、发汗、恶心、颈部疼痛、手臂疼痛以及濒死感 ▪ 避免需要使用瓦尔萨尔瓦呼吸的动作
中风	有氧训练： ▪ 测力计 抗阻训练 柔韧性训练 协调与平衡训练	有氧训练： ▪ 峰值摄氧量的 30%（不是最大摄氧量的 30%） ▪ 自感用力程度值为 9（6 ～ 20 标度） 抗阻训练： ▪ 最终争取做到 2 组，每组 8 ～ 12 次	有氧训练： ▪ 每周 3 天 抗阻练习： ▪ 每周 2 天	有氧训练： ▪ 5 分钟 柔韧性训练： ▪ 每次训练课前后（最短 5 分钟）	▪ 平衡与力量受到影响 ▪ 无法测试 1RM；从非常低的抗阻训练负荷开始
周围血管疾病	有氧训练： ▪ 步行 抗阻训练： ▪ 与高血压客户相同	有氧训练： ▪ 一直步行至感到疼痛，停下来，然后再做一次，依此类推	有氧训练： ▪ 几乎每天	有氧训练： ▪ 10 分钟	▪ 由于小腿疼痛，客户不能在不停下休息的情况下步行超过 2 ～ 5 分钟
哮喘	有氧训练： ▪ 行走 ▪ 慢跑 ▪ 游泳 抗阻训练： ▪ 一般抗阻训练	有氧训练： ▪ 自感用力程度值为 11，6 ～ 20 标度 抗阻训练： ▪ 16 ～ 24 次	有氧训练： ▪ 每周 3 天 抗阻训练： ▪ 每周 2 天	有氧训练： ▪ 5 分钟	▪ 通过自感用力程度值监测强度及呼吸急促感 ▪ 避免极端温度

第 21 章

1. 出院时请与医生、物理治疗师或运动防护师确认客户是否有任何动作限制。最有可能的是，客户将被告知可执行任何自身能够忍受的活动。下肢力量训练应该以髋关节、膝关节及踝关节周围的肌肉组织为重点。考虑到踝关节将作为攀爬活动的支撑基础，还需支撑上半身的重型设备，加强并进一步发展躯干肌肉组织的练习十分重要。最后，训练计划应整合功能性活动，以提供执行所有与消防相关的任务所需的肌肉力量及爆发力。客户可能会受益于涉及单足站立及运动模式并将平衡与快速伸缩复合练习进行整合的活动。
2. 私人教练应询问医生以明确所执行的手术流程（例如，使用的移植源），以及术后是否存在需要持续注意的康复问题。当前对关节活动度、柔韧性及下肢肌肉力量，尤其是对髋关节与膝关节的评估也是有益的。如果不存在遗留的缺陷或不对称的运动模式问题，客户应准备开始进行逐步设计的功能性预防计划。一个有效的预防计划将涵盖通过适当的运动力学、技术及控制来强调单侧及双侧多向模式的力量、平衡及爆发力活动。应考虑经手术的膝关节是在踢踏腿上还是在支撑腿上（踢腿时），并结合运动专项练习来提升运动表现，这也可能带来一定益处。典型的预防计划将持续约 6 周，其中包括了每周 1 ～ 3 次的训练课。

第 22 章

疾病	禁忌运动	安全问题
脊髓损伤	▪ 饭后 2 至 3 小时内的运动 ▪ 生病时进行的运动	▪ 肩部、手腕及肘部的过度使用损伤 ▪ 与冷、热相关的损伤 ▪ 静脉回流不良 ▪ 痉挛 ▪ 运动引发的低血压 ▪ 器材上的多余衬垫
多发性硬化症	▪ 肌肉力量测试 ▪ 负荷快速增加的抗阻训练 ▪ 剧烈 / 高强度有氧运动（例如，运动至力竭） ▪ 复杂技能训练	▪ 热敏感及不耐受 ▪ 疲劳 ▪ 脱水 ▪ 髋外展、髋内收肌痉挛 ▪ 感觉丧失，平衡能力差 ▪ 关节间肌肉失衡（主动肌与拮抗肌） ▪ 抑郁

续表

疾病	禁忌运动	安全问题
癫痫	▪ 剧烈运动	▪ 体重降低对药物副作用的影响 ▪ 癫痫发作
脑瘫	▪ 有氧热身与拉伸不充分，或不进行有氧热身与拉伸	▪ 癫痫发作 ▪ 挛缩 ▪ 协调性与平衡能力差 ▪ 关节痛 ▪ 痉挛

第 23 章

阶段	周	目标重复次数	星期二 大重量日	星期四 小重量日	星期六 中等强度日
肥大或耐力	1	12	130 磅	100 磅	115 磅
	2	10	145 磅	115 磅	130 磅
	3	8	155 磅	120 磅	140 磅
力量	4	6	165 磅	130 磅	145 磅
	5	6	165 磅	130 磅	145 磅
	6	5	170 磅	135 磅	150 磅
力量或爆发力	7	4	175 磅	140 磅	155 磅
	8	4	175 磅	140 磅	155 磅
	9	3	180 磅	140 磅	160 磅
比赛	10	2	185 磅	145 磅	165 磅
	11	2	185 磅	145 磅	165 磅
	12	1	195 磅	155 磅	175 磅

第 24 章

A.（4 英尺 +3 英尺 +3 英尺）×（3 英尺 +3 英尺 +3 英尺）=90 平方英尺

B.（4 英尺 +3 英尺 +3 英尺）×（5 英尺 +3 英尺 +3 英尺）=110 平方英尺

C.（5 英尺 +3 英尺 +3 英尺）×（4 英尺 +3 英尺 +3 英尺）=110 平方英尺

D.（8 英尺 +3 英尺 +3 英尺）×（8 英尺 +3 英尺 +3 英尺）=196 平方英尺

E.（4.5 英尺 +3 英尺 +3 英尺）×（7 英尺 +3 英尺 +3 英尺）=136.5 平方英尺

F.（5 英尺 +3 英尺 +3 英尺）×（3 英尺 +3 英尺 +3 英尺）=99 平方英尺

G. 7 英尺 ×7 英尺 =49 平方英尺

第 25 章

根据现行的从业标准，如果客户拒绝完成 PAR-Q 或以其他方式提供任何筛查信息，则在提供服务之前，应预先签署一份责任豁免 / 免除表或一份风险承担表。私人教练不应检查客户的医学状况或向客户推荐治疗疾病的方案。私人教练不应制订用于治疗客户膝关节的训练计划。

主编简介

贾里德 · W. 科伯恩
Courtey of Jared W. Coburn

贾里德 · W. 科伯恩（Jared W. Coburn），博士，CSCS，*D，FNSCA，FACSM，加州州立大学富尔顿分校人体运动学教授。由于教研成果优异，他在加州州立大学富尔顿分校获得了许多奖项。进入学术界之前，科伯恩曾经是一名私人教练、体能教练，并担任物理治疗诊所及健身与健康中心的主任。他在运用科学理论来训练普通客户及专业运动员方面的兴趣，很大程度上来源于他作为实践人员的经验。

科伯恩广泛并频繁地发布了大量与运动训练相关的主题讲座。他专研肌肉在力量、爆发力及耐力训练期间的功能，并且已经在同行评议论文及教科书中的相应章节里发表了自己的研究成果。身为美国国家体能协会的活跃成员，科伯恩自 1984 年便取得了入会资格。他在加州州立大学富尔顿分校获得了学士及硕士学位，并在位于林肯市的内布拉斯加州立大学获得了博士学位。

科伯恩与妻子塔马拉（Tamara）及两个孩子住在加州的诺科市。

莫赫 · H. 马立克
Courtey of Moh H. Malek

莫赫 · H. 马立克（Moh H. Malek），博士，CSCS，*D，NSCA-CPT，FNSCA，FACSM，医药与健康科学学院副教授，密歇根州底特律市韦恩州立大学综合运动生理学实验室的主任。

马立克以人与动物为对象，研究了肌肉疲劳的机制。2010 年，马立克获得了美国国家体能协会的“特里 · J. 豪斯年度出色青年调查员奖”。马立克发表了 60 篇与运动生理学相关的同行评议论文，并且自 2004 年以来，他便在美国国家体能协会全国研讨会上发表自己的研究成果。自 2007 年以来，他便担任《力量与体能研究杂志》（*Journal of Strength and Conditioning Research*）副编辑一职。同时，他也是《运动与训练中的医学与科学》（*Medicine & Science in Sport & Exercise*）杂志编辑部的一员。马立克在匹泽学院获得了生物及心理学的学士学位，在加州州立大学富尔顿分校获得了人体运动学的硕士学位，并于林肯市的内布拉斯加州立大学获得了运动生理学博士学位。

马立克与他的妻子布里奇特（Bridget）住在密歇根州的诺斯威市。空闲的时候，马立克喜欢看球赛、进行体能训练以及阅读。

译者简介

高炳宏，博士，教授，博士生导师，上海体育学院体育教育训练学院院长；上海市领军人才，国家体育总局首批优秀中青年专业技术人才百人计划入选对象，国家体育总局备战 2020 年奥运会科技专家组、体能专家组和训练督导组成员；亚太运动训练科学委员会执委，中国体育科学学会体能训练分会副主任委员，中国田径协会委员；中国钢架雪车队备战 2022 冬奥会科研负责人，中国赛艇队备战 2012 和 2016 年奥运会科医团队负责人；上海市“人类运动能力开发与保障”重点实验室执行主任；《中国体育科技》《上海体育学院学报》杂志编委；“上体体能”微信公众号创始人，美国国家体能协会认证体能教练（NSCA-CSCS）。

翻译贡献者：李斐、李山、马涛、潘丹丹、王然、杨圣韬
审校者：霍红宇、李冉

（翻译贡献者及审校者按姓氏音序排列）